I0328206

H. W. A. Kotzenberg

Grammatik der Spanischen Sprache

H. W. A. Kotzenberg

Grammatik der Spanischen Sprache

ISBN/EAN: 9783741158858

Hergestellt in Europa, USA, Kanada, Australien, Japan

Cover: Foto ©Andreas Hilbeck / pixelio.de

Manufactured and distributed by brebook publishing software
(www.brebook.com)

H. W. A. Kotzenberg

Grammatik der Spanischen Sprache

Grammatik

der

Spanischen Sprache

von

H. W. A. Kotzenberg.

„Denke, übe, präge ein und wiederhole.“

Zweite umgearbeitete Auflage.

Bremen 1862.

J. G. Heyse's Verlag.

Vorrede.

„Was man nicht versteht, besitzt man nicht."
Göthe.

Bei der Ausarbeitung der ersten Auflage dieser Grammatik verfolgte ich, wie ich auch in der Vorrede zu derselben sagte, den Zweck, Spanischlernenden ein Buch in die Hand zu geben, welches sie als zuverlässiger Führer zum vollständigen Verstande und sichern Gebrauche der spanischen Sprache, so wie sie jetzt gesprochen wird, und zwar auf dem kürzesten Wege leiten könne. Diesen Zweck habe ich auch bei dieser zweiten Auflage unverändert beibehalten.

Es ist daher zunächst der Gegenstand derselben dem der ersten völlig gleich, und ich habe auch hier das Spanische früherer Zeiten gänzlich unbeachtet gelassen. Meine Hauptgründe dafür sind, daß es erfahrungsmäßig den Meisten, welche lebende Sprachen betreiben, nur um die Sprache der Gegenwart als der allein dem Leben angehörigen zu thun ist; daß es Denjenigen, welcher mit dieser wohl vertraut sind, in der Regel sehr leicht ist, sich auch mit der Sprache und Literatur früherer Perioden bekannt zu machen, und daß daher, so wie wegen mancher in der Möglichkeit eines lebendigen Verkehrs mit den Nationalen liegenden Vortheile, selbst Diejenigen, welche moderne Sprachen vorzugsweise wissenschaftlicher, namentlich literarischer Sache halber studiren, immer am Besten verfahren, sich zuerst ausschließlich oder hauptsächlich um die ihrer Zeit angehörige Sprache zu bemühen. Dazu kommt, daß der Gebrauch der Gegenwart für die Grammatik das allein Maßgebende ist, — denn „nur der Lebende hat Recht" — und daß das ohnehin von diesem schon sattsam in Anspruch zu nehmende Fassungsvermögen der Lernenden durch eine ihrem Zweck genügende Bezugnahme auf den frühern

Sprachgebrauch und durch die dazu gehörigen Belege aus älteren Schriften mit ihren jetzt oft ganz veralteten Ausdrücken und Wendungen (man vergleiche nur die am Schlusse des IX. Kapitels der Grammatik von Salvá angezogene Stelle des Don Quijote mit dem daneben stehenden modernen Spanisch, in das Salvá sie umgeformt hat) gar leicht könnte überladen und verwirrt werden. Dies zu meiner Rechtfertigung dem Tadel eines geehrten Beurtheilers der ersten Auflage gegenüber.

Außer dem Gegenstande habe ich sodann noch das Verfahren, wodurch ich in der ersten Auflage die Zuverlässigkeit des in dem Buche Gegebenen zu sichern suchte, hier festgehalten. Es sind daher auch in dieser Auflage wieder alle Lehrsätze oder Regeln mit Beispielen diesem Jahrhundert angehöriger und namentlich angeführter Autoritäten (man sehe die Bedeutung der Buchstaben am Schlusse des Buches) belegt, oder vielmehr darnach aufgestellt, und selbst die in den Uebungen enthaltenen Sätze mit einigen wenigen Ausnahmen denselben Quellen entnommen. Man kann dies als eine allzugroße Gewissenhaftigkeit oder Pedanterei ansehen; aber es wäre zu wünschen, diese Uebergenauigkeit, wenn es eine ist, wäre in allen Lehrbüchern fremder Sprachen heimisch; es würde dann nicht so viel werthloser Kram auf den Markt gebracht werden, da es die Verfasser nöthigen würde, Unrichtiges in den Regeln und Abgeschmacktes in den Uebungen mehr zu vermeiden. Von der andern Seite ist es allerdings wahr, daß durch dieses Verfahren die Uebungen, im Ganzen genommen, etwas schwieriger werden, weshalb ich denn auch in dieser Auflage den Stoff sehr gesichtet und das wegen mangelnden Zusammenhangs dunkel Scheinende weggelassen und durch Anderes ersetzt habe: allein dafür ist auch der große Vortheil erreicht, daß der Lernende bei jedem Schritte, den er vorwärts thut, mit dem vollen Vertrauen arbeiten kann, daß er sowohl dem Stoff als der Form nach durchaus ächtes Spanisch, und zwar das ächte Spanische der Gebildeten des jetzigen Jahrhunderts erlernt, und dies giebt dem Buche jedenfalls einen bedeutenden Werth.

Auf den Zweck mit dem darin begriffenen Gegenstande und eben bezeichneten Verfahren beschränkt sich aber auch fast die ganze Uebereinstimmung dieser zweiten Auflage mit der ersten. In allem Uebrigen ist dieselbe fast ein neues Buch geworden; und dies gilt namentlich von allem Demjenigen, wodurch das vollständige Verständniß und der *sichere Gebrauch* der Sprache nebst der *Kürze* des dazu führenden Weges erzielt werden sollte. Es ist freilich auch hier das vollständige Verständniß durch eine umfassende grammatische Theorie, der sichere Gebrauch durch ein reichhaltiges Material an Uebungen zur Anschauung und zur Anwendung, und die Kürze des Weges durch eine immer vom Einfachen zum Zusammengesetzten, von der Regel zur Ausnahme und somit vom Leichtern zum Schwerern stufenweise fortschreitenden Anordnung erstrebt worden; allein alles dieses hat namentlich in Folge einer sehr veränderten und, wie ich glaube, sachgemäßeren und folgerichtigeren sprachlichen Anschauung, zu der ich durch wiederholte Betrachtungen der sprachlichen Erscheinungen bei dem Gebrauche des Buches, der Ausarbeitung meines »Lehr- und Uebungsbuches der englischen Sprache« und dessen Gebrauche und anderweitigen im Lehren und Lernen gebotenen Gelegenheiten gelangt war, eine ganz andere Gestalt erhalten, und zwar so, daß die Erreichung der eben genannten Ziele in weit höherem Grade als in der ersten Auflage gesichert erscheint.

Was nun in diesem Betracht zuerst die *grammatische Darstellung* als das für die *Erzielung des vollständigen Verständnisses* gegebene Mittel für sich allein betrifft, so entfernt sich dieselbe von dem der ersten Auflage im Allgemeinen zum Grunde liegenden Becker'schen System, wenn auch nicht dem Geiste, doch der Form nach in sehr wesentlichen Stücken und kann entweder als eine aus dem Streben nach größerer Konsequenz und Sachgemäßheit hervorgegangene Weiterbildung desselben, oder als ein in dessen Grundprinzipien wurzelndes neues System angesehen werden. Es ist indeß nicht wohl möglich, hierüber in dem beschränkten Raume eines Vorwortes ausführlich Bericht zu geben, und ich sehe mich daher genöthigt, im Allgemeinen wegen einer Uebersicht des Ganzen auf das dem Buche vorgedruckte ausführliche Inhaltsverzeichniß und wegen etwaiger Auskunft über Einzelnes auf das Buch selbst und die Vorrede zu meinem eben erwähnten »Lehr- und Uebungsbuche der englischen Sprache« zu verweisen. Daneben aber erwähne ich noch als für das Verständniß vieler sprachlicher Erscheinungen nicht unerhebliche Resultate der stattgehabten Veränderungen die Eintheilung des Verbs nach seinen Beziehungen zum Subjekt, zum Objekt und zu Attributen des Subjekts oder eines Objekts nebst der Gruppirung der in dieser letzten Beziehung stehenden Verben um die Vorstellungen des Seins, Werdens, Bleibens, Scheinens, Heißens (Genanntwerdens) und Geltens, wodurch eine Reihe von sprachlichen

Erscheinungen zu einem befriedigenden Verständniß gebracht wird, sodann den substantivischen und adjektivischen Gebrauch der Verben mit der eigenthümlichen Erscheinung des partizipialen Infinitivs, den wieder andre Erscheinungen erklärenden adjektivischen Gebrauch des Substantivs, die Betrachtung des Adjektivs nach drei attributiven Beziehungen, nämlich der beiwörtlichen, der durch Verben bewirkten Beziehung auf das Subjekt und der durch Verben bewirkten Beziehung auf ein Objekt, die Eintheilung der Adverbien und Unterstellung der Interjektionen unter die Adverbien des Modus, die Zerlegung des Satzes in zwei Theile, die Darstellung des Subjekts und die Darstellung des Prädikats, mit Ausschluß eines nicht zu diesen Theilen gehörigen Aussagewortes (Kopula) und Hinstellung der Kongruenz als eigentlicher Bezeichnung der Aussage, die Eintheilung der Zeitformen des Verbs und ihre zwiefache Anwendung als Bezeichnungsmittel für Zeitverhältnisse des Ausgesagten und als Bezeichnungsmittel für Modusverhältnisse der Aussage, die Unterscheidung attributiver, objektiver und attributiv-objektiver Satzverhältnisse mit ihren verschiedenartigen bei den erstern durch Konkordanz, Stellung und Präpositionen, bei den zweiten durch Kasus, Stellung und Präpositionen und bei den letztern durch Konkordanz, Stellung, konjunktionelle Formwörter („als“) und Präpositionen bezeichneten Beziehungen, das Zusammenfallen der transitiven und der sogenannten objektiv-genitivischen Beziehung als eine neben der persönlichen Beziehung stehende allgemein sächliche und die darin begründete gegenseitige Vertauschung ihrer Bezeichnung in derselben Sprache, oder in verschiedenen („den Weg oder des Weges verfehlen,“ „Jemand oder Jemandes schonen,“ „sich einer Sache oder auf eine Sache besinnen,“ „eine oder einer Sache gewohnt,“ „das Geld oder des Geldes los,“ „hériter de quelque chose Etwas erben,“ „to approve of a thing eine Sache billigen“ ꝛc.), dann die Auffassung der Nebensätze als Entwickelungen infinitivischer oder partizipialer Ausdrücke, und der letztern als Verkürzungen jener, und Verschiedenheit des Spanischen und Deutschen in dem Vorkommen solcher Entwickelungen, den adjektivischen und adverbialen Gebrauch von Substantivsätzen und den substantivischen und adverbialen Gebrauch von Adjektivsätzen, und endlich die Eintheilung der kopulativen und adversativen Verbindungsarten gleichständiger Sätze und die Anwendung der Beiordnung auf verschiedene der Unterordnung angehörige, namentlich kausale Verhältnisse und daraus folgende Ausschließung der sogenannten Kausalverbindung als einer besonderen Art der Beiordnung. — Diese Andeutungen, verbunden mit einer vorläufigen Durchsicht des Inhaltsverzeichnisses werden im Allgemeinen genügen, ein ungefähres Bild von der mit dem theoretischen Theile des Buches vorgenommenen Umgestaltung zu geben, und wenn der Leser die dabei der Wortlehre zu Grunde gelegte Eintheilung der Wortarten in solche, welche den Inhalt der Begriffe und Gedanken aussprechen, nämlich Verben, Substantiven, Adjektiven und Adverbien, mit ihren als Begriffs- und Formwörter (Hülfsverben, Pronomen, Zahlwörter) unterschiedenen Unterarten, und solche, welche die zwischen Begriffen und Gedanken stattfindenden Beziehungen bezeichnen, nämlich Präpositionen und Konjunktionen, so wie die sehr einfache Eintheilung der Satzlehre in die Betrachtung des Baus und der innern Beziehungen der Sätze mit dem darunter begriffenen prädikativen, attributiven, objektiven und objektiv-attributiven Satzverhältnisse, und die Betrachtung der Verbindung und der äußern Beziehungen der Sätze mit ihrer Untereintheilung in Beiordnung und Unterordnung im Auge behält; so dürfte ihm diese Aenderung wohl als eine durch ihre größere Sachgemäßheit und Folgerichtigkeit der Erreichung des beabsichtigten vollständigen Verständnisses bedeutend näher kommende erscheinen. Bei einer nähern Prüfung des Buches selbst wird sich dann hoffentlich auch ergeben, daß die ganze theoretische Darstellung nicht blos in ihren allgemeinsten Umrissen, sondern auch bis in ihre kleinsten Theile hinein ein in sich geschlossenes, wohl gegliedertes Ganzes, und nirgends ein blos äußerlich zusammengestelltes loses Aggregat von etwa nützlichen Bemerkungen sei. Diese zum wenigsten von mir erstrebte wissenschaftliche Verarbeitung des ganzen reichen und mannigfaltigen Stoffes ist auch der Grund, weshalb ich in dieser Auflage die grammatische Darstellung von den Uebungen auch äußerlich getrennt habe. Auch die Wissenschaft hat ihre Schönheit, und es hat selbst in Lehrbüchern, welche vorzugsweise für reifere Schüler bestimmt sind, seinen großen Nutzen, diese von ihnen wenn es auch nur ahnen zu lassen; ihre Achtung vor einem wohlgeordneten Wissen wird dadurch sicher gewinnen, wenn gleich sie selbst vorläufig mit ihrer Fassung noch an das Einzelne gewiesen sind, und das ist für ihre Bildung auch ein großer Gewinn.

Ich gehe nun zu D e m j e n i g e n in dem Buche über, was den s i c h e r n G e b r a u c h d e r S p r a c h e zum Z i e l e hat, nämlich dem der Theorie beigegebenen M a t e r i a l zu U e b u n g e n, und es versteht sich von selbst, daß dieses in seiner völligen Abhängigkeit von der eigentlichen Grammatik, deren Kenntniß ja die wesentliche Grundlage für die Sicherheit des Gebrauchs ausmacht, mit der Umgestaltung der grammatischen

Darstellung ebenfalls eine große sich jener genau anschließende Veränderung hat erfahren müssen. Vermehrt ist dasselbe in dieser Auflage nicht, sondern eher vermindert, da sich bei dem Gebrauche der ersten Auflage bei manchen Punkten die mehr als genügende Reichhaltigkeit desselben ergab und mehrere ihres ursprünglichen Zusammenhangs entbehrende Sätze ihrer Dunkelheit und anderer Mängel wegen ausgeschieden wurden. Eine andere freilich nicht bedeutende Aenderung ist die, daß nach den Konjugationsübungen immer vollständig ausgebildete Sätze und nicht bloß abgerissene Satztheile gegeben worden sind.

Was nun endlich die Veränderungen betrifft, welche mit der Anlage des Buches in methodischer Hinsicht vorgegangen sind, so beschränken sich dieselben wesentlich auf den ersten Theil und schließen sich in ihren Resultaten fast ganz der Anordnung an, welche ich in dieser Hinsicht in meinem „Lehr und Uebungsbuche der englischen Sprache“ getroffen habe. Schon bei der Ausarbeitung der ersten Auflage dieser Grammatik ging ich von der sich mir immer mehr bewährenden Ansicht aus, daß der kürzeste Weg zum vollständigen Verständniß und sichern Gebrauche einer Sprache in einer solchen aus der Natur der Sprache hergenommenen Anordnung bestehe, nach welcher es dem Lernenden leicht sei, von dem Einfachsten und Leichtesten beginnend, sich des gegebenen Stoffs in ununterbrochenem, von Stufe zu Stufe wohl vorbereitetem Fortschritte seinen Fähigkeiten gemäß zu bemächtigen; allein bei einer weniger geläuterten Einsicht in diese Natur, als ich sie jetzt zu haben vermeine, konnte die Ausführung einer derartigen Anordnung, wenn gleich Manches allerdings recht wurde, natürlich nicht völlig gelingen. Es ist daher Vieles zu thun gewesen, um das Buch auch in diesem Punkte zweckentsprechend zu machen. Das Wesentlichste dabei ist, daß bei den zuerst behandelten Flexionen der Wörter Alles, was nicht als eigentliche Abänderung dazu gehört, wie z. B. die Kasusbezeichnung durch Präpositionen und die bei den Komparationsformen gebrauchten Adverbien und Konjunktionen, entfernt, die Präpositionen und Konjunktionen, nicht wie früher am Ende des ersten Theiles, sondern gleich nach der Darstellung der Flexionen behandelt und dabei dann an gehöriger Stelle auch ihr Gebrauch in den eben erwähnten Fällen gelehrt worden. Durch diese natürlich die Theorie und die Uebungen zugleich treffenden Aenderungen, andrer mehr ins Einzelne gehenden nicht zu gedenken, ist die unterrichtliche Stufenfolge zu einer größeren Vollkommenheit gebracht und von störenden Hemmnissen und Lücken befreit worden, so daß ich dieselbe nunmehr wohl als den wesentlich richtigen Lehrgang bei der verständigen, nicht mechanisch einübenden Erlernung fremder Sprachen ansehen darf. Ich füge noch hinzu, daß ich es auch für zweckmäßig gehalten habe, die Vokabeln zu den Uebungen, von denselben gesondert, sämmtlich an das Ende des Buches zu stellen und sie nicht mehr jeder Uebung besonders beizufügen, so wie, daß sie, um dem Lernenden Zeit zu ersparen, bedeutend vermehrt worden sind.

Nach dem eben gegebenen Ueberblick der bei dieser Auflage mit dem Buche vorgenommenen Aenderungen wird es leicht einleuchten, daß dasselbe gewissermaßen hat ein ganz neues werden müssen, und dies ist allerdings ein Uebelstand für die Schulen und sonstigen Unterrichtsanstalten, in welchem dasselbe eingeführt worden. Ich habe das auch wohl eingesehen, schon ehe ich an die Umarbeitung des Werkes ging, und es ist mir dies ein gewichtigeres Bedenken dagegen gewesen, als die dazu erforderliche Zeit und Arbeit. Bei Erwägung aller Umstände glaubte ich aber doch, es nicht unterlassen zu dürfen, bei dieser Auflage dem Buche diejenige Gestalt zu geben, welche mir zur Erreichung seines Zweckes nothwendig schien, zumal da ich hoffen durfte, durch den überwiegenden Werth des Buches, so wie ich es im Auge hatte, Ersatz für den erwähnten Uebelstand zu geben. Ich habe dabei auf die diesmalige Nachsicht der dabei betheiligten Herren Lehrer gerechnet, und gebe gern die Versicherung, daß, Nachbesserungen vorbehalten, keine solche vollständige Umarbeitung wieder stattfinden wird.

Nun noch Einiges über den Gebrauch des Buches. Ich sehe voraus, daß grade Das, was den größten Werth des Buches ausmacht, seine Wissenschaftlichkeit, demselben von zwei Seiten her wird zum Vorwurfe gemacht werden. Von der einen Seite her wird man sagen, ein solcher wissenschaftlich geordneter Unterricht sei nicht für Leute, welche bald fürs praktische Leben brauchbare Resultate erzielen wollen; und von der andern, der Lehrgang sei wegen der wissenschaftlichen Form seiner Theorie für Schüler im Allgemeinen zu schwer und passe höchstens für einige Wenige. Dem ersten dieser Vorwürfe will ich kurz mit der aus mehreren hervorgehobenen Thatsache begegnen, daß vor einiger Zeit zwei meiner fähigeren und allerdings sehr fleißigen Privatschüler nach 13 genau dem Lehrgange der ersten Auflage dieser Grammatik folgenden Lektionen im Stande waren, einen dem Geschäftsleben entnommenen gewöhnlichen spanischen Brief ziemlich genau ins Deutsche und einen solchen deutschen Brief verständlich, wenn auch nicht fehlerlos, ins Spanische zu übersetzen, ein Resultat fürs Praktische, welches sicher auf keinem weniger gründlichen und bedeutend anders angelegten Unterrichtswege zu erreichen gewesen wäre, und welches beweist, daß ein gründlicher Unterricht, welcher nur die Sache überhaupt im Auge hat, auch fürs praktische Leben der vortheilhafteste ist. — Auf den zweiten allerdings triftiger scheinenden Vorwurf erwiedre ich, daß es ein sehr schlechter Unterricht ist, bei welchem der Lehrer Nichts zu thun hat, als Pensa aufzugeben und entgegenzunehmen; daß es mit diesem Buche gar nicht gemeint ist, es solle zu solchem Gebrauche benutzt werden; daß es vielmehr nur als ein Lehrgang soll angesehen werden, den der Lehrer mit einer den jedesmaligen Schülern angepaßten Lehrweise in lebendigem Unterrichte zu führen hat. Dies macht sich aber im Allgemeinen so: Wenn die Schüler zu den fähigeren und schon eine einigermaßen bedeutende Vorbildung besitzenden gehören, so mag ihnen der Lehrer immer, um sie ihre Kraft üben zu lassen und rasch vorzuschreiten, im Wesentlichen das Studium der Theorie selbst überlassen und sich damit begnügen, falsch Aufgefaßtes, wie sich das bei Durchnahme der Uebungen schon herausstellen wird, zu berichtigen und Unverstandenes auf ihr Befragen zu verdeutlichen; bei weniger Befähigten kann der Inhalt des zu jeder Uebung gehörigen Theils der Theorie zuerst von dem Lehrer erklärt werden, so daß die Schüler im Stande sind, den dahin gehörigen theoretischen Abschnitt mit vollem Verständniß zu lesen und auf die betreffende Uebung anzuwenden; bei noch weniger Befähigten kann von den Uebungen zur Anschauung ausgegangen, die Theorie aus denselben entwickelt und so auf das Verständniß der dieser in dem Buche gegebenen Fassung hingewirkt werden; ja, bei noch weniger Befähigten kann der Lehrer die in dem Buche gegebene Fassung der Theorie als blos für ihn vorhanden betrachten, das Wesentliche derselben für die Schüler den Uebungen zur Anschauung entnehmen und mit ihnen selbst, ehe er schriftlich arbeiten läßt, mündlich die Uebungen zur Anwendung durchgehen. In allen Fällen aber wird es, mit wenigen Ausnahmen, vortheilhaft sein, sowohl die Uebungen zur Anschauung als auch die zur Anwendung schriftlich ausarbeiten zu lassen, dieselben jedesmal nach ihrer Korrektur zum Auswendiglernen aufzugeben und sie dann nach Zeit und Umständen zu freien mündlichen Uebungen im Gedankenausdrucke durch Umformung, Erweiterung oder Verbindung vielseitig zu benutzen. Zur Vorbereitung und Erleichterung solcher mündlicher Uebungen kann man sich Hefte anlegen, die am besten blos spanisch geschrieben werden, damit man einen größeren Wechsel in die bald spanisch, bald deutsch vorzusprechenden Sätze bringen könne. Mit Hülfe einiger Eigennamen, unbestimmten Pronomen, Adverbien und andrer indeklinablen

Wörter, die man diktirt, kann man schon die ersten Uebungen, welche bloß die Konjugationsformen betreffen, nachdem sie in ihrer vorliegenden Gestalt gehörig durchgemacht sind, zu mündlichen Uebungen benutzen, was namentlich jüngern Schülern ein großes Vergnügen macht und ein großer Sporn für sie ist. Auf solche Weise habe ich namentlich mein englisches Lehrbuch bei sehr verschiedenen Schülern mit dem größten Erfolge gebraucht. — Aus diesen Angaben wird man ersehen, auf wie mannichfaltige Weise dies Buch zu gebrauchen und bei wie verschiedenartigen Leuten dasselbe anwendbar ist, und man wird auch darin einen Vortheil sehen müssen, der Lehrbüchern, die ihrer ganzen Haltung nach nur auf die niedrigsten Bildungsstufen berechnet sind, abgeht.

Um das Buch noch brauchbarer und reichhaltiger für den Schul- und Privatunterricht und namentlich auch für solche Schüler zu machen, welche sich vermöge ihrer Lebensverhältnisse mit einer nicht weit über die Formenlehre hinausgehenden Kenntniß der Grammatik genügen lassen müssen und können, dabei aber mehr Sprachstoff bedürfen oder wünschen, als bis zu dieser Stufe in den Uebungen gegeben werden konnte, war es erst meine Absicht, demselben noch einige leichte Lesestücke mit erklärenden Noten beizufügen. Es fand sich aber beim Druck desselben, daß dies den Umfang des Buches zu sehr würde angeschwellt haben; der Herr Verleger ist daher mit mir übereingekommen, das in dieser Absicht gesammelte Material als ein besonderes, aber immer noch mit dieser Grammatik durch vielfache Hinweisungen in nahem Zusammenhang stehendes Lesebuch drucken und mit der Grammatik zugleich erscheinen zu lassen.

Schließlich bemerke ich noch, daß auf die Korrektheit des Drucks große Sorgfalt verwendet worden ist. Es sind aber dennoch einige Druckfehler stehen geblieben, von welchem ich die, welche mir zu Gesicht gekommen, am Schlusse des Buches angemerkt habe. Ich bitte, dieselben vor dem Gebrauche desselben verbessern zu wollen.

Bremen, den 10. Juli 1861.

H. W. A. Kotzenberg.

Inhalt.

Seite

Seite

Drittes Kapitel. Vom Verb.

Bildung der Verben.

Wurzelverben. Abgeleitete Verben. Verfahren bei der Ableitung. Zusammengesetzte Verben. Aechte Zusammensetzungen und Bedeutung der Vorsilben. Unächte Zusammensetzungen oder verbale Phrasen nach ihren Arten .... 53 — 60

Grammatisches Verhalten der Verben.

Verbale Begriffswörter. A. Das Verb in seiner Beziehung zum Subjekt. Aktive und passive Form. Vertauschung des letzteren mit der reflexiven Form 61

Persönliche und unpersönliche Verben. Mangel eines grammatischen Subjekts bei den letzteren. Unverträglichkeit der passiven Form mit der unpersönlichen und Vertretung dieser Verbindung durch das unpersönliche Reflexiv. Arten der eigentlichen unpersönlichen Verben. Persönliche Verben, welche unpersönlichen deutschen entsprechen .... 61 — 64

B. Das Verb in seiner Beziehung zu Objekten. Transitive und intransitive Verben. a) Transitive spanische Verben, welche intransitiven deutschen entsprechen. b) Transitive deutsche Verben, welche transitiven spanischen entsprechen. c) Verben, die bei zwei Objekten im Spanischen das sachliche und im Deutschen das persönliche zum leidenden Gegenstande haben 64 — 68

Reflexive Verben. Ausgedehnte Anwendung der reflexiven Form, namentlich auch in unpersönlicher Weise. Aechte Reflexiven. Wirkung der reflexiven Form hinsichtlich der Bedeutung .. 68 — 70

C. Das Verb in seiner Beziehung zu Attributen. Verben, welche sich auf ein Attribut des Subjekts beziehen. Unterschied zwischen ser und estar. Verben, welche im Sinn von „sein," „werden," „bleiben," „scheinen," „gelten" oder „heißen" gebraucht werden .... 70 — 73

Verben, welche sich auf das Attribut eines Objekts beziehen, indem sie die Verbindung ihres Objekts mit einem demselben durch „sein," „werden," „bleiben," „scheinen," „gelten" oder „heißen" beizulegenden Attribute vermitteln .... 73 — 75

D. Das Verb als Ausdruck substantivischer und adjektivischer Begriffe. Das Verb im Infinitiv. Verbindung des Infinitives und infinitivischer Ausdrücke mit adjektivischen Wörtern, wie mit Präpositionen. Der Infinitiv als Subjekt, als Objekt und als Attribut. Attributiver Infinitiv in eigentlich infinitivischer und in partizipialer Bedeutung in unvermittelten (beiwörtlichen) und vermittelten (attributiv-objektivischen) Verhältnissen .... 75 — 80

Das Verb im Partizip und Gerundium. Das Partizip. Sein Gebrauch in unmittelbaren und vermittelten attributiven Verhältnissen und Bezeichnung seiner Beziehung durch die Geschlechts- und Zahlflexion (Konkordanz). Sein Gebrauch

Seite

zur Bildung zusammengesetzter Zeitformen. Unterschiedene Partizipialformen einiger Verben für beide Gebrauchsarten. Völlig zu Adjektiven gewordene Partizipien. Substantivischer Gebrauch von Partizipien und partizialen Ausdrücken 81 — 85

Das Gerundium. Seine Unfähigkeit unmittelbares (beiwörtliches) Attribut zu sein. Sein Mangel an adjektivischen Flexionsformen und seine Verbindung mit en. Ganz adverbialer Gebrauch des Gerundiums. Ausdrucksformen, welche durch Auslassung von estando entstehen.......... 85

Verbale Formwörter. Hülfsverben der Ausdrucksform. Ser und verse als Hülfsverben der Passiven, estar, ir, andar, continuar, seguir und proseguir als Hülfsverben der umschreibenden Form. Unterscheidung derselben als solcher und als Hauptverben in ähnlichen Verbindungen 86

Hülfsverben der Zeit. Haber als Hülfsverb der zusammengesetzten Zeitform und der Umschreibung des Futurs und Posteriors. Ir und acabar als Hülfsverben der unmittelbaren Folge und des unmittelbaren Vorhergehens in der Zeit 86 — 88

Hülfsverben des Modus. Venir, llegar und dejar als Hülfsverben der Wirklichkeit, poder, saber, lograr, acertar, alcanzar, haber und caber als solche der Möglichkeit und querer, deber, haber, tener und necesitar als solche der Nothwendigkeit.................................. 88 — 91

Hülfsverben der Wiederholung. Soler, acostumbrar, estilar und volver 92

Viertes Kapitel. Vom Substantiv.

Bildung der Substantiven.

Stämme, Sproßformen, ihre Haupt-Arten und deren Endungen, namentlich Diminutiv- und Augmentativformen. Zusammengesetzte Substantiven. Rechte Zusammensetzungen und substantivische Phrasen.............................. 92 — 100

Grammatisches Verhalten der Substantiven.

Eigentliche Substantiven (substantivische Begriffswörter). Verhältniß der Substantiven zum Geschlecht. Bestimmung ihres Geschlechts nach der Bedeutung und nach der Wortform 100 — 108

Verhältniß der Substantiven zur Zahl. Substantiven, welche beider Zahlformen fähig sind. Unterschied im Gebrauch der Zahlformen im Spanischen und Deutschen, und Substantiven, welche, meist abweichend vom Deutschen, immer in Pluralform gebraucht werden. Pluralformen mit abweichender Bedeutung von der der Singularform........ 108 — 112

Adjektivischer Gebrauch der Substantiven. Das Substantiv mit lo 112 — 113

Pronomen (pronominelle Substantiven oder substantivische Formwörter). Unbestimmte Pronomen. Ihre Bedeutung. Ihre Verbindung mit attributiven Bestimmungen. Adverbialer Gebrauch von algo, alguna cosa und nada. Formen,

Seite

durch welche der Mangel eines dem deutschen „man" entsprechenden unbestimmten Pronomens ersetzt wird........ 113 — 115
Personalpronomen. Ihr Verhältniß zum Geschlecht und zur Zahl. Vertretung des Pronomens der zweiten Person durch gewisse Ausdrücke der Anrede und Gebrauch der dritten Person des Verbs statt der zweiten als Folge davon. Seltene Auslassung der Nominativformen und pleonastischer Gebrauch der Dativ- und Akkusativformen. Stellung der Nominativ-, Genitiv- und namentlich Dativ- und Akkusativformen. Gegenseitige Vertretung der Kasusformen. Ello, le und lo in demonstrativer Bedeutung. Beziehung von Attributen auf Personalpronomen. Die Akkusativformen der dritten Person als untrennbare Bestandtheile gewisser verbaler Phrasen, und im Sinne von Umfangswörtern.... 115 — 123
Substantivische Interrogativpronomen. Ihre Bedeutung. Verbindung mit Attributen. Adjektivischer Gebrauch von que. Gebrauch von quien und que im Sinne von Ausdrücken anderer Wortarten. Quien und que als Relativen...... 123 — 127

Fünftes Kapitel. Vom Adjektiv.

Bildung des Adjektivs.

Stämme, Sproßformen, ihre Haupt-Arten und deren Endungen, namentlich Diminutiv- und Augmentativformen. Zusammengesetzte Adjektiven. Rechte Zusammensetzungen und adjektivische Phrasen.................................. 127 — 131

Grammatisches Verhalten der Adjektiven.

Adjektivische Begriffswörter (adjektivische Merkmalswörter oder eigentliche Adjektiven). A. Das Adjektiv in seiner attributiven Beziehung. Adjektiven, welche in allen drei attributiven Beziehungen gebraucht werden, die welche abweichend vom Deutschen nur in unmittelbarer, und die, welche nur in mittelbarer Beziehung vorkommen .... 131 — 133
B. Das Adjektiv nach seiner objektiven Beziehung oder Rektion. Uebereinstimmung der Adjektiven mit den deutschen als absolute und relative Adjektiven, relative Adjektiven mit einem sachlichen und solche mit einem persönlichen Objekte. Abweichung von den deutschen in ihrer Unfähigkeit einen Kasus zu regieren 133
C. Das Adjektiv nach seinem substantivischen Gebrauche. Allgemeine Uebereinstimmung mit dem Deutschen und abweichende Fälle. Auslassung des Beziehungswortes beim beiwörtlichen Adjektiv und Entstehung von Adjektivsubstantiven 133 — 135
Adjektivische Form- oder Bestimmungswörter. Personaladjektiven oder Possessivpronomen. Ihre Entstehung aus der Genitivform des Personalpronoms. Vieldeutigkeit von su. Mi und vuestro in der Anrede, und ihre sonstige Auslassung

Zweites Kapitel. Vom attributiven Satzverhältnisse.

Seite

Viertes Kapitel. Vom attributiv-objektiven Verhältnisse.

Zweiter Abschnitt. Verbindung und äußere Beziehungen der Sätze.

Erstes Kapitel. Von den untergeordneten Sätzen.

Zweites Kapitel. Von den beigeordneten Sätzen.

Uebungen.

Vokabeln zu den Uebungen.

Erster Theil.

Etymologie.

Erster Abschnitt.

Schrift und Aussprache.

§ 1. Die Spanier bedienen sich gegenwärtig zur schriftlichen Darstellung ihrer Sprache in der Regel der großen und kleinen lateinischen Buchstaben, zu welchen, außer den auch im Deutschen üblichen Interpunktionszeichen, noch ein Akzent oder Tonzeichen (´), ein crema oder Trennungspunkte (¨), ein tilde oder Verschmelzungszeichen (~) und umgekehrte Frage- und Ausrufungszeichen hinzukommen; k und w kommen indeß nur in fremden Wörtern vor, und statt ph wird in den aus dem Griechischen stammenden Wörtern nur f geschrieben.

Anmerk.: Früher hatte man als Schriftzeichen auch noch eine cedilla (¸), welche, unter ein c gesetzt, demselben vor a, o oder u einen jetzt durch z bezeichneten Lispellaut gab, so wie eine capucha (^), welche man über einen Vokal setzte, wenn ein davorstehendes ch wie k, oder ein davorstehendes x wie ks ausgesprochen wurde; diese Hülfszeichen sind aber jetzt ganz außer Gebrauch.

§ 2. Gewöhnlich werden alle Wörter mit kleinen Buchstaben geschrieben, und man gebraucht große Buchstaben nur

a) zu Anfange eines Satzes oder einer Verszeile,
b) als Anfangsbuchstaben von Eigennamen und denjenigen andern Substantiven, welche, wie „der Hof“, „die Residenz“ u. s. w. als Eigennamen gebraucht werden, oder deren Begriff überhaupt hervorgehoben werden soll,
c) als Anfangsbuchstaben der Benennungen Gottes und seiner Eigenschaften,
d) als Anfangsbuchstaben von Titeln, und
e) als Abbreviaturen und Zahlzeichen.

§ 3. Der Akzent dient nach seiner eigentlichen Bestimmung zur Bezeichnung der von der Regel abweichenden Betonung einer Silbe; doch gebraucht man ihn auch

a) zur Unterscheidung der Fragewörter von anderen gleichlautenden Wörtern, namentlich Relativen, und andrer gleichlautender Ausdrücke, z. B. qué „was"? que „was", „daß", cómo „wie"? como „wie", sí „ja", „sich", si „wenn", „ob", dé „ich oder er gebe", de „von", sé „sei", se „sich", vé „geh", ve „sieh oder er sieht", tú „du", tu „dein" mí „mir", „mich", mi „mein" u. s. w., und

b) wenn ein einzelner Vokal als Wort steht, jedoch mit Ausnahme von y.

§ 4. Das crema steht gewöhnlich nur über dem u der Buchstabenfolgen gue und gui, um anzuzeigen, daß in denselben dieser Buchstabe nicht, wie sonst, ein stummes Zeichen sein soll, sondern auszusprechen ist; zuweilen wird es auch, namentlich von Dichtern, auf ein i oder u gesetzt, wenn dieses nicht mit einem andern vorangehenden oder nachfolgenden Vokal in einen Diphthongen zerfließen soll.

§ 5. Das tilde kommt nur über dem n vor und bildet mit demselben einen eigenen, in dem Alphabete immer besonders nach dem n aufgeführten Buchstaben (ñ), welcher dem französischen gn entspricht.

§ 6. Die umgekehrten Frage- und Ausrufungszeichen werden, namentlich in Druckschriften, gebraucht, um den Anfang einer Frage oder eines Ausrufes zu bezeichnen.

§ 7. Die übrigen Interpunktionszeichen werden im Allgemeinen wie im Deutschen gebraucht; doch richtet sich ihre Setzung nicht so sehr nach dem gegenseitigen Verhältnisse der Sätze, als nach den in der Rede zu machenden Pausen, und es werden daher untergeordnete Sätze nicht, wie im Deutschen, von den ihnen übergeordneten durch Komma geschieden, wenn der Uebergang zu ihnen ohne Pause geschieht, in beigeordneten Sätzen dagegen häufig Komma gebraucht, wo solche im Deutschen wegen ihrer Zusammenziehung nicht gesetzt werden.

§ 8. Die Buchstaben werden im Spanischen folgendermaßen benannt: a ah, b beh, c ßeh (mit gelispeltem ß), ch tsche, d deh, e eh, f efe, g chhe, h atsche (tsch etwas weich gesprochen), i ih, j chhota, k ka, l ele, ll elje, m eme, n ene, ñ enje, o oh, p peh, q kuh, r erre, s eße, t teh, u uh, v be (das b sehr weich gesprochen) oder u konsonante, w doble u konsonante, x ekhis, y i griega, z ßehta (mit gelispeltem ß).

§ 9. Unter den Buchstaben sind a, e, i, o, u Vokale, die übrigen aber Konsonanten, jedoch mit theilweiser Ausnahme von y, welches, wenngleich gewöhnlich Konsonant, doch in dem Worte y „und" Vokal ist und von Vielen auch noch in den zu Ausgang der Wörter stehenden Diphthongen ai, ei, oi und ui statt des i gebraucht wird.

Anmerk. Früher schrieb man diese Diphthongen auch in der Mitte oder im Anfange der Wörter mit y, z. B. oygo, bayle, alcayde, afeytar u. s. w. Dies ist aber jetzt allgemein verworfen, und es ist daher nur konsequent, daß die neuste Orthographie das y auch am Ende der Wörter in diesen Diphthongen verwirft.

§ 10. Eigentliche Doppelbuchstaben, d. h. solche, die zu einer Silbe gehören, giebt es im Spanischen nicht, und, wenn zwei gleiche Buchstaben, was nur bei aa, ee, oo, cc, nn und rr Statt finden kann, auf einander folgen, so gehören sie immer verschiedenen Silben an; zwei e können einander sogar nur folgen, wenn sie unterschiedene Laute bezeichnen.

§ 11. Diphthongen giebt es im Spanischen nur, wenn wenigstens einer der Vokale ein i oder u ist, und zu einem Triphthongen gehören entweder beide, oder derselbe kann auch zwei i enthalten. Es sind ai, au, ei, eu, oi, ou — ia, ie, io, iu, ua, ue, ui, uo und iai, iei, uai und uei. In allen anderen Vokalfolgen gehört jeder der Vokale einer besonderen Silbe an, und in manchen Fällen werden auch Vokalfolgen mit i oder u in verschiedene Silben getheilt, namentlich das ia in den Konjugationsendungen.

§ 12. Die spanische Sprache hat auch etwas den deutschen Umlauten Aehnliches, indem bei manchen Abänderungsvorgängen, und namentlich bei der Konjugation einiger Verben, das in der Grundform unbetonte e oder o sehr oft, und besonders wenn der Ton darauf fällt, in ie und i, oder in ue und u verwandelt wird, und umgekehrt. Die Diphthongen ie und ue, und die Vokale i und u sind daher in solchen Fällen als eine Art Umlaute anzusehen.

§ 13. Die Aussprache der Buchstaben verhält sich, so weit sich dies durch Schrift darstellen läßt, wie folgt:

A. Vokale.

1) a, e und o lauten gedehnt und geschärft ganz wie im Deutschen; doch nimmt das gedehnte o vor dem r gewöhnlich etwas von dem Laute des Niedersächsischen å, und das gedehnte e ebenfalls vor r und sonst oft als Auslaut oder in Diphthongen etwas von dem Laute des hochdeutschen ä an, z. B. da, dan, de, den, no, dos, señor, traer, dedo, rei, reuma, duelo.

2) i und u haben immer nur den einen reinen I- und U-laut, der ihnen im Deutschen bei der Dehnung, wie z. B. in „mir" und „nur", gegeben wird, und dürfen, auch wenn sie geschärft sind, nie, wie in den deutschen Wörtern „mit" und „um", getrübt werden, z. B. mi, tu, mil, sin, abismo, un, fondo, mundo, bulto, gusto; das u ist jedoch in den Buchstabenfolgen gue, gui, quo und qui stumm.

3) y lautet immer wie i, z. B. y, muy, rey, estay.

Dieselben Laute behalten die Vokale auch in allen diphthongischen oder triphthongischen Verbindungen, bei welchen i und u als flüssige Laute nur weniger gehört werden, z. B. baile, traigo, aumento, maula, rei, deleite, reuma, Europa, doi, oigo, pierdo, guarda, duermo, buei.

B. Konsonanten.

1) f, k, l, m und p werden ganz wie im Deutschen gelesen, z. B. fofo, Lola, amo, palma, mapa, fama, felpa.

2) b, d, n, r, t und x sind nur in so fern vom Deutschen abweichend, als
   a) das b überhaupt weicher gesprochen wird, z. B. bobo, bala, lobo, nabo;
   b) das d als Auslaut eines Wortes und in der Endung ado fast unmerklich antönt und dabei in dem ersten Falle, namentlich in

Altkastilien, oft von einem leisen Zischen begleitet ist, z. B. dad, dado, amad, amado, lid, bebed, ataud, bondad, maldad, abad;

c) das n im Auslaute eines Wortes den sonst auch, wie im Deutschen, vor Kehllauten (g und k) gemilderten Laut hat, z. B. iman (Vergleiche „Mang-el"), ademan, fin, leon, bien, buson;

d) das r, dessen Laut immer mit der Zungenspitze gebildet wird, als Anlaut eines Wortes immer, als Anlaut einer Silbe im Worte aber nur nach l, n, r und s stark gerollt, sonst aber sehr weich gesprochen wird, z. B. Roma, robo, rana, alrededor, enredo, morro, perro, Israel, moro, pero, fruto, brillon, amargo, Burgos, amor, rubor, andar, beber;

e) das t immer nur den einen T-Laut hat und nie, wie in „Nation", gleich z lautet, z. B. tio, manantial, und

f) das x, wenn es vor Konsonanten steht, was indeß nach der neusten Orthographie nicht Statt hat, stets wie s lautet, z. B. exponer, expediente, exterior, mixto, texto.

Anmerk. Die neueste Orthographie schreibt, dem einmal angenommenen Grundsatze, sich nach der Aussprache zu richten, konsequent folgend, solche Wörter mit s, also esponer, espediente etc.

3) Die übrigen Konsonanten weichen entschiedener vom Deutschen ab und verhalten sich in ihrer Aussprache, wie folgt:

a) Das h ist in der Regel nur ein stummes, bloß der Abstammung und Unterscheidung halber bei manchen Wörtern beibehaltenes Zeichen und wird nur vor ue leise und etwas dem ch ähnlich gehört, z. B. humo, hora, honor, humilde, ahora, deshora, — huele, huebra, huerta, hueso.

b) Das ch wird dem tsch ähnlich, doch weicher gesprochen (gleich dem ital. c in cecità), z. B. mucho, muchacho, leche, pecho, chiste, chinche, chupa, chufletero.

c) Das j lautet dem ch, doch mit Vertönung des h, ähnlich, z. B. rojo, influjo, traje, faja, hijo, jota, jamon, jaula, Jaime, juramento, jefe.

d) Das ll wird wie lj (ähnlich dem franzöſ. l mouillé, doch mit größerer Anlehnung des l) gesprochen, z. B. botella, batalla, mullir, mejilla, lleno, lloron, llamar, llanura.

e) Das ñ lautet wie nj (ähnlich dem franz. gn, doch mit stärkerer Antönung des n), z. B. año, baño, montaña, castaña, tañer, reñir, doño.

f) Das q, welches immer das stumme u nach sich hat und mit demselben nur vor e oder i gebraucht wird, lautet wie k, z. B. que, quina, buque, quilate, tiquiñaque.

g) Das s hat stets den Laut des ß und wird, wenn auch am Ende der Wörter leiser, doch nie weich, wie das deutsche s, gesprochen, z. B. se, si, mesa, oso, seso, salsa, damos, hemos, mesas, plumas.

Anmerk. Das s hat als Anlaut einer Silbe im Worte nie ein s als Auslaut der vorhergehenden Silbe vor sich, und der einem so anlautenden s vorangehende Vokal ist daher nie geschärft, wie in „Masse,“ „Messe,“ „wissen,“ „müssen,“ sondern tönt rein aus, wie in „Straße,“ „große,“ „gießen,“ „Süße.“

b) Das v lautet einem weichen b ähnlich und wird gewöhnlich dem spanischen b völlig gleich gesprochen, so daß zwischen varon und baron, valido und balido gar kein Unterschied gemacht wird.

Anmerk. Die Akademie, Salvá und Andre wollen freilich, daß man das v durch einen leichten Druck der obern Schneidezähne gegen das Innere der Unterlippe von dem nur durch einen Zusammendruck der Lippen gebildeten b unterscheide; allein die Bemerkung Salvá's, daß es gut sein würde, sich der Unterscheidung wegen an diese Aussprache des v zu **gewöhnen**, neben der Behauptung, daß die obengenannten Wörter in der Regel völlig gleich lauten, beweist, daß die empfohlene Aussprache ganz gegen den allgemeinen Gebrauch, also nicht volksthümlich ist.

i) Das y hat genau den Laut des mit einem nachfolgenden Vokal eine diphthongische Verbindung eingehenden i (ähnlich dem engl. y), z. B. ya, yo, yelmo, yerba, yerno, yugo, royeron, leyendo, fluye.

k) Das z wird wie ein gelispeltes ß gesprochen, indem man die Zungenspitze an den Rand der obern Schneidezähne legt und scharf zischt, z. B. zona, zozobra, zapato, zorra, baza, razon, voz, vez, juez.

l) Das c hat einen zweifachen Laut, indem es in allen Fällen, wo es nicht vor e oder i steht, wie k, vor einem e oder i aber ganz wie das eben beschriebene z gesprochen wird, z. B. cacao, cola, cura, clamor, crudo, actor, recto, — cena, ceniza, ciencia, cilicio, mece, zurcir, — accion, diccion, afliccion, — cuadro, cuando, cuero, cuota, cuestion.

Anmerk. Der K-Laut kann vor e und i nur durch qu bezeichnet werden.

m) Das g hat ebenfalls einen zweifachen Laut, indem es in allen Fällen, wo es nicht vor e oder i steht, wie das Deutsche g, vor e und i aber wie das vorhin (unter e) beschriebene j lautet, z. B. gana, gota, gusto, daga, garganta, globo, grano, digno, magnanimidad, — genio, gente, gesto, giro, gitano, — gigante, gerigonza, negligente.

Anmerk. Der Laut des deutschen g wird vor e und i immer dadurch bezeichnet, daß man dem g das stumme u (Siehe Vokale unter 2) hinzufügt; die Lautverbindungen „gue“ und „gui“ aber schreibt man immer güe und güi (Vergleiche § 4). Beispiele: guerra, guia, guitarra, guinea, guinda, azogue, siguiente, sanguijuela, ceguedad, — agüero, vergüenza, antigüedad, güiro, sangüis, argüir.

§ 14. Die **Gliederung der Wörter in Silben** beim Sprechen (Lesen) und Schreiben richtet sich nach der **Zahl der Vokallaute**, mögen sie durch einfache Vokale, Diphthongen oder Triphthongen dargestellt sein, und man beobachtet dabei hinsichtlich der Konsonanten folgende Regeln:

1) Ein einfacher Konsonant, als welcher namentlich auch das ch und das ll angesehen werden, ist immer Anlaut, z. B. a-mi-go, hu-mo, a-ho-ra, ni-do, pu-ña-la-da, se-xo, a-ne-xo, a-zo-gue, ñi-qui-ña-que, ca-lle, bo-te-lla, a-que-llo, mu-cha-cho, ca-chu-cha.

2) Von zwei Konsonanten gehört der erste zur vorhergehenden und der zweite zur nachfolgenden Silbe; doch werden beide zur nachfolgenden Silbe gezogen, wenn der zweite ein l oder ein r ist, die Fälle jedoch ausgenommen, in welchen dem r ein s, und dem l ein s oder t vorangeht, z. B. ar-der, an-ge-lo-te, en-mien-da, has-ta, ad-he-rir, fran-ces, con-ten-to, am-nis-ti-a, ag-na-do, ac-ci-den-te, ar-ro-yo, en-mu-de-cer, — so-plo, en-no-ble-cer, ne-gli-gen-te, pan-tu-flo, ne-gro, a-za-fran, lo-bre-guez, ma-tro-na, a-tros, — at-le-ta, is-le-ño, es-la-bon, mus-lo, is-ra-e-li-ta.

3) Von drei Konsonanten gehört nur der letzte zur nachfolgenden Silbe, oder, wenn dies ein l oder ein r ist, die beiden letzten, z. B. obs-tan-te, cons-tan-te, — e-jem-plo, re-gis-tro.

4) Von vier Konsonanten gehören immer zwei zur vorhergehenden und zwei zur nachfolgenden Silbe, z. B. ins-truc-ci-on, cons-tric-ti-vo.

Von den Regeln 1 und 2 machen übrigens die Zusammensetzungen eine Ausnahme, da diese immer nach ihren Bestandtheilen getrennt werden, z. B. des-a-cier-to, ex-an-güe, in-er-me, sub-ar-rien-do, trans-al-pi-no.

§ 15. In jedem mehrsilbigen Worte wird stets eine Silbe durch eine stärkere Betonung vor den andern hervorgehoben. Diese Betonung richtet sich im Wesentlichen nach dem Ausgange der Wörter und ist folgenden Regeln unterworfen:

a) Unflektirte Wörter, welche auf einen Vokal oder auf einen Diphthongen, dessen erster Buchstabe ein i oder u ist, ausgehen, haben den Ton auf der vorletzten Silbe, z. B. amo, amigo, bola, Granada, tribu, cuerda, triste, deseo, canoa, pelea, sarao — academia, especie, vicio, bullicio, agua, tregua, exangüe.

b) Unflektirte Wörter, welche auf einen Konsonanten oder einen Diphthongen, dessen letzter Buchstabe i (oder u) ist, ausgehen, haben den Ton auf der letzten Silbe, z. B. virtud, desden, capaz, amistad, tribulacion, carei, convoi, guirigai.

c) Flektirte Wörter haben den Ton immer auf der vorletzten Silbe, z. B. amos „Herren", amigos „Freunde", estos „diese", muchos „viele", vienes „du kommst", hablan „sie sprechen", perdemos „wir verlieren", amabais „ihr liebtet", comisteis „ihr aßet."

Abweichungen von diesen Regeln werden durch Akzente (Siehe § 3) bezeichnet, mit Ausnahme von aunque „obgleich", porque „weil" und sino „sondern", obwohl sie gegen die Regel den Ton auf der letzten Silbe haben, so wie der Eigennamen auf ez, welche gewöhnlich ohne Akzent geschrieben werden, obgleich ihre vorletzte Silbe betont wird. Beispiele: Papá, mamá, así, Perú, Córdoba, báculo, género, sábado — Guipúzcoa, Mediterráneo, héroe, línea, idóneo, hercúleo — poderío, alegría, María, todavía, salúa, — ángel, órden, ántes, ménos, César, régimen — ángeles „Engel", órdenes „Befehle", amáis „ihr liebt", comeré „ich werde essen", estás „du bist", amó „er liebte", andábamos „wir gingen", tenéis „ihr habt", decís „ihr sagt", tuviésemos „wir hätten". — Gomez, Gutierrez, Sanchez.

Anmerk. In den Konjugationsendungen ist die Buchstabenfolge ia nicht, wie gewöhnlich, Diphthong (Siehe § 11), und es wird daher das i, welches darin den Ton hat, in allen Personen, außer der ersten im Plural, der Regel gemäß ohne Akzent geschrieben, z. B. temias, „du fürchtetest", temiais „ihr fürchtetet", temian „sie fürchteten" temíamos, „wir fürchteten."

Zweiter Abschnitt.

Die Flexion der Wörter.

I. Kapitel.

Die Konjugation.

§ 16. Die *Konjugation* umfaßt im Spanischen zunächst drei verschiedene *Ausdrucksformen*, nämlich

eine *aktive* und eine *passive*, entsprechend den deutschen Ausdrücken „schreiben" und „geschrieben werden", von welchen dann die *erstere* wieder in eine *grade* und eine *umschreibende* zerfällt, wie es sich beispielshalber im Deutschen an den Ausdrücken „schreiben" und „schreibend sein" andeuten läßt.

§ 17. In jeder dieser Ausdrucksformen unterscheiden sich sodann, etwas anders als im Deutschen, *viererlei Gebrauchsformen*, nämlich

1) eine in mehrere Unterabteilungen zerfallende *Aussageform*, in welcher das Verb, seiner *eigentlichen* Bestimmung gemäß, zur *Aussage eines Prädikates* im Satze gebraucht wird, wie z. B. im Deutschen in „Der Mann schreibt." „Wir schreiben." „Sie schreiben" u. s. w.

2) eine *adjektivische* Gebrauchsform, *Partizip*, in welcher das Verb zum *Ausdruck* eines *unmittelbar* oder *mittelbar* auf ein Ding bezogenen *Merkmals* dient, wie z. B. im Deutschen in „Der *geschriebene* Brief." „Der Brief ist (scheint) *geschrieben*." „Ich fand den Brief *geschrieben*."

3) eine *adverbial-adjektivische* Gebrauchsform, *Gerundium*, in welcher das Verb auch zum *Ausdruck* eines Merkmals, jedoch nur eines *solchen*, das *mittelbar* auf ein *Ding bezogen* wird, dient, z. B. im Deutschen in „Der Mann saß *schreibend* an seinem Tische." „Ich fand den Mann *schreibend*."

Anmerk. Obgleich das Gerundium nach den eben angeführten Beispielen dem aktiven Partizip im Deutschen zu entsprechen scheint; so ist es demselben doch keineswegs ganz gleich, da es nie unmittelbar attributiv, wie z. B. „schreibend" in „der schreibende Mann", gebraucht wird.

4) eine substantivische Gebrauchsform, Infinitiv, Nennform, in welcher das Verb zum Ausdruck eines Seins, oder zum Namen wird, wie z. B. im Deutschen in „Schreiben muß gelernt werden."

§ 18. Bei den drei letztgenannten Gebrauchsformen giebt es keine weitere Unterabtheilungen, als etwa, daß das Gerundium und der Infinitiv noch als ein Gerundium und Infinitiv der Gegenwart und der Vergangenheit erscheinen können, wie z. B. in „schreibend", „schreiben," „geschrieben habend" und „geschrieben haben"; in der erstgenannten dagegen, der Aussageform, giebt es eine Menge weiter unterschiedener einzelner Formen. Diese werden nun zunächst nach der Art der Aussage oder dem Modus eingetheilt in

1) Indikativformen oder Formen der wirklichen Aussage, wie z. B. im Deutschen in „Der Mann schreibt, hat geschrieben".
2) Konjunktivformen oder Formen der bloß vorgestellten, also nur möglichen oder fraglichen Aussage, wie z. B. im Deutschen in „Ich wünsche, daß der Mann schreibe." „Ich behaupte nicht, daß er es geschrieben habe." und
3) Imperativformen oder Formen der mit einem Begehr verbundenen möglichen Aussage, wie z. B. im Deutschen in „Schreibe, Knabe."

§ 19. Innerhalb der genannten Modusformen, jedoch nicht gleichmäßig in allen, giebt es mehrere Zeitformen, und zwar

I. als absolute Zeitformen oder solche, welche schlechthin Zeitverhältnisse zur Aussage bezeichnen,
1) das *Praesens* oder die Form der Gleichzeitigkeit mit der Aussage, z. B. „Er schreibt",
2) das *Perfekt* oder die Form der Vorzeitigkeit vor der Aussage, z. B. „Er hat geschrieben",
3) das *Futur* oder die Form der Nachzeitigkeit nach der Aussage, z. B. „Er wird schreiben" und
4) das *Futurperfekt* oder die Form der begränzten Nachzeitigkeit nach der Aussage, z. B. „Er wird um 2 Uhr geschrieben haben";

II. als relative Zeitformen oder solche, welche Zeitverhältnisse nicht unmittelbar zur Aussage, sondern zu einem der Aussage vorhergehenden Zeitpunkte bezeichnen,
1) das *Imperfekt* oder die Form der Gleichzeitigkeit des Bestehenden mit etwas schon Vergangenem, z. B. „Zu der Zeit schrieb man auf Papyrus" (d. h. das Schreiben auf Papyrus war damals stehender Gebrauch),

2) das *Perfekt Definitum* oder die Form der Gleichzeitigkeit des Geschehenden mit etwas schon Vergangenem, z. B. „Er schrieb dies in demselben Augenblicke",

Anmerk. Zur Erleichterung der anfangs schwierigen Auffassung des Unterschiedes dieser beiden Zeitformen dürfte sich ganz vorzüglich der doppelsinnige Satz: „Er nannte sich Meier" eignen. Wenn derselbe „Er hieß Meier" bedeutet; so hat man eine Gleichzeitigkeit des Bestehenden, wie sich dies auch im Präsens in „Er nennt sich Meier." = „Er heißt Meier" erkennen läßt. Bedeutet der obige Satz aber nur „Er gab Meier als seinen Namen an", mochte er nun wirklich so heißen, oder nicht; so hat man eine Gleichzeitigkeit des Geschehenden, wie sie sich ebenfalls auch im Präsens in „Er nennt sich Meier" = „Er giebt sich für einen Meier aus" zeigt. Vergleiche auch: „Was frißt der Hund?" = „Wovon nährt sich der Hund?" und „Was frißt der Hund da?" = „Was für Nahrung nimmt der Hund in diesem Augenblicke zu sich?"

3) das *Plusquamperfekt* oder die Form der Vorzeitigkeit des Bestehenden vor etwas schon Vergangenem, z. B. „Man hatte lange auf Papyrus geschrieben, als man das Lumpenpapier erfand",

4) das *Perfekt anterior* oder die Form der Vorzeitigkeit des Geschehenden vor etwas schon Vergangenem, z. B. „Nachdem er es geschrieben hatte, reichte er es umher",

Anmerk. Das Bestehende und Geschehende verhält sich in der Vorzeitigkeit anders, als in der Gleichzeitigkeit. Wenn man sagt: „Er hatte den Brief schon geschrieben, als ich hinkam", hat es die Vorstellung mehr mit der Folge als der Handlung des Briefschreibens zu thun, und diese Folge wird als eine schon vorhandene, bestehende dargestellt, eben so als wenn man sagte: „Der Brief war schon geschrieben, als ich hinkam." — Wenn man dagegen sagt: „So wie (als, sobald) er den Brief geschrieben hatte, schickte er ihn fort", hat es die Vorstellung, eben weil es hier eine unmittelbare Vorzeitigkeit ist, noch nicht mit der Folge, sondern mit der Handlung, mit dem Geschehenden zu thun, eben so als wenn man sagte: „Er schrieb den Brief und schickte ihn gleich darauf fort."

5) das *Posterior* oder die Form der Nachzeitigkeit nach etwas schon Vergangenem, z. B. „Er sagte, daß er den Brief schreiben würde" und

6) das *Posterior perfekt* oder die Form der begränzten Nachzeitigkeit nach etwas schon Vergangenem, z. B. „Er sagte, daß er den Brief gegen Abend geschrieben haben würde."

Alle diese Zeitformen gehören dem Indikativ an; dem Konjunktiv fehlen davon das Perfektum Definitum und das Perfektum anterior, und der Imperativ hat nur das Präsens.

§ 20. Unter diesen Zeitformen sind sodann schließlich noch, wie im Deutschen, dreierlei Personalformen, nämlich die der redenden, der angeredeten und der besprochenen Person, und zweierlei Zahlformen, nämlich die der Einheit (Singular) und Mehrheit (Plural) enthalten; doch hat das Präsens des Imperativs nur die zweite Person, und zwar in beiden Zahlformen; die demselben mangelnden andern Personalformen werden indeß durch die des Präsens im Konjunktiv ersetzt, und man gebraucht selbst die zweite Person im Singular und Plural des Präsens im Konjunktiv statt der Imperativformen, wenn das Geheiß mit einer Verneinung verbunden ist.

§ 21. Alle diese mannigfaltigen Konjugationsformen werden nun entweder bloß durch Veränderung an den Verben selbst gebildet, und dann nennt man sie einfach, oder es geschieht durch Verbindung der Verben mit solchen Formen anderer Verben, sogenannter Hülfsverben, und dann heißen sie zusammengesetzt. Zu den letztern gehören alle Formen des Passivs und des umschreibenden Aktivs, so wie die Formen des Perfekts, Plusquamperfekts, Anteriors, Futurperfekts und Posteriorperfekts im graden Aktiv und die des Infinitivs und Gerundiums der Vergangenheit, zu den erstern nur die des Infinitivs und Gerundiums der Gegenwart, des Partizips und die des Präsens, Imperfekts, Definitums, Futurs und Posteriors.

Bildung der einfachen Konjugationsformen.

§ 22. Bei der Bildung der einfachen Konjugationsformen betrachtet man den Infinitiv als die alle anderen bestimmende Grundform, und nimmt, seinen Ausgängen gemäß, drei verschiedene Konjugationen an, nämlich

1) die der Verben auf ar im Infinitiv, wie tomar „nehmen", hablar „sprechen", alabar „loben", desear „wünschen", profesar „bekennen" u. s. w.
2) die der Verben auf er im Infinitiv, wie comer „essen", beber „trinken", aprender „lernen", ofender „beleidigen" u. s. w. und
3) die der Verben auf ir im Infinitiv, wie vivir „leben", sufrir „leiden", recibir „empfangen", permitir „erlauben" u. s. w.

§ 23. Es werden aber nicht sämmtliche einfache Formen von dem Infinitiv selbst gemacht, sondern dies geschieht nur mit dem Futur im Indikativ, und mittelst dieses auch mit dem Posterior im Indikativ, und zwar so, daß man in allen drei Konjugationen nach der gewöhnlichen Folge der Personen und Zahlen bei der Bildung des Futurs dem Infinitiv einfach die Endungen é, ás, á, emos, éis, án hinzufügt, bei der Bildung des Posteriors aber diese Endungen mit ia, ias, ia, íamos, íais, ían vertauscht, z. B. tomaré „ich *) werde nehmen", tomarás „du wirst nehmen" u. s. w.,

*) Die Pronomen yo „ich", tú „du", él „er", ella „sie", ello „es", nosotros „wir", vosotros „ihr", ellos oder weiblich ellas „sie" werden im Spanischen nur dann den Verben beigesetzt, wenn die Person nachdrücklich hervorgehoben werden soll, oder die Endung und der Zusammenhang einen Zweifel über dieselbe zulassen.

tomaria „ich würde nehmen" u. s. w., comeré „ich werde essen", comerás „du wirst essen" u. s. w., comeria „ich würde essen" u. s. w., viviré „ich werde leben", u. s. w., viviria „ich würde leben" u. s. w. Die andern Formen werden dagegen von dem nach Abtrennung der Infinitivendungen ar, er und ir bleibenden Stamme, oder einer von diesem schon entstandenen Form gebildet, und man verfährt dabei folgendermaßen:

1) Unmittelbar vom Stamm bildet man

a) das Partizip, indem man demselben bei den Verben auf ar die Endung ado, bei den Verben auf er oder ir aber die Endung ido anhängt, z. B. tomado „genommen", comido „gegessen", vivido „gelebt";

b) das Gerundium, indem bei den Verben auf ar die Endung ando, bei den Verben auf er oder ir aber die Endung iendo an den Stamm gesetzt wird, z. B. tomando „nehmend", comiendo „essend", viviendo „lebend";

c) den Imperativ, indem man dazu bei den Verben auf ar im Singular a und im Plural ád, dagegen bei den Verben auf er oder ir im Singular e und im Plural éd oder id, je nachdem der Infinitiv auf er oder ir ausgeht, als Endungen gebraucht, z. B. toma „nimm", tomád „nehmet", come „iß", coméd „esset", vive „lebe" vivid „lebet";

d) das Präsens im Indikativ, indem man dem Stamme nach der gewöhnlichen Folge von Person und Zahl

aa) bei den Verben auf ar die Endungen o, as, a, amos, áis, an,

bb) bei den Verben auf er die Endungen o, es, e, emos, éis, en und

cc) bei den Verben auf ir die Endungen o, es, e, imos, ís, en anhängt, z. B. tomo „ich nehme", tomas „du nimmst", toma „er nimmt" u. s. w., como „ich esse", comes „du issest", come „er ißt" u. s. w., vivo „ich lebe" u. s. w.;

e) das Imperfekt im Indikativ, indem

aa) bei den Verben auf ar die Endungen aba, abas, aba, ábamos, abais, aban und

bb) bei den Verben auf er oder ir die Endungen ia, ias, ia, íamos, iais, ian

nach der gewöhnlichen Folge von Person und Zahl an den Stamm gesetzt werden, z. B. tomaba „ich nahm", tomabas „du nahmst" u. s. w., comia „ich aß", comias „du aßest" u. s. w. vivia „ich lebte" u. s. w.;

f) das Definitum, indem man nach der gewöhnlichen Folge von Person und Zahl

aa) bei den Verben auf ar die Endungen é, aste, ó, amos, asteis, aron und bb) bei den Verben auf er oder ir die Endungen í, iste, ió, imos, isteis, ieron

zum Stamme hinzufügt, z. B. tomé „ich nahm", tomaste „du nahmst" u. s. w., comí „ich aß", comiste „du aßest" u. s. w., viví „ich lebte" u. s. w.

Anmerk. Statt der Endungen aste und iste in der zweiten Person im Singular hört und liest man auch wohl astes und istes; diese Form ist aber veraltet, oder provinziell.

2) Nicht unmittelbar vom Stamme, sondern von einigen der vorhergehenden, schon von demselben hergenommenen Formen bildet man, und zwar

a) vom Präsens des Indikativs

das Präsens im Konjunktiv, indem man den Vokal der Endungen des Präsens im Indikativ

aa) bei den Verben auf ar in allen Personen mit e, dagegen

bb) bei den Verben auf er oder ir in allen Personen mit a

vertauscht, z. B. tome „ich nehme", tomes „du nehmest", tome „er nehme" u. s. w., coma „ich esse", comas „du essest", coma „er esse" u. s. w., viva „ich lebe" u. s. w.

b) vom Definitum

das Imperfekt, Futur und Posterior im Konjunktiv, indem man in allen drei Konjugationen die letzte Silbe der Endung der dritten Person im Plural (ron) dergestalt mit se, re und ra vertauscht, daß

aa) das Imperfekt des Konjunktivs

bei den Verben auf ar die Endungen ase, ases, ase, ásemos, aseis, asen, dagegen

bei den Verben auf er oder ir die Endungen iese, ieses, iese, iésemos, ieseis, iesen

bekommt, z. B. tomase „ich nähme", tomases „du nähmest" u. s. w., comiese „ich äße", comieses „du äßest" u. s. w., viviese „ich lebte" u. s. w.;

bb) das Futur im Konjunktiv

bei den Verben auf ar mit den Endungen are, ares, are, áremos, areis, aren, dagegen

bei den Verben auf er oder ir mit den Endungen iere, ieres, iere, iéremos, iereis, ieren

gemacht wird, z. B. tomare „ich werde nehmen", tomares „du werdest nehmen", tomare „er werde nehmen" u. s. w., comiere „ich werde essen", comieres „du werdest essen" u. s. w., viviere „ich werde leben" u. s. w., und

cc) das Posterior im Konjunktiv

bei den Verben auf ar die Endungen ara, aras, ara, áramos, arais, aran, dagegen bei den Verben auf er oder ir die Endungen iera, ieras, iera, iéramos, ierais, ieran

erhält, z. B. tomara „ich würde nehmen", tomaras „du würdest nehmen", tomara „er würde nehmen" u. s. w., comiera „ich würde essen", comieras „du würdest essen" u. s. w., viviera „ich würde leben" u. s. w.

Bei der Bildung des Gerundiums, der dritten Person des Singulars und Plurals im Definitum und der von diesem hergeleiteten Formen, nämlich des Imperfekts, Futurs und Posteriors im Konjunktiv, findet übrigens bei den Verben auf er oder ir, deren Stamm auf ch, ll oder ñ ausgeht, wie tañer „spielen", henchir „anfüllen", mullir „auflockern", bruñir „poliren", gruñir „grunzen" u. s. w., darin eine Abweichung statt, daß man in den Endungen dieser Formen das anlautende i wegläßt, z. B. tañendo „spielend", mulló „er lockerte auf", bruñere „er werde poliren" u. s. w.

§ 24. Nach Allem, was in den vorhergehenden beiden Paragraphen gesagt ist, gestaltet sich nun das allgemeine Schema der einfachen Konjugationsformen, wenn man den Stamm durch einen Strich bezeichnet und die wenigen Abweichungen der Verben auf ir von denen auf er der Darstellung dieser in Klammer beifügt, wie folgt:

Schema der einfachen Konjugation.

I. Konjugation.		II. Konjugation.	
Inf.	—ar	*Inf.*	—er (—ir)
Part.	—ado	*Part.*	—ido
Ger.	—ando	*Ger.*	—iendo, oder endo, wenn der Stamm auf ch, ll, ñ ausgeht.

Fut. Ind.	*Post. Ind.*	*Fut. Ind.*		*Post. Ind.*	
—aré	—aría	—eré	—iré	—ería	—iría
—arás	—arías	—erás	—irás	—erías	—irías
			u. s. w. für III.		u. s. w. für III.
—ará	—aría	—erá		—ería	
—aremos	—aríamos	—eremos		—eríamos	
—aréis	—aríais	—eréis		—eríais	
—arán	—arían	—erán		—erían	

Präs. Ind.	*Präs. Konj.*	*Imperat.*	*Präs. Ind.*	*Präs. Konj.*	*Imperativ.*
—o	—e	....	—o	—a	....
—as	—es	—a	—es	—as	—e
—a	—e	....	—e	—a	....
—amos	—emos	....	—emos (—imos)	—amos	....
—áis	—éis	—ád	—éis (—ís für III.)	—áis	—éd (—íd für III.)
—an	—en		—en	—an	....

I. Konjugation.		II. Konjugation.	
Impf. Ind.	*Definitum.*	*Impf. Ind.*	*Definitum.*
— aba	— é	— ia	— í
— abas	— aste	— ias	— iste
— aba	— ó	— ia	— ió oder ó, wenn der Stamm auf ch, ll oder ñ ausgeht.
— ábamos	— amos	— íamos	— imos
— abais	— asteis	— iais	— isteis
— aban	— aron	— ian	— ieron oder eron, wenn der Stamm auf ch, ll oder ñ ausgeht.

Impf. Konj.	*Fut. Konj.*	*Imperf. Konj.*	*Futur Konj.*
— ase	— are	— iese	— iere
— ases	— ares	— ieses	— ieres
— ase	— are	— iese	— iere
— ásemos	— áremos	— iésemos	— iéremos
— aseis	— areis	— ieseis	— iereis
— asen	— aren	— iesen	— ieren
		oder	
		— ese etc. und	— ere etc., wenn der Stamm auf ch, ll oder ñ ausgeht.

Post. Konj.	*Post Konj.*
— ara	— iera
— aras	— ieras
— ara	— iera
— áramos	— iéramos
— arais	— ierais
— aran	— ieran
	oder
	— era, etc., wenn d. Stamm auf ch, ll odr ñ ausgeht.

§ 25. Da es in der spanischen Sprache einige Laute giebt, welche je nach ihrer Verbindung mit andern Lauten, namentlich vor e oder i einerseits und vor a, o oder u andererseits, durch verschiedene Buchstaben bezeichnet werden, wie

1) der I-Laut durch i als In- oder Auslaut und durch y als Anlaut,

2) der U-Laut nach g durch u vor a oder o und durch ü vor e oder i,

3) der G-Laut durch g vor a, o oder u und durch gu vor e oder i,

4) der K-Laut durch c vor a, o oder u und durch qu vor e oder i.

5) der Hauchlaut ch durch j vor a, o oder u und durch g oder j vor e oder i,

6) der Lispellaut durch z vor a, o oder u und durch c oder z vor e oder i (Vergleiche die betreffenden Buchstaben in § 13); so muß, namentlich wenn der Stamm eines Verbs auf einen dieser Laute ausgeht, bei der Bildung der verschiedenen Formen zuweilen in der Bezeichnung solcher Laute ein Wandel eintreten, und es sind dabei folgende Regeln maßgebend:

1) Bei den Verben der zweiten und dritten Konjugation, deren Stamm auf einen Vokal ausgeht, wie roer „nagen", leer „lesen", creer „glauben", huir „fliehen", instruir „unterrichten", oir „hören" u. a. m., wird im Gerundium, in der dritten Person des Singulars und Plurals des Definitums und in den von diesem abgeleiteten Formen das anlautende i der Endung, weil es wegen des davorstehenden Vokals Anlaut einer Silbe wird, in y verwandelt, z. B. royendo, royó, royeron, royese, royere, royera u. s. w.

2) Bei den Verben der ersten Konjugation, deren Stamm auf die Silbe gu ausgeht, wie menguar „abnehmen", averiguar „erforschen", apaciguar „besänftigen" u. a. m. setzt man in allen Formen des Präsens im Konjunktiv und in der ersten Person des Singulars im Definitum, d. i. vor jeder Endung, welche e ist oder mit e anfängt, die in § 4 erwähnten Trennungspunkte über das u, z. B. mengüe, mengües, mengüé u. s. w.

3) Bei den Verben der ersten Konjugation, deren Stamm auf c oder g ausgeht, wie tocar „berühren", comunicar „mittheilen", vengar „rächen", halagar „schmeicheln" u. m. a. wird in allen Formen des Präsens im Konjunktiv und in der ersten Person des Singulars im Definitum zur Erhaltung des K- und des G-Lauts das c mit qu und das g mit gu vertauscht, z. B. toque, toques, toqué, venguemos, venguéis, vengué u. s. w.

4) Bei den Verben der zweiten und dritten Konjugation, deren Stamm auf c oder g ausgeht, wie vencer „siegen", zurcir „flicken", mecer „wiegen", afligir „betrüben", fingir „heucheln" u. a. m. vertauscht man in der ersten Person des Singulars im Präsens des Indikativs und in allen Formen des Präsens im Konjunktiv, um den auslautenden Lispel- oder Hauchlaut zu erhalten, das c mit z und das g mit j, z. B. venzo, zurza, mezas, aflijamos, finjáis u. s. w.

5) Bei den Verben der zweiten und dritten Konjugation, deren Stamm auf gu oder qu ausgeht, wie distinguir „unterscheiden",

delinquir „sich vergehen“ u. m. a. vertauscht man in der ersten Person des Singul. im Präsens des Indikativs und in allen Formen des Präsens im Konjunktiv, um den auslautenden G- oder K-Laut zu erhalten, das gu mit g und das qu mit c, z. B. distingo, distingas, delincas, delincamos u. s. w.

§ 26. Die im Vorhergehenden dargestellten Konjugationsformen erscheinen in der Schrift zuweilen mit gewissen Anhängseln (afijos), indem sie mit einer Dativ- oder Akkusativform der Personalpronomen, wie me „mir“ und „mich“, te „dir“ und „dich“, le „ihm“, „ihn“ und „ihr“, la „sie“, auch zuweilen „ihr“, lo „es“, auch zuweilen „ihn“, se „sich“, nos „uns“, os „euch“, les „ihnen“, los und weiblich las „sie“, ja mitunter auch mit zwei derselben, wenn sie dem Verb nachfolgen, in eins geschrieben werden, z. B. Tomólo „Er nahm es“. Alabáronle „Sie lobten ihn“. Ofendílos „Ich beleidigte sie“. Permitirse „Sich erlauben“. Creerántelo „Sie werden es dir glauben“. Diese Zusammenziehung in der Schrift findet übrigens nie bei Verneinungen, oder in Verhältnissen des Konjunktivs statt, muß indeß geschehen, wenn Konjunktivformen, jedoch ohne Verneinung, imperativisch gebraucht werden, oder wenn ein Verb im Imperativ, Infinitiv, Partizip oder Gerundium steht, und kann auch, soweit es der Wohllaut verstattet, im Indikativ eintreten, wenn gleich hier die Pronomen häufiger vorangehn. In allen Fällen aber, wo sie geschieht, ist damit bei den reflexiven und reflexivisch gebrauchten Verben im Plural des Imperativs und in der ersten Person des Plurals aller Zeitformen eine Abwerfung des Endkonsonanten verbunden, so daß man z. B. vengáos statt vengádos, ofendéos statt ofendédos, afligíos statt afligídos und vengaríamonos statt vengaríamosnos, ofendiámonos statt ofendiamosnos sagt. Eine Ausnahme hiervon macht nur der Imperativ idos „geht weg“ von irse „weggehen“ (buchstäblich „sich gehen“). Außerdem erhält das Verb in diesen Zusammenziehungen, zur Bewahrung seiner richtigen Betonung, dem § 15 gemäß, oft einen Akzent, wo es ihn außerhalb derselben nicht hat, z. B. Cómolo „Ich esse es“. Permitámonoslo „Erlauben wir es uns“. Alábanos „Sie loben euch“. Halagáronse „Sie schmeichelten sich“. Véncete „Besiege dich“.

Umlautung.

§ 27. Mit der Bildung der vorhin aufgestellten Konjugationsformen ist bei einigen Verben auch eine den Vokal ihres Stammes treffende Veränderung oder Umlautung (Siehe § 12) verbunden. Bei Verben der ersten und zweiten Konjugation besteht diese Umlautung nur in der Verwandlung von e (i) in ie oder von o (u) in ue und tritt auch nur da ein, wo der Ton auf den Stamm fällt, nämlich in den drei Personen des Singulars und in der dritten Person des Plurals im Präsens des Indikativs, Konjunktivs und Imperativs, z. B.

1. Konjugation.

pensar „denken."			contar „zählen."		
Präs. Ind.	*Präs. Konj.*	*Imp.*	*Präs. Ind.*	*Präs. Konj.*	*Imp.*
pienso	piense	....	cuento	cuente	....
piensas	pienses	piensa	cuentas	cuentes	cuenta
piensa	piense	....	cuenta	cuente	....
pensamos	pensemos	....	contamos	contemos	....
pensáis	penséis	pensád	contáis	contéis	contád
piensan	piensen	....	cuentan	cuenten	....

2. Konjugation.

entender „verstehen."			morder „beißen."		
Präs. Ind.	*Präs. Konj.*	*Imp.*	*Präs. Ind.*	*Präs. Konj.*	*Imp.*
entiendo	entienda	....	muerdo	muerda	....
entiendes	entiendas	entiende	muerdes	muerdas	muerde
entiende	entienda	....	muerde	muerda	....
entendemos	entendamos	....	mordemos	mordamos	....
entendéis	entendáis	entendéd	mordéis	mordáis	mordéd
entienden	entiendan	....	muerden	muerdan	....

Bei den Verben der dritten Konjugation dagegen findet neben dieser Verwandlung auch noch eine von e in i und von o in u Statt, und diese Umlautung trifft nicht bloß einige Verben in den oben bezeichneten Fällen, sondern sie geschieht auch, und zwar bei allen umlautenden Verben auf ir, im Gerundium, in der ersten und zweiten Person im Plural des Präsens im Konjunktiv und in der dritten Person im Singular und Plural des Definitums und den von diesem abgeleiteten Formen, z. B.

3. Konjugation.

sentir „fühlen." *Ger.* sintiendo.			pedir „bitten." *Ger.* pidiendo.		
Präs. Ind.	*Präs. Konj.*	*Imp.*	*Präs. Ind.*	*Präs. Konj.*	*Imp.*
siento	sienta	....	pido	pida	....
sientes	sientas	siente	pides	pidas	pide
siente	sienta	....	pide	pida	....
sentimos	sintamos	....	pedimos	pidamos	....
sentis	sintáis	sentid	pedis	pidáis	pedid
sienten	sientan	....	piden	pidan	....

Definitum.	*Definitum.*
sentí, sentiste	pedí, pediste
sintió	pidió
sentimos, sentisteis	pedimos, pedisteis
sintieron	pidieron

Impf. Konj.	*Fut. Konj.*	*Post. Konj.*	*Impf. Konj.*	*Fut. Konj.*	*Post. Konj.*
sintiese	sintiere	sintiera	pidiese	pidiere	pidiera
etc.	etc.	etc.	etc.	etc.	etc.

dormir „schlafen."

Ger. durmiendo.

Präs. Ind.	*Präs. Konj.*	*Imp.*
duermo	duerma	....
duermes	duermas	duerme
duerme	duerma	....
dormimos	durmamos	....
dormís	durmáis	dormid
duermen	duerman	....

Definitum.

dormí, dormiste
durmió
dormimos, dormisteis
durmieron

Impf. Konj.	*Fut. Konj.*	*Post. Konj.*
durmiese	durmiere	durmiera
etc.	etc.	etc.

Es sind aber, wie sich das auch schon aus den in früheren Paragraphen gerübten Verben entnehmen läßt, nicht alle Verben, deren Stamm e oder o zum Vokal hat, diesen Umlautungen unterworfen, sondern nur eine beschränkte Zahl, und diese sind, da sie sich im Inf. durch kein augenfälliges Merkmal von den nicht umlautenden unterscheiden, zur leichtern Uebersicht im Folgenden innerhalb gewisser Klassen alphabetisch aufgestellt, wobei zugleich denjenigen, die auch noch, wie in den folgenden Paragraphen gezeigt wird, unregelmäßig sind, ein Sternchen * hinzugefügt ist.

I. Konjugation.

1. Klasse: Umlautung von e in ie.

acertar „treffen",
acrecentar „wachsen",
adestrar „geschickt machen",
alentar „ermuthigen",
apacentar „weiden",
apernar „bei den Beinen packen",
apretar „drücken",
arrendar „pachten",
aterrar „niederwerfen",
atestar „vollstopfen",
atravesar „durchkreuzen",
aventar „fächeln",
calentar „wärmen",
cegar „blenden",
cerrar „schließen",
cimentar „gründen",
comenzar „anfangen",
concertar „verabreden",
confesar „gestehen",
decentar „abschneiden",
dentar „zahnen",
derrengar „kreuzlahm machen",
desmembrar „zerstückeln",
despernar „die Beine abhauen",
despertar „wecken",
desterrar „verbannen",
dezmar „den Zehnten erheben",
emendar oder enmendar „bessern",
empedrar „pflastern",
empezar „anfangen",
encomendar „anempfehlen",
encubertar „bedecken",
enhestar „aufrichten",

ensangrentar „blutig machen",
enterrar „beerdigen",
errar „irren", zugleich Uebergang von i in y, z. B. yerro etc.
escarmentar „züchtigen",
estregar „reiben",
estercar „düngen",
fregar „scheuern",
gobernar „regieren",
helar „frieren",
herrar „mit Eisen beschlagen",
incensar „beräuchern",
infernar „verwünschen",
invernar „überwintern",
manifestar „zeigen",
mentar „erwähnen",
merendar „vespern",
negar „leugnen",
nevar „schneien",
pensar „denken",
plegar „falten",
quebrar „brechen",
recomendar „empfehlen",
regar „bewässern",
remendar „flicken",
reventar „bersten",
sarmentar „abgeschnittenes Rebholz aufsammeln",
segar „mähen",
sembrar „säen",
sentar „setzen",
serrar „sägen",
sosegar „beruhigen",
soterrar „eingraben",
temblar „zittern",
tentar „tasten",
trasegar „umgießen",
tropezar „stolpern"

und die mit diesen zusammengesetzten Verben, zu welchen indeß trotz ihrer Aehnlichkeit nicht solche Verben gehören, die z. B. wie anegar, contentar etc. von ganz anderer Ableitung sind. Auch sind mit obengenannten „aterrar" und „atestar" nicht die mit terror „Schrecken" und testigo „Zeuge" verwandten aterrar „erschrecken" und atestar „bezeugen", welche nicht umlauten, zusammenzuwerfen. Von den mit einem der obigen zusammengesetzten Verben pflegt man jedoch desplegar „entfalten" ohne Umlaut zu gebrauchen.

2. Klasse: Umlautung von o in ue.

acordar „übereinstimmen", „erinnern",
acostar „niederlegen",
aforar „eichen", „abschätzen",
agorar „weissagen",
almorzar „frühstücken",
amolar „schleifen",
amollar „erweichen",
aporcar „mit Erde bedecken",
aportar „anlanden",
apostar „wetten",
avergonzar „beschämen",
azolar „behauen",
colar „seihen",
colgar „hängen",
concordar „übereinstimmen",
consolar „trösten",
contar „zählen",
costar „kosten",
degollar „enthaupten",
denodarse „sich erkühnen",
denostar „beschimpfen",
derrocar „herabstürzen",
descollar „überragen",
descornar „enthörnen",
desflocar „auszupfen",
desolar „verheeren",
desollar „schinden",
desvergonzarse „sich erfrechen",
discordar „uneinig sein",
emporcar „beschmutzen",
encoclar(se) „glucken",
encontrar „treffen",
encorar „überledern",
encordar „besaiten",
encovar „in einer Höhle verwahren",
engrosar „dick werden",
entortar „krümmen",
follar „blasen",
forzar „nöthigen", „zwingen",
holgar „rasten",
hollar „treten",
mostrar „zeigen",
poblar „bevölkern",
probar „beweisen",
recordar „erwachen", „erinnern",
recostar „hinlegen",
regoldar „rülpsen",
renovar „erneuern",
rescontrar „ausgleichen",
resollar „schnauben",
rodar „rollen",
rogar „bitten",
solar „versohlen",
soldar „löthen",
soltar „loslassen",
sonar „klingen",
soñar „träumen",
tostar „rösten",
trascordarse „vergessen",

trocar „tauschen",
tronar „donnern",
volar „fliegen",
volcar „wälzen"
und
jugar „spielen", welches das u in ue umsetzt, so wie die mit diesen zusammengesetzten Verben, jedoch mit Ausnahme der mit rogar gebildeten und consonar „zusammenstimmen". Auch das angeführte derrocar wird jetzt oft ohne Umlautung gebraucht.

II. Konjugation.

1. Klasse: Umlautung von e in ie.

ascender „aufsteigen",
atender „aufmerken",
cerner „durchsieben",
defender „vertheidigen",
descender „absteigen",
encender „anzünden",
entender „verstehen",
heder „stinken",
hender „spalten",
perder „verlieren",
* querer „wollen",
tender „ausstrecken",
* tener „halten", „haben",
trascender „ergründen",
verter „vergießen"

und die mit diesen zusammengesetzten Verben, außer pretender „verlangen".

2. Klasse: Umlautung von o in ue.

cocer „kochen",
doler „schmerzen",
llover „regnen",
moler „mahlen",
morder „beißen",
mover „bewegen",
oler „riechen", vor dessen Umlaut ue aber überall ein h tritt,
* poder „können", auch im Ger. umlautend in u, nämlich pudiendo,
soler „pflegen",
* solver „lösen",
toller „nehmen",
torcer „drehen",
* volver „wenden"

und die mit diesen zusammengesetzten Verben.

III. Konjugation.

1. Klasse: Umlautung von e in ie.

adherir „anhangen",
advertir „bemerken",
arrepentirse „bereuen",
concernir „betreffen",
conferir „berathen",
controvertir „bestreiten",
convertir „bekehren",
deferir „nachgeben",
diferir „verschieben",
digerir „verdauen",
discernir „unterscheiden",
divertir „belustigen",
erguir „aufrichten", auch von Einigen zur folgenden Klasse gerechnet, also yergo oder irgo ꝛc.
herir „verwunden",
hervir „sieden",
inferir „folgern",
ingerir „einschalten",
invertir „umsetzen",
mentir „lügen",
pervertir „verkehren",
preferir „vorziehen",
proferir „hervorbringen",
referir „berichten",
requerir „erfordern",
sentir „fühlen",
sugerir „eingeben",
trasferir „versetzen",
* venir „kommen",
zaherir „tadeln",
so wie
adquirir „erwerben" und
inquirir „nachforschen",
welche den Stammvokal i in ie verwandeln,

und die mit diesen zusammengesetzten Verben.

2. Klasse: Umlautung von e in i.

ceñir „gürten",
colegir „schließen",
comedirse „sich mäßigen",
competir „wetteifern",
concebir „begreifen",
constreñir „zwingen",
* decir „sagen",
derretir „schmelzen",
desleir „verdünnen",
elegir „wählen",
embestir „angreifen",

engreir(se) „stolz werden“, estreñir „verstopfen“, freir „braten“, gemir „stöhnen“, henchir „anfüllen“, heñir „kneten“, medir „messen“, pedir „fordern“, regir „regieren“, reir „lachen“, rendir „zurückgeben“, reñir „streiten“, repetir „wiederholen“, seguir „folgen“, servir „dienen“, teñir „färben“, vestir „kleiden“ und die mit diesen zusammengesetzten Verben.

In dieser Klasse findet übrigens bei den Verben, deren Stamm auf e endigt, wie desleir, engreir, freir, reir und deren Zusammensetzungen, im Gerundium und in der dritten Person im Singular und Plural im Definitum und den von diesem abgeleiteten Formen eine Zusammenziehung der beiden zusammentreffenden ii in i Statt, z. B. desliendo, engrió, frieron, riese 2c.

3. Klasse: Umlautung von o in ue.

dormir „schlafen“, *morir „sterben“, so wie podrir „faulen“, welches aber das o in u umlautet und so für sich eigentlich eine 4. Klasse bildet.

Unregelmäßige Verben.

§ 28. Die in den §§ 22—27 enthaltenen Angaben machen in ihrer Gesammtheit die Regeln für das Verfahren bei der Bildung der Konjugationsformen aller spanischen Verben aus. Es giebt aber eine, jedoch sehr kleine Anzahl Verben, bei welchen einige Konjugationsformen diesen Angaben nicht folgen. Diese Abweichungen oder Unregelmäßigkeiten betreffen indeß fast nie die Herleitung dieser oder jener Konjugationsformen von anderen schon vom Infinitiv oder vom Stamm gebildeten, wie die des Posteriors im Indikativ vom Futur im Indikativ, des Präsens im Konjunktiv vom Präsens im Indikativ und des Imperfekts, Futurs und Posteriors im Konjunktiv vom Definitum; sondern sie treten fast immer schon in den vom Infinitiv oder vom Stamm gebildeten Formen ein, und diesen folgen dann die davon hergeleiteten Formen nach den allgemeinen Bestimmungen (§ 23). In der folgenden Aufstellung der unregelmäßigen Verben ist daher nur das, was in den vom Infinitiv oder vom Stamm gebildeten Formen abweicht, angegeben, so daß alle nicht angeführten Formen nach den allgemeinen Regeln zu bilden sind. Auch sind die mit unregelmäßigen Verben gemachten Zusammensetzungen, welche gewöhnlich wie die einfachen konjugirt werden, nur in so weit berücksichtigt, als sie in der Bildung ihrer Formen von den einfachen abweichen.

Unregelmäßige Verben der I. Konjugation.

Es giebt in der ersten Konjugation nur 3 unregelmäßige Verben, nämlich
1) andar „gehen“,

Definitum: anduve
— uviste
— uvo
— uvimos
— uvisteis
— uvieron

2) estar „sein", „sich befinden",

Präs. Ind.:	*Präs. Konj.:*	*Imperativ:*	*Definitum:*
estoi	esté	...	estuve
estás	estés	está	— uviste
está	esté	...	— uvo
estamos	estemos	...	— uvimos
estáis	estéis	estád	— uvisteis
están	estén	...	— uvieron

3) dar „geben",

Erste *Pers. Sing. Präs. Ind.:* doi

Definitum: mit den Endungen des *Definitum* der 2. Konjugation.
Das mit dar zusammengesetzte circundar „umgeben" ist regelmäßig.

Unregelmäßige Verben der II. und III. Konjugation.

Die unregelmäßigen Verben der zweiten und dritten Konjugation lassen sich in folgende 6 Klassen bringen:

1. Klasse.

Verben auf ir, deren Stamm auf den Vokal u (nicht ein stummes u) auslautet, wie huir „fliehen", argüir „folgern," atribuir „zuschreiben," contribuir „beitragen", fluir „fließen", constituir „ausmachen", instituir „einsetzen", instruir „unterrichten" u. a. Die Unregelmäßigkeit dieser Verben besteht nur darin, daß den Konjugationsendungen, welche nicht mit i anfangen oder i sind, also denjenigen der drei Personen im Singular und der dritten Person im Plural des Präsens im Indikativ, sowie aller Personen des Präsens im Konjunktiv und des Imperativs im Singular, ein y vorgesetzt wird, z. B. huyo, huyes u. s. w.

Zu dieser Klasse gehörte früher auch oir „hören"; doch wird es jetzt nur noch in der zweiten und dritten Person im Singular und der dritten Person im Plural des Präs. im Indikativ (oyes, oye, oyen) und im Imperativ des Singulars (oye) als dazu gehörig behandelt, denn statt oyo, oya, oyas u. s. w., sagt man jetzt in der ersten Person des Singulars im Präsens des Indikativs und in allen Formen des Präsens im Konjunktiv oigo, oiga, oigas u. s. w.

Anmerk. Wenn das Präsens im Indikativ theilweise oder ganz unregelmäßig ist, so richtet sich das Präsens im Konjunktiv in allen Formen immer nach dessen erster Person im Singular, wie bei oir

2. Klasse.

Verben auf er oder ir, deren Stamm auf c nach einem Vokal ausgeht, wie nacer „geboren werden", conocer „kennen", merecer „verdienen", parecer „scheinen", establecer „errichten", lucir „leuchten", conducir „führen", producir „hervorbringen", reducir „zurückführen" u. m. a. Bei den Verben dieser Klasse wird dem c in der ersten Person im Singular des Präsens im Indikativ, statt der Verwandlung (Siehe §. 25), ein z vorgesetzt, während die andern Personen regelmäßig bleiben, z. B. nazco, naces, nace u. s. w., luzco, luces u. s. w.

Die mit ducir zusammengesetzten haben außerdem noch die Unregelmäßigkeit, daß sie ihr Definitum mit

duje, dujiste, dujo, dujimos, dujisteis, dujeron bilden.

Der angegebenen Behandlung der Verben dieser Klasse sind indeß mecer „wiegen", empecer „schaden", cocer „kochen", yacer „liegen", placer „gefallen", hacer „machen", decir „sagen" und ihre Zusammensetzungen, mit Ausnahme von complacer „willfahren" und desplacer „mißfallen", nicht unterworfen. Doch sind von ihnen nur mecer, empecer und cocer ganz regelmäßig, das letztere zugleich umlautend (Siehe § 27); die andern werden dagegen folgendermaßen behandelt:

a) Yacer hat in der ersten Person im Singular des Präsens im Indikativ yazgo, oder auch yago, statt yazco und im Imperativ im Singular mit Abwerfung der Endung yaz.

b) Placer hat im Präsens im Indikativ die erste Person im Singular gar nicht und schwankt daher im Präsens des Konjunktivs zwischen vier verschiedenen Formen: plega, plegue, plazga und plazca; außerdem hat es im Definitum nur die dritte Person, d. h. jedoch im Singular und Plural, nämlich plugo und plugieron.

c) Hacer und decir bilden ziemlich übereinstimmend

im Partizip	hecho	und	dicho
im Futur des Indikativs	haré harás u. s. w.	und	diré dirás u. s. w.
in der erst. Pers. im Sing. d. Präs. im Ind.	hago	und	digo
im Imperativ d. Singulars	haz	und	di
im Definitum	hice hiciste hizo hicimos hicisteis hicieron	und	dije dijiste dijo dijimos dijisteis dijeron

Decir lautet außerdem im Gerundium und in der 2. und 3. Person des Singulars und der dritten Person im Plural des Präsens im Indikativ von e in i um (Vergl. § 27).

Die mit hacer und decir gebildeten Zusammensetzungen, wie deshacer „zerstören", satisfacer „genugthun" (früher sagte man facer statt hacer), desdecir „widerrufen", contradecir „widersprechen", bendecir „segnen", maldecir „fluchen", u. m. a. machen indeß ihren Imperativ im Singular regelmäßig mit hace (face) und dice. doch kommt auch satisfaz vor, und von bendecir und maldecir werden ebenfalls die Partizipe und Future im Indikativ regelmäßig (bendecido, maldecido, bendeciré &c.) gebraucht; auch findet man im Imperfekt und Posterior des Konjunktivs von satisfacer die Formen satisfaciese &c. und satisfaciera &c. neben satisficiese &c. und satisficiera &c.

3. Klasse.

Die Verben asir „ergreifen", valer „gelten", salir „ausgehen", poner „stellen", tener „halten" (als transitives Verb), venir „kommen", caer „fallen" und traer „bringen."

Diese Verben haben alle als Endung der ersten Person im Singular des Präsens im Indikativ go statt o, also asgo, valgo u. s. w., wobei der Stammvokal von caer und traer zugleich in den Diphthongen ai übergeht (caigo, traigo). Im Uebrigen sind asir und caer völlig regelmäßig; bei den andern aber kommen noch folgende Unregelmäßigkeiten vor:

a) Das Futur im Indikativ von valer, salir, poner, tener und venir hat statt des Vokals der Infinitivendung ein d, also valdré, valdrás, saldré, saldrás &c.

b) Die Imperative im Singular dieser Verben, mit Ausnahme von valer, werfen die Endung ab und heißen nur sal, pon, ten, ven.

c) Die Formen des Definitums von poner, tener, venir und traer werden denen von andar, hacer und decir analog gebildet und heißen

von poner: puse, pusiste, puso, pusimos, pusisteis, pusieron,
von tener: tuve, tuviste, tuvo, tuvimos, tuvisteis, tuvieron,
von venir: vine, viniste, vino, vinimos, vinisteis, vinieron,
von traer: traje, trajiste, trajo, trajimos, trajisteis, trajeron.

d) Das Partizip von poner ist puesto.

Anm. Tener und venir gehören zu den Verben, welche e in ie umlauten (Siehe § 27); diese Umlautung trifft jedoch, wie gewöhnlich, nur die Formen, die nicht als unregelmäßig angegeben sind.

4. Klasse.

Die Verben caber „Raum haben", saber „wissen", haber „haben" (hauptsächlich als Hülfsverb), querer „wollen" und poder „können.

Diese Verben bilden das Futur im Indikativ durch Auslassung des Vokals der Infinitivendung, also cabré, cabrás &c., sabré, habré, querré, podré u. s. w., und haben auch im Definitum analog gebildete Formen, nämlich

caber: cupe, cupiste, cupo, cupimos, cupisteis, cupieron,
saber: supe, supiste, supo, supimos, supisteis, supieron,
haber: hube, hubiste, hubo, hubimos, hubisteis, hubieron,
querer: quise, quisiste, quiso, quisimos, quisisteis, quisieron,
poder: pude, pudiste, pudo, pudimos, pudisteis, pudieron

Querer und poder haben keine weitere Unregelmäßigkeiten, sind aber umlautend, poder namentlich auch im Gerundium (S. § 27); die übrigen bilden noch auf unregelmäßige Weise, und zwar

caber: die erste Person im Singular des Präsens im Indikativ, nämlich quepo,

saber: die erste Person im Singular des Präsens im Indikativ, nämlich sé, und das ganze Präsens im Konjunktiv, als ob ihm sepo zum Grunde läge, nämlich sepa, sepas u. s. w.

haber: das ganze Präsens im Indikativ außer der zweiten Person im Plural, nämlich he, has, ha, hemos, habéis, han, das ganze Präsens im Konjunktiv, als ob ihm hayo zum Grunde läge, nämlich haya, hayas u. s. w., und den Imperativ im Singular, nämlich hé.

Anmerk. 1. Statt hemos kommt auch wol, namentlich bei ältern Schriftstellern, habemos vor, und statt hayamos, hayáis sagen Einige háyamos, háyais.

Anmerk. 2. Als Hülfsverb hat haber eigentlich keinen Imperativ, und es kommen daher die Imperativformen hé und habéd nur in Redensarten vor, die sich noch aus seinem früheren Gebrauche in transitiver Bedeutung erhalten haben, wie Héle aquí „Habe ihn hier" = „Da ist er" u. dgl.

Anmerk. 3. Haber entspricht zuweilen auch, wie das franz. y avoir, dem unpersönlich gebrauchten deutschen „geben", wird dann aber nur in der dritten Person im Singular gebraucht, wobei man dieser im Präsens des Indikativs, wenn es sich nicht auf Zeitbestimmungen bezieht, gewöhnlich ein i hinzufügt, also hai statt ha sagt, während es sonst in diesem Sinne der angegebenen Konjugation folgt, z. B. haya „es gebe" habrá „es wird geben", hubo „es gab", hubiese „es gäbe" u. s. w.

5. Klasse.

Die Verben ver „sehen", ser „sein" und ir „gehen."

Diese drei Verben sind die einzigen, deren Imperfekt im Indikativ unregelmäßig gebildet wird; es heißt nämlich

von ver: veia, veias, veia, veiamos, veiais, veian,
„ ser: era, eras, era, éramos, erais, eran und
„ ir: iba, ibas, iba, ibamos, ibais, iban.

Ver hat außerdem nur noch ein unregelmäßiges Partizip, nämlich visto, und eine unregelmäßige erste Person im Singular des Präsens im Indikativ, nämlich veo. Dagegen sind von ser und ir alle Formen des Präsens im Indikativ und des Präsens im Konjunktiv unregelmäßig. Es heißt nämlich

von ser { das Präsens im Indikativ: soi, eres, es, somos, sois, son,
das Präsens im Konjunktiv: sea, seas u. s. w.

von ir { das Präsens im Indikativ: voi, vas, va, vamos, vais, van,
das Präsens im Konjunktiv: vaya, vayas u. s. w.

Außerdem haben beide Verben im Definitum gleichlautend

fui, fuiste, fué, fuimos, fuisteis, fueron,

und ir hat noch einen unregelmäßigen Imperativ im Singular, nämlich vé.

Anmerk. 1. Aehnlich wie bei dem Präsens im Konjunktiv von haber gebrauchen Einige auch statt vayamos, vayáis die Formen váyamos und vayais, selbst vamos und vais, und imperativisch wird fast immer vamos statt vayamos gesagt.

Anmerk. 2. Das Gerundium von ir schreibt man yendo.

Unter den mit ver gemachten Zusammensetzungen, wie prever „vorher-" oder „voraussehen", entrever „erblicken", proveer „versorgen" u. a. wird das letztgenannte, bis auf das Partizip, das Gerundium und die Formen des Präsens im Indikativ, Konjunktiv und Imperativ, welche der Konjugation von ver folgen, ganz regelmäßig konjugirt; selbst das Partizip wird zuweilen regelmäßig gemacht (proveído).

6. Klasse.

Die Verben abrir „öffnen", cubrir „bedecken", morir „sterben" und ingerir „pfropfen", volver „wenden" und solver „lösen", escribir „schreiben", freir „braten" und romper „brechen", „zerreißen", prender „fangen", imprimir „drucken", oprimir „unterdrücken" und supprimir „niederdrücken".

Diese Verben haben nur unregelmäßige Partizipe, nämlich abierto, cubierto, muerto und ingerto, vuelto und suelto, escrito, frito und roto, preso, impreso, opreso und supreso; doch giebt es neben ingerto, frito, roto, preso, impreso, opreso und supreso auch regelmäßige Partizipialformen, welche außer rompido meistens lieber gebraucht werden.

Bildung der zusammengesetzten Konjugationsformen.

§ 29. Bei der Bildung der zusammengesetzten Konjugationsformen (Siehe § 21) hat das Verb, von dem sie gemacht werden, entweder die Form des Gerundiums oder des Partizips. Die erstere dient zur Bildung des umschreibenden Aktivs, die letztere zur Bildung der zusammengesetzten Zeitformen und des Passivs. Die dabei gebrauchten Hülfsverben sind

1) für die zusammengesetzten Zeitformen haber, und zwar auch bei den Verben, deren zusammengesetzte Zeitformen im Deutschen mit „sein" gebildet werden;

2) für das umschreibende Aktiv gewöhnlich estar, zuweilen jedoch auch ir und andar, und

3) für das Passiv ser, welches alsdann nicht mehr dem deutschen „sein", sondern dem deutschen „werden" entspricht.

In diesen Verbindungen hat vorzugsweise das Hülfsverb die Bezeichnung der Modus-, Zeit-, Zahl- und Personalverhältnisse; doch wird auch im Passiv an dem Hauptverb neben dem Geschlecht die Zahl unterschieden, indem das Partizip darin nicht nur auf o, sondern auch auf a, os oder as ausgeht, je nachdem das Subjekt als männlich oder weiblich, in der Einheit oder Mehrheit gedacht wird. Auch kann von einer Bezeichnung der Zeitverhältnisse bei den zusammengesetzten Zeitformen nur in so fern die Rede sein, als

das Perfekt stets mit dem Präsens,
das Plusquamperfekt stets mit dem Imperfekt,
das Anterior stets mit dem Definitum,
das Futurperfekt stets mit dem Futur und
das Posteriorperfekt stets mit dem Posterior

von haber gemacht wird, während im Uebrigen, nämlich in dem umschreibenden Aktiv und im Passiv, die Zeitform des Hülfsverbs auch zugleich die Zeitform des ganzen Ausdrucks ist.

Aus allem Diesem ergeben sich nun für die zusammengesetzten Konjugationsformen folgende allgemeine Schemata, in welchen das beispielsweise gebrauchte Hauptverb mit jedem andern derselben Form vertauscht werden kann, auch der Kürze wegen die einzelnen Zeitformen nur durch eine Person vertreten sind.

Schema der zusammengesetzten Zeitformen.

Inf. Perfekt. haber hablado „gesprochen haben", haber caido „gefallen sein",
Ger. Perf. habiendo „ „gesprochen habend", habiendo „ „gefallen seiend",

Indikativ.

Perfekt.	ha hablado	er hat gesprochen,	ha caido	er ist gefallen,
Plusquamp.	habia „	„ hatte „	habia „	„ war „
Anterior.	hubo „	„ hatte „	hubo „	„ war „
Fut. perf.	habrá „	„ wird gespr. haben,	habrá „	„ wird gef. sein,
Post. perf.	habria „	„ würde „ „	habria „	„ würde „ „

Konjunktiv.

Perfekt.	haya hablado	er habe gesprochen,	haya caido	er sei gefallen,
Plasquamp.	hubiese „	„ hätte „	hubiese „	„ wäre „
Fut. perf.	hubiere „	„ werde gespr. hab.,	hubiere „	„ werde gef. sein,
Post. perf.	hubiera „	„ würde „ „	hubiera „	„ würde „ „

Schema des umschreibenden Aktivs.

Inf.	estar hablando	sprechen,
Partizip	estado „	gesprochen,
Inf. perf.	haber estado „	gesprochen haben,
Ger. perf.	habiendo „ „	„ habend,
Imperativ	está „	sprich,

Indikativ.

Präs.	está hablando	er spricht,
Imperf.	estaba „	„ sprach,
Defin.	estuvo „	„ „
Perf.	ha estado „	„ hat gesprochen,
Plusquamp.	habia „ „	„ hatte „
Ant.	hubo „ „	„ „ „
Fut.	estará „	„ wird sprechen,
Fut. perf.	habrá estado „	„ „ gesprochen haben,
Post.	estaria „	„ würde sprechen,
Post. perf.	habria estado „	„ „ gesprochen haben,

Konjunktiv.

Präs. esté hablando er spreche,
Imperf. estuviese „ „ spräche,
Perf. haya estado „ „ habe gesprochen,
Plusquamp. hubiese „ „ „ hätte „
Fut. estuviere „ „ werde sprechen,
Fut. perf. hubiere estado „ „ „ gesprochen haben,
Post. estuviera „ „ würde sprechen,
Post. perf. hubiera estado „ „ „ gesprochen haben.

Schema des Passivs.

Inf. ser ofendido (a, os, as) beleidigt werden,
Part. sido „ (a, os, as) „ werden,
Ger. siendo „ (a, os, as) „ werdend,
Inf. perf. haber sido „ (a, os, as) „ werden sein,
Ger. perf. habiendo „ „ (a, os, as) „ „ seiend,
Imperat. se, sed „ (a, os, as) werde, werdet beleidigt,

Indikativ.

Präs. { es ofendido (a) er wird beleidigt,
son ofendidos (as) sie werden „
Imperf. { era ofendido (a) er wurde „
eran ofendidos (as) sie wurden „
Defin. { fué ofendido (a) er wurde „
fueron ofendidos (as) sie wurden „
Perf. { ha sido ofendido (a) er ist beleidigt worden,
han sido ofendidos (as) sie sind „ „
Plusquamp. { habia sido ofendido (a) er war „ „
habian sido ofendidos (as) sie waren „ „
Ant. { hubo sido ofendido (a) er war „ „
hubieron sido ofendidos (as) sie waren „ „
Fut. { será ofendido (a) er wird beleidigt werden,
serán ofendidos (as) sie werden „ „
Fut. perf. { habrá sido ofendido (a) er wird „ worden sein,
habrán sido ofendidos (as) sie werden „ „ „
Post. { seria ofendido (a) er würde „ werden,
serian ofendidos (as) sie würden „ „
Post. perf. { habria sido ofendido (a) er würde beleidigt worden sein,
habrian sido ofendidos (as) sie würden „ „ „

Konjunktiv.

Präs. { sea ofendido (a) er werde beleidigt,
sean ofendidos (as) sie werden „
Imperf. { fuese ofendido (a) er würde „
fuesen ofendidos (as) sie würden „
Perf. { haya sido ofendido (a) er sei beleidigt worden,
hayan sido ofendidos (as) sie seien „ „

Plusquamp.	hubiese sido ofendido	(a)	er wäre	beleidigt	worden,
	hubiesen sido ofendidos	(as)	sie wären	„	„
Fut.	fuere ofendido	(a)	er werde	„	werden,
	fueren ofendidos	(as)	sie werden	„	„
Fut. perf.	hubiere sido ofendido	(a)	er werde	„	worden sein,
	hubieren sido ofendidos	(as)	sie werden	„	„ „
Post.	fuera ofendido	(a)	er würde	„	werden,
	fueran ofendidos	(as)	sie würden	„	„
Post. perf.	hubiera sido ofendido	(a)	er würde	„	worden sein,
	hubieran „ ofendidos	(as)	sie würden	„	„ „

II. Kapitel.

Die Geschlechtsflexion.

§ 30. Die spanische Sprache kennt, wie die deutsche, ein männliches, weibliches und sächliches Geschlecht; doch sind ihre Substantiven nur männlich und weiblich, und nur solche Ausdrücke werden als sächlich betrachtet, welche einen Merkmalsbegriff ohne eine Beziehung auf ein bestimmtes Ding substantivisch hinstellen, z. B. „das Gute" = „was gut ist"; „das Schöne" = „was schön ist"; „Dieses" = „was hier ist"; „das Erste" = „was zuerst ist"; „das Meine" = „was mein ist" u. s. w.

§ 31. Diesen Geschlechtern entsprechen nun im Spanischen, wie im Deutschen, gewisse Geschlechtsformen der adjektivischen Wörter, gleichviel ob sie Eigenschaften oder nur Bestimmungen der Dinge aussprechen, und die adjektivischen Wörter erscheinen in diesen Geschlechtsformen nicht bloß, wie im Deutschen, wenn sie mit dem Substantive in unmittelbarer Verbindung stehen, wie z. B. „Dieser Mann", „gute Milch", „das Kind" u. s. w.; sondern auch dann, wenn sie nur mittelst eines Verbs auf dieselben bezogen werden, wie wenn man z. B. im Deutschen sagte: „Der Mann ist guter." Die Milch wurde süße gefunden. Das Kind wurde krankes. „Sie nannten das Kind unartiges.".

§ 32. Die adjektivischen Wörter haben aber nicht alle grade drei Geschlechtsformen, wie die meisten im Deutschen; sondern dies ist nur der Fall

1) bei dem sogenannten bestimmten Artikel el, la, lo „der," „die", „das", und

2) bei d. Demonstrativpronomen { este, esta, esto „dieser, e, es." / ese, esa, eso „der, die, das", u. / aquel, aquella, aquello „jener, e, es".

Die übrigen haben dagegen entweder eine männliche und weibliche Form, und dann wird, eintretenden Falls, auch die männliche für das sächliche Geschlecht gebraucht, oder nur eine Form für alle Geschlechter.

§ 33. Die adjektivischen Wörter, welche eine männliche und eine weibliche Form haben, gehen in der männlichen entweder auf o, oder auf einen Konsonanten aus, und es entsteht dann aus dieser die weibliche, indem entweder das o mit a vertauscht, oder dem auslautenden Konsonanten ein a angehängt wird, z. B. bueno, buena „gut“, traidor, traidora „verrätherisch“, mucho, mucha „viel“, aleman, alemana „deutsch“.

Zu der ersten Art gehören

1) die Zahl- und Umfangswörter uno „ein“ (auch zugleich unbestimmter Artikel), alguno „irgend ein“, ninguno „kein“, todo „ganz“, „all“, medio „halb“, poco „wenig“, mucho „viel“, tanto „so viel“, cuanto „wie viel“, demasiado „zu viel“, harto „genug“;
2) die Zahlordnungs- und Wiederholungszahlwörter, wie primero „erster“, segundo „zweiter“, tercero „dritter“, cuarto „vierter“ u. s. w., postrero „letzter“ — duplo „zweifach, triplo „dreifach“, cuádruplo „vierfach“ u. s. w., von welchen die letzte Art jedoch auch Ausdrücke von nur einer Geschlechtsform neben sich hat, wie simple „einfach“, doble „zweifach“, triple oder tríplice „dreifach“ u. s. w.
3) die Possessiven mio „mein“, tuyo „dein“, suyo „sein“, „ihr“, nuestro „unser“, vuestro „euer“, und die Demonstrativen mismo „selb“ und otro „ander“;
4) sämmtliche Partizipien, wie alabado, hecho, visto u. s. w., und
5) ein großer Theil Adjektiven, welche indeß weder näher bestimmt, noch aufgezählt werden können und daher dem Wörterbuche anheimfallen, wie bello „schön“, feo „häßlich, único „einzig“, solo „alleinig“, gustoso „freudig“, „gern“, pronto „bereit“, santo „heilig“ u. s. w.

Zu der zweiten Art gehören

1) die mit den Benennungen der Länder, Provinzen, Städte und anderer Ortschaften verwandten Adjektiven, wie frances „französisch, español „spanisch“, andaluz „andalusisch“ u. s. w., so fern sie nicht zu der vorhergehenden Art gehören, wie europeo „europäisch“, turco „türkisch“, habanero „havannesisch“ u. s. w., oder wie persa „persisch“ sonst auf einen Vokal ausgehen und darum nur eine Form haben;
2) die Substantivadjektiven auf on, an und or, namentlich ador, edor oder idor, wie burlon „Spötter“, „spöttisch“, holgazan „Faulenzer“, „träge“, trabajador „Arbeiter“, „arbeitsam“, acreedor „Gläubiger“, „berechtigt“, traidor „Verräther“, "verrätherisch."

§ 34. Die adjektivischen Wörter, welche nur eine Form für alle Geschlechter haben, gehen vorzugsweise auf e oder l aus, wie grande „groß“, prudente „klug“, dócil „gelehrig“, tal „solcher“, cual „welcher“ u. s. w.; doch endigen auch einige auf a, n, r, s, und z, z. B. cada „jeder“, jóven „jung“, superior „vorzüglich“, cortes „höflich“, capaz „fähig“.

§. 35. Im Spanischen tritt auch, wie im Deutschen (z. B. „ein Essen“, „viel Roggen“ u. s. w.) mitunter der Fall ein, daß eine Geschlechtsendung abgeworfen wird. Dies geschieht jedoch nur bei den Wörtern mio, tuyo, suyo,— uno, alguno, ninguno,— primero, tercero, postrero,— bueno, malo und santo, und zwar auch nur dann, wenn sie in unmittelbar attributiver Beziehung (beiwörtlich) ihrem Substantive vorangehen, eine Stellung adjektivischer Wörter, welche im Spanischen weder nothwendig, noch auch nur einmal die gewöhnlichste ist. Die Abwerfung der Geschlechtsendung geschieht aber bei den genannten Wörtern nicht in durchaus übereinstimmender Weise, sondern es verhalten sich dieselben in dieser Hinsicht folgendermaßen:

1) Mio, tuyo und suyo werfen in dem bezeichneten Falle beide Geschlechtsendungen nebst dem in tuyo und suyo denselben vorstehenden y ab und lauten gleicher Weise vor männlichen und weiblichen Substantiven nur mi, tu und su, z. B. Mi padre „mein Vater", mi madre „meine Mutter", tu hijo „dein Sohn", tu hija „deine Tochter", su hermano „sein" oder „ihr Bruder", su hermana „seine" oder „ihre Schwester."

2) Uno, alguno, ninguno, bueno, malo, primero, tercero und postrero verlieren in dem bezeichneten Falle nur die männliche Geschlechtsendung, und die fünf letztgenannten in der Regel selbst auch nur dann, wenn sie nicht durch ein anderes mit ihnen durch eine Konjunktion verbundenes Adjektiv vollständiger Geschlechtsform von ihrem Substantive getrennt sind, z. B. un hombre „ein Mann, una mujer „eine Frau", algun amigo „irgend ein Freund", alguna amiga „irgend eine Freundin, ningun enemigo „kein Feind", un buen maestro „ein guter Lehrer", mal poeta „schlechter Dichter", el primer dia „der erste Tag", el tercer párrafo „der dritte Paragraph", el postrer ataque „der letzte Angriff", el primer y tercer dia „der erste und dritte Tag", el primero y sesto dia „der erste und sechste Tag", el buen ó mal suceso „der gute oder schlechte Ausgang", su bueno y respetable amigo „sein guter und achtbarer Freund" (Salvá).

3) Santo wirft, jedoch nur vor Eigennamen, und dann noch mit Ausnahme von Domingo, Tomas, Tomé und Toribio, nur die männliche Geschlechtsendung ab, mit ihr zugleich aber stets auch das davorstehende t, z. B. San Pablo „St. Paulus", San Estévan „St. Stephanus", San Juan „St. Johannes", San Pedro „St. Petrus."

Anmerk. 1. Man findet bei tercero in dem oben bezeichneten Falle auch die männliche Geschlechtsendung zuweilen beibehalten, z. B. el tercero dia „der dritte Tag", und hinwieder bei primero, tercero und postrero auch die weibliche Geschlechtsendung abgeworfen; doch ist dies nicht das gewöhnlichere Verfahren, und es sind wol hauptsächlich die Tonbewegung (Rhythmus) des Satzes und der Wohllaut, welche diese Abweichung veranlassen, wie z. B. der letztere in den Ausdrücken en la tercera hoja und á la tercer hoja „auf dem dritten Blatte" (S).

Anmerk. 2. Wie santo, wirft auch ciento „hundert", wenn es unmittelbar vor seinem Substantive steht, die Endsilbe to ab, z. B. cien luis „hundert Louisdor", und ebenso verliert grande in der Regel seine letzte Silbe, wenn es einem Substantive vorangeht, das mit einem Konsonanten anfängt, oder wenn es andern Falles räumliche Ausdehnung bezeichnet, z. B. un gran caballo „ein großes Pferd", grande amor „große Liebe", una gran águila „ein großer Adler". Dieser Vorgang ist aber nicht als eine Abwerfung der Geschlechtsendung zu betrachten.

§ 36. Durch die Uebereinstimmung der Geschlechtsform eines adjektivischen Wortes mit dem Geschlecht seines Substantivs wird zuweilen mehr oder weniger der Wohllaut verletzt. Dies geschieht namentlich, wenn ein weibliches Substantiv mit einem betonten a oder ha anfängt, wie alma „Seele", ave „Vogel", agua „Wasser", águila „Adler", hacha „Beil", hambre „Hunger" u. dgl. Gewöhnlich bleibt dies jedoch unberücksichtigt; bei dem bestimmten Artikel aber, und mitunter auch bei dem unbestimmten und bei alguno und ninguno hat das Streben, diesen Uebellaut zu vermeiden, die Wirkung, daß in solchen Fällen die männliche Form statt der weiblichen gebraucht wird, z. B. el alma, el ave, el agua, algun águila, ningun hacha. Dasselbe geschieht folgerichtig auch, wenn ein weibliches Substantiv ein adjektivisches Wort vor sich hat, welches mit a oder ha anfängt und auf der ersten Silbe betont wird, wie es natürlich auch bei den oben beschriebenen Substantiven nicht eintritt, wenn ihnen ein anders anfangendes Adjektiv vorsteht, z. B. el ágil muchacha „das lebende Mädchen", la fuerte águila „der starke Adler."

III. Kapitel
Die Pluralbildung.

§ 37. Im Spanischen sind im Allgemeinen, wie im Deutschen, sowohl die adjektivischen als die substantivischen Wörter einer Pluralform fähig, und die ersteren erscheinen in derselben, wie in der Geschlechtsform (Vergl. § 31), nicht bloß wenn sie mit den letztern unmittelbar attributiv verbunden, sondern auch wenn sie auf dieselben mittelst eines Verbs bezogen werden. Die Bildung der Pluralform geschieht aber im Spanischen nicht auf so vielerlei Weise als im Deutschen, sondern sie ist bei Substantiven und Adjektiven nur der folgenden einzigen allgemeinen Regel unterworfen:

Wenn ein substantivisches oder adjektivisches Wort im Singular auf einen Konsonanten, ein akzentuirtes a (á) oder i (í), oder auf einen Diphthongen, dessen letzter Buchstabe i (y) ist, ausgeht; so bildet es seinen Plural durch Annahme der Silbe es, bei jedem andern Ausgange aber durch Annahme des Buchstaben s, z. B. pan „Brod" pl. panes — amistad fiel „treue Freundschaft", pl. amistades fieles — tal trabajador „solcher Arbeiter", pl. tales trabajadores — quien „wer", „welcher", pl. quienes — albalá „Urkunde", pl. albaláes — rubí „Rubin", pl. rubíes — tal rei es feliz „solcher König ist glücklich", pl. tales reyes son felizes — nuestro amigo escribe contento „unser Freund schreibt zufrieden", pl. nuestros amigos escriben contentos —

cual pié „welcher Fuß", pl. cuales piés — ninguna metrópoli „keine Hauptstadt", pl. ningunas metrópolis — vuestro tisú es caro „euer Goldstoff ist theuer", pl. vuestros tisús son caros.

Anmerk. 1. Da bei der Bildung des Plurals derjenigen Wörter, welche auf einen Diphthongen ausgehen, dessen letzter Buchstabe i ist, dieser Vokal Anlaut der Endungssilbe wird; so geht er in der Schrift in y über, also rei, pl. reyes, convoi „Flotte", pl. convoyes.

Anmerk. 2. Früher pflegte man die Konsonanten j und z, wenn sie Auslaute eines Wortes im Singular waren, bei der Pluralbildung in g und c zu verwandeln, z. B. reloj „Uhr", pl. reloges — luz „Licht", pl. luces. Dies ist jedoch in Beziehung auf das j ganz außer Gebrauch und sollte folgerichtig auch mit dem z nicht geschehen, was indeß noch häufig der Fall ist.

Anmerk. 3. Bei den adjektivischen Wörtern, welche nach § 35 in unmittelbar attributiver Beziehung vor ihren Substantiven ganz oder zum Theil ihre Geschlechtsendung verlieren, wird der Plural immer nur von der vollständigen Form gebildet, z. B. unos, algunos, ningunos &c., jedoch mit Ausnahme von mio, tuyo und suyo, bei welchen die verkürzte Form eben so wohl als die vollständige ihre Pluralbildung hat, z. B. mis (tus, sus) libros „meine (deine, seine) Bücher" — algunos libros mios (tuyos, suyos) „einige Bücher von mir (dir, ihm oder ihr)", oder „einige" meiner (deiner, seiner oder ihrer) Bücher."

§ 38. Die im vorhergehenden Paragraphen angegebene Regel hat folgende Ausnahmen:

1) Die Plurale von yo, tú und él sind nos, vos und ellos, während der Plural von ella nach der Regel ellas heißt.
2) Die Plurale der *männlichen Form* des *bestimmten Artikels* und der *Demonstrativpronomen* el, este, ese und aquel sind los, estos, esos und aquellos, während die der *weiblichen Form* la, esta, esa und aquella *regelmäßig* las, estas, esas und aquellas lauten.
3) Die Wörter carácter „Charakter" und régimen „Lebensregel" erfahren bei sonst regelmäßiger Pluralbildung eine Aenderung ihres Tonverhältnisses, was auch durch Akzente bezeichnet wird, nämlich caractéres, regímenes, und die englischen Wörter lord und milord verlieren bei sonst regelmäßiger Pluralbildung ihr auslautendes d und lauten lores und milores.
4) Die Wörter papá „Papa" mamá „Mama", sofá „Sopha", maravedí „Maravedi", bisturí „Schnittmesser", zaquizamí „der oberste Dachboden" und estai „das Stag (ein Schiffstau)" bilden ihren Plural bloß mit einem s, maravedí jedoch daneben auch mit ses; dagegen nimmt fé „Glaube" in tragafées „Verräther am Glauben", in dem es wol vorzugsweise in Pluralform vorkommt, es an.
5) Die Wörter, welche auf x ausgehen, d. h. nach der jetzigen Orthographie, welche das x nur für den ks-Laut gebraucht, verwandeln bei sonst regelmäßiger Pluralbildung das x in c, z. B. ónix

„Onix", pl. ónices — sardónix „Sardonix", pl. sardónices — fénix „Phönix", pl. fénices u. s. w.

6) Die Wörter auf s, deren letzte Silbe nicht betont wird, und die Eigennamen auf ez (Siehe § 15), so wie quo „was für ein", „welcher" und demas „übrig" bleiben im Plural gänzlich unverändert.

IV. Kapitel.

Die Deklination.

§. 39. Die spanische Sprache hat eine eigentliche Deklination weder in Beziehung auf ihre Substantiven, noch die sie begleitenden adjektivischen Wörter, sondern allein an ihren Personal- und Relativpronomen. Die ersteren erscheinen daher in dieser Hinsicht immer nur in einer einzigen Form, welche überdies fast nur in Verhältnissen des Nominativs, oder in Verbindung mit Präpositionen gebraucht wird und sonst im Allgemeinen nur bei Sachnamen auch den Akkusativ vertritt. Die letzteren verhalten sich in ihrer Deklination, wie folgt:

A. Deklination der Personalpronomen.

Erste Person.

	Singular.			*Plural.*		
	m. u. w.			m.	w.	
Nom.	yo	ich	*Nom.*	nosotros	nosotras	wir
Gen.	mio (a, os, as)	mein (er)	*Gen.*	nuestro (o, os, as)	nuestro (a, os, as)	unser(er)
Dat.	me	mir	*Dat.*	nos	nos	uns
Akk.	me	mich	*Akk.*	nos	nos	uns

Zweite Person.

	Singular.			*Plural.*		
	m. u. w.			m.	w.	
Nom.	tú	du	*Nom.*	vosotros	vosotras	ihr
Gen.	tuyo (a, os, as)	dein (er)	*Gen.*	vuestro (a, os, as)	vuestro (a, os, as)	euer(er)
Dat.	te	dir	*Dat.*	os	os	euch
Akk.	te	dich	*Akk.*	os	os	euch

Dritte Person.

Singular.

	m.				w.				s.			
Nom.	él		er		ella		sie		ello		es	
Gen.	suyo (a, os, as)		sein(er)		suyo (a, os, as)		ihr(er)		suyo (a, os as)		sein(er)	
Dat.	le	se	ihm,	sich	le (la)	se	ihr,	sich	le	se	ihm,	sich
Akk.	lo (le)		ihn		la		sie		lo		es	

Plural.

	m.		w.		
Nom.	ellos		ellas		sie
Gen.	suyo (a, os, as)		suyo (a, os, as)		ihr(er)
Dat.	les	se	les (las)	se	ihnen } sich
Akk.	los (les)		las		sie

B. Deklination der Relativpronomen.

Nom.	quien	que	el (la, lo) que od. el (la, lo) cual „wer", „was", „welcher, e, es"
Gen.	cuyo (a, os, as)	cuyo (a, os, as)	cuyo (a, os, as) „wessen", „dessen, deren, dessen"
Dat. u. Akk.	(fehlt)	que	el(la, lo)que od. el (la,lo) cual „welchem, er, em", „welchen, e, es"

Anmerk. 1. Die Genitivformen werden im Spanischen nie objektivisch, d. i. von einem Verb oder Adjektiv abhängig, gebraucht, wie z. B. in dem deutschen Ausdrucke „Gedenkt er unser noch?", sondern nur attributiv, in Beziehung auf ein substantivisches Wort, und zwar nicht nur wie in „Das Geld ist sein" (Vergl. „des Kaisers"), sondern auch wie nach früherem Gebrauche in „Soll ich den lieben Vater mein (Vergl. „des Kindes") im besten Schlaf erwecken?" Sie nehmen daher schon einigermaßen adjektivischen Charakter an und sind fast als Possessivpronomen zu betrachten. Dies ist die Ursache, warum sie Geschlechts- und Zahlform haben.

Anmerk. 2. In Betreff der Dativ- und Akkusativformen der dritten Person ist die spanische Sprache leider nicht ohne einige Unbestimmtheit; doch ergiebt sich im Allgemeinen aus dem Gebrauche der bessern Schriftsteller, daß die entschiedenen Dativformen le und les die Akkusativformen lo und los nur dann vertreten, wenn sie sich auf Personenbegriffe beziehen, und daß hingegen die Akkusativformen la und las statt der Dativformen le und les genommen werden, wenn es zweckmäßig erscheint, das weibliche Geschlecht zu unterscheiden.

Anmerk. 3. Die ebenfalls der dritten Person angehörige Kasusform se hat eine zwiefache Bedeutung. Sie entspricht nämlich nicht nur in manchen Fällen dem deutschen Reflexivpronomen „sich", sondern sie ist sehr häufig auch eine bloße Wohllautsform und vertritt als solche die Dativformen der dritten Person in allen ihren Anwendungen, wenn mit denselben zugleich eine Akkusativform der dritten Person von dem Verb abhängig ist, so daß z. B. „Se lo doi" „Ich gebe es ihm, ihr oder ihnen", „Se las prometió" „Er versprach sie ihm, ihr oder ihnen" und „Se lo permite" sogar „Er erlaubt es sich, ihm, ihr oder ihnen" heißen kann.

Anmerk. 4. Das Relativpronomen quien, welches nur für „wer" steht, oder als „welcher" sich nur auf Personenbegriffe bezieht, kann ohne Präposition nicht als Dativ oder Akkusativ gebraucht werden, und die andern Relativpronomen kommen als Dative nur selten ohne Präposition vor und haben dann immer die Dativform eines Personalpronomens bei sich, z. B. que *le* di todo „welchem ich Alles gab".

V. Kapitel.

Die Komparation (im weitesten Sinne).

§ 40. Für diejenigen Verhältnisse, welche die deutsche Sprache bei einer Vergleichung von Merkmalen (Komparation im engeren Sinne) durch ihre unterschiedenen Komparativ- und Superlativformen bezeichnet, hat die spanische Sprache nur eine einzige, beide zugleich umfassende Form. Von den Adjektiven grande „groß", pequeño „klein", bueno „gut" und malo „schlecht", den Adverbien bien „gut" und mal „schlecht" und den Umfangswörtern mucho „viel" und poco „wenig" heißt dieselbe mayor „größer", „größt", menor „kleiner", „kleinst", mejor (Adjektiv und Adverb) „besser", „best", „am besten", peor (Adjektiv und Adverb) „schlechter", „schlimmer", „schlechtest", „schlimmst", „am schlechtesten", „am schlimmsten", mas „mehr", „meist", „am meisten", und ménos „weniger", „wenigst", „am wenigsten", und von allen andern Adjektiven und Adverbien (andere Umfangswörter werden nicht komparirt) wird sie durch bloße Vorsetzung von mas oder ménos gebildet, z. B. mas bello „schöner", „schönst", mas bellamente (Adv.) „schöner", „am schönsten", mas pronto (Adjektiv und Adverb) „schneller", „schnellst", „am schnellsten" u. s. w.; auch kann mas grande, mas pequeño, mas bueno, mas malo statt mayor, menor, mejor und peor gesagt werden.

Anmerk. 1. Gewöhnlich pflegt man die Vorsetzung des bestimmten Artikels, oder eines Demonstrativ- oder Possessivpronoms vor die Komparativform als das unterscheidende Merkmal des Superlativs anzugeben; allein, abgesehen davon, daß eine solche Vorsetzung bei den adverbial stehenden Komparativformen nicht Statt hat, können auch Adjektiven in eigentlichen Komparativverhältnissen recht wohl ein solches Wort vor sich haben, wie z. B. „unser besseres Selbst", „der ältere Cato" u. s. w., und es kommt daher ganz auf den Zusammenhang an, ob z. B. La mas gorda se llama Doña Teresa, la menor Doña Guiomar „Die größere" oder die „größte" nennt sich D. T., die „kleinere" oder „die kleinste" D. G." und „El escribe mejor" „Er schreibt besser" oder „am besten" zu übersetzen ist.

Anmerk. 2. Zu den einfachen Komparativformen werden zuweilen auch superior „höher", „vorzüglich", inferior „geringer", „untergeordnet", anterior „früher", „vorzeitig", posterior „später", „nachzeitig", ulterior „jenseitig", „weiterhin" und citerior „diesseitig", „weiterher" gerechnet. Sie haben aber ein ganz anderes grammatisches Verhalten und können schon deßhalb nicht als Komparativformen gelten, weil sie nie im Sinne von Superlativen genommen werden.

Anmerk. 3. Mayor und menor werden auch bei Verwandschaftsnamen im Sinne von „älter", „ältest" und „jünger", jüngst" gebraucht.

§ 41. Während es der spanischen Sprache nach dem vorhergehenden Paragraphen an einer der eigentlichen Komparation (Vergleichung) angehörigen Superlativform fehlt, hat sie dagegen eine zur Bezeichnung bloß an sich gesteigerter Größenverhältnisse dienende Form, welche man absoluten (nicht auf Vergleichung beruhenden) Superlativ nennt, und statt deren im Deutschen immer Adverbien der Intensität, wie „sehr", „ganz", „höchst", „ungemein", „auch noch so" u. s. w. gebraucht werden. Diese Form wird von Adjektiven und Umfangswörtern und solchen Adverbien, welche nicht, wie z. B. bellamente, von der weiblichen Form eines Adjektivs durch Anfügung der Endung mente entstanden sind, dadurch gebildet, daß man denselben, nach Abwerfung des etwa ihren Ausgang bildenden Vokals oder Diphthongen (io), sonst aber ohne Weiteres, die Endung isimo anfügt, wobei zugleich die Umlaute ue und ie wegen der Tonverlegung in ihre Grundvokale o und e zurückgehn, z. B.

caro „theuer"	carisimo „sehr, ganz, höchst u. s. w. theuer"
bello „schön"	bellisimo „ „ „ „ schön"
mucho „viel"	muchisimo u. s. w.
poco „wenig"	poquisimo
pio (pi-o), „fromm"	piisimo
frio (fri-o) „kalt"	friisimo
grande „groß"	grandisimo
cortes „höflich"	cortesisimo
civil „artig"	civilisimo
amplio „weit"	amplisimo
limpio „rein"	limpisimo
bueno „gut"	bonisimo
nuevo „neu"	novisimo
fuerte „stark"	fortisimo
cierto „gewiß"	certisimo
valiente „tapfer"	valentisimo.

Eine Ausnahme hiervon machen nur

1) die Adjektiven auf le, indem sie dabei diese Silbe in il umsetzen, z. B.

	noble „edel"	nobilisimo
	amable „liebenswürdig"	amabilisimo,
doch macht	simple „einfach" auch	simplicisimo;

2) folgende ihrer Bildung nach schon dem Lateinischen angehörige Formen:

agrio „sauer"	agriisimo
amigo „freundlich"	amicisimo neben amiguisimo
antiguo „alt"	antiquisimo
fiel „treu"	fidelisimo
sabio „weise"	sapientisimo
sagrado „heilig"	sacratisimo
benéfico „wohlthätig"	beneficentisimo
maléfico „übelthuend"	maleficentisimo

magnífico „prächtig"	magnificentísimo
munífico „freigebig"	munificentísimo
benévolo „wohlwollend"	benevolentísimo
malévolo „übelwollend"	malevolentísimo
grande „groß"	máximo neben grandísimo
pequeño „klein"	mínimo „ pequeñísimo
bueno „gut"	óptimo „ bonísimo
malo „schlecht"	pésimo „ malísimo
alto „hoch"	supremo oder sumo neben altísimo
bajo „niedrig"	ínfimo neben bajísimo
libre „frei"	libérrimo
acre „scharf"	acérrimo
célebre „berühmt"	celebérrimo
salubre „gesund"	salubérrimo
íntegro „aufrichtig"	integérrimo
áspero „rauh"	aspérrimo
mísero „elend"	misérrimo und
pobre „arm"	paupérrimo.

Auch gehört zu diesen Formen

ubérrimo „sehr reichlich".

Von den Adverbien auf mente wird dagegen diese Superlativform dadurch gebildet, daß man eine solche zunächst von dem Adjektive, von dem das Adverb hergeleitet werden, macht und dann an deren weibliche Form wieder mente anhängt, also

perfectamente	perfectísimamente
sabiamente	sapientísimamente.

§ 42. Die absolute Superlativform kann auch mittelst Vorsetzung des Wortes mas in ein eigentliches Komparationsverhältniß gebracht werden, und ein so gebildeter Ausdruck entspricht alsdann dem mit dem Worte „aller" zusammengesetzten deutschen Superlative, z. B. La mas mínima cosa „Die allergeringste Sache". Zuweilen wird die absolute Superlativform auch allein, ohne Vorsetzung von mas, in diesem Sinne gebraucht, wie La mínima falta „Der allerkleinste Fehler". Am gewöhnlichsten geschieht dies mit sumo, ínfimo und mínimo.

Dritter Abschnitt.

Bildung und grammatisches Verhalten der Wörter.

I. Kapitel.

Präpositionen.

Bildung der Präpositionen.

§ 43. Unter den Präpositionen giebt es nur einige wenige, welche nicht ursprünglich andern Wortarten angehören, die meisten sind nur präpositionell gebrauchte Adverbien, Adjektiven oder aus mehreren Wörtern bestehende Phrasen. Die ersteren gehören sämmtlich zu den Stämmen, deren Wurzeln sich aber nicht nachweisen lassen, und haben als solche zum größern Theile eine schwer zu begränzende Weite ihrer Bedeutung und Anwendbarkeit; die andern sind, außer den ihrer Bildung nach leicht zu verstehenden Phrasen, theils Stämme, theils Sproßformen und haben, im Ganzen genommen, immer eine ziemlich bestimmte Bedeutung und Anwendbarkeit.

Ursprüngliche, eigentliche oder ächte Präpositionen.

§ 44. Die Präpositionen der erstern Art sind nach alphabetischer Folge
a „zu", „nach", „in", „an", „auf", „bei", (in Bezeichnung von Ort und Richtung, z. B. zur Schule, nach Haus, ins Zimmer, an der Thür, auf den Ball, beim Fenster), „zu", „um", „bei", „auf" (in Bez. der Zeit und Zeitfolge, z. B. zu der Zeit, um 3 Uhr, bei seiner Ankunft, auf den Regen), „zu", „mit", „nach" (in Bezeichnung der Weise, z. B. zu Pferde, mit aller Eile, nach der Mode), „auf" (in Bezeichnung der Ursache, z. B. auf Befehl), „zu" (in Bezeichnung der Folge und des Preisverhältnisses, z. B. zu Etwas zwingen, zu 3 Realen),
ante „vor" (in Bezeichnung des Orts, z. B. vor dem Richter),

con „bei“ (in Bezeichnung des Orts, z. B. beim Könige), „mit“ (in Bezeichnung der Gemeinschaftlichkeit, z. B. mit Jemand reisen), „mit“, „durch“ (in Bez. der durch ein Merkmal des Subjekts, ein Werkzeug oder ein Mittel bestimmten Weise, z. B. mit Wärme reden, mit der Gabel essen, durch Bitten erlangen), „mit“ (in Bezeichnung eines als Material gedachten Gegenstandes, z. B. mit Rosen schmücken), „zu“ (in Bezeichnung der Wirkung, z. B. zum Nachtheil erfahren), „von“ (in Bezeichnung der Ursache, z. B. vom Regen naß), „gegen“ (in Bezeichnung der Person, auf welche sich ein Benehmen bezieht, z. B. freundlich gegen mich),

contra „gegen“, „gegenüber“ (in Bezeichnung der Richtung, Lage, z. B. gegen Osten), „gegen“, „wider“ (in Bezeichnung eines feindlichen Verhaltens, z. B. gegen Jem. kämpfen, gegen einen Rath handeln),

de „von“, „aus“ (in Bezeichnung der Richtung, z. B. von der Messe, aus dem Hause), „von“ (in Bezeichnung des thätigen Objekts beim Passiv und des Stoffs, z. B. von Jemand beleidigt werden, von Holz machen), „vor“ (in Bezeichnung der fortwirkenden Ursache, z. B. vor Angst zittern), „mit“ (in Bezeichnung des als Material gedachten Gegenstandes, z. B. mit Erde bedecken), „über“ (in Bezeichnung des Gegenstandes eines Affektes z. B. über Etwas weinen), „bei“, „mit“ (in Bezeichnung der Weise nach dem als Mittel dienenden Theile des Objekts, z. B. bei den Haaren fassen, und nach einem dem Subjekt beiwohnenden Merkmale z. B. mit Fleiß thun),

desde „von — an“, „von“, „seit“ (in Bezeichnung von Raum und Zeit, z. B. von Madrid an, von Neujahr an, seit Neujahr),

en „in“, „an“, „auf“ (in Bezeichnung von Ort und Richtung, z. B. in der Stube, an diesem Ort, auf dem Tisch sein, auf den Stuhl legen), „in“, „an“ (in Bez. der Zeit, z. B. im Juli, am Tage), „in“ (in Bezeichnung des Gegenstandes einer Beschäftigung, z. B. in Gold arbeiten), „zu“ (in Bezeichnung der Folge, des Zwecks, z. B. zu seinem Schaden),

entre „zwischen“, „unter“ (in Bezeichnung von Ort und Richtung, z. B. zwischen den beiden, unter uns), „während“ (in Bezeichnung der Zeit, z. B. während des Gesprächs),

hácia „gegen“, „gen“, „auf — zu“ (in Bezeichnung der Richtung, z. B. gegen die Thür, auf uns zu), „gegen“ (in Bezeichnung der Zeit, z. B. gegen Mittag),

hasta „bis“ (in Bezeichnung des Endpunkts einer Ausdehnung in Raum und Zeit, z. B. bis Berlin, bis Ostern),

para „nach“ (in Bezeichnung des Ziels, z. B. nach London abreisen), „für“, „auf“ (in Bez. eines künftigen Zeitpunkts, z. B. für Montag lassen, auf nächste Woche verschieben), „für“ (in Bezeichnung der Person, für die Etwas bestimmt ist, z. B. Etwas für Jemand machen), „zu“ (in Bezeichnung des Zwecks, z. B. zu Jemandes Sicherheit bleiben, Tuch zu einem Rock haben), por „durch", „über" (in Bezeichnung der Richtung z. B. durch die Stadt, über das Feld), „um", „für" (in Bezeichnung eines ungefähren Zeitpunktes und einer künftigen Zeitdauer, z. B. um das Jahr 1000, für 2 Wochen), „durch" (in Bezeichnung des Mittels, z. B. durch Fleiß erwerben), „aus", „wegen", „halb" (in Bezeichnung des Beweggrundes, z. B. aus Eitelkeit, wegen seiner Gesundheit), „um", „nach" (in Bezeichnung des Gegenstandes eines Verlangens, z. B. um Hülfe, nach Brod schreien), „für", „gegen" (in Bezeichnung eines Tauschverhältnisses, z. B. für Geld thun, gegen Geld umtauschen, für gut halten), „für" (in Bezeichnung einer begünstigten Person, z. B. für Jemand reden), „nach" (in Bezeichnung der durch eine Uebereinstimmung bestimmten Weise, z. B. nach der Natur malen), „bei" (in Bezeichnung des Gegenstandes einer Anrufung oder Beschwörung, z. B. bei Namen rufen), „von" (in Bezeichnung des thätigen Objekts beim Passiv und namentlich dessen Vertretung durch das Reflexiv, z. B. von Jemand gesehen werden),

segun „gemäß", „nach", „laut" (in Bezeichnung der Uebereinstimmung, z. B. nach oder gemäß seinen Ideen, laut dieses Briefes),

sin „ohne" (in Verneinung der Gemeinschaftlichkeit, z. B. ohne Jemand reisen),

so „unter" (veraltet, kommt nur in einigen Redensarten, wie „unter Strafe" u. dergl. vor),

sobre „über", „auf" (in Bezeichnung von Ort und Richtung, z. B. über Etwas hervorragen, auf dem Tische), „über" (in Bezeichnung des Gegenstandes der Verhandlung und der Herrschaft, z. B. über Etwas reden, über Jemand regieren),

tras „hinter" (in Bezeichnung von Ort und Richtung, z. B. hinter dem und hinter den Baum).

Prepositionell gebrauchte Adverbien, Adjektiven und Phrasen.

§ 45. Die Präpositionen der andern Art sind

a) präpositionell gebrauchte Adverbien, und zwar

aa) einfache, nämlich

ántes „vor" (in Bez. der Zeit, z. B. vor der Schlacht),

cerca „bei", „nahe bei" (in Bez. von Raum und Zeit, z. B. bei, nahe bei der Stadt, bei drei Stunden),

delante „vor" (in Bez. von Ort und Richtung, z. B. vor der Stadt, vor mich hin),

dentro „innerhalb", „binnen" (in Bez. von Raum und Zeit, z. B. innerhalb der Stadt, binnen 3 Stunden),

despues „nach" (in Bez. der Zeit, z. B. nach 3 Uhr),

detras „hinter" (in Bez. von Ort und Richtung, z. B. hinter dem und den Baum),

fuera „außerhalb“ „außer“ (in Bez. von Raum und Zeit, z. B. außerhalb der Stadt, außer der Zeit),
no léjos „unweit“ (in Bez. von Ort und Richtung, z. B. unweit des Dorfes);

bb) zusammengesetzte, nämlich

acerca „über“ (in Bez. des Gegenstandes einer Verhandlung, z. B. über eine Sache sprechen),
ademas oder á mas „außer“ (in Bezeichnung einer Einschließung, z. B. außer Gedächtniß viel Verstand haben),
debajo „unter“ (in Bezeichnung von Ort und Richtung, z. B. unter dem Tische, unter den Tisch),
encima „über“, „oberhalb“, „auf“ (in Bezeichnung von Ort und Richtung, z. B. über ihm, oberhalb der Stadt, auf dem Tische),
enfrente „gegenüber“ (in Bez. von Ort und Richtung, z. B. mir gegenüber);

b) präpositionell gebrauchte Adjektiven und alte Partizipialformen, nämlich

bajo „unter“, „unterhalb“ (in Bez. von Raum und Zeit, z. B. unter dem Baum, unter den Tisch, unter seiner Regierung),
conforme „gemäß“ (z. B. dem Gesetze gemäß),
junto „neben“, „nahe bei“, „an“ (z. B. an dem Tische),
consiguiente „zufolge“ (z. B. seiner Behauptung zufolge),
durante „während“ (in Bez. der Zeit, z. B. während des Krieges),
mediante „mittelst“ (in Bez. des Mittels, z. B. mittelst dieser Summe),
tocante „in Betreff“ (z. B. in Betreff dieser Angelegenheit), und

c) präpositionell gebrauchte Phrasen, nämlich

á beneficio „mittelst“ (z. B. mittelst des Schlafes, mit Hülfe der Nacht),
a causa „wegen“ (z. B. wegen des Krieges),
á costa „auf Kosten“ (z. B. auf Kosten meiner Ruhe),
á despecho „trotz“ (z. B. trotz der Feinde),
á espaldas „hinter“ (z. B. hinter dem Rücken seiner Freunde),
á fuerza „durch“ (z. B. durch Wunderthaten),
á pesar „trotz“ (z. B. trotz meiner Bitten),
á respecto, respecto oder con respecto } „hinsichtlich“ (z. B. hinsichtlich meiner Lage),
al lado „neben“ (z. B. neben Johann),
al rededor „um“, „in — umher“ (z. B. um dies Haus, im Saale umher),
á lo largo „längs“, „entlang“ (z. B. längs des Weges),
de esta parte oder mas acá } „diesseits“ (z. B. diesseits des Flusses),
de aquella parte oder mas allá } „jenseits“ (z. B. jenseits des Flusses),

en atencion „in Anbetracht“ (z. B. in Anbetracht seiner Fähigkeit),
en consecuencia „in Folge“ (z. B. in Folge seines Falles),
en cuanto „in Betreff“ (z. B. in Betreff seiner),
en lugar „anstatt“ (z. B. anstatt des Geldes),
en medio „inmitten“ (z. B. inmitten seiner Kinder),
en pos „hinter—her“ (z. B. hinter dem Wagen her),
en razon „vermöge“ (z. B. vermöge seiner Gewohnheit),
enrededor „um“ (z. B. um das Haus),
en vez „anstatt“ (z. B. anstatt des Vaters),
en virtud „kraft“ (z. B. kraft höhern Auftrags),
en vista „in Ansehung“ (z. B. in Ansehung dieser Nachricht),
por causa „wegen“ (z. B. wegen seines Bruders),
por medio „vermittelst“ (z. B. vermittelst eines Meineids),
por parte „von Seiten“ (z. B. von Seiten des Königs),
por razon „wegen“ (z. B. wegen seines Betragens),
sin embargo / no obstante } „ungeachtet“ (z. B. ungeachtet seiner Jugend),
por lo que hace / por lo que mira / por lo que toca } „in Betreff“, „was angeht“ (z. B. was mich betrifft).

Grammatisches Verhalten der Präpositionen.

§ 46. Die Präpositionen werden im Spanischen stets dem Worte, dessen Verhältniß sie bezeichnen sollen, vorgesetzt. Doch sind es nur die eigentlichen Präpositionen und bajo, durante, mediante und no obstante, mit welchen dies unmittelbar geschehen kann; die andern bedürfen zu ihrer Verbindung mit demselben immer eine der Präpositionen á und de, und zwar so, daß conforme, consiguiente, junto und tocante, so wie con respecto, en atencion, en cuanto und die satzartigen Phrasen por lo que hace, mira oder toca stets die Präposition á, alle übrigen aber stets die Präposition de nach sich haben. Bajo und tras kommen jedoch auch zuweilen in Verbindung mit de vor.

§ 47. Von einer Kasusregierung kann bei der spanischen Präposition natürlich bei der sonst mangelnden Deklination nur in Beziehung auf die Personal- und Relativpronomen die Rede sein, und hier ist es bei den eigentlichen Präpositionen nur die Nominativform, welche zu einer Verbindung mit denselben geschickt ist, jedoch mit Ausnahme von yo und tú, so wie der Nominativform der dritten Person im Singular und Plural, so weit sie sich auf das Reflexivpronomen bezieht; statt dieser sind für den Gebrauch mit Präpositionen eigends die Formen mi „mir“, „mich“, ti „dir“, „dich“ und si „sich“ vorhanden, so daß keine der in der Deklination angeführten Formen der bezeichneten Personen mit Präpositionen gebraucht wird. Beispiele: De mi padre „von meinem Vater“, á la casa „nach dem Hause“, con los libros „mit den Büchern“ para nosotros „für uns", sin él „ohne ihn", junto á ella „neben ihr", al rededor de ellos „um sie", tocante á mí „in Betreff meiner", por tí „durch dich", de sí „von sich." — Bei einigen der präpositionell gebrauchten Phrasen, deren letztes Wort ein Substantiv ist, kann aber auch eine Genitivform gebraucht werden, z. B. á pesar mio „trotz meiner", en atencion tuya „in Ansehung deiner, por causa vuestra „euretwegen", por parte suya „ihrerseits u. s. w. Zuweilen wird indeß diese Genitivform mit dem Possessivpronomen vertauscht, z. B. por vuestra causa, por su parte &c.

§ 48. Einige Präpositionen gehen auch mit dem auf sie folgenden Worte Zusammenziehungen ein, ähnlich wie im Deutschen „an dem" in „am" „für das" in „fürs" u. s. w. zusammengezogen werden. Es beschränkt sich dies im Spanischen aber auf die Zusammenziehung von á und de mit dem bestimmten Artikel männlichen Geschlechts im Singular (el) in al und del, entsprechend dem deutschen „zum" und „vom", und die von con mit den im vorhergehenden Paragraphen erwähnten Formen mí, tí und sí unter Hinzufügung der Silbe go in conmigo „mit mir", contigo „mit dir" und consigo „mit sich."

§ 49. In einigen Fällen, wo ein zusammengesetztes, gewöhnlich räumliches Verhältniß zu bezeichnen ist, werden im Spanischen einem deutschen Adverb und einer Präposition gegenüber zwei Präpositionen mit einander gebraucht. In dieser Verbindung bezeichnet die erste in der Regel die Richtung und die andre den Ort. Die gewöhnlichsten dieser Doppelpräpositionen sind

de debajo „unter (z. B. dem Mantel) hervor",
de dentro „aus (z. B. der Schaale) heraus",
de enmedio „mitten aus (z. B. der Menge) heraus",
de entre „zwischen (z. B. den Feinden) weg",
de hácia „von (z. B. jener Gegend) her",
por debajo „unter (z. B. der Erde) hindurch",
por delante „vor (z. B. dem Hause) vorbei",
por detras „hinter (z. B. ihm) vorbei",
por entre „zwischen (z. B. den Fingern) durch" oder „hinein",
por encima „über (z. B. seinen Kopf) hinweg".

Auch gehört hierher das kein Raumverhältniß bezeichnende

para con „in Vergleich mit", „gegen" (z. B. klein gegen Friedrich), „in Betreff", „gegen", „für" (z. B. nachsichtig gegen ihn, kein Geheimniß für ihn).

Vertretung der Kasusformen durch Präpositionen.

§ 50. Bei dem gänzlichen Mangel an substantivischen und adjektivischen Kasusformen und der beschränkten Anwendbarkeit einiger der vorhandenen pronominellen muß die spanische Sprache fast immer für die im Deutschen durch Kasusformen bezeichneten Verhältnisse Präpositionen gebrauchen, eine Vertretung, welche in Folge einer großen Freiheit in der Stellung der Satztheile aus

Gründen der Deutlichkeit sich sogar auf viele Fälle des Akkusativs erstreckt. Die zu diesem Behufe angewandten Präpositionen sind aber hauptsächlich nur á, de und para, wenn gleich in einzelnen Fällen auch noch andere Präpositionen dazu gebraucht werden, und je setzt man

A. In Vertretung substantivischer und adjektivischer Kasusformen

1) die Präposition de für die deutsche Genitivform, sowol in attributiven als objektiven Verhältnissen, z. B. La puerta *de la* casa „Die Thür des Hauses". Le privó *de todo su* dinero. „Er beraubte ihn alles seines Geldes". Es digno *de tu* compasion. „Er ist deines Mitleids würdig".

2) die Präposition á

a) für die deutsche Dativform, in so weit nicht auch im Deutschen „für" dafür gesetzt werden könnte, z. B. Dar limosna *á un* mendigo „Einem Bettler Almosen geben." La prefiero *á su* hermana „Ich ziehe sie ihrer Schwester vor." Lo envié *al* conde „Ich schickte es dem Grafen."

und b) für die deutsche Akkusativform,

aa) wenn das leidende Objekt als Person gedacht wird, oder ein den höhern Thiergattungen angehöriges Individuum ist, z. B. Amo *á mi* madre „Ich liebe meine Mutter." Dejó *á sus* padres „Er verließ seine Eltern" (Y). Por eso quiero *al perro perdiguero*. „Deßwegen liebe ich den Hühnerhund" (Y).

bb) wenn dasselbe durch einen Eigennamen ohne irgend ein adjektivisches Attribut ausgedrückt ist, z. B. No era posible defender *á* Córdoba „Es war nicht möglich, Cordova zu vertheidigen (T.) Ha devastado *á* Europa „Er hat Europa verwüstet."

cc) wenn es selbst nur ein Wort ist, z. B. Por esto silabamos de un modo *á constante*, *obstar*, y de otro *á destruir*, *ejemplo* „Deßwegen sillabiren wir auf eine Weise constante, obstar und auf andre destruir, ejemplo" (S).

dd) wenn auf dasselbe mittelst seines Verbs ein substantivisches Wort ohne Präposition oder ein Adjektiv als Attribut bezogen wird, letzteres jedoch gewöhnlich nur bei Auslassungen des Subjekts, z. B. Llaman *á* eso mareo. „Sie nennen dies Seekrankheit (Y). Llamar detestable *á* la comedia! „Die Komödie abscheulich zu nennen!" (M). und

ee) wenn es in Folge einer Zusammenziehung ohne Verb und ohne Subjekt im Satze steht, besonders nach como „wie" und que „als", z. B. Te ama mas que *á su corazon*.

„Er liebt dich mehr als sein Herz“ (R), — doch wird in dem unter aa angeführten Verhältnisse die Präposition á nicht für den Akkusativ gesetzt,

aaa) wenn das leidende Objekt entweder gar keine adjektivische Bestimmung, oder nur ein bestimmtes Zahlwort als solche vor sich hat, z. B. Jamas traté *ministro* alguno que &c. „Nie behandelte (fand) ich einen Minister, welcher u. s. w.“ (J). ¿No habéis atrapado *dos reos*? „Habt Ihr nicht zwei Schuldige ertappt? (J).

bbb) wenn dasselbe neben einem durch á bezeichneten Dativ steht, oder sonst durch Zusammentreffen mehrerer Vokale ein Ueberlaut entstehen würde, z. B. Abandonemos esa mujer á sus remordimientos „Ueberlassen wir diese Frau ihren Gewissensbissen“ (S). Vió aquella ninfa „Er sah jene Nymphe“ (S).

und ccc) wenn dasselbe erst durch die Handlung das, was sein Name besagt, eigentlich wird, oder Gegenstand des Besitzens, Erwerbens oder Verlierens ist, z. B. Tomar una mujer „Eine Frau nehmen.“ El papa creó los cardenales „Der Papst ernannte die Kardinäle“ (S). El tiene buenos amigos „Er hat gute Freunde (S). Perder la mujer „Die Frau verlieren.“

und 3) die Präposition para für die deutsche Dativform, wenn dieselbe auch im Deutschen mit „für“ vertauscht werden könnte, z. B. Baja un taburete *para el* vecino „Bringe dem Nachbar (f. d. N.) einen Sessel herunter“ (M).

B) In Vertretung pronomineller Kasusformen

1) die Präposition de für die deutsche Genitivform in objektiven, und, in Beziehung auf die dritte Person, zuweilen auch attributiven Verhältnissen, z. B. Me glorio *de ello* „Ich rühme mich dessen“ (L). ¿No te acuerdas de mi? Erinnerst du dich meiner nicht? (G). No es la culpa de ellas „Es ist nicht ihre Schuld“ (R).

2) die Präposition á für die deutsche Dativ- und Akkusativform, jedoch meist nur in Hinzufügung zu der spanischen Kasusform, wenn die durch diese schon bezeichnete Person mit größerem Nachdruck hervorgehoben oder noch bestimmter unterschieden werden soll, mit Ausnahme der wenigen Fälle, in denen die Dativform auch im Deutschen durch „für“ vertreten werden könnte, z. B. *¿Me* llamáis *á mi?* „Ruft ihr mich?“ (M). *Le* hirió *á él* „Er verwundete ihn“ (S). *A vosotros os* importa „Euch ist es wichtig.“ (S).

3) Die Präposition para für die deutsche Dativform, wenn statt derselben auch im Deutschen „für" gesetzt werden könnte, z. B. Trajiste un vestido *para mí*. „Du brachtest mir (für mich) ein Kleid" (S).

§ 51. Man gebraucht im Spanischen auch einige Präpositionen zur Bezeichnung des Verhältnisses eines auf das Subjekt oder auf ein Objekt mittelbar bezogenen Merkmals, sowol wenn dies durch ein Substantiv, als wenn es durch ein Adjektiv ausgedrückt ist. Diese Präpositionen sind de, en und por, von welchen alsdann die beiden ersten dem deutschen „als", die letzte aber der ebenso gebrauchten Präposition „für" und mitunter auch dem „als" entspricht, z. B. Somos *de* grandes lo que hemos sido *de* niños „Wir sind als Erwachsene, was wir als Kinder gewesen sind" (S). Vistióse *de* marinero „Er kleidete sich als Matrose" (S). Mandaba *en* gefe. „Er befehligte als Oberfeldherr" (T). *Tenlo por cierto* „Halte es für gewiß" (G). Declarar á uno *por* traidor „Jemanden zum Verräther erklären" (S). Le enviaron *por* gobernador „Sie sandten ihn als Statthalter hin" (S).

§ 52. Endlich nehmen einige Präpositionen noch in gewissen Verbindungen eigenthümliche, deutschen Adverbien entsprechende Bedeutungen an, oder sie hören ganz auf, attributive und objektive Verhältnisse zu bezeichnen, und dienen dann nur noch dazu, mit einem Substantive oder substantivisch gebrauchten Adjektive adjektivische, adverbiale, konjunktionelle, ja selbst präpositionelle Phrasen zu bilden. Zu der ersten Art gehören cerca, entre, hasta und sobre, von welchen cerca dem deutschen „ungefähr", entre dem deutschen „zusammen", „zugleich", „halb—halb", hasta dem deutschen „sogar", „selbst" und sobre dem deutschen „mehr als" entspricht, z. B. *Cerca* de dos meses „Ungefähr zwei Monate." *Entre* confuso y pensativo nos respondió „Halb verwirrt, halb nachdenklich" oder „zugleich verwirrt und nachdenklich antwortete er uns" (S). *Hasta* tuvo la impudencia &c. „Er hatte sogar die Unverschämtheit ꝛc. (S). *Sobre* cien reales „Ueber d. i. mehr als 100 Realen" (H). Der zweiten gehören vorzugsweise á, de, en und por an; doch werden auch mit con, entre, sin und sobre Phrasen gebildet, z. B. á obscuras „im Dunkeln", á ojos vistas „zusehends", de balde „umsonst", de rigor „nothwendig", en general „im Allgemeinen", en adelante „ins Künftige", por lo comun „gewöhnlich", con cuidado „besorgt", entretanto „unterdeß", sin pan „brodlos", sobre manera, über die Maßen ꝛc. Außerdem gebraucht man die Präposition de noch mitunter wie das deutsche „von" und in einigen besondern Redensarten zur Vertretung von Umfangswörtern, um aus dem Begriffsumfange eines Substantivs einen geringen und unbestimmten Theil herauszuheben, z. B. Probó del asado „Er kostete von dem Braten" (S). Gustaste del Jerez „Du kostetest von dem Xereswein" (S). Ahorrar de palabras „Worte sparen." Almorzar de las sobras „Von den Ueberresten frühstücken." Beber de un licor „Von einem Getränke trinken." Dar de bofetadas, de palos &c. „Ohrfeigen, Schläge geben" u. s. w.

II. Kapitel.

Konjunktionen.

Bildung der Konjunktionen.

§ 53. Die Konjunktionen verhalten sich in ihrer Bildung ungefähr eben so, wie die Präpositionen, indem unter ihnen nur einige wenige nicht andern Wortarten ursprünglich angehörige, auf keine Wurzeln zurückführbare Stämme sind, alle andern aber entweder als Stämme oder Sprossen zunächst andern Wortarten angehören, und zum großen Theile ihrer Ableitung nach zu deuten sind, oder aus mehreren Wörtern zusammengesetzte Phrasen bilden.

Ursprüngliche, eigentliche oder ächte Konjunktionen.

§ 54. Die wenigen ursprünglichen, eigentlichen oder ächten Konjunktionen sind y (oder é vor i oder hi) „und“, ni „und nicht“, „auch nicht“, ó (oder ú vor o oder ho) „oder“, „sonst“, si „ob“, „wenn“, pero oder empero „aber“ und mas „doch“, „allein“, von welchen empero indeß fast nicht mehr im Gebrauch ist.

Unächte Konjunktionen oder nur konjunktionell gebrauchte Wörter und Phrasen.

§ 55. Als nicht ursprüngliche, also nur uneigentliche oder unächte Konjunktionen erscheinen vornehmlich

a) folgende nur konjunktionell gebrauchte Wörter, namentlich Adverbien: ademas „außerdem“, „überdies“, ahora (verkürzt ora) „nun“, ántes „vielmehr“, apénas „kaum“, asi „so“, „daher“, „deßhalb“, aun „selbst“, „sogar“ bien „wohl“, „zwar“, „freilich“, como „wie“, „als“, „da“, „indem“, „wenn“, conforme „wie“, cual „wie“, cuando „wann“, „wenn“, „selbst wenn“, „während“, „als“, cuanto „wie sehr“, „je“ (vor Komparativen), despues „nachher“, „darauf“, „dann“, donde „wo“, entónces „dann“, entretanto „unterdessen“, especialmente „besonders“, „namentlich“, finalmente „endlich“, hasta „sogar“, luego „bald“, „dann“, „alsdann“, „mithin“ oder „folglich“, miéntras „während“, parte „theils“, particularmente „besonders“, pues „nun“, „da“, „denn“, „also“, „nämlich“, „jedoch“, „geschweige“, que „was“, „welcher, e, es“, „wie“, „als“ (namentlich nach Komparativen), „daß“, „denn“, „und“ (vor no), „oder“, quien „wer“, „welcher, e, es“, segun „wie“, siquiera „wenigstens“, „nur“, solamente oder solo „nur“, tal „so“, tambien „auch“, „ebenfalls“, tampoco „eben so wenig“, „auch nicht“, singularmente „besonders“, tan „so“ (in dem Grade), tanto „so sehr“, „desto“ (vor Komparativen), ya „nun“, „schon“, „bald“, — primero „erstens“, segundo „zweitens“, tercero „drittens“ u. s. w. — und gewissermaßen auch das in Beziehung auf einen Komparativ vor Ausdrücken der Größe, meistens Zahlen, statt que gebrauchte de „als“;

b) folgende aus mehreren Wörtern bestehende Phrasen: al contrario „im Gegentheil“, al fin „endlich“, al principio „anfangs“, „zuerst“, con eso „dann“, con todo oder con todo eso „bei allem dem“, de consiguiente „folglich“, de otro modo oder de otra suerte „sonst“, en cambio „dagegen“, en cuanto „so bald“, por consiguiente „folglich“, por eso, por lo mismo, por tanto oder por lo tanto „deßhalb“, „deßwegen“, „darum“, sin embargo „dessen ungeachtet“, sobre todo „vor allem“, no obstante de eso (esto) oder no por eso „dessen ungeachtet“, — en primer lugar oder lo primero „erstens“, en segundo lugar oder lo segundo „zweitens“, u. s. w., y esto „und das“ oder „und zwar“, aun es mas oder poco dije „sogar“, „ja“, ántes bien „vielmehr“, asi como „so wie“, aun cuando „selbst wenn“, como si, cual si oder lo mismo que si „als ob“, mas bien „vielmehr“, por si „wenn etwa“, si bien „obwol“ „obgleich“, sino „sondern“, tal como „so wie“, tan luego como „so bald“, — ademas de que „außerdem daß“, ántes que „ehe“, „bevor“, asi que „so wie“, aunque „obschon“, „obgleich“, bienque „obgleich“, „obwol“, como que „da“, con que „also“, „demnach“, „wenn nur“, dado que „gesetzt“, desde que „seitdem“, despues que „nachdem“, entanto oder entretanto que „während“, „unterdessen“, fuera de que „außerdem“, hasta que „bis“, luego que „sobald“, mientras que „während“, no obstante que „ungeachtet“, para que „damit“, „als daß“, porque „weil“, „damit“, puesque „da“, puesto que „da“, siempre que „so oft“, sin embargo de que „trotzdem“, sino que „sondern“, sobre que „außerdem“, solo que oder solo si que „nur“, supuesto que „angenommen“, „da“, tanto que „so sehr daß“, una vez que „da einmal“, ya que „da einmal“, obgleich“, y eso que oder y mas que „trotzdem“, — á fin de que „damit“, á medida que „im Verhältniß wie“, á ménos que „es sei denn, daß“, „wenn nicht“, á pesar que „trotzdem“, á proporcion que „im Verhältniß wie“, á tiempo que „zur Zeit daß“, „indeß“, al momento que „sobald“, al paso que „während“ al punto que „sobald“, con tal que „unter der Bedingung daß“, „wenn nur“, de forma, de manera, de modo, de suerte que „so daß“, „dergestalt daß“, por mas que „so sehr auch“ u. s. w., und in gewisser Hinsicht auch das in Beziehung auf einen vorhergehenden Komparativ vor einem Satze statt que gebrauchte de lo que „als“.

Grammatisches Verhalten der Konjunktionen.

§ 56. Die Konjunktionen stehen im Spanischen immer an der Spitze des Satzes, oder bei Zusammenziehungen an der Spitze des Satztheiles, dessen Verhältniß sie bezeichnen sollen. Eine Ausnahme macht indeß oft das veraltende empero, welches auch, wie das deutsche „aber“, zwischen die Glieder des Satzes, dem es angehört, gestellt werden kann.

§ 57. Einige Konjunktionen können für sich allein nicht das Verhältniß des Satzes, dem sie angehören, bezeichnen, sondern stehen immer in Beziehung auf einen konjunktionellen Ausdruck in dem andern Satze, wie z. B. „nicht nur“ und „sondern“. Andre gebraucht man in beiden Sätzen zugleich, um durch ihre gegenseitige

Beziehung die Verbindung derselben inniger, oder ihr Verhältniß hervortretender zu machen, wie z. B. im Deutschen „theils“. Die auf solche Weise stehenden zweigliedrigen Konjunktionen sind im Spanischen apenas—cuando „kaum—so“, asi—como „so—wie“, (asi) como (cual)—asi „(so) wie — so“, asi—que „so — daß“, bien (en verdad) — pero „zwar (freilich) — aber“, no —ántes (ántes bien) oder mas bien „nicht — vielmehr (im Gegentheil)“, no bien—cuando „kaum—so (als)“, no solo (solamente) — sino (sino que oder sino que tambien) „nicht nur (allein) — sondern (sondern auch)“, no ya — sino que „nicht bloß — sondern“, tan—como „so — als“, „ebenso — als“, tan (tal) — que „so — daß“, tanto — como (cuanto) „so sehr — als“, tanto mas — cuanto que „um so mehr — da (als)“ con tanta mas razon — cuanto „um so mehr — da“, mucho (mui, demasiado, sobrado) — para que „zu (allzu) — als daß“, miéntras oder cuanto — tanto (von Komparativen, und auch mit Auslassung von tanto) „je — desto (je)“, lo mismo — que „ebenso — als“, cuando — cuando oder ya—ya oder tan pronto — tan pronto „bald — bald“, bien — bien „ob — ob“, parte (en parte) — parte (en parte) „theils — theils“, ó—ó oder ahora—ahora oder ora—ora oder que—que „entweder — oder“ und ni—ni „weder — noch“.

§ 58. In gewissem Betracht kann man auch von einer Rektion der Konjunktionen sprechen, indem einige immer Sätze einleiten, deren Verb im Indikativ, andre dagegen Sätze, deren Verb im Konjunktiv, und noch andre wieder Sätze, deren Verb im Indikativ oder Konjunktiv steht, je nachdem die Aussage als wirklich geschehend, oder als nur vorgestellt oder fraglich gedacht wird. Den Indikativ dürften indeß in diesem Sinn wol nur die Konjunktion como que „als ob“ und einige Konjunktionen des Grundes, wie pues „denn“, „da“, puesque „da“, porque „weil“ und puesto que oder supuesto que „da“, den Konjunktiv dagegen nur die Konjunktionen como si, cual si oder lo mismo que si „als wenn“, aun cuando „selbst wenn“, como „wenn“ oder „wenn nur“, como que „wenn nur“, sin que „ohne daß“, á ménos que „es sei denn daß“, con tal que oder con que „unter der Bedingung daß“ oder „wenn nur“ und para que, porque oder á fin de que „damit“ erfordern, während alle übrigen bald den Indikativ, bald den Konjunktiv in ihrem Gefolge haben.

III. Kapitel.

Vom Verb.

Bildung der Verben.

Wurzelverben.

§ 59. Zu den Wurzeln gehören im Spanischen alle diejenigen Verben, welche nicht von einem der spanischen Sprache angehörigen Worte gebildet sind, mögen sie auch im Lateinischen, oder woher sie sonst ins Spanische übergegangen, abgeleitet oder zusammengesetzt sein. Sie gehören allen drei Konjugationen, vorzugsweise aber der zweiten und dritten an, z. B. amar, hablar, ver, temer, prender, ir, venir, salir, vivir u. s. w.

Abgeleitete Verben.

§ 60. Die abgeleiteten Verben werden in der Regel von Substantiven oder Adjektiven, zuweilen jedoch auch von Zahlwörtern, Adverbien und andern Verben gemacht. Sie gehören mit verhältnißmäßig wenigen Ausnahmen der ersten Konjugation an, und ihre Bildung geschieht in der Regel nach Abwerfung des etwa am Stamm vorhandenen Endvokals einfach durch Anhängung der Infinitivendung, wobei zugleich nach einem allgemeinen Gesetze in Folge der veränderten Tonverhältnisse die etwa im Stamm enthaltenen Umlaute ie und ue in die Vokale e und o zurückgehen. In einigen Fällen wird aber bei dieser Ableitung dem Stamme noch ein bedeutungsloses a vorgesetzt und hierbei, wenn derselbe mit r anfängt, dieser Anlaut verdoppelt. Beispiele:

fin „Ende",	finar „endigen",
reino „Reich",	reinar „regieren",
contraste „Gegensatz",	contrastar „entgegensetzen",
custodia „Wache",	custodiar „bewachen",
señal „Zeichen",	señalar „bezeichnen",
corona „Krone",	coronar „krönen",
casa „Haus",	casar „heirathen",
sangre „Blut",	sangrar „bluten",
diente „Zahn",	dentar „zahnen",
nieve „Schnee",	nevar „schneien",
igual „gleich",	igualar „gleichen",
doble „doppelt",	doblar „verdoppeln",
ciego „blind",	cegar „blenden",
calor „Hitze",	acalorar „erhitzen",
brazo „Arm",	abrazar „umarmen",
pierna „Bein",	apernar „bei den Beinen packen",
tierra „Erde",	aterrar „niederwerfen",
cómodo „bequem",	acomodar „anbequemen",
delante „vorn",	adelantar „vorrücken",
diestro „geschickt",	adestrar „abrichten",
regla „Regel",	arreglar „ordnen",
riesgo „Gefahr",	arriesgar „wagen",
fuerza "Kraft",	forzar „zwingen",
prueba „Beweis",	probar „beweisen",
estrecho „eng",	estrechar „verengen",
mejor „besser",	mejorar „bessern",
caliente „warm",	calentar „wärmen",
cabo „Ende",	acabar „endigen",
poder „Macht",	apoderar „bemächtigen",
puerto „Hafen",	aportar „landen",

almuerzo „Frühstück", almorzar „frühstücken",
flojo „schwach", aflojar „schwächen",
propio „eigen", apropiar „aneignen",
travieso „schräg", atravesar „durchkreuzen",
ruina „Verfall", arruinar „zerstören",
ropa „Zeug", arropar „mit Zeug bedecken".

Von diesem einfachen Verfahren wird indeß in einigen Fällen dadurch abgewichen, daß man der Infinitivendung gewisse Wohllautssilben vorsetzt, und zwar hauptsächlich

1) *it* bei einigen Verben der ersten Konjugation, welche von objektivischen Stämmen auf il, le oder z kommen, z. B.
debil „schwach", debilitar „schwächen",
fácil „leicht", facilitar „erleichtern",
imposible „unmöglich", imposibilitar „unmöglich machen",
feliz „glücklich", felizitar „Glück wünschen";

2) *iz* bei einigen Verben auf ar, welche von substantivischen oder adjektivischen Stämmen auf r, l (namentlich al), e oder o gemacht sind, z. B.
carácter „Charakter", caracterizar „charakterisiren",
temor „Furcht" atemorizar „in Furcht setzen",
cristal „Kristall", cristalizar „kristallisiren",
moral „Moral", moralizar „moralisiren",
natural „gebürtig", naturalizar „einbürgern",
real „wirklich", realizar „verwirklichen",
útil „nützlich", utilizar „nützen",
suave „sanft", suavizar „besänftigen",
patente „offen", patentizar „kund thun",
cristiano „Christ", cristianizar „christlich machen";

3) *e* bei einigen Verben auf ar, welche vorzugsweise von substantivischen Stämmen auf a, o oder r gemacht sind, z. B.
lisonja „Schmeichelei", lisonjear „schmeicheln",
lanza „Lanze", lancear „mit Lanzen werfen",
chanza „Scherz", chancear „scherzen",
chispa „Funke", chispear „funkeln",
viento „Wind", ventear „wehen",
blanco „weiß", blanquear „weißen",
señor „Herr", señorear „herrschen";

4) *ec* bei einigen Verben auf er, welche vorzugsweise von andern Verben, oder Substantiven auf r oder e gemacht sind, z. B.
doler „schmerzen", adolecer „leiden",
caer „fallen", acaecer „geschehen",
dormir „schlafen", adormecer „einschläfern",
flor „Blume", florecer „blühen",
favor „Gunst", favorecer „begünstigen",
noche „Abend", anochecer „Abend werden",

muerte „Tod",	amortecer „abtödten",
blando „weich",	ablandecer „erweichen."

5) *ete, eque, isc, izn, uc, eje, eg* und *ific* bei einigen Verben auf ar, die vorzugsweise von Verben, aber auch von Substantiven und Adjektiven, theilweise mit diminutiver Nebenbedeutung, gebildet sind, z. B.

correr „laufen",	corretear „ein wenig laufen",
jugar „spielen",	juguetear „tändeln",
temblar „zittern",	temblequear „ein wenig zittern",
oler „riechen",	oliscar „beschnüffeln",
llover „regnen",	lloviznar „rieseln",
besar „küssen",	besucar „oft küssen",
calle „Straße",	callejear „umher laufen",
nave „Schiff",	navegar „schiffen",
justo „gerecht",	justificar „rechtfertigen",
dulce „süß",	dulcificar „versüßen".

Mitunter geschieht die Abweichung auch dadurch, daß der Stamm selbst etwas verändert wird, z. B.

imágen „Bild",	imaginar „einbilden",
fé „Treue",	fiar „trauen",
léjos „fern",	alejar „entfernen".

Zusammengesetzte Verben.

§ 61. Die zusammengesetzten Verben haben im Spanischen immer ein Verb zu ihrem Beziehungsworte (Grundworte), doch wird dasselbe in einigen Fällen erst mit der Zusammensetzung gebildet, wie z. B. in enriquecer „bereichern" und empobrecer „arm machen", deren Beziehungswörter riquecer und pobrecer (von rico und pobre) außer der Zusammensetzung gar nicht vorkommen. Das Hauptwort (Bestimmungswort) kann dagegen fast jeder Wortgattung, mit Ausnahme der Demonstrativen, Interrogativen und Personalpronomen, angehören, oder auch eine bedeutsame, aus einer ursprünglichen (nämlich lateinischen) Präposition entstandene Vorsilbe sein. Es sind aber nur die letzteren und einige wenige Präpositionen, mit welchen die spanische Sprache ächte Zusammensetzungen zu bilden vermag; alle übrigen können mit dem Beziehungsworte nur unächte Zusammensetzungen oder verbale Phrasen eingehen, welche, obgleich noch aus getrennten Wörtern bestehend, doch ganz die Geltung einzelner Verben haben und daher für Verständniß und Ausdruck von eben so großer Wichtigkeit sind, als z. B. „Wind machen" für „lügen", „ins Horn stoßen" für „prahlen", „auf's Tapet bringen" für „anregen", „übel nehmen" für „verargen" u. s. w. im Deutschen.

Aechte Zusammensetzungen.

§ 62. Die ächten Zusammensetzungen sind sämmtlich einheitliche untrennbare Lautgebilde, und selbst die in denselben als Haupt- oder Bestimmungswörter stehenden Präpositionen erscheinen in ihnen als bloße Vorsilben.

Sie sind daher in ihrer Form völlig gleich und unterscheiden sich nur nach ihren bestimmenden Gliedern

1) als Zusammensetzungen mit a oder ad, welche in der Regel den im Deutschen mit „an“, „zu“ oder „bei“ gebildeten entsprechen, z. B. atraer „anziehen“, adjudicar „zuerkennen“, acallar „beschwichtigen“;
2) als Zusammensetzungen mit ab oder abs, in welchen der Begriff der Trennung vorherrscht, wie bei den im Deutschen mit „ab“ gebildeten, z. B. abjurar „abschwören“, abstraer „abziehen“;
3) als Zusammensetzungen mit ante, welche mit den deutschen Zusammensetzungen mit „vor“ oder „voraus“ übereinstimmen, z. B. anteponer „vorsetzen“, antever „voraussehen“;
4) als Zusammensetzungen mit circun, welche denen mit „um“ im Deutschen gleichen, z. B. circundar „umgeben“, circunvalar „umwallen“;
5) als Zusammensetzungen mit con, com oder co, welche meistens den mit „zusammen“ oder „überein“ gebildeten deutschen entsprechen, z. B. confluir „zusammenfließen“, convenir „übereinkommen“, componer „zusammensetzen“, coincidir „zusammentreffen“;
6) als Zusammensetzungen mit contra, welche den deutschen mit „wider“ gleichkommen, z. B. contradecir „widersprechen“;
7) als Zusammensetzungen mit de, welche in den meisten Fällen mit den im Deutschen mit „ab“ und „ent“ gebildeten übereinstimmen, z. B. detener „abhalten“, decaer „abfallen“, decapitar „enthaupten“;
8) als Zusammensetzungen mit des, dis oder di, in welchen, gleich den im Deutschen mit „ent“ und „her“ gebildeten, der Begriff der Trennung vorherrscht, z. B. desarmar „entwaffnen“, disculpar „entschuldigen“, dimanar „herfließen“;
9) als Zusammensetzungen mit es (ex) oder e, welche den deutschen mit „aus“ entsprechen, z. B. esclamar „ausrufen“, esponer „aussetzen“, emigrar „auswandern“;
10) als Zusammensetzungen mit entre oder inter, welche theils den deutschen mit „zwischen“ („dazwischen“) gleich kommen, theils den im Deutschen mit „halb“ gebildeten entsprechen, z. B. entremeter, „zwischenstecken“, intervenir „dazwischenkommen“, entreabrir „halb öffnen“, entrever „halb sehen“;
11) als Zusammensetzungen mit en (em) oder in (im), welche theils den deutschen mit „ein“ oder „auf“ gleichen, theils eine Versetzung in gewisse Zustände ausdrücken, z. B. encerrar „einschließen“, embeber „eintrinken“, influir „einflößen“, imponer „auflegen“, empobrecer „arm machen“, ennoblecer „adeln“, enagenar „fremd machen“, „veräußern“;
12) als Zusammensetzungen mit ob oder o, welche den deutschen mit „entgegen“ entsprechen, z. B. obstar „entgegenstehen“, oponer „entgegensetzen“;
13) als Zusammensetzungen mit por, welche, gleich den deutschen mit „durch“ und „ver“ gebildeten, Vollendung oder Vollständigkeit aus-

drücken, z. B. perfumar „durchräuchern", perjurar „verschwören", perseguir „verfolgen";

14) als Zusammensetzungen mit pre, worin der im Deutschen durch „vor", „voraus" oder „zuvor" bezeichnete Begriff vorherrscht, z. B. predominar „vorherrschen", predecir „voraussagen", prevenir „zuvorkommen";

15) als Zusammensetzungen mit pro, welche den deutschen mit „vor" oder „hervor" gebildeten entsprechen, z. B. proponer „vorschlagen", provenir „hervor- oder herkommen";

16) als Zusammensetzungen mit re, welche den deutschen mit „wieder" und „zurück" gleichen, z. B. reunir „wiedervereinigen", retirar „zurückziehen";

17) als Zusammensetzungen mit retro, mit welchen die deutschen mit „rückwärts" oder „zurück" übereinkommen, z. B. retroceder „zurückweichen";

18) als Zusammensetzungen mit so, son, sos, su, sub, sus, welche den im Deutschen mit „unter" entsprechen, oder eine Handlung geringerer Intensität ausdrücken, z. B. socavar „untergraben", sostener „unterstützen", suprimir „unter"- oder „niederdrücken", subdividir, „unterabtheilen", sustraer, „unterwegziehen", „entziehen", sonreir „ein wenig lachen", „lächeln";

19) als Zusammensetzungen mit sobre oder sor, welche den deutschen mit „über" gleichen, z. B. sobrecargar „überladen", sobredorar „übergolden", sorprender „überraschen";

20) als Zusammensetzungen mit tras oder trans, welche den deutschen mit „über" oder „hinüber", „durch" und „um" entsprechen, z. B. tras- oder transportar „übertragen", traspasar „durchbohren", transformar „umformen".

Verbale Phrasen.

§ 63. Die verbalen Phrasen sind ursprünglich nichts anders als sogenannte objektive Satzverhältnisse, welche durch den Gebrauch zu feststehenden Ausdrücken für gewisse, meistens nicht durch einfache Verben zu gebende Merkmalsbegriffe geworden sind. Ihr Beziehungswort ist gewöhnlich ein Verb von sehr allgemeiner Bedeutung und ihr Haupt- oder Bestimmungswort ein substantivischer oder adjektivischer Ausdruck, dessen Beziehung oft, aber nicht immer, durch eine Präposition bezeichnet wird. Sie zerfallen demnach mit Rücksicht auf ihre Form

1) in solche, die aus einem Verb und einem Substantiv als dessen leidendem Objekte bestehen, z. B.

dar principio „anfangen",
„ saltos „springen",
„ parte „mittheilen",
„ fé „bescheinigen"
„ coces „hintenausschlagen",
„ crédito „glauben",
„ vista „ansichtig werden",

dar gracias „danken",
„ la enhorabuena „gratuliren",
„ razon „erklären",
„ voces „schreien", „rufen",
echar mano „benutzen",
„ suertes „loosen",
„ la llave „zuschließen",
„ el cerrojo „verriegeln",
hacer ánimo „beschließen",
„ alarde „prunken", „prahlen",
„ burla „spotten",
„ caso „schätzen", „achten",
„ pedazos „zerstückeln",
„ señas „winken",
„ noche „übernachten",
„ estimacion „schätzen",
poner fin } „beendigen",
„ término }
„ coto „ein Ziel setzen",
„ cuidado „Sorge tragen",
tomar resolucion „beschließen",
„ descanso „ausruhn",
„ frio „sich erkälten",
„ el aire „spazieren gehen",
tener vergüenza „sich schämen",
„ miedo „sich fürchten",
„ lástima „bedauern",
„ respeto „achten" u. s. w.

2) in solche, welche aus einem Verb und einem Substantiv mit einer Präposition bestehen, z. B.

andar oder ir á caballo „reiten",
„ „ „ en coche „fahren"
ir en zaga „nachstehen",
quedar de acuerdo „überein kommen",
poner en duda „bezweifeln",
echar en cara „vorwerfen",
„ „ olvido „vergessen",
tomar á cargo } „übernehmen",
„ por su cuenta }
pasar por la imaginacion „einfallen",
„ á cuchillo „über die Klinge springen lassen",
matar á golpes „todt schlagen",
ser del caso „zur Sache gehören",
ganar por la mano „zuvorkommen",
acortar de razones „sich kurz fassen",
tomar á pecho „zu Herzen nehmen",

asirse á brazos „ringen",
tener en la pila „zur Taufe halten",
estar al cabo „verstehen" u. s. w.

3) in solche, die aus einem Verb und einem Adjektiv oder Partizip ohne Präposition bestehen, z. B.

dar prestado „darleihen",
dejar plantado „stehen lassen",
echar ménos „vermissen",
tener inquieto „beunruhigen",
hacer presente „vorstellen",
tomar prestado „anleihen",
llevar robado „entführen",
volver loco „verrückt machen",
ponerse corrido „erröthen" u. s. w.

4) in solche, die aus einem Verb und einem Adjektiv oder Particip mit einer Präposition bestehen, z. B.

llevar á mal „übelnehmen",
echar por alto „verachten",
pasar por alto „vergessen",
tener en poco „geringschätzen",
poner en limpio „abschreiben",
„ por escrito „aufschreiben" u. s. w.

5) in solche, die aus einem Verb und einem Infinitiv mit oder ohne Präposition bestehen, z. B.

hacer ver „zeigen",
echar á perder „verderben",
dar á entender „zu verstehen geben",
dejarse caer „sinken",
echar de ver „bemerken",
darse á entender „sich merken lassen" u. s. w.

Grammatisches Verhalten der Verben.

Verbale Begriffswörter.

§ 61. Ursprünglich ist auch im Spanischen jedes Verb ein Begriffswort und spricht irgend ein von einem Dinge auszusagendes Merkmal aus, und selbst diejenigen, welche jetzt vorzugsweise als Formwörter oder Hülfsverben zur Bezeichnung bloßer Verhältnisse anderer dienen, haben nicht ganz aufgehört, auch noch als Begriffswörter in Gebrauch zu sein. So ist z. B. querer auch „haben wollen" und „lieben", poder „vermögen", deber „schuldig sein", „verdanken" und haber, welches freilich im Sinne von „haben" gewöhnlich nicht als Begriffswort gebraucht wird, indem dafür fast immer tener steht, ist doch auch noch Begriffswort im Sinne von „erhalten", „erlangen", „erzielen", und kommt in einzelnen Redensarten auch noch in dieser Eigenschaft im Sinne von „haben" vor, z. B. Solos dos pudieron ser habidos „Nur zwei konnten erlangt werden" (Nur zweier konnte man habhaft werden.) (Q). Haber menester „Nöthig haben". Haber á la mano „Habhaft werden". Haberlas (habérselas) con alguno „Es mit Jemand zu thun haben". Haber de la cabeza „Am Kopfe leiden". ¡Mal haya (hayan)! „Uebel habe" (haben)! = „Verwünscht sei" (seien)! — Ser und estar sind sogar nur im Passiv und dem umschreibenden Aktiv Hülfsverben, sonst immer Begriffswörter, und zwar so, daß im Allgemeinen ser das Sein als bloße Existenz, ohne Beziehung auf einen bestimmten Raum, oder das Geschehen auch mit solcher Beziehung, estar dagegen das Sein als Anwesenheit in einem bestimmten Raume ausdrückt, z. B. Hoi es domingo „Heute ist Sonntag". ¿Como fué ese caso? „Wie geschah der Fall?" La escena es en Madrid „Der Auftritt geht in Madrid vor". La comida está en la mesa „Das Essen ist (befindet sich, steht) auf dem Tisch" (S). Salamanca está junto al Tormes „Salamanca ist (liegt) nahe am Tormes" (S). — Doch kann man sagen Soi contigo, wenn man sich entschuldigt, daß man für einen Augenblick mit einer andern Person zu thun hat, wie man im Deutschen „Ich stehe sogleich zu Befehl" sagt. — Das Verhalten der verbalen Begriffswörter ist daher ein Verhalten sämmtlicher Verben, so weit sie nicht als Form- oder Hülfswörter in Betracht kommen, und es handelt sich dabei um die verschiedenen Beziehungen, welche das Verb zum Subjekte, zu seinen etwaigen Objekten, zu etwaigen Attributen des Subjekts oder eines der Objekte, oder als Ausdruck substantivischer und adjektivischer Begriffe hat.

A. Das Verb in seiner Beziehung zum Subjekt.

Aktive und passive Form.

§ 65. Im Spanischen erscheint das Verb gewöhnlich, und weit mehr als im Deutschen, in aktiver Form; die passive ist nur dann zulässig, wenn das Subjekt, als aus dem leidenden Objekt eines transitiven Verbs hervorgehend, leidend gedacht wird, und selbst dann wird dieselbe fast immer, wo es ohne Zweideutigkeit möglich, mit dem der aktiven Form angehörigen Reflexiv vertauscht. Beispiele: Nosotros fuimos calumniados „Wir wurden verläumdet" (S). Los ladrones son perseguidos „Die Räuber werden verfolgt" (S). El fuego se apaga (statt es apagado) por los bomberos „Das Feuer wird von den Spritzenmännern gelöscht" (S). Los libros se venden (statt son vendidos) por los libreros „Die Bücher werden von den Buchhändlern verkauft" (S).

Persönliche und unpersönliche Verben.

§ 66. Im Spanischen werden ebenso, wie im Deutschen, wenn bloß die Existenz eines in Rede stehenden Merkmals behauptet werden soll, viele Verben unpersönlich, d. h. ohne ein bestimmt gedachtes und also auch ohne ein bestimmt ausgesprochenes Subjekt gebraucht. Es geschieht dies aber in den beiden Sprachen nicht in derselben Form; denn, während man im Deutschen in diesem Falle dem Verb in der Regel in einem besonders ausgestellten unbestimmten Formworte („es“) ein grammatisches Subjekt giebt, steht es im Spanischen stets ohne ein solches, z. B. „Es regnet“ Llueve, nicht Ello llueve.

§ 67. Die spanischen Verben können aber nur in aktiver Form, nie in passiver, unpersönlich erscheinen, während die deutschen bald in der einen, bald in der andern, und auch wol in beiden gleich gut unpersönlich gebraucht werden, wie z. B. „Es läutet“ und „Es wird geläutet“. Dieser Mangel wird jedoch reichlich durch den unpersönlichen Gebrauch des die passive Form vertretenden Reflexivs (Vgl. § 65) ersetzt: denn es kann dieses in der Regel nicht nur überall da unpersönlich auftreten, wo im Deutschen das Passiv also erscheint, z. B. Se escribia todavia en pergamino „Es wurde noch auf Pergament geschrieben“, sondern es läßt sich sogar in dieser Form bei transitiv-objektiven Satzverhältnissen anwenden, bei welchen im Deutschen die unpersönlich-passive Form nicht mehr zulässig ist, auf ähnliche Weise, als wenn man z. B. statt „Der Keller wird gebaut“ oder auch mit bloßer Umkehrung „Es wird der Keller gebaut“, statt „Solche Menschen werden geschätzt“ oder auch mit bloßer Umkehrung „Es werden solche Menschen geschätzt“, und „Ich werde geliebt“, mit Beibehaltung der ursprünglichen Form der Satzverhältnisse („den Keller bauen“, solche Menschen schätzen“, „mich lieben“), „Es wird den Keller gebaut“, „Es wird solche Menschen geschätzt“, „Es wird mich geliebt“ sagen wollte. Beispiele: ¿No se come hoi en esta casa? „Wird heute in diesem Hause nicht gegessen?“ (G). Esta mañana se ha trabajado mucho „Diesen Morgen ist viel gearbeitet worden“ (J). Si, amigo, pero se ha adelantado poco „Ja, Freund, aber es ist wenig vorgerückt worden“ (J). No se hable de eso „Es werde davon nicht gesprochen“ (M). Se detesta á los malvados „Es werden die Bösen verabscheut“ (S). Se desarmó á los vecinos „Die Bürger wurden entwaffnet“ (T). Se me busca á mi „Ich werde gesucht“ (S).

Anmerk. Da im Deutschen die passive Form fast immer da, wo kein thätiges Objekt hinzugesetzt ist, durch das Aktivum mit dem unbestimmten Subjekte „man“ ersetzt werden kann; so können die spanischen Sätze, in welchen das Reflexiv passive Bedeutung hat, wie in diesem Paragraphen und in § 65, auch im Deutschen im Aktiv gegeben werden, wenn „man“ zum Subjekt genommen wird, z. B. Se me busca á mi „Man sucht mich“.

§ 68. Bei der großen Ausdehnung des Gebrauchs der unpersönlichen Form giebt es im Spanischen doch nur wenige eigentliche oder ächt unpersönliche Verben, d. h. solche, die vermöge ihrer Bedeutung nicht wohl anders gebraucht werden können.

Dahin gehören

1) einige bloße Naturerscheinungen, namentlich Witterungszustände, ansprechende Verben, wie

alborear „dämmern“,

amanecer „Tag werden", tagen",	lloviznar, molliznar, orbayar „rieseln",
anochecer „Nacht werden", nachten",	
deshelar „aufthauen",	nevar „schneien",
escarchar „reifen",	relampaguear „blitzen",
granizar „hageln",	tronar „donnern",
helar „frieren",	ventear „wehen",
llover „regnen",	ventiscar „wehen und schneien".

2) einige mit estar und einem Adjektive oder Partizip, oder mit hacer und einem Substantiv oder substantivisch genommenen Adjektiv zur Vertretung solcher Verben gebildete Phrasen, wie z. B. estar claro „hell sein", estar nublado „bewölkt sein", hacer calor „heiß sein", hacer frio „kalt sein", hacer buen tiempo „gut Wetter sein", hacer sol „Sonnenschein sein", hacer luna „Mondenschein sein", hacer aire „windig sein" u. s. w.

3) einige mit ser und einem — Zeitverhältnisse ausdrückenden Adjektive oder adjektivisch genommenen Substantive gebildete Phrasen, unter welchen jedoch die zur Bezeichnung der Stunden dienenden Ausdrücke nicht mit einbegriffen sind, z. B. Ser temprano oder tardo „früh" oder „spät sein", ser de dia oder de noche „Tag" oder „Nacht sein"; aber Es la una „Es ist ein Uhr". Son las dos tres etc. „Es ist zwei, drei ꝛc. Uhr";

4) das dem deutschen unpersönlich gebrauchten „geben" entsprechende haber und einige mit ir und pasar gebildete Redensarten, z. B. haber peces „Fische geben", haber lodo „kothig sein", haber necesidad „nöthig sein" ¿Como va? „Wie geht's? Pasa tres minutos de la una „Es ist drei Minuten über eins (S).

Anmerk. Es werden in den Grammatiken zuweilen noch andere Ausdrücke als unpersönlich aufgeführt, wie z. B. Cae agua oder lluvia „Es regnet". Cae granizo „Es hagelt". Cae rocio „Es thauet". Cae aguanieve „Es glatteiset u. dgl." Da el reloj „Es schlägt". Toca la campana „Es läutet". No cabe duda „Es hat keinen Zweifel". — Parece „Es scheint". Conviene „Es ist gut", „zweckmäßig", „nöthig". Es posible „Es ist möglich". Me enfada „Es ärgert mich". Me pesa „Es thut mir leid". Se me hace estraño „Es befremdet mich". Me hace falta „Es fehlt mir". Hace un siglo „Es ist ein Jahrhundert her". Mucho tiempo ha „Es ist lange her" u. s. w.; allein es ist leicht einzusehen, daß bei den ersten das dem Verb hinzugefügte Substantiv auch sein Subjekt ist, grade als wenn man im Deutschen „Es fällt Wasser (d. i. Wasser fällt)". „Es schlägt die Uhr". „Es hat kein Zweifel Raum" u. s. w. sagte, und daß bei den letzten immer etwas vorher Gesagtes, oder ein nachfolgender Substantivsatz das Subjekt ist, wie z. B. Parece que se va „Es scheint, daß er geht". Me enfada que hablen asi „Es ärgert mich, daß sie so sprechen". Mucho tiempo ha que no le he visto

„Es ist lange her, daß ich ihn nicht gesehen habe" u. s. w. Die spanische Sprache behandelt daher auch solche Ausdrücke durchaus nicht als unpersönlich, indem sie bei den letztern, wo das Subjekt kein Substantiv ist, auch ein grammatisches Subjekt (ello) aufstellen kann, z. B. Ello es preciso que yo le instruya de todo „Es ist nothwendig, daß ich ihn von Allem unterrichte" (I.).

§ 69. Die im vorhergehenden Paragraphen angeführten Fälle machen im Wesentlichen das ganze Gebiet des eigentlich unpersönlichen Verbs in der spanischen Sprache aus, und namentlich hat sie keine dem Deutschen „hungern", „dürsten", „grauen", „schaudern" u. s. w. entsprechende unpersönliche Verben, um die Existenz gewisser Körper- oder Gemüthszustände auszudrücken; sondern sie gebraucht an deren Stelle in der Regel ein einfaches persönliches Verb, oder eine mit tener und einem entsprechenden Substantiv gebildete Phrase, z. B.

Mich schwitzt „Sudo",	Mir grauet „Me horrorizo",
Mich schaudert „Me estremezco",	Mir mangelt „Necesito",
Mir fehlt „Carezco",	Mich gelüstet „Apetezco",
Mich friert „Tengo frio",	Mich hungert „Tengo hambre",
Mich dürstet „ sed",	Mir schwindelt „ vahidos",
Mir bangt „ miedo",	Mir ekelt „ asco" u. s. w.

B. Das Verb in seiner Beziehung zu Objekten.

Transitive und intransitive Verben.

§ 70. Die spanischen Verben verhalten sich hinsichtlich der transitiven und intransitiven Beziehung im Allgemeinen wie die deutschen; doch giebt es einige meist durch den Ursprung und die Grundbedeutung, zuweilen auch durch eine besondre Anwendung derselben veranlaßte Abweichungen. Die hauptsächlichsten hiervon betreffen folgende Verben, jedoch oft nur in der einen ihnen beigesetzten besondern Bedeutung:

a) Verben, welche im Spanischen transitiv und im Deutschen intransitiv sind:

aa)	acechar	á uno	Einem auflauern,
	adular	„ „	„ schmeicheln,
	amenazar	„ „	„ drohen,
	aplaudir	„ „	„ Beifall klatschen, geben,
	arengar	„ „	„ eine Rede halten,
	asistir	„ „	„ beistehen,
	ayudar	„ „	„ helfen,
	bienquerer	„ „	„ wohlwollen,
	congratular	„ „	„ gratuliren,
	cortejar	„ „	„ huldigen,
	disuadir	„ „	„ abrathen,

encontrar	á uno	Einem	begegnen,
escuchar	„ „	„	zuhören,
felicitar	„ „	„	Glück wünschen,
imitar	„ „	„	nachahmen,
lisonjear	„ „	„	schmeicheln,
obsequiar	„ „	„	huldigen, aufwarten,
prevenir	„ „	„	zuvorkommen,
procesar	„ „	„	den Prozeß machen,
remedar	„ „	„	nachäffen,
renegar	„ „	„	abtrünnig werden,
resistir	„ „	„	widerstehen,
satisfacer	„ „	„	genugthun,
socorrer	„ „	„	helfen,
violentar	„ „	„	Gewalt anthun,
precaver	una cosa	einer Sache	vorbeugen,
presenciar	„ „	„ „	beiwohnen,
remediar	„ „	„ „	abhelfen,

so wie obedecer „gehorchen", preceder „vorangehen", renunciar „entsagen", seguir „folgen" und servir „dienen", welche indeß eben so oft auch intransitiv mit dem Dativzeichen á gebraucht werden;

bb)	acertar	una cosa	„an einer Sache Recht thun",
	ambicionar	„ „	„nach einer Sache geizen",
	consentir	„ „	„in eine Sache einwilligen",
	estrañar	„ „	„sich über eine Sache wundern",
	ostentar	„ „	„mit einer Sache groß thun",
	profesar	„ „	„sich zu einer Sache bekennen",
	desertar	á uno	„von Einem fortlaufen",
	sospechar	„ „	„auf Einen Verdacht haben",
	tratar	„ „	„mit Einem umgehen",

doch kann tratar auch intransitiv mit con gebraucht werden, was immer geschieht, wenn es reflexiv gemacht wird.

b) Verben, die im Deutschen transitiv und im Spanischen intransitiv sind,

aa)	eine Sache	beachten	atender	á una cosa
	„ „	beantworten	contestar	„ „ „
	„ „	spielen, z. B. Ball	jugar	„ „ „
	„ „	überleben	sobrevivir	„ „ „
	„ „	überragen	sobresalir	„ „ „
bb)	eine Sache	anbieten	convidar	con una cosa
	„ „	beenden	acabar	„ „ „
	„ „	behalten	quedarse	„ „ „
	„ „	erfüllen	cumplir	„ „ „
	„ „	erreichen	salir	„ „ „
	„ „	frühstücken	desayunarse	„ „ „

eine Sache führen (ein Buch)	correr	con una cosa
„ „ haben	hallarse	„ „ „
„ „ träumen	soñar	„ „ „
„ „ treffen (recht machen)	acertar atinar	„ „ „ „ „ „
„ „ treffen (antreffen)	dar	„ „ „
Einen bekämpfen	combatir	con uno
„ heirathen	casar casarse	„ „
„ meinen	hablar decir	„ „
„ zum Besten haben	divertirse	„ „

doch werden cumplir und soñar auch transitiv gebraucht;

cc) eine Sache ändern	mudar variar	de una cosa „ „ „
„ „ beachten	hacer caso	„ „ „
„ „ benutzen	echar mano	„ „ „
„ „ bereuen	arrepentirse	„ „ „
„ „ bescheinigen	dar fé	„ „ „
„ „ beschließen	hacer ánimo	„ „ „
„ „ besorgen	cuidar	„ „ „
„ „ besser bekommen	mejorar	„ „ „
„ „ bezweifeln	dudar	„ „ „
„ „ einsehen	estar al cabo	„ „ „
„ „ entbehren	carecer	„ „ „
„ „ erwägen	hacerse cargo	„ „ „
„ „ fliehen	huir	„ „ „
„ „ gern mögen	gustar	„ „ „
„ „ ignoriren	desentenderse	„ „ „
„ „ lästern	blasfemar	„ „ „
„ „ los werden	salir	„ „ „
„ „ mißbrauchen	abusar	„ „ „
„ „ rächen	vengarse	„ „ „
„ „ rühmen	blasonar hacerse lenguas	„ „ „
„ „ schätzen werth schätzen	hacer estimacion	„ „ „
„ „ spielen (eine Rolle)	hacer	„ „ „
„ „ theilen	participar	„ „ „
„ „ unterlassen	dejarse	„ „ „
„ „ übernehmen	encargarse	„ „ „
„ „ übersteigen	pasar	„ „ „
„ „ vergessen	olvidarse	„ „ „
„ „ verleiden	disgustar	„ „ „

eine Sache	verspotten	burlarse hacer burla mofarse	de una cosa	
„ „	vertauschen	cambiar	„ „ „	
„ „	verwünschen	maldecir	„ „ „	

doch werden dudar und maldecir auch transitiv gebraucht, eben wie „mißbrauchen" auch intransitiv mit dem Genitiv steht;

dd) eine Sache	wahrnehmen	reparar	en una cosa
„ „	betrachten	contemplar	„ „ „
Einen	anbeten	adorar	en uno
„	meinen	hablar, decir	por „
eine Sache	abholen	venir	„ una cosa
„ „	heraufholen	bajar	„ „ „
„ „	herunterholen	subir	„ „ „
„ „	holen	ir	„ „ „
„ „	holen lassen	enviar	„ „ „
„ „	ertragen	pasar	„ „ „
„ „	verbürgen	salir	„ „ „
„ „	vertheidigen	volver	„ „ „
„ „	entbehren	pasar	sin „ „
„ „	beschlafen	dormir	sobre „ „
„ „	betreiben	estar	„ „ „
„ „	überfallen	cargar	„ „ „

doch können contemplar und adorar auch transitiv gebraucht werden.

c) Verben, die bei zwei Objekten im Spanischen das sächliche und im Deutschen das persönliche zum leidenden Gegenstande haben,

acordar	á uno	una	cosa	Einen	an	eine	Sache	erinnern
afear	„ „	„	„	„	über	„	„	tadeln
agradecer	„ „	„	„	„	für	„	„	danken
demandar	„ „	„	„	„	um	„	„	angehen
corregir	„ „	„	„	„	über	„	„	zurechtweisen
estimar	„ „	„	„	„	für	„	„	danken
impedir	„ „	„	„	„	an	einer	„	hindern
pedir	„ „	„	„	„	um	eine	„	bitten
persuadir	„ „	„	„	„	zu	einer	„	überreden
preguntar	„ „	„	„	„	um	eine	„	fragen
recordar	„ „	„	„	„	an	„	„	erinnern
reprender	„ „	„	„	„	über	„	„	tadeln
rogar	„ „	„	„	„	um	„	„	ersuchen
vestir	„ „(se)	„	„	„(sich)	mit	einer	„	bekleiden

und gewissermaßen auch

desaconsejar disuadir	á uno una cosa Einem von einer Sache abrathen.

Anmerk. Die Verben

escuchar oir	á uno una cosa	von Einem eine Sache hören
entender	„ „ „ „	„ „ „ „ vernehmen
exigir	„ „ „ „	„ „ „ „ fordern
merecer	„ „ „ „	„ „ „ „ verdienen
tener	„ „ „ „	mit „ „ „ (Mitleid) haben

und ähnliche, welche im Spanischen sich mit den eben vorher genannten gleich verhalten, haben auch im Deutschen das sachliche Objekt zum leidenden Gegenstande, nur wird das persönliche anders bezeichnet.

Reflexive Verben.

§ 71. Im Spanischen können, viel mehr als im Deutschen, nicht nur die transitiven, sondern auch die intransitiven Verben in reflexiver Form gebraucht werden. Man sagt freilich auch im Deutschen „Es geht sich hier gut, schlecht, leicht, schwer.“ „Es schläft sich hier schlecht“ u. s. w.; allein ohne ein solches, noch dazu in sehr kleiner Auswahl vorhandenes adverbiales Bestimmungswort, wie „gut“, „schlecht“, „leicht“ u. s. w., würde man schon nicht mehr, wie im Spanischen, „Es geht sich hier“ „Es schläft sich“ u. s. w. sagen können. Dessenungeachtet stimmt das Spanische in Betreff der reflexiven Form intransitiver Verben mit dem Deutschen in einer Hinsicht nahezu überein; ihr Gebrauch beschränkt sich nämlich vorzugsweise auf die dritte Person im Singular in unpersönlicher Bedeutung, z. B. Aqui se baila „Hier wird getanzt“. Hoi no se juega „Heute wird nicht gespielt“ (Vergl. § 67). Etwas Aehnliches gilt auch von dem reflexiven Gebrauche transitiver Verben zur Vertretung des Passivs (Vergl. § 65); denn dieser kommt selbst auch dann, wenn sie nicht unpersönlich sind (Vergl. § 67), meist nur in der dritten Person des Singulars oder Plurals vor, da das Reflexiv in der ersten und zweiten Person in der Regel zunächst in reflexiver Bedeutung genommen werden würde, also wohl Se ven muchos hombres „Es werden viele Menschen gesehen“, aber nicht Nos vemos für „Wir werden gesehen“. Im Uebrigen können aber alle transitiven Verben in allen Personen reflexiv gebraucht werden, z. B. Yo me quemo „Ich brenne mich“. Tú te quemas „Du brennst dich“ u. s. w.

§ 72. Von den bloß reflexiv gebrauchten Verben sind indeß diejenigen zu unterscheiden, welche entweder nur in reflexiver Form vorkommen, wie sonreirse „lächeln“, arrepentirse „bereuen“ u. s. w., oder darin eine, mitunter jedoch nur grammatisch besondre Bedeutung haben, bei der sie nur in dieser Form gebraucht werden können. Bei diesen ächt reflexiven Verben dient die Form manchmal nur dazu die transitive Beziehung eines Verbs aufzuheben und dasselbe intransitiv zu machen, manchmal wirkt sie aber auch auf die Bedeutung eines Verbs der Art ein, daß das Reflexiv gewissermaßen als ein abgeleitetes oder zusammengesetztes Verb erscheint und im Deutschen nur durch Zusammensetzung mit entsprechenden Vorsilben, oder durch ein ganz anderes Verb als das, welches dem nicht reflexiven entspricht, gegeben werden kann.

Beispiele der ersten Art sind

acabarse „zu Ende gehen“	von	acabar „beendigen“
adelantarse „verrücken“	„	adelantar „verrücken“
alegrarse „sich freuen“	„	alegrar „erfreuen“
aprovecharse „sich zu Nutze machen“	„	aprovechar „benutzen“
avergonzarse „sich schämen“	„	avergonzar „beschämen“
compadecerse „Mitleid haben“	„	compadecer „bemitleiden“
darse „sich stoßen“	„	dar „stoßen“, „schlagen“
encontrarse „zusammentreffen“	„	encontrar „begegnen“
mellarse „schartig werden“	„	mellar „schartig machen“
levantarse „aufstehen“	„	levantar „erheben“
olvidarse „vergessen“	„	olvidar „vergessen“
pasearse „spazieren gehen“ / „auf u. abgehen“	„	pasear „spazieren führen“

Beispiele der zweiten Art

beberse „austrinken“	„	beber „trinken“
comerse „aufessen“	„	comer essen“
consultarse „zu Rathe gehen“	„	consultar „um Rath fragen“
correrse „ablaufen“ (v. Lichten) / „erröthen“	„	correr „laufen“
deberse „gebühren“	„	deber „schulden“
dejarse „unterlassen“, „ablassen“	„	dejar „lassen“
desentenderse „ignoriren“	„	desentender „nicht verstehen“
despertarse „aufwachen“	„	despertar „wecken“
detenerse „stehen bleiben“	„	detener „abhalten“
dignarse „geruhen“	„	dignar „würdigen“
dolerse „Mitleid haben“	„	doler „schmerzen“
dormirse „einschlafen“	„	dormir „schlafen“
empeñarse „sich verwenden“ / „ bemühen“	„	empeñar „verpfänden“
encontrarse „sich befinden“	„	encontrar „treffen“
enfadarse „böse werden“	„	enfadar „ärgern“
engañarse „sich irren“	„	engañar „täuschen“
entenderse „seine Gründe für Etwas haben“	„	entender „verstehen“
estarse „verweilen“	„	estar „sein“, „stehen“
hacerse „werden“ / „geschehen“ / „anfangen“, „treiben“	„	hacer „machen“
hallarse „sich befinden“	„	hallar „finden“
inmutarse „blaß werden“	„	inmutar „ändern“
irse „weggehen“	„	ir „gehen“
jugarse „schäkern“	„	jugar „spielen“

llamarse „heißen"	von llamar „rufen", „nennen"
llegarse „sich nähern"	„ llegar „ankommen"
llevarse „mitnehmen"	„ llevar „tragen"
marcharse „abreisen", „fortgehen"	„ marchar „marschiren"
moverse „sich rühren"	„ mover „bewegen"
negarse { „sich weigern" „ausschlagen"	„ negar „verneinen"
ofrecerse „gefällig sein" (Was ist dir gefällig?)	„ ofrecer „anbieten"
olvidarse „entfallen" (Es entfiel mir)	„ olvidar „vergessen"
parecerse „gleichen"	„ parecer „scheinen"
pasarse { „sich begeben" „vorüber gehen" }	„ pasar „passiren"
ponerse { „sich anschicken" „werden" }	„ poner „setzen"
prestarse { „sich hingeben" „bereit sein" }	„ prestar „leihen"
quedarse „behalten"	„ quedar „bleiben"
rendirse „erliegen"	„ rendir „überwältigen"
servirse „belieben"	„ servir „dienen"
sorberse „ausschlürfen"	„ sorber „schlürfen"
tragarse „auffressen"	„ tragar „verschlingen"
tratarse „sich handeln"	„ tratar „behandeln"
valerse „sich bedienen"	„ valer „gelten"
verse „sich befinden", „sein"	„ ver „sehen"
volarse „ausfliegen"	„ volar „fliegen"
volverse „werden"	„ volver „wenden"

Anmerk. Bei einigen intransitiven Verben dient die reflexive Form zur Festhaltung ihrer eigentlichen ganz beziehungslosen Bedeutung, wie bei quedarse „bleiben", caerse „fallen", venirse „kommen", salirse „hinausgehen", morirse „sterben"; bei andern wird durch sie das Subjekt mehr hervorgehoben, z. B. Yo me soi pacifico „Ich meinestheils bin friedfertig (Cervántes). Tú te estabas á la mira „Du warst auf der Lauer" (S). Tambien me lo crei yo „Auch glaubte ich es" (G). Sábete „Wisse (du)".

C. Das Verb in seiner Beziehung zu Attributen.

Verben, welche sich auf ein Attribut des Subjekts beziehen.

§ 73. Auch im Spanischen kann, wie im Deutschen, fast jedes Verb in Beziehung auf ein Attribut des Subjekts (Koprädikat) gebraucht werden, z. B. Ella muere *inocente* „Sie stirbt unschuldig". Trabaja *de carpintero* „Er arbeitet als Zimmermann" (S.); doch giebt es einige Verben, bei welchen diese Beziehung eine wesentliche wird, indem der Ausdruck des Attributs nicht mehr als bloße Bestimmung des Verbs, sondern als Haupttheil des Ausgesagten erscheint, während das Verb dabei, mit Verdunkelung seiner ursprünglichen Bedeutung, gewissermaßen zu einem bloßen Verbindungsmittel (Copula) zwischen demselben und dem Subjekte herabsinkt. Solche Verben sind im Spanischen ser oder estar „sein", quedar „bleiben", parecer „scheinen", pasar (por) gelten (für), so wie diejenigen, welche in gewissen Verbindungen die Bedeutung eines dieser Verben annehmen, oder im Sinne der nicht durch einfache Wörter zu gebenden Verben „werden" und „heißen" gebraucht werden, wobei jedoch ser und estar sich folgendermaßen unterscheiden:

Unterschied zwischen ser und estar.

Sowie das Verb ser seiner allgemeinen Grundbedeutung nach nur die Existenz ohne irgend eine räumliche Beziehung ausdrückt, so wird es auch nur in Beziehung auf solche Attribute gebraucht, welche mit der Existenz des Subjekts gegeben sind und nicht durch zufällige Einwirkungen auf dasselbe nur gelegentlich sich an diesem befinden, z. B. El hombre es razonable „Der Mensch ist vernünftig". Soi aleman „Ich bin ein Deutscher"; aber nicht Soi frio „Ich bin kalt" oder Soi de mal humor „Ich bin schlechter Laune", weil diese Merkmale sich nur durch zufällige Einwirkungen gelegentlich an den Subjekten befinden. Doch aber Soi jóven „Ich bin jung". Eres mui alto „Du bist sehr groß" (hoch gewachsen). Es negociante „Er ist Kaufmann". Somos de esta opinion „Wir sind dieser Meinung", weil diese Merkmale, wenn auch nicht mit den Subjekten entstanden, doch in so fern mit ihrer Existenz gegeben sind, als sie einestheils aus ihr und nicht aus äußern Einwirkungen hervorgehen, und anderntheils in dieselbe als bleibend (etwa für deren eigene Dauer) aufgenommen werden. Dagegen dient das Verb estar, welches, von dem lateinischen stare „stehen" kommend, ursprünglich das Sein mit Beziehung auf ein bestimmtes Ortsverhältniß ausdrückt, wie z. B. Está en España „Er ist in Spanien", zur Beilegung solcher Attribute, welche als Zustände gedacht werden, in welchen das Subjekt sich nur gelegentlich befindet, z. B. Estoi frio „Ich bin kalt". Estoi de mal humor „Ich bin schlechter Laune". Está cansado „Er ist müde". No está en su juicio „Er ist nicht bei Verstand".

§ 74. Außer den eben genannten sind es nun folgende Verben, welche in Beziehung auf ein Attribut des Subjekts im Sinne von „sein", „werden", „bleiben", „scheinen", „gelten" und „heißen" gebraucht werden:

1) Verb, welches, ser vertretend, im Sinne von „sein" gebraucht wird, vivir „leben" z. B. vivir feliz „glücklich sein";

2) Verben, welche, estar vertretend, im Sinne von „sein" gebraucht werden,

quedar „bleiben"	z. B. quedar satisfecho „zufrieden sein",
andar „gehen"	„ „ andar fuera de si „außer sich sein",
ir „gehen"	„ „ ir vestido „gekleidet sein",
caminar „gehen"	„ „ caminar acordes „in Uebereinstimmung sein",
venir „kommen"	„ „ venir asustado „erschreckt sein",
vivir „leben"	„ „ vivir contento „zufrieden sein".

hallarse „sich befinden" z. B. hallarse resuelto „entschlossen sein",
encontrarse „sich befinden" „ „ encontrarse sin apetito „ohne Appetit sein",
verse „sich sehen" „ „ verse vengado „gerächt sein";

3) Verben, welche man im Sinne von „werden" gebraucht,

ser „sein" z. B. ser cómico „Schauspieler werden",
quedar „bleiben" „ „ quedar sorprendido „überrascht werden",
hacerse „sich machen" „ „ hacerse viejo „alt werden",
volverse „sich wenden" „ „ volverse negro „schwarz werden",
ponerse „sich setzen" „ „ ponerse pálido „blaß werden",
caer „fallen" „ „ caer enfermo „krank werden" (doch caer muerto „todt hinfallen," nicht „todt fallen"),
salir „ausgehen," „ausfallen" „ „ salir travieso „muthwillig werden",
resultar „sich ergeben", „ausfallen" z. B. resultar breve „kurz werden",
pasar á ser „übergehen zu sein" „ „ pasar á ser supuesto „Subjekt werden",
venir á ser „kommen zu sein" „ „ venir á ser lo mismo „dasselbe werden",
parar (á) „anhalten," „hinauslaufen (auf)" z. B. parar á mozo „Aufwärter werden",
meterse (á) „sich stellen, versetzen" z. B. meterse á zapatero „Schuhmacher werden",

von welchen ponerse, so wie zuweilen auch caer, im Allgemeinen sich zu den übrigen wie estar zu ser verhält;

4) Verben, welche, quedar vertretend, im Sinn von „bleiben" gebraucht werden,

mantenerse „sich behaupten" z. B. mantenerse firme „fest bleiben",
permanecer „verharren" „ „ permanecer indeciso „unentschlossen bleiben",
seguir „folgen" „ „ seguir delicado „zart bleiben",
continuar „fortfahren" „ „ continuar blando „milde bleiben";

5) Verben, welche, parecer vertretend, im Sinn von „scheinen" gebraucht werden,

mostrarse „sich zeigen" z. B. mostrarse inquieto „unruhig scheinen",
manifestarse „sich offenbaren" „ „ manifestarse juicioso „verständig scheinen";

6) Verben, welche pasar (por) vertretend, im Sinn von „gelten" gebraucht werden,

reputarse „erachtet werden" z. B. reputarse libre „für frei gelten",
creerse „geglaubt werden" „ „ creerse probable „für wahrscheinlich gelten";

7) Verben, welche im Sinn von „heißen" gebraucht werden,

decirse „gesagt werden" z. B. decirse Teresa „Therese heißen",
llamarse „gerufen werden" „ „ llamarse Teodoro „Theodor heißen",
nombrarse „genannt werden „ „ nombrarse rei „König heißen".

Anmerk. Wenn das auf das Subjekt bezogene Attribut durch einen Infinitiv ausgedrückt ist, wie z. B. in „Das heißt reden", gebraucht man im Spanischen gewöhnlich ser an der Stelle des deutschen „heißen," z. B. Eso es hablar, obgleich man auch eben so wohl Eso se llama hablar sagen kann. In diesem Falle ist aber ser nicht im Sinne von „heißen" gebraucht, sondern es ist vielmehr eine Vertretung im Deutschen von „heißen" für „sein".

Verben, welche sich auf das Attribut eines Objekts beziehen.

§ 73. Eben so allgemein, als in Beziehung auf ein Attribut des Subjekts, können die Verben in Beziehung auf das Attribut eines Objekts gebraucht werden, z. B. Aqui estan las frutas que *arrancaron verdes* „Hier sind die Früchte, welche sie grün abrissen." Lo daré á Teodoro *como al mas aplicado* „Ich werde es Theodor als dem Fleißigsten geben"; doch ist diese Beziehung nur bei transitiven Verben eine wesentliche, und auch nur dann, wenn das Attribut des passiven Objekts mit diesem in einer durch „werden", bleiben", „scheinen", „gelten", „heißen", und in einigen Fällen auch durch „sein" auszudrückenden Verbindung steht, z. B. Le guardaron prisionero „Sie hielten ihn gefangen" (Er blieb es). ¿Tú llamas claro eso? „Du nennst das klar? (Es heißt so). Le hicieron capitan „Sie machten ihn zum Hauptmann" (Er wurde es). Hallé hecha la cama „Ich fand das Bett gemacht" (Es war es) u. s. w. — Die gebräuchlichsten der hierher gehörigen Verben sind

1) Verben, welche die Verbindung ihres passiven Objekts mit einem demselben durch ser oder estar beizulegenden Attribute vermitteln,

ver „sehen"	z. B.	oprimido á uno „Einen unterdrückt sehen",
hallar „finden"	„ „	hecho algo „Etwas gemacht finden",
encontrar „treffen"	„ „	mudado algo „Etwas verändert finden",
coger „ergreifen"	„ „	de mal humor á uno „Einen bei schlechter Laune finden",
oir „hören"	„ „	cantar á uno „Einen singen hören",
sentir „fühlen"	„ „	palpitar el corazon „das Herz klopfen fühlen",
tener „haben"	„ „	por maestro á uno „Einen zum Lehrer haben", hecha una disposicion „eine Verfügung (als) getroffen haben", conocido á uno „Einen (als) bekannt haben (ihn kennen)", blanca la mano „Die Hand (als) weiß (eine weiße) haben (weiße Hände haben)",
llevar „führen"	„ „	escrito un libro „ein Buch (als) geschrieben haben",
querer { wollen / haben wollen }	„ „	ménos duro á uno „Einen weniger hart haben wollen;

2) Verben, welche die Verbindung ihres passiven Objekts mit einem demselben durch hacerse etc. „werden" beizulegenden Attribute vermitteln,

hacer „machen"	z. B.	rei á uno „Einen zum Könige machen",
volver „wenden"	„ „	loco á uno „Einen verrückt machen",

poner „setzen" z. B. de mal humor á uno „Einen in schlechte Laune versetzen",

tener „haben" . . { fuera de sí á uno „Einen außer sich bringen", engañado „ „ „Einen getäuscht halten (d. i. täuschen)",

traer „bringen" . . alborotado á uno „Einen aufgeregt machen (aufregen)",

dejar lassen . . { satisfecho á uno „Einen befriedigt lassen (befriedigen)", por heredero á uno „Einen als Erben hinterlassen",

llevar „führen" . . robada á una „Eine geraubt führen (entführen)",

crear „schaffen" . . crear conde á uno „Einen zum Grafen machen"

constituir „ausmachen" . . el mayor orador á uno „Einen zum größten Redner machen",

elegir „wählen" . . guardian á uno „Einen zum Aufseher wählen",

aclamar „ausrufen" . . caudillo „ „ . . Anführer ausrufen",

proclamar „ausrufen" . . rei „ „ . . Könige ausrufen",

ordenar { ordiniren / die Weihe geben } . . de sacerdote á uno „Einen zum Priester weihen",

acomodar „unterbringen" . . de criado á uno „Einen als Diener unterbringen",

dar „geben" . . por compañero á uno „Einen zum Gefährten geben,"

recibir „empfangen" . . por criado á uno „Einen als Diener annehmen",

admitir „zulassen" . . por socio „ „ . . Theilnehmer zulassen",

poner „setzen" . . { por nombre Juan „Johann { zum Namen geben", / als Namen beilegen", ; por ejemplo algo „Etwas als Beispiel aufstellen",

mudar „ändern"
cambiar „wechseln" } . . en dicha algo „Etwas in Glück verwandeln";
convertir „verwandeln"

3) Verben, welche die Verbindung ihres passiven Objekts mit einem demselben durch quedar beizulegenden Attribute vermitteln,

mantener „erhalten" z. B. en calma á uno „Einen in Ruhe erhalten",

guardar „bewahren" . . prisionero á uno „Einen gefangen halten",

dejar „lassen" . . { solo á uno „Einen allein lassen", plantado á uno „Einen stehen lassen";

4) Verben, welche die Verbindung ihres passiven Objekts mit einem demselben durch parecer beizulegenden Attribute vermitteln,

mostrar / manifestar } „zeigen" z. B. superior (á algo) á uno „Einen als (über Etwas) erhaben zeigen", presentar „darstellen" . . desnudas las ramas „die Zweige nackt zeigen",

representar „darstellen" . . blanco algo „Etwas als weiß darstellen",

pintar „malen" . . injuriado á uno „Einen als beleidigt schildern";

5) Verben, welche die Verbindung ihres passiven Objekts mit einem demselben durch pasar „gelten" beizulegenden Attribute vermitteln,

tener „haben" z. B. { por bueno á uno „Einen für gut halten", á dicha algo „Etwas für Glück halten", á bien algo „Etwas für gut halten",

contar „rechnen" . . por dicha algo „Etwas für Glück halten",

dar „geben" . . por nulo algo „Etwas für nichtig ausgeben",

tomar „nehmen" . . { por loco á uno „Einen für verrückt nehmen", á mal algo „Etwas übel nehmen",

reconocer „erkennen" . . { por rei á uno „Einen als König anerkennen", como vasallo á uno „Einen als Vasall anerkennen",

delatar „angeben" . . por fracmason á uno „Einen als Freimaurer angeben",

creer „glauben" . . moderado á uno „Einen gemäßigt glauben (dafür halten)",

juzgar „urtheilen" . . sabio á uno „Einen für gelehrt halten",

considerar „betrachten" . . dichoso á uno „Einen als glücklich betrachten",

mirar „ansehen" . . { ultrajado á uno „Einen als beleidigt ansehen", como inútil algo „Etwas als unnütz ansehen",

suponer „voraussetzen" . . un caballero á uno „Einen für einen Kavalier halten",

reputar „erachten". . . { suyo algo „Etwas als sein erachten", como insulto algo „Etwas als Beleidigung ansehen",

llevar „führen" . . á mal algo „Etwas übel nehmen",

calificar „bezeichnen" . . de comun algo „Etwas als gemein bezeichnen",

graduar „bezeichnen" . . de traicion algo „Etwas als Verrath bezeichnen",

acusar „verklagen" . . de regicidio „ „Etwas als Königsmord verklagen";

6) Verben, welche die Verbindung ihres passiven Objekts mit einem demselben durch llamarse etc. „heißen" beizulegenden Attribute vermitteln,

nombrar „nennen" z. B. claro algo „Etwas klar nennen",

llamar „rufen" . . pícaro á uno „Einen Spitzbube nennen",

declarar „erklären" . . libre á uno „Einen für frei erklären".

D. Das Verb als Ausdruck substantivischer und adjektivischer Begriffe.

Das Verb im Infinitiv.

§ 76. Um den durch das Verb ausgedrückten Merkmalsbegriff rein für sich substantivisch darzustellen, bedient man sich des Infinitivs, und zwar im Aktiv, wenn der Begriff aktiv, und im Passiv, wenn der Begriff passiv gedacht wird, einige Fälle jedoch ausgenommen, in welchen die aktive Ausdrucksform in passiver Bedeutung vorkommt.

§ 77. Als substantivische Gebrauchsform wird der Infinitiv manchmal, gleich einem Substantive, zur nähern Bestimmung seines Begriffes mit adjektivischen Wörtern, jedoch nur in männlicher Geschlechtsform, verbunden, und dies geschieht mit noch größerer Freiheit als im Deutschen, indem nicht nur jeder Infinitiv für sich, sondern jedes objektive Satzverhältniß, selbst das transitive, ohne Veränderung der Rektion des Verbs, auf diese Weise behandelt werden kann, z. B. El cazar „das Jagen", el sobrado pasear „das zu viele Spazieren", el ir á la caza „das Gehen auf die Jagd", el poner una cosa por obra „die Inswerksetzung einer Sache", el adorar á Dios „die Anbetung Gottes", el amar á su prójimo como á sí mismo „die der Selbstliebe gleichkommende Liebe zum Nächsten".

§ 78. Auch kann der Infinitiv, seiner substantivischen Natur zufolge, sowol in Verbindung mit adjektivischen Wörtern, als auch ohne solche, präpositionelle Wörter zur Begleitung haben, welche entweder sein Verhältniß im Satze bezeichnen, oder mit ihm gewisse Ausdrücke bilden, in denen, wie in den aus Substantiven und Präpositionen gebildeten Phrasen (Vergl. § 52.), die Präposition gewissermaßen einer Ableitungssilbe gleichkommt, und von welchen einige wieder in gewissen Fällen dem Infinitiv ohne Präposition gleichbedeutend gebraucht werden.

§ 79. Der Infinitiv kann nun in allen dem Substantiv eigenthümlichen Verhältnissen im Satze vorkommen, nämlich als Subjekt, Objekt und substantivisches Attribut.

§ 80. Wenn der Infinitiv Subjekt des Satzes ist, so steht er immer ohne Präposition in der seiner Bedeutung entsprechenden Ausdrucksform, kann aber zu seiner Bestimmung stets adjektivische Wörter vor sich haben, z. B. Poco te aprovechará *llorar* (oder *el llorar*) „Es wird dir wenig nützen zu weinen" (S). *Un disputar tan fuera de propósito* me incomoda „Ein Disputiren so zur Unzeit (ein so unzeitiges D.) belästigt mich (S). *Ser amado* es mejor que ser temido „Geliebt werden ist besser als gefürchtet werden".

§ 81. Wenn der Infinitiv Objekt ist, so steht er

einerseits als Gegenstand transitiver Beziehung (leidendes Objekt) ohne Präposition, und

andererseits als Gegenstand intransitiver Beziehung mit der in jedem besondern Falle von dem aussagenden Verb regierten Präposition,

hat stets die seiner Bedeutung entsprechende Ausdrucksform und kann auch in allen Fällen mit adjektivischen Wörtern verbunden werden, z. B. Les ordenó *atacar* „Er befahl ihnen anzugreifen (den Angriff)" (S). Contesta *haber gratificado* al criado „Er bezeugt, den Diener beschenkt zu haben (die Beschenkung)" (J). Temen *ser vistos* „Sie fürchten gesehen zu werden. — Prefiero ser amado *á ser temido* „Ich will lieber geliebt als gefürchtet werden (Ich ziehe das Geliebtwerden dem Gefürchtetwerden vor)". No haréis bien en *confiar* „Ihr werdet nicht wohl (dar)an thun (zu) vertrauen (an dem Vertrauen)“ (J). No sé que *daria por dormir* toda la noche „Ich weiß nicht, was ich (dar)um geben würde, die ganze Nacht (zu) schlafen (um das Schlafen)“ (R). Bajó *á abrir* la puerta „Er kam (dazu) herunter, die Thür zu öffnen (zum Oeffnen)“.

Ausgenommen sind indeß

1) in transitiver Beziehung

a. die als leidende Objekte von den Verben enseñar „lehren“, aprender „lernen“, probar „versuchen“ und den „anfangen“ bedeutenden Verben empezar, comenzar, principiar und echar abhängigen Infinitive, welche immer mit der Präposition á stehen, und

b. die als leidende Objekte von den Verben dejar „lassen“, acabar „beendigen“ und dem in Sinn von „müssen“ oder „sollen“ stehenden haber „haben“ abhängigen, immer mit de verbundenen Infinitive, zu welchen manchmal noch die von tener á bien „für gut halten,“ „die Güte haben“ und dem im Sinne von „wahrscheinlich“ oder „wol müssen“ stehenden deber abhängigen kommen, obwol dieselben eben so oft auch der Regel folgen;

2) in intransitiver Beziehung

die von servirse „belieben“, dignarse „geruhen“ und holgar „sich freuen“, als Objekte abhängigen Infinitive, bei welchen das ursprünglich erforderte de in der Regel weggelassen wird.

Beispiele: Le enseñó *á leer* „Er lehrte ihn lesen“ (S). Probó pues *á levantarse* „Er versuchte also sich zu erheben (Y). Echa *á correr* conmigo „Er fängt an mit mir zu laufen (H). — Acaba *de llegar* „Er beendigt anzukommen (ist eben angekommen)“ (S). Tengo á bien *de callar* „Ich halte für gut zu schweigen (M). Habia *de dormir* „Er hatte zu schlafen (mußte oder sollte schlafen)“ (S). Debia *de haber* fiesta „Es mußte wahrscheinlich ein Fest geben“ (S). Ruego á S. M. (Su Majestad) se digne *mandar* „Ich bitte Ihre Majestät, (daß) sie zu befehlen geruhe“ (S). Holgaria *verle* „Ich würde mich freuen, ihn zu sehen“ (S).

§ 82. Wenn der Infinitiv als Attribut steht, so hat er, mit einigen Ausnahmen, immer eine Präposition; seine Ausdrucksform stimmt aber nicht immer mit seiner Bedeutung überein, indem sein Aktiv oft passive Bedeutung bekommt, und nur in seltenen Fällen kann er adjektivische Bestimmungen erhalten. Alles dies hängt indeß davon ab, ob er in dieser Stellung noch eigentlich infinitivisch, oder vielmehr als partizipialer Infinitiv (Partizipien vertretend) gebraucht wird; ob sodann in diesem letzten Falle das durch ihn ausgedrückte Merkmal als wirklich, möglich oder nothwendig gilt, und ob derselbe überhaupt als unmittelbares, oder als ein auf das Subjekt oder ein Objekt des Satzes bezogenes Merkmal erscheint.

§ 83. Wenn der als Attribut stehende Infinitiv noch ganz Infinitiv — nicht partizipial — ist, so steht er

1) als unvermitteltes Attribut, gleich einem genitivischen Substantive, immer mit der Präposition de, hat die seiner Bedeutung entsprechende Ausdrucksform und kann durch adjektivische Wörter bestimmt werden, z. B. Desconoce el arte *de coquetear y fingir* „Sie kennt die Kunst zu koquettiren und sich zu verstellen nicht“ (Vill);

2) als mittelst der Verben ser, llamarse und parecer auf das Subjekt, und mittelst der Verben llamar und nombrar auf ein passives Objekt bezogenes Attribut, immer ohne Präposition, jedoch in der seiner Bedeutung gemäßen Ausdrucksform, und kann nicht mit adjektivischen Wörtern verbunden sein, z. B. Esto es *enmendar* un desacierto „Dies heißt einen Mißgriff wieder gut machen“. Eso llamo *andar* „Das nenne ich gehen“.

§ 84. Wenn der als Attribut stehende Infinitiv partizipiale Bedeutung hat, so steht er

1) als unvermitteltes und zugleich ein wirkliches Merkmal aussprechendes Attribut, dessen Beziehungswort indeß wol nur ein Zahl- oder Zahlordnungswort, wie primero, segundo — último, sein kann, immer mit der Präposition á, hat die seiner Bedeutung gemäße Ausdrucksform und kann keine adjektivische Bestimmungswörter haben, z. B. Fué el primero *á jurarle* obediencia y lealtad „Er war der Erste, welcher ihm Gehorsam und Treue schwur (der erste schwörende Mann)“ (Q);

2) als unvermitteltes und zugleich ein nur mögliches oder nothwendiges, nicht wirkliches Merkmal aussprechendes Attribut,

   a) wenn das Beziehungswort ein substantivisches oder substantivisch gebrauchtes Begriffswort ist, immer mit der Präposition por, dagegen,

   b) wenn das Beziehungswort ein substantivisches Formwort ist, immer mit dem Relativpronomen que,

hat nur aktive Form, auch wenn, wie gewöhnlich, die Bedeutung passivisch ist, und nimmt nie ein adjektivisches Bestimmungswort an, z. B. Mas vale lo malo conocido que lo bueno *por conocer* „Mehr gilt (mehr werth ist) das bekannte Schlechte, als das zu kennende Gute (was noch gekannt werden muß)“ (H). No me ocurre nada *que decir* „Mir fällt Nichts zu sagen (was gesagt werden müßte) ein“ (R);

3) als ein mittelst des Verbs estar auf das Subjekt bezogenes, ein wirkliches Merkmal aussprechendes Attribut, immer mit der Präposition para, hat immer die seiner Bedeutung gemäße Ausdrucksform und kann keine objektivische Bestimmung haben, z. B. El criado *está para salir* „Der Diener ist im Begriff auszugehen (exiturus est, ist Einer der ausgehen

wird)" (S). La causa *está para concluirse* „Der Rechtshandel ist im Begriff geschlossen zu werden" (S);

4) als ein durch estar auf das Subjekt bezogenes, ein nicht wirkliches Merkmal aussprechendes Attribut, immer mit der Präposition sin, hat immer aktive Ausdrucksform bei passiver Bedeutung und als adjektivische Beiwörter, z. B. Estaban los campos *sin cultivar* „Die Felder waren unbebaut" (S);

5) als ein durch estar auf das Subjekt bezogenes und ein durch dessen Beschaffenheit mögliches Merkmal aussprechendes Attribut, immer mit der Präposition para, hat mitunter aktive, meistens jedoch reflexive Ausdrucksform bei passiver Bedeutung und als adjektivische Beiwörter, z. B. Este almacen está *para alquilar* „Dieses Packhaus kann vermiethet werden (ist fertig, ganz eingerichtet, beschaffen, vermiethet zu werden)" (S);

6) als ein durch ser auf das Subjekt bezogenes und ein durch die Verhältnisse mögliches Merkmal aussprechendes Attribut, immer mit de, hat stets aktive Form bei passiver Bedeutung und als adjektivische Beiwörter, z. B. Es *de esperar* „Es ist zu hoffen (kann gehofft werden)" (S);

7) als ein durch estar auf das Subjekt bezogenes und ein durch dessen Willen nothwendiges Merkmal aussprechendes Attribut, immer mit por, hat stets die seiner Bedeutung entsprechende aktive Ausdrucksform, und als adjektivische Beiwörter, z. B. Estoi *por romperle* la cabeza „Ich bin sehr Willens (habe große Neigung, Lust) ihm den Kopf zu zerschlagen" (Acd);

8) als ein durch estar oder quedar auf das Subjekt bezogenes und ein durch die Verhältnisse nothwendiges Merkmal aussprechendes Attribut, immer mit por, hat in der Regel, einige Reflexivformen bei estar ausgenommen, aktive Ausdrucksform bei passiver Bedeutung und als adjektivische Bestimmungswörter, z. B. Esto está *por pulir* „Dies ist zu poliren (muß polirt werden)" (Acd). ¿Qué les queda ya *por hacer*? „Was bleibt ihnen nun zu thun übrig (als Etwas, das gethan werden müßte)" ? (R). La causa está *por concluirse* „Der Rechtshandel ist zu schließen (muß geschlossen werden)" (S);

9) als ein durch die Verben ver, oir, sentir, hacer, dejar und mandar „heißen" auf ein Objekt bezogenes und ein wirkliches Merkmal aussprechendes Attribut, immer ohne Präposition und ohne adjektivische Beiwörter und hat stets die seiner Bedeutung entsprechende Ausdrucksform, z. B. Le oigo *hablar* „Ich höre ihn sprechen" (VV). Sintió *dilatársele* el pecho „Er fühlte seine Brust erweitert werden" (R). Le dejaban *holgar* „Sie ließen ihn müßig gehen„ (Y). La reina le mandó *venir* „Die Königin hieß ihn kommen" (Q);

Anmerk. Statt der Beziehung des Infinitivs auf ein leidendes Objekt kann man im Spanischen bei allen diesen Verben (ver, oir &c.) einen von ihnen abhängigen Substantivsatz gebrauchen, was bekanntlich im Deutschen bei „lassen" und „heißen" nicht zulässig ist, z. B. Oigo *que habla.* — Deja á lo ménos *que se vayan* estos castellanos „Laß wenigstens diese Kastilier weggehen" (R).

10) als ein durch das Verb dejar auf dessen Objekt bezogenes, ein nicht wirkliches Merkmal aussprechendes Attribut, mit der Präposition sin, hat immer aktive Form bei passiver Bedeutung und kein adjektivisches Beiwort, z. B. Nada dejó *sin registrar* „Er ließ Nichts undurchsucht" (S);

11) als ein durch dejar, tener und haber auf das Objekt bezogenes, ein mögliches oder nothwendiges Merkmal aussprechendes Attribut, mit dem Relativpronomen que, hat immer aktive Form bei passiver Bedeutung und nie adjektivische Beiwörter, z. B. No dejó nada *que desear* „Es ließ Nichts zu wünschen (zu wünschendes, was hätte gewünscht werden können) übrig" (rA);

12) als ein durch das Verb dar auf dessen Objekt bezogenes und ein durch den Willen des Subjekts nothwendiges Merkmal aussprechendes Attribut, stets mit á, hat immer aktive Form bei passiver Bedeutung und nie ein adjektivisches Beiwort, z. B. Al principio no me di *á conocer* „Anfangs gab ich mich nicht zu erkennen (als Einen, der erkannt werden sollte)".

Anmerk. Bei den unter 2, 6 und 11 erwähnten partizipialen Infinitiven mit que und de wird das Beziehungswort zuweilen weggelassen, z. B. Aun me falta *que decir* „Noch fehlt mir zu Sagendes (Etwas, das gesagt werden müßte)" (M). No dés *que sentir* „Gieb nicht zu Bedauerndes (Etwas, das bedauert werden müßte)" (M). Aquí se da *de comer* „Hier wird zu essen (Etwas, das gegessen werden kann) gegeben" (S). Vollständig Aquí se da *algo que es de comer.* — Doch beschränkt sich diese sehr elliptische Ausdrucksweise wol nur auf die partizipialen Infinitive de comer, de beber, de vestir, de mamar „zu saugen" in ihrer Beziehung auf die Verben dar, servir und pedir und ähnliche. — Außerdem wird der mit que verbundene Infinitiv oft in Beziehung auf tener und das unpersönliche haber für sich als Objekt gebraucht, um mit diesen Verben eine bejahte oder verneinte Möglichkeit oder Nothwendigkeit auszudrücken, z. B. Esto tiene *que suceder* „Dies hat zu geschehen (muß geschehen)" (M). No hai *que decírmelo* „Es braucht mir nicht gesagt zu werden" (M).

Das Verb im Partizip und Gerundium.

§ 85. Um den durch das Verb ausgedrückten Merkmalsbegriff für sich adjektivisch zu gebrauchen, bedient man sich der Partizipien und Gerundien, jedoch mit dem Unterschiede, daß die Partizipien, mit meistens passiver Bedeutung, in jedem Betracht ganz adjektivischen Charakter annehmen, während die Gerundien, mit meistens aktiver Bedeutung, nur adverbial-adjektivisch, d. i. als mittelst eines zugleich durch sie bestimmim Verbs auf das Subjekt oder ein Objekt bezogene Attribute gebraucht werden. (Vergl. § 17, 3.)

Das Partizip.

§ 86. Als ganz adjektivische Gebrauchsform kann das Partizip in jedem dem Adjektiv eigenthümlichen Verhältnisse, nämlich als unvermitteltes (beiwörtliches) und als ein auf das Subjekt oder ein Objekt des Satzes mittelst eines Verbs bezogenes Attribut vorkommen, und in allen diesen Stellungen wird seine Beziehung zu dem substantivischen Worte, zu dem es gehört, durch seine mit dessen Geschlecht und Zahl übereinstimmende Geschlechts- und Zahlform bezeichnet, z. B. Adorada Laura „Angebetete Laura" (J). Este hombre proscrito „Dieser geächtete Mensch" (J). La puerta estaba abierta „Die Thür war geöffnet" (G). Va vestido como un pobre patan „Er geht wie ein armer Bauer gekleidet" (M). Lleva ya escritos nueve tomos en folio „Er hat schon neun Bände in Folio geschrieben (als geschriebene)" (M). Noé tiene concluida su arca „Noah hat (hält) seine Arche beendigt (fertig)" (Z).

Anmerk. Im Deutschen wird oft durch das Verb „kommen" ein passives Partizip anstatt des aktiven auf ein Subjekt bezogen, z. B. „Er kam gesprungen, getanzt, gelaufen" u. s. w. — Im Spanischen kann aber durch venir nur ein Partizip mit passiver Bedeutung auf das Subjekt bezogen werden, z. B. Vino asustada „Sie kam erschreckt", und man giebt daher das deutsche Partizip in den erwähnten Verhältnissen durchs Gerundium, z. B. Vino saltando, bailando, corriendo u. s. w.

§ 87. Außerdem kommt das Partizip auch noch in den zusammengesetzten Konjugationsformen als die Form des Hauptverbs vor; doch ist dies eigentlich ursprünglich nichts Anderes, da das in den Passivformen stehende Partizip ganz als ein auf das Subjekt bezogenes Attribut behandelt wird und das in den zusammengesetzten Zeitformen gebrauchte Partizip ursprünglich ein durch haber auf dessen Objekt bezogenes Attribut war, gerade wie noch jetzt ein Partizip durch tener auf dessen Objekt bezogen wird. Dies Verhältniß ist aber jetzt ganz dem Sprachbewußtsein entschwunden, und es wird daher das Partizip in zusammengesetzten Zeitformen gleich dem Gerundium nicht mehr flektirt, z. B Noé ha concluido su arca. — Ueberhaupt wird zwischen dem zur Bildung von Konjugationsformen dienenden Partizip und dem sonst rein attributiv stehenden jetzt stets unterschieden, und es giebt sogar einige, meist regelmäßige Partizipialformen, welche gewöhnlich nur zur Bildung der Zeitformen und des Passivs dienen, während sie für den attributiven Gebrauch andere, jetzt indeß ganz zu Adjektiven gewordene alte unregelmäßige Partizipialformen derselben Bedeutung neben sich haben, ohne jedoch darum ganz aufzuhören auch als Attribute zu stehen. Die gewöhnlichsten derselben sind

abstraido	und abstracto	von abstraer	„abziehen",
aceptado	„ acepto	„ aceptar	„annehmen",

aficionado	und	afecto	von	aficionarse	„zuneigen",
bendecido	„	bendito	„	bendecir	„segnen",
bienquerido	„	bienquisto	„	bienquerer	„lieben",
compelido	„	compulso	„	compeler	„zwingen",
comprendido	„	comprenso	„	comprender	„zusammenfassen",
comprimido	„	compreso	„	comprimir	„zusammendrücken",
concluido	„	concluso	„	concluir	„beendigen",
confundido	„	confuso	„	confundir	„vermengen",
contentado	„	contento	„	contentar	„zufriedenstellen",
contraido	„	contracto	„	contraer	„zusammenziehen",
contundido	„	contuso	„	contundir	„quetschen",
convencido	„	convicto	„	convencer	„überzeugen",
convertido	„	converso	„	convertir	„verwandeln", „bekehren",
corregido	„	correcto	„	corregir	„berichtigen",
corrompido	„	corrupto	„	corromper	„verderben",
cultivado	„	culto	„	cultivar	„bebauen", „bilden",
dispersado	„	disperso	„	dispersar	„zerstreuen",
distinguido	„	distinto	„	distinguir	„unterscheiden",
elegido	„	electo	„	elegir	„erwählen",
erigido	„	erecto	„	erigir	„aufrichten",
esceptuado	„	escepto	„	esceptuar	„ausnehmen",
escluido	„	escluso	„	escluir	„ausschließen",
esentado	„	esento	„	esentar	„befreien",
espelido	„	espulso	„	espeler	„ausstoßen",
esperimentado	„	esperto	„	esperimentar	„erfahren",
estendido	„	estenso	„	estender	„ausdehnen",
estinguido	„	estinto	„	estinguir	„auslöschen",
estraido	„	estracto	„	estraer	„ausziehen",
eximido	„	exento	„	eximir	„ausnehmen",
fechado	„	fecho	„	fechar	„datiren",
fingido	„	ficto	„	fingir	„erdichten",
freido	„	frito	„	freir	„braten",
incluido	„	incluso	„	incluir	„einschließen",
infectado	„	infecto	„	infectar	„anstecken",
ingerido	„	ingerto	„	ingerir	„pfropfen",
invertido	„	inverso	„	invertir	„umwenden",
juntado	„	junto	„	juntar	„vereinigen",
maldecido	„	maldito	„	maldecir	„verfluchen",
nacido	„	nato	„	nacer	„geboren werden",
omitir	„	omiso	„	omitir	„auslassen",
oprimido	„	opreso	„	oprimir	„unterdrücken",
pervertido	„	perverso	„	pervertir	„verkehren",
prendido	„	preso	„	prender	„greifen",
producido	„	producto	„	producir	„hervorbringen",
proveido	„	provisto	„	proveer	„versorgen",

rompido	und	roto	von	romper	„zerreißen",
sepultado	„	sepulto	„	sepultar	„begraben",
suprimido	„	supreso	„	suprimir	„niederdrücken",
suspendido	„	suspenso	„	suspender	„aussetzen",
teñido	„	tinto	„	teñir	„färben"
torcido	„	tuerto	„	torcer	„drehen";

doch werden von den angeführten unregelmäßigen Formen roto gewöhnlich, frito, preso und provisto sehr oft, und ingerto, opreso und supreso mitunter noch zur Bildung zusammengesetzter Zeitformen und des Passivs gebraucht, und diese können auch, was bei den übrigen nur als eigentliche Adjektiven gebrauchten nicht der Fall ist, durch Hinzusetzung eines thätigen Objekts bestimmt werden, z. B. roto por el niño „von dem Kinde zerrissen", frito por la cocinera „von der Magd gebraten" u. s. w. — Hiermit verwandt ist auch noch der eigenthümliche Gebrauch von muerto an der Stelle von matado in zusammengesetzten Konjugationsformen, wenn der Gegenstand des Tödtens als Person gedacht wird, z. B. Un paisano le ha muerto „Ein Bauer hat ihn getödtet" (S).

§ 84. Außer den erwähnten alten unregelmäßigen, jetzt völlig zu Adjektiven gewordenen Partizipialformen giebt es noch eine Anzahl meist regelmäßiger und gewöhnlich als eigentliche Partizipien auftretende Formen, welche unter Umständen dadurch zu Adjektiven werden, daß sie eine von der gewöhnlichen abweichende Bedeutung annehmen. Diese können dann in der besondern Bedeutung auch nur attributiv gebraucht und nie durch ein aktives Objekt bestimmt werden. Die am gewöhnlichsten vorkommenden Partizipien dieser Art sind

abierto,	als Partizip	„geöffnet",	als Adjektiv		„offen",
acomodado	„	„angepaßt",	„	„	„wohlhabend",
acostumbrado,	„	„gewöhnt",	„	„	„gewohnt",
agradecido,	„	„gedankt",	„	„	„dankbar",
aprovechado,	„	„benutzt",	„	„	„haushälterisch",
arrepentido,	„	„bereut",	„	„	„reuig",
atrevido,	„	„erdreistet",	„	„	„kühn",
bebido,	„	„getrunken",	„	„	„betrunken",
callado,	„	„ge-, verschwiegen",	„	„	„verschwiegen", „schweigsam",
cansado,	„	„ermüdet",	„	„	„langweilig",
comedido,	„	„gemäßigt",	„	„	„bescheiden", „artig",
contado,	„	„gezählt",	„	„	„selten",
contrahecho	„	„nachgemacht",	„	„	„verwachsen",
corrido,	„	„erröthet",	„	„	„roth",
crecido,	„	„gewachsen",	„	„	„groß",
derretido,	„	„geschmolzen",	„	„	„sehr verliebt",
descuidado,	„	„vernachlässigt",	„	„	„sorglos",
desesperado,	„	„verzweifelt",	„	„	„verzweifelnd",

disimulado,	als Partizip	„verheimlicht“,	als Adjectiv	„heuchlerisch“, „falsch“,
dormido,	. .	„geschlafen“,	. .	„schläfrig“,
entendido,	. .	„verstanden“,	. .	„verständig“,
entretenido,	. .	„unterhalten“,	. .	„unterhaltend“,
escusado,	. .	„gemieden“,	. .	„geheim“,
esforzado,	. .	„angestrengt“,	. .	„kräftig“, „tapfer“,
fingido,	. .	„verstellt“,	. .	„heuchlerisch“,
florecido,	. .	„geblüht“,	. .	„blühend“,
hablado,	. .	„gesprochen“,	. .	„beredt“,
honrado,	. .	„geehrt“,	. .	„ehrlich“,
leido,	. .	„gelesen“,	. .	„belesen“,
lucido,	. .	„geleuchtet“,	. .	„glänzend“,
medrado,	. .	„gediehen“,	. .	„glücklich“,
mirado,	. .	„betrachtet“,	. .	„umsichtig“,
moderado,	. .	„gemäßigt“,	. .	„mäßig“,
necesitado,	. .	„genöthigt“,	. .	„bedürftig“,
negado,	. .	„verneint“,	. .	„dumm“,
osado,	. .	„gewagt“,	. .	„kühn“,
parecido,	. .	„geschienen“,	. .	„ähnlich“,
partido,	. .	„getheilt“,	. .	„freigebig“,
pausado,	. .	„pausirt“,	. .	„langsam“,
pesado,	. .	„gewogen“,	. .	„schwer“, „lästig“,
pintado,	. .	„gemalt“,	. .	„bunt“,
porfiado,	. .	„hartnäckig gestritten“	. .	„halsstarrig“,
precavido,	. .	„verhütet“,	. .	„vorsichtig“,
presumido,	. .	„vermuthet“,	. .	„anmaßend“,
reñido,	. .	„gestritten“,	. .	„entzweiet“, „uneins“,
sabido,	. .	„gewußt“,	. .	„klug“,
sentido,	. .	„gefühlt“,	. .	„empfindlich“, „traurig“,
socorrido	. .	„unterstützt“,	. .	„hülfreich“, „wohl versorgt“,
soplado,	. .	„geblasen“,	. .	„geputzt“,
subido,	. .	„gestiegen“,	. .	„hoch“, „lebhaft“,
sufrido,	. .	„gelitten“,	. .	„geduldig“, „langmüthig“,
supuesto,	. .	„vorausgesetzt“,	. .	„angeblich“,
valido,	. .	„gegolten“,	. .	„beliebt“,

und einige nur in gewissen Verbindungen adjektivisch genommene, wie bien oder mal comido oder cenado „gut“ oder „schlecht zu Mittag“ oder „zu

Abend gegessen habend", cerrado de mollera „vernagelt", „dumm", heredado „die Majorat besitzend", bien oder mal mandado „folgsam" oder „unfolgsam", parido in mujer parida „Wöchnerin", tomado in voz tomada „belegte Stimme", bien venido „willkommen" u. s. w.

§ 89. Wegen seiner adjektivischen Natur kann das Partizip auch, wie ein Adjektiv, substantivisch gebraucht werden und auf diese Weise zur Darstellung allgemeiner Personen- und Sachbegriffe dienen, z. B. El amado „der Geliebte", la amada „die Geliebte", lo pasado „das Vergangene"; ja, es sind selbst einige Partizipien wirkliche Substantiven (sogenannte Adjektiv-substantiven) geworden, z. B. El resultado „der Erfolg", el criado „der Diener", el hecho „die Thatsache", la fecha „das Datum", la criada „die Magd" u. s. w. Der substantivische Gebrauch des Partizips beschränkt sich aber nicht auf das vereinzelte Wort, sondern es kann jedes Partizip mit allen seinen objektiven Bestimmungen, also das ganze Satzverhältniß, wie beim Infinitiv, zum Substantiv erhoben werden, z. B. lo dispuesto por Rogerio en su testamento „Das von Roger in seinem Testament Verfügte".

Das Gerundium.

§ 90. Als adverbial-adjektivische Gebrauchsform kann das Gerundium nur in dem Verhältnisse eines auf das Subjekt oder ein Objekt des Satzes bezogenen, nicht in dem eines unvermittelten Attributs vorkommen, und es wird ihm dabei in dem ersten Falle manchmal die auch sonst zur Bezeichnung dieses Verhältnisses dienende Präposition en (Vergl. § 51) vorgesetzt, z. B. Hemos venido *corriendo* „Wir sind eilend gekommen" (R). Tenia su vida *colgando* de un cabello „Er hatte sein Leben an einem Haare hangen(d)" (S). *En sabiéndolo* se pondrá mui contento „Es erfahrend, wird er sehr zufrieden werden" (S).

Anmerk. In dem umschreibenden Aktiv ist das Gerundium nichts Anderes als ein durch estar oder ein dasselbe vertretendes Verb auf das Subjekt bezogenes Attribut. Está cantando. Se va acercando „Er nähert sich".

§ 91. Zuweilen hört das Gerundium ganz auf, Attribut des Subjekts oder eines Objekts im Satze zu sein, und steht, indem es fast ganz den Charakter eines Adverbs annimmt, nur in Beziehung zu dem Verb. Dann wird ihm aber ein anderer Gegenstand als Beziehungswort, sei es ausgedrückt oder im Zusammenhange liegend, beigegeben, damit es nicht als Attribut auf das Subjekt oder irgend ein Objekt bezogen werden könne, z. B. *En obrando tú* segun corresponde seré tu amigo como lo he sido hasta aquí „Handelnd du wie es sich geziemt (bei geziemendem Benehmen deinerseits) werde ich dein Freund sein, wie ich es bis jetzt gewesen bin" (M). Bei dieser Anwendung des Gerundiums wird das von estar gebildete auch oft ausgelassen, z. B. Muerto Asdrúbal, el ejército aclamó por general á Aníbal „Hasdrubal gestorben seiend (nach Hasdrubals Tode) rief das Heer Hannibal zum General aus" (Alc). Ausente el rei, nadie penetra en estas habitaciones „Der König abwesend seiend (während der Abwesenheit des Königs) dringt Niemand in diese Wohnungen ein" (H).

Verbale Formwörter.

Hülfsverben der Ausdrucksform.

§ 92. Die Hülfsverben der Ausdrucksform sind im Spanischen ser, verse, estar, ir, andar, continuar, seguir und proseguir, von welchen ser und verse, letzteres jedoch nur mitunter, in Verbindung mit dem Partizip zur Bildung des Passivs, estar, ir, andar, continuar, seguir und proseguir aber, und zwar so, daß estar in der Regel das Bestehen, die andern dagegen das Fortschreiten oder allmählige Zunehmen des durch das Verb ausgedrückten Merkmals bezeichnen, in Verbindung mit dem Gerundium zur Bildung des umschreibenden Aktivs gebraucht werden, z. B. Nosotros fuimos calumniados „Wir wurden verläumdet“ (S). Se ha visto seducido por amigos pérfidos „Er ist von treulosen Freunden verführt worden“ (R). Juzgué que estaba durmiendo „Ich dachte, daß er schliefe“ (M). Va cobrando el conocimiento „Sie bekommt (allmählig) das Bewußtsein wieder“ (H). Seguian representándose las comedias „Die Komödien wurden noch immer aufgeführt“ (rA).

§ 93. Es ist jedoch nicht jede Verbindung von ser oder verse mit dem Partizip eine passive, und nicht jede Verbindung von estar, ir oder andar etc. mit dem Gerundium eine umschreibende Form, sondern es bleiben diese Verben auch zuweilen Begriffswörter, und die mit ihnen verbundenen Partizipe oder Gerundien sind dann nur durch sie auf das Subjekt bezogene Attribute, z. B. *Es muerto* „Er ist todt“ (S). *Ya es casada*, ya no es tuya „Sie ist schon verheirathet, sie ist nicht mehr dein“ (M). Voi volando „Ich gehe fliegend hin“ (H). Die so mit ser und dem Partizip gebildeten Ausdrücke kommen dann den mit estar, quedar, hallarse &c. gebildeten nahe, unterscheiden sich von ihnen aber dadurch, daß sie das durch das Partizip ausgesprochene Merkmal als ein in die Existenz des Subjekts bleibend (etwa für dessen eigne Dauer) aufgenommenes darstellen, während bei den letzteren das Merkmal nur als ein für den Augenblick eingetretener Umstand dargestellt wird, wie z. B. Está herido „Er ist verwundet“. Queda satisfecho „Er ist (bleibt) zufrieden“. Se halla premiado „Er ist belohnt“. Daher heißt ser muerto, ser casado überhaupt „todt sein“, „verheirathet sein“, dagegen estar muerto, estar casado, beide Merkmale als für den Augenblick eingetretene Umstände betrachtet „gestorben sein“, „getraut sein“. Außerdem bedeuten estar und ir muerto auch zuweilen „des Todes sein“.

Hülfsverben der Zeit.

§ 94. Die Hülfsverben der Zeit sind haber, ir und acabar.

§ 95. Haber wird gebraucht

1) zur Bildung der zusammengesetzten Zeitformen aller Verben, indem es sich mit dem unflektirten Partizip des Hülfsverbs verbindet, und namentlich nie mit dem Infinitiv, wie zuweilen im Deutschen, z. B. No he *podido* verle „Ich habe ihn nicht sehen können“. El me ha *ayudado* á copiarlo „Er hat mir es abschreiben helfen“;

Anmerk. Man findet zuweilen Ausdrücke, wie ser venido, ser llegado u. s. w., in welchen auch ser Hülfsverb für die zusammengesetzten Zeiten zu sein scheint. Es ist dies aber in der That nicht der Fall, und verhalten sich diese beiden Ausdrücke zu den zusammengesetzten Zeitformen, wie das Resultat zur Thätigkeit, so daß z. B. Es llegado dem deutschen „Er ist da" und Ha llegado dem deutschen „Er ist angekommen" (etwa „schnell", „mit der Post" u. dergl.) entspricht. Vergleiche El tiempo de sus procuradurias *era* pasado „Die Zeit seiner Verwaltung war vorbei" (Q) mit ¿*Han* venido ellos con el designio de incomodarnos? „Sind sie mit der Absicht gekommen, uns zu belästigen?" (S). — Uebrigens kommt der Gebrauch von ser in solchen Fällen mehr und mehr außer Gebrauch, und man stellt das Resultat jetzt gewöhnlich durch die zusammengesetzte Zeitform dar, z. B. Ese tiempo ha pasado „Die Zeit ist vergangen" (S).

2) zur Umschreibung des Futurs und Posteriors, indem es sich mittelst der Präposition de mit dem Infinitiv des Hauptverbs verbindet, z. B. Pues ya no *he de salir*, aunque echen la puerta al suelo „Nun, jetzt werde ich nicht hinausgehen, wenn sie auch die Thür auf den Boden werfen" (M). Habia de amar „Ich würde lieben" (S).

Anmerk. In früheren Zeiten gebrauchte man das Präsens und das Imperfekt des Indikativs von haber ohne Vermittelung von de mit dem Infinitiv eines Verbs, um die Verhältnisse des Futurs und Posteriors zu bezeichnen, setzte jedoch das Hülfsverb nach und gebrauchte statt habéis die Form héis und statt habia, habias etc. die Formen hia, hias etc. z. B. amar he „ich werde lieben", amar hia „ich würde lieben". Auch wurden die von dem Hauptverb abhängigen Pronomen dem Infinitiv angehängt und dann der ganze Ausdruck meistens wie ein Wort geschrieben, z. B. Amartehé „ich werde dich lieben", verlohia „ich würde es sehen". — Jetzt ist dies gänzlich außer Gebrauch, da jene Formen des Hülfsverbs durch Zusammenziehung zu bloßen Endungen geworden sind, also amar he — amaré, amar has — amarás, ver hia — veria &c.

§ 96. Ir umschreibt ebenfalls das Futur und Posterior, indem es sich mittelst der Präposition á mit dem Infinitiv des Hauptverbs verbindet; doch bezeichnet es diese Verhältnisse als solche, die auf die unmittelbare Nähe der Gegenwart oder eines bestimmten Zeitpunktes der Vergangenheit beschränkt sind, so wie sie im Deutschen zuweilen durch „wollen" gegeben werden, z. B. Va á cerrar la puerta á tiempo que entra Fátima „Sie will die Thür schließen, als eben Fatima eintritt" (R). Veia el momento en que *iba* á arrojar de Calabria á los franceses „Er sah den Augenblick, in dem er die Franzosen aus Calabrien werfen würde" (Q). *Iban* á celebrar la noche buena „Sie wollten gerade Weihnachtsabend feiern" (R).

§ 97. Acabar umschreibt dagegen das Perfekt und Plusquamperfekt, indem es sich mittelst der Präposition de mit dem Infinitiv des Hauptverbs verbindet; doch beschränkt es diese Verhältnisse auf die unmittelbare Nähe der Gegenwart oder eines bestimmten Zeitpunktes der Vergangenheit, wie es im Deutschen gewöhnlich durch das den genannten Zeitformen hinzugefügte

Adverb „eben" geschieht, z. B. Las nueve *acaban* de dar „Es hat eben (so eben) neun geschlagen (O). Una mañana, cuando Enrique *acababa* de vestirse, quedó estrañamente sorprendido.. „Eines Morgens, als Heinrich sich eben angekleidet hatte, wurde er außerordentlich überrascht".. (Padre Isla).

Hülfsverben des Modus.

§ 98. Die Hülfsverben des Modus sind

a) für die Wirklichkeit venir, llegar, dejar,
b) für die Möglichkeit poder, saber, lograr, acertar, alcanzar, haber und caber,
c) für die Nothwendigkeit querer, deber, haber, tener und necesitar,

welche alle ihr Hauptverb im Infinitiv haben, und zwar

poder, saber, lograr, querer, caber und necesitar ohne vermittelnde Präposition, deber ohne Präposition, oder in gewissen Fällen in Verbindung mit de,
venir, llegar, acertar und alcanzar in Verbindung mit á,
dejar in Verbindung mit de,
tener im Sinn von „müssen" in Verbindung mit que und im Sinn von „wollen" in Verbindung mit de, und
haber als persönliches Verb in Verbindung mit de, als unpersönliches aber in Verbindung mit que.

§ 99. Die Hülfsverben der Wirklichkeit werden folgendermaßen unterschieden:

1) Venir hebt das Eintreten eines Ereignisses mit Beziehung auf dessen Ursache hervor, z. B. Despues de largas pretensiones *vino* á conseguir la plaza „Nach langen Bewerbungen erlangte er endlich die Stelle" (Acd). Ha *venido* á quedarse muda sin que se pueda saber la causa „Sie hat die Sprache verloren, ohne daß man die Ursache wissen kann" (M).
2) Llegar spricht das im Deutschen gewöhnlich durch ein Adverb, wie „ja", „wirklich", „sogar", bezeichnete Eintreten eines nicht erwarteten, oder gefürchteten Ereignisses aus, z. B. Don Jerónimo *llegó* á creerse que le eligirian „Hieronymus glaubte sogar (wirklich), daß sie ihn wählen würden" (VV). Si se me *llegara* á morir, me volveria loco „Wenn sie mir ja (wirklich) sterben sollte, würde ich rasend werden" (M).
3) Dejar hebt die Verneinung oder, wenn es selbst verneint ist, die Bejahung hervor, z. B. Esta fué la única accion en que Gonzalo *dejó* de ser vencedor „Dies war die einzige Schlacht, in welcher Gonzalo nicht Sieger war" (Q). Mi presencia en aquel punto no ha *dejado* de ser de provecho „Meine Gegenwart in jenem Augenblicke ist nicht ohne Nutzen gewesen" (R).

§ 100. Die Hülfsverben der Möglichkeit werden folgendermaßen gebraucht:

1) **Poder.** Es bezeichnet die Möglichkeit in dreierlei Hinsicht, nämlich

a) als eine mit der Natur des Subjekts oder dessen Verhältnissen gegebene, oder

b) als eine allgemeine Befugniß oder eine von dem Redenden erbetene oder verstattete Freiheit, oder

c) als bloße Denkbarkeit für den Redenden; so daß es in der ersten und dritten Bedeutung dem deutschen „können" und in der zweiten meistens dem deutschen „dürfen" oder „mögen" entspricht, z. B. No puede producir otro efecto que risa „Es kann keine andre Wirkung als Gelächter hervorbringen" (Q). No puede salir de su cuarto „Er kann nicht aus seinem Zimmer gehen." — ¿Puedo yo hablar, Señor? „Darf ich sprechen, Herr?" (M). Al meson de afuera! Allí puedes dormir „Nach dem Wirthshause draußen! Dort magst (kannst) du schlafen" (M). — La herida no puede ser mortal „Die Wunde kann nicht tödlich sein" (VV).

Anmerk. Eine verneinte Möglichkeit kommt oft einer Nothwendigkeit gleich, z. B. No puede vivir „Er kann nicht leben" = „Er muß sterben". Dies ist indeß nur bei entgegengesetzten Merkmalen der Fall, hebt dann aber die Nothwendigkeit stärker hervor. Da sich nun verhältnißmäßig selten zwei Merkmale von so ausschließlichem Gegensatz, wie „leben" und „sterben", finden; so bedient man sich, um jenes Mittel der Hervorhebung der Nothwendigkeit allgemein anwenden zu können, der Ausdrücke no poder no, no poder dejar und no poder ménos, durch welche mittelst des jedesmaligen letzten Wortes, indem es eine Verneinung ausspricht, erst ein grader Gegensatz geschaffen und dann mittelst no poder die Möglichkeit dieses Gegensatzes verneint wird, z. B. *No podian no ser* cómplices „Sie mußten (durchaus) Mitschuldige sein" (J). — Un Cisneros *no podia dejar* de ser respetado „Ein Cisneros mußte (durchaus) geachtet werden" (S). *No puedo ménos* de agradecer . . . „Ich kann nicht umhin zu (muß durchaus) danken . . ." (G).

2) **Saber.** Es steht nur, wenn die Möglichkeit als eine erworbene oder überhaupt als eine mit Anstrengung verbundene Fähigkeit des Subjekts erscheint, wie sie im Deutschen gewöhnlich durch „können", aber auch zuweilen durch „wissen" bezeichnet wird, z. B. *Sé* tocar la flauta „Ich kann die Flöte spielen" (S). Yo *sabré* impedirlo „Ich werde es zu hindern wissen" (R).

3) **Lograr, acertar** und **alcanzar.** Sie werden ziemlich gleichbedeutend, die beiden letzten jedoch wol nur mit einer Verneinung gebraucht, wenn die Möglichkeit als eine durch die Natur oder die Verhältnisse des Subjekts erschwerte gedacht wird, so daß sie meistens dem Deutschen „vermögen" entsprechen, z. B. Al fin *logro* llorar „Endlich vermag ich zu weinen" (R). No *acierto* á comprenderos „Ich vermag euch nicht zu begreifen" (R). No *alcanzo* á disculparte „Ich vermag nicht dich zu entschuldigen" (M).

4) *Haber* und *caber*. Das erste, welches jedoch nur mit der Verneinung oder in einer der Verneinung gleichkommenden Frage gebraucht wird, bezeichnet als persönliches und unpersönliches Verb die in dem Subjekt begründete Unmöglichkeit des Merkmals; das zweite bezeichnet, unpersönlich gebraucht, überhaupt die in den Verhältnissen liegende Möglichkeit, z. B. ¿Quién *ha* de tener paciencia? „Wer kann Geduld haben?" (M). No *hai* que negarlo „Man kann es nicht läugnen" (M). No *cabe* esplicar su agradecimiento „Man kann seine Dankbarkeit nicht aussprechen" (Y).

§ 101. Die Hülfsverben der Nothwendigkeit gebraucht man in folgender Weise:

1) *Querer*. Es bezeichnet eine von dem Willen des Subjektes bedingte Folge, ganz wie das deutsche „wollen", z. B. *Quiero* ser cómico „Ich will Schauspieler werden" (VV); wogegen aber die von der Behauptung des Subjekts abhängige Gültigkeit des Urtheils, welche im Deutschen auch durch „wollen" bezeichnet wird, nicht durch querer, sondern durch ein „sagen" oder „behaupten" bedeutendes Verb ausgesprochen wird, z. B. A esto añadian el perjuicio que *decian* recibir en la particion „Hierzu fügten sie (führten sie noch an) den Schaden, den sie bei der Theilung bekommen wollten" (Q).

2) *Deber*. Dieses Hülfsverb bezeichnet die Nothwendigkeit

a) als eine aus einer allgemeinen Vorschrift oder Regel herfließende Verpflichtung, wie „müssen" und „sollen" und bei Verneinungen auch „dürfen" im Deutschen, z. B. Es mi esposo y *debo* protejerle „Er ist mein Gatte und ich muß ihn schützen" (J). Yo no *debo* quejarme „Ich darf mich nicht beklagen" (Y);

b) als eine aus den Umständen hervorgehende Nöthigung für den Redenden, das Urtheil zu bilden, wie „müssen" oder „wol müssen" im Deutschen, in welchem Falle auch oft die Präposition de vor das Hauptwort gesetzt wird, z. B. *Debe* hacer lodo „Es muß schmutzig sein" (O). *Debe* de hacer frio „Es muß wol kalt sein" (Acd). — Dagegen steht es nie

aa) für die aus einem Einzelwillen herfließende Nöthigung, welche zuweilen das deutsche „sollen" ausspricht, sondern diese wird in der Regel durch das einfache oder das mit haber umschriebene Futur, oder eine mit querer gebildete Umschreibung bezeichnet, z. B. ¿Le *diré* que venga? „Soll ich ihm sagen, daß er komme?" (M). *Sabrás* .... ¿Qué *he de* saber? „Du sollst wissen .... Was soll ich wissen"? (M). ¿*Quieres* que te siga? „Soll ich dir folgen?" (J);

bb) für die in der Natur und den Verhältnissen des Subjekts begründete Nothwendigkeit, wie man sie gewöhnlich im Deutschen durch „müssen" ausspricht, sondern man giebt diese durch die Hülfsverben der Nothwendigkeit haber, tener und necesitar (S. diese Verben);

cc) für die auf der Aussage Anderer beruhende Gültigkeit des Urtheils für den Redenden, welche im Deutschen gewöhnlich durch „sollen" angedeutet wird, sondern diese umschreibt man durch ein „sagen" oder „behaupten" bedeutendes Verb, z. B. Se *dice* que ha llegado la escuadra „Das Geschwader soll angekommen sein" (S). *Decian*, *aseguraban*, *afirmaban* que habia muerto „Er sollte gestorben sein".

3) Haber. Als persönliches Verb spricht dieses die in der Natur und den Verhältnissen des Subjekts liegende Nothwendigkeit, die von einem Einzelwillen bedingte Nöthigung, selten eine allgemeine Verpflichtung, und die für den Redenden vorhandene Nothwendigkeit des zu fällenden Urtheils, als unpersönliches Verb aber nur die aus den Verhältnissen des Subjekts hervorgehende Nothwendigkeit aus, z. B. Los hombres *han de* morir „Die Menschen müssen sterben". *Hubo de* recogerse sin cenar „Er mußte, ohne zu Abend zu essen, sich zur Ruhe begeben" (Y). ¿Qué *he de* mirar? „Was soll ich sehen? (H). *Hemos de* tratarle con la mayor cortesia del mundo „Wir müssen ihn mit der größten Höflichkeit von der Welt behandeln" (M). Por ahi *ha de* estar „Da umher muß er sein" (M). *Hai que* vencer tantas dificultades „Man muß so viele Schwierigkeiten besiegen" (J).

4) Tener und necesitar. Das erste bezeichnet, wenn es die Präposition de hat, immer dasselbe wie querer, z. B. No *tengo de* venir „Ich will nicht kommen" (Acd). — Wenn es aber mit dem Infinitiv durch que verbunden ist, so bezeichnet es die in den Verhältnissen liegende Nothwendigkeit eines Merkmals oder auch, wenn gleich selten, eine als eine allgemeine Regel geltende Nöthigung, z. B. *Tuvo que* apearse del caballo „Er mußte vom Pferde steigen" (Q). Los participios pasivos *tienen que* concertar en género y número con el sustantivo á que se juntan „Die passiven Partizipien müssen mit dem Substantive, mit dem sie verbunden werden, in Geschlecht und Zahl übereinstimmen" (S). — Das zweite hat ganz die Hauptbedeutung von tener mit que, z. B. *Necesitamos* trabajar para vivir „Wir müssen arbeiten, um zu leben" (H).

Anmerk. Statt der zur Bezeichnung der Möglichkeit oder Nothwendigkeit in der dritten Person gebrauchten Verben haber und caber setzt man zuweilen auch die Ausdrücke ser posible, necesario, preciso, menester oder fuerza, z. B. *Es preciso* dejar correr las cosas „Man muß die Dinge laufen lassen (wie sie laufen)". El rei lo manda y *es fuerza* obedecer „Der König befiehlt es, und es muß gehorcht werden."

Hülfsverben der Wiederholung.

§ 102. Die Hülfsverben der Wiederholung sind

1) die dem deutschen „pflegen" entsprechenden soler, acostumbrar und estilar, welche ohne Präposition mit dem Infinitiv verbunden werden, z. B. *Suele* omitirse (la preposicion) „Sie (die Präposition) pflegt ausgelassen zu werden" (S). — *Acostumbraba* decir . . . . „Er pflegte zu sagen . . . ." (Y). ¿Se *estila* despedirse á la (manera) francesa? „Ist's Gebrauch (pflegt man) sich auf französische Weise zu verabschieden?" (N);

2) volver, welches mit dem Infinitiv des Hauptverbs durch á verbunden wird und dem deutschen „wieder" in zusammengesetzten Verben, oder den Adverbien „noch einmal", „aufs Neue" und ähnlichen entspricht, z. B. No la *volveré* á importunar mas „Ich werde sie nicht wieder belästigen" (O). *Vuelve á* hablar con su hija „Er spricht noch einmal mit seiner Tochter" (M).

IV. Kapitel.

Vom Substantiv.

Bildung der Substantiven.

Stämme.

§ 103. Substantivische Stämme sind im Spanischen alle diejenigen Substantiven, welche mit geringer oder gar keiner Veränderung des Lautverhältnisses und ohne bedeutsame Endungen als von spanischen Verben gebildet erscheinen, oder deren Bildung sich gar nicht auf spanische Wörter zurückführen läßt, z. B.

vida „Leben" von vivir „leben", muerte „Tod" von morir „sterben",
risa „Gelächter" „ reir „lachen", curso „Lauf" „ correr „laufen",
fuga „Flucht" „ huir „flüchten", luz „Licht" „ lucir „leuchten",

und casa „Haus", calle „Straße", fin „Ende", voz „Stimme", cruz „Kreuz", libro „Buch", pluma „Feder", mesa „Tisch", puerta „Thür" u. s. w. Da sie fast alle eigentlich nicht erst im Spanischen gebildet sind, sondern zum Theil mit ihren Wurzeln, zum Theil ohne dieselben aus andern Sprachen, namentlich der lateinischen, in's Spanische übergegangen sind, und nicht immer ohne alle durch andere Einflüsse bewirkte Veränderungen, so scheint ihr Zusammenhang mit den Wurzeln wenig regelmäßig zu sein.

Sproßformen.

§ 104. Zu den Sproßformen gehören diejenigen Substantiven, welche von andern Wörtern durch bedeutsame Endungen gebildet sind. Ihre Bildung ist ein größtentheils der spanischen Sprache angehöriger Vorgang, wenn auch ein bedeutender Theil schon in seiner jetzigen Gestalt aus andern

Sprachen übergegangen ist, und es lassen sich daher für die hauptsächlichsten unter ihnen gewisse Gesetze für ihre Entstehung nachweisen. Das Wesentliche hiervon ist Folgendes:

1) Namen männlicher Personen (Eigennamen ausgenommen) werden theils von Verben, theils von Sachnamen, theils aber auch von andern Personennamen gebildet, und zwar

   a) mit den Endungen ante oder ente, ador, edor oder idor, or, on und in von Verben,

   b) mit den Endungen ero, ista und ario von Sachnamen und

   c) mit der Endung astro von andern Personennamen.

Die mit ante oder ente (iente) gebildeten, wie z. B. amante „Liebhaber", habitante „Einwohner", comerciante „Kaufmann", escribiente „Schreiber", combatiente „Kämpfer", sind eigentlich nur substantivisch gewordene aktive Partizipien, und daher ist ihre Bedeutung vorzugsweise die von Seienden, die Etwas thun, so daß sie auch Anwendung auf Sachen finden können, z. B. volante „Federball", corriente „Strom".

Die mit ador, edor oder idor, or, on und in gebildeten entsprechen meistens den deutschen substantivischen Sproßformen auf „er", z. B. labrador „Bauer" von labrar „ackern", comprador „Käufer", vendedor „Verkäufer", descubridor „Entdecker", pintor „Maler", cantor „Sänger", burlon „Spötter", pregunton „Frager", bailarin „Tänzer", volatin „Seiltänzer". Sie haben ebenfalls aktive Bedeutung, unterscheiden sich aber untereinander darin, daß bei denen auf ador, edor und idor die Thätigkeit gewöhnlich als eine nur gelegentliche erscheint, während dieselbe bei denen auf or und in mehr als Geschäft und bei denen auf on als eine üble Gewohnheit gedacht wird. Da das durch sie benannte Sein vorzugsweise als Thuendes aufgefaßt wird, so werden sie, gleich den deutschen Sproßformen auf „er", auch zur Benennung von Sachen gebraucht, z. B. asador „Bratspieß", calentador „Wärmbecken", raspador „Schabeisen".

Die auf ero entsprechen meist substantivischen Zusammensetzungen im Deutschen mit „Macher" oder „Händler", mitunter jedoch auch substantivischen Sproßformen auf „er", z. B. zapatero „Schuhmacher", sombrerero „Hutmacher", joyero „Juwelenhändler", tapizero „Tapetenmacher" und „Tapetenhändler", vidriero „Glaser". Ihre Bedeutung ist gleichfalls aktiv, und der Sachname, von dem sie gebildet sind, verhält sich in der Regel zu der dabei vorgestellten Thätigkeit als leidendes Objekt oder Material. Einige Substantiven mit dieser Endung sind auch Sachnamen, und diese verhalten sich zu den Sachnamen, von denen sie gebildet sind, im Allgemeinen als Benennungen der Behälter zu den Namen der darin enthaltenen Dinge, z. B. salero „Salzfaß", azucarero „Zuckerdose", gallinero „Hühnerstall".

Die mit den Endungen ista und ario entsprechen im Allgemeinen den im Deutschen gebrauchten substantivischen Fremdwörtern auf „ist" und „ar" z. B. violinista „Violinist", organista „Organist", secretario „Sekretär", notario „Notar"; doch giebt es auch einige Sachnamen auf ario, wie semanario „Wochenblatt", campanario „Glockenthurm" u. s. w.

Die mit astro gebildeten entsprechen den substantivischen Zusammensetzungen im Deutschen mit „Stief-" oder „Halb-" und einem „Personennamen", z. B. padrastro „Stiefvater", hijastro „Stiefsohn", hermanastro „Halbbruder".

2) Namen weiblicher Personen bildet man von männlichen Personennamen (Eigennamen immer ausgenommen), indem man

a) das bei den Stämmen dieser auslautende o mit a vertauscht, wie z. B. tio „Oheim", tia „Muhme", hijo „Sohn", hija „Tochter", hermano „Bruder", hermana „Schwester", und

b) bei deren Sproßformen ein a anhängt, oder die Auslaute e und o mit a vertauscht, oder ihnen auch die Endungen is und esa giebt, z. B. cantador „Sänger", cantadora „Sängerin", comerciante „Handelsmann", comercianta „Handelsfrau", joyera „Juwelenhändlerin", cantatriz „Sängerin", duquesa „Herzogin", abadesa „Aebtissin".

Die Endung a beschränkt sich übrigens nicht auf Personennamen; sondern es werden damit auch auf ähnliche Weise weibliche Thiernamen gebildet z. B. perro „Hund", perra „Hündin", leon „Löwe", leona „Löwin", tigre „Tiger", tigra „Tigerin".

3) Familien- und Geschlechtsnamen werden auf ähnliche Weise, wie „Hinrichs" von „Heinrich", „Friedrichs" von „Friedrich" u. s. w., mit der Endung ez von Vor- oder Taufnamen gebildet, z. B. Lopez von Lope, Enriquez von Enrique, Rodriguez von Rodrigo u. s. w.

4) Sachnamen (Namen konkreter Dinge) werden nicht nur von Personennamen und Verben, sondern auch von andern Sachnamen gebildet, und zwar

a) mit den Endungen ia, ado und ato von Personennamen,

b) mit den Endungen ero und orio von Verben, und

c) mit den Endungen aje und âmen, al, ar, eda, edo und iza, o und era von andern Sachnamen.

Die mit ia, ado und ato gebildeten kommen indeß nur von Personennamen, welche die Ausüber irgend einer Art von Herrschaft oder Amt benennen, und sie selbst bezeichnen dann den Gegenstand dieser Regierungs- oder Amtsthätigkeit, z. B. monarquia „Monarchie" von monarca „Monarch", abadia „Abtei" von abad „Abt", ducado „Herzogthum" von duque „Herzog", condado „Grafschaft" von conde „Graf", curato „Pfarrei" von cura „Pfarrer".

Die mit ero und orio gebildeten bezeichnen insgemein den Ort, welcher für die Thätigkeit bestimmt ist, die das Verb, von dem sie kommen, ausdrückt, z. B. desembarcadero „Landungsplatz" von desembarcar „landen", dormitorio „Schlafzimmer" von dormir „schlafen". Zuweilen drückt das Verb, von dem sie stammen, auch eine Nebenhandlung aus, z. B. picadero „Reitbahn" von picar „stechen", „spornen".

Die mit den Endungen aje und ámen nennen eine Menge derjenigen Sachen, von deren Namen sie gebildet sind, z. B. plumaje „Gefieder", ramaje „Astwerk", maderámen „Holzwerk", velámen „Segelwerk".

Die auf al, ar, eda und edo ausgehenden benennen gewöhnlich den Ort, wo die Pflanzen des Namens, von dem sie gebildet sind, in Menge wachsen, die auf iza aber einen Ort als Stallung, z. B. acebuchal „ein Wald von wilden Oelbäumen" von acebuche „wilder Oelbaum", romeral „Rosmaringesträuch" von romero „Rosmarin", manzanar „Apfelgarten" von manzano „Apfelbaum", pinar „Fichtenwald" von pino „Fichte", fresneda „Eschenhain" von fresno „Eschenbaum", aliseda „Erlengebüsch" von aliso „Erle", acebedo „Stechpalmengebüsch" von acebo „Stechpalme", — caballeriza „Pferdestall" von caballo „Pferd", vaqueriza „Kuhstall" von vaca „Kuh". — Doch haben einige auf al und ar auch andere Bedeutung, indem die auf al zuweilen die Massenhaftigkeit der Dinge bezeichnen, von deren Namen sie stammen, und die auf ar den Ort benennen, wo der Gegenstand ihres Stammnamens in Menge aufbewahrt oder bereitet wird, z. B. dineral „eine Masse Geldes" von dinero „Geld", arenal „eine Masse Sand" von arena „Sand", pajar „Strohboden" von paja „Stroh", tejar „Ziegelei" von teja „Ziegel".

Die mit o und era, mitunter auch die mit al gebildeten dienen zur Benennung der Bäume, deren Frucht durch ihr Stammwort bezeichnet wird, einige auf era aber auch zur Benennung von Oertern und Gegenständen, die als Behälter der Dinge gedacht werden, die der Stamm besagt, z. B. manzano „Apfelbaum" von manzana „Apfel", pero „Birnbaum" von pera „Birne", higuera „Feigenbaum" von higo „Feige", moral „Maulbeerbaum" von mora „Maulbeere", nogal „Nußbaum" von nuez „Nuß", — cochera „Wagenschoppen" von coche „Kutsche", papelera „Schreibtisch" von papel „Papier", cafetera „Kaffeekanne" von café „Kaffee".

5) Namen abstrakter Begriffe werden vorzugsweise von Adjektiven und Verben, mitunter jedoch auch von Substantiven und Zahlwörtern gebildet, und zwar
   a) mit den Endungen ad, ez, eza, ia, ie, icia, io, ud, umbre und ura von Adjektiven, wobei man in den Substantiven, welche mittelst der Endung ia von Partizipialadjektiven auf ante oder ente (iente) herkommen, das t dieser Endungen in c verwandelt,
   b) mit den Endungen ada oder ida, ancia, anza, aje, azon, ento oder iento, ido, ion und or von Verben,
   c) mit den Endungen ada, asgo, azo und ismo von Substantiven, und
   d) mit der Endung ena von Zahlwörtern.

Die mit ad, ez etc. von Adjektiven gebildeten bezeichnen sämmtlich Eigenschaften oder Zustände, ohne sich aber anders als durch ihre Wurzelbedeutung zu unterscheiden, z. B. bondad „Güte" von bueno „gut", maldad „Schlechtigkeit" von malo „schlecht" — pequeñez „Kleinheit" von pequeño „klein", mudez „Stummheit" von mudo „stumm", pobreza „Armuth" von pobre

„arm", presteza „Hurtigkeit" von presto „hurtig", — modestia „Bescheidenheit" von modesto „bescheiden", angustia „Angst" von angosto „eng", abundancia „Ueberfluß" von abundante „reichlich", fragancia „Wohlgeruch" von fragrante „wohlriechend", inocencia „Unschuld" von inocente „unschuldig", — barbarie „Rohheit" von bárbaro „roh", — malicia „Bosheit" von malo „böse", pericia „Erfahrenheit" von perito „erfahren", — cortesía „Höflichkeit" von cortes „höflich", alegria „Freude" von alegre „froh", — exactitud „Pünktlichkeit" von exacto „pünktlich", certidumbre „Gewißheit" von cierto „gewiß", muchedumbre „Vielheit" von mucho „viel", — altura „Höhe" von alto „hoch", hermosura „Schönheit" von hermoso „schön".

Unter den von *Verben* hergeleiteten haben die auf ada oder ida, aje, ido und or in der Regel *aktive*, die auf ancio, anza, azon gewöhnlich *passive*, und die meistens den deutschen auf „ung" entsprechenden auf ento (iento) oder ion *bald aktive*, *bald passive* Bedeutung, z. B. mirada „Blick" von mirar „blicken", entrada „Eintritt" von entrar „eintreten", partida „Abreise" von partir „abreisen", salida „Abfahrt" von salir „abgehen", pasaje „Ueberfahrt", „Durchzug" von pasar „durchgehen", — zumbido „Gesumse" von zumbar „summen", sonido „Klang" von sonar „klingen", dolor „Schmerz" von doler „schmerzen", hervor „Gluth" von hervir „sieden", — cansancio „Ermüdung" von cansar „ermüden", mudanza „Veränderung" von mudar „ändern", templanza „Mäßigung" von templar „mäßigen", hinchazon „Geschwulst" von hinchar „anschwellen". — salvamento „Rettung" von salvar „retten", mantenimiento „Unterhaltung" von mantener „unterhalten", aprovechamiento „Benutzung" von aprovechar „benutzen", observacion „Bemerkung" von observar „bemerken", turbacion „Verwirrung" von turbar „verwirren". — Uebrigens haben einige auf ada, ida und ento *auch konkrete* Bedeutung, wie armada „Flotte" von armar „bewaffnen", „ausrüsten", bebida „Getränk" von beber „trinken" und cargamento „Ladung" von cargar „laden".

Unter den von *Substantiven* gebildeten bezeichnen die auf ada und azo gewöhnlich die Wirkung einer durch das Stammwort benannten Waffe, und zwar die auf ada die einer Stoß- oder Stichwaffe, die auf azo dagegen die einer Hieb- oder Schußwaffe; die auf azgo und ismo aber, welche immer von Personennamen hergeleitet werden, bezeichnen, die ersteren eine Würde derselben, die letzteren ein von ihnen vertretenes System von Lehren oder Handlungen, z. B. lanzada „Lanzenstich" von lanza „Lanze", puñalada „Dolchstich" von puñal „Dolch", flechazo „Pfeilschuß" von flecha „Pfeil", fusilazo „Flintenschuß" von fusil „Flinte", sablazo „Säbelhieb" von sable „Säbel", latigazo „Peitschenhieb" von látigo „Peitsche", — almirantazgo „Admiralitätswürde" von almirante „Admiral", despotismo „Despotismus" von déspota „Despot". — Ueberdies bildet man mit ada Namen für Maaßgrößen, z. B. tonelada „Tonnenlast" von tonel „Tonne", cestada „Korbvoll" von cesta „Korb", cucharada „Löffelvoll" von cuchara „Löffel".

Die mit ena von *Zahlwörtern* gebildeten benennen Zahlgrößen, wie docena „Dutzend" von doce „zwölf", quincena „Mandel" von quince

„fünfzehn“, veintena „Stiege“ von veinte „zwanzig“, sesentena „Schock“ von sesenta „sechzig“.

Diminutiv- und Augmentativformen.

§ 105. Außer den genannten Arten von Sproßformen giebt es noch, aber nicht als deren Nebenart, sondern vielmehr als unter ihnen allen mehr oder weniger miteinbegriffen, gewisse Bildungen, mittelst welcher in den Begriff des Stammworts einestheils die Merkmalsvorstellung der Kleinheit und die oft damit verbundenen Nebenvorstellungen der Zartheit, Niedlichkeit, Gefälligkeit und Liebheit, oder auch der Schwäche, Unbedeutsamkeit und Verächtlichkeit, und anderntheils die der Größe und die oft damit verbundenen Nebenvorstellungen der Derbheit, Unbeholfenheit, Plumpheit und Seltsamkeit aufgenommen werden, und welche man daher Diminutiv- oder Verkleinerungs- und Augmentativ- oder Vergrößerungsformen nennt.

Die Endungen, mit welchen sie gebildet werden, sind gewöhnlich

a) für die Diminutiven ejo, ete oder eto, ico, illo, in, ito und uelo bei männlichen — und eja, eta, ica, illa, in, ita und uela bei weiblichen Stammwörtern, und

b) für die Augmentativen azo, on, und oto bei männlichen — und aza, ona, und ota bei weiblichen

Stammwörtern, anderer weniger gebräuchlichen nicht zu erwähnen, und diese Endungen haben im Wesentlichen alle dieselbe Bedeutung, nur daß unter denen der Diminutiven ico, illo, in und ito gewöhnlich mehr in gutem, ejo, ete oder eto und uelo, namentlich die erst- und letztgenannte, gewöhnlich mehr in üblem Sinne genommen werden, z. B. animalejo „kleines häßliches Thier“ von animal „Thier“, anadeja „kleine magere Ente“ von ánade „Ente“, muleto „kleiner schwacher Maulesel“ von mulo „Maulesel“, arieta „kleine unbedeutende Arie“ von aria „Arie“, librito „Büchlein“ von libro „Buch“, Isabelita „Elisabethchen“ von Isabel „Elisabeth“, zapatico „kleiner Schuh“ von zapato „Schuh“, casica „Häuschen“ von casa „Haus“, picarillo „kleiner Spitzbube“ von picaro „Spitzbube“, Clarilla „Klärchen“ von Clara „Klara“, peluquin „kleine Perrücke“ von peluca „Perrücke“, arroyuelo „kleiner unbedeutender Bach“ von arroyo „Bach“, plazuela „kleiner unbedeutender öffentlicher Platz“ von plaza „öffentlicher Platz“, gigantazo „ungeheurer Riese“ von giganto „Riese“, gataza „große Katze“ von gata „Katze“, señoron „großer Herr“ von „señor „Herr“, muchachona „große, starke Dirne“ von muchacha „Mädchen“, librote „großes Buch“ von libro „Buch“, cabezota „großer Kopf“ von cabeza „Kopf“.

Gewöhnlich werden die Diminutiv- und Augmentativendungen ebenso, wie die andern Ableitungsendungen, dem Stammworte ohne Weiteres und nur mit Abwerfung seines etwaigen Endvokals angehängt; doch pflegt man ihnen manchmal des Wohllauts wegen

a) bei den zwei- und mehrsilbigen Stämmen auf e, n oder r den durch z, oder vor e und i durch c bezeichneten Lispellaut, und

b) bei den einsilbigen Stämmen, welche auf einen Konsonanten oder einen mit i endenden Diphthongen, so wie bei einigen zweisilbigen auf o oder a, eine ez, oder vor e oder i ec geschriebene Silbe,

mitunter aber auch die durch h, ch, qu (oder c vor a oder o), g und j bezeichneten Laute vorzuschieben; auch gehn in der Regel die etwa im Stamme vorhandenen Diphthongen ie und ue als Umlaute in e und o zurück, z. B. avecilla „Vöglein" von ave „Vogel", vientrezuelo „kleiner Leib" von vientre „Leib", jardincito „Gärtchen" von jardin „Garten", ladronzuelo „kleiner Dieb" von ladron „Dieb", mujercilla „Weibchen" von mujer „Weib", pastorzuelo „Hirtenknabe" von pastor „Hirt", — florecilla „Blümchen", von flor „Blume", pezecito oder pezezuelo „Fischlein" von pez „Fisch", reyezuelo „kleiner König" von rei „König", manecita „Händchen" von mano „Hand", obrecilla „Werkchen" von obra „Werk", vientecillo „kleiner Wind" von viento „Wind", — aldehuela „Dörfchen" von aldea „Dorf", Marihuela, Maricuela, Mariquita „Mariechen" von Maria, Mencigüela „kleine Menzia" von Mencia, navichuelo „Schiffchen" von navio „Schiff", riachuelo „Flüßchen" von rio „Fluß", callejuela „Gäßchen" von calle „Straße", — pernaza „großes Bein" von pierna „Bein", porton „große Thür" von puerta „Thür", boyazo „großer Ochs" von buei „Ochs", nietezuelo „Enkelchen" von nieto „Enkel".

Es sind übrigens nicht bloß eigentliche Stämme, von welchen Diminutiv- und Augmentativformen gebildet werden, sondern man macht sie auch mitunter von Sproßformen, und namentlich anderen Diminutiven und Augmentativen, z. B. ladroncillito von ladroncillo und bloß von ladron, arquetoncillo von arqueton und bloß von arqueta und bloß von arca „Kiste", „Kasten" u. s. w.

Anmerk. Einige ihrer Bildung nach zu den Diminutiv- oder Augmentativformen gehörende Ausdrücke werden jetzt nicht mehr in diminutiver oder augmentativer Bedeutung genommen, sondern sind zu Ausdrücken anderartiger Begriffe geworden, z. B. porton „die zweite Hausthür", pañuelo „Taschentuch" von paño „Tuch" (als Zeug), papelote „Haarwickel", carnaza „die innere Seite der Haut", corazon „Herz" von dem veralteten cor „Herz", naturaleza „Natur" von natura, welches nur noch in der Bedeutung von „innerm Wesen" gebraucht wird u. s. w., und sind daher nicht zu den Diminutiv- oder Augmentativformen zu rechnen. Dagegen haben andere oft statt gewisser Taufnamen gebrauchte Ausdrücke allerdings diminutive Bedeutung, sind aber dennoch ihrer Bildung nach keine Diminutivformen, z. B. Catana, Catania und Cataja für Catania, Tóbal für Cristóbal, Frasco, Paco, Pacorro, Pacho, Pancho, Curro, Faco und Farruco für Francisco, Frasca, Paca etc. für Francisca, Bellica für Isabel, Pepe, Pepito und Chepe für José, Pepa, Pepita und Cepa für Josefa, Maruca, Maruja und Cota für Maria, Concha, Chona und Cota für Maria de la Concepcion, Chucha für Maria de Jesus, Lola für Maria de los Dolores u. s. w. — Ausdrücke aber, wie corpanchon „großer Körper", poblachon „großer Ort", caseron „großes unförmliches Haus", casorio und bodorrio „Lumpenheirath", pajarraco „häßlicher Vogel" u. s. w.

gehören allerdings zu den genannten Formen, nur daß ihre Bildung eine ungewöhnliche ist.

Zusammengesetzte Substantiven.

§ 106. Die zusammengesetzten Substantiven haben in der Regel ein Substantiv zu ihrem Beziehungsworte, welches dann meistens durch ein Adjektiv, eine Präposition (präpositionelle Vorsilbe), oder ein anderes Substantiv bestimmt wird. Es giebt jedoch auch zusammengesetzte substantivische Ausdrücke, in welchen keiner der Bestandtheile als Beziehungswort und daher auch keiner als Bestimmungs- oder Hauptwort anzusehen ist. Diese gehören daher ebenso wohl, als die aus mehreren Wörtern bestehenden Ausdrücke, welche jetzt zu feststehenden Benennungen von Dingen geworden sind, zu den substantivischen Phrasen, während nur die wenigen einheitlichen Ausdrücke unter jenen ächte Zusammensetzungen sind.

Aechte Zusammensetzungen.

§ 107. Die ächten Zusammensetzungen unter den Substantiven haben immer ein Substantiv zu ihrem Beziehungsworte und ein Substantiv, Adjektiv, Zahlwort oder eine Präposition als Bestimmungs- oder Hauptwort.

Wenn das Hauptwort ein Substantiv ist, so steht es, gerade dem Deutschen entgegen, hinter seinem Beziehungsworte, z. B. puntapié „Fußtritt", pundonor „Ehrenpunkt" und auch, obgleich nicht als ein Wort geschrieben, maestro sastre „Schneidermeister", arco iris „Regenbogen", primo hermano „Vetter ersten Grades" u. s. w. In allen übrigen Fällen aber geht das Hauptworte voran, z. B. ricohombre „Edelmann", vanagloria „Ruhmsucht", — anteojo „Augenglas", compatriota "Landsmann", condiscipulo „Mitschüler", — cientopiés „Assel", milhojas „Schafgarbe", so wie die mit dem lateinischen bis „zweimal" zusammengesetzten bisabuelo „Urgroßvater", bis- oder biznieto „Urenkel" ꝛc. und die mit dem unerklärten und nur in Zusammensetzungen vorkommenden avo „Theil" zusammengesetzten catorzavo „Vierzehntel", quinzavo „Fünfzehntel" ꝛc.

Substantivische Phrasen.

§ 108. Zu den substantivischen Phrasen gehören

1) einige, gleich „Schnürbrust", „Taugenichts" im Deutschen, aus einem Verb und einem sich zu demselben als Objekt verhaltenden Substantiv gebildete Zusammenziehungen, z. B. rascachimeneas „Schornsteinfeger" von rascar „kratzen" und chimenea „Schornstein", sacabotas „Stiefelknecht" von sacar „ziehen" und bota „Stiefel", tragahombres „Menschenfresser" von tragar „verschlingen" und hombre „Mensch", perdonavidas „Bramarbas" von perdonar „verzeihen", "erlassen", „schenken" und vida „Leben" u. s. w.
2) einige andere durch bloße Zusammenziehung entstandene meist satzartige Ausdrücke, z. B. ganapierde „Nullissimo im Damenspiel"

von ganar „gewinnen“ und perder „verlieren“, hazmereir „Zielscheibe des Spottes“, wörtlich „Mach mich lachen“ (Vergl. „Vergißmeinnicht“), correveidile „Zwischenträger“, wörtlich „Lauf, geh und sag ihm“, padrenuestro „Vaterunser“, „Gebet des Herrn“, enhorabuena „Glückwunsch“ u. s. w.

3) einige ursprünglich mit substantivischen Attributen gebildete Satzverhältnisse, wie hombre de bien „rechtschaffener Mann“, wörtlich „Mann von Gut“ (kein Lump), mujer de gobierno „Hausfrau“, puerta de la calle „Straßenthür“, tierra de pan llevar „Kornland“, procurador á Cortes „Abgeordneter zur Ständeversammlung“, uvas en agraz „unreife Trauben“, doctor en medicina „Doktor der Medizin“, garda de á caballo „reitender Gardist“ u. s. w.

4) einige ursprünglich mit adjektivischen Attributen gebildete Satzverhältnisse, z. B. abuelo materno „Großvater mütterlicherseits“, primo segundo „Vetter im zweiten Grade“, mujer parida „Wöchnerin“ u. s. w.

Grammatisches Verhalten der Substantiven.

Eigentliche Substantiven (substantivische Begriffswörter).

§ 109. Da es im Spanischen keine Deklination der Substantiven giebt, so kann von einem Verhalten derselben in Bezug auf die Formen einer solchen auch nicht, wie im Deutschen, die Rede sein. Unter dem grammatischen Verhalten der spanischen Substantiven ist daher nur ihr Verhalten zum Geschlecht, das zu den Zahlformen und ihr adjektivischer Gebrauch begriffen.

Verhältniss der Substantiven zum Geschlecht.

§ 110. Die spanischen Substantiven sind, so lange sie als solche gebraucht werden, entweder männlichen oder weiblichen Geschlechts, in einigen Fällen auch wol beides zugleich; doch können dieselben, zur Darstellung von Merkmalsbegriffen gebraucht, auch sächliches Geschlecht annehmen, z. B. lo rei en él „das Königliche in ihm“, lo reina „das Königinnenartige.“

§ 111. In den meisten Fällen wird das Geschlecht der Substantiven durch ihre **Wortform**, namentlich durch ihren Ausgang bestimmt; doch hängt es zuweilen auch von ihrer Bedeutung ab.

§ 112. Wenn es die Bedeutung der Substantiven ist, welche das Geschlecht derselben bestimmt, so sind es entweder **Gattungs- und Eigennamen**, bei welchen die Unterscheidung des Naturgeschlechts an den durch sie benannten Dingen schon im gemeinen Leben gewöhnlich ist, oder **Eigennamen** und als für sich bestehend genommene **Wörter, Silben, Buchstaben und Zeichen**, bei denen der betreffende Gattungsbegriff in der Regel zugleich mitgedacht wird, oder **Adjektivsubstantiven**. Bei den erwähnten Gattungs- und erstgenannten Eigennamen wird der Unterschied des Naturgeschlechts in vielen

Fällen durch besondre Wortformen der Substantiven bezeichnet, wie z. B. el hombre „der Mann“, la mujer „die Frau“, el rei „der König“, la reina „die Königin“, el cantador „der Sänger“, la cantatriz „die Sängerin“, el leon „der Löwe“, la leona „die Löwin“, el cabron „der Ziegenbock“, la cabra „die Ziege“, Enrique „Heinrich“, Enriqueta „Henriette“ u. s. w. Wo dies aber nicht der Fall ist, pflegt man dieselbe Wortform, je nach dem Sinn, bald männlich, bald weiblich (communis generis) zu gebrauchen, z. B. el und la cómplice „der“ und „die Mitschuldige“, el und la homicida „der Mörder“ und „die Mörderin“, el und la llama „das männliche und weibliche Lama“, este viejo ánade und esta vieja ánade „dieser alte Enterich“ und „diese alte Ente“ u. s. w. Weiteren Unterscheidungen des Naturgeschlechts aber, d. h. solchen, welche über die Gewohnheit des gemeinen Lebens hinausgehen, folgt das Geschlecht der Substantiven nicht, und wenn ein Bedürfniß, sie zu bezeichnen, eintritt, thut man es durch Hinzufügung von macho „Männchen“ und hembra „Weibchen“ zu den nur eingeschlechtigen Namen (nombres epicenos), z. B. el milano macho und el milano hembra „das Hühnergeiermännchen“ und „das Hühnergeierweibchen“, la perdiz macho und la perdiz hembra „das Rebhuhnmännchen“ und „das Rebhuhnweibchen“, la palma macho und la palma hembra „die männliche“ und „die weibliche Palme“ u. s. w. — Was sodann die das Geschlecht ihrer Gattungsnamen führenden Eigennamen, Wörter, Silben rc. betrifft, so sind die Eigennamen von Ortschaften (Städten, Flecken und Dörfern), Flüssen, Meeren, Bergen, Winden, Monaten und Tagen, mit Ausnahme einiger vorzugsweise auf a ausgehender, auch weiblich gebrauchter Städtenamen, der weiblichen Flußnamen Esgueva und Huerva und der weiblichen Namen brisa „Nordostwind“ und tramontana „Nordwind“, alle nach ihren Gattungsnamen pueblo „Ortschaft“, rio „Fluß“, mar „Meer“, monte „Berg“, viento „Wind“, mes „Monat“ und dia „Tag“ immer männlich, z. B. un Segovia, este Madrid, el Weser, el Elba, el Guadiana, el Báltico „die Ostsee“, el Etna, el poniente „der Westwind“, el próximo Abril „der nächste April“, el lúnes „der Montag“ u. s. w.; ebenso die als für sich bestehend genommenen Wörter und die Benennungen der Ziffern und der Töne der musikalischen Skala, und zwar wegen der männlichen Gattungsnamen vocablo „Wort“, guarismo „Ziffer“ und tono „Ton“, z. B. el pero „das Aber“, el si „das Ja“, el V, el D, el do „das musikalische c“, el re „das musikalische d“ u. s. w., jedoch mit Ausnahme einiger Fälle, in denen Wörter, bei welchen dem Zusammenhange nach preposicion, conjuncion, oder eine andere weibliche Benennung einer Wortart als Gattungsnamen hinzu gedacht wird, weiblich gebraucht werden, z. B. la con (S). Dahingegen gebraucht man die Silben und Buchstaben wegen der weiblichen Wörter silaba und letra immer weiblich, z. B. la sub, la ago, la aso, la a, la b, la c u. s. w. — Die Adjektivsubstantiven endlich sind, wenn sie nicht Dinge benennen, bei welchen eine Unterscheidung des Naturgeschlechts Statt findet, wie z. B. el und la amante „der“ und „die Liebende“ u. s. w. immer männlich, z. B. el todo „das Ganze“, el superfluo „das Ueberflüssige", el sobrante „der Ueberschuß", el verde „das Grün", el negro „das Schwarz", el aleman „das Deutsche", el español „das Spanische" u. s. w., mit alleiniger Ausnahme von la derecha oder diestra „die Rechte", la izquierda „die Linke", la presente „das Gegenwärtige" und solcher, bei welchen ursprünglich carta „Brief" ausgelassen worden, mehr.

§ 113. Wenn es die Wortform der Substantiven ist, welche das Geschlecht derselben bestimmt, so gelten einestheils für die einfachen und anderntheils für die zusammengesetzten folgende Bestimmungen:

Geschlecht der einfachen Substantiven.

Männlichen Geschlechts sind

1) die, welche auf á endigen, wie el sofá „das Sopha", el maná „das Manna" u. s. w., doch wird albalá „Urkunde" auch weiblich gebraucht;

2) die, welche auf e oder é endigen, doch mit Ausnahme

a) derer auf ie, ide und umbre, wie la especie „die Art", la serie „die Reihe", la esferoide „das Sphäroid", la pesadumbre „der Kummer" u. s. w., außer alumbre „Alaun",

b) der Wörter

ave Vogel,	gente Leute,	peste Pest,
base Grundlage,	hambre Hunger,	plebe Pöbel,
calle Straße,	hueste Heer,	podre Eiter,
carne Fell,	índole Naturell,	quiete Ruhe,
catástrofe Katastrophe,	leche Milch,	sangre Blut,
clase Klasse,	liebre Hase,	serpiente } Schlange,
cohorte Kohorte,	lite Prozeß,	sierpe }
corriente Strom,	llave Schlüssel,	simiente Samen,
chinche Wanze,	madre Flußbett,	suerte Schicksal,
elipse Ellipse,	mente Geist,	tangente die Tangente,
estirpe Stamm,	muerte Tod,	tarde Nachmittag,
falce Sichel,	mugre Schmutz,	torre Thurm,
fase Mondphase,	nave Schiff,	trabe Balken,
fé Glauben,	nieve Schnee,	ubre Euter,
fiebre Fieber,	noche Nacht,	vacante erledigte Stelle,
frase Phrase,	nube Wolke,	variante andere Lesart,
fuente Quelle,	patente Patent,	

so wie der weniger gebräuchlichen

adutaque Art feines Weizenmehl,	alsine Hühnerdarm (Pfl.)	churre dickes, schmutziges Fett,
alache Strömling,	avenate Hafertrank,	compage Verkettung,
alarije Art großer rother Trauben,	breve Note, die 2 Takte gilt,	corambre Leder,
		crenche Scheitelhaar, jede Seite am Scheitel,
alaude Lerche,	cachunde ein aus Cachu, Bisam und Ambra bereiteter Teig,	
aljarfe starkes, getheertes Fischernetz.		egilope der unfruchtbare Hafer,

elatine der wilde Flachs,
enante die Rebendolde,
eringe die Radendistel,
estacte Myrrhensaft,
estrige die Eule,
fambre, fame } Hunger,
faringe Schlund,
galactite Milchstein,
grege Heerde,
grinalde Art Handgranate,
hélice der große Bär,
hermionite die geöhrte Hirschzunge (Pfl.),
Hipocrene Quell auf dem Parnaß,
hojaldre Blätterteig,
hoste Feind, Heer,
ingle Schamleiste,
isagoge Einleitung,
jugue Schmier,
labe Fleck,
lande Eichel,
landre Pestbeule,
lápade Napfschnecke,
laringe Luftröhrenkopf,
laude Grabstein,
liendre Niß,
miente Lust,
mole große Masse,
monóstrofe Monostrophe,
olimpiade Olympiade,
ónice, ónique } Onix,
opoponace Heilwurzsaft,
palude Sumpf,
panace Kraftwurzel,
paralaje Parallaxe,
paraselene Nebenmond,
pate pfotenförmiges Kreuz,
pelde Entweichung,
pelitre Speiwurzel,
perdurable starker Wollenstoff,
pléyade Siebengestirn,
postre, jedoch nur in den Phrasen á la postre oder por la postre zu guter Letzt,
prole Nachkommenschaft,
raigambre in einander verwachsene Baumwurzeln,
salve das SalveRegina,
sede Bischofssitz,
sinécdoque Synekdoche,
sirte Sandbank,
sístole Zusammenziehung,
teame Art Stein,
tingle Werkzeug der Glaser,
torce Halskette,
troje Scheune,
várice Aderkropf,
veste Kleid,
vorágine Schlund,

und vielleicht einiger selten gebrauchten mehr,

c) folgender bald männlich bald weiblich gebrauchter:

arte Kunst,
dote Aussteuer,
estambre Wollgarn,
puente Brücke, und
tilde das Zeichen ˜ über dem n,

so wie der seltneren

ceraste Hornschlange,
hipérbole Hyperbel,
lente Linse (Glas),
moje Brühe,
pringue Fett,
tisne Ruß,
trípode Dreifuß,

von welchen jedoch arte im Plural und mit Adjektiven verbunden stets weiblich gebraucht wird, z. B. las bellas artes „die schönen Künste", und tilde ebenfalls stets weiblich ist, wenn es, wie das deutsche Jota, eine unbedeutende Kleinigkeit bedeutet,

und d) der folgenden Substantiven auf e, welche beide Geschlechter, jedoch bei verschiedener Bedeutung haben,

el cisne der Schwan,
„ clave das Klavier,
„ consonante der Reim,
la cisne gemeines Frauenzimmer,
„ clave (gewöhnlich llave) der Schlüssel,
„ consonante der Konsonant,

el corriente der laufende Monat,	la corriente der Strom,
„ corte die Schneide, der Schnitt,	„ corte der Hof,
„ creciente der Halbmond im Wappen, das Mondviertel,	„ creciente die Fluth, der zunehmende Mond,
„ descendiente der Nachkomme,	„ descendiente der Abhang,
„ frente die Vorderseite, die Spitze,	„ frente die Stirn,
„ menguante das Mondviertel,	„ menguante Ebbe, der abnehmende Mond,
„ mimbre Weidenzweig,	„ mimbre Weidenbaum,
„ parte der Kurier, Kurierzettel, Nachricht,	„ parte der Theil,
„ pendiente der Ohrring,	„ pendiente der Abhang,
„ secante der Malerfirniß,	„ secante die Sekante;

3) die, welche auf d oder i endigen, jedoch mit Ausnahme der dem Griechischen entnommenen Substantiven, deren letzte Silbe nicht betont wird, so wie la grei „Heerde" und la lei „Gesetz";

4) die, welche auf j ausgehen, außer la troj „die Scheune";

5) die, welche auf l endigen, ausgenommen

a) die Wörter

la cal der Kalk,	la hiel die Galle,	la sal das Salz,
„ cárcel das Gefängniß,	„ miel der Honig,	„ señal das Zeichen,
„ col der Kohl,	„ piel die Haut,	

von welchen sal, in Verbindung mit dem Adjektiv amoniaco und ohne Artikel, auch männlich gebraucht wird,

und die weniger gebräuchlichen

la algazul das Glaskraut,	la pajarel der Stieglitz,
„ cordal der Weisheitszahn,	„ pastoral das Hirtengedicht,
„ decretal der päpstliche Entscheid,	

und b) folgende, welche beide Geschlechter, jedoch bei verschiedener Bedeutung haben,

el canal die Meerenge, der Kanal,	la canal die Rinne,
„ capital das Kapital	„ capital die Hauptstadt,
„ moral der Maulbeerbaum,	„ moral die Sittenlehre
„ vocal der Stimmende,	„ vocal der Vokal;

6) die, welche auf n ausgehen, jedoch mit Ausnahme

a) der von Verben gebildeten Sproßformen auf azon und ion und anderer von lateinischen auf io stammenden Substantiven abstrakter Bedeutung auf azon, ion und on, vorausgesetzt, daß sie keine augmentative Nebenbedeutung haben, wie el apreton „der derbe Druck", el empujon „der tüchtige Schub" u. s. w.,

b) der Wörter

la clin oder crin die Mähne,	la imágen das Bild,
„ diasen die Latwerge aus Sennesblättern,	„ sarten der Tiegel,
„ heren die Erve (Pfl.),	„ sien die Schläfe,

und márgen „Rand", jedoch nur im Plural, oder wenn es im Singular sich auf ein Buch bezieht und nicht den bestimmten Artikel hat, und

c) von órden, welches männlich „die Ordnung" und weiblich „der Befehl", „der Orden (Körperschaft)" und „die Ordensregel" heißt;

7) die, welche auf o oder ó endigen, ausgenommen

la mano die Hand,
la nao das Schiff,

und la testudo das Schilddach;

8) die, welche auf r ausgehen, außer

la bezar
„ bezoar } der Bezoarstein,
„ flor die Blume,
la labor „die Handarbeit", „Feldarbeit",
„ segur das Beil,
„ zoster das persische Feuer,

so wie im Singular und ohne Verbindung mit Adjektiven zuweilen auch mar „Meer" und azúcar „Zucker";

9) die, welche auf s endigen, ausgenommen

a) la apoteosis die Vergötterung,
„ bilis die Galle,
„ crisis der Entscheidungspunkt,
„ hipótesis die Voraussetzung,
„ lis die Lilie,
„ mácis die Muskatblüthe,
„ metamorfósis die Verwandlung,
„ mies die Saat,
la parálisis die Lähmung,
„ raquitis die englische Krankheit,
„ res das Schlachtvieh,
„ sintáxis die Syntax,
„ tésis der Satz,
„ tisis die Schwindsucht,
„ tos der Husten,

und einige wenig gebrauchte mehr,

und b) cútis „Oberhaut", análisis „Analyse und énfasis „Nachdruck", welche männlich und weiblich gebraucht werden;

10) die, welche auf t ausgehen,

11) die, welche auf u oder ú ausgehen, ausgenommen

la tribu der Volksstamm,

12) die, welche auf x (cs) enden, mit Ausnahme von

la sardónix der Sardonix,

und ónix „der Onix", welches männlich und weiblich gebraucht wird,

13) die, welche auf z ausgehen, jedoch mit Ausnahme von

a) la cerviz der Nacken,
„ cicatriz die Narbe,
„ codorniz die Wachtel,
„ coz der Hufschlag,
„ cruz das Kreuz,
„ faz das Antlitz,
„ hez die Hefe,
„ hoz die Sense,
„ lombriz der Regenwurm,
„ luz das Licht,
la matriz die Gebärmutter,
„ nariz die Nase,
„ nuez die Nuß,
„ paz der Friede,
„ pómez der Bimstein,
„ raiz die Wurzel,
„ tez die Gesichtsfarbe,
„ vez das Mal,
„ voz die Stimme, so wie die Abstrakta auf ez,

b) den folgenden, welche beide Geschlechter mit unterschiedener Bedeutung haben,

el doblez die Falte, la doblez die Falschheit,
" haz das Bündel, " haz die Außenseite,
" pez der Fisch, " pez das Pech.

Weiblichen Geschlechts sind

1) die, welche auf a endigen, ausgenommen

a) die, welche unmittelbar dem Griechischen entnommen sind, wie el clima, el poema, el sintoma u. s. w., und el dia der Tag,

b) folgende bald männlich, bald weiblich gebrauchte:

centinela Schildwache, espia Kundschafter,
emblema Sinnbild, guia Führer,
epigrama Epigramm,

so wie die weniger gebräuchlichen

anatema Kirchenbann, hermafrodita Zwitter,
cisma Spaltung, hibrida Bastard,
crisma Salböl, nema Siegel,
epifonema Ausruf, neuma Geberde,

und c) folgende, welche bei verschiedener Bedeutung bald männlichen, bald weiblichen Geschlechts sind:

el águila (m) Art Roche, el águila (w) der Adler,
" alpargatilla der schlaue Schmeichler, la alpargatilla der Hanfschuh,
" aroma der Wohlgeruch, " aroma die Akazienblüthe,
" atalaya der Thurmwart, " atalaya der Wachtthurm,
" ayuda der Gehülfe, Diener, " ayuda die Hülfe,
" bambarria der Einfaltspinsel, " bambarria der Fuchs (im Billardspiel),
" barba der Schauspieler, welcher Alte vorstellt, " barba der Bart, das Kinn,
" bestia Dummkopf, " bestia das Thier,
" cabecilla der Rebellenführer, " cabecilla das Köpfchen,
" cabeza der Hauptführer, " cabeza der Kopf,
" calavera der unbesonnene Mensch, " calavera der Schädel,
" chirimia der Hoboist, " chirimia eine Art Hoboe,
" cólera (morbo) Cholera, " cólera der Zorn,
" cometa der Komet, " cometa der Papierdrachen, auch eine Art Kartenspiel,
" consueta der Souffleur " consueta die Agende,
" corbata der adelige, unstudirte Rath, " corbata das Halstuch,
" corneta der Hornist, " corneta das Horn,
" cura der Pfarrer, " cura die Kur (Heilung),
" fantasma das Traumbild, Hirngespinnst, " fantasma die Vogelscheuche (auch bildlich),
" faramalla der alberne Plauderer, " faramalla das alberne Geplauder,

el gallina der Feigling (com. gen.)	la gallina die Henne,
„ golilla die obrigkeitliche Person,	„ golilla der Halskragen,
„ guarda der Hüter, Wächter (com. gen.)	„ guarda die Hut,
„ guardia der königliche Gardist,	„ guardia die Wache,
„ hortera der Ladendiener (-schwengel),	„ hortera die Mulde,
„ justicia der Richter,	„ justicia die Gerechtigkeit,
„ llama das Lama,	„ la llama die Flamme,
„ levita der Levit,	„ levita der Rock,
„ mapa die Landkarte,	„ mapa das Vorzüglichste, die Musterkarte,
„ máscara die maskirte Person (com. gen),	„ máscara die Maske,
„ maula der schlechte Zahler (com. gen.)	„ maula die Lumperei, der Kniff, das Trinkgeld,
„ planeta der Planet,	„ planeta das Meßgewand,
„ porra der lästige Mensch (com. gen.)	„ porra die Keule,
„ posta der Eilbote, Postknecht,	„ posta die Post,
„ recluta der Rekrut,	„ recluta die Aushebung,
„ sota der untergeordnete Beamte,	„ sota der Bube im Kartenspiel,
„ tema das Thema,	„ tema der Eigensinn,
„ trápala der Schwätzer (com. gen.)	„ trápala das Gesurre,
„ trompeta der Trompeter,	„ trompeta die Trompete,
„ tronera die alberne Person (com. gen.),	„ tronera die Schießscharte,
„ veleta die wankelmüthige Person (com. gen.),	„ veleta die Windfahne,
„ vista der Zollbeamte,	„ vista das Gesicht,
„ zaga der Letzte im Spiel (Hinterhand),	„ zaga die Pritsche hinter der Kutsche;

2) die, welche auf d enden, ausgenommen

el ardid die List	el césped der Rasen,
„ aspid die Natter,	„ huésped der Gast,
„ ataud der Sarg,	„ laud die Laute,

und die weniger gebräuchlichen

el adalid der Anführer,	el azud das Wehr,
„ almud ein Getreidemaß,	„ talmud der Talmud.
„ alamud die Stange zum Verriegeln,	

Geschlecht der zusammengesetzten Substantiven.

Die zusammengesetzten Substantiven, welche nicht aus einem Verb und einem Substantive bestehen, oder als substantivisch gebrauchte Phrasen anzusehen sind, haben das Geschlecht des letzten Wortes ihrer Zusammensetzung, z. B. el anteojo „das Augenglas", la vanguardia „der Vortrab", el mediodia „der Mittag", la telaraña „das Spinngewebe", esta aguamiel „dieses Honigwasser".

Ausgenommen aguachirle (f.) Tresterwein (el chirle Art wilder Trauben),
aguapié (f.) Nach- oder Tresterwein (el pié der Fuß),
el contrapeste das Mittel gegen die Pest (la peste die Pest),

la bajamar der niedrigste Stand der Ebbe,
" pleamar der höchste Stand der Fluth,
" altamar das hohe Meer,
el trasmano der Zweite im Spiel (bei Kindern),
" trasluz der Schimmer,
" verdeesmeralda das Smaragdgrün,
" verdemontaña das Berggrün,
" verdevejiga das Blasengrün.

Derselben Regel folgen die mit einem Verb und einem Substantiv gebildeten Zusammensetzungen, in welchen das Substantiv im Singular steht, z. B. la guardaropa „das Garderobezimmer“, la escusabaraja „der Schließkorb“, la tornaboda „der Tag nach der Hochzeit“ u. s. w.

Ausgenommen el guardamano das Kreuz am Degengefäß,
" guardavela ein Segelseil,
" pasacalle der Straßenmarsch,
" pasamano das Treppengeländer,
" portapaz eine Platte von Gold oder Silber,
" tapaboca der Schlag auf den Mund.

Die übrigen mit Verben gebildeten Zusammensetzungen aber und die substantivisch gebrauchten Phrasen sind männlich, z. B. el sacabotas „der Stiefelknecht“, el mondadientes „der Zahnstocher“ u. s. w.

Ausgenommen la chotacabras der Ziegenmelker (Vogel),
" sacafilásticas die Raumnadel (Artillerie),
" ganapierde das Nullissimo in der Dame.

Verhältniss der Substantiven zur Zahl.

§ 114. Im Spanischen sind im Allgemeinen ebenso wie im Deutschen nur die Gemeinnamen und diejenigen Abstrakta, welche Thätigkeiten ausdrücken, der Regel nach beider Zahlformen fähig; doch werden auch diejenigen Eigennamen, welche mehreren Einzelwesen zukommen, so wie die Stoffnamen und Benennungen von Eigenschaften und Zuständen, in deren Begriffe man Arten unterscheidet, in beiden Zahlformen gebraucht, z. B. mesa „Tisch“ mesas „Tische“, hombre „Mensch“ hombres „Menschen“, trabajo „Arbeit“ trabajos „Arbeiten“, cálculo „Berechnung“ cálculos „Berechnungen“, queja „Klage“ quejas „Klagen“, u. s. w., und los Borbones „die Bourbonen“, los Cicerones „die Cicero“, ambas Sicilias „beide Sicilien“, los azúcares „die Zuckerarten“, algunas cebadas „einige Gerstenarten“, las virtudes „die Tugenden“, los vicios „die Laster“, las flaquezas „die Schwächen“ u. s. w.

Ein wesentlicher Unterschied zwischen den beiden Sprachen tritt in dieser Hinsicht meistens nur bei Ausdrücken der Begrüßung, Danksagung und Anrufung, sowie bei Kollektiven und Gemäßnamen hervor, indem die ersteren dieser, bei lebhafter Vergegenwärtigung der unter ihnen begriffenen Theilvorstellungen, im Spanischen häufig im Plural stehen, was im Deutschen nicht statthaft ist, z. B. pajas „Stroh“, arenillas „Sand“, polvos „Staub“, lluvias „Regen“, gritos „Geschrei“, u. s. w., und indem die letzteren, abweichend vom Deutschen, stets in der Mehrheit gebraucht werden, wenn ihnen ein bestimmtes Zahlwort über eins, oder ein unbestimmtes Zahlwort im Plural vorangeht, z. B. dos vasos de vino „zwei Glas Wein“, algunos piés de altura „einige Fuß Höhe“, cuantas libras de carne „wie viele Pfund Fleisch“, dos docenas „zwei Dutzend“, siete pares „sieben Paar“ rc.

Folgende Substantiven werden indeß, von diesen allgemeinen Bestimmungen abgesehen, meist wegen der durch sie ausgedrückten Vorstellungen von Doppeldingen oder von vereinigten Einzelheiten im Spanischen (theilweise auch im Deutschen) nur im Plural gebraucht:

los adentros das Innere des Menschen,
las albricias das Geschenk für gute Nachricht,
las alforjas der Quersack (doch auch mitunter im Singular),
los alrededores die Umgegend,
las andaderas der Gängelwagen,
las andas die Tragbahre,
los andurriales unwegsame abgelegene Gegend,
las angarillas die Tragbahre,
las antiparras die Brille,
las arras das Handgeld, der Kaufschilling,
los bofes | los chofes | die Lunge,
las bragas die weiten Hosen,
los calzoncillos die Unterhosen,
las carnestolendas der Fasching,
los cónyuges die Ehegatten,
las cosquillas der Kitzel,
las creces der Zuwachs,
las despabiladeras die Lichtscheere,
las enaguas der weißleinene Unterrock der Frauenzimmer,
las expensas die Unkosten,
los esponsales die Verlobung,
las exequias die Leichenfeier,
las fauces der Schlund,
las gachas der Brei,
las hablillas das Gerede,
los lares die Hausgötter,
las largas der Aufschub,
los livianos die Lunge,
los maitines die Frühmessen,
los manes die Manen,
los mayores die Vorfahren,
los modales die Sitten,
las nupcias die Heirath,
las pandectas die Pandekten,
los pediluvios das Fußbad,
los penates die Penaten,
los pertrechos die Geräthschaften,
las pinzas die Zwickzange,
los postres der Nachtisch,
los testimoniales das Zeugniß,
las tijeras die Scheere,
las tinieblas die Finsterniß,
los utensilios die Geräthe,
las vísperas die Vesper, Vesperzeit,
los víveres die Lebensmittel,

so wie die weniger gebräuchlichen

las absolvederas die Leichtigkeit im Priester, Absolution zu ertheilen,
las adivas die Kehlsucht des Viehes (Feifel),
los adrales die Korbleitern eines Wagens,
los afueras die Umgebungen eines Orts,
las aguaderas Gestell zum Wassertransport,
las aguajas Geschwüre über den Hufen,
las ajugas der Spath,
las alcamonias die Gewürzsämereien,
los alicates die Drath- oder Biegzange der Goldschmiede, Uhrmacher rc.,

los ambages (veralt.) die Irrwege,
los andularios das Schleppkleid,
las anexidades die Pertinenzien,
los añazmes (veralt.) die Armbänder,
los añicos die Fetzen, Scherben,
los aproches die Laufgräben,
las arraigadas die Puttingtaue,
las arrastraderas die Unterleesegel,
las asentaderas das Gesäß,
los aciones die Riemenringe am Steigbügel,
los bártulos die Verwaltungsgegenstände,
los bicos die goldene Troddel auf Sammetmützen,
las birazas der lederne Reisesack, Quersack,
las cachas die Heftblätter am Messer,
las cachetas die Riegelzähne eines Schlosses,
las caderillas die Poschen,
las cargadas eine Art Nullissimo im Kartenspiel,
las cepilladuras die Hobelspäne,
los comicios die Komitien,
las completas die Schlußgebete und Gesänge nach der Vesper,
los compitos (veralt.) die Rechnungen,
los contraaproches die Gegenlaufgräben,
los contraarmiños das schwarze Feld mit weißen Hermelintüpfeln — Wappen,
los contraataques die Gegenwerke der Belagerten,
las corbas die Schwingfedern,
los corvejos die Gliederfuge von sechs Knochen bei Thieren,
las cháncharras oder las máncharras die leeren Ausflüchte,
los dares y tomares der Wortwechsel,
las despachaderas die unfreundliche Abfertigung,
las despinzas oder los despinzes das Noppeisen,
los dimes y diretes der Wortwechsel,
las dimisorias das Dimissorium,
las dolamas oder los dolames verborgene Pferdekrankheit,
las efemérides das Tagebuch,
los enseres die Sachen,
las entendederas das Begriffsvermögen,
los entrepanes das zwischen bebauten Aeckern liegende Brachland,
las entrepiernas die innern Seiten der Schenkel,
las escurriduras oder las escurrimbres die in einem Gefäß übrig bleibende Flüssigkeit,
las esplicaderas die Kunst zu erklären,
las fasces die Liktorstäbe,
los fásoles die Schminkbohnen,
los folledos (veralt.) die Pumphosen,
las fórfolas die Kopfschuppen,
los gañiles die Knorpel des Kehlkopfes,
los grañoles eine Art Marzipan,
las granzas das Siebsel,
los granzones das Ueberbleibsel von Stroh in der Krippe,
los grasones eine Fastenspeise,
los gregüescos eine Art Beinkleider,
los gropos die Baumwolle im Dintenfaß,
los guadañones die Spannseile,
los idus die Idus,
las ínfulas die Kopfbinde der heidnischen Priester, die Eitelkeit,
las lavazas das Spülwasser,
las llares der Kesselhaken,
los meados der Urin,
los mementos Gebete für die Todten und Lebenden in der Messe,
las nonas die Nonae,
los nuégados Nuß-, Mandelkuchen,
las palomaduras die Marlien, Marling,

los pañetes die Unterhose der Fischer, Gerber u. s. w.,
las parias der Tribut,
las parrillas der Bratrost,
las poleadas der Brei,
las posaderas das Gesäß,
las preces die Kirchengebete,
las predicaderas das Talent zum Predigen,
los quipos die Schriftschnüre der Peruaner,
las rasquetas die Schiffskratze, der Schraper,
los rosones die Würmer, (eine Thierkrankheit)
las setenas der siebenfache Ersatz,
las sobrecruzes vier Querbalken in der Roßmühle,
las súmulas der kurze Abriß der Logik,
las támaras der Dattelnbüschel, das Reisigholz,
las tarreñas die Klapperbretter,
las termas die warmen Bäder,
las trébedes der Dreifuß,
las velambres (veralt.) } die Trauung,
las velaciones }
los zaragüelles die weiten Faltenhosen,
las zarandajas die Zugaben, Nebendinge,

wie vielleicht einige wenige mehr.

Außerdem haben folgende Substantiven nur in ihrer **eigentlichen** Bedeutung **beide Zahlformen**, in ihrer **uneigentlichen** dagegen **nur einen Plural**:

el alfiler die Nadel,	los alfileres die Nadeln — das Nadelgeld,
„ algodon die Baumwolle,	„ algodones die Baumwollenarten — die Baumwolle im Dintenfasse,
„ anteojo das Fernglas,	„ anteojos die Ferngläser — die Brille,
la baqueta der Ladstock,	las baquetas die Ladstöcke — die Trommelstöcke,
„ braga das Kindertuch,	„ bragas die Kindertücher — die weiten Hosen,
el cendal der Flor,	los cendales die Florarten — die Baumwolle im Dintenfasse,
la corte der Hof,	las cortes die Höfe — die Landstände,
„ espada der Degen,	„ espadas die Degen — die Pike in den Karten,
„ esposa die Gattin,	„ esposas die Gattinnen — die Handfesseln,
„ flor die Blume,	„ flores die Blumen — die Schmeicheleien,
el grano das Korn,	los granos die Körner — das Getreide,
el grillo die Grille,	los grillos die Grillen — die Fußeisen,
la mantilla der Schleiermantel,	las mantillas die Schleiermäntel — die Windeln,
el pan das Brot,	los panes die Brote — die Saaten,
la parte der Theil,	las partes die Theile — die Talente,

la prision das Gefängniß, las prisiones die Gefängnisse — die Fesseln,
el zelo der Eifer, los zelos — die Eifersucht,
und einige andere weniger gebräuchliche;

und gewissermaßen sind hierher auch noch die Plurale einiger männlichen Substantiven zu rechnen, welche beide Geschlechter umfassen, wie los padres „die Eltern“, los hermanos „die Geschwister“, los hijos „die Kinder“, los señores „die Herrschaften (Herren und Frauen)“, los amos die Herrschaft (Herr und Frau des Hauses)“, los reyes „die königlichen Gebieter (König und Königin), los condes „die gräflichen Herrschaften (Graf und Gräfin)“ u. s. w.

Adjektivischer Gebrauch der Substantiven.

§ 115. Das Substantiv kommt im Satze nicht immer als eigentlicher Ausdruck eines als Sein (Ding) gedachten Begriffes vor, sondern es dient zuweilen bloß zum Ausdruck der in ihm zusammengefaßten Eigenschaften und hat alsdann ganz die grammatische Bedeutung eines Adjektivs, z. B. „Ich bin Mensch“. „Er war ganz Aufmerksamkeit“.

Dieser adjektivische Gebrauch des Substantivs ist nun im Spanischen sehr ausgedehnt, da man dasselbe nicht nur, wie im Deutschen, als vermitteltes Attribut des Subjekts oder eines Objekts, sondern sogar auch als unmittelbares Attribut so angewendet sieht, z. B. Es mui dueño de su voluntad „Er ist ganz Herr seines Willens“ (R). Es mucho hombre este „Er ist ein ganzer Mann“ (M). Antonio es mas soldado que Pedro „Antonius ist mehr Soldat als Peter“ (S). Nos salió al encuentro un hombre labrador „Es kam uns ein Bauersmann entgegen“ (S). Era maestro carpintero „Er war Zimmermeister“ (S). Era ya mujer madre „Sie war schon eine Frau, die Kinder hatte“ (S). Dos picaros galgos me vienen siguiendo „Zwei spitzbübische Windhunde verfolgen mich“ (Y).

Diese Freiheit des adjektivischen Gebrauchs mancher Substantiven macht es bei einer Anzahl Wörter, namentlich bei den Sproßformen auf or, on, ero und ado oft zweifelhaft, ob sie eigentlich zu den Substantiven oder zu den Adjektiven gehören; doch dürfte das Erstere wohl überwiegend der Fall sein.

§ 116. Außerdem giebt es im Spanischen noch eine andere, ganz eigenthümliche Art, das Substantiv als Adjektiv zu gebrauchen, indem man dasselbe ohne Rücksicht auf sein Geschlecht mit dem Artikel lo verbindet. Es geschieht dies jedoch nur mit Substantiven konkreter Bedeutung, namentlich Personennamen, welche dadurch völlig zu Ausdrücken abstrakter Bedeutung werden, z. B. Se portó á lo duque „Er benahm sich nach Herzogs Art“ (S). Habló á lo reina „Sie sprach nach Königinnen Art“ (S). Mi tio solamente me desposa con el mar á lo Dux de Venecia „Mein Oheim vermählt mich zu nach der Weise der Dogen von Venedig mit dem Meere" (H). Se retiró á Mázara en Sicilia á vivir á lo religioso en un convento „Er zog sich nach Mazara in Sicilien zurück, um nach Mönchsart in einem Kloster zu leben" (Q).

Pronomen (pronominelle Substantiven oder substantivische Formwörter).

§ 117. Während die eigentlichen Substantiven bestimmt gedachte Dinge benennen, bezeichnen die Pronomen oder substantivischen Formwörter diese Dinge

1) als unbestimmte Pronomen nur nach ihrem Verhältniß zu den allgemeinen Vorstellungen von Person und Sache,
2) als Personalpronomen nach ihrem Verhältniß zur Rede und
3) als substantivische Interrogativpronomen oder Fragewörter nach ihrem Verhältniß zur Erkenntniß des Redenden.

Unbestimmte Pronomen.

§ 118. Unbestimmte Pronomen sind im Spanischen eigentlich nur alguien „Jemand", nadie „Niemand", algo „Etwas", nada „Nichts" und fulano oder zutano „Jemand", „ein Gewisser"; doch werden auch persona „Person", hombre „Mensch", alguna cosa „irgend eine Sache", cosa „Sache", cosa alguna oder cosa ninguna „keine Sache", gota „Tropfen", palabra „Wort" und todo el mundo „die ganze Welt" im Sinne unbestimmter Pronomen gebraucht, indem alsdann persona für „Niemand", hombre für „Mancher", alguna cosa für „Etwas", cosa für „Etwas" oder „Nichts", cosa alguna und cosa ninguna für „Nichts", gota und palabra ebenfalls für „Nichts" und todo el mundo für „Jedermann" stehen. An einem derartigen Ausdrucke für das deutsche „man" fehlt es übrigens der spanischen Sprache, ein Mangel, den sie jedoch durch andere Mittel ersetzt.

§ 119. Von den genannten unbestimmten Pronomen dienen alguien, nadie, persona, fulano, zutano, hombre und todo el mundo zur Bezeichnung des allgemeinen Personenbegriffs, die übrigen sprechen den allgemeinen Sachbegriff aus. Ferner stellen alguien, fulano, zutano, hombre, todo el mundo, algo, alguna cosa und zuweilen auch cosa diese Begriffe als etwas Wesenhaftes dar, während nadie, persona, nada, cosa alguna, cosa ninguna und meistens auch cosa, so wie gota und palabra dieselben als solches verneinen, und zwar ohne Weiteres, wenn sie einem aussagenden Verb vorangehen — was indeß nur bei nadie und nada gewöhnlich ist — oder ganz ohne Verb gebraucht werden, mit Hülfe eines andern Verneinungswortes vor dem aussagenden Verb aber, wenn sie demselben nachfolgen. Dabei entsprechen alguien und nadie, algo und nada nicht immer den ihnen im Vorhergehenden beigesetzten Bedeutungen, indem in Beziehung auf sin, auf einen verneinten Satz oder einen Komparativ, und in der Regel auch in Fragen, welche verneinenden Sinn haben, nicht alguien und algo, sondern nadie und nada oder cosa für „Jemand“ und „Etwas“ gebraucht werden. Außerdem kommt hombre wol nur mit dem unpersönlichen haber, und palabra nur mit einem auf das Denken oder Sprechen bezüglichen Verb vor, und persona und gota sind ganz selten. Beispiele: ¿Vino alguien á verme? — Nadie ha estado „Kam Jemand, mich zu sehen (sprechen)?“ — „Niemand ist da gewesen“ (S). Nada pudo librarte de la muerte „Nichts konnte dich vom Tode befreien“ (J). ¿Has sabido algo del desafío? „Hast du Etwas vom Zweikampf erfahren?“ (L). Sé alguna cosa de ortografía „Ich weiß Etwas von Orthographie“ (M). No hai cosa que él no sepa „Es giebt Nichts, was er nicht weiß“ (M). No pienso en nada „Ich denke an Nichts“ (R). ¿Quién ha venido? — Nadie „Wer ist gekommen?“ — „Niemand“. Nunca dice nada „Nie sagt er Etwas“ (M). Sin ver á nadie „Ohne Jemand zu sehen“. El no tiene traza de ser nada bueno „Er hat nicht (das) Aussehen, etwas Gutes zu sein“ (M). — Lo sabía mejor que nadie „Er wußte es besser als Jemand“ (Y). ¿Pero quién ha dicho nada de eso? „Aber wer hat Etwas davon gesagt?“ (M). No veo gota „Ich sehe Nichts“ (S). No entiendo palabra de medicina „Ich verstehe Nichts von Medizin“ (S). Fulano se ha ido „Ein Gewisser ist weggegangen“ (Acd). Hai hombre que . . . „Es giebt Manchen, der . . .“. No hablé con persona „Ich sprach mit Niemand“ (S).

Anmerk. In verneinenden Fragen stehen nadie und nada, wie gesagt, nur in der Regel für „Jemand“ und „Etwas“, und es ist nicht ganz ausgeschlossen, in diesem Verhältniß auch alguien und algo zu gebrauchen, wenn gleich dies nicht dem Geiste der Sprache so angemessen sein dürfte, z. B. ¿Hai alguien que lo dude? „Giebt es Jemand, der es bezweifelt?“ (R). Auch der Ausdruck por nada, welcher ohne vorhergehendes no „um Nichts“ und mit demselben „um Alles“ bedeutet, tritt etwas aus der Regel heraus; dagegen widerstrebt derselben nicht der Ausdruck ¡No es cosa! „Es ist Nichts“, wenn derselbe ironisch in der Bedeutung von „Es ist keine Kleinigkeit!“ genommen wird.

§ 120. Als substantivische Wörter nehmen die unbestimmten Pronomen auch manchmal attributive Bestimmungen an, und, wenn dies Adjektiven sind, so werden sie ihnen gewöhnlich in rein adjektivischer Form nachgesetzt, und zwar den eigentlichen unbestimmten Pronomen in männlicher, den andern aber in der durch ihr ursprüngliches Geschlecht bestimmten Geschlechtsform, z. B. Habrá podido hacer algo bueno „Er wird etwas Gutes haben thun können“ (M). Nada malo es capaz de igualarlos „Nichts Schlechtes ist fähig, ihnen gleich zu kommen“ (R). Ya es cosa determinada „Es ist schon etwas Beschlossenes“ (M). ¿Cabe nada mas justo? „Ist etwas Gerechteres möglich?“ (R). Mit den eigentlichen unbestimmten Pronomen kann man das Adjektiv jedoch in männlicher Form auch durch de verbinden, was namentlich dann das Gewöhnlichere ist, wenn zwischen beide Theile ein Verb tritt; das Wort otro kann aber in keiner Weise mit einem eigentlichen unbestimmten Pronomen verbunden werden, und „Jemand Anders“, „Niemand Anders“, „etwas Anders“, „nichts Anders“, heißen stets otra persona oder bloß otro, ninguna otra persona oder bloß ningun otro, otra cosa ninguna otra cosa, z. B. Nada tiene de particular „Es hat nichts Besonderes" (M). ¿Hai algo de nuevo? „Giebt es etwas Neues?" (O); aber auch Nada hai perfecto „Es giebt nichts Vollkommenes" (r.A). — No esperabas hallar otra cosa „Du erwartetest nichts Anderes zu finden" (G).

§ 121. Von den unbestimmten Pronomen werden algo, alguna cosa und nada auch adverbial gebraucht, z. B. Está escrito algo de prisa „Es ist etwas schnell geschrieben" (M). ¿Te vas aliviando? — Alguna cosa „Wird es dir wohler? — Etwas" (M). No me *gusta nada* „Es gefällt mir gar nicht" (L).

Formen, durch welche der Mangel eines dem Deutschen „man" entsprechenden unbestimmten Pronomens ersetzt wird.

§ 122. Da das deutsche unbestimmte Pronomen „man" dazu dient, das Subjekt eines Satzes als eine mehr oder weniger unbestimmte Person in der Einheit oder Mehrheit darzustellen; so fällt es einigermaßen mit den Ausdrücken „ein Mensch", „der Mensch", „eine Person", „Einer", „die Menschen", „die Leute" zusammen und kann daher im Spanischen manchmal durch un hombre, una persona, uno (una), los hombres und la gente gegeben werden; doch wird dafür häufiger die erste oder dritte Personalform des Verbs im Plural, oder die Reflexivform des Verbs gebraucht. Un hombre, el hombre, una persona und die Personalform der ersten Person im Plural beziehen sich dabei auf das ganze Menschengeschlecht, den Redenden mit eingeschlossen, uno (una) vorzugsweise auf den Redenden, obgleich es auch wie un hombre allgemein genommen werden kann, los hombres, la gente und die Personalform der dritten Person auf eine Vielheit von Personen mit bestimmter Ausschließung des Redenden, und die Reflexivform des Verbs kann in allen diesen Beziehungen gebraucht werden und ist daher das gewöhnlichste Ersatzmittel für „man" (Vergleiche § 65 und 67 und die Anmerkung). Beispiele: Necesitamos trabajar para vivir „Man muß arbeiten um zu leben" (H). Auch Un hombre, el hombre, una persona necesita trabajar para vivir. — Cuando una tiene que servirse á si misma — „Wenn man sich selbst bedienen muß . . . ." (H). Ande yo caliente y riase la gente „Wenn ich nur warm gehe, möge man lachen" (Sprichw.) Han divulgado este rumor „Man hat dies Gerücht verbreitet" (S). Es probable (que) se vendan bien los caballos „Es ist wahrscheinlich, daß man die Pferde gut verkauft" (S). Se me busca á mi „Man sucht mich" (S). Se procesa á los criminales „Man macht den Verbrechern den Prozeß" (S).

Personalpronomen.

§ 123. Die Personalpronomen hießen früher yo, tú, él, ella, ello, nos, vos, ellos und ellas, und es wurde demnach unter ihnen nur an dem

Pronom der dritten Person im Singular und Plural das Geschlecht unterschieden. Statt nos und vos sind aber, wahrscheinlich zum Zweck bestimmter Geschlechtsunterscheidung, die mit dem Demonstrativ otro gebildeten Ausdrücke nosotros oder nosotras und vosotros oder vosotras in Gebrauch gekommen, und nos und vos werden nur noch in einzelnen Fällen, nämlich wenn regierende oder in hohen Würden stehende Personen sich selbst bezeichnen, oder bei der Anrede an solche, so wie in der Regel auch im Gebete zu Gott, zu der Jungfrau Maria oder zu einem Heiligen, als Singulare statt yo und tú und dann in dieser Vertretung auch als Plurale angewendet, wobei indeß das Verb stets Pluralform behält, wenn gleich ein etwa auf sie bezogenes Adjektiv oder Partizip sich hinsichtlich der Zahlform nach dem Sinne dieser Wörter richtet, z. B. Nos el rei „Wir der König". Mas, Señor, vos estáis inquieto „Doch, Herr, Ihr seid unruhig" (J) ¡Oh, justo Dios! ¿Negaréis este consuelo á mis ardientes lágrimas? „O, gerechter Gott! Wirst du diesen Trost meinen heißen Thränen versagen? (J). — Auch gebraucht man jetzt, wo tú meistens nur noch von Eltern gegen ihre Kinder, Herrschaften gegen ihre Dienstboten, und in Verhältnissen naher Verwandtschaft oder vertrauter Freundschaft und Liebe, so wie im Gebete zu Gott da, wo nicht so sehr das Gefühl der Ehrfurcht als das des kindlichen Vertrauens und inniger Liebe vorherrscht, angewandt wird, in allen andern Fällen in der Regel statt dieses Pronoms gewisse aus vuestro und einem Substantiv bestehende Ausdrücke, nämlich

1) Vuesa Majestad (V. M.) „Ew. Majestät", Zusammenziehung von vuestra majestad, in der Anrede an den König oder die Königin,
2) Vuesalteza (V. A.) „Ew. Hoheit", Zusammenziehung von vuestra alteza, in der Anrede an einen Prinzen, eine Prinzeß, oder eine hohe Körperschaft,
3) Vuesa Beatitud (V. B.) „Ew. Heiligkeit", Zusammenziehung von vuestra beatitud, in der Anrede an den Papst,
4) Vuesaeminencia (V. Em.) „Ew. Eminenz", Zusammenziehung von vuestra eminencia, in der Anrede an Kardinäle,
5) Vuecencia oder Vuecelencia (V. E.) „Ew. Excellenz", Zusammenziehung von vuestra escelencia, in der Anrede an Minister und Personen ähnlichen Ranges,
6) Usía, Useñoría oder Vueseñoría (V. S.) „Ew. Herrlichkeit", Zusammenziehung von vuestra señoría, in der Anrede an Personen ritterlichen Standes, und
7) Usted (V. Vd. Vm. Vmd.) „Sie", Zusammenziehung von vuestra merced, sonst überall in der Anrede an einigermaßen angesehene Personen,

und statt *vosotros* die Plurale dieser Ausdrücke Vuesas Majestades, Vuesaltezas, Vuesas Eminencias, Vuecencias oder Vuecelencias, Usías, Useñorías oder Vueseñorías und Ustedes. Diese und einige andere weniger wichtige Ausdrücke derselben Art bekommen dann auch gewissermaßen die Geltung von Personalpronomen, nehmen aber eine Art Mittelstellung zwischen der zweiten und dritten Person ein, welche darin ihren Ausdruck findet, daß bei ihnen einerseits, wenn sie Subjekte sind, das Verb stets in der dritten Person steht, und, wenn Objekte, ihre durch á bezeichneten Kasusverhältnisse nur durch eine Dativ- oder Akkusativform der dritten Person (le, la, lo, les, los, las) vertreten werden kann, andererseits aber die auf sie bezogenen adjektivischen Wörter, so wie die sie vertretenden Kasusformen der dritten Person sich immer in Geschlecht und Zahl nach der angeredeten Person richten. Beispiele: ¿No eres tú mi hermano? „Bist du nicht mein Bruder?" (M). Diez y seis años y medio, tres meses y dos semanas hace que comes mi pan „Sechzehn und ein halbes Jahr, drei Monate und zwei Wochen sind es, daß du mein Brod issest" (M). ¡Buen Dios! ¿Porqué no le socorres? „Guter Gott, warum stehst du ihm nicht bei?" (J). ¡Nuestro Señor guarde á V. S. muchos años! „Unser Herr erhalte Ew. Herrlichkeit viele Jahre!" (J). ¿Qué ha estudiado Vd.? „Was haben Sie studirt?" (M). ¿Qué palabras se han dado Vds.? „Welche Versprechungen haben Sie sich gegeben?" (H). V. M. es justo „Ew. Majestät ist gerecht" (S). V. B. está bien informado „Ew. Heiligkeit ist wohl unterrichtet" (S). Si estas condiciones *le* acomodan *á Vd.*, *la* tomo á mi servicio „Wenn diese Bedingungen Ihnen anstehen, nehme ich Sie in meinen Dienst" (O).

§ 124. Die Personalpronomen werden selten in ihren Nominativformen ausgestellt, und gewöhnlich geschieht dies nur, wenn sie mit Nachdruck hervorgehoben, oder Mißverständnisse, wie sie bei der dritten und zwischen dieser und der ersten Person leicht möglich sind, vermieden werden sollen, oder auch wenn die Höflichkeit eines der die zweite Person vertretenden Anredewörter erfordert, z. B. Si tú la quieres, yo la quiero tambien „Wenn du sie liebst, liebe ich sie auch" (M). El hablaba, ella hablaba, yo hablaba „Er sprach, sie sprach, ich sprach". — ¿Ha comido Vd.? „Haben Sie gegessen?" (S). — Dagegen werden sie häufig in ihren Dativ- und Akkusativformen ausgestellt, wenn auch der Gegenstand, den sie bezeichnen, zugleich anderweitig in demselben Satze ausgedrückt oder bezeichnet ist, und das ist namentlich der Fall

1) wenn die anderweitige genauere Bezeichnung des Objekts an die Spitze des Satzes tritt;
2) wenn dieselbe an ihrer gewöhnlichen Stelle, hinter dem Verb, besonders hervorgehoben oder unterschieden werden soll, oder als ein mit á verbundenes Personalpronom ein Wort wie mismo, propio solo etc. bei sich hat, und
3) wenn derselben als einem mit á verbundenen Personalpronomen ein anderer Gegenstand in demselben Kasus durch y hinzugefügt wird,

kann aber bei á vos als Akkusativ, so wie bei jedem mit á verbundenen Personalpronomen als Dativ, wenn mit demselben ein Substantiv im Akkusativ zugleich regiert wird, und in Ausdrücken wie A mí toca „An mir ist die Reihe", Por lo que hace á tí „Was dich betrifft", unterbleiben, z. B. La ocasion *la* pintan calva „Die Gelegenheit malt (schildert) man kahl" (M).

A nadie le gusta „Niemand gefällt es“ (J). Lo demas déjalo á mi cuidado „Das Uebrige überlaß meiner Sorge“ (G). A mí me irrita lo que á Vd. le divierte „Mich empört, was Sie belustigt“ (M). Dile á tu señor que le espero „Sage deinem Herrn, daß ich ihn erwarte“ (M). Ya me lo figuraba yo eso „Wohl habe ich mir das vorgestellt“ (L). Señorita, lo que la he dicho á Vd. es la verdad pura „Fräulein, was ich Ihnen gesagt habe, ist die reine Wahrheit“ (M). Se ha hecho á sí propio desdichado „Er hat sich selbst unglücklich gemacht“ (Y). Le conozco á él y á toda su casa „Ich kenne ihn und sein ganzes Haus“ (L). Aber auch: Flaca memoria tiene Vd. „Ein schlechtes Gedächtniß haben Sie“ (G). ¿Eso han hecho, hija mia? „Das haben sie gethan, meine Tochter?“ (R). A ella tocaba responder „Ihr kam es zu, zu antworten“ (S). A vos suplico „Euch bitte ich“ (S). Escribió Juan á mí la carta „Johann schrieb den Brief mir“ (S). ¿Lo destinaba Vd. á mí? „Bestimmten Sie es mir?“ (S).

§ 125. Unter den verschiedenen Formen, in welchen jedes Personalpronomen erscheint, hat die Nominativform die größte Selbständigkeit, und sie kann daher nicht nur von dem Verb ihrer Beziehung durch andere Wörter, namentlich Adverbien, wie no, nunca, siempre, ya etc., getrennt, sondern auch in Beziehung auf das Verb eines vorhergehenden Satzes alleinstehend gebraucht werden; dabei ist ihre Stellung, wenn sie mit dem Verb in einem Satze vorkommt, beliebig vor oder hinter demselben, wenn gleich die erstere gewöhnlicher sein mag, nur darf sie, mit Ausnahme von nosotros und vosotros bei zusammengesetzten Zeitformen nicht zwischen Haupt- und Hülfsverb gestellt werden. Beispiele: Yo por mi parte le compadezco „Ich meines Theils bemitleide ihn“ (M). ¿Quién quiere esta manzana? — Yo „Wer will diesen Apfel haben? — Ich“ — Vosotros me aturdis oder Me aturdis vosotros con tanto grito „Ihr betäubt mich mit so vielem Geschrei“ (S). ¿He jugado yo? „Habe ich gespielt?“ (S). ¿Habéis vosotros ido al museo? „Seid ihr nach dem Museo gegangen?“ (S).

§ 126. Eine gewisse, wenn gleich geringere Selbständigkeit haben auch wegen ihres halb adjektivischen Charakters die Genitivformen. Als unmittelbare Attribute sind sie freilich ganz von dem Substantiv ihrer Beziehung abhängig und folgen demselben, von ihm höchstens einmal durch ein Adjektiv getrennt, unmittelbar nach; sie werden aber auch manchmal als mittelbare Attribute auf einen substantivischen Ausdruck, der als Subjekt oder Objekt im Satze steht, bezogen, und dann treten sie nicht nur in die möglichste Nähe ihres vermittelnden Verbs, sondern können auch in Beziehung auf die Aussage eines vorhergehenden Satzes alleinstehend gebraucht werden, z. B. Son amigos suyos „Sie sind Freunde sein (des Mannes)“ (M). Un vecino desgraciado mio „Ein unglücklicher Nachbar mein (des Redenden)“. — Tuya reputo la ventaja „Als dein (des Angeredeten) erachte ich den Vortheil“ (S). Asi me lo anuncia una carta que recibí ayer suya „So meldet es mir ein Brief, den ich gestern als sein (des Besprochenen d. i. von ihm) empfing“ (G).

§ 127. Ohne alle Selbständigkeit sind aber als regierte Kasus die Dativ- und Akkusativformen, und zwar ist ihre Abhängigkeit von einem Verb immer so groß, daß sie nicht nur unter keinen Umständen in Bezug auf die Aussage eines vorhergehenden Satzes alleinstehend gebraucht, sondern nicht einmal von dem Verb ihrer Beziehung in demselben Satze durch irgend einen andern Ausdruck getrennt werden können. Dazu sind sie noch hinsichtlich ihrer Stellung vor oder hinter dem Verb, oder auch eintretenden Falls zwischen diesem und seinem Hülfsverb, so wie in ihrer Folge untereinander durch folgende Gesetze gebunden:

a) Die Dativ- und Akkusativformen der Personalpronomen gehen ihrem Verb voran, wenn dieses ohne Hülfsverb in irgend einer Personalform des Indikativs oder Konjunktivs steht; doch ist es erlaubt, sie nach Maßgabe des Wohllauts den Formen des Indikativs nachfolgen zu lassen, wenn diese ganz an die Spitze des Satzes treten, und bei den Formen des Konjunktivs, welche ohne Verneinung imperativisch gebraucht werden, ist diese Stellung sogar nothwendig, z. B. Las habló oder Hablólas „Er sprach sie“ (S). Sus hermanos le quieren, Le quieren sus hermanos oder Quiérenle sus hermanos „Seine Brüder lieben ihn“ (S). Deseo que me favorezcas „Ich wünsche, daß du mich begünstigest“ (S). Vino para que le viesen „Er kam, damit sie ihn sähen“ (S). Quítese Vd. de mi presencia „Gehen Sie mir aus den Augen“ (G). Llamárase como se llamara, el nombre no hace nada „Möchte er sich nennen, wie er wollte, der Name thut Nichts zur Sache“ (G).

b) Die Dativ- und Akkusativformen folgen ihrem Verbum nach, wenn dieses ohne Hülfsverb im Infinitiv, Partizip, Gerundium oder Imperativ steht, z. B. Me agrada oirte y contemplarte en tu belleza „Es behagt mir, dich zu hören und dich in deiner Schönheit zu betrachten“ (Z). Con dejarte dará á tanto mal remedio „Damit, daß er dich verläßt, wird er so großem Uebel abhelfen“ (M). El contesta haber gratificado al criado, *enviándole* á Madrid, y *manteniéndole* á su costa hasta el dia „Er bezeugt, den Diener beschenkt, ihn nach Madrid geschickt und bis heute auf seine Kosten unterhalten zu haben“ (J). Ocultándote mi situacion hice á tu alma inocente el mas atróz agravio „Indem ich dir meine Lage verhehlte, that ich deiner unschuldigen Seele das greulichste Unrecht an“ (J). Despertádnos „Wecket uns“ (S). Déjamelo „Laß es mir“.

c) Die Dativ- und Akkusativformen werden, wenn das Verb mit einem Hülfsverb in einer Indikativ- oder Konjunktivform verbunden ist, in der Regel dem Hülfsverb vorangesetzt; doch können sie nach Maßgabe des Wohllauts demselben auch, wenn es in einer Indikativform an die Spitze des Satzes tritt, so wie auch, wenn gleich nicht so gut, dem in der Form eines Infinitivs oder Gerundiums, nicht in der eines Partizips, stehenden Hauptverb angehängt werden. Bei jeder andern Verbindung eines Verbs mit einem Hülfsverb aber, bei welcher dieses nämlich im Infinitiv, Gerundium oder Imperativ steht, werden sie immer dem Hülfsverb angehängt. Beispiele: Nos habia visto oder Habianos visto „Er hatte uns gesehen" (S). Me estaba levantando oder Estábame levantando oder auch, wenn gleich weniger gut, Estaba levantándome „Ich erhob mich" (S). Te quieres divertir oder Quiéreste divertir oder auch Quieres divertirte „Du willst dich belustigen". Aber nicht wohl: Querémonos divertir oder Queréisos divertir oder Si quiéreste divertir; sondern Nos queremos divertir. Os queréis divertir. Si te quieres divertir. Auch nicht: Siento háyanos sido tan perjudiciales, sondern Siento os hayan sido tan perjudiciales „Ich bedaure, daß sie euch so nachtheilig gewesen sind". — Habiéndolo visto. Por no quererlo hacer. Andale buscando. —

d) Die von einem Verb abhängigen Dativ- oder Akkusativformen werden selbst dann, wenn ihre Stellung vor oder hinter demselben sein kann, nie von einander getrennt; dann aber geht, wo sie auch immer stehen mögen,
   aa) die Reflexiv- und Wohllautsform se stets allen andern Kasusformen,
   bb) die Dativ- oder Akkusativform der ersten oder der zweiten Person stets den nämlichen Kasusformen der dritten Person, und
   cc) von zwei der ersten und zweiten Person angehörigen Formen die Akkusativform stets der Dativform voran, z. B. Acercáronsenos „Sie näherten sich uns" (S). Ya se lo he dicho „Ich habe es ihm schon gesagt" (S). Probádmelo (S). Os lo esplicaré „Ich werde es euch erklären" (S). Rindeteme „Ergieb dich mir" (S). Me os sometí „Ich unterwarf mich euch" (S).

Anmerk. Einige stellen zuweilen me und te dem se voran, z. B. Te se conoce „Man sieht es dir an" (M). Tendré buen cuidado en que no te se abra la puerta „Ich werde gute Sorge tragen, daß man dir nicht die Thür öffne" (C): allein, da nos und os nie dem se vorangestellt werden, auch die Voransetzung von me und te vor das se beim Anhängen an das Verbum, z. B. acercómese fast unerträglich sein würde; so ist jene Stellung wol überhaupt zu verwerfen.

§ 124. Es kommt im Spanischen auch, wie im Deutschen, vor, daß eine pronominelle Kasusform Beziehungen bezeichnet, welche eigentlich mehr in dem Grundcharakter einer andern Kasusform liegen. Zunächst ist dies in beiden Sprachen fast übereinstimmend mit der Dativ- und Genitivform der Fall: denn, obgleich die Bezeichnung einer possessiven Beziehung vornehmlich dem Charakter der letztern angehört; so wird an ihrer Statt doch gewöhnlich, und im Spanischen noch weitergehend als im Deutschen, die Dativform gebraucht, wenn eine grammatische Person, außer ihrer possessiven Beziehung zu dem Subjekte oder einem Objekte, als zugleich bei der Handlung interessirt erscheint, z. B. Os endurecéis el cuerpo „Ihr härtet euch den Körper ab (d. i. euren Körper)“ (T). Es la primera (comedia) que *le* representan „Es ist die erste (Komödie), welche sie von ihm aufführen (d. i. seine erste)“ (M). — Sodann aber geschieht es auch als dem Spanischen besonders eigenthümlich mit der Nominativ- und Akkusativform, indem diese nicht nur in allen Personen, außer der ersten und zweiten im Singular, bei jeder Vorsetzung von Präpositionen durch jene vertreten wird (Vergl. § 47), sondern auch selbst

a) in der ersten und zweiten Person, wenn eine derselben mit einem andern vorhergehenden substantivischen Ausdrucke durch y verbunden und dieser Verbindung entre vorgesetzt ist, z. B. La disputa que hai entre ellos y yo „Der Streit, welcher zwischen ihnen und mir ist“ (S); jedoch la disputa que hai entre ti y mi „Der Streit, welcher zwischen dir und mir ist“, und

b) in der dritten Person, wenn diese sich auf eine Sache bezieht und zu größerer Hervorhebung doppelt bezeichnet (Vergl. § 50, B. 2.) oder mit todo verbunden werden soll, z. B. Les esplica en español todas ellas „Er erklärt sie ihnen alle (die Briefe) auf Spanisch“.

Ferner findet eine solche Vertretung in dem Ausdrucke de suyo „an sich“ Statt, dem einzigen, in welchem eine Genitivform mit einer Präposition verbunden ist, und endlich, wenn in einem Satze in Beziehung auf das Attribut eines vorhergehenden, statt es zu wiederholen, in dem Ausdrucke des Prädikats lo für ello gebraucht wird, z. B. ¿No son tales personas dignas de respeto? Lo son „Sind solche Personen nicht achtungswürdig? Sie sind es“ (S). Los árabes, dueños del pais, no *lo* fueron jamas del ánimo indomable de sus moradores „Die Araber, (welche) Herren des Landes (waren), waren es nie über den unbezähmbaren Geist seiner Bewohner“ (Alc). Ueberdies können bei der zweiten Art der Vertretung die Nominativformen der dritten Person unter allen Umständen, auch wenn diese sich auf Sachen bezieht, mit Präpositionen verbunden werden, und gebraucht man daher nie, wie im Deutschen, statt derselben ein mit Präpositionen zusammengesetztes Demonstrativadverb, wie „dabei“, „davon“, „dazu“ ꝛc., z. B. Habla de ello „Er spricht davon“ (M). Con ello podrán vivir „Damit werden sie leben können“ (J). Apoderándose de la tortuga y matándola, cortó un buen trozo de ella para asarlo „Indem er sich der Schildkröte bemächtigte und sie tödtete, schnitt er ein gutes Stück davon ab, um es zu braten“ (T).

§ 129. Die Personalpronomen beziehen sich in der Regel auf ein Substantiv oder substantivisch gebrauchtes Wort, überhaupt auf einen Ausdruck, der nur als Satztheil erscheint; doch können ello und die zu ihm gehörigen Formen, wie das deutsche „es“, sich auch auf einen ganzen Satz beziehen. Sie werden indeß weit weniger häufig, als „es“, auf diese Weise gebraucht, und zwar in folgenden Fällen:

1) Ello dient als grammatisches Subjekt bloß zur Hinweisung auf einen das eigentliche Subjekt des Gedankens ausdrückenden nachfolgenden

Substantivsatz, wenn dieser besonders hervorgehoben werden soll, wird aber nicht, wie das deutsche „es", zu solcher Hinweisung gebraucht, wenn diese Hervorhebung nicht beabsichtigt ist, z. B. *Ello* es preciso que yo le instruya de todo „Es (das) ist nöthig, daß ich ihn von Allem unterrichte" (M). Gewöhnlich ohne Hervorhebung Es preciso que . . . und dergleichen. Auch steht es nie, wo das deutsche „es" als grammatisches Subjekt auf das eigentliche nur durch einen substantivisch gebrauchten Adjektivsatz ausgedrückte Subjekt hinweist, oder auf ein in dieser Form bloß gedachtes; sondern man gebraucht dafür, wenn der Adjektivsatz ausgesprochen ist, in der Regel den bestimmten Artikel, wenn er aber nur im Sinne liegt, Nichts, z. B. Esa misma tranquilidad es *la* que me hace estremecer „Gerade diese Ruhe ist es, die mich schaudern macht" (R). Yo era *el* que gobernaba la casa „Ich war es, der das Haus regierte" (M). Esto es lo que me tiene sin sentido „Dies ist es, was mich sinnlos macht" (J). ¿Es Vd.? „Sind sie es? (etwa: den ich sehe)" (S). No hai duda, *él* es, sí, *él* es „Es ist kein Zweifel, er ist es, ja, er ist es (etwa: der da kommt)" (J).

2) Le bezieht sich wol nur in Ausdrücken, wie ¿Qué *le* hemos de hacer? „Was sollen wir dabei machen?" auf einen ganzen Gedanken, der aber gewöhnlich vorhergeht.

3) Lo weist immer nur auf einen Hauptsatz hin, der sich zu dem Verb eines andern Satzes als leidendes Objekt verhält, z. B. He sido engañado, *lo* confieso „Ich bin getäuscht worden, ich gestehe es" (L). Dios lo manda: morid ó creed „Gott befiehlt es; sterbt oder glaubt" (R), so daß das im Deutschen zuweilen auf einen Infinitiv oder nachfolgenden Substantivsatz hinweisende „es" und die statt desselben mit Präpositionen auch oft so gebrauchten Ausdrücke „dazu", „davon", „damit" u. s. w. im Spanischen keinen entsprechenden Ausdruck haben, wenn gleich die Präposition bleibt, z. B. No lograrás que le castiguen „Du wirst es nicht erlangen, daß sie ihn bestrafen" (S). Se empeñaron en que me quedase con ellos „Sie bestanden darauf, daß ich bei ihnen bliebe" (S).

§ 130. Als substantivische Ausdrücke können die Personalpronomen auch Beziehungswörter von Attributen sein, jedoch ohne Einschränkung nur von vermittelten, von unvermittelten (beiwörtlichen) dagegen nur, in so fern diese Appositionen oder beschränkende adjektivische Formwörter sind, z. B. Él es bueno. La encontré sola. Le han proclamado rei. Está de buen humor. Nunca se le ve de buen humor. Nos el rei. Yo mismo (propio) lo he visto. Nosotros dos solos. Doch gebraucht man statt eines Personalpronoms mit einem bestimmten Zahlworte zum Attribute lieber das Zahlwort selbst mit dem bestimmten Artikel substantivisch, da die Person meistens leicht aus der Form des Verbs oder aus dem Zusammenhange erkennbar ist, z. B. Nos estrechábamos las tres „Wir drei drängten uns zusammen" (R). — Bei dieser Beschränktheit der beiwörtlichen Attribute können unmittelbare Verbindungen der ersten oder zweiten Person mit Adjektiven im Deutschen, wie z. B. „Ich Armer!" „Du Unglücklicher!" „Mich Armen!" u. s. w. im Spanischen nur so wiedergegeben werden, daß man das Adjektiv selbst substantivisch gebraucht, und zwar bei der zweiten Person mit gänzlicher Auslassung des Pronoms, bei der ersten dagegen, indem dem Adjektiv im Nominativ bei Ausrufen de mí oder de nosotros hinzugefügt, sonst aber ihm das Demonstrativ este vorgesetzt wird, z. B. ¿Qué has hecho, desdichado? „Was hast du gemacht, du Unglücklicher?" (R). ¡Necia *de mí*! „Ich Dumme!" (L). ¡Ten compasion de *esta* infeliz! „Habe Mitleid mit mir Unglücklichen!" oder „Bemitleide mich Unglückliche!" (J).

§ 131. Bei einigen Formen der Personalpronomen, nämlich lo, la und las ist eben so, wie zuweilen bei „es" im Deutschen, der durch sie ursprünglich bei einigen Verben bezeichnete Gegenstand — manchmal cosa und cosas — so dem Bewußtsein entrückt worden, daß sie jetzt nur noch gewissermaßen als Bestandtheile dieser Verben erscheinen, welche diesen, gleich Endungen oder Vorsilben, entweder intransitive Bedeutung geben, oder ihre Anwendung auf einen weniger allgemeinen, oft eigenthümlichen Sinn beschränken. Eine solche Entfernung von ihrer eigentlichen Bedeutung als Personalpronomen findet z. B. Statt in pasarlo „leben", haberlas oder habérselas con alguno „es mit Jemand zu thun bekommen", hacerla buena „etwas Schönes anrichten", freírsela á alguien „Jemand Etwas anheften", tomarla despacio „sich Muße nehmen", pagarla oder las „es büßen", chantárselas á alguien „es Jemand in's Gesicht sagen", cargarlas „sein Spiel treiben", no tenerlas todas consigo „große Angst haben", tomarla con alguien „Jemand immer entgegen sein", apostárselas á alguien „mit Jemand wetten", armarla „falsch mischen (im Kartenspiel)", desollarla „den Rausch ausschlafen", guardársela á alguien „es Jemand gedenken", oder auch in sprichwörtlichen Sätzen, wie Me la claven en la frente „Es ist mir fast unmöglich, es zu glauben". Donde las dan las toman „Wie man in den Wald hineinruft, so schallt es heraus". Ahí me las den todas „Das rührt mich nicht". Allá se la (las) haya oder avenga „Er mag es auf seine eigene Kappe nehmen" u. s. w. Noch mehr entfernen sich aber zuweilen in anderer Hinsicht sämmtliche Akkusativformen der dritten Person; denn diese nehmen manchmal in Beziehung auf einen vorbenannten sachlichen Gegenstand im Singular die Bedeutung von „ein" oder „etwas" oder „welches", und im Plural die Bedeutung von „einige", „welche", „deren" an, z. B. Podrá asistir á su familia, si *la* tiene „Er wird seiner Familie beistehen können, wenn er eine hat" (M). Esta agua está hirviendo — Aquí *la* hai fria „Dies Wasser kocht — Hier ist welches, das kalt ist" oder „Hier ist kaltes" (O). ¿Tiene Vd. dedales? — Aquí los hai de oro y de plata „Haben Sie Fingerhüte? — Hier sind welche (einige) von Gold und Silber" (O).

Substantivische Interrogativpronomen.

§ 132. Die substantivischen Interrogativpronomen sind quien und que. Jenes entspricht dem deutschen „wer", dieses dem deutschen „was", so wie dem in Verbindung mit Präpositionen dessen Stelle vertretenden „wo“, z. B. ¿*Quién* es esta buena mujer? „Wer ist diese gute Frau?“ (G) ¿*A quién* persuadirán? „Wen werden sie überreden?“ (Q) ¿*Qué* has notado? „Was hast du bemerkt?“ (H) ¿*En qué* te ha podido ofender esta infeliz? „Worin habe ich Unglückliche dich beleidigen können?“ (M).

Die Genitivform cuyo ist übrigens nicht mehr als Fragewort im Gebrauch; auch wird que nicht, wie das deutsche „was“, im Sinn von „warum“ gebraucht, sondern für dieses sagt man in der Regel porqué, z. B. ¿*De quién* (nicht cuyo) es el perro? „Wessen ist der Hund?“ (S) — ¿*Porqué* me hieres? „Was (warum) schlägst du mich?“ (Bibel)

§ 133. Als substantivische Ausdrücke können quien und que auch Beziehungswörter von adjektivischen oder substantivischen Attributen sein, jedoch nur von vermittelten, nicht beiwörtlichen oder unmittelbaren; das mittelst eines Verbs auf que als dessen Objekt bezogene adjektivische Attribut muß aber dann stets die Präposition de haben. Beispiele: ¿A quién juzgas tan sabio? „Wen hältst du für so weise?“ ¿Qué es cierto? „Was ist gewiß?“ — ¿Qué tenemos *de bueno*? „Was haben wir Gutes?“ (R)

§ 134. Von den beiden Fragewörtern kann allein que auch adjektivisch gebraucht werden, und in dieser Eigenschaft entspricht es den adjektivischen Interrogativpronomen „was für ein“ und „welcher“, dem letztern jedoch nur so weit, als es nach einem oder mehreren noch unbesprochenen Einzelwesen fragt. In der erstern Bedeutung wird ihm oft tal hinzugesetzt, doch wird que tal alleinstehend auch für „wie“ gebraucht. Beispiele: ¿Qué ocupacion tiene? „Was für eine Beschäftigung hat er?“ (M). ¿Qué modelos se ha propuesto para la imitacion? „Welche Muster hat er sich zur Nachahmung vorgesetzt?“ (M) ¿*Qué tal* camino ha traido Vd? „Was für eine Reise haben Sie gehabt?“ (L) ¿*Qué tal!* No le parece á Vd. bien? „Wie? Gefällt es Ihnen nicht gut?“ (M).

§ 135. Quien und que werden zuweilen auch im Sinne von Ausdrücken anderer Wortarten gebraucht. Mit dem erstern geschieht dies in dem Ausdrucke como quien dice „so zu sagen“, wo quien so viel als „Jemand“ bedeutet, ähnlich wie „wer“, wenn man sagt: „Da ist Wer“, oder, wenn es, wiederholt gesetzt, als quien — quien dem deutschen „dieser — jener“ oder „der Eine — der Andere“ entspricht; mit que aber ist dies der Fall, wenn es, Adjektiven, Partizipien, Adverbien und Umfangswörtern vorgesetzt, dem deutschen „wie“ entspricht, oder, mit einem nachfolgenden Substantiv durch de verbunden, so viel als „wie viel“ bedeutet. Beispiele: Nunca he salido, *como quien dice*, de los portales de Santa Cruz „Ich bin, so zu sagen, nie aus den Portalen von Santa Cruz gekommen“ (L). *Quien* grita, *quien* se queja „Dieser (der Eine) schreit, Jener (der Andere) beklagt sich“ (S). ¡Qué desdichado nací! „Wie unglücklich wurde ich geboren!“ (J). ¡Qué bien! „Wie gut!“. ¡Qué poco! „Wie wenig!“ — ¡Qué de injurias vomita la sierpe venenosa! „Wie viele Schmähungen speit die giftige Schlange aus!“ (Y).

§ 136. Wie die deutschen Interrogativen, werden auch quien und que als Relativpronomen zur Einleitung von Adjektivsätzen gebraucht. Die also mit quien eingeleiteten Adjektivsätze drücken entweder im Sinn substantivisch gebrauchter Adjektiven selbst den Begriff einer Person aus, oder sie beziehen sich nur im Sinn beiwörtlich gebrauchter Adjektiven auf den anderweitig ausgedrückten Begriff einer Person. Im ersten Falle entspricht quien in der Regel dem deutschen „wer“ d. i. „der, welcher“ oder „der Mensch, welcher“, kann aber auch im Sinne von „Jemand, der“ oder „Einer, der“ stehen, oder in der Zusammensetzung mit quiera (quienquiera que „wer auch“ oder „wer auch immer“) eine ganz unbestimmte Bedeutung annehmen; im zweiten Falle entspricht es den adjektivischen Relativen „der“ und „welcher“ im Deutschen, z. B. Quien no admite un desafio es al instante tenido por cobarde „Wer (derjenige, welcher) eine Herausforderung nicht annimmt, wird sogleich für feige gehalten“ (J). — Tendré quien me asista con amor y fidelidad „Ich werde Jemand haben, der (oder „die“) mir mit Liebe und Treue beisteht (oder „Einen, der“ oder auch „Eine, die“)“ (M). Quien quiera que fuese su amigo „Wer auch sein Freund sein mochte“ (S). — El sujeto de quien formas queja, te favorece „Die Person, über die (welche) du dich beklagst, begünstigt dich“ (Acd). — Die mit que eingeleiteten Adjektivsätze aber drücken im Sinn substantivisch gebrauchter Adjektiven, wenn ihnen kein Artikel vorhergeht, den Begriff einer Sache aus; doch können sie im Sinn beiwörtlich gebrauchter Adjektiven sich eben so wohl auf Personen als Sachen beziehen. Im ersten Falle, welcher jedoch nur in Apposition zu einer vorhergehenden Aussage vorkommt, entspricht que dem deutschen „was“, im zweiten meistens den adjektivischen Relativen „welcher“ und „der“, und nur, wenn das Beziehungswort einen unbestimmten Sachbegriff ausdrückt, auch dem Relativ „was“, z. B. Y murió en el mar el buen religioso, *que* fué un quebranto para toda la familia „Und er starb auf der See, der gute Geistliche, was (nämlich, daß er starb) ein Verlust für die ganze Familie war“ (M). Reos he visto yo que parecian unos santos „Ich habe Verbrecher gesehen, die wie Heilige aussahen“ (J). Le voi á revelar un secreto *que* le va á dejar aturdido „Ich will Ihnen ein Geheimniß offenbaren, das Sie entsetzen wird“ (M). ¿Qué es esto *que* por mí pasa? „Was ist dies, was mit mir vorgeht?“ (M). ¿Qué hai de nuevo? Nada *que* yo sepa „Was giebt es Neues? Nichts, was ich wüßte“.

§ 137. Dem als Relativ gebrauchten que wird auch oft der bestimmte Artikel vorgesetzt, und zwar sowohl in Adjektivsätzen, welche sich im Sinn beiwörtlicher Adjektiven auf einen vorhergehenden substantivischen Ausdruck beziehen, als in solchen, welche im Sinn substantivisch gebrauchter Adjektiven selbst einen substantivisch genommenen Begriff ausdrücken. Im ersten Falle erhält der Adjektivsatz dadurch eine größere Selbständigkeit und unterscheidet sich von dem bloß mit que eingeleiteten dadurch, daß er seinen Beziehungsbegriff nicht eigentlich, wie diese, seiner Art oder seinem Umfange nach beschränkt, sondern vielmehr in der Regel statt eines Hauptsatzes etwas mehr auf die vorhergehende Aussage Bezügliches, wie einen Grund oder eine Folge, aussagt, z. B. Maltrató de palabra á mis hermanos *los que* viéndose injuriados etc. „Er mißhandelte in seinen Reden meine Brüder, welche, sich beleidigt schend u. s. w." (S), wo der angefangene Adjektivsatz nicht den Beziehungsbegriff hermanos näher bestimmt, sondern eine Handlung der Brüder als Folge der im Hauptsatze ausgesagten Schmähungen auf dieselben aussprechen soll. — Im zweiten Falle erhält der Adjektivsatz dadurch wegen der verschiedenen Geschlechtsformen des Artikels eine größere Bestimmtheit und die Fähigkeit, außer dem Begriff einer Sache auch den einer Person auszudrücken; doch wird er in dieser Form als Ausdruck des letztern meistens nur gebraucht, wenn man das Geschlecht der Person zu kennzeichnen beabsichtigt, erscheint aber dagegen als Ausdruck des erstern, wegen der beschränkten Anwendbarkeit des bloßen que in dieser Art von Adjektivsätzen (Siehe § 136), fast stets in derselben, selbst in der Apposition zu einer vorhergehenden Aussage, indem que meistens nicht deutlich genug ist, z. B. Castiga á quienes oder á los que abusan de su bondad „Er straft die, welche seine Güte mißbrauchen" (S). — Al que madruga Dios lo ayuda „Dem, welcher früh aufsteht, hilft Gott" (Morgenstunde hat Gold im Munde) (Sprichw.). Tú no fuiste *la que* dijo aquello de Don Frutos „Du warst diejenige nicht, welche Jenes von Don Frutos sagte" (G). Vds. harán lo que gusten „Sie werden (mögen) thun, was Ihnen beliebt" (S). Lo que mas le afligió era el temor de perder á Laura „Was ihn am meisten betrübte, war die Furcht, Laura zu verlieren" (J). — Está mui enfadado contigo, lo que siento mucho „Er ist sehr böse auf dich, was ich sehr bedaure". — Este muchacho está inocente, *por lo que* no se le debe castigar á él „Dieser Knabe ist unschuldig, weßhalb man ihn nicht bestrafen muß".

Man sagt übrigens niemals lo que, sondern nur que, wo das deutsche „was" sich auf einen allgemeinen Sachbegriff bezieht, noch pflegt man in einem substantivisch gebrauchten Adjektivsatze, der zu der Aussage eines andern Satzes in Apposition steht, dem que lo vorzusetzen, wenn dem Relativ eine der Präpositionen sobre, ademas (de) und fuera (de) vorangeht, ein Fall, der auch im Deutschen etwas Eigenes hat, indem statt des Relativs gewöhnlich ein Demonstrativ gebraucht werden muß, z. B. *Sobre que* está abobado con estas reformas „Ueberdies ist er in diese Reformen vernarrt" (N). — *Ademas de que* no le faltan al rei jóvenes nobles y bien dispuestos „Außerdem fehlt es dem Könige nicht an edlen und wohlgesinnten Jünglingen" (L).

§ 139. Wenn gleich von den Interrogativpronomen die Genitivform cuyo nicht mehr gebraucht wird (§ 132), so kommt sie doch, wenn dieselben als Relativpronomen stehen, sehr häufig in Anwendung, und zwar in eigentlichen Adjektivsätzen, wie „dessen" und „deren", ohne Einschränkung, in den substantivisch gebrauchten aber höchstens etwa nur, dem deutschen „wessen" entsprechend, wenn sie Ausdruck eines Personenbegriffs sind, z. B. Un amigo de cuya inocencia estoi seguro „Ein Freund, von dessen Unschuld ich überzeugt bin" (J). El hombre cuya capa robaron „Der Mann, dessen Mantel man raubte" (J). La mujer cuyos ojos etc. „Die Frau, deren Augen" u. s. w.

Außerdem steht cuyo noch in eigenthümlicher Weise, dem deutschen „welcher" entsprechend, wenn ein Adjektivsatz mit seinem in Apposition befindlichen Beziehungsworte zusammengezogen wird, z. B. ¿Que era entónces en la consideracion de Fernando la nulidad de su nacimiento con cuyo pretesto (d. i. pretesto con que) la habia despojado del reino? „Was war nun in Ferdinands Augen der Fehler ihrer Geburt, mit welchem Vorwande (d. i. ein Vorwand, mit welchem) er sie des Reiches beraubt hatte?" (T). A esta voz siguió una grande y confusa griteria del pueblo, cuyo rumor (d. i. rumor que) engañó al que tenia á su cargo la campana „Auf diese Stimme folgte ein großes und verwirrtes Geschrei des Volkes, welches Geräusch (d. i. ein Geräusch, welches) den, der mit dem Läuten beauftragt war, täuschte" (J).

V. Kapitel.

Vom Adjektiv.

Bildung des Adjektivs.

Stämme.

§ 139. Von den spanischen Adjektiven können nur diejenigen als Stämme angesehen werden, welche nicht durch bedeutsame Endungen, sondern durch eine bloße Aenderung der innern Lautverhältnisse von spanischen Verben gebildet sind, oder deren Bildung sich gar nicht auf spanische Wörter zurückführen läßt, z. B. fiel „treu" von fiar „trauen", vivo „lebendig" von vivir „leben", nato „geboren" von nacer „geboren werden", tinto „gefärbt" von teñir „färben", tuerto „schielend" von torcer „drehen" — bueno „gut", malo „schlecht", grande „groß", pequeño „klein" ꝛc. Von den letzteren sind viele nur uneigentliche Stämme, da sie sich nur nicht auf spanische Wurzeln, wohl aber auf Wurzeln oder Stämme anderer Sprachen, namentlich des Lateinischen, zurückführen lassen, wie z. B. manche der Zahlordnungs- oder Vervielfältigungszahlwörter, wie claro „hell" vom lateinischen clarere „glänzen", sesto „sechster" vom lateinischen sex „sechs" quintuplo „fünffach" vom lateinischen quinque „fünf" u. s. w. Die erstern sind nur in geringer Anzahl, und obgleich sie Wurzeln im Spanischen haben, sind sie doch auch eigentlich schon in ihrer Stammesform aus andern Sprachen, namentlich aus dem Lateinischen, übergegangen, so daß sich für ihre Bildung nicht wohl ein der spanischen Sprache eigenthümliches Verfahren nachweisen läßt.

Sproßformen.

§ 140. Zu den adjektivischen Sproßformen oder abgeleiteten Adjektiven gehören im Spanischen alle diejenigen Adjektiven, welche mittelst bedeutsamer Endungen von spanischen Wörtern gebildet werden, oder in solcher Form zugleich mit ihren Stämmen aus andern Sprachen ins Spanische übergegangen sind. Sie kommen hauptsächlich von Substantiven und Verben, und namentlich giebt es unter ihnen keine, die, wie die deutschen Adjektiven

„hiesig“, „dortig“, „heutig“, „gestrig“, „jetzig“, „baldig“, „einmalig“, „zweimalig“ u. dergl. von adverbialen Formwörtern gebildet wären; doch werden einige, namentlich die Personaladjektiven oder sogenannten Possessivpronomen, auch von andern als den oben erwähnten Wortarten gebildet. Unter den von Substantiven und Verben abgeleiteten adjektivischen Sproßformen giebt es aber einen wesentlichen Unterschied. Die ersteren bekommen nämlich durch ihre Ableitungsendungen hauptsächlich nur adjektivische Form, ohne daß zu dem Begriff des Stammes irgend eine eigentlich neue Vorstellung hinzukäme, und die Wahl und Anwendung ihrer verschiedenen Endungen hängt daher eben nicht von einer besonders unterscheidenden Bedeutung derselben, sondern vielmehr von der besondern Art der Stammwörter ab. Bei den letztern dagegen wird durch die Ableitungsendungen nicht bloß adjektivische Form bewirkt, sondern diese fügen auch zu dem Begriffe des Verbs, dem sie hinzugethan werden, irgend eine mehr oder weniger neue Vorstellung hinzu, so daß die Wahl und Anwendung derselben im Allgemeinen von ihrer eigenen Bedeutung und nicht von der besondern Art der Verben abhängt. Demgemäß dienen

A) bei der Bildung adjektivischer Sproßformen von Substantiven

a) die Endungen esco, il und ico, indem sie im Allgemeinen den deutschen Endungen „lich“, „isch“ und „mäßig“ entsprechen, zur Ableitung von Personennamen, z. B. caballeresco „ritterlich“ von caballero „Ritter“, turquesco „türkisch“ von turco „Türke“, poético „dichterisch“ von poeta „Dichter“, heróico „heldenmäßig“ von héroe „Held“, cocheril „kutschermäßig“ von cochero „Kutscher“ u. s. w.;

b) die Endung uno, wie „ähnlich“ und „artig“ im Deutschen, zur Ableitung von Thiernamen, z. B. cervuno „hirschartig“ von ciervo „Hirsch“, vacuno „kuh-“ oder „rindsartig“ von vaca „Kuh“, boyuno „ochsenähnlich“ von buey „Ochs“ u. s. w.;

c) die Endungen ano, in, ense, eño und es, wie die deutschen Endungen „isch“ und „er“, zur Ableitung von Länder- und Ortsnamen, z. B. africano „afrikanisch“, toledano „toledanisch“, menorquin „menorkisch“, matritense „Madrid betreffend“, parisiense „parisisch“, brasileño „brasilisch“, lisbones „lissabonisch“, bremes „bremisch“ u. s. w.;

d) die Endungen eo, ino, ico und iento, ähnlich den deutschen „en“, „ern“, „ig“, „icht“ und „isch“, zur Ableitung von Stoffnamen, z. B. purpúreo „purpurn“ von púrpura „Purpur“, ebúrneo „elfenbeinern“ von eburno „Elfenbein“, acerino „stählern“ von acero „Stahl“, balsámico „balsamisch“ von bálsamo „Balsam“, polvoriento „staubig“ von pólvora „Staub“ u. s. w.;

e) die Endungen oso, ario, al und iento, welche meistens den deutschen Endungen „ig“ und „lich“ entsprechen, zur Ableitung von abstrakten Substantiven, al indeß auch zuweilen von konkreten, z. B. doloroso „schmerzlich“ von dolor „Schmerz“, valeroso „muthig“ von valor „Muth“, voluntario „freiwillig“ von voluntad „Wille“, artificial „künstlich“ von artificio „Kunstgeschick“, casual „zufällig“ von caso „Fall“, esencial „wesentlich“ von esencia „Wesen“, hambriento „hungrig“ von hambre „Hunger“, sediento „durstig“ von sed „Durst“, — real „königlich“ von rei „König“, carnal „fleischlich“ von carne „Fleisch“ u. s. w.;

und B) bei der Bildung adjektivischer Sprechformen von Verben

a) die Endungen ante und ente, der deutschen Partizipialendung „end“ entsprechend, zur Ableitung von Partizipialadjektiven aktiver Bedeutung, z. B. errante „umherirrend“, ignorante „unwissend“ von ignorar „nicht wissen“, doliente „leidend“ von doler „schmerzen“, sigulente „folgend“ von seguir u. s. w.;

b) die Endungen ado und ido, wie die deutsche Passivform des Partizips, zur Ableitung von Partizipialadjektiven aktiver oder passiver Bedeutung, häufig auch in zusammengezogener Form, z. B. leido „belesen“, callado „verschwiegen“, bendito „geweiht“, maldito „verwünscht“ u. s. w.;

Anmerk. Mit ado, ido und deren Nebenform udo werden auch adjektivische Sprechformen von Substantiven gebildet, z. B. jorobado „buckelig“ von joroba „Buckel“, desdichado „unglücklich“ von dicha „Glück“, acaballado „pferdeähnlich“ von caballo „Pferd“, barbudo „bärtig“ von barba „Bart“, forzudo „sehr stark“ von fuerza „Kraft“, descolorido „blaß“ von color „Farbe“ u. s. w.;

c) die Endungen ador, edor, idor, on, an und in, welche zum Theil den deutschen Endungen „end“, „er“ und „isch“ entsprechen, zur Ableitung von Adjektiven aktiver Bedeutung, welche zugleich auch substantivischen Charakter haben und sich als Substantivadjektiven bezeichnen lassen, z. B. encantador „bezaubernd“ von encantar „bezaubern“, acreedor „berechtigt“ von acreer „auf Borg geben“, burlon „spöttisch“ von burlar „spotten“ u. s. w. (Vergl. § 104, 1);

d) die Endungen ero und ivo zur Ableitung eigentlicher Adjektiven aktiver Bedeutung, z. B. venidero „künftig“ von venir „kommen“, duradero „dauernd“ von durar „dauern“, pensativo „nachdenklich“ von pensar „denken“, destructivo „zerstörend“ von destruir „zerstören“ u. s. w.;

e) die Endungen able, ible und izo, ähnlich den deutschen Endungen „lich“ und „bar“, zur Ableitung von Adjektiven aktiver und passiver Bedeutung mit dem Nebenbegriffe der Möglichkeit, Leichtigkeit oder Fähigkeit in Bezug auf die durch das Verb ausgedrückte Thätigkeit,

z. B. reparable „wiederherstellbar" von reparar „wiederherstellen", separable „trennbar" von separar „trennen", invencible „unbesiegbar" von vencer „siegen", corregible „verbesserlich" von corregir „verbessern", olvidadizo „vergeßlich" von olvidar „vergessen", caedizo „hinfällig" von caer „fallen", compradizo „käuflich" von comprar „kaufen" u. s. w.

Diminutiv- und Augmentativformen.

§ 141. Zu den genannten adjektivischen Sproßformen kommen noch, wie bei den substantivischen, und ebenfalls, wie dort, nicht eigentlich als eine Nebenart, sondern vielmehr als zu allen Arten gehörend, gewisse nur von adjektivischen Wörtern gebildete Formen, in welchen zu dem Begriffe ihres Stammes noch die Nebenvorstellungen der Kleinheit oder Größe, der Schwäche oder Mächtigkeit, der Feinheit oder Plumpheit, der Geringfügigkeit oder Wichtigkeit, der Niedlichkeit oder Derbheit, der Liebenswürdigkeit oder Abscheulichkeit, der Schätzbarkeit oder Verächtlichkeit und dergleichen, welche man im Deutschen gewöhnlich durch Adverbien, wie „recht", „sehr", „ungemein", ungeheuer" u. s. w., oder durch, adverbial gebrauchte Umfangswörter, wie „ein wenig", „ein klein wenig", „ganz" u. s. w. oder auch gar nicht bezeichnet, hinzugethan werden. Diese eigenthümlichen Sproßformen heißen adjektivische Diminutiv- und Augmentativformen und werden mit denselben Endungen und auf dieselbe Weise wie die substantivischen (Vergl. § 105.) gebildet, z. B. solito „ganz allein" von solo, bellacon „sehr schlau" von bellaco, inocenton „ungeheuer unschuldig" von inocente, grandote „ungeheuer groß" von grande, santico „ein wenig heilig" von santo, sanito „recht gesund" von sano, poquito und poquillo „ein klein wenig", pobrete „ärmlich" von pobre, simplecillo „ein wenig einfältig" von simple, ruincito „etwas niederträchtig" von ruin, vejote „schrecklich alt" von viejo, bonazo „ungeheuer gutmüthig" und bonacho „etwas dumm gutmüthig" von bueno, ternezuelo „etwas zart" von tierno, grandecillo, viejecito, pobrecillo, fortezuelo, ceguezuelo oder cieguezuelo, nuevecito, chiquito, chiquitillito etc.

Zusammengesetzte Adjektiven.

Aechte Zusammensetzungen.

§ 142. Die ächten adjektivischen Zusammensetzungen haben immer ein Adjektiv zu ihrem Beziehungsworte. Ihr Haupt- oder Bestimmungswort ist aber in der Regel entweder ein Substantiv oder ein Adverb, adverbiale Vorsilben mit eingerechnet. Die Adverbien werden dem Beziehungsworte gewöhnlich ohne Weiteres vorgesetzt, z. B. bienquisto „wohlbeliebt", bienaventurado „glückselig", recienvenido „neuangekommen", circunvecino „umliegend", circunspecto „umsichtig", desobediente „ungehorsam", disgustoso „unangenehm", extraordinario „außerordentlich", imprudente „unklug", indócil „ungelehrig", inhábil „ungeschickt", preclaro „sehr berühmt", prepotente

„übermächtig“, preternatural „übernatürlich“, semiracional „halbvernünftig“, semivivo „halb lebendig“, superfino „sehr fein“ u. s. w.; doch werden einige auch zuweilen etwas verändert, wie dis in di, und im oder in in ir, wenn das Beziehungswort mit r anlautet, z. B. difícil „schwer“, irregular „unregelmäßig“, irresoluto „unentschlossen“ u. s. w. Bei den Substantiven wird in der Regel der auslautende Vokal in i verwandelt, z. B. cuellilargo „langhalsig“ von cuello „Hals“, boquirubio „rothmundig“ von boca „Mund“, pelicorto „kurzhaarig“ von pelo „Haar“, barbilindo „schönbärtig“ von barba „Bart“ und lindo „hübsch“, ojinegro „schwarzäugig“ von ojo „Auge“ u. s. w.

Adjektivische Phrasen.

§ 143. Die adjektivischen Phrasen bestehen ihrer Mehrzahl nach aus einem Substantiv und einer Präposition, wobei das Substantiv allerdings auch mit adjektivischen Wörtern verbunden sein kann, z. B. de gala „geputzt“, de peligro „gefährdet“, de rigor „unumgänglich nothwendig“, de prisa „eilig“, de oro „golden“, de hierro „eisern“, de plata „silbern“, de buen humor „gut gelaunt“, de mal humor „schlecht gelaunt“, de buena gana „gern“, de mala gana „ungern“, de España „spanisch“, de Rusia „russisch“, de siete años „siebenjährig“, á gusto „angenehm“, „lieb“, á cargo „lästig“, á punto „im Begriff“, á la disposicion „zur Verfügung“, en juicio „bei Verstand“, en hipoteca „verpfändet“, con sosiego „ruhig“, con zozobra „geängstigt“, con cuidado „besorgt“, sin cuidado „unbesorgt“, sin apetito „appetitlos“, sin castigo „straflos“, sin pan „brotlos“, contra la lei „gesetzwidrig“ u. s. w. Einige bestehen aber auch aus einem Adverb und einer Präposition, und diese ersetzen namentlich die deutschen adjektivischen Sprachformen, welche von adverbialen Formwörtern gebildet sind (Vergl. § 140), z. B. de hoi „heutig“, de ayer „gestrig“, de aquí „hiesig“, de allí (allá) „dortig“, de ahora „jetzig“ u. s. w. Auch gehören zu ihnen die mit sin gebrauchten Infinitive, welche den mit „un“ zusammengesetzten passiven Partizipien im Deutschen entsprechen, und einige andere Zusammenstellungen, z. B. sin hacer „ungemacht“, sin colocar „unversorgt“, de esta „hiesig“, de esa „dortig“, fuera de sí „außer sich“, „sinnlos“ u. s. w.

Grammatisches Verhalten der Adjektiven.

Adjektivische Begriffswörter (adjektivische Merkmalswörter oder eigentliche Adjektiven).

A. Das Adjektiv in seiner attributiven Beziehung.

§ 144. Im Spanischen können, wie im Deutschen, fast alle Adjektiven und adjektivische Phrasen, in so fern sie Ausdrücke von Begriffen (Merkmalen) sind, in allen drei attributiven Beziehungen, nämlich der unmittelbaren oder beiwörtlichen, der mittelst eines Verbs zur Bestimmung des Subjekts, und der mittelst eines Verbs zur Bestimmung seines

Objekts bewirkten, vorkommen, z. B. El hombre *inquieto* „Der unruhige Mensch" (unmittelbare attributive Beziehung). El hombre está *inquieto* „Der Mensch ist unruhig" oder El hombre me lo dijo *inquieto* „Der Mensch sagte es mir unruhig" (mittelst eines Verbs — estar und decir — zur Bestimmung des Subjekts bewirkte Beziehung). Esto me tiene *inquieto* „Das macht mich unruhig" oder Le supongo *inquieto* „Ich vermuthe ihn unruhig" (mittelst eines Verbs — tener und suponer — zur Bestimmung eines Objekts bewirkte Beziehung). — Es un hombre *sin compasion* „Er ist ein Mensch ohne Mitleid" (unm. Bez.). Obra *sin compasion* „Er handelt ohne Mitleid" (durch obrar zur Bestimmung des Subjekts bewirkte Beziehung). Le creiamos *sin compasion* „Wir glaubten ihn ohne Mitleid" (durch creer zur Bestimmung des Objekts bewirkte Beziehung); und in jeder dieser Beziehungen stimmt das Adjektiv, so weit es flexibel ist, zur Bezeichnung seines Verhältnisses, mit dem Beziehungsworte in Geschlecht und Zahl überein.

§ 145. Es giebt jedoch auch im Spanischen, wie im Deutschen, einige Adjektiven, welche nicht in allen drei attributiven Beziehungen stehen können. Es sind dies aber keineswegs gerade diejenigen Adjektiven, welche im Deutschen solche zum Ausdruck haben, die in dieser Hinsicht mangelhaft sind; sondern die Adjektiven beider Sprachen verhalten sich in diesem Betracht in jeder auf besondere Weise, und im Spanischen beschränkt sich dieses im Wesentlichen auf folgende Fälle:

1) Die auf den Stoff der Dinge sich beziehenden Adjektiven, wie áureo „golden", férreo „eisern", ebúrneo „elfenbeinern", cobreño „kupfern", argentino „silbern", acerino „stählern" und einige wenige mehr, stehen, so fern sie in ihrer eigentlichen stofflichen Bedeutung gebraucht werden, nur unmittelbar attributiv, kommen aber selten vor, da man gewöhnlich dafür de oro, de hierro, de marfil, de cobre, de plata, de acero u. s. w. sagt.

2) Die von geographischen Eigennamen hergeleiteten oder damit verwandten Adjektiven, wie europeo „europäisch", atlántico „atlantisch", español „spanisch", hamburgues „hamburgisch", siciliano „sicilisch" u. s. w. stehen, so lange sie bloß die Beziehung auf den betreffenden geographischen Gegenstand ausdrücken, ebenfalls nur unmittelbar attributiv; doch zieht man ihnen, wenn das Beziehungswort der Name eines Erzeugnisses ist, die mit dem geographischen Eigennamen und de gebildete Phrase vor, z. B. lana de España „spanische Wolle", cueros de Rusia „russische Juchten", paño de Francia „französisches Tuch", cigarros de Brema „bremische Zigarren" u. s. w.

3) Die mit der Endung ano von Thiernamen, so wie die mit der Endung al von Substantiven konkreter Bedeutung gebildeten und einige andere nur allgemeine Beziehungen aussprechende Adjektiven auf al, wie principal, central, final, natal, vital, feudal, oriental, meridional, occidental, setentrional etc. stehen gleichfalls nur unmittelbar attributiv, indem ihr Begriff sich zu dem

ihres Beziehungswortes, wie das Bestimmungswort zusammengesetzter Substantiven zu deren Grundworte verhält, z. B. res vacuna „Rindvieh“, árbol frutal „Obstbaum“, aura vital „Lebensluft“, gobierno feudal „Feudalregierung“, costa oriental „Ostküste“ u. s. w.

4) Die unter 2 erwähnten Adjektiven stehen dann, wenn sie das Charakteristische der Nation, der Bewohner einer Gegend und dergleichen ausdrücken, nur mittelbar attributiv, z. B. Yo soi muy español „Ich bin ganz Spanier“ (8).

B. Das Adjektiv nach seiner objektiven Beziehung oder Rektion.

§ 146. Wiewohl man jedes spanische Adjektiv durch eine Beziehung zu einem substantivischen Ausdrucke (dem Raume, der Zeit, der Weise, der Größe und der Ursache oder Wirkung nach) bestimmen kann, so werden doch nicht alle Adjektiven mit einer schon in ihrem Begriffe liegenden Beziehung auf einen Gegenstand außer dem Beziehungsworte des attributiven Verhältnisses gedacht. Die spanischen Adjektiven sind daher, wie die deutschen, zum Theil absolut, zum Theil relativ (objektiv), und, da dieses ganz von ihrer Bedeutung abhängt, so muß jede Klasse in den beiden Sprachen im Wesentlichen dieselben Adjektiven umfassen. Eine solche Uebereinstimmung findet auch noch bei den Unterabtheilungen der objektiven Adjektiven statt, indem im Allgemeinen diejenigen, welche in der einen Sprache entweder ein sachliches, oder ein persönliches, oder ein sachliches und persönliches Objekt zugleich regieren, in der andern stets ein Adjektiv mit derselben Rektion zum Ausdruck haben. Bei denjenigen Adjektiven aber, welche ein sachliches Objekt regieren, tritt zwischen den beiden Sprachen ein, jedoch nicht weitgreifender Unterschied hervor. Einige Adjektiven dieser Art nämlich können im Deutschen, gleich den transitiven Verben, wenn auch nicht eigentlich ein leidendes Objekt, doch einen Gegenstand im Akkusativ haben, z. B. „Etwas gewohnt“, „los“, „müde“, „satt“, „schuldig“, „überdrüssig“, „verlustig“, „werth sein“; im Spanischen aber kann kein von einem Adjektiv regiertes sachliches Objekt in dieser Form auftreten, sondern seine Beziehung zu dem Adjektive muß stets durch eine Präposition bezeichnet werden, z. B. acostumbrado á algo, — libre, cansado, harto de algo etc. — Als ein Unterschied in dieser Hinsicht ist es aber nicht anzusehen, wenn z. B. „Einem eigen“ im Spanischen durch propio de uno gegeben wird; denn in diesem Falle, wie in andern, bezeichnet de eben die Beziehung des persönlichen Objekts statt der deutschen Dativform.

C. Das Adjektiv nach seinem substantivischen Gebrauche.

§ 147. Wenn in den allgemeinen Begriff der Person oder der Sache nur eine durch ein Adjektiv ausgedrückte Merkmalsvorstellung aufgenommen wird; so pflegt man auch im Spanischen, wie im Deutschen, den so bestimmten Personen- oder Sachbegriff bloß durch das Adjektiv auszusprechen, den ersten jedoch immer zugleich mit bestimmter Unterscheidung des Geschlechts und der Zahl, den letztern indeß nur geschlechtslos (sächlich) und im Singular,

z. B. el bueno „der Gute", la vieja „die Alte", los malos „die Bösen", las bellas „die Schönen", lo sublime „das Erhabene" u. s. w. Das so gebrauchte Adjektiv hat dann ganz die Geltung eines Substantivs und kann, wie dieses, nicht nur als Subjekt oder Objekt oder substantivisches Attribut stehen, sondern in der Regel auch durch jede Art von Attributen bestimmt werden, z. B. mi querida „meine Geliebte", estos tontos „diese Dummen", mucho bueno „vieles Gute", los ricos de esta ciudad „die Reichen dieser Stadt" u. s. w. Auch kann das Adjektiv im Spanischen, wie im Deutschen, wenn es Beziehungswort eines objektiven Satzverhältnisses ist, wie z. B. in acreedor á la estimacion general „zur allgemeinen Achtung berechtigt", propio de la ignorancia „der Unwissenheit eigen", ohne Aenderung des ganzen Ausdrucks substantivisch gebraucht werden, z. B. el acreedor á la estimacion general „der zur allgemeinen Achtung Berechtigte", lo propio de la ignorancia „das der Unwissenheit Eigne" u. s. w.

§ 148. Der substantivische Gebrauch des Adjektivs ist indeß in beiden Sprachen nicht in allen Stücken übereinstimmend; doch beschränken sich die Abweichungen im Wesentlichen auf folgende Fälle:

1) Es steht im Spanischen oft das im Sinne eines Personennamens substantivisch gebrauchte Adjektiv mit dem unbestimmten Artikel, um ein dem Subjekte mittelst eines Verbs beizulegendes Merkmal mehr hervorzuheben, während dem Adjektive im Deutschen lieber ein substantivisches Beziehungswort gegeben oder ein Adverb zur Verstärkung vorgesetzt wird, z. B. Ella es una pobre „Sie ist ein armes Mädchen" oder „sehr arm" (M).

2) Das im Sinne eines Personennamens substantivisch gebrauchte Adjektiv steht im Spanischen oft mit dem bestimmten Artikel als Beziehungswort eines substantivischen Attributs, um die in dem Adjektiv liegende Vorstellung als Merkmal des attributiv stehenden Substantivs mehr hervorzuheben, während man im Deutschen in solchem Falle entweder ein entsprechendes Substantiv selbst, oder, auf die Hervorhebung verzichtend, das Adjektiv attributiv gebraucht, z. B. el iluso de su padre „der Narr (wörtlich: „der Betrogene") von seinem Vater" im Sinne von „sein betrogener Vater", la buena de Beatriz „die gute Beatrix".

3) Das im Sinne eines Sachnamens substantivisch gebrauchte Adjektiv steht im Spanischen manchmal, wenn das Merkmal eines Dinges an sich selbst als Gegenstand aufgefaßt wird, während man im Deutschen in solchem Falle in der Regel ein abstraktes Substantiv dafür setzt, z. B. Lo alto de la torre „Die Höhe des Thurmes" (S).

Dagegen steht

4) das im Sinne eines Sachnamens substantivisch gebrauchte Adjektiv oft im Deutschen wegen der dabei immer bestimmt ausgeprägten Bezeichnung des sächlichen Geschlechts sehr gut mit dem unbestimmten Artikel, oder „kein", „mein", „dein", „sein", „unser", „euer", „ihr", „jeder", „solcher", „welcher" u. s. w., z. B. „ein Kleines", „kein

Leichtes", „kein Bestes", „jedes Neue", „solches Abgenutzte" u. s. w. während es im Spanischen mit einem adjektivischen Bestimmungsworte ohne sächliche Form, wegen der Verwechselung mit dem im Sinne männlicher Personennamen substantivisch gebrauchten Adjektivum, nicht angewendet werden kann, und in solchen Fällen in der Regel lieber dem Adjektive cosa zum Beziehungsworte gegeben wird, z. B. cosa pequeña oder corta „ein Kleines", ninguna cosa fácil „kein Leichtes", la cosa mejor para él „sein Bestes", cada cosa nueva „jedes Neue", tales cosas usadas „solches Abgenutzte" u. s. w. — Eine solche Ausdrucksform wird außerdem noch zuweilen angewendet, wo allerdings auch das substantivisch gebrauchte Adjektiv in sächlicher Form stehen könnte, z. B. la primera cosa „das Erste", la última cosa „das Letzte" u. s. w.

§ 149. Außer seinem substantivischen Gebrauche steht das Adjektiv auch noch häufig zur Vermeidung von Wiederholungen in beiwörtlicher Beziehung zu einem vorher genannten oder später zu nennenden substantivischen Ausdrucke und mit demselben in Geschlecht und Zahl übereinstimmend allein, wird dabei aber sonst in jeder Beziehung dem substantivisch gebrauchten Adjektive gleich behandelt, z. B. La analogía que nuestra lengua guarda con *la francesa* „Die Analogie, welche unsere Sprache mit der französischen hat" (S). — El *mejor* de los reyes „Der beste der Könige" (J). — Por consiguiente debe ser mayor la suma de abastos presentada que *la buscada para el consumo* „Folglich muß die angebotene Summe von Lebensmitteln größer sein, als die für den Gebrauch gesuchte" (J).

§ 150. Aus diesem letztgenannten Gebrauche, bei welchem das Adjektiv immer ein bestimmtes Substantiv zum Beziehungsworte hat, ist es, wenigstens zum großen Theile, hervorgegangen, daß eine Anzahl Adjektiven mit Annahme des männlichen oder weiblichen Geschlechts zu substantivischen Ausdrücken für bestimmte sachliche Begriffe geworden sind und als Adjektivsubstantiven ganz die Bedeutung wirklicher Sachnamen haben, z. B. el estranjero „das Ausland", el contrario „das Gegentheil", el superfluo „das Ueberflüssige", el sumo „das Höchste", el mínimo „das Mindeste (Minimum)", el todo „das Ganze", el asado „der Braten", el cocido „das gekochte Fleisch", el verde „das Grün", el corriente „der laufende Monat", el español „das Spanische", el alemán „das Deutsche", la presente „das gegenwärtige Schreiben", la muy grata de Vd. „Ihr geehrtes Schreiben", la derecha oder diestra „die Rechte", la izquierda „die Linke", las nuevas „die Neuigkeit" u. s. w. Die Ausdrücke dieser Art gehören denn auch nicht zu den substantivisch gebrauchten Adjektiven, sondern sind als Adjektivsubstantiven jetzt wirkliche Sachnamen, neben welchen das substantivisch gebrauchte Adjektiv fast noch immer seinen Platz hat, z. B. el estranjero „das Ausland", lo estranjero „das Ausländische (was ausländisch ist)", el verde „das Grün (als Farbe)", lo verde „das Grüne (was grün ist, die grünen Dinge)", el contrario „das Gegentheil", lo contrario „das Gegentheilige (was widrig ist)", el cocido „das gekochte Fleisch", lo cocido „das Gekochte (was gekocht ist)" u. s. w.

Adjektivische Form- oder Bestimmungswörter.

Personaladjektiven oder Possessivpronomen.

§ 151. Die Personaladjektiven oder Possessivpronomen sind im Spanischen, wie im Deutschen, nichts Anderes als die adjektivisch gewordenen Genitivformen der Personalpronomen, und sie unterscheiden sich im Spanischen von denselben um so weniger, da diese schon in ihrer Geschlechts- und Zahlflexion adjektivischen Charakter haben, und eine andre Flexion der Adjektiven, wie im Deutschen die Deklination, im Spanischen nicht Statt hat. Der einzige Unterschied ist daher wol ihre Stellung vor ihrem Beziehungsworte und die Verkürzung der Genitivformen mio, tuyo und suyo in mi, tu und su.

§ 132. Die spanischen Personaladjektiven haben durch ihre innige Beziehung zu den Personalpronomen fast alle eine ganz bestimmte Bedeutung, wie die deutschen; nur su ist, und dies noch mehr als das deutsche „ihr", theils wegen seiner Beziehung auf él, ella, ello, ellos und ellas, und theils weil es auch die possessive Beziehung zu den uneigentlichen Anredewörtern Vd., V. S., V. E., V. A. etc. bezeichnet, (z. B. ¿Asi cumple *Vd. su* palabra? „So erfüllen Sie Ihr Wort?"), vieldeutig und kann manchmal zu Mißverständnissen Anlaß geben. Meistens ist indeß seine Beziehung aus dem Zusammenhange ersichtlich. Wo das aber nicht der Fall ist, pflegt man es bei der Beziehung auf die dritte Person durch ein personal-pronominelles Attribut mit de zu ersetzen, z. B. No es la culpa *de ellos* „Es ist nicht ihre Schuld" (M); bei der Beziehung auf die zweite Person aber (d. i. auf ein uneigentliches Anredewort) läßt man es in der Regel stehen und setzt seinem Beziehungsworte nur ein mit dem Anredeworte und de gebildetes Attribut hinzu, doch kann man auch das letztere allein, ohne das su, gebrauchen, z. B. Su hijo de Vd. oder de Vds. „Ihr Sohn" (S). Su carácter de Vd. me confunde „Ihr Charakter beschämt mich" (M). Tengo la culpa de todas las desgracias de Vd. „Ich habe die Schuld von allem Ihrem Unglück" (G). Uebrigens steht su immer, ohne daß de Vd., de V. S. etc. hinzugesetzt würde, in der statt mi oder nuestro gebrauchten eigenthümlichen Höflichkeitsformel esta su, z. B. ¡Qué temprano tenemos el gusto de ver á Vd. en *esta su* casa! „Wie früh haben wir das Vergnügen, Sie in unserem (diesem Ihnen zu Befehl stehenden) Hause zu sehen!" (G).

§ 133. Die Personaladjektiven der ersten Person, mi und nuestro, werden im Spanischen nicht mit den Benennungen verbunden, welche man Angeredeten giebt; sondern man gebraucht diese entweder allein, oder setzt ihnen die entsprechenden Genitivformen der Personalpronomen hinzu, wie früher im Deutschen, z. B. Yo, amigo, ignoraba que . . . „Ich, Freund (oder „mein Freund") wußte nicht, daß . . ." (M). — No, hijo mio, haz tu viaje „Nein, mein Sohn, mache deine Reise" (J). Padre nuestro „Vater unser"; doch können sie in dieser Verbindung gebraucht werden, wenn ihrem Beziehungsworte ein Adjektiv vorangeht, z. B. Mi querido hermano „Mein geliebter Bruder" (M). Außerdem pflegt man sie vor Gattungsnamen, welche im Familienleben gewissermaßen die Bedeutung von Eigennamen annehmen, wie padre, madre und casa, bei dem letzten jedoch nur nach á, de, en oder hasta, ausgeschlossen, z. B. *Padre* ha no venido „Vater ist nicht gekommen" (S). Tiene una huerta mucha mayor que la huerta *de casa* „Er hat einen Garten, (der) viel größer (ist), als der Garten unseres Hauses" (L).

Anmerk. Zusammensetzungen mit Personaladjektiven, wie „meinestheils", „deinerseits", hat die spanische Sprache nicht; sie sagt dafür por mi parte, por tu lado etc., und Ausdrücke wie „meines Gleichen", „deines Gleichen" u. s. w., giebt sie durch mi igual oder mis iguales etc., je nach dem Sinn.

§ 154. In derselben Weise, wie die eigentlichen Adjektiven, können auch die Personaladjektiven substantivisch, oder im beiwörtlichen Verhältnisse von ihrem vorher- oder nachher genannten Beziehungsworte getrennt gebraucht werden; doch wird dabei für mi, tu und su wieder die ursprüngliche Form mio, tuyo und suyo gesetzt, z. B. La plaza fué entrada *por los nuestros* „Der Platz wurde von den Unsrigen eingenommen" (Q). Yo olvido todo *lo mio* „Ich vergesse alles Meinige" (R). — Juzgan del corazon ajeno por *el suyo* „Sie urtheilen über das fremde Herz nach dem ihrigen" (J).

Diese Form hat das Personaladjektiv auch, abweichend vom Deutschen, wenn es bei der letztgenannten Art seines Gebrauchs propio „eigen" bei sich hat, z. B. Levanta la espada de Don Martin y le da *la suya propia* „Er nimmt Don Martin's Degen auf und giebt ihm seinen eigenen" (H). Auch muß unter zwei Personaladjektiven, welche dasselbe Beziehungswort haben, eins immer in dieser Form erscheinen, z. B. Su felicidad y *la tuya* acabaron ya para siempre „Sein und dein Glück endete schon für immer" (R).

Demonstrativadjektiven (Demonstrativpronomen) und Interrogativadjektiven.

A. Der bestimmte Artikel el, la, lo.

§ 155. Der bestimmte Artikel ist im Spanischen, wie im Deutschen, das Demonstrativ für das aus dem Umfange eines Begriffs Bekannte (Bestimmte). Er steht daher — außer bei den Eigennamen, welche als solche eigentlich keine Begriffe ausdrücken, — bei allen Substantiven und substantivisch gebrauchten Wörtern, mögen dieselben Gattungen von Einzeldingen, oder Stoffe, oder abstrakte Begriffe aussprechen, und zwar

1) wenn dieselben nach ihrem ganzen Umfange als dem mit dem Begriff Gegebenen und daher Bekannten verstanden werden, z. B. La zorra es mui astuta „Der Fuchs ist sehr schlau" (S). Las mujeres gustan de las modas „Die Frauen lieben die Moden" (S). El vino y el aceite se venden bien „(Der) Wein und (das) Oel verkaufen sich gut" (S). Seguramente la murmuracion es un gran defecto — No tanto como la hipocrisia „Gewiß die Verläumdung ist ein großer Fehler — Nicht so sehr als die Heuchelei" (B). Los ricos apartan la vista de los pobres

„Die Reichen wenden den Blick von den Armen ab" (S). El leer instruye „Das Lesen unterrichtet" (S);

2) wenn dieselben in einem bestimmten Theilumfange, sei es nun der einer besondern Art oder besonderer Einzeldinge, oder einer sonstigen Einschränkung, genommen werden, z. B. *Los buenos versos* son mui estimables „Gute Verse sind sehr schätzbar" (M). *El marques* era un calaveron de cuatro suelas „Der Markgraf war ein hirnloser Tollkopf (wörtlich: ein Schädel mit 4 Sohlen)" (J). Ya está *la sopa* en la mesa „Schon steht die Suppe auf dem Tische" (O). Yo no alcanzo *la causa* de tanto retiro „Ich begreife die Ursache so vieler Zurückgezogenheit nicht" (M). Sé bien *los nobles sentimientos* que te animan „Ich kenne die edlen Gesinnungen, welche dich beleben, recht wohl" (R);

3) wenn dieselben im Sinne eines Maßes, also einer bekannten Größe, zur Bestimmung eines Größen- und namentlich eines Preisverhältnisses genommen werden, z. B. A veinte reales *la* vara „Zu zwanzig Realen die Elle" (S).

Dagegen wird er seiner Bedeutung gemäß nicht gebraucht

1) wenn die Substantiven als Namen von Gattungen, Stoffen, oder abstrakten Begriffen in einem unbestimmten Theilumfange genommen werden, z. B. ¿Quiere Vd. jamon ó ostras? „Wollen Sie Schinken oder Austern?" (O). Manifiestan temor „Sie zeigen Furcht" (R);

2) überhaupt bei Eigennamen und solchen Benennungen, welche einer Sache zum Behuf leichterer Zurechtfindung als Titel, Aufschriften, Namen von Straßen und Plätzen u. s. w. vorgesetzt oder angehängt werden, z. B. José es un buen hombre „Joseph ist ein guter Mensch" (S). Europa está devorada por la guerra „Europa ist vom Kriege zerrissen" (S). — Alumnos de Marte, dejád su furor „Jünger des Mars, laßt seine Wuth" (R). Gramática de la lengua castellana „Grammatik der spanischen Sprache". Capitulo cinco „Kapitel fünf". Conclusion „Schluß". Aduana „Zollhaus". Calle de Alcalá „Straße nach Alcalá". Almacen de cristales „Magazin für Krystallsachen" u. s. w.

§ 156. Von diesen allgemeinen Bestimmungen giebt es indeß einige Abweichungen; doch sind dieselben selten als eigentliche Ausnahmen zu betrachten und rühren meistens davon her, daß ein Substantiv der einen oder anderen Art, z. B. ein Gattungs- oder Stoffname, im Sinne einer andern Art, z. B. eines Eigennamens, gebraucht wird und dann natürlich in eine andere Beziehung zu dem Artikel tritt. Die hauptsächlichsten dieser Fälle sind folgende:

1) Als eine wirkliche Ausnahme werden zuweilen Gattungs- und Stoffnamen, so wie Namen abstrakter Begriffe, in sprichwörtlichen Ausdrücken ohne Artikel gebraucht, wenn sie auch ihrem

ganzen Umfange nach gedacht werden, z. B. Locos y niños dicen verdad „Kinder und Narren sagen die Wahrheit“.

2) Wenn den auf bestimmte Einzeldinge angewandten Ausdrücken casa und palacio „Palast“, „Stadthaus“ eine der Präpositionen á, de, desde, en und hasta, und den eben so bestimmt genommenen Ausdrücken principios „Anfang“, mediados „Mitte“ und fines „Ende“ überhaupt eine Präposition vorangeht, so wird der Artikel nicht gebraucht, z. B. No estuvo en casa de su madre „Er war nicht im Hause seiner Mutter“ (S). Salgo de palacio „Ich komme aus dem Stadthause“ (S). A mediados de Noviembre „Um die Mitte des November“ (Q). Hasta fines del siglo décimo sexto „Bis zum Ende des sechzehnten Jahrhunderts“ (R).

3) Vor dem zur Bestimmung eines Größenverhältnisses als Maßnamen gebrauchten Substantiven wird bei Anwendung der Präpositionen en und por der Artikel stets ausgelassen, und mitunter läßt man ihn auch ohne diese Präpositionen, bloß der Kürze wegen, weg, z. B. Pagan cuatro por ciento „Sie bezahlen vier für's Hundert (pro Cent)“ (J). Noventa reales en carga „Neunzig Realen die Ladung“ (J). Resulta un precio total de cuarenta y cuatro á cuarenta y seis reales arroba „Es ergiebt sich ein Totalpreis von 44 bis 46 Realen die (per) Arroba“ (J).

4) Unter den Gattungsnamen, welche in ihrer gewöhnlichen Bedeutung nur auf einzelne und als in ihrer Art nur einmal vorhanden gedachte Dinge angewandt werden und in so fern den Eigennamen verwandt sind, gebraucht man Dios „Gott“, jedoch nur in dieser Bedeutung, gleich einem Eigennamen stets ohne Artikel, dagegen sämmtliche andere, wie el diablo oder demonio „der Teufel“, el mundo „die Welt“, el cielo „der Himmel“, el infierno „die Hölle“, el sol, la tierra, la luna, el océano etc. stets mit dem Artikel.

5) Von den Gattungsnamen, welche dem Eigennamen einer Person als Titel vorgesetzt werden, gebraucht man Don und Doña *ohne* Artikel; die übrigen führen ihn, Anreden ausgenommen, der allgemeinen Regel zufolge, z. B. Don Juan. Doña Tomasa. El rei Carlos IV. El Señor Don José Conde. El capitan-general Mazarredo. La Señorita de Haro etc.

6) Die Eigennamen der Flüsse, Meere, Seen und Berge, wie die einiger Länder, Gegenden und Städte, wie la China, el Japon, el Perú, el Brasil, la Gran Bretaña, la Mancha, la Florida, el Ferrol, la Coruña, la Habana, el Cuzco etc. und sämmtliche Ländernamen in Pluralform wie los Paises Bajos, los Estados Unidos etc. haben, weil sie wahrscheinlich sämmtlich aus Gattungsnamen hervorgegangen sind, stets den Artikel.

7) Die auf sächliche Gegenstände, namentlich Kunstprodukte irgend einer Art, angewandten Eigennamen von Personen *haben* den

Unterscheidung wegen stets den Artikel, z. B. el Pilato „der Pilatus“ (Berg), el Eduárdo „der Eduard“ (Schiff), la Magdalena „die Magdalene“ (Gemälde von Correggio). Yo hago el Don Carlos „Ich mache den Don Karlos“ (die Rolle). (V. V.) u. s. w.; doch machen die Namen der Schriftsteller, wenn sie auf ihre Werke angewandt werden, hiervon eine Ausnahme, da sie, abweichend vom Deutschen, ohne Artikel gebraucht werden, z. B. Parece al leer esto que se ven las luchas de los héroes en *Homero y Virgilio* „Es scheint, wenn man dies liest, als sähe man die Kämpfe der Helden im Homer und Virgil“ (Q).

8) Wenn Eigennamen zur Bezeichnung von Gattungen gebraucht werden, mögen sie nun selbst, oder irgend innere Merkmale das in dem Begriff Gemeinschaftliche sein, so haben sie den allgemeinen Bestimmungen zufolge den Artikel, z. B. *Los Gonzalos* descienden de Gonzalo Gustios „Die Gonzalos stammen von Gonzalo Gustios ab“ (S). El Ciceron de este tiempo. El siglo de los Avilas, de los Mendozas; los Granadas y los Cervántes (S). — Las Babilonias de Europa.

9) Eigennamen mit beiwörtlichen Attributen, so wie mitunter auch diejenigen von Personen, mit welchen der Redende in einem vertraulichen Verhältnisse steht, und die Namen italienischer Dichter, Maler und anderer Künstler werden mit dem Artikel gebraucht, z. B. Se le han deslizado *al dulce* Melendez algunos galicismos „Es sind dem lieblichen Melendez einige Gallizismen entschlüpft“ (S). — ¡Viva la Paquita! „Es lebe meine liebe Franziska (das Fränzchen)!“ (S). — El Dante, el Taso, el Correggio etc.

10) Die Namen der Länder und Gegenden, zu welchen der Artikel nicht nothwendig gehört (Siehe unter 6), werden freilich in der Regel ohne denselben gebraucht, können jedoch, wenn sie nicht, wie z. B. Nápoles, Valencia, Valladolid u. s. w. mit dem Namen der Hauptstadt gleichlautend sind, oder als Attribute zur Bestimmung des Ursprungs irgend eines Erzeugnisses, wie z. B. los vinos de Francia, dienen, auch mit demselben gebraucht werden, eine Anwendung des Artikels, welche indeß von Salvá und Anderen als ein Gallizismus angesehen wird.

11) Bei den Eigennamen der Wochentage wird der Artikel beliebig gebraucht oder weggelassen, und dasselbe geschieht mit den Namen der Himmelsgegenden, wenn ihnen eine Präposition vorhergeht, z. B. Llega mártes und Llega el mártes „Er kommt Dienstag an“ (G). — Por oriente y mediodia und Por el oriente y mediodia „Gegen Osten und Mittag“ (Alc.)

§ 157. Der bestimmte Artikel wird auch, wie im Deutschen, substantivisch, oder in attributiver Beziehung auf ein vorher oder später hin genanntes, bei ihm unmittelbar oder ausgelassenes Substantiv gebraucht, am meisten jedoch als Beziehungswort eines nachfolgenden Adjektivsatzes, wo er dann auch manchmal dem Deutschen „der-, die- oder dasjenige“ entspricht, und so mit dem Relativ gewöhnlich das deutsche „was“ vertritt, z. B. Con eso le diré *lo* de la letra „Dabei werde ich ihm das von dem Wechsel sagen“ (L). Asi recompenso á los que me sirven bien „So belohne ich die (oder diejenigen), welche mir gut dienen“ (G). — Tú no sabes la que dijo aquello de Don Frutos „Du warst die (oder diejenige) nicht, welche Jenes von Don Frutos sagte“ (G). Vds. harán lo que gusten „Sie werden (mögen) thun, was Sie belieben“ (S). — Entre mis desgracias cuento por la mayor la de no saber á quien debo la vida „Unter allem meinem Unglück halte ich das für das größte, daß ich nicht weiß, wem ich das Leben verdanke“ (J). ¿No era buen plan el que me proponias? „War nicht ein schöner Plan der, welchen du mir vorschlugst? (War es nicht ein schöner Plan, welchen rc.)“ (B).

B. Este, ese und aquel.

§ 158. Die Demonstrativadjektiven este, ese und aquel dienen dazu, durch bestimmte Hindeutung auf Einzeldinge oder Arten die Verhältnisse ihrer räumlichen und zeitlichen Nähe oder Ferne zu den redenden Personen zu unterscheiden, und so deutet

1) este, esta, esto, gleich dem deutschen „dieser, diese, dieses“ auf das dem Redenden räumlich oder zeitlich Nahe,
2) ese, esa, eso, gleich dem stark betonten deutschen „der, die, das“ auf das dem Angeredeten räumlich oder zeitlich Nahe und
3) aquel, aquella, aquello, gleich dem deutschen „jener, jene, jenes“ auf das dem Redenden und Angeredeten räumlich oder zeitlich Ferne;

doch deutet ese, wenn zwischen der Nähe des Redenden und der des Angeredeten nicht unterschieden wird, dem aquel fast gleichbedeutend, mehr aus der Nähe beider hinweg, während este in diesem Falle auf das beiden gemeinsame Nahe hinweist, z. B. *Este* pliego te dirá lo que debes hacer „Dieser Bogen wird dir sagen, was du thun mußt“ (J). — Venga *esa* mano „Es komme die Hand her (Geben Sie mir Ihre Hand)“ (Y). ¡Ai, Dios! papá ¿no repara Vd. en *aquel* hombre? „Ach Gott! Papa, bemerken Sie nicht jenen Menschen?“ (G). ¿Se acabará *esta* tarde *esa* relacion? „Wird diese deine Erzählung diesen Abend geendet werden? (M). *Ese* tiempo ha pasado „Die Zeit ist vergangen“ (L). Gonzalo *aquel dia* fué el primero que ... „Gonzalo war an jenem Tage der Erste, welcher ...“ (Q). *Este mozo* nos ha perdido „Dieser Jüngling hat uns zu Grunde gerichtet“ (J). Yo estuve en *esa loteria* de ahí arriba „Ich war in der Lotterie dort oben“ (M).

§ 159. Da auch die in der Rede ausgesprochenen Vorstellungen in so fern nach räumlichen und zeitlichen Beziehungen zu den redenden Personen unterschieden werden, als sie entweder dem Sprechenden oder dem Angeredeten angehören, oder früher oder später ausgedrückt worden sind; so werden este, ese und aquel in erweiterter Anwendung auch für diese Fälle gebraucht, und es bezeichnet alsdann einerseits este das vom Sprechenden, so wie ese das vom Angeredeten Gesagte, andrerseits aber este das, was später und aquel das, was früher gesagt worden ist; doch können, wenn zwischen dem von dem Redenden und dem von dem Angeredeten Gesagten kein besonderer Unterschied gemacht wird, esto und eso für das in Rede Stehende gleich gut gebraucht werden, z. B. Esta es el alma del plan „Dies (das von mir eben Gesagte) ist die Seele des Plans" (L.). No quiero esas chanzas „Ich will die (deine, des Angeredeten) Scherze nicht" (M). Iban juntos Juan y Antonio cuando cayó el sombrero de *este* „Johann und Antonio gingen zusammen, als diesem der Hut wegfiel" (S). — Esa estupidez me avergüenza „Diese Dummheit (die Rede ist nicht vom Angeredeten, sondern von einem Dritten) beschämt mich" (M).

§ 160. Von den eben besprochenen Demonstrativadjektiven weist este auch zuweilen statt des Personalpronomens auf den Redenden selbst hin, wenn die erste Person mit einem adjektivischen Attribute unmittelbar verbunden gedacht wird (Vergl. § 130), und aquel wird manchmal dem deutschen „derjenige" entsprechend gebraucht, um stärker, als es mittelst des Artikels geschehen kann, auf einen Gegenstand hinzuweisen, der durch einen weiterhin nachfolgenden Adjektivsatz näher bestimmt werden soll, z. B. Aquella legislacion agraria caminará mas seguramente á su objeto que mas favorezca la libre accion del interes de estos agentes „Diejenige Ackerbaugesetzgebung wird am sichersten zu ihrem Ziele führen, welche am meisten die freie Bethätigung des Interesses dieser Wirkenden begünstigt" (J).

§ 161. Este, ese und aquel gehen auch zum Theil unter sich und mit otro Zusammenziehungen ein, nämlich aqueste, estotro, esotro und aquel otro, von welchen das erste nur ein verstärktes aquel ist und wenig gebraucht wird, die andern aber zur Unterscheidung zweier in demselben räumlichen oder zeitlichen Verhältnisse zu den Redenden stehenden Dinge dienen, z. B. Aquestos montes serán mis baluartes „Jene Berge werden meine Bollwerke sein" (Q). Ese libro me gusta mucho mas que esotro „Das Buch gefällt mir viel mehr, als das andre."

§ 162. Alle in den letzten Paragraphen genannten Demonstrativadjektiven werden häufig auch substantivisch, oder in attributiver Beziehung zu einem der Nichtwiederholung wegen unmittelbar bei ihnen ausgelassenen Substantive gebraucht, z. B. Pero me parece que viene. Si, *aquel* es „Aber es scheint mir, daß er kommt. Ja, Jener ist es" (M). ¿Qué quiere decir *eso* de la boca del Támesis? „Was bedeutet das von der Mündung der Themse?" (Y) — Su delito es de *aquellos* que nunca perdonan las leyes „Sein Verbrechen gehört zu denjenigen, welche die Gesetze nie verzeihen" (J). Mucho ménos haré *eso* que *esotro* „Viel weniger werde ich das thun, als das Andere" (Acd). In diesem Falle entspricht esto, wie auch este und esta, wenn sie sich auf ein Substantiv beziehen, das im Deutschen durch einen sachlichen substantivischen Ausdruck gegeben wird, im Fall ihnen eine Präposition vorangeht, in der Regel dem mit Präpositionen Zusammenziehungen bildenden „hier", und unter gleichen Bedingungen eso, wie ese und esa, dem ähnliche Zusammenziehungen bildenden betonten „da", z. B. por esto „hierdurch", en esto „hierin", con eso „damit", de eso „davon" u. s. w.; doch giebt man por esto und por eso auch mitunter durch „deshalb" oder „deswegen". Uebrigens kann man das substantivische esto und eso mit einem Attribute, so wie das alleinstehende esotro auch in andern Beziehungen nicht immer durch „das" und „der andre" wiedergeben, sondern muß dafür oft ganz andre Ausdrücke wählen, z. B. Es tan escrupuloso y tan delicado *en esto de* bodegas „Er ist so genau und eigen hinsichtlich der Keller" (G). ¿Oyeron Vds. los truenos *á eso de* las cuatro? „Haben Sie so um vier Uhr den Donner gehört?" (G) — Soi ya mui viejo, mañana *ó esotro* moriré „Ich bin schon sehr alt, morgen oder so kann ich sterben" (J). — Wenn aber esto oder eso einen Infinitiv mit de als Attribut haben, so kann man im Deutschen allerdings „dies" oder „das" sagen; doch läßt man dann immer einen substantivischen Infinitiv mit der Präposition „mit" folgen, z. B. *Esto de casarse* no es jugar á la gallina ciega „Dies mit dem Heirathen ist kein Blindekuh spielen" (G). *Eso de soltar dinero* á nadie le gusta „Das mit dem Geldausrücken gefällt Niemand" (J). —

Anmerk. Statt ó esotro nach mañana oder einem andern Zeitadverb kann man auch ó el otro sagen, z. B. Puede Vd. volver pasado mañana ó el otro „Sie können übermorgen oder so wiederkommen" (L). In beiden Ausdrücken ist dia zu ergänzen.

C. Tal, semejante, igual.

§ 163. Die Demonstrativadjektiven tal, semejante und igual dienen, wie das deutsche „solcher", zur Hinweisung auf die Art ihres Beziehungswortes, unterscheiden sich von diesem aber in der Form dadurch, daß sie in dieser Eigenschaft weder von einem vorhergehenden, noch nachfolgenden unbestimmten Artikel begleitet werden, z. B. ¡Vióse tal sandez! „Hat man solche (eine solche, solch eine) Dummheit gesehen!" Igual oder Semejante motivo me ha movido „Ein solcher (Solch ein) Grund hat mich bewogen" (S). — Uebrigens kann man allerdings un tal und auch el tal sagen, aber dann bedeutet das Erste „ein gewisser" und das Letzte „der besagte", „genannte", „erwähnte" u. s. w., oder auch „dieser", z. B. He oido hablar á mi esposo de un tal Bernardo „Ich habe meinen Gemahl von einem gewissen Bernhard sprechen hören" (L). Me costó buen dinero la tal visita „Es kostete mir schönes Geld dieser (der besagte) Besuch" (M).

Ebenso abweichend entspricht tal y tal dem deutschen „der und der", z. B. Hacéd *tales y tales* cosas y acertaréis „Thut die und die Dinge, und ihr werdet zu Stande kommen" (Acd), und vez entspricht es mitunter — denn gewöhnlich heißt tal vez „vielleicht" — auch dem deutschen „manch", z. B. *Tal vez* ganó el pleito quien mas supo hacer reir á los jueces „Manchmal gewann den Prozeß, wer am besten verstand, die Richter ins Lachen zu bringen" (rA.)

§ 164. Tal wird, wie „solcher", selten, und immer nur in sächlicher Bedeutung, substantivisch gebraucht, und gewöhnlich wird dafür noch tal cosa oder semejante cosa „Solches", „so Etwas" gesetzt; doch steht es häufig, dem deutschen „so" oder „das" entsprechend, allein und in Beziehung auf eine vorhergehende Beschreibung oder Aufzählung, oder auf einen mit cual anfangenden vorhergehenden oder nachfolgenden Adjektivsatz, z. B. No hai tal oder No hai tal cosa „Es giebt Solches (so Etwas) nicht (Dem ist nicht so)" (Acd). Tal estaba con la lectura de estos libros (Nach vorhergehender Schilderung) So war er von der Lektüre dieser Bücher" (Acd). — Saber, juicio, imaginacion templado, y facilidad para versificar, tales son las dotes que requiere esta clase de composicion „Wissen, Urtheil, gemäßigte Einbildung und Leichtigkeit in der Versifikation, das sind die Gaben, welche diese Art Dichtung erfordert" (R). Tal es la hija cual su madre „So ist die Tochter, wie ihre Mutter" (S). Substantivisch in persönlicher Bedeutung, so wie auch adjektivisch und adverbial, kann tal aber mit unmittelbar folgendem cual (tal cual) zur Bezeichnung eines geringen Umfangs, wie „gering", „beschränkt", „so einigermaßen" u. s. w., doch immer nur in Singularform, selbst wenn der Sinn „einige wenige", „nicht viele" ist, gebraucht werden, z. B. Tal cual tiene noticia de esto „Einige Wenige haben Kunde hiervon" (Acd). La tal cual perfeccion „Die geringe (sehr beschränkte) Vollkommenheit" (S). — ¿Y su padre de Vd.? Digame Vd. ¿como queda? — Tal cualillo está ahora „Und Ihr Vater? Sagen Sie mir, wie befindet er sich? — So ziemlich (so einigermaßen) befindet er sich jetzt" (L).

D. Mismo, propio.

§ 165. Die Demonstrativadjektiven mismo und propio dienen, wie das deutsche „selb" oder „selbst", zur Bezeichnung der Uebereinstimmung eines Begriffs mit dem gerade gedachten oder erwähnten, unterscheiden sich aber von demselben dadurch, daß sie ihrem Beziehungsworte immer unmittelbar vorhergehen oder nachfolgen und nie von demselben getrennt stehen, z. B. El mismo oder propio motivo me ha inducido „Derselbe Grund hat mich bewogen" (S). El cielo mismo me condujo á Cadiar „Der Himmel selbst führte mich nach Cadiar" (M). El propio me lo ha dicho „Er selbst hat es mir gesagt" (G). Yo me consultaré á mi mismo „Ich werde mit mir selbst zu Rathe gehen" (G). — Das mittelst eines Verbs auf das Subjekt bezogene „selbst" wird aber durch por mi (ti, si, nosotros, vosotros) mismo (mismos), propio (propios) ersetzt, z. B. Un ministro debe averiguarlo todo, verlo todo *por si mismo* „Ein Minister muß Alles selbst untersuchen, Alles selbst sehen" (VV). — Zuweilen weisen mismo und propio auch auf einen mit que anfangenden nachfolgenden Adjektivsatz, wie „selb" auf einen mit „wie" eingeleiteten, z. B. Soi de la misma opinion que mi hermano „Ich bin derselben Meinung, wie mein Bruder".

§ 166. Substantivisch können mismo und propio nur in sächlicher Bedeutung gebraucht werden, und nie stehen sie adverbial, wie das deutsche „selbst", wenn es im Sinn von „sogar" gebraucht wird, sondern man sagt dafür stets hasta oder aun. Dagegen kann das substantivische lo mismo sowohl adverbial im Sinne von „eben so", „gerade so", als adjektivisch im Sinne von „überein" gebraucht werden. Beispiele: *Lo mismo* sucede con los besugos „Dasselbe geschieht mit den Meerbrassen" (M). *Hasta* los centinelas lloraban como unas criaturas „Selbst (sogar) die Schildwachen weinten wie Kinder" (J). Es apreciable *aun* con estas circunstancias „Er ist selbst mit diesen Eigenschaften schätzbar" (Acd). *Lo mismo* la trataba que á un perro „Gerade so behandelte er sie, wie einen Hund" (M). — ¡Ingratos! Todos son *lo mismo* „Die Undankbaren! Alle sind überein" (VV).

Anmerk. Im Deutschen wird zuweilen, namentlich um übellautende Wiederholungen, wie „sie sie" und „es es", zu vermeiden, eine der Kasusformen von „derselbe, dieselbe oder dasselbe" statt des Pronomens der dritten Person gebraucht, z. B. „Warum fragte sie dieselbe nicht?" — Im Spanischen geschieht eine solche Vertauschung nicht, und wird also in solchen Fällen stets das Pronomen gesetzt, z. B. ¿Porqué no *la* preguntó?

F. Otro.

§ 167. Das Demonstrativadjektiv otro dient, wie das deutsche „ander", zur Bezeichnung der Nichtübereinstimmung eines Begriffs mit dem gedachten oder erwähnten, unterscheidet sich aber von „ander" dadurch, daß es nie den unbestimmten Artikel vor sich hat, z. B. Otro buque habia oido la señal „Ein anderes Schiff hatte das Zeichen gehört" (Y). Ebenso weicht es darin vom deutschen „ander" ab, daß es mucho gewöhnlich nicht vor, sondern nach sich hat, z. B. Otros muchos años „Viele andere Jahre".

Zuweilen entspricht es auch dem deutschen „zweiter" und zuweilen, jedoch nur vor Zahlwörtern und muchos, dem Adverb „noch", z. B. Es *otro* Cid „Er ist ein zweiter Cid" (Acd.) Ahogáronse nueve religiosos y *otros* veintitres españoles „Es ertranken 9 Mönche und noch 23 Spanier" (Q). *Otros* muchos españoles „Noch viele Spanier!". Dagegen heißt otro tanto „eben so viel" oder „dasselbe", z. B. *Otros tantos* modelos de estravagancia „Eben so viele Muster von Ungereimtheit" (M). — In Ausdrücken, wie el otro dia, la otra noche etc., welche im Deutschen durch „vor einigen Tagen, Abenden" u. s. w. zu geben sind, hat otro eine dem deutschen „neulich" entsprechende Bedeutung.

§ 168. Mitunter werden otro, otro tanto und otros muchos auch substantivisch, oder in Beziehung auf ein früher genanntes Substantiv alleinstehend gebraucht, z. B. Deja una luz ahí y llévate *la otra* „Laß ein Licht hier und nimm das andere mit" (M). ¿No haria Vd. *otro tanto*? „Würden Sie nicht Dasselbe thun?" (G). — *Otros muchos* debieron su vida á la oscuridad de la noche „Viele Andre verdankten ihr Leben der Dunkelheit der Nacht" (R). In der ersten Eigenschaft nimmt el otro (la otra) zuweilen die Bedeutung eines unbestimmten Pronomens an und entspricht dem deutschen „Jener", „Der da", wenn diese im Sinne von „ein Gewisser" gebraucht werden, und in der letzten Eigenschaft entspricht otro, mit uno durch eine Präposition verbunden, dem deutschen „einander", mag diesem eine Präposition vorangehen, oder dasselbe in einer Kasusform ohne solche vorkommen, da in diesem Falle á zwischen uno und otro tritt, z. B. ¿Con *el otro* la habia de ir á casar? „Mit Dem da sollte ich sie verheirathen? (M). — Como dijo *el otro* „Wie Jener (ein Gewisser) sagte" — Se confunden *unos con otros* „Sie vermischen sich mit einander" (R). No se veian *uno á otro* „Sie sahen einander nicht". — Statt des substantivischen otro oder otros, in der Eigenschaft eines Attributs zu einem andern Substantiv, setzt man übrigens oft gern das Adjektiv ajeno „fremd", z. B. Bienes *ajenos*, versos *ajenos* „Güter, Verse eines Andern" oder „Andrer" (Acd).

F. Das Interrogativadjektiv cual.

§ 169. Das einzige adjektivische Interrogativadjektiv ist cual, wenn gleich das substantivische Interrogativpronom que sehr häufig adjektivisch gebraucht wird (Vergl. § 134). Ueberdies wird cual, in Vergleich zu que, nur selten gebraucht und dient nur zur Frage, wenn man unter besprochenen, oder ihrem Umfange nach bestimmten Einzeldingen eins oder mehrere besonders wissen will, z. B. ¿Por *cuál* puerta de las dos saldremos? „Durch welche Thür von den beiden werden wir hinausgehen?" (S). Meistens wird cual indeß alleinstehend in Beziehung auf ein nachfolgendes Substantiv gebraucht, und dann ist es das einzige dem deutschen „welcher" entsprechende Fragewort, da que alleinstehend immer dem deutschen „was" entspricht, z. B. ¿*Cuál* es la ventaja del riego? „Welches ist der Vortheil der Bewässerung? (J). In dieser Stellung entspricht es aber auch, wenn die Frageform des Satzes zum Ausrufe dient, dem „wie" und dem „wie groß" im Deutschen, z. B. ¡*Cuál* se ha puesto! „Wie ist er geworden!" (J). ¡*Cuál* es su ignorancia! „Wie groß ist seine Unwissenheit! (S). — Außerdem steht cual eigenthümlich, aber doch seiner Grundbedeutung gemäß, in dem adverbialen Ausdrucke á cual mas „um die Wette", „der eine noch mehr als der andere", wörtlich „auf welchen am meisten", z. B. Todos fueron *á cual mas* honrados „Sie waren alle die einen noch ehrlicher als die andern" (M).

§ 170. Cual wird auch in Verbindung mit dem bestimmten Artikel im Sinne von „welcher", und ohne denselben, besonders in Beziehung auf tal und bei Zusammenziehungen, im Sinne von „wie" (oder „als") als Relativpronomen gebraucht, und im letztern Falle wird seine Bedeutung manchmal durch eine Zusammensetzung mit quiera und ein nachfolgendes que (cualquiera que) unbestimmter, dem deutschen „wie auch" oder „welcher auch", oder, wenn es als substantivisches Relativ steht, dem deutschen „wer auch" entsprechend gemacht, z. B. Pedro *el cual* faltó á su palabra „Peter, welcher sein Wort nicht hielt" (Acd). — La cosecha *cual* se presenta „Die Ernte, wie sie sich zeigt" (S). — *Cual* es Pedro, tal es Juan „Wie Peter ist, so ist Johann" (Acd). Será *cual ellos* nuestro libertador „Er wird, wie sie, unser Befreier sein" (R). — El cielo nos le ha conservado *cual* prenda de su proteccion „Der Himmel hat ihn uns als ein Pfand seines Schutzes erhalten" (R). Es menester aprovechar todos los recursos *cualesquiera que* sean „Es ist nöthig, alle Hülfsmittel zu benutzen, wie sie auch (oder „welche sie auch") sein mögen" (S). Es un acéfalo insipiente *cualquiera* que haya dicho que la tal comedia contiene irregularidades absurdas „Es ist ein abgeschmackter Dummkopf, wer es auch gesagt haben mag, daß diese Komödie absurde Unregelmäßigkeiten enthält" (M). — Das el cual ist dann dem el que völlig gleich in Bedeutung und Gebrauch, nur daß es häufiger steht und die Pluralform an beiden Wörtern macht (Vergl. § 137).

§ 171. Zuweilen wird cual auch, aber nur in der Form cual — cual, im Sinne eines Umfangs- oder unbestimmten Zahlwortes dem deutschen „zum Theil", und substantivisch dem deutschen „der Eine — der Andere" entsprechend gebraucht, z. B. Tengo muchos libros, *cuales* de latin, *cuales* de romance „Ich habe viele Bücher, zum Theil lateinische, zum Theil spanische" (Acd). — *Cual* canta, *cual* llora „Der Eine singt, der Andre weint" (S).

Auf ähnliche Weise steht auch cualquiera manchmal als Umfangswort im Sinne von „irgend ein", „jeder", „alle", wobei es jedoch vor einem Worte mit konsonantischem Anlaut in der Regel das Endungs-a abwirft, und in dieser Bedeutung wird es auch substantivisch gebraucht, z. B. Sacrifico *cualesquiera* intereses al logro de mis deseos „Ich opfere alle Interessen der Erreichung meiner Wünsche" (H). Eso se dice á *cualquiera* „Das sagt man zu Jedem" (BH).

Zahlwörter (Eigentliche oder bestimmte Zahlwörter).

§ 172. Die adjektivischen Wörter, mit welchen die Spanier die Zahlgröße der Dinge aussprechen, sind uno oder un 1 (Vergl. § 35, 2), dos 2, tres 3, cuatro 4, cinco 5, seis 6, siete 7, ocho 8, nueve 9, diez 10, once 11, doce 12, trece 13, catorce 14, quince 15, veinte 20, treinta 30, cuarenta 40, cincuenta 50, sesenta 60, setenta 70, ochenta 80, noventa 90, ciento oder cien 100 (Vergl. § 35, Anmerk. 2), doscientos 200, trecientos 300, cuatrocientos 400, quinientos 500, seiscientos 600, setecientos 700, ochocientos 800, novecientos 900 und mil 1000. Von ihnen theilen jedoch nur uno, quinientos und die mit cientos gebildeten Zusammensetzungen die den Adjektiven gewöhnliche Flexion, z. B. una, unos, unas, Pluralformen, welche jedoch „einige" oder „ein paar" bedeuten, doscientas, trecientas u. s. w.; die übrigen sind unflektirbare Pluralformen.

§ 173. Um die durch diese Wörter nicht ausgesprochenen Zahlen auszudrücken, werden dieselben gleich den nicht gemeinsamen Ausdrücken zusammengezogener Sätze, jedoch von den Ausdrücken höherer Zahlordnungen zu denen der niedrigeren fortgehend, neben einander gestellt und in den beiden letzten Gliedern durch y verbunden, z. B. diez y seis 16, diez y siete 17, diez y ocho 18, diez y nueve 19, veinte y uno 21, treinta y dos 32, cuarenta y nueve 49, ciento cincuenta y cinco 155, mil cuatrocientos noventa y dos 1492 (aber nicht *catorce* cientos noventa y dos), mil ciento y uno 1101 (aber nicht *onces* cientos y uno), nueve mil y noventa 9090, cuatrocientos y treinta 430, seis mil ciento y veinte 6120, once mil y quinientos 11,500 etc., wobei man indeß jetzt gewöhnlich die Ausdrücke von 21 bis 29 in veintiuno veintidos, veintitres, veinticuatro, veinticinco, veintiseis, veintisiete, veintiocho und veintinueve zusammenzieht. Uebrigens reichen diese Zahladjektiven nur bis novecientos noventa y nueve mil novecientos noventa y nueve 999,999, da millon „Million“, billon „Billion“ u. s. w. Substantiven sind, welche sogar, wenn ihnen keine Zahladjektiven folgen, den gezählten Gegenstand stets in der Form eines mit de gebildeten Attributs bei sich haben, z. B. dos millones seis mil y cinco habitantes „2,006,005 Einwohner“, und un millon, dos millones etc. *de* habitantes „eine Million, zwei Millionen u. s. w. Einwohner“.

§ 174. Die Zahlwörter werden freilich in der Regel nur als unmittelbare Attribute gebraucht, doch bezieht man sie auch durch ein Verb auf das Subjekt, selten wol auf ein Objekt, z. B. Eramos seis „Wir waren (unser) sechs“. In dem ersten Verhältnisse wird, wenn das Beziehungswort männlich ist, oder als ein weibliches mit einem betonten a (ha) anlautet, oder ein so anlautendes Adjektiv vor sich hat, statt uno stets un gebraucht, und in demselben setzt man statt ciento, so fern sein Beziehungswort unmittelbar folgt, immer cien (Vergl. § 35, 2 und Anmerk. 2). Diese Vertauschung findet indeß bei uno nicht statt, wenn es in diesem Verhältnisse von seinem Beziehungsworte allein, oder auch mit einem Adjektiv, getrennt wird, z. B. Cambiaste tu caballo castaño por *uno* melado „Du vertauschtest dein kastanienbraunes Pferd gegen ein lichtbraunes“ (S); bei ciento aber geschieht die Vertauschung mit cien auch vor mil, indem man immer cien mil und nie ciento mil sagt.

§ 175. Das Zahlwort uno, welches unbetont auch unbestimmter Artikel genannt wird, stimmt im Allgemeinen ganz mit dem deutschen „ein“ überein; doch weicht es in folgenden Punkten ab:

1) Vor Eigennamen steht es manchmal im Sinne von „ein gewisser“, und in Pluralform entspricht es nicht nur dem deutschen „einige“, sondern steht auch mitunter vor andern Zahlwörtern dem deutschen „ungefähr“ entsprechend, oder durch ein Verb auf ein Subjekt bezogen im Sinne von „überein“, z. B. Fué ayo suyo *un* Ramiro de Pamayo „Erzieher von ihm war ein gewisser R. d. P.“ (R). Dista *unas* 17 leguas „Es ist ungefähr 17 Meilen entfernt“ (M). Los amos todos son *unos* „Die Herren sind alle überein“ (R).

2) Dagegen wird es vor einem adjektivisch gebrauchten Substantive, mag dasselbe nun in Apposition stehen, oder mittelst eines Verbs auf das Subjekt oder ein Objekt des Satzes bezogen werden, oder überhaupt vor einem Substantiv, bei welchem mehr die Vorstellung der in seinem Begriffe liegenden Merkmale, als die eines besondern Einzeldinges aus seinem Umfange vorwaltet, oder vor einem, welches einen Komparativ zum Attribut hat, so wie vor otro, tal, semejante und igual, tan

und tamaño „so groß", und in der Regel auch vor medio „halb", parte oder porcion „Theil", gran parte „großer Theil", gran und crecido número „große Anzahl", multitud „Menge" und ähnlichen Ausdrücken, auch häufig vor cierto „gewiß" ausgelassen, z. B. Don Juan Manuel, hijo del infante Don Manuel „Don Juan Manuel, ein Sohn des Infanten Don Manuel (Acd). Es hija obediente „Sie ist eine gehorsame Tochter" (M). Me parece escelente idea „Es scheint mir eine vortreffliche Idee" (M). Nunca serás cantor „Du wirst nie ein Sänger werden" (O). Me ha llamado picarona „Sie hat mich eine Bübin geheißen" (M). Eran dignos de suerte mas dichosa „Sie waren eines glücklicheren Looses werth" (J). ¿Tendremos carruaje? „Werden wir einen Wagen (Fuhrgelegenheit) haben?" (J). En Paris habrá medio millon de personas que conocen este método „In Paris wird es eine halbe Million Personen geben, welche diese Methode kennen" (B). Gran parte de la Mancha „Ein großer Theil von la Mancha" (J). ¿En qué indicios se funda tan estraña sospecha? „Auf welche Anzeichen gründet sich ein so seltsamer Verdacht?" (R). Cierto lugar „Ein gewisser Ort" (Acd), aber auch Habia una cierta señal „Er gab ein gewisses Zeichen" (S).

§ 176. Auch die übrigen Zahlwörter unterscheiden sich im Allgemeinen ihrer Bedeutung nach nicht von den deutschen, und selbst der Gebrauch von dos für „ein paar" oder „einige" und von siete, ciento und mil für „viele" oder „sehr viele" stimmt mit dem Gebrauche von „zwei", „sieben", „hundert" und „tausend" fast ganz überein; nur ist es dem Spanischen eigenthümlich, auch cuatro im Sinne von „ein paar" oder „einige" zu gebrauchen, den Franzosen ähnlich quince dias für „14 Tage" zu sagen und das Zahlwort cinco gewissermaßen als ein Adjektivsubstantiv in einigen Redensarten für die Hand zu setzen, wobei natürlich dedos zu ergänzen ist, z. B. Se lo diré á Vd. en dos palabras „Ich werde es Ihnen in zwei (d. h. in ein paar) Worten sagen" (R). *Siete* veces mas grande „Sieben (d. i. viel) mal größer" (M). Se contentan con *cuatro* bachillerías á la moderna „Sie begnügen sich mit ein paar modernen Phrasen" (R). — Ha de durar lo ménos *quince* dias „Sie muß wenigstens 14 Tage dauern" (M). — Vengan esos *cinco* „Geben Sie mir die Hand" (VV).

In diesem Sinne gebraucht man mil auch substantivisch in Pluralform, z. B. Ya está causando miles de escándalos „Sie verursacht schon Tausende von Aergernissen" (R).

Anmerk. Aehnlich wie cinco steht auch uno in der Redensart á una „einstimmig" gewissermaßen als Adjektivsubstantiv, indem voz hinzugedacht wird.

§ 177. Die Zahlwörter werden im Spanischen auch, wie im Deutschen, sehr häufig der Kürze wegen statt der Zahlordnungswörter gebraucht. Dies geschieht

1) in adjektivischer Form bei Zeitbestimmungen nach der Stunde, jedoch gewöhnlich mit Auslassung von horas, so wie nach dem Lebensalter oder der Dauer gewisser Abschnitte in demselben, z. B.

A *las siete* me admitió el Soberano „Um 7 Uhr ließ mich der Fürst vor“ (J) (d. i. á la séptima hora „zur siebten Stunde“, wofür „zu den sieben (Stunden)“ gesagt ist). A las tres y media „Um halb vier Uhr“. Murió á los 19 años „Er starb in seinem 19ten Jahre“ (Y), wofür man jedoch, das Zahlwort in seiner eigentlichen Bedeutung gebrauchend, auch Murió de 19 años oder de edad de 19 años sagen könnte. A los siete meses me halló viuda „Im 7ten Monate (d. i. im vollendeten 7ten Monat, 7 Monat darauf) fand ich mich verwittwet“ (M);

2) in substantivischer Form, wie oft auch im Deutschen, bei Zeitbestimmungen nach der gewöhnlichen allgemeinen Zeitrechnung, sofern sie nach Jahren und Tagen gemacht werden, mit gewöhnlicher Ausnahme des ersten Tages jedes Monats, und häufig auch, doch nicht nothwendig, bei Ortsbestimmungen nach gewissen gegebenen Abtheilungen eines Buches, besonders wenn die Bestimmung in der Zahlenreihe hoch hinauf geht, z. B. El año 1840 „Das Jahr 1840“ (S) d. i. das vollendete 1840ste Jahr. Esto pasaba en el año de 1500 „Dies geschah im Jahre 1500“ (Y). Murió en 1134 „Er starb 1134“. Entró vencedor en Túnez año de 1535 „Er zog im Jahre 1535 als Sieger in Tunis ein“ (Y). — El dia 3 de Julio salió de mi casa „Am 3ten Juli ging er aus meinem Hause weg“ (M). Cádiz Agosto 6, oder Cádiz y Agosto 6, oder Cádiz y Agosto, á 6, oder Cádiz á 6 de Agosto de 1820 „Cadix den 6. August 1820“ (S). Sucedió esto á uno de Abril, oder, was viel gebräuchlicher ist, Sucedió esto el primero de Abril „Dies geschah den ersten April“ (S). — Capítulo cuarenta y tres „Kapitel 43“. Página diez y seis „Seite 16“. Canto diez „Gesang 10“. Verso quinientos y doce „Vers 512“ u. s. w.

Umfangswörter (unbestimmte Zahlwörter).

§ 17[illegible]. Die adjektivischen Wörter, welche dazu dienen, die Größe des Umfanges, in welchem ihr Beziehungsbegriff genommen ist, mehr nach der Ausdehnung, als nach Einheiten zu bestimmen, sind im Spanischen poco „wenig“ (poquito, poquillo „ein klein wenig“), bastante „ziemlich viel“, „genug“, harto „genug“, mucho „viel“, „zu viel“, demasiado und sobrado „zu viel“, tanto und tamaño „so viel“, (tantico „nur so viel“), cuanto „wie viel“, todo „all“, „ganz“, „jeder“, (todito „durchaus ganz“, „all“, „jeder“), medio „halb“, cada „jeder“, alguno „einiger“, „etlicher“, „irgend ein“, ninguno „kein“, ambos oder entrambos „beide“ und varios oder diferentes „mehrere“. Sie sind fast sämmtlich einer vollkommenen Geschlechts- und Zahlflexion fähig; nur cada ist sowohl dem Geschlecht als der Zahl nach ganz unveränderlich, bastante und diferentes haben nur eine Form für beide Geschlechter, und varios und diferentes haben als Umfangswörter keinen Singular. Komparationsfähig sind aber nur poco und mucho. (Vergl. § 40 und 41).

Anmerk. Einige der genannten Umfangswörter sind ursprünglich eigentliche Adjektiven und werden auch noch oft als solche gebraucht, wie bastante „genügend“, harto „satt“, sobrado „überwiegend“, „überreichlich“, vario „mannigfaltig“, diferente „verschieden“; sie werden aber bloße Umfangswörter, wenn sie mit Verdunkelung ihrer ursprünglichen Bedeutung nur zur Bestimmung des Begriffsumfanges eines substantivischen Ausdrucks dienen, und bei varios und diferentes geschieht dies nur, wenn sie in Pluralform stehen, in ihrer Singularform sind sie immer adjektivische Begriffswörter.

§ 179. Die im vorhergehenden Paragraphen genannten Umfangswörter werden als solche im Allgemeinen den ihnen beigesetzten deutschen Ausdrücken gemäß gebraucht, doch haben bastante und harto, tanto und cuanto, todo, cada, medio, alguno und ninguno, so wie die Komparativformen mas und menos, folgende Eigenthümlichkeiten:

1) Bastante und harto werden, auch wenn sie dem deutschen „genug“ entsprechen, ihrem Beziehungsworte nie, wie dieses, nachgesetzt, z. B. *Harto* tiempo os queda para vivir juntos „Zeit genug bleibt euch, um zusammen zu leben“ (J).

2) Tanto entspricht auch mitunter dem deutschen „so und so viel“, z. B. Se está por esas calles hasta las *tantas* (horas) „Er hält sich da auf den Straßen bis so und so viel Uhr auf“ (R).

3) Cuanto wird nicht bloß als Fragewort, sondern auch einestheils in Pluralform und mit vorangehendem unos im Sinne von „einige“ oder „einige wenige“, und anderntheils sowohl in Singular- als Pluralform als substantivisches Relativ im Sinne von todo el que „aller, der“ gebraucht, z. B. *Unas cuantas* copitas „Einige Wörtchen“ (M). — A pesar de *cuantas* razones expuse en su favor „Trotz aller Gründe, die ich zu seinen Gunsten darlegte“ (J).

4) Todo hat sowohl im Sinne von „ganz“ als von „all“ die Demonstrativ- und Possessivadjektiven, von denen es gewöhnlich begleitet ist, nach sich, z. B. Hace todas las bazas „Er macht alle Stiche“ (im Kartenspiel) (Acd). Es mui digno de toda nuestra cólera „Er ist unsers ganzen Zorns sehr würdig“ (J). Im Sinn von „jeder“, in welchem es jedoch nur den ganzen Umfang der Arten, nicht der Einzeldinge bezeichnet, hat es kein adjektivisches Formwort, auch nicht uno bei sich, z. B. Orád á toda hora „Betet zu jeder (jeglicher) Stunde“ (S). Todo hombre „Jeder Mensch, welcher Art oder welches Standes er sei“.

5) Cada, welches im Gegensatz zu todo den ganzen Umfang der Einzeldinge, nicht der Arten bezeichnet, hat nie den unbestimmten Artikel vor sich, wie oft „jeder“ im Deutschen, und, wenn es von seinem Beziehungsworte getrennt steht, wird ihm immer uno oder cual hinzugesetzt, z. B. A cada instante hablamos de Vd. „In jedem (einem jeden) Augenblicke sprechen wir von Ihnen“ (M). Cada uno de los partidos se atribuyó la victoria „Jede der Parteien schrieb sich den Sieg zu“ (V). Cada hombre „Jeder einzelne Mensch“.

Anmerk. Dem eben Gesagten zufolge unterscheidet sich todo hombre von cada hombre, toda casa von cada casa u. s. w. dadurch, daß bei todo hombre, toda casa etc. aus sämmtlichen Arten von Menschen, Häusern u. s. w. je ein beliebiges Individuum, bei cada hombre, cada casa etc. dagegen von sämmtlichen Menschen, Häusern jedes einzelne Individuum gedacht wird.

6) Ambos und entrambos entsprechen freilich im Allgemeinen ihrer Bedeutung nach ganz dem deutschen „beide", doch kann ihnen weder der bestimmte Artikel, noch ein sonstiges Demonstrativ-, noch Possessivadjektiv vorangehen, und man pflegt sie daher, wenn ein solches adjektivisches Bestimmungswort stehen muß, mit dos oder uno y otro zu vertauschen, wovon dann das letzte auch das Beziehungswort stets im Singular bei sich hat und manchmal auch ohne Artikel steht, z. B. Las, estas, mis dos manos „die, diese, meine beiden Hände". — (La) una y (la) otra mano „beide Hände". Auch wird, da ambos, entrambos und los dos nur Pluralformen sind, der deutsche Ausdruck „Beides" am entsprechendsten durch (lo) uno y (lo) otro gegeben; doch kann man auch ambas cosas dafür sagen, z. B. „Ich sagte ihm Beides" Le dije lo uno y lo otro oder ambas cosas. — Zuweilen findet man auch den Ausdruck ambos á dos, welcher „beide zugleich" bedeutet.

7) Medio wird immer, wenn es zu einem Zahlworte als Bruchbenennung hinzukommt, seinem Beziehungsworte mit y nachgesetzt und hat nie den unbestimmten Artikel, z. B. Una vara y media „Eine und eine halbe Elle". Dos varas y media „Zwei und eine halbe Elle" u. s. w. Auch kann es nicht, wie das deutsche „halb", mit otro oder einem Zahlordnungsworte adjektivische Zusammensetzungen, wie „anderthalb", „drittehalb", „viertehalb" u. s. w. bilden, sondern statt dieser wird immer uno y medio, dos y medio, tres y medio etc. gesagt, nur daß für „anderthalb" auch mitunter das Beziehungswort ohne uno mit y medio steht, z. B. Hora y media „Anderthalb Stunden" (M).

8) Alguno entspricht nicht nur dem deutschen „einiger" oder auch „irgend ein", z. B. algun dinero „einiges Geld", alguna mujer „irgend eine Frau", sondern es wird mitunter auch in Beziehung auf eine vorhergehende verneinte Aussage im Sinne von „gar kein" gebraucht, steht dann aber stets hinter seinem Beziehungsworte, z. B. Yo no sé de joya alguna „Ich weiß von gar keinem Kleinod" (H). — Auch bildet es im Sinne von „ein" mit otro den Ausdruck alguno que otro, welcher „der eine oder andre" bedeutet, z. B. Alguna que otra vez „Das eine oder andre Mal" (R).

9) Ninguno entspricht dem deutschen „kein" nur, wenn es dem aussagenden Verb des Satzes vorangeht, oder einer verneinten Aussage nachfolgt, oder ganz allein steht; sonst steht es für „irgend ein", z. B. A este amor ninguno iguala „Dieser Liebe kommt keine gleich" (H). No tiene al presente ninguna dificultad „Es

hat jetzt keine Schwierigkeit" (M). ¿Tiene hijos? — Ninguno „Hat er Kinder? — Keine". — No, no, á ese no hai que tocarle — A ese mas que á ninguno; le aborrezco personalmente „Nein, nein, den muß man nicht anrühren — Den mehr als irgend einen; ich hasse ihn persönlich" (L). Sin que haya recibido ninguna carta „Ohne daß ich irgend einen Brief erhalten hätte". — Wenn es einer verneinten Aussage folgt, kann es auch hinter sein Beziehungswort gesetzt werden und entspricht dann, wie alguno, dem Ausdrucke „gar kein", z. B. Esta intriga no produjo *efecto ninguno* „Diese Intrigue brachte gar keine Wirkung hervor" (Q). — Uebrigens wird ninguno bei Weitem nicht so häufig als „kein" gebraucht, indem man oft an seiner Statt bloß die Aussage durch no, ni, tampoco etc. verneint; namentlich geschieht dies

a) fast immer, wenn das Beziehungswort im Plural steht, z. B. Tampoco ha habido esta tarde toros „Auch ist heute Nachmittag kein Stiergefecht gewesen" (S);

b) auch in der Regel, wenn das Beziehungswort einen Komparativ zum Attribute hat, z. B. No he visto mozo mas cabal „Ich habe keinen vollkommneren Jüngling gesehen" (J), und

c) wenn das Beziehungswort adjektivisch gebraucht wird, oder überhaupt bei demselben mehr die Vorstellung der in seinem Begriffe liegenden Merkmale als die eines besonderen Einzeldinges aus seinem Umfange vorwaltet, daher besonders bei abstrakten Begriffen, z. B. No es inglesa „Sie ist keine Engländerin." No era casa de bastante tono para él „Es war kein Haus, das für ihn vornehm genug war" (L). No hago traicion á la amistad „Ich begehe keinen Verrath an der Freundschaft" (VV). Tampoco he tenido tiempo „Ich habe auch keine Zeit gehabt" (VV).

10) Mas und ménos entsprechen nicht nur den Komparativformen „mehr" und „weniger," sondern sie stehen auch mit der Präposition do für „zu viel" und „zu wenig," z. B. Mira hasta que punto puede una letra, una sola letra *de mas* ó *de ménos* influir en la cabeza humana „Sieh, bis zu welchem Punkte ein Buchstabe, ein einziger Buchstabe zu viel oder zu wenig auf das menschliche Gehirn einwirken kann" (VV). Außerdem können mas und ménos nicht wohl im Sinne von „meist" und „wenigst" unmittelbar adjektivisch gebraucht werden, sondern stehen in der Regel (ménos immer) von ihrem Beziehungsworte getrennt, z. B. *Los mas* de los hombres „Die meisten Menschen." *Los ménos* (und noch gewöhnlicher la menor parte) de los hombres „Die wenigsten Menschen."

§ 180. Von den Umfangswörtern werden poco (poquito, ménos), mucho (mas), tanto, cuanto, bastante, harto, demasiado, sobrado und medio auch adverbial gebraucht und zwar folgendermaßen:

1) Poco steht

a) für „wenig“ und „nicht lange,“ indem tiempo ausgelassen wird, poquito aber in der Regel ironisch für „nicht wenig,“ z. B. Trabaja poco „Er arbeitet wenig.“ Vivir poco „Nicht lange leben.“ Poquito le quiere el segundo barba „Nicht wenig liebt ihn der zweite Schauspieler für die Altersrollen“ (M);

b) bei Adjektiven und Adverbien für „wenig“ und die verneinende Vorsilbe „un“, z. B. Un modo poco gustoso „Eine wenig angenehme“ oder „eine unangenehme Weise.“

Die Komparativform ménos wird eben so gebraucht. Außerdem ist eigenthümlich, daß ménos y ménos die gewöhnliche Form für „immer weniger“ ist, z. B. Verse ménos y ménos „Immer weniger gesehen werden“.

2) Mucho steht

a) bei Verben für „viel“, „zu viel“, „sehr“, „zu sehr“ und, indem tiempo ausgelassen wird, auch für „lange“ und „zu lange“; doch kann es einem Partizip an sich nicht vorgesetzt werden, z. B. Habla mucho „Er spricht viel (zu viel)“ (Acd). Se quieren mucho „Sie lieben sich sehr (zu sehr)“ (R). He vivido mucho „Ich habe zu lange gelebt“ (M). — Aber nicht Es mucho alabado, sondern Se le alaba mucho „Er wird sehr gelobt“;

b) bei Adjektiven, Partizipien und Adverbien, jedoch nur im Komparativ, für „viel“ und „weit“, z. B. José es mucho mayor que su hermano „Joseph ist viel“ oder „weit größer, als sein Bruder“ (S).

Die Komparativform mas wird aber eben so gut bei Adjektiven als Verben gebraucht und entspricht nicht nur dem deutschen „mehr“, sondern auch, doch nur bei letztern, den Ausdrücken „weiter“, „lieber“ und „noch so gern“, und, wenn ihr ein Substantiv vorhergeht, den Adverbien „noch“ oder „auch noch“, mit no aber den Adverbien „nur“, „bloß“ oder „allein“; auch ist mas y mas der gewöhnliche Ausdruck für „immer mehr“, z. B. ¿De qué mas ha hablado? „Wovon hat er mehr“ oder „weiter gesprochen?“ (H). Mas quiero reir que impacientarme „Lieber will ich lachen als ungeduldig werden“ (M). No podré reportarme aunque *mas* quiera „Ich werde mich nicht halten können, wenn ich auch noch so gern will“ (M). Tendré esa gloria mas „Ich werde auch noch den Ruhm haben“ (VV). Para poneros por una noche *no mas* esa cama se ha revuelto la casa „Um Euch bloß für eine Nacht das Bett aufzustellen, ist das Haus umgekehrt worden" (M). Subir mas y mas „Immer mehr steigen".

Anmerk. Mas und ménos gebraucht man auch wie die lateinischen Ausdrücke plus und minus beim Rechnen, z. B. 3 mas 4 = 3 plus 4 und 5 ménos 2 = 5 minus 2. In einem ähnlichen Verhältnisse entspricht ménos zuweilen dem ausschließenden „außer" im Deutschen, z. B. Todos se van, ménos Torcuato „Alle gehen ab, außer Torquato" (J).

3) Tanto und cuanto stehen, ebenso wie mucho,

a) bei Verben für „so viel" und „wie viel", „so sehr" und „wie sehr" und können auch Partizipien an sich nicht vorgesetzt werden, z. B. ¿Lo piensa Vd. *tanto!* „Bedenken Sie es so sehr?" (L) ¡*Cuánto* se ha hecho desear este feliz momento! „Wie sehr hat sich dieser glückliche Augenblick herbeiwünschen lassen!" (R);

b) bei Adjektiven, Partizipien und Adverbien, jedoch nur im Komparativ, für „um so", „desto" und „je", z. B. El movimiento de la nacion hácia su prosperidad será *tanto* mas rápido, *cuanto* mayor sea este fondo „Die Bewegung der Nation zu ihrem Wohlstande wird um so schneller sein, je größer dieser Fond ist" (J).

Cuanto wird indeß vor Komparativen oft mit miéntras vertauscht und tanto oft ausgelassen.

4) Bastante und harto, demasiado und sobrado stehen bei Verben, Adjektiven und Adverbien für „genug" oder auch „ziemlich" oder „ziemlich viel" und „zu viel", „zu sehr" oder „zu", z. B. *Harto* poco es „Es ist wenig genug" (M). Escribe *bastante* bien „Er schreibt ziemlich gut". — Hablas *demasiado* „Du sprichst zu viel". Grita *demasiado* „Er schreit zu sehr". *Demasiado* oder *sobrado* alto es „Er ist zu hoch". —

5) Medio kommt bei Verben nicht vor, und Ausdrücke, wie „halb verstehen", „halb hinhören", „halb öffnen" u. s. w. werden daher durch entender imperfectamente, no escuchar bien, entreabrir und dergleichen gegeben; auch steht es nicht vor Zahlwörtern zur Bezeichnung der halben Stunden, wie „halb" in den Ausdrücken „halb ein", „halb zwei", „halb drei" u. s. w., sondern diese werden durch la una y media, las dos y media, las tres y media etc. gegeben. Dagegen wird es vor Adjektiven und Partizipien ganz wie „halb" gebraucht, z. B. Cayó medio muerta „Sie fiel halb todt hin" (R).

Eine besondre Eigenthümlichkeit zeigt sich übrigens noch hinsichtlich der Form bei den adverbial gebrauchten poco, mucho, tanto und cuanto. Wenn diese nämlich einer der den Umfang eines Substantivs unmittelbar bestimmenden Komparativformen mas und ménos vorangehen, so behalten sie ihre adjektivische Form und stimmen mit dem Beziehungsworte von mas und ménos in Geschlecht und Zahl überein, z. B. Con *mucha* mas razon ha de estar el verbo en plural „Mit viel mehr Grund muß das Verb im Plural stehen" (S). Con *tanta* mas razon „Mit um so mehr Recht" (Q). *Cuantas* mas facciones „Je mehr Züge" (S).

§ 181. Einige der Umfangswörter, nämlich poco (poquito, ménos), mucho (mas), tanto (tantico), todo und medio werden auch mitunter substantivisch gebraucht; doch geschieht dies fast nur zur Bildung gewisser Phrasen, und meistens mit Präpositionen. Auf diese Weise steht

1) poco in un poco „ein wenig", un poquito „ein klein wenig", por poco „beinahe", „gleich", poco á poco „nach und nach", z. B. Un poco de tiempo „ein wenig (einige) Zeit" (M). Por poco me silban „Beinahe pfeifen sie mich aus" (M). — Debe venir poco á poco „Er muß nach und nach kommen" (J.), seine Komparativform ménos aber in lo ménos, á lo ménos, por lo ménos, al ménos und cuando ménos „wenigstens", und lo de ménos „das Wenigste", „das Geringste", z. B. Lo disimula á lo ménos „Er heuchelt es wenigstens" (R). Al ménos no le aflijúle „Wenigstens betrübt ihn nicht" (J). Eso es lo de ménos „Das ist das Wenigste";
2) mucho und mas in cuando mucho „höchstens", „spätestens", hasta no mas „aufs Aeußerste", sin mas ni mas „ohne Weiteres", á lo mas „höchstens", á mas „außer" mit einschließender Bedeutung, de mas á mas „außerdem", ebenfalls einschließend, z. B. Hoi mismo quiero salir y, *cuando mucho*, mañana „Noch heute will ich abreisen, und spätestens morgen" (M). Es presumido *hasta no mas* „Er ist aufs Aeußerste (äußerst) eingebildet". Recibiria Vd. á un desconocido *sin mas ni mas*? „Würden Sie einen Unbekannten ohne Weiteres aufnehmen?" (G). Tiene *á lo mas* veinte años „Sie ist höchstens zwanzig Jahre alt". *A mas* de su empleo goza un mayorazgo „Außer seinem Amte hat er noch ein Majorat" (Acd.) Es pobre y *de mas á mas* está enfermo „Er ist krank und außerdem (noch dazu) krank" (Acd);
3) tanto, tantico und cuanto in un tanto „eine gewisse Summe", un tantico „ein gewisses Sümmchen", algun tanto „Etwas" und otro tanto „eben so viel" „dasselbe", en cuanto „in Betracht", „in Ansehung", z. B. Otro tanto decia él „Dasselbe sagte er". En cuanto á esta cosa me remito á mi última carta „In Ansehung dieser Sache beziehe ich mich auf meinen letzten Brief";
4) todo und medio nur in del todo „ganz" und de medio á medio „ganz und gar", z. B. del todo imposible „ganz unmöglich", engañarse de medio á medio „sich ganz und gar irren".

Zahlordnungswörter (gewöhnlich Ordnungszahlwörter).

§ 182. Die adjektivischen Wörter, welche die Dinge hinsichtlich einer nach der Zahl gemachten Ordnung bestimmen, sind primero oder, in Verbindung mit andern Zahlordnungswörtern, auch primo „erster", segundo „zweiter", tercero oder, in Verbindung mit andern Zahlordnungswörtern, auch tercio „dritter", cuarto „vierter", quinto „fünfter", sesto „sechster", séptimo „siebenter", octavo „achter", nono „neunter", décimo „zehnter", undécimo „elfter", duodécimo „zwölfter", décimotercio „dreizehnter", décimocuarto „vierzehnter", und so zusammengesetzt weiter, dann vigésimo „zwanzigster" vigésimoprimero oder primo „ein und zwanzigster", vigésimosegundo „zwei und zwanzigster u. s. w., trigésimo „dreißigster", trigésimoprimero oder primo „ein und dreißigster", u. s. w., cuadragésimo „vierzigster", quincuagésimo „fünfzigster", sexagésimo „sechzigster", septuagésimo „siebenzigster" octogésimo „achtzigster", nonagésimo „neunzigster", centésimo „hundertster", ducentésimo „zweihundertster", trecentésimo „dreihundertster", cuadringentésimo „vierhundertster", quingentésimo „fünfhundertster", seiscentésimo „sechshundertster", septingentésimo „siebenhundertster", octogentésimo „achthundertster", nonagentésimo „neunhundertster", milésimo „tausendster", millonésimo „millionter" u. s. w., wobei die in der Aufzählung gelassenen Lücken auf die angedeutete Weise durch Zusammenziehung auszufüllen sind. Neben diesen gewöhnlich gebrauchten Zahlordnungswörtern giebt es aber noch einige von cinco, siete, nueve, quince und den Zehner ausdrückenden Zahlwörtern mit der Endung eno gebildete, wie cinqueno, seteno, noveno, quinceno, veinteno, treinteno u. s. w., welche indeß nur selten, und in Zusammensetzungen nie vorkommen.

§ 183. Die Zahlordnungswörter sind alle der vollkommenen Geschlechts- und Zahlflexion fähig, und zwar so, daß sie auch als Glieder von Zusammensetzungen stets mit ihrem Beziehungsworte in Geschlecht und Zahl übereinstimmen, z. B. P, *décimaoctava* letra del alfabeto, y *décimatercia* de las consonantes „P, achtzehnter Buchstabe des Alphabets und dreizehnter der Konsonanten" (Acd). Los trecenté*simos* sexagé*simos quintos* dias de los años „Die dreihundert fünf und sechzigsten Tage der Jahre" (Vergl. aber auch § 35, 2 und Anmerk. 1 dazu).

§ 184. In ihrem Gebrauche stimmen die spanischen Zahlordnungswörter als solche im Wesentlichen ganz mit den deutschen überein. Die einzigen Abweichungen bestehen in Folgendem:

1) Eigennamen von Personen folgend werden sie gewöhnlich, wenn auch nicht immer, ohne den bestimmten Artikel gebraucht, z. B. Carlos primero „Karl der erste". Luis duodécimo „Ludwig der zwölfte". Don Jaime segundo „Jakob der zweite". Don Pedro tercero „Peter der dritte" (Y); aber doch auch El rei Don Juan el segundo „Der König Johann der zweite" (Y).

2) Andern Substantiven können sie jedoch nur ohne Artikel nachgesetzt werden, selbst wenn diese der leichteren Zurechtfindung wegen als Titel, Aufschriften u. dergl. gebraucht werden, wobei man jedoch statt der Zahlordnungswörter über duodécimo lieber Zahlwörter verwendet, z. B. El segundo capítulo und el capítulo segundo „das zweite Kapitel" (S). Capítulo segundo „Zweites Kapitel". Página duodécima „Zwölfte Seite"; doch nicht Capítulo cuadragésimotercero, sondern Capítulo cuarenta y tres u. dergl.

3) Sie können ohne Weiteres auf das Subjekt eines Satzes mittelst des aussagenden Verbs bezogen werden, während bei den deutschen Zahlordnungswörtern in diesem Falle, außer bei den „sein", „werden," „scheinen," „heißen" und „bleiben" bedeutenden Verben immer „als" vorgesetzt, oder statt „der erste" das Adverb „zuerst" gebraucht wird, z. B. Vino el primero, el segundo, el tercero etc. „Er kam als der erste, zweite, dritte u. s. w.". Salió *la cuarta* „Sie ging als die vierte hinaus". Se casó *la primera* „Sie verheirathete sich als die erste oder zuerst". In dieser Stellung hat außerdem primero die besondere Eigenthümlichkeit, daß es nicht nur die Bedeutung eines Komparativs im Sinne von „lieber", „näher", „höher" oder dergleichen annimmt, sondern dabei auch ganz wie ein Adverb ohne Flexionsfähigkeit und ohne Artikel erscheint, z. B. *Primero* soi yo *que* su autor „Näher bin ich mir als sein Verfasser" (G). *Primero* pediria limosna *que* prestado „Lieber würde ich um ein Almosen als um ein Darlehn bitten" (Acd). *Primero* es mi *tranquilidad que* la vida de esa infeliz „Höher steht mir meine Ruhe als das Leben dieser Unglücklichen" (M).

§ 185. Die Zahlordnungswörter werden nur selten, und dabei meistens nur in sächlicher Form, substantivisch gebraucht, und dann nimmt man sie in dieser Form mit oder ohne Artikel noch oft im Sinne von Zahlordnungsadverbien für „erstens" („erstlich", „erst") „zweitens" u. s. w., z. B. Lo primero es cierto „Das Erste ist gewiß" (J). — Lo primero esconderé la bota „Erst (oder „erstens") will ich die Flasche verstecken" (M). (*Lo*) *primero* es mui bonita, (*lo*) *segundo* es rica y (*lo*) *tercero* tiene mucho espiritu „Erstens ist sie sehr hübsch, zweitens ist sie reich und drittens hat sie viel Geist".

Dagegen werden einige Zahlordnungswörter häufig in der Eigenschaft von Adjektivsubstantiven als Benennungen von Bruchnennern gebraucht; doch beginnt man damit, da für „ein halb" (un) medio gesagt wird, erst bei tercio (in diesem Falle nicht tercero) und geht auch, zugleich nono mit noveno vertauschend, nicht über décimo hinaus, indem man die Benennungen höherer Nenner durch Anhängung des auch Pluralform annehmenden Ausdrucks avo an die betreffenden Zahlwörter bildet, z. B. dos tercios $2/3$, tres cuartos $3/4$, cuatro quintos $4/5$, un sexto $1/6$, dos séptimos $2/7$, un octavo $1/8$, cinco novenos $5/9$, siete décimos $7/10$, — un onceavo oder onzavo $1/11$, cinco doceavos oder dozavos $5/12$, tres dies y seisavos $3/16$, treinta y un cienavos $31/100$ u. s. w. — Indeß heißen un cuarto und tres cuartos nicht immer ganz allgemein $1/4$ und $3/4$, sondern sehr häufig auch „eine Viertelstunde", „drei Viertelstunden", und unter una cuarta versteht man una cuarta vara oder libra „eine viertel Elle" oder „ein viertel Pfund", so wie la media „die halbe Stunde" bedeutet.

Wiederholungs- oder Vervielfältigungs- und Gattungszahl-Wörter.

§ 186. Die adjektivischen Wörter, welche die Zahl der Wiederholungen eines Begriffs aussprechen, sind simple „einfach", doble oder duplo „zweifach“, tresdoble, triple, triplice oder triplo „dreifach“, cuádruplo „vierfach“, quintuplo „fünffach“, séstuplo „sechsfach“, séptuplo oder sétuplo „siebenfach“, óctuplo „achtfach“, décuplo „zehnfach“, undécuplo „elffach“, duodécuplo „zwölffach“ und céntuplo „hundertfach“. Ihre Zahl ist demnach sehr beschränkt, so daß Ausdrücke, wie „die neunfache, dreizehnfache, zwanzigfache Summe“ und dergleichen, in Ermangelung eines Wiederholungszahlwortes durch nueve vezes, trece vezes, veinte vezes la suma und dergleichen gegeben werden müssen. Auch können die angeführten wenigen Wiederholungszahlwörter nur adjektivisch und substantivisch, letzteres jedoch nur in sächlicher Form, nicht aber, wie die deutschen, auch adverbial gebraucht werden.

§ 187. Gattungszahlwörter hat die spanische Sprache gar nicht, so daß Ausdrücke wie „einerlei“, „zweierlei“, „dreierlei“ u. s. w., welche einen Gegenstand nach der Zahl der Arten bestimmen, nur durch Umschreibungen mit clase, especie oder einem anderen „Art“ bedeutenden Substantive umschrieben werden können, z. B. „Viererlei Wein“ Cuatro especies de vino. „Allerlei Dinge“ Todas clases de cosas oder Cosas de todas clases. „Solcherlei Kleinigkeiten“ Frioleras de semejante especie. Zuweilen werden auch die Zahlwörter so gebraucht, daß sie den deutschen Gattungszahlwörtern entsprechen, z. B. *Dos* son las pronunciaciones de esta letra „Zweierlei ist die Aussprache dieses Buchstabens“ (Acd.).

VI. Kapitel.

Vom Adverb.

Bildung der Adverbien.

Stämme.

§ 188. Adverbiale Stämme sind alle diejenigen Adverbien, deren Bildung sich nicht auf spanische Wörter zurückführen läßt. Ihre Zahl ist nicht groß, und sie gehören fast sämmtlich zu den adverbialen Formwörtern, z. B. aquí „hier“, luego „bald“, ya „schon“, así „so“, tan „so“, como „wie“, cuan „wie“, donde „wo“, hoi „heute“, si „ja“, no „nein“, „nicht“, nunca „nie“, bien „gut“, mal „schlecht“ u. s. w.

Sproßformen.

§ 189. Die adverbialen Sproßformen werden von adjektivischen Wörtern mittelst der Endung mente, welche man der weiblichen Form derselben zufügt, gebildet, z. B. ricamente von rico „reich“, temerariamente von temerario „verwegen“, seguramente von seguro „sicher“, fuertemente von fuerte „stark“, regularmente von regular „regelmäßig“, primeramente „erstens“ von primero „erster“, segundamente „zweitens“ von segundo

„zweiter", doblemente von doble „doppelt" otramente von otro „ander" u. s. w. Einige adjektivische Wörter werden indeß auch, wie im Deutschen, ohne weitere Veränderung, d. h. stets in der männlichen Form des Singulars, als Adverbien gebraucht, wie presto und pronto für „bald", temprano für „früh", tarde für „spät", claro für „deutlich", listo für „geschwind", alto für „laut", bajo für „leise", barato für „wohlfeil", recio für „stark", caro für „theuer", fuerte für „stark", „tüchtig" u. s. w. — Die meisten der adverbialen Sproßformen gehören den Begriffswörtern an; doch giebt es unter ihnen auch, wie die angeführten Beispiele zeigen, manche Formwörter.

Anmerk. Wenn in Folge einer Zusammenziehung zwei oder mehr Adverbien auf mente unmittelbar, oder nur durch eine Konjunktion getrennt, auf einander folgen; so werfen die ersten die Endung immer ab, z. B. primera, segunda y terceramente, no ménos rica que bellamente, severa pero justamente u. s. w.

Adverbiale Zusammensetzungen.

§ 190. Aechte Zusammensetzungen giebt es unter den spanischen Adverbien fast gar nicht, da die wenigen adverbialen Wörter, welche sich in Wörter zerlegen lassen, meistens eigentlich nichts Andres als bloße Zusammenziehungen der adverbiale Phrasen bildenden Ausdrücke sind, z. B. anteayer „vorgestern", pasadomañana „übermorgen", adonde „wohin", todavia „noch immer", anoche „gestern Abend", ahora „jetzt", aprisa „schnell", apénas „kaum", tambien „auch", tampoco „auch nicht", debajo „unten", avezes „zuweilen" u. s. w.

Dagegen ist das Gebiet der adverbialen Phrasen sehr groß und auch von einer gewissen Mannigfaltigkeit. Man bildet dieselben nämlich

a) aus einer Präposition und einem Substantive ohne adjektivische Attribute, oder auch mit solchen, wobei die Uebereinstimmung in Geschlecht und Zahl nicht immer beobachtet wird, z. B. de prisa „schnell", por ventura „vielleicht", de dia „Tags", de noche „Nachts", á principios „Anfangs", al principio „Anfangs", á la sazon „damals", por todas partes „überall", en ninguna parte „nirgends", á duras penas „schwerlich", á pié juntillas „mit zusammengehaltenen Füßen", á ojos cegarritas „blindlings", á ojos vistas „zusehends" u. s. w.;

b) aus einer Präposition und einem zuweilen vom Artikel begleiteten Adjektiv männlicher oder weiblicher Form, im Singular oder Plural, z. B. en vano „vergebens", de balde „umsonst", de pronto „plötzlich", de cierto „gewiß", de ordinario „gewöhnlich", á las claras „deutlich", á hurtadillas „verstohlen", por lo comun „gewöhnlich", de lo lindo „hübsch", por el pronto „für's Erste", á la corta y á la larga „über kurz oder lang", de cuando en cuando „dann und wann";

c) aus einer Präposition und einem Adverb, oder aus zwei Adverbien, z. B. para (por) siempre „für immer", hasta ahora „bis

„jetzt", por aqui „hier umher", de donde „woher", — allá abajo „dort unten", ahi cerca „dort nahebei", allá dentro „dort drinnen" u. s. w.;

d) aus einem Adjektiv und einem Substantiv oder Adverb, z. B. raras veces „selten", muchas veces „oft", tal vez „manchmal", otra vez „nochmal", cuanto ántes „so bald als möglich" u. s. w.;

e) aus einem Adverb und einem Substantiv, z. B. hoi dia „heutigen Tages", ayer noche „gestern Abend", ayer mañana „gestern Morgen" u. s. w., und

f) aus der Präposition á und einem Infinitiv oder einer imperativisch genommenen Form, z. B. á rabiar „rasend", á mas tirar „höchstens", á mas tardar „spätestens", á mas no poder „so viel als möglich", á cierra ojos „mit verschlossenen Augen" á salga lo que saliere „aufs Gerathewohl" u. s. w.

Grammatisches Verhalten der Adverbien.

Begriffswörter.

§ 191. Die adverbialen Begriffswörter, d. h. diejenigen Adverbien, welche die Merkmale aussprechen, die zur Unterscheidung besonderer Arten in den Begriff von Verben oder Adjektiven aufgenommen werden, haben immer nur die eine bestimmende Beziehung zu diesen Verben oder Adjektiven und können zu keinem Substantive in attributivem Verhältnisse gedacht werden. Als Ausdrücke von Merkmalen können sie indeß die Beziehung zu einem Objekte in sich aufnehmen, z. B. Ha obrado agradablemente para mí „Er hat mir angenehm gehandelt"; doch geschieht auch dies nur selten, und, selbst wenn die Adverbien von objektiven Adjektiven gebildet sind, werden sie in der Regel ohne die ursprüngliche objektive Beziehung gebraucht, namentlich wenn das Objekt nicht als persönlich gedacht wird. So kann man nicht wohl sagen Ha muerto dignamente de su vida „Er ist seines Lebens würdig gestorben"; obwohl Su muerte fué digna de su vida „Sein Tod war seines Lebens würdig" in beiden Sprachen gut gesagt ist. Bei solcher Ungefügigkeit des Adverbs für objektive Verbindungen sieht man sich daher, wenn eine Beziehung auf ein Sachobjekt ausgesprochen werden muß, genöthigt, das Adverb durch eine mit modo, manera, suerte oder einem ähnlichen Substantiv und dem Adjektiv, von welchem es hergeleitet werden, gebildete Phrase zu ersetzen, z. B. Ha muerto de un modo digno de su vida „Er ist auf eine seines Lebens würdige Art gestorben".

Ganz unbeschränkt können die adverbialen Begriffswörter dagegen in ihren Begriff allerlei Bestimmungen der Größe seines Umfanges aufnehmen und kann auch in alle Verhältnisse der Komparation, der einzigen Flexion, deren sie fähig sind, treten, z. B. Ha obrado muy dignamente „Er hat sehr würdig gehandelt". Ha obrado tan dignamente como tú „Er hat so würdig als du gehandelt". Ha obrado mas dignamente „Er hat am würdigsten gehandelt". Habla mejor que yo „Er spricht besser als ich". Ha obrado dignísimamente „Er hat höchst würdig gehandelt" u. s. w.

§ 192. Von allen adverbialen Begriffswörtern sind bien und mal wol die einzigen, welche auch als Formwörter gebraucht werden, und zwar beide als Adverbien des Größenverhältnisses im Sinne von „sehr", „recht" oder „tüchtig" und von „nicht besonders", z. B. Caminó *bien* „Er marschirte tüchtig" (Acd). Vino *bien* tarde „Er kam sehr spät" (S). Trabaja *mal* „Er arbeitet nicht besonders".

Bien steht ferner als Adverb des Modus für „wol" und für „gern" und in Beziehung auf eine Verneinung auch für „nur"; no bien aber bedeutet „kaum", z. B. *Bien* tendría 10 años cuando vino „Er mochte wol 10 Jahre alt sein, als er kam" (S). Yo *bien* hiciera esto „Ich thäte dies gern" (Acd). (Auch im Komparativ Lo hizo *mejor* que . . . „Er that es lieber als . . .") No sabe *bien* lo que haría por él „Sie weiß nur nicht, was ich für ihn thun würde" (L). *No bien* le divisámos „Kaum erblickten wir ihn" (S).

Außerdem steht bien — bien konjunktionell für „ob nun" — „oder", und bien que oder si bien für „wenn auch", „obschon", z. B. *Bien* venga solo, *bien* acompañado „Ob er nun allein komme, oder in Begleitung" (S). Salió á pasear *si bien* de mala gana „Er ging aus zu spazieren, obwohl mit Unlust" (S).

Adverbiale Formwörter.

A. Adverbien des Raumverhältnisses.

Die Demonstrativadverbien aquí, ahí, allí, acá, allá und acullá.

§ 193. Unter den Adverbien des Raumverhältnisses haben aquí, ahí, allí, acá und allá demonstrativen Charakter und werden daher als Demonstrativadverbien des Raumverhältnisses unterschieden. Von ihnen deuten aquí, ahí und allí den Ort an und verhalten sich dabei gerade so, wie die Demonstrativadjektiven este, ese und aquel, so daß aquí für en este, ahí für en ese und allí für en aquel lugar steht; acá und allá bezeichnen dagegen die Richtung, den deutschen Adverbien „hierher" und „dorthin" entsprechend, z. B. Esperád *aquí*, Señor Obispo „Wartet hier, Herr Bischof" (Z). ¿Qué tonterías está Vd. *ahí* diciendo? „Welche Dummheiten sagen Sie da?" (M). Ya he estado yo allí „Ich bin schon dort gewesen" (Y). — Ven acá „Komm hierher" (M). Voi allá „Ich gehe dorthin" (J). Dieser Unterschied zwischen den Demonstrativadverbien des Orts und der Richtung wird indeß nicht immer festgehalten, und selbst die besten Schriftsteller gebrauchen mitunter aquí, ahí und allí zur Bezeichnung der Richtung und umgekehrt acá und allá zur Bezeichnung des Orts, z. B. Venia *aquí* „Er kam hierher" (R). Ya estamos *acá* „Da sind wir schon" (B). Yo estuve *allá* „Ich war dort" (Acd.) — Allen diesen Demonstrativadverbien werden zuweilen auch Präpositionen, namentlich de und por, vorgesetzt, z. B. de aquí „von hier", por allí „dort hindurch"; por bezeichnet dann aber nicht immer eine Richtung sondern steht mitunter, bloß um die Ortsbezeichnung unbestimmter zu machen, z. B. *Por ahí* debe estar „Da umher muß er sein" (M). *Por allá* los veo „Dort umher sehe ich sie" (Y). Außerdem steht allá zuweilen für „drüben", mas allá für „über — hinaus" und für „jenseits", und mitunter dient es auch auf eigenthümliche Weise zur Abweisung des Ausgesagten von dem Redenden hinweg und in so fern zur Beschränkung desselben auf das Subjekt, z. B. Allá en Turquía „Drüben in der Türkei" (S). *Mas* allá de la tumba „Ueber das Grab hinaus" oder „jenseit des Grabes" (Alc). El es *allá* medio filósofo „Er ist da so ein halber Philosoph" (J). *Allá* se lo haya „Er mag die Folgen tragen" (Acd).

Die Demonstrativadverbien des Raumverhältnisses werden auch zur Bezeichnung von Zeitverhältnissen gebraucht, und zwar in entsprechender Weise, wie sie zur Bezeichnung der Orts- und Richtungsverhältnisse dienen, z. B. Aquí oder Allí fué ello „Nun" oder „Damals geschah es" (S). *Ahí* nos engañaron „Damals täuschten sie uns" (J). *Allá* en el siglo décimo „Damals im zehnten Jahrhundert" (S), und dann in Ausdrücken, wie De ayer *acá* „Seit gestern", Desde entónces *acá* „Seit damals" (Acd).

Auch weist aquí zuweilen bloß auf den gerade in Rede stehenden Gegenstand, ohne Rücksicht auf dessen Raumverhältniß, hin, z. B. *De aquí* se originaron sangrientas hostilidades „Hieraus entstanden blutige Feindseligkeiten" (Y).

Das auch zu den Demonstrativadverbien gehörige acullá kommt nur in Verbindungen, wie aquí y acullá „hier und dort", vor und wird wenig gebraucht.

Das Interrogativadverb donde.

§ 194. Unter den Adverbien des Raumverhältnisses ist donde das einzige Interrogativadverb. Es fragt indeß eigentlich nur nach dem Orte, steht jedoch mitunter auch im Sinne von „wohin", z. B. ¿*Dónde* vives? „Wo lebst du?" (Acd). ¿*Dónde* ha puesto Vd. mis efectos? „Wohin haben Sie meine Sachen gelegt?" (O). — Zur genauern Bezeichnung des Raumverhältnisses werden ihm oft Präpositionen vorgesetzt, namentlich á, de, en, por, para, hácia und hasta, und die erste wird selbst mit ihm in ein Wort zusammengeschrieben; adonde entspricht dann dem deutschen „wohin", de donde dem deutschen „woher", en donde dem deutschen „worin", por donde dem deutschen „wodurch", para donde dem deutschen „wonach", hácia donde dem deutschen „wohin" und hasta donde dem deutschen „bis wo", z. B. ¿*Adónde* va y *de dónde* viene? „Wohin geht er und woher kommt er?" (Acd). ¿*En dónde* dices que está Don Cómodo? „Worin sagst du, daß Don Comodo ist?" (G). ¿*Por dónde* han entrado? „Wodurch sind sie hereingekommen?" (G). — Zuweilen nimmt man adonde und en donde indeß auch bloß für „wo", und de donde gebraucht man auch für „woraus", wie por donde für „warum", Beides in ursachlicher Beziehung, z. B. ¿*De dónde* sacas tú semejante consecuencia?

„Woraus ziehst du eine solche Folgerung?“ (G). *¿Por dónde* tengo de creerlo? „Warum will ich es glauben?“ (Acd.)

Donde, adonde, de donde etc. werden übrigens nicht bloß in direkten, sondern auch in indirekten Fragesätzen, und nicht bloß interrogativ, sondern auch manchmal relativisch und konjunktionell zur Verbindung von Adjektiv- und Adverbialsätzen mit den ihnen übergeordneten Sätzen gebraucht, und in diesem Verhältnisse werden sie mitunter mit quiera que zu den Ausdrücken dondequiera que „wo auch (immer)“, adondequiera que „wohin auch (immer)“, de dondequiera que „woher auch (immer)“ u. s. w. verbunden, z. B. ¿Pudiera sin imprudencia saberse *de dónde* venis? „Könnte man ohne Unbescheidenheit wissen, woher ihr kommt?“ (Il). Abandonád la senda *por donde* él vaya „Verlaßt den Pfad, auf dem (worauf) er wandelt“ (Z). Se introduce *donde* quiera „Er tritt ein, wo er will“ (Z). Parecia destinado á mandar *dondequiera que* se hallase „Er schien bestimmt zu befehlen, wo er sich auch (immer) befinden mochte“ (Q).

Die übrigen Adverbien des Raumverhältnisses.

§ 195. Die übrigen Adverbien des Raumverhältnisses bezeichnen dieses sämmtlich nach einem nicht durch seine Beziehung zu den redenden Personen bestimmten (absoluten) Orte, und zwar entweder ohne weitere Unterscheidung an demselben, oder mit besonderer Beziehung auf dessen Umgränzung. Die Adverbien der ersten Art sind en alguna parte „irgendwo“, en ninguna parte „nirgendwo“, en otra parte „anderswo“, en oder por todas partes „überall“, á alguna parte „irgendwohin“, á ninguna parte „nirgendwohin“, á otra parte „anderswohin“, á todas partes „überallhin“, cerca „nahebei“, léjos „fern“, zu welchen noch de cerca „ganz nahebei“, „auf dem Fuße“ oder „der Ferse“, á lo léjos „in der Ferne“, de lejos oder de mui léjos und desde léjos „von fern“, „aus weiter Entfernung“ kommen. — Die Adverbien der zweiten Art sind dentro „innen“, „drinnen“, fuera „außen“, „draußen“, delante „vorn“, detras „hinten“, arriba „oben“, abajo „unten“, encima „drauf“, debajo „drunter“, al lado „daneben“, á la derecha „rechts“, á la izquierda oder siniestra „links“, enrededor „umher“, adelante „vorwärts“, atras „rückwärts“. Diese Adverbien bezeichnen sämmtlich, bis auf die beiden letzten, ein Ortsverhältniß, und von diesen kann atras auch noch im Sinne von „zurück“, wie in quedarse atras „zurückbleiben“, zur Bezeichnung bloß örtlicher Beziehung dienen. Sie werden jedoch auch oft zur Bezeichnung der Richtung wohin gebraucht, so daß dentro „her- oder hinein“, fuera „her- oder hinaus“, delante „vorn her oder hin“, detras „hinten her oder hin“, arriba „her- oder hinauf“, abajo „her- oder hinunter“, encima „darauf“, debajo „darunter“ u. s. w. bedeuten; meistens wird indeß in diesem Falle für dentro und fuera adentro und afuera gesagt, und man pflegt dentro und fuera in diesem Sinne nur mit einem der Demonstrativadverbien der Richtung acá und allá zu gebrauchen, wie allá dentro „dort hinein“. Sonst gebraucht man bei diesen Adverbien die Präposition á nicht zur Bezeichnung des Wohin. Dagegen setzt man ihnen immer als Präposition de vor, wenn die Richtung **woher** bezeichnet werden soll, wobei in al lado, á la derecha und á la izquierda oder siniestra natürlich das á wegfällt, z. B. de dentro „von innen", de fuera oder de afuera „von außen", de delante „von vorn her" u. s. w. De arriba abajo „Von oben nach unten" (Acd). Auch die Präposition por wird mitunter einigen vorgesetzt; dann wird aber die durch das Adverb bestimmte Seite der Umgränzung verstanden, z. B. por dentro „inwendig", por defuera (gewöhnlich nicht por fuera) „auswendig", por delante „auf der Vorderseite", por detras „auf der Hinterseite", por arriba „auf der Oberseite", por abajo (debajo) „auf der Unterseite". Einige der genannten Adverbien werden mitunter auch durch ein ihnen vorhergehendes Substantiv bestimmt, z. B. mar adentro „Meer einwärts", la costa abajo „die Küste hinunter", la calle arriba „die Straße hinauf" u. s. w. Außerdem bedeuten dentro und fuera zuweilen „zu Hause" und „nicht zu Hause", und á dentro ist der dem „Herein" entsprechende Ruf, wenn an die Thür geklopft wird.

In anderer als räumlicher Bedeutung werden gebraucht encima für „darüber", „noch dazu", z. B. dos arrobas y algunas libras *encima* „zwei Arroben und einige Pfunde **darüber**", und adelante in Zeitbestimmungen für „später" und auch „früher", „vor", z. B. Tres años *adelante* „Drei Jahre **später**" (Q). Murió años *adelante* „Er starb **vor** Jahren" (T), und en adelante heißt dann „in Zukunft", para en adelante „für künftig", und de aqui und de alli en adelante „künftighin" und „späterhin".

B. Adverbien des Zeitverhältnisses.

Die Demonstrativadverbien des Zeitverhältnisses.

§ 196. Die Demonstrativadverbien des Zeitverhältnisses sind ahora, ántes, anteriormente, recientemente, despues, luego, presto, pronto oder prontamente, en breve, entónces, — hoi, mañana, ayer, pasadomañana, anteayer (ántes de ayer), anoche oder antenoche, — ya, aun, todavia, und diese weisen sämmtlich, außer den drei letzten, welche, wie „schon" und „noch", den Anfangs- oder Endpunkt eines Zeitraums durch eine Hinweisung auf die Gegenwart bestimmen, auf einen in Beziehung auf den Augenblick der Aussage als gleich-, vor- oder nachzeitig erscheinenden Zeitpunkt hin. Ahora vereinigt alle drei Beziehungen, indem es sowohl „jetzt" als „sogleich" und „soeben" bedeutet; ántes weist, wie „früher", auf einen unbestimmten Punkt der Vergangenheit hin und umfaßt das in die weite Vergangenheit deutende anteriormente (auch antiguamente) „ehemals", „ehedem", so wie das in die Nähe der Gegenwart zeigende recientemente „neulich", „kürzlich"; despues bezeichnet auf ähnliche Weise einen unbestimmten Punkt der Zukunft, wie „später", „nachher", „hernach", und umfaßt so die Adverbien luego, presto, pronto, prontamente und en breve, welche alle „gleich", „bald", „in Kurzem" bedeuten; entónces dagegen weist auf einen bestimmten Punkt der Vergangenheit oder der Zukunft hin und entspricht daher den deutschen Adverbien „damals" und „dann", und bei den Adverbien hoi

„heute", mañana „morgen", ayer „gestern", pasado mañana „übermorgen", anteayer oder ántes de ayer „vorgestern", anoche „gestern Abend", geht die Hinweisung auf einen durch die Aussage bestimmten Tag oder Abend.

Der Zeitpunkt, durch welchen diese Adverbien in ihrer Beziehung auf denselben ihre Bedeutung erhalten, ist indeß nicht immer der Moment der Aussage, sondern mitunter auch ein aus dem Zusammenhange der Rede bekannter Punkt der Vergangenheit oder, wenn auch seltener, der Zukunft, z. B. Un instante *despues* llegó Vd. „Einen Augenblick nachher (d. i. nach dem in Rede stehenden Augenblick) kamen Sie" (II). *Luego* descubrimos la villa „Bald entdeckten wir die Stadt" (S). *Ya* vino „Er kam schon" (S). Dormirá todavia „Er wird noch schlafen". Diejenigen der genannten Adverbien, welche auf einen bestimmten Zeitpunkt (Abschnitt) hinweisen, können auch mit Präpositionen, namentlich de, desde, hasta, á und por verbunden werden, um diesen Zeitpunkt oder Abschnitt als Anfang oder Ende, oder auch als die Dauer eines Merkmals zu bezeichnen, z. B. desde ahora „von jetzt an", hasta ahora „bis jetzt", por ahora „für jetzt", desde luego „von gleich an", d. i. „sogleich" oder „alsobald", de hoi á mañana „von heute bis morgen", hasta pasado mañana „bis übermorgen", por entónces „für damals" u. s. w.

Dann werden einige derselben auch noch in etwas anderer Bedeutung, als der angegebenen, adverbial und konjunktionell gebraucht. So steht

ahora bien für „nun wohl" oder „nun denn", z. B. *Ahora bien*, esto se ha de hacer „Nun wohl, dies muß geschehen" (Acd);

ahora — ahora, oder verkürzt ora — ora, für „ob nun — oder", oder „sei es nun — oder", z. B. *Ora* sean gigantes, *ora* vestiglos „Seien es nun Riesen oder Ungeheuer" (Acd);

antes für „lieber", „eher", z. B. *Antes* la honra que la vida „Lieber die Ehre als das Leben" (Acd);

cuanto ántes für „so bald als möglich", z. B. Procura volver *cuanto ántes* „Suche so bald als möglich wieder zu kommen" (J);

ántes bien, oder ántes allein, für „vielmehr" als Konjunktion des Gegensatzes, z. B. El sol no recibe la luz de los planetas, *ántes* la da á ellos „Die Sonne empfängt nicht das Licht von den Planeten, vielmehr giebt sie es ihnen" (Acd);

despues für „dann" in einer Aufzählung, z. B. Primero hizo esto y *despues* aquello „Erst that er Dies und dann Jenes";

luego ebenfalls für „dann" in derselben Weise, z. B. Primero yo, luego tú etc. „Erst ich, dann du" u. s. w., und mitunter auch für „folglich", z. B. Pienso, *luego* existo „Ich denke, folglich bin ich" (S);

luego que für „so bald (als)", z. B. *Luego que* le vi „So bald ich ihn sah";

entónces für „dann" zur Bezeichnung einer bedingten Folge, z. B. ¿Qué hicieras si te saliese la loteria? — *Entónces* compraria un caballo „Was würdest du thun, wenn du in der Lotterie gewönnest?" — „Dann würde ich ein Pferd kaufen" (S);

ya für „noch", „jetzt", „gleich", „nachher", „früher" oder „sonst", z. B. La boda no se ha hecho *ya* „Die Hochzeit ist noch nicht gewesen" (M). Hasta aquí fué vuestra voz, pero *ya* vuestra belleza „Bisher war's euer Ruf, aber jetzt eure Schönheit" (Moreto). *Ya* van „Sie kommen gleich" (Acd). *Ya* se hará eso „Das wird nachher geschehen" (Acd). Grandeza de un duque ahora, título *ya* de marques „Größe eines Herzogs jetzt, Markgrafentitel sonst" (Góngora); dann mit einer Verneinung auch für „mehr", z. B. Nada tienes *ya* que temer „Du hast nichts mehr zu fürchten" (B), und manchmal auch als ein Adverb des Modus für „wol", „ja", „nun ja", oder „ja wol", wenn es verdoppelt wird, z. B. *Ya* conoce Vd. „Sie merken wol" (S). ¿Está Vd. ahora? — *Ya*, pero... „Verstehen Sie jetzt?" — „Ja (nun ja), aber ..." *Ya*, *ya* te lo dirán de misas „Ja, sie werden dir schon die Leviten lesen" (S). En fin el marques — *Ya*, *ya* entiendo „Kurz, der Markgraf". — „Nun, ich verstehe ja wol" (J);

si ya für „wenn etwa", z. B. Os referiré la historia, *si ya* no la sabéis „Ich werde euch die Geschichte erzählen, wenn ihr sie etwa nicht wißt" (S);

ya que für „nun", „wenn denn auch", oder mitunter „so wie", z. B. *Ya que* me pagas tan mal, no te volveré á favorecer „Nun du mir so übel lohnst, werde ich dich nicht wieder begünstigen" (S). *Ya que* seas malo no causes á lo ménos escándalo „Wenn du denn auch schlecht bist, so verursache doch wenigstens kein Aergerniß" (S). *Ya que* hubo requerido las cinchas ... „So wie er die Gurten untersucht hatte" (S);

ya — ya für „bald — bald" oder „ob nun — oder", z. B. *Ya* le mecia en la cuna, *ya* le arullaba en los brazos „Bald wiegte sie ihn, bald lullte sie ihn in den Armen ein" (S). *Ya* fuese de dia, *ya* de noche su llegada „Ob seine Ankunft nun bei Tage, oder bei Nacht war ..." (S);

aun für „sogar", „selbst", z. B. Es apreciable *aun* con estas circunstancias „Er ist sogar mit diesen Eigenschaften schätzenswerth" (Acd);

ni aun für „nicht einmal", z. B. Don Vicente *ni aun* sospecha la ligereza de Vd. „Don Vinzenz argwöhnt nicht einmal Ihren Leichtsinn" (H);

aunque für „obgleich", „obwohl", z. B. Nos hizo un favor, *aunque* no nos conocia „Er that uns einen Gefallen, obgleich er uns nicht kannte" (Y), und

aun cuando für „selbst wenn", z. B. *Aun cuando* hubiese querido evitar la guerra, no le hubiera sido fácil „Selbst wenn er den Krieg hätte vermeiden wollen, würde es ihm nicht leicht gewesen sein" (Y).

Die Interrogativadverbien cuando und cuanto tiempo.

§ 197. Die Interrogativadverbien des Zeitverhältnisses sind cuando und cuanto tiempo. Das erste fragt, wie „wann", nach dem Zeitpunkte, das andere, wie „wie lange", nach der Zeitdauer, z. B. ¿*Cuándo* piensa Vd. partir? „Wann denken Sie abzureisen?" (Q). ¿*Cuánto tiempo* has callejeado ya? „Wie lange bist du schon umhergelaufen?" — Beide werden auch ihrer Bedeutung gemäß mit Präpositionen verbunden, wie desde cuando oder de cuando acá „seit wann", de cuando „von wann", hasta cuando „bis wann", á cuando „bis wann", por cuanto tiempo „für wie lange".

Auch stehen sie nicht nur in direkten, sondern auch in indirekten Fragen, und cuando wird außerdem nicht bloß als Fragewort, sondern auch relativisch und konjunktionell gebraucht, um Nebensätze mit ihren Hauptsätzen zu verbinden, und dann steht es nicht nur für „wann", sondern auch für „wenn", „als", „während" und „wenn auch", z. B. No se sabe *cuando* vendrá „Man weiß nicht, wann er kommen wird." Dime *cuanto tiempo* has trabajado „Sage mir, wie lange du gearbeitet hast". *Cuando* le pregunto cualquiera friolera, casi siempre me responde en latin „Wenn ich ihn um irgend eine Kleinigkeit frage, antwortet er mir fast immer auf lateinisch" (M). *Cuando* llegué á la corte, estaba S. M. (Su Majestad) recogido „Als ich an den Hof kam, war Se. Majestät zur Ruhe gegangen" (J). Se creia mui seguro *cuando* todo estaba ya perdido „Er glaubte sich ganz sicher, während Alles schon verloren war". *Cuando* no hubiera mas razon, me bastara que fulano lo dijera „Wenn es auch keinen weitern Grund gäbe, würde es mir genügen, wenn Der und Der es sagte". (Acd.) — In solcher konjunktionellen Bedeutung bildet es auch mit mas oder mucho und ménos die aus Satzverkürzungen entstandenen Phrasen cuando mas oder cuando mucho „höchstens" und cuando ménos „wenigstens".

Um seine konjunktionelle Bedeutung unbestimmter zu machen, wird ihm auch mitunter quiera hinzugefügt, z. B. *Cuando quiera que* venga „Wann er auch komme"; und dieser Ausdruck wird auch, wie cuando, zuweilen im adversativen Sinne für „wenn auch" genommen.

Seinen interrogativischen Charakter verliert es aber ganz in der Phrase de cuando en cuando „von Zeit zu Zeit" oder „dann und wann", und wenn es in dem Ausdrucke cuando — cuando distributiv für „bald — bald" gebraucht wird, z. B. Siempre anda riñendo, *cuando* con los criados, *cuando* con los hijos „Immer zankt er, bald mit den Dienern, bald mit den Kindern" (Acd).

Die übrigen Adverbien des Zeitverhältnisses.

§ 198. Die übrigen Adverbien des Zeitverhältnisses, wie temprano „früh", tarde „spät", al principio „Anfangs", por último oder por fin „endlich", por la mañana oder de mañana „Morgens", de dia „Tags", de noche „Nachts", oder „Abends", de madrugada „früh Morgens", por la tarde „Nachmittags", por el pronto oder al pronto „fürs Erste", „für den Anfang" de antemano „im Voraus", no — hasta „erst", siempre „immer", nunca oder jamas „nie" u. s. w. sind meistens Phrasen und haben fast sämmtlich nur die eine ihnen beigelegte bestimmte Bedeutung.

Mit siempre verbindet man mitunter eine der Präpositionen por und para, ohne jedoch zwischen por siempre und para siempre einen Unterschied zu machen, da Beides „für immer" bedeutet. Außerdem wird siempre mit nachfolgendem que konjunktionell gebraucht und steht dann bald für „so oft als", bald für „vorausgesetzt daß" oder „wenn nur", z. B. *Siempre que* entraba ó salia, me apretaba la mano „So oft er ein- oder ausging, drückte er mir die Hand" (G). *Siempre que* Vds. lo hagan pronto y bien, les prometo una soberbia propina „Vorausgesetzt (unter der Bedingung), daß Sie es schnell und gut thun, verspreche ich Ihnen ein tüchtiges Trinkgeld" (G).

Nunca und jamas entsprechen dem deutschen „nie" nur dann, wenn sie der Aussage vorangehen, oder einer verneinten Aussage nachfolgen, oder allein gebraucht werden; sonst stehen sie für „je", namentlich in Fragen und in Bedingungsätzen, und nunca hat in beiden Fällen mehr Nachdruck, z. B. *Nunca* le traté oder *No* le traté *nunca* „Ich ging nie mit ihm um" (S). ¿*Le* trató *nunca*? „Ging ich je mit ihm um?". Si *nunca* le traté . . . „Wenn ich je mit ihm umging . . ." *Jamas* le vió „Er sah ihn nie". ¿Le vió *jamas*? „Sah er ihn je?"

Mitunter gebraucht man auch beide, dem deutschen „nie und nimmer" entsprechend, zusammen, um die Verneinung noch stärker zu machen, z. B. *Nunca jamas* le veré „Ich werde ihn nie und nimmer sehen" (S).

Dem entgegengesetzt wird jamas zuweilen zu siempre hinzugefügt, um dessen Bedeutung zu verstärken, und siempre jamas steht dann für „immer und ewig" und por siempre jamas für „für immer und ewig".

C. Adverbien des Größenverhältnisses.

Demonstrativ- und Interrogativadverbien.

§ 199. Unter den Adverbien, welche das Größenverhältniß der Merkmale, sei es nun nach der Zahl oder der bloßen Ausdehnung, bestimmen, sind nur tan „so" und tantas veces „so oft" demonstrative, und cuan „wie" und cuantas veces „wie oft" interrogative Adverbien.

Tan und cuan werden indeß nur bei Adjektiven (Partizipien) und Adverbien gebraucht, und dies auch nur dann, wenn keine andere adverbiale Bestimmung verhindert, sie denselben unmittelbar vorzusetzen; bei Verben in der Aussageform und bei Adjektiven (Partizipien) oder Adverbien mit einer näheren adverbialen Bestimmung gebraucht man statt tan und cuan stets die adjektivischen Umfangswörter tanto und cuanto, z. B. ¿Porqué estáis tan triste? „Warum seid Ihr so traurig?" (J). ¡*Cuán* necio ha sido! „Wie dumm ist er gewesen!" (Y). El gusta *tanto* de tu conversacion „Er liebt deine Unterhaltung so (so sehr)" (J). Dejó el trono á su hijo *tanto* y aun mas aborrecido que él „Er hinterließ den Thron seinem eben so sehr und selbst mehr gehaßten Sohne“ (R).

Dem adjektivischen mucho können sie aber nicht vorgesetzt werden, da man für „so viel“ tanto und für „wie viel“ cuanto hat; dagegen steht tan abweichend vom Deutschen oft zur Verstärkung von solo „allein“ und dem sich auf eine verneinte Aussage beziehenden siquiera „nicht einmal“, so wie besonders eigenthümlich in den mit dem Interrogativadjektiv qué „welch ein“ oder „was für ein“ und einem Substantiv mit nachfolgendem Adjektiv gebildeten Ausrufen, z. B. Dos minutos *tan solo* „Zwei Minuten nur allein“ oder „bloß“ (G). Hace ocho dias que no las miro *tan siquiera* „Seit acht Tagen sehe ich sie auch nicht einmal an“ (BH). — ¡Qué boda *tan* mala seria! „Welch eine schlechte Heirath würde das sein!“ (L). Dagegen ¡Qué buen hombre era! „Welch ein guter Mensch er war!“ (Y). Außerdem steht tan, so wie auch mitunter tanto, während im Deutschen „wie“ und „wie sehr“ gebraucht wird, wenn etwas von einem Andern in Frage Gestelltes nachdrücklich bestätigt werden soll, z. B. ¿Es eso de veras? — ¡Y *tan* de veras! „Ist das wahr?“ — „Und wie wahr!“ (G).

Die übrigen Adverbien des Größenverhältnisses.

§ 200. Von den übrigen Adverbien des Größenverhältnisses, wie mui „sehr“, hasta tal punto „so sehr“, de todo punto „ganz“, una vez „einmal“, dos, tres etc. veces „zwei-, drei- ꝛc. Mal“, avezes oder á vezes oder algunas vezes „mitunter“, „zuweilen“, rara vez oder raras vezes „selten“, muchas vezes „oft“, otra vez „noch mal“, de nuevo „aufs neue“, á menudo „oft“, por lo comun oder de ordinario „gewöhnlich“ u. s. w. wird fast keins in anderer, als der ihm beigelegten Bedeutung gebraucht; nur mui steht auch mitunter für „zu“ und „zu sehr“, doch kann es sowohl in dieser Bedeutung als in der von „sehr“ nur als unmittelbare adverbiale Bestimmung eines Adjektivs (Partizips) oder Adverbs verwandt werden und wird bei Verben in der Aussageform und bei Adjektiven (Partizipien) und Adverbien, die schon eine nähere adverbiale Bestimmung haben, im Sinne von „sehr“ stets durch mucho, im Sinne von „zu“ oder „zu sehr“ aber durch demasiado vertreten, z. B. Su dolor es *mui* justo „Sein Schmerz ist sehr gerecht“ (J). Yo soi *mui* profana „Ich bin zu weltlich“ (M). Ha padecido *mucho* „Er hat sehr gelitten“ (M). El trabajo excesivo me aflige *demasiado* „Die übermäßige Arbeit schwächt mich zu sehr“ (J).

D. Adverbien der Weise.

Demonstrativ- und Interrogativadverbien.

§ 201. Die Demonstrativ- und Interrogativadverbien der Weise sind asi „so“, otramente „anders“ und como „wie“, z. B. *Asi* discurria yo „So dachte ich“ (S). Hacelo *otramente* „Mach es anders“. ¿Cómo se hace esto? „Wie wird dies gemacht?“ Otramente ist übrigens veraltet, und man sagt dafür jetzt gewöhnlich de otro modo, oder auch wol distintamente, diferentemente und diversamente. Auch así und como werden zuweilen mit de tal modo und de que modo oder de tal manera (suerte) etc. vertauscht. In así que así oder así como así oder, wie im gemeinen Leben mitunter gesagt wird, así que asá oder así que asado „so oder so“, „so wie so“, „wie es auch sei“, hat das zweite así die Bedeutung von „anders“, z. B. *Así como así*, no son los maridos en lo que mas reparan las gentes „So wie so (oder „wie dem auch sei“) sind es nicht die Männer, auf welche die Leute am meisten sehen“ (L). Lo mismo es *así que asá* „Es ist ganz gleich, so oder so“ (Acd).

Verdoppelt bezeichnet así nicht mehr die Weise, sondern, wie das deutsche „so so“, „so ziemlich“ oder „mittelmäßig“, ein Größenverhältniß, z. B. No era un actor distinguido, sino *así así* „Er war kein ausgezeichneter Schauspieler, sondern so so (so mittelmäßig)“ (S).

In Wünschesätzen nimmt así manchmal die Bedeutung eines Adverbs des Modus an, dem deutschen „doch“ oder „nur“ entsprechend, z. B. ¡*Así* fuera yo santo! „Wäre ich doch“ oder „nur heilig!“ (Acd).

Mitunter weist así auch, konjunktionell stehend, auf einen vorhergehenden Grund, gleich dem deutschen „also“, z. B. Conmigo siempre tienes cumplido, así créeme y éntrate al comedor „Bei mir kannst du immer ungenirt sein; also glaube mir und gehe ins Eßzimmer“ (G).

Ebenso steht es konjunktionell mit nachfolgendem que oder como für „so bald (als)“ oder „so wie“, z. B. Así *que* se divulgó la noticia „So bald sich die Nachricht verbreitete . . .“ (S). Así *como* amaneció, se dió la batalla „So wie es tagte, wurde die Schlacht geliefert“ (Acd).

Auch como wird nicht immer in seiner Grundbedeutung für das interrogative „wie“ gebraucht; es fragt auch, wie „warum“ und „wie viel“, nach dem Grunde und dem Umfange, z. B. ¿*Cómo* no has hecho esto? „Warum hast du dies nicht gethan?“ (Acd). ¿*A cómo* vende Vd. la vara? „Zu wie viel“ oder „Wie theuer verkaufen Sie die Elle?“ (S).

Vor Zahlwörtern steht es manchmal mit oder ohne unos im Sinne von „ungefähr“ und vor Substantiven im Sinne von „Etwas wie“ oder „eine Art von“, wobei ihm eigenthümlicher Weise das Zahlwort uno, und zwar mit dem Substantiv in Geschlecht und Zahl übereinstimmend, vorangeht, z. B. Envió delante *como unos* veinte hombres „Er schickte ungefähr zwanzig Mann voraus“ (R). Divisámos *una como* sombra de árbol „Wir erblickten Etwas wie“ oder „eine Art von Baumschatten“ (S).

Auch steht es mitunter für „gleichsam“, und mit que als como que für „fast“, „beinahe“, „gewissermaßen“, z. B. Fué esta *como* una profecía „Dies war gleichsam eine Prophezeiung“. *Como que* acierto porque lo hace Vd. „Ich errathe fast (gewissermaßen), warum Sie es thun“ (S).

Como leitet auch häufig, als Konjunktion gebraucht, Nebensätze ein, und zwar nicht nur in der Bedeutung von „wie“, sondern auch im Sinne von „als“ in Beziehung auf ein vorhergehendes tan, und statt que „daß“, porque „da“, así que „so wie“ und si „wenn“, statt des letzteren jedoch nur mit dem Verb im Konjunktiv, z. B. Te amo *como* mereces „Ich liebe dich, wie du verdienst" (B). Sabia el camino *tan* bien *como* su amo „Er wußte den Weg so gut als sein Herr" (S). Me escriben *como* ha llovido mucho en Sevilla „Man schreibt mir, daß es in Sevilla viel geregnet hat. (Acd). *Como* almorzé en el camino me encuentro sin ningun apetito „Da ich unterwegs frühstückte, habe ich gar keinen Appetit" (G). *Como* supe que habia llegado, fui á visitarle „So wie ich erfuhr, daß er angekommen war, ging ich ihn zu besuchen" (Acd). *Como* sea la vida del hombre milicia sobre la tierra, menester es vivir armados „Wenn das Leben des Menschen Kriegsdienst auf der Erde ist, so muß man immer gewappnet sein" (Acd).

Als Konjunktion bildet es zuweilen mit quiera den unbestimmten Ausdruck como quiera que „wie auch (immer)", z. B. *Como quiera* que sea yo no te comprendo „Wie es auch sei, ich begreife dich nicht" (J).

Die übrigen Adverbien der Weise.

§ 202. Die übrigen Adverbien der Weise beschränken sich auf die wenigen Ausdrücke, welche ein Merkmal seinem Grunde oder seiner Folge nach als anders geartet bestimmen, da sonst die Weise immer durch adverbiale Begriffswörter ausgesprochen wird, z. B. naturalmente „von Natur", de balde „umsonst", en vano „vergeblich" u. s. w.

E. Adverbien des Modus.

Adverbien der Möglichkeit und Nothwendigkeit.

§ 203. Die Adverbien des Modus, welche das Merkmal als in dem Verhältniß bloßer Möglichkeit oder Nothwendigkeit darstellen, sind tal vez, acaso, quizá oder quizás, por ventura „vielleicht", „etwa", posiblemente „möglich", imposiblemente „unmöglich", probablemente, verisimilmente (verosimilmente) „wahrscheinlich", improbablemente, inverisimilmente „unwahrscheinlich", necesariamente, forzosamente, indispensablemente „nothwendig" und ähnliche. Sie stimmen im Allgemeinen hinsichtlich ihres Gebrauchs mit den ihnen beigesetzten deutschen Ausdrücken überein, und man macht auch im Gebrauche der erstgenannten vier, eben so wie in dem von „vielleicht" und „etwa", insofern einen Unterschied, als tal vez und quizá hauptsächlich, wenn nicht ausschließlich, in Urtheilsätzen, por ventura nur in Fragesätzen, und acaso in beiden Arten, jedoch vorzugsweise auch nur in Fragesätzen gebraucht wird, z. B. Va *tal vez* á perder la vida „Er wird vielleicht das Leben verlieren" (H). *Quizá* ha empezado ya el levante „Vielleicht hat sich schon der Ostwind erhoben" (B). ¿Son ellos *por ventura*? „Sind sie es vielleicht?" (H). ¿*Acaso* me queda alguna esperanza? „Bleibt mir etwa irgend eine Hoffnung?" (G). *Acaso* juzgará intempestiva mi resolucion „Vielleicht wird er meinen Entschluß für unzeitig halten" (J).

Adverbien der Bejahung und der Verneinung (Wirklichkeit).

§ 204. Die Adverbien der Bejahung und der Verneinung sind si „ja", „doch", no „nein", „nicht", ciertamente oder de cierto „gewiß", seguramente „sicher", sin duda „ohne Zweifel", por cierto „gewiß", de verdad, á la verdad „in Wahrheit", verdaderamente, realmente, en realidad, efectivamente, con oder en efecto „wirklich", de veras „wahrlich", de ningun modo „keineswegs" und einige ähnliche mehr.

Si bejaht die Wirklichkeit einer Aussage in Antwort auf eine Frage, doch geschieht dies meistens mit Hinzufügung eines Titels, wie namentlich Señor und Señora, z. B. ¿Le diste de comer? — Si Señora „Gabst du ihm zu essen?" — „Ja, (Madame)" (M). Aber auch ¿Me entiende Vd. bien? — Si, bien „Verstehen Sie mich recht?" — „Ja, gut" (M).

Zur Verstärkung der Bejahung sagt man auch si, si „ja, ja", si tal „ja doch", si por cierto „ja gewiß", eso si „ja wohl". Schickt man dem si einen Ausdruck wie creo „ich glaube", pienso „ich denke", me parece „mir deucht", seguro „gewiß", verdad „freilich", voran, so setzt man immer que „daß" dazwischen, z. B. Pienso *que* si „Ich denke, ja" (M). Seguro *que* si „Gewiß, ja" (M). Läßt man ihm aber das, was bejaht wird, vollständig ausgedrückt, in einem Satze nachfolgen, so kann man dies ohne konjunktionelle Verbindung, aber auch mittelst der Konjunktion que thun, wiewohl dies Letztere das Gewöhnlichste ist, z. B. Pues si, parece que trata de irse á su casa „Nun ja, es scheint, daß sie vorhat, nach ihrem Hause zu gehen" (M). Si Señor *que* lo sé „Ja, ich weiß es" (M); — und, soll hierbei ein Theil des Satzes besonders hervorgehoben werden, so setzt man ihn vor si und läßt das Uebrige, gewöhnlich mit que eingeleitet, nachfolgen, z. B. *Aquel* si *que* es buen letrado „Ja, Jener ist ein guter Gelehrter" (Acd). *Ahora* si *que* son buenos los huevos „Ja, jetzt sind die Eier gut" (Y). Aber auch *Ahora* si se conoce que la tiene amor „Ja, jetzt erkennt man, daß er sie liebt" (M).

Zuweilen steht si auch, dem deutschen „doch", „aber", „allerdings" entsprechend, zur Hervorhebung der Behauptung im Satze, namentlich bei Gegensätzen, z. B. Jamas supe cuando pensaba mi amo ni lo que pensaba"— Pues yo si lo sé „Nie wußte ich, wann mein Herr dachte, noch auch was er dachte" — „Nun, ich aber weiß es" (G).

Dagegen wird es nie im Satze dem deutschen „ja" entsprechend gebraucht, sondern man giebt dies auf folgende Weise:

1) Wenn das Adverb „ja" in einem Urtheilssatze tonlos gebraucht wird, und es die Aussage dadurch, daß es dieselbe als etwas Bekanntes darstellt, hervorhebt; so wird der Gedanke im Spanischen durch einen mit si „wenn" eingeleiteten Bedingungssatz, mit Auslassung des Hauptsatzes, gegeben, z. B. ¿No vas al correo? — *Si* el cartero ha traido las cartas „Gehst du nicht zur Post?" — „Der Briefträger hat die Briefe ja gebracht" (R). Pon mas

agua — *Sí* he puesto cerca de un cuartillo „Thue mehr Wasser dazu" — „Ich habe ja mehr als ein Maß dazu gethan" (G).

2) Wenn in einem Wünsch- oder Heischesatze die Aussage durch ein stark betontes „ja" hervorgehoben wird; so giebt man den Gedanken im Spanischen durch einen von cuidado oder cuenta abhängigen Substantivsatz im Konjunktiv, oder einen mit denselben Ausdrücken durch con verbundenen Infinitiv, z. B. ¡*Cuidado que* no nos sientan! „Daß sie uns ja nicht hören!" (R). ¡*Cuenta* no nos abandone el juicio cuando mas le necesitamos! „Daß uns ja nicht der Verstand verläßt, wenn wir ihn am meisten bedürfen!" (M). ¡Y cuidado con faltar á la cita! „Und verfehlt ja nicht, euch zum Duell einzufinden!" (H).

3) Das in Bedingungssätzen zur Hervorhebung der Aussage dienende stark betonte „ja" giebt man in der Regel dadurch, daß man llegar als Hülfsverb des Modus gebraucht; doch kann man mitunter auch absolutamente, en efecto oder ein ähnliches Adverb nehmen, z. B. ¡Cuál sería su suerte, si tú *llegaras* á faltar! „Was würde ihr Schicksal sein, wenn du ja sterben solltest!" (B). Hermano, si absolutamente ha de haber título „Bruder, wenn's ja Titel sein soll" —

No verneint die Wirklichkeit einer Aussage in Beziehung auf eine Frage, wie „nein" im Deutschen, doch wird es auch größerer Höflichkeit wegen in der Regel von Señor, Señora etc. begleitet, z. B. ¿Lloras? — *No señor* „Weinst Du?" — „Nein" (M). Aber auch ¿Es este su hijo? — *No*, sino su nieto „Ist dies sein Sohn?" — „Nein, sondern sein Enkel" (S).

Um die Verneinung zu verstärken, sagt man no, no „nein, nein", no por cierto „nein, gewiß nicht", eso no „das nicht", no que no „nein doch", z. B. ¿Y lloraba? — *No que no* „Und weinte sie?" — „Nein doch" (M). ¿No sabes las mandas que dejo allí? — *No por cierto* „Weißt du nicht, was für Vermächtnisse ich dort aussetze?" — „Nein, gewiß nicht" (M). Auch wird dem no, eben so wie dem sí, nach creo, pienso etc. que vorgesetzt, und, wenn ihm der verneinte Gedanke vollständig ausgedrückt nachfolgt, kann dies gleichfalls, wie bei sí, ohne konjunktionelle Verbindung oder mit que geschehen, z. B. Me parece *que no* „Mir däucht, nein" (M). Verdad *que no* „Freilich, nein" (L). — *No, no*, nunca consentiré en semejante bodorrio „Nein, nein, nie werde ich in eine solche Mißheirath einwilligen" (G). *No que* es chanza „Nein, es ist kein Scherz" (M).

No verneint aber auch, ohne sich auf eine Frage zu beziehen, wie das deutsche „nicht". In diesem Falle geht es immer dem Theil des Satzes, auf den es sich bezieht, unmittelbar voran; nur bei Verben setzt man es, sofern sie Personalpronomen im Dativ oder Akkusativ regieren, diesen Kasusformen auch vor, z. B. Tú *no eres* reo de su muerte „Du bist nicht an seinem Tode schuld" (J). Costó *no* pequeña dificultad obtener licencia „Es kostete nicht geringe Schwierigkeit, Erlaubniß zu erlangen" (rA). ¿*No te lo he* dicho? „Habe ich es dir nicht gesagt?" — El *no te* alcanzó „Er begriff dich nicht" (S).

Abweichend vom Deutschen wird no der Aussage auch dann vorgesetzt, wenn sich auf dieselbe ein nachfolgender negativer Ausdruck, wie nadie, nada, ninguno, nunca, jamas, ni oder tampoco „auch nicht", siquiera „nicht einmal", jedoch mit Ausnahme von sin, bezieht; dagegen bleibt es nicht nur, wie im Deutschen, weg, wenn eine der genannten Verneinungen der Aussage vorangeht, sondern dies ist auch, dem Deutschen wieder ganz entgegen, der Fall, wenn Ausdrücke, wie en dias de Dios, en los dias de la vida, en mi (tu etc.) vida, en toda mi (tu etc.) vida, welche als ein verstärktes nunca gebraucht werden, und die ihnen ähnlichen Ausdrücke en todo el año, en toda la noche etc., so wie der als ein verstärktes en ninguna parte gebrauchte Ausdruck en (todo) el mundo der Aussage vorangehen, z. B. *No* me habian avisado *nada* de lo que pasaba oder *Nada* me habian avisado de lo que pasaba „Sie hatten mir Nichts von dem, was vorging, angezeigt" (S). *No* hai aqui *ningun* ladron „Es giebt hier keinen Räuber" (S). *Ninguno* de ellos habló „Keiner von ihnen sprach" (S). *Tampoco* acudió oder *No* acudió *tampoco* „Er eilte auch nicht herbei" (S). Yo *siquiera* tuve aliento para levantar la vista „Ich hatte nicht einmal Muth, den Blick zu erheben" (R). *En mi vida* me he visto mas apurado „In meinem Leben habe ich mich nicht in größerer Noth gesehen" (M). *En toda la noche* he podido dormir „Die ganze Nacht habe ich nicht schlafen können" (S). *En el mundo* se hallará un muchacho tan atrevido „In der ganzen Welt wird man keinen so verwegenen Knaben finden" (S).

Willkürlich gesetzt oder weggelassen werden kann no

1) in Ausrufungen, z. B. ¡Cuánto *no* deben envidiar nuestra dicha! „Wie sehr müssen sie nicht unser Glück beneiden!" (R). ¡Cuánto se ha hecho desear este feliz momento! „Wie sehr hat sich dieser glückliche Augenblick herbeiwünschen lassen!" (R);

2) in den von einem „zweifeln" oder „fürchten" bedeutenden Verb abhängigen Substantivsätzen, z. B. Dudaba que se le oder *no* se le hubiese escapado alguna palabra indiscretamente „Er zweifelte, ob ihm (oder auch „ob ihm nicht") unkluger Weise irgend ein Wort entschlüpft wäre" (S). Temia que lo oder *no* lo declarasen „Er fürchtete, daß sie es erklären möchten" (S);

3) in dem auf einen Komparativ sich beziehenden, mit seinem Hauptsatze zusammengezogenen Adverbialsatze, obwohl gewöhnlich no nicht gebraucht wird, z. B. El maestro es mas docto que el discípulo „Der Lehrer ist gelehrter als der Schüler" (Acd). Mas vale ayunar que *no* enfermar „Besser ist es zu fasten als krank zu werden" (Acd).

Dem Deutschen wieder entgegen wird no aber nicht in den von einem „verhindern", „verbieten", „warnen", sich hüten", „sich in Acht nehmen" und dergl. bedeutenden Verben abhängigen Substantivsätzen gebraucht, z. B. Impedid al enemigo que cruze el rio de Orgiba „Verhindert den Feind, daß er nicht den Orgiba überschreite" (R). Me recato de que su tutor repare en mi „Ich nehme mich in Acht, daß mich ihr Vormund nicht gewahr werde" (M).

Die übrigen Adverbien der Bejahung und der Verneinung verhalten sich fast ganz wie die ihnen beigesetzten deutschen Ausdrücke; nur wird bei den Adverbien der Bejahung, wenn sie an die Spitze des Satzes treten, dieser in der Regel zu einem mit *que* „daß" eingeleiteten Nebensatze gemacht, z. B. *A la verdad que* yo no me esperaba tampoco .... „In Wahrheit, ich erwartete mir auch nicht ..." (G). *Ciertamente que* no puedo ménos de agradecer „Gewiß, ich kann nicht umhin zu danken" (G). *En efecto* no tienes hoi mucho que trabajar „In der That, du hast heute nicht viel zu arbeiten" (G). Pues, *en verdad que* su hijo de Vd. ha sentido mucho mi resolucion „Nun, wahrhaftig, Ihr Sohn hat meinen Entschluß sehr bedauert" (R).

Adverbien der Beschränkung und der Erweiterung.

§ 205. Die Adverbien der Beschränkung und der Erweiterung (oder der Aus- und Einschließung) sind no — sino oder no mas que „nur", solo oder solamente „allein", „nur", meramente „bloß", no — hasta „erst", tambien „auch", tampoco und ni „auch nicht", siquiera „auch nur", ni aun oder ni (tan) siquiera „auch nicht einmal", especialmente, particularmente, singularmente „besonders", primeramente „erstens", segundamente „zweitens", terceramente „drittens" u. s. w. Von no — sino, no — mas que und no — hasta wird das letzte Glied dem Worte, auf das die Aussage beschränkt ist, vorgesetzt, und, wenn dies das Verb selbst ist, so nimmt man hacer zum Ausdruck der Aussage zu Hülfe, z. B. *No* aguarda *sino* la muerte „Er erwartet nur den Tod" (R). No se oian *mas que* ayes y murmullo „Man hörte nur Wehklagen und Gemurmel" (R). *No* lo consiguieron *hasta* 4 horas despues „Sie erlangten es erst 4 Stunden nachher" (O). En toda la mesa *no* ha *hecho mas* que retozar con aquel don Hermógenes „Während des ganzen Essens hat sie nur mit jenem Don Hermogenes geschäkert" (M).

Tampoco und ni unterscheiden sich dadurch, daß jenes sich stets auf das Subjekt, dieses dagegen sich immer auf ein Objekt bezieht, z. B. *Tampoco* pudieron determinar cosa alguna „Sie konnten auch Nichts beschließen" (Q). Yo no dormi en toda la noche *ni* un instante „Ich schlief die ganze Nacht auch nicht einen Augenblick". (J)

Am eigenthümlichsten verhält sich siquiera. Für „auch nur" steht es nur in Fragen, z. B. ¿Ha dudado *siquiera* de que mis deseos puedan ser otros que los suyos? „Hat er auch nur gezweifelt, daß meine Wünsche andre als die seinigen sein können?" (G) Sonst steht es für „nicht einmal", wenn es der Aussage vorangeht, oder einer verneinten Aussage nachfolgt, oder für „wenigstens", wenn es auf eine nicht verneinte Aussage folgt; ni siquiera oder ni tan siquiera aber heißt „auch nicht einmal", z. B. Yo *siquiera* tuve aliento „Ich hatte nicht einmal Muth" (R). Auch Yo *no* tuve *siquiera* aliento. — Dile que suba *siquiera* media docena „Sag ihr, daß sie wenigstens (mindestens) ein halbes Dutzend heraufbringe" (G). *No* tuvo ni *siquiera* un voto „Er hatte auch nicht einmal eine Stimme" (VV). *Ni siquiera* ha escrito „Er hat auch nicht einmal geschrieben".

Siquiera — siquiera steht konjunktionell für „sei es nun — oder“, z. B. Siquiera venga, siquiera no venga „Ob er nun komme, oder nicht komme“ (Acd).

Die übrigen verhalten sich im Wesentlichen, wie die ihnen beigesetzten deutschen Ausdrücke.

Adverbien der Empfindung und des Begehrs oder Interjektionen.

§ 206. Diejenigen Ausdrücke, welche das Verhältniß des Gedankens zum Empfindungs- und Begehrungsvermögen bezeichnen, wie Ah „ha“, Oh „o“, Ai „ach“, „au“, hola „holla“, Dios mio „mein Gott“, válgame Dios „mein Gott“, vamos „nun“, „wohlan“, ea „nun denn“, quita „weg“, „pfui“, puf „pfui“, vaya „nun“, „ei“, calle „ei“, „nein sag doch“, Diantre „Teufel“, ce „he“, ánimo „frisch“, chito oder chiton „pst“, „still“ u. s. w. verhalten sich fast ganz wie die deutschen Adverbien derselben Art; nur haben sie mit den Adverbien der Bejahung die Eigenthümlichkeit, daß sie, an die Spitze des Satzes gestellt, meistens mit demselben als mit einem ihnen untergeordneten Substantivsatze durch que verbunden werden (Vergl. § 204, letzten Absatz), z. B. ¡Ai! ai! que me hace Vd. mal „Au! au! Sie thun mir weh!“ (VV). ¡Vaya que es gracioso! „Ei, es ist drollig!“ (L) ¡Virgen santa! que se acerca á nosotros „Heilige Jungfrau! er nähert sich uns“ (G) ¡Por vida mia que es bien poco! „Bei meinem Leben! es ist sehr wenig“ (M). Aber auch Ai, Eduardo, está Vd. demasiado tranquilo! „Ach, Eduard, Sie sind zu ruhig!“ (G).

Zweiter Theil.

Die Syntax.

Erster Abschnitt.

Bau und innere Beziehungen der Sätze.

I. Kapitel.

Vom prädikativen Satzverhältnisse.

Subjekt.

Darstellung des Subjekts.

§ 207. Das Subjekt wird entweder seinem Begriffe nach ausgedrückt, oder gewissen Beziehungen nach nur bezeichnet. Das Erste geschieht in der Regel durch ein Substantiv, das Zweite gewöhnlich durch ein Substantivpronom, z. B. *El perro* ha ladrado „Der Hund hat gebellt" (S). *El* lo sabe „Er weiß es" (Y). *Nadie* le conoce „Niemand kennt ihn" (J). In manchen Fällen ist aber für den Ausdruck des Subjekts kein entsprechendes Substantiv vorhanden, und dann bedient man sich zu diesem Zwecke entweder eines einfachen oder auch zu einem Satzverhältnisse erweiterten Infinitivs, oder eines substantivisch gebrauchten Adjektivs, oder eines unmittelbar attributiven Satzverhältnisses, oder auch eines ganzen Satzes, welcher dann entweder den Charakter eines Substantivsatzes, oder den eines substantivisch gebrauchten Adjektivsatzes hat, z. B. Cansa *el leer* „Es ermüdet das Lesen" (M). Es útil *cultivar las letras* „Es ist nützlich, die Wissenschaften zu pflegen" (S) Los *doctos* escriben „Die Gelehrten schreiben" (S). Los *buenos versos* son muy estimables „Die guten Verse sind sehr schätzbar" (M), oder auch El *perro de Lopez* ha ladrado „Der Hund des Lopez hat gebellt" (S). Mas vale *que se quede Vd.* „Es ist besser, daß Sie bleiben" (G). *Quien siempre me miente,* nunca me engaña „Wer mir immer lügt, täuscht mich nie" (Sprichw.)

§ 208. Zuweilen, jedoch weit seltener als im Deutschen, wird im Spanischen auch das Subjekt doppelt dargestellt. Dies geschieht indeß nur,

1) wenn die Subjekte eines zusammengezogenen Satzes inniger zu einem Ganzen zusammengefaßt werden sollen, z. B. *El mentir y el compadrar ambos* andan á la par „Das Lügen und das Gevattern läuft Beides auf Eins hinaus“ (Sprichw.);

2) wenn das durch einen Infinitiv oder einen Substantivsatz ausgedrückte Subjekt seinem Prädikate nachgesetzt und besonders hervorgehoben werden soll, indem man dann an seine natürliche Stelle an der Spitze des Satzes das Pronomen ello (als grammatisches Subjekt) setzt, z. B. *Ello* mi trabajo me ha costado *hacer bien mi papel con aquel ángel* „Es hat mir meine Mühe gekostet, meine Rolle bei jenem Engel gut zu spielen“ (L).

In andern Fällen findet eine doppelte Darstellung des Subjekts im Spanischen nicht Statt, und, wenn gleich man sehr oft seiner größeren Hervorhebung wegen das Subjekt hinter sein Prädikat stellt, so wird doch, wenn dasselbe anders als durch einen Infinitiv oder Substantivsatz ausgedrückt ist, oder wenn es, so ausgedrückt, nicht besonders hervorgehoben werden soll, ein dem deutschen „*es*“ entsprechendes grammatisches Subjekt (ello) zur Ausfüllung seiner sonstigen Stelle im Satze niemals gebraucht, z. B. Brama *el infierno* „Es brüllt die Hölle“ (R). Resuena en la iglesia *el ruido* de las armas „Es erschallt in der Kirche das Getöse der Waffen“ (R). De poco sirve *tener vecinos* que nos socorran „Es nützt wenig, Nachbarn zu haben, welche uns helfen“ (S). Es verdad *que ha llegado* „Es ist wahr, daß er angekommen ist“ (S).

§ 209. Wenn das Subjekt durch sein Personalverhältniß bestimmt ist, so wird es nicht nur, wie im Deutschen, im Imperativ, sondern auch sonst in der Regel ausgelassen, und man bezeichnet es nur durch Personalpronomen, wenn es mit Nachdruck hervorgehoben werden soll, oder die Personalformen der Verben nicht bestimmt genug sind. (Vergl. § 124.)

Beziehungen des Subjekts.

§ 210. Das Subjekt wird immer zugleich in einem bestimmten Geschlechts-, Zahl- und Personalverhältnisse gedacht, und dieses findet seine Bezeichnung in der Geschlechts-, Zahl- und Personalform seines Ausdrucks, so weit derselbe für die Unterscheidung dieser Verhältnisse geeignet ist, z. B. El maestro enseña „Der Lehrer lehrt“. Las muchachas juegan „Die Mädchen spielen“. Ella escribe „Sie schreibt“. Vosotros habláis „Ihr sprecht“ Esto place „Dies gefällt“. — In der Regel hangen diese Beziehungen des Subjekts von keinem andern Satztheile ab; denn, wenn dasselbe auch nur durch ein Formwort bezeichnet ist, so ist dessen Geschlechts-, Zahl- und Personalform doch der Regel nach nur die Bezeichnung der Geschlechts-, Zahl- und Personalverhältnisse des unter demselben verstandenen Begriffs, z. B. Enrique te lo explicará, que *él* lo sabe „Heinrich wird es dir erklären, denn er weiß es“ (Y). He encontrado á tus hermanas y *estas* me lo han dicho „Ich habe deine Schwestern getroffen, und diese haben es mir gesagt“. Es giebt indeß im Spanischen eine auch vom Deutschen abweichende Ausnahme von dieser

Regel, und diese findet häufig Statt, wenn das Subjekt ein bloß durch ein Demonstrativpronomen bezeichneter allgemeiner Begriff ist, wie „Dies“, „Jenes“. Im Deutschen hat in diesem Falle das Demonstrativ obiger Regel gemäß immer sächliche Form und steht also auch in der Einheit; im Spanischen geschieht dies aber nur dann, wenn nicht durch ein „sein“, „werden“, „bleiben“ oder „scheinen“ bedeutendes Verb ein substantivisches Attribut mit einer nähern Bestimmung auf dasselbe bezogen wird, und man läßt es dagegen immer, wenn dies der Fall ist, mit dem bezogenen Attribute übereinstimmen, z. B. *Esto* no es broma; *esto* es un asunto del verdadero conde „Dies ist kein Scherz; dies ist eine Angelegenheit des wirklichen Grafen“ (L). *Eso* es grandeza de alma „Das ist Seelengröße“ (R). *Esa* es mucha curiosidad „Das ist viel Neugier“ (R).

Prädikat.

Darstellung des Prädikats.

§ 211. Das Prädikat kann immer nur seinem Begriffe nach ausgedrückt werden, und zwar geschieht dies entweder schlechthin durch ein bloßes Verb, oder, wenn für seinen entsprechenden Ausdruck kein solches vorhanden ist, durch ein objektives Satzverhältniß, welches wieder dadurch gebildet wird, daß man in den Begriff eines Verbs entweder die Vorstellung eines zum Subjekt gehörenden Merkmals (Attributs), oder eine mit dem Subjekte in gar keiner Verbindung stehende Merkmalsvorstellung, oder auch eine Beziehung auf eine andere Dingvorstellung als die des Subjekts aufnimmt, z. B. El hombre *piensa* „Der Mensch denkt“ (S). *Existo* „Ich bin“ (S). — El dia *era sereno* „Der Tag war heiter“ (Y). Ricardo *está bueno* „Richard ist wohl“ (S). *Venia asustado* „Er kam erschreckt“ (L). *Viviréis felices* „Ihr werdet glücklich leben“ (R). Mi mujer *es el diablo* „Meine Frau ist des Teufels“ (L). ¿*Está* Vd. *en su juicio*? Sind Sie bei Sinnen?“ (R). Mi renta no *era mucha* „Mein Einkommen war nicht groß“ (R). *Toca diestramente* „Er spielt geschickt“ (Acd). *Dejó á sus padres* „Er verließ seine Eltern“ (Y). Reñiste *con Pedro* „Du zanktest mit Peter“ (S). *Te lo pido* „Ich bitte dich darum“ (Q). *Pobló el cielo de estrellas* „Er bevölkerte den Himmel mit Sternen“ (R). Los *dejé por un rato* „Ich verließ sie für eine Weile“ (J). La sopa *está en la mesa* „Die Suppe ist auf dem Tische“ (J).

Beziehungen des Prädikats.

Zeitverhältnisse des Prädikats.

§ 212. Obgleich es Sätze giebt, wie z. B. „Die Hunde fressen Fleisch, die Schafe nicht“, in welchen das Prädikat in keinerlei Zeitverhältniß gedacht wird; so nimmt dasselbe doch in der Regel eine bestimmte Stelle und eine gewisse Dauer in der Zeit ein, und diese Zeitverhältnisse werden im

Spanischen theils mittelst der in der Konjugation aufgezählten Zeitformen der Verben, theils mittelst der ebenfalls daselbst beschriebenen Ausdrucksformen, jedoch nur insofern sie als gerade und umschreibende unterschieden sind, theils aber auch durch gewisse den Hülfsverben verwandte Wörter und Ausdrücke dargestellt, und zwar in folgender Weise:

A. Gebrauch der Zeitformen.

a) Die Zeitformen für sich.

aa) Absolute Zeitformen.

§ 213. Die absoluten Zeitformen (Vergl. § 19, I.) bezeichnen die Zeitstelle des Prädikats, insofern dieselbe durch die Aussage bestimmt wird. Das Präsens stellt dieselbe als mit dieser gleichzeitig dar, das Perfektum als derselben in der Zeit vorangehend, das Futur als derselben in der Zeit nachfolgend, und das Futurperfekt als derselben ebenfalls in der Zeit nachfolgend, aber zugleich auch als vor etwas gleichfalls der Aussage Nachfolgendem beendigt; doch wird das Präsens sehr häufig statt des Futurs, und das Perfektum statt des Futurperfekts, namentlich in Modusverhältnissen des Konjunktivs, gebraucht, wenn das Zeitverhältniß schon anderweitig bezeichnet ist und dessen strenge Bezeichnung nicht erforderlich scheint. Das Präsens ist außerdem diejenige Zeitform, in welcher das Verb erscheint, wenn an dem Prädikat gar keine Zeitverhältnisse unterschieden werden.

Beispiele: Yo *celebro* que *sea* tan á gusto de aquellas personas „Ich freue mich, daß es jenen Personen so angenehm ist" (M). Juan *ha estado* malo dos dias, pero ya *se halla* del todo recobrado „Johann ist zwei Tage krank gewesen, aber schon ist er ganz wieder wohl" (S). Pronto *saldremos* „Bald werden wir ausgehen" (S). *Siento* que os *hayan sido* tan perjudiciales „Ich bedauere, daß sie euch so nachtheilig gewesen sind" (J). Cuando *fuere* mayor, le *destinaremos* á la labranza „Wenn er größer sein wird, werden wir ihn für den Ackerbau bestimmen" (S). — ¿Qué *se hace* Vd. esta noche? „Was machen Sie diesen Abend?" (S). Cuando *venga* ya lo *tomaré* „Wenn ich komme, werde ich es schon nehmen" (S). Yo *habré leido* la carta, cuando tal ó tal cosa *suceda*, ó *haya sucedido* „Ich werde den Brief gelesen haben, wenn Das oder Das geschieht, oder geschehen ist (für „geschehen wird" oder „geschehen sein wird")" (Acd). — La Malibran *canta* mui bien „Die Malibran singt sehr gut" (S). Asi *pasan* todas las cosas „So vergehen alle Dinge" (R). Siempre que me *escribe*, me *da* memorias para Vd. „So oft er mir schreibt, trägt er mir Grüße an Sie auf" (S).

bb) Relative Zeitformen.

§ 214. Die relativen Zeitformen (Vergl. § 19, II.) bezeichnen die Zeitstelle des Prädikats, insofern dieselbe durch eine andere in Beziehung auf die Aussage vergangene, bald ausdrücklich genannte, bald sich bloß aus dem Zusammenhang ergebende Zeitstelle bestimmt ist, wobei zum Theil auch zugleich dessen Dauer unterschieden wird.

aaa) Imperfektum und Definitum.

Das Imperfektum und das Definitum stellen die Zeitstelle des Prädikats als mit einer andern in der Vergangenheit liegenden Zeitstelle zusammenfallend oder gleichzeitig dar, unterscheiden aber zugleich das zwischen diesen beiden Zeitstellen stattfindende Verhältniß der Dauer. Wird nämlich die zur Zeitbestimmung des Prädikats dienende Zeitstelle als bloßer Zeitpunkt gedacht; so bezeichnet das Imperfekt das Zeitverhältniß des Prädikats als eine diesen Zeitpunkt einschließende Dauer, das Definitum dagegen als ohne alle Dauer ganz mit demselben zusammenfallend, z. B. *Salia* en aquel punto la aurora „Es stieg in jenem Augenblicke die Morgenröthe herauf" (S). A su salida de Viena aun *seguia haciendo* estragos la epidemia „Bei seiner Abreise von Wien dauerten die Verwüstungen der Epidemie noch fort" (S). — A su muerte le *dejó* una corta herencia „Bei ihrem Tode hinterließ sie ihm eine kleine Erbschaft" (J). Al punto que *oyó* mi nombre *frunció* el entrecejo „So wie er meinen Namen hörte, runzelte er die Stirn" (R). Cuando *llegámos*, *estaban* ya en el segundo acto „Als wir ankamen, waren sie schon im zweiten Akte" (M). — Wird aber die zur Bestimmung des Zeitverhältnisses dienende Zeitstelle als Zeitraum gedacht; so bezeichnet das Imperfekt das Zeitverhältniß des Prädikats entweder als eine denselben einschließende oder wenigstens ganz erfüllende Dauer, das Definitum dagegen als etwas von demselben völlig Eingeschlossenes, mag das Prädikat sonst, mit welcher Dauer es wolle, gedacht werden, z. B. No puedo negar que *amaba* á mi prima, miéntras la pasion no me *permitia* notar sus defectos „Ich kann nicht läugnen, daß ich nicht meine Base liebte, so lange die Leidenschaft mir nicht erlaubte, ihre Fehler zu bemerken" (S). El año pasado *estuvo* dos meses en Madrid „Voriges Jahr war er zwei Monate in Madrid" (S). — Das Imperfekt erscheint daher als die Zeitform der nicht mit der Zeitbestimmung abgeschlossenen Gleichzeitigkeit, oder als die der Dauer in der Gleichzeitigkeit, während das Definitum die Zeitform der mit der Zeitbestimmung beschlossenen Gleichzeitigkeit, oder die der Vollendung in der Gleichzeitigkeit ist. In diesem Charakter stellt das Imperfektum das in Beziehung auf etwas Vergangenes als Regel, Gebrauch, Sitte, Gewohnheit, Lage, Verhältniß, Zustand, Einrichtung, Beschaffenheit u. dergl. gleichzeitig Bestehende dar, und spricht das Definitum das innerhalb desselben als abgeschlossenes Faktum Geschehende aus, so daß jenes darum als beschreibende, dieses dagegen als erzählende Zeitform bereitet, z. B. Al principio se me *hacia* el desentendido; pero luego que le *aseguré* que tú propia me *enviabas*, se *confundió*, no *acertaba* con las palabras, y no me parece que te volverá á molestar „Anfangs spielte er mir den Unwissenden; aber, sobald ich ihn versicherte, daß du selbst mich schicktest, wurde er verwirrt, konnte die Worte nicht finden, und ich glaube nicht, daß er dich wieder belästigen wird“ (M). Reos he visto yo que *parecian* unos santos y *eran* peores que Barrabas „Ich habe Verbrecher gesehen, die wie Heilige aussahen und schlimmer waren als Barrabas“ (J). Allí no *tenias* enemigos ni rivales, *contribuias* á la dicha de muchos, y todo cuanto nos *rodeaba*, *anunciaba* la paz y la ventura „Dort hattest du keine Feinde und Nebenbuhler, du trugest zu dem Glücke Vieler bei, und Alles, was uns umgab, verkündete Frieden und Glück“ (R). ¿Y qué mala estrella *redujo* á su señoría á ser vecino de Illescas? ¿De qué enfermedad *murieron* sus lacayos? ¿En qué cuesta *se rompió* el coche, y *cayeron* la chispa y la bandolera? ¿Qué gitanos le *robaron* el bagaje? „Und welcher Unstern nöthigte Ew. Herrlichkeit, Einwohner von Illescas zu werden?“ „An welcher Krankheit starben seine Lakaien?“ „An welchem Abhange zerbrach die Kutsche und fielen Stutzbüchse und Bandelier hin?“ „Welche Zigeuner stahlen ihm das Gepäck?“ (M).

bbb) Plusquamperfektum und Anterior.

Das Plusquamperfekt stellt die Zeitstelle des Prädikats als einer andern ebenfalls in der Vergangenheit liegenden Zeitstelle vorhergehend dar; dagegen bezeichnet das Anterior diese Zeitstelle als eine der Zeitstelle des Prädikats vorangehende. Daher steht einerseits das Plusquamperfekt in allen Sätzen, welche nicht selbst eine Zeitbestimmung aussprechen, zur Bezeichnung der Vorzeitigkeit, und kann andererseits das Anterior zu diesem Zwecke nur in Adverbialsätzen des Zeitverhältnisses, wie man sie gewöhnlich mit cuando, como, luego que, asi que, desde que, despues que etc. einleitet, und in den solche Adverbialsätze vertretenden Hauptsätzen, wie sie mit apénas oder no bien „kaum“ anfangen, gebraucht werden; doch kann in letztern auch das Plusquamperfekt stehen, z. B. Hasta ahora la junta *habia sido* débil é indecisa „Bis dahin war die Junta (der Ausschuß) schwach und unentschieden gewesen“ (T). Ya estaba todo pronto y el reo *habia subido* á lo alto del cadalso „Schon war Alles bereit, und der Schuldige war auf das Schaffot gestiegen“ (J). El verdugo le advirtió que *habia llegado* su hora „Der Henker kündigte ihm an, daß seine Stunde gekommen wäre“ (J). — *Luego que* Fernando VII. y su padre *hubieron renunciado* la corona, se presumió que Napoleon cederia sus pretendidos derechos en alguna persona de su familia „Sobald Ferdinand VII. und sein Vater der Krone entsagt hatten, vermuthete man, daß Napoleon seine angeblichen Rechte an eine Person seiner Familie abtreten würde“ (T). *Cuando que hubieron* la batalla, entraron los franceses en Uclés „Als sie die Schlacht gewonnen hatten, zogen die Franzosen in Uclés ein“ (T). — No bien *hubieron remado* un poco, cuando el navío, del cual todavía no estaban distantes, se fué á pique ante sus mismos ojos „Kaum hatten sie ein wenig gerudert, als das Schiff, von welchem sie noch nicht fern waren, vor ihren Augen selbst zu Grunde ging" (Y). Apénas *habia* el gobernador *abierto* la carta, cuando recibió otra del mismo jefe „Kaum hatte der Statthalter diesen Brief geöffnet, als er von demselben Chef einen andern erhielt" (T).

Anmerk. Für die Verhältnisse des Plusquamperfekts hat sich auch noch eine einfache dem Lateinischen entnommene Form erhalten, welche ganz mit der des Posteriors im Subjunktiv zusammenfällt, z. B. Asi fui el mas fiel á su amistad en la desgracia, como *fuera* el mas sincero y desinteresado en la prosperidad „So war ich ihm der treuste Freund im Unglück, wie ich der aufrichtigste und uneigennützigste im Glück gewesen war" (J).

ccc) Posterior und Posteriorperfekt.

Das Posterior und das Posteriorperfekt stellen die Zeitstelle des Prädikats als einer andern ebenfalls in der Vergangenheit liegenden Zeitstelle nachfolgend dar, das letztere jedoch, dem Futurperfekt entsprechend, zugleich als vor einem derselben auch nachfolgenden Zeitpunkte beendet. Beide bezeichnen, wie das Anterior in seinem gewöhnlichen Gebrauche, nur Zeitverhältnisse des Prädikats in Nebensätzen, und werden zu diesem Zwecke in Hauptsätzen nie gebraucht, z. B. Dijo el embajador que *vendria* su secretario „Der Gesandte sagte, daß sein Sekretär kommen würde" (S). Rezeló que la *asaltarian* nuevos cuidados „Sie besorgte, daß sie neue Sorgen bestürmen würden" (S). Sabiamos bien que la guerra *habria cesado* entónces „Wir wußten wohl, daß der Krieg dann aufgehört haben würde".

Aus diesen Bestimmungen ergiebt sich übrigens noch, daß

1) das Imperfekt, indem es eine über die gegebene Zeitbestimmung hinausgehende Dauer darstellt, dem Nachzeitigkeit bezeichnenden Posterior sich annähert, und

2) das Definitum, indem es immer ein in der angegebenen Zeitbestimmung völlig abgeschlossenes Zeitverhältniß darstellt, dem gewöhnlich eine unmittelbare Vorzeitigkeit bezeichnenden Anterior verwandt ist,

und daher wird das Imperfekt, namentlich im Konjunktiv, mitunter auch in Verhältnissen des Posteriors, und das Definitum zuweilen auch in Verhältnissen des Anteriors gebraucht, z. B. Dijo el embajador *viniese* oder *viniera* su secretario „Der Gesandte sagte, daß sein Geheimschreiber kommen sollte (möchte)" (S). Acordaron matar los caballos para que les *sirviesen* de vianda „Sie beschlossen, die Pferde zu schlachten, damit sie ihnen zur Speise dienten" (Q). Luego que *llegaron* á Talavera se celebró el desposorio „Sobald sie in Talavera ankamen, wurde die Verlobung gefeiert" (Q).

b) Die Zeitformen in ihrer Abhängigkeit von einander.

§ 215. In der Regel hat das Prädikat eines jeden Satzes sein besonderes von keinen andern als in diesem selbst liegenden Bedingungen abhängiges Zeitverhältniß, welches von den verschiedenen Zeitformen in Gemäßheit der in den vorhergehenden Paragraphen enthaltenen Bestimmungen bezeichnet wird. Es giebt jedoch einige Nebensätze, in welchen das Zeitverhältniß des Prädikats in so fern von dem des Prädikats ihres übergeordneten Satzes bedingt ist, als immer eine absolute Zeitform in diesem auch eine absolute Zeitform in jenen, und eine relative Zeitform in diesem eine relative Zeitform in jenen erfordert. Es sind dies im Wesentlichen dieselben Nebensätze, in welchen das Zeitverhältniß des Prädikats auch im Deutschen in solcher Weise bestimmt wird, und das Spanische unterscheidet sich von diesem nur dadurch, daß es die erwähnte Bedingtheit absoluter durch absolute und relativer durch relative Zeitformen durchweg so streng beobachtet, daß, während im Deutschen

1) in den indirekten Urtheils- und Fragesätzen in Beziehung auf eine relative Zeitform in dem übergeordneten Satze sehr häufig, wenn nicht meistens, eine absolute Zeitform gebraucht wird, und

2) in den sich auf einen verneinten Begriff beziehenden Adjektivsätzen, in den mit „daß" eingeleiteten Adverbialsätzen, welche sich auf eine Verneinung beziehen und entweder selbst eine solche enthalten, oder eine Wirkung ausdrücken, so wie in den mit „als daß" eingeleiteten, auf das Adverb „zu" sich beziehenden Adverbialsätzen, gewöhnlich in Beziehung auf eine absolute Zeitform in dem übergeordneten Satze eine relative steht,

im Spanischen in den erstgenannten Nebensätzen ohne Ausnahme eine relative und in den letztgenannten ohne Ausnahme eine absolute Zeitform gesetzt wird, z. B. Le dijo que luego *partiria* á la corte „Er sagte ihm, daß er bald nach dem Hofe abreisen werde" (Q). Añadió que no le *importaba* „Er fügte hinzu, daß ihm Nichts daran liege" (G). Preguntaron al obispo que *le parecia* de las pretensiones de Micer Bartolomé „Sie fragten den Bischof, was er von den Ansprüchen des Herrn Bartholomäus meine" (Q). — No habrá autor alguno que *sostenga* esa opinion „Es wird keinen Schriftsteller geben, der die Meinung da aufrecht erhielte" (S). No tenemos quien *sirva* „Wir haben Niemand der aufwartete" (L). He vivido mucho y tengo yo mucha trastienda y mucha penetracion para que tú me engañes „Ich habe zu lange gelebt und habe zu viel Umsicht und Scharfsinn, als daß du mich betrögest" (M).

Anmerk. Für das in Sätzen der letzten Art im Deutschen gebrauchte Plusquamperfekt setzt man im Spanischen immer in entsprechender Weise das Imperfekt; doch ist dies wol nur der Kürze wegen. z. B. „Es gab Nichts, was er nicht gewußt hätte" No habia nada que no *supiese*.

B. Gebrauch der geraden und der umschreibenden Ausdrucksform.

§ 216. Die gerade und die umschreibende Ausdrucksform (Siehe § 29) dienen im Spanischen bloß zur Unterscheidung des Zeitverhältnisses der Dauer, doch nicht, wie Imperfekt und Definitum, der durch eine Vergleichung mit etwas Anderem bestimmten, sondern bloß von der Vorstellung allein abhängigen, mehr oder weniger auf den Augenblick beschränkten, oder auf einen gewissen Zeitabschnitt ausgedehnten Dauer, und man gebraucht

1) die gerade Ausdrucksform, wenn die Dauer des Prädikats als ein bloßer Moment gedacht wird, indem dasselbe entweder wirklich nur die eines Augenblicks hat, oder, wenn eine längere, diese bei ihm doch nicht in Betracht kommt, z. B. ¡Al Torcuato! El dolor le *enagena* y lo *hace* delirar „Ach, Torquato! Der Schmerz bringt dich außer dir und läßt dich irre reden" (J). ¿Adónde *va* el venerable Alfaqui? „Wohin geht der ehrwürdige Alfaqui (maurischer Priester)?" (R),

und 2) die umschreibende Ausdrucksform, wenn die Dauer des Prädikats als auf einen mehr oder weniger erweiterten Zeitraum ausgedehnt gedacht wird, wobei man zugleich diese bloße Dauer und die mit der Nebenvorstellung der gleichzeitigen Entwickelung, Zunahme oder Kontinuität (ungetheilten Ausdehnung) des Prädikats dadurch unterscheidet, daß man für jene vorzugsweise estar und für diese vorzugsweise ir oder andar als Hülfsverb gebraucht, z. B. A las claras *estoi viendo* que el Dios de Ismael no me ha abandonado „Ich sehe klar (nicht augenblickliche, sondern dauernde Wahrnehmung), daß der Gott Ismael's mich nicht verlassen hat" (R). Conozco mejor que tú las marañas que *estás urdiendo* „Ich kenne die Intriguen, welche du anzettelst (spinnest), besser als du" (M). El abuso *fué creciendo* hasta los fines del siglo cuarto „Der Mißbrauch wuchs bis zum Ende des vierten Jahrhunderts" (J).

Es versteht sich hierbei von selbst, daß das Prädikat in der umschreibenden Ausdrucksform immer einer bestimmten Zeitstelle angehört, weil sonst von einer Ausdehnung der Dauer gar nicht die Rede sein könnte, und es folgt hieraus, daß diese Form niemals auf solche Prädikate Anwendung finden kann, welche, wie die in § 212 erwähnten, als in jeder Zeitstelle möglich, aber in keiner bestimmten wirklich gedacht werden, z. B. Las mujeres gustan (nicht están gustando) de las modas „Die Frauen lieben die Moden" (S). La Malibran canta mui bien „Die Malibran singt sehr gut" (S), und nicht está cantando mui bien, wenn der Satz allgemein gilt, und nicht auf den Moment der Aussage bezogen wird.

C. Gebrauch der Hülfsausdrücke des Zeitverhältnisses.

§ 217. Außer den schon § 94—97 besprochenen Wörtern haber, ir und acabar, welche theils zur Bildung der zusammengesetzten, theils zur Umschreibung einfacher oder zusammengesetzter Zeitformen dienen, gebraucht man noch einige andre Verben und Phrasen zur Bezeichnung von Zeitverhältnissen des Prädikats; doch sind dies nur

1) die „anfangen" bedeutenden Verben empezar, comenzar, principiar und echar, so wie das ihnen ähnliche, dem deutschen „sich anschicken" entsprechende ponerse, z. B. El *echó* á roncar „Er fing an zu schnarchen" (J). Enciende un cigarro y *se pone* á fumar „Er steckt eine Zigarre an und schickt sich an (fängt an) zu rauchen" (M);
2) das „im Begriff sein" bedeutende, schon § 84, 3 besprochene estar mit para, so wie die in demselben Sinne genommenen, jedoch seltener gebrauchten Phrasen estar á punto und estar en punto, z. B. *Estar á punto* de perder la vida „Im Begriff sein, das Leben zu verlieren" (Acd). *Estuvo en punto de* ser rico „Er war nahe daran, reich zu werden" (Acd), und
3) das dem deutschen „nicht gleich" entsprechende tardar und der dem deutschen „gleich" oder „bald" entsprechende Ausdruck no tardar mit nachfolgendem en, z. B. ¿Porqué *tardas en* confiármelo? „Warum vertraust du es mir nicht gleich?" (J). *No tardó en* adquirir la confianza de su jefe „Er erwarb sich bald das Vertrauen seines Chefs" (rA).

Modusverhältnisse des Prädikats.

§ 218. Die an dem Prädikat unterschiedenen Verhältnisse seiner Wirklichkeit, Möglichkeit und Nothwendigkeit, in deren einem es natürlich vorkommen muß, bezeichnet man gewöhnlich durch die § 98—101 erörterten Hülfsverben des Modus und die § 203 und 204 besprochenen Adverbien, die der Nothwendigkeit und der verneinten Möglichkeit jedoch mitunter auch durch die dem deutschen „suchen" (wollen) entsprechenden Verben intentar, procurar, tratar (mit de) und hacer (mit por), und die Phrasen no haber modo und no haber forma „nicht möglich sein", z. B. ¿De dónde proviene esa agitacion *que intentas* en vano ocultarme? „Woher rührt diese Aufregung, die du vergebens mir zu verhehlen suchst?" (R.) *Procuró* detenerle „Er suchte ihn abzuhalten" (J) *Tratád de* tranquilizar vuestro espíritu „Sucht euer Gemüth zu beruhigen" (J). *Has por* salir „Suche herauszukommen" (M). *No hai modo* de hacerlo „Es ist nicht möglich, es zu thun". *No hai forma* de persuadirle „Es ist nicht möglich, ihn zu überreden" (M).

Die Aussage oder die prädikative Beziehung.

Darstellung der Aussage.

§ 219. Die Aussage als die Beziehung des Prädikats zum Subjekte kann ihrer Natur nach nur bezeichnet werden, und dies geschieht dadurch, daß man das als Ausdruck des Prädikats gebrauchte, oder als vornehmlichstes Beziehungswort in demselben enthaltene Verb in seinen Personal- und Zahlformen mit dem Personal- und Zahlverhältnisse des Subjekts übereinstimmen (kongruiren) läßt, jedoch so, daß in allen den Fällen, in welchen der verbale Ausdruck irgend wie in Haupt- und Hülfsverb zerlegt ist, diese Bezeichnung stets dem letztern als dem ursprünglichen Beziehungsworte anheimfällt, z. B. Tú *juegas* „Du spielst" (S). Yo no soi ninguna roble „Ich bin keine Steineiche (nicht unempfindlich)" (J). Nos *abruman* los pesares „Uns drückt der Kummer" (S). Se *oyen* voces „Man hört Stimmen" (Acd). Le *han* herido „Sie haben ihn verwundet" (B). *Tiene* que atender á otras cosas „Er hat auf andere Dinge zu achten" (G).

§ 220. Von der eben erwähnten Kongruenz giebt es jedoch in einigen Fällen der Form des Ausdrucks nach folgende Ausnahmen, welche zum Theil dadurch herbeigeführt werden, daß die Darstellung des Subjektes selbst nicht mit der Auffassung seines Personal- oder Zahlverhältnisses in Uebereinstimmung ist, zum Theil in einer Eigenthümlichkeit dieser Auffassung selbst ihren Grund haben:

1) Wenn gleich nos und vos, im Sinne der ersten und zweiten Person im Singular gebraucht, in der Regel als Subjekte ihr Verb ihrer Form gemäß im Plural haben, z. B. Nos don Carlos IV. *pedimos* (nicht pedi) parecer á los fiscales etc. „Wir Carlos IV. erfragten die Meinung der Fiskale u. s. w." (S); so gebraucht man doch in Beziehung auf nos das Verb in der ersten Person des Singulars, wenn es dem Ausdrucke des Subjektes nicht unmittelbar folgt, z. B. Nos don Carlos IV. etc., habiendo examinado con detencion el parecer que *pedi* á los fiscales „Wir Karl IV. u. s. w., nachdem wir sorgfältig die Meinung geprüft haben, welche wir von den Fiskalen einholten u. s. w. (S).

2) Wenn ein Adjektivsatz ein Personalpronomen zum Beziehungsworte hat, und das Relativpronomen sein grammatisches Subjekt ist; so kongruirt sein Verb mit dem Personalpronomen als dessen logischem Subjekte, z. B. Yo estoi aquí que lo *sostengo* „Ich bin hier, welcher (der ich) es behaupte (behaupte)" (S). — Ebenso verfährt man, wenn der Adjektivsatz sich nicht unmittelbar auf das Personalpronom, sondern auf den ihm durch ser verbundenen substantivisch gebrauchten Artikel bezieht, oder statt dessen ein mit quien eingeleiteter Adjektivsatz durch ser auf ein Personalpronomen bezogen wird; doch kann man in diesem Falle, wenn yo und tú die Subjekte des übergeordneten Satzes sind, das Verb des Adjektivsatzes auch in der dritten Person des Singulars gebrauchen, z. B. Yo soi el que lo *digo* oder *dice*; oder auch Yo soi quien lo *digo* oder *dice*. Tú eres el que (quien) lo *dices* oder *dice*. Aber nur Nosotros somos los que (quienes) lo *decimos*. Vosotros sois los que (quienes) lo *decis* (S).

3) Wenn zwei substantivische Ausdrücke in verschiedener Zahl mittelst des Verbs ser als Subjekt und Attribut verbunden sind, so kongruirt das Verb in der Regel mit dem ihm nachfolgenden,

z. B. La renta de un duque *son* mil escudos und Mil escudos *es* la renta de un duque „Tausend Studi machen die Rente eines Herzogs *aus*" (S). Doch wird diese Konstruktion mitunter anstößig, und Salvá z. B., welcher meint, daß er trotz der Regel doch nie Las patatas *es* un alimento sondern *son* un alimento sagen würde, hält wieder den Ausdruck des Cervántes: Esto todo *fueron* tortas y pan für sehr gut, während Clemencin ihn tadelt.

4) Wenn ein Verb ein Kollektivum zum Subjekte hat, so stimmt es freilich in der Regel vollständig mit demselben in Person und Zahl überein, z. B. El rebaño *siguió* su camino „Die Schafheerde verfolgte ihren Weg" (S). La gente no *sabe* leer „Die Leute können nicht lesen" (S): allein, wenn das Kollektivum, wie z. B. gente, pueblo, multitud, infinidad etc. eine Menge unbestimmter Einzeldinge (nicht wie rebaño, ejército eine Anzahl bestimmter Dinge) ausdrückt, und ihm das Verb nicht unmittelbar vor- oder nachsteht; so hat dies, auch wenn jenes Singular ist, immer Pluralform, z. B. La gente que acá no *saben* leer ni escribir „Die Leute, welche hier nicht lesen und schreiben können" (Capmany).

5) Wenn der Ausdruck des Subjekts ein attributives Satzverhältniß ist, in welchem ein Substantiv im Plural der Form nach die Stelle des Attributs einnimmt; so läßt man, wenn der der Form nach als Beziehungswort stehende Ausdruck ein „Art" bedeutendes Wort ist, oder dem Sinne nach nur den Umfang der unter dem Ausdruck des formellen Attributs begriffenen Einzeldinge angiebt, das Verb nicht mit dem formellen Beziehungsworte, sondern mit dem Ausdrucke des formellen Attributs kongruiren, z. B. Creyendo que *pudieron* perjudicarles esta especie de transacciones etc. „Indem sie glaubten, daß ihnen diese Art Verhandlungen schaden könnte z. (Villanueva). *Entraron* en la ciudad una tropa de soldados „Es zog ein Trupp Soldaten in die Stadt" (Acd).

6) Wenn der Ausdruck des Subjekts aus einem attributiven Satzverhältnisse besteht, in welchem mittelst der Präposition con mit dem Beziehungsworte ein substantivisches Attribut verbunden ist, das dem Sinne nach auch als ein Subjekt des durch das Verb ausgedrückten Merkmals erscheint; so kann das Verb gleich gut im Singular oder Plural stehen, z. B. Pedro con su hijo *estuvo* (oder *estuvieron*) á visitarme „Peter mit seinem Sohne war zum Besuche bei mir" (S).

Beziehungen der Aussage.

Modusverhältnisse der Aussage.

§ 221. Die Modusverhältnisse der Aussage, nämlich die Wirklichkeit, Möglichkeit oder Nothwendigkeit derselben in Beziehung auf das Erkenntnißvermögen, so wie ihr Verhältniß zu dem Willen und dem Gefühl, werden theils durch die bloß zu diesem Zweck vorhandenen Modusformen, theils durch eine besondere Anwendung einiger Zeitformen, theils durch gewisse Hülfsausdrücke bezeichnet.

Gebrauch der Modusformen.

Modus der Hauptsätze.

A. Urtheils- und Fragesätze.

§ 222. Unter den Hauptsätzen stehen die Urtheils- und Fragesätze, mag ihre Aussage bloß dem Erkenntnißvermögen angehören, oder zugleich eine Beziehung auf das Gefühl haben, in der Regel im Indikativ; doch gebraucht man mitunter in den Urtheilssätzen, in welchen die Aussage als eine Vermuthung, wie sie im Deutschen gewöhnlich durch Anwendung der Tempora futura bezeichnet wird, in dem bloßen Verhältnisse der Möglichkeit steht, namentlich in Verbindung mit einem „vielleicht“ oder „etwa“ bedeutenden Ausdrucke, den Konjunktiv, z. B. Mi hora final está ya mui cercana „Meine letzte Stunde ist schon sehr nahe“ (R). ¡No faltaba mas! „Das fehlte noch!“ (M). ¡El amor paternal ciega tanto! „Die Vaterliebe blendet so sehr!“ (R). ¿Se ha marchado ya? „Ist er schon abgereist?“ (VV). ¿Qué hai? „Was giebt's?“ (VV). ¡Qué terrible estás, Eduardo! „Wie furchtbar du bist, Eduard!“ (G). — Apénas *haya leido* la carta, se habrá puesto en camino „Kaum wird er den Brief gelesen haben, so wird er sich auf den Weg gemacht haben“ (M). Quizá sea lo mejor „Vielleicht wird es das Beste sein“ (G).

B. Wünsche- und Heischesätze.

§ 223. Von den Hauptsätzen, welche einen Wunsch oder ein Geheiß aussprechen, gebraucht man die Wünschesätze immer im Konjunktiv, die Heischesätze dagegen, wenn tú oder vosotros (vos) die Subjekte sind und die Aussage nicht verneint ist, den Imperativ, sonst auch den Konjunktiv, z. B. ¡Dios os bendiga! „Gott segne euch!“ (R). Mira bien como obras „Ueberlege wohl, wie du handelst“ (S). Sentáos, amigo „Setzt euch, Freund“ (J). *Reunámonos* al punto „Vereinigen wir uns sogleich“ (R). Desengáñese Vd., señorita „Enttäuschen Sie sich, Fräulein“ (M). No vuelvas mas „Komm nicht wieder“ (R). No tengáis cuidado „Seid ohne Sorge“ (J).

Modus der Nebensätze.

A. Substantivsätze.

a. Indirekte Urtheils-, Frage- und Wünschesätze.

§ 224. Die indirekten, d. h. von andern Sätzen als deren Glieder abhängigen Urtheils-, Frage- und Wünschesätze verhalten sich im

Wesentlichen hinsichtlich ihres Modus, wie die in § 222 und 223 besprochenen selbständigen Urtheils-, Frage- und Wünschesätze, und es steht demnach in den beiden ersten Arten, dem Deutschen meistens entgegen, das Verb in der Regel im Indikativ, in der letzteren Art dagegen immer im Konjunktiv; doch gebraucht man in den indirekten Urtheilssätzen, in welchen die Aussage dadurch als eine bloß mögliche dargestellt wird, daß ihre Bedeutung (Wirklichkeit) in dem übergeordneten Satze entweder geradezu oder in Form einer Frage verneint, oder auch nur als dem Zweifel unterworfen, oder selbst mittelst der Verben creer, pensar, presumir, imaginar als eine bloße Vermuthung von etwas Künftigem hingestellt wird, so wie in den indirekten Fragesätzen, in welchen ein Wunsch oder ein Geheiß als in Frage gestellt erscheint, immer den Konjunktiv, es sei denn, daß der dem Urtheilssatze übergeordnete Satz als das in dem ganzen Ausdrucke hauptsächlich Wichtige hervorgehoben werde, indem dann wieder der Indikativ steht, z. B. El ministro dice que os *quiere* hablar „Der Minister sagt, daß er euch sprechen will" (J). Yo pensé que *estaban* Vds. acostados „Ich dachte, daß Sie zu Bett wären" (M). Dijo el embajador que *vendria* su secretario „Es sagte der Gesandte, daß sein Geheimschreiber kommen werde" (S). Proseguia diciendo á voces que él *habia dado* muerte al señor marques „Er fuhr fort, laut auszurufen, daß er den Herrn Markgrafen getödtet habe" (J). ¿Y has sabido si *tendremos* carruaje? „Und hast du erfahren, ob wir einen Wagen haben werden?" (J). Preguntáronles en que *consistia* su desgracia „Sie fragten sie, worin ihr Unglück bestände" (Y). Dile que *venga* „Sag' ihm, daß er komme" (M). Dijo el embajador que viniese (oder viniera) su secretario „Es sagte der Gesandte, daß sein Geheimschreiber käme (kommen sollte oder möchte)" (S). — *No* creo que me *pagase* (oder *pagara*) „Ich glaube nicht, daß er mich bezahlte" (S). Que no piense que yo *pueda* olvidarme jamas de su hermosura „Daß sie nicht denke, daß ich je ihrer Schönheit vergessen könne" (M). ¿Y *quien ha creido* hasta ahora que *sea* fácil escribir una escelente comedia? „Und wer hat bis jetzt geglaubt (d. h. Niemand hat geglaubt), daß es leicht sei, ein vortreffliches Lustspiel zu schreiben?" (rA). Dudo mucho que os *consientan* entrar en el castillo „Ich bezweifle sehr, daß sie euch erlauben, ins Schloß einzutreten" (R). Imagino, creo oder pienso que se *sentencie* la causa á mi favor „Ich bilde mir ein, ich glaube oder ich denke, daß der Prozeß zu meinen Gunsten entschieden werde" (Acd). No sé que *haga* „Ich weiß nicht, was ich thue (thun soll)" (S). Aber Hoi te ha tocado á ti la vez; pero *no creas* que te *confundo* con los demas „Heute ist die Reihe an dich gekommen; aber glaube nicht, daß ich dich mit den Uebrigen vermenge" (G).

Anmerk. Der Grund, warum in dem letzten Beispiele der Substantivsatz im Indikativ steht, ist, daß der ihm übergeordnete Satz No creas besonders hervorgehoben wird. Mit diesem vergleiche man folgendes Beispiel, in welchem der Substantivsatz die Hervorhebung hat und darum im Konjunktiv steht: No creáis que el peso de los años *haya helado* la sangre en mis venas „Glaubet nicht, daß die Wucht der Jahre das

Blut in meinen Adern habe erstarren lassen“ (R). — Auch vergleiche man Yo, amigo, ignoraba que del éxito de la obra de Vd. *pendiera* la suerte de esa pobre familia „Ich, Freund, wußte nicht, daß von dem Ausgange Ihres Werkes das Schicksal dieser armen Familie abhangen würde“ (M) und Ignorábase, es verdad, que los males *provenian* casi siempre de otras leyes „Man wußte allerdings nicht, daß die Uebel fast immer von andern Gesetzen herrührten“ (J).

h) Substantivische Begriffssätze.

§ 228. Diejenigen Substantivsätze, welche nicht, wie die im vorhergehenden Paragraphen besprochenen, einen Gedanken, sondern den abstrakten Begriff eines als Ding gedachten Merkmals (Eigenschaften, Thätigkeiten, Zustände) ausdrücken, stehen, oft dem Deutschen entgegen, im Konjunktiv, auch wenn der Inhalt derselben dem Redenden als wirklich erscheint; die einzige Ausnahme machen diejenigen, welche sich zu dem Ausdrucke haber (hacer) tanto tiempo „so und so lange her sein“ als Subjekte verhalten, da in diesem Falle der übergeordnete Satz dem Sinne nach nur eine Zeitbestimmung des Nebensatzes ist, und dieser das eigentliche Urtheil enthält. Beispiele: Conviene que *estudies* „Es ist nützlich, daß du studirst“ (S). Yo celebro que *sea* tan á gusto de aquellas personas „Ich freue mich, daß es jenen Personen so angenehm ist“ (M). Lástima es que *haya tomado* nuestro vestido „Es ist Schade, daß er unsere Kleidung angenommen hat“ (H). Aguardemos con silencio religioso á que *nos dicte* las órdenes del cielo „Warten wir mit religiösem Schweigen darauf, daß er uns die Befehle des Himmels diktire“ (H). — Tres dias ha que *ha* salido de la ciudad „Vor drei Tagen ist er aus der Stadt gezogen“ (M).

Anmerk. Es giebt einige Verben, deren durch einen Substantivsatz ausgedrücktes Objekt ein wirklicher Gedanke und auch der abstrakte Begriff eines Merkmals sein kann, wie lamentarse und quejarse „sich beklagen“, esperar „hoffen“, temer „fürchten“, lisonjearse „schmeicheln“, apostar „wetten“, ofrecer, prometer (dar palabra oder dar la palabra) „versprechen“, empeñarse oder estar empeñado „auf etwas bestehen“, und einige ähnliche mehr; die von diesen abhängigen Substantivsätze müssen daher den vorhergehenden Paragraphen zufolge je nach ihrem Inhalte bald im Indikativ, bald im Konjunktiv stehen, z. B. Espero que *quiera* Dios „Ich hoffe, daß Gott wolle“ (S). Espero en Dios que no *ha de* salir mal „Ich hoffe zu Gott, daß es nicht schlecht ausfallen wird“ (M). Temo que le *llegue* la noticia ántes de estar prevenido „Ich fürchte, daß er die Nachricht erhalte, ehe er vorbereitet ist“ (S). Temo que le llegará la noticia ántes de estar prevenido „Ich fürchte, daß er die Nachricht erhalten wird, ehe er vorbereitet ist“ (S) Yo le prometo que no se *quejará* de mí „Ich verspreche ihm, daß er sich nicht über mich beklagen wird (soll)“ (M). Dice que Don Diego se queja de que yo no le *digo* nada „Sie sagt, daß Don Diego sich beklagt, daß ich ihm Nichts sage" (M). Vaya, apostemos á que *has llorado* „Nun, ich will wetten, daß du geweint hast" (J).

B. Adjektivsätze.

§ 226. Sowohl diejenigen Adjektivsätze, welche von einem bestimmten Beziehungsworte in dem übergeordneten Satze abhangen, als die, welche für sich substantivisch gebraucht werden, stehen im Indikativ, wenn der Dingbegriff, dessen Merkmal (Attribut) sie ausdrücken, als wirklich gedacht wird, und im Konjunktiv, wenn derselbe als bloß möglich gedacht, oder, wenn auch nur in Form einer Frage, verneint wird, z. B. Vengan *los diputados que están elegidos* „Es mögen die Abgeordneten, welche gewählt sind, kommen" (S). Busco *bienes que no perezcan* „Ich suche Güter, welche nicht vergehen" (S). *No* hay *mal que sobre* mi no caiga „Es giebt kein Uebel, das mich nicht befiele" (S). ¿Hai *alguien que lo duda?* „Giebt es Jemand, der es bezweifelt?" (R). *Quien obra mal*, hace bien en callar „Wer schlecht handelt, thut wohl daran zu schweigen" (G). Tendré *quien me asista* con amor y fidelidad „Ich werde Eine haben, die mir mit Liebe und Treue beisteht" (M). Haz *lo que te mando* „Thue, was ich dir befehle" (M). Hará *lo que guste* „Sie wird thun, was ihr beliebt" (M).

C. Adverbialsätze.

§ 227. Von den Adverbialsätzen gebraucht man

a) im Indikativ

aa) die mit desde que „seitdem" eingeleiteten Adverbialsätze der Zeit, z. B. *Desde que la vi* me agradó muchísimo „Seitdem ich sie sah, gefiel sie mir ausnehmend sehr" (H),

bb) die mit como que „als ob" eingeleiteten Adverbialsätze der Weise, z. B. El pastorcillo hace *como que ha* oido ruido „Der Hirtenknabe thut, als ob er Lärm gehört habe" (R),

cc) die mit si oder cuando „wenn" und por si „wenn etwa" eingeleiteten Adverbialsätze des möglichen Grundes (der nicht der Wirklichkeit widersprechenden Bedingung), ausgenommen, wenn in ihnen die Aussage den Charakter einer Vermuthung der Unwahrscheinlichkeit von etwas Künftigem annimmt, z. B. *Si encuentra* un par de ojos negros, ya es hombre perdido „Wenn er ein paar schwarze Augen trifft, so ist er schon ein verlorener Mensch" (M). *Cuando lo sabe* y no lo *dice*, algo será ello „Wenn er es weiß und es nicht sagt, wird Etwas daran sein" (J). Tambien yo iré *por si* acaso se *resiste* „Ich werde auch hingehen, wenn er etwa sich widersetzt" (G). — *Si* acaso *viniere*, que me avisen, y *si tardare* demasiado, que nos dén de comer „Wenn er etwa kommen sollte, daß man es mir anzeige, und wenn er zu lange ausbleiben sollte, daß man uns zu essen gebe" (J).

dd) die mit porque „weil“, pues, puesque, puesto que, supuesto que „da“ eingeleiteten Adverbialsätze des wirklichen Grundes, z. B. Yo lo creí *porque* lo *dijo* ella „Ich glaubte es, weil sie es sagte“ (M). Gusman habrá llegado *puesto que vi* ayer á su hijo „Gusman wird angekommen sein, da ich gestern seinen Sohn sah“ (S). *Supuesto que llegará* hoi, no hai necesidad de escribirle „Da er heute kommen wird, ist es nicht nöthig, ihm zu schreiben“ (S);

b) im Konjunktiv

aa) die mit ántes que „ehe“, „bevor“ eingeleiteten Adverbialsätze der Zeit, z. B. Habíase atrincherado *ántes que llegase* el enemigo „Er hatte sich verschanzt, ehe der Feind kam“ (S),

bb) die mit como si „als wenn“, eingeleiteten Adverbialsätze der Weise, z. B. Se dejó caer *como si estuviese* muerta „Sie sank hin, als wenn sie todt wäre“ (S),

cc) die mit como „wenn nur“, siempre que „insofern“, con tal que „vorausgesetzt, daß“, „unter der Bedingung, daß“, con que „wenn nur“, á ménos que „es sei denn, daß“, eingeleiteten Adverbialsätze des möglichen Grundes, z. B. Te abriré, *como vengas* ántes de las doce „Ich werde dir öffnen, wenn du vor 12 Uhr kommst“ (S). *Siempre que* Vds. lo *hagan* pronto y bien, les prometo una soberbia propina „Insofern Sie es schnell und gut thun, verspreche ich Ihnen ein tüchtiges Trinkgeld“ (G). No diré nada *con tal que* me *dé* Vd. esas píldoras „Ich werde Nichts sagen, unter der Bedingung, daß Sie mir die Pillen geben“ (G). *Con que oigas* la llave del cuarto inmediato, no podrás contenerte „Wenn du nur den Schlüssel des anstoßenden Zimmers hörst, wirst du dich nicht halten können“ (M). No confesará su capacidad *á ménos que* le *muelan* el cuerpo á palos „Er wird seine Fähigkeit nicht gestehen, es sei denn, daß sie ihm den Körper zerschlagen“ (M),

dd) die mit ora — ora (ahora — ahora), bien — bien und anderen im Sinne von „ob nun — oder“, „sei es nun — oder“ genommenen Ausdrücken eingeleiteten Adverbialsätze des möglichen Gegengrundes (Einwurfes), z. B. Bien venga solo, bien acompañado etc. „Ob er nun allein komme, oder in Begleitung u. s. w.“ (S),

ee) die mit si „wenn“, cuando, aun cuando, aunque, und anderen „wenn auch“, „selbst wenn“ bedeutenden Ausdrücken eingeleiteten Adverbialsätze des wider die Wirklichkeit angenommenen möglichen Grundes und Gegengrundes, mit Ausnahme derjenigen, in welchen die Nicht-Wirklichkeit der Aussage besonders hervorgehoben wird", z. B. Saldria á pasear, *si* no *lloviese* „Ich würde spazieren gehen, wenn es nicht regnete" (S). *Aunque* le *viese*, no le hablaria „Wenn ich ihn auch sähe, würde ich nicht mit ihm sprechen" (S). *Aun cuando hubiese querido* evitar la guerra, no le hubiera sido fácil „Selbst wenn er den Krieg hätte vermeiden wollen, würde es ihm nicht leicht gewesen sein" (Y). — Aber *Si* la *amaba* á Vd. como ántes, se la pediria al amo „Wenn er Sie wie früher liebte, würde er beim Herrn um Sie anhalten" (VV),

ff) die mit sin que „ohne daß" eingeleiteten Adverbialsätze der verneinten Koexistenz, z. B. *Sin que* Vd. *lo jure* lo creo „Ohne daß Sie es schwören, glaube ich es" (M),

gg) die mit para que, por que, á fin (de) que „damit", no sea que „damit nicht" eingeleiteten oder ohne Konjunktion gebrauchten Adverbialsätze des Zwecks, namentlich auch die mit para que im Sinne von „als daß" sich auf eine Größenbestimmung in dem übergeordneten Satze beziehenden, z. B. Haré lo posible *por que* no *haya* cosas demasiado melancólicas „Ich werde mein Möglichstes thun, damit keine zu traurige Dinge vorkommen" (Y). Cerraremos *para que quede* segura la casa „Wir wollen zuschließen, damit das Haus sicher sei" (R). Vé con cuidado, no *despierte* mamá „Geh' vorsichtig, daß Mama nicht aufwache" (M). Ha caido en buenas manos *para que se escape* „Er ist in zu gute Hände gefallen, als daß er entkomme" (G);

c) im Indikativ oder Konjunktiv

die übrigen Adverbialsätze, und zwar im Indikativ, wenn die in ihnen enthaltene Aussage als wirklich, und im Konjunktiv, wenn die in ihnen enthaltene Aussage als bloß möglich oder fraglich gedacht wird, z. B. Corrió al instante adonde *hervia* el tumulto „Er eilte sogleich dahin, wo der Tumult gährte" (Q). ¿Y adonde iremos? — Adonde léjos *esté* de mi patria „Und wohin werden wir gehen? — Dahin, wo ich fern von meinem Vaterlande sei" (M). Cuando el cielo *dicta* sus órdenes, al hombre no le toca sino cerrar los ojos y obedecer „Wenn der Himmel seine Befehle diktirt, geziemt es dem Menschen nur, die Augen zu schließen und zu gehorchen" (R). ¿Qué dirá la señorita cuando le *vea*? „Was wird das Fräulein sagen, wenn sie ihn sieht?" (M). Al momento que *vaya* á entrar vienes tú delante de él „So wie er eintreten will, gehst du vor ihm her" (L). Al punto que *oyó* mi nombre frunció el entrecejo „So wie er meinen Namen hörte, runzelte er die Stirn“ (B). Hasta que me *han hartado* bien de chocolate y bollos, no me han querido soltar „Bis sie mich mit Chokolade und Kuchen recht satt gemacht, haben sie mich nicht loslassen wollen“ (M). No te apartes de allí hasta que *se hayan ido* „Entferne dich nicht von dort, bis sie fort sind“ (M). Miéntras la Corte *está* en San Ildefonso, no hai cosa mas de sobra en Segovia „So lange (während) der Hof in St. Ildefonso ist, giebt es in Segovia Nichts mehr im Ueberfluß“ (J). Miéntras *viva*, conservaré la memoria „So lange ich lebe (etwa noch leben werde), werde ich daran denken“ (M). Respeto como *debo* la autoridad pública „Ich achte, wie ich muß, die öffentliche Macht“ (J). Lo haré como Vd. *mande* „Ich werde es machen, wie Sie (etwa) befehlen“ (VV). Como *sale* de su hija, necesita dinero „Da er seine Tochter ausbringt, hat er Geld nöthig“ (G). Como á su genio devoto y compasivo *repugnase* igualmente aquel estado de tráfico y granjería, aprobó la determinacion del licenciado „Da seinem frommen und mitleidsvollen Charakter jener Zustand des Handels und Erwerbs gleich sehr zuwider sein mochte, so billigte er den Entschluß des Lizenziaten“ (Q). Ya que me *pagas* tan mal no te volveré á favorecer „Da du mir so schlecht lohnst, werde ich dich nicht wieder begünstigen“ (S). Ya que *seas* malo, no causes á lo ménos escándalo „Wenn du auch schlecht bist, so verursache wenigstens kein Aergerniß“ (S). Nos hizo un favor aunque no nos *conocia* „Er that uns einen Gefallen, obwohl er uns nicht kannte“ (Y). Aunque te *quedes* en Cádiz, siempre viviré apartada de tus ojos „Wenn du auch in Cadiz bleibst, werde ich doch immer fern von deinen Augen sein“ (M). Compareció finalmente por mas que lo *rehusaba* „Er erschien endlich, so sehr er sich dessen auch weigerte“ (S). Por mas que lo *asegures*, nadie te creerá „So sehr du es auch versichern magst, wird dir doch Niemand glauben“ (S). Cuanto mas lo *pienso* mas me asombro „Je mehr ich darüber nachdenke, desto mehr erstaune ich“ (O). Miéntras mas *lo piense* Vd. peor le ha de parecer „Je mehr Sie (etwa) darüber nachdenken, desto schlimmer wird es Ihnen scheinen“ (L). Se indignó tanto que *anuló* las solemnes declaraciones anteriores „Er wurde so unwillig, daß er die früheren feierlichen Erklärungen widerrief“ (Y). Tan necio serás que no lo *comprendas* „So dumm wirst du sein, daß du es nicht begreifst“ (M).

Gebrauch von Zeitformen zur Bezeichnung von Modusverhältnissen.

§ 228. Da das Prädikat nicht in allen seinen Zeitverhältnissen mit gleicher Gewißheit ausgesagt werden kann, so ist mit der Vorstellung seines Zeitverhältnisses fast immer auch die eines gewissen Modusverhältnisses der Aussage verbunden. Diese Verbindung macht man die Zeitformen geschickt, außer ihrem eigentlichen Gebrauche auch zur Bezeichnung der letztgenannten Verhältnisse zu dienen. Dies kann indeß nur dadurch wirksam geschehen, daß sie entweder eine dem Zeitverhältnisse des Prädikats nicht entsprechende Anwendung erhalten, d. h. mit einander vertauscht werden, oder ein Hülfsverb des Modus, oder den Imperativ vertreten. Im Spanischen verfährt man hierbei nun auf folgende Weise:

A. Absolute Zeitformen.

§ 229. Die absoluten Zeitformen werden alle zur Bezeichnung von Modusverhältnissen gebraucht, wobei im Allgemeinen das Präsens und Perfekt mehr zur Hervorhebung der Wirklichkeit, dagegen das Futur und Futurperfekt mehr zur Hervorhebung der Möglichkeit dienen. Doch geschieht dies nur in folgenden bestimmten Fällen:

Das Präsens.

Man gebraucht das Präsens, jedoch nur im Indikativ,

a) statt des Definitums und des Imperfekts, um einer Erzählung durch Hervorhebung der Wirklichkeit der Aussage eine größere Lebhaftigkeit und Wirksamkeit zu geben, z. B. A pocos dias de haberle escrito *esta* el coche de colleras y el mayoral Gasparet con sus medias azules, y la madre y el novio que *vienen* por ella (la señorita); *recogimos* á toda prisa nuestros miriñaques, se *atan* los cofres, nos *despedimos* de aquellas buenas mujeres, y en dos latigazos *llegamos* ántes de ayer á Alcalá „Einige Tage nachdem wir ihm geschrieben hatten, da kommt auf einmal die Miethkutsche mit ihren Maulthieren und der Fuhrmann Gaspard mit seinen blauen Strümpfen und die Mutter und der Bräutigam, welche sie (das Fräulein) zu holen kommen; wir raffen in aller Eile unsere Siebensachen zusammen, die Koffer werden gebunden, wir verabschieden uns von jenen guten Frauen, und, nachdem die Peitsche just zweimal geknallt hat, kommen wir vorgestern in Alcalá an" (M);

b) statt des Perfekts, wenn das Resultat der Thätigkeit als Beweis ihrer Wirklichkeit noch vorhanden ist, z. B. Asi lo *dice* Fr. Luis de Granada y lo *dicen* otros escritores nuestros que entendian bien su lengua „Es sagt es Fr. Luis de Granada und es sagen es andere unserer Schriftsteller, welche ihre Sprache wohl verstanden" (Capmany);

c) statt eines Hülfsverbs des Modus, um einer Frage nach dem Willen des Redenden mehr Nachdruck zu geben, oder um eine allgemeine Vorschrift mehr einzuschärfen, z. B. ¿Con que les *digo* que se vayan? „Also soll ich ihnen sagen, daß sie weggehen?“ (J). ¿*Me voi*, mamá? „Kann ich weggehen, Mama?“ (M). Digo, Caballero, ¿no se *sienta* Vd.? „Ich sage, Herr, wollen Sie sich nicht setzen?“ (G). Por eso dice papa que cuando estamos mal acalorados *no se bebe* „Deßhalb sagt Papa, daß nicht getrunken wird, wenn wir erhitzt sind“ (Y);

d) statt des Imperativs, um durch die Wirklichkeit der Aussage das Geheiß nachdrücklicher zu machen, z. B. Al momento que vaya á entrar, *vienes* tú delante de él, *abres* la mampara, le *anuncias* — como se hace en todas partes „So wie er eintreten will, gehst du ihm voran, öffnest die Vorthür, meldest ihn an — wie es überall geschieht“ (L).

Das Perfekt.

Das Perfekt dient mitunter, wenn gleich selten, zur Vertretung des Plusquamperfekts und des Anteriors, jedoch nur dann, wenn das Präsens das Definitum und Imperfekt vertritt, und selbst dann nicht einmal immer, z. B. Me arrojo en sus brazos, estrecho sobre mi corazon á mi mejor amigo, guardo el Edipo en mi bolsillo, me dice que ántes de todo quiere venir á hacerte una visita, echamos á andar del brazo, el empieza á hacerme la narracion de lo que *le ha pasado* en Navarra etc. „Ich werfe mich in seine Arme, drücke meinen besten Freund an mein Herz, stecke den Oedipus in die Tasche, er sagt mir, daß er vor Allem dir einen Besuch machen will, wir fangen an Arm in Arm zu gehen, er beginnt mir eine Erzählung von dem zu machen, was ihm in Navarra begegnet ist x.“ (VV).

Das Futur.

Das Futur vertritt, jedoch nur im Indikativ,

a) das Präsens, um die Aussage mehr als eine Vermuthung denn als eine bestimmte Behauptung darzustellen, z. B. Al señor conde le *gustará* mucho hablar de Paris „Der Herr Graf wird wol sehr gern von Paris sprechen“ (L);

b) ein Hülfsverb des Modus, sowohl in Urtheils- als Fragesätzen, um die Abhängigkeit des Prädikats von dem Willen des Redenden oder des Angeredeten stärker hervorzuheben, z. B. Poco les *durará* el gozo „Nicht lange soll ihnen die Freude dauern“ (H). ¿Le *diré* que venga? „Soll ich ihm sagen, daß er komme?“ (M);

c) den Imperativ, um dem Geheiß mehr Nachdruck zu geben, z. B. *Honrarás* padre y madre „Ehre Vater und Mutter“ (S).

Das Futurperfekt.

Das Futurperfekt steht nur zuweilen, und immer im Indikativ, statt des Perfekts, um die Aussage als Vermuthung und nicht als bestimmte Behauptung zu bezeichnen, gerade so, wie das Futur zu diesem Zwecke statt des Präsens gebraucht wird, z. B. Se le *habrá arrebatado* el calor á la cabeza „Es wird Ihnen die Hitze zu Kopf gestiegen sein" (G).

B. Relative Zeitformen.

§ 230. In ähnlicher Weise, wie bei den absoluten Zeitformen, dienen unter den relativen das Imperfekt, Definitum und Plusquamperfekt (das Anterior wird nicht zur Bezeichnung von Modusverhältnissen gebraucht) manchmal zur Hervorhebung der Wirklichkeit, und dagegen das Posterior und Posteriorperfekt zur Hervorhebung der Möglichkeit, jedoch nur in folgenden bestimmten Fällen:

Das Imperfekt.

Das Imperfekt gebraucht man

a) zur Vertretung des Definitums, jedoch natürlich nur im Indikativ, wenn das Prädikat als etwas von dem Redenden oder Angeredeten unmittelbar vor der Aussage, oder doch in einem Moment von noch ganz frischer Erinnerung Gethanes oder Erfahrenes dargestellt und dadurch die Wirklichkeit der Aussage hervorgehoben werden soll, z. B. ¿Se acabará esta tarde esa relacion? — Como el señor *preguntaba*. — Pero no *preguntaba* tanto „Wird diese Erzählung heute Abend ein Ende haben? — Da der Herr fragte — Aber er fragte nicht so viel" (M). ¿Y no puedo tomar parte en lo que Vds. *hablaban*? — Sí, por cierto, *decia* al señor conde que no me gustan algunas modas como los desafios „Und kann ich nicht an dem, was Sie sprachen, theilnehmen? — Ja, gewiß. Ich sagte zu dem Herrn Grafen, daß mir gewisse Moden, wie die Duelle, nicht gefallen" (L);

Anmerk. Es kommt bei dieser Anwendung des Imperfekts nicht darauf an, daß der Redende oder der Angeredete das Ausgesagte in der nächsten Vergangenheit wirklich gethan oder erfahren habe, noch auch wird diese Zeitform, wenn dies geschehen, immer statt des Definitums gebraucht; sondern es soll durch diese Vertauschung der Zeitformen das Prädikat nur mehr vergegenwärtigt und dadurch die Darstellung lebhafter gemacht werden, so daß sie selbst bei Erzählungen fern liegender Ereignisse angewandt werden kann. Dies ist der Grund, warum Moratin z. B. in folgenden Sätzen bei ganz gleichen Zeitverhältnissen das erste und dritte Mal das Imperfekt und das zweite und vierte Mal das Definitum gebraucht. ¿Y quien es ese que *cantaba* poco ha *y daba* aquellos gritos tan descompasados? „Und wer ist der, welcher so eben sang und jenes ungeheure Geschrei machte?" — Poco ha que *sonó* el reloj de San Justo, y si no *conté* mal, *dió* las tres „So eben schlug die Sankt Justo Uhr und, wenn ich nicht falsch zählte, schlug sie drei". Ayer noche *apostaba* yo al marido de la Graciosa seis onzas de oro á que no tienen esta tarde en su corral cien reales de entrada. — ¿Con que la apuesta se *hizo* en efecto? Eh? „Gestern Abend bot ich dem Manne der Soubrette eine Wette von sechs Unzen in Gold, daß sie heute Abend in ihrem Schauspielhause keine hundert Realen einnähmen — Also die Wette wurde wirklich gemacht? He?" — und warum Iriarte, etwas ganz Fernes und Fremdes erzählend, z. B. sagt ¡Perdidos somos! *exclamaba* otra voz desde la bodega „Wir sind verloren! rief eine andere Stimme aus dem Schiffsraume". —

b) zur Vertretung des Präsens im Indikativ, und zwar

aa) bloß in der Indikativform, um eine unter einer gewissen Voraussetzung gemachte Aussage als dem wirklich Gemeinten entgegenstehend zu bezeichnen, z. B. No, el proyecto es sencillo y fácil .... con cuatro preguntitas *estaba* acabado el negocio „Nein, das Projekt ist einfach und leicht .... mit vier kleinen Fragen wäre das Geschäft abgethan" (R). (Vier Fragen die Voraussetzung; das wirklich Gemeinte: Das Geschäft ist nicht abgethan),

bb) in der Indikativ- oder der Konjunktivform, am gewöhnlichsten jedoch in der letztern, um in einer Bedingung (Voraussetzung) die Aussage als dem wirklich Gemeinten entgegenstehend zu bezeichnen, z. B. Si la *amaba* á Vd. como ántes, se la pediria al amo „Wenn er Sie wie früher liebte (das wirklich Gemeinte: Er liebt nicht so), würde er um Sie bei dem Herrn anhalten" (VV). Si esto *hubiese* ¡por vida mia, que estábamos lucidos! „Wenn dies wäre (wirklich gemeint: Es ist nicht), bei meinem Leben, wir wären schön angekommen!" (M),

cc) nur in der Konjunktivform, um einen dem wirklich Gemeinten entgegenstehenden Wunsch auszudrücken, z. B. ¡*Pluguiese* á Dios! „Gefiele es Gott doch!" (S). Ojalá *viniese* pronto! „Wollte Gott, er käme bald!" (S);

c) zur Vertretung des Perfekts im Indikativ, und zwar bloß in der Indikativform, in demselben Verhältnisse, wie bei b), aa), z. B. Si Marcos hubiera tenido la llave me *iba* y *evitaba* una esplicacion peligrosa „Wenn Marcus den Schlüssel gehabt hätte (d. i. Er hat ihn nicht gehabt), so wäre ich fortgegangen und hätte eine gefährliche Erklärung vermieden (d. h. Ich habe dies nicht gethan)" (H).

Das Definitum.

Das Definitum vertritt zuweilen die Stelle des Perfekts, wenn man bei der Aussage mehr die Folge des Ausgesagten als dieses selbst im Auge hat und durch Hervorhebung der Vollendung der Ursache die Wirkung derselben als nunmehr bestehend hervorheben will, z. B. ¡Jesus! señorita ¿ya se *levantó* Vd.? „Herr Je, Fräulein, sind Sie schon aufgestanden (schon auf)?“ (G). ¿Acabaste? „Hast du geendet (d. i. Bist du fertig?)?“ (G). — Man vergleiche auch Jamas mi corazon te *ha querido* con mas ardor, ni con mayor ternura „Nie hat mein Herz dich mit mehr Wärme, noch mit mehr Zärtlichkeit geliebt“ (J) und Jamas *traté* ministro alguno que reuna en sí las cualidades de buen juez en tan alto grado „Nie bin ich mit einem Beamten umgegangen (d. i. Mir ist keiner bekannt), der in so hohem Grade die Eigenschaften eines guten Richters in sich vereinigte“ (J).

Das Plusquamperfekt.

Das Plusquamperfekt wird mitunter zur Vertretung des Perfekts im Indikativ gebraucht, und zwar in entsprechender Weise, wie das Imperfekt zur Vertretung des Präsens,

a) bloß im Indikativ, wenn man eine unter einer gewissen Voraussetzung gemachte Aussage als dem wirklich Gemeinten entgegenstehend bezeichnen will, z. B. Con él lo *habias pasado* mejor „Bei ihm hättest du es besser gehabt“;

b) im Indikativ oder Konjunktiv, jedoch gewöhnlich im letztern, wenn man in einer Bedingung die Aussage als dem wirklich Gemeinten entgegenstehend bezeichnen will, z. B. Si no me *habia* (*hubiese*) avisado, estaba preso ahora „Wenn er mich nicht gewarnt hätte, wäre ich jetzt gefangen“;

c) bloß im Konjunktiv, wenn man einen dem wirklich Gemeinten entgegenstehenden Wunsch ausspricht, z. B. ¡Oh, me *hubiesen* avisado! „O, hätte man mich gewarnt!“ (L).

Das Posterior.

Das Posterior vertritt

a) das Imperfekt und das Definitum des Indikativs, und zwar nur in der Indikativform, auf entsprechende Weise, wie das Futur das Präsens im Indikativ, wenn die Aussage mehr als eine bloße Vermuthung, denn als eine bestimmte Behauptung dargestellt werden soll, z. B. Dios sabe ademas lo que tú le *dirias* „Gott weiß außerdem, was du ihm sagen mochtest“ (G). ¡Cuán distante *estaria* de pensarlo! „Wie entfernt er sein mochte, es zu denken!“ (S). El lúnes encontré á Quintero en la calle de Alcalá ¿*iria* al prado? „Vorigen

Montag traf ich Quintero in der Alcalástraße; ging er wohl nach dem Prado?“ oder „ob er wohl nach dem Prado ging?“ (S);

b) das Präsens im Indikativ, und zwar

aa) gleich gut im Indikativ oder Konjunktiv, wenn man eine unter einer gewissen Bedingung gemachte Aussage als dem wirklich Gemeinten entgegenstehend bezeichnen will, gerade wie das Imperfekt des Indikativs, aber bei Weitem häufiger, z. B. *Me iria* oder *Me fuera* á la Granja si lograse el pasaporte „Ich würde nach la Granja gehen, wenn ich den Paß erhielte“ (S),

bb) nur im Konjunktiv, wenn man in einer Bedingung oder einem Wunsche die Aussage als dem wirklich Gemeinten entgegenstehend bezeichnen will, gerade wie das Imperfekt im Konjunktiv und fast eben so oft als dieses, z. B. Iria á la Granja, si *lograra* el pasaporte „Ich würde nach la Granja gehen, wenn ich den Paß erhielte“ (S). ¡Asi lo *fuera* yo! „Wenn ich es nur wäre!“ (M).

Das Posteriorperfekt.

Das Posteriorperfekt wird bald, aber selten, statt des Plusquamperfekts, bald statt des Perfekts, und zwar in ganz entsprechender Weise, wie das Posterior statt des Imperfekts oder Definitums und des Präsens gebraucht, z. B. Le *habria confesado* mi pena, si él hubiese prometido callarla „Ich würde ihm mein Leid anvertraut haben, wenn er mir versprochen hätte, es zu verschweigen“ (S). — Man setzt indeß bei dieser Vertretung der Kürze wegen gern das einfache Posterior statt des Posteriorperfekts, wodurch der Gebrauch des letztern noch seltener wird, z. B. ¡Quién nos *diria* que vuestro amigo y mi yerno era el delincuente que buscábamos! „Wer hätte uns gesagt (sollte oder würde gesagt haben), daß euer Freund und mein Schwiegersohn der Verbrecher wäre, den wir suchten!“ (J). ¡Quién lo *dijera*! „Wer würde es gesagt haben!“ (M).

Hülfsausdrücke des Modus.

§ 231. Zur Bezeichnung der Modusverhältnisse der Aussage gebraucht man zum Theil dieselben Hülfsausdrücke, welche auch zur Bezeichnung der Modusverhältnisse des Ausgesagten dienen, nämlich die in den Paragraphen 98—101 erörterten venir, llegar, dejar, poder, caber, deber (deber de), decirse, decir (afirmarse, asegurarse etc.), haber de, ser posible, necesario, preciso, fuerza, und die in den Paragraphen 203—206 erörterten Adverbien des Modus, so weit sie sich nur auf die Aussage beziehen.

Auslassungen (Ellipsen).

§ 232. Wie im Deutschen, wird auch im Spanischen, außer der meist durch äußere Ursachen oder eine Irrung des Redenden herbeigeführten bloßen Abbrechung eines noch nicht vollständig ausgesprochenen Satzes, von Auslassungen Gebrauch gemacht, die der Redende unwillkürlich dadurch begeht, daß seine Erregtheit ihn nur das aussprechen läßt, was mit derselben die allernächste Beziehung hat. Solche Ellipsen kommen in folgenden Hauptformen vor:

1) Es unterbleibt die Darstellung der Aussage, indem ein Hülfsverb oder ein die Beziehung eines Attributs zu dem Subjekt vermittelndes Hauptverb (ser, estar, quedar etc.) ausgelassen wird. Dies geschieht namentlich in der Ueberraschung von einer erhaltenen Mittheilung, oder in angelegentlicher Zurückweisung einer den Redenden betreffenden Behauptung, z. B. ¿Qué oigo? Vd. Bernardo Pujavante? „Was höre ich? Sie (wären) Bernhard Pujavante?" (L). ¡Dejaros yo morir! „Ich (sollte) euch sterben lassen?" (M).
2) Bloß das Subjekt wird ausgestellt. In dieser Form spricht sich namentlich die Ueberraschung von einem Ereigniß oder einer Mittheilung aus, z. B. ¿El conde del Verde Sauco? „Der Graf del Verde Sauco (ist hier)?" (L.)
3) Das Subjekt und der Theil des Prädikats, an dem die Aussage bezeichnet wird, bleibt weg. Diese Form wird häufig als Ausruf der Verwunderung, zuweilen aber auch als Geheiß gebraucht, jedoch kann dies nur geschehen, wenn der Ausdruck Infinitivform hat, z. B. ¡Qué juicio! qué compostura! „Welches Urtheil! welche Haltung (ist das)!" (J) ¿Pero, hombre, dejarnos así! „Aber, Mensch, uns so zu verlassen!" (M) — ¡*Portarse* como hombre de bien! „Halten Sie sich als rechtschaffner Mann!" (M). ¡Taparla bien! „Decken Sie sie gut zu!"
4) Das Subjekt, die Darstellung der Aussage und selbst der Haupttheil des Prädikats (das verbale Beziehungswort) wird ausgelassen, und es wird nur ein als Objekt stehender Ausdruck gebraucht. Dies geschieht bei Wünschen, Geheißen und Urtheilen, die Affekt erregen, z. B. ¡A las armas! „Zu den Waffen!" (H) ¡A Dios! „Lebt wohl!" (J) ¡Sí, á mí con esas! „Ja, mir kommt er damit recht!" (J) *Cuidado* que son Vds. gente bien poco contentadiza! „Sie sind mir auch recht schwer zu befriedigende Leute" (Tengo cuidado „Ich besorge") (G) A bien que estamos cerca „Gut, daß wir nahe sind" (Tengo á bien) (M).

Wortfolge.

§ 233. Bei der Wortfolge des prädikativen Satzverhältnisses handelt es sich im Spanischen, wie im Deutschen, um die gegenseitige Stellung des Subjekts, der Bezeichnung der Aussage und des Ausgesagten, in so weit nämlich die letzteren beiden nicht mit einem einzigen Worte gegeben sind; aber das Spanische unterscheidet sich in dieser Hinsicht vom Deutschen darin, daß es keine besondere Wortfolge der Nebensätze hat. Die demnach Haupt- und Nebensätzen gemeinsame Wortfolge unterscheidet sich indeß wieder in eine bloß durch die grammatischen Verhältnisse der Ausdrücke bestimmte, natürliche, und in eine von der größeren oder geringeren Lebhaftigkeit einzelner Vorstellungen in dem Gedanken abhängige, invertirte Wortfolge, bei welcher, abgesehen von ihrem grammatischen Verhältniß, die lebhafteste Vorstellung möglichst an die Spitze des Satzes gestellt wird.

Natürliche Wortfolge.

§ 234. Die natürliche Wortfolge ist nun im Spanischen

1) für die Urtheilssätze

	Subjekt	Bez. der Aussage	Ausgesagtes,
z. B.	La noticia	puede	traslucirse
	„Die Nachricht	kann	auskommen“ (S).
	Todos nuestros pueblos	están	prontos
	„Alle unsere Völker	sind	bereit“ (R).
	Yo	soi	de tal parecer
	„Ich	bin	der und der Meinung“ (S).

(Deseo) que mi vuelta sea breve
„Ich wünsche, daß meine Rückkehr kurz sei“ (J).

(Ve aqui) porque los poderosos son insensibles
„Sieh da, warum die Mächtigen gefühllos sind“ (J).

Si las circunstancias fuesen otras etc.
„Wenn die Umstände anders wären &c.“ (S);

2) für die Frage-, Wünsche- und Heischesätze

	Bez. d. Aussage	Ausgesagtes	Subjekt,
oder auch	Bez. d. Aussage	Subjekt	Ausgesagtes,

z. B. ¿Fué saqueada la ciudad?, ¿Fué la ciudad saqueada? „Wurde die Stadt geplündert?“ (S).

¿Están ya compuestos los baules? „Sind die Koffer schon in Ordnung?“ (J).

¿Y quedará su honor bien puesto? „Und wird seine Ehre wohl gewahrt bleiben?“ (J).

¿Ha estado alguno á verme? „Ist Jemand da gewesen, mich zu sprechen?“ (S).

¡Asi lo fuera yo! „Möcht' ich es auch sein!“ (M).

¡Ojalá fuese el ejemplo público! „Wäre doch das Beispiel öffentlich!“ (M).

No sea Vd. insolente „Seien Sie nicht unverschämt!“ (R).

Ven tú tambien „Komm du auch“ (G).

Invertirte Wortfolge.

§ 235. Die invertirte Wortfolge ist
1) für die Urtheilssätze
Bez. der Aussage Ausgesagtes Subjekt,
oder Bez. der Aussage Subjekt Ausgesagtes,
und sie findet Statt, wenn entweder die Aussage selbst, oder eine dem Prädikat angehörige Vorstellung ihrer Hervorhebung, oder, wie namentlich bei den Adjektivsätzen, ihrer näheren Beziehung zu Vorhergehendem wegen an die Spitze des Satzes gestellt wird, wobei man in der Regel von den Ausdrücken des Subjekts und des Ausgesagten denjenigen ans Ende rückt, welcher den größten Umfang hat,

z. B. Es Vd. mui bueno „Sie sind sehr gütig“ (O).
Habla Vd. con mucha prudencia „Sie sprechen sehr verständig“ (R).
Es útil cultivar las letras „Es ist nützlich, die Wissenschaften zu betreiben“ (S).
Siempre me es apreciable vuestra compañía „Immer ist mir eure Gesellschaft angenehm“ (J).
Pues, en eso consiste todo „Nun, darin besteht Alles“ (M).
Esa puerta la he cerrado yo „Die Thür habe ich geschlossen“ (S).
Los jueces á quienes apeló el reo „Die Richter, an welche der Schuldige appellirte“ (S).
Envió á Sevilla donde á la sazon se hallaban Isabel y Fernando „Er schickte nach Sevilla, wo sich der Zeit Isabella und Ferdinand befanden“ (Alc);

2) für die Fragesätze
Subjekt Bez. der Aussage Ausgesagtes,
und diese findet Statt, wenn das Subjekt des Satzes entweder mittelst eines Interrogativpronomens in Frage gestellt, oder an sich hervorgehoben werden soll,

z. B. ¿Y qué ha sido de ella? „Und was ist aus ihr geworden?“ (R).
Quién en el mundo podrá arrancarme de vuestros brazos? „Wer in der Welt wird mich aus euern Armen reißen können?“ (R).
¿Qué motivo tan urgente te ha obligado á llamarme á estas horas? „Welche dringende Veranlassung hat dich genöthigt, mich um diese Zeit zu rufen?“ (R).
Su amo de Vd. ¿está en casa? „Ihr Herr ist zu Hause?“ (S).
Y el canario ¿tiene su correspondiente alpiste? „Und der Kanarienvogel hat sein gehöriges Futter?“ (G);

3) für die Ausrufe und Wünschesätze, in welchen das Ausgesagte hervorgehoben werden soll,
Ausgesagtes Bez. d. Aussage Subjekt,

z. B. Qué afligida está Laura! „Wie betrübt ist Laura!“ (J).
¡Bendita sea tanta bondad! „Gesegnet sei so viele Güte!“ (M).

II. Kapitel.

Vom attributiven Satzverhältniß.

Darstellung des Beziehungsbegriffs.

§ 236. Der Beziehungsbegriff, gleichsam das Subjekt, des attributiven Satzverhältnisses ist immer der Begriff eines Dinges und kann nicht nur seinem Inhalte nach ausgedrückt, sondern auch seinen Beziehungen nach bloß bezeichnet werden. Das Erste geschieht in der Regel durch ein Substantiv, mitunter jedoch auch, in Ermangelung eines solchen, durch ein substantivisch gebrauchtes Adjektiv oder Verb, z. B. La *puerta* nueva „Das neue Thor“ (S). La *casa* de mi padre „Das Haus meines Vaters“ (S). Lo *alto* de la torre „Das Hohe, die Höhe des Thurmes“ (S). Un *disputar* tan fuera de propósito „Ein so ungehöriges Disputiren“ (S). Zum Zweck des Zweiten bedient man sich der Substantivpronomen, oder substantivisch gebrauchter Adjektivpronomen, Zahl-, Umfangs- und Zahlordnungswörter, wobei dieselben natürlich, soweit ihre Flexion es zuläßt, mit dem bezeichneten Begriffe in Zahl, Geschlecht und Person übereinstimmen, z. B. Será *algo* bueno „Es wird etwas Gutes sein“ (R). ¿Qué es *eso* de retorno? „Was ist das mit der Retourgelegenheit?“ (J). *Las* de nuestro tiempo „Die (Frauen) unserer Zeit“ (G).

Darstellung des Attributs.

§ 237. Das Attribut wird auf sehr verschiedene Weise dargestellt, je nachdem es der Begriff eines Merkmals oder der eines Dinges, oder die Vorstellung eines Zahl- oder Maßverhältnisses, oder die der Unterscheidung von Raum-, Zeit-, Rede- und Zahlreihenverhältnissen ist. Wenn das Attribut ein Merkmalsbegriff ist, welcher in die Vorstellung eines Dingbegriffes mit aufgenommen wird, z. B. „gutes Wasser“; so wird es in der Regel durch ein adjektivisches Begriffswort (eigentliches Adjektiv oder adjektivisch gebrauchtes Substantiv), oder ein Verb in adjektivischer Form (Partizip), mitunter jedoch auch durch ein Substantiv oder eine adjektivische Phrase (Siehe § 143) ausgedrückt und kann auch durch Demonstrativadjektiven der Art bezeichnet werden, z. B. La puerta *nueva*. Algo *bueno*. Maestro *carpintero*. El padre *amado*. Doña Manuela *la doncella*. Un hombre *sin seso*. Sopa *con* oder *de leche*. Cuchara *de plata*. *Tal* padre. *Otras* mujeres. Wenn es ein Dingbegriff ist, der mit dem Beziehungsbegriffe zu dessen näherer Bestimmung in irgend ein Verhältniß tritt; so wird es in der Regel durch ein Substantiv oder substantivisch gebrauchtes Adjektiv oder Verb ausgedrückt, manchmal aber auch durch substantivisch gebrauchte Formwörter bloß bezeichnet, z. B. Lo alto de la *torre*. Un disputar fuera de *propósito*. Los bienes *de los ricos*. Lo útil *del estudiar*. Lo útil de *esto*. Los bienes de *alguien*. Wenn es ferner die Vorstellung eines Zahl- oder Maßverhältnisses ist, durch welche der Umfang, in dem der Beziehungsbegriff gedacht werden soll, bestimmt wird; so drückt man es meistens durch die adjektivischen Zahl- und Umfangswörter, zuweilen aber auch durch substantivische Maßnamen aus, z. B. *dos* mesas, *tres* casas, *cien* pesos, *poco* oro, *mucha* plata, una *libra* de hierro „ein Pfund Eisen", un *quintal* de heno „ein Zentner Heu", una *docena* de plumas „ein Dutzend Federn", una *sesentena* de huevos „ein Schock Eier", un *poco* de carne „ein wenig Fleisch". Wenn es endlich die Vorstellung einer Unterscheidung von Raum-, Zeit-, Rede- und Zahlreihenverhältnissen ist, welche den Beziehungsbegriff in seinen räumlichen oder zeitlichen Beziehungen zum Redenden, oder in seinen Beziehungen zu den grammatischen Personen, oder in seiner Stellung in einer vom Redenden gesetzten Zahlenreihe bestimmen; so drückt man es bald durch die Demonstrativ-, bald durch die Personal- und bald durch die Zahlordnungsadjektiven, bald aber auch, in Ermangelung entsprechender adjektivischer Wörter, durch Adverbien aus, z. B. *Este* camino, *esa* puerta, *aquella* ciudad, *mi* tio, *tu* tia, *tercer* párrafo, canto *segundo*, el dia *de ayer*, la tia *de allí*, los *hoi* depositarios de las glorias históricas de España „Die jetzigen Verwahrsamer des historischen Ruhmes Spaniens" (Alc).

Darstellung der attributiven Beziehung.

§ 238. Die attributive Beziehung wird im Spanischen, wie im Deutschen, theils durch die Flexion des Ausdrucks, der das Attribut darstellt, theils durch dessen Stellung, theils aber auch durch Präpositionen bezeichnet; aber dies geschieht bei jedem dieser Mittel nicht in demselben Umfange, noch in derselben Weise, wie im Deutschen.

Bezeichnung der attributiven Beziehung durch Flexion.

§ 239. Die attributive Beziehung kann durch Flexion nur dann bezeichnet werden, wenn das Attribut durch ein adjektivisches Wort oder ein Personal- oder Relativpronomen dargestellt ist. In dem ersten Falle geschieht sie dadurch, daß man das adjektivische Wort in seiner Geschlechts- und Zahlform mit dem Geschlecht und der Zahl des Beziehungswortes übereinstimmen (konkordiren) läßt; in dem andern Falle giebt man dem Personal- oder Relativpronomen die Genitivform und läßt dann auch diese mit dem Beziehungsworte konkordiren, z. B. Eter*na* amargura „Ewige Bitterkeit" (J). Preguntas intempesti*vas* „Unzeitige Fragen" (S). *Esta* ausencia precipita*da* „Diese schleunige Entfernung" (J). Libro cuarto „Viertes Buch" (S). *Ambos* capitanes „Beide Hauptleute" (S). Todo*s los* lances „Alle Vorfälle" (S). — Un criado *mio* „Ein Diener von mir" (S). El caballo *tuyo* „Das Pferd dein (das dir gehört)" (S). Enemigos *suyos* „Feinde von ihm" (S). El hombre *cuya* capa robaron „Der Mann, dessen Mantel man stahl" (S). Die Konkordanz hat demnach im Spanischen in so fern eine weitere Anwendung als im Deutschen, als ihr auch die ebengenannten Genitivformen unterworfen sind; wogegen die Anwendung von Genitivformen zur Bezeichnung der attributiven Beziehung, da sie sich auf diese wenigen Fälle beschränkt, von bedeutend geringerem Umfange als im Deutschen ist. Uebrigens erleidet das Gesetz der Konkordanz in Hinsicht des bestimmten Artikels und der Wörter uno, alguno und ninguno mitunter eine Ausnahme, da man, wie schon § 36 bemerkt worden, weiblichen Substantiven, die mit einem betonten A-laute (a oder ha geschrieben) anfangen, statt la stets el, statt una gewöhnlich un, und statt alguna oder ninguna mitunter algun oder ningun vorsetzt, und überhaupt sonst bei weiblichen Substantiven so verfährt, wenn die genannten Wörter vor so anlautende adjektivische Wörter zu stehen kommen.

Bezeichnung der attributen Beziehung durch Stellung.

§ 240. Die Bezeichnung der attributiven Beziehung durch Stellung (Apposition) kommt nur in Anwendung, wenn der Ausdruck des Attributs ein Substantiv oder ein substantivisch gebrauchtes Wort ist, dessen Begriff sich zu dem Beziehungsbegriffe als Gattung zur Art oder zum Einzelwesen verhält, oder auch wenn das Attribut durch ein Zahlwort statt eines Zahlordnungswortes, oder durch eine adjektivische Phrase gegeben ist; und es brauchen dabei in dem ersten Falle, in welchem der Begriff des Attributs den Beziehungsbegriff einschließt, die Ausdrücke beider, ohne Unterschied der Folge, nur bei einander zu stehen, während in dem andern der Ausdruck des Attributs dem Beziehungsworte stets nachfolgt, z. B. Doña Manuela *la doncella* (G). El *padre* Casas (Q). Mi tio *el canónigo* (L). *El rei* Carlos IV. (S). Carlos VIII., *rei de* Francia (Q). El *infante* Don Francisco (T). Como, *adverbio de* modo (Acd). *La preposicion* con (S). Equi, *voz latina* que denota igualdad. „Equi, ein lateinisches Wort, welches Gleichheit bezeichnet" (S). La *palabra* lord (S). — Capitulo 43. Página 16 etc. (S). Un hombre *sin seso* (J). Las piezas *de arriba* (M). Estatua *de bronce* (S). — Von den unter dem ersten Fall begriffenen attributiven Verhältnissen sind indessen diejenigen, in welchem ein geographischer Eigenname mit einem geographischen Gattungsnamen in Beziehung steht, in so fern ausgenommen, als hierbei der Ausdruck des Attributs, wenn es nicht rio, cabo, monte oder montaña ist, dem Beziehungsworte nicht, wie im Deutschen, in Apposition vorangestellt werden kann, sondern demselben, wenn er vorangestellt wird, durch de verbunden werden muß, z. B. El *reino* de España. La *isla* de Malta (S). El *principado* de Meiß „Das Fürstenthum Meiß" (S). El *marquesado* de Lusacia „Die Markgrafschaft Lausitz" (Alc). — Jedoch Este *rio* Saal „Dieser Saalefluß" (Alc). El *monte* Parnaso (S). Las montañas Crapacs „Das Karpathen-Gebirge" (Alc). — Eine gleiche Ausnahme findet Statt, wenn dem Eigennamen eines Tages, Monats oder einer Jahreszeit deren Gattungsnamen dia, mes oder estacion attributiv vorangeschickt, oder wenn die Gattungsnamen nombre und firma einem Eigennamen als Attribute vorgesetzt werden, z. B. El *dia* del Jueves (S). El *mes* de Julio (S). La *estacion* del invierno (S). — El *nombre* de Napoleon (T). — Von den unter dem zweiten Fall begriffenen attributiven Satzverhältnissen bilden wol nur diejenigen mitunter eine Ausnahme, in welchen das Attribut eine mit á gebildete Phrase, wie á pié, á caballo u. s. w. ist, da man bei diesen gewöhnlich die attributive Beziehung mit de bezeichnet, El guarda de *á caballo* „Der reitende Gardist" (G). Doblon de *á ocho* „Dublone zu 8 Goldthalern" (Acd). Aber auch Un hombre *á caballo* „Ein Mann zu Pferde". — Ferner kann man statt der bei año appositionell stehenden Zahl, z. B. El año 1841, derselben auch de vorsetzen, z. B. El año de 1841 (S). Anmerk. Eine der Apposition ähnliche Konstruktion findet auch Statt in den Ausdrücken La quinta aquella „Jenes Landhaus" (S). A la hora esta „Zu dieser Stunde" (L). Doch gebraucht man statt derselben auch de, z. B. A la hora de esta „Zu dieser Stunde" (S).

Bezeichnung der attributiven Beziehung durch Präpositionen.

§ 241. Die attributive Beziehung kann, wie bei der Apposition, nur dann durch Präpositionen bezeichnet werden, wenn das Attribut durch ein Substantiv oder einen substantivisch gebrauchten Ausdruck gegeben ist; doch dürfen dabei die beiden Begriffe des Verhältnisses nicht, wie bei der Apposition, als Individuum und Art oder Gattung in einander liegen, noch auch können sie als Beigeordnetes einem gemeinsamen Gattungsbegriff angehören, sondern sie müssen durchaus in verschiedene Klassen von Vorstellungen fallen, wie z. B. Ding und Merkmal, Besitzer und Besitzenes (in weitester Bedeutung, d. h. mit Einschluß selbst der Lebensverhältnisse zwischen Personen) Ganzes und Theil, Maß und Gemessenes, Thätigkeit und Gegenstand u. s. w. Gewöhnlich ist es nun die Präposition de, welche zur Bezeichnung dieser Art attributiver Beziehung gebraucht wird, und dieselbe steht namentlich

a) in fast allen Fällen, wo im Deutschen die attributive Beziehung durch die Genitivform oder durch „von" bezeichnet wird, z. B. La altura de la torre „Die Höhe des Thurmes" (S). La casa de mi padre „Das Haus meines Vaters" (S). La mujer del guarda de á caballo „Die Frau des reitenden Gardisten" (G). El muro de la ciudad „Die Mauer der Stadt" (S). El rei de Prusia „Der König von Preußen" Las fortificaciones de Paris „Die Befestigungen von Paris";
b) in den Fällen, in welchen die Wörter familia und das im Sinne desselben genommene casa einen Eigennamen als Attribut erhalten, mit Abweichung vom Deutschen, wo hierbei die Eigennamen im Singular stets in Apposition, im Plural aber in Genitivform stehen, z. B. La familia de Bonaparte „Die Familie Bonaparte" (T). La casa de Borbon „Das Haus Bourbon" (T);
c) in den Fällen, wo mit einem „Weg" oder „Straße" bedeutenden Beziehungsworte im Deutschen ein substantivisches Attribut durch „nach" verbunden wird, z. B. El camino del trono „Der Weg nach dem Throne" (S). Calle de Alcalá „Straße nach Alcalá";
d) in den Fällen, wo einem Beziehungsworte ein „Art" bedeutender Ausdruck, wie especie, clase, género etc. als Attribut voran-

gestellt wird, z. B. Esta especie de transacciones „Diese Art Unterhandlungen“ (S);

e) in den Fällen, in welchen dem Beziehungsworte zur Bestimmung der Umfangsgröße seines Begriffs ein substantivisches Attribut vorangestellt wird, mit Abweichung vom Deutschen, wo in solchen Fällen dem Beziehungsworte in der Regel der Gemäßname als Apposition vorangeht, z. B. Una botella de vino „Eine Flasche Wein“ (S). Un monton de palabras „Ein Haufen Wörter“ (S). Un pedazo de pan „Ein Stück Brot“ (M). Muchedumbre de mujeres „Eine Menge Frauen“ (Q). Una gran porcion de palabras „Eine große Menge Wörter“ (M). Un poco de agua „Ein wenig Wasser“ (L). Un poco del Jeres „Ein wenig von dem Xereswein“ (S). Algo del asado „Etwas von dem Braten“ (S). Parte de tu dinero „Ein Theil deines Geldes“ (S);

f) in den Fällen, in welchen ein als Merkmal gedachtes Attribut der Hervorhebung wegen seinem Beziehungsworte in einem Ausdrucke substantivischer Form vorangeschickt wird, z. B. El triste de Jovino „Der bedauernswerthe Jovino“ (J). Ese bruto de mi casero „Dieser mein roher Hauswirth“ (M). El iluso de su padre „Sein betrogener Vater“ (R). El ladron de Ginesillo „Der spitzbübische Ginesillo“ (S), und

g) in den Fällen, in welchen auf ein Personalpronom ein Adjektiv als Attribut bezogen wird, jedoch nur in Ausrufen, z. B. ¡Triste de mi „Ich Arme!“ (M).

Die anderen Präpositionen kommen nur dann in Anwendung, wenn das attributive Verhältniß als eine Beziehung der Thätigkeit zu ihrem Gegenstande gedacht wird, und man gebraucht alsdann immer diejenige Präposition, welche das dem attributiven zur Voraussetzung dienende objektive Satzverhältniß erfordert, oder, wenn in diesem das Objekt ohne Präposition steht, in der Regel die Präposition de, mitunter jedoch auch, wenn de das Attribut auch als das Subjekt des Grundverhältnisses kennzeichnen könnte, die Präposition á, z. B. Negociante en lanas „Wollhändler“ (S). Comerciante en papel „Papierhändler“ (S). Su entrada en Nápoles „Sein Einzug in Neapel“ (Q). Tratado sobre la alquimia „Abhandlung über die Alchimie“ (S). Mi aficion á las letras „Meine Vorliebe für die Wissenschaften“ (S). Oposicion con otro „Widerstand gegen einen Andern“ (S). Tu aptitud para las armas „Deine Tauglichkeit zum Soldaten“ (S). Su dominio en oder sobre aquella provincia „Seine Herrschaft über jene Provinz“ (S). La atencion á los negocios „Die Aufmerksamkeit auf die Geschäfte“ (S). La preparacion para la batalla „Die Vorbereitung für die Schlacht“ (S). Fabricante de sombreros „Hutfabrikant“ (S). La ciencia de los astros „Die Wissenschaft der Gestirne“ (S). Su clasificacion de los verbos „Seine Eintheilung der Verben“ (S). El amor de oder á la patria „Die Liebe zum Vaterlande“ (S). El temor de oder á la muerte „Die Furcht vor dem Tode“ (S). El deseo de la gloria „Der Wunsch nach Ruhm“ (S). El cariño á su hermana „Die Liebe zu seiner Schwester“ (S). El amor á mis hijas „Die Liebe zu meinen Töchtern“ (J).

Auslassungen.

§ 242. Auch in dem attributiven Satzverhältnisse finden, wie in dem prädikativen, zuweilen gewisse mehr oder weniger leicht zu ergänzende Auslassungen Statt; doch treffen dieselben immer nur das Beziehungswort. Solche Ellipsen sind

1) manche Angaben des Datums, bei welchen dia zu ergänzen ist, z. B. Agosto 6. „Der sechste August“ (S);
2) manche gewissermaßen zu Adjektivsubstantiven gewordene Benennungen der Briefe, bei welchen carta ergänzt wird, z. B. La suya „Der Ihrige“ (S). La presente „Gegenwärtiges“ (S). Su mui grata „Ihr Werthes“ u. s. w.;
3) manche eigenthümliche, meistens durch Auslassung von cosa entstandene Phrasen, z. B. Decir *cuantas* son cinco „Jemand tüchtig die Wahrheit sagen“ (S). Hacer de *las suyas* „Etwas aushecken“ (S). Salirse con *la suya* „Seinen Willen kriegen“ (S). *Una* de Satanas „Eine Teufelgeschichte“ (M). Hacer la seráfica „Sich tugendhaft stellen“ oder „den Tugendhelden spielen“ (Acd). ¡Ah! me las den todas! „Wenn ich nur immer so davon komme!“ (Spr.). Donde las dan las toman „Wie man in den Wald ruft, so schallt es heraus“ (Spr.).

Wortfolge.

§ 243. Die Wortfolge des attributiven Satzverhältnisses hat es nur mit der gegenseitigen Stellung des Beziehungswortes und des Ausdruckes des Attributes zu thun und wird ebenso, wie die des prädikativen, als eine natürliche und eine invertirte unterschieden. In den attributiven Satzverhältnissen mit substantivischen Attributen oder solchen, die durch adjektivische Phrasen ausgedrückt sind, kann indeß von einer solchen Unterscheidung wenig die Rede sein, da sie entweder nur eine bestimmte unveränderliche Stellung haben, oder, wenn dies nicht der Fall ist, die Folge ihrer beiden Glieder fast immer willkürlich ist.

Stellung der substantivischen Attribute und der adjektivischen Phrasen.

§ 244. Die substantivischen Attribute, welche mit ihrem Beziehungsworte mittelst einer Präposition verbunden werden, haben ihre Stelle zum größten Theile hinter ihrem Beziehungsworte, und nur die in § 240 als Ausnahme des ersten Falles erwähnten geographischen Gattungsnamen und allgemeinen Zeitbenennungen, so wie die in § 241 unter d, e, f und g erwähnten Ausdrücke des Attributs gehen ihrem Beziehungsworte voran, wie die daselbst angeführten Beispiele zeigen. Dahingegen stehen unter den appositionell mit ihrem Beziehungsworte verbundenen Attributen nur die Zahlwörter und adjektivischen Phrasen ihrem Beziehungsworte immer nach, und können alle andern willkürlich vor oder hinter dasselbe gestellt werden, jedoch mit dem Unterschiede, daß die Voranstellung des Attributs die Bedeutsamkeit desselben immer etwas abschwächt und es meistens zu einem bloßen Titel herabdrückt. Vergleiche: Carlos IV. el rei und El rei Carlos IV. Don Francisco el infante und El infante Don Francisco. Don Justo el señor und El señor Don Justo etc.

Stellung der adjektivischen Attribute.

§ 245. Unter den adjektivischen Attributen stehen die Formwörter in natürlicher Wortfolge ihrem Beziehungsworte voran; jedoch können sie auch, mit Ausnahme des bestimmten Artikels, der Interrogativpronomen und der Zahl- und Umfangswörter, außer alguno und ninguno, der größeren Hervorhebung wegen hinter ihr Beziehungswort gestellt werden, z. B. Este guerrero. Mi capa. Cada silla. Los demas ginetes „Die übrigen Reiter" (S). Otro capitulo. ¿Cuál puerta? Alguna consideracion merecia „Einige Rücksicht verdiente es" (S). En la tercera hoja „Auf dem dritten Blatte" (S). — La quinta aquella. El amor nuestro á la patria „Unsere Liebe zum Vaterlande" (S). Yo no sé de joya alguna „Ich weiß von gar keinem Kleinode" (H). Esta intriga no produjo efecto ninguno „Diese Intrigue brachte gar keine Wirkung hervor" (Q). Los nueve años primeros „Die ersten neun Jahre" (S).

Dagegen stehen die Begriffswörter unter ihnen in natürlicher Wortfolge, je nachdem sie zur Einschränkung des Beziehungsbegriffes dienen oder nicht, bald hinter, bald vor ihrem Beziehungsworte, und zwar

1) hinter demselben, wenn das mit ihnen gebildete Satzverhältniß eine besondere Art oder ein besonderes Einzelding aus dem Umfange des Beziehungsbegriffes darstellt, z. B. Vino agrio „Saurer Wein" (S). Música instrumental „Instrumentalmusik" (S). Un par de ojos negros „Ein Paar schwarze Augen" (M). Un escritor pobre „Ein armer Schriftsteller" (S). Un hombre bueno „Ein guter Mensch" (S). Un caballo grande „Ein großes Pferd" (S). Toda lengua viva „Jede lebende Sprache" (S). La señora mayor „Die ältere Herrin" (M). El espiritu santo „Der heilige Geist" (S). La tierra santa „Das gelobte Land" (S). El Padre santo „Der heilige Vater" (S). Las partes contratantes „Die unterhandelnden Theile" (T). El gabinete prusiano „Das preußische Kabinet" (T) — und

2) vor demselben, wenn das mit ihnen gebildete Satzverhältniß nichts Anderes besagt, als was das Beziehungswort entweder allein, oder mit einer sonst schon gegebenen Bestimmung ausdrückt, z. B. Duro hierro „Hartes Eisen" (S). Dulce miel „Süßer Honig" (S). Blanca nieve „Weißer Schnee" (S). La santa Biblia „Die heilige

Bibel" (S). La nueva y famosa confederacion del Rin „Der neue und berühmte Rheinbund" (T). Su proyectada empresa „Seine beabsichtigte Unternehmung" (Y). Mi difunto Don Epifanio „Mein seliger Epiphanias" (M). Aquel benemérito poeta „Jener verdiente Dichter" (R).

Beide Fälle lassen aber zur Hervorhebung des Attributs, namentlich wenn das Adjektiv im uneigentlichen (bildlichen) Sinne genommen wird, eine Umstellung (Inversion) zu, z. B.

1) Y me parece escelente idea „Und es scheint mir eine vortreffliche Idee" (M). Buenas cartas ha de tener para que le engañe „Sie muß gute Karten haben, damit sie ihn betrüge" (M). La turbacion de los tiempos habia estremecido hasta en sus cimientos antiguas y nombradas naciones „Die Verwirrung der Zeiten hatte alte und berühmte Nationen bis in ihre Grundlagen erschüttert" (T). — Y me costó buen dinero la tal visita „Und er kostete mir schönes Geld, dieser Besuch" (M). Un pobre escritor „Ein unbedeutender Schriftsteller" (S). Negra honrilla „Falsche Scham" (S). Un gran caballo „Ein ausgezeichnetes Pferd" (S).

2) Su Currita idolotrada „Seine vergötterte Franziska" (M). Sus fiestecillas inocentes „Ihre unschuldigen Liebkosungen" (M).

Anmerk. Es darf aus dem Vorhergehenden nicht gefolgert werden, daß bei der großen Freiheit in dem Gebrauche der Inversion die Stellung des adjektivischen Begriffswortes eigentlich von dem Belieben oder dem Wohlklange abhange. Dies ist so wenig der Fall, daß es selbst eine Menge attributiver Satzverhältnisse dieser Art giebt, in welchen, weil jeder Grund zur Hervorhebung des Attributs fern liegt, die Stellung des Adjektivs nur durch die Bedingungen der natürlichen Wortfolge bestimmt wird, wie z. B. Dulce miel. Nuestra proyectada union (M). La señora mayor. El Padre santo etc.; und wenn innerhalb dieser Wortfolge ein und dasselbe Adjektiv sich bald seinem Beziehungsworte vor-, bald nachgesetzt findet, so liegt dabei immer bei guten Schriftstellern eine Verschiedenheit des Sinnes zum Grunde, z. B. Mi nueva casa „Mein neues Haus", wenn der Redende kein anderes hat, und Mi casa nueva „Mein neues Haus", wenn der Redende eines seiner Häuser durch das Adjektiv unterscheiden will.

III. Kapitel.

Vom objektiven Satzverhältnisse.

Darstellung des Beziehungsbegriffs.

§ 246. Der Beziehungsbegriff des objektiven Satzverhältnisses ist immer ein Merkmalsbegriff (die Vorstellung einer Eigenschaft, eines Zustandes, oder einer Thätigkeit) und kann nur seinem Inhalte nach ausgedrückt, nie seinen Beziehungen nach bezeichnet werden. Der Ausdruck desselben ist daher immer entweder ein Verb oder ein Adjektiv, z. B. *Constar* de muchas partes „Aus vielen Theilen bestehen" (S). *Constante* en sus empresas „In seinen Unternehmungen beständig" (S).

Darstellung des Objekts.

§ 247. Die in dem objektiven Verhältnisse auf den Begriff eines Verbs oder Adjektivs bezogene Vorstellung, in weitester Bedeutung, obwohl nicht sehr passend, Objekt genannt, ist entweder der Begriff eines Dinges, und dann wird sie natürlich durch ein Substantiv oder substantivisch gebrauchtes Adjektiv oder Verb ausgedrückt, oder auch durch substantivische Formwörter bezeichnet, z. B. Correrse de *vergüenza* „Vor Scham roth werden" (S). — Contar lo *acaecido* „Das Vorgefallene erzählen" (S). Abochornarse de *mendigar* „Sich des Bettelns schämen" (S). *Le* convenceré „Ich werde ihn überzeugen" (S). No hagas *esto* „Thue dies nicht" (S) —; oder sie ist die Vorstellung eines in den Begriff des Beziehungswortes aufgenommenen Merkmals, und dann drückt man sie durch ein einfaches Adverb oder eine adverbiale Phrase aus, z. B. Escribe *mal* „Er schreibt schlecht" (Acd). *Naturalmente* bueno „Von Natur gutherzig" (Acd). Toca *diestramente* „Er spielt geschickt" (Acd). Pedro habló *claro* „Peter sprach deutlich" (Acd). Salir *de noche* „Nachts ausgehen". —; oder sie ist die Vorstellung eines bloßen Raum-, Zeit- oder Größenverhältnisses, einer gewissen Weise u. s. w., und dann wird sie immer durch adverbiale Formwörter bezeichnet, z. B. *Hoi* como *aqui* „Heute esse ich hier" (S). *Asi* discurria yo „So dachte ich" (S). *Entónces* vino „Dann kam er" (S). *Ya* viene „Er kommt schon" (S). *Dos veces tan* largo „Zweimal so lang".

Darstellung der objektiven Beziehung.

§ 248. Die objektive Beziehung oder die Verbindung des Merkmals mit seinem Objekt wird, wie im Deutschen, entweder durch Stellung, oder Flexion, oder Präpositionen bezeichnet. Die Bezeichnung durch bloße Stellung kann nur bei denjenigen Ausdrücken des Objekts geschehen, welche an sich schon objektive Form haben, d. h. bei den Adverbien und adverbialen Phrasen, und sie besteht darin, daß diese Ausdrücke immer so nahe als möglich den adjektivischen Beziehungswörtern vor- und den verbalen Beziehungswörtern nachgesetzt werden. Die Bezeichnung durch Flexion und durch Präpositionen geschieht dagegen bei allen substantivischen Ausdrücken des Objekts und besteht darin, daß der Ausdruck des Objekts entweder eine durch das Verhältniß des Objekts zu seinem Beziehungsbegriffe bedingte Kasusform (Dativ- oder Akkusativform) annimmt, oder mit einer diesem Verhältniß entsprechenden Präposition verbunden wird. Bei der ersten Art der Bezeichnung ist zwischen dem Spanischen und Deutschen eben kein wesentlicher Unterschied; desto verschiedener verhalten sich beide Sprachen aber hinsichtlich des Gebrauchs der Kasusformen und der Präpositionen, da nicht nur einestheils wegen der sehr mangelhaften Deklination der Gebrauch der Kasusformen im Deutschen und der Gebrauch der Präpositionen im Spanischen von weiterem Umfange ist, sondern anderntheils auch innerhalb jeder Bezeichnungsart, und namentlich der durch Präpositionen, eine Menge von Fällen in der einen Sprache anders als in der andern behandelt werden. In den einzelnen Arten des objektiven Verhältnisses verhält sich dies aber des Näheren weiter, wie folgt:

A. Raumverhältnisse.

§ 249. Die Raumverhältnisse, welche durch keinen bestimmt genannten oder durch Formwörter bezeichneten Gegenstand ihre Bestimmung erhalten, werden durch die §§ 193—195 besprochenen Adverbien und adverbialen Phrasen des Raumverhältnisses dargestellt. Bei ihnen sind im Allgemeinen die Personen der Rede, der Gegenstand ihres Aufenthalts mit den an demselben nach seinen räumlichen Beziehungen zu ihnen unterschiedenen Orten, oder der Ort überhaupt als ganz unbestimmte Vorstellung die das Verhältniß bestimmenden, wenn gleich nicht ausgesprochenen Objekte, z. B. Vive aquí. Va allá. Queda detras. Vaya Vd. arriba. No le ha visto en ninguna parte etc. Diejenigen Raumverhältnisse dagegen, welche durch einen ausdrücklich genannten, oder wenigstens bezeichneten Gegenstand ihre Bestimmung erhalten, werden durch Präpositionen, und in einigen Fällen auch durch eine Kasusform, nämlich die in solchen Verhältnissen als Akkusativform anzusehende unveränderte Form des substantivischen Ausdrucks des Objekts bezeichnet, und zwar auf folgende Weise:

Bezeichnung der Ortsverhältnisse.

§ 250. Die Bezeichnung der Ortsverhältnisse geschieht im Spanischen nur durch Präpositionen, und die Wahl und Anwendung derselben richtet sich nach der Art, wie das Objekt in Hinsicht auf Ausdehnung und Gränzen gedacht wird. Demnach gebraucht man

a) die Präposition á, wenn der Gegenstand, welchen man als den Ort des Merkmals setzt, in dieser Beziehung weder mit einer bestimmten Begränzung, noch mit einer bestimmten Ausdehnung gedacht wird, was namentlich bei solchen der Fall ist, die als Theile, Anfänge oder Enden, Ein- oder Ausgänge, Anhängsel oder Ausläufer, Ecken oder Vorsprünge eines andern Gegenstandes, oder als Stellen von bestimmt angegebener Entfernung von demselben erscheinen, z. B. Le cogieron á la puerta „Sie ergriffen ihn an (bei, vor) der Thür" (Acd). Estar sentado á la mesa „Am Tische sitzen" (Acd). Estar á la sombra „Im Schatten sein" (S). Se arrodillan á los piés de Don Diego „Sie knieen zu den Füßen Don Diego's nieder" (M). El infeliz mensajero fué herido ayer á *una legua* de aquí „Der unglückliche Bote wurde gestern eine Meile von hier verwundet" (H);

b) á lo largo, wenn der Gegenstand, welcher als Ort des Merkmals gesetzt wird, in dieser Beziehung zwar ohne bestimmte Begränzung, jedoch mit einer bestimmten Ausdehnung (Länge) erscheint, z. B. Hai una senda á lo largo de la orilla „Es ist ein Pfad längs des Ufers";

c) por, wenn der Gegenstand, welcher als Ort des Merkmals gesetzt wird, in dieser Beziehung zwar ohne bestimmte Begränzung, jedoch als Fläche oder Körper ausgedehnt erscheint, z. B. Busca la carta *por* el suelo „Sie sucht den Brief auf dem Boden" (M). Halló que *por* aquel lado no habia tierra alguna „Er fand, daß nach jener Seite hin gar kein Land war" (Y). La das ensanches para pasearse *por el lugar* „Du giebst ihr Erlaubniß, im Orte umher zu spazieren" (M). Mucho silencio hai *por aquí* „Sehr still ist es hier umher" (M);

d) con, cerca de und junto á einerseits und léjos de andererseits, wenn ohne Rücksicht auf dessen Begränzung oder Ausdehnung, die Nähe oder die Ferne eines Gegenstandes als Ort gesetzt wird, jedoch so, daß con nur bei Objekten steht, die als lebende Wesen, namentlich als Personen, gedacht werden, und junto á die Nähe mehr als cerca de hervorhebt, z. B. No hai nadie mas *con* ella „Es ist sonst Niemand bei ihr" (M). Está *junto al* camino „Es ist nahe am Wege" (Y) Yo tengo bastantes haciendas *cerca de* Madrid „Ich habe ziemlich viele Güter bei Madrid" (M). Entra en el mar *no léjos* de Lóndres „Sie fließt nicht weit von London ins Meer" (Y);

e) entre und en medio de, ersteres, wenn die Nähe zweier oder mehrerer, jedoch als einschließend gedachter Objekte, letzteres nur, und zwar mit Hervorhebung des Verhältnisses, wenn die Nähe mehrerer Objekte zugleich als Ort des Merkmals gesetzt wird, z. B. Entre la espada y la pared „Zwischen dem Degen und der Mauer" (Acd). ¿Estamos entre Turcos? „Sind wir unter Türken?" (M). Le he dejado en medio de los soldados „Ich habe ihn mitten unter den Soldaten gelassen" (S);

f) en „in", dentro de „innerhalb", en medio de „inmitten" einerseits und fuera de „außer", „außerhalb" andererseits, wenn der Gegenstand, den man als Ort oder Nicht-Ort des Merkmals setzt, in dieser Beziehung mit bestimmter Ausdehnung und Begränzung gedacht wird, jedoch so, daß dentro de mehr als en die Beziehung auf die Begränzung hervorhebt, und en medio de das Ortsverhältniß auf einen in jeder Richtung von der Begränzung gleich entfernten Theil des Gegenstandes beschränkt, z. B. Ya están *en* la iglesia „Sie sind schon in der Kirche" (B). Le conocí *en* Salamanca „Ich lernte ihn in Salamanca kennen" (J). Vives *en* la tierra de tu prediieccion „Du lebst in dem Lande deiner

Vorliebe" (R). — Lo que está *dentro de* esta ciudad „Was innerhalb dieser Stadt ist" (Acd). Se ve una fogata *en medio* de la plaza „Man sieht ein hellloderndes Feuer inmitten des Marktplatzes" (R). Se prohiba *vender fuera* de los mercados „Man verbietet außerhalb der Märkte zu verkaufen" (J).

g) ante oder delante de „vor" und tras oder detras de „hinter", en frente de „gegenüber" und en pos de „hinter — her", al lado de „neben" und al rededor de „um", en „auf", sobre „auf", und „über", encima de „auf", „über" und „oberhalb" und bajo „unter" oder debajo de „unter" und „unterhalb", wenn ein durch seine räumliche Beziehung zum Menschen bestimmter Theil der Begränzung eines Gegenstandes (die obere, untere, vordere, hintere, linke, rechte Seite), oder die Nähe desselben als Ort des Merkmals gesetzt wird, den ihnen beigesetzten deutschen Ausdrücken gemäß, z. B. *Ante* los ojos tiene el ejemplar de sus mayores „Vor den Augen hat er das Beispiel seiner Vorfahren" (R). *Delante de mi* nadie la ofenderá „Vor mir soll sie Niemand beleidigen" (M). *Tras* la cruz está el diablo „Hinter dem Kreuz steht der Teufel" (Sprw.). Rita se queda *detras* de ella „Rita bleibt hinter ihr" (M). Estaba al ancla *en frente* de la ciudad „Er lag der Stadt gegenüber vor Anker" (Y) Venis *en pos de* una dama „Ihr kommt hinter einer Dame her" (Z). Está *al lado* de otra cosa „Es ist neben einer anderen Sache" (Acd). Describen su órbita *al rededor del* sol „Sie beschreiben ihre Bahn um die Sonne" (Acd). Está sentada *en* una silla „Sie sitzt auf einem Stuhle" (M). Está *sobre* la mesa „Es steht auf dem Tische" (M). Estar *encima* de la mesa „Auf dem Tische stehen". Manifestarse *sobre* la superficie del agua „Sich über der Oberfläche des Wassers zeigen" (Acd). Vestidura que traen los obispos y prelados *encima del* roquete „Ein Kleidungsstück, welches die Bischöfe und Prälaten über dem engärmeligen Oberhemde tragen" (Acd). Fabio sentó sus reales *encima de* Lérida „Fabius schlug sein Lager oberhalb Lerida auf" (Acd). *Bajo* los piés tienen el sepulcro „Unter den Füßen haben sie das Grab" (R). La ropa interior que traen las mujeres *debajo de* las sayas „Die Unterkleidung, welche die Frauen unter den Röcken tragen" (Acd).

Anmerk. Statt Al rededor de mi, ti etc. findet man bei Dichtern auch en mi redor, en tu redor etc.

h) mas acá de oder de esta parte de „diesseit" und mas allá de oder de aquella parte de „jenseit", wenn entweder die von dem Objekte und dem Redenden begränzte oder die durch das Objekt von demselben ausgeschlossene Gegend als Ort des Merkmals gesetzt wird, z. B. El jardin está *mas acá* oder *de esta parte de* la montaña „Der Garten ist diesseit des Berges". *Mas allá* oder *de aquella parte* del rio quisiera vivir „Jenseit des Flusses möchte ich wohnen“.

Bezeichnung der Richtungsverhältnisse.

§ 251. Die Verhältnisse der Richtung werden im Spanischen in der Regel auch nur durch Präpositionen bezeichnet; doch giebt es einige Fälle, in welchen dies durch den Substantiven nachgesetzte Adverbien geschieht. Man gebraucht nämlich

1) zur Bezeichnung der dem Objekte zugewandten Richtungen
   a) sämmtliche das Ortsverhältniß bezeichnende Präpositionen (§ 250), á lo largo ausgenommen, wenn der durch sie bezeichnete Ort als Endziel oder Bestimmung der Richtung gedacht wird, jedoch mit der Abweichung, daß häufig, wenn die Richtung durch die mittelst con bezeichnete Nähe einer Person bestimmt wird, und fast immer, wenn das mittelst en „in“ bezeichnete Ortsverhältniß des Umgränztseins das Endziel derselben ist, statt con die Präpositionen á und para und statt en die Präposition á gesetzt wird, wenn nicht, wie bei entrar, penetrar, introducir und ähnlichen Verben, der Ausdruck des Merkmals selbst die Beziehung auf das Innere mit ausspricht, z. B. Se echa *á* los piés de su padre „Sie wirft sich zu den Füßen ihres Vaters“ (R). Ha caido *por* el suelo (el sombrero) „Er ist auf den Boden gefallen (der Hut)“ (M). Papá, Vds. van á hablar de asuntos, me iré *con* Mamá „Papa, Sie wollen von Geschäften reden; ich werde zu Mama gehen“ (L). Se vuelve *á* ellos „Er wendet sich zu ihnen“ (R). Enviaron á pedir al infante que viniese *para* ellos „Sie ließen den Infanten bitten, daß er zu ihnen käme“ (Q). Ven aquí *cerca de* mí „Komm hierher nahe zu mir“ (R). Se sienta *junto á* la mesa „Er setzt sich nahe an den Tisch“ (M). Se interpone *entre* la viuda y el morisco „Er stellt sich zwischen die Wittwe und den Morisken“ (R). Se arrojaron *en medio de* las filas francesas „Sie warfen sich mitten in die französischen Schlachtreihen“ (T). *Entré en* su cuarto „Ich trat in sein Zimmer“ (J). Se echa *en* sus brazos „Sie wirft sich in ihre Arme“ (R). Vaya Vd. *á* mi cuarto y espéreme en él „Gehen Sie auf mein Zimmer und erwarten Sie mich dort“ (J). Baja *á* la cueva „Er steigt in die Höhle“ (R). Ven *á* mis brazos „Komm in meine Arme“ (J). Gonzalo volvió á Calabria „Gonzalo kehrte nach Calabrien zurück“ (Q). Mete la carta *dentro de* la caja „Sie steckt den Brief in die Schachtel“ (M). Sale *fuera* de la gruta „Er geht aus der Höhle heraus“ (R). Se pone *delante de* ella „Er

stellt sich vor sie" (M). *Detras de* aquella máquina se puso „Hinter jene Maschine stellte er sich" (Y). Puso dos fuertes *enfrente de* las dos puentes „Er legte den beiden Brücken gegenüber zwei Forts (Festen) an" (Q). Se sienta *al lado* de su madre „Sie setzt sich neben ihre Mutter". Echa una ojeada *al rededor* de la sala „Er wirft einen Blick um den Saal (im Saale umher)" (R). Cayó *en* tierra „Er fiel auf die Erde" (Y). Ponga Vd. esos papeles *sobre* mi bufete „Legen Sie diese Papiere auf meinen Schreibtisch" (J). Se arroja *encima del* banco de césped „Er wirft sich auf die Rasenbank" (L). Descollaba *sobre* todos los granaderos „Er ragte über alle Grenadiere hervor" (S). Empieza á meterse *debajo* del canapé „Er fängt an, unter das Sopha zu kriechen" (M). Se replegaron *mas allá* del Ebro „Sie wichen nach jenseit des Ebro zurück" (Alc); außerdem

b) die Präposition á überhaupt, wenn das Objekt nicht nur das Ziel der Richtung ist, sondern zugleich auch der Ort einer bezweckten Verrichtung, oder diese Verrichtung selbst, z. B. Monté *á* caballo „Ich stieg zu Pferde" (M). Dijo que iba *á* misa „Er sagte, daß er zur Messe ginge" (J). Nos siguen *á* la pelea „Sie folgen uns zum Kampf" (B);

c) hácia, wenn das Objekt zwar die Bestimmung, aber nicht das Ziel (Ende) der Richtung ist, z. B. Va *hácia* el conde „Er geht auf den Grafen zu" (L);

d) contra, wenn das Objekt sowohl Ziel als Bestimmung der Richtung ist und zugleich als hemmend oder entgegenwirkend gedacht wird, z. B. Inclinase *contra* el suelo y besa la tierra „Er neigt sich gegen den Boden und küßt die Erde" (R);

e) por „durch", por encima de „über" oder „über — hinweg", por debajo de „unter — durch", por delante de „vor — vorbei", por detras de „hinter — vorbei", por entre „zwischen — durch", wenn das Objekt nur einen Theil der Richtung bestimmt, mit dem Unterschiede, daß dies bei por durch sein Inneres, bei por encima de durch seine Oberfläche und bei por debajo de durch seine untere Seite, bei por delante de durch seine Vorderseite, bei por detras de durch seine hintere Seite und bei por entre durch die gleichzeitige Nähe zweier oder mehr Objekte geschieht, z. B. Anda *por* el cuarto „Er geht durch das Zimmer" (J). Saltaba *por encima* de tus piernas „Ich sprang über deine Beine hin" (G). *Por entre* unas matas volaba un conejo „Zwischen einigen Gesträuchen durch eilte ein Kaninchen" (Y), und

f) die Adverbien *adentro*, *abajo* und *arriba*, wenn die Richtung durch das Innere oder die obere oder untere Seite des Objekts bestimmt wird, z. B. La tempestad se habia llevado mar *adentro* la canoa „Der Sturm hatte das Kanoe meereinwärts geführt" (Y). Costa *arriba* „Die Küste hinauf" (Q). Genil *abajo* „Den Genil hinab" (Q);

2) zur Bezeichnung der dem Objekte abgewandten Richtungen

a) die Präposition *de*, oder

b) *de encima de* „von — ab (weg)", *de debajo de* „unter — weg", *de delante de* „vor — weg", *de detras de* „hinter — weg", *de dentro de* oder *de enmedio de* „(mitten) aus — heraus", *de entre* „zwischen — heraus" und ähnliche, selbst *de hácia* „von — her", wenn entweder das Objekt selbst oder ein an demselben unterschiedenes Raumverhältniß als Ausgangspunkt der Richtung gedacht wird, z. B. Cayó *del* árbol „Er fiel vom Baume" (Y). Saca *del* seno un pomo de oro „Er zieht ein goldnes Fläschchen aus dem Busen" (R). — Sacar *de entre* las peñas „Zwischen den Felsblöcken herausziehen" (S). Los sacaba *de dentro* del cercado „Er zog sie mitten aus der Umzäunung heraus" (Y). Aben Farax le grita *de enmedio* del teatro „Aben Farax ruft ihm von der Mitte des Theaters aus zu" (R). Habia oido algun cañonazo disparado *de hácia* aquella parte „Er hatte einen Kanonenschuß von jener Seite her abfeuern hören" (Y);

3) zur Bezeichnung der durch die Ausdehnung des Objekts selbst beschriebenen Richtung

a) die Präposition *por*, wie im Deutschen die Akkusativform, wenn nicht nur die Richtung, sondern auch die Größe der Bewegung mit der Ausdehnung des Objektes zusammenfällt, z. B. Hemos venido como dos centellas *por* ese camino „Wir sind den Weg da wie zwei Funken hergekommen" (M). Ya sube *por* la escalera „Er steigt schon die Treppe herauf" (M);

b) *á lo largo* „längs" oder „entlang", wenn die Ausdehnung des Objekts zwar die Richtung, jedoch nicht die Größe der Bewegung bezeichnet, z. B. Corrieron *á lo largo* del rio „Sie liefen längs des Flusses" (oder „den Fluß entlang").

Bezeichnung der räumlichen Ausdehnung.

§ 252. Die Verhältnisse der räumlichen Ausdehnung werden theils durch Präpositionen, theils durch die Akkusativform, d. h. die ihrer Bedeutung nach als solche anzusehende unveränderte Form des Ausdrucks des Objekts, bezeichnet, und zwar

a) durch desde, wenn das Objekt als Anfangspunkt der Ausdehnung gedacht wird, z. B. La tiraron *desde* la calle „Sie warfen ihn (den Brief) von der Straße her" oder „aus" (M);

b) durch hasta, wenn das Objekt als Endpunkt der Ausdehnung gedacht wird, z. B. Le conducen *hasta* la presencia del juez „Sie führen ihn bis in die Gegenwart des Richters (bis vor den Richter)" (J);

c) durch desde — hasta, wenn die Ausdehnung sowohl durch Angabe des Anfangs- als des Endpunktes bestimmt wird, z. B. *Desde* Madrid *hasta* Aranjuez hai siete leguas „Von Madrid bis Aranjuez sind es 7 Meilen" (S), und

d) durch die Akkusativform, wenn das Objekt nicht als Anfang oder Ende, sondern als Maß der Ausdehnung gesetzt wird, z. B. Anduvo *unas seis leguas* „Er ging ungefähr sechs Meilen" (Y).

B. Zeitverhältnisse.

§ 253. Auch unter den Zeitverhältnissen des Merkmals werden diejenigen, welche durch kein bestimmt genanntes Objekt ihre Bestimmung erhalten, und deren Wesen im Allgemeinen in Beziehungen des Merkmals zu den Personen der Rede und ihrem Standpunkte in der Zeit besteht, durch Adverbien, nämlich die § 196—198 besprochenen Adverbien des Zeitverhältnisses bezeichnet. z. B. Viene *ahora*. Vendrá mañana. *Ya* lo veo etc. Diejenigen Zeitverhältnisse aber, welche durch ein ausdrücklich genanntes, oder wenigstens bezeichnetes Objekt bestimmt werden, erhalten ihre Bezeichnung zum größten Theil durch Präpositionen, werden aber mitunter auch durch die wegen ihres Verhältnisses als Akkusativform anzusehende unveränderte Form der Darstellung des Objekts bezeichnet, und zwar folgendermaßen:

Bezeichnung der Zeitstelle.

§ 254. Die Zeitstelle des Merkmals wird theils durch Präpositionen und präpositionelle Phrasen (mit Einschluß der mit haber und hacer im Sinne von „so und so lange her sein" gebildeten Sätze), theils, wenn auch nicht so oft, durch die Akkusativform bezeichnet, und die Wahl und Anwendung dieser Mittel richtet sich dabei nach der Art, wie das Objekt in Bezug auf Ausdehnung und Begränzung gedacht wird. Man gebraucht nämlich

a) die Präposition á, wenn das als Zeitstelle gesetzte Objekt ohne Ausdehnung und Begränzung gedacht wird, was namentlich bei Zeitbestimmungen nach den Stunden auf der Uhr, nach der Zahl der Monatstage und der der Lebensjahre, nach Zeitabschnitten und Ereignissen von nur momentaner Dauer und nach einem durch eine andere Zeitbeziehung bestimmten Tage oder Jahre geschieht, z. B. ¿*A qué* hora quiere Vd. comer? — *A las* tres „Um wie viel Uhr wollen Sie essen?" — „Um drei" (BII). Sucedió esto *á uno* de Abril „Dies geschah am 1. April" (S). Cádiz *á seis* de Agosto de 1820 „Cadiz, den 6. August 1820" (S). Falleció *á* los cuarenta y un años „Er starb in seinem 41. Jahre" (Q). A mediodia „Um Mittag". A media noche „Um Mitternacht". Al principio oder á principios, á mediados, al fin oder á fines del año „Im Anfange, in der Mitte, am Ende des Jahres". *A su muerte* le dejó una corta herencia „Bei ihrem Tode hinterließ sie ihm eine kleine Erbschaft" (J). *A cada* paso ocurren nuevas dificultades „Bei jedem Schritte kommen neue Schwierigkeiten vor" (G). *Al siguiente* año sometió á los bastetanos „Das folgende Jahr unterwarf er die Bastetaner" (Alc);

Anmerk. Bei den Zeitbestimmungen nach der Zahl der Monatstage gebraucht man jedoch auch en, z. B. La entrada se hizo en 26 de Junio „Der Einzug geschah am 26. Juni" (Q), so wie man auch en un principio und en principios statt al principio und á principios sagt".

b) die Akkusativform, wenn das als Zeitstelle gesetzte Objekt zwar mit einer gewissen Ausdehnung (als Zeitraum), jedoch nicht als in Beziehung auf das Merkmal bestimmt begränzt (einschließend) gedacht wird, was namentlich bei Zeitbestimmungen nach Abschnitten der gewöhnlichen Zeiteintheilung, wie Jahr, Jahreszeit, Monat, Woche, Tag, Tageszeit und Stunde, der Fall ist, z. B. Ciceron fué consul el año 690 de la fundacion de Roma „Cicero war das Jahr 690 nach der Gründung Roms Konsul" (S). Ha padecido mucho *este* invierno „Sie hat diesen Winter viel gelitten" (M). Salió *el* 12 de Salamanca „Er reiste den 12. von Salamanca ab" (T). Quiso la reina *un dia* ver mas de cerca á Granada „Die Königin wollte eines Tages Granada mehr in der Nähe sehen" (Q). ¿Qué se hace Vd. *esta noche*? „Was machen Sie diesen Abend?" (S). Produce un año si y *otro* no „Er (der Boden) trägt ein ums andere Jahr" (Acd);

Anmerk. Statt der Akkusativform gebraucht man übrigens por, wenn bei einem sonst schon bekannten Zeitverhältniß eine Tageszeit zu weiterer Bestimmung als Objekt gesetzt wird, z. B. Le hablé *por la* mañana „Ich sprach ihn am Morgen" (S).

c) en, durante und entre, wenn das als Zeitstelle gesetzte Objekt nicht nur mit Ausdehnung, sondern auch als in Beziehung auf das Merkmal begränzt gedacht wird, jedoch mit der Unterscheidung, daß das bei en stehende Objekt sowohl ein durch die gewöhnliche Zeiteintheilung gegebener Zeit- oder Lebensabschnitt, als ein Zustand oder ein Ereigniß sein kann, während durante und entre nur bei der letztgenannten Art von Objekten zur Hervorhebung des Verhältnisses oder der Deutlichkeit wegen gebraucht werden, und zwar durante ohne Unterschied, entre indeß nur dann, wenn das Objekt als wieder aus Theilen bestehend erscheint,

z. B. Pasé por Dublin *en* 1826 „Ich kam im Jahre 1826 durch Dublin“ (S). *En* Mayo de 1846 visitaba yo la ciudad de Granada „Im Mai 1846 besuchte ich die Stadt Granada“ (Z). ¿Sabes cuanto debe ser mi dolor *en este* dia? „Weißt du, wie groß mein Schmerz an diesem Tage sein muß?“ (J). Precisamente *en esa* edad son las pasiones algo mas enérgicas y decisivas que *en la* nuestra „Gerade in diesem Alter sind die Leidenschaften etwas stärker und entschiedener, als in dem unseren“ (M). La amistad nació *en la* niñez „Die Freundschaft entstand in der Kindheit“ (M). Acompañó á Colon *en* su segundo viaje „Er begleitete Columbus auf seiner zweiten Reise“ (Q). — *Durante* su agonía quiso el cielo que descubriese el crimen „Während seines Todeskampfes wollte der Himmel, daß er das Verbrechen entdeckte“ (R). — Ocurrió *durante* oder *entre* la conversacion „Es fiel während der Unterredung vor“ (S);

d) por, wenn das Objekt nicht selbst, sondern seine Nähe die Zeitstelle ist, z. B. Por aquellos contornos se vió *por enero* una culebra „In jener Gegend sah man um den Monat Januar eine Schlange“ (S);

e) entre, wenn die Nähe zweier Objekte die Zeitstelle ist, z. B. Serian *entre* cinco y seis de la tarde „Es mochte zwischen 5 und 6 Uhr Nachmittags sein“ (S);

f) de oder por, oder auch die bloße Akkusativform im Plural, und zwar die Präpositionen, wenn das Objekt als eine Tag für Tag regelmäßig wiederkehrende Zeitstelle des Merkmals gedacht wird, jedoch mit dem Unterschiede, daß der Ausdruck des Objekts bei de nie, dagegen bei por stets den bestimmten Artikel hat, aber die Akkusativform im Plural wenn das Objekt ein als Zeitstelle des Merkmals regelmäßig wiederkehrender Tag selbst ist, z. B. *De noche* todos los gatos son pardos „Nachts sind alle Katzen grau“ (Spr.). *Por la* mañana están abiertos los tribunales „Morgens sind die Gerichtshöfe geöffnet“ (Acd). — *Los viernes* no nos permiten nuestros amos ni aun cerrar nuestras puertas „Freitags erlauben uns unsere Herren nicht einmal, unsere Thüren zu schließen“ (R);

g) ántes de und hácia, wenn nicht das Objekt die Zeitstelle des Merkmals ist, sondern diese als in der Zeit vor ihm liegend gedacht wird, und zwar antes de ohne Unterschied, hácia aber nur mit dem Nebenbegriff der unmittelbaren Nähe bei dem Objekte, z. B. Nunca se despierta *ántes de las nueve* „Er wacht nie vor 9 Uhr auf“ (G). *Hácia mediodia* nos veremos „Gegen Mittag werden wir uns sehen“ (S);

h) despues de und sobre, wenn nicht das Objekt die Zeitstelle ist, sondern diese als in der Zeit hinter demselben liegend gedacht wird, und zwar despues de ohne Unterschied, sobre aber nur mit dem Nebenbegriff der unmittelbaren Nähe bei dem Objekte,

z. B. Vuelva *despues de* las dos „Kommen Sie nach zwei Uhr wieder" (J). — Movióse la disputa *sobre siesta* „Der Streit entstand gleich nach der Mittagsruhe" (S);

i) en, dentro de und ántes de, wenn das Objekt ein mit der Aussage oder einem sonst bekannten Zeitpunkte anhebender Zeitraum ist und die Zeitstelle des Prädikats einschließt, mit dem Unterschiede, daß en die Einschließung weniger hervorhebt, als dentro de und das seltener in diesem Sinne gebrauchte ántes de, z. B. Me moriré *en cuatro* dias „Ich werde in 4 Tagen sterben" (BH). *Dentro de tres* semanas estamos de vuelta „Innerhalb dreier Wochen sind wir zurück" (Y). *Antes de una hora* los voi á ver „Binnen einer Stunde werde ich sie sehen" (BH);

k) de aqui á oder de allí á oder bloß á, al cabo de und — despues, wenn das Objekt ein mit der Aussage oder einem bekannten Zeitpunkte anhebender Zeitraum, und sein Ende die Zeitstelle des Merkmals ist, z. B. Puede suceder *de aquí á un mes* „Es kann über 4 Wochen geschehen" (Y). Las mujeres vinieron *de allí á pocos* dias „Die Frauen kamen wenige Tage nachher" (Q). *A la* corta ó *á la* larga „Ueber kurz oder über lang" (Acd). Llegó á Alcántara *al cabo* de cinco dias „Er kam nach fünf Tagen nach Alcantara" (T). El casamiento se realizó *dos* años *despues* „Die Heirath geschah zwei Jahre nachher" (Q);

l) para, wenn das Objekt die Zeitstelle eines in dem Moment der Aussage oder einem sonst bekannten Zeitpunkte verschobenen Merkmals ist, z. B. Pagará *para* San Juan „Er wird St. Johannis bezahlen" (Alc). Lo reservo *para la* semana entrante „Ich behalte es für die angehende Woche auf" (S);

m) — ha oder ha —, hace — oder — adelante, wenn das Objekt ein mit der Aussage oder einem sonst bekannten Zeitpunkte endender Zeitraum, und sein Anfang die Zeitstelle des Merkmals ist, z. B. *Poco ha* que comimos „Vor einer kleinen Weile aßen wir" (Z). Me casé *hace cinco* meses „Ich verheirathete mich vor fünf Monaten" (G). Sobresalió años *adelante* en las Cortes agregadas en Cádiz „Er zeichnete sich vor Jahren in den zu Cadiz versammelten Cortes aus" (T).

Bezeichnung der Zeitdauer.

§ 255. Die Zeitdauer des Merkmals wird theils durch Präpositionen und präpositionelle Phrasen, theils durch die Akkusativform bezeichnet, nämlich

a) durch desde, wenn das Objekt der Anfangspunkt eines bis an die Aussage oder einen sonst bekannten Zeitpunkt reichenden Zeitraums ist, z. B. Te aguardé *desde las seis* de la mañana „Ich erwartete dich seit sechs Uhr Morgens" (S);

Anmerk. Bei Adverbien sagt man auch desde (oder de) — acá, z. B. De ayer acá „Seit gestern" (S);

b) durch hasta, wenn das Objekt der Endpunkt eines von der Aussage oder einem sonst bekannten Zeitpunkte anhebenden Zeitraums ist, z. B. Allí permaneció *hasta* su muerte „Dort blieb er bis zu seinem Tode" (Y);

c) durch de — acá oder de — á esta parte, hace (ha) — oder — hace (ha), wenn das Objekt ein bis an die Aussage oder einen sonst bekannten Zeitpunkt reichender Zeitraum ist, z. B. *De algun tiempo á esta* parte noto que estás inquieto „Seit einiger Zeit bemerke ich, daß du unruhig bist" (R). *Hace ya tres semanas* que suspiro en vano „Schon seit drei Wochen seufze ich umsonst" (M). No he tenido rato peor *muchos meses ha* „Ich habe seit vielen Monaten keinen schlimmern Augenblick gehabt" (M);

d) durch por, wenn das Objekt ein mit der Aussage oder einem sonst bekannten Zeitpunkte anhebender Zeitraum ist, wo denn aber eigentlich nicht die Dauer des Merkmals, sondern die seiner Folge bezeichnet wird, z. B. Las dejé *por* un rato „Ich verließ sie für eine Weile" (J). Va *por* ocho ó diez dias á una casa de campo „Er geht auf 8 oder 10 Tage nach einem Landhause" (S);

Anmerk. Bei siempre oder einem Aehnliches bedeutenden Ausdrucke, wie z. B. „Das ganze Leben" rc., kann statt por in diesem Verhältniß auch para stehen, z. B. Te perdí *para siempre* „Ich verlor dich für immer" (G).

e) durch desde — hasta oder auch de — á, wenn der Anfangs- und der Endpunkt eines Zeitraumes als Objekte gesetzt sind, z. B. Estuvo perorando *desde* las tres *hasta* las cinco de la tarde „Er redete von drei bis fünf Uhr Nachmittags" (S). Estuvo en camino *de* las ocho *á* las doce „Er war von 8 bis 12 Uhr unterwegs" (S);

f) durch en, wenn das Objekt ein die Zeitdauer des Merkmals einschließender, nicht von ihr erfüllter Zeitraum ist, z. B. Escribió diez cartas *en un* cuarto de hora „Er schrieb 10 Briefe in einer Viertelstunde" (S). Vino *en* 48 horas „Er kam in 48 Stunden" (S);

g) durch die Akkusativform, oder zur Hervorhebung des Verhältnisses durch por und durante, wenn das Objekt der von der Dauer des Merkmals erfüllte Zeitraum selbst ist, z. B. *Setenta* años continuaron los nuevos dominadores en tranquila posesion del país „Siebzig Jahre blieben die neuen Herrscher in ruhigem Besitz des Landes" (Alc). Le sigue con la vista *por un rato* „Er sieht ihm für einen Augenblick nach" (H). Los moradores defendiéronse *durante ocho* meses con una obstinacion heróica „Die Einwohner vertheidigten sich während 8 Monate", oder „8 Monate lang, mit einer heldenmüthigen Hartnäckigkeit" (Alc);

b) durch de — en oder de — á, durch por mit dem Ausdrucke des Objekts im Plural und ohne Artikel, wie durch die Akkusativform desselben im Singular mit cada, oder im Plural mit todos (as), wenn eine Folge regelmäßig an einander gereiheter Zeitstellen ohne bestimmte Begränzung als Objekt gesetzt wird, z. B. Se esperaba *de dia en dia* la llegada del nuevo rei „Man erwartete von Tag zu Tag die Ankunft des neuen Königs" (Q). *De un momento á otro* le tendremos aqui „Von einem Augenblick zum andern werden wir ihn hier haben" (L). Le esperaban *por instantes* „Sie erwarteten ihn alle Augenblicke" (VV). Tres visitas le hago *cada dia* „Drei Besuche mache ich ihm jeden Tag" (M). Aqui se viene *todas las* mañanas á desayunar „Hier kommt er alle Morgen, um zu frühstücken" (M).

C. Größenverhältnisse.

§ 250. Die Größe des Merkmals wird, da sie nur zuweilen durch ein ausdrücklich genanntes oder bezeichnetes Objekt angegeben werden kann, in den meisten Fällen durch die § 199 und 200 besprochenen Adverbien und adverbialen Phrasen des Größenverhältnisses und einige adverbial gebrauchte Umstandswörter bezeichnet, z. B. Ser *mui* justo „Sehr gerecht sein". Hablar *poco* „Wenig sprechen". Venir *raras veses* „Selten kommen". Estar enfermo *por lo comun* „Gewöhnlich krank sein" u. s. w. Wenn indeß ein ausdrücklich angegebenes Objekt vorhanden ist, so geschieht die Bezeichnung des Verhältnisses theils durch Präpositionen und theils durch die Akkusativform desselben, wobei man folgendermaßen verfährt:

Bezeichnung der Intensität (der meßbaren Größenverhältnisse).

§ 251. Die Intensität des Merkmals bezeichnet man durch die Akkusativform und durch Präpositionen, nämlich

a) durch die Akkusativform, wenn das Objekt das Maß ist, nach welchem die Größe des Merkmals bestimmt wird, was sich indeß nur auf die Objekte der Verben distar „entfernt sein", durar „dauern", pesar „wiegen", costar „kosten", valer „gelten", importar „betragen" und das Adjektiv distante „weit" beschränkt, z. B. Distará *cuarenta leguas* de Santander „Es wird 40 Meilen von Santander entfernt sein" (T). Me costó *buen dinero* la tal visita „Schönes Geld (d. i. viel Geld) kostete mir dieser Besuch" (M). Pesaba *diez onzas de oro* „Es wog zehn Unzen Gold" (Acd). Vale *diez y seis pesos fuertes* „Es gilt 16 Piaster" (Acd);

Anmerk. 1. Bei valer wird indeß auch á gebraucht, z. B. *A treinta* reales vale la fanega de trigo „Dreißig Realen gilt der Scheffel Weizen" (Acd). — Es bedeutet dann aber „auf so und so viel stehen".

Anmerk. 2. Im Deutschen wird die Akkusativform auch noch bei manchen Adjektiven, wie „lang“, „breit“, „dick“, „weit“, „hoch“, „tief“, „schwer“ u. dergl. gebraucht. Im Spanischen aber macht man statt dessen das Größenmaß zum Objekte von tener und fügt den Ausdruck des gemessenen Merkmals in Form eines Attributs durch de zu demselben hinzu, ohne jedoch statt der Adjektiven Substantiven zu gebrauchen, z. B. El patio tiene 126 piés de largo, 73 de ancho y 22½ de alto „Der Hof ist 126 Fuß lang, 73 Fuß breit und 22½ Fuß hoch“ (Alc). Statt „so und so viele Jahre alt sein“ sagt man jedoch tener tantos años de edad, nicht de viejo, und „so und so viele Jahre voraus haben“ heißt llevar tantos años de ventaja.

b) durch á, hasta oder hasta el punto de und para, jedoch nur bei infinitivischen Objekten, wenn die Größe durch die Wirkung bestimmt wird, z. B. Vd. lo sabe á no poderlo dudar „Sie wissen es so gut, daß Sie es nicht bezweifeln können“ (G). Calentarse hasta humear „Sich bis zum Rauchen erhitzen“ (Y). Bastante para vivir „Genug zu leben“; — und durch con, en, hasta und sobre in einigen gewissermaßen zu adverbialen Phrasen gewordenen Ausdrücken, wie con demasía „mit Uebermaß“, en extremo „äußerst“, hasta no mas oder hasta mas no poder „bis aufs Aeußerste“, sobre manera oder sobre modo „über die Maßen“ u. dergl.

Bezeichnung der Frequenz (des nach Einheiten bestimmten Größenverhältnisses).

§ 238. Auch die Frequenz des Merkmals wird theils durch die Akkusativform und theils durch Präpositionen bezeichnet, nämlich

a) durch die Akkusativform, wenn das Objekt das zur Zahlbestimmung der Wiederholung des Merkmals dienende vez „Mal“, oder das zur Bestimmung eines Preises dienende Maß ist, z. B. ¡*Cuantas veces* me han de examinar de médico! „Wie viele Male sollen Sie mich als Arzt prüfen!“ (M). Hace subir estos vinos desde 36 á 38 reales *la arroba* „Er steigert diese Weine von 36 auf 38 Realen die Arrobe“ (J). Se compra, se vende á veinte reales *la vara*, á cincuenta *la fanega* „Man kauft, verkauft es zu 20 Realen die Elle, zu 50 den Scheffel“.

Anmerk. Vez findet man in diesem Verhältnisse bei Adjektiven nur, wenn diesen tan, mas oder ménos vorhergehen, oder sie in einer Komparativform stehen, z. B. Dos veces tan largo, mas largo, ménos largo, mayor, menor etc.

b) durch en und por bei denselben Objekten, wie die Akkusativform, außer bei vez, und durch por noch ferner, wenn das Objekt, ohne daß es sich um die Bestimmung eines Preises handelt, überhaupt als die Einheit steht, nach welcher die Wiederholung eines in den Begriff des Merkmals aufgenommenen Betrages geschieht, z. B. El trigo comprado en el mercado de Leon, tiene en la capital y puertos de Asturias de 20 á 24 reales de sobreprecio *en fanega* „Der auf dem Markt von Leon gekaufte Weizen hat in der Hauptstadt und den Häfen von Asturien eine Preiserhöhung von 20 bis 24 Realen den (auf den) Scheffel" (J). Pagan 4 *por* ciento „Sie bezahlen 4 Procent" (J). *Por una* mujer hermosa hai mil feas „Für eine schöne Frau giebt es 1000 häßliche" (S). Recibo treinta reales *por mes* „Ich erhalte 30 Realen den Monat" (S).

Anmerk. Statt por mes, por dia kann man in diesem Verhältniß auch al mes und al dia sagen, z. B. Tengo dos mil reales al mes de alfileres „Ich habe den Monat 3000 Realen Nadelgeld" (G).

D. Verhältnisse der Weise.

§ 259. Die Verhältnisse der Weise sind zu einem weit geringeren Theile, als die in den vorhergehenden Paragraphen besprochenen, Beziehungen zu einem ausdrücklich genannten oder bezeichneten Objekte, da die Weise des Merkmals sehr häufig dadurch bestimmt wird, daß die Vorstellung eines andern Merkmals in seinen Begriff aufgenommen wird. In sehr vielen Fällen, d. h. in allen denen, in welchen die dem Merkmalsbegriffe einverleibte Vorstellung durch Adverbien oder adverbiale Phrasen ausgedrückt wird, ist daher die adverbiale Form und Stellung dieser Ausdrücke die einzige Bezeichnung des Verhältnisses der Weise, z. B. Engañar alevosamente „Treulos betrügen". Resistirse desesperadamente „Verzweifelt widerstehen". Hablar claro, alto, bajo „Offen, laut, leise sprechen". Escribir bien, mal „Gut, schlecht schreiben". Casarse de secreto „Sich heimlich verheirathen". Hablar en público „Oeffentlich reden" u. s. w. — In den Fällen aber, wo ein wirkliches Objekt als substantivischer Begriff zur Bestimmung der Weise auf ein Merkmal bezogen wird, bezeichnet man die Beziehung immer durch Präpositionen, und zwar folgendermaßen:

Bezeichnung der durch Einverleibung (Aufnahme) eines abstrakten Begriffs in den des Merkmals bestimmten Weise.

§ 260. Die Weise, welche dadurch bestimmt wird, daß man auf den Begriff eines Merkmals eine abstrakte Dingvorstellung dergestalt bezieht, daß das Satzverhältniß ebenso, wie bei der Bestimmung der Weise durch Adverbien, eine Einverleibung einer Merkmalsvorstellung in eine andere darstellt, z. B. „mit Zierlichkeit schreiben" = „zierlich schreiben", „mit Schwierigkeit sich verständigen" = „sich schwer verständigen", „auf freundliche Weise aufnehmen" = „freundlich aufnehmen", „nach Essig schmecken" = „essigartig" oder „sauer schmecken" u. s. w., bezeichnet man im Spanischen

a) durch de, en, por und á, wenn ein selbst „Weise" bedeutender Wort das Objekt darstellt, und zwar

de bei modo, manera und suerte (mitunter auch forma),
en gewöhnlich bei forma,
por bei estilo und
á bei usanza und dem durch ein sich auf geographische Wohnorte beziehendes Adjektiv bestimmten, gewöhnlich aber bei demselben ausgelassenen manera oder moda,

z. B. Hoi se piensa *de* otro modo „Heute denkt man auf andere Weise“ (J). Es tiempo de pensar mui *de* otra manera „Es ist Zeit auf ganz andere Weise zu denken“ (M). Dijo *de* esta suerte „Er sagte auf diese Weise“ (oder „folgendermaßen“) (R). Despues prosiguió el padre *en* esta forma „Darauf fuhr der Vater auf diese Weise fort“ (Y). Seguian las malditas coplillas *por* este estilo „Es lauteten die verwünschten Stanzen auf diese Weise weiter“ (R). Los educandos vestian *á la* usanza romana „Die Zöglinge kleideten sich auf römische Weise“ (Alc). Vivir, comer, vestir *á* la española, *á* la francesa etc. „Auf spanische, französische Weise leben, essen, sich kleiden“ u. s. w.;

b) durch á, wenn das Objekt durch ein adjektivisch gebrauchtes Substantiv mit dem sächlichen Artikel dargestellt wird, oder überhaupt ein Gegenstand ist, zu dessen Begriff das zu bestimmende Merkmal auch gehört, wo dann aber bei abstrakten Begriffen statt á stets á manera de gesetzt wird, z. B. Habló *á lo* reina „Er sprach nach Art einer Königin (wie eine Königin)“ (S). Saber á miel „Nach Honig (wie Honig) schmecken“ (S). Oler á tomillo „Nach Thymian (wie Thymian) riechen“ (S). Salir á su abuelo „Nach dem Großvater arten“ (Wie der Großvater werden)“ (S). Entónces el entusiasmo y gozo creció á *manera* de frenesi „Dann nahm die Begeisterung und die Freude nach Art des Wahnsinns zu“ (T);

c) durch con und sin, wenn das Objekt die abstrakte Dingvorstellung des Merkmals ist, um dessen unmittelbare Aufnahme in den Begriff des zu bestimmenden Merkmales es sich handelt, wobei con diese Aufnahme bejaht und sin sie verneint, z. B. Escribe con elegancia „Er schreibt mit Eleganz (gewählt)“ (Acd). Proceder sin orden „Ohne Ordnung (unordentlich) verfahren“ (Acd).

Bezeichnung der in der Art der Regelung bestehenden Weise.

§ 281. Die Weise des Merkmals, welche in der Art besteht, wie dasselbe durch ein ihm Richtschnur, Vorschrift oder Regel gebendes Objekt geregelt wird, bezeichnet man

a) durch segun oder conforme á und, wo keine Undeutlichkeit entsteht, auch durch á, wenn das Objekt der Gegenstand ist, mit welchem das Merkmal in der Art seines Verhaltens übereinstimmt, z. B. Cuando las cosas no van *segun* tus ideas, regañas, gritas „Wenn die Dinge nicht nach deinen Ideen gehen, so brummst, schreist du" (M). Todos deben ser juzgados *conforme á* la lei „Alle müssen dem Gesetze gemäß gerichtet werden" (R). Queria venir á mi satisfaccion „Ich wollte nach meiner Behaglichkeit kommen" (L). Bailar *al* compas „Nach dem Takte tanzen" (S);

b) durch contra, wenn das Objekt der Gegenstand, dessen Regelung das Verhalten des Merkmals gerade zu entgegen ist, z. B. Obró *contra* el dictámen de los médicos „Er handelte wider die Meinung der Aerzte" (S).

Bezeichnung der durch die Art des Mittels bestimmten Weise.

§ 262. Die Weise des Merkmals, welche durch die Art des bei ihm angewandten Mittels bestimmt wird, bezeichnet man

1) bei unselbständig und unselbstthätig gedachten Objekten

a) durch con, de und á, durch die beiden letztgenannten Präpositionen jedoch nur in gewissen verbalen Phrasen, wenn das Objekt als das bei einer Handlung gebrauchte Werkzeug erscheint, z. B. Picar *con* un alfiler „Mit einer Nadel stechen" (S). Abrir la tierra *con* el arado „Die Erde mit dem Pfluge öffnen" (S). Herianse de todos modos, *con* las hachas, *con* los estoques, *con* las dagas „Sie verwundeten sich auf alle Weise, mit den Aexten, mit den Stoßdegen, mit den Dolchen" (Q). Dar *del* azote, de las espuelas, del pié „Mit der Peitsche, den Sporen, dem Fuße stoßen" (S). Pasar *á* cuchillo „Mit dem Schwert durchbohren" („Ueber die Klinge springen lassen") (Acd). Tratar *á* la baqueta „Mit dem Ladstock behandeln" („Verächtlich behandeln") (Acd). Ganar *á* punta de (la) lanza „Mit der Lanzenspitze gewinnen" („Mit Gewalt erwerben") (Q);

b) durch con und á, durch die letzte Präposition jedoch nur in gewissen verbalen Phrasen, wenn das Objekt als ein bei der Handlung benutzter Stoff, oder ein vermittelnder abstrakter Gegenstand gedacht wird, z. B. Lavar *con* agua „Mit Wasser waschen" (S). Matar *con* yerbas „Mit Kräutern tödten" (S). Vencer *con* oro „Mit Gold besiegen" (H). Lograr *con* instancias „Mit Bitten erlangen" (S). Alcanzar *con* ruegos „Mit Bitten erreichen" (S). Convencer *con* razones „Mit Gründen überzeugen" (S). Ultrajar *con* palabras „Mit Worten beleidigen" (S). — Matar *á* hierro „Mit Eisen (d. i. mit dem Schwerte) tödten" (S). Moler *á* palos „Mit Schlägen zermalmen (zerprügeln)" (S). Matar *á* pesadumbres „Mit Kummer tödten (todt ärgern)" (S). Derrengar *á* garrotazos „Mit Prügelhieben lendenlahm schlagen" (S);

c) durch de und mitunter auch por, wenn das Objekt der Gegenstand ist, namentlich der Theil oder das Zubehör eines Dinges, den man beim Fassen, Halten, Tragen, Befestigen u. dergl. als Handhabe gebraucht, z. B. Coger *de* la casaca „Bei dem Rock ergreifen" (S). Asir *del* brazo, *por* el brazo „Beim Arm ergreifen" (S). Agarrar de oder *por* las narrizes „Bei der Nase anfassen" (S). Llevar *de* la mano á un ciego „Einen Blinden bei der Hand führen" (S). Tirar *de* la capa „Beim Mantel ziehen" (S). Atar *de* los piés „An den Füßen binden" (S). Tomar *de* oder *por* la mano „Bei der Hand nehmen" (S). Colgar *de* un clavo „An einem Nagel aufhängen" (S);

d) durch en, wenn das Objekt der Gegenstand ist, dessen man sich als eines natürlichen Ausdrucksmittels bedient, z. B. Decir *en* alta voz „Mit lauter Stimme sagen" (S). Escribir *en* cifra „Mit Chiffern schreiben" (S). Espresar *en* términos claros „Mit klaren Ausdrücken sagen" (S). Hablar *en* jerigonza „Kauderwälsch reden" (S). Responder *en* latin „Lateinisch antworten" (M);

e) durch sobre, wenn das Objekt der Gegenstand ist, der bei der Handlung als Mittel der Gewährleistung dient, z. B. Jurar *sobre* los Evangelios „Auf die Evangelien schwören" (S). Prestar *sobre* prenda „Auf Pfand leihen" (S). Creer á alguno *sobre* su palabra „Jemand auf sein Wort glauben" (S);

f) durch por, wenn das Objekt der Gegenstand ist, der als Mittel der Benennung, der Anrufung und der feierlichen Versicherung, oder als Regel und Richtschnur für gewisse Beschäftigungen dient, z. B. Llamar á uno *por* su nombre „Jemand bei seinem Namen rufen" (S). Nombrar á alguno *por* su apellido „Jemand bei seinem Zunamen nennen" (Acd). Jurar *por* su espada „Bei seinem Degen schwören" (S). — Dibujar *por* el natural „Nach der Natur zeichnen" (S). Formar *por* el dechado „Nach dem Muster bilden" (S). Tocar *por* turno „Nach der Reihe (abwechselnd) spielen" (S). Estudiar la teologia *por* tal autor „Die Theologie nach dem und dem Schriftsteller studiren" (S). Juzgar de los demas *por* si „Ueber die Andern nach sich urtheilen" (S). Contar *por* los dedos „Nach (An) den Fingern zählen" (S);

2) bei selbständig und selbstthätig gedachten Objekten

durch por, por medio de, mediante und á fuerza de, mit dem einzigen wesentlichen Unterschiede, daß bei dem letzten das Objekt immer ein in sehr weitem Umfange genommener Merkmals- oder Stoffbegriff, oder ein Gattungsbegriff im Plural ist, während es bei den drei ersteren jede Art von

Dingvorstellung in jedem beliebigen Umfange sein kann, z. B. Matar á uno *por* mano ajena „Einen durch fremde Hand tödten" (S). Alcanzar *por* ruegos „Durch Bitten erlangen" (S). Tomar una plaza *por* asalto „Einen Platz durch Sturm nehmen" (S). *Por medio de* esta (mujer) me hizo criar en una aldea „Durch diese (oder „Mittelst dieser") Frau ließ sie mich in einem Dorfe erziehen" (J). ¿No pudiste *mediante algun* dinero hacerle callar? „Konntest du ihn nicht mittelst einiges Geldes zum Schweigen bringen?" (O). — Es necesario desbaratar *á fuerza de prudencia* las tramas de nuestros enemigos „Wir müssen durch viele Klugheit die Anschläge unserer Feinde vereiteln" (R).

Anmerk. Nach dem Vorstehenden entspricht in der Bezeichnung des Verhältnisses zwischen einem Merkmal und seinem Mittel die Präposition con in der Regel dem deutschen „mit", und die Präposition por — die wenigen Fälle, in welches es für „bei" und „nach" steht, ausgenommen — gewöhnlich dem deutschen „durch". Mitunter ist es indeß umgekehrt; doch beschränkt sich dies im Wesentlichen darauf, daß man por fuerza für „mit Gewalt", und statt der auch gebräuchlichen Ausdrücke ver con sus ojos, oir con sus oidos, dar con sus manos, andar con sus piés und dergleichen, um hervorzuheben, daß die eigenen Organe und keine fremden das Mittel der Thätigkeit sind, ver por sus ojos „mit eigenen Augen sehen", oir por sus oidos „mit eigenen Ohren hören" u. s. w. sagt, oder daß in einzelnen Fällen, wenn das Objekt ein Abstraktum ist, die Präposition con steht, wo im Deutschen am schicklichsten „durch" gebraucht wird, z. B. *Con* sus instancias logró el perdon „Durch seine Bitten erlangte er die Verzeihung" (S). Auch kommt de mi mano statt con oder por mi mano vor.

E. Verhältnisse des Grundes.

§ 263. Die Verhältnisse des Grundes sind sämmtlich Beziehungen zu einem ausdrücklich genannten oder wenigstens bezeichneten Gegenstande. Sie werden alle durch Präpositionen bezeichnet und zwar auf folgende Weise:

Bezeichnungen der Verhältnisse des realen Grundes oder der Ursache.

§ 264. Die Verhältnisse des Merkmals zu seiner Ursache bezeichnet man

a) durch con, wie im Deutschen durch „von", wenn das Objekt zwar die unmittelbare Ursache des Merkmals ist, dieses aber in seinem Bestande nicht von dessen Fortwirken abhängt, z. B. Rico *con* la presa „Reich von der Beute" (S). Borracho *con* el vino

„Trunken von dem Weine" (S). Resonar *con* loores „Von Lob wiederhallen" (S). Engreirse *con* la fortuna „Vom Glücke stolz werden" (S);

b) durch de, wie im Deutschen durch „vor", wenn das Objekt die unmittelbare Ursache des Merkmals ist und dieses zugleich in seinem Bestande von dem Fortwirken derselben abhängt, z. B. Llorar *de* dolor „Vor Schmerz weinen" (S). Loco *de* amor „Vor Liebe toll" (S). Bostezar *de* pereza „Vor Faulheit gähnen" (S). Temblar *de* frio „Vor Frost zittern" (S). *De* miedo no puede responder „Vor Furcht kann er nicht antworten" (Acd). No podia parar *de* dolor „Er wußte vor Schmerz nicht hin" (Y);

c) durch por und á causa de, wie im Deutschen durch „wegen", und durch en virtud, en consecuencia, de resultas, gracias á und merced á, wenn das Objekt nur die mittelbare, durch etwas Anderes hindurchwirkende Ursache des Merkmals ist, z. B. Se quemó la tienda de la reina *por* el descuido de una de sus damas „Es verbrannte das Zelt der Königin wegen der Nachlässigkeit einer ihrer Damen" (Q). Malogróse aquella empresa *á causa* de la peste „Es mißlang jene Unternehmung wegen der Pest" (Y). ¿Y qué duda pudiera quedarnos *en virtud* de los avisos que acabamos de recibir? „Und welcher Zweifel könnte uns in Folge der Nachrichten, die wir so eben erhalten haben, bleiben?" (Q). Murió *de resultas* de la caida de un caballo „Er starb in Folge eines Falles von einem Pferde" (Y) (wo auch en consecuencia stehen könnte). *Gracias á* vuestro cuidado mi corte se aumenta diariamente „Dank eurer Sorge vergrößert sich mein Hof täglich" (L) (wo auch merced statt gracias stehen könnte).

Bezeichnung der Verhältnisse des Beweggrundes.

§ 265. Die Verhältnisse des Merkmales zu der in irgend einem Wesen liegenden Ursache seines Daseins (dem Beweggrunde) bezeichnet man

a) durch por, en und de, wenn das Objekt eine in dem Subjekt liegende Triebfeder ist, und zwar durch por bei Eigenschaften und Zuständen, durch en bei Gesinnungen gegen Andere, und durch de bei Zuständen (Affekten) des Gemüths, z. B. Lo hace *por* temor „Er thut es aus Furcht" (Acd). Defienden las preocupaciones *por* interes y egoismo „Sie vertheidigen die Vorurtheile aus Eigennutz und Selbstsucht (R). Díganle *en* caridad que se deje de escribir tales desvarios „Sagen Sie ihm aus Barmherzigkeit, daß er aufhöre, solche Faseleien zu schreiben" (M). Lo hizo *de* miedo „Er that es aus Furcht" (Acd). No venimos *de* chanza „Wir kommen nicht aus Spaß" (M);

b) durch á, de und por, wenn das Objekt ein außer dem Subjekt liegender unmittelbarer Antrieb ist, durch de jedoch nur vor órden, voluntad und parte, durch por ebenfalls vor órden und neben á auch vor instancia, z. B. Visitó el templo á *ruego* de las vírgenes que le servian „Er besuchte den Tempel auf Bitten der Jungfrauen, welche ihm dienten“ (Q). La condesa acaba de ser presa en su cuarto *de órden* del rei „Die Gräfin ist so eben in ihrem Zimmer auf Befehl des Königs gefangen genommen werden“ (L). Le di un abrazo *por* orden de Vd. „Ich umarmte ihn auf Ihren Befehl“ (H);

c) durch por, wenn das Objekt ein außer dem Subjekt liegender mittelbarer Anlaß ist, z. B. *Por* ti lo hacia „Deinethalben that ich es“ (G). Dáme una limosna *por* Dios „Gieb mir ein Almosen um Gottes willen“ (S).

Bezeichnung der Verhältnisse des Erkenntnißgrundes.

§ 266. Die Verhältnisse des Merkmals zu dem Gegenstande, durch den es zu einer Erkenntniß des Subjektes wird, bezeichnet man

a) durch de, wenn das Objekt dabei als selbstthätiger, d. i. die Erkenntniß gebender Gegenstand gedacht wird, z. B. *De* pública fama lo sé no mas „Vom Gerüchte weiß ich es bloß“ (Z). Saber *de* oidos, *de* boca de otro, *de* buena tinta etc. „Von Hörensagen, aus eines Andern Munde, aus guter Quelle wissen“ u. s. w.;

b) durch en und por, wenn das Objekt als ein völlig passiver, nur zum Mittel der Erkenntniß dienender Gegenstand gedacht wird, und zwar durch en bei mehr unmittelbarer, dagegen durch por bei mehr mittelbarer Erkenntniß, z. B. Yo lo conozco *en* tu semblante „Ich erkenne es an deinem Gesichte“ (J). Ya sabian *por* esperiencia cuan duro tenia el brazo „Sie wußten schon aus Erfahrung, wie hart sein Arm war“ (Q). Conocer *por* la esplicacion „Aus der Erklärung erkennen“. Adivinar *por* su conducta „Aus seinem Betragen errathen“ (S);

c) durch segun, und durch á in dem Ausdrucke á la cuenta „dem Anscheine nach“, wenn das Objekt nur der mittelbare Erkenntnißgrund ist, aus dem erst durch eine Folgerung das Merkmal hergeleitet wird, z. B. *Segun eso* ya no hai dificultades „Demnach giebt es keine Schwierigkeiten mehr“ (O). Asi sucedió *segun* Mariana „So geschah es nach Mariana“ (S). *A la cuenta* estaba escarmentado „Dem Anschein nach war er durch Schaden klug geworden“ (BH);

d) durch en, und durch á in dem Ausdrucke á mis, tus etc. ojos „in meinen, deinen u. s. w. Augen“, wenn das Objekt irgend Jemandes, selbst des Redenden, Ansicht ist, z. B. El carácter de Jacinta es *en mi juicio* mas veleidoso que el aire „Jacinta's Charakter ist nach meiner Meinung veränderlicher als die Luft" (BH). *La* muerte fuera dulce *á mis* ojos „Der Tod wäre süß in meinen Augen" (J).

Bezeichnung der Verhältnisse des adversativen Grundes.

§ 267. Die Verhältnisse des Merkmals zu dem Gegenstande, welcher als ein Behinderungsgrund seiner Wirklichkeit entgegensteht, bezeichnet man

a) durch á pesar, á despecho, sin embargo und no obstante, wenn das Objekt an sich als eine Ursache oder ein Beweggrund für das Gegentheil des Merkmals erscheint, z. B. *A pesar* de esta ventaja la rebelion cundió „Trotz dieses Vortheils (nämlich der Regierung) griff die Empörung um sich" (Q). *A despecho* de las corrientes dirigieron las aguas por canales y firmes acueductos „Trotz der Strömungen leiteten sie die Wasser durch Kanäle und feste Wasserleitungen" (Alc). *Sin embargo* del superior número de los franceses triunfaron completamente los españoles „Ungeachtet der überlegenen Zahl der Franzosen triumphirten die Spanier vollständig" (Y). Don Cómodo, *no obstante* sus extravagancias, es un buen hombre „Don Comodo ist ungeachtet seiner Ungereimtheiten ein guter Mensch" (G);

b) durch para, wenn nicht das Objekt selbst, sondern seine Unangemessenheit in Beziehung auf das Merkmal als Verhinderungsgrund erscheint, z. B. Es alta *para* su edad „Sie ist für ihr Alter groß" (S). *Para* principiante no lo ha hecho mal „Für einen Anfänger hat er es nicht übel gemacht" (Acd).

F. Verhältnisse der Folge.

§ 268. Auch die Verhältnisse der Folge sind, wie die des Grundes, sämmtlich Beziehungen des Merkmals zu einem ausdrücklich genannten oder meistens bezeichneten Gegenstande und werden alle folgendermaßen durch Präpositionen bezeichnet:

Bezeichnung der Verhältnisse der Wirkung.

§ 269. Die Verhältnisse des Merkmals zu einem Gegenstande, der als dessen nicht beabsichtigte Folge oder Wirkung erscheint, bezeichnet man

a) durch con und por, letzteres jedoch nur bei einem Glück oder Unglück bedeutenden Worte, wenn das Objekt als die unmittelbare Wirkung des Merkmals angesehen wird, z. B. Estudió *con* fruto la lengua latina „Sie studirte die lateinische Sprache mit Nutzen" (Y). *Por* fortuna no salió el tiro „Zum Glück ging der Schuß nicht los" (L);

b) durch en, wenn das Objekt nur als mittelbare Wirkung des Merkmals angesehen wird, z. B. Le irritó *en* daño suyo „Er reizte ihn zu seinem Schaden" (S);

c) durch á, wenn das Objekt ein nur als mögliche Wirkung erscheinender Gegenstand ist, z. B. Se proponia salvar á su familia *á costa* de nuestra libertad „Er setzte sich vor, seine Familie auf Kosten unserer Freiheit zu retten" (R). Dar oder rendirse á discrecion „Sich auf Gnade oder Ungnade ergeben" (Acd). Brindar á la salud de alguno „Auf Jemandes Gesundheit anstoßen" (Acd).

Bezeichnung der Verhältnisse des Zweckes.

§ 270. Die Verhältnisse des Merkmals zu einem als dessen beabsichtigte Folge oder Zweck angesehenen Gegenstande bezeichnet man

a) durch en, wenn das Objekt der Gegenstand ist, zu dem das Merkmal selbst werden soll, z. B. *En prueba* de ello firmámoslo „Zum Beweise dessen unterzeichnen wir es" (G). Se hace *en beneficio* del igual ó amigo „Man thut es zum Vortheil des Gleichstehenden oder Freundes" (Acd). Navegar *en demanda* oder *en busca* de un puerto „Fahren, um einen Hafen zu suchen (Einen Hafen aufsuchen)" (Acd);

b) durch para, por, á trueque de und á, wenn das Objekt der durch das Merkmal zu verwirklichende Gegenstand ist, und zwar durch para im Allgemeinen, wenn das Objekt bloß Zweck ist, durch por, und vor Infinitiven neben diesem auch durch á trueque de, wenn es zugleich als Zweck und Beweggrund gedacht wird, und durch á, wenn es zugleich als Zweck und als Ziel einer Bewegung oder des Anhaltens einer Bewegung erscheint, z. B. ¿*Para* qué fin (oder objeto) me llama Vd.? „Zu welchem Zwecke rufen Sie mich?" (S). *Para* eso tengo dinero „Dazu habe ich Geld" (L). Me acosté *para* descansar un rato „Ich legte mich hin, um eine Weile auszuruhen" (R). — Voi á sacrificar mi caudal y mi vida *por* su libertad „Ich will mein Vermögen und mein Leben für seine Freiheit opfern" (J). Vd. lo dice *por* burla „Sie sagen es zum Scherz" (R). Le ofreceré mi vida *por redimir* la de mi esposo „Ich werde ihm mein Leben bieten, um das meines Gatten loszukaufen" (J). — Le castigó solo *por castigarle* „Er strafte ihn bloß, um ihn zu strafen" (S). Por mi parte haria el mayor sacrificio *á trueque de* evitarlo „Meinestheils würde ich das größte Opfer bringen, um es zu vermeiden" (R). Decid, noble Lara, *á qué* sois enviado? „Sagt, edler Lara, wozu werdet Ihr gesandt?" (R). Acudio *á nuestro socorro* „Er eilte zu unserer Hülfe herbei" (R). Me *senté* un rato *á fumar* un cigarro „Ich setzte mich eine Weile, um eine Zigarre zu rauchen" (M). Yo me quedo á merendar en casa de Doña Beatriz „Ich bleibe bei Donna Beatrix, um zu vespern" (M).

G. Verhältnisse der sachlichen Beziehung.

§ 271. Die Verhältnisse der sachlichen Beziehung sind sämmtlich Beziehungen zu einem ausdrücklich genannten oder wenigstens bezeichneten Gegenstande, und ihre Bezeichnung geschieht theils, und zwar hauptsächlich, durch Präpositionen, theils aber auch, wenn gleich seltener, durch eine Kasusform, nämlich den Akkusativ oder die demselben hier ihrem Verhältnisse nach gleichbedeutende unveränderte Form eines substantivischen Ausdrucks, nach folgenden näheren Bestimmungen:

Bezeichnung der transitiven Verhältnisse.

§ 272. Die Verhältnisse des Merkmals zu seinem passiven Objekte, d. h. dem als Subjekt der passiven Form seines Ausdrucks zu denkenden Gegenstande (Vergl. aber § 70), bezeichnet man theils durch die Akkusativform des zur Darstellung des Objekts dienenden Ausdrucks, theils durch die Präposition á, und zwar den § 50, A. 2) und B. 2) aufgestellten Bestimmungen gemäß.

Bezeichnung der intransitiven Verhältnisse.

§ 273. Die Verhältnisse des Merkmals zu einem Gegenstande, der nicht dessen passives Objekt ist, können im Spanischen nur durch Präpositionen bezeichnet werden, und zwar auch dann, wenn im Deutschen die Genitivform zur Bezeichnung dieser Beziehungen gebraucht wird. Die am meisten zu diesem Zwecke, namentlich im letztgenannten Falle, gebrauchte Präposition ist nun freilich de; doch ist sie eben so wenig als die deutsche Genitivform das ausschließliche Bezeichnungsmittel dieser Verhältnisse, vielmehr werden diese, so wie sie sich selbst auf vielfache Weise von einander unterscheiden, so auch, außer dem de, noch durch viele andere Präpositionen bezeichnet. Man gebraucht nämlich

a) die Präposition de

aa) wenn das Objekt der Gegenstand ist, von dem Etwas seinen Ursprung hat, oder von dem es abhängt, namentlich bei den Verben descender „abstammen", dimanar „herfließen", nacer „geboren werden", „entstehen", proceder „herrühren", provenir „herkommen", resultar „entspringen", salir „hervorgehen", seguirse „erfolgen", ser „werden", depender und pender „abhangen";

bb) wenn das Objekt der Gegenstand ist, von dem sich Etwas ernährt oder besteht, namentlich bei alimentarse „sich ernähren", mantenerse „sich erhalten", ser „stehen (um Etwas)", „sein (mit)", subsistir „bestehen", sustentarse „sich nähren", „erhalten", vivir „leben";

cc) wenn das Objekt der Gegenstand ist, aus dem Etwas als seinen Bestandtheilen oder seinem Stoffe besteht oder gemacht wird, namentlich bei componerse „bestehen", constar „bestehen", fabricar „verfertigen", „fertigen", formar „bilden", hacer „machen", hilar „spinnen", labrar „arbeiten", tejer „weben" u. ähnlichen;

dd) wenn das Objekt der Gegenstand ist, der von Etwas erzeugt oder hervorgebracht wird, namentlich bei capaz „fähig", fértil „fruchtbar", incapaz „unfähig", inductivo „veranlassend", productivo „erzeugend", susceptible „empfänglich";

ee) wenn das Objekt der Gegenstand ist, der von Etwas übertroffen wird, namentlich bei exceder „übersteigen", pasar „hinausgehen (über)", propasar(se) „überschreiten", subir „übersteigen";

ff) wenn das Objekt der Gegenstand einer Aneignung oder Bemächtigung ist, namentlich bei apoderarse „sich bemächtigen", arrebatar „ergreifen", asir „ergreifen", enseñorearse, entregarse und posesionarse „sich bemächtigen", von welchen arrebatar und asir jedoch häufiger transitiv gebraucht werden;

gg) wenn das Objekt der Gegenstand des Besitzes oder Mangels ist, namentlich bei abundar „Ueberfluß haben", abundante „reich", adolecer „leiden", ajeno „fremd", apurado „erschöpft", bastar „genügen", carecer „entbehren", escaso „knapp", faltar „ermangeln", falto „ermangelnd", hervir „wimmeln", huérfano „verwaist", inapeable „nicht abzubringen", inseparable „untrennbar", limpio „rein", lleno „voll", padecer „leiden", necesitar „bedürfen", necesitado „bedürftig", pobre „arm", poseerse „erfüllt sein", preocuparse „eingenommen sein", rico „reich", vacío „leer", von welchen necesitar jedoch auch transitiv gebraucht wird;

hh) wenn das Objekt der Gegenstand der Erhaltung, der Gewährleistung oder des Ersatzes ist, namentlich bei cuidar „pflegen", „Sorge tragen", descuidar „vernachlässigen", descuitarse „sich schadlos halten", indemnizar „entschädigen", responder „einstehen", resarcir „entschädigen", von welchen man jedoch descuidar auch transitiv gebraucht und indemnizar und resarcir häufiger mit dem Dativ der Person und dem Akkusativ der Sache stehen;

ii) wenn das Objekt der Gegenstand des Gebrauchs und Genusses, oder des Mißbrauchs und der Enthaltung ist, namentlich bei abstenerse „sich enthalten", abusar „mißbrauchen", ahorrar „sparen", aprovecharse „benutzen", dejarse „ablassen", „lassen", desistir „abstehen", disfrutar „genießen", echar mano „sich bedienen", gozar „genießen", participar „Theil nehmen", prevalerse „sich bedienen", servirse „sich bedienen", usar „gebrauchen", valerse „sich bedienen", von welchen man jedoch aborrar, disfrutar, gozar und usar auch transitiv gebraucht;

kk) wenn das Objekt der Gegenstand einer Verfügung ist, namentlich bei decidir „entscheiden", determinar „bestimmen", disponer „verfügen", dominar „herrschen", triunfar „triumphiren";

ll) wenn das Objekt der Gegenstand ist, mit dem Etwas verbunden, oder wovon es in Besitz gesetzt wird, namentlich bei abastecer „versehen", abroquelarse „sich decken", abrumar „belasten", acomodar „ausstatten", acusar „beschuldigen", adornar „schmücken", aforrar „füttern", „ausfüttern", amueblar „möbliren", apercibirse „sich rüsten", aprestar „ausrüsten", argüir „zeihen", armarse „sich waffnen", arrebozar „umlegen", „umhüllen", ataviarse „sich schmücken", atestar „vollpropfen", aviarse „sich versehen", bañar „baden", bastecer „versehen", bordar „(be)sticken", calarse „naß werden", cargar „beladen", colmar „überhäufen", condecorar „zieren", contaminarse „sich beflecken", coronar „bekränzen", cubrir „bedecken", dotar „begaben", emborracharse oder embriagarse „berauschen", embutir „ausstopfen", „belegen", empapar „einweichen", empedrar „pflastern", encargarse „übernehmen", engalanarse „sich putzen", entapizar „tapeziren", envestir „belehnen", equipar „ausrüsten", escudarse „sich decken", „schirmen", esmaltar „ausschmücken", favorecer „begünstigen", flanquear „an den Seiten besetzen", forrar „ausfüttern", guarnecer „besetzen", hacerse „sich anschaffen", hartar „sättigen", henchir „anfüllen", impresionar „einprägen", infecto „angesteckt", inficionar „anstecken", inundar „überschwemmen", investir „bekleiden", llenar „erfüllen", manchar „beflecken", matizar „verzieren", pertrechar „ausstatten", plagar „plagen", plantar „bepflanzen", poblar „bevölkern", „bepflanzen", prevenirse „sich versehen", pringar „beschmieren", proveer „versorgen", rebozar „verhüllen", regar „bewässern", revestirse „sich bekleiden", rociar „benetzen", „besprengen", rodear „umgeben", saciar „sättigen", sembrar „besäen", surtir „versorgen", tachonar „beschlagen", teñir „färben", untar „bestreichen", vestirse „sich bekleiden", welches letztere indeß auch transitiv ist;

mm) wenn das Objekt der Gegenstand ist, von dem Etwas getrennt oder außer Besitz gesetzt wird, namentlich bei absolver „lossprechen", alejarse „sich entfernen", apartarse „sich entfernen", „abwenden", apear „absetzen", ausentarse „sich entfernen", bastardear „ausarten", cobrarse „sich erholen", convalecer „genesen", corregir „heilen", „bessern", curar „heilen", decaer „herabsinken", defraudar „betrügen", degenerar „ausarten", deponer „entsetzen", desabogarse „sich erleichtern“, desapropiarse „sich entäußern“, desasirse „sich losmachen“, „loslassen“, descansar „ausruhen“, descantillar „Abbruch thun“, „mindern“, descargarse „sich entledigen“, descartarse „sich losmachen“, descontar „abziehen“, desembarazarse „sich losmachen“, desertar „verlassen“, desfalcar „abziehen“, „mindern“, desgajar „abreißen“, deshacerse „sich frei machen“, desheredar „enterben“, desnudarse „sich entblößen“, desocuparse „sich losmachen“, „abmachen“, despedirse „sich verabschieden“, despegarse „sich losmachen“, despertar „wecken“, despoblarse „sich entvölkern“, despojar „berauben“, desprenderse „sich losmachen“, desquiciar „abbringen“, „(um Etw.) bringen“, desterrar „verbannen“, desviarse „abweichen“, disculpar „entschuldigen“, distraer „abziehen“, disuadir „abrathen“, dividir „trennen“, enajenarse „sich entäußern“, enmendarse „sich bessern“, exceptuar „ausnehmen“, escluir „ausschließen“, espeler „austreiben“, estafar „prellen“, estraer „herausziehen“, estraviarse „abirren“, eximir „ausnehmen“, exonerar „entlasten“, indultar „amnestiren“, „die Strafe erlassen“, justificar „rechtfertigen“, libertar oder librar „befreien“, limpiar „reinigen“, pasarse „verschwinden“, privar „berauben“, purgar „reinigen“, raer „verwischen“, rebajar „ablassen“, rebatir „absetzen“, „abziehen“, recobrarse „sich erholen“, redimir „loskaufen“, „erlösen“, redondearse „sich losmachen“, relevar „überheben“, renegar „abfallen“, rescatar „loskaufen“, restar „abziehen“, retirarse oder retraerse „sich zurückziehen“, sacudirse „abschütteln“, „sich losmachen“, salir „los werden“, salvar „retten“, sanar „heilen“, segregar „absondern“, separar „trennen“, sincerarse „sich rechtfertigen“, suspender „entsetzen“, vaciarse „leer werden“, volver(se) „zu sich kommen“, von welchen desnudarse auch transitiv gebraucht wird;

nn) wenn das Objekt der Gegenstand einer sittlichen Beschaffenheit ist, namentlich bei culpable „strafbar“, digno „würdig“ indigno „unwürdig“, inocente „unschuldig“, merecedor „werth“, reo „schuldig“;

oo) wenn das Objekt der Gegenstand eines Gemüthszustandes oder Affektes ist, namentlich bei abochornarse „erbrennen (vor Zorn oder Scham)“, aburrirse „überdrüssig werden“, admirarse „sich wundern“, ahitarse „überdrüssig werden“, alegrarse „sich freuen“, apiadarse „sich erbarmen“, arrepentirse „bereuen“, atemorizarse „erschrecken“, avergonzarse „sich schämen“, cansarse „müde werden“, compadecerse „Mitleid fühlen“, complacerse „sich vergnügen“, condolecerse oder condolerse „bemitleiden“, confundirse

„aus der Fassung kommen", contentarse „zufrieden sein", contento „zufrieden", cuidarse oder curarse „sich kümmern", deleitarse „sich ergötzen", descontento „unzufrieden", desesperar „verzweifeln", disgustarse „Widerwillen bekommen", divertirse „sich belustigen", dolerse „Mitleid haben", embobarse „verdutzt werden", enamorarse oder enamoricarse „sich verlieben", encapricharse „sich vernarren", „erpicht sein", enfadarse „böse werden", enojarse „zornig werden", entristecerse „sich betrüben", espantarse „sich entsetzen", esperar „hoffen", fastidiarse „überdrüssig werden", gustar „Geschmack finden", holgar(se) „sich freuen", irritarse „sich erzürnen", „gereizt werden", lisonjearse „sich schmeicheln", maravillarse „sich wundern", ofenderse „sich beleidigt fühlen", pagarse „sich verlieben", pesar (unpers.) „gereuen", picarse „empfindlich werden", „sich (Etwas) einbilden", preciarse „sich (Etwas) einbilden", prendarse „sich verlieben", quemarse „verdrießlich, hitzig werden", regocijarse „sich freuen", resentirse „unwillig, empfindlich werden", satisfecho „zufrieden", sentirse „trauern", sobresaltarse „erschrecken", sorprenderse „überrascht werden", sospechar „Argwohn hegen", tener compasion „Mitleid haben", tener vergüenza „sich schämen", ufano „stolz";

pp) wenn das Objekt der Gegenstand einer Gefühlsäußerung ist, namentlich bei agraviarse „sich beklagen", alabar „loben", alabarse „sich rühmen", blasfemar „lästern", „Verwünschungen ausstoßen", burlarse „spotten", congratularse „sich Glück wünschen", celebrar „preisen", „sich rühmen", dolerse „jammern", elogiar „loben", gloriarse „sich rühmen", hacer burla „sich lustig machen", jactarse „prahlen", lamentarse „sich beklagen", „jammern", lastimarse „wehklagen", llorar „weinen", mofarse „spotten", murmurar „murren", quejarse „sich beklagen", querellarse „sich beklagen", reirse „lachen", reconvenir „ausschelten", sonreirse „lächeln", triunfar „triumphiren", vanagloriarse „groß thun", vituperar „tadeln";

qq) wenn das Objekt der Gegenstand des Begehrs oder Abscheus ist, namentlich bei abominar „verabscheuen", ansioso „begierig", avaro „geizig", derrenegar „verabscheuen", descartarse „entsagen", desdeñarse „verschmähen", deseoso „begierig", excusarse „meiden", renegar „verabscheuen", sediento „durstig", von welchen abominar und renegar indeß auch transitiv sind;

rr) wenn das Objekt der Gegenstand einer Vergeltung ist, namentlich bei castigar „strafen", despicarse „sich rächen", escarmentar „züchtigen", „witzigen", recompensar oder remunerar „belohnen", vengarse „sich rächen", von welchen indeß recompensar und remunerar auch mit dem Dativ der Person und dem Akkusativ der Sache gebraucht werden;

ee) wenn das Objekt der Gegenstand des Gewißseins oder Zweifelns, der Wahrnehmung oder Nichtbeachtung, der Erinnerung oder des Vergessens, oder der des Denkens, Urtheilens, Redens und Mittheilens ist, namentlich bei abstraer(se) „übergehen", „absehen", acordarse „sich erinnern", advertir „anzeigen", „unterrichten", apercibirse „gewahren", asegurar „versichern", avisar „unterrichten", cantar „besingen", cerciorarse „sich vergewissern", certificar „bezeugen", cierto „gewiß", confesarse „beichten", convencerse „sich überzeugen", dar parte „mittheilen", decir „sagen", desdecirse „widerrufen", desentenderse „nicht beachten", „ignoriren", discernir „unterscheiden", discurrir „denken", „reden", disputar „disputiren", distinguir „unterscheiden", entender „verstehen", „sich (auf Etwas) verstehen", enterarse „sich unterrichten", equivocarse „sich irren", hablar „sprechen", hacerse cargo „bedenken", hacer caso „beachten", hacer cuenta „sich vorstellen", ignorante „unwissend", informarse „sich erkundigen", instruirse „sich unterrichten", juzgar „urtheilen", noticioso „kundig", olvidarse „vergessen", opinar „meinen", persuadir(se) „(sich) überreden", predicar „predigen", preguntar „fragen", prescindir „absehen", „hinwegsehen", saber „wissen", seguro „sicher", soñar „träumen", tratar „handeln", von welchen aber acordarse, wenn das Objekt durch einen Infinitiv ausgedrückt ist, und advertir, asegurar, avisar, cantar, certificar, dudar und tratar auch transitiv gebraucht werden;

b) die Präposition con,

aa) wenn das Objekt der Gegenstand des Findens ist, namentlich bei acertar „treffen", atinar „treffen", barbear „(mit dem Kinn) erreichen", dar „(auf Etwas) stoßen", encontrar „antreffen", topar oder tropezar „(auf Etw.) stoßen";

bb) wenn das Objekt der Gegenstand des Uebernehmens und Abmachens ist, namentlich bei abreviar „abbrechen", acabar „beenden", apechugar „sich erkühnen, cumplir „vollenden", dar en tierra „niederwerfen", von welchen indeß abreviar und cumplir auch transitiv sind;

cc) wenn das Objekt der Gegenstand der Ernährung und Erhaltung ist, namentlich bei alimentar „ernähren", cebar „füttern", „ködern", desayunarse „frühstücken", entretener „unterhalten", nutrir „ernähren", satisfacer „befriedigen", sustentar „erhalten";

dd) wenn das Objekt der Gegenstand einer Vertauschung ist, namentlich bei alternar „abwechseln", cambiar „tauschen", confundir „verwechseln“, conmutar „umtauschen“, equivocar „verwechseln“, permutar „vertauschen“;

ee) wenn das Objekt der Stoff ist, aus dem Etwas gemacht wird, oder der Gegenstand, mit dem Etwas verbunden oder wovon es in Besitz gesetzt wird, namentlich bei abroquelarse „sich decken“, abrumar „belästigen“, acompañar „begleiten“, agraciar „begnadigen“, alzarse „sich anmaßen“, amenazar „bedrohen“, amparar „beschützen“, arrebozarse „sich verhüllen“, arroparse „sich kleiden“, auxiliar „beistehen“, „helfen“, bañar „baden“, bordar „sticken“, brindar „einladen“, cargar „beladen“, compensar „belohnen“, comprobar „belegen“, conceder „gewähren“, condescender „bewilligen“, contaminar „beflecken“, contrapesar „aufwiegen“, contribuir „beitragen“, convidar „einladen“, coronar „bekränzen“, embozarse „sich verhüllen“, envidar „einladen (beim Spiel)“, favorecer „begünstigen“, forrar „ausfüttern“, hacer „machen (aus Etwas)“, hacerse „sich anschaffen“, hallarse „sich in Besitz finden“, implicarse „sich verwickeln“, interpolar „Einschaltungen machen“, labrar „arbeiten (aus Etwas)“, matizar „verzieren“, mezclar „mischen“, pagar „bezahlen“, paliar „beschönigen“, perfumar „durchräuchern“, poder „ertragen“, premiar „belohnen“, recompensar „wieder belohnen“, recudir „aushelfen“, resarcir „vergüten“, rodear „umgeben“, salir „erreichen“, socorrer „unterstützen“, von welchen indeß conceder und envidar, das erste jetzt gewöhnlich, auch transitiv sind;

ff) wenn das Objekt der Gegenstand einer Gemüthsverfassung oder Gefühlserregung ist, namentlich bei abatirse „niedergeschlagen werden“, alegrarse „sich erfreuen“, apacentarse „sich weiden“, complacerse „sich vergnügen“, contar „rechnen“, „vertrauen“, contentarse „sich begnügen“, contento „zufrieden“, deleitarse „sich ergötzen“, desenojarse „sich besänftigen“, divertirse „sich belustigen“, embelesarse „entzückt werden“, engreirse „stolz werden“, ensoberbecerse „stolz werden“, envanecerse „eitel werden“, envanecido „eitel“, holgar(se) „sich freuen“, paladearse „Geschmack bekommen“, orgulloso „stolz“, recrearse „sich ergötzen“, refocilarse „sich ergötzen“, regalarse „sich gütlich thun“, regodearse „sich ergötzen“, saborearse „sich laben“, soberbio „stolz“, tener vanidad „eitel sein“, ufanarse „stolz werden“, ufano „stolz“;

Anmerk. Da einige Verhältnisse des sachlichen Objekts, welche durch de und con bezeichnet werden, in einander laufen, so werden manchmal beide Präpositionen gleich gut gebraucht, namentlich bei acompañar, adornar, aforrar, alimentarse, amenazar, aprestar, arrebozar, ataviarse, bañar, bastecer, condecorar, coronar, cubrir, emborracharse, embriagarse, entapizar, equipar, escudarse, esmaltar, favorecer, forrar, hacerse, holgar, manchar, mantenerse, matizar, pertrechar, rebozar, regar, rodear, untar und etwa einigen anderen mehr.

c) die Präposition en,

aa) wenn das Objekt der Gegenstand des Bestandes oder des Inhaltes ist, namentlich bei abundar „Ueberfluß haben", consistir „bestehen", estar „bestehen", hervir „wimmeln", inundar „überschwemmen", parar „(auf Etwas) hinauslaufen", rico „reich", subsistir „bestehen";

bb) wenn das Objekt der Gegenstand einer Verwendung ist, namentlich bei consumir „verbrauchen", emplear „anwenden", gastar „ausgeben", invertir „anlegen", pasar (el tiempo) „zubringen", perder „verlieren";

cc) wenn das Objekt der Gegenstand der Uebung, Beschäftigung und Befleißigung, des Wetteifers, des Beharrens, Stützens, Fortschreitens und Schwankens, der Auszeichnung und des Fehlens, der Uebereilung und Mäßigung ist, namentlich bei adelantar „fortschreiten", „vorschreiten", adorar „anbeten", aferrarse „fest beharren", afirmar(se) „bestärken", „sich befestigen", apoyarse „sich stützen", aprobarse „zugelassen werden (zu einem Berufe)", aprovecharse „sich vervollkommnen", arraigarse „sich befestigen", atropellarse „sich übereilen", aventajar „übertreffen", cimentar „gründen", comedirse „sich mäßigen", comerciar „handeln", competir „wetteifern", complacer „willfahren", concurrir „wetteifern", confirmarse „sich bestärken", consentir „einwilligen", conspirar „verschwören", consumado „vollendet", contenerse „sich halten", convenir „eingehen", crecer „wachsen", cucharetear „sich einmischen", descuidarse „sorglos sein", desplegar „entfalten", desenfrenarse „sich zügellos hingeben", detenerse „anstehen", „zaudern", distinguirse „sich unterscheiden", ejercitarse „sich üben", empeñarse „sich eifrig befleißen", emplearse „sich beschäftigen", encapricharse „hartnäckig beharren", enmendarse „sich bessern", entender „sich befassen", entrar „eingehen", entremeterse „sich abgeben", ensayarse „sich versuchen", „üben", esculpir „aushauen", esmerarse „sich beeifern", esperar „hoffen", esperto „erfahren", estribarse „sich stützen", fatigarse „sich abmühen", fiar „vertrauen," fluctuar „schwanken", fundarse „sich gründen, hábil „geschickt," igual „gleich", implicarse „sich verwickeln", inferior „geringer", insistir oder instar „bestehen (auf)", „beharren", mandar „befehlen (über)", maquinar „sinnen", medirse „sich mäßigen", medrar „gedeihen", mesurarse „sich mäßigen", meter „sich einlassen", mezclarse „sich einmischen", moderarse „sich mäßigen", negociar „handeln", obstinarse „hartnäckig beharren", ocuparse

„sich beschäftigen", pararse „sich aufhalten", parecerse „gleichen", particularizarse „sich auszeichnen", pecar „sündigen", perseverar „beharren", porfiar „hartnädig (bei Etwas) bleiben", pringarse „sich schmieren", „sich einen unerlaubten Vortheil machen", proceder, „verfahren", propasarse „zu weit gehen", radicarse „fest werden", reemplazar „vertreten", remirarse „mit Sorgfalt verfahren", servir „dienen", sobrepujar oder sobresalir „hervorragen", „sich hervorthun", superior „überlegen (Adj.)", tardar „zögern", titubear „schwanken", trabajar „arbeiten", traficar „Handel treiben", tratar „Geschäfte machen", utilizarse „sich nützlich machen", venir „eingehen", vencerse „sich besiegen", violentarse „sich Gewalt anthun", von welchen jedoch adorar und trabajar auch transitiv sind;

dd) wenn das Objekt der Gegenstand einer Ergötzung ist, namentlich bei complacerse „sich gefallen", deleitarse „sich ergötzen", divertirse „sich belustigen", interesarse „Theil nehmen", recrearse „sich erfreuen", „sich erlaben", regalarse „sich laben", regodearse „sich ergötzen", saborearse „sich laben", solazarse „sich ergötzen";

ee) wenn das Objekt der Gegenstand einer Wahrnehmung, Betrachtung und Ueberlegung, des Erlernens, Denkens und Redens, des Verstehens und Irrens ist, namentlich bei actuar(se) „(sich) unterrichten", advertir „wahrnehmen", andar „sich verstehen", confundirse „sich verwirren", considerar „betrachten", consultar „berathen", „zu Rathe ziehen", conversar „reden", contemplar „betrachten", creer „glauben", descabezarse „sich den Kopf zerbrechen", „nachgrübeln", entender „verstehen", enterarse „sich unterrichten", equivocarse „sich irren", espaciarse „sich auslassen", „estar verstehen", estenderse „sich verbreiten", hablar „sprechen", imponerse „sich unterrichten", iniciar „einweihen", instruir „unterrichten", meditar „nachdenken", „sinnen", pensar „denken", reparar „wahrnehmen", soñar „träumen", von welchen indeß advertir, contemplar, creer, meditar, reparar und soñar auch transitiv sind und das letzte zuweilen auch mit con gebraucht wird;

d) die Präposition á,

aa) wenn das Objekt der Gegenstand einer Beschränkung, Beharrung, Gewährung, Uebung, Beschäftigung, Mitwirkung oder Berufung ist, namentlich bei acostumbrar „gewöhnen", adherir „anhangen," amañar „sich gewöhnen", „geschickt machen", apelar „sich berufen", aplicarse „sich befleißen", atarse „sich beschränken", atenerse „sich (an Etwas) halten", ceñirse „sich beschränken", contraerse „sich beziehen", convertirse

„sich belehren", circunscribirse „sich beschränken", concurrir „mitwirken", conspirar „abzielen", contribuir „beitragen", cooperar „mitwirken", dedicarse „sich widmen," ensayarse „sich üben", faltar „unterlassen", „verletzen," „verstoßen," habituar „gewöhnen", hacer „gewöhnen", hecho „gewohnt", jugar „spielen", referirse „sich beziehen", vacar „obliegen", vencerse „sich besiegen", violentarse „sich Gewalt anthun";

bb) wenn das Objekt der Gegenstand einer Zuneigung, Entschließung, Berechtigung, Erzielung und Erstrebung oder Bereitschaft dazu, oder einer Aufmunterung oder Veranlassung ist, namentlich bei acreedor „berechtigt", aficionarse „Zuneigung fassen," anhelar „sich sehnen", animar „aufmuntern", apasionarse „leidenschaftlich lieb gewinnen", „apercibirse" sich bereiten", arregostarse, „Lust, Neigung bekommen", arrestarse „sich entschließen", arrojarse „sich erkühnen", aspirar „trachten", atentar „trachten", „versuchen", atreverse „sich erkühnen", avergonzarse „Scham haben", „sich nicht erdreisten," brindar „einladen", condescender, „willigen", convidar „einladen", convocar „berufen," dar lugar „Anlaß geben," determinarse „sich entschließen", disponerse „sich anschicken", excitar „anreizen", exhortar ermahnen, estimular „antreiben", fácil „bereit", forzar „nöthigen", haber lugar „Veranlassung sein", (unpers.) humanarse „menschenfreundlich bereit sein", humillarse „sich erniedrigen", impeler „antreiben", incitar „anreizen", inclinar „geneigt machen", mover „bewegen", negarse „sich weigern", obligar „nöthigen", ofrecerse „sich erbieten", „sich bewerben," „Anspruch haben", persuadir „überreden", ponerse „sich anschicken", prepararse „sich vorbereiten," prestarse „sich hergeben", „bereit sein", proceder „schreiten", provocar, „anreizen," rehusarse „sich weigern," renunciar „verzichten", „entsagen", resignarse „sich bescheiden", resolverse „sich entschließen," tomar gusto „Vergnügen finden", von welchen jedoch atentar auch transitiv gebraucht wird;

cc) wenn das Objekt der Gegenstand der Erkenntlichkeit ist, namentlich bei agradecido „dankbar," desagradecido „undankbar," grato „dankbar", ingrato „undankbar", insensible „unempfindlich," reconocido „erkenntlich," sensible „empfänglich";

dd) wenn das Objekt der Gegenstand der Beachtung und Beantwortung ist, namentlich bei atender „merken", callar „schweigen", „nicht antworten", contestar „erwiedern", decir „sagen (zu Etwas)", mirar „achten (auf Etwas)", responder „antworten", satisfacer „Antwort geben", von welchen indeß das letzte auch transitiv ist;

e) die Präposition para,

aa) wenn das Objekt der Gegenstand einer Nothwendigkeit, Bestimmung, Tauglichkeit, Bereitschaft oder Vorbereitung ist, namentlich bei aparejarse „sich rüsten", „vorbereiten", apercibirse „sich bereiten", apropiado „geeignet", apto „tauglich", capaz „fähig", destinar und determinar „bestimmen", disponerse „sich anschicken", ensayarse „sich einüben", estar „geeignet sein", hábil „geschickt", habilitar „geschickt machen", idóneo „tüchtig" impropio „ungeeignet", inhábil „ungeschickt", inhabilitar „unfähig machen", listo „bereit", menester „nöthig", nacer „geboren werden", necesario „nöthig", necesitar „nöthig haben", nombrar „ernennen", ordenar „bestimmen", prepararse „sich vorbereiten", presentar „vorstellen", „vorschlagen", „empfehlen", prestar „nützen", presto „bereit", prevenirse „sich bereiten", pronto „bereit", proporcionar „fähig, geschickt machen", requerir „erfordern", requerirse „erforderlich sein", señalar „festsetzen", „bestimmen", ser „geeignet sein", útil „nützlich";

bb) wenn das Objekt das vermittelte Ziel einer vorbereitenden Handlung ist, namentlich bei embarcarse „sich einschiffen," partir „abreisen", ponerse en camino „sich auf den Weg begeben," salir „auslaufen," „abreisen";

f) die Präposition por,

aa) wenn das Objekt der Gegenstand eines Tausches, besonders im Handel, ist, namentlich bei cambiar „vertauschen", comprar „kaufen," dar „geben", enagenar „entäußern", gastar „ausgeben", trocar „vertauschen", vender „verkaufen";

bb) wenn das Objekt der Gegenstand eines Verlangens und Strebens ist, namentlich bei afanarse „sich abmühen", anhelar „seufzen", ansiar „sich sehnen", apasionarse „leidenschaftlich verlangen", apresurarse „rennen", asparse „sich sehnen", bajar „heraufholen", balar „schreien", „verlangen", clamar „schreien", „heftig begehren", clamorear „jammern", desvivirse „sehnlich verlangen", enviar „senden", „holen lassen", instar „dringen", interesarse „sich interessiren", ir „gehen", „holen wollen", loco „toll", „rasend," luchar „ringen," matarse „sich todt quälen," mirar „sorgen," morirse „heftig verlangen", „für sein Leben gern haben wollen", penar „sich sehnen", perecerse „heftig begehren", piar „schreien", „verlangen", preguntar „fragen", quemarse „entbrennen", „ungeduldig sein", rabiar „eine rasende Begierde haben", reventar „vor Begierde platzen", subir „herunterholen," suspirar „seufzen", venir „zu holen kommen", „abholen", von welchen jedoch ansiar auch transitiv ist;

g) die Präposition sobre,

aa) wenn das Objekt der Gegenstand der Aufsicht oder Herrschaft ist, namentlich bei mandar „befehlen", prevalecer „die Oberhand haben", reinar „herrschen", velar „wachen", vigilar „wachen," celar „sorgfältig wachen", von welchen jedoch die beiden letzten auch transitiv sind;

bb) wenn das Objekt der Gegenstand des Sinnens, Berathens, Besprechens, Berichtens, Zweifelns und Tadelns ist, namentlich bei cavilar „nachgrübeln", contender „disputiren", „streiten", conversar „sich unterhalten", deliberar „berathschlagen", discurrir „reden", disputar „disputiren", dudar „in Zweifel sein", escribir „schreiben", hablar „sprechen", informar „unterrichten", „berichten," meditar „nachsinnen", pensar „nachdenken", platicar „reden", reconvenir „tadeln", tratar „handeln", vacilar „schwanken", „unentschieden sein", von welchen jedoch meditar auch transitiv ist.

Anmerk. Statt sobre wird auch mitunter acerca oder respecto gebraucht.

H. Verhältnisse der persönlichen Beziehung.

§. 274. Die Verhältnisse der persönlichen Beziehung sind, wie die der sachlichen, sämmtlich Beziehungen zu einem ausdrücklich genannten oder wenigstens bezeichneten Gegenstande, und ihre Bezeichnung geschieht theils, wenn gleich verhältnißmäßig selten, durch eine Kasusform, nämlich den Dativ, theils, und zwar in den bei Weitem meisten Fällen, durch Präpositionen.

Gebrauch der Dativform.

§. 275. Die Bezeichnung der persönlichen Beziehung durch die Dativform tritt, da eine solche allein bei den Personalpronomen vorhanden, nur dann ein, wenn der Gegenstand der persönlichen Bezeichnung durch ein Personalpronomen bezeichnet wird. Sie umfaßt indeß nicht alle Verhältnisse der persönlichen Beziehung, sondern kommt im Wesentlichen nur in Anwendung

1) im Allgemeinen bei den Verben, Adjektiven, Partizipien und verbalen und adjektivischen Phrasen, denen im Deutschen Ausdrücke entsprechen, bei welchen die persönliche Beziehung ebenfalls durch die Dativform bezeichnet wird, wohin namentlich auch die Fälle gehören, in welchen ein Verbum, z. B. caer „fallen", comprar „kaufen", ganar „gewinnen" u. s. w. im Sinne eines mit „ab" „ent" und dergleichen zusammengesetzten deutschen Verbs, wie „entfallen", „ablaufen", „abgewinnen", u. s. w. genommen wird, z. B. *Les* imbuí el desprecio del mundo „Ich flößte ihnen die Verachtung der Welt ein" (S). Pruébatelo „Paß es dir an" (VV). Quiero ver que tal *te* está „Ich will sehen, wie es dir sitzt" (VV) ¿No *me* es lícito? „Ist es mir nicht erlaubt?" (R). *Les*

ganó la batalla „Er gewann ihnen die Schlacht ab“ (Q). *Nos* quiere comprar la casa „Er will uns das Haus abkaufen“ (II);

2) bei den §. 70 c. und Anmerkung erwähnten Verben, z. B. *Te* lo pido „Ich bitte dich darum“ (M). *La* tiene amor (Siehe §. 39, Anmerk. 2) „Er hat Liebe zu ihr“ (M). ¿Ni siquiera *te* merezco una voz de consuelo? Verdiene ich nicht einmal von dir ein Wort des Trostes? (S);

3) wenn in Vertretung eines sonst durch die Genitivform des Pronoms oder durch ein Personaladjektiv bezeichneten Attributs der persönliche Gegenstand sich zu dem Subjekte oder einem Objekte im Allgemeinen als Besitzer verhält, und zwar in weit umfassenderer Weise, als im Deutschen, z. B. *Me* rompe Vd. el vestido „Sie zerreißen mir das Kleid“ (VV). Alabó*le* Camacho el pensamiento (für alabó C. el pensamiento suyo) „Camacho lobte seinen Gedanken“ (Q). ¿Amigo? Pregúntele Vd. á Martina si *le* conoce alguno (für si conoce alguno suyo oder que sea suyo) „Einen Freund? Fragen Sie Martina, ob sie irgend einen von ihm kennt?“ (G);

4) wenn das Interesse des Redenden an dem Ausgesagten hervorgehoben werden soll, doch nicht in so ausgedehntem Maße, als im Deutschen, z. B. *Me* lo habéis de ensogar bien fuerte „Ihr müßt ihn mir recht fest anbinden“ (M).

Gebrauch der Präpositionen.

§ 276. Die Bezeichnung der persönlichen Beziehung durch Präpositionen geschieht in allen Fällen, in welchen der persönliche Gegenstand anders als durch ein Personalpronomen dargestellt ist, oder wenn bei der Darstellung desselben durch Personalpronomen die Beziehung nicht durch die Dativform gegeben werden kann, und sie wird selbst neben der Dativform zugleich in Anwendung gebracht, wenn das persönliche Objekt durch eine wiederholte Darstellung hervorgehoben werden soll (Vergleiche § 50. II. 2. und § 124). Zu dieser Art von Bezeichnung der persönlichen Beziehung gebraucht man nun

a) die Präposition á im Allgemeinen mit dem Gebrauch der Dativform in Uebereinstimmung, wenn das Objekt der persönlichen Beziehung der Gegenstand ist, dem Etwas sich anschließt oder zu Theil wird, oder dem es vorenthalten oder entzogen wird, welcher in seinem Besitze gefördert oder geschädigt wird, zu dem sich Etwas als ähnlich und übereinstimmend, oder unähnlich und entgegenstehend verhält, oder bei dem Empfindungen, Gesinnungen, Handlungen, Wahrnehmungen oder Urtheile erregt und gefördert, oder gehemmt und gestört werden, oder der solche von einem andern erfährt, namentlich bei abandonarse „sich hingeben“, aborrecible „verhaßt“, abrirse „sich öffnen“, „sich vertrauen“, acaecer „begegnen“, „geschehen, acarrear „zuziehen“, acceder „beitreten“, accesible „zugänglich“, acercarse „sich nähern“, achacar „Schuld geben“, „vorwerfen“, acomodarse „sich fügen“, aconsejar „rathen“, acontecer „geschehen", adelantarse „zuvorkommen", adherirse „anhangen", alcar „vorhalten", „verwerfen", agradable „angenehm", agradecer „danken", agregar „beigeben", „hinzuthun", agrio „sauer", ajustar „anpassen", allanarse „sich fügen", „sich unterwerfen", amable „liebenswürdig", análogo „analog", „ähnlich", anticiparse „zuvorkommen", aparecer(se) „erscheinen", apegarse „anhänglich sein", apelar „sich berufen", apetecible „wünschenswerth", apropiar „zueignen", apropincuarse „sich nähern", arreglarse „sich richten", arrostrar „die Stirn bieten", asentir „beipflichten", asistir „beiwohnen", asociar „beigesellen", áspero „rauh", atribuir „zuschreiben", aventajarse „es zuvorthun", benéfico „wohlthätig", caber „zu Theil werden", „zufallen", caerse „entfallen", callar „verschweigen", causar verursachen, ceder „weichen", „einräumen", clamar „schreien", „anrufen", coartar „beschränken", cobrar „bekommen (Zuneigung, Liebe, Haß)", comprar „kaufen" und „abkaufen", comprensible „faßlich", „begreiflich", comunicar „mittheilen", conceder „gewähren", conducir, „dienen", „zweckmäßig sein", confesar „gestehen", confiar „vertrauen", confirmar „bestätigen", conformarse „sich bequemen", „fügen", conforme „gemäß", consagrar „weihen", consiguiente „gemäß", contraponer „entgegenstellen", contravenir „zuwider handeln", corresponder „entsprechen", costar „kosten", „zu stehen kommen", cuadrar „passen", „anstehen", cumplir „erfüllen", dar „geben", dar bien „einschlagen", „mitschlagen, „glücken", deber „schulden", „verdanken", decir „sagen", „entsprechen", declarar „erklären", dedicar „widmen", dejar „lassen," „überlassen", „einbringen", delatar „angeben", „anklagen", desaconsejar „abrathen", desagradable „unangenehm", desairar „verschmähen", desconocido „unbekannt", devolver „zurückgeben", difícil „schwer", dirigir „richten (Worte)", disputar „bestreiten", „streitig machen", dócil „folgsam", duro „hart", encararse „entgegentreten", „unter die Augen kommen", encargar „auftragen", encomendar „anempfehlen", entregar „übergeben", „einhändigen", enviar „schicken", erizarse „sich aufrichten", „zu Berge stehen", escribir „schreiben", estar „stehen", „sitzen", „passen", estimar „danken", fácil „leicht", faltar „fehlen", fatal „verhängnißvoll", „verderblich", favorable „günstig", „hold", fiar „verbürgen", fiel „treu", flexible „fügsam", forzoso „nothwendig", franquearse „willfährig sein", granjear „abgewinnen", hacer „machen", hacer preguntas „Fragen thun", hacer presente „vorstellen", hostil „feindlich", idéntico „identisch", „wesenseins", igual „gleich", igualar „gleichmachen", impenetrable „undurchdringlich", imponer „auferlegen", importante „wichtig", importar „wichtig sein", „darauf ankommen", impugnar „bestreiten", imputar „beimessen", „Schuld geben", inaccesible „unzugänglich", incomprensible „unbegreiflich", increible „unglaublich", incumbir „obliegen", indiferente „gleichgültig", indispensable „unumgänglich nothwendig", inferior „untergeordnet", „untergeben", infiel „untreu", inflexible „unbeugsam", infundir „einflößen", injurioso „beleidigend", „schimpflich", insinuar „andeuten", insipido „unschmackhaft", inspirar „einflößen", ir „gehen" (unpersönlich), „sitzen", „stehen", „kleiden", ir en zaga „nachstehen", juntar „verbinden", leer „vorlesen", licito „erlaubt", limitar „beschränken", llevar „voraus haben (Jahre)", mandar „befehlen", „schicken", manifestar „zeigen", „kund thun", mantener „halten (sein Wort)", merecer „abgewinnen", molesto „lästig", negar „versagen", notificar „anzeigen", obedecer „gehorchen", obstar „entgegenstehen", obviar, „vorbeugen", ocultar „verhehlen", ofrecer „anbieten", olvidarse „entfallen", oir „hören (von Jem.)" oponer(se) „(sich) entgegensetzen", parecerse „gleichen", participar „mittheilen", pedir „bitten", „fordern", „abfordern", permitido „erlaubt", permitir „erlauben", persuadir „überreden", pertenecer „gehören", pintiparado „vollkommen ähnlich", poner coto „ein Ziel setzen", poner delante „vorlegen", poner fin „ein Ende machen", posible „möglich", preferir „vorziehen", preguntar „fragen", „abfragen", preparar „vorbereiten", preponderar „überwiegen", presentar „vorstellen", presidir „vorsitzen", prestar „darleihen", „leisten", prevenir „zuvorkommen", profesar „hegen (Liebe, Freundschaft)", prohibir „verbieten", prometer „versprechen", proponer „vorschlagen", provechoso „nützlich", quejarse od. querellarse „sich beklagen", „beschweren (bei Jem.)", querer bien od. mal „wohl oder übel wollen", quitar „wegnehmen", recetar „verschreiben", „verordnen", recomendar „empfehlen", referirse „sich beziehen", rehusar „verweigern", remitirse „sich beziehen", rendirse „sich ergeben", „erliegen", repartir „austheilen", representar „vorstellen", repugnante „widerstrebend", repugnar „widerstreben", „widerstehen" (unpers.), responder „erwidern", „entsprechen", revelar „offenbaren", robar „rauben", „stehlen", rogar „bitten", sacrificar „opfern", semejante „ähnlich", semejar „ähneln", „gleichen", ser de importancia (utilidad) „von Wichtigkeit (Nutzen) sein", someter(se) „(sich) unterwerfen", sordo „taub", sospechoso „verdächtig", sugerir „eingeben", sujetar „unterwerfen", sujeto „unterworfen", sumiso „unterwürfig", superior „überlegen", temible „furchtbar", tener „haben (Liebe, Mitleid &c.)", tirar „werfen", „zuwerfen", tocar „zufallen", „zukommen", tomar „fassen (Liebe)", triste „traurig", útil „nützlich", vecino „benachbart", vender „verkaufen", „verrathen", ventajoso „vortheilhaft", visible „sichtbar", von welchen aber arrostrar, obedecer, obviar auch transitiv gebraucht werden;

b) die Präposition para, wenn das Object der persönlichen Beziehung entweder der Gegenstand ist, für dessen Besitz Etwas bestimmt, oder in Beziehung auf den überhaupt das Ausgesagte nur gilt, nämlich bei acopiar „anhäufen", bajar „herunterholen", comprar

„kaufen“, dar „geben“, escribir „schreiben“, guardar „bewahren“, hacer „machen“, preparar „bereiten“, recetar „verschreiben“, ser „sein“, „bestimmt sein“, subir „heraufholen“, tomar „nehmen“, trabajar „arbeiten“, traer „bringen“, áspero „rauh“, benéfico „wohlthätig“, bueno „gut“, favorable „günstig“, incomprensible „unbegreiflich“, increible „unglaublich“, provechoso „nützlich“, ridículo „lächerlich“, satisfactorio „befriedigend“, triste „traurig“, útil „nützlich“, visible „sichtbar“, valer „gelten“, ser „sein“, „bedeuten“;

c) die Präposition con,

aa) wenn das persönliche Objekt der Gegenstand ist, der mit dem Subjekte in einer gemeinschaftlichen Betheiligung an dem Ausgesagten steht, mag diese nun als gegenseitige Berührung, Aehnlichkeit, Verwandtschaft, Vereinigung, Veruneinigung, Angriff, Kampf, Wetteifer, Spiel, Verwechselung, Besprechung, Umgang, Verabredung, Besitzübung oder Aehnliches gedacht werden, namentlich bei abocarse „sich besprechen“, abordar „zusammenstoßen“, aconsejarse „sich berathen“, acordarse „übereinkommen“, „sich vergleichen“, ajustarse „sich vergleichen“, „verabreden“, alindar „zusammengränzen“, „gränzen“, amancebarse „in einer Kebsehe leben“, apechugar „umarmen“, apretar „zusetzen“, „angreifen“, arremeter „angreifen“, arrostrar(se) „die Stirn bieten“, asesorarse „berathschlagen“, asociarse „sich verbinden“, aunarse „sich vereinigen“, avenirse „sich vertragen“, „passen“, averiguarse „auskommen“, „sich vertragen“, batallar „kämpfen“, bregar „sich herumschlagen“, capitular „einen Vergleich machen“, cartearse „Briefe wechseln“ casar(se) „sich verheirathen“, cerrar „angreifen“, coligarse „sich verbünden“, combatir „kämpfen“, compatible „verträglich“, competir „wetteifern“, componerse „sich vertragen“, „vergleichen“, comprometerse „sich über ein Schiedsgericht vereinigen“, comun „gemeinsam“, comunicar „in Verbindung stehen“, concertarse „sich verabreden“, concurrir „mitbewerben“, confabularse „sich heimlich verabreden“, confederarse „sich verbünden“, conferir „überlegen“, confinar „zusammengränzen“, confrontar(se) „gegenüberstehen“, congeniar „gleiches Sinnes sein“, congratularse „Glück wünschen“, consultar(se) „sich berathen“, contender „streiten“, contrapuntarse oder contrapuntearse „spitzige Reden wechseln“, convenir(se) „übereinkommen“, conversar „sich unterreden“, corresponderse „Briefe wechseln“, chancearse „scherzen“, chocar „zusammenstoßen“, desavenirse „sich veruneinigen“, descomponerse „sich entzweien“, desposarse „sich verloben“, emparejar „gleichkommen“, emparentar „verwandt werden“, enredarse „sich verwickeln“, equivocarse „verwechselt werden“, estrecharse „sich inniger verbinden", estrellarse „sich überwerfen", forcejar „heftig streiten", frisar „ähnlich sein", „streifen", gastar conversacion „Unterredung pflegen", haberlas „zu thun bekommen", hablar „sprechen", incompatible „unverträglich", jugar „spielen", jugarse „schäkern", lidiar „kämpfen", lindar „zusammenstoßen", „gränzen", luchar „ringen", ludir „sich reiben", mancomunarse „sich vergesellschaften", medirse „sich messen", pactar „einen Vertrag schließen", particularizarse „sehr vertraut werden", partir „theilen", pelotearse „sich zanken", porfiar „hartnäckig disputiren", razonar „reden", rivalizar „rivalisiren", romper „brechen", „uneins werden", rozarse „sich reiben", „streifen", „vertraut werden", tener relacion „Beziehung haben", tener vistas „eine Zusammenkunft haben", tener que ver „zu thun haben", trabar conversacion „Unterhaltung anknüpfen", tratar(se) „umgehen", travesear „schäkern", zapatearse „standhaft kämpfen", „disputiren", von welchem indeß arrostrar auch transitiv gebraucht wird;

bb) wenn das persönliche Objekt der Gegenstand ist, welcher mit dem leidenden Objekte in einer gegenseitigen Betheiligung an der Wirkung einer Handlung der Vergleichung und Vereinigung gedacht wird, namentlich bei casar „verheirathen", combinar „verbinden", comparar „vergleichen", conciliar „versöhnen", conferir „vergleichen", conformar „in Uebereinstimmung bringen", confrontar gegenüberstellen, cotejar „vergleichen", enlazar „verbinden", hermanar „vereinigen", igualar „gleich machen", incorporar „einverleiben", juntar „vereinigen", ligar „verbinden", pegar „zusammenleimen", „verbinden", reconciliar „wiederversöhnen", trabar „verbinden", uniformar „gleichförmig machen", unir „vereinigen";

cc) wenn das persönliche Objekt der Gegenstand ist, gegen welchen eine Aeußerung des Gefühls, der Gesinnung, des Willens und der Meinung stattfindet, namentlich bei abrirse „sich aussprechen", no ahorrarse „kein Blatt vor den Mund nehmen", airarse „sich erzürnen", amoroso „liebreich", atento „aufmerksam", avaro „geizig", benigno „gütig", confesarse „beichten", cumplir „seine Schuldigkeit thun", desabrirse „verdrießlich werden", desabrocharse „sein Herz ausschütten", descubrirse „sich offen aussprechen", desvergonzarse „unverschämt sein", duro „hart", enconarse „erbittert werden", ensañarse „böse werden", ensangrentarse „aufgebracht werden", ejercer (crueldad) „(Grausamkeit) ausüben", excusarse „sich weigern", fiel „treu", firme „fest", franquearse „willfährig sein", „sein Herz aufschließen", humanarse „sich freundlich herablassen", indignarse

„unwillig werden", indisponerse „verstimmt werden", indulgente „nachsichtig", ingrato „undankbar", inhumano „unmenschlich", injusto „ungerecht", loco „närrisch", obrar „handeln", resentirse „empfindlich werden";

dd) wenn das persönliche Objekt der Gegenstand ist, bei dem ein Gefühl, eine Handlung oder ein Urtheil bewirkt wird, namentlich bei acabar „erlangen (von Jem.)", acreditarse „sich in Ansehen setzen", congraciarse „sich beliebt machen", insinuarse „sich einschmeicheln", interceder „sich verwenden", interesarse „sich verwenden", internarse „sich einschmeicheln", interponerse „sich verwenden", introducirse „sich Zutritt verschaffen", malquistarse „sich verhaßt machen", mediar „ein gutes Wort einlegen", meterse „sich einnisten", poder (mucho) „vermögen", privar „in Gunst stehen", tener influjo „Einfluß haben", valer „gelten";

ee) wenn das persönliche Objekt der Gegenstand ist, welcher dem Subjekte gegenüber als maßgebend erscheint, namentlich bei acomodarse „sich richten", „bequemen", avenirse „stimmen", conformarse „sich fügen, schicken", conforme „gemäß, entsprechend", concordar „übereinstimmen", condescender „nachgeben", „sich fügen", cuadrar „passen", „angemessen sein", contemporizar „sich bequemen", „fügen", decir „entsprechen";

d) Die Präposition para con, wenn das persönliche Objekt ein Gegenstand in den bei con unter ee) und dd) genannten Verhältnissen ist, namentlich bei acreditarse „sich in Ansehen setzen", afable „leutselig", amable „liebenswürdig", caritativo „liebreich", cruel „grausam", fácil „leicht, lenksam", franco „aufrichtig", „freimüthig", inconsecuente oder inconsiguiente „inkonsequent", indulgente „nachsichtig", justificarse „sich rechtfertigen", liberal „freigebig", privar „in Gunst stehen";

e) die Präposition entre, wenn das persönliche Objekt ein in der Mehrheit gedachter Gegenstand ist, in einigen der bei á und con erwähnten Verhältnisse, namentlich bei distribuir „austheilen", dividir „theilen", interponerse „sich in's Mittel legen", mediar „ein gutes Wort einlegen", partir „theilen", reñir „streiten", repartir „vertheilen", „austheilen";

f) die Präposition contra, wenn das persönliche Objekt der Gegenstand ist, der eine feindliche Gesinnung durch Wort oder That äußert oder erfährt, namentlich bei arremeter „einen ungestümen Angriff machen", combatir „kämpfen", conspirar „sich verschwören", débil „schwach", embravecerse „wüthend werden", fuerte „stark", gritar „schreien", impresionar „einnehmen", incitar „anreizen", indignarse „unwillig werden", lanzar „schleudern", „werfen", maquinar „geheime Anschläge machen", pecar „sündigen", pedir „klagen", „klagbar sein", poder „vermögen", proceder „verfahren", procjar

„die Stirn bieten“, recetar „verschreiben“, revolver „sich wieder wenden“, salir „ausziehen“, tomar armas „die Waffen ergreifen“, urdir tramas „Anschläge machen“;

g) die Präposition por,

aa) wenn das persönliche Objekt der Gegenstand ist, zu dessen Gunsten Gesinnungen gehegt oder durch That geäußert werden, namentlich bei abogar „Fürsprache thun“, dar la vida „das Leben geben“, decidirse „sich entscheiden“, declararse „sich erklären“, empeñarse „sich verwenden“, estar „sein“, „stimmen“, hablar „sprechen“, hacer „machen“, „thun“, interceder „sich verwenden“, intervenir „dazwischen treten“, „sich in's Mittel legen“, mediar „vermitteln“, morir „sterben“, pagar „bezahlen“, pedir „bitten“, „sich bewerben“, pronunciarse „sich aussprechen“, rogar „bitten“, sacrificar „opfern“, salir „bürgen“, suplicar „bitten“, suplir „eintreten“, temblar „zittern“, trabajar „arbeiten“, urdir „spinnen“, volver „vertheidigen“, votar „stimmen“;

bb) wenn das persönliche Objekt das thätige Objekt der passiven Bedeutung des Verbs ist, namentlich wenn dies in reflexiver Form steht, z. B. ser vendido oder venderse por los libreros „von den Buchhändlern verkauft werden“, ser edificado oder edificarse por los albañiles „von den Maurern gebaut werden u. s. w.“;

h) die Präposition de,

aa) wenn das persönliche Objekt als der Gegenstand gedacht wird, dessen Einwirkung gefürchtet, vermieden oder abgewehrt wird, namentlich bei abrigarse „sich schützen“, ampararse „sich schützen“, defender „vertheidigen“, escaparse „entwischen“, esconderse „sich verstecken“, evadirse „ausweichen“, guardarse „sich hüten“, „sich in Acht nehmen“, guarecerse „Schutz suchen“, huir „fliehen“, ocultar „verbergen“, precaverse „sich vorsehen“ „hüten“, preservar „bewahren“, recatarse „sich scheuen“, „hüten“, recelarse „sich fürchten“, resguardarse „sich bewahren“, „sicher stellen“, sustraerse „sich entziehen“, temeroso „furchtsam“, tener recelo „Furcht haben“, zafarse „entwischen“, von welchen huir jedoch zuweilen auch transitiv ist;

bb) wenn das persönliche Objekt der Gegenstand ist, von dem Etwas erwartet, verlangt, erworben oder erfahren wird, namentlich bei alcanzar „erlangen“, aprender „lernen“, cobrar „einnehmen“, „einziehen“, comprar „kaufen“, conseguir „erlangen“, exigir „fordern“, ganar „gewinnen“, impetrar „durch Bitten erlangen“, merecer „verdienen“, obtener „erlangen“, oir „hören“, recibir „empfangen“, solicitar „erbitten“;

cc) wenn das persönliche Objekt der Gegenstand ist, zwischen dem und dem Subjekte Mangel an Uebereinstimmung oder Uneinigkeit obwaltet, namentlich bei ageno „fremd", desavenirse „zerfallen", desconcertarse „uneins werden", desconvenir „nicht übereinstimmen", desdecir „nicht entsprechen", „zuwider sein", desemejante „unähnlich", desemejar „unähnlich sein", desmentirse „nicht entsprechen", diferenciarse „sich unterscheiden", diferente „verschieden", discordar „nicht einstimmig sein", disentir „anders denken", „abweichen", disonar „nicht zusammen stimmen", distinguirse „sich unterscheiden", distinto „unterschieden", diverso „verschieden";

dd) wenn das persönliche Objekt der Gegenstand ist, dem Vertrauen, Mißtrauen oder Rache zugewendet wird, namentlich bei desconfiar „mißtrauen", favorecerse „seine Zuflucht nehmen", fiar(se) „vertrauen", hacer confianza „vertrauen", sospecharse „argwöhnen", vengarse „sich rächen";

ee) wenn das persönliche Objekt das thätige Objekt der passiven Form, eines passiven Partizips oder des mit dejarse und einem Infinitiv gebildeten passiven Ausdrucks ist, z. B. ser amado de su hermano „von seinem Bruder geliebt werden", acompañado de su amigo „von seinem Freunde begleitet", dejarse llevar de alguien „sich von Jemand führen lassen";

i) die Präposition en, wenn das persönliche Objekt der Gegenstand ist, dem Etwas anvertraut oder verliehen wird, oder der einem Einfluß unterworfen ist, namentlich bei comprometer(se) „schiedsrichterliche Vollmacht übertragen", confiar „vertrauen", depositar (confianza) „setzen", fiar(se) „vertrauen", „trauen", influir „Einfluß üben", infundir „einflößen", inspirar „einflößen", proveer „verleihen (ein Amt)", recaer „fallen", „anheimfallen", substituir „übertragen";

k) die Präposition sobre, wenn das persönliche Objekt auch der Gegenstand eines Vertrauens oder einer Beeinflussung ist, oder auch derjenige, dem etwas mittelbar entnommen wird, namentlich bei caer „fallen (z. B. eine Wahl)", girar „ziehen (Wechsel)", librar „entnehmen", recaer „anheimfallen", fallen", tener influencia „Einfluß haben", unter welchen bei girar und librar auch contra stehen kann.

Auslassungen.

§ 277. Die Auslassungen, welche in dem objektiven Satzverhältnisse vorkommen, bestehen darin, daß entweder das Beziehungswort desselben (das Verb oder Adjektiv) wegbleibt und nur der Ausdruck des Objekts mit der Bezeichnung des Verhältnisses steht, oder daß man die das Verhältniß bezeichnende Präposition wegläßt und so den Ausdruck des Objekts ohne Weiteres mit dem Beziehungsworte zusammenstellt. Der erste Fall fällt ganz mit den § 232, 4 — beschriebenen Ellipsen des prädikativen Satzverhältnisses zusammen, indem er nur in Verbindung mit einer prädikativen Ellipse vorkommen kann; der zweite begründet hauptsächlich den Uebergang ursprünglich intransitiver in transitive Verhältnisse, wie avisar de alguna cosa in avisar alg. cosa, necesitar de alg. cosa in necesitar alg. cosa, ansiar por alg. cosa in ansiar alg. cosa, cumplir con alg. cosa in cumplir alg. cosa, velar sobre alg. cosa in velar alg. cosa, satisfacer á alg. cosa in satisfacer alg. cosa, dignarse oder servirse de hacer alg. cosa in dignarse oder servirse hacer alg. cosa, confiar en recibir algo in confiar recibir algo, determinar de juntarse in determinar juntarse, hablar en latin in hablar latin u. s. w. und beschränkt sich im Wesentlichen auf die als Ausnahmen in den Paragraphen 273 und 276 genannten Verben, doch findet er mitunter auch in Raum- und Zeitverhältnissen statt, namentlich bei Dichtern, z. B. Desnuda (en) el pecho anda ella „Mit entblößter Brust geht sie" (Góngora). Coronado de pámpanos (en) las sienes „Die Schläfen mit Weinlaub bekränzt" (Melendez). Situado (en las) orillas del mar „An der Küste des Meeres belegen" (MH). Sucedió (en la) víspera de San Juan „Es geschah den Tag vor Johannis" (Salvá, der auch die vorstehenden Sätze anführt). Die Darstellung des Objekts kann aber im Spanischen nie ausgelassen werden, und Ausdrücke, wie „Nimm dies mit", „Spanne die Pferde vor", welche aus einer solchen Auslassung entstanden sind, kommen im Spanischen nicht vor.

Wortfolge.

A. Beziehungswort und Ausdruck des Objekts.

§ 278. Die natürliche Wortfolge des objektiven Satzverhältnisses, so weit dieselbe nur die Stellung angeht, welche der Ausdruck des Objekts hinsichtlich des Beziehungswortes einnimmt, ist im Allgemeinen fast der im Deutschen beobachteten gerade entgegengesetzt, indem die Darstellung des Objekts mit Ausnahme der Dativ- und Akkusativformen der Personalpronomen und bei adjektivischen Beziehungswörtern auch der Adverbien und adverbialen Phrasen des Größenverhältnisses und der Adverbien der Weise und des Modus, sowie der Zeitadverbien todavía, siempre, jamas und nunca, und meistens auch ya und aun, in der Regel ihrem Beziehungsworte nachfolgt, z. B. Toma *un libro* „Er nimmt ein Buch" (J). Espero *en Dios* „Ich hoffe zu Gott" (M). Pensaba *cuerdamente* „Er dachte vernünftig" (Y). ¿No has venido *á eso*? „Bist du nicht deshalb gekommen?" (M). ¿No han venido *todavía*? „Sind sie noch nicht gekommen?" (M). Tú no eres reo *de su muerte* „Du bist an seinem Tode nicht schuld (J). Es desgraciado *ahora* „Er ist jetzt unglücklich (S). Está enfadada *con él* „Sie ist böse auf ihn" (M). — Te quiere *mucho* „Er liebt dich sehr" (J). Ya soi *mui* viejo Ich bin schon sehr alt" (J). Ya se halla *del todo* recobrado" Er ist schon ganz wieder hergestellt" (S). Es *tan* activo „Er ist so thätig" (J). Tus lágrimas, o Laura, estarán *siempre* presentes á mis ojos „Deine Thränen, o Laura, werden immer meinen Augen gegenwärtig sein" (J). El desarreglo es *meramente* accidental „Die Unordnung ist bloß zufällig" (rA). Quedó *gustosisimamente* sorprendido „Er wurde höchst freudig überrascht" (Y). Es *ya mui* vieja „Sie ist schon sehr alt" (M).

Diese Wortfolge kann aber zur Hervorhebung des Objekts oder, wenn mehrere Objekte da sind, zur Vermeidung eines schlechten Rhythmus immer umgekehrt (invertirt) werden, wenn das Objekt nicht durch die Dativ- oder Akkusativform eines Personalpronoms, oder bei Beziehungswörtern adjektivischer Form durch ein adverbiales Formwort der Weise bezeichnet ist, z. B. Para él iba la carta „Für ihn war der Brief" (S). ¡Qué felicidades me prometia! „Welche Glückseligkeiten versprach ich mir!" (M). Eso no lo puedo yo dudar „Das kann ich nicht bezweifeln" (M). Entónces hablaremos „Dann werden wir sprechen (J). Nunca le he hablado „Nie habe ich mit ihm gesprochen" (S). Ya vino „Schon kam er" (S). Hoi como aqui „Heute esse ich hier" (S). En tan horroroso estrago confundió á sus propios hijos la espada del vencedor con el resto de la muchedumbre „Bei einer so entsetzlichen Verheerung verwechselte das Schwert des Siegers seine eignen Kinder mit dem Rest der Menge" (S).

D. Die Ausdrücke des Objekts unter einander.

§ 279. Die natürliche Wortfolge des objektiven Verhältnisses, so weit sie die Stellung der Ausdrücke verschiedener Objekte unter einander betrifft, jedoch mit Ausnahme der Dativ- und Akkusativformen, deren gegenseitige Stellung schon § 127 d bestimmt ist, richtet sich im Allgemeinen bei Ausdrücken von ungleichem Umfange nach dem rhythmischen Gesetze, daß dem kürzeren Ausdrucke der längere nachfolgt, und bei Ausdrücken von ungefähr gleichem Umfange nach der Innigkeit ihres Verhältnisses zu dem Beziehungsworte, und man setzt daher nach der ersten Rücksicht

a) die Formwörter in der Regel vor die Begriffswörter, und
b) unter jeder dieser Arten wieder diejenigen, an welchen die Beziehung durch eine Präposition bezeichnet ist, in der Regel hinter diejenigen, bei welchen dies nicht der Fall ist;

nach der zweiten aber geht das leidende Objekt gewöhnlich jedem in einem intransitiven Verhältnisse stehenden und unter diesen wieder das persönliche jedem sachlichen voran, und unter den bestimmenden Objekten nehmen die der Zeit und des Raumes, denen der Weise, der Größe, der Ursache und der Wirkung gegenüber, meistens die letzte Stelle ein, z. B. ¿Sabes *ya* tu afrenta? „Weißt du schon deine Schmach?" Voi á alejarme *para siempre de esta mansion* „Ich will mich für immer von diesem Aufenthalt entfernen" (J). Quisiera dar *una vuelta por el campo* „Ich möchte einen Spaziergang über's Feld machen" (M). Llena *mi vida de amargura* „Er erfüllt mein Leben mit Bitterkeit (J). Me has servido *muchos años con fidelidad* „Du hast mir viele Jahre mit Treue gedient" (M). La mano del criador sacó *á los hombres de la nada* „Die Hand des Schöpfers zog die Menschen aus dem

Nichts (S). Voi á ausentarme *de ella para siempre* „Ich will mich jetzt für immer von ihr entfernen" (J). Guárdamelo *todo allí* „Verwahre es mir Alles dort" (M). Estuvo lleno *de satisfacciones toda su vida* „Er war sein ganzes Leben voll Zufriedenheit" (S).

Auch hier können Umstellungen (Inversionen) Statt finden, wobei dann der zurückgestellte Ausdruck die Hervorhebung erfährt, z. B. Yo desterré de esta casa el gusto y la alegría „Ich verbannte aus diesem Hause die Lust und die Freude" (J). ¿Piensas estar en Madrid muchos dias? „Gedenkst du in Madrid viele Tage zu verweilen?" (J).

Anmerkung. Ein Objekt, welches nach obigen besondern Bestimmungen einem andern vorhergehen sollte, wird diesem immer, wenn es durch einen Nebensatz bestimmt wird, der allgemeinen Bestimmung gemäß als Ausdruck von weiterem Umfange nachgesetzt, z. B. ¿No es cierto que Vd. mira con algo de repugnancia este casamiento que se le propone? „Ist es nicht wahr, daß Sie diese Heirath, welche man Ihnen vorschlägt, mit einigem Widerwillen betrachten?" (M). Dies ist dann natürlich aber nicht als eine Inversion zu betrachten.

IV. Kapitel.

Vom attributiv-objektiven Satzverhältnisse.

Darstellung des Beziehungsbegriffes.

§ 280. Der Beziehungsbegriff des attributiv-objektiven Verhältnisses ist immer ein zwiefacher, indem in demselben ein als Attribut des Subjekts oder eines Objekts gedachter Begriff zugleich zu dem Prädikat (Verb) des Satzes in einem objektiven (adverbialen) Verhältnisse steht. Die Darstellung des Beziehungsbegriffs fällt daher einestheils mit der Darstellung des Subjekts oder des bestimmten Objekts, letzteres jedoch nur in so weit, als es eine mehr oder weniger bestimmt gedachte Dingvorstellung ist, zusammen, und geschieht durch Substantive, Substantivpronomen und substantivisch gebrauchte Wörter; anderntheils aber ist sie mit der Darstellung des Prädikates eins und geschieht demnach entweder durch ein Verb allein, oder durch einen zu einem objektiven Verhältnisse erweiterten verbalen Ausdruck, z. B. Laura sin ti no vivirá contenta „Laura wird ohne dich nicht zufrieden leben" (J), wo einestheils das Subjekt „Laura" und anderntheils „leben" die Beziehungsbegriffe von „zufrieden" sind. Veías oprimida á nuestra raza „Du sahst unser Geschlecht unterdrückt" (R), wo das Objekt „Geschlecht" einestheils und „sahst" anderntheils die Beziehungsbegriffe von „unterdrückt" sind. Corrí precipitado el camino „Ich eilte in großer Hast den Weg hin" (M.), wo „ich" und „den Weg hineilen" die Beziehungsbegriffe von „in großer Hast" (precipitado) sind.

Darstellung des Attribut-Objekts.

§ 281. Da das Attribut-Objekt seiner Grundbeziehung nach immer ein Attribut des Subjekts oder eines Objekts bleibt, wenn gleich es seinem Hauptzwecke nach als eine objektive Bestimmung des Ausgesagten erscheint; so geschieht seine Darstellung wesentlich durch dieselben Mittel, durch welche das unmittelbare oder reine Attribut dargestellt wird (Vergl. § 237); doch tritt es dabei mitunter in Formen auf, wie Gerundium und Infinitiv, in welchen das reine Attribut nicht gebraucht werden kann, z. B. Viviréis *felices* „Ihr werdet glücklich leben" (R). Ahora ella *sola* habla „Jetzt spricht sie allein" (L). Cayó medio *muerta* „Sie fiel halb todt hin" (R). *Tuya* reputo la ventaja „Als Dein erachte ich den Vortheil" (S). Se halla *viudo y sin hijos* „Er findet sich verwittwet und kinderlos" (M). Era *de dos* años „Er war zweijährig" (S). Estaba *de luto* „Er war in Trauer" (S). Les hablaba *con interes* „Er sprach mit Theilnahme (theilnehmend) mit ihnen" (S). ¿Quieres hacerla morir *doncella*? „Willst Du sie als Jungfrau sterben lassen?" (M). No le hables *gritando* „Sprich nicht schreiend mit ihm" (S). Le oigo *hablar* „Ich höre ihn sprechen" (VV). Llega *á pié* „Er kommt zu Fuß" (S). *De coronilla* iré yo „Auf dem Kopfe werde ich gehen" (VV). ¿Me tracrán *en palmitas*? „Werden sie mich auf den Händen tragen?" (M).

Darstellung der attributiv-objektiven Beziehung.

§ 282. Die Bezeichnung der attributiv-objektiven Beziehung geschieht durch Flexion, Formwörter und Stellung, und von diesen Mitteln gehören die beiden ersten vorzugsweise dem attributiven, das letzte vorzugsweise dem objektiven Verhältnisse an.

Anwendung der Flexion.

§ 283. Die Flexion, durch welche die attributiv-objektive Beziehung bezeichnet wird, besteht entweder darin, daß der Ausdruck des Attribut-Objekts, wenn er ein Verb ist, die Form des Gerundiums oder des Infinitivs ohne Präposition annimmt, oder daß derselbe, wenn er irgendwie adjektivische oder substantivische Form hat, mit seinem Beziehungsworte in Geschlecht und Zahl konkordirt.

Gerundium und Infinitiv.

§ 284. Das Gerundium gehört im Spanischen nur dem attributiv-objektiven Verhältnisse an und erscheint daher als die eigentliche Flexionsform für dasselbe. Dagegen kann der Infinitiv in demselben nur als dessen Wechselform angesehen werden, ohne dasselbe jedoch in allen Fällen vertreten zu können. Beide kommen übrigens gewöhnlich nur in Anwendung, wenn das aussagende Verb im Allgemeinen der Weise nach näher bestimmt wird, — was selbst der Grundanschauung nach bei dem durch's Gerundium bewirkten umschreibenden Aktiv der Fall ist —, und so gebraucht man

A. für den Ausdruck des auf das Subjekt sich beziehenden Attributs

a) das Gerundium bei jedem Verb außer ser, llamarse und parecer, namentlich häufig bei estar, ir, andar, continuar, seguir und proseguir, das sogenannte umschreibende Aktiv bildend, so wie bei quedar, venir, llegar, correr, entrar, salir, vivir, morir etc., und

b) den Infinitiv bei den Verben ser, llamarse und parecer (Vergl. § 83, 2), z. B. No le hables gritando (S). Vistiéndose quedaba „Er blieb sich kleidend, d. i. war noch beim Ankleiden" (M). Salgo corriendo „Ich gehe eilend hinaus" (J). Seguian representándose las comedias „Die Komödien fuhren fort aufgeführt zu werden" (rA). Eso es enmendar un desacierto „Das ist (heißt) einen Mißgriff wieder gut machen" (M). Parecen correr „Sie scheinen zu laufen". Esto es lo que se llama servir „Das ist, was dienen heißt" (G);

D. für den Ausdruck des auf ein Objekt sich beziehenden Attributs

a) das Gerundium bei den Verben ver, hallar, encontrar, tener, representar und einigen ähnlichen, und

b) den Infinitiv bei den Verben llamar und nombrar (Vergl. § 83, 2), z. B. La encuentro cosiendo unas cintas á mi bata „Ich finde sie einige Bänder an meinen Schlafrock nähend" (M). Tenia su vida colgando de un cabello „Er hatte sein Leben an einem Haare hangen" (S). Le oigo hablar (VV). Yo te haré cumplir con tu obligacion „Ich werde dich deine Pflicht erfüllen machen (lassen)" (M). ¿Porqué le habéis dejado ir? „Warum habt ihr ihn gehen lassen?" (J). La reina le mandó venir „Die Königin hieß ihn kommen" (Q).

Anmerk. 1. Das mit venir in Beziehung auf das Subjekt verbundene Gerundium entspricht gewöhnlich dem deutschen mit „kommen" in derselben Beziehung verbundenen passiven Partizip, z. B. Viene corriendo „Er kommt gelaufen", und Ausdrücke, wie entrar corriendo, salir corriendo, seguir escribiendo, entsprechen manchmal einzelnen, aber zusammengesetzten deutschen Verben, wie z. B. „hineineilen", „herauseilen", „fortschreiben".

Anmerk. 2. Wenn mittelst hacer, dejar und mandar ein Infinitiv als Ausdruck des Attribut-Objekts auf ein Objekt bezogen wird, so steht hacer, außer für „machen", für das im Sinne von „veranlassen" genommene und dejar für das im Sinne von „zulassen" genommene „lassen", mandar aber für „heißen", oder das im Sinne von „heißen" gebrauchte „lassen".

Konkordanz der adjektivischen und substantivischen Ausdrücke des Attribut-Objekts.

§ 285. Die Uebereinstimmung der adjektivischen und substantivischen Ausdrücke des Attribut-Objekts in ihren etwa vorhandenen Geschlechts- und Zahlformen mit dem Geschlecht und der Zahl ihres Beziehungswortes ist wie attributiver Art und kann nur dann eintreten, wenn das Attribut-Objekt sich zu dem Subjekte oder dem Objekte, auf das es sich bezieht, als ein demselben übergeordneter Begriff verhält, nicht wenn die beiden Begriffe des Verhältnisses ganz außer einander liegen. Auch in dieser Form dient das Attribut-Objekt vorzugsweise zur Bestimmung der Weise des Prädikats, sehr häufig aber auch zur Bestimmung der Wirkung, und in einzelnen Fällen giebt es auch dessen Ursache und Größenverhältniß an. Es steht nämlich in derselben

A. in Beziehung auf das Subjekt (Vergl. § 73 und 74), und zwar

a) wenn sein Ausdruck adjektivisch ist,

aa) zur Bezeichnung der Weise bei den im Sinne von „sein", „bleiben", „scheinen", „heißen" und „gelten" gebrauchten und vielen andern eigentliche Thätigkeiten ausdrückenden Verben, pasar ausgenommen, z. B. Todos vivian unidos „Alle lebten (waren) vereinigt" (Y). Salamanca quedó desierta „Salamanka blieb verödet" (S). Viene Vd. hoi mui poco fino „Sie kommen (sind) heute sehr unfein" (G). Lo que precede espuesto „Was auseinandergelegt vorhergeht", d. i. „was im Vorhergehenden ist auseinander gesetzt werden" (S). Manifestaronse todos hambrientos „Alle zeigten sich (schienen) hungrig" (Y). Salieron de allí fascinados por esperanzas tan traidoras „Sie zogen, von so trügerischen Hoffnungen bezaubert, von dort aus" (Q). Vengo en ello gustoso „Ich gehe gern darauf ein" (L). Los romanos entraron furiosos „Die Römer drangen wüthend ein" (Alc). El rei podia reputarse libre „Der König konnte für frei gelten" (R);

bb) zur Bezeichnung der Wirkung bei allen im Sinne von „werden" genommenen Verben, z. B. Vd. saldrá colocada de hoi á mañana „Sie werden in sehr kurzer Zeit versorgt werden" (M). Sin sentir nos vamos haciendo viejos „Unmerklich werden wir alt" (M). Cayó el mismo infante enfermo „Es wurde der Infant selbst krank" (Q);

cc) zur Bezeichnung der Ursache und des Größenverhältnisses bei den Verben, welche eine Thätigkeit ausdrücken, die in einer Beschaffenheit des Subjekts ihren Grund, oder in einer Zahl- oder Umfangsbestimmung desselben ihr Maß haben kann, z. B. Atónito el español no acertaba á pronunciar una palabra „Erstaunt (d. i. vor Erstaunen) vermochte der Spanier nicht ein Wort auszusprechen" (Q). Este pez todo es espinas „Dieser Fisch ist ganz Gräte (Acd.);

b) wenn sein Ausdruck substantivisch ist,

aa) zur Bezeichnung der Weise bei den „sein", „bleiben", „scheinen", „heißen" und „gelten" bedeutenden und einigen andern Verben, jedoch mit Ausnahme von estar und pasar, z. B. Somos mui amigos „Wir sind sehr Freunde (befreundet)" (M). Se guardaron prisioneros „Sie wurden (als) Gefangene behalten (blieben Gefangene)" (Q). Me llamo Teodoro Guzman „Ich heiße Theodor Guzman" (G.) Parecen arlequines „Sie scheinen Hanswurste (zu sein)" (M). Entró el primero „Er drang zuerst ein" (Q);

bb) zur Bezeichnung der Wirkung bei den im Sinne von „werden" genommenen Verben, ausgenommen ponerse, z. B. Se ha hecho poeta „Er ist Dichter geworden" (M). Cayó víctima de sus imprudencias „Er fiel (wurde) ein Opfer seiner Unklugheit" (Q);

B. in Beziehung auf ein Objekt (Vergl. § 75), und zwar

a) wenn sein Ausdruck adjektivisch ist,

aa) zur Bezeichnung der Weise bei den Verben ver, sentir, hallar, encontrar, coger, tener, haber (unpersönlich), llevar, traer, dejar, conservar, guardar, mantener, creer, reputar, juzgar, mirar, considerar, suponer, mostrar, manifestar, fingir, pintar, presentar, representar, declarar, llamar, nombrar, querer u. s. w., z. B. La tengo mas blanda que un guante „Ich habe sie weicher als einen Handschuh" (d. i. Sie ist mir jetzt weicher als ein Handschuh) (R). Los generales que habia presentes „Die Generale, welche es gegenwärtig gab (welche gegenwärtig waren)" (R). Halló la puerta cerrada „Er fand die Thür verschlossen" (R). La ocasion la pintan calva „Die Gelegenheit schildert man kahl" (M). Llamar detestable á la comedia! „Die Komödie abscheulich zu nennen!" (M). Nos han dejado solos „Sie haben uns allein gelassen" (J). Le vi á Vd. triste y distraido „Ich sah Sie traurig und zerstreut" (G). No me siento inclinada „Ich fühle mich nicht geneigt" (L). Se creen dichosos „Sie glauben sich glücklich" (J). Se ha fingido enferma „Sie hat sich krank gestellt" (M). Le juzga tan sabio „Er hält ihn für so weise" (R). ¿Eso lo llama Vd. claro? „Das nennen Sie klar?" (G.) Tuya reputo la ventaja „Für dein erachte ich den Vortheil" (S). Le declaró libre „Er erklärte ihn für frei";

bb) zur Bezeichnung der Wirkung bei den Verben hacer, volver, poner, tener, dejar, llevar, traer u. s. w., z. B. Tú la vuelves loca „Du machst sie närrisch" (L). Si te cojo, ¡cual te he de poner! „Wenn ich dich zu fassen kriege, wie werde ich dich zurecht setzen!" (Acd). Tú traes á Felipe alborotado „Du machst Philipp sehr aufgeregt" (J). Esto me tiene inquieto „Das macht mich unruhig";

Anmerk. 1. Es werden manchmal mit tener, und mitunter auch mit llevar, und einem als Ausdruck des Attribut-Objekts stehenden Partizip Redeformen gebildet, welche den zusammengesetzten Zeitformen in ihrer Bedeutung ziemlich nahe kommen und daher auch im Deutschen ungefähr durch solche gegeben werden können, z. B. Tengo conseguido mi objeto „Ich habe meinen Zweck erreicht" (S). Lleva cantada una seguidilla „Er hat eine Seguidilla gesungen" (S). Dies ist indeß nur dann der Fall, wenn das als Ausdruck des Attribut-Objekts gebrauchte Partizip zugleich als Ausdruck des von dem Subjekt Gethanen erscheint, wie in den eben angeführten Beispielen; in allen übrigen Fällen muß man für diese Redeformen im Deutschen ganz verschiedenartige Ausdrucksweisen wählen, und dies geschieht, da dieselben hauptsächlich dazu dienen, das Subjekt als bei einem durch das Partizip ausgedrückten Zustande des Objekts besonders betheiligt darzustellen, gewöhnlich dadurch am besten, daß man das Partizip mittelst des Verbs „sein“ auf das zum Subjekt gemachte Objekt bezieht und das Subjekt als betheiligte Person in den Dativ setzt, z. B. Tiene hinchadas las piernas „Es sind ihm die Beine geschwollen“ (M). Tengo tan turbada la imaginacion que . . . „Mir ist der Kopf so verwirrt, daß“ . . . (M). Ya teneis enterradas tres mujeres „Es sind euch schon drei Frauen begraben“ (M).

Anmerk. 2. Auf eine eigenthümliche Weise verhalten sich auch die mit dejar tener, traer oder llevar und einem als Ausdruck des Attribut-Objekts stehenden Partizip gebildeten Redeformen, indem sie fast nur als Umschreibungen des Verbs, von dem das Partizip gemacht ist, erscheinen und häufig im Deutschen nur durch einen diesem Verb entsprechenden einfachen Ausdruck gegeben werden können, z. B. Si queréis dejar firmadas aquellas cuentas, entrád „Wenn ihr jene Rechnungen unterzeichnen wollt, so tretet ein“ (M) Voi á dejaros satisfechos „Ich will euch befriedigen“ (R). Todo el dia me trae hecho un cascandil „Den ganzen Tag macht er mich zum Ueberbringer leerer Versprechungen“ (S). Se lleva robada á la señorita „Er entführt das Fräulein“ (M). Die spanische Sprache ist hierbei gegen die deutsche im Vortheil, indem sie in dieser Redeform ein Mittel hat, einen durch die Thätigkeit hervorgerufenen Zustand von der Thätigkeit selbst zu unterscheiden.

Auf ähnliche Weise verhalten sich auch die Ausdrücke tomar oder pedir prestado „anleihen“ und dar prestado „darleihen“. — Dejar plantado entspricht aber gewöhnlich dem deutschen „(da)stehen lassen“.

b) wenn sein Ausdruck substantivisch ist,

aa) zur Bezeichnung der Weise bei creer, suponer, considerar, reconocer, llamar, guardar, und

bb) zur Bezeichnung der Wirkung bei hacer, volver, constituir, crear, elegir, proclamar, nombrar, aclamar, z. B. Llamará hijos suyos á mis propios hijos „Er wird meine eignen Kinder seine Kinder nennen“ (J). Hizo proclamar reina de Castilla á la princesa Doña Juana „Er ließ die Prinzeß Johanna zur Königin von Kastilien ausrufen“ (Y). Le guardaron prisionero „Sie behielten ihn als Gefangenen“ (Q). Le supongo á Vd. un caballero „Ich halte Sie für einen ritterlichen Mann“ (L). Le creó duque „Er machte ihn zum Herzog“ (Q).

Anwendung der Formwörter.

§ 286. Die Formwörter, welche das attributiv-objektive Verhältniß bezeichnen, sind entweder konjunktioneller Art oder Präpositionen. Zu den ersten gehören nur como, cual und das mitunter statt como gebrauchte Gerundium siendo, zu den andern vorzugsweise á, con, de, en, por und sin, nebst einigen andern weniger oft gebrauchten.

Die konjunktionellen Formwörter.

§ 287. Die konjunktionellen Formwörter como, cual und siendo werden gewöhnlich nur bei substantivischen, selten bei objektivischen Ausdrücken des Attribut-Objekts gebraucht, und zwar, wie die Flexion, auch nur dann, wenn das substantivische Beziehungswort und das Attribut-Objekt als in einander liegende Begriffe erscheinen. Sie dienen aber keineswegs etwa zur Vertretung der Flexion, sondern kommen, so weit dieselbe überhaupt Statt finden kann, nur mit derselben in Anwendung, wenn diese allein nicht bezeichnend genug ist, und es findet dabei selbst neben dieser Konkordanz in Geschlecht und Zahl auch noch insofern eine Konkordanz der Kasusbezeichnung statt, als bei ihnen an dem Attribut-Objekte, auch wenn dies durch ein adjektivisches Wort ausgedrückt ist, das Kasusverhältniß des Objekts durch die betreffenden Präpositionen bezeichnet wird. Wenn das Attribut-Objekt sich auf ein dem intransitiven Verhältniß angehöriges Objekt bezieht, stehen sie immer, und auch in der Beziehung desselben zum Subjekte ist ihr Gebrauch fast unbeschränkt; in der Beziehung desselben zu einem leidenden Objekt aber stehen sie fast nur bei den Verben ver, oir, sentir, mirar, considerar, reputar, presentar, pintar, conocer, desconocer, recibir, guardar, conservar, tratar, repudiar, despedir und ähnlichen. In allen diesen Beziehungen wird fast nur die Weise des Prädikats dargestellt, mitunter jedoch auch der Grund. Beispiele: Se le presentó como mediador „Er erbot sich ihm als Vermittler“ (T). Oigan solo su conciencia cual única autoridad! „Mögen sie nur ihr Gewissen als einzige Autorität hören!“ (VV). Si me hubiese visto siendo tu esposa cuando el trono de Boabdil aun se mantenia en pié „Wenn ich mich als deine Gattin gesehen hätte, da der Thron Boabdil's sich noch aufrecht erhielt“ (R). Consideraba como suya la guardia de españoles „Er betrachtete die aus Spaniern bestehende Garde als sein“ (T). Le amaban como á su protector y su escudo „Sie liebten ihn als ihren Beschützer und Schild“ (Q). Imperfecciones tiene la historia del Señor Alcantara como obra de hombre imperfecto „Unvollkommenheiten hat die Geschichte des Herrn Alcantara als Werk eines unvollkommenen Menschen“ (Z). La habia repudiado como á estéril „Er hatte sie als unfruchtbar verstoßen“ (Y).

Präpositionen.

§ 288. Auch die Präpositionen bezeichnen das attributiv-objektive Verhältniß hauptsächlich, wenn das Attribut-Objekt durch ein substantivisches Wort dargestellt ist; doch stehen sie zuweilen bei adjektivischen Ausdrücken desselben, und die Präposition en wird selbst mit dem Gerundium verbunden. Unter ihnen kommen ebenfalls einige gleich den konjunktionellen Formwörtern neben der Flexion in Anwendung, wenn die in attributiver Beziehung stehenden Begriffe in einander liegen, jedoch mit Ausnahme aller Fälle, in welchen das

Attribut-Objekt sich auf ein im intransitiven Verhältniß stehendes Objekt bezieht; am gewöhnlichsten werden sie indeß gebraucht, wenn ein solches Ineinanderliegen der Begriffe nicht Statt findet.

Präpositionen in dem Verhältniß in einander liegender Begriffe.

§ 289. Wenn das Attribut-Objekt zu dem Subjekte oder Objekte als seinem Beziehungsworte in dem Verhältnisse einer Gattung zu ihrer Art oder ihrem Individuum steht; so bezeichnet man die attributiv-objektive Beziehung durch folgende Präpositionen, welche alsdann den konjunktionellen Formwörtern verwandt sind und auch meistens dem deutschen „als", manchmal aber auch den ebenso gebrauchten deutschen Präpositionen „für", „in" und „zu" entsprechen, nämlich

A) in der Beziehung des Attribut-Objekts zu dem Subjekte

a) die Präposition de

aa) zur Bezeichnung der Weise, insofern dieselbe durch ein besonderes Daseins- oder Lebensverhältniß des Subjekts bestimmt wird, z. B. Trabaja de carpintero „Er arbeitet als Zimmermann" (S). Vistióse de marinero „Er kleidete sich als Seemann" (S). Estaba de presidente „Er stand (war angestellt) als Präsident" (S). Volver de vacio „Leer zurückkehren". Servir de page „Als Edelknabe dienen". Hacer de valiente „Sich tapfer stellen". Presumir de docto „Sich gelehrt dünken";

bb) zur Bezeichnung eines Zeitverhältnisses, insofern dies durch ein Daseins- oder Lebensverhältniß des Subjekts bestimmt wird, z. B. Somos de grandes lo que hemos sido de niños „Wir sind als Erwachsene, was wir als Kinder gewesen sind" (S);

cc) zur Bezeichnung des Grundes, insofern dieser durch einen Zustand des Subjekts bestimmt wird, z. B. De turbado no acierta á tomar resolucion alguna „Als verwirrt (d. i. vor Verwirrung) vermag er keinen Entschluß zu fassen" (Y). Pecar de ignorante „Unwissend sündigen" (S);

b) die Präposition en

aa) zur Bezeichnung der Weise, wie de, doch seltener und insofern sie durch eine Thätigkeit des Subjekts, wie sie im Gerundium dargestellt wird, bestimmt ist, z. B. Mandar en jefe „Als Chef kommandiren". En diciendo esto, se despidió de nosotros „Dies sagend, verabschiedete er sich von uns" (S);

bb) zur Bezeichnung eines Zeitverhältnisses oder eines möglichen Grundes, insofern diese durch eine Thätigkeit des Subjekts, wie sie durch das Gerundium ausgesprochen wird, bestimmt ist, z. B. En llegando á tal parte tire Vd. á la derecha

„Wenn Sie nach der und der Gegend gelangen, schlagen Sie sich rechts“ (Acd). En obrando tú segun corresponde, seré tu amigo como lo he sido hasta aquí „Wenn du handelst, wie es sich geziemt, werde ich dein Freund sein, wie ich es bis jetzt gewesen bin“ (M);

c) die Präposition por

zur Bezeichnung der Weise, wie de und en, jedoch hauptsächlich nur bei den Verben pasar, ir, quedar, estar, und mitunter auch zur Bezeichnung des Grundes, insofern dieser durch ein Verhältniß des Subjekts bestimmt wird, z. B. Pasar por bueno „Für gut gelten“. Ir por almirante „Als Admiral gehen (gelten)“. Quedó por menguado „Er blieb für feige geltend“ (S). — El duque de Hijar es prestamero mayor de Castilla por conde de Salinas „Der Herzog von Hijar ist Prestamero mayor von Kastilien als Graf von Salinas (Acd);

d) die Präposition á

zur Bezeichnung der Wirkung, insofern sie durch ein eintretendes Verhältniß des Subjekts bestimmt wird, bei parar, meterse und ponerse, z. B. Parar á mozo „Aufwärter werden“. Ponerse á sastre „Schneider werden“. Meterse á caballero „Für einen Edelmann zu gelten suchen“;

B) in der Beziehung des Attribut-Objekts zu einem Objekte

a) die Präposition de

zur Bezeichnung der Weise, insofern dieselbe durch ein gewisses Daseins- oder Lebensverhältniß oder eine besondere Beschaffenheit des Objekts bestimmt wird, z. B. ¿Cuántas veces me han de examinar de médico? „Wie oft wollen sie mich als Arzt prüfen?“ (M). Recibir á alguno de vecino „Jemand als Bürger aufnehmen“. Calificar á una persona de noble „Eine Person als adlig bezeichnen“. Alabar á uno de valiente „Jemand als tapfer loben“. Ordenar á uno de sacerdote „Einen als Priester ordiniren“. Capitular á uno de mal juez „Jemand als schlechten Richter zur Verantwortung ziehen“. Tener á uno de huésped en casa „Jemand als Gast im Hause haben“;

b) die Präposition en

zur Bezeichnung der Wirkung, insofern diese durch das, was aus dem Objekte durch Theilung oder sonstige Veränderung wird, bestimmt ist, z. B. Dividir algo en partes „Etwas in Theile theilen“. Partir una cosa en dos partes „Eine Sache in zwei Theile zerlegen“. Cambiar el placer en pesar „Das Vergnügen in Leid verwandeln“. Transformar una cosa en otra „Eine Sache in eine andere umformen“. Convertir la hacienda en dinero „Das Landgut in Geld umsetzen". Deshacer oder Desleir algun cuerpo sólido en algun liquido „Einen festen Körper in irgend eine Flüssigkeit auflösen";

c) die Präposition por

aa) zur Bezeichnung der Weise, insofern dieselbe durch die Art des Daseins bestimmt wird, in welcher man das Objekt denkt oder behandelt, namentlich bei den Verben concebir, conceptuar, contar, creer, dar, delatar, ofrecer, querer, reconocer, reputar, sentar, tomar, tener, vender und etwa einige ähnliche mehr, z. B. Se da por mui ofendida „Sie giebt (hält) sich für sehr beleidigt" (M). Se vendia por mi amiga „Sie gab sich für meine Freundin aus" (M). Sentémoslo por cosa averiguada „Nehmen wir es als ausgemacht an" (S). Delatar por reo „Als Schuldigen angeben". Reconocer á uno por su pariente „Einen als seinen Verwandten anerkennen". Creer una cosa por milagro „Etwas für ein Wunder halten" (S). Reputar á uno por sabio „Einen für gelehrt halten" (S). Le querian por su galan „Sie wollten ihn zu ihrem Liebhaber haben" (Q);

bb) zur Bezeichnung der Wirkung, insofern man dieselbe durch das, was das Objekt wird, bestimmt, namentlich bei den Verben aclamar, alcanzar, admitir, adoptar, alistar, dar, declarar, dejar, destinar, elegir, enviar, instituir, mandar, poner, proclamar, recibir und etwa einige ähnliche mehr, z. B. Le dió por compañero al licenciado „Er gab ihm den Lizenziaten zum Gefährten" (Q). Pusieronle por nombre Adrian „Sie legten ihm (den Ausdruck) Adrian als Namen bei" (Q). Le enviaron por gobernador „Sie schickten ihn als Statthalter hin" (S). Alcanzará por recompensa un reino „Er wird ein Königreich zur Belohnung erlangen" (Q). Dejo por heredero á mi sobrino „Ich hinterlasse meinen Neffen als Erben" (Acd);

Anmerk. 1. Bei einigen Verben, wie creer, declarar, elegir, nombrar, proclamar, querer und reputar, wird por auch ausgelassen, wenn keine Undeutlichkeit entsteht (Vergl. § 284. B.), und bei destinar, necesitar und elegir gebraucht man mitunter para statt por, z. B. Formada la sumaria fué elegido para fiscal de la causa Don Simon de Viegas „Als die Untersuchungsakten geschlossen waren, wurde Don Simon de Viegas zum öffentlichen Ankläger in der Sache erwählt" (T). La destina para esposa de Vd. „Er bestimmt sie zu Ihrer Gattin" (VV). Necesitar á uno para jefe „Einen zum Chef nöthig haben".

Anmerk. 2. Der Ausdruck darse por entendido, welcher dieser Redeform angehört, entspricht dem deutschen „sich Nichts merken lassen", oder „thun als ob man nichts gemerkt habe".

d) die Präposition á

zur Bezeichnung der Weise und der Wirkung in gewissen Ausdrücken, wie tener á bien „für gut halten“, tomar á mal oder á mala parte „übel nehmen“, llevar á mal „übel nehmen“, tener á dicha, gloria etc. „für ein Glück, einen Ruhm u. s. w. halten“, tomar á juguete „für Spaß nehmen“, echar algo á broma „Scherz aus Etwas machen“, z. B. Túvose á delirio la propuesta „Man hielt den Vorschlag für Wahnsinn“ (Q). Esto es mejor echarlo á broma „Hieraus macht man am besten Scherz“ (L). Reducir, limitar, rebajar algo á la mitad „Etwas auf die Hälfte reduciren, beschränken, herabsetzen“.

Präpositionen in dem Verhältniß aus einander liegender Begriffe.

§ 290. Wenn das Attribut-Objekt sich zu dem Subjekte oder einem Objekte nicht als Gattung verhält, sondern beide Begriffe als auseinander liegend gedacht werden; so gebraucht man

A) in der Beziehung des Attribut-Objekts zu dem Subjekt

a) die Präposition á

aa) zur Bezeichnung der Weise, insofern sie durch einen Zustand, eine Thätigkeit, oder einen als Mittel (Werkzeug) seiner Thätigkeit dienenden Theil des Subjekts, die Beschaffenheit eines solchen Theils, oder die Abhängigkeit des Subjekts von einem fremden Willen bestimmt wird, z. B. Sufre á duras penas aun la sombra del mando „Er erträgt mit genauer Noth selbst den Schatten der Herrschaft“ (R). Correr á tal precio „In dem und dem Preise zu haben sein“. Dada esta órden parte á carrera „Nach Ertheilung dieses Befehls jagt er gestreckten Galopps davon“ (Q). Todos á porfia le festejaban „Alle feierten ihn um die Wette“ (Q). Pasar á nado „Durchschwimmen“. Matarse á trabajar „Sich todt arbeiten“. Molerse á trabajar „Sich zerarbeiten“. Le sacó á brazos „Er zog ihn mit den Armen heraus“ (S). Ir á pié „Zu Fuße gehen“. Tirar á manos llenas „Mit vollen Händen werfen“. Ir á ojos cerrados „Mit geschlossenen Augen gehen“. Cruzaba (la escuadra) á la entrada del puerto á las órdenes de Sir Sidney Smith „Es kreuzte (das Geschwader) am Eingange des Hafens unter den Befehlen von Sir Sidney Smith“ (T). Estar á la disposicion de alguien „Zu Jemandes Verfügung stehen“. Hacer algo á nombre de alguien „Etwas in Jemandes Namen thun“.

bb) zur Bezeichnung des Größenverhältnisses, insofern es durch die Maßgrößen bestimmt wird, in denen das Subjekt erscheint, z. B. Entónces se ahorcaban hombres á docenas „Damals wurden Menschen zu Dutzenden gehängt" (J). Está nevando á copos „Es schneit in großen Flocken" (R);

cc) zur Bezeichnung der Wirkung, insofern diese durch ein eintretendes Größenverhältniß des Subjekts bestimmt wird, z. B. Alcanzar, ascender, montar, subir á tal suma „Sich auf die und die Summe belaufen, erheben";

b) die Präposition bajo

zur Bezeichnung der Weise, insofern sie durch ein Unterwürfigkeits- oder Abhängigkeitsverhältniß des Subjekts bestimmt wird, z. B. He escrito este libro bajo la inspiracion espontánea de una devocion sincera „Ich habe dies Buch unter der frei waltenden Begeisterung einer aufrichtigen Andacht geschrieben" (Z). Estar bajo las órdenes de alguno „Unter Jemandes Befehl stehen". Rendirse bajo ciertas condiciones „Sich unter gewissen Bedingungen ergeben";

c) die Präposition con

aa) zur Bezeichnung der Weise, insofern dieselbe durch Gesellschaft oder irgend eine andere Verbindung des Subjekts mit konkreten oder abstrakten Dingen bestimmt wird, z. B. Iba con Antonio „Er ging mit Antonio" (S). No estaba solo, que estaba con una pistola „Er war nicht allein, denn er hatte ein Pistol bei sich" (M). Con licencia de Vd. me retiro „Mit Ihrer Erlaubniß ziehe ich mich zurück" (BH). Le hablaba con interes „Er sprach mit Theilnahme zu ihm" (S). Entretanto estaban los chicos con la mayor inquietud „Unterdessen waren die Kleinen in der größten Unruhe" (Y);

bb) zur Bezeichnung des (wirklichen oder möglichen) direkten oder adversativen Grundes, insofern derselbe ebenfalls durch eine Verbindung, wie die eben erwähnte, bestimmt wird, z. B. No aprenderá cosa buena con estos ejemplos „Sie wird bei diesen Beispielen nichts Gutes lernen" (M). Con enseñar tambien se aprende „Beim Lehren (d. i. wenn man lehrt) lernt man auch" (S). Con todo su mal humor él te quiere „Bei (d. i. ungeachtet) aller seiner schlechten Laune liebt er dich" (M);

d) die Präposition de

zur Bezeichnung der Weise, und zwar bei ser, insofern dieselbe durch den Stoff oder die Form, durch Farbe, Ton, Geruch oder Geschmack, Größe oder Alter, Denkungsart oder Charakter, oder eine sonstige wesentliche Körper- oder Geistesbeschaffenheit des Subjekts, oder durch einen Gegenstand, zu dem dieses irgendwie als Theil, Besitzthum oder

Erzeugniß gehört, — bei andern Ausdrücken des Prädikats aber, insofern sie durch eine zufällige äußere Erscheinung, die durch einen Körpertheil bestimmte Haltung oder Lage, die Bewegungsart oder den Aufenthalt, das Vorhaben oder die Beschäftigung, die Gemüthsverfassung oder die Willensrichtung, oder einen ganz allein bei dem Ausgesagten betheiligten Theil oder Umstand des Subjekts bestimmt wird, z. B. Todo su servicio es de plata „All sein Tischgeschirr ist von Silber" (S). Es de varias formas „Es ist von verschiedener Gestalt" (Acd). Todo él es de color pardo „Es ist ganz von grauer Farbe" (Acd). Es comestible y de gusto dulce „Es ist eßbar und von süßem Geschmack" (Acd). Ser de sonido agudo, de buen olor, de tantos piés, de dos años, de tal parecer, de genio abierto „Von scharfem Ton, von gutem Geruch, so und so viel Fuß, zwei Jahre, der und der Ansicht, von offenem Wesen sein". Cienpozuelos es de la provincia de Madrid „Cienpozuelos gehört zur Provinz Madrid" (S). ¿De quién es ese caballo? „Wessen ist das Pferd?" (S). Este vino es de las Canarias „Dieser Wein ist von den Kanarischen Inseln" (S). — Estoi de tal parecer „Ich sehe so und so aus" (S). Estaba de luto „Er war in Trauer" (S). De coronilla iré yo „Auf dem Kopfe werde ich gehen" (VT). Andar de puntillas „Auf den Zehen gehen". Estar de prisa „Eile haben". Estar de vuelta „Zurück sein". Salir de paseo „Zum Spazieren ausgehen". Estar de viaje, de caza, de guardia „Auf Reisen, auf der Jagd, auf Wache sein". Estar de buen humor „Guter Laune sein". Hacer algo de grado, de buena gana „Etwas willig, gern thun". Hacer de intento „Mit Absicht thun". — Cojear del pié derecho „Mit dem rechten Fuße hinken". Sordo de un oido „Auf einem Ohre taub". Duro de corteza „Hart von Rinde". Blanco de cútis „Weiß von Haut". Boto de punta „Stumpf von Spitze". Flaco de memoria „Schwach von Gedächtniß". Alto de cuerpo „Hoch von Körper". Amable de genio „Liebenswürdig von Wesen". Ser médico de profesion, sastre de oficio „Arzt von Beruf, Schneider von Geschäft sein". Mudar, cambiar, variar de color, de forma etc. „Von Farbe, Gestalt ꝛc. anders werden (Farbe, Gestalt ändern, wechseln ꝛc.)";

c) die Präposition en

aa) zur Bezeichnung der Weise, insofern dieselbe durch ein Ortsverhältniß, einen Zeit- oder Lebensabschnitt, eine Entwickelungsstufe, eine Art des Daseins und der Erscheinung, einen Gemüthszustand, oder eine Art des Vornehmens und der Bethätigung, worin das Subjekt sich befindet oder begriffen ist, bestimmt wird, z. B. Venir en coche „Mit dem Wagen kommen". Regresar en un buque „Mit einem Schiffe zurückkehren". Bailar en la cuerda „Auf dem Seile tanzen". Estar en la flor de la mocedad „In der Blüthe der Jugend stehen". Estar en su sazon „Reif sein". Estar en edad de poder hacer algo „In dem Alter sein, Etwas thun zu können". Estar en uso „In Gebrauch sein". Estar en carnes oder en cueros „Nackend gehn". Ir en cuerpo „Ohne Mantel gehen". Estar en su juicio „Bei Sinnen sein". Andarse en pleitos „Immer im Prozeß liegen". Ser incansable en el trabajo „In der Arbeit unermüdlich sein". Mantenerse en paz „In Frieden bleiben". Nimio en su proceder „Allzu genau in seinem Verfahren". Venir en persona „In Person kommen". Ser áspero en su carácter „Rauh von Charakter sein";

bb) zur Bezeichnung des Grundes, insofern derselbe ein Verhältniß oder ein Zustand des Subjekts ist, z. B. Acalorarse en la disputa „Sich beim Streit erhitzen". Amufarse en la conversacion „Sich in der Unterhaltung erzürnen". Perder en el juego „Im Spiel verlieren";

cc) zur Bezeichnung der Wirkung, insofern dieselbe als ein eintretender Zustand des Subjekts gedacht wird, z. B. Incurrir en delitos „In Verbrechen gerathen". Caer en error „In Irrthum gerathen". Terminar en disputa „In Streit enden". No parar en cosa buena „Auf nichts Gutes hinauslaufen". Prorumpir en lágrimas „In Thränen ausbrechen";

f) die Präpositionen en lugar und en vez

zur Bezeichnung der Weise, insofern dieselbe durch eine Vertretung eines Gegenstandes durch das Subjekt bestimmt wird, z. B. Hacer algo en lugar oder en vez de otro „Etwas anstatt eines Andern thun";

g) die Präposition por

zur Bezeichnung der Weise, insofern dieselbe durch eine Vertretung durch das Subjekt bestimmt wird, z. B. Hacer algo por otro „Etwas für einen Andern thun";

h) die Präposition sin

zur Bezeichnung der Weise und des Grundes, insofern dieselben durch einen Mangel an Gesellschaft oder an einer anderen Verbindung mit konkreten oder abstrakten Dingen bestimmt werden, z. B. Venir sin criado „Ohne Diener kommen". Sin dinero todo son trabajos „Ohne Geld ist Alles Mühseligkeit" (S);

i) die Präposition fuera

zur Bezeichnung der Weise, z. B. Zulema, fuera de sí, continua asida de Aben Humeya „Zulema, außer sich, fährt fort sich an Aben Humeya zu halten“ (R);

B) in der Beziehung des Attribut-Objekts zu einem Objekte

a) die Präposition á

aa) zur Bezeichnung der Weise, insofern dieselbe durch ein Verhältniß der Abhängigkeit des Objekts von einem andern Willen, oder durch ein Preisverhältniß desselben bestimmt ist, z. B. Tener algo á su disposicion oder á su favor „Etwas zu seiner Verfügung oder zu seinen Gunsten haben“. Creer, considerar, imaginar, hallar algo á gusto oder á satisfaccion de alguno „Etwas nach Jemandes Gefallen glauben, finden“. — Dar, vender, comprar á tal precio „Etwas zu dem und dem Preise geben, verkaufen, kaufen“. Prestar á tanto por ciento „Zu so und so viel Prozent leihen“;

bb) zur Bezeichnung der Wirkung, insofern dieselbe durch ein eintretendes Verhältniß, oder durch eine Maßangabe des Objekts bestimmt wird, z. B. Poner algo á la disposicion de alguno „Etwas zu Jemandes Verfügung stellen“. Tomar algo á su cargo „Etwas über sich nehmen“. Meter á saco oder á fuego y sangre „Der Plünderung“ oder „Dem Feuer und dem Schwert übergeben“. Promover á cierta dignidad „Zu einer gewissen Würde befördern“. Condenar, sentenciar á galeras „Zu den Galeeren verurtheilen“;

b) die Präposition bajo

zur Bezeichnung der Weise und der Wirkung, insofern dieselben durch ein bestehendes oder eintretendes Verhältniß bestimmt werden, z. B. Guardar bajo llave „Unter Schloß und Riegel verwahren“. Llevar bajo palio „Unter einem Thronhimmel tragen“. Ver bajo diferente aspecto „In anderm Lichte sehen“. Poner bajo las órdenes de alguno „Unter Jemandes Befehle stellen“;

c) die Präposition con

zur Bezeichnung der Weise und der Wirkung, insofern dieselben durch eine Verbindung des Objekts mit einem konkreten oder abstrakten Dinge bestimmt werden, z. B. Creer á uno con mucha prisa „Jemand in großer Eile glauben“. Encontrar á alguno con buena salud „Jemand bei guter Gesundheit finden“. No dejar cosa con vida „Nichts am Leben lassen“. Poner á uno con prisiones „Jemand in Fesseln legen“. Tener á uno con cuidado „Jemand in Sorge setzen“;

d) die Präposition de

zur Bezeichnung der Weise und der Wirkung, insofern dieselben durch einen Zustand, ein Verhältniß oder einen seine Haltung bedingenden Theil des Objekts bestimmt werden, z. B. Coger á uno de buen humor „Jemand bei guter Laune treffen". Hallar á uno de vena „Einen günstig gestimmt finden". Creer alguna cosa de otro „Etwas einem Andern gehörend glauben". Creer algo de su deber „Etwas für seine Pflicht halten". Tener al juez de su parte „Den Richter auf seiner Seite haben". Conocer á uno de nombre, de reputacion „Jemand dem Namen nach, von Ruf kennen". Poner algo de costado „Etwas auf die Seite legen". Poner á uno de patitas en la calle „Jemand auf die Straße werfen". Sacar un retrato de perfil „Ein Bildniß im Umrisse entwerfen";

e) die Präposition en

aa) zur Bezeichnung der Weise, insofern dieselbe durch einen Zustand oder ein Verhältniß des Objekts bestimmt wird, z. B. Coger á uno en el hurto „Einen auf dem Diebstahl ergreifen". Hallar á uno en disposicion favorable „Einen in günstiger Stimmung finden". Presentar algo en el verdadero punto de vista „Etwas unter dem wahren Gesichtspunkte zeigen". Cobrar una suma en buena moneda „Eine Summe in guter Münze empfangen". Pagar algo en oro „Etwas in Golde bezahlen". Tener la guerra en odio „Den Krieg verabscheuen". Contar (suponer) á uno en alguna parte „Einen irgendwo glauben". Llevar en palmas „Auf den Händen tragen". Dejar en blanco „Unbeschrieben lassen";

bb) zur Bezeichnung der Wirkung, insofern dieselbe durch einen eintretenden Zustand oder ein mit der ausgesagten Thätigkeit gegebenes Werth- oder Preisverhältniß des Objekts bestimmt wird, z. B. Poner en cuidado „In Sorge setzen". Poner en órden „In Ordnung bringen". Poner algo en cierto precio „Etwas auf einen gewissen Preis setzen". Fijar el número de los diputados en doce „Die Zahl der Abgeordneten auf zwölf festsetzen". Apreciar, estimar, fijar, justipreciar, tasar, tener, valuar alguna cosa en tanto „Etwas auf so und so viel schätzen". Calcular, computar algo en tanto „Etwas auf so und so viel berechnen";

Anmerk. Bei valuar gebraucht man auch á statt en.

f) die Präpositionen en lugar und en vez

zur Bezeichnung der Weise, insofern dieselbe durch eine Vertretung des Objekts durch etwas Anderes bestimmt wird, z. B. Adoptar en lugar de hijo „An Sohnes Statt annehmen";

g) die Präposition sin
zur Bezeichnung der Weise und der Wirkung, insofern dieselben durch den Mangel der Verbindung eines Gegenstandes mit dem Objekte bestimmt werden, z. B. Coger á uno sin dinero „Jemand ohne Geld finden". Tener á uno sin sentido „Jemand außer sich bringen";

h) die Präposition fuera
zur Bezeichnung der Wirkung, z. B. Tener á uno fuera de sí „Einen außer sich bringen".

Anwendung der Stellung.

§ 291. Während in dem attributiv-objektiven Verhältnisse die Flexion und die Formwörter im Wesentlichen nur die attributive Beziehung bezeichnen, fällt der **Stellung** des Attribut-Objekts wesentlich die Bezeichnung der objektiven Beziehung zu. Sie gehört daher, wenn die adverbiale Bedeutung des Attribut-Objekts sonst nicht klar ist, nothwendig zu jeder Bezeichnung der attributiv-objektiven Beziehung und hat darin ihr Wesen, daß das Attribut-Objekt so von dem Subjekt oder Objekt, auf das es sich bezieht, getrennt und dem Verb angenähert wird, daß es trotz der durch Flexion und Formwörter bewirkten Bezeichnung der attributiven Beziehung nicht mehr für ein reines Attribut gehalten werden kann, sondern seiner Stelle nach als Adverb erscheint, z. B. Las aves vuelan regocijadas „Die Vögel fliegen freudig" (M). Hizo proclamar reina de Castilla á la princesa Doña Juana „Er ließ die Prinzeß Johanna zur Königin von Kastilien ausrufen" (Y). El hacha se mella toda „Die Axt wird ganz schartig" (M). — Dagegen: Laura sin ti no vivirá contenta „Laura wird ohne dich nicht glücklich leben" (J), weil „sin ti" nicht wohl als unmittelbares Attribut zu „Laura" aufgefaßt werden kann; doch wäre Sin ti Laura no vivirá contenta dem Verhältniß entsprechender. Weniger zu billigen ist ¿No ha debido hallar la servidumbre cruelísima? „Hat er die Knechtschaft nicht sehr grausam finden müssen?" (H), weil hier la servidumbre cruelísima sehr leicht als „die sehr grausame Knechtschaft" aufgefaßt wird, während ¿No ha debido hallar cruelísima la servidumbre? jedem Mißverständnisse vorbeugt.

Auslassungen.

§ 292. Auslassungen kommen in dem attributiv-objektiven Verhältnisse eben nicht häufig vor, und die wenigen elliptischen Formen in demselben beschränken sich darauf, daß eine der Präpositionen con und á, oder auch das Gerundium teniendo weggelassen wird. Gewöhnlich geschieht dies nur in der Beziehung des Attribut-Objekts zum Subjekte, jedoch mitunter auch in der Beziehung desselben zum Objekte, z. B. El marchaba al frente de sus soldados, *las banderas desplegadas*, y al son de la música guerrera „Er marschirte an der Spitze seiner Soldaten, die **Fahnen entfaltet** (d. i. mit fliegenden Fahnen) und beim Schall der kriegerischen Musik" (Q).

Estarse mano sobre mano, d. i. con mano sobre mano „Die Hände in den Schooß legen“ (S). Ponerse boca arriba, d. i. con la boca arriba „Sich auf den Rücken legen“ (S). Le hablé cara á cara, boca á boca, rostro á rostro „Ich sprach mit ihm von Angesicht zu Angesicht, Auge in Auge“ (S). Ir mano á mano „Hand in Hand gehen“ (S).

Wortfolge.

§ 293. Da die Stellung des Attribut-Objekts zu den Mitteln der Bezeichnung des attributiv-objektiven Verhältnisses gehört; so ist mit den § 291 gegebenen Bestimmungen derselben auch die Wortfolge des attributiv-objektiven Verhältnisses, so weit bei derselben nur das Attribut-Objekt und seine Beziehungswörter in Betracht kommen, gegeben, indem ihnen zufolge im Allgemeinen die natürliche Stelle des Attribut-Objekts

a) in der Beziehung auf das Subjekt hinter dem Verb und
b) in der Beziehung auf ein Objekt vor diesem ist (Vergl. die Beispiele in § 291).

Anders ist es, wenn zugleich auch etwaige andere Objekte in Betracht kommen. In diesem Falle wird nämlich das Attribut-Objekt ganz wie ein Objekt behandelt und gelten in Beziehung auf seine Stellung dieselben Bestimmungen, welche § 279 über die Folge der Objekte unter einander gegeben sind, z. B. Corrí precipitado el camino „Ich eilte schleunig den Weg her“ (M). Puso en consternacion á los ingleses „Er brachte die Engländer in Bestürzung“ (Y). Entró el primero en la villa „Er drang zuerst in die Stadt ein“ (Q). No aprenderá cosa buena con estos ejemplos „Sie wird bei diesen Beispielen nichts Gutes lernen“ (M). Ovando fué enviado de gobernador á la isla Española „Ovando wurde als Statthalter nach der Insel Hispaniola gesandt“ (Q).

Das Attribut-Objekt nimmt übrigens nicht immer diese eben beschriebene Stellung ein, sondern es erfährt manchmal, wie jeder andere Satztheil, sowohl in der einen als der andern Hinsicht Inversionen, namentlich wird es der größeren Hervorhebung wegen oft an die Spitze des Satzes gestellt, z. B. Laura sin tí no vivirá dichosa „Ohne dich wird Laura nicht glücklich leben“ (J). Tuya reputo la ventaja „Als dein erachte ich den Vortheil“ (S). De coronilla iré yo „Auf dem Kopfe werde ich gehen“ (VV). Halló a puerta cerrada „Er fand die Thür verschlossen“ (R).

Zweiter Abschnitt.

Verbindung und äußere Beziehungen der Sätze.

I. Kapitel.

Von den untergeordneten Sätzen.

A. Substantivsätze.

Die Substantivsätze in ihrem eigentlichen Gebrauche.

§ 294. Die eigentlichen Substantivsätze, welche als Entwickelungen infinitivischer Ausdrücke abstrakte Dingvorstellungen darstellen, werden in der Regel durch den sogenannten Satzartikel que „daß" eingeleitet. Eine Ausnahme hiervon findet nur mitunter bei denjenigen statt, welche sich zu ihrem übergeordneten Satze als Subjekt oder leidendes Objekt verhalten; denn in diesen wird zuweilen zur Bezeichnung der geringeren Wichtigkeit ihres Inhalts das que ausgelassen, und zuweilen wieder zur größeren Hervorhebung ihres Inhaltes dem que noch der bestimmte Artikel männlichen Geschlechts vorgesetzt. Beispiele: Es menester que tengas un poco de paciencia „Es ist nothwendig, daß du ein wenig Geduld habest" (M). Yo no digo que no la viese „Ich sage nicht, daß er sie nicht sehen sollte" (M). — Se decidió en familia nos viniésemos á San Felipe „Es wurde in der Familie beschlossen, daß wir nach San Felipe kämen" (G). Debia esperar venciese su partido „Er durfte hoffen, daß seine Partei siegte" (S). Parece un descuido de los muchos que hubiera corregido este autor, si hubiese limado su Historia de la guerra de Granada, el que haya puesto: La misma gente salieron en público „Es scheint eine von den vielen Nachlässigkeiten, welche dieser Schriftsteller verbessert haben würde, wenn er seine Geschichte von dem Kriege Granada's gefeilt hätte, daß er gesagt hat: Dasselbe Volk (Dieselben Leute) zogen aus" (S).

§ 295. Diejenigen Substantivsätze, welche als indirekte Urtheilssätze der Form nach zwar einem anderen Satze untergeordnet erscheinen, aber nicht Begriffe, sondern Gedanken (Urtheile und Wünsche) aussprechen, werden, wie die eigentlichen Substantivsätze, gewöhnlich durch que, oder, wenn die Wirklichkeit der Aussage hervorgehoben werden soll, auch durch como eingeleitet. Es wird aber auch hier in denjenigen, welche sich zu ihrem übergeordneten Satze als Subjekt oder leidendes Objekt verhalten, bei geringer Wichtigkeit ihres Inhalts das que ausgelassen und bei stärkerer Hervorhebung desselben diesem wieder der bestimmte Artikel männlichen Geschlechts vorgesetzt. Beispiele: Crei que era una chanza „Ich glaubte, daß es ein Scherz wäre“ (G). Dijo el embajador que viniese su secretario „Der Gesandte sagte, daß sein Sekretär kommen sollte“ (S). — Le avisó como habiamos naufragado „Ich zeigte ihm an, daß wir Schiffbruch gelitten hätten“ (S). — Creyó por ellos era uno de los principales caballeros de España „Er glaubte durch sie, er sei einer der vornehmsten Ritter Spaniens“ (S. nach Navarrete). — Puedo asegurar á Vd. que ni siquiera ha pasado esta mañana por mi cabeza el que habia cacao en Caracas „Ich kann Ihnen versichern, daß es mir diesen Morgen auch nicht einmal in den Sinn gekommen ist, daß es Kakao in Caracas giebt“ (G).

§ 296. Diejenigen Substantivsätze, welche als indirekte Fragesätze der Form nach zwar einem andern Satze untergeordnet erscheinen, aber nicht Begriffe, sondern Gedanken (Fragen, Ausrufe) aussprechen, werden gewöhnlich in den Fällen, wo die Aussage selbst in Frage gestellt ist, durch si „ob“, oder, wenn die Fraglichkeit der Aussage schon durch den Konjunktiv bezeichnet ist, auch durch que eingeleitet; dagegen leitet man sie, wenn nicht die Aussage, sondern irgend einer ihrer Satztheile in Frage gestellt ist, mit einem diesem Satztheil entsprechenden Frageworte ein. In denjenigen ferner, welche als leidende Objekte eines „fragen“ bedeutenden Verbs erscheinen, wird zur Hervorhebung ihres Inhalts dem einleitenden Frageworte und dem si auch noch mitunter que vorgesetzt. Auch kann jedem als Subjekt oder leidendes Objekt stehenden indirekten Fragesatze zur Hervorhebung seines Inhalts der bestimmte Artikel männlichen Geschlechts vorangeschickt werden. Beispiele: Mira tú si hicimos bien de (en?) avisarle „Sieh du, ob wir wohl daran thaten, ihm Nachricht zu geben“ (M). Quién sabe que el dia de mañana no se imprima „Wer weiß, ob es nicht morgenden Tages gedruckt wird“ (M). Yo no sé donde estoi „Ich weiß nicht, wo ich bin“ (J). No te puedo ponderar cuanto lloró la pobrecita, que afligida estuvo „Ich kann dir nicht genug sagen, wie sehr die Arme weinte, wie betrübt sie war“ (M). ¡Mira en que estado nos has puesto! „Sieh, in welchen Zustand du uns gesetzt hast!“ (J). Digame Vd. pronto quien es „Sagen Sie mir schnell, wer er ist“ (L). Di presto á que vinisteis „Sage schnell, weshalb ihr kamt“ (M). — Le preguntó que endonde queria que durmiese el amo „Ich fragte ihn, wo der Herr schlafen sollte“ (G). — No veo yo el porque habia yo de estar fuera de mi „Ich sehe nicht ein, warum ich außer mir sein sollte“ (G).

§ 297. Das Verhältniß der Substantivsätze zu dem ihnen übergeordneten Satze wird ebenso, wie das der Infinitiven (Vergl. § 79—84) und Substantiven zu dem sie enthaltenden Satze, bezeichnet. Wie diese, werden sie demselben nämlich als dessen Subjekte oder leidende Objekte unmittelbar, gleichsam in Nominativ- und Akkusativform, verbunden, als dessen Attribute oder in intransitiver Beziehung stehende sachliche Objekte aber mittelst der diesen Beziehungen entsprechenden Präpositionen, jedoch so, daß diese, wenn die Bezeichnung des grammatischen Verhältnisses als von untergeordneter Bedeutung erscheint, mitunter auch ausgelassen werden. Diese Präpositionen werden der Konjunktion des Substantivsatzes immer unmittelbar vorangesetzt und nie, wie im Deutschen, mit einem Demonstrativ in dem übergeordneten Satze zusammengezogen. Ueberhaupt wird in übergeordneten Sätzen nie durch ein Demonstrativ oder ein dem deutschen „es“ entsprechendes Wort auf den Substantivsatz hingewiesen, ausgenommen, wenn dieser im Verhältniß eines leidenden Objektes durch Auslassung der Konjunktion die Form eines Hauptsatzes erhält. Beispiele: Mas vale que se quede Vd. „Es ist besser, daß Sie bleiben“ (G). Yo no sé donde estoi „Ich weiß nicht, wo ich bin“ (J). Yo me hallo bien con la *opinion* que he seguido hasta ahora, *de que* en un café jamas debe hablar en público el que sea prudente „Ich befinde mich bei der bisher von mir befolgten Meinung wohl, daß der, welcher klug ist, nie in einem Kaffeehause öffentlich reden muß“ (M). Estoi completamente *cierta de que* no te quiere „Ich bin vollkommen (davon) gewiß, daß er dich nicht liebt“ (H). Se ha empeñado *en que* estoi muerto de amor por Vd. „Sie hat steif und fest darauf bestanden, daß ich in Sie sterblich verliebt sei“ (H). No, yo hablaba *de cuando* fuimos al santuario de Bonanova „Nein, ich sprach davon, wann (zu welcher Zeit) wir nach der Kapelle von Bonanova gingen“ (H). Me sirvió *para que* me echase mas pronto „Es diente mir dazu, daß er mich um so schneller hinauswarf“ (G). — No hai *duda que* estoi adelantado „Es hat keinen Zweifel, daß ich weiter gekommen bin“ (G). Me acuerdo *que* le conocí en Salamanca „Ich erinnere mich, daß ich ihn in Salamanca kennen lernte“ (J). Siento que os hayan sido tan perjudiciales „Ich bedauere es, daß sie euch so nachtheilig gewesen sind“ (J). Lo sé, gran Dios, lo sé: tus promesas no pueden fallar „Ich weiß es, großer Gott, ich weiß es, deine Versprechungen können nicht fehlschlagen“ (M).

§ 298. Wie aus der Betrachtung der in den vorstehenden Paragraphen angeführten Beispiele hervorgeht, folgen die Substantivsätze gewöhnlich dem ihnen übergeordneten Satze nach, und dies pflegt selbst dann zu geschehen, wenn sie sich zu demselben als deren Subjekte verhalten. Von dieser Stellung wird indeß zum Zwecke größerer Hervorhebung derselben mitunter abgewichen, und man stellt sie dann entweder ihrem übergeordneten Satze ganz voran, oder läßt, was das Gebräuchlichste ist, den ihnen übergeordneten Satz zwischen ihre Glieder treten, z. B. Que es misericordioso Dios, alega el pecador „Daß Gott barmherzig sei, führt der Sünder an“ (S). Solos parece que estamos „Allein, scheint es, daß wir sind“ (M). Pero de repente vió aquí que se levanta un furioso viento „Aber plötzlich, seht, da erhebt sich ein wüthender Wind“ (Y). Don Cómodo tenia que salir á no sé que diligencia „Don Comodo mußte in ich weiß nicht welchem Geschäfte ausgehen“ (G).

§ 299. Mit dieser Inversion ist häufig auch eine Auslassung der Konjunktion verbunden, so daß der Substantivsatz ganz die Form eines Hauptsatzes erhält und dadurch noch entschiedener hervorgehoben wird, z. B. He sido engañado, lo confieso „Ich bin getäuscht worden, ich gestehe es“ (L). El pueblo me decís duerme „Das Volk, sagt ihr mir, schläft“ (Q). El año pasado, ya lo [sic] viste, estuvo dos meses en Madrid „Vergangenes Jahr, du sahst es wohl, war er zwei Monat in Madrid“ (M).

§ 300. Bei allen vorbenannten Arten der Hervorhebung des Substantivsatzes sinkt der übergeordnete Satz verhältnißmäßig in seiner Bedeutung zu einer bloßen Bestimmung der Aussage des Substantivsatzes herab und wird dadurch gewissermaßen den Adverbien des Modus (Vergl. § 203—206) gleichbedeutend. Diesem Verhältniß gemäß, giebt man ihm denn auch oft die Form eines Adverbialsatzes, indem man ihn mit como, segun, á lo que oder auch lo que und por lo que, dem deutschen „wie“ oder „nach dem was“ entsprechend, einleitet, z. B. Mariquita, como Vd. sabe, es aplicada „Mariechen ist, wie Sie wissen, fleißig“ (M). Su tia la quiere tanto, segun parece „Ihre Tante liebt sie so sehr, wie es scheint“ (M). Lo que él dice, si me sopla la musa puedo ganar un pedazo de pan para mantener aquellos angelitos „Wie er sagt, wenn mir die Muse günstig ist, kann ich ein Stück Brot verdienen, um jene Englein zu ernähren“ (M). Por lo que he podido juzgar es un sujeto integro „Nach dem, was ich habe urtheilen können, ist er ein rechtschaffener Mensch“ (VV). ¿Con que Vd., á lo que parece, no ha salido? „Also, wie es scheint, sind Sie nicht ausgewesen?“ (M).

Verschiedenheit der Anwendung von Substantivsätzen im Spanischen und Deutschen.

§ 301. Die Entwickelung eines Satztheiles (infinitivischen Ausdrucks) zu einem Substantivsatze kann in den meisten Fällen im Spanischen und Deutschen gleichmäßig geschehen; doch tritt dieselbe in der einen Sprache mitunter ein, wo sie in der andern nicht wohl zulässig ist, und andererseits ist in der einen Sprache manchmal Etwas durch einen infinitivischen Ausdruck gegeben, wo die andere mit mehr Angemessenheit einen Substantivsatz gebraucht. Dieser Unterschied beschränkt sich indeß hauptsächlich auf Folgendes:

A) Fälle, in welchen, abweichend vom Deutschen, die spanische Sprache Substantivsätze anwendet.

a) Wenn das mittelst eines der „lassen“ oder „heißen“ bedeutenden Verben dejar, hacer und mandar auf ein Objekt bezogene Attribut (Attribut-Objekt) hervorgehoben werden soll, so gebraucht man im Spanischen statt des infinitivischen Ausdrucks einen Substantivsatz, was im Deutschen nicht zulässig ist, z. B. Deja ahora que el

Señor Don Justo haga su oficio „Laß jetzt den Herrn Don Justo sein Amt thun“ (J). Mandándome que escribiese „Indem er mich schreiben hieß“ (S). Haz que dén de comer á Felipe „Laß sie Philipp zu essen geben“ (J).

b) Wenn im Spanischen die Aussage eines Satzes hervorgehoben werden soll, so giebt man demselben oft die Form eines von ser abhängigen Substantivsatzes, und, wenn die Hervorhebung einer auf die Aussage bezüglichen Bestimmung bezweckt wird, so giebt man den Gedanken oft in der Form eines von dem sie bezeichnenden Adverb des Modus abhängigen Substantivsatzes, z. B. Es que es uno de los pedazos mas terribles de la comedia „Es ist ja eine der schrecklichsten Stellen des Lustspiels“ (M). Cierto que me ha chocado „Gewiß hat es mich aufgebracht“ (M). No que es chanza „Es ist ja kein Scherz“ (M) (Vergl. § 204 und 206).

c) Wenn die Bejahung oder die Verneinung für sich im Spanischen hervorgehoben werden soll, so giebt man sie in der Form eines indirekten Urtheilssatzes, z. B. Me parece que no „Mir deucht, nein“ (L). Seguro que si „Sicher ja“ (M). No que no „Nein doch“ (M) (Vergl. § 204).

d) Wenn die Dauer des Prädikats, oder dessen Abstand von dem Moment der Aussage oder einem andern Mittelpunkte des Zeitverhältnisses durch die Angabe eines der Aussage oder diesem Zeitpunkte vorangehenden Zeitraumes mit Hervorhebung angegeben werden soll; so drückt man die Existenz dieses Zeitraumes in einem mit den unpersönlich gebrauchten Verben haber und hacer gebildeten Hauptsatze aus und ordnet ihm den übrigen Inhalt des Gedankens in der Form eines Substantivsatzes unter, z. B. Hace ya tres semanas que suspiro en vano „Schon seit drei Wochen seufze ich vergebens“ (M). No he tenido rato peor muchos meses ha „Ich habe seit Monaten keinen schlimmeren Augenblick gehabt“ (M). Poco ha que comimos „Vor kurzer Zeit aßen wir“ (Z).

e) Wenn ein ganzer Gedanke als der Aufmerksamkeit des Angeredeten besonders würdig hervorgehoben werden soll, so macht man ihn in der Form eines Substantivsatzes von einem der imperativischen Ausdrücke hé aquí (ahí), cata aquí (ahí), vé oder véd aquí (ahí), mira, oder einem ähnlichen abhängig, z. B. Cata aquí, hé aquí oder vé aquí que entra nuestro hombre „Siehe, da tritt unser Mann ein“ (S). Vé aquí porque los poderosos son insensibles „Siehe da, warum die Mächtigen gefühllos sind“ (J). Mira, mujer, que me vas enfadando „Siehe, Frau, du machst mich böse“ (M).

B) Fälle, in welchen deutschen Substantivsätzen gegenüber die spanische Sprache infinitivische Ausdrücke anwenden kann.

a) Im Spanischen kann ein infinitivischer Ausdruck auch dann noch als Subjekt gebraucht werden, wenn sich derselbe auf einen Gegenstand bezieht, der als Subjekt seiner Bedeutung gedacht werden kann, während im Deutschen unter dieser Bedingung ein vollständiger Substantivsatz ausgebildet werden muß, z. B. No ha sido casualidad ni inadvertencia de los autores que han escrito gramáticas, el *no haber tratado ninguno* esta materia „Es ist von den Schriftstellern, welche Grammatiken geschrieben haben, weder Zufall, noch Unaufmerksamkeit gewesen, daß keiner diese Materie behandelt hat“ (S). Dificil es *aventajar nadie á Lope de Vega* en facilidad para versificar „Es ist schwer, daß Jemand Lope de Vega an Leichtigkeit im Versificiren übertreffe“ (N).

b) Der Gebrauch eines infinitivischen Ausdrucks als Objekts eines „sagen“, „behaupten“, „versichern“ oder dergleichen bedeutenden Verbs ist freilich im Allgemeinen im Deutschen ebenso wohl, als im Spanischen, zulässig; doch neigt sich das Deutsche mehr dahin, statt desselben einen Substantivsatz zu setzen, z. B. Contesta haber gratificado al criado del marques „Er erklärt, daß er den Diener des Grafen beschenkt hat“ (J). A esto añadian el perjuicio *que decian recibir* en la particion „Hierzu fügten sie den Nachtheil, von dem sie sagten, daß sie ihn bei der Theilung erhielten“ (Q).

c) Im Spanischen kann ein infinitivischer Ausdruck, wenn irgend eine seiner objektivischen Bestimmungen in Frage steht, mit dem diese Frage bezeichnenden Worte als passives Objekt eines Satzes gebraucht werden, während im Deutschen dafür stets ein indirekter Fragesatz mit einem Hülfsverb des Modus, namentlich „sollen“, gesetzt wird; auch kann derselbe, wenn die Existenz seines Inhaltes selbst in Frage steht, auf eine ähnliche Weise Objekt einer intransitiven Beziehung sein, während im Deutschen dafür ein mit „ob“ eingeleiteter indirekter Fragesatz gebraucht werden muß. Beispiele: No sabe cual camino tomar „Er weiß nicht, welchen Weg er nehmen soll“ (S). Yo no sé como salir de este empeño „Ich weiß nicht, wie ich aus dieser Verlegenheit kommen soll“ (M). Bruno y yo dispondremos el como burlar la vigilancia de mi padre „Bruno und ich werden dafür sorgen, wie wir die Wachsamkeit meines Vaters täuschen können“ (G). — Anduvimos vacilando sobre ir ó no á alguna fiesta „Wir schwankten (darüber), ob wir zu irgend einer Festlichkeit gehen sollten oder nicht“ (R).

Adjektivischer Gebrauch der Substantivsätze.

§ 302. Auch im Spanischen werden mitunter, wie im Deutschen, Substantivsätze adjektivisch gebraucht, indem sie in unmittelbarer Beziehung zu einem Substantive entweder die Wirkung aussprechen, aus welcher die gemeinte Beschaffenheit des Dingbegriffes hervorgeht, oder dasselbe als eine Zeitbenennung, namentlich vez „Mal", näher bestimmen, z. B. Arma una disputa con los peluqueros *que es un gusto oirlo* „Er fängt einen Disput mit den Perrückenmachern an, daß es eine Lust ist, es zu hören (d. i. einen höchst ergötzlichen Disput)" (M). Esta es la primera vez que esto montecato me ha entendido „Dies ist das erste Mal, daß dieser Dummkopf mich verstanden hat" (M).

Gebrauch der Substantivsätze zur Bildung adverbialer Ausdrücke (zur Bildung von Adverbialsätzen).

§ 303. Wie häufig die Substantiven in Verbindung mit Präpositionen, präpositionell gebrauchten Adverbien rc. Ausdrücke bilden, welche ihrer grammatischen Bedeutung nach ganz den Adverbien gleichkommen und zuweilen sogar zu adverbialen Phrasen werden; so werden auch oft Substantivsätze mit Präpositionen, Adverbien und — in ihrem adjektivischen Gebrauche — selbst mit Substantiven verbunden, um als Ausdrücke adverbialer Bestimmungen zu dienen, z. B. *Desde que la vi* me agradó muchisimo „Seit (oder „von da an") daß ich sie sah, gefiel sie mir ungemein" (M). Yo lo creí *porque lo dijo* ella „Ich glaubte es wegen (dessen), daß sie es sagte (d. i. weil sie es sagte)" (M). Nos hizo un favor *aunque no nos conocia* „Er that uns einen Gefallen, noch daß (d. i. obwohl) er uns nicht kannte" (Y). Colocáos *de modo que podáis ver el sol* „Setzt euch der Art, daß ihr die Sonne sehen könnt" (Y). — Auch werden mitunter Substantivsätze ohne eine solche Verbindung, gleichsam in Akkusativform den Substantiven in einigen Verhältnissen entsprechend, als Ausdrücke adverbialer Bestimmungen gebraucht, z. B. ¿Qué hace (la muchacha) *que no trae una luz*? „Was macht es (das Mädchen), daß es kein Licht bringt? (M).

Alle Sätze dieser Art gehören aber nur noch ihrem Ursprunge nach zu den Substantivsätzen; ihrer Bedeutung nach sind sie ganz Adverbialsätze.

B. Adjektivsätze.

Die Adjektivsätze in ihrem eigentlichen Gebrauche.

§ 304. Diejenigen Adjektivsätze, welche den Umfang ihres Beziehungsbegriffes auf den einer Art, eines oder mehrerer Individuen, oder eines sonst bestimmten Theiles beschränken, werden insgemein, das Beziehungswort mag ein Begriffs- oder Formwort sein, durch que oder cual eingeleitet, und zwar durch que, wenn sie das beschränkende Merkmal selbst aussprechen, durch cual aber, wenn sie dasselbe nur seiner Art nach angeben; mitunter wird indeß statt que in Beziehung auf Personennamen auch quien gebraucht, und in Beziehung auf Sachen oder Personen el (la, los, las) que oder cual, z. B. Yo no soi de aquellos hombres que se disimulan los defectos „Ich gehöre nicht zu jenen Männern, welche sich ihre Fehler verhehlen" (M). Has de calentar el caldo que apartámos al medio dia „Du kannst die Bouillon aufwärmen, welche wir am Mittage wegstehlen" (M). ¡Qué silencio! Temo el momento en que se rompa „Welches Schweigen! Ich fürchte den Augenblick, in dem es gebrochen wird" (G). Su nombre fué el primero que mi labio aprendió á balbuciar „Sein Name war der erste, den meine Lippe stammeln lernte" (Z). No hubo desórden, usurpacion, ni tiranía de que sus enemigos no le acusasen „Es gab keine Unordnung, Anmaßung, noch Tyrannei, deren seine Feinde ihn nicht angeklagt hätten" (Y). Es un honor á que siempre he aspirado „Es ist eine Ehre, nach der ich immer gestrebt habe" (VV). Si hoi dia no se puede escribir nada, nada que no se muerda y se censure „Kann man doch heut zu Tage Nichts, Nichts schreiben, was nicht benagt und bekrittelt würde" (M). — ¿Si acaso será el novio por quien se interesa? „Ob er vielleicht der Bräutigam sein wird, für den er sich interessirt?" Es una verdad de la que todo el mundo está convencido „Es ist eine Wahrheit, von der Jedermann überzeugt ist" (Z). — Aquí se inflamó de un zelo y valor *cual* jamas los habia sentido „Hier entbrannte er von einem Eifer und einem Muthe, wie er sie nie gefühlt hatte" (Y).

§ 305. Diejenigen Adjektivsätze, welche den Umfang ihres Beziehungsbegriffes weder auf den einer Art, noch den eines oder mehrerer Individuen, noch den eines sonst bestimmten Theiles beschränken, werden insgemein, wenn nur das Beziehungswort kein Personalpronomen ist, durch que oder cual mit vorhergehendem bestimmten Artikel, oder durch quien eingeleitet, und zwar durch el (la, los, las) que oder cual in Beziehung auf Personen und Sachen, durch quien aber nur in Beziehung auf Personen; mitunter wird jedoch, und namentlich in Beziehung auf Personalpronomen, auch que ohne vorhergehenden bestimmten Artikel in diesen Verhältnissen gebraucht, z. B. Despertó á su criado, el cual todavia estaba durmiendo „Er weckte seinen Diener, welcher noch schlief" (S). Se ve una concavidad en la roca, la cual sirve de aposento al Alfaquí „Man sieht eine Höhle in dem Felsen, welche dem Alfaquí (maurischen Priester) zur Wohnung dient" (R). Pusieron por intercesor á Casas, á quien ya reconocian por fama y reverenciaban mucho „Sie nahmen Casas zum Vermittler, welchen sie schon von Ruf kannten, und sehr verehrten" (Q). Esta habia dado á luz una infanta á quien pusieron el mismo nombre de su madre „Diese hatte eine Infantin zur Welt gebracht, welcher sie denselben Namen ihrer Mutter gaben" (Y). — Hemos entrado por la puerta de la calle, que encontrámos abierta „Wir sind durch die Straßenthür hereingekommen, welche wir offen fanden" (G). ¡Dichosa tú, que de hoi no mas verás á este estafermo! „Glücklich du, die du von heute an nicht mehr diesen Gaffer sehen wirst!" (M).

§ 306. Jedes der Adjektivsätze einleitenden Relativen steht außer seiner Beziehung zu einem substantivischen Ausdrucke des übergeordneten Satzes (dem Beziehungsworte des ganzen Adjektivsatzes) entweder noch zu dem Verb, oder zu einem Substantive des Adjektivsatzes selbst in einem grammatischen Verhältnisse. In dem ersten Falle ist es dann entweder das Subjekt, oder irgend ein Objekt des Verbs, und hat als ersteres oder als passives

Objekt in der Regel nur seine unveränderte Form, sonst aber immer eine Präposition zur Bezeichnung dieser seiner Beziehung, jedoch mit der Ausnahme, daß, außer que und cual, die Relativen, welche sich auf einen Personalbegriff beziehen, in dem Verhältnisse eines leidenden Objekts auch die Präposition á bekommen, und daß que im Verhältnisse eines durch á bezeichneten persönlichen Objekts dieses á nicht annimmt. In dem zweiten Falle hat es immer die Genitivform cuyo (a, os, as), und zwar nicht nur dann, wenn es sich zu einem Substantiv als genitivisches Attribut verhält, und man daher auch im Deutschen die Genitivform „dessen" oder „deren" gebraucht, sondern auch, wenn das Substantiv zu ihm in dem Verhältniß einer Apposition steht, und demnach im Deutschen beide in dieselbe Kasusform gesetzt werden. Beispiele: Despertó á su criado, el cual todavia estaba durmiendo (S). Su nombre fué el primero que mi labio aprendió á balbuciar (Z). Pusieron por intercesor á Casas, á quien ya reconocian por fama y reverenciaban mucho (Q). Jamas observó en esta criatura la mas remota inclinacion á ninguno de los pocos hombres *que* ha podido ver en aquel encierro „Nie bemerkte sie in diesem Wesen die entfernteste Neigung zu irgend einem der wenigen Männer, welche sie in jener Abgeschlossenheit hat sehen können" (M). Un hombre *que* en mi vida pienso no *le* vi la cara „Ein Mann, dem ich in meinem Leben, glaube ich, nicht das Gesicht sah (d. i. dessen Gesicht)" (M). Es una verdad de la que todo el mundo está convencido (Z). Es un honor á qué siempre he aspirado (VV). — Tengo aqui una letra aceptada por V. S. y endosada en mi favor, cuyo término ha espirado „Ich habe hier einen von Ew. Herrlichkeit akzeptirten und zu meinen Gunsten indossirten Wechsel, dessen Termin abgelaufen ist" (L). ¿Qué era entónces en la consideracion de Fernando la nulidad de su nacimiento con cuyo pretesto la habia despojado del reino? „Was war nun in Ferdinands Augen der Fehler ihrer Geburt, mit welchem Vorwande er sie des Reiches beraubt hatte?" (Y).

§ 307. So wie im Deutschen die Relativpronomen zuweilen mit Relativadverbien, namentlich mit „wo" und „da", vertauscht werden; so vertauscht man sie auch mitunter im Spanischen, wenn der Beziehungsbegriff des Adjektivsatzes eine Sache, und namentlich eine als Ort gedachte Sache, ist, mit dem Relativadverb donde, welches dann im Sinne von en que, en el que oder en el cual genommen wird, oder auch eine Präposition, wie en, á, de, por etc. vor sich nimmt; in Adjektivsätzen, welche sich auf einen Zeitpunkt oder Zeitabschnitt beziehen, kann dies aber nicht, wie im Deutschen, geschehen, sondern diese können nur mit adjektivisch gebrauchten Substantivsätzen vertauscht werden. Beispiele: Separad á vuestra hija de este sitio, *donde* nada es capaz de aliviar su dolor „Entfernt eure Tochter von diesem Orte, wo Nichts fähig ist, ihren Schmerz zu lindern" (J). Acudió á la orilla del mar, *en donde* su buena suerte le deparó las espinas que buscaba „Er eilte an's Meeresufer, wo ihm sein gutes Glück die Gräten bescherte, die er suchte" (Y). Los libros *de donde* pudieran tomarse notas para semejante obra son conocidos de todo el mundo „Die Bücher, woraus (aus welchen) man Noten zu einem solchen Werke nehmen könnte, sind Jedermann bekannt" (Z). — Mas trabajo en un rato *que* me pongo á corregir alguna escena „Mehr arbeite ich in einem Augenblick, wo (oder „in dem") ich mich irgend eine Szene zu korrigiren anschicke" (M). Me ofreces mil peligros en cada *vez que* te veo „Du setzest mich jedes Mal, wenn ich dich sehe, tausend Gefahren aus" (M).

§ 308. Der Adjektivsatz steht gewöhnlich in unmittelbar attributiver Beziehung zu einem substantivischen Ausdrucke des ihm übergeordneten Satzes, und diese Beziehung wird in der Regel durch die Konkordanz seines Relativs mit dem erwähnten Beziehungsworte des Adjektivsatzes, so weit es der Geschlechts- und Zahlflexion fähig ist, und durch die möglichst nahe Folge des Adjektivsatzes nach seinem Beziehungsworte bezeichnet, wobei jedoch die eigenthümliche Ausnahme Statt findet, daß die Genitivform des Relativs immer mit dem Substantiv des Adjektivsatzes, mit dem es in attributiver Beziehung steht, konkordirt. Mitunter wird der Adjektivsatz aber auch in mittelbar attributiver Beziehung gebraucht, indem er in das Verhältniß eines Attribut-Objekts tritt, und dann konkordirt zwar sein Relativ auch zur Bezeichnung seiner attributiven Beziehung mit seinem im übergeordneten Satze stehenden Beziehungsworte, seine Stellung wird jedoch dabei adverbial. In diesem Verhältniß können indeß wol nur die Adjektivsätze stehen, welche das Merkmal des Beziehungsbegriffes bloß der Art nach andeuten, nicht es selbst aussprechen, und ihr Relativ cual kann dabei auch mit así cual, tal como, así como oder segun vertauscht werden. Beispiele: Carece de aquellos *bienes* sin *los cuales* no puede haber en este mundo felicidad verdadera „Es fehlt ihm an jenen Gütern, ohne die es in dieser Welt keine wahre Glückseligkeit geben kann" (Y). Los jueces *á quienes* apeló el reo „Die Richter, auf die sich der Schuldige berief" (S). El hombre *cuya* capa robaron „Der Mann, dessen Mantel man raubte" (S). — Fiel á lo que juré *me* verá desde el túmulo *cual me hallaría viviendo* „Treu meinem Schwure wird er mich vom Grabhügel aus sehen, wie er mich lebend finden würde" (H). Yo propia *así cual me* ves, no he nacido tampoco para ser esclava „Ich selbst, so wie du mich siehst, bin auch nicht geboren, um Sklavin zu sein" (R). Le entregué su cartera *tal como* me la dió Valentina „Ich behändigte ihm seine Brieftasche, so wie sie mir Valentina gab" (H). Devuelvo el libro *segun* lo recibí „Ich stelle das Buch, so wie ich es erhielt, zurück" (S).

Verschiedenheit der Anwendung von Adjektivsätzen im Spanischen und Deutschen.

§ 309. Der Gebrauch von Adjektivsätzen tritt im Allgemeinen im Spanischen und im Deutschen in denselben Verhältnissen ein; doch giebt es folgende mehr oder weniger bedeutende Abweichungen:

a) Da es der spanischen Sprache an einem aktiven Partizip fehlt, und das Gerundium dasselbe nur in dem Verhältniß eines Attribut-Objekts vertritt; so muß sie überall, wo das aktive Partizip im Deutschen beiwörtlich gebraucht ist, einen Adjektivsatz in Anwendung bringen, z. B. Recibe por todo mis enhorabuenas y manda á tu tio *que te estima* „Empfange zu Allem meine Glückwünsche und verfüge über deinen dich schätzenden Oheim" (M).

b) Auf gleiche Weise muß im Spanischen eine Entwickelung des partizipialen Ausdrucks zu einem Nebensatze eintreten, wo im Deutschen das passive Partizip ein Personalpronomen in Dativform regiert, z. B. La sortija de diamantes que me envias de parte de esa señora „Der mir seitens jener Dame von dir geschickte Diamantring" (M). La órden que se me dió „Der mir gegebene Auftrag".

c) Eine eigenthümliche Art von Adjektivsätzen bildet die spanische Sprache auch dem deutschen Partizip „genannt" gegenüber, indem sie ein attributives Satzverhältniß mittelst des Verbs llamar auf den Beziehungsbegriff desselben bezieht und den so gebildeten Satz zwischen den Artikel und das Satzverhältniß einschiebt, z. B. Guardaba la restante (leche) en *la que el llamaba* su despensa „Er verwahrte die übrige (Milch) in der von ihm sein genannten (oder „in seiner sogenannten") Speisekammer" (Y). La que se llama razon de estado „Die sogenannte Staatsklugheit" (Padre Isla).

d) Dagegen steht im Spanischen in der Regel ein partizipialer Infinitiv mit einem als Relativ dienenden substantivischen oder adverbialen Frageworte, wo im Deutschen ein ebenso eingeleiteter Adjektivsatz ein mit den Nebenvorstellungen der Möglichkeit oder Nothwendigkeit gedachtes und darum mit einem Hülfsverb des Modus verbundenes Prädikat hat, z. B. La cosa es tan clara que no hai *nada que oponer* á ella „Die Sache ist so klar, daß es Nichts giebt, was man ihr entgegensetzen könnte" (M). Le faltaban palabras *con que dar* gracias al Todopoderoso por el feliz éxito „Es fehlte ihm an Worten, mit welchen er dem Allmächtigen hätte für den glücklichen Ausgang danken können" (T). No he buscado casa en Madrid *donde alojarme* „Ich habe kein Haus in Madrid gesucht, wo ich logiren könnte" (L).

e) Man pflegt im Spanischen ferner, obgleich man allerdings, wie im Deutschen, auch indirekte Fragesätze, in welchen Arten oder Individuen eines Dingbegriffes in Frage stehen — wie z. B. Digame Vd. cuales pecados ha cometido „Sagen Sie mir, welche Sünden Sie begangen haben" (S) — gebrauchen kann, doch in der Regel an die Stelle solcher Substantivsätze ein Substantiv mit einem Adjektivsatze zu setzen, wobei eigenthümlicher Weise zuweilen die etwa das objektive Verhältniß des Relativs bezeichnende Präposition vor das Beziehungswort tritt, z. B. No sabe Vd. bien *el apuro en que me* veo „Sie wissen nur nicht, in welcher Verlegenheit ich mich befinde" (G). No se puede Vd. figurar *las amistades que* he hecho „Sie können sich nicht vorstellen, was für Bekanntschaften ich gemacht habe" (L). No sabe Vd. *con el hombre que* (anstatt el hombre con que) está hablando „Sie wissen nicht, mit welchem Manne Sie sprechen" (R).

f) Dagegen vermeidet die spanische Sprache gern den Gebrauch von Adjektivsätzen, deren Beziehungswort durch das Umfangswort todo zu bestimmen wäre, und setzt dafür meistens indirekte Fragesätze, in welchen das zum Subjekt oder Objekt gemachte Beziehungswort des Adjektivsatzes mit cuanto verbunden wird, was im Deutschen entweder gar nicht, oder nur in Vertauschung von „wie viel" mit „so viel" nachgebildet werden kann, z. B. Declara injustos *cuantos cargos se le* han hecho „Er erklärt alle Beschuldigungen, welche dir gemacht worden sind, für ungerecht" (M). Lee *cuantas obras* literarias *encuentra* „Er liest alle literarischen Werke, die er findet", oder „so viele literarische Werke er findet" (Z).

g) Dem gegenüber ist es im Spanischen wieder sehr gewöhnlich, anstatt indirekter Fragesätze, in welchen die Größenbestimmung eines Adjektivs oder Adverbs durch cuan oder que „wie" in Frage gestellt ist, Adjektivsätze zu gebrauchen, deren Beziehungswort das zur Bezeichnung eines allgemeinen Sachbegriffs mit lo substantivisch gebrauchte, aber in der seiner Grundbeziehung entsprechenden Geschlechts- oder Zahlform erhaltene Adjektiv oder Adverb ist, z. B. En eso se conoce *cuan tonto eres* und En eso se conoce *lo tonto que eres* „Hieran erkennt man, wie dumm du bist" (S). Ya se acuerda Vd. *de lo expresiva* que estuvo „Sie erinnern sich wohl, wie herzlich sie war" (M).

h) Auf ähnliche Weise gebraucht man im Spanischen Adjektivsätze, deren Beziehungswort eine zur Bezeichnung eines allgemeinen Sachbegriffs mit lo substantivisch gebrauchte Komparativform ist, wo im Deutschen zur Bezeichnung des Größenverhältnisses eines Adverbs ein auf „so" bezüglicher und mit dem, freilich oft ausgelassenen „als" eingeleiteter Adverbialsatz gebraucht wird, z. B. Los consolaba *lo mejor que* podia „Er tröstete sie so gut, als er konnte" oder „so gut er konnte" (Q).

i) Im Spanischen wird auch sehr häufig, wenn man in einem Gedanken eine Dingvorstellung besonders hervorheben will, dergestalt von Adjektivsätzen Gebrauch gemacht, daß man den Ausdruck dieser Vorstellung mit der zum Prädikat eines übergeordneten Satzes oder zum Objekte eines der imperativischen Ausdrücke hé, ve (véd), cata aqui oder ahí macht und ihn dem alsdann den übrigen Inhalt des Gedankens aussprechenden und im ersten Falle immer mit el (la, lo, los, las) que, oder auch in Beziehung auf eine Person mit quien, im andern Falle aber immer mit que eingeleiteten Adjektivsatz zum Beziehungsworte giebt, was allerdings auch mitunter, aber bei Weitem nicht so häufig auf eine ähnliche Weise im Deutschen geschieht, z. B. No es esa bárbara preocupacion la que me hace á veces titubear „Es ist nicht dieses barbarische Vorurtheil, welches mich zuweilen schwankend macht" (VV). Tu suerte, Matilde, es la que no me parece mui envidiable „Dein Schicksal, Mathilde, scheint mir nicht sehr beneidenswerth" (G). El es quien me ha dicho donde vivian Vds. „Er hat mir gesagt, wo Sie wohnten" (G). Hé aquí el obstáculo de que ántes hablaba „Das ist das Hinderniß, von dem ich vorhin sprach" (VV).

Substantivischer Gebrauch der Adjektivsätze.

§ 310. Die Adjektivsätze können auch im Spanischen, wie im Deutschen, den Adjektiven gleich substantivisch, d. h. zur Darstellung allgemeiner Personen- und Sachbegriffe gebraucht werden. In ihrer Grundform leitet man sie dann mit den substantivischen Fragewörtern quien und que ein, und zwar bei der Darstellung allgemeiner Personenbegriffe mit quien und bei der Darstellung allgemeiner Sachbegriffe mit que; doch wird statt quien sehr oft, und namentlich wenn das Geschlecht der Person unterschieden werden soll, que mit dem bestimmten Artikel oder einem andern Demonstrativadjektiv oder auch einem Umfangsworte gesetzt, und statt que wird so gewöhnlich lo que oder esto, eso oder aquello que gebraucht, daß es den substantivisch gebrauchten Adjektivsatz nur noch mitunter in dessen Stellung als Apposition zu dem übergeordneten Satze einleitet und selbst hier noch meistens durch lo que oder auch cosa que vertreten wird. Die Vertauschung von quien und que mit el (la, lo) que muß übrigens immer geschehen, wenn der Personen- und Sachbegriff durch das im Sinne von „jeder" oder „aller" gebrauchte todo bestimmt wird; doch kann statt todo lo que auch cuanto und statt todos los (las) que auch cuantos (as) gesetzt werden. Auch wird statt lo que mitunter lo cual oder auch donde und statt aquello que, wenn eins oder mehrere Wörter zwischen das Demonstrativ und das Relativ treten aquello — lo cual gesetzt. Beispiele: *Quien* siempre me miente, nunca me engaña „Wer mir immer die Unwahrheit sagt, täuscht mich nie" (Spr.). No hai *quien* pueda sufrir tanto disparate „Es ist Keiner, der so viel Unsinn aushalten könnte" (M). Soi camarero *que* es mui diferente „Ich bin Kammerdiener, was ganz anders ist" (VV). ¿Y has de ser tú *la que* le digas eso? „Und wirst Du diejenige sein, die ihm das sagt?" (M). Pues, no decian eso ayer *los que* encontramos en la botelleria „Nun, das sagten gestern diejenigen nicht, welche wir in dem Weinhause trafen" (M). ¿Hasta cuando no he de ser *el mismo que* he sido toda mi vida? „Wie lange soll ich nicht derselbe sein, der ich mein ganzes Leben gewesen bin?" (L). ¿Y quien es *eso que* cantaba poco ha? „Und wer ist der, welcher vorhin sang"? (M). No hai *alguno* de Vds. *que* tenga un poco de agua „Ist nicht Einer von Ihnen, der ein wenig Wasser hat?" (M). Vd. hará *lo que* yo quiera „Sie werden thun, was ich will" (L). Cada cual siembra y coge *todo aquello que* puede y necesita „Jeder säet und erndtet alles das, was er kann und nöthig hat" (G). Las nuestras (mujeres) pasaban sus dias y sus noches haciendo calceta, *lo que* no pide atencion „Die Unsrigen verbrachten ihre Tage und ihre Nächte, indem sie strickten, was keine Aufmerksamkeit verlangt" (G). Le pagué con mil protestas de servirle, *cosa que* nunca tuvo efecto „Ich vergalt ihm mit tausend Betheuerungen, ihm zu dienen, eine Sache, die (oder „was") nie Statt hatte" (Padre Isla). — *Todo el* que entre en un garito ha de jugar y perder „Jeder, der in ein Spielhaus geht, muß spielen und verlieren" (G). *Todo lo que* callo dicen ellas „Alles, was ich verschweige, sagen sie" (M). Destruye (ella) en un momento *cuanto* el amo y el criado proyectaron „Sie zerstört in einem Augenblick Alles, was der Herr und der Diener planten" (M). *Cuantos* hemos visto hasta ahora no sirven para descalzarle „Alle, die wir bis jetzt gesehen haben, sind nicht würdig, ihm die Schuhriemen zu lösen" (M). Se debia representar en casa de la condesa viuda de Benevente, *lo cual* no llegó á verificarse „Sie sollte im Hause der verwittweten Gräfin von Benevente aufgeführt werden, was nicht zur Ausführung kam" (rA). Colócase en dativo aquello hácia lo cual se dirige ó tiene tendencia otra cosa „Man stellt dasjenige in den Dativ, worauf etwas Anderes sich richtet oder abzielt" (S).

§ 311. Die substantivisch gebrauchten Adjektivsätze werden in ihrer grammatischen Beziehung zu dem übergeordneten Satze ganz wie Substantiven behandelt, und sie stehen daher, wie diese,

a) als Subjekte, sachliche Objekte transitiver Beziehung und mittelbare Attribute ohne Präposition,

b) als unmittelbare Attribute mit der Präposition de,

c) als persönliche Objekte transitiver Beziehung mit der Präposition á und

d) als Objekte persönlicher und intransitiver sachlicher Beziehung mit der jedem besondern Verhältniß entsprechenden Präposition,

und zwar so, daß diese Kasusbezeichnung immer an dem das Relativ begleitenden Artikel oder sonstigen Formworte und nur in Ermangelung eines solchen an dem Relative selbst geschieht, z. B. *Quien obra* mal, hace bien en callar „Wer schlecht handelt, thut wohl daran zu schweigen" (G). ¡Que sé yo *lo que te* diga! „Was weiß ich, was ich dir sagen soll!" (G). Lo que pedirá será *lo que yo no* puedo otorgar „Was er verlangen wird, wird sein, was ich nicht gewähren kann" (G). — Estos enlaces desiguales solo acarrean la desgracia *de los que* los contraen „Diese ungleichen Verbindungen führen nur das Unglück derer herbei, welche sie eingehen" (L). — Castiga *á quienes* (oder á los que) abusan de su bondad „Er straft diejenigen, welche seine Güte mißbrauchen" (S). Declara *á quien te quiere* tu enojo „Erkläre dem, der dich liebt, deinen Zorn“ (M). *De lo que* tengo que hablarte pende mi felicidad „Von dem, was ich dir zu sagen habe, hängt mein Glück ab“ (M). Quedó tan consolada *con lo poco que* acerté á decirla „Sie war von dem Wenigen, was ich ihr zu sagen vermochte, so getröstet“ (M). Te hace tan ridículo (esa extravagancia) *en cuanto* haces y dices y obras „Sie (die Sonderbarkeit) macht dich in Allem, was du thust und sagst und wirkst, so lächerlich (M). Discurrian *sobre quienes* se habian distinguido „Sie sprachen über die, welche sich ausgezeichnet hatten“ (S). *A pesar de quien* procura estorbarlo, ella y yo seremos felices „Trotz dem, der es zu verhindern sucht, werden sie und ich glücklich sein“ (M).

§ 312. Fast ebenso verfährt man bei der Bezeichnung des Kasusverhältnisses, in welchem das Relativ des Adjektivsatzes zu dem Verb oder einem Substantive desselben steht; doch geschieht diese immer nur an dem Relative selbst, und nicht an dem immer noch dem übergeordneten Satze angehörigen Formworte, auf das der Adjektivsatz zunächst sich bezieht, jedoch mit Ausnahme des bestimmten Artikels, der immer als zu dem Relativ unzertrennlich gehörig betrachtet wird, z. B. Dime *con quien* andas, te diré quien eres „Sage mir, mit wem du umgehst, und ich werde dir sagen, wer du bist“ (Spr.). *De lo que* mas satisfecho quedó, fué de la pica (nicht Lo de que etc.) „Das, womit er am meisten zufrieden war, das war die Pike“ (Y).

§ 313. Bei dem Umstande, daß das Kasusverhältniß des Adjektivsatzes und das seines Relativs oft an demselben Ausdrucke zu bezeichnen ist, kann leicht der Fall eintreten, daß für jede der beiden Beziehungen eine Präposition gebraucht werden muß. Man setzt diese jedoch nur beide, wenn sie verschieden sind, indem sonst ihre einmalige Aufstellung genügt, vermeidet aber im Ganzen ein solches Zusammentreffen zweier Präpositionen, z. B. Los historiadores están discordes *sobre á quien* de ellos embistió primero „Die Geschichtschreiber sind uneins darüber, wen von ihnen er zuerst angriff“ (Q). Empieza *por donde* todas concluyen „Sie fängt mit dem an, womit alle enden“ (G).

§ 314. Auch hinsichtlich ihrer Stellung werden die substantivisch gebrauchten Adjektivsätze auf ähnliche Weise wie die Substantiven behandelt, indem sie nicht nur gewöhnlich die ihrer grammatischen Bedeutung entsprechende Stelle derselben einnehmen, sondern auch, wenn sie als Objekte des übergeordneten Satzes zum Zwecke größerer Hervorhebung an die Spitze desselben gestellt werden, in diesem dem Sinne nach durch ein Personalpronomen oder Demonstrativ wiederholt zu werden pflegen, z. B. A quien todo lo ha perdido ¿qué peligro *le* amedrenta? „Wer Alles verloren hat, welche Gefahr schreckt den?“ Lo que tú te empeñas en callar, *lo* revelan las imprudencias de tu novio „Was du zu verschweigen dich bemühst, das offenbaren die Unklugheiten deines Bräutigams“ (H). Lo que dice su merced, *eso* digo yo „Was Se. Gnaden sagen, das sage ich“ (M).

§ 315. Gleich den Substantiven und Substantivsätzen werden die substantivisch gebrauchten Adjektivsätze auch mitunter als Ausdrücke adverbialer Bestimmungen gebraucht; doch geschieht dies nur mit denjenigen, welche Ausdrücke allgemeiner Sachbegriffe sind und mit lo que, todo lo que oder cuanto eingeleitet werden. In dieser Weise bestimmt man

a) die Zeitdauer, z. B. ¿Pensáis que cesara mi pasion, muerto mi amante? *No, lo que yo viviré* „Denkt ihr, daß meine Liebe aufhören würde, nachdem mein Liebhaber gestorben wäre? So lange ich leben werde, nicht" (H);

b) das Maß der Größe an sich, z. B. Vd. podrá reirse *lo que* guste „Sie können lachen, so viel Sie belieben" (H). Esto es sencillo y bello *cuanto cabe* „Dies ist so einfach und schön, als nur möglich" (R);

c) das durch eine Vergleichung bestimmte Maß der Größe, z. B. Algo mas hai de *lo que* has visto „Etwas mehr giebt's, als du gesehen hast" (M);

d) den Urtheilsgrund, z. B. Con que Vd., *á lo que parece*, no ha salido? (Vergl. § 300).

§ 316. Außer dieser vom Deutschen abweichenden Anwendung substantivisch gebrauchter Adjektivsätze werden diese manchmal auch noch anstatt solcher indirekter Fragesätze, in welchen ein Größenverhältniß des Ausgesagten in Frage steht, und die im Deutschen mit „wie" oder „wie sehr" eingeleitet werden, gebraucht, z. B. Doña Irene sabe *lo que* yo la estimo „Donna Irene weiß, wie sehr ich sie schätze" (M). Ya verás *lo que* se alegra tu tia „Du wirst schon sehen, wie sich deine Tante freut" (G).

§ 317. Wie im Deutschen, wird auch im Spanischen von der Form substantivisch gebrauchter Adjektivsätze häufig Gebrauch gemacht, um in einem Gedanken eine Vorstellung besonders hervorzuheben, und zwar geschieht dies auf folgende Weise:

a) Die hervorzuhebende Vorstellung wird mit ser das Prädikat des übergeordneten Satzes, und der übrige Inhalt des Gedankens wird in einem immer mit lo que eingeleiteten Adjektivsatze ausgesprochen, der sich zu dem übergeordneten Satze als dessen Subjekt verhält, z. B. Es infinito *lo que* se ha adelantado „Es ist unendlich, was man weiter gekommen ist" (J). Eso mismo es *lo que* yo digo „Dasselbe ist es, was ich sage" (R).

b) Die hervorzuhebende Vorstellung wird zum Objekte eines der Ausdrücke hé, cata, ve oder véd aquí (ahí) gemacht und der übrige Inhalt des Gedankens in einem davon abhängigen Adjektivsatze ausgesprochen, z. B. Véd ahí *lo que* la tiene sin consuelo „Das ist es, was sie trostlos macht" (J).

c) Die hervorzuhebende Vorstellung wird mit ser Prädikat eines substantivisch gebrauchten Adjektivsatzes sächlicher Form, und der übrige Inhalt des Gedankens macht den übergeordneten Satz aus, z. B. Oh, *lo que* es por mí, no te inquietes „O, was mich betrifft, so beunruhige dich nicht" (G).

C. Adverbialsätze.

Raumverhältnisse.

§ 318. Die Adverbialsätze des Raumverhältnisses werden in der Regel mit dem Relativadverb donde eingeleitet, auf welches mitunter durch ein dem übergeordneten Satze angehöriges Demonstrativadverb hingewiesen wird. Donde ist aber nicht immer das erste Wort des Adverbialsatzes, sondern es werden ihm manchmal noch Präpositionen vorgesetzt; doch bezeichnen diese gewöhnlich nur die besondern Beziehungen, in welchen die in donde liegende Ortsvorstellung zu dem Verb des Adverbialsatzes steht und nur selten ein genaueres Raumverhältniß des Adverbialsatzes zu dem Verb des ihm übergeordneten Satzes. In Beziehung auf ein dem übergeordneten Satze angehöriges Demonstrativadverb kann statt des Adverbialsatzes auch ein adverbial gebrauchter Substantivsatz gebraucht werden. Beispiele: Tu pupila no está *donde piensas* „Deine Mündel ist nicht, wo du denkst“ (M). La dejaré que se vaya á *donde* quiera „Ich werde sie hingehen lassen, wohin sie will“ (M). Llegó *cerca de donde* estaba su adversario „Er gelangte nahe dahin, wo sein Gegner war“ (Q). Un vivo retrato es la chica, *ahí donde* Vd. la ve, de su abuela „Ein leibhaftes Ebenbild ist das Mädchen da, wo Sie sie sehen, von ihrer Großmutter“ (M). — Me he venido *aquí que* está mucho mas fresco „Ich bin hierher gekommen, wo es viel frischer ist“ (M).

Zeitverhältnisse.

§ 319. Die Adverbialsätze des Zeitverhältnisses, als welche zum größten Theile aus adverbial gebrauchten Substantivsätzen hervorgegangen sind, werden meistens durch den Satzartikel que mit einer Präposition, einem Adverb, oder einem Substantiv mit einer Präposition, manchmal jedoch auch mit einem Relativadverb eingeleitet, und zwar

1) zur Bezeichnung der Gleichzeitigkeit
   a) mit cuando und á tiempo que, wenn der Adverbialsatz den Zeitpunkt ausdrückt, mit dem ein hinsichtlich der Begränzung seiner Dauer unbestimmt gedachtes Prädikat gleichzeitig ist, gleichviel ob es der Vergangenheit oder der Zukunft angehört, z. B. *Cuando llegué* á la corte, estaba S. M. recogido „Als ich an den Hof kam, pflegte Se. Majestät der Ruhe“ (J). *Cuando venga* Don Vicente, le dará Vd. sus cuentas „Wenn Don Vinzenz kommt, werden Sie ihm Ihre Rechnungen geben“ (O). Va á cerrar la puerta *á tiempo que* entra Fátima „Sie will die Thür schließen, als Fatima eben eintritt“ (R);
   b) mit luego que, tan luego como, así que, al punto que, al momento que, en cuanto, cuanto ántes und como, wenn der Adverbialsatz den Zeitpunkt ausdrückt,

mit dem das Prädikat hinsichtlich seiner ganzen Dauer, d. i. seinem Anfange und Ende nach gleichzeitig gedacht wird, mit cuanto ántes jedoch nur in der Zukunft, sowie mit como nur in der Vergangenheit, sonst aber gleichviel, ob das Prädikat der Vergangenheit oder der Zukunft angehört, z. B. *Luego que* Fernando fué reconocido en Nápoles, se puso sobre Gaeta „Sobald Friedrich in Neapel anerkannt wurde, belagerte er Gaeta“ (Q). *Tan luego como* recibas esta, ponte en camino con toda tu familia „So bald du diesen Brief erhältst, begieb dich mit deiner ganzen Familie auf den Weg“ (BII). *Así que* ella salga, éntrese Vd., y cierre bien la puerta „So wie sie hinausgeht, treten Sie ein und schließen wohl die Thür zu“ (M). *Al momento que* vaya á entrar, vienes tú delante de él „So wie er eintreten will, kommst du vor ihm her“ (L). *Al punto que* oyó mi nombre, frunció el entrecejo „So wie er meinen Namen hörte, runzelte er die Stirn“ (R). Nos cederá su puesto de buena gana *en cuanto* le necesitemos para mi yerno „Er wird uns gern seinen Posten abtreten, sobald wir ihn für meinen Schwiegersohn nöthig haben“ (L). A mí me toca solo callar, y cumplir *cuanto ántes* me sea posible lo que acabo de prometerla „Mir liegt es nur ob, zu schweigen und, so bald es mir möglich ist, das zu erfüllen, was ich ihm versprochen habe“ (M). *Como* acabó su discurso, todos lo aplaudieron „So wie er seine Rede schloß, klatschten ihm Alle Beifall“ (S);

c) mit cuando oder á tiempo oder al tiempo que, und mit mehr Hervorhebung mit entretanto oder en tanto que und miéntras oder miéntras que, wenn der Adverbialsatz den Zeitraum ausdrückt, in welchem das Prädikat seine Zeitstelle findet, z. B. *Cuando* en 1817 estaba viajando por Italia, visité las ruinas del Herculano „Als ich im Jahre 1817 in Italien reisete, besuchte ich die Ruinen von Herculanum“ (S). Llegó á juntarse con el rei *á tiempo que* los franceses se habian encerrado en Atela „Es gelang ihm, sich mit dem Könige zu vereinigen, als die Franzosen sich in Atela eingeschlossen hatten“ (Q). *En tanto* oder *entre tanto que* estaba ausente, le robaron „Während er abwesend war, bestahl man ihn“. *Miéntras* esta ciudad se defendia bizarramente, acudieron los castellanos „Während diese Stadt sich tapfer vertheidigte, eilten die Kastilier herbei“ (Q). Su hija de Vd. puede quedarse conmigo *miéntras que* Vd. despacha su comision „Ihre Tochter kann bei mir bleiben, während Sie Ihren Auftrag ausrichten“ (G);

d) mit cuando, und mit mehr Hervorhebung mit siempre que, wenn das unter a) beschriebene Verhältniß als oft wiederholt gedacht wird, z. B. *Cuando* le pregunto cualquiera friolera casi siempre me responde en latin „Wenn ich ihn um irgend eine Sache frage, antwortet er mir immer auf Lateinisch" (M). *Siempre que* entraba ó salia me apretaba la mano „So oft er ein- und ausging, drückte er mir die Hand" (G);

e) mit luego que, asi que, en cuanto, wenn das unter b) beschriebene Verhältniß als oft wiederholt gedacht wird, z. B. *Luego que* son grandecillas, olvidan tales enredos „Sobald sie ein wenig erwachsen sind, vergessen sie solche Kinderpossen" (M). *Asi que* veo á un castellano vuelvo á otro lado la cara „So wie ich einen Kastilier sehe, wende ich das Gesicht nach einer andern Seite" (R). *En cuanto* veo á una persona, la miro desde los piés á la cabeza „So wie (auch „So bald") ich eine Person sehe, betrachte ich sie vom Kopfe bis zu den Füßen" (G);

f) mit cuando, miéntras und entretanto que, wenn das unter c) beschriebene Verhältniß als oft wiederholt gedacht wird, z. B. *Cuando* se desea con ansia una cosa parece imposible que se ha de llegar á conseguirla „Wenn man eine Sache mit Sehnsucht wünscht, scheint es unmöglich, daß man dazu kommt, sie zu erlangen" (R). *Entretanto que* los abuelos jugaban ellos jugaban tambien „Während (oder „Unterdessen") die Großeltern spielten, spielten sie auch" (M);

2) zur Bezeichnung der Vor- oder der Nachzeitigkeit

a) mit ántes que, wenn der Adverbialsatz eine Zeitbestimmung ausspricht, welcher die Zeitstelle des Prädikats vorangeht, z. B. *Antes que* vengan á sorprendernos apelaré á mi último recurso „Ehe sie kommen, uns zu überraschen, werde ich meine Zuflucht zu meinem letzten Hülfsmittel nehmen" (G);

b) mit despues que, wenn der Adverbialsatz eine Zeitbestimmung ausspricht, welcher die Zeitstelle des Prädikats nachfolgt, z. B. *Despues que* yo de tu boca sepa mi desventura, me iré „Nachdem ich aus deinem Munde mein Unglück erfahren habe, werde ich fortgehen" (M);

3) zur Bezeichnung der Zeitdauer

a) mit desde que, wenn der Adverbialsatz den Zeitpunkt ausspricht, mit dem die Dauer des Prädikats anhebt, oder auch den Zeitraum, von dessen Anfang sie gerechnet wird, z. B. No la ha visto *desde que* la llevaron á Guadalajara „Er hat sie nicht gesehen, seitdem man sie nach Guadalajara brachte" (M). *Desde que* anda en uso de representar comedias, ni come, ni duerme, ni habla á derechas „Seitdem er damit umgeht, Komödien aufzuführen, ißt er weder, noch schläft er, noch spricht er ordentlich“ (VV);

b) mit *hasta que*, wenn der Adverbialsatz den Zeitpunkt ausspricht, mit dem die Dauer des Prädikats schließt, z. B. No los he perdido de vista *hasta que* salieron „Ich habe sie nicht aus dem Gesichte verloren, bis sie hinauszogen“ (M);

c) mit *miéntras* oder *en tanto que*, wenn der Adverbialsatz den Zeitraum ausspricht, den die Dauer des Prädikats erfüllt, z. B. *Miéntras* viva conservaré la memoria „So lange ich lebe, werde ich daran denken“ (M). ¿Quien quieres que lo haga *en tanto* que no tengamos con que pagar á otra mujer? „Wer soll es thun, so lange wir nicht haben, womit wir eine andere Frau bezahlen können?“ (C).

Anmerk. Mitunter wird die Dauer des Prädikats auch durch zwei Adverbialsätze der unter a) und b) beschriebenen Art bestimmt, z. B. *Desde que* se levanta *hasta que* se acuesta no cesa de hablar „Seitdem er aufsteht, bis daß er zu Bett geht, hört er nicht auf zu sprechen“ (M).

Größenverhältnisse.

§ 320. Die Adverbialsätze des Größenverhältnisses werden theils mit Relativadverbien, theils mit dem von einer Präposition oder einem substantivischen Ausdrucke mit einer Präposition begleiteten Satzartikel eingeleitet, und zwar gebraucht man

1) como, cuan und cuanto, wenn der Adverbialsatz geradezu die zu bestimmende Größe einer Vorstellung des übergeordneten Satzes ausspricht, jedoch so, daß diese Relativen immer in Beziehung auf ein dem übergeordneten Satze angehöriges tan oder tanto stehen und daß die in diesen Demonstrativen liegende Hinweisung durch como und mitunter, wenn tanto vorhergeht, auch durch cuanto auf das Verb, durch cuan auf ein Adjektiv oder Adverb und durch cuanto oder como auf ein Substantiv des Adverbialsatzes bezogen wird, z. B. No siempre nuestras desdichas son *tan* grandes *como* la imaginacion las pinta „Nicht immer sind unsere Leiden so groß, als die Einbildung sie schildert“ (M). *Tanto* blanquea la nieve, *cuanto* blanquea el jasmin „So weiß ist der Schnee, als es der Jasmin ist“ (S). *Cuan* blanco es la nieve, *tan blanco* oder *tanto lo* es el jasmin „So weiß der Schnee ist, so weiß ist (oder „so sehr ist es“) der Jasmin“ (S). *Cuantos* vicios risibles infestan la sociedad, *otros tantos* descubre la comedia „So viel lächerliche Fehler die Gesellschaft plagen, eben so viele zeigt die Komödie“ (rA). Vd. padece tantas equivocaciones

casuales *como* pensamientos le ocurren „Sie leiden an so vielen zufälligen Irrthümern, als Ihnen Gedanken einfallen" (H);

2) cuanto oder miéntras und segun, conforme, á proporcion que oder á medida que, wenn der Adverbialsatz das Maß der Vermehrung oder Verminderung einer dem übergeordneten Satze angehörigen Vorstellung durch die Angabe einer entsprechenden Vermehrung oder Verminderung des Größenverhältnisses einer anderen Vorstellung ausspricht, wobei in den mit cuanto oder miéntras eingeleiteten, die Vermehrung oder Verminderung immer durch Komparativformen bezeichnet und auf die Angabe des Maßes derselben manchmal zugleich in dem übergeordneten Satze durch tanto hingewiesen wird, z. B. *Cuanto mas* lo pienso, mas me asombro „Je mehr ich es überlege, desto mehr erstaune ich" (Q). *Miéntras* mas lo piense Vd., peor le ha de parecer „Je mehr Sie es bedenken, desto schlimmer wird es Ihnen scheinen" (L). *Cuanto* uno es *mas* pobre, se le debe socorrer mas „Je ärmer Einer ist, desto mehr muß man ihm beistehen" (S). En fin se les trató *tanto* mas generosamente, *cuanto mayor* proteccion empezaban á dispensarles las leyes „Endlich behandelte man sie um so großmüthiger, je größern Schutz die Gesetze ihnen zu gewähren anfingen" (S). Los gastos se aumentaban *segun* (oder conforme) iba creciendo „Die Ausgaben nahmen zu, so wie er wuchs" — El gobernador la aumentó (la confianza) *á proporcion que la* ponia á la prueba „Der Statthalter vermehrte es (das Vertrauen) so wie er es auf die Probe stellte" (Q). La estrañeza desaparece *á medida que* se consideran las circunstancias „Die Verwunderung schwindet, so wie man die Umstände erwägt" (Q);

3) que, welches aber, da der Adverbialsatz in diesem Verhältniß gewöhnlich aus einem mit el (la, lo, los, las) que eingeleiteten Adjektivsatze hervorgeht, des Wohllauts wegen fast immer mit de vertauscht wird, wenn der Adverbialsatz eine Vorstellung ausspricht, deren Größenverhältniß als das zur Bestimmung dienende Maß von dem Größenverhältniß einer Vorstellung des übergeordneten Satzes übertroffen wird, z. B. Dios bendecirá tu regreso y le hará *mas* feliz *que* ha sido nuestra venida „Gott wird deine Rückreise segnen und sie glücklicher machen, als unsere Herreise gewesen ist" (Y). — No es nada mas *que lo que* dije ahí fuera „Es ist Nichts weiter, als (was) ich da draußen sagte" (M). — Tiene mas edad *de la que* aparenta „Sie hat mehr Jahre, als sie scheint" (O). Me hallo mas interesado en favor suyo *de lo que* podéis imaginar „Ich bin mehr zu seinen Gunsten eingenommen, als ihr euch denkt" (J);

4) de tal modo (manera, suerte, forma) que, en terminos que oder auch bloß que, jedoch meistens in Beziehung auf ein dem übergeordneten Satze angehöriges tal, tan oder tanto, wenn

der Adverbialsatz die Größe einer Vorstellung durch die Angabe einer derselben entsprechenden Wirkung ausspricht, wobei aber de tal modo etc. als ein dem übergeordneten Satze angehöriger Ausdruck von que getrennt werden kann, z. B. *De tal modo* se ha apoderado de mí *que* mi alma no sueña otra ambicion „Dergestalt hat es sich meiner bemächtigt, daß meine Seele keinen andern Ehrgeiz träumt" (VV). Ha alterado (la tristeza) su semblante de Vd. *en términos que* apénas le reconozco „Sie (die Traurigkeit) hat Ihr Gesicht dergestalt verändert, daß ich Sie kaum wiedererkenne" (M). Era *tal* la muchedumbre de saetas que lanzaban *que* las sendas y el campo se veían cubiertos de ellas „So groß war die Menge der Pfeile, welche sie schleuderten, daß die Wege und das Feld davon bedeckt wurden" (Q). *Tan* necio serás *que* no lo comprendas „So dumm wirst du sein, daß du es nicht begreifst" (M). Se indignó *tanto que* anuló las solemnes declaraciones anteriores „Er wurde so unwillig, daß er die früheren feierlichen Erklärungen widerrief" (Y). — Es viejo *que* los dos no se llevan mes y medio „Er ist so alt, daß die beiden nicht anderthalb Monat auseinander sind (M);

5) para que, und zwar in Beziehung auf bastante oder harto, wenn der Adverbialsatz den Zweck ausdrückt, zu dem das Größenverhältniß einer Vorstellung hinreicht, und in Beziehung auf mui, mucho, demasiado oder sobrado, mitunter jedoch auch ohne dieselben, wenn der Adverbialsatz einen mit dem Größenverhältniß einer Vorstellung nicht vereinbaren Zweck oder Umstand ausspricht, z. B. ¿No he dicho *bastante para que* te convenzas? Habe ich nicht genug gesagt, damit du dich überzeugst? — Cervántes era *sobrado* descuidado en la correccion *para* que extrañemos hallar en su Don Quijote . . . „Cervantes war bei der Verbesserung zu nachlässig, als daß wir uns wunderten, in seinem Don Quijote zu finden . . ." (H). Ha caido en buenas manos *para que* se escape „Er ist in zu gute Hände gefallen, um zu entwischen" (G);

6) en cuanto, wenn der Adverbialsatz die Beschränkung ausspricht, in welcher die Größe einer Vorstellung genommen werden soll, z. B. De todo voi á hablar *en cuanto* dice relacion con la lengua Castellana „Von Allem werde ich sprechen, so weit es auf die spanische Sprache Bezug hat" (S).

Weise.

§ 321. Die Adverbialsätze der Weise sind größtentheils aus adverbial gebrauchten eigentlichen und interrogativen Substantivsätzen hervorgegangen und werden eingeleitet

1) mit den manchmal auch in Beziehung auf asi oder tal gebrauchten Relativen como und cual, so wie mit segun und al modo

que, wenn der Adverbialsatz einen für wirklich gehaltenen Umstand ausspricht, dem das Ausgesagte ähnlich ist oder entspricht, z. B. Surcaba el bajel las aguas *como* el pájaro corta el aire „Es furchte das Schiff die Gewässer, wie der Vogel die Luft durchschneidet" (Y). Te amo *como* mereces „Ich liebe dich, wie du es verdienst" (R). *Cual* ruge el leon en la selva, *así* bramaba de coraje „Wie der Löwe im Walde brüllt, so schrie er vor Wuth" (S). Le recibió y agasajó *segun* tenia de costumbre „Er empfing und bewillkommnete ihn, wie er gewohnt war" (Q). Les proponen de venta gran multitud de negros, *al modo que* aquí se vende el ganado en el mercado „Sie stellen ihnen eine große Menge Neger zum Verkauf an, so wie man hier das Vieh auf dem Markte verkauft" (Y);

2) mit como que oder auch mitunter bloß mit que, wenn der Adverbialsatz den Umstand, mit dem das Prädikat übereinstimmt, als weder einen wirklichen, noch nicht wirklichen, sondern als einen bloß vorgestellten ausspricht, z. B. Haces *como que* repugnas lo que estás deseando „Du thust, als ob dir das, was du wünschest, zuwider sei" (M). Hace *que* se va „Er thut, als ob er weggehe" (M);

3) mit como si, cual si, oder auch mit Hervorhebung lo mismo que si, wenn der Adverbialsatz den Umstand, der das Prädikat durch eine zwischen beiden vorhandene Uebereinstimmung bestimmen soll, als einen bloß vorausgesetzten, nicht wirklichen ausspricht, z. B. Hace un calor *como si* fuera una siesta de agosto „Es ist eine Hitze, als wenn es ein August-Nachmittag wäre" (M). Mira tú, ¡qué buena alma! Huir cual si cometiera una mala accion, cuando hacia una de que serian capazes tan pocos! „Nun sieh einmal, welche gute Seele! Zu fliehen, als wenn er eine schlechte That begangen hätte, während er doch eine that, deren so Wenige fähig sein würden" (H). *Lo mismo* me he quedado *que si* me hubiera caido un rayo „Es ist mir gerade so, als wenn mich ein Blitzstrahl getroffen hätte" (G);

4) mit dem immer in Beziehung auf así oder die gleichbedeutenden Ausdrücke de modo, de manera, de suerte, de forma und en términos de stehenden Satzartikel, wenn der Adverbialsatz die Wirkung ausspricht, nach welcher das Prädikat so oder so beschaffen sein muß, z. B. *Así* se defendia *que* no pudieron rendirle „So vertheidigte er sich, daß sie ihn nicht überwältigen konnten" (S). Colocáos *de modo que* podáis ver el sol cuando se ponga „Setzt euch so, daß ihr die Sonne sehen könnt, wenn sie untergeht" (Y). El susto, el polvo y el sudor habian desfigurado su semblante *de forma que* nadie le conocia „Der Schrecken, der Staub und der Schweiß hatten sein Gesicht dergestalt entstellt, daß Niemand ihn kannte" (J). Se ha puesto el

mundo de *manera que* es menester morirse „Die Welt ist so geworden, daß es sich nicht mehr darin leben läßt" (R).

Grund.

§ 322. Die Adverbialsätze des Grundes sind zum größten Theil aus adverbial gebrauchten Substantivsätzen hervorgegangen und werden daher meist mit dem Satzartikel in Begleitung einer Präposition oder eines Adverbs eingeleitet; doch haben einige auch konjunktionelle Adverbien zur Einleitung. Man gebraucht nämlich, und zwar immer ohne ein dem übergeordneten Satze angehöriges, dem deutschen „so" entsprechendes Demonstrativ, und selten mit einem zur Hervorhebung des Gegensatzes zwischen dem Adverbialsatze und dem ihm übergeordneten Dienenden, dem deutschen „doch" entsprechenden adverbialen Ausdrucke,

1) como, como que, que, porque oder cuanto que, wenn der Adverbialsatz eine Vorstellung ausspricht, die als Ursache gedacht wird, cuanto que jedoch nur in Beziehung auf eine durch tanto angedeutete Steigerung des Größenverhältnisses, z. B. *Como* sale de su hija, necesita dinero „Da er seine Tochter ausbringt, so hat er Geld nöthig" (G). No tardaré en hablarle, *como que* iré esta tarde á verle „Ich werde ihn sehr bald sprechen, da ich ihn diesen Nachmittag besuchen werde" (S). ¿Qué dirá la señorita, cuando le vea, *que* está ciega por él? „Was wird das Fräulein bei seinem Anblick sagen, da sie ihn so ungeheuer liebt?" (M). Mis gritos, mis clamores fueron vanos, *porque* nadie se atrevió á interrumpir su descanso „Mein Geschrei, mein Jammern war vergebens, weil es Niemand wagte, seine (des Königs) Ruhe zu unterbrechen" (J). La rendicion de esta plaza le importaba *tanto mas cuanto que* era el principal obstáculo para emprender su espedicion á Italia „Die Unterwerfung dieses Platzes war ihm um so wichtiger, da er das Haupthinderniß für ihn war, seinen Zug nach Italien zu unternehmen" (Alc);

2) como, porque, pues, puesque, ya que, una vez que, puesto oder puesto que und supuesto que, wenn der Adverbialsatz eine Vorstellung ausspricht, die als Beweggrund gedacht wird, z. B. *Como* el asunto es de tanta entidad, no me he atrevido á fiarme del muchacho „Da die Sache von so großer Wichtigkeit ist, so habe ich nicht gewagt, mich auf den Knaben zu verlassen" (G). Tú le defiendes *porque* pensabas casarte con él „Du vertheidigst ihn, weil du dich mit ihm zu verheirathen gedachtest" (G). Buen Dios, *pues* nos envias esta tribulacion, conforta nuestras almas para sufrirla „Guter Gott, da du uns diese Prüfung schickst, so stärke unsre Seelen, sie zu ertragen" (J). *Puesque* tal es el estado de las cosas, tratemos de aplicar algun remedio al mal „Da das die Lage der Dinge ist, so laßt uns suchen, irgend ein Heilmittel für das Uebel anzuwenden" (S).

Ya que me pagas tan mal, no te volveré á favorecer „Da du mir so schlecht lohnst, so werde ich dich nicht wieder begünstigen" (S). *Una vez que* son de los nuevos (escudos), los tomaré „Da sie einmal (gerade) von den neuen (Thalerstücken) sind, so werde ich sie nehmen" (M). *Puesto que* me habéis pedido consejos, os quiero dar uno „Da ihr mich einmal um Rath gefragt habt, so will ich euch einen geben" (L);

3) pues, puesque, puesto que, supuesto que, comoque, ya que oder porque und como, segun, á lo que, por lo que oder lo que, wenn der Adverbialsatz eine Vorstellung ausspricht, die als Urtheilsgrund für den Gedanken des übergeordneten Satzes angesehen wird, die von como an genannten jedoch nur, wenn der Adverbialsatz als bloße Modusbestimmung aus einem übergeordneten Satze, und der ihm übergeordnete Satz als Urtheil aus einem Substantivsatze hervorgegangen ist, z. B. *Pues* habéis oido como pienso, podéis inferir si lo habré hecho con eficacia „Da ihr gehört habt, wie ich denke, so könnt ihr schließen, ob ich es werde mit Nachdruck gethan haben" (J). A las claras estoi viendo que el Dios de Ismael no me ha abandonado, *puesque* te envia á socorrerme como un ángel consolador „Klar sehe ich, daß der Gott Ismael's mich nicht verlassen hat, da er dich schickt, mir wie ein tröstender Engel beizustehen" (R). Guzman habrá ya llegado *puesto que* vi ayer á su hijo „Guzman wird schon gekommen sein, da ich gestern seinen Sohn sah" (S). *Supuesto que* llegará hoi, no hai necesidad de escribirle „Da er heute kommen wird, so ist es nicht nöthig, ihm zu schreiben" (S). *Como que* le vi pasear con su hermano, pensé que se habrian reconciliado „Da ich ihn mit seinem Bruder spazieren sah, dachte ich, daß sie sich vielleicht ausgesöhnt hätten" (S). *Ya que* el cerdo me alaba, mui mal debo de bailar „Da mich das Schwein lobt, so muß ich wol sehr schlecht tanzen" (Y). Yo lo creí *porque* lo dijo ella „Ich glaubte es, weil sie es sagte" (M). — Está de caza, como él mismo dice „Er ist auf der Jagd, wie er selbst sagt" (L). Su tia la quiere tanto, *segun* parece „Ihre Tante liebt sie so sehr, wie es scheint" (M) (Vergl. § 300);

4) si, por si, oder auch mitunter cuando und como, con que, con tal que, siempre que oder á ménos que, wenn der Adverbialsatz eine Vorstellung ausspricht, die als Bedingung oder Voraussetzung gedacht wird, die von como an genannten jedoch immer nur, wenn das Verb des Adverbialsatzes Konjunktivform hat, cuando nur, wenn es Indikativform hat, si und por si aber ohne die eine noch die andere Bedingung, z. B. *Si* encuentra un par de ojos negros, ya es hombre perdido „Wenn er ein Paar schwarze Augen findet, ist er schon ein verlorner Mensch" (M). *Si* fuere preciso, iré á los piés del rei „Wenn es nöthig

sein sollte, werde ich mich dem Könige zu Füßen werfen“ (J). Dame un abrazo *por si* no nos volvemos á ver „Gieb mir eine Umarmung, für den Fall, daß wir uns etwa nicht wieder sehen“ (M). *Cuando* lo sabe y no lo dice, algo será ello „Wenn er es weiß und es nicht sagt, wird es Etwas sein“ (J). — *Como* los animales amanezcan vivos, no será poco „Wenn die Thiere den Morgen erleben, wird es nicht wenig sein“ (M). Mi tio le daria su hijo á un bozal de Angola como tuviera la cruz de Alcántara „Mein Oheim würde einem frisch aus Angola angekommenen Schwarzen seine Tochter geben, wenn er nur das Kreuz (d. Orden) von Alcantara hätte“ (VV). *Con que* oigas la llave del cuarto inmediato, no podrás contenerte „Wenn du nur den Schlüssel des anstoßenden Zimmers hörst, wirst du dich schon nicht halten können“ (II). *Con tal que* calle, padezca „Wenn sie nur schweigt, möge sie leiden“ (M). *Siempre que* Vds. lo hagan pronto y bien, les prometo una soberbia propina „Wenn Sie es nur schnell und gut machen, verspreche ich Ihnen ein tüchtiges Trinkgeld“ (G). No diré nada *con tal que* me dé Vd. esas píldoras „Ich werde Nichts sagen, vorausgesetzt (unter der Bedingung), daß Sie mir die Pillen geben“ (G). No confesará su capacidad *á ménos* que le muelan el cuerpo á palos „Er wird seine Fähigkeit nicht gestehen, wenn Sie ihm nicht (oder „es sei denn, daß Sie ihm) den Körper zerschlagen“ (M).

5) aunque, aun cuando oder bloß cuando, no obstante que, sin embargo de que, á pesar de que, dado que, caso que, mas que, y eso que, bien que, ya que, si bien oder bloß si und como que, wenn die Vorstellung, welche der Adverbialsatz ausspricht, in ihrer Ganzheit als ein Verhinderungs- oder Unterlassungsgrund, oder auch als ein Einwand betrachtet wird, und zwar die zuerst genannten bis y eso que hauptsächlich bei der ersteren und die dann folgenden hauptsächlich bei der letzteren Auffassung desselben, z. B. Nos hizo un favor *aunque* no nos conocia „Er that uns einen Gefallen, obgleich er uns nicht kannte“ (Y). *Aun cuando* hubiese querido evitar la guerra, no le hubiera sido fácil „Selbst wenn er hätte den Krieg vermeiden wollen, würde es ihm nicht leicht gewesen sein“ (Y). *Cuando* no hubiera mas razon, me bastaria que fulano lo dijera „Wenn es auch keinen weitern Grund gäbe, würde es mir genügen, daß Der und Der es sagte“ (Acd). Fórmase de „quien“ el adjetivo „quienquiera“, cuyo plural es para mí „quienesquiera“, *no obstante que* la Academia lo da como indeclinable „Man bildet von quien das Adjektiv quienquiera, dessen Plural für mich quienesquiera ist, ungeachtet die Akademie es als indeklinabel giebt“ (S). El amo no quiere recibirte *y eso que* nuestra excelente ama de gobierno interpuso su poderoso influjo „Der Herr will dich nicht

empfangen, trotz dem daß unsre vortreffliche Haushälterin ihren mächtigen Einfluß einlegte" (G). *Dado que* no sea mui alabada siempre es digna de la mayor alabanza „Wenn sie auch nicht sehr gelobt wird, ist sie doch immer des größten Lobes würdig" (Acd). No lo admitiria *mas que* me brindase con ello „Ich würde es nicht annehmen, wenn sie es mir auch anböte" (S). — Este oficial consiguió ventaja en dos combates contra las tropas del rei, *bien que* no pudo penetrar hasta Nápoles „Dieser Offizier erlangte in zwei Gefechten einen Vortheil über die Truppen des Königs, obschon er nicht bis Neapel durchdringen konnte" (Q). Aqui, á lo ménos, *ya que* no duerma no me derretiré „Hier werde ich, wenn ich auch nicht schlafe, doch wenigstens nicht zerschmelzen" (M). Todo con el tiempo pasa, *si bien* no es mucho que ahora turbada y débil te sientas „Alles geht mit der Zeit vorüber, wiewohl nicht zu verwundern ist, daß du dich jetzt verwirrt und schwach fühlst" (M). Si ayer perdimos, otro dia ganaremos „Wenn wir gleich gestern verloren haben, so werden wir doch an einem andern Tage gewinnen" (L). ¡Vaya si se casa! *como* que parece que la boda no se ha hecho ya porque el novio no tiene un cuarto „Ob er sich wol verheirathet! wiewohl es scheint, daß die Hochzeit noch nicht gemacht ist, weil der Bräutigam keinen Heller hat" (M).

6) por — que oder á — que mit Zwischenstellung eines adjektivischen oder adverbialen Wortes und quiera que mit Versetzung eines Fragewortes, wenn nicht der ganze Inhalt des Adverbialsatzes, sondern die Unangemessenheit irgend einer zu demselben gehörigen Vorstellung als Verhinderungs- oder Unterlassungsgrund oder als Einwand betrachtet wird, oder que — que no, wenn von zwei einander völlig verneinenden Sätzen beliebig jeder als Verhinderungs- oder Unterlassungsgrund oder als Einwand genommen werden kann, z. B. *Por justas que* sean (las reflexiones), mi corazon grita mas fuerte „Wie gerecht sie (die Erwägungen) auch seien, mein Herz schreiet doch lauter" (Il). No hai barbero que sepa hacer eso *por mui bien que* afeite „Es gibt keinen Barbier, der das thun könnte, so sehr gut er auch rasire" (M). *A poco que* se medite sobre esta materia, se conocerá que la agricultura se halla siempre en una natural tendencia hácia su perfeccion „So wenig man auch über diesen Gegenstand nachsinnt, wird man erkennen, daß der Ackerbau sich immer in einem natürlichen Streben nach seiner Vollkommenheit befindet" (J). *Por mas que* lo asegures, nadie te creerá „So viel du es auch versicherst, wird dir doch Niemand glauben" (S). *Como quiera que* sea, yo no te comprendo „Wie es auch sei, ich begreife dich nicht" (J). Desde entónces dió en seguirme *adonde quiera* que fuese „Von der Zeit an verfiel er darauf, mir zu folgen, wohin ich auch gehen mochte" (M). *De cualquier* modo

que sea, nada arriesgo en enseñarla (la carta) „Auf welche Weise es auch sei, ich wage Nichts dabei, ihn (den Brief) zu zeigen" (G). *Cualquiera cosa que* allí ocurre, nadie la hace sino mi marido „Was auch dort vorfällt, Niemand thut es als mein Mann" (M). Contestó que esperaría á sus enemigos, *cualesquiera* que fuesen „Er antwortete, daß er seine Feinde erwarten würde, wer sie auch sein möchten" (Q). — Ya le traen *que* quiera *que* no „Sie bringen ihn schon, ob er wolle oder nicht" (G).

Anmerk. In dem Adverbialsatze Mal que le pese „So schlimm es ihn verdrieße," „trotz seiner," z. B. La comedia ha de gustar *mal que le pese* „Die Komödie wird gefallen, trotz seiner" (M), ist *por* als ausgelassen zu betrachten."

Folge.

§. 323. Die Adverbialsätze, welche zum Ausdruck der Folge (der Wirkung) dienen, sind sämmtlich aus adverbial gebrauchten Substantivsätzen entstanden und werden daher durch den Satzartikel, oder durch den Satzartikel mit einer Präposition (para, por) oder einem präpositionellen Ausdrucke (á fin de) eingeleitet, und diese konjunktionellen Formen werden auch, wie das die Substantivsätze einleitende que, mitunter, wenn die Folge beabsichtigt ist, ausgelassen, z. B. ¿Pero aquella muchacha que hace *que* no trae una luz? „Aber was macht jenes Mädchen, daß sie kein Licht bringt? (M). Cerraremos *para que* quede segura la casa „Wir wollen zuschließen, damit das Haus sicher bleibe" (H). Haré lo posible *por que* no haya cosas demasiado melancólicas „Ich werde mein Möglichstes thun, damit keine allzu traurige Dinge vorkommen" (Y). No lo menciono *á fin de que* me pagues. „Ich erwähne es nicht, damit du mich bezahlest" (S). — Voi, voi por las botellas de Alicante *no se enfade* si le hago esperar „Ich gehe, ich gehe, die Flaschen Alicantewein zu holen, damit er nicht verdrießlich werde, wenn ich ihn warten lasse" (G).

Anmerk. Aus dieser Auslassung und der Absicht, den Zweck hervorzuheben, entsteht der eigenthümliche konjunktionelle Ausdruck *no sea que* „damit nicht" z. B. Mejor es cerrar *no sea que* nos alivien de ropa „Es ist am Besten zuzuschließen, damit man uns nicht unser Zeug raubt" (M).

Verhältnisse des Mitbestandes (Koexistenz) und seiner Verneinung, der Uebereinstimmung und des Gegensatzes.

§. 324. Die Adverbialsätze des Mitbestandes und seiner Verneinung, der Uebereinstimmung und des Gegensatzes sind als Ausdrücke in Beziehung auf das Subjekt des übergeordneten Satzes stehender Attribut-Objekte ganz dem Gerundium entsprechend, mit welchem sie auch die rein adverbiale Form gemein haben. Sie bestehen größtentheils aus Substantivsätzen mit einer dem Satzartikel vorgesetzten Präposition oder präpositionellen Phrase, doch werden einige auch durch Relativadverbien eingeleitet. Man gebraucht nämlich

1) cuando, oder auch mitunter miéntras (que) oder entretanto que wenn der Adverbialsatz eine Vorstellung ausspricht, welche als ein mit dem Ausgesagten zugleich mitbestehendes Merkmal gedacht wird, z. B. *Cuando* yo lo dispongo asi, bien sé lo que me hago „Wenn (indem) ich es so anordne, weiß ich wohl, was ich thue" (M). Allá se está decidiendo ahora la suerte de Eduardo Burkenstaf, *entretanto que* hacemos comparecer reos de mas alta categoria „Dort wird jetzt über das Schicksal Eduard Burkenstaff's entschieden, unterdeß wir Schuldige von höherem Range vorladen" (L);

2) sin que, wenn der Adverbialsatz eine mit dem Ausgesagten nicht zugleich als Merkmal bestehende Vorstellung ausspricht, z. B. *Sin que* Vd. lo jure, lo creo, „Ohne daß Sie es schwören, glaube ich es" (M);

3) como oder (asi) como mit Beziehung auf asi, wenn der Adverbialsatz eine mit dem Ausgesagten übereinstimmende Vorstellung ausspricht, z. B. Probablemente saldrá de este ataque, *como* ha salido de otros diez „Wahrscheinlich wird er diesen Angriff überdauern, wie er zehn andere überdauert hat (VV);"

4) cuando, miéntras oder al paso que, wenn der Adverbialsatz eine mit dem Ausgesagten im Gegensatz stehende Vorstellung ausspricht, z. B. ¡Haber cometido tal exceso *cuando* siempre la he tratado con la mayor benignidad! „Eine solche Ausschreitung begangen zu haben, während ich (oder da ich doch) sie immer mit der größten Güte behandelt habe!" (M). Una lámpara de hierro alumbra escasamente esa especie de gruta, *miéntras* lo restante del teatro aparece sombrio „Eine eiserne Lampe erleuchtet dürftig diese Art Grotte, während der übrige Theil des Theaters dunkel erscheint" (H). *Al paso que* yo le hacia beneficios, me correspondia con ingratitudes „Während ich ihm Wohlthaten erzeigte, erwiederte er mir mit Undankbarkeiten" (Acd).

Vermitteltes Verhältniß der Weise.

§ 325. Die Adverbialsätze des durch ein Attribut des Subjekts oder eines Objekts vermittelten Verhältnisses der Weise haben meistens adjektivische Form (Vergl. § 308); doch giebt es einige, welche in adverbialer Form erscheinen, nämlich die, welche mit asi como, tal como oder segun eingeleitet werden, z. B. Le entregué la cartera tal como me la dió Valentina (H). Devuelvo el libro segun lo recibí (S). (Vergl. § 308).

Verschiedenheit der Anwendung von Adverbialsätzen im Spanischen und Deutschen.

§ 326. Die Entwickelung von Adverbialsätzen ist im Spanischen wegen der ausgedehnten Anwendbarkeit des Gerundiums und des Infinitivs bei weitem nicht so häufig als im Deutschen, wo der Gebrauch dieser beiden Konjugationsformen viel beschränkter ist. Die in dieser Hinsicht zwischen den beiden Sprachen Statt findenden Verschiedenheiten sind indeß im Wesentlichen nur folgende:

a) Man gebraucht im Spanischen in der Regel das Gerundium, wo sich im Deutschen ein mit „indem," „als," „während" oder „da" eingeleiteter Adverbialsatz als Ausdruck eines auf das Subjekt bezogenen und als wirklich gedachten Attribut-Objektes entwickelt hat, und dies geschieht selbst dann häufig, wenn der Adverbialsatz nicht einmal mit dem ihm übergeordneten Satze dasselbe Subjekt hat, und daher das Attribut-Objekt nur als ein mit dem Subjekte zugleich bestehendes, aber dasselbe irgendwie angehendes Verhalten eines andern Dinges erscheint, wie es im Deutschen auch zuweilen durch ein attributives Satzverhältniß mit „bei," z. B. „bei verschlossenen Thüren," ausgedrückt wird, z. B. Descansó allí dos dias *hospedándose* en casa del obispo. „Er ruhte dort zwei Tage aus, indem er im Hause des Bischofs wohnte" (T). Me ocurrió *estando leyendo* á Tirso de Molina „Es fiel mir ein, als ich den Tirso de Molina las" (S). *Queriendo* desplegar sabiduria escriben fábulas „Während (indem) sie Weisheit darlegen wollen, schreiben sie Fabeln" (Mc). ¿Pues cómo, *sabiendo* que tiene Vd. un amigo, no desahoga con él su corazon? „Nun warum, da Sie (doch) wissen, daß Sie einen Freund haben, schütten Sie nicht Ihr Herz gegen ihn aus?" (M). — *Estando mi fortuna* en su mano, me considero la mas dichosa de las mujeres „Indem mein Schicksal in seinen Händen liegt (bei meinem in seinen Händen liegenden Schicksal), betrachte ich mich als die glücklichste der Frauen" (M). *Siendo* el objeto de la gramática *el lenguage*, deberemos considerar ante todo las propiedades y accidentes, la filiacion ó variacion de sus partes separadas „Indem (da) der Gegenstand der Grammatik die Sprache ist, werden wir vor Allem die Eigenschaften und Zustände, die Verbindung oder Veränderung ihrer einzelnen Theile betrachten müssen" (S).

Anmerk. Die Vorliebe der spanischen Sprache für den Gebrauch des Gerundiums in solchen Fällen zeigt sich besonders auch darin, daß man, um die Wirklichkeit des Attribut-Objekts mehr hervorzuheben, lieber einen mit como eingeleiteten und mit demselben Verb gebildeten Adverbialsatz des Modus zu dem Gerundium hinzusetzt, als statt dieser Ausdrucksform bloß einen Adverbialsatz zu gebrauchen, z. B. Conociendo, *como conoce.*

mi carácter', no puede ménos de aguardarme por instantes „Da er meinen Charakter kennt, kann er nicht umhin, mich alle Augenblicke zu erwarten" (G).

b) Man gebraucht im Spanischen oft das Gerundium mit der Präposition *en*, wo im Deutschen ein mit „wenn" eingeleiteter Adverbialsatz steht, wenn das Attribut-Objekt, dessen Ausdruck es ist, nicht als wirklich, sondern nur möglich (als bloße Annahme) gedacht wird, mitunter jedoch auch, wo im Deutschen ein mit „indem" eingeleiteter Adverbialsatz Ausdruck eines gleichzeitig dauernd bestehenden Attribut-Objekts ist, wobei sich gleichfalls das Gerundium auf ein anderes Subject als das des übergeordneten Satzes beziehen kann, z. B. Lo pasaré como un príncipe *en tomando* posesion de mi empleo „Ich werde wie ein Fürst leben, wenn ich von meinem Amte Besitz nehme" (R). *En hablándote* de esto no te ocurre nada que decir „Wenn ich hiervon mit dir spreche, fällt dir Nichts zu sagen ein" (M).

c) Mit Auslassung von estando, oder auch wol siendo, wird im Spanischen oft ein Partizip, oder auch mitunter ein Adjektiv, in einer durch jene Verben vermittelten Beziehung auf ein anderes Ding, als das Subjekt, gebraucht, wo im Deutschen in der Regel ein mit „nachdem" oder „indem" eingeleiteter Adverbialsatz als Ausdruck eines Attribut-Objekts gesetzt wird, z. B. *Logrado esto*, Casas se puso al instante en camino „Nachdem dies erreicht war, begab sich Casas augenblicklich auf den Weg" (Q). Rodrigo, *puestas sus tropas* á punto de batalla, sale de sus tiendas „Rodrigo kommt, nachdem seine Truppen in Schlachtordnung gestellt sind, aus seinen Gezelten" (Q). *Viva aun la guerra* de Portugal *y activas las facciones* de los grandes era prudente dar treguas á la venganza „Indem der Krieg mit Portugal noch im Gange und die Parteien der Großen noch thätig waren, war es klug, die Rache aufzuschieben" (Alc).

d) Man gebraucht im Spanischen oft den Infinitiv mit einer der Präpositionen despues, ántes, desde und hasta oder auch mit á poco de, um Zeitverhältnisse zu bezeichnen, welche im Deutschen gewöhnlich durch Adverbialsätze des Zeitverhältnisses dargestellt werden, wobei übrigens die Infinitivformen ser, estar und haber, und zwar ser, wenn es ein substantivisches, so wie estar, wenn es ein partizipielles Attribut vermittelt, haber aber, wenn es Hülfsverb einer zusammengesetzten Zeitform ist, in der Regel ausgelassen werden, z. B. *Despues de considerarlo* mucho tiempo, creyó haber dado en el punto de la dificultad „Nachdem er es lange erwogen hatte, glaubte er den Punkt, in dem die Schwierigkeit lag, getroffen zu haben" (Y). Hai que vencer tantas dificultades *ántes de hablar* á un soberano „Es sind so viele Schwierigkeiten zu überwinden, ehe man mit einem Fürsten sprechen kann" (J). Armó un navío y corrió la costa abajo *hasta encontrar* con el puerto y pueblo de Chirivichi „Er rüstete ein Schiff aus und segelte die Küste hinab, bis er den Hafen und den Ort Chirivichi fand" (Q). — *Desde mui niño* me familiarizó mi padre con las obras de . . . „Seit meiner frühen Jugend machte mich mein Vater vertraut mit den Werken von . . . (S). *Despues de escrita* aquella carta, fueron por mi „Nachdem jener Brief geschrieben war, holten sie mich" (M). *Despues de conseguido* se podrá castigar al temerario „Nachdem man es erlangt hat, wird man den Verwegenen strafen können" (J).

e) Oft steht auch der Infinitiv mit den Präpositionen por, á fuerza de und con im Spanischen einem adverbial gebrauchten und auf „dadurch" oder „damit" bezogenen Substantivsatz im Deutschen, welcher die durch das gebrauchte Mittel bestimmte Weise ausdrückt, gegenüber z. B. *Por curiosear* se han perdido mas de cuatro niñas „Dadurch, daß sie neugierig gewesen, haben sich mehr als vier Mädchen unglücklich gemacht" (N). Bastante hizo por mi *con enviarme* á la Habana y ponerme en carrera „Genug that er damit für mich, daß er mich nach der Havanna schickte und mir eine Bahn eröffnete" (H).

f) Der Infinitiv mit á oder hasta steht im Spanischen oft, wo im Deutschen adverbial gebrauchte Substantivsätze in Beziehung auf „so" oder „so weit" zur Bezeichnung von Größenverhältnissen, welche eine Wirkung bestimmt, gebraucht werden, z. B. Vd. lo sabe *á no poderlo* dudar „Sie wissen es so gut, daß sie es nicht bezweifeln können" (G). ¿Con que se ha creido, que un hombre de mi clase se hubiese de humillar *hasta enlazarse* con uno de la suya? „Also Sie haben geglaubt, daß ein Mann meiner Classe sich so weit erniedrigen sollte, daß er sich mit einem der Ihrigen verbände?" (L).

Anmerk. Dem Infinitiv mit para in Beziehung auf mucho oder bastante gegenüber wird in der Regel auch im Deutschen ein Infinitiv und zwar mit „um zu" gebraucht, so daß darin kein hier in Betracht kommender Unterschied liegt, z. B. Me quiere *mucho* Leandro *para no pensar* con la generosidad que debe „Leander liebt mich zu sehr, um nicht mit dem schuldigen Edelmuth zu denken" (M).

g) Der Infinitiv mit *por* wird im Spanischen oft zur Bezeichnung eines wirklichen Grundes gebraucht, welcher im Deutschen durch einen mit „weil" eingeleiteten Adverbialsatz dargestellt wird, wobei indeß die Infinitivformen ser und estar mitunter ausgelassen werden, z. B. *Por no llevar* espuelas no pudo alcanzarlo „Weil er keine Sporen trug, konnte er ihn nicht einholen" (Q). Está satisfecho de si mismo *por haber cumplido* con su obligacion „Er ist mit sich selbst zufrieden, weil er seine Pflicht erfüllt hat" (R). — *Por enfermos y débiles* no podian seguirle

Weil sie krank und schwach waren, konnten sie ihm nicht folgen" (Q).

h) Den mit den Präpositionen á und en verbundenen Infinitiv gebraucht man im Spanischen oft, wo im Deutschen ein mit „wenn" eingeleiteter Adverbialsatz zum Ausdruck eines bloß möglichen oder eines gegen die Wirklichkeit angenommenen Grundes dient, z. B. *A ser* broma ¿á qué seguirla? „Wenn es Scherz ist, warum ihn fortführen?" (L.). No lo creyera, *á no verlo* „Ich würde es nicht glauben, wenn ich es nicht sähe" (R). Mejor hubiera hecho *en tomar* la sortija „Besser würde sie gethan haben, wenn sie den Ring genommen hätte" (VV).

i) Dem im Spanischen mit á pesar de, sin embargo de oder no obstante de verbundenen Infinitiv gegenüber gebraucht man zur Darstellung eines Verhinderungs- oder Unterlassungsgrundes im Deutschen einen mit „ungeachtet," „trotz dem daß" oder ähnlich eingeleiteten Adverbialsatz, z. B. *A pesar de ser* ya viejo, conservaba mucha robustez de alma y de cuerpo „Ungeachtet er schon alt war, war er doch noch sehr rüstig an Leib und Seele" (R).

Anmerk. Den Infinitiven, welche zur Darstellung des Zwecks mit á, mit para, por, a fin de oder a trueque de, je nachdem das aussagende Verb eine Bewegung oder das Aufhören einer Bewegung, oder eine andere Thätigkeit ausdrückt, verbunden werden, stehen in der Regel im Deutschen auch Infinitive, und zwar mit „um zu" oder bloß „zu," gegenüber, da in beiden Sprachen die Entwickelung von Finalsätzen (Adverbialsätzen des Zwecks) nur dadurch bedingt wird, daß zu dem den Zweck aussprechenden Verb ein anderer Gegenstand, als zu dem aussagenden Verb, als Subjekt gedacht wird, z. B. Asdrúbal acudió con celeridad *á apagar* el fuego „Asdrubal eilte schnell herbei, das Feuer zu löschen (Alc.) Me *senté* un rato *á fumar* un cigarro „Ich setzte mich eine Weile, um eine Zigarre zu rauchen" (M). Se presentó *para* oder *a fin de obsequiarle* „Er erschien, um ihm seine Aufwartung zu machen" (S). ¿Piensas tú que lo hago *por evitar* el castigo? „Denkst du, daß ich es thue, um der Strafe zu entgehen?" (Q). Se ha dejado desheredar de diez mil ducados de renta *á trueque de* casarse conmigo „Er hat sich von 10000 Dukaten Rente enterben lassen, um sich mit mir zu verheirathen" (G).

k) Während dem zum Ausdruck der Verneinung des Mitbestandes dienenden Infinitiv mit sin auch im Deutschen ein Infinitiv, und zwar mit „ohne zu," gegenübersteht, gebraucht man im Deutschen den ebenfalls zu Ausdrücken von Attribut-Objekten dienenden Infinitiven mit con, sobre, tras, en vez de, so wie den zu demselben Zwecke dienenden substantivischen Infinitiven mit á gegenüber immer mit „indem," „während," „wenn," „außer daß" oder „außerdem, daß" eingeleitete Adverbialsätze, z. B. No era posible volverme á Zaragoza *sin estar* primero con él „Ich konnte unmöglich nach Saragossa zurückkehren, ohne erst bei ihm zu sein" (M). — Me va lindamente *con hacerlo* así „Es geht mir ganz hübsch, indem (wenn) ich es so mache" (M). Mi corazon se dilata solo *con verte* „Mein Herz erweitert sich, wenn ich dich nur sehe" (M). *Sobre habermo* ofendido aun creia tener razon „Außerdem, daß er mich beleidigt hatte, glaubte er noch Recht zu haben" (S). *Tras habermo* faltado á la palabra, todavia se atrevió á reconvenirme „Außer daß er mir sein Wort nicht gehalten hatte, erfrechte er sich noch, mir Vorwürfe zu machen" (S). *Al leer estos* renglones, recuerda tus promesas „Indem (wenn) du diese Zeilen liesest, denke an deine Versprechungen" (R) Se me ha caido sin duda *al sacar* el pañuelo „Es ist mir ohne Zweifel weggefallen, indem (als) ich das Taschentuch zog" (H).

Stellung der Adverbialsätze.

§ 327. Die Stellung der Adverbialsätze ist in der Regel der der Adverbien entsprechend, d. h. sie folgen gewöhnlich dem ihnen übergeordneten Satze nach. Von dieser Stellung ist auch bei einem großen Theile derselben fast nicht abzuweichen; doch giebt es viele, bei welchen eine Umstellung (Inversion) nicht nur zulässig, sondern selbst häufig ist, und namentlich sind dies die des Zeitverhältnisses und des Grundes, so wie einige auf Uebereinstimmung in Größe und Weise beruhende Bestimmungen, oder Mitbestand, Uebereinstimmung und Gegensatz des Attribut-Objekts aussprechende (Vergl. die Beispiele zu § 319, 322 und 324). In diesem Punkte stimmt übrigens das Spanische ganz mit dem Deutschen zusammen, und es weicht nur in der Wirkung desselben auf den übergeordneten Satz davon ab; denn, während im Deutschen die Voranstellung eines Adverbialsatzes in der Regel eine Aenderung der Wortfolge des übergeordneten Satzes bewirkt und häufig den Gebrauch eines Demonstrativadverbs, namentlich des „so", an der Spitze desselben zur Folge hat, pflegt man im Spanischen weder dessen Wortfolge zu ändern, noch auch ein solches Demonstrativ zu gebrauchen, und nur bei den Adverbialsätzen der Weise und der Uebereinstimmung (§. 324,3), welche mit como oder cual eingeleitet werden, setzt man bei der Inversion dem übergeordneten Satze asi voran, z. B. *Cual* ruge el leon en la selva, *asi* bramaba de corage (S). *Asi como* la modestia atrae, *asi* ahuyenta la disolucion „So wie die Bescheidenheit anzieht, so verscheucht die Ausgelassenheit" (Acd).

D. Zusammenziehung untergeordneter Sätze mit übergeordneten.

§ 328. Wenn ein untergeordneter Satz mit dem ihm übergeordneten ein und dasselbe aussagende Verb, wenn auch in verschiedener Form, hat; so, wird er in der Regel durch dessen Auslassung mit demselben zusammengezogen und zwar geschieht dies fast ohne Ausnahme

1) in den auf mismo bezüglichen und den zur Darstellung eines Sachbegriffs substantivisch gebrauchten Adjektivsätzen, z. B. Los naturales los recibian con la misma paz y agasajo que los otros „Die Eingebornen empfingen sie mit demselben Frieden und derselben Freundlichkeit, wie die Andern“ (Q). Este abuso de confianza produjo entónces lo que siempre „Dieser Mißbrauch des Vertrauens erzeugte damals, was er immer erzeugt (Q);
2) in den mit como oder cual eingeleiteten Adverbialsätzen der Weise, z. B. Te enfureces como un tigre „Du wirst wüthend wie ein Tiger“ (H). Cual hoja suelta me lleva el viento „Wie ein loses Blatt führt mich der Wind“ (Z);
3) in den mit como in Beziehung auf tan oder tanto, oder mit cuanto in Beziehung auf tanto, oder mit que in Beziehung auf igualmente oder eine Komparativform eingeleiteten Adverbialsätzen des Größenverhältnisses, wobei indeß das in Beziehung auf die adjektivisch alleinstehend gebrauchten Komparativformen mas und ménos vorkommende que vor der Größenbestimmung ihres gewöhnlich nachfolgenden Beziehungswortes immer mit de vertauscht wird, jedoch mit der Ausnahme, daß que bleiben kann, wenn dem mas eine Verneinung vorhergeht, z. B. Es tan buena *como agraciada* „Sie ist so gut, als anmuthig“ (S). El jasmin blanquea tanto *como* la nieve „Der Jasmin ist so weiß, als der Schnee“ (S). Ha dicho *tantas* mentiras *cuantas* palabras „Er hat so viele Lügen als Wörter gesagt“ (S). El jasmin es *igualmente* blanco *que* la nieve „Der Jasmin ist ebenso weiß, als der Schnee“ (S). Eran peores *que* Barrabas „Sie waren schlimmer, als Barrabas“ (J). La miel es *ménos* agradable *que* el azúcar „Der Honig ist weniger angenehm, als der Zucker“ (S). Importa mas *de* 10000 ducados „Es beträgt mehr als 10000 Dukaten“ (S). No necesitaba *mas que* oder *de* 352 reales „Er brauchte nicht mehr als 352 Realen“ (S). Necesitaba oder No necesitaba *ménos de* 352 reales „Er brauchte“ oder „Er brauchte nicht weniger als 352 Realen“ (S);
4) in den mit como in Beziehung auf asi oder tanto, den mit cuanto in Beziehung auf tanto und den mit asi como eingeleiteten Adverbialsätzen des Mitbestandes, z. B. Este mal abraza al fin *asi* las grandes *como* las pequeñas propiedades comerciables „Dieses Uebel umfaßt endlich sowol die großen als die kleinen verkäuflichen Besitzthümer“ (J). *Tanto* el uno *como* el otro han espuesto su parecer „So wol der eine als der andere hat seine Meinung dargelegt“ (S). *Tanto* por estas tradiciones respetables, *cuanto* por otros antiquísimos documentos, se conjetura que la poblacion de Europa es originaria del Asia „Sowol aus diesen ehrwürdigen Ueberlieferungen als aus andern sehr alten Dokumenten, vermuthet man, daß die Bevölkerung Europa's ihren Ursprung in Asien hat“ (Alc). Los carabineros reales

llegaron mui luego *asi como* el batallon de Hibernia „Die königlichen Karabiniere kamen sehr bald an, so wie das irländische Bataillon" (T);

5) in den mit aunque oder si bien eingeleiteten Adverbialsätzen des Gegensatzes, z. B. La razon, *aunque* severa, es amiga verdadera „Die Vernunft, obgleich streng, ist eine wahre Freundin" (R). Continuó en el mismo propósito durante algun tiempo *si bien* con mas tibieza „Er beharrte einige Zeit hindurch bei demselben Vorsatz, obschon mit mehr Lauheit" (T).

E. Ellipsen.

§ 329. In der unterordnenden Satzverbindung kommen zweierlei Ellipsen vor, nämlich

1) solche, bei welchen der untergeordnete Satz nicht vollständig ausgedrückt, und
2) solche, bei welchen zwar der untergeordnete Satz vollständig ausgedrückt, aber der übergeordnete Satz weggelassen ist.

Die erste Art betrifft nur einige mit aunque und cuando eingeleitete Adverbialsätze, in welchen mitunter mit Auslassung des aussagenden Verbs, namentlich von ser oder estar, nur ein adjektivischer oder substantivischer Ausdruck als Hauptwort des Prädikats gesetzt wird, z. B. Carlos, *aunque jóven*, penetró la pasion que animaba á sus ministros „Karl, obgleich jung, durchschaute die Leidenschaft, welche seine Minister belebte" (Q). *Cuando su viaje á Italia*, no habia Napoleon desechado este pensamiento „Zur Zeit seiner Reise nach Italien hatte Napoleon diesen Gedanken nicht verworfen" (T). Die zweite Art betrifft nur Substantivsätze, substantivisch gebrauchte Adjektivsätze und die mit si und mas que eingeleiteten Adverbialsätze, und zwar die ersteren namentlich, wenn sie als indirekte Urtheils- oder Wünschesätze von einem Ausdrucke, wie „Sage," „Antworte," „Ich sage," „Ich behaupte," „Ich wette darauf," „Ich wünsche," „Ich verlange" oder dergleichen abhangen, oder als Ausdrücke einer mit Empfindungen der Freude oder Trauer verbundenen abstrakten Vorstellung zu Ausrufen werden, die zweiten, wenn die mit lo que eingeleiteten Etwas aussprechen, was an sich, oder durch sein Größenverhältniß Gegenstand eines Affekts in dem Redenden ist, und die letzten, wenn bei den mit si eingeleiteten die Hervorhebung eines wirklichen Grundes beabsichtigt wird, oder wenn der Redende bei den mit mas que eingeleiteten die geringe Wichtigkeit einer eben genannten Thatsache trotz ihrer angenommenen möglichen Folge aussprechen will, z. B. Si alguien me buscare, *que no estoi en casa* „Wenn mich Jemand suchen sollte, daß ich nicht zu Hause bin" (J). *Que el amo bostesa* („Hören Sie) daß der Herr gähnt" (G). ¡*A que no tiene* reglas la comedia de hoi „Was gilt's, daß die heutige Komödie keine Regeln hat! (M). ¡*Que Vd. se alivie*! (Ich wünsche) daß Sie wohler werden! oder „Gute Besserung!" (R). *Que vengan*, nada importa „Mögen sie kommen, es macht Nichts" (M).

¡Y *que me* casaba yo! „Und daß ich mich verheirathete!" (L). ¡Al Muñoz, *lo que* me cuentas! „Ach, Muñoz, was erzählst du mir da!" (M). ¡*A lo que* obliga el amor, Señorita! „Wozu doch die Liebe treibt, mein Fräulein!" (M). ¡*Lo que* engañan las apariencias! „Wie sehr doch der Schein trügt!" (G). ¡*Lo que* él entenderá de comedias cuando dice que la conclusion del segundo acto es mala! „Was er wol von Komödien versteht, wenn er sagt, daß der Schluß des zweiten Aktes schlecht ist!" (M) ¿No vas al correo? — *Si* el cartero ha traido las cartas „Gehst du nicht zur Post? — Der Briefträger hat die Briefe ja gebracht" (H). (Vergl. §. 204). — Fulano se ha ido, *mas que* nunca vuelva „Der und Der ist weggegangen; mir gleich, wenn er auch nie wiederkommt (Acd), wofür es wol vollständig im Spanischen heißen würde: me es indiferente mas que nunca vuelva „es ist mir gleich, wenn er auch nie wiederkommt."

II. Kapitel.

Von den beigeordneten Sätzen.

A. Kopulative Beiordnung oder Verbindung von gleichfließigen Sätzen, welche mit einander in einem Verhältniß der Uebereinstimmung stehen.

§ 330. Wenn Sätze, gleichviel, ob Haupt- oder Nebensätze, in einer erweiternden, d. h. einen Ausdruck von umfassenderem Inhalte bildenden kopulativen Verbindung stehen, so wird dies, wenn keinerlei Nebenvorstellung hinzukommt, bei bejahenden Sätzen durch y (é), bei verneinenden durch ni und bei gemischten entweder durch y, oder, mit Einschluß einer etwa dem letzten angehörigen Verneinung, durch ni bezeichnet, und diese Konjunktionen werden, so viele der so verbundenen Sätze auch sein mögen, in der Regel nur dem letzten derselben vorgesetzt, z. B. Es naturalmente bondadoso y sus defectos nunca nacen de su corazon „Er ist von Natur gutmüthig und seine Fehler entstehen nie aus seinem Herzen" (R). Un desengaño bastará para volverle á la razon, y yo me encargo de la empresa „Eine Enttäuschung wird genügen, um ihn wieder zur Vernunft zu bringen, und ich übernehme es, sie zu versuchen" (R). En quince dias consecutivos no se corrió otra cosa por Valencia, ni se habló en San Felipe de otra novedad „In vierzehn Tagen nach einander lief nichts Anderes in Valencia um, noch sprach man in San Felipe von einer andern Neuigkeit" (G). Déjame, déjame, y no aumentes mi pena „Laß mich, laß mich, und vermehre nicht meinen Schmerz" (R). La peste ha cesado ni hai motivo para temer que vuelva „Die Pest hat aufgehört, und es giebt keinen Grund, zu fürchten, daß sie wiederkehre" (S). La ambicion tiene por objeto las honras, las dignidades y el mando „Der Ehrgeiz hat die Ehren, die Würden und die Herrschaft zum Ziel" (Acd).

§. 331. Die erweiternde kopulative Verbindung wird dagegen, wenn entweder die Verbindung selbst oder der Inhalt der verbundenen Sätze nachdrücklich hervorgehoben werden soll, in der ersten Voraussetzung bei bejahenden Sätzen durch no solo — sino que und bei verneinenden durch ni — ni, in der zweiten Voraussetzung aber entweder durch Auslassung jeder Konjunktion, oder auch bei mehr als zwei Sätzen durch immer wiederholte Setzung derselben bezeichnet, z. B. *No solo* se pueden comer sin repugnancia, *sino que* son mui sabrosas „Man kann sie nicht nur ohne Widerwillen essen, sondern sie sind auch sehr schmackhaft" (Y). *Ni* soi el conde, *ni* nunca lo he sido „Ich bin weder der Graf, noch bin ich es je gewesen" (L). No veo, no siento, no aliento „Ich sehe nicht, fühle nicht, athme nicht" (Z). Luego que Vd. sepa lo que hai, llore, y gima, y grite, y diga cuanto quiera „Sobald Sie wissen, was es giebt, weinen Sie und ächzen und schreien und sagen, so viel Sie wollen" (M).

§. 332. Wenn die erweiternde kopulative Verbindung als eine nicht von vorne herein beabsichtigte oder dem Gedanken gegenwärtige, sondern vielmehr so dargestellt werden soll, daß der letzte der verbundenen Sätze nur als eine nachträgliche Hinzufügung erscheint; so bezeichnet man dieses losere kopulative Verhältniß bei bejahenden Sätzen durch tambien, bei verneinenden durch tampoco und bei bejahenden oder verneinenden mit mehr Hervorhebung des Verhältnisses durch asimismo, ademas, ademas (de) que, sobre que oder fuera de que, wobei jedoch dem tambien, asimismo und ademas manchmal y und dem tampoco zuweilen ni vorangeschickt wird, z. B. Laura ¿qué es eso? Tú estás triste; *tambien* lo está Torcuato „Laura, was ist das? Du bist traurig; auch ist es Torquato." (J). De estas correrias no resultó ningun descubrimiento importante, ni Pizarro *tampoco* tuvo el principal mando en ellas „Aus diesen Streifzügen erfolgte keine wichtige Entdeckung, und Pizarro hatte auch nicht das Hauptkommando dabei" (Q). Entónces se repitieron en Madrid las traducciones que se habian hecho para los sitios, *y ademas* se escribieron algunas tragedias originales „Damals wiederholte man in Madrid die für die königlichen Lustschlösser gemachten Uebersetzungen, und außerdem schrieb man einige Originaltragödien" (rA). ¡Y maldito si entiende una palabra! — *sobre que* está abobado con estas reformas „Und ich will mich hängen lassen, wenn er ein Wort versteht! — überdies ist er in diese Reformen rein vernarrt" (R).

§. 333. Wenn dagegen die erweiternde kopulative Verbindung als eine nicht nur von vorn herein beabsichtigte oder dem Gedanken gegenwärtige, sondern selbst in ihren Gliedern geordnete dargestellt werden soll; so bezeichnet man dieselbe, in so fern sie auf einer Vertheilung beruht, durch die Formen uno — otro, este — aquel, quien — quien, cual — cual, ya — ya, tan pronto — tan pronto, cuando — cuando, alli — aqui, parte — parte, oder mitad — otra mitad, in so fern sie aber von einer Vereinigung abhängt, durch Adverbien oder adverbiale Phrasen der Zeitfolge und der Zahlordnung, z. B. *Unos* sollozaban de puro gozo; *otros* clamaban como si el peligro empezase entónces mismo „Einige schluchzten vor lauter

Freude, andere schrien, als ob die Gefahr erst recht anfinge" (Y). Quien se fué á su casa, quien á la plaza „Der eine ging nach Hause, der andere nach dem Markte" (Acd). La gente de justicia se coloca *parte* al frente, *parte* cerrando la comitiva „Die Gerichtsdiener stellen sich theils an die Spitze, theils schließen sie das Gefolge" (J). *Ya* le mecia en la cuna, *ya* le arullaba en los brazos „Bald schaukelte sie ihn in der Wiege, bald lullte sie ihn in den Armen ein" (S). *Allí* se trataba de evitar peligros internos, *aquí* de rechazar el mas grande é inminente peligro „Dort galt es, innere Gefahren zu vermeiden, hier die größte und drohendste Gefahr zurückzuweisen" (J). La isla es *mitad* francesa, *otra mitad* española „Die Insel ist zur Hälfte französisch, zur Hälfte spanisch" (Y). — *En primer lugar* yo no me atrevo con mi mujer, y *luego* ¿qué adelantaria Vd. con que mi mujer me arañase? „Erstens wage ich es nicht bei meiner Frau, und dann, was würden Sie dabei gewinnen, wenn meine Frau mich zerkratzte?" (L). Si se buscan los mas ordinarios efectos de esta situacion: se hallará *primero*, que los capitales huyendo de la propiedad, buscan su empleo en la ganaderia, el en comercio, en la industria, ó en otras grangerias mas lucrosas; *segundo*, que nadie enagena sus tierras sino en estrema necesidad, porque nadie tiene esperanza de volver á adquirirlas: *tercero* que nadie compra etc. „Wenn man die gewöhnlichsten Wirkungen dieser Lage aufsucht, so wird man finden, erstens, daß die Kapitale, indem sie das Landeigenthum fliehen, ihre Verwendung in der Viehzucht, im Handel, in der Industrie, oder in andern einträglicheren Erwerbszweigen suchen; zweitens, daß Niemand seine Ländereien anders, als im äußersten Nothfalle, verkauft, weil Niemand Hoffnung hat, sie wieder zu erwerben; drittens, daß Niemand kauft u. s. w." (J). El determinante y el determinado pueden hallarse unidos de tres maneras: *primero*, por medio de un relativo; *segunda*, llevando el consiguiente al infinitivo con preposicion ó sin ella; *y tercera*, cuando los enlaza una conjuncion ó una frase que haga sus vezes „Das regierende und das regierte Verb können auf dreierlei Weise verbunden sein, erstens mittelst eines Relativs, zweitens mit Versetzung des folgenden in den Infinitiv mit oder ohne Präposition, und drittens, wenn sie eine Konjunktion oder eine deren Stelle vertretende Phrase verbindet" (S).

§ 331. Wenn Sätze mit einander in einer einschließenden, d. i. den Inhalt des einen mit dem des andern umfassenden kopulativen Verbindung stehen; so setzt man dem letzteren, wenn er von engerem Inhalte ist, particularmente, principalmente, singularmente, mayormente oder ähnliche Ausdrücke, manchmal mit vorhergehendem y, oder auch y esto oder bloß y „und das" oder „und zwar" vor, wenn er aber der von weiterem Inhalte ist, gewöhnlich gar keinen konjunktionellen Ausdruck, oder en una, en dos oder en pocas palabras, en suma, oder dergleichen z. B. Publicó sabias leyes, *principalmente* las de Toro „Er veröffentlichte weise Gesetze, hauptsächlich die von Toro" (Y). Ella, ella debe hablar, y sin apuntador, y sin intérprete „Sie, sie muß sprechen, und das (oder „und zwar") ohne Souffleur und ohne Dolmetscher" (M). Mediante la amistad con su madre, he tenido frecuentes noticias de ella; he leido muchas de las cartas que escribia; he visto algunas de su tia la monja, con quien ha vivido en Guadalajara: *en suma*, he tenido cuantos informes pudiera desear acerca de sus inclinaciones y su conducta „Mittelst der Freundschaft mit ihrer Mutter habe ich häufige Nachrichten von ihr gehabt; ich habe viele von den Briefen gelesen, die sie schrieb; ich habe einige von ihrer Tante, der Nonne, gelesen, bei der sie in Guadalajara gelebt hat; kurz, ich habe über ihre Neigungen und über ihr Betragen so viele Auskunft gehabt, als ich nur wünschen konnte" (M).

§ 335. Wenn Sätze mit einander in einer verstärkenden, d. i. den Inhalt des einen durch den eines andern nachfolgenden von noch mehr Bedeutung bekräftigenden, kopulativen Verbindung stehen; so setzt man dem letzteren als dem, welcher die weiter gehende Behauptung enthält, sobre todo, hasta, aun, mas oder aun es mas, poco dije oder auch pues, manchmal mit vorhergehendem y, wie im Deutschen „vor Allem," „sogar," „ja," „ja sogar," „und nun gar" voran, z. B. A cada instante temia encontrarte en aquel tropel, *y sobre todo* lo temia al ver á nuestra Elvira „In jedem Augenblicke fürchtete ich, dich in jenem Haufen zu treffen, und vor Allem fürchtete ich es, als ich unsere Elvira sah" (R). Evitas con el mayor cuidado desahogar tu corazon conmigo, *y hasta* pareco que temes que se encuentren nuestras miradas „Du vermeidest mit der größten Sorgfalt, dein Herz gegen mich auszuschütten, und es scheint sogar (selbst), daß du fürchtest, daß sich unsere Blicke begegnen" (R). Tampoco es del caso tanta abstinencia; *y aun* podria perjudicaros á la salud „Auch ist eine so große Enthaltsamkeit nicht nöthig; und sie könnte sogar eurer Gesundheit schaden" (Y). Sifaz tuvo la complacencia de poner frente á frente á los dos ilustres rivales; oyólos conversar con familiaridad y hacer mutuas observaciones sobre sus ejércitos y batallas, y sobre las probabilidades de la guerra sostenida por ambas repúblicas: *aun es mas*: les hizo comer en una misma mesa, y dormir en un mismo aposento „Syphax hatte das Vergnügen, die beiden berühmten Rivalen einander gegenüber zu bringen; er hörte sie vertraulich mit einander sprechen und gegenseitige Bemerkungen über ihre Heere und Schlachten und über die Aussichten des von beiden Republiken unterhaltenen Krieges machen; ja (noch mehr), er ließ sie an einem und demselben Tische essen und in einem und demselben Zimmer schlafen" (Alc). Su talle y persona es recomendable; *pues* su buen trato, agrado y cortesia „Ihr Wuchs und ihre Aeußeres sind empfehlenswerth; und nun gar ihr freundlicher Umgang, ihre Anmuth und ihre Höflichkeit" (Acd).

B. Adversative Beiordnung oder Verbindung von gleichflüssigen Sätzen, welche mit einander in einem Verhältniß des Gegensatzes stehen.

§ 336. Wenn Sätze mit einander in einer beschränkenden, d. i. die Erweiterung des Inhalts des einen durch den Inhalt des andern verneilnenden adversativen Verbindung stehen; so gebraucht man in dem Satze, welcher die Beschränkung ausspricht, insofern er gegen die Uebereinstimmung von Vorstellungen, die sich als Nebenarten verhalten, gerichtet ist, al contrario oder en cambio, setzt demselben aber sonst das manchmal in Beziehung auf ein in dem andern Satze enthaltenes es verdad que, á la verdad, la verdad, verdad, ello, bien, en hora buena, oder en buen hora gebrauchte pero, oder auch mit stärkerer Hervorhebung des Gegensatzes mas oder auch wol pues vor, oder schiebt zwischen die Glieder desselben das ungefähr gleichbedeutende empero ein, z. B. Los cartagineses y romanos, acrecentaron su poder á sangre y fuego: los fenicios, *al contrario*, útiles á sí mismos y á los estraños diseminaron sus riquezas, enseñaron la industria á pueblos bárbaros, y los iniciaron en los elementos de las ciencias „Die Karthager und Römer vermehrten ihre Macht durch Feuer und Schwert; die Phönizier hingegen (im Gegentheil) strebten, sich selbst und den Fremden nützlich, ihre Reichthümer aus, lehrten barbarischen Völkern die Industrie und weihten sie in die Elemente der Wissenschaften ein“ (Alc.). Hace buen dia, *pero* no deja de sentirse el frio „Es ist ein schöner Tag, aber die Kälte macht sich doch fühlbar“ (S). *Es verdad que* has muerto al marques, *pero* lo hiciste insultado, provocado y precisado á defender tu honor „Du hast allerdings (freilich, zwar) den Markgrafen getödtet; aber du thatest es beleidigt, herausgefordert und genöthigt, deine Ehre zu vertheidigen“ (J). Yo, *la verdad*, no he oido lo que Vd. decia; *pero* desde luego me atreveré á apoyarlo confiando en la prudencia de Vd. „Ich habe freilich nicht gehört, was Sie sagten; aber ich werde mich sofort erdreisten, es zu unterstützen, indem ich auf Ihre Klugheit vertraue“ (R). *Ello* hai de por medio no sé que papel de matrimonio; *pero* no ignora Vd. lo que sirven esos papeles, cuando cesa el motivo que los dictó „Es existirt allerdings (freilich, zwar) zwischen ihnen eine Art Heirathskontrakt; aber Sie wissen wohl, was diese Papiere nützen, wenn der Beweggrund wegfällt, der sie diktirte“ (M). Venegas no aprobó el plan, visto el mal estado de sus tropas; *mas* trató de cumplir con lo que se le ordenaba „Venegas billigte den Plan nicht, in Anbetracht des schlechten Zustandes seiner Truppen; allein (doch) er suchte das, was man ihm befahl, zu erfüllen“ (T). Pedro robó á su amo; *pues* no le tenia yo por ladron „Peter bestahl seinen Herrn; nun ich hielt ihn nicht für einen Dieb“ (Acd.). No me comprometo á que sea ni estensa ni minuciosa (la biografía), bien que garantize su exactitud; ántes *empero* de entrar en sus detalles permitame Vd. hacer una escursion en el triste campo de mis recuerdos „Ich verpflichte mich nicht, daß sie (die Biographie) ausführlich und umständlich sei, obwohl ich ihre Genauigkeit verbürge; ehe ich aber (jedoch) in ihre Einzelheiten eingehe, erlauben Sie mir eine Abschweifung in das traurige Feld meiner Erinnerungen“ (Z).

§ 331. Wenn Sätze mit einander in einer ausnehmenden d. i. den Inhalt des einen durch den Inhalt des andern zum Theil verneinenden adversativen Verbindung stehen; so setzt man dem die Ausnahme aussprechenden Satze solo, solo que oder mit Hervorhebung des Gegensatzes solo si que vor, z. B. Todos se compadecen de su desgracia; *solo* la corte está sorda á nuestros clamores „Alle haben Mitleid mit seinem Unglück; nur der Hof ist gegen unsere Klagen taub“ (J). Las mismas reglas que para los adjetivos valen para los adverbios, *solo si que* nunca los precede el nombre tanto „Dieselben Regeln, wie für die Adjektiven, gelten für die Adverbien, nur geht ihnen allerdings nie das Nomen tanto voran“ (S).

§ 338. Wenn Sätze mit einander in einer aufhebenden, d. i. den Inhalt des einen durch den des andern völlig verneinenden, adversativen Verbindung stehen; so bezeichnet man dieses Verhältniß, als ein bloß einseitiges und dadurch bestimmtes, wenn der aufhebende Satz nachfolgt, durch no — sino que, oder weniger nachdrücklich durch ó mas bien und mit größerem Nachdruck durch no — ántes (ántes bien, mas bien oder al contrario), und, wenn der aufgehobene Satz nachfolgt, durch die bloße Verneinung in demselben; als ein wechselseitiges und dadurch unbestimmtes aber durch ó (ú), oder noch mit mehr Hervorhebung des Verhältnisses durch ó — ó oder, jedoch nur bei Nebensätzen, durch ahora — ahora, ora — ora, bien — bien, ya — ya und auch wol que — que, z. B. *No* digo eso, *sino que* aunque somos pobres somos personas de honor „Ich sage das nicht, sondern daß wir, obgleich arm, Personen von Ehre sind“ (H). *No* se contentó con ocultar al público su desgracia por los medios mas esquisitos, *sino que* pensó toda su vida en remediarla „Sie begnügte sich nicht damit, durch die auserlesensten Mittel dem Publikum ihr Unglück zu verbergen, sondern sie dachte ihr ganzes Leben darauf, es wieder gut zu machen“ (J). — Luis Esforcia gobernaba el Milanesado, *ó mas bien* le dominaba „Ludwig Sforza regierte das Mailändische, oder vielmehr beherrschte es“ (Q). — El sol *no* recibe la luz de los planetas, *ántes* la da á ellos „Die Sonne empfängt das Licht nicht von den Planeten, vielmehr giebt sie es ihnen“ (Acd). El Dios de Ismael *no* te ha reservado en estos dias de prueba un trono de delicias; *ántes bien* va á depositar en tus manos la suerte de un pueblo desventurado „Der Gott Ismael's hat dir in diesen Tagen der Prüfung nicht einen Thron der Wonne aufbehalten; vielmehr will er jetzt in deine Hände das Schicksal eines unglücklichen Volkes legen“ (H). Solo él *no* ha doblado la rodilla ante nuestros tiranos; *mas bien* ha preferido renunciar á la luz del dia „Nur er hat vor unsern Tyrannen nicht das Knie gebeugt; vielmehr hat er vorgezogen, dem Licht des Tages zu entsagen“ (Q). *No* crea Vd. que yo lleve el menor resentimiento; *al contrario*, conozco que la señorita procede con mucha prudencia „Glauben Sie nicht, daß ich die geringste Empfindlichkeit hege; im Gegentheil, ich erkenne an, daß das Fräulein mit vieler Klugheit verfährt“ (M). Yo me llamo Don Cárlos, *no* Don Felix „Ich heiße Don Karlos, nicht Don Felix“ (M). Estaria trascordado Don Leon, *ó* yo le entenderia mal „Don Leon mochte sich nicht mehr genau erinnern, oder ich mochte ihn verkehrt verstehen“ (J). *O Vd.* no acaba de esplicarse *ó* yo le entiendo al reves „**Entweder** haben Sie sich nicht ganz erklärt, **oder** ich verstehe Sie verkehrt“ (M). *Ahora* sigas la iglesia, *ahora* emprendas la carrera de las armas, siempre te serán útiles los estudios „**Ob** Du dich nun der Kirche widmest, **oder** die militärische Laufbahn wählest, immer werden dir die Studien nützlich sein“ (Acd). *Bien* salga, *bien* se quede en casa etc. „**Ob** er nun ausgehe **oder** zu Hause bleibe, etc. (S).

C. Beiordnung von Nebensätzen und anderen auf gleicher Stufe der Unterordnung stehenden Satztheilen.

§ 339. Die Beiordnung, sowohl die adversative, als die kopulative, setzt immer nur gleiche Stufe in Beziehung auf Ueber- und Unterordnung voraus, nicht aber auch gleichen Grad der Entwickelung des Ausdrucks, und daher kann im Spanischen, wie im Deutschen, recht wohl ein Nebensatz einem bloßen Worte oder einer Phrase beigeordnet werden. Im Deutschen beschränkt sich dies indeß auf Substantiv-, substantivisch gebrauchte Adjektiv- und Adverbialsätze; im Spanischen dagegen können auch Adjektivsätze einem dem Beziehungsworte nachgesetzten Adjektive, oder auch einer dasselbe vertretenden Phrase beigeordnet werden. Die Konjunktion wird in diesen Beiordnungen nie ausgelassen. Beispiele: Al retratista nunca se le pide *una belleza ideal*, sino *que copie escrupulosamente* su modelo „Von dem Bildnißmaler verlangt man nie **eine ideale Schönheit**, sondern **daß er gewissenhaft sein Modell kopire**“ (S). Todo el mundo sabe *su instruccion y lo que ha trabajado en los papeles públicos* „Jedermann kennt **Ihre Gelehrsamkeit** und **was Sie in den öffentlichen Blättern gearbeitet haben**“ (M). Vuelva Vd. *esta tarde ó cuando quiera* Kommen Sie diesen Nachmittag wieder, oder wann Sie wollen.“ Es un partido mui *ventajoso y que no se puede desperdiciar* „Es ist eine sehr vortheilhafte Partie, welche man nicht versäumen darf“ (G).

D. Anwendung der Beiordnung auf verschiedene der Unterordnung angehörige Verhältnisse.

§ 340. Auch im Spanischen wird häufig, wie im Deutschen, von der Beiordnung Gebrauch gemacht, wenn der Inhalt eines Satzes sich zu dem eines andern nur als dessen Bestandtheil verhält, und daher ohne andere Betrachtnahme die Unterordnung die eigentlich angemessene Verbindungsform sein würde. Es geschieht dies aber, theils um die sonst ihrer Grundbeziehung nach in Nebensätzen darzustellenden Gedanken durch eine selbstständigere Form mehr hervorzuheben, theils um eine zu große Anhäufung von Unterordnungen zu vermeiden und dadurch die Rede in ihren einzelnen Theilen faßlicher zu machen. Auch kommen beide Arten der Beiordnung, die adversative so gut, als die kopulative, dabei in Anwendung, die letztere jedoch am gewöhnlichsten; und ebenso können alle Arten der Nebensätze, die Substantiv-, Adjektiv- und Adverbialsätze, diese Vertauschung erfahren, wenn gleich einige Unterarten, wie

z. B. die Adverbialsätze des Raumverhältnisses, meistens davon ausgeschlossen bleiben. Im Einzelnen verfährt man dabei nun der Hauptsache nach, wie folgt:

Verwandlung der Substantivsätze in Hauptsätze.

§ 341. Wenn man im Spanischen einen Substantivsatz in einen Hauptsatz verwandelt; so wird in der Regel in dem ursprünglich übergeordneten Satze ein Demonstrativpronom sächlicher Form, ein Demonstrativadverb mit einer Präposition, oder auch lo, oder ello mit einer Präposition zur Hinweisung auf denselben und gleichzeitigen Bezeichnung des zum Grunde liegenden Kasusverhältnisses gebraucht; doch werden die Sätze, wenn ihre Verbindung wegen ihrer Kürze leicht aufgefaßt wird, mitunter auch ohne Weiteres neben einander gestellt. Ihr Verhältniß ist dann immer ein kopulatives und wird auch mitunter durch Konjunktionen der kopulativen Beiordnung bezeichnet, und, wenn einmal eine Konjunktion der adversativen Beiordnung zwischen dieselben tritt, so bezeichnet diese stets einen Gegensatz zu einem andern dritten Gedanken. Beispiele: Censuraron el desarreglo de las comedias que entónces se representaban, *y esto* dió motivo á que el mencionado Moratin publicase en el año de 1762 algunos discursos críticos „Sie tadelten die Regellosigkeit der Komödien, welche damals aufgeführt wurden, **und dies** gab Anlaß dazu, daß der erwähnte Moratin im Jahre 1762 einige kritische Reden herausgab“ (rA). Le ha servido muchos años; *de esto* (*eso, aquí*) infiero que . . . „Er hat ihm viele Jahre gedient; **hieraus** (daraus) schließe ich, daß . . . —“ Será tambien mui buena madre, no *lo* dude Vd. „Sie wird auch eine gute Mutter sein, bezweifeln Sie es nicht“ (G). No *lo* está Vd. viendo? es un frenesí, un delirio „Sehen Sie es nicht? es ist ein Wahnsinn, eine Raserei“ (VV). Me he equivocado, ahora me convenzo *de ello* „Ich habe mich geirrt; jetzt überzeuge ich mich davon“ — No hai duda, él ha sido „Es ist kein Zweifel, er ist's gewesen“ (R).

§. 342. Die eben beschriebene Vertauschung von Substantivsätzen mit Hauptsätzen tritt im Allgemeinen im Spanischen in denselben Fällen ein, in welchen sie auch im Deutschen Statt findet; doch giebt es folgende besondere Abweichungen:

1) Die Spanier ordnen oft den Gegenstand einer raschen Beschlußnahme, welcher im Deutschen meistens durch einen Substantivsatz, oder vielmehr einen infinitivischen Ausdruck dargestellt wird, dem mit coger gebildeten ursprünglich übergeordneten Satze bei, z. B. Cogió y se fué „Er entschloß sich rasch, wegzugehen“ oder auch „Er faßte sich kurz und ging weg“ (Acd).
2) Dagegen wird im Deutschen die Beiordnung oft in Anwendung gebracht, wo im Spanischen der Gegenstand einer Gefälligkeit oder Güte durch einen infinitivischen Ausdruck dargestellt wird, z. B. Hágame Vd. el favor *de llevarme* esta carta al correo „Thun Sie mir den Gefallen **und bringen** mir diesen Brief auf die

Post" (G). Sirvase *buscarme* eso „Seien Sie so gut und holen mir das." —

Verwandlung der Adjektivsätze in Hauptsätze.

§ 343. Wenn im Spanischen ein Adjektivsatz in einen Hauptsatz verwandelt wird, so tritt an die Stelle des einleitenden Relativs in der Regel ein Demonstrativpronom; doch wird statt dessen mitunter auch ein Personalpronom oder ein Demonstrativadverb gebraucht. Auch hier ist die Verbindung immer eine kopulative und wird als solche gewöhnlich durch kopulative Konjunktionen bezeichnet, z. B. A estas tierras se dió el nombre de campos vacantes, *y estos* son por la mayor parte nuestros baldios „Diesen Ländereien gab man den Namen leere Felder, und dies sind größtentheils unsere Gemeingüter" (J). — Tengo pocos, pero buenos amigos; *y á ellos* debo los mas felizes instantes de mi vida „Ich habe wenige, aber gute Freunde, und ihnen verdanke ich die glücklichsten Augenblicke meines Lebens" (M). Hallábase el rei en Tordesillas; *alli* estaba *tambien* la infanta Doña Maria de Aragon, su prima „Der König befand sich in Tordesillas; dort war auch die Infantin Donna Maria von Aragonien, seine Base" (Q). Pasó en silencio la existencia inútil de un amante que no aparece en la escena, *y esta omision* le facilitó el medio de dar á la resistencia obstinada de don Gerónimo un motivo mas cómico „Er überging das unnütze Dasein eines Liebhabers, welcher nicht auf der Bühne erscheint, mit Stillschweigen, und diese Auslassung erleichterte ihm das Mittel, dem hartnäckigen Widerstande Don Geronimo's einen komischeren Anlaß zu geben" (M).

Verwandlung der Adverbialsätze in Hauptsätze.

§ 344. Adverbialsätze des Zeitverhältnisses werden in Hauptsätze verwandelt, indem man ihre einleitende Konjunktion wegläßt und statt derselben in dem ursprünglich übergeordneten Satze ein entsprechendes Adverb der Zeit gebraucht, wozu mitunter noch in dem ursprünglichen Adverbialsatze eine der neuen Verbindung mehr angemessene Verwandlung der Zeitform des Verbs hinzukommt. Die so entstehende Beiordnung ist gewöhnlich kopulativ und wird zuweilen durch y oder eine andere kopulative Konjunktion bezeichnet, wobei man dann auch wol das sonst das Zeitverhältniß bezeichnende Adverb wegläßt; mitunter ist sie jedoch auch, namentlich bei Verhältnissen der Vor- oder Nachzeitigkeit, adversativ und wird dann in der Regel durch pero bezeichnet, z. B. Sí, rie, búrlate. Ya llegará la mia, y veremos *entónces* cual de los dos tiene mas gana de reir „Ja, lache, spotte. Es wird schon an mich die Reihe kommen, und dann werden wir sehen, wer von uns beiden am meisten Lust zu lachen hat" (M). Me hizo criar en una aldea vecina á Salamanca; despues me agregó á su familia con el título de sobrino „Sie ließ mich in einem nahe bei Salamanca belegenen Dorfe erziehen; darauf (nachher) nahm sie mich unter dem Namen eines Neffen in ihre Familie auf“ (J). No pudo desentenderse el gobierno de la eficacia de sus razones, y *desde entónces* quedó limpia la escena Española de composiciones tan absurdas „Die Regierung konnte die Kraft seiner Gründe nicht ignoriren, und seit der Zeit blieb die spanische Bühne rein von so abgeschmackten Werken“ (rA). Pasaron otros dos años y todo se halló favorable „Es vergingen noch zwei Jahre, und da war Alles günstig“ (rA). — Voi á seguirte luego; *pero antes* permítame dar algunas órdenes á los criados „Ich werde dir sogleich folgen; aber zuvor erlaube mir, den Dienern einige Befehle zu geben (O).“ —

§ 345. Die Adverbialsätze des Größenverhältnisses werden in Hauptsätze verwandelt, indem man ihre einleitende Konjunktion wegläßt, dabei aber in dem ursprünglich übergeordneten Satze das auf ihren Inhalt hinweisende Demonstrativadverb beibehält. Diese Verwandlung geschieht jedoch vorzugsweise nur bei denen, welche die Größe durch die Wirkung bestimmen, und die Beiordnung ist dann immer kopulativ; bei andern, namentlich bei denen, die sich auf einen Komparativ beziehen, kann sie auch adversativ sein, und dann kann auch eine adversative Konjunktion gebraucht werden, z. B. La pieza contrahecha se estudió, se imprimió y se representó en el teatro de los Caños, ántes que en el de la Cruz estuviera corriente la de Moratin. *Tanta* fué la actividad con que se aceleró la ejecucion de aquella ratería „Das nachgemachte Stück wurde studirt, gedruckt und auf dem Theater de los Caños aufgeführt, ehe auf dem de la Cruz das von Moratin im Gange war. So groß war die Thätigkeit, mit welcher man die Ausführung jener Niederträchtigkeit betrieb“ (rA). En la „Escuela de los Maridos“ no aparece el menor indicio de su procedencia; *tal* es la imitacion fiel de las costumbres nacionales que en ella se advierte „In der „Schule der Männer“ erscheint nicht die geringste Spur ihres Ursprungs; so gut (der Art) ist die treue Nachahmung der nationalen Sitten, welche man darin wahrnimmt“ (rA).

§ 346. Die Adverbialsätze der Weise verwandelt man in Hauptsätze, indem man ihre einleitende Konjunktion wegläßt und in dem ursprünglich übergeordneten Satze den demonstrativen adverbialen Ausdruck beibehält. Da die so entstehende Beiordnung immer kopulativ ist, so steht hierbei auch oft y oder eine andere kopulative Konjunktion, z. B. Tal vez ganó el pleito quien mas supo hacer reir á los jueces; *y así* se defendian los intereses, los derechos, la vida y el honor de los hombres „Manchmal gewann der den Prozeß, welcher die Richter am meisten lachen zu machen wußte; und so wurden die Interessen, die Rechte, das Leben und die Ehre der Menschen vertheidigt“ (rA). Los niños lloran cuando no salen con la suya; *lo mismo* (oder del mismo modo, de la misma manera etc.) se conduce ella „Die Kinder weinen, wenn sie ihren Willen nicht bekommen; gerade so benimmt sie sich. —

§ 347. Die Adverbialsätze des Grundes werden in ihren verschiedenen Unterarten folgendermaßen in Hauptsätze verwandelt:

1) Diejenigen, welche einen wirklichen Grund (Ursache, Beweg- oder Erkenntnißgrund) ausdrücken, werden, wenn sie dem von ihnen begründeten Satze nachfolgen, mit Auslassung der einleitenden Konjunktion entweder ohne alle Bezeichnung der Verbindung hinzugesetzt, oder sie erhalten mit etwas weniger Hervorhebung des Grundes die dem deutschen „denn" entsprechenden, aber auch oft „da" und „weil" bedeutenden Konjunktionen pues, que oder auch wol porque; einige werden aber auch dem vorhergehenden, aber immer als verneinend aufgefaßten Satze durch sino que verbunden, welches dann dem deutschen „doch" entspricht und sich wol eigentlich auf einen ausgelassenen verneinenden Satz (vergl. § 338) bezieht, z. B. No se aflija Vd.; tal vez no se realizará „Betrüben Sie sich nicht; vielleicht wird es nicht geschehen" (L). Y despues de jurar y de perjurar se casará Vd., *pues* lo tengo así decidido „Und nachdem Sie geschworen und sich verschworen haben, werden Sie sich doch verheirathen, denn ich habe es so beschlossen" (G). Estará enfermo, *pues* no me escribe „Er wird krank sein, denn er schreibt mir nicht" (S). Enrique te lo esplicará, *que* él lo sabe „Heinrich wird es dir erklären, denn er weiß es" (Y). Aquí me he salido, *porque* allí no puedo parar „Hier heraus bin ich gekommen, denn dort kann ich nicht bleiben" (M). — ¡Qué disparate! *sino que* anoche cabalmente ni siquiera hojeé un libro „Welch ein Unsinn! habe ich doch gerade gestern Abend nicht einmal ein Buch durchblättert. (G).

Anm. Es dürfte zweifelhaft scheinen, ob die mit pues, que und porque eingeleiteten Sätze wirklich je mit einem vorhergehenden in dem Verhältniß der Beiordnung stehen, und ob sie nicht vielmehr immer als Adverbialsätze des Grundes (vergl. § 322, 1, 2 u. 3) anzusehen seien, da der Umstand, daß man bei einer Uebersetzung derselben ins Deutsche für sie zuweilen einen mit „denn" eingeleiteten Hauptsatz gebrauchen kann oder muß, über ihre grammatische Natur an sich Nichts entscheidet. Allein die so eingeleiteten Sätze werden mitunter auch parenthetisch gebraucht, z. B. Para conseguirlo, no he ido á buscar ninguna hija de familia de estas que viven en una decente libertad . . . Decente; *que yo* no culpo lo que no se opone al ejercicio de la virtud . . . Pero cual sería entre todas ellas etc. (M). — Mil mentecatos de uno y otro sexo esparcieron muy presto por toda la ciudad la fama de la Coscolina, *que* así se llamaba la gitana (Padre Isla); und das spricht dafür, daß sie auch zuweilen als Hauptsätze stehen.

2) Bei denjenigen, welche eine Ursache oder einen Beweggrund ausdrücken, wird, wenn sie dem ihnen ursprünglich übergeordneten Satze vorangehen, unter Auslassung ihrer Konjunktion in dem von ihnen begründeten Satze einer der demonstrativadverbialen Ausdrücke así, por esto oder por eso, por lo mismo, por tanto oder por lo tanto, manchmal mit vorangehendem y, oder auch, wenn nur ein Wunsch oder ein Entschluß begründet wird, pues gebraucht, z. B.

Ya ves que yo no la obligo á responder; *así* déjala tú tambien en plena libertad „Du siehst wol, daß ich sie nicht zwinge zu antworten; also (daher, deshalb) laß du sie auch in voller Freiheit“ (L). Me habéis dicho que no me habláis como juez; *por eso* os voi á responder como amigo „Ihr habt mir gesagt, daß Ihr nicht als Richter zu mir redet; deshalb (darum) will ich Euch jetzt als Freund antworten“ (J). — La cura fué peligrosa y larga, *y por lo mismo* no podia seguir la corte „Die Heilung war gefährlich und lang, und eben deshalb konnte er dem Hofe nicht folgen“ (Q). Estoi cayendo de sueño, y la caridad bien ordenada empieza por uno mismo; quédese *por lo tanto* la solucion del problema para mañana „Ich falle vor Schlaf um, und Jeder ist sich selbst der Nächste; möge deshalb (deswegen) die Lösung der Aufgabe für morgen bleiben“ (G). — Nos ha vendido; *pues* ¡que muera! „Er hat uns verrathen; nun so sterbe er!“ (R.)

3) Bei denjenigen dagegen, welche einen Erkenntnißgrund ausdrücken, wird, wenn sie dem ihnen ursprünglich übergeordneten Satze vorangehen, unter Auslassung ihrer Konjunktion in dem von ihnen begründeten Satze por consiguiente, de consiguiente, luego, manchmal mit vorangehendem y, oder auch con que, und dies häufig, wenn die Folgerung aus den Worten oder dem Benehmen des Mitredenden gezogen wird, gebraucht, z. B. Vd. no sabe latin, *y por consiguiente* está dispensado de tener sentido comun „Sie verstehen kein Latein und sind folglich davon dispensirt, gesunden Menschenverstand zu haben“ (M). Pienso, luego existo „Ich denke, folglich bin ich“ (S). Tú vas á cumplir 18 años; *con que* no es una boda, ahí, desproporcionada „Du gehst in dein 19tes Jahr; folglich (also) ist das da keine unangemessene Heirath“ (H). Ella y él desde chiquitos se han tratado, y aun se tratan, con harta satisfaccion — ¿*Con que* esa amistad es larga? — ¡Toma! ¿*Con que* no sabéis quien es ella? „Sie und er sind von Kindheit an gern genug mit einander umgegangen und thun es noch. — Also diese Freundschaft ist alt? — Ei freilich! Also Ihr wißt nicht, wer sie ist?“ (M.)

4) Diejenigen, welche mit bejahter Aussage eine Bedingung (einen möglichen Grund) ausdrücken, pflegt man, natürlich unter Auslassung ihrer Konjunktion, entweder in Form von Wünsche- oder Heischesätzen zu geben und ihnen dann den Folgerungesatz mit y oder que nachfolgen zu lassen, oder sie erhalten die Form von Urtheils- oder Fragesätzen, und der Folgerungesatz folgt ihnen mit entónces, oder bei den erstern auch mit con eso nach, z. B. Ande yo caliente y ríase la gente „Möge ich nur warm gehen, dann mögen die Leute lachen.“ (Spr). Pidiera ella mi proteccion y yo se la dispensara, „Bäte sie mich um Schutz, so würde ich ihn ihr gewähren“ (S). Hubiese

ella pedido mi proteccion *que* yo se la hubiera dispensado „Hätte sie mich um Schutz gebeten, so würde ich ihn ihr gewährt haben“ (S). — Qué hicieras si te saliera la lotería? — *Entónces* compraria un caballo. „Was würdest du thun, wenn du in der Lotterie gewönnest? — Dann würde ich mir ein Pferd kaufen.“ (S.) Ya están en la iglesia. — *Con eso* tendrán ménos que andar; bajo el pié tienen el sepulcro. „Sie sind schon in der Kirche. — Dann werden sie weniger zu gehen brauchen; unter den Füßen haben sie das Grab“ (R).

5) Diejenigen, welche mit verneinter Aussage eine Bedingung ausdrücken, werden, unter Auslassung der einleitenden Konjunktion (á ménos que, oder si mit nachfolgendem no), in Form von Urtheils-, Wünsche- oder Heischesätzen gegeben, und man läßt ihnen dann den Folgerungsatz mit ó, sino, ó sino, de otro modo, de otra suerte, oft mit Voransetzung von pues oder que, nachfolgen z. B. Abrázeme Vd. *ó* no le dejo hablar „Umarmen Sie mich, oder ich lasse (sonst lasse ich) Sie nicht sprechen“ (G). Me parece que te puedes ir: *ó sino* te puedes quedar „Ich denke, du kannst gehen; oder sonst magst du auch hier bleiben“ (L). Por fortuna habia empezado á serenarse algun tanto la tormenta, *pues de otro modo* las olas hubieran tragado sin remedio la lancha llena de gente „Zum Glück hatte das Unwetter angefangen, sich etwas aufzuheitern, denn sonst hätten die Wellen das mit Leuten gefüllte Boot unfehlbar verschlungen“ (Y). Gracias á que Doña Damiana se puso de por medio, *que sino* me ensilla como si fuera una polla „Gottlob, daß Donna Damiana sich ins Mittel legte, denn sonst spießt er mich auf, als wenn ich ein junges Huhn gewesen wäre“ (G).

6) Diejenigen, welche einen in ihrem ganzen Inhalte liegenden Verhinderungs- oder Unterlassungsgrund oder Einwand ausdrücken, werden in der Regel unter Auslassung der Konjunktion (aunque, aun cuando etc.) in Form von Urtheilsätzen, selten in der von Wünschesätzen, gegeben, und es folgt ihnen dann der ursprünglich übergeordnete Satz mit si, mas, sin embargo, con todo, con todo eso, no por eso oder no obstante, oft mit vorhergehendem y, oder, wenn derselbe als Frage auftritt, mit pues nach, oder wird ihnen auch mit stärkerer Hervorhebung des Gegensatzes durch y verbunden, z. B. No digo yo que á Vd. le gustan los Roques mas que los Toribios; lo que *sí* creo y aseguro es que cederá de su porfía cuando sepa que el susodicho se llama .... Ich sage nicht, daß Ihnen die Roques mehr als die Toribios gefallen; was ich aber doch glaube und versichere, ist, daß Sie von Ihrer Hartnäckigkeit abgehen werden, wenn Sie erfahren, daß der Name des Obengenannten .... (G). — Acérqueme; *mas* no pude entenderle palabra „Ich nähere mich, allein ich konnte von ihnen kein Wort verstehen“ (M). Ya en

otra ocasion le tuvimos por muerto, *y sin embargo* estaba vivo „Schon bei einer andern Gelegenheit hielten wir ihn für todt, und **doch** (dennoch) lebte er noch" (Y). ¡Cuántos árboles vemos, que tienen un hueco muy grande en el tronco, y *no por eso* dejan de dar fruto por muchos años! Wie viele Bäume sehen wir, die eine sehr große Höhlung in ihrem Stamme haben und **dessen ungeachtet** noch viele Jahre lang Frucht tragen!" (Y). Parecia imposible que se salvasen los otros regimientos que habia en Jutlandia: *con todo* lo consiguieron dos de ellos. „Es schien unmöglich, daß sich die andern Regimenter, welche in Jütland waren, retteten; **bei allem dem** (doch) gelang es zweien von ihnen" (T). — No te atrevieras á hacer esto delante de un hombre: *pues*, ¿como te atreves delante de Dios? „Du würdest es nicht wagen, dies vor Menschen zu thun; wie **denn** wagst du es vor Gott?" (Acd.) — Yo pude salvarte *y* te he perdido. „Ich konnte dich retten, **und** ich habe dich zu Grunde gerichtet" (J).

7) Diejenigen, welche einen in der **Unangemessenheit** einer ihrem Inhalte angehörigen **Vorstellung** liegenden **Verhinderungs-** oder **Unterlassungsgrund** oder **Einwand** ausdrücken, werden unter Auslassung der einleitenden Konjunktion (por—que, a—que, —quiera que) in Form von Wünsche- oder Heischesätzen mit einem diese Vorstellung als ganz beliebig darstellenden Nebensatze gegeben, und es folgt ihnen dann der ursprünglich übergeordnete Satz entweder ohne Weiteres nach, oder sie werden selbst diesem mit y nachgesetzt, z. B. *Sea quien fuere*, no me la quitará „**Sei er**, wer er wolle, er wird sie mir nicht nehmen" (M). *Llamárase como se llamare*, el nombre no hace nada „**Möchte** er sich nennen, wie er wollte, der Name thut Nichts zur Sache" (G). — Decia Vd. mal mal, *y dijera* lo que dijera „Sie hatten sehr Unrecht, und **möchten** Sie sagen, was Sie wollten" (G).

8) Diejenigen, welche einen **entweder ihnen selbst oder einem** mit ihnen in **aufhebender adversativer Verbindung** stehenden **Adverbialsatze** beliebig zu **entnehmenden Verhinderungs-** oder **Unterlassungsgrund** oder **Einwand** ausdrücken, werden unter Auslassung der einleitenden Konjunktion in Form von Wünschesätzen gebracht und dann zugleich zur Bezeichnung der gegenseitigen Aufhebung durch ahora — ahora oder ora — ora, ya — ya, oder bien — bien eingeleitet, und der ihnen ursprünglich übergeordnete Satz folgt ihnen dann ohne Weiteres nach, z. B. *Ahora* sigas la iglesia, *ahora* emprendas la carrera de las armas, siempre te serán útiles los estudios „Magst du dich **nun** der Kirche widmen, oder magst du die militärische Laufbahn wählen, immer werden dir die Studien nützlich sein (Acd).

§ 348. Die Adverbialsätze der **Folge**, welche eine **beabsichtigte** oder unbeabsichtigte Wirkung ausdrücken, werden unter Auslassung der Konjunktion (para que, á fin de que etc.) in Form von Urtheilssätzen gegeben, und der ihnen übergeordnete Satz folgt ihnen mit para eso, á eso, para este objeto, para este fin oder einem ähnlichen Ausdrucke, oft mit vorangehendem que, nach, z. B. Señora Doña Concha seré hasta que muera, y me lo llamarán, si señor, *que para eso* tengo dinero „Frau Donna Concha will ich sein, bis ich sterbe, und so soll man mich nennen, ja, Herr, denn dafür habe ich Geld“ (L).

§. 349. Die Adverbialsätze, welche Verhältnisse des Mitbestandes oder seiner Verneinung, der Uebereinstimmung oder des Gegensatzes ausdrücken, werden unter Auslassung der Konjunktion in Form von Urtheilssätzen gegeben, und der ihnen ursprünglich übergeordnete Satz folgt ihnen dann, von miéntras tanto oder entretanto, sin esto, asimismo, igualmente, en cambio oder einem ähnlichen Ausdrucke eingeleitet, nach, z. B. Ya le esplicaré á Vd. mi proyecto cuando pueda hacerlo á solas y sin dar que sospechar: *entretanto* me urge el saber si Vd. me concede lo que tanto anhelo „Ich werde Ihnen meinen Plan schon erklären, wenn ich es allein und ohne Verdacht zu erregen thun kann; unterdessen drängt es mich zu wissen, ob Sie mir gewähren, wonach mich so sehr verlangt“ (O). No le pido consejos, *sin esto* me los da „Ich bitte ihn nicht um Rath; ohne dies giebt er ihn mir. — No habla de lo que intenta hacer: *asimismo* pasa en silencio lo que ha hecho. „Er spricht nicht von dem, was er vorhat; ebenso übergeht er das, was er gethan hat, mit Stillschweigen“. Hasta aquí nuestra pluma ha corrido para narrar las guerras, los enconos de la ambicion, las depredaciones y maldades que han ensangrentado las comarcas granadinas, y rara vez acciones magnánimas y laudables proezas: la paz, los suaves vínculos de la paz, la civilizacion con sus goces ofrecen *en cambio*, durante el imperio de Augusto, entretenimiento diverso y lectura mas sabrosa y agradable. „Bis jetzt hat sich unsre Feder bewegt, um die Kriege, die Erbitterungen des Ehrgeizes, die Verwüstungen und Bosheiten, welche die granadinischen Marken blutig gemacht haben, und selten hochherzige Handlungen und lobenswerthe Heldenthaten zu erzählen: der Friede dagegen, die süßen Bande des Friedens, die Gesittung mit ihren Genüssen bieten während der Herrschaft des Augustus eine verschiedene Unterhaltung und eine schmackhaftere und angenehmere Lektüre“ (Alc).

F. Zusammenziehung beigeordneter Sätze.

§. 350. Wenn Sätze, welche mit einander in dem Verhältniß der Beiordnung stehen, einen Theil ihres Inhaltes gemein haben; so wird in der Regel, wenn nicht jeder derselben mit besonderem Nachdruck hervorgehoben werden soll, das ihnen Gemeinschaftliche nur in einem derselben ausgesprochen und dadurch gewöhnlich eine den Forderungen der Kürze und des Wohllauts entsprechende Zusammenziehung bewirkt. Am gewöhnlichsten ist dieser Vorgang indeß bei denjenigen Sätzen, welche mit einander durch y, ni, ni — ni, no solo — sino que, uno — otro, este — aquel, quien — quien, cual — cual, ya — ya, tan pronto — tan pronto, cuando — cuando, aqui — alli, parte — parte, mitad — otra mitad, primero — segundo — tercero etc. und ähnliche Ausdrücke, oder durch sobre todo, principalmente, particularmente, singularmente, pero, mas, no — sino que, ó mas bien, ó, ó — ó, ahora — ahora, bien — bien, por esto, por lo tanto und por consiguiente verbunden sind, und es wird dabei, wenn die Verbindung durch no solo — sino que oder durch no — sino que zu geschehen hat, von diesen konjunktionellen Ausdrücken das que immer weggelassen. Beispiele. Me quitaba el aliento y los sentidos „Es benahm mir den Athem und die Besinnung“ (Z). ¿Nada das en la prudencia de un padre, ni en su mucho amor? „Vertraust du gar nicht auf die Klugheit eines Vaters, noch auf seine große Liebe?“ (R). No hai en su cuarto ni una silla, ni una mesa „Es ist in seinem Zimmer weder ein Stuhl, noch ein Tisch“ (M). Le dió no solo de comer, sino dinero „Er gab ihm nicht nur zu essen, sondern auch Geld“ (L). La isla es mitad francesa, otra mitad española „Die Insel ist zur Hälfte französisch, zur Hälfte spanisch“ (Y). Tengo muchos libros, cuales de latin, cuales de romance „Ich habe viele Bücher, einige in lateinischer, andere in spanischer Sprache“ (Acd). Ya se tumbaba (el buque) de un costado, ya de otro „Bald fiel das Schiff auf die eine Seite, bald auf die andere“ (Y). Fué este rei mui aficionado á las letras humanas, singularmente á la poesia „Es war dieser König sehr den schönen Wissenschaften zugethan, besonders der Poesie“ (Y). La empresa es grande por su objeto, pero sencillo y fácil por sus medios „Das Unternehmen ist groß durch seinen Zweck, aber einfach und leicht durch seine Mittel“ (J). Tus vasallos son pocos, mas leales „Deine Vasallen sind klein an Zahl, doch treu“ (Q). No fué ella, sino él „Sie war es nicht, sondern er“ (G). Podrian leerlas ó oirlas leer „Sie würden sie lesen, oder lesen hören können“. Menguan la propiedad, y por consiguiente el interes de los agentes de la agricultura „Sie vermindern den Grundbesitz, und folglich das Interesse der Träger des Ackerbaues“ (J).

§ 851. Die eben beschriebene Zusammenziehung kann im Spanischen auch eintreten, wenn Substantiven verschiedenen Geschlechts und verschiedener Zahl adjektivische Bestimmungswörter gemein haben, während dies im Deutschen nur zulässig, wenn die Substantiven desselben Geschlechts und derselben Zahl sind, z. B. Los tiempos y personas „Die Zeiten und Personen“ (Acd.) Ahora bastará esplicar la forma y uso de la composicion „Jetzt wird es genügen, die Form und den Gebrauch der Zusammensetzung zu erklären“ (Acd). Lo ha procurado siempre con todo zelo y eficacia „Sie hat es immer mit allem Eifer und aller Wirksamkeit erstrebt“ (Acd). Los caudales y hacienda eran cuantiosos „Die Gelder und der Grundbesitz waren bedeutend“ (Acd). Sehr oft geschieht indeß in solchen Fällen die Zusammenziehung nur durch Auslassung der gemeinschaftlichen Präposition z. B. Pechos capaces de la virtud y el vicio. Brüste, die der Tugend und des Lasters fähig sind. (Q).

Kongruenz und Konkordanz bei zusammengezogenen Sätzen.

§ 352. Bei der Zusammenziehung beigeordneter Sätze ist es übrigens mit dem bloß einmaligen Aussprechen des Gemeinschaftlichen und der Auslassung von que in den konjunktionellen Ausdrücken no solo — sino que und no — sino que nicht immer gethan, sondern sie übt auch manchmal einen Einfluß auf die Personal- und Zahlform des aussagenden Wortes und auf die Geschlechts- und Zahlform der Adjektiven und Partizipien. Diese Einwirkung der Zusammenziehung auf die Kongruenz des Verbs und die Konkordanz der Adjektiven und Partizipien beschränkt sich jedoch auf die Fälle, in welchen die zusammengezogenen Sätze entweder verschiedene Subjekte oder verschiedene Beziehungswörter attributiver, und zwar sowohl vermittelter als unvermittelter attributiver Satzverhältnisse haben, und das aussagende Verb und das Adjektiv oder Partizip verhalten sich dann in dieser Hinsicht folgendermaßen:

1) Wenn ein zusammengezogener Satz zwei oder mehrere durch eine Konjunktion verbundene Subjekte enthält, und ihnen das aussagende Verb in natürlicher Stellung nachfolgt; so wird dasselbe, welches auch die Zahlform der Subjekte sei, immer in Pluralform gebraucht, jedoch mit der Ausnahme, daß der Singular steht, wenn sämmtliche im Singular stehenden Subjekte, zusammen genommen, als der einheitliche Inbegriff eines durch sie gebildeten Ganzen gedacht werden, was namentlich der Fall ist, wenn dieselben zum Theil oder ganz durch Infinitive oder Demonstrativpronomen sächlicher Form gegeben sind, im letztern Falle selbst, wenn das andere Subjekt ein Substantiv in Pluralform ist, z. B. La dedicatoria y portada *faltan* „Die Zueignung und das Titelblatt fehlen“ (S). El vino y el aceite se *venden* bien „Wein und Oel verkaufen sich gut“ (S). Ni la ambicion, ni el provecho oder La ambicion ó el provecho le *excitaban* en mi espíritu „Weder der Ehrgeiz, noch der Vortheil“ oder „Der Ehrgeiz oder der Vortheil erregten ihn in meinem Geiste“ (S). — El comercio y la industria de otras provincias *ganó* en esta revolucion lo que perdia Castilla „Der Handel und der Gewerbfleiß anderer Provinzen gewann bei dieser Revolution, was Kastilien verlor“ (J). Solamente el leer y el escribir se *enseña aquí* „Nur das Lesen und Schreiben wird hier gelehrt. — Esto y los mosquitos me *suele* desvelar „Dies und die Mücken pflegt mich wach zu halten“ (S). Aber auch wegen der Trennung der Vorstellung im Gedanken: Leer y meditar lo que se ha leido son dos cosas muí útiles „Lesen und das Gelesene überdenken sind zwei sehr nützliche Sachen “(S).

2) Wenn ein zusammengezogener Satz zwei oder mehrere durch keine Konjunktion verbundene Subjekte enthält, und ihnen das aussagende Verb in natürlicher Stellung nachfolgt; so wird dasselbe, wenn keins der Subjekte Pluralform hat, in seiner na-

türlichen Stellung beliebig in Singular- oder Pluralform, andernfalls aber immer in Pluralform gebraucht, z. B. Ninguna especie de ambicion, ninguna mira de provecho personal le *excitaba* en mi espiritu (oder nach Salvá le *excitaban* en mi espiritu) „Keine Art von Ehrgeiz, keine Rücksicht persönlichen Vortheils erregte ihn in meinem Geiste“ (J).

3) Wenn ein zusammengezogener Satz zwei oder mehrere Subjekte enthält, gleich viel ob sie durch eine Konjunktion verbunden sind oder nicht, und ihnen das aussagende Verb in invertirter Stellung vorangeht; so wird dasselbe, wenn nicht alle Subjekte Pluralform haben, beliebig in Singular- oder Pluralform, andernfalls aber immer im Plural gebraucht, jedoch mit der Ausnahme, daß immer der Singular steht, wenn das Verb in reflexiver Form als unpersönlich aufgefaßt wird, oder die Subjekte infinitivische Form haben, z. B. *Falta* oder *Faltan* la dedicatoria y la portada „Es fehlt die Zueignung und das Titelblatt“ (S). Mucho me agradan el juicio y los talentos de este mozo „Sehr gefallen mir das Urtheil und die Talente dieses jungen Mannes“ (J). Se restablecian la tranquilidad y buen órden. „Es wurde die Ruhe und gute Ordnung wieder hergestellt“ (T). — Se vende mucho vino y aceite „Man verkauft viel Wein und Oel“ (S). Aprovecha mucho leer de continuo y meditar lo que se ha leido „Es ist von großem Nutzen, beständig zu lesen und das Gelesene zu überdenken“ (S).

4) Wenn ein zusammengezogener Satz zwei oder mehrere Subjekte hat, welche verschiedenen grammatischen Personen angehören; so hat das aussagende Verb, bei Subjekten der ersten und zweiten, oder der ersten und dritten, oder der ersten, zweiten und dritten Person immer die Personalform der ersten Person im Plural, und bei Subjekten der zweiten und dritten Person immer die Personalform der zweiten Person im Plural, z. B. Tú y yo lo *vimos* ayer „Du und ich sahen es gestern“ (S). Tú y ella *gritabais* „Du und sie schriet“ (S).

5) Wenn in einem zusammengezogenen Satze ein Adjektiv oder Partizip zwei oder mehrere Beziehungswörter hat, gleichviel ob es sich zu ihnen als unmittelbares (beiwörtliches), oder vermitteltes Attribut (Attribut-Objekt) verhält; so hat es immer Pluralform und zugleich bei Beziehungswörtern von nur einem (nämlich bloß dem männlichen, weiblichen oder sächlichen) Geschlechte die diesem jedesmal entsprechende Geschlechtsform, bei Beziehungswörtern verschiedenen Geschlechts aber in der Regel männliche Geschlechtsform und gewöhnlich nur dann die weibliche, wenn unter den Beziehungswörtern zwar ein weibliches, aber kein männliches im Plural steht; mitunter läßt man es jedoch auch ohne Rücksicht hierauf mit dem ihm zunächst stehenden Beziehungsworte im Geschlecht übereinstimmen, z. B. La *hermosura*

y *brillantez deslumbradoras* del trono nos seducen „Die glänzende Schönheit und Pracht des Thrones verführen uns“ (S). *Gonzalo y Martin de Alarcon* fueron *enviados* á Granada „Gonzalo und Martin de Alarcon wurden nach Granada geschickt“ (Q). *Lo mucho y lo bueno* están siempre *reñidos* „Die Vielheit und die Güte sind immer im Streit“ (Q). Las razones que les dijo fueron tales, y su *compostura* y *ademan* tan *venerables* y *persuasivos* que salieron confundidos. Die Gründe, welche er ihnen sagte, waren der Art, und seine Haltung und Geberde so ehrwürdig und überredend, daß sie verwirrt wurden“ (Q). Mandaba que fuesen *restituidas las mujeres y el hombre* „Er befahl, daß die Frauen und der Mann zurückgegeben würden“ (Q). Tenian sus *usos* y *costumbres*, ya comunes, ya *variadas* y diferentes „Sie hatten ihre bald gemeinsamen, bald vermannigfaltigten und verschiedenen Gebräuche und Sitten“ (Martinez Marina bei S).

6) Wenn in einem zusammengezogenen Satze zwei oder mehrere adjektivische Wörter oder Partizipien ein gemeinsames Beziehungswort haben; so gebraucht man dieselben freilich immer in der diesem entsprechenden Geschlechtsform, doch stimmt ihre Zahlform, außer wenn sie vorausgesetzt werden, nicht immer mit demselben überein, indem man bei der Absicht verschiedenartige Dinge, nicht ein Ding mit verschiedenen Eigenschaften, darzustellen, das Beziehungswort beliebig in Singular- oder Pluralform gebrauchen kann, selbst wenn jedes Adjektiv oder Partizip wegen der in der Vorstellung liegenden Einheit Singularform behalten muß, z. B. Comprende en un volúmen en octavo la gramática de *las lenguas castellana, latina y griega* „Es umfaßt in einem Bande in Oktav die Grammatik der kastilischen, lateinischen und griechischen Sprache“ (S). Para ellos eran tan comunes *la lengua griega y latina* como para nosotros la castellana „Für sie waren die griechische und lateinische Sprache so gewöhnlich als für uns die kastilische“ (Acd). *La parte* oder *Las partes* primera y segunda del Don Quijote prueban el ingenio de su autor „Der erste und der zweite Theil des Don Quijote beweisen den Geist ihres Verfassers“ (S).

Uebungen.

I. Uebung, zu § 16—24.

A. Zur Anschauung.

Deseabais. Hablaren. Comieras. Sufras. Deseara. Profesas. Ofendieron. El sufriere. Beba. Deseo. Aprendió. Profesare. Ofenderíamos. Deseas. Yo ofendiera. Hablaremos. Profesaba. Mulleres. Hablado. Sufrieses. Hablaras. Coman. Profesarán Suframos. No hables.*) Permitieseis. Yo alabaría. Profesasteis. Permitiríais. Alabasen. Tañó. Sufro. No permitáis. Profesado. Alabando. Recibieren. Ofenderé. El hablaría. Tañeremos. Permitieren. Sufrirán. El habla. Ofendamos. Recibíamos. Tome él. Alabarán. Aprendías. Recibiendo. No ofendas. Alabarais. Recibe tú. Profese. Ofendí. Alabaremos. Bruñeron. Aprende tú. El ofendiere. Sufrí. Alabarían. Yo permita. No tomes. Profesaría. Profeséis. Ofendiereis. Comimos. Alabemos. Ofenderán. El deseare. Recibiéremos. Hablen ellos. Alabares. Recibirá. El sufría. Aprendáis. Viva yo. Coman. Bruñera. Permitieras. Profesád. Suframos. Mulleron. Desearéis. Ofenden. Tañeseis. Aprendíamos. Comieren. Desearan. Profesasen. Sufriésemos. El comería. Aprender. Profesarías. Sufrieran. Yo comiere. Recibirían. Aprenderá. Ofendo. Aprendiéremos. Sufrid. Permitan. Profesaste. Aprendería. Desead. Yo recibiría. Aprendáis. Yo coma. Recibes. Profesabais. No permitan. El ofendía. Sufriré. Alabáis. Tañendo. Hable él. Permitían. Comiese. Sufrido. Recibiréis.

B. Zur Anwendung.

Du wirst essen. Du werdest lernen. Du aßest (D)**). Sie leiden. Du beleidigtest (K). Sie loben (I). Ihr würdet empfangen (K). Sie wünschten (D). Er lerne. Wir würden leiden (I). Ich erlaubte (II). Wir

*) Wenn mit der 2ten Person des Präs. im Konj. ein Verneinungswort, wie no „nicht“, verbunden ist, so wird sie in der Regel imperativisch genommen; eben so die andern Personen des Präs. im Konjunktiv, wenn das Pronomen nachsteht.

**) In dieser und den folgenden Uebungen über die Konjugationsformen bedeutet D. Definitivum, I. Indikativ, II. Imperfekt im Indikativ und K. Konjunktiv.

wünschten (K). Ihr littet (II). Empfangen wir. Ich bekenne (I). Iß nicht. Sie würden lernen (I). Er grunzte (K). Du sprechest. Ihr werdet pollern (K). Wir bekannten (II). Ich würde wünschen (K). Er würde erlauben (I). Wir lobten (II). Ihr werdet bekennen (K). Er würde lernen (K). Ich werde sprechen (K). Ihr äßet. Du lobtest (II). Sie aßen (II). Er wünschte (II). Er bekenne. Ihr werdet leiden (K). Ich empfinge. Lobet. Ihr würdet essen (I). Nehmen sie. Sie lernten (K). Wir werden erlauben (I). Wir sprechen (I). Sie litten (D). Er empfange. Sie bekannten. Lobe er. Er erlaubte (K). Du lernst (I). Ich lobte (K). Lobe sie. Bekennen wir. Ihr erlaubt (I). Wir beleidigen (K). Wir würden erlauben (K). Ich spreche (K). Ich lernte (K). Ihr würdet sprechen (I). Ich lobe (K). Du werdest empfangen. Er lobte (D). Du würdest leiden (I). Wir lernen (I). Lobe. Esset nicht. Loben wir nicht. Bekenne nicht. Du wirst erlauben. Sie würden grunzen (K). Esset. Wir sprechen (D). Lobet nicht. Er würde hinzufügen (K). Sie wünschen (K). Ihr lobtet (D). Empfange ich. Ihr lerntet (D). Er werde bekennen. Er würde leben (K). Wir werden essen (I). Er wird loben. Er ißt. Trinke ich. Wünschet nicht. Sie bekennen (K). Wir erlaubten (D). Ihr beleidigtet (II). Wir werden wünschen (I). Du empfingst (II). Wir würden sprechen (K). Leide er. Ich bekannte (D). Wir beleidigten (K). Ich wünschte (D). Polternd. Ich aß (II). Ihr bekanntet (II). Ihr wünschet (K). Du würdest bekennen (K). Ihr esset (I). Erlauben. Er empfing (D). Sie sprechen (II). Sie würden beleidigen (K). Aufleckernd. Ihr sprächet. Sie empfingen (K). Du sprachest (D). Bekennen wir. Empfangt. Du beleidigest (K). Ich würde leiden (K). Er spräche. Beleidigen. Er bekannte (D). Ihr würdet lernen (K). Ich sprach (II). Du bekennest (K). Wir würden essen (K) Ich leckerte auf (K). Ihr werdet sprechen (K). Ihr empfanget (K). Ihr bekanntet (II). Du erlaubtest (D). Wünschen wir. Ihr werdet empfangen (I). Ich werde erlauben (K). Ihr bekenntet. Du würdest wünschen (I). Er erlaubt. Wir empfangen (K). Ihr würdet bekennen (K). Du wirst wünschen. Du würdest beleidigen (I). Ihr empfingt (D). Sie bekannten (D). Du wünschtest (K). Trinken wir.

II. Uebung, zu § 25.

A. Zur Anschauung.

Vengando. Lei. Instruyeron. Halaguemos. Finjan. No comuniques. Instruido. Fingimos. Leyeron. Venzáis. Distingue. Zurza yo. Meciere. El finja. Halagaremos. Comuniquemos. El meza. Halaga. Toques. Delinquí. Apacigüé. Leerán. Yo delinca. Comunicará. Averiguabais. Vencí. Averiguando. Fingiré. Toquemos. Distinguirian. No mengües. Aflige. Vengáremos. Delinco. Comuniqué. Royó. Leerás. Afligid. Finjamos. Toquéis. No mezas. El mengüe. Venguen. Fingirías. Aflijáis. Apaciguaste. Meciereis. El vengue. Instruiréis. No halaguéis. Yo zurza. Fingiste. Vengarás. Delinquiríamos. Huirían. Venciste. Yo halague. Huyeron. Delinquisteis. Tocáramos. Vence. Leeremos. Fingieron. Halagasteis. Venzan.

Leido. Yo oyere. Creas. Aflijo. Oirías. Halaguéis. Averigüe. Distingan. Delinquieron. Menguaban. Yo distinguiría. Halagó. Venzo. Zurzas. Oísteis. Distinguimos.

B. Zur Anwendung.

Ich unterscheide (I). Sie rächen (K). Er theile mit. Wir flicken (K). Ich würde mittheilen (I). Sie flehen (D). Sie würden unterrichten (K). Ihr würdet siegen (K). Du werdest flehen. Besänftigen wir. Sie werden flicken (I). Er wird lesen. Betrüben wir. Flicken sie. Du glaubtest (II). Ihr wieget (K). Genagt. Du erforschest (K). Du nähmest ab. Ihr flehet (D). Ihr würdet hören. Lesend. Du betrübest (K). Ich würde rächen (K). Er heuchle. Ich las (II). Er siege. Wir besänftigen (K). Wir würden unterrichten (K). Gehört. Geglaubt. Du würdest lesen (K). Sie werden unterscheiden (K). Glauben sie. Ich glaubte (K). Räche ich. Ich lese (I). Du unterrichtetest (D). Heuchelt nicht. Sie theilten mit (K). Erforschen sie. Er verginge sich. Vergeh dich nicht. Ich wiege (I). Er werde abnehmen. Fliehet. Er unterschied (D). Höret. Ich erforschte (K). Wir würden unterscheiden (I). Sie flicken (K). Ihr werdet lesen (I). Du rächest (K). Wir theilten mit (D). Er heuchelt. Unterscheide er. Ich werde flicken. Er berührt. Ich berühre (K). Wir betrübten (K). Ihr besänftiget (K). Ich werde glauben (K). Heuchelnd. Schmeichelt. Sie nehmen ab (K). Du würdest dich vergehen (K). Flicket nicht. Wir werden wiegen (K). Sie schmeichelten (D). Er würde betrüben (I). Ich siege (K). Du werdest erforschen. Wir flöhen. Unterscheidet. Wir siegten (D). Du heuchelst (K). Er nahm ab (II). Ich berührte (D). Er würde mittheilen (I).

III. Uebung, zu § 26.

A. Zur Anschauung.

Me ofendió. Afligese. Nos instruimos. Se ofendiesen. Halagámonos. Se permite. Halagáos. Permitímonos. Nos tocaron. Fingiólo. Créenos. No nos aflijamos. Aflijámonos. No los ofendíamos. Lo bebieses. Lo finja. Nos lo permitan. Vénguense. Averiguándolo. No os lo permitiríais. Distínganse. Aprenderánlo. No nos halaguemos. Afligímonos. No la ofendiéremos. No lo lea. Léalo. Me instruyese. Permitámonos. Os permitís. Comuniquémonoslo. Apaciguarse. Ofendímonos. Te lo permitirás. Tomáoslo. Os lo permitía. Ofendíste. Se instruyere. Nos ofendiera. Averiguólo. Idos. Los ofendisteis. No os aflijáis. Nos recibíais. Lo deseaba. Permitíos. Lo aprendas. Permítomelo. No lo distingo. Fingídolo.

B. Zur Anwendung.

Sie würden euch beleidigen (I). Besiegt euch. Es schmeichelt uns. Sich besänftigend. Besiegen wir uns. Sie unterrichteten sich (I). Ihr erlaubtet euch. (K). Er empfing mich (D). Ich unterrichte sie. Sich besiegend. Unterrichtet euch. Sie lernte es (D). Erlauben wir es uns nicht. Ich würde dich beleidigen (I). Du würdest es uns nicht mittheilen (I). Erforsche es. Ich erlaubte es mir (D). Sie erforschten es (II). Ihr werdet es lernen (K). Ihr würdet es trinken (K). Wir würden es uns nicht erlauben (K). Sie besänftigten ihn (D). Du würdest es dir erlauben (K). Ich würde mich wiegen (K). Wir beleidigen uns (I). Wir schmeicheln uns (K). Besiegen wir uns. Sie erlaubten sich (II). Sie würden es unterscheiden (K). Betrübt euch. Rächt euch. Ich werde mir erlauben (K). Es bekennend. Du beleidigtest uns (II). Sich es erlaubend. Du werdest es lesen. Unterrichten wir uns. Theilt es euch mit. Ich besiege mich (I). Sie werden es sich mittheilen (K). Wir loben uns (I). Er würde es mir mittheilen (I). Ich werde es lernen. Lernen wir es. Glauben wir uns. Wir berühren uns (I). Er äße es. Ihr werdet es leiden (I). Wir rächten uns (K). Wir betrübten uns (D). Wir werden es flicken (I). Wir würden euch loben (I). Er wird sich schmeicheln. Ich erlaube es mir nicht (K). Loben wir es.

IV. Uebung, zu § 27, 1. u. 2. Konjugation betreffend.

A. Zur Anschauung.

Tiemblan. Entiende. Volvemos. Pensaríais. No vuelvas. Mordemos. Huele. Colgaréis. Confiesas. Profesa. Oliere. Entendéd. El cuelgue. Defendréis. Llueve. Trocaron. Movéis. Confiesan. El muestre. Volvieses. Atendamos. Erráis. Huelan. Defenderá. Ofenden. Acierto. Yerro. Perdemos. Moléd. Cuestan. Temblamos. Atiendo. Pierdan. Suenen. Aprietas. Acertemos. Volváis. Niegan. Movieron. Mostrád. Atendemos. Temblabais. Piensas. El yerre. Empiezo. Movamos. Renovád. Cuesta. Yo confiese. El empezaría. Comiencen. Helase. Apretaréis. Acordaremos. Asciendan. Contemos. Vuelvas. Perderían. Entendáis. Vertiendo. Encendamos. Yo encuentre. No torzáis. Vierte. Molían. Solemos. El atienda. Defiende tú. Nieva.

B. Zur Anwendung.

Ihr zählt (I). Du träumtest (D). Ihr gestandet (D). Aufgemerkt. Sie mahlen (I). Beiße. Du wirst drehen (I). Du zwingest (K). Er fängt an. Er rieche. Wir hängen (I). Möge er aufsteigen. Du lerest (K). Fange an. Ich drehe (I). Du bewegst (I). Ihr treffet (K). Er läugnet (I). Du mahlest (K). Es friert. Ihr drücket (K). Du batest (II). Er wird zwingen. Du zähltest (K). Du riechst (I). Ihr vergleichet (K). Du wirst treffen. Er tauscht. Wir bewiesen (K). Du vertheidigst (I). Ihr tauscht (I). Sie bekennen (I). Du irrtest (D). Ihr denkt (I). Ich verliere (I). Ihr bittet (K). Sie merken auf (K). Sie zünden an (I). Wir fangen an (I). Du lösest (I). Ich beiße (I). Ich würde beweisen (I). Es werde schneien. Du bittest (I). Es würde regnen (K). Wir vertheidigen (K). Er beiße. Ich steige auf (I). Er biß (D). Sie werden anfangen (I). Zeigend. Du lösest (K). Geleugnet. Er würde aufsteigen (K). Ich wende (I). Es regne. Ihr riecht (I). Du leugnetest (II). Sie erneuern (I). Ich würde verstehen (I). Wir werden vergleichen (I). Du hängest (K). Merket auf. Du steigest auf (K). Ich beweise (I). Wir drehen (K). Er stimmt überein (I). Ihr steiget auf (K). Du würdest treffen (K). Ich zünde an (K). Wir träumen (I). Wir lösen (K). Ich zittere (K). Sie werden zählen (K). Er mahlt. Verliere. Ihr dreht (I). Ich stimme überein (K). Sie würden kosten (K). Sie stimmen überein (K). Zwinge. Sie pflegen (I). Sie verstehen (I).

V. Uebung, zu § 27, die 3. Konjugation betreffend.

A. Zur Anschauung.

Sentís. Preferí. Riges. Pudriendo. El repita. Hincheráis. Arrepentiré. Visten. El muera. Eligiendo. Vistieron. Rigió. Frieron. Miento. Rige. Yo durmiese. El sintiere. Sigues. Rió. Riñéremos. Muráis. Engrían. Prefiramos. Fríes. Repite. El riese. Elijas. El mintiese. Sentíamos. Hiriésemos. Muriendo. Seguís. Hieras. Yo sirviere. Repitierais. Henchimos. Yo prefiriese. Hieres. Mintieron. Servís. Concibiéseis. Servirán. Vistas. Sientes. El durmiere. Desleís. Riñan. Medís. Hinchéramos. Divirtieron. Pudran. Midieses. Hincho. Frieran. Mentís. Ciño. Prefiere. Yo adquiriere. Arrepintamos. Riereis. Rigen. Midieron. Hinchendo. Adquirimos. Frien. Mientan. Divierten. Seguimos. Engrieses. Yo desliera. Arrepientas. Midiesen. Riñe. Yo conciba. Prefiriendo. Ciñéramos. Friésemos. Dormís. Adquirimos. Riñamos. Ceñís. Sigamos. Divertimos. Riendo. Yo divierta. Adquiráis.

B. Zur Anwendung.

Sie sterben (I). Sie gürteten (K). Er belustige. Wir faulen (K). Ihr wiederholet (K). Du erwirbst. Ich verdünne (K). Stolz werdend. Sie braten (K). Du würdest verwunden (I). Wir werden stolz (I). Sie dienen (I). Ich messe (I). Er würde anfüllen (K). Er fühlte (I). Du laufest (I). Wir lügen (I). Du würdest wählen (K). Sie kleideten (K). Ihr werdet verwunden (K). Wir lachen (I). Wir werden stolz (K). Wir werden lügen (K). Ihr werdet regieren (K). Sie würden streiten (K). Du missest (I). Ihr wählet (I). Er werde wiederholen. Wir werden stolz werden (K). Ich bereue (I). Wiederholt (Part). Er würde begreifen (K). Wir werden belustigen (I). Bereuend. Sie füllen an (I). Schlafend. Sie begreifen (I). Ich belustige (I). Sie fühlen (I). Sie ziehen vor (K). Ihr regiert (K). Du füllst an (I). Ich sterbe (I). Ich verdünne (K). Er siedete (I). Er begreife. Ich würde bereuen (K). Sie würden erwerben (K). Du werdest folgen. Ihr werdet kleiden (K). Sie ziehen vor (I). Er füllte an (I). Ich erwerbe (I). Du folgest (K). Ich werde sterben (K). Ihr fühlet (K). Du würdest anfüllen (K). Kleidend. Er schlafe. Du begreifst (I). Du streitest (I). Sie wählten (I). Ich sterbe (K). Ich werde folgen (I). Er würde gürten (K). Wir wählten (K). Er verdünnte (I). Er würde dienen (K). Du faulest (K). Er bereut. Wir würden sieden (I). Er erwerbe. Er dient. Ihr verdünnet (K). Wir kleiden (I). Ich diene (K). Sie sieden (I). Er lacht. Ich wiederhole (I). Er diene. Erwerbend. Geschlafen. Er verwundet. Du werdest faulen. Er siedet. Ihr belustiget (K). Ich fülle an (K). Wir würden folgen (K). Ich siede (K). Er gürtet. Ihr würdet anfüllen (K). Ich werde stolz (I). Ihr schlafet (K). Ihr werdet vorziehen (K). Ich regierte (K)

Sie bereuten (K). Ihr lachet (K). Wir begriffen (I). Ihr verwundert (I). Bralend. Du gürtest (K). Er wählt. Du würdest kleiden (K). Schlafend. Wir gürten (K). Du fühltest (K). Sie verwundeten (D). Er füllte an (K). Wir wiederholen (I). Ich log (II). Sie würden streiten (K). Sie messen (K). Streitend.

VI. Uebung, zu § 28, die 1. Konjugation betreffend.

A. Zur Anschauung.

Estando. Yo ande. Daban. Estuvieses. Dar. Estén. Estábamos. Circundar. Andábamos. Daréis. Estaré. Deis. Circundaron. Estuvimos. Darlamos. Yo esté. Circundea. Estoi. Yo andaba. Dea. Yo estaria. Anduviesen. No andes. Esturo. Circundé. El estaria. Andaré. Yo estuviere. El da. Anduvisteis. Darias. No estéis. Anden ellos. Estuvisteis. Yo andaria. Circundasteis. Yo anduviere. El esté. Diesen. Anduviereis. Estuvieseis. Andar. Andan. Estabas. Das. El estuviere. Andarias. Esté él. Andemos. Dierais. Andará. Dieres. El anduviere. Dariá. Andariamos. El dé. Estaban. Andéis. Anduviéramos. Dieras. Andariais. Estaréis. Darian. El ande. El diera. Anduvieses. El circunde. Anduvimos. El anda. Circundaste. Estaremos. Anduviésemos. Estarian. Yo diere. Estuvieron. No estés. Circundas. Andes. Estuviereis. Daré. Anduvieres. Estemos. Diereis. Anduvieron. Estamos. Yo daba. Andabais. Dieren. Estuvieran. Circunda. Estuve. Ando. Disteis. Andado.

B. Zur Anwendung.

Er gab (D). Sie würden geben (I). Er ist. Gebend. Ihr werdet gehen (I). Ich werde sein (I). Ihr gäbet. Ihr werdet gehen (K). Du wirst sein. Ich würde geben (I). Wir werden gehen (I). Du gabst (D). Sie umgeben (K). Du würdest sein (K). Sie gaben (D). Sie würden geben (K). Er werde gehen (K). Ihr gebt (I). Sie würden geben (K). Wir gehen (I). Ihr waret. Ihr umgabt (I). Gehen wir. Sie werden sein (K). Du gingst (D). Wir wären. Gieb. Gewesen. Du gingst (I). Geben wir. Sie werden sein (I). Ihr geht (I). Ich war (II). Ich gäbe. Du seist. Seid. Er werde umgeben. Ihr seid. Wir geben (I). Er umgäbe. Du gehst (I). Du würdest gehen (K). Er werde geben. Wir würden sein (K). Sie werden geben (I). Du warst (D). Wir werden sein (K). Ich umgebe (K). Er würde geben (I). Er gab (II). Gehend. Ihr würdet sein (K). Wir würden sein (I). Er würde gehen (I). Du bist. Wir werden geben (I). Er war (II). Wir gaben (D). Ich ginge. Gebet. Ihr würdet geben (I). Er wird geben. Du wirst gehen. Sei. Ich gab (D). Wir umgeben (I). Er würde sein (K). Sein. Er ging (II). Du würdest sein (I). Sie gingen (II). Er wäre. Ihr würdet gehen (K). Ich würde sein (K). Wir gäben. Ich ging (D). Ich wäre. Er würde gehen (K). Du bist. Gebt. Sie wären. Er umgab (D). Sie geben (I). Sie werden geben (I). Ich gebe (I). Wir umgeben (I). Ihr würdet sein (I). Ich würde gehen (K). Geben wir. Sie sind (I). Ich würde geben (K). Gebet nicht. Er ging (D). Ich gab (D). Geh. Er gäbe. Du werdest sein. Sie gehen (K). Du gabst (II). Ihr ginget (K). Ihr gabt (II). Gegeben. Du gäbest. Er würde umgeben (K). Wir gabren (II). Sie werden geben (K). Sie geben (K). Seien wir. Ich umgebe (I). Wir würden geben (S). Wir werden sein (K).

VII. Uebung, zu § 28, die 2. u. 3. Konj. 1. Klasse betreffend.

A. Zur Anschauung.

Arguyo. Oimos. Oigamos. Constituis. Huyen. El oia. El instituyera. Oyeses. El arguye. Argüirán. Yo oia. El huyere. Instruiremos. Yo oyera. Contribuimos. Instruis. Oirán. Constituyeras. Oigan ellos. Huyes. Oye tú. Instruyen. Arguyendo. Oiré. Constituyeron. Oiais. No oigas. Huiréis. Oir. Contribuyáis. Oyereis. Huí. Instruir. El oyere. Oirá. Constituyendo. Oyésemos. Constituyáis. Atribuyésemos. Oirian. Instruyen. Oyeseis. Huid. Oid. Contribuye. Oimos. Oyeran. Arguyerais. Huyeren. El oyese. Oye. Huyendo. Contribuisteis. Oiamos. Atribuyo. Oigáis. Constituirá. Oyeras. Instruido. Yo oiria. Yo constituyere. Oigo. Huyeses. Oido. Arguyas. Instruiríais. Oisteis. Yo atribuiria. Oia. Constituíais. No oigáis. Yo huya. Oian. Atribuyas.

B. Zur Anwendung.

Möge er hören. Du schriebst zu (II). Sie werden hören (K). Du folgertest (D). Sie machen aus (K). Ich höre (K). Wir trugen bei (II). Ihr würdet hören (I). Er fliehe. Er würde hören (I). Wir machen aus (I). Du wirst beitragen. Sie hören (I). Sie unterrichteten (II). Ich hörte (K). Ich würde beitragen (K). Wir werden hören (K). Ich werde fliehen (I). Wir werden folgern (K). Er würde hören (K). Du werdest unterrichten. Er höre. Ich folgere (K). Sie hörten (D). Ich unterrichtete (K). Wir flossen (D). Du hörtest (D). Er schrieb zu (I). Du wirst hören (I). Folgert. Ihr werdet zuschreiben (K). Du hörtest (II). Wir fliehen (K). Du werdest hören. Er schreibe zu. Hörend. Wir würden ausmachen (I). Du schreibst zu (I). Sie hörten (K). Ich folgerte (II). Ihr werdet hören (K). Er floh (II). Er hörte (D). Sie würden zuschreiben (K). Ihr würdet hören (I). Ihr flösset. Wir würden fliehen (K). Du hörst (I). Wir tragen bei (K). Ich hörte (D). Fliehe. Unterrichte. Wir würden hören (I). Sie würden fliehen (I). Sie hören (K). Zugeschrieben. Sie würden hören (K). Du würdest fliehen (I). Hören wir. Sie trugen bei. Wir werden hören (I). Fliehe. Du hörest (K). Er würde beitragen (I). Ihr werdet hören (I).

VIII. Uebung, zu § 28, die 2. u. 3. Konj. 2. Klasse betreffend.

A. Zur Anschauung.

Luzco. Nacéis. Producis. Establecíais. Conducimos. Establecerias. Parecido. Establecieras. Produjimos. Mereciéremos. Luce. Merezco. El parecia. Yo conduzca. Merezcáis. Nacemos. Luciéramos. Pareceriamos. Yo luciere. Produjéremos. Mereceré. Luciamos. Yo produzco. Merecierais. Pareció. Produce. Yo nacia. Conducia. Redujisteis. Lucid. Conozco. El mereceria. Redujeras. El parezca. Merecieron. Parecerás.

Luci. Yo produjese. Parecemos. Produjera. Naces. Produjiste. Yo luciese. Mereces. Conozcamos. Redujéramos. Producen. Conocerán. Produciremos. Merecido. Yo conduciría. Redujo. Yo merezca. Naciste. Producirían. Merezcamos. Lucen. Pareces. Condujo. El conozca. Condujesen. Estableced. Yo pareciera. El estableciese. Merecen. El establezca. Produjesen. Conocido. Nazcas. Redujeseis. Lucisteis.

B. Zur Anwendung.

Du kennst (I). Ich scheine (I). Ich führte zurück (D). Wir leuchten (I). Geboren werdend. Ihr führtet (D). Hervorbringend. Er würde geboren werden (K). Du führst (I). Sie führten zurück (D). Ihr werdet führen (K). Er verdient. Sie brachten hervor (D). Ihr würdet leuchten (I). Sie würden führen (K). Scheine. Ihr kennet (K). Ihr errichtet (I). Verdienend. Ich würde führen (K). Ihr scheinet (K). Wir führten zurück (D). Wir führten (K). Du scheinest (K). Du verdientest (II). Kennet. Du führtest zurück (D). Du errichtest (I). Wir würden geboren. Ich werde zurückführen (K). Sie errichten (K). Du verdientest (K). Ich bringe hervor (I). Wir errichten (I). Er verdient. Wir werden geboren (K). Er wird leuchten. Er werde führen. Er werde geboren. Ihr kennt (I). Er errichtet. Er führt. Sie scheinen (K). Er führte (D). Führt nicht zurück. Ihr werdet geboren werden (I). Sie verdienen (K). Sie kennen (I). Du werdest hervorbringen. Wir verdienten (D). Führe nicht. Sie schienen (K). Sie werden zurückführen (K). Du leuchtest (K). Sie würden scheinen (K). Ihr würdet hervorbringen (K). Werde geboren. Führet. Leuchtend. Ich werde geboren (I). Sie führten zurück (II). Ihr kenntet. Er führte zurück (K).

IX. Uebung, zu § 28, die Ausnahmen der 2. Klasse der 2. und 3. Konjugation betreffend.

A. Zur Anschauung.

Meso. El cueza. Harían. Plegan. Hará. Hagáis. Decías. Dijereis. Yazgan. Maldice tú. No maldigas. Satisficiesen. Cuezas. Yo hiciera. Haríamos. Desdiréis. Satisficierais. El plega. Haz. Dijerais. Hicierais. Dijimos. Yo plazca. Dicen. Yo haría. Contradice tú. Complazcas. Hicimos. Plugieron. El desdecía. Maldijimos. Contradicho. Deshace tú. Bendeciré. Hacías. Bendigamos nosotros. Yacen. Digáis. Satisfaga él. Digan. Satisficimos. No contradigáis. Yaz. Dijeseis. Satisfacíamos. Plazcan. Bendiciendo. El satisficiera. Dijesen. Cuezan. Maldeciremos. Yazgo. Dirá. Hiciésemos. Desplazca. Hizo. Coceis. Dirás. Plugiesen. Hacemos. Coced. Contradijo. Yo hiciese. Desplazco. Yo hacía. Plugiereis. Hacían. Contradicen. Satisfarán. Plazgamos. Dijiste. Satisfaz. Dijo. Plegamos. Yo decía. Satisfagamos nosotros. El dijere. Haré. Yo dijese. Desplazcamos. Bendecirán. Dijésemos. Placeré. Haríais. Maldigan ellos. Hicieses. Contradijerais. Satisfizo. Complacéis. Satisfice. Diremos. Place. Dirán. Dijéramos. Yaces. No satisfagáis. Dices. Hiciesen. Cozamos. Satisficiéramos. Digo. Plugiéremos. El hiciere. Satisficiste. Desdecía. Complazco. Hicisteis. Cozáis. Dijeron. Satisficieron. Bendecido.

Yo contradijese. El hiciera. Desdijisteis. Plugo. Hicieron. El dijese. Haremos. Yago. El decia. Dijeras. Hiciéremos. Dijeran. Dice. Yo satisfaciese. Hiciste. Maldijeran. Yo desdijere. El haria. Decid. Dijistela. Plazgas. Digamos. Dijéremos.

B. Zur Anwendung.

Ihr wieget (K). Sie werden machen (K). Sie segneten (D). Du machst (I). Ich werde machen (K). Ihr würdet gefallen (I). Sie werden segnen (K). Wir werden fluchen (K). Wir fluchten (K). Zerstörend. Ihr gefallet (K). Sie werden sagen (K). Ihr werdet machen (K). Ihr macht (I). Du wirst gefallen. Du thatest genug (II). Er liege. Du gefällst. Wir kochen. Sie machen (K). Zerstört (Part). Ihr thatet (II). Ihr sagt (I). Wir würden machen (K). Wir wiegen (K). Wir liegen (I). Gemacht. Segnet nicht. Sag. Ich mache (K). Ich werde sagen (K). Sie machen (I). Wir sagten (II). Du wirst machen. Du sagtest (K). Sie würden gefallen (I). Er mache. Du würdest fluchen (K). Er macht. Ich würde widerrufen (I). Er kocht. Wir machen (K). Ich sagte (D). Ich gefiele. Wir werden zerstören (I). Du segnetest (D). Machen. Wir sagen (I). Er machte (D). Er widerrief (D). Machend. Er sage. Sie würden machen (K). Ich liege (K). Segne. Er wird gefallen. Sagen. Ihr thätet. Ihr würdet sagen (I). Er that (II). Du segnest (I). Wir thun genug (I). Du werdest gefallen. Er sage. Genugthuend. Ihr werdet widersprechen (I). Thue genug. Widerrufen (Part). Ich thue (I). Ich würde sagen (K). Du wiegest (K). Wir würden segnen (K). Du thuest (K). Ihr widerriefet (K). Ich werde genugthun (K). Sie sagten (II). Thut. Ihr würdet fluchen (I). Du thätest genug. Widerrufend. Du würdest thun (K). Ihr sagtet (II). Ihr thatet genug (D). Ihr werdet sagen (I). Ihr gefallet (K). Du würdest thun (I). Wir würden sagen (I). Du wirst zerstören. Du kochst (I). Er würde widerrufen (K). Ich gefalle (K). Er fluche (K). Er thäte. Er werde widersprechen. Zerstöre nicht. Er fluchte (II). Wir werden gefallen (I). Ich würde widersprechen (K). Ich koche (K). Ihr widerriefet (II). Genuggethan. Er würde sagen (I). Wir thaten (II). Sagend. Ich koche (I). Er würde sagen (K). Du wiegst (I). Du würdest segnen (I). Er liegt. Er wird widerrufen. Ihr werdet widerrufen (K). Sie kochen (I). Sie würden widersprechen (I). Du gefallest. Geflucht. Du widersprächest. Er würde gefallen (K). Du werdest sagen. Ich segnete (II). Sie werden machen (I). Widerrufe. Wir würden segnen (I). Du sagest (K). Du werdest machen. Du würdest thun (I). Sie segneten (II). Er gefalle. Sie würden sagen (I). Widerrufe nicht. Ihr lieget (I). Er wird widersprechen. Sie segneten (K). Ihr werdet machen (I). Ich würde sagen (I). Koche. Du wirst fluchen. Du werdest segnen. Gesagt. Ich werde sagen (I).

X. Uebung, zu § 28, die 3. Klasse der 2. u. 3. Konj. betr.

A. Zur Anschauung.

Tendrás. Salis. Trajiste. Pondremos. El salga. Vinieren. Tuve. Traéis. Pusieseis. El viniera. Trajisteis. Valen. El tuviere. Caen. Vengas. Valcs. Viniendo. Saldrán. Asisteis. Tuviéramos. Vengan. El valiese.

Trajeres. Saliste. Pusisteis. Tenido. Vengo. Asiesen. Venid. El ponga. Saldrás. El tenia. Sale. Viniereis. Traje. Pondrian. Vienes. Tendréis. Trajésemos. Pondré. El tuviera. Yo saldria. Trae. El tenga. Ven. El saliere. Traiga. Pusiesen. Vengamos. Tuvieran. El trajera. Valdrian. Asieron. Tuviésemos. Vienen. Valdriais. Venis. Tendré. Asimos. Yo ponga. Viniéremos. Yo trajese. Salgamos. Pongan. Valdrias. Vinieron. Ponen. Vengáis. Traigo. Tuviste. Ases. Yo pusiese. Trajeran. Saldréis. Tuviereis. Asimos. Salgan. Vinimos. El tuviese. Asgamos. Trajimos. Vinisteis. Valiendo. Pondréis. Trajo. Viniéramos. Salgo. Viniésemos. Tuvieras. Salis. Vendré. Yo tenga. Pondrás. Tengas. Valéis. Pongáis. Yo salga. Tienes. Yo trajera. Pongo. El vendria. Tuvieseis. Yo cayese. Yo valga. Traed. Vendréis. Asgáis. Yo valiere. Cayeseis. Saldriais. Yo viniese. Tuvieren. Valdréis. Pusieras. Salíamos. Tengo. Pusiste. Salid. Tuviéremos. Yo viniera. Tiene. Valisteis. Caemos. Puse. Valiais. Vendrias. Yo tuviera. Valdré. Viniesen. Salen. Pusiéremos. Traes. El venga. Pon. Traiga. Vendriamos. Salgas. Asiéremos. Tuviese. Pusiereis. Tengáis. Valdria. Traigas. Pondré. Trajesen. Valgan. Tendrá. Pondriamos. Traerán. Yo esponga. Compusieses. Sobreviniendo. No convengáis. Detuviésemos. Dispuesto. Sobresaldréis. Espusiste. Convendrán. Distrajeres. Espusieran. Atrajo. Espondré.

B. Zur Anwendung.

Ich ergreife (I). Wir kommen (I). Du wirst gelten. Wir würden setzen (K). Ich hätte. Sie werden bringen (K). Ausgegangen. Er würde setzen (K). Du würdest ausgehn (I). Du werdest haben. Falle. Er würde setzen (I). Ihr würdet haben (K). Du fielst (D). Sie würden setzen (K). Habend. Wir werden bringen (K). Wir werden ausgehn (I). Sie hätten. Sie ergreifen (I). Geh aus. Ich werde bringen (K). Er werde kommen. Wir gingen aus (S). Habet. Er kommt. Sie setzten (D). Du wirst ergreifen. Ich würde kommen (I). Ihr würdet setzen (I). Ich werde ausgehn (I). Sie werden gelten (I). Wir bringen (I). Er wird kommen. Ihr gehet aus (K). Du brächtest. Du fällst. Sie werden gelten (K). Wir werden haben (I). Ich ging aus (D). Er ergreife. Wir werden setzen (K). Sie werden haben (I). Ihr kämet. Wir fallen (K). Er setzte (D). Ergreife. Er hatte (D). Du setztest (II). Du geltest. Du kamst (D). Sie fallen (K). Wir gelten (I). Wir würden bringen (K). Sie ergreifen (K). Ihr würdet haben (I). Wir gelten (K). Wir geben aus (I). Wir setzen (K). Ihr hattet (D). Sie kämen. Er wird ausgeben. Ihr geltet (K). Du würdest haben (I). Ich kam (II). Ich ergreife (K). Wir haben (I). Du setztest (D). Er ergriff (D). Er falle. Er setzt. Wir werden kommen (I). Du fallest. Er werde bringen. Gesetzt. Gekommen. Er ergreift. Wir setzen (I). Ihr habt (I). Sie werden kommen (I). Wir hatten (D). Ich würde setzen (K). Er wird gelten. Bringe. Sie würden kommen (K). Sie würden ausgehen (I). Wir setzten (D). Wir werden gelten (I). Du würdest kommen (K). Sie brachten (D). Du gehst aus (I). Er setzte (K). Er kam (D). Ihr fallet (K). Ich werde setzen (K). Wir bringen (K). Er würde ausgeben (I). Geltet. Du setzest (K). Ich gelte (I). Du wirst kommen. Ihr würdet bringen (K). Ihr setzet (I). Er brächte. Ich komme (K). Sie werden setzen (I). Sie ergriffen (II). Ich würde haben (I). Wir würden gelten (I). Ihr ergreifst (I). Er fällt. Du werdest setzen. Er gilt. Sie hatten (D). Fallet. Sie würden haben (I). Setzet. Ergreifet. Ihr bringet (K). Du setzest (K). Ich kam (D). Du würdest bringen (K). Wir haben (K). Sie würden setzen (K). Sie würden kommen (I). Du würdest fallen (I). Du bringest (K). Er falle. Habe. Ich werde kommen (K). Du würdest setzen (I). Du werdest ergreifen. Wir würden ausgeben (I). Er käme. Ich falle (I). Er würde haben (I). Ihr brächtet. Ihr würdet kommen (K). Ihr würdet setzen (K). Du ergreifest (K). Du werdest bringen. Er gelte. Du werdest kommen. Mögen sie haben. Sie haben (I). Gelte. Ich galt (D). Ihr würdet kommen (I). Ich werde haben (K). Ihr fallt (I). Er werde setzen. Wir würden haben (I). Er fiel (D). Ich würde setzen (I). Wir galten (D). Du ergriffest (K). Sie bringen (I). Ich fiel (D). Ich würde gelten (I). Ihr würdet übereinkommen (I). Ihr setztet aus (D). Er zerstreue. Ich werde verfassen (I). Er wird abhalten. Verfaßt (Part). Du wirst dazu kommen. Sie zerstreuten (D). Setze aus. Er würde abhalten (K). Ich ziehe an (I). Du setzest aus (K). Du würdest dazu kommen (I). Verfasse nicht. Er zerstreuete (D). Ich kam dazu (D). Ich würde verfassen (K). Wir werden anziehen (K).

XI. Uebung, zu § 28, die 4. Kl. der 2. u. 3. Konj. betr.

A. Zur Anschauung.

Sabes. Hubisteis. Supiereis. Queramos. El pudiera. Habiais. Yo quisiera. Supe. Quisieses. El cabria. Podéis. Quisiéremos. Cupiereis. Yo pueda. Sabias. Querriamos. Yo pudiere. Querremos. He. Habrian. Cabias. El quisiera. Pueden. Sabré. Pudieras. Hube. Cabriamos. Quisieseis. Pudiste. Cupieran. Yo supiere. Haber. Querer. Cabéd. Habias. Yo queria. Puedes. Sabriais. Yo quisiere. Cabe. El hubiera. Podréis. Supieren. Podremos. Yo haya. Quiere. Yo cabria. Supo. El podia. Cabria. Quisisteis. Habrias. Supimos. Querréis. El cupiera. Hubieren. Podias. Quieres. Supieras. Cabiamos. Hubiéramos. Queréd. Sabrán. Querido. Cupiesen. Sé. Habré. Podrá. Cupiere. Querrá. Hubo. Pudimos. Saber. Hayan. Cabremos. Podiamos. Sabrias. Queréis. Ha. Cabe tú. Habido. Supiste. Quieran. Cupieres. Podriamos. Cabréis. Quisiereis. Podrian. Sabian. Supieres. Hubiésemos. El supiera. Cabriais. El podria. El hubiese. Pudiésemos. Querré. Cupieren. Yo podria. Puedan. Sabiendo. Queriendo. Cupiéramos. Sabrás. Yo querria. Podrás. Supisteis. Quiso. Hayas. Sabemos. Podamos. Yo habria. Sabiais. Querian. Hubieses. Sabiamos. Yo podia. Sabremos. El queria. Cabré. Sabriamos. Cupieras. Quiere tú. Pude. Yo sabria. Habrán. Quieras. Supiésemos. Pudierais. El querria. Yo supiese. Pudiéramos. Háyamos, Quisieres. Supiéremos. Habremos. Quepáis. Cupieseis, Podriais. Sepáis. Han. Quisiéramos. Hubiere. Querriais. Cupierais. Quisieren. Yo sabia. Puedo. Yo cupiere. Yo quiera. Supieren. Podido. Supieron. Hemos. Querrias. Habiendo. Pudieses. El sepa. Caber. Queriais.

B. Zur Anwendung.

Könnend. Sie hatten (D). Wisse. Er habe. Er werde wissen. Sie konnten (D). Sie hatten Raum (II). Wir hatten (II). Gewußt. Sie werden Raum haben (I). Sie würden können (K.) Du hast Raum. Sie würden haben (K). Er hatte Raum (D). Ich würde können (K). Ihr werdet wissen (I). Du hattest Raum (D). Er wird haben. Du wüßtest. Er wolle. Wir hätten Raum. Habet. Er habe Raum. Wir wollen (I). Er wird Raum haben. Wir würden haben (I). Ich wollte (K). Ihr würdet wollen (K). Ihr habt Raum (I). Du hast. Sie wissen (K). Wollet nicht. Wir hatten Raum (D). Du würdest können (I). Ihr werdet haben (I). Ihr wißt. Ihr hattet Raum (II). Wir haben Raum (K). Du hattest (D). Du wolltest (II). Wir werden haben (K). Ich hatte Raum (II). Wir wissen (K). Du kannst. Sie haben Raum (I). Ihr würdet wissen (K). Du werdest haben. Er weiß. Können. Du wolltest (D). Du hättest Raum. Er wußte (II). Er könnte. Du würdest wollen (K). Ich würde haben (K). Ich würde wissen (K). Ihr Onnet (K). Ich wollte (D). Ihr habt (I). Er kann. Sie wollten (D). Ich hatte Raum (D). Er würde wissen (′). Sie werden können (I). Ihr würdet haben (I). Habe. Er hatte Raum (II). Er wüßte. Er konnte (D). Sie hätten. Sie würden Raum haben (I). Sie wissen (I). Sie würden wollen (I). Er könne. Ihr hattet Raum (D). Sie würden wissen (K). Ich könnte. Sie werden Raum haben (I.). Wir wollten (K). Du werdest können. Wir können (I). Er wollte (K). Raum habend. Er werde haben. Ihr habet (K). Er werde können. Es giebt. Ihr wüßtet. Ich würde Raum haben (K). Wir wollten (D). Sie konnten (II). Ihr würdet haben (K). Ihr konntet (D). Sie wollten (K). Raum gehabt. Sie hatten (II). Wolle nicht. Wir werden können (K). Ich wisse. Sie würden wollen (K). Wir haben Raum (I). Ihr werdet können (K). Ich würde haben (I). Ich habe Raum (I). Ich hätte Raum. Sie werden können (K). Ihr werdet haben (K). Ihr wollet (K). Sie könnten. Er hatte (II). Du wirst Raum haben. Ich habe Raum (K). Ihr hättet. Du wissest. Mögen sie Raum haben. Wir wollten (II). Ich hatte (II). Ich werde können (I). Du hast Raum. Sie werden wollen (I). Du würdest haben (K). Ich werde wissen (I). Du wirst wollen. Er hätte Raum. Wir hatten (D). Ich will. Ihr konntet (II). Sie wollen (I). Wir würden wissen (K). Du wirst haben. Wir werden Raum haben (K). Ihr könnet. Wisset. Er werde wollen. Sie würden wissen (I).

XII. Uebung, zu § 28, die 5. und 6. Klasse der 2. und 3. Konjugation betreffend.

A. Zur Anschauung.

Proveyeron. Fueres. Yo preveía. Vayamos. Erais. Preveamos. Proveyerais. Preverían. Ibais. Preveían. Veremos. Yo sería. Supreso. Seremos. Muerto. Seré. Proveeréis. Fuerais. Veían. Proveisteis. El fuera. Previeran. Fui. Proveyeses. Somos. Fuereis. Previsteis. Proveeremos. Previó. Voi. Previeren. Preve. Vuelto. Preverías. Rompido. Proveyeres. Prevemos. El fuese. Preveremos. Imprimido. Preveas. Se. Proveerán. Sean. Previere. Fuesen. Preveáis. Fué. Viere. Ser. Previeras. Vé tú. Fuesen. Prendido. Yo viera. Eres. Veo. Preso. Vió. Proveyó. Previéremos. El provea. Van. Véis. Proveerán. Visteis. Irán. El preveía. Proveímos. Vayan ellos. Seamos. Fuéramos. Seriais. Yo veía. Yo proveyese. El previese. Serias. El veía, Vayas. Véd. Fuéremos. Preveréis. Proveeré. Irian. Prever. Vais. Serian. Fueseis. Proveerian. Ves. Yo iria. Vayais. Veas. Injerto. Previereis. Ir. El viera. Viendo. El era. Veréis. Ibamos. Vierais. Proveeriamos. Vieseis. Previeron. Frito. Proveeriais. Proveyésemos. Yo preveria. Sido. Yendo. Viéremos. Proveerias. Yo fuere, Preveiamos. Iréis. Preverás. Vieren. Provemos. Eran. Injerido. Preveriamos. Freido. Veiamos. Preverias. Seriamos. Provisto. Fuisteis.

B. Zur Anwendung.

Ich bin. Ich sehe (K). Du würdest gehen (K). Gesehen. Sie gingen (K). Wir versorgen (K). Wir sahen (D). Er würde gehen (K). Gehet vorher. Ich versorgte (II). Vorhergesehen. Sie sehen (K). Ihr wäret. Ihr würdet vorhersehen (K). Sie versorgen (K). Ich war (II). Bedeckt (Part). Ihr würdet gehen (I). Sie werden sein (K). Ihr werdet versorgen (K). Gehen wir. Er gehe. Du sahst vorher (D). Ich versorge. Wir sähen. Sie würden sein (K). Gegangen. Sie waren (D). Er würde sein (I). Er würde vorhersehen (I). Ihr seid. Ihr werdet sehen (K). Er würde gehen (I). Wir sehen (K). Du warst (II). Er werde sehen. Er werde versorgen. Du würdest gehen (I). Er ist. Sie würden sehen (K). Wir gingen (D). Du versorgst (I). Ihr sahet (II). Sie werden sehen (I). Sie sähen vorher. Ich würde versorgen (K). Sie sahen (II). Du wirst vorhersehen. Ich war (D). Sie werden vorhersehen (I). Du werdest sehen. Wir würden sein (K). Ich werde sehen (I). Ich wäre. Ich sähe vorher. Wir gingen (K). Er ging (II). Gelöset. Sie versorgten (II). Sie gingen (II). Wir wären. Ich würde sein (K). Ihr ginget (D). Sie werden versorgen (K). Ich ging (D). Ich werde vorher sehen (I). Ich werde gehen (I). Du gingst (D). Ich werde versorgen (K). Er würde versorgen (I). Ich ginge. Er wird vorhersehen. Versorgen. Ich sehe vorher (I). Er versorgte (K). Sie würden vorhersehen (K). Ich versorge (K). Du warst (D). Ich sah (D). Wir werden gehen (K). Sie sehen vorher. Sie würden gehen (K). Du siehst vorher. Du gehst (I). Ihr versorgt (I). Unterdrückt (Part). Seid. Er würde versorgen (K). Du wirst sehen. Er sehe voraus. Sie werden gehen (K). Sehen. Sie gehen (K). Wir würden sehen (I). Ich sah vorher (D). Du würdest versorgen (K). Du gingst (II). Ich sähe. Wir sahen vorher (D). Er wäre. Du versorgest (K). Ihr werdet sein (K). Er sähe. Ihr wäret. Wir gehen (I). Du gingst (D). Ich werde versorgen (K). Er würde versorgen (I). Ich ginge. Er wird vorhersehen. Versorgen. Ich sehe vorher (I). Er versorgte (K). Sie würden vorhersehen (K). Ich versorge (K). Du warst (D). Ich sah (D). Wir werden gehen (K). Sie sehen vorher (K). Sie würden gehen (K). Du siehst vorher. Du gehst (I). Ihr versorgt (I). Unterdrückt (Part.) Seid.. Er würde versorgen (K). Du wirst sehen. Er sehe voraus. Sie werden gehen (K). Sehen. Sie gehen (K). Wir würden sehen (I). Ich sah vorher (D). Du würdest versorgen (K). Du gingst (II)

Ich sähe. Wir sahen vorher (D). Er wäre. Du versorgest (K). Ihr werdet sein (K). Ich sähe. Ihr seiet. Wir würden versorgen (K). Er wird gehen. Gedrückt. Er werde sein. Du würdest sein (K). Ihr sehet (K). Wir werden versorgen (K). Du sähest. Seiend. Wir werden gehen (I). Ich werde vorhersehen (K). Er sei. Versorgend. Du würdest sehen (K). Ihr würdet gehen (K). Ich versorgte (D). Sie sind. Du sähest vorher. Sie gingen (D). Du werdest sein. Wir sähen vorher. Er wird sein. Du versorgtest (D). Geöffnet. Ich würde vorhersehen (K). Sie versorgen (I). Du seist. Ihr versorgtet (K). Ich ging (II). Du würdest sehen (II). Niedergedrückt. Du wärest. Wir versorgten (II). Geschrieben. Sie versorgen (K). Wir würden sehen (K). Du wirst sein. Gesehen. Wir sehen (I). Du versorgtest (II). Ich sei. Er würde vorhersehen (K). Du versorgtest (K). Er sehe. Sie werden sein. Ich gehe (K). Ihr würdet sehen (I). Du werdest vorhersehen. Gehe nicht. Sie sehen (I). Ich würde sehen (I). Er geht. Sie sähen. Versorge. Er werde gehen. Vorhersehend. Du sähest vorher. Er wird sehen. Versorgt. Ihr werdet sein (I). Wir waren (D). Du sahst (II). Ich würde gehen (K). Er sieht. Wir gehen (I). Du sahst vorher (II). Ich werde sein (K). Zerrissen. Wir würden gehen (I). Ich würde versorgen (I

XIII. Uebung, zu § 29.

A. Zur Anschauung.

Ha dicho. Hubiese puesto. Estaban recibiendo. Habia sido puesto. Habian ido. Serás recibido. Estuviera comiendo. Hubiesen hecho. Estaria viniendo. Hubo muerto. Fueres ofendido. Hubieses sido. Estamos oyendo. He sido pedido. Hubieses estado cociendo. Hubieses sido pedido. Habrias estado huyendo. Hubieran errado. Fué alabado. Hubo provisto. Han estado recibiendo. Hubo sido amado. Son pedidos. Hubiere movido. Hubieses sido entendido. Era dado. Hubierais errado. Seréis recibidos. Hubiera acordado. Esté poniendo. Haber sido alabado. Sea roto. Hubiese roto. Fueron entendidos. Hubiéramos sido puestos. Estuvo andando. Estuviese trayendo. Hube visto. Hubiere sido hecho. Estuvimos cayendo. Eran amados. Yo haya adquirido. Fueseis oidos. Habré escrito. Seamos recibidos. Hubieren torcido. Eres alabado. Hayais abierto. Estaréis averiguando. Haber oido. Serian puestos. Seremos entendidos. Sea oido. Hubiera sido alabado. El estaba riendo. Hemos seguido. Habrian estado leyendo. Seriais vistos. Habiamos sido dados. Haya cubierto. Estabas riendo. Hayan andado. Fuera puesto. Estemos alabando. Habia sido oido. Habriamos prendido. Estuvieses trayendo. Va venciendo. Hubieras seguido. Iban aprendiendo. Hubo delinquido. Hayan sido distinguidos. Habian ido conociendo. Ha tenido.

B. Zur Anwendung.

Wir haben gelernt (I). Sie sind gekommen. Er gehe (I). Du bist gewesen. Sie werden unterschieden. Sie werden gewesen sein (I). Er hat geschlafen. Ich werde gelobt (I). Er wird gewendet haben. Er wird verstanden. Sie haben gelacht (I). Sie waren gestorben (Ant). Ich gelte (U I). Ich habe gesehen (U I). Ich würde gewendet haben (I). Sie waren gelobt werden (Ant). Er leuchtet (U). Du werdest schreißen (U). Du warst gemacht werden (Ant). Sie wurden gesehen (I I). Wir hatten gemacht (U Plusq). Machen (U). Wir seien gegangen. Ihr hattet geschrieben (Plusq). Sie hörten (U D). Sie seien zerrissen worden. Du wirst gestorben sein. Du wirst gelobt werden. Ihr werdet gedreht haben (K). Wir werden gelobt werden (K). Sie werden gegeben (K). Sie haben gekocht (U K). Wir hatten gewendet (Ant). Wir werden gelacht haben (U K). Sie würden geirrt haben (U I). Ich hatte gelesen (U Ant). Du bringst hervor (U I). Wir werden bewegt haben (K). Du hättest gelesen (U). Du werdest zerrissen werden sein. Sie würden gemacht werden (K). Du habest gesagt (U). Sie werden zerstören (U I). Er habe gegeben. Ich habe vorgezogen (I). Du werdest aufgemerkt haben. Ich habe zugeschrieben (U I). Gelobt werden. Gerochen habend. Ihr habt regiert (I). Ihr würdet empfangen werden sein (K). Sie hatten gegessen (U Ant). Ich werde aufgemerkt haben (K). Du hattest vorhergesehen (Ant). Du würdest empfangen werden (K). Du hast vorgezogen. Ihr werdet stolz (U I). Er war gesetzt worden (Plusq). Sie hatten gesetzt (Plusq). Ihr würdet machen (U K). Ihr werdet gelobt worden sein (I). Wir würden gehört werden (I). Ich werde empfangen worden sein (I). Wir werden gelebt haben (U I). Ich werde loben (U K). Er war zerrissen worden (Ant). Ich werde erwerben (U I). Ihr wurdet verstanden (D). Er würde gesehen werden sein (K). Wir werden gelöset haben (I). Du hattest gedruckt. Du seiest gesetzt werden. Er hatte regiert (U Plusq). Wir hatten geöffnet (Plusq). Wir würden gebeten werden sein (I). Wir werden gelesen haben (U K). Du fingest an (U). Er sei gesehen werden. Sie würden bitten (U I). Du warst gesehen worden (Plusq). Du würdest gebeten. Ihr werdet gesetzt (K). Ich fing an (U D). Sie werden erforschen (U I). Ihr würdet zerrissen werden (K). Du giltst (U). Ihr hättet gehört. Ich würde gebeten haben (I).

XIV. Uebung, zu § 30 — 36.

A. Zur Anschauung.

El hombre piensa (S). El perro ha ladrado (S). La lectura instruye (S). Ahora emplean lo bueno (V V). Este rumor ha sido divulgado (S). Esta conducta la ofende (M). Esto es lo único y lo último (G). Ese actor representa mui bien (O). Esa pregunta es bien estraña (J). Eso es lo principal (M). ¿Porqué no ha venido aquel señor? (M). Aquella puerta es magnífica (S). Aquello era Babilonia (Y). Ella es bonita (M). Ni una sola ventana estaba abierta (R). Es demasiada necedad (M). Ya está listo el almuerzo (L). ¿Ha ocurrido alguna desgracia? (M). Este ministro es tan altivo (J). Es hijo mio (S). No es culpa mia (L). Yo no soi vuestra hija (J). Todo es vuestro. (M). Harto tiempo os queda (J). Cada paso era un ataque (Q). El mismo motivo me ha inducido (S). ¿Será ilusion mia? Es nuestra real voluntad (S). Su esposa estaba presente (S).

Es un hombre estravagante y lunático (M). No les gusta tanto boato (S). La herida no puede ser mortal (S). Fué grande la carestia (S). El terrible momento se aproxima (G). Es lo mismo (G). La hora es bastante inoportuna (G). No está todo perdido (G). El amor paternal ciega tanto (R). Su corazon es todo mio (R). Aquel muchacho es tan torpe (L). Hoi es el último dia (L). Ello es arriesgado (L). No es un ahorro despreciable (L). Es mi delicia, mi único placer (VV). Tu sangriento puñal no me acobarda (VV). Aquí viene mi prima (VV). Mi gratitud será eterna (VV). ¿No soi yo su padre? (VV). Un público entero nunca es injusto (VV). Es una doncella mui prudente (M). Yo ignoro cual será mi suerte (M). Es una muchacha mui honrada (M). Yo entraré sola (M). Algun ángel le ha traido (M). Esa niña vive infeliz (M). No puede tardar la tercera paliza (M). Cayó medio muerta (R). El buen señor no ha contestado (R). Todavia no está el agua caliente (O). La murmuracion es un gran defecto (R).

B. Zur Anwendung.

Der Vater arbeitet. Die Antwort kam nicht. Dasselbe geschieht mir. Das Uebrige ist Scherz. Wer ist dieser Mensch? Dieses Wasser leckt (U). Dies ist gewiß. Diese Undankbarkeit ist häßlich. Der Auftrag ist unnütz. Die Zeit ist vergangen. Das Mädchen arbeitet viel. Das kann nicht sein. Das geht nicht übel. Jener Freund starb. Wer war jene Frau? Jenes ist nicht so leicht. Das Projekt ist einfach. Die Ursache ist sehr einfach. Er wird beweisen, daß das Weiße grün ist. Es ist nothwendig. Der Tag war heiter. Jene Gegend ist köstlich. Die unheilvolle Stunde ist nahe. Das Lustspiel ist gut. Das ist schlecht. Wie viel Geld ist es? Es war zu viel Neugier. Der vierte Band ist verloren. Das Schöne ist selten. Das Eine war wie das Andere. Das Doppelte genügt nicht. Laura wird sehr glücklich sein. Die Wahl ist frei. Welcher Gedanke fällt mir ein! Alles wird unnütz sein. Es würde eine unentschuldbare Unaufmerksamkeit sein. Jenes arme Mädchen hat es verloren. Das Fleisch ist schwach. Wo ist eure spanische Grammatik? Solches Holz wächst hier nicht. Mein Vater ist die Güte selbst. Sie wird deine Gattin sein. Ich bin ihr Vater. Dies ist nicht mein. Ich werde ewig Sklavin von euch (euer) sein. Hat sein Herr geantwortet? Unser Leben dauert wenig. Dieser Don Juan ist ein Engel. [Es] herrschte ein tiefes Schweigen. Es bleibt keine Entschuldigung. Irgend ein Freund von ihm (sein) wird es wissen. Kein Diener öffnete. Bin ich nicht sein erster Schüler gewesen? Wer ist diese gute Frau? Joseph ist ein guter Mensch. Er war ein schlechter Dichter. Der letzte Angriff gelang. Kein guter Schriftsteller würde sich so ausdrücken. Sein dritter Sohn ist Kaufmann. Ist nicht die Seele unsterblich? Hier muß das Uebrige erscheinen. Endlich brach die Morgendämmerung an. [Es] quälte der Hunger. Eine Heirath ist eine verschlossene Kiste. Hier ist die neue Kiste. Dies Wasser ist zu kalt. Dort lebte keine menschliche Seele. [Es] war ein zweiter Umweg. Hier sind hundert Louisd'or. War nicht St. Paul auch [ein] Jude?

Eine große Seele fürchtet nicht. St. Ludwig war ein großer Monarch. Ein großer Adler war unsere Beute.

XV. Uebung, zu § 37 und 38.

A. Zur Anschauung.

Ella y yo viviremos felizes (M). Todos estos afanes fueron perdidos (O). Son sus propias palabras (O). Algunos versos ó discursos suyos han sido celebrados (L). Así varian las opiniones (rA). Fueron vanas diligencias (M). ¡Cuantos peligros le cercan! (M). Todos eran inventores (Y). Mis dientes ya sabes cuan útiles son (Y). Hemos sido mui imprudentes (M). Las apariencias engañan (M). Las coplas eran mui guapas (M). Sus piés no son piés, son alas (M). ¿Estamos solos? (M). Nos cercan mil peligros (M). Juntáronse tres doctores (M). ¡Somos tan débiles! (M). Todos estos motivos no valen nada (M). Serán labradores (M). ¿Qué circunstancias han ocurrido? (M). Las orejas me zumban (M). Mis hijos están tristes (J). ¿No bastan estas lágrimas? (M). Eran buenos los oficiales (S). Siempre las verdades pesan, Señorita (G). Los demas soldados entraron tambien (Q). ¡Cuanto se arraigan las preocupaciones! (VV). Jardines y baños y fuentes ¿dó están? (R). Tambien brotan los árboles (R). Las aves vuelan regocijadas (R). ¡Sed indulgentes! (R). ¡Buenos seamos! (R). Esos discursos son demasiado profundos (I). Son cosas mias (G). ¿Quiénes son esos demonios? (G). Crea nuevas hipótesis (S).

B. Zur Anwendung.

Es waren andre Frauen. Die Opfer sind unschuldig. Die guten Verse sind sehr schätzbar. Hart und unbeugsam sind die Gesetze. Es waren große historische Charaktere und kolossale Persönlichkeiten. Bald kamen auch die Lords Harmouth und Lauderdale. Auch einige Gonzalez waren gegenwärtig. Ihr werdet glücklich leben. Deine rothen Lippen sind wie Korallen. Die Pistolen sind nicht geladen. Alle unsre Völker sind bereit. Die Minen platzten. Die ehrlichen Menschen sind bescheiden. Wärter, diese Tischtücher sind nicht rein. Die Spanier sind stark und ernst. Die Tage sind schon lang. Seine Kinder schlafen glücklich. Einige gute Bücher wurden verkauft. Die Hauswirthe sind grausam. Die Wolken zerstreuen sich. Wir sind unzertrennlich. Die übrigen Schüler arbeiteten. Wir sind Engländer. Die Götter erklären sich. Diese Strümpfe sind zerrissen. Sind meine neuen Schuhe rein? Jene Rubinen sind sehr glänzend. Die Montage und die Donnerstage wurden auch gefeiert. Solche Charaktere sind selten. Die Tage nehmen ab; die Nächte wachsen. Diese Könige waren abgesetzt worden. Warum gehen eure Uhren nicht? Einige Schriftsteller behaupten es. Diese Nüsse sind noch nicht reif. Deine Voraussetzungen sind falsch.

XVI. Uebung, zu § 39.

A. Zur Anschauung.

Vosotros me aturdís (S). Yo te he ofendido y lo conozco (I). Nadie le conoce (I). La despreció (S). Este mozo nos ha perdido (I). Nos incumbe el negocio (S). No os lo permitirán (I). Felipe me lo dijo (I). Te lo esplicaré (Y). Los aniquilaron (S). La obedeceré (M). Ahora lo veremos (G). Yo no os entiendo (I). El mismo me lo ha confiado (I). El rei le ha perdonado (I). Bien te lo creo (M). El cielo nos le ha conservado (H). No las vi (H). ¡Dios te lo perdone! (I) Nos lo mostraron (S). Os lo esplicaré (S). Me os sometí (S). Probádmelo (S). Aguardábalos (S). Colócanse todos (Y). ¿Quieres prometérmelo? (H) ¿Quién quiere ayudarme? (Y) ¿Qué has notado? Dilo (R). Dila que venga (G). Amáronlo (S). Acertástelo (Y). Está observándonos (M). Esperámoslos (S). Puede acompañarlas (M). Ríndeteme (S). Es hijo mio (S). ¿No ves que estas son baladronadas suyas? (G). Recibí una carta suya (Z). No es eso, hijo mio (R). No temáis, hijos mios (Y). Eran alabanzas vuestras (M). Mio es el sombrero (S). Se ha quejado (S.) Los necios se alaban (S). ¿Don Hermógenes se casa? (M) El niño se ha dado un golpe (Acd). Acercáronsenos los pastores (S). Ambos se la dieron (Y). Don Enrique se le va acercando (M). Yo se lo digo (M). Se la ofrecí (I). Ya se lo advertí (S). Sí, yo se lo previne (I). Ya se lo he dicho (S). El hombre cuyo es el terreno, le guarde (Acd). Aquí está el niño cuyos vestidos han sido robados. ¿Que buscas? (Acd) ¿Quién es?(Acd). Construyeron teatros cuyo destino era provechoso y agradable(Alc).

B. Zur Anwendung.

Ich entschließe mich. Er tröstet sie (w. Sing.). Die Ohren klingen mir. Sie behandeln uns gut. Er liebte sie (m. Pl.). Er unterdrückt uns. Er verwundete ihn. Ich verstehe es nicht. Ich kenne dich nicht. Wer wird mir beistehen? Mein Herz hatte es mir gesagt. Warum stehst du ihm nicht bei? Ihr habt ihn mir genommen. Der Diener kann euch begleiten. Jetzt verstehe ich es. Habe ich es dir nicht gesagt? Ich werde es dir nachher erzählen. Ich gestehe es dir. Die Jäger entdeckten ihn. Sie verläumdeten euch. Ich sage ihr, daß es Zeit ist. Der Spaziergang ist mir schlecht bekommen. Dies ist ihm leicht. Ich sehe sie (w. Pl.). Er empfahl dich mir. Ich werde mich dir ergeben. Zeigt es mir. Er hat es uns erzählt. Ich habe es wohl überlegt. Seine Brüder lieben ihn. Wir schämen uns. Erlaubt es euch nicht. Freut euch. Willst du dich belustigen? Schließe dich uns an. Errathe es. Der König belustigt sich. Sie verstehen sich nicht. Sie wird es sich nicht erlauben. Warum freut er sich nicht? Ich gab es ihr. Ich schickte es ihm. Wir sagten es ihr nicht. Sie brachten es ihnen. Wer hat sie (w. Pl.) ihnen versprochen? Wir erzählen sie (w. Sing.) ihr. Gebt ihr sie (m. Pl.) ihnen nicht? Wir werden sie ihnen schreiben. Gieb sie (w. Sing.) ihnen. Wir haben ihn ihnen behändigt. Meine Augen sagten es ihm. Diese Mütze ist mein. Dein ist der Vortheil. Dies Geld ist euer. Sie sind Schwestern von ihm (sein). Ein Freund von mir (mein) hat es mir geschrieben. Bist du (ein) Sohn von ihnen (ihr)? Ein Verwandter von uns (unser) wird kommen. Diese Magd von euch (euer) hat es gestohlen. Jener Hund von dir (dein) hat mich gebissen. Alle (die) Häuser von ihnen (ihr) sind verkauft worden. Keine Schwester von ihm (sein) hat ihm geholfen. Hier ist die Frau, deren Kinder gestorben sind. Wo wohnt der Mann, dessen Tapferkeit so gelobt wird? Wer sind die Herren, deren Diener heute gekommen ist?

XVII. Uebung, zu § 40 — 42.

A. Zur Anschauung.

Castilla presentaba mas obstáculos (Q). Ahora tendré ménos cortedad (G). La menor ausencia es un mal grave (I). Reina el mayor silencio (R). Lo mejor faltaba todavía (Y). No es eso lo peor (R). Solo quedaba el hijo menor (Y). España se librará del mal que mas la oprime y enflaquece (I). Una tarde, cuando ménos lo esperaban, compareció (Q). No habrá mas adornos (I). Es su hijo mayor (S). Es mi mayor hermano (S). Yo no puedo dar mas (G). ¿Puede ir la cosa mejor? (G) Es mucho mas jóven (DH). La miel es ménos agradable (S). Las circunstancias eran mas favorables (rA). La hará mas estimable (rA). Mas ilustran el teatro español (estas composiciones) (rA). Anunciaba las mas brillantes disposiciones (DH). La gloria mas pura, las alabanzas mas cumplidas merecen (Alc). Son el medio mas eficaz (Alc). Ejercieron mayor y mas eficaz influjo (Alc). No podia haber culpa mas punible (Alc). Bajará mas fácilmente (H). Sabrá determinar lo mas conveniente (H). — Es un grandísimo hipócrita (R). Estaba hermosísimo el tiempo (H). Don Vicente es (un) hombre riquísimo (H). El resultado será felicísimo (H) Aquí está mi reloj que es puntualísimo (M). Ya la (la comedia) habrán leido muchísimos (M). Don Vicente es un sujeto amabilísimo (H). Es un hombre celebérrimo. Este simplicísimo principio (I). Vuestra imaginacion no puede engañaros aunque os la represente hermosísima (Padre Isla). Ha hecho perfectísimamente. No ha podido obtener lo mas mínimo. Sus pequeñísimos personajes (R). Fué nuestro mas acérrimo defensor. Tiene las mas distinguidísimas prendas.

B. Zur Anwendung.

Es ist mein bester Freund. Kein Maler machte größere Anstrengungen. Es ist das kleinste Thier, welches wir kennen. Sie sind die schlimmsten Insassen. Er hat am meisten gegessen. Es wird weniger Duelle geben, oder keine. Wir befinden uns hier weniger schlecht. Die Sache gefällt ihm jetzt mehr. Sie war seine ältere Schwester. Denkt ihr, daß wir weniger gearbeitet haben? Dies ist die höchste Glückseligkeit. Es herrschte das tiefste Schweigen. Die Sache ist jetzt viel klarer. Er ist der größte Egoist. Bald wird eine glücklichere Zeit kommen. Ich liebe sie am meisten. Dieser Knabe hat uns mehr Verdruß verursacht. Das geringste Geräusch könnte euch das

Leben kosten. Seine jüngere Tochter heißt Leonore. Dieses Stück ist am wenigsten dramatisch. Er hat den bessern Entschluß gefaßt. Seine Familie wird am meisten geehrt. Er spricht jetzt besser. Sein Loos war beneidenswerther. Würdest du mich dann weniger lieben? Das gefällt mir am meisten. Er hat am hübschesten geschrieben. Sie liebten uns am zärtlichsten. Dieses Trauerspiel ist äußerst selten. Es ist [eine] sehr schwere Ungerechtigkeit. Sein Name ist hoch adlig und sehr alt. Sie ist ungemein schön. Der Mond zeigte sich äußerst hell. Er hatte sehr heftige Schmerzen. Der Vergleich war sehr ungerecht. Er war immer sehr wohlwollend. Die Luft ist dort immer sehr gesund. Sie hatten nicht den allergeringsten Verdacht. Er war höchst freudig überrascht. Er thut es sehr selten. Sie hatte sehr schön gesungen. Das allerschönste Schauspiel zeigte sich uns. Die allerwohlthätigsten Wirkungen wurden hervorgebracht. Er liebte sie am allerheftigsten. Sie beobachteten uns am alleraufmerksamsten. Der Wein wird getrunken werden, wenn er auch noch so sauer ist.

XVIII. Uebung, zu § 43—49, insbesondere zu § 44 über die Präpositionen á, ante, con und contra.

A. Zur Anschauung.

Le cogieron á la puerta (Acd). Voi á Roma (Acd). Estaba á la puerta (S). Baja á la cueva (R). Los moriscos están á nuestros piés (R). ¿Quieres que me tire á un pozo? (M) Se asoma al balcon (S). No siempre están á la mano (I). Vendrá á la noche (Acd). Siempre me levanto á las seis (horas) (O). A esta sazon un amigo me escribió que se casaba Isabel (M). Llovió á medio dia (Acd). A su muerte (ella) le dejó una corta herencia (I). Se adelanta á largas marchas (Q). Llega á pié (S). Tiraba el oro á manos llenas (L). Se viste á la (moda) inglesa (O). A su acento los ídolos caen (R). Acudió á nuestro socorro (R). ¿Y á qué vienen ahora esas lágrimas? (R). Lo he comprado á veinte reales la vara. Compareció ante el juez (Acd). Estoi con mi padre (Acd). Va con sus hijos (Acd). La juventud granadina canta conmigo (Z). Habla contigo (Z). Trabaja con afan (Ad). Le hirió con la espada (Acd). Con sus instancias logró el perdon (S). Las pistolas no están cargadas sino con pólvora (L). Estudió con fruto la lengua latina (Y). Con un ejemplar, uno solo, todo el mundo callará (L). Solo se mostró inhumano y duro con el ilustre Jovellanos (Q). Le estrelló contra la pared (Acd). Esta habitacion está contra el oriente (Acd). Yo voi contra tí, tú contra mí (Acd). La triaca es contra el veneno (Acd).

B. Zur Anwendung.

Wir befanden uns vor den Thoren von Teruel. Da hast du Weißwein an deiner Seite. Ich sah ihn am Fenster. Ich fand meinen Rock nicht und dieser war [grade] so zur Hand. Ich warf mich zu seinen Füßen nieder. Sie brachten mich nach eurem Hause. Nie hat er mir ins Gesicht geblickt. Er kam gestern Morgen nach Cadiz. Alle flüchteten sich in die Kajüte und das Zwischendeck. Sie werden die Thür auf den Boden werfen. Er folgt ihm in kurzer Entfernung. Er versetzte ihn nach Madrid. Um Mitternacht würde ich den Palast durchwandern. Um drei Uhr kam sie schon. Beim ersten Schusse lichteten sie die Anker. Die Kälte folgt auf die Wärme. Er sagte es mit halber Stimme. Sie versprechen es mit fester Miene. Er wird zu Pferde kommen. Die Stadt ergab sich auf die erste Aufforderung. Sagt, edler Lara, wozu (zu was) seid ihr gesandt? Er stand vor der Thür. Niemand ist bei ihr. Er hatte den Schlüssel bei sich. Gingst du nicht mit deinen Sklavinnen? Kommt alle mit mir. Dort werde ich dich bei deinen Freundinnen lassen. War er nicht bei dir? Er behandelt mich mit Vertrauen. Er hat ihn mit einem Dolch verwundet. Durch diese That bewirkte er die Uebergabe. Sie schmückte das Grab mit Blumen. Sie sind sehr zufrieden mit sich. Sie starb zu seinem unaussprechlichen Leidwesen. Die Bäume sind alle weiß von Blüthen. Er (war sehr grausam gegen die Besiegten. Niemand war milder gegen die Armen. Er neigte sich gegen den Boden. Sein Laden ist dem Hause gegenüber. Die Fassade ist gegen Mittag. Die Einen zogen gegen die Andern aus. Der Hof und das Ministerium spielen Feuer gegen mich.

XIX. Uebung, zu § 43—49, insbesondere zu § 44 über die Präpositionen de, desde, en, entre, hácia und hasta.

A. Zur Anschauung.

Vengo de Flándes (Acd). Sale del monte con el hacha y las alforjas al hombro (M). Despertó del sueño (S). Le arrojaron de la muralla al foso (S). La sabiduria es alabada de todos (Acd). La pared es de piedra, la caja de oro (Acd). Lo hizo de miedo (Acd). Lloró de gozo (Acd). Ya está cargado de cadenas (R). Se proveian de agua (Q). Alegrábase del feliz encuentro (T). Llévalo así de las puntas (M). Lo hizo de intento (Acd). Desde Segovia vengo á pié. Desde aquel desastre ya no levantó (la) cabeza (S). En este sitio debéis aguardar (R). Pedro está en Madrid (S). Bailó en la cuerda (Y). Entró en la iglesia (Acd). Clava los ojos en Aben Humeya (R). Estamos en la canícula (Acd). Esto sucedió en Pascua (Acd). Salimos en Julio (S). ¿Sabes cuanto debe ser mi dolor en este dia? (I) Pasa la vida en los estudios (Acd). Nadie le escedia en bondad (Acd). Es docto en la medicina (Acd). Le irritó en daño suyo (S). El cargamento fué convertido en dinero (Q). Ni paz ni tregua cabe ya entre nosotros. (R) La diferencia está entre mí y ella (S). Entre noche y dia llegámos á la posada (S). Ocurrió entre la conversacion (S). Mira hácia el norte (Acd). Hácia Aranjuez llueve (Acd). Hácia el medio dia nos veremos (S). Voi hasta Zaragoza (Acd). Se despidió hasta la noche (Acd).

B. Zur Anwendung.

Er stieg vom Baume herab. Ich habe aus diesem Hause die Lust und die Freude verbannt. Geh aus meinem Zimmer. Er kam von der Mühle.

Er warf es vom Tische. Sie wurde von ihrer Leidenschaft hingerissen. Dieser Löffel ist von Silber. Er wird von seinem Freunde begleitet worden sein. Die Nation ist lange Zeit von innern Unruhen erregt worden. Diese Thür ist von Kupfer. Wir zitterten vor Frost. Er war blind vor Zorn. Sie weinten vor lauter Freude. Er versorgte uns mit Brod. Fülle diese Flasche mit Wasser. Ich habe mich nicht über sie gewundert. Betrübst du dich nicht über sein Unglück? Er beklagte sich auch über Dasselbe. Er faßte ihn beim Arme. Er nahm sie bei der Hand. Ich habe es nicht mit Absicht gethan. Wir werden gern (mit guter Lust) wiederkommen. Sie werden von dem nächsten Dorfe her zu Fuße kommen. Von allen Theilen aus ist (giebt es) dieselbe Entfernung nach der andern Welt. Wir sind schon seit Mittag hier. Von jenem Augenblicke an war ich sein Freund. Lara hat ihn auf dem Wege gelassen. Wir schlugen unsre Wohnung in diesen Gebirgen auf. Ich habe das Geld in der Tasche. Don Felix ist schon in Alcala. Meine Frau und meine Kinder sind auf dem Lande. Er warf sich auf einen Stuhl. Alle sprangen ans Land. Der Himmel hat mich in eure Arme geführt. Ich werde die Krone auf meine Schläfen setzen. Die Freundschaft entstand in der Jugend. In dem Alter (da) sind die Leidenschaften noch stärker und entschiedener. Es geschah an einem Montage. Er ist in den Griechen bewandert. Sie sind in dieser Verrichtung am geschicktesten. Er handelt mit Wolle. Bald nachher starb die Königin Donna Isabella zu seinem unaussprechlichen Leidwesen. Er vertheilte das Land unter die Spanier. Er saß zwischen den beiden Schwestern. Unter uns giebt es keinen Verräther. Sie setzten ihren Weg gegen die Grenze fort. Sie können gegen acht Uhr eingetroffen sein. Er schwamm (L) auf eine Landzunge zu. Begleite mich bis zur Thür. Er wartete bis drei Uhr.

XX. Uebung, zu § 43—49, insbesondere zu § 44 über die Präpositionen para, por, segun, sin, so, sobre und tras

A. Zur Anschauung.

El navío navegó para Lóndres (S). Salgo para Galicia (Acd). Lo dejaremos para mañana (Acd). Esta carta es para Juan (Acd). Para él será el mal (Acd). Trajiste un vestido para mí (S). Esto es bueno para mangas (Acd). Tuve bastante para el gasto (S). Pasa por la calle (Acd). Anda por los cerros (Acd). Pasó por la plaza (Acd). Salgo de Madrid por un mes (Acd). Va á su tierra por un año (Acd). Por la mañana están abiertos los tribunales (Acd). Lo obtuvo por el secretario (S). El cielo me le vuelve por vuestra mano (I). Defienden las preocupaciones por interes y egoismo (R). Esos miserables no obraban por inspiracion propia (L). Clamaba por socorro (S). No anhelaban por oro (Q). Dió la capa por el sombrero (Acd). Venderá la casa por poco dinero (Acd). La dará por cien doblones (Acd). Asisto por mi compañero (Acd). Tiene sus maestros por padres (Acd). Todo le tenian por docto (S). Pocos soldados buenos valen por un grande ejército (Acd). Por él daré la vida (Acd). Murió por nosotros (S). Intercedió por él un amigo (S). Gobernólos por sus leyes y costumbres (Q). Juro por tu nombre (G). El mundo fué hecho por Dios (Acd). Dió la sentencia segun la lei (Acd). Estoi sin empleo (Acd). Llevaba joyas de diamantes, sin otras alhajas de oro y plata (Acd). (Quiero) buscar un abrigo so las copas de los árboles (S). La ciudad está sobre un monte (Acd). La caridad es sobre todas las virtudes (Acd). Subió sobre el asno (S). Descollaba sobre todos los granaderos (S). Se encaminó sobre la derecha (S). Este libro es sobre la agricultura (Acd). Mandaba sobre aquella provincia (S). Voi tras ti (Acd). Tras la fortuna viene la adversidad (Acd).

D. Zur Anwendung.

Er reisete nach Vitoria ab. Er hat sich nach Venedig eingeschifft. Welchen Plan hast du für diesen Nachmittag? Ich sterbe, Madame, und es giebt kein Heilmittel für mich. Ich gab ihm Geld zu Fleisch und Fisch. Ihr arbeitet nur für seine Vergrößerung. Er hat mir Geld zu Büchern geschickt. Sie blieben dort zu unsrer Sicherheit. Alle gehen durch die Thüre ab. Er guckt durch das Schlüsselloch. Thue einen Gang durch die Küche. Sie ging mit ihrer Mutter übers Feld. Es geschah um jenen selben Tag. Ich entferne mich für einige Wochen. Sie geht für drei Tage aufs Land. Er tödtet sie durch Eifersucht. Ich habe die Stelle durch seine Verwendung erhalten. Sie haben ihren Reichthum nicht durch ihren Fleiß erworben. Sehr wenig achtungswerth würde eine Frau sein, wenn sie nur aus Nothwendigkeit, nicht aus Wahl ehrbar wäre. Er thut es nur aus Eitelkeit. Ich werde mich wegen dieser Angelegenheit nicht aufhalten. Das Volk schrie nach Abhülfe. Schickt nach dem Arzte. Er hatte seine Freiheit für ein mäßiges Lösegeld erhalten. Ich halte dies für den besten Entschluß. Willst du dein Wörterbuch gegen eine Grammatik vertauschen? Einer gilt oft für Viele. Er verwendete sich für einen Freund. Du hast genug für ihn geredet. Sie richteten ihr Benehmen nach den Ereignissen ein. Wir handeln nach Grundsätzen. Er nannte mich bei meinem Namen. Das Buch ist von ihm verfaßt worden. Die Waaren sind von uns in gutem Zustande verschifft worden. Die Gerichte werden ihn hören und seine Unbill nach den Gesetzen vergelten. Die Dinge gehen nicht nach seinen Ideen. Er ist ohne seine Frau gekommen. Niemand kann ohne Geld reisen. Ein schweres Joch lastet auf ihrem Nacken. Das Nadelkissen liegt auf der Kommode. Er wirft sich auf die Kissen. Sie schwatzte lange Zeit über diese Angelegenheit. Sie disputiren noch über den Sinn dieser Klausel. Er gebietet über jene Provinz. Das Haus ist hinter dem Platze. Er stellte sich hinter die Thür.

XXI. Uebung, zu § 43—49, insbesondere zu § 45 a u. b.

A. Zur Anschauung.

Antes de su arribo viviamos sin susto (J). Se sienta cerca de Don Pedro (M). El virei se puso delante de Gonzalo (Q). La alarma candió dentro de la plaza (Q). Vuelvo dentro de una hora (L). Despues de una breve pausa se abre la puerta (M). Detras de aquella máquina se puso (Y). Está fuera del centro (Acd). Entra en el mar (el Támesis) no léjos de Lóndres (Y). Acerca del segundo (inconveniente) se han formado mui distintas opiniones (I). Ademas de algunas zarzuelas de corto mérito, publicó una comedia (rA). A mas de su empleo goza un mayorazgo (Acd). Sacará Rita algunas sábanas debajo del brazo (M). Fabio sentó sus reales encima de Lérida (Acd). Estaba al ancla enfrente de la ciudad (Y). Bajo sus piés tienen el sepulcro (R). Está bajo sus órdenes (S). Todos deben ser juzgados conforme á la lei (I). Está junto al camino (Y). Yo pagaré por tí durante el viaje (Y). Mediante una buena paliza lograron que fuese (M).

B. Zur Anwendung.

Er wird nicht vor Mittag kommen. Sie sucht den Brief von neuem nahe beim Fenster. Ihr Bild ist immer vor meinen Augen. Sie vertheidigten sich noch innerhalb des Platzes. Binnen einigen Augenblicken wird er seine Verzeihung erhalten. Nach vielen Gefahren gelangten sie endlich zum andern Schiffe. Die Stadt ist hinter einem Walde. Wir waren schon außerhalb des Ortes. Sie holten ihn unweit des Dorfes ein. Ich habe meine Meinung über diesen Gegenstand schon auseinandergesetzt. Außer diesem Sohne hat sie noch zwei Töchter. Sie gruben unter der Erde. Der Baum war über [oberhalb] der Höhle. Ihre Fenster sind unserer Thür gegenüber. Unter seinem selben Dache lebt dieser Alte. Er ergab sich unter dieser einzigen Bedingung. Der Platz wurde der Verabredung gemäß übergeben. Er setzte sich neben Donna Franziska. Seinem Briefe zufolge wird er nicht kommen. Es hatte während der Nacht geschneiet. Konntest du es nicht mittelst einiges Geldes erreichen? In Betreff dieser Angelegenheit ist er unerbittlich.

XXII. Uebung, zu § 43—49, insbesondere zu § 45 c. u. § 49.

A. Zur Anschauung.

Malogróse aquella empresa á causa de la peste (Y). ¿No preferia rescatar la vida á costa de vuestra sumision? (R). Entró en Cosencia á despecho de los franceses (Q). El cielo nos le ha conservado á fuerza de prodigios (R). Se determinaron estudiarla (la comedia) á pesar de este recelo (M). No me alucino respecto de nuestra situacion (R). Esta es mi resolucion con respecto á vosotros (VV). ¿Lo has adquirido en el convento al lado de aquella santa mujer? Echa una ojeada al rededor de la sala (R). Se replegaron mas allá del Ebro (Acd). Don' Anselmo podrá estar inocente en cuanto al desafio (I). Venia en pos de una dama (Z). Tiende la vista ansiosa enrededor de sí (Z). Nadie deja sus bienes en medio de la calle (I). Cultivó su entendimiento por medio de la lectura (Y). En vista de estas cosas casi me inclino á pensar como tú (L). Don Cómodo, no obstante sus estravagancias es un buen hombre (G). Sacó de debajo del hábito una bólsa (Padre Isla). Las sacaba de dentro del cercado (Y). Aben Farax le grita de enmedio del teatro (R). Vino la nube de hácia Alcalá (Acd). Por entre unas matas volaba un conejo (Y). Saltaba por encima de sus piernas (G). ¿Tienes algun disgusto, algun pesar secreto? — ¿Secretos para contigo? (R)

B. Zur Anwendung.

Der Schmerz vermindert sich mit Hülfe der Zeit. Wegen des Krieges stehen alle Geschäfte still. Trotz deiner Bemühungen kannst du es nicht verbergen. Hinter dem Rücken seines Freundes spricht er schlecht von ihm. Wir haben es durch viele Klugheit vereitelt. Trotz seines Talents konnte er sich nicht von diesen Fehlern befreien. Was hat er hinsichtlich seiner Tochter verfügt? Ich ging neben meinem Vater. Wir wanderten längs des Ufers. Sie haben immer diesseits des Ozeans gelebt. Sobald wir jenseits des Flusses waren, hielten wir an. Ich habe in Anbetracht seiner Fähigkeiten mehr erwartet. Er starb in Folge eines Falles. Was mich betrifft, [so] kann ich dich nicht begleiten. Anstatt des Geldes brachten sie Versprechungen. Er blieb inmitten der Soldaten. Vermöge dieser Nachricht konnte er zurückkehren. Sie liefen alle um das Haus herum. Er kommt oft statt seines Bruders. Kraft höhern Befehls nehme ich die Post. In Ansehung dieses Umstandes faßten wir unsern Entschluß. Er ist wegen seines leutseligen Wesens allgemein beliebt. Sie würden besser mittelst Gesetze als durch persönliche Wünsche geleitet werden. Es wird von Seiten meines Bruders kein Hinderniß finden. Ungeachtet unserer geringern Anzahl siegten wir endlich. Ungeachtet meiner wenigen Jahre war ich nicht so einfältig. Was sie betrifft, [so] wird sie sich bald verheirathen. Sie zogen mich unter dem Tische hervor. Sie rissen sie aus der Kutsche heraus. Er trug ihn mitten aus den Flammen heraus. Er entwischte mir zwischen den Fingern heraus. [Es] kommt ein Mann von der Gegend des Prado her. Sie gingen unter der Erde durch. Sie werden vor unserm Hause vorbei kommen. Er lief hinter der Kutsche weg. Der Aal schlüpfte mir zwischen den Fingern durch. Die Kugeln flogen über uns hinweg. Er ist zu nachsichtig gegen seine Kinder. Wer bist du gegen mich?

XXIII. Uebung, zu § 50.

A. Zur Anschauung.

El cultivo de las letras es útil (S). Es el estandarte del reino (R). El corazon de una esposa no se engaña nunca (R). ¿Cuál será el premio de todos mis afanes? (R) Se apoderó de esta villa (Q). El los aseguró de la buena voluntad del rei (Q). Daba limosna á los necesitados (S). El Rei encarga la justicia á sus ministros (Acd). Guardád á vuestra mujer (M). Dejó á sus padres sin licencia suya (Y). Mucho quiero á ese capitan (Y). Mirando estaba una ardilla á un generoso alazan (Y). Tomó por asalto á Lanjaron (Q). Con franca y liberal mano ha tratado á España el cielo (R). Melendez hace tambien masculino á alcorza (S). Tenemos ademas á ubérrimo (S). Hicieron prisionero á su general (Y). Escúchale como á un oráculo (R). Esos he visto yo que parecian unos santos (I). Derrotó trecientos enemigos (S). Gonzalo al instante envió un nuncio á Federico (Q). El rei ha nombrado los oficiales para el ejército (S). Los romanos robaron las sabinas (S). Ha perdido su mujer (S). Compro estos libros para mi hermano. ¿Te burlas de mi? (G) Necesitamos de él (L). A ti no te pregunto nada (M). A mi me sucede lo mismo (M). A sí se hace el daño (Acd). A él le parece bien (Acd). A nosotros nos cabe (una) mejor suerte (R).

B. Zur Anwendung.

Du erlangtest wieder den Frieden der Seele. [Es] ist die Stunde der Rache und die Stimme des Todes. [Es] ertönt das Geläute einer Glocke. [Es] lebe der Enkel der Könige von Cordova und Granada. Sie mißbrauchten seines Vertrauens. Er erinnerte sich einiger lateinischer Wörter. Er wird die ersten Augenblicke seinen Verwandten gewidmet haben. Die Ehre unterwirft mich der Strenge der Gesetze. Sie zogen die Viehzucht den Ernten und die Weide dem Landbau vor. Ich bitte Gott, daß er es thue. Sie umarmt ihre Mutter. Ich sehe einen Kastilier. Ehre den Vater und die Mutter. Er entließ die Boten. So verlaßt ihr euern Freund. Ein plötzlicher Zufall beraubte meine Mutter des Lebens. Er belagerte Tarifa. Ich habe Konstantinopel gesehen. „Cacafilásticas" (die Raumnadel) hält die Akademie für weiblich. In gleiche Klasse stellt die Akademie „Diadema" (S). Den Herbst nennen sie Blätterfall. Einen Eigensinn hält er für (deutet er) Festigkeit. Ich liebte ihn mehr als mein Leben. Sie liebten ihn als ihren Beschützer und Schild. Sie nahmen 80 Dragoner gefangen. Er befehligte 6000 Fußsoldaten und 600 Reiter. Er hatte seine Tochter dem Bruder des Königs zur Ehe versprochen. Er zog seinen Vetter allen seinen andern Verwandten vor. Ich habe jenes Fräulein nicht gekannt. Sie liebte einen Diener. Ich will einen Diener dieser Art haben. Er hat seinen Sohn verzogen. Ich glaube, daß er seine Frau verlieren wird. Dort wirst du einen bessern Vater finden. Sie konnte ihren Vater nicht finden. Ich bestimme dies meiner Schwester. Er hat unser gespottet. Das Schicksal hat mich seiner früh beraubt. Ich erinnere mich eurer nicht mehr. Ist er ihrer würdig? Ruft er uns? Dich straft er. Ziehen wir sie (m. Pl.) zu Rathe. Ich fürchte ihn allein. Euch loben sie. Sie (w. Sing.) suche ich. Willst du uns auch einige Bücher kaufen?

XXIV. Uebung, zu § 51. und 52.

A. Zur Anschauung.

Vuelve el mozo de vacio (BH). Le servia de page (Q). Aquí moran en rehenes los nobles y magnates del pais español (Q). Se erigieron en patronos (Alc). Le dió por compañero al licenciado (Q).

Se da por mui ofendida (M). Sentémonlo por cosa averiguada (S). Estaba Antonio entre pesaroso y alegre (S). Entre tú y yo lo haremos (S). Hasta los centinelas lloraban como unas criaturas (I). Tendrá sobre cincuenta años (Acd). Tú te inquietas por nada (M). Estoi ya de vuelta (M). Lo he intentado en balde (G). Podré desde luego entrar en materia (G). Es lástima por cierto (G). En suma, ella hará lo que quiera (G). Conozco que estoi enamorado de veras (G). ¿Con que es mui hábil? (M) Se habia casado de secreto con la doncella (M). Apénas saben leer (M). ¡Por supuesto! debo estar despachado al momento (VV). De todos modos saldriamos de la duda (VV). ¿Puedo acaso disponer de mí? (VV) Tú no hablabas ahora conmigo (VV). Por poco me rompe una pierna (VV). El pueblo es el mismo en todas partes (R). Yo leeré mas aprisa (R). Me llevó á todas partes (L). A pesar de eso toda la misa estuvo mirando (L). ¿Con que la apuesta se hizo en efecto? (M) Lo hizo de mala gana (Acd). Dame de tu dinero (S). Se ahorró de palabras (S). Dale de palos (M).

B. Zur Anwendung.

Als Greise denken wir selten, wie wir als Jünglinge gedacht haben. Er wird als Arzt hingehen. Sie blieben dort als Geiseln. Ich kann ihn nicht für gelehrt halten. Er gab sich für einen Sohn von Familie aus. Haben sie ihn nicht zum Präsidenten gewählt? Er wird ihn nicht als seinen Verwandten anerkennen. Ich werde ungefähr 8 Wochen brauchen. Halb zweifelhaft, halb verwirrt ging ich hin. Die drei zusammen hielten den ganzen Ungestüm aus, bis mehr Spanier herbeieilten. Er war selbst (sogar) in den unbedeutendsten Sachen sein Rathgeber. Wirst du mich gern begleiten? Sie las verstohlen alle diese Novellen. Er hat nie öffentlich geredet. Hörtet ihr nicht plötzlich einen Schrei? Kann man vernünftiger reden? Warum habt ihr mich allein und im Dunkeln gelassen? Ist der Thee nicht zuweilen gesund? Er kam mit genauer Noth davon. Was ich vorhersagte, geschieht jetzt buchstäblich. Es regnete gestern Abend. Spracht ihr im Ernst? Er liest geläufig und schreibt auch schon wunderschön. Wer kommt da so früh? Er kam vorgestern. Wir gehen Abends nicht aus. Sie ist über die Maßen eitel. Lassen wir das für jetzt bei Seite. Wir haben ihn vergebens gebeten? Du mußt es auswendig lernen. Wißt ihr es gewiß? Ich will es ihm von neuem schreiben. Du machst Alles verkehrt. Nirgends gab es so viele Fische. Wir gingen unterdessen spazieren. Schicke mir von dem Gerichte. Hat er ihm Ohrfeigen gegeben? Esset ihr nicht von diesem Fleische? Wer hat von meinem Wein getrunken?

XXV. Uebung, zu § 53—58.

A. Zur Anschauung.

Recibió sus instrucciones y partió al instante á su destino (Q). Es del todo vana é inútil aquella gran ventaja (I). Se acercó con sus españoles á Ostia é hizo á Menoldo la intimacion de desamparar la plaza (Q). Ellos y yo hemos paseado (S). Destroza y hiere (S). ¿Fué niño ó niña? (M) No piensa en otra cosa que en uno ú otro mozuelo (M). No descansa de dia, ni de noche (Acd). Mira, si viene (S). Tendrás el caballo si lo pagas (S). El dinero hace á los hombres ricos, pero no dichosos (Acd). Por imposible lo di, mas Dios me tendió su mano (Z). Ya ves que yo no la obligo á responder; así, déjala tú tambien en plena libertad (L). Le dijo como me hallaba (S). Como almorzé en el camino me encuentro sin ningun apetito (G). Te abriré como vengas ántes de las dos (S). Entónces fué cuando Gonzalo se presentó en Segovia (Q). Ya pueden llegar cuando quieran (G). No haria una injusticia, cuando le importara un tesoro (Acd). ¡Haber cometido tal esceso, cuando siempre la he tratado con la mayor benignidad! (M) Sufre la pena pues lo quieres (Acd). ¿Pues no es claro? (M) ¿Qué aguardamos pues? (R) Miéntras viva conservaré la memoria (M). Una lámpara de hierro alumbra escasamente esa especie de gruta, miéntras lo restante del teatro aparece sombrio (R). Iban delante los gremios, seguian luego los individuos del ayuntamiento (S). Pienso, luego existo (S). Vengan los diputados que están elegidos (S). No te puedo ponderar cuanto lloró la pobrecita, que afligida estuvo (M). La miel es ménos agradable que el azúcar (S). Aquella casa es peor que la otra (S). Casi no he visto mas que dos ó tres calles (Y). Aseguró que guardaria silencio (S). Enrique te lo esplicará que él lo sabe (Y). El juez, aunque severo, es justo (Acd). La virtud, bien que perseguida, es amada (Acd). Diviértete, con tal que cumplas con tu obligacion (Acd). No pudo asistir porque estaba ausente (Acd). El maestro se afana, porque adelanten sus discipulos (Acd). Lo habrá examinado, pues que lo ha resuelto (Acd). Puesto que (oder Supuesto que) te favorecen, muéstrate agradecido (Acd). Se proponen los premios de la virtud, para que la amemos (Acd). Les pondera los males de la ociosidad, á fin de que huyan de ella (Acd). Le encargué que no subiera, hasta que le avisara yo (Acd). Se dejó caer como si estuviese muerto (S). Ya que seas malo, no causes á lo ménos escándalo (S). ¿Puede ir la cosa mejor de lo que va? (G) Yo no puedo dar mas de lo que doy (G). No solo los dejó ir libres sino que les perdonó todo el rescate (Q). El sol no recibe la luz de los planetas, ántes la da á ellos (Acd). O es bueno, ó es malo (M). Ni reir, ni llorar puedo (Acd). Nada deseaba tanto el emperador como la paz (Y). Es tan obstinado como su hermano (S). Cuanto mas lo pienso, mas me asombro (Q). El movimiento de la nacion hácia su prosperidad será tanto mas rápido, cuanto mayor sea este fundo (J). Miéntras mas se aproxima el desenlace, mayor fuego descubre el poeta (R).

B. Zur Anwendung.

Die Kinder lachen und weinen leicht. Weisheit und Unwissenheit sind entgegengesetzte Dinge. Da kamen Vater und Sohn. Ich will nicht lügen, und ich kann nicht heucheln. Willst du Wein oder Bier? Ist er Dichter oder Redner? Sie können es lesen oder es lesen hören. Ist es (eine) Frau oder (ein) Mann? Ich will wissen, ob er die Zeit gut anwendet. Wenn es nöthig wäre, würde ich es thun. Er ist reich, aber geizig. Sie verließen ihn alle, doch er verzweifelte nicht. Ich liebe dich, wie du es verdienst. Da die Sache von so viel Wichtigkeit ist, kann ich mich nicht auf ihn verlassen. Wenn du gut lernst, werde ich dich eine Weile ausgehen lassen. Sie können kommen, wann sie wollen. Wenn ich nicht arbeite, langweile ich mich. Er würde es nicht thun, selbst wenn du es ihm beföhlest. Nun, ich versichere es dir. Rette jetzt dein Leben, denn es liegt uns so viel daran. Weißt du denn nicht das Unglück deines Vaters? Viel gilt die Tugend, da sie so viel kostet. Ich glaube, daß ich ihn leicht überzeugen werde. Mehr hat er gegessen, als ein Vogel Strauß. War ich nicht aufrichtiger, als er? Die Sache ist klarer, als das Licht des Mittags. Es ist durchaus nothwendig, daß ich schreibe; denn meine arme Schwester wird in (bei) großer Sorge sein. So wie ich eine Person sehe, betrachte ich sie von Kopf bis zu den Füßen. Unterdeß die Großeltern spielten, spielten sie auch. Nachdem ich aus deinem Munde mein Unglück erfahre, werde ich gehn. Sie hat sie nicht gesehen, seitdem man sie nach Guadalajara brachte. Setzt euch so, daß (der Art, daß) ihr die Sonne sehen könnet. Du vertheidigst ihn, weil er dein Freund ist. Ich will es hier verbergen, damit er es nicht finde. Da die Thalerstücke neu sind, will ich sie nehmen. Ich werde Nichts sagen, vorausgesetzt, daß du mir die Pillen giebst. Er wird uns gewiß den Gefallen thun, obschon er uns nicht kennt. Selbst wenn wir es hätten vermeiden wollen, würde es uns nicht leicht gewesen sein. Ich will es ihm sogleich schreiben, damit er unterrichtet sei. Er kommt nicht, damit du ihn bezahlest. Ich bin mehr, als ich scheine. Wir haben mehr gearbeitet, als ihr denkt. Sie ist älter, als sie sagt. Weder für mich, noch für dich ist es gut. Entweder erklärst du dich nicht recht, oder ich habe dich verkehrt verstanden. Es sind nicht Anzeichen, sondern Beweise. Dieser Gebrauch existirt nicht mehr, sondern wir schreiben das Wort jetzt, wie wir es aussprechen. Die Festung ergab sich nicht; im Gegentheil, die Belagerung wurde aufgehoben. Der Ort blieb so fest, als vorher. Das Uebel ist so dringend, als offenkundig. Ich habe so viel Geld, als du. Je mehr ich sie sehe, desto mehr gefällt sie mir. Je länger die Tage sind, desto kürzer sind die Nächte. Je mächtiger der Feind ist, desto ruhmvoller ist auch der Sieg.

XXVI. Uebung, zu § 65—69.

A. Zur Anschauung.

Fué recibido con las mayores demostraciones de alegria (Q). Fueron enviados á Bayas (Q). Así se recompensan los servicios (VV). Lo pasado se olvidó (M). Ganóse por asalto la fortaleza de Regio (Q). Las diligencias que se practican son mui vivas (I). Un plaso se me otorgó (H). El palacio se edifica por los albañiles (S). Por aquí se va al comedor (O). En esta casa no se duerme (M). Hoi se gasta mucho (M). Así se abusa de las leyes protectoras de la naturaleza (M). Se la ve correr (I). ¿Y por esto se me ha despertado? (G) Se busca al matador de su primer marido (T). Se detesta á los malvados (S). Se las empleaba en la edad media (S). A la cordura se llama cobardía y á la moderacion falta de espíritu (I). ¿Podrá saberse? (B) Toda la noche ha relampagueado (O). Llovia anoche (O). Está granizando (O). Hace helada (O). Debe hacer lodo (O). Está claro (S). Hace muchísimo frio (O). Hace oscuro (O). Hace luna (O). Hace un calor insoportable (O). Hace mucho polvo (O). Hace viento (O). Hace un tiempo húmedo y malsano (O). Es de noche (O). Ya es de dia (O). Es tiempo (S). Es mui tarde (O). Ya son las once (G). Esta mañana habia rocío en el campo (O). Hai mucho barro (O). No hai necesidad (L). ¿Y hai en la tierra piedad, virtud? (M) ¿Como va de salud? (O). No cabe duda (S). Ha caido un rayo (O). No corre prisa (M). Corre un viento fresco (O). ¿Qué te parece de este don Justo? (I) Parece que se hunde el techo (M). Conviene que se apresure su marcha (M). ¿Es posible que sea yo tan desgraciada? (L) Hace un siglo que he tenido el gusto de verle (O). Pues ¿no lo sabéis años ha? (M)

B. Zur Anwendung.

Ich bin getäuscht worden. Friedrich wurde in Neapel anerkannt. Er wurde in einer Galeere nach Spanien gesandt. Man fragt uns. Man sieht sie am Rande des Abgrundes. Man sieht den Hirtenknaben, welcher zur Höhle hinabsteigt. Die Hülflosen tritt man unter die Füße. Man vermeidet sie. Man begrub ihn. Man bestellte alle auf den Nachmittag nach dem Prado. Man wird sie bei der freien Ausübung ihrer Religion erhalten. Es schneite diesen Morgen. Es wird bald aufthauen. Es hat die ganze Nacht gedonnert. Dämmert es schon? Es wird bald Nacht werden. Es ist bewölkt. Die Sonne scheint nicht mehr. Ist es noch so windig? Es war sehr schwül. Es wird frisch gewesen sein. Es ist hier zu kalt für mich. Es ist nicht spät; es ist nicht mehr als 10 Uhr. Es war Nacht, als wir ankamen. Es wird bald ein Uhr sein. Es giebt [keine] Regel ohne Ausnahme. Es hat (giebt) keine Schwierigkeit. Giebt es Briefe für mich? Es ging ihm sehr reich. Läutet es noch? Es muß bald schlagen. Es thut mir in der Seele leid, aber es kann nicht sein. Hier fehlt es an einigen Sommerzimmern. Es hatte geglatteiset. Mich hungerte und dürstete sehr. Mir däucht, daß ich in der Ferne die Küsten Afrika's erblicke. Es liegt mir nicht viel daran. Es ist ungefähr eine Stunde her, daß sie ausgingen.

XXVII. Uebung, zu § 70.

A. Zur Anschauung.

Aníbal le disuadió de este empeño (Alc). Un padre no debe nunca violentar la inclinacion de sus hijos (G). Le traté muchos años (M). Siguió su rumbo á Panamá (Q). Sigue á la sana razon mas que á la vana opinion (R). Tú resististe sus propuestas (I). Será obedecido (O). El caballo obedece al freno (Acd). Si quieres ser servido, sírvete á ti mismo (Sprichw.). No lo estrañéis (M). Se procesa á los criminales (S). Con nadie se trata (M). Bajaré á la huesa sin haber presenciado tu triunfo (H). Los censores aplaudieron el objeto moral (rA). Atiende á mi ruego (I). Se desayunó con la mitad de un coco (Y). Tú has cumplido con todos tus deberes (I). Nuestro huésped cumplió su palabra (M). No acertaba con las palabras (M). Me caso con Valentina (H). Yo me encargo del depósito (M). Hija, no hagas caso de tonterías (I). Mudemos de conversacion (R). Me propongo mejorar de habitacion (S). Yo me olvido de la leccion (S). Yo no gusto de esas bromas (BH). Participarán de su fidelidad (I). Huyamos de la vista del tirano (R). No dudes de mi firmeza (M). Déjate de chanzas (M). Se hace lenguas de ella (M). Es verdad que salió de un marido tan malo (T). Reparó en Izquierdo (T). El pueblo adora en ti (H). Me adora (H). Habla por mi (H). Fué por carne (S). Cargó sobre los romanos (Alc). Se vistió su jubon de terciopelo (Q). Se lo desaconsejó por entónces (Q). Pídela perdon (M). Recordóle las órdenes positivas del gobernador (Q). Quiere exigirme mi voto (VV). Yo le estimo su buen deseo (M). Se lo agradece (M). Acércome; mas no pude entenderles (una) palabra (M).

B. Zur Anwendung.

Sie wundern sich über die Rauhheit deines Charakters. Die Stadt folgte der Partei des Infanten. Er gehorchte der Vorschrift Gottes und fürchtete nicht den Zorn seiner Feinde. Wohl verdient um das Vaterland macht sich, wer dem Gesetz gehorcht. Das geht seinem Verfalle voran. Er wollte endlich den Vögeln nachahmen. Ich fliehe den Umgang meiner Freunde. Wenn du mit ihm umgingest, würdest du sehen, welche schöne Unterhaltung (welche Unterhaltung so schöne) er hat. Er thut nicht Recht daran. Mit welchem verständigen Menschen bin ich bis jetzt umgegangen? Zu welcher Religion bekennst du dich? Wer hat Verdacht auf ihn? Du spielest noch Ball. Sie wird diesen Verlust nicht überleben. Ich habe ihren Brief schon vorgestern beantwortet. Sehen wir, wer von euch es trifft. Er heirathete in erster Ehe Theodora. Wir werden sehen, ob dieser Arzt von Miraflores es trifft. Ich will meine Pflicht erfüllen. Wen meint ihr damit? Behalte das Geld. Ich muß gestehen, daß ich sie zum Besten gehabt habe. Wenn ich dies erreiche, werde ich Geld genug haben. Der längste Tag auf jener Insel überstieg nicht 13 Stunden. Ich will so viele Zweifel los werden. Da er seine Tochter ausbringt (los wird), hat er Geld nöthig. Ich werde sie werthschätzen. Casas benutzte geschickt diese Stimmung. Er entbehrte eine feste Regel. Niemand verspottete ihn. Sie verspotteten seine weißen Kleider. Dieser Mensch besorgte das Geschäft nicht, das wir ihm anvertraut hatten. Er hat meine Beständigkeit bezweifelt. Ich glaube, daß meine Tochter meine Gefühle theilen wird. Ich kann die Lesung des Schauspiels nicht übernehmen. Ich brauche kein Licht mehr. Der Diener hat das Billet vergessen. Er mag deine Unterhaltung so gerne. Wir können diese große Frage nicht ignoriren. Ich habe [meine] Meinung geändert. Das Gesagte bereue ich. Aendre [dein] Vorhaben nicht. Unterlassen wir [die]

Förmlichkeiten. Er hat mir die Medizin verleidet. Sie verwünschen alle diese Reformen jetzt. Ich werde seinen Tod rächen. Er spielte den Zerstreuten. Er würde so kleine Dinge nicht beachtet haben. Vater, nimmst du nicht jenen Menschen wahr? Ich habe Alles ertragen. Ich hole die Flaschen. Laß die Arznei holen. Hole den Wein herauf. Ich verbürge es. Wir haben die Wahrheit vertheidigt. Recht wohl können wir eine Kutsche entbehren (ohne Kutsche fertig werden). Er erinnerte mich an meine Schwäche. Um Gotteswillen bitte ich euch darum (um es). Ich habe ihm für eine Enttäuschung zu danken. Sie wollten ihn daran (an es) hindern. Ich ersuche dich darum (um es). Diese Briefe erinnern mich an deinen Betrug. Frage Martina darum. Er wollte mich dazu überreden. Ich habe es von ihm gehört. Er hat keine (nicht) Liebe zu ihr. Verdiene ich es nicht von dir?

XXVIII. Uebung, zu § 71 und 72.

A. Zur Anschauung.

Al punto me aboqué con nuestros amigos (R). Me atrevo á decirlo (R). Se vale de un amigo (M). No te separes de él (V V). Me avergüenzo de mí mismo (R). No os mováis de aquí (Z). No puedo olvidarme del canasto (BH). Se adelanta á largas marchas (S). No te dés contra esa puerta (R). Desdichada Leonor, todo se acabó para tí (R). Mucho me compadezco de ese desgraciado (R). Todo se ha hecho con el mayor secreto (I). Esta vela se corre (O). El hacha se mella toda (M). Estábame levantando (S). Ahora no se trata de eso (R). ¿Porqué te has lamentado? (R). ¿Cómo te puedes enfadar tanto conmigo? (G). Recogen y se llevan el resto del servicio de mesa (BH). Yo me fuí á casa del baron (L). No se habrá marchado (L). Me he visto con el conde (L). Yo me entiendo (M). ¿Quién se ha sorbido tanto chocolate? (M). Durmióse inmediatamente (Q). Se estuvo en el navío desde la mañana hasta la tarde (Q). Bien está, véte (I). Ya todo se me pasó (B). Me desafió varias veces y yo me desentendí sin contestarlo (I). Pues, con ese se ha estado jugando (M). El rei se pasó al instante á Sicilia (Q). ¡Qué airado te pones! (R) Se ha vuelto un revolucionario (R). Se me hacían las mañanas tan largas (BH).

B. Zur Anwendung.

Beruhige dich, meine geliebte Leonore. Die Legion schätzte sich mit den Schilden. Alles beschränkt sich auf Büchelchen in Oktav. Bei der Dunkelheit der Nacht habt ihr euch geirrt. Der Stier geht (rückt) gegen die Verpfählung vor. In diesem selben Zimmer befand ich mich. Wie sehr bemitleide ich sein Unglück! Er erholte sich dort von seiner Niederlage. Gonzalo wollte diese gute Stimmung benutzen. Ganz Madrid hat über uns gelacht. Wir bedienen uns dieses Kunstgriffs. Ich werde seiner nie vergessen. Wem gleichst du? Es kann und muß geschehen. Geh nicht weg. Es scheint, daß er beim ersten Winde abreist. Der Korsar schlug jeden Vergleich aus. Nun, wie, würdest du nicht erröthen? Die Mutter befand sich schon zu schwach. Die Gerechtigkeit gebührt Allen. Er weiß, was er treibt. Das nächste Mal werde ich länger verweilen. Er nähert sich dem Tische. Er ist schon aufgestanden. Er steht einen Augenblick still, und dann geht er ab. Es entfiel mir. Wer hat den Wein ausgetrunken? Wer hat ihn mitgenommen? Wer ist dieser Krieger? geruhte er zu fragen. Es hat ihm nicht beliebt, ihn [zu] ernennen. Ich werde es nicht aufessen. Die Raubvögel haben die Fische aufgefressen. Sie werden schon schwach. Aber wie ist er so krank geworden? Unmerklich werden wir (U) alt. Ich glaube, daß der Herr noch nicht aufgewacht ist. Verwendest du dich für ihn auch? Wie heißt dein Freund? Was ist euch gefällig? Er erlag der Gewalt. Die Vögel waren schon ausgeflogen. Du kannst das Geld behalten.

XXIX. Uebung, zu §. 73 und 74.

A. Zur Anschauung.

Hoi es el tres (O). Mañana serán las exequias (S). ¿Cómo fué este caso? (Acd) Si no es hoi, será mañana (M). Pedro no es para eso (Acd). Antonio es de Madrid (Acd). Dios es grande (R). El es generoso (L). Es capitan (Acd). Siempre son los primeros en las batallas (R). Ni soi el conde ni nunca lo he sido (L). Las voluntades son libres (DII). Tan necio serás que no lo comprendas (M). Eres fastidioso (M). Era de dos años (S). Es de oro puro (O). Los demonios del infierno no son de raza peor (M). Los galones son de seda y lana (O). Yo no soi su padre (I). Mi padre es la bondad misma (R). Ya están en la iglesia (R). El año pasado estuvo dos meses en Madrid (S). Ya estamos acá (M). Yo no sé donde estoi (I). En eso está (Acd). Tal color ó tal traje le está bien (Acd). Estás inquieto (R). ¿No digo que están bebidos? (M) Ya está cargado de cadenas (R). Estoi cansado (M). Parece que estaban conjuradas todas las sotas contra mi bolsillo (L). Estoi de prisa (M). ¿Estás solo? (M) Yo estoi sin sosiego (I). Conozco que estás de mal humor (G). La Corte está cercana (I). Laura es delicada (S). Laura está delicada (S). Los pueblos del tránsito estaban pacíficos ó eran amigos (Q). Sol pacífico (S). Ricardo es bueno (S). Ricardo está bueno (S). Yo soi de tal parecer (S). Yo estoi de tal parecer (S). El género es de recibo (S). La señora estaba de recibo (S). Julian es aficionado á la música y está dedicado á ella (S). Es desgraciado ahora (S). Solo fué afortunado en aquella ocasion (S). Los santos estarán contentos por toda una eternidad (S). Por lo demas está mui satisfecho con su suerte (G). En este momento están ciegos y son capazes de todo (R). Viviréis felizes (R). Queda ya dicho (S). El otro anda tambien fuera de sí (I). Va vestido como un pobre patan (M). No caminan siempre acordes con lo que de hecho sucede (S). ¿Porqué vienes tan asustada? (Il) Laura vivirá contenta (I). Hallábase ya resuelto á aguardar (Y). Me encuentro sin ningun apetito (G). Pronto nos veremos vengados (R). Quiere ser arquitecto (Acd). ¿Porqué se ha quedado tan callada? (G). Tú, niña, no te vayas haciendo melindrosa (I). Las mujeres se van volviendo liberales (R). Me he puesto mui pálida (G). Cayó víctima de sus imprudencias (Q). Ha salido algo travieso (Z). Una gramática nunca puede resultar breve (S). ¿Ahora has venido á parar á mozo de esta fonda? (VV) ¿Y quedará su honor bien puesto? (I) Mantúvose perplejo por largo tiempo (Y). Por mui largo rato permaneció sin sentido (Y). Sigue siempre bastante delicadita (M). Me parece mui bueno que vaya á América (M). Se muestra enfadado ó inquieto (R). Pasa por bueno (I). El rei podia reputarse libre (R). Me llamo Teodoro Guzman (G). Su familia era francesa y se decia Cassaus (Q). Esto es ser justo (M).

B. Zur Anwendung.

Wann wird das sein? Zu welchem Zwecke ist der Ruf? Der Wein ist von den Kanarischen Inseln. Die Rose ist für Mariechen. Da war er. Seid ihr hier? Des Barrios liegt in la Mancha. In dem Alter liegt das Geheimniß. Er steht gut bei ihm [angeschrieben]. Es ist kein (nicht) übler Bissen. Seine Verwandten waren große Herren am Hofe. Sie sind von dem (einem) selben Schlage. Das Futter ist von sehr feinem Tuche. Es ist sehr wenig. Das ganze zwischenliegende Land war rauh und gebirgig. Ich bin aus Barcelona. Alle Möbeln sind von Mahagoni. All sein Tischgeschirr war von Silber. Das Datum ist von heute. Sei ohne Unruhe. Sind meine Schuhe rein? Das Wasser ist nicht sehr heiß. Habe ich vielleicht Grund, vergnügt zu sein? Und noch bist du unentschlossen? Ich bin unglücklich, nicht veränderlich. Ist sie traurig? Es ist so traurig, keine Freunde [zu] haben. Die Sache ist sehr ernst. Warum bist du so ernst? Ist es gewiß, daß er vorgestern ankam? Ich bin dessen nicht gewiß. Seid ihr seines Beistandes sicher? Sicher ist der Sieg. Julian ist lahm. Nur der Hof ist unsern Klagen taub. Sein Haus ist groß und (ist) voll Möbeln. Ich bin aufrichtig; mein Herz und meine Zunge widersprechen sich nie. Sie waren der französischen Herrschaft müde. Deine Augen sind geschwollen. Seine Wunde kann nicht tödlich sein. Der Fuchs ist sehr schlau. Was ist dies? ist es eine Grille, oder seid ihr verrückt? Sie ist sehr zufrieden mit unsrer Wahl und glaubt, daß du glücklich sein wirst. Er war ganz verwirrt. Wir sind auch sehr beschäftigt gewesen. Sechs Jahre sind verflossen. Sie sind uneinig. Du bist sehr ermüdet. Ich bin mit meinem Geschick zufrieden. Sind Alle bereit? Du warst in der Blüthe der Jugend. Der Untergang unsers Vaterlandes ist schon vollendet. Ich will Schauspieler werden. Kurz darauf wurde er nachdenklich. Dieser Tag ist mir sehr lang geworden. Das Papier ist fast schwarz geworden. Er war Hauslehrer geworden. Wir wurden alle krank. Dies Mädchen ist sehr eitel geworden. Die Arbeit wird prächtig werden. Das leidende Objekt wird immer zum Subjekt des passiven Ausdrucks. Das wird alles dasselbe. Willst du, daß er Schuhmacher werde? Sie blieb eine Weile ohne Besinnung. Er blieb fest bei (in) seinem Entschlusse. Trotz aller unserer Bemühungen blieb er unentschlossen. Die Sache bleibt abgemacht. Das Wetter blieb milde und schön. Die Vertheidigung scheint mir lang und kalt. Der junge Mann schien sehr verständig. Er galt damals für den ersten der Generäle. Diese Meinung konnte nicht für wahrscheinlich gelten. Das Werk galt für klassisch. Weißt du nicht mehr, wie die Familie hieß? Wie heißt der Bräutigam? Alle sagten, daß sie Gonzalez hießen. Das heißt unglücklich geboren werden.

XXX. Uebung, zu § 75.

A. Zur Anschauung.

Le vi triste y distraido (G). Le hallé siempre obediente á mis preceptos (Acd). La encuentro cosiendo (M). Me cogió desenidado (Acd). Le oigo hablar (VV). No me siento inclinada (L). Tuvo á su hermano por maestro (S). Ya tenéis enterradas tres mujeres (M). Mamá tiene el genio bastante pronto (L). Tengo el corazon mui compasivo (M). Lleva ya escritos nueve tomos en folio (M). Agradecida te quiero yo, niña de mis ojos (M). Hacemos prisionera la tripulacion (H). Tú la vuelves loca (L). Tus necedades han puesto de mal humor á don Agustin (BH). El dolor te tiene sin sentido (I). Tú traes á Felipe alborotado con tu viaje (I). Dejó la puerta entreabierta (S). Tu marido te dejó por heredera (M). Se lleva robada á la señorita (M). Le creó duque (Q). Las circunstancias que en él resplandecian le constituian la mayor gala de la corte de Isabel (Q). Fué elegido guardian por la comunidad (S). Se hizo aclamar rei (I). Le han proclamado rei (R). Le ordenó de sacerdote (Q). Le dió por compañero al licenciado (Q). Le recibió por su criado (S). Me admite por socio (VV). Pusiéronle por nombre Adrian (Q). Convirtió la mesquita mayor en templo cristiano (Alc). Le guardaron prisionero (Q). Sola y á oscuras me habéis dejado allí (M). Muéstrate hermana de Pelayo (Q). La pintan calva (M). Los bosques se presentan desnudos de hojas (H). Tenlo por cierto (G). Túvose á delirio la propuesta (Q). Se da por mui ofendida (M). Sin duda me tomaban por loco (VV). Por nuestro rei te reconocemos (R). Los delato á todos por fracmasones (R). ¿Creéis vos mi corazon tan poco generoso? (L). Le juzga tan sabio (R). Me considero la mas dichosa de las mujeres (M). Desde entónces miró Argüelles como inútil la continuacion de su viaje (T). Le supongo un caballero (L). Tuya reputo la ventaja (S). La crónica del rei la califica de mujer mui comun (Q). Un atentado semejante se hubiera graduado de traicion (Q). Acusó las cartas de calumniosas y falsas (Q). Me ha llamado picarona, inobediente (M). Declararon libres de todo cargo á los perseguidos reos (T).

B. Zur Anwendung.

Du sahest unser Geschlecht unterdrückt. Ich finde die treulose Elisabeth verheirathet. Alles finde (treffe) ich verändert. Ich suchte, ihn bei (de) guter Laune zu treffen (coger). Wir hörten sie singen. Ich fühle mich sehr flau. Wen hat er zum Sekretär? Er hielt (hatte) die Schlösser von Neapel belagert. Sie werden euch auch bereit finden (haben). Er hat eine allzu lange Zunge. Ich habe (führe) schon Alles geordnet. Ich will die Kutsche solide und von guter Form haben. Haben wir dich vielleicht unglücklich gemacht? Machte er dich nicht zum Privatsekretär des Grafen? Das hat alle unsre Glückseligkeit [zu] Wasser gemacht (volver). Das wird euch krank machen. Diese Reise macht dich (sehr unruhig. Das Geräusch täuschte ihn (hielt ihn getäuscht). Du machst (traer) ihn unruhig. Wen hat er als Erben hinterlassen? Er vereitelte (ließ vereitelt) alle ihre Absichten. Sie hatte (führte) ein Lied gesungen. Der König machte ihn zum Grafen. Diese Gabe machte ihn zum größten Redner seiner Zeit. Sie haben ihn zum Präsidenten erwählt. Die Soldaten riefen ihn zum Anführer aus. Er ließ sich zum Protektor proklamiren. Ich konnte ihn nicht als Diener unterbringen. Er gab ihm seine jüngste Tochter zur Frau. Stellen wir die feine Wolle als Beispiel auf. Das Schicksal wird dein Leiden bald in dauerndes Glück verwandeln. Sie konnten ihn nicht in Ruhe erhalten. Er ließ uns ohne Umstände stehen. Du solltest dich über (á) solche Kleinigkeiten erhaben zeigen. Er stellte die Sache als ganz unschuldig dar. Er schilderte sie als sehr schön. Wir hielten ihn alle für sehr verständig. Ich will es thun, wenn ihr es für gut haltet. Ich hielt (rechnete) das für mein größtes Glück. Er gab sich für einen Sohn von Familie aus. Nehmt es nicht übel. Er wollte ihn nicht als Vasallen anerkennen. Er hat sie als die Urheberin angegeben. Sie hatten ihn gemäßigter geglaubt. Er glaubte (urtheilte) seinen Sieg erreicht. Wir konnten ihn nicht für ehrlich halten (betrachten). Er sah sich als beleidigt an. Man sah das Proklam als von ihm entworfen an (voraussetzen). Können sie sich jetzt als frei erachten? Nehmt es nicht übel, daß ich euch jetzt schon verlasse. Er bezeichnet ihn als sehr gelehrt. Sie bezeichneten die Handlung als feige. Er klagt dich als Verräther an. Ich kann das nicht gut nennen. Sie nannten diesen Platz das rechte Auge von Granada. Man erklärte ihn für unschuldig.

XXXI. Uebung, zu § 76—81.

A. Zur Anschauung.

Cuesta mucho el adquirir (oder adquirir) buena fama (S). Es útil cultivar las letras (S). Tal vez interrumpirle es arriesgado (Z). El cazar es buen ejercicio (S). Pesa el decirlo (T). Mas es hacer que decir (Acd). Es mui malo, mui malo leer en la cama (G). ¿No me es lícito rogar por mi padre? (H). Me pesa en el alma no poder daros posada (M). El decir la verdad francamente es la prenda mas digna de un hombre de bien (M). Ya me cansa tanto pedir parecer (M). Aveces no está en el hombre el ser serio (M). Se propone estudiar el español (S). ¿Rehusas ahora servirme? (H) Pienso alojar en la posada (M). Les dejé á ellos mismos el dar la señal del levantamiento (R). Dicen que vienen á impedirnos el cantar nuestros romances tan bonitos y hasta el bañarnos (R). Y ¿qué logro con redoblar mi martirio? (R) Tienes gusto en afligirte (R). Me resuelvo á abrir este camino (S). Se afanan por parecer honestos (I). Sin duda se complace en hacerme desdichada (I). Se amaña á imitar las flores (Acd). Le ofreceré mi vida por redimir la de mi esposo (I). No se arrepentirá de emplear el tiempo en esto (Acd). Ya me voi enfadando de sufrir y de callar (M). Decidióse el general á dar la batalla (S). Y ¿qué sacarian con engañarme? (S). Esto le indujo á cometer un delito (S). Si alguna vez aprendió á leer, fué ya mui tarde (Q). Empieza á meterse debajo del canapé (M). No acertaba á hablar siquiera (M). Si vienen, echo á correr (Y). Principian á darles una significacion (S). Probó inmediatamente á derribar un delgado tronco (Y). Acaba de subir sobre un precipicio (R). ¿Hemos de ir todos? (G) Debe de hacer frio (Acd). Se sirvió comunicarme algunos reparos sobre la primera edicion (S).

B. Zur Anwendung.

Es ist mein einziger Wunsch, nahe bei dir zu sein. Es ist nothwendig, es zu sehen. Welche Mühe kostete es mir, ihn zu wecken. Dein Loos zu bestimmen, ist mein Recht (von mir). Es ist nicht möglich, seine Dankbarkeit mit (in) Worten auszudrücken. Es ist überflüssig zu fragen, ob du den Oheim gesehen hast. Schmähungen zu ertragen, ist der Weisheit und Mäßigung eigen. Schon verdrießt mich so vieles Fragen. Die Regimenter zu vervollständigen, wurde von der Regierung verfügt. Er beschloß, nach Madrid zu gehen. Der König wünscht, dich zu sehen. Was denkt ihr zu thun? Ich fürchte, meiner Mutter Verdruß zu machen. Ich werde sie zu zwingen wissen. Wißt ihr, daß er sich mit dem Baron zu schlagen beabsichtigt? So werden sie [es] mir ersparen, meine ermordeten Brüder zu sehen. Er beharrt darauf, zu schweigen. Wie übel that ich (daran), ihn zu rufen! Ich habe so viel Vergnügen (daran), es zu hören. Der Himmel gefällt sich ohne Zweifel darin, mein Herz mit Schreck und Trostlosigkeit zu erfüllen. Sie nöthigten ihn, von Herodes nach Pilatus zu laufen. Seine Vorstellungen zielen darauf ab, die Strenge des Gesetzes zu mildern. Bist du geneigt, sie mit Bernhard zu verheirathen? Er war erpicht darauf, sie zu sehen. Ich freue mich (darüber), euch zusammen zu finden. Du thust wohl (daran), sie zu bemitleiden. Du weißt nicht, wie sehr ich (davon) leide, dich so zu sehen. Er bemühte sich anfangs sehr (darum), den Angreifer zu entdecken. Das Grün des Feldes ladet uns (dazu) ein, auszuruhen. Hüte dich (davor), ihren unklugen Rathschlägen Gehör zu geben. Er trieb mich (dazu) an, auszugehen. Ich wundre mich (darüber), sie zu sehen. Die Mutter ist toll (darnach), zu glänzen. Du bist rasend (darnach), eine große Rolle zu machen. Der Himmel bestimmt uns dazu, unsern Brüdern das Zeichen und das Beispiel zu geben. Die Moral lehrt ihn sich selbst erkennen. Er hatte schwimmen gelernt. Die Zögerung fing an, uns Sorge zu machen. Sie fing an, ihn zu liebkosen. Er versuchte, die Bündel mit einem großen Baumstamme zu zermalmen. Ihre Gegenwart vollendete [es], ihm den Kopf zu verdrehen. Was soll ich in so seltsamer Lage thun? Muñoz, Freund, was soll ich thun? Sie mußten wol zu kämpfen ausgehen. Sie müssen wol sehr beschäftigt sein (gehn).

Er hat für gut gehalten, es mitzunehmen. Sage ihm, daß er beliebe, bald wieder zu kommen. Seine Majestät hat nicht geruht, ihn zu ernennen. Freut euch, es wieder erlangt zu haben.

XXXII. Uebung, zu § 82—84.

A. Zur Anschauung.

Hai tiempo de reir y tiempo de llorar (S). No ha habido tiempo de hacerlo (M). He tenido la dulce satisfaccion de salvar á mi amigo (I). Eso es atender á nuestras antiguas prácticas (VV). Eramos seis bocas á comer (M). Los primeros á alborotarse fueron los de Guejar (Q). Estaba para decirle que callase (Acd). Estaba para partir á Lóndres (Y). Esto está sin pulir (Acd). Todavia estoi sin colocar (M). La causa está para concluirse (S). Oh, eso no es de temer (H). Estuve por preguntarle (S). Estoi por ir y cogerla de los cabellos (M). La casa está por barrer (Acd). El almacen estaba por alquilar (S). El pleito está por verse (S). Vi venir á mi abuelo (R). El dolor te enajena y te hace delirar (I). ¿Porqué le habéis dejado ir? (I) Alfonso entónces le mandó salir de sus estados (Q). ¿Qué tengo pues que temer? (Z). No hai que encargarle nada (M). Tú tienes juicio y no me darás que sentir (R). Le daré de comer y de beber (S). Dame de vestir (S). Danos de cenar (M). Aun tiene que crecer algo (VV). No hai que pensar mas en boda con Teodoro (R).

B. Zur Anwendung.

Ich habe keine Lust zu sprechen. Sehr verwundert mich diese Art zu denken. Der Auftrag, sie zu bekehren und aus dem Irrthum zu ziehen, ist nicht schwierig. Das heißt mit Menschlichkeit denken. Er scheint zu schlafen. Ich werde der Letzte sein, der ihm das räth (K). Mir fehlt Nichts hinzuzusetzen. Jetzt bleibt noch eine Sache zu thun (eine zu thuende Sache). Es blieben noch einige zu bezeichnende Provinzen. Wir waren im Begriff, zu Bett zu gehen. Die Thore sind im Begriff, geschlossen zu werden. Das Buch ist ungebunden. Das Versprechen ist unerfüllt. Das Manuscript kann gedruckt werden. Das ist nicht vorauszusetzen. Wie war [es] zu vermuthen, daß der König und seine neuen Rathgeber diese That begingen (K). Ich habe große Lust, mich mit ihm zu schlagen. Er war sehr willens, ihm eine Ohrfeige zu geben. Diese Kerze muß angezündet werden. Zwei Briefe müssen geschrieben werden. Was bleibt uns nun zu wünschen? Der Druck muß begonnen werden. Ich glaube, daß ich sie schreien höre. Wir sahen die Soldaten herstürzen und uns die Schleier entreißen. Dieser Knabe läßt mich nicht ruhen. Sehr theuer läßt (macht) er uns unsre Leichtgläubigkeit bezahlen. Heiß mich nicht reden, heiß mich schweigen. Sie werden ihren Eifer erkalten fühlen. Wir werden Nichts unversucht lassen. Was habt ihr mir mitzutheilen? Es giebt hier Nichts zu sehen. Er hat uns Nichts zu thun übrig gelassen. Er hat es uns gleich zu verstehen gegeben. Noch bleibt zu thun. Bringe mir zu trinken. Seine Mutter gab ihm selbst die Brust (zu saugen).

Er mußte zurückkehren. Ich habe noch viele Briefe zu schreiben. Es braucht nicht bezahlt zu werden. Man muß es überwinden.

XXXIII. Uebung, zu § 85—91.

A. Zur Anschauung.

Has confundido los papeles (Acd). He concluido mis cartas (Acd). Tengo escrito un papel (Acd). Los padres tenian consentida la venida de su hijo (Acd). La riqueza es apetecida (Acd). Las honras son amadas (Acd). Este delincuente, este hombre proscrito soi yo mismo (I). ¿Se sabe si tiene hecha alguna disposicion? (M) ¿Sabes que han preso á Juanillo? (I). La cocinera habia frito (oder freido) el pescado (S). Yo estaba tan dormido (I). ¡Bien venido seas, hijo! (R) ¡Maldito sea su latin! (M) Estaba corrido de vergüenza (Acd). Es un hombre cansado (Acd). La plaza de Madrid es mui socorrida (Acd). ¡Qué corazon tan honrado! (I) Esta mujer no es negada (M). Es de un genio abierto (S). Le dió un tabardillo pintado (S). Era sufrido en la adversidad (Acd). Conviene saber estas curiosidades que son mui socorridas en mil ocasiones (Y). El grande objeto de este comercio es llevar á las provincias necesitadas el sobrante que haya en otras (I). Su dote es crecido (L). Son mui contadas las veces que he empleado las frases de complemento directo é indirecto (S). Se fué á poner en ejecucion lo prometido (Q). Suprimió todo lo añadido por mano ajena (rA). Los sueldos de los innumerables empleados no se pagaban (rA). Peor es lo roto que lo descosido (Spr). Este hecho es mui anterior al otro (S). Muchos de ellos (autores) pertenecen á lo mas florecido de nuestra moderna literatura (S). Escogió morir peleando (Acd). Estudiando se aprende (Acd). Siguiendo las huellas de sus predecesores, muchas veces rivalizó con ellos (rA). Le encontré leyendo la gazeta (Acd). En esplicando esto pasaremos á otra cosa (Acd). En diciendo esto se salió de la junta (Acd). Dicho esto se despidió de nosotros (S). Sembrados los garbanzos me retiré á casa (Acd). Muerto Asdrúbal el ejército aclamó por general á Aníbal (Alc).

B. Zur Anwendung.

Sie halten sich in Alcla eingeschlossen. Dort habe ich drei Billete geschrieben. Ich habe mein Werk wieder abgedruckt. Das Thor Italiens war den Franzosen geöffnet. Sie haben den Kronfeldherrn gefangen genommen. Dieser Fürst hielt die Schlösser von Neapel belagert. Ich habe sie eingeschlossen gelassen. Er war ein verwachsener Mensch. Du bist schweigsam wie eine Todte. Ich fand ihn sehr bescheiden in seiner Unterhaltung. Dieser Schriftsteller ist sehr belesen. Es war eine große Zahl. [Es] sind sehr selten die Gedichte dieser Art. Beide befinden sich der Ruhe bedürftig. Johann ist [ein] sehr verschwiegener und geduldiger Mensch. Er geht sehr geputzt. Der Markt wird sehr reichlich versorgt sein. Sein Gesicht war entstellt. Deshalb ist [es] nicht gut, durch geheime Straßen zu gehen. Er war zu sorglos. Sahst du nicht, daß sie betrunken waren? Jetzt nehme ich irgend ein unterhaltendes Buch und belustige mich lesend. Er war schon müde. Er suchte das Duell durch ehrliche und kluge Mittel zu vermeiden. Ich habe keine (nicht) folgsamere Kinder gesehen. Er ist ein wohlhabender Bauer. Seine Ehre blieb wohl gewahrt. Er verläßt die Unterdrückten nicht. Der Angeklagte ist seines Verbrechens geständig. Ich kann das von ihm Gesagte nicht billigen. Die durch ihre Unwissenheit und Einfalt Verführten, wie unser guter Freund, wollen immer das Beste, obgleich sie sich manchmal irren. Sprechend verstehen wir uns. Wir sind eilend gekommen. Er erhebt sich, indem er nach allen Seiten blickt. Indem er die Vorschriften der Kunst nicht kannte, pflegte er die dramatische Poesie, ohne sie zu verbessern. Indem der Pachtbauer nach dem allerhöchsten Gewinne strebt, wird der Gutsherr sich mit der allerkleinsten Rente begnügen müssen (zu begnügen haben). Ich werde es drucken lassen, wenn ich in Cadix ankomme. Wenn du nach jener Gegend kommst, so wende dich rechts. Nachdem dies erreicht war, begab sich Casas auf den Weg. Nachdem diese Worte gesagt waren, ließ er einen starken Bogen bringen. Nachdem das Tuch gewebt war, machte ich die Berechnung seines Preises. Nachdem Don Enrique so abgereiset war, konnte sich der König als frei ansehen (reputarse).

XXXIV. Uebung, zu § 92—97.

A. Zur Anschauung.

Los primeros instantes de vuestra libertad serán ofrecidos en holocausto á su divino autor (R). Se apeó aunque estaba lloviendo (G). Va volviendo en sí (R). Casi toda la mañana anduve buscando el gorro (M). La pluma se niega á seguir escribiendo tales crímenes (Q). Mi ruina es supuesta (L). Yo estoi muerto (M). En la inmortal novela de Don Quijote se halla mui seguida esta práctica (S). Seis años van corridos (Acd). ¿No han venido todavía? (M) Tú nada habrás hecho (L). Ni siquiera una palabra me ha querido responder (M). No habréis podido olvidarlos (H). ¡Cuánto se ha hecho desear este feliz momento! (H) Supieron que los reyes ya eran entrados en Castilla (Q). Eran venidos allí á ruego del rei (Q). Pues ya no he de salir, aunque echen la puerta al suelo (M). No hai disculpa, no has de hallarla (M). ¿Con que se ha creido que un hombre de mi clase se hubiese de humillar hasta enlazarse con uno de la suya? (L) Voi á ver si están todavía en casa del baron (L). Os voi á responder como amigo (I). Todos ellos van á reunirse aquí (R). Pues ¿no acabáis de decirlo? (R) Señor, acaban de darme esa carta (L). Las nueve acaban de dar (O).

B. Zur Anwendung.

Der Verbrecher wurde von dem Nachrichter gehängt. Nie ist diese Standarte vor dem Ungläubigen gedemüthigt worden. Der König belustigt sich. Das Theater verdunkelt sich. Er hat den ganzen Tag gefischt. Wenn es so fortregnet, können wir heute nicht ausgehen. Man macht noch immer

Hüte mit hohem Gestell (hoch vom Gestell). Er sprach noch immer fort, als wir weggingen. Er weint! wir sind verloren! Auch sind wir sehr beschäftigt gewesen (gegangen). Ich habe es hier gefunden. Er hat nicht kommen können. Sie hat mich nicht hören wollen. Wir haben sie singen hören. Wer hat dich das sagen heißen? [Ein] so glücklicher Augenblick ist schon da (angekommen). Ich hoffe, daß es dich sehr bald gereuen wird. Ich werde dir einen Kamm von Schildpatt kaufen. Wer wird mit einem Menschen konkurriren können, der so wohlfeil arbeitet. Der Wind will sich ändern. Schweig, Tölpelin, denn du willst gerade eine Dummheit sagen. Dieser Mensch will sich zu Grunde richten. Es schien, daß er sterben wollte. Er hat dir eben das Leben gerettet. Ihr habt so eben euer Todesurtheil ausgesprochen. Weißt du schon deine Schmach? Ich habe sie so eben erfahren. Er hat eben mit mir gesprochen.

XXXV. Uebung, zu § 98—102.

A. Zur Anschauung.

Despues de una larga enfermedad vino á morir (Acd). Ha venido á perder el habla (M). Despues llegué á lisonjearme de haber logrado mi objeto (R). Si llega á amar una vez, aquel amor llenará toda su vida (H). No deja de haber novedades (M). Nada puede cambiar mi resolucion (M). ¿Cómo puedo olvidarlo? (M) Harto tiempo he sufrido, Conchita, sin poder aspirar á esa mano que es lo único que ambiciono en el mundo (VV). Ella puede decidir entre los dos (L). Un poeta no puede olvidar nunca la calidad que le distingue del prosador (R). ¿Cómo podia (yo) engañarme? (M) Vamos de aquí que puede venir alguien (M). No puedo ménos de recordarte que tu boda con Doña Violanta de Quiñones no tiene al presente ninguna dificultad (M). Mi honor no puede no respetar su voz (I). Sé escribir y ajustar una cuenta, sé guisar, sé aplanchar, sé coser, sé zurcir, sé bordar, sé cuidar de una casa (M). No sé parar en ninguna parte (M). Logró imponer silencio á aquella irritada muchedumbre (rA). Ni el agrandecimiento, ni el poder alcanzan á darnos en el mundo un solo dia feliz (R). Allí viene: no he de hablarla (M). ¿Qué diablos han de decir? (M). No hai que dudar (M). Cuando se acaba de desbaratar una traicion indigna, cabe oir á sangre fria reconvenciones y cargos (R). ¿Quieres ó no quieres abrir la reja? (Q) ¡Qué agradecido le debo estar! (M) No se me debian hacer tales preguntas (H). No lo debo decir todavía (H). Debe haber llegado ya de Barcelona (L). Ellos deben de andar mui ocupados (S). ¿Dónde me esconderé? (G) ¿Cómo he de sufrir que padezca mi amigo por mi causa? (I) Y ¿habia de consentir yo en ese destierro? (G) ¿Quieres que abra? (G) Los hombres parecen olvidarse (de) que han de morir (S). Allí se ha de preguntar (M). Si es caballero, ha de conocer á cuanto le obliga el honor (M). Infiero que ha de ser cosa detestable (M). Hai que dejarse llevar (L). Hai que pasar por esta humillacion (S). En cuanto al secreto no hai que recelar (T). Tengo de ser amado (Acd). Tengo de hacer la cocina á ver si puedo pasar sin criada (S). Esta plaza tuvo tambien que volver al dominio aragones (Y). Hasta he tenido que correr porque no estuvieseis con cuidado (R). No es posible presentar una profesion de fé politica mas positiva (VV). Para conseguirlo es fuerza que me ayudes (M). Esta regla es tan constante en nuestra lengua que es menester (que) la haya estudiado el poeta (S). Suele haber fiestas todos los años (S). Volveré á ver á mi Juanita (G). Hemos vuelto á empuñar el acero de nuestros padres (R). No acostumbramos pagar las deudas nosotros mismos (L).

B. Zur Anwendung.

Jetzt bist du (endlich) Aufwärter in diesem Gasthause geworden? Es würde geschehen sein, wenn ein andrer Vorfall nicht [endlich] seine Befürchtungen zerstreut hätte. Es wurde sogar Gegenstand der Geringschätzung. Du fürchtest, daß deine Leonore es ja entdecken möge. Daß er [doch] nicht mehr solche Faseleien schreibe. Deshalb ist diese Meinung doch nicht unrichtig. Was, eine kleine Reise von wenigen Tagen kann eure gute Laune trüben? Diese Dinge können nicht ohne Aufsehen gethan werden. Du darfst es nicht vergessen. Darf ich dich um eine Gefälligkeit bitten? Nun wie, darf ich heut zu Tage mit zwei Achselbändern nicht mehr um die Hand eines Fräuleins anhalten? Er mag kommen, wann er Lust hat (Subj.). Das Buch kann gestohlen worden sein. Es kann nicht umhin, ein ausgezeichneter Beweis seiner Treue zu sein. Sie kann nicht umhin, sich bei allen Gelegenheiten zu betragen, wie es angemessen und gehörig ist. Sie konnten nicht umhin, beim Anblick der Menge von Gesetzen zu erstaunen. Sie haben behauptet, daß Pizarro nicht schreiben und nicht lesen konnte. Es entspann sich ein Streit zwischen zwei Literaten, die kaum lesen können. Meine Aengste, meine Qualen, ich werde sie zu ertragen wissen. Ich habe mich nicht halten können. Das Publikum vermochte endlich, die Schreier im Zaum zu halten. Das wird dich nicht zu rechtfertigen vermögen. Ich vermag nicht, aus diesem verhängnißvollen Kreise herauszukommen. Euer Verdacht ist gerecht, ich kann es nicht leugnen. Man kann es nicht hindern. Man kann keinen falscheren Grundsatz anführen, um einen Unsinn zu unterstützen. Weder kann ich, noch will ich sie sprechen. Sie wollen dich gesehen haben. Er will dabei gewesen sein. Sprecht von ihm nicht in diesen Ausdrücken; ihr müßt ihn mit mehr Achtung behandeln. Die Liebe, welche ich zu ihr hege, darf sie nicht unglücklich machen. Er muß dich gesehen haben. Es muß wol [ein] sehr schlechter Weg sein. Er mußte wol glauben, daß ich ihn täuschte. Soll ich das Essen bringen? Was soll ich dir sagen? Du sollst mich hören, Eduard. Soll ich dir sagen, was ich gedacht habe? Er soll in Amerika sein. Ich soll ihn überredet haben. Ein Haus muß Thüren und Fenster haben. Muñoz muß auch gleich ausgehen. Unglückliche, dein Herz täuschte dich nicht; wohl mußt du weinen. Sollen wir länger unsre Herde entweiht sehen? Wie soll ihr das gefallen? Jetzt selbst mußt du mich anhören. Man muß die Menschen nicht nach ihren Gesichtern beurtheilen. Nun wir brauchen nicht zu fürchten, während wir in der Nähe sind. Die Unsern mußten den Sieg abtreten. Er mußte den Entschluß fassen, mit dem (zum) Kapitán zu sprechen. Wenn Hippokrates es sagt, wird es nöthig sein, zu gehorchen. Deshalb ist es nothwendig, keine Zeit zu verlieren. Es ist nicht möglich, es besser auszudrücken. Er pflegte die Adligen von Kastilien zu seinen Füßen zu haben. Er pflegt sich nach dem Abendessen niederzulegen. Ich mache gewöhnlich große Geschäfte. Er hat gewöhnlich große Summen ausstehen. Niemand wird euch wieder unterbrechen. Du läufst Gefahr, wenn sie dich wieder hier finden. Du wirst mich nicht wieder verspotten.

XXXVI. Uebung, zu § 103—108, namentlich zu § 105.

A. Zur Anschauung.

¿Qué dice el librero? (M) ¿Es cosa de llamar á un sangrador? (M). Cuenta sin la huéspeda (VV). ¿Por fuerza he de ser doctora y marisabidilla? (M) Los Gonzalez descienden de Gonzalo Gustios (S). Yo siento al Señor en la escalera (G). Tu sangriento puñal no me acobarda (VV). Es un prodigio de habilidad (M). Esa estupidez me avergüenza (M). Socorro la pobreza (M). Le hago justicia (VV). ¿Quién tendrá frescura para oir eso? (M) Tambien es majaderia (VV). No hai mas entrada que esta (VV). Ofendió la tardanza al principe (T). Suenan bramidos por un lado y otro (M). Las negociaciones duraron meses (T). ¿Y tuviste sufrimiento para oirlo? (I) El teatro español tiene de sobra autorcillos chanflones (M). Aun hai un piquillo (M). ¡Qué cosas le dijimos allí en la plazuela de San Juan! (M). Es la Clarilla (M). ¡Como me insulta el musiquillo! (Y) Ven acá, perlita (M). No te desconsueles así, mujercita mia (M). ¡Qué malditas callejuelas! (M) El jovencito es sujeto de esperanzas (M). Padrecito mio, ¿me llamáis á mí? (M). Te dedico esta obrilla (Z). Tomád posesion de mi chozuela (I). Rehusó (ella) el trono del inoportuno reyezuelo (Alc). Saca del zurron un panecillo (R). Es un pedanton ridiculo (M). Ese picaron me ha estafado cuanto tenia (M). Sufre con paciencia ese espantable comedion (M). Prendieron á su amigote (I). Véte que no quiero verte, picarona (M). Está en un camaranchon (M). Es un caseron de piedra (M). Nunca consentiré en semejante bodorrio (G). Eres un pajarraco de mui mal agüero (Y). Le doi la enhorabuena (VV). Es un oficial de guarnicionero (M). Se ha derramado (la sangre) en el campo de batalla (VV). Parece un hidalguito de aldea (M). ¡Acabemos, lengüecita de vibora! (M) Voi corriendo á estender el contrato matrimonial (VV). ¿Te ha hablado de nuestro tercer abuelo? (VV).

B. Zur Anwendung.

Ich war dort als Schreiber. Es sind keine Käufer da. Sende nach dem Glaser. Seine Stiefmutter ist auch gestorben. Sie wurde eine der geschicktesten Tänzerinnen. Er ist noch in seinem Schlafzimmer. Sie zogen mein Maulthier aus dem Pferdestalle. Er verbarg sein Geld auf dem

Strohboden. Sie thut Alles mit Bescheidenheit. Ihr Blick ist sehr ehrbar. Er gab es mir vor seiner Abreise. Die Veränderung war groß. Sie gab ihm einen Dolchstich. Ein Pfeilschuß verwundete ihn. Ein Löffelvoll von dieser Medizin genügt. Haben sie euch ein Zettelchen gegeben? In diesem Saale gab ich das Papier einem Bürschchen. Schon kennt mich das Engelchen. Sie steigt singend in einem Wölkchen herab. Es wird gut sein, daß er sein Lektiönchen bekommt (Subj.). Er hat einen kleinen Löwen. Da kommt eure Schwester, die kleine Wittwe. Sie sind sterblich in ein Hirtenmädchen verliebt. Fürchte Nichts, Elisabethchen. Er scheint ein kleiner Teufel zu sein. Sagtest du dem Vater, daß sich die kleine Agnes verheirathet? Rufe Mariechen. Der große Freund deines Mannes ist im Thurme. Und nicht eine große Ortschaft von la Mancha wird weniger versorgt sein. Es befiel ihn solch [ein] großes Fieber, daß er nach dem Arzte schicken mußte. Nie habe ich solch [eine] große Schlange gesehen. Ich sah den Regenbogen nicht. Gieb mir den Korkzieher. Glaubt ihr, daß ich die Zielscheibe eures Spottes sein will? Mein Mann ist reitender Gardist. Hast du das Extrablatt gelesen? Er zeigte mir seinen Stammbaum. Hier sind seine nachgelassenen Werke. Sie nahmen ein Föderativsystem an.

XXXVII. Uebung, zu § 109—113.

A. Zur Anschauung.

Una actriz se negó á fingir los caractéres de la edad madura (rA). El rei le envió sus físicos para curarle (Q). La reina prevenida llama á don Alvaro (Q). La hambrienta loba pasó como un relámpago junto á ellos, en seguimiento de una oveja (R). Un milano hembra estaba guardado en un aposento (S). La perdiz macho canta (S). Lo sabe medio Granada (S). Toledo fué combatida, Madrid abandonada (S). Infundieron terror y muerte á las filas romanas á orillas del Tesin, del Trebia y del lago Trasimeno (Alc). Dominaron en el Mediterráneo (Alc). Acudieron con presteza hácia los Pirineos (Alc). ¡Si este maldito poniente dejara de soplar! (R). Nunca se hallan repetidos el V, el L, ni el D (S). Aunque la b y la v son confundidas por la generalidad de los castellanos, convendria distinguirlas (S). El azul de este paño es mui subido (Acd). Yo no tengo mas que una diestra (R). Le refirió el cuando y el como del suceso (S). El sobrado pasear cansa (S). No se crea que fabricaríamos cuando no fabricase el estranjero (T). Todo impuesto debe salir del superfluo y no del necesario de las fortunas de los contribuyentes (I). El rédito se reduce al mínimo posible (T). Mas florida es la vega que el manso Genil riega (R). Quizá este último lance pudiera sernos útil (R). La tierra entera saluda al dia (L). Te negó la mano de su hija (R). La sangre real de los Aben Humeyas hervia en tus venas (R). La Sociedad está mui léjos de censurar el gusto de las bellas letras (I). El mal está en la raiz, está en el sistema mismo (I). Desean aprender un idioma (S). La necesidad y una utilidad mas recomendable y segura indicaban otro órden enteramente inverso (I). Se fortificaron bajo las órdenes de un cuestor (Alc). El dia inmediato ya estaba en alta mar (Y). Decia que no encontraba el consonante (M). Hai tres consonantes juntas (S). No hace mas estrago el cólera morbo que esa canalla menuda (BH). Los vocales pertenecian á honrosas y principales clases del estado (T). El marchaba al frente de sus soldados (Q). Entraron con él los cabezas del alboroto (Q). Es un calavera (L). Yo he traido el parte de nuestro triunfo (BH). Las centinelas se retiran (I). Ha de estar encubierto el centinela (M). Encontrábase en el camino con los atalayas que estaban esperando su venida (Q). No tenia de la dote ni dos cuartos (I).

B. Zur Anwendung.

Diese junge Sängerin verspricht viel. Wer ist der Verfasser dieses Stückes. Diese Stute ist prächtig. Gott schickt mich, rief der Prophet. Die weiße Taube erscheint schon. Der weibliche Skorpion bringt elf Junge zur Welt. Halb Valencia hat es gesehen. Ganz Madrid kennt es. Er zog sich gegen den Tajo zurück. Sie drangen bis an die Ufer der Elbe und der Saale vor. Dieser Theil des Ozeans heißt die Nordsee. Diese Fische kommen aus dem Eismeere herab. Er sagte uns, daß er unfehlbar den Montag kommen würde, und er kommt den Dienstag. In genannten Verbindungen spricht man das c wie das z und das g wie das j aus. Das h wird in der Aussprache für Nichts gerechnet. Das Jagen ist eine gute Bewegung. Er gewährte ihm das Ja. Er war unzufrieden mit dem trocknen Nein, das sie ihm gegeben hatte. Erkläre das Warum. Das Ganze ist gleich allen seinen Theilen zusammen. Niemand wird das Lateinische aus seinem Buche lernen. Das Deutsche ist für die Fremden sehr schwer zu lernen. Es beschränkt sich auf das blos Nothwendige. Der Ueberschuß verschwand. Dies ist der Laden des Uhrmachers. Der Himmel ist bewölkt. Jetzt erkenne ich meine erste Pflicht. Ich fürchte den Tod nicht mehr. Diese Ausdrücke sind von der aufrichtigsten Freundschaft diktirt werden. Unser Schicksal hat sich geändert. Wir werden einen schönen Tag haben. Er ist in gute Hände gefallen. Diese Arbeit ist prächtig. Das Programm nennt mehrere berühmte Namen. Das Klima erlaubt es. Er prüft in wenigen Stunden die verschiedenen Systeme einer Wissenschaft. Ich werde ihm dies Räthsel erklären. Dieser Sieg ließ ihm das Meer frei. Ich sehe dich von den unruhigsten Menschen unsrer Stämme umgeben. Ueberall mögen sie das Beil des Todes finden! Die Gesetze sind neu und klar. Es gehört zur moralischen Ordnung. Er stellte sie unter die Befehle von Präfekten und Tribunen. Der Zorn muß gezügelt werden. Die Pasteten können uns die Cholera morbus zuziehen. Die Flammen der Götzendiener umhüllten schon seinen Körper. Das Lama ist sehr nützlich. Das o ist der vierte der Vokale. Die Heilung war gefährlich und lang. Da kommt der Pfarrer. Der Hof zog nach Valladolid. Ich will (ir) jetzt Etwas vom Reime sagen. Hier befindet sich zwischen zwei Vokalen ein Konsonant. Morgen wird ein Eilbote die Papiere nach Madrid bringen. Ist er mit der Post gekommen? Während der Ebbe ist es leicht, in die Stadt zu dringen. Die Schildwachen traten ein. Von ihrem Ursprunge an war diese Stadt die Hauptstadt des karthagischen Reichs. Dies Kapital ist verloren.

XXXVIII. Uebung, zu § 114.

A. Zur Anschauung.

Tratemos primero del comercio interior de granos (I). Recurrieron á los ardides de su política (Alc). En esta plaza tenia acoplados Asdrúbal víveres, municiones y vestuarios para sus tropas (Alc). Los padres de la cautiva y los jóvenes esposos se arrojaron á sus plantas (Alc). ¿Qué diablos tendrá? (I). Estará en paños menores (G). Arrójalo que eso es granzas (M). ¡Luisito, mui buenos dias! ¡Felizes, tio! (R). Ante los ojos tiene el ejemplar de sus mayores (R). Las lluvias han retardado el correo (S). Su merced tendrá ganas de descansar (G). Hubiera indudablemente dado mucha luz á la historia de aquella época y merecidas creces á la fama de su autor (Z). Los azúcares escasean (S). ¿Volvemos á los zelillos? (R) Acudió á la corte de los reyes católicos (Y). Los abuelos jugaban (M). Toma el hacha y unas alforjas (M). Habéis renegado el Dios de vuestros padres (H). Voi mejor, gracias á Dios (H). Ramiro no ha tenido amores en su patria (H). Quedó sorprendido al ver desiertos los reales cartagineses (Alc). Esperas mezclar tus cenizas con las cenizas de tus padres (R). Se deshacen las nieves y los hielos (R). La vista de Don Anselmo, lleno de prisiones, le tenia fuera de sí (I). Guárdate de dar oido, á sus imprudentes consejos (R). Aun en medio de tantas desdichas no te faltan motivos de consuelo (R). Juan habla bien de Pedro aunque en sus adentros siente de otro modo (Acd). Ya hai cuatro piés de agua (Y). Tráigame un par de libras de manteca (M). Los entrados eran unos 60 hombres de á caballo (Q).

B. Zur Anwendung.

Meine Eltern waren gestorben. Wo, Teufel, mögen (werden) sie meinen Rock hingelegt haben? Denselben Eifer zeigt er, den seine Vorfahren entfalteten. Beim Nachtisch werden wir sprechen, so viel (wie viel) du willst (Subj.). Sie erwarteten ihre Herrschaft. Sie ernten nicht das zu ihrem Unterhalt nöthige Korn (K. nöth. zu ihr. Unterhalt). Er versah die Stadt mit Lebensmitteln. Lälius befehligte die Seemacht. Wir haben das Schwert (den Stahl) unserer Väter wieder ergriffen. Sie setzten die Ränke der Politik ins Spiel. — Madame, sehr guten Abend. Vielen Dank, mein Herr. Die Honige sind theuer. Ich sah (11) meine Kinder in Gefahr. Bedroht uns neues Unglück (Plur.)? [Es] hinterließen diese Herrschaften zwei Kinder. Die königlichen Gebieter gaben Gonzalo den Auftrag, die Stadt zu vertheidigen. Es ist nothwendig, daß du nicht den Rath (Plur.) vergissest (Subj.), den dir dein Vater gab. Damals befand sich die Kunst noch in (den) Windeln. Er traf das feindliche Heer in der Umgegend von Abula. Die Industrie der Nationen kann (wird) nie auf Kosten des Ackerbaus gepflegt werden. Die

Taxen und Schätzpreise der Eßwaaren leiten sich von keinem allgemeinen Gesetze her. Sie erstiegen die Pyrenäen und die Alpen mit Hannibal. Der Reichstag wurde feierlich in jener Kathedrale abgehalten. Wir würden nicht wagen, vor eurem Angesicht zu erscheinen, wenn wir von hier gehen müßten (haber de), wieder unsre Fesseln zu nehmen. Deine Befürchtungen haben nicht den geringsten Grund. Diese Scheere schneidet nicht gut. Sie nehmen ihm die Fesseln ab. Es blieben noch mehr als 21,000 Scheffel Brachland. Ich habe zwei tausend Realen Nadelgeld monatlich. Die beiden Thürme haben 223 Fuß (von) Höhe bis zur Kugel. 25,000 Mann (von) Infanterie und 30,000 Mann (von) Kavallerie sollten (haber de) in Spanien einziehen.

XXXIX. Uebung, zu § 115 und 116.

A. Zur Anschauung.

Este es mas hombre (oder ménos hombre) que su hermano (Acd). La hija es mas (oder ménos) mujer que la madre (Acd). Quiero ser arquitecto (Acd). No sois padre (R). Tiene mucho ángel en aquella cara (BH). Es mui amigo de Don Alejo (BH). Todo era bulla y zambra (M). Es fuerza que me ayudes (M). Fui muchacho y mozalbete y tuve por aquel tiempo las travesurillas propias de un chiquito y de un mozuelo (M). Eso es disparate (M). Los facciosos vencedores procuraron ganarle con toda clase de obsequios (Q). No así la reina gobernadora (Q). El príncipe regente de acuerdo con Inglaterra respondió (á Napoleon) que estaba pronto á cerrar los puertos á los ingleses (T). Se halla viuda y sin hijos (M). Se pronunció ardiente pompeyano (Alc). Suelen disponer de sus hijas á lo cabo de escuadra (II). ¿Quieres hacerla morir doncella? (M)

B. Zur Anwendung.

Sie ist eine ganze (sehr) Frau. Ich bin Christ. Sie ist [eine] sehr gute Tochter und wird auch [eine] sehr gute Mutter sein. Peter ist mehr Spanier als Johann. Er ist ein ganzer (sehr) Andalusier. Ich bin auch nicht geboren, um Sklavin zu sein. Er lebt wie ein Herzog, nicht wie ein Literat. Er geht gräflich gekleidet. Die Schlacht wird durch das Geschick und Benehmen des siegenden Generals berühmt gemacht. Nach 16 Jahren von Zurückgezogenheit und Wahnsinn erschien die Königin-Mutter wieder öffentlich. Zeige dich [als] Schwester von Pelayo. Der jugendliche König (rei niño) fing bald an, [sein] Aussehn zu ändern. [Es] kamen nach Medina die Königin, seine Frau, der Prinz, sein Sohn, und die Königin-Wittwe von Portugal, Donna Leonore. Ich bin [ein] Franzose. Nach (A los) sieben Monaten war (befand sich) sie Wittwe.

XXXX. Uebung, zu § 118—122.

A. Zur Anschauung.

Alguien viene (M). Nadie lo podia enseñar y nadie solicitaba aprenderlo (rA). ¿Pues hai algo en eso contra la estimacion? (M).

Si lo sabe y no lo dice, algo será (I). Florencio nada sabe (VV). Yo no adulo á nadie (BH). A mí no me necesitas para nada (M). Yo no debo nada á nadie (M). ¿Me traes alguna cosa? Tampoco pudieron determinar cosa ninguna (Q). No habia un alma que tuviese allí cosa que vender (Y). ¿Qué tiene que ver nada de eso con lo que estamos hablando? (M) Hale imitado en esto Saavedra mas que nadie entre los modernos (S). El viejo don Alvaro iba á morir sin dejar nada á aquel niño (Q). No creo que debo añadir nada (Q). No dice palabra (L). ¡No es cosa la parentela! (M) Son conocidos de todo el mundo (Z). Hombre hubo que sobre una lei de dos renglones escribió un tomo en folio (I). Fulano tiene predicaderas (Acd). Tú te inquietas por nada (M). Aquí no haria otro tanto por nada del mundo (R). ¿Has visto en toda tu vida cosa mas rara? (G) No hai cosa mas natural (M). ¿Hiciste otra cosa que aceptar esta oferta? (I) En eso no hai nada de raro (Y). ¿Era acaso algo malo? (R) Si algo hai vergonzoso en la vida, no es el ganar de comer (L). Nada notable le sucedió el primer dia (Y). Nada observo de reparable (H). Nada me interesa ni su nombre ni su persona (G). Aun tiene que crecer algo (VV). ¿Está desazonada? Alguna cosa (M). Cuando el hombre emprende un asunto que de suyo no es imposible, lo que ha de hacer es quererlo de veras y con perseverancia (Y). Feliz el reino donde los hombres viven en paz (Acd). Estos tunantes piensan que no tiene uno otra cosa que hacer (I). A esa edad se encapricha una de cualquiera (H). Si no necesitáramos animales, tampoco los cuidaríamos (Y). ¿Qué puede esperar? que un dia, ahí en una callejuela le conozcan, se lo lleven, y corten la cabeza por una equivocacion (M). La escena se supone en Segovia (I). A un lado se verán dos estantes con algunos librotes viejos (I).

B. Zur Anwendung.

Ist Jemand in diesem Hause gestorben? Ich werde dir Etwas kaufen. Etwas muß gethan werden. Niemand kann unzufrieden sein. Nichts von Diesem wußte man. Ich kenne hier Niemand, und Niemand sehe ich. Sie produziren Nichts. Ich habe Nichts gesehen. Ich habe ihr Nichts gesagt. Wir haben Niemand Etwas versprechen. Nie hat er Jemand Gutes gethan. Niemand hat Etwas verstanden. Denket selbst, ob es Etwas in der Welt geben wird, das mich zurückhalten könne. Ich habe mich wohl gehütet, ihm Etwas von meinen Ansprüchen anzudeuten. Aber wer hat Etwas davon gesagt? Ich halte es für sehr schwierig, daß Jemand das Lateinische aus (por) seinem Buche lerne. Der Oberfalkner ritt mit seinen Untergebenen hinterher, ohne Etwas von dem Geheimniß der Reise zu wissen. Wir sind durch alle Straßen gegangen, ohne Jemand zu sehen. Ich würde das um Alles in der Welt nicht wiederholen. Er betrübt sich um Nichts. Ich habe gestern einen Gewissen dort gesehen. Jedermann ist unzufrieden mit ihm. Es wird Manchen geben, der diesen Abend zwei Marken für einen Sperrsitz geben wird. Etwas Gutes hat dies Werk. Es kann Nichts Gutes geben.

Ich erfinde nichts Neues. Es ist (hat) nichts Besseres zu erwarten. Kann etwas Anderes geschehen? Hast du in deinem ganzen Leben etwas Seltsameres gesehen? Etwas Schlechteres hat man nicht auf dem Theater gesehen. Man sieht alle Tage nichts Anderes auf den Theatern. Ehemals war es ganz anders (etwas Anderes). Ich bedaure es gar nicht. Er war etwas böse. Die Farbe hat gar keinen Einfluß auf den Preis. Bist du betrübt? Etwas. Man weiß nicht, wie man leben soll, um sich von bösen Zungen zu befreien. Die schrecklichste aller Trübsale ist die, zu erkennen, daß man sich selbst unglücklich gemacht hat. Man muß Niemand hassen. Man muß von Niemand übel reden. Man hat versucht, uns mit dem schwärzesten Verrath zu verkaufen. Man sage, was man wolle, ich werde es nicht glauben. Man sagt, daß er es durch seine Vermittlung erhalten hat. Man sagt hier viel.

XXXXI. Uebung, zu § 123.

A. Zur Anschauung.

¡Dios justo! á vos pongo por testigo de mi resistencia y de los combates que he sufrido (H). Vos mismo acabáis de decirlo (R) ¡Oh! Señor, vos no conocéis todavía el mundo (I). Me parece que estáis contristado (R). Escucha, Joaquin, tú eres un muchacho activo, inteligente, discreto; siempre me has hecho falta, y ahora mas que nunca. — Señorita, disponga Vd. de mí. ¿En qué puedo servir á Vd.? (VV) Esperen Vds. un momento (G). ¿Me querrá Vd. como á hija? (R) ¿Porqué ha de callar una verdad que V. A. mismo reconoce? (I) V. E. lo dice por divertirse (VV). Es objeto de la solicitud de V. A. (I). Quiere S. M. (Su Majestad) que si así sucediere, proceda V. S. á recibir su confesion al reo (I). Si Vd. podia ser dichosa con otro hombre ¿porqué no me habia yo de alegrar? (G) Desde ayer es Vd. otra (VV). Lo que le he dicho á Vd. es la verdad pura (M). Tengo que dejarle á Vd. (O). Le va á incomodar á V. E. con sus chismes esa muchacha (VV). Esto mismo le pido á Vd. (M). Escribió á Vds. (oder Les escribió á Vds.) esa carta (S). ¿Se le ofrece á Vd. alguna cosa? (G)

B. Zur Anwendung.

Du, Herr, der [du] die Welt aus dem Nichts hervorzogst. Großer Gott! Warum verläßest du den Unschuldigen? Ihr seid mein Vater. Gebieterin, warum seid ihr so traurig? Aber, Bruder, laß sie sich eine Weile belustigen. Nein, mein Sohn, mache deine Reise. Nun, Muñoz, werde nicht böse. Wen suchen Sie? Lesen Sie. Ew. Hoheit wird diesen Aufenthalt entschuldigen. Hat Ew. Excellenz mir nicht irgend einen Befehl zu geben? Kommen Sie mir nicht mit Verstellungen. Sie legten Ew. Majestät ihre Ideen und Pläne vor. Waren Sie krank, Fräulein? Sind Sie allein, Frau N.? Sind Sie verstimmt, Fräulein? Kommen Sie hierher, meine Damen. Wenn Sie nach Madrid gehen, meine Herren, [so] gehe ich auch hin. Ich dachte, daß Sie schon zu Bett seien (wären), meine Herren. Und das betrübt Sie, Fräulein? vielleicht sind (puede que sea) Sie die einzige in der Welt. Ich setze voraus, daß dies Fräulein Ihre Tochter (von Ihnen) ist. Mein Herr ruft Sie, Madame, für einen Augenblick. Wollen Sie mich [zu] Ihrem Zwischenträger machen? Ich bitte Sie darum. Ich werde es Ihnen mein ganzes Leben Dank wissen.

XXXXII. Uebung, zu §. 124—127.

A. Zur Anschauung.

El hablaba (S). Tan viejo soi que te llevo dos años de ventaja: yo he cumplido cuarenta y cinco, y tú cuarenta y tres (M). Tambien es Vd. sobrino mio (BH). Asi anda ello (I). Todo lo olvido (BH). A nadie se le hace dichoso por fuerza (M). A si mismos se agraviaron (Acd). Eso lo dice por mi (Acd). Eso discurridlo vos (M). A Laura le queda un digno consolador (I). Al soberano le han engañado (I). Dile á tu amo lo que pasa (I). ¿De dónde les viene á Vds. semejante confianza? (G) Yo no puedo perdonarme á mi mismo (I). El se desprecia á si propio (Acd). La quiero á ella sola. Garci Fernandez se defendió á si y al infante de la calumnia (Q). A nadie agrada pasar por cobarde (G). A ellos debo los mas felizes instantes de mi vida (M). Fué ayo suyo un Ramiro de Pamayo (Q). Mio es el mundo (Espronceda). ¿De quién es ese caballo? Tuyo (S). Eran irreconciliables enemigos suyos (S). No la falta razon (M). La instruiré en las ciencias abstractas; la enseñaré la prosodia (M). ¿Porqué lo dudáis, Señor? (S) Gloríome de contarlo entre mis discipulos (S). Pusiéronlos al balcon (Y). Dirásle que á todo riesgo venga (M). No me ocultes nada (H). Quiero absolutamente que no se sepa (M). Guárdeos Dios, Caballero (H). Digase lo que se quiera, este es un torpe borron en la vida de Gonzalo (Q). Háblele Vd. claro (VV). Has nacido para defenderle (L). Ya está en edad de poderse casar (L). Despues de haberle hospedado y protegido, de haberle agregado á mi familia y tenidole en lugar de hijo ¿habrá sido capaz de olvidar todos mis beneficios y de engañarme de esta suerte? (I) Alargándome la mano decia afligido: Véis que malo estoi (L). Se arrojó en (los) brazos de su padre regándole el rostro con abundantes lágrimas (R). Dale la carta (M). Déjala tú tambien en plena libertad (L). Concha me llamo y me quiero llamar (L). Papá quiere casarme (VV). Mi deudor me ha pagado el dinero (Acd). Nuestro honor lo está pidiendo (M). Quizá te está preparada mejor ventura que á mi (M). Me ha hecho creer que tenia un empleo (VV). Yo misma, sí, yo sabré decirle que me abandone (M). ¿Qué quieres decirme? (M) Siempre se estaba quejando (L). Podrá Vd. educarle á su modo (VV). Aplicóseles la pena (S). Se me habia olvidado (H). ¿Y por eso se me ha despertado? (G) Se le ha trastornado el celebro (R). Ya debia habérseme olvidado (B). Te la entregaron (S). Yo no os lo puedo impedir (Z). Me la ha recomendado (I). He perdido el sombrero, búsquenmele (Acd). A este niño enséñenmelo su obligacion y si es necesario, castíguenmelo (Acd).

Yo lo repetiré mil veces (R). Intentan arrancárnoslos (R). Me os recomiendo.

B. Zur Anwendung.

Warum thust du es nicht? Wann haben sie etwas Besseres gesehen? Er hat es nicht gesagt, aber sie. Die Schuld habt ihr. Das Uebrige wird die Zeit entdecken. Das kann ich nicht glauben. Diese Ausnahmen lassen die Gesetze nicht gelten. Den Ausgezeichneten ist der erste Preis bestimmt. Den Rest überließ er seinem Pathen. Jetzt bleibt deiner Mutter kein Trost mehr, als du. Sage meiner Gattin, daß sie schon gerächt ist. Du schadest dir selbst. Ihr habt es euch selbst zugezogen. Er hat uns allein eingeladen. Er empfing ihn und seinen Bruder. Dasselbe wird mein Vater geglaubt haben. An mir ist die Reihe zu spielen. Wir schicken den Brief ihnen. Ich werde es nicht wieder thun. Sind sie schon angekommen? Haben wir das befohlen? Warum warst du nicht hingegangen? Er ist ein Freund von mir. Mein ist das Geld. Das Haus wird euer sein. Erräthst du es nicht? Er schlug ihnen einen Tausch vor. Ich glaubte es und war glücklich. Sie versprach mir goldene Berge. Willst du, daß er es jetzt thue? Es ist nöthig, daß er uns einlade. Erfülle sich der Wille Gottes! Setzen wir uns. Verwahren Sie es mir. Möge uns das Glück auch jetzt begünstigen! Ich habe nicht das Vergnügen ihn zu kennen. Es ist nothwendig, mich zu erklären. Ich kann nicht umhin, Ihnen dankbar zu sein und Ihnen wohlzuwollen. Diese Umstände haben mich genöthigt, es dir zu verheimlichen. Er hat sehr bedauert, nicht dabei gewesen zu sein, und uns gebeten, ihn das nächste Mal auch mitzunehmen. Indem ihn die Prinzeß gütig aufnahm, führte sie ihn nach ihrem Hause. Er küßte seinem Vater die Hand, wie ihn um Verzeihung bittend. Beruhigt euch alle, und vertraut auf die Vorsehung. Stelle die Stühle zurecht, reinige sie. Ich soll mich mit meinem Vetter verheirathen. Ich konnte mich nicht bewegen. Ich suche (U) ihn überall. Er hat uns gut bedient. Du mußt es nicht verlieren. Er hat uns überall hin begleitet. Er beobachtet (U) uns. Er wird es nicht verwirklichen können. Willst du dich eine Weile belustigen? Es entfiel mir. Man kann sie nicht sehen, ohne sie zu lieben. Ich werde es ihr nicht sagen können. Zeigt sie ihnen. Ich wiederhole es dir. Der Himmel hat sie uns erhalten. Kündigt (U) es uns nicht das treue Herz an? Sie gestand es mir mit Offenheit. Sie werden es euch ohne Befehl von mir nicht erlauben, aber ich werde ihn euch geben. Gott erhalte dich uns! Er wird Euch mir nicht entreißen.

XXXXIII. Uebung, zu § 128—131.

A. Zur Anschauung.

Me empieza á hervir la sangre (H). Le cogió los brazos (Y). Para él iba la carta (S). Por nosotros fué mandado (S). Un criado viene con él (M). Pronto se repartirá la herencia entre tu hermana y tú (S). El mando superior se le dió á él (Q). Toda ella (una casa) la andaba yo lo mismo de noche que de dia (H). El poema épico es de suyo narrativo (R). Te veo sumamente cansado; yo no lo estoi ménos (G). Él es mi hijo y tú lo eres tambien (I). Perdemos un buen amigo que lo ha sido muchos años de toda la familia (H). No quiero pensar en ello (G). Lisonjeóse de ello (L). No puede haber para ello un medio mas eficaz (Alc). Ha hecho poner la mesa y se ha sentado á ella (G). Dispuesto ya el lazo escurridizo, tuvo la precaucion de hacer con él varias pruebas (Y). Esa misma duda es la que aumenta mi desasosiego (R). Lástima fué la que me indujo á amarle (H). ¿Mas, son ellos por ventura los que podrán salvarle? (R). Mirád, ella es, ellos son (H). Ese hombre es un pícaro, no lo dude Vd. (G)! Lo sé, gran Dios, lo sé; tus promesas no pueden fallar (R). Mucho me compadezco de ese desgraciado; te lo confieso (H). Mucho sentiria, caballero, haberle distraido á Vd. de sus meditaciones (M). No sé, de veras, como te aguanta (M). Mi fortuna estuvo en que no abrí (M). Tú tienes la culpa de que ella hable así (M). ¿No eres tú mi hermano? (M) La creo buena (Z). En efecto, le encuentro mui desmejorado (G). Escucha tú, alma mia (S). Desgranaremos nosotros dos solos (T). No te olvides del afecto que nos tuvimos los dos (M). No hai nada entre los dos que nos reuna (H). ¡Cruel! Qué quieres de una mujer humillada? (M) ¡Pobre de mí! yo voi muerta (M). ¿Quién tendrá compasion de esta desdichada? (I) ¡Simple de mí, que no habia advertido que esta mujer es loca! (H) Yo lo pasaba como un duque (R). Lo has hecho como una comadre (G). La pagará (S). Anda, que tú me las pagarás (M). ¡Vaya, vaya, que la hemos hecho buena! (I) Todos los meses no son iguales; los hai de treinta dias, y los hai de treinta y un dias (T). Anda, que eres fastidioso, si los hai (M).

B. Zur Anwendung.

Seine Traurigkeit zerreißt mir das Herz. Sie zerrissen ihm die Kleider. Der Alte nahm meine Hand. Sie sahen sein Gesicht. Werdet ihr euch nicht für sie verwenden? Ich habe es für euch gekauft. Es ist ein großer Unterschied zwischen ihr und dir. Er vertheilte das Geld zwischen meinem Bruder und mir. Deine Schwester mag zwischen dir und mir entscheiden. Ihn allein suchen sie. Hast du sie (die Zeitung) ganz gelesen? Er hat sie alle genommen. Er zeigt uns alle seine Briefe und erklärt sie alle auf spanisch. An sich ist es nicht unmöglich. Der Inhalt war an sich volksthümlich. Ist die Chokoladekanne voll? Sie ist es schon. Ihr seid nicht Vater, Karl, gewiß, ihr seid es nicht. Bist du mein Sohn? Ja, es ist kein Zweifel, du bist es. Sechs Flaschen auf einmal scheinen mir zu viel, ja, sie sind es in der That. Mein Vater wird nicht darauf eingehen. Er beging darin eine große Verkehrtheit. Wollt ihr mich dazu zwingen? Der Kalender war hinlänglich geregelt, um darnach die Tage zählen zu können. Um sein Fleisch besser zu würzen, drückte er Zitronensaft darauf aus. Meine Schwester ist es, die es gesagt hat. Der König ist es, der es befohlen hat. Du bist es, den ich liebe. Wir sind es, die geschmäht werden. Bist du es, meine Tochter?

Ja, es ist kein Zweifel, du bist es. Seid ruhig; ich bin es, guter Greis. Seid ihr es? dann kommt herein. Ich bin traurig, ich leugne es nicht. Es soll ihm kein Zweifel bleiben (Fut.), ich versichere es dir. Es ist nicht Furcht, was ich habe; im Ernst sage ich es. Ich kann es nicht leiden, daß Sie auf diese Weise von ihm sprechen (Konj.). Lieber als entehrt, ziehe ich es vor, sie todt zu sehen. Ich freue mich darüber, daß er gekommen ist (Konj.). Ich würde viel darum geben, daß er käme. Das genügt nicht dazu, eine solche Reise zu machen. Ist sie krank? Ich sah ihn von Feinden umgeben. Ich, dein Vater, will es. Er sah, daß uns beide das Schicksal trennte. Wir drei sind so eben angekommen. Schweige, schweige, du Unglückliche. Zu welchem Ende sagst du mir, daß ich zurückkomme, du Treulose? Du versagst es mir? ach, du Grausamer! Was soll ich thun, ich Arme (Traurige)? Ich Unbesonnener! was habe ich gethan? Guter Gott, für welches Verbrechen strafst du mich Unglückliche? Verzeiht mir Armen! Wir leben hier sehr gut. Er hat es ihm ins Gesicht gesagt. Er hat große Angst auf dem Felde. Sehr schön (gut) hast du es gemacht. Haben Sie Geldbeutel? Hier sind sehr hübsche. Haben Sie gute Pferde? Ich habe welche von den besten Rassen. Du kannst es deiner Tochter geben, wenn du eine hast. Er ist ein rechtschaffener Mensch, wenn es welche giebt.

XXXXIV. Uebung, zu § 132—138.

A. Zur Anschauung.

Y ¿quién es el feliz mortal que le destinan á Vd. por esposo? (VV) ¿A quién buscas? (R) ¿Con quién habla Vd.? (M) ¿Qué ha sido de ella? (R) ¿Qué la duele á Vd.? (M) En qué le pude ofender? (M) ¿De qué ha podido proceder este accidente? (M) Y ¿para qué es buena la sopa en vino? (M) Todo él (corazon) es mio. ¿Digo bien? Pues de quién ha de ser? (M) ¡Porqué suspiras? (H) ¿Quién no querrá ser amigo de Vd.? (M) ¿Qué hai de nuevo? (M) Qué tiene de particular? (H) ¿Con qué motivo se hace esta francachela? (M). ¿Qué gente hai arriba? (M) ¿Qué tal tiempo hace? (V) ¿Qué tal te parece? (Acd)! Quien se fué á su casa, quien á la plaza (Acd). ¡Qué fresco tienen aquel locutorio! (M) ¡Qué bien pone la pluma el pícaro! (M) ¡Qué de gracias no se derramaron sobre el comercio y la navegacion! (I) Discurrian sobre quienes se habian distinguido (S). Es preciso recibirle como á quien viene á ser mi yerno (L). Entrega un papel á Aben Humeya quien lo lee para sí (R). Soi camarero que es mui diferente (VV). Un marino que ocupó su lugar le apartó (Y). No, yo no acabo de salir de la admiracion en que estoi (M). Todo eso que dices no vale nada (M). No sucede nada, ni hai cosa que á Vd. la deba disgustar (M). No es mi voz sola la que se eleva (Z). Dicen los que le trajeron que es quien mató al señor marques (I). ¿Y has de ser tú la que le digas eso? (M). Sabe lo que se hace (I). Lo que yo no comprendo es porque este hombre nos calló su situacion (I). Suprimian (los antiguos) la e de la preposicion de delante del pronombre él, ella, ello, y decian del, della, dello; lo que no se practica al presente (S). La casa cuya planta se hace de nuevo será mui buena (Acd). Llegó, por fin, á un arroyo, en cuya verde márgen determinó hacer mediodia (Y). Homero y otros poetas griegos que cita Estrabon ponian los campos Elíseos en la Bética, á cuya provincia pertenecia gran parte de las comarcas granadinas (Alc). Un año despues le escribí la epístola que sirve de prospecto á mi Cuento de cuentos, cuya obra le dedicaba (Z).

D. Zur Anwendung.

Wer ist der Herr? Wem gabst du es? Mit wem haben Sie die Reise gemacht? Was hat er dir gegeben? Wovor erschrickst du? Worüber wundern Sie sich jetzt? Worin besteht dieser so seltsame Fehler? Womit machen Sie das? Wessen ist dieser Garten? Was fragst du mich? Was weinst du so sehr? Wen fanden sie todt? Was ist zerbrochen? Was wird er Gutes bringen? Was ist im Tode Schreckliches? Was habe ich Böses gethan? In welcher Straße ist das Haus? Welche Beweggründe habe ich Ihnen zu solchem Mißtrauen (pl.) gegeben? Was für neue Leute sind eben gekommen? Was für ein Geschrei war das? Was für ein Leben führt er? Er fragte ihn, wie es ihm mit (de) [der] Gesundheit ginge (Ind.). Wie wenig gefällt mir dieser Charakter! Urtheile, wie groß sein Zorn sein wird. Wie schlecht hat er das gemacht! Wie viele Opfer sind nicht gebracht worden! Wie viele Fonds sind nicht verschleudert worden! Wer von den Urhebern eines Verbrechens weiß, schuldet diese traurige Nachricht der öffentlichen Sache. Ich werde nicht der sein, welcher wieder Mitleid mit diesem Dummkopf hat (Konj.). Trotzdem giebt es Manchen, der ihn Pedant nennt. Worin hat dich Einer beleidigen können, der dich mehr liebt, als sein Herz? Wer er auch sei, ich fürchte ihn nicht. Ihr habt mir einen Freund verhaftet, den ich nicht ohne Hülfe lassen kann. Er kehrte zu seinem Vater zurück, welcher ihn gütig aufnahm. Ich habe sechs Briefe geschrieben, was viel Arbeit ist. Es giebt Nichts, was mich abhielte (Präs). Die Wahl, welche du getroffen hast, scheint mir nicht verkehrt; ich tadle nur die Mittel, deren du dich bedient hast. Er ließ das Messer fallen, mit dem er verschnitt. Gieb ihm sein Buch, welches auf jenem Tische liegt. Ich wohne in diesem Hause, welches mein Onkel mir geschenkt hat. Er that, was wir Alle thun müssen. In den Duellen ist der, welcher herausfordert, gewöhnlich der Verwegenste und der, welcher am wenigsten Entschuldigung hat. Wißt ihr nicht, was es Neues giebt? Von dem, welcher gegen diese Regeln der guten Wortfügung verstößt, sagt man, daß er Solözismen begeht. Die, welche solche Männer heirathen, können nicht glücklich sein. Er ist dreimal vergebens gekommen, was mir sehr leid thut. Sie sind alle noch sehr jung, weshalb man nachsichtig gegen sie sein muß. Sie erkannten, wie treulos die Freunde waren, auf deren Treue sie vertraut hatten. Er ermunterte sie, dramatische Stücke zu dichten, deren Aufführung er wirksam beförderte. Sie trugen (ceñir) ein zweischneidiges Schwert, welche gefährliche Waffe die Römer annahmen. Er gab ein Lehrgedicht unter (con) dem Titel (de) „Diana" heraus, welches Werk im Allgemeinen einen nicht übel auflegten Plan zeigt. Auf der ganzen granadischen Küste trieb man auch einen einträglichen Handel mit Würzen, welcher Erwerbszweig viele Jahrhunderte blühte.

XXXXV. Uebung, zu § 139—143, namentlich 141—143.

A. Zur Anschauung.

Me resignaria obediente (L). Puede salir por la puerta trasera (G). Es bien doloroso (L). Seria para mí una satisfaccion imponderable (M). Esta mañana se levantó mas colérico y enfadado que anoche (R). Hora y media va adelantado el reloj estomacal (R). Me precisa á ser hipócrita y embustera (R). Este hombre es cachazudo (L). Hai hombres mui embusteros, mui picarones (M). Qué apesadumbrado le dejé (M). Acabemos esta odiosa conversacion (M). Tiene un mirar de ojos mui bobalicon (M). Coleccion de bichos mas abundante no la tiene el gabinete de historia natural (M). Qué dormida estaba Vd. (G). Ha tenido engañado á mi bondadoso amigo (R). No dejaré de gritar contra esa diabólica libertad (R). Son grandecillas (M). Es ya mui viejecita (M). Sanito estaba como una manzana (M). Es una cartera nuevecita (H). Es un poquillo sardesca (M). Coméis poquito (M). Está desazonadilla la pobre (H). Allí se quedan los chiquitillos (DH). Qué inocenton es este muchacho (H). Es tan bonacho (DH). Hubiera sido imperdonable (G). La hora es bastante inoportuna (G). Es mui desagradable (G). No se casa con la jóven boquirubia (G). Está tan preocupado por ese hipócrita (R). Me parece que está Vd. cabizbajo y pensativo (R). Estos enlaces desiguales solo acarrean la desgracia de los que los contraen (L). He visto que es preciso un medio estraordinario para salvar mi honor (L). Es un cucurucho de papel (M). Casan á una muchacha de quince años con un arrapiezo de diez y ocho (M). Se le han cedido las piezas de arriba (M). ¿Cómo se venderia en Constantinopla el arroz de Filadelfia mas barato que el de Italia y Egipto? (I) No soi ninguna niña de quince años (G). Está de peligro (M). Ahora estoi de prisa (G). Sin juicio estoi (H). La mayor parte de mis bienes estaban en hipoteca (L). Su enfermedad bien á la vista está (M).

B. Zur Anwendung.

Er war [ein] Mann von ritterlichen Sitten. Wir haben heute eine afrikanische Hitze. Sie fanden auf der Insel ein hirschartiges Thier. Dort athmet man eine wahrhaft balsamische Luft. Die Begegnung war nur zufällig. In meinen Adern fließt königliches Blut. Er ist ein ganz unwissender Mensch. Er war buckelig und blaß. Er ist zur größten Nachsicht berechtigt. Du bist allzu vergeßlich. Er ist sehr hinfällig. Sie ist noch immer ziemlich schwächlich. Und er war außerdem etwas recht böse. Wie verschwiegen sie es mir hielten! Sie ist recht geschäftig. Sie sind etwas recht der Welt ergeben. Er ist ein sehr umsichtiger Mann. Er verheerte alle (die) umliegenden Dörfer. Es ist ein sehr berühmter Name. Sein Anzug ist von sehr feinem Tuche. Sie hat eine blauäugige Tochter. Er gab ihm eine goldene Rose. Er wird mir saffianene Pantoffeln machen. Es fehlt ein seidenes Tuch. Gieb mir den italienischen Strohhut da. Die hiesige Muhme ist sehr zufrieden. Sie ist schon eine vierzigjährige Frau. Ich brauche einen krystallenen Kronleuchter. Diese Mahagoni-Möbeln sind schön. Diese Stadt ist zwei Jahrhunderte lang der Mittelpunkt des amerikanischen Handels gewesen. Kann nicht die portugiesische Viehzucht blühen und wachsen, wenn die unsrige verfällt und abnimmt? Ich bin unruhig. Die beiden sind einverstanden. Es steht (ist) zu Ihrer Verfügung. Jetzt ist es nothwendig. Noch bin ich unverheirathet. Er ist außer sich.

XXXXVI. Uebung, zu § 144—150.

A. Zur Anschauung.

Era esta la verdadera razon (Q). En Mesina se abocó el general español con los dos reyes depositados (Q). Te escucho ansioso (Z). ¿Me acompañas gustoso? (Z) Hablemos claros (L). No es una friolera hacer dichosos á dos amantes (R). Tus amigos que tienes muchos y buenos, te divertirán (M). Llevaban ademas diferentes alhajuelas de oro y plata (Q). Su presentacion en la corte de Castilla fué hecha por el arzobispo de Toledo en 1808 (Q). Sus costas meridionales, bañados por el mar, facilitan comunicaciones con todos los paises del globo (Alc). (Vergleiche auch die vorhergehende Uebung zur Anschauung.) Estaban cansados de la dominacion francesa (Q). No estamos hechos á semejantes alborotos (G). No es propio de la situacion (H). El bueno ama la virtud (Acd). Los ricos apartan la vista de los pobres (S). Los franceses se hicieron al instante odiosos á los napolitanos (Q). Haré lo posible (Y). Se acordaba lo mas conveniente á la república (Alc). Ha dado tan altas pruebas de esquisita erudicion histórica en todo lo concerniente á la guerra de Granada (Alc). Fué uno de los encargados de la comida que tuvieron en el prado (VV). Es una impertinente (S). ¿Qué me querria el bueno del conde con esta nueva carta? (L) El trato con esos locos de liberales le ha quitado el juicio (R). ¿Qué prueba todo esto sino lo limitado de nuestra inteligencia? (S) Aun hai un piquillo: cosa corta (M). Iré á besar los piés del mejor de los reyes con mis humildes lágrimas (I). Aun de nuestros mas distinguidos autores, de los antiguos igualmente que de los modernos, cito pasajes que desapruebo (S). Traia malas nuevas (M).

B. Zur Anwendung.

In neueren Zeiten hat man jene Zeremonie mit noch größerer Strenge behandelt. Die hervorragendste Eigenschaft des spanischen Heerführers war die Klugheit. Sie wird freudig ihre Hand geben. Es ist nicht recht, daß du unschuldig leidest (Konj.). Nackend, hungrig und krank schleppten sie mühsam das Leben hin. Es ist eine rechtliche Neigung, welche der Umgang und die Zeit unabänderlich machten. Ich finde alle diese Beschuldigungen ungerecht. Bist du bei Sinnen (in deinem Urtheile)? Außer (ohne) Athem komme ich. Er wird sie in Ruhe (Frieden) lassen. Ich brauche eine goldene Kette. Sie hatten marmorne Tische. Die spanische Wolle gilt noch immer für die beste. Der Mantel ist von französischem Tuche. Sein Garten ist voll (von) Obstbäume. Ich bin dieses Leben satt. Sie ist ihre lästigen Freier jetzt los. Ich bin ihm noch das Geld schuldig. Schmähungen zu ertragen, ist der Mäßigung und der Weisheit eigen. In der Welt hat es immer Arme und Reiche gegeben. Und diese Kleine, verheirathet sie sich nicht? Ich will nicht mehr mit diesem Verrückten gehen. Wie sehr weinte die Arme (dim.)! Das ist das Schlimmste nicht. Die Alten und die Kinder gleichen sich sehr. Man ließ die an diesem Verbrechen Unschuldigen los. Dies war das ihnen allen Verhaßteste. Er ist ein dummer Mensch. Sie ist eine treulose Person. Ich will nicht mehr mit diesem Narren und seinem betrogenen Vater (dem Betrogenen von seinem Vater) gehen. Der gute Diego ließ sich zweimal täuschen. Ich konnte leicht die Grundlosigkeit (das Unbegründete) ihrer Angriffe gegen mich zeigen. Darin zeigt sich die Schwäche unsers Fleisches. Es vermehrte sich von Tag zu Tag die Annehmlichkeit unserer Reise. Es ist kein Leichtes, ihn zu belehren. Jedes Neue findet seine Gegner. Es gab für mich keine (nicht) bessern Werke als die diesen ähnlichen. Dieser Orden brachte unter andern großen Vortheilen sofort einen eurer vorzüglichen Aufmerksamkeit würdigen hervor. Dieser Erwerbszweig blüht im Auslande nicht. Der Braten steht auf dem Tische. Ich habe nicht mehr als eine Rechte. Ich empfing so eben Ihr geehrtes Schreiben vom 16. dieses Monats.

XXXXVII. Uebung, zu § 151—154.

A. Zur Anschauung.

Mi amigo tarda (I). ¿Quién podrá arrancarme de vuestros brazos? No es capaz de olvidarse de tu bien (I). ¿Con que ese es nuestro cuarto, eh? (M) Labra su propia ruina (I). Su padre dispuso que fuera mi mujer (M). Pizarro se puso al frente de ellos (Q). Yo, amigo, ignoraba que del éxito de la obra de Vd. pendiera la suerte de esa pobre familia (M). Su hija de Vd. es preciosa (L). Soi su jardinero de Vd. (L). Vos, Señor, trabajáis mucho y á malas horas; cuidád mas de vuestro descanso (I). Sí, Laura mia, voi á satisfacer ese justo deseo (I). Mi buen amigo, léjos de ti tambien yo habré menester de consuelo (I). Yo se lo diré á papá (MH). Dice mamá que asista Vd. á los huéspedes que llegaron anoche (VV). Llamó á casa al marcharse (H). Hasta aquí mi igual fuiste (Q). ¿Será justa la lei que priva de la vida á un desdichado solo porque piensa como sus iguales? (I) ¿Se hallan prontos todos los nuestros? (R) Mi casa es mucho mayor que la tuya (S). ¿Y este contrato es el mio? (G) No debo olvidarme de la diferencia que hai entre sus años y los mios (M).

B. Zur Anwendung.

Meine Liebe und mein Verbrechen werden mir überall hin folgen. Sie wollen mit dem Eisen sogar die Spur unseres Ursprunges verwischen; sie verbieten uns den Gebrauch unsrer Muttersprache, die Gesänge unsrer Kindheit. Dort werde ich dich bei deinen Freundinnen lassen. Wegen seiner Ehre war es nothwendig für ihn, in ihre Reiche einzudringen. Er machte ein Geflecht von Weidenzweigen in Figur einer halben Pomeranze und steckte durch seinen (dessen) Mittelpunkt einen Stock. Ich habe das Glück, Ihr Nachbar zu sein. Ihr Sohn hat meinen Entschluß sehr bedauert. Meine Schwester sagt, daß Sie ihren Schleier haben. Wir kommen, Ihre Hülfe anzuflehen. Bedienen Sie sich meines Zimmers. Verfügen Sie über unser Haus. Setzt euch, mein Freund. Ja, mein Sohn, ich bin dieser unglückliche Vater. Meine Söhne, gekommen ist (Def.) der Tag der Prüfung. Mein geliebter Vater, kennt Ihr Eure Tochter nicht mehr? Sagen Sie Mutter, daß ich sie zu sprechen wünsche. Papa mußte hinuntergehen, ihm zu öffnen. Mama wollte es nicht glauben. Ich meinerseits habe ihm verziehen. Er hat seines Gleichen nicht. Ich verzichte auf das Meinige. Den Enrique und die Seinigen beschlossen, tausend Lanzen im Solde des Königs am Hofe zu behalten, um so die stärksten zu bleiben. Sind alle die Unsrigen bewaffnet? Ich habe meine Harfe mit den Saiten bezogen, welche sie von den ihrigen abnahmen. Ich verlange, daß sie nach meinem Gefallen lebe, und nicht nach dem ihrigen. Was weiß er von fremden Sprachen? er kennt nicht einmal seine eigene recht. Dies ist meiner Schwester Kind, und dies ist mein eigenes. Seiner und eurer Tugend verdanke ich ein so großes Glück. Es ist sein und unser Unglück gewesen. Ist er nicht meiner und deiner Mutter Bruder?

XXXXVIII. Uebung, zu § 155—157.

A. Zur Anschauung.

El caballo corre (Acd). La caña se mece (R). Crece el cáñamo en sus campos, nace al par el lino tierno, da rica seda el gusano, blando vellon el cordero (R). Es menester instruir á la juventud con la risa en los labios (M). El vino está caro en Madrid (rA). El mercurio pesa mas de lo que yo creia (S). Los azúcares escasean (S). La carne es frágil, señor mio (M). El ocio nunca es bueno (Y). Su padre deseaba que aprendiese el comercio (Y). Tratemos siempre las artes y las ciencias de un modo que las haga útiles al linaje humano (S). Las gentes de comercio son tan prolijas (I). Se dice que ha llegado la escuadra (S). ¿Has perdido el juicio? (I) Hace subir estos vinos desde 36 á 38 reales la arroba (I). No la (la leña) daré ménos de á dos reales la carga (M). Déme Vd. cerveza blanca (O). Saca piedra y eslabon (M). No tenia autoridad para mandar ni carácter para hacerse obedecer (Q). Las capitulaciones fueron ajustadas por Gonzalo de Córdoba y Hernando de Zafra de parte del rei Fernando y por Bulcacin Mulch por la de Boabdil (Q). Los reyes se acercaron á

Granada (Q). Amor con amor se paga (Sprichw.). A muertos y á idos no hai mas amigos (Sprichw.). Llegó á Palacio el ayudante de Murat (T). A fines del mismo año Napoleon mismo acudió con refuerzos considerables (Alc). Dios es misericordioso (S). El sol empezó á rayar (Y). El emperador Justiniano estendió el efecto de los fideicomisos hasta la cuarta generacion (I). El ministro Garroso dice que os quiere hablar (I). Don Vicente es un señor mui bueno (G). El señor don Vicente le pague á Vd. la caridad que me hace (G). Quien sabe si doña Damiana habrá recibido la carta (G). Esta ciudad fué el Cuzco (Q). El poder de los árabes cordobeses, respetado desde los valles del Atlas hasta las cumbres del Pirineo, llegó en este tiempo al zenit de su gloria (Alc). A él (el instinto particular) se deben la Venus de Medicis y el Apolo del Belveder (rA). Aprendemos la (lengua) griega para entender en sus originales á Homero, Pindaro, Euripides, Demóstenes y Tucidides, y la latina para poder leer á Virgilio, Horacio, Ciceron, Tito Livio y Tácito (S). ¿Si será verdad lo del testamento? (M) De repente metió espuelas á la mula y subió la cuesta del castillo, y los de dentro le abrieron (Q). El que se lleve chasco en la eleccion, quéjese de su mala suerte, pero no desacredite la mercancia (M). Yo vengo á saber de vos si lo que asegura es cierto (M). ¿Qué voz es la que escucho? (Q)

B. Zur Anwendung.

Der Hund ist nützlicher als die Katze. Die Rose ist die Königin der Blumen. Verachtet nicht den Rath der Weisen und der Alten. Geld ist schwerer als Blei. Mahagoniholz und Musseline sind für die Armen nicht gemacht worden. Der Neid führt seine Qual und seine Strafe mit sich. Die Vernunft, obgleich streng, ist (eine) wahre Freundin. Nichts vermögen die besten Gesetze ohne die Stütze der Sitten. Die Menschen sind zu geneigt, die abstrakten Wahrheiten zu generalisiren. Wer will die Rose haben? Die Liebe, welche er zu Laura hegte, und die Furcht, sie zu verlieren, blendeten ihn. Es schien in (á) das Herz des Richters alle Unruhe übergegangen zu sein, welche der Schuldige hätte haben sollen (Post. Konj.). Der Knabe hat das Geld verloren. Dies Tuch kostet dreißig Realen die Elle. Wir verkaufen den Tabak zu 5 Realen das Pfund. Es giebt ziemlich hübsche Möbeln von Kirsch- und Nußbaumholz. Es giebt sehr wohlfeile Vorhänge von Perkal und Zitz. Verstehst du Chokolade zu machen? Du hast nie an solchen Tagen Appetit. Der Mensch hat Vernunft. Es genügt das Beispiel Hollands und Englands. Durch Zufall kamen sie ins Innere von Cordova und Sevilla. Er ging dann nach Afrika, nahm Ceuta und Tanger in Besitz, und kehrte nach Andalusien zurück. Hast du Mariechen gesehen? Armuth ist keine (nicht) Schande. Vater ist nicht zu Hause. Er durcheilte Madrid und wandte sich nach dem Stadthause. Er lief Mitte November 1524 aus dem Hafen von Panama aus. Im Anfange des Jahres 26 begann dieser Plan ausgeführt zu werden. Die Karlisten wiederholten ihre Einfälle am Ende des Jahres 1837. Ich habe ihm das Geld zu 5 pro Cent gegeben. Das Heu ist zu zwei Thaler per Zentner verkauft werden. Der Mond ist der Nebenplanet der Erde. Die Gipfel des Atlas verbergen den unabhängigen Stämmen die Freuden des civilisirten Lebens. Wann wird Herr Guzman wiederkommen? König Abderraman erfuhr diesen Verfall. Almanzor und seine Geliebte, die Sultanin Aurora, vermachten der Geschichte denkwürdige Blätter. General Leval folgte in dem Befehl über Granada. Don Basilio Garcia überschritt den Ebro an der Spitze von fünf Bataillonen und zwei Schwadronen. Herr Don Julio wird dich begleiten. Brasilien ist ein Kaiserthum. Die jetzige Königin von Großbritannien heißt Viktoria. Die Vereinigten Staaten führen viele Baumwolle aus. Havanna hat einen befestigten Hafen. Die Isabel ist gestern unter Segel gegangen. Sie haben sich im Herzog Alba eingeschifft. Wer macht heute den Don Roque? Ich habe diesen Ausdruck im Cervantes gefunden. Hast du den Calderon schon gelesen? Napoleon war der Alexander der neueren Geschichte. Er war allein hart und grausam gegen den berühmten Jovellanos. Die russischen Juchten sind noch unverkauft. Er sagte Dienstag und kommt Mittwoch. England gränzt im Osten an die Nordsee und im Süden an den Kanal. Unglücklich sind die, welche inmitten öffentlicher Leiden sich glücklich glauben. Also Sie haben das von dem Amte geglaubt? Er hat die zur Frau genommen, die am meisten Geld hatte. Es ist so hart, auf einmal dem zu entsagen, was man so sehr wünscht. Die Anlegung von Häfen fordert die von Landstraßen. Ich sehe dich in einem Zustande, [welcher] dem sehr ähnlich [ist], der mir so viele Tage des Kummers verursachte.

XXXXIX. Uebung, zu § 158—162.

A. Zur Anschauung.

Si este hombre no se va, yo no podré decírselo (á ella) (I). ¡Qué ganas tengo yo de ver estas cosas concluidas! (M) ¿Qué traerá esta carta? (I) ¿Quién le ha mandado á Vd. estender esa escritura? (G) ¿No ves que conozco las locuras que se te han metido en esa cabeza de chorlito? (M) ¿Sabes que tiénes que acabar de partir esa leña y llevarla al lugar? (M) Aquella carta que está sobre la mesa dásela al mozo de la posada. La entrada en aquella capital fué un triunfo (Q). Sácame de esta inquietud, Cárlos (M). ¿Qué es eso, Francisco? ¿adónde vas con ese lio de ropa? (G) ¿Es este el autor? (M) Eche Vd. un poco de alpiste á ese canario (M). Llegámos esta mañana á Guadalajara (M). ¿No se acuerda Vd. de aquel dia de asueto? (M) Esto no se lo perdonarán las leyes (I). Eso no hace al caso (M). Don Anton R., el colosal hermano de doña Mencía, acostumbraba á los principios ir á casa de esta dos dias por semana (José Negrete). Nada habia mas opuesto entre sí que los dos caractéres del rei católico y de Gonzalo: este franco, confiado, magnífico y liberal: aquel zeloso de su autoridad, suspicaz, económico y reservado (Q). ¿En qué te ha ofendido esta infeliz? (M) ¿Pues qué desgracia era aquella de que me hablaste? (M) Aquel cuyo sea la hacienda, la cuide (Acd). No,

Señora, no ha dicho eso (M). ¿Quién es ese que cantaba poco ha? (M) Aquello era Babilonia (Y). ¿Qué esposo es ese de quien Vd. me habla? (M) Yo no hablo de eso (M). Puede hacer en esto lo que mas le agrade (M). ¿Qué quiere Vd. decir con eso, padre mio? (Y) Porque no miento, ni sé fingir, por eso me llaman picarona (M). Si á eso de las doce y media no he vuelto á casa, es señal que me quedo á comer fuera (M). Pues bueno, mañana ó esotro quedará zanjado el asunto (H). Esto de escabullirse es negocio desesperado (H).

B. Zur Anwendung.

Ich schicke diese Bücher für meinen Bruder. Warum ist jener Herr nicht gekommen? Diesen Verräthern, ihnen vermache ich meine Rache. Entfernt eure Tochter von diesem Orte. Jener Schuß richtete sich auf dich. Geben sie mir das Papier. Ein einziges Wort aus diesem deinem (aus dem) Munde beruhigt mich. Aber was macht jenes Mädchen, daß sie kein (nicht ein) Licht bringt? Kann ich der Stelle entsagen, welche ich in diesem deinem Herzen habe? Ich weiß nicht, welches Geschenk wir für diese Arbeit haben werden. Die Worte, Herr, sind sehr hart. Weshalb nöthigen sie uns zu dieser Gewalt? Und warum sie hier? Ja, Fräulein, da, in dem Zimmer. Nimm alle diese Sachen zusammen und gehen wir. Er wohnt in dem (jenem) Landhause nahe bei der Mühle. Ich war in diesem Augenblicke bei den Schildwachen. Jenen Abend verließen wir Saragossa. Mein Gott, worin habe ich Arme gesündigt, daß du mich so strafst? Obgleich Don Simon mehr Geld hatte, als sein Vetter, war dieser doch glücklicher als jener. Das vergangene Jahrhundert war der Sklav des Dämons der Philosophie, und das gegenwärtige ist das der Poesie; in jenem, um ein brauchbarer Mensch zu sein, war es nöthig, zu philosophiren, in diesem, um zu gelten, ist es nothwendig, zu poetisiren. Dies geschah in dem berühmtesten unserer Gymnasien. Dieser ist der Schlimmste von Allen. Alles das ist wahr; das fordert man von uns; das lernen wir in der Schule, welche man uns giebt. Derjenige, dessen der Nutzen ist, möge die Arbeit haben. Du warst diejenige nicht, welche Jenes von Don Frutos sagte. Und welche andre Sache war diejenige, welche du mir zu sagen anfingst. Der Unterricht ist nicht weit her (mucho); aber sie haben denjenigen, welcher genügt, damit sie rechtschaffene Männer seien. Und wer ist der Andre da? Du tödtest mich damit. Was sagen sie hiervon? Thue ich hierin wohl? Jetzt handeln wir davon nicht. Habe ich deshalb aufgehört, unter Menschen zu leben? Was ist das mit der Retourgelegenheit? So um sechs Uhr werde ich kommen. So um drei oder vier Uhr wirst du abreisen, hörst du? Morgen oder so ist es in der Ordnung (regular), daß sie mir das Geld geben. Und wenn man morgen oder so sagen wird (Konj.), daß ich fort bin (Del.), so gebt vor, daß ihr Nichts wißt. Das mit dem Einsperren der Frauen ist ein großer (mucho) Unsinn. Das mit dem Errathen bleibt für die Taschenspieler.

L. Uebung zu § 163—171.

A. Zur Anschauung.

No existe tal sobrante (I). Tal falta no la puede cometer un varon tal (Acd). Al principio se espantó de proposicion semejante (Y). Nunca entendí semejantes filosofías (G). Estaba allí un tal Cardenas (Acd). Esperábamos montes de oro con la tal impresion (M). No he dicho semejante cosa (G). Tal cosa jamas se ha visto (Acd). Tales son los hombres cuyas vidas comprende este tomo (Q). Tal creo (H). Quizá por este motivo la tal cual perfeccion de las cosas humanas precede tan de cerca á su decadencia (S). Reservó para sí tal cual alhaja (Y). Me hallo tal cual instruido de ambas cosas (G). Tu padre mismo lo ha mandado (Acd). Yo mismo estuve presente (Acd). Mi padre es la bondad misma (R). Tú misma lo dices (G). Tú propio lo pediste (Acd). Me estimo á mí propia (M). Fuí en la lucha obstinada conmigo mismo severo (VV). Examinó por sí mismo todos los documentos (S). Quisieron á toda costa y peligro ir á reconocer por sí mismos las regiones que caian hácia el sur (Q). En el mismo órden están los billetes que esta mañana (H). A mí me sucede lo mismo (M). Hasta el crédito y la buena fama se reparte sin son ni ton (I). Lo mismo me le he figurado yo (M). Es lo mismo que Don Quijote (VV). Aquí hai otro par (O). Quizá en otros tiempos no hubieras temido tanto la reprension de tu padre (R). No me queda otro recurso que la fuga (I). En Vd. tengo otro padre (R). Pasaron otros dos años (rA). Las traducciones pueden considerarse como otros tantos modelos de estravagancia y ridiculez (rA). Por ella me tomó Su Señoría el otro dia aquella pieza de batista (G). Tenia ya dos criaturas, y despues le han nacido otras dos otras (M). Mi habanera decia otro tanto (H). Escribióme mil finezas, y yo le repetí otras tantas (M). Espliquese uno despues de otro (Y). Lo uno va siempre con lo otro (Q). Se disputaron el uno al otro el campo (S). Se transforman el uno en el otro (S). Dígame Vd. cuales pecados ha cometido (S). ¿Cuál es tu intencion? (Acd) ¿Cuáles son sus méritos de Vd.? (VV) ¿Cuál es, pues, el favor que hizo á la nobleza esta bárbara lei? (I) ¡Cuál le han puesto los trabajos! (Acd) ¿Sabes, hijo mio, cual es tu desgracia? (I). Puso en su boca tres discursos á cual mas bellos (R). Fué citado el reo, el cual se presentó (Acd). Leyéronle la sentencia, la cual recibió con resignacion (Acd). Entró en la sala, dijéronle que se sentase, lo cual no quiso hacer (Acd). Cosa magnífica cual conviene á tal Señor (Acd). Tal cual fué todo pereció en la irrupcion sarracénica (I). Contestó que agradecia el aviso y que esperaria á sus enemigos cualesquiera que fuesen (Q). Cual llega á pié, cual á caballo (S). Cualquiera mujer se contentaria con ese amor (H). Le preguntan á Vd. cualquiera cosa, no responde Vd. sino con monosílabas (M).

B. Zur Anwendung.

Sein stolzer Charakter konnte eine solche Schmach nicht ertragen. Nie habe ich in meinem Hause eine solche Unordnung gesehen. Werden Sie uns nicht ein solches Geheimniß entziffern können? Sah man je eine solche Schamlosigkeit. Nie borgt ich mit dem Kalender solche Sachen. Ich habe dort mit einem gewissen Brutos gesprochen. Ich kenne diese Nummer drei. Ich werde mich nicht erdreiten, den Ausgang dieses Stückes vorauszusagen. Wenn die und die Frau kommt, so sagt, daß ich nicht zu Hause bin. Er ist manchmal gekommen. Wer sagt, daß du Solches thuest. Wenn man so etwas sagt, muß man Beweise haben. So ist er. Das ist die Schilderung, die sie von ihm machen. Das sind die bemerkenswerthesten Lehrgedichte, welche die spanische Literatur besitzt. So wird er werden, wie sein Großvater gewesen ist. Es war auf dem Markte nur eine kleine (unbedeutende) Ladung (von) Brod. Die Bürgerschaft verfügte, daß die Glocke nur bei einigen wenigen Feierlichkeiten (Sing.) geläutet würde. Wie gefällt es Ihnen? So einigermaßen. Er selbst zeigt es mir an. Er begab sich nach Mailand mit demselben Zwecke. Von ihm selbst erfuhr ich es. Du selbst, Laura, kannst nicht die Beleidigungen vergessen, welche er dir [an]gethan hat. Vielen der Kinder hatte die Selbstüberwindung (Besiegung ihrer selbst) große Mühe (Gewalt) gekostet. Ist es nicht besser, daß er sich selbst überzeuge? Er suchte selbst die Erfrischung und Nahrung, welche den Kranken und Schwachen am meisten zu Statten kommen konnte. Sie hat dasselbe Alter, wie ihre Base. Fast zur selben Zeit, wie er, kam Almagro mit der Unterstützung an, welche er von Panama brachte. Das Theater stellt Dasselbe dar, wie in dem ersten Akte. Sie wollen selbst die Gelübde belauschen, welche wir zum Himmel richten. Er wußte die Tugend selbst bei (an) seinen Feinden zu schätzen. Grade so denke ich, wie Herr Don Justo. Grade so habe ich es gefunden. Ihre Tochter würde ihr keinen Kummer machen, wenn sie dieselbe besser erzogen hätte. Die Gesetze können die Verbrechen nicht strafen, wenn sie dieselben nicht vorher beweisen. Er mußte sich in einem andern Schiffe einschiffen. Dies war, und kein (nicht ein) anderer, der Beweggrund. Gieb mir die andre Hand. Hole mir ein andres Tuch. Er hat vielen andern Herren gedient. Es wurden nicht viele andre Plätze übergeben. Sie ist für ihn eine zweite Mutter. Er erschien, von seinem Bruder und noch 180 Mann begleitet. Ich bin 60 Jahre alt (habe 60 Jahre von Alter), meine Einkünfte belaufen sich auf eben so viele tausend Dukaten. Ich sah sie vor einigen Abenden. Er fiel neulich vom Pferde. Der Eine fürchtet und hütet sich, und den Andern hüte ich. Dasselbe kann man von dem folgenden Gesetze sagen. Es wird Ihnen dasselbe geschehen. Viele Andre hatten es auch gehört. Schließe dieses Fenster, aber das andre laß offen. Er hat sich fast gar nicht verändert, wie Jener sagt. Fast hörten sie (sich) einander nicht. Sie weckten einander. Er legte die Backsteine neben einander. Dort fürchteten sie weniger von einander. Welches ist mein Verbrechen? Er und der Souffleur werden sehr wohl wissen, welche Komödie gut ist und welche es nicht ist (unterläßt es zu sein). Welches sind seine Absichten und Hoffnungen? Welches Fenster von diesen soll ich öffnen? Wie hat er mich behandelt! Wie ist er (befindet er sich), mein Gott! Wie groß war seine Verwunderung! Er nahm nach einander die Figur und den Charakter eines Haufens von um die Wette unausstehlichen Knaben an. Hier sind reiche Schätze angehäuft, ohne welche der Feind seine feilen Schaaren nicht wird organisiren können. Italien erwartete mit Spannung den Ausgang dieser Unternehmung, von welcher das Ende des Krieges abhing. Ich gebe dir das Buch zurück, wie du es mir gabst. Wie die Aussaat ist, so wird die Erndte sein. Nimm es als Zeichen meiner Freundschaft. Ich bewahre es noch als ein köstliches Angedenken. Schreibe ihm einige Worte, wie sie auch sein mögen. Ich will die Sache wissen, welche sie auch sei. Einer wollte (pretender) Das errathen, der Andre das Andre. Bringe ihm irgend eine andre Sache. Jede zweideutige Handlung, jedes ungewisse Zeichen war für sie ein Anzeichen von Gefahr. Jeder ist fähig, sich selbst zu besiegen.

LI. Uebung zu § 172—177.

A. Zur Anschauung.

Eran 700 los turcos que mandaba (Q). Ahora vendrá bien un rato de descanso y un cigarillo (M). Tuvieron Francia é Inglaterra un Boileau y un Pope (R). ¿Qué palabras se han dado Vds.? ¿qué compromisos median entre ambos? Uno mui sencillo (M). Puedes apostar ciento contra uno (M). Aquí tengo cien doblones (M). Importó mas de cien mil ducados (Q). Húbole su padre en una Doña Maria Fernandez Xarava (Q). Tiene unos ojos mui peregrinos (M). Yo no he visto unos colores mas feos (R). Unos favorecen á este, otros á aquel (M). Tendré unas 406 onzas (M). Compuso hasta unas cuarenta comedias (rA). Amaneció en fin el (dia) dos de Mayo, dia de amarga recordacion (T). A lo ménos es hombre de bien (M). La caza es buen ejercicio (S). Tú eres hombre callado (L). ¿Sabia yo que era Vd. conde? (L). La reina le ha hecho capitan (VV). Es un español, mui español, y nada mas (L). La máscara es un portento para escuela de moral (R). He tenido últimamente carta suya (Z). Yo soi frances (O). ¿Habráse visto hombre mas original? (M) Coleccion de bichos mas abundante no la tiene el gabinete de historia natural (M). Yo no he visto cosa mas ridícula (L). Vuélvase Vd. á otra hora (G). No, jamas se realizará tan terrible separacion (G). En tan crítico momento ¿qué hace? (VV) ¿Puedo creer tamaña dicha? (G) La real moza se ha comido ya media cazuela de albondiguillas (M). Tenemos un medio cabrito asado (M). Desayunábase con parte de la leche (Y). La Andalucía y la Estremadura y gran parte de la Mancha están en este caso (I). Allí libertó crecido número de cautivos cristianos (Y). Abrigaron en su recinto multitud de familias (Alc). Cierto amigo me vino á ver (Acd). No cabrá un alfiler, aunque fuera el Coliseo siete vezes mas grande (M). Un verdadero cariño suple cien faltas (H). Me dijo mil denuestos (I). Voi á decir á Vd. de ella cuatro palabras (Z). Hace quince dias que me ha quitado ese destino (L). Toca esos cinco, amigo (Y). Vuelva Vd. despues de las dos — Señor, las doce han dado ya (I). Pasaba ya de los once años (Y). Ahora es la una, á las diez lleva esa carta (Acd). Murió de edad de 15 años (Y). Murió de 96 años (R). Murió hácia el año de 1740 (rA). Visité 1817 las ruinas del Herculano (S). Se usaba en el siglo XVI (S). Todo estuvo dispuesto para la noche del 27 de Diciembre (Q). Fué esta entrada á diez y seis de Mayo (Q). Se hallan en las páginas 167 y 197 (S).

B. Zur Anwendung.

10, 15, 58, 85, 27, 94, 97, 60, 38, 41, 11, 117, 181, 212, 444, 500, 515, 550, 813, 611, 827, 155, 714, 745, 579, 1725, 3277, 1025, 4109, 9190, 15529, 18900, 14632, 33533, 69751, 85712, 90590, 102596, 852974, 569327, 691165, 1748717, 4829512, 13799518, 21716799, 299550531, 601111111, 9999814615, 125567913511. — Ein Blick ist ein Verbrechen. Er schiffte sich in einem der Schiffe ein, welche Salz luden. Unter zwanzig Kapiteln enthält das Buch nur ein gutes. Dieser Hut gehört Johann nicht; er hat einen viel größeren. Er verdient hundert Ohrfeigen. Sie werden die hundert Mal seinen Werth in Gold geben. Er hatte hundert und sieben Dublonen. Er hat hundert tausend Thaler gewonnen. Unter den Damen, welche ihn begünstigten, zeichnete sich mit mehr Eifer und Zärtlichkeit eine gewisse Ines de Torres aus. Hört mich einige Augenblicke. Ich habe ihn in der Loge einiger Freunde untergebracht. Von Madrid nach Saragossa sind es (hai) ungefähr 54 Meilen. Es wird ungefähr 4 Monate her sein (hacer). Don Juan starb ohne Nachkommenschaft in seinem 19. Jahre, ein schmerzlicher Verlust, welchen die Königin mit christlicher Ergebenheit ertrug. Er schrieb damals die Geschichte von Granada, ein Werk, welches viel Gelehrsamkeit und Ausdauer erforderte. Sie ist eine Frau von Verstand. Es scheint mir eine sehr gute Heirath. Sie ist eine Engländerin. Sind Sie ein Gärtner? Er war ein Diener von ihm. Ich will Schauspieler werden. Ich muß noch einige Zeit Graf sein. Er fertigte einen Eilboten nach Madrid ab. Sie müssen einen Brief von meinem Vater erhalten haben. Haben Sie ein Guckglas und eine Brille? Von einem Hause, von einer Hütte, von einer Höhle erblickte er nirgends die geringste Spur. Wo werde ich eine Zuflucht finden? Nie habe ich einen witzigern Einfall (Einfall von mehr Witz) gehört. Haben Sie in Ihrem Leben einen außerordentlicheren Charakter gesehen? Kann es eine natürlichere Sache geben? Wann konnten Sie eine solche Verbindung für Ihre Tochter hoffen? Ich kann einen so gefährlichen Entschluß nicht billigen. Ich erschrecke nicht wegen einer so geringen Sache. Haben Sie je eine so große Aufregung gesehen? Wir haben in kurzen Augenblicken ein halbes Jahrhundert (von) Sklaverei zu rächen. Ein Theil der Ladung bestand in Elephantenzähnen. Er sammelte doch (no dejar) einen Theil (von) Geld. Unsere Sprache verdankt der lateinischen einen großen Theil ihres Reichthums. Sie machten eine große Anzahl von Todten und Gefangenen. Er verlor eine Menge (von) Menschen. Es war eine gewisse Art dreieckiger Nuß. Sie haben alle *einen* Charakter, wenn sie ein gewisses Alter haben. Eine gewisse

Person schreibt es. Ich habe es ihm in ein paar Worten geschrieben. Er hat sieben Mal mehr Verstand als du. Du hast es mir schon hundert Mal gesagt. Ich danke Ihnen tausend Mal für Ihre Aufmerksamkeit. Mit ein paar (4) Fragen war die Sache abgemacht. Das englische Schiff mußte sich wenigstens 14 Tage aufhalten. Wir sahen Tausende von Seevögeln. Die Politik und das Mitleid fordern einstimmig die Vermehrung des Unterhalts. Die Handlung beginnt um (á) 4 Uhr Nachmittags und endet um 6. Es ist mir schwer, um 7 Uhr Morgens das Bett zu verlassen. Es will 6 schlagen. Deine Uhr steht immer auf halb 4 (3½). In seinem 10. Jahre konnte er lesen. Er fing von seinem 16. Jahre zu regieren an. Er verheiratheie sich in seinem 29. Jahre. J Monate darauf starb seine Frau. Er war im März 1807 nach Madrid zurückgegangen. Er starb zu Anfange des Jahres 1407. Er zog am 12. April in Burgos ein. Es geschah in der Nacht vom 14. auf (á) den 15. Den 20. überschritt der König und sein ganzes Gefolge die Bidassoa. Rom, den 1. Mai 1853. Paris, den 25. Oktober 1851. Er sagt es im 3. Buche des zweiten Bandes.

LII. Uebung, zu § 178 und 179.

A. Zur Anschauung.

Me desafiò varias vezes (I). El mismo manifiesta en su historia el poco fruto que produjeron (Q). He procurado observarla estos pocos dias (M). Logró al principio no pocas ventajas (Y). Habrá muchas pasas, nueces y almendras (O). Seis botellas de una vez me parecen demasiadas (G). La lei los castiga con sobrada razon (I). Tengo bastantes haciendas (M). Aun se tratan con harta satisfaccion (M). Anselmo tiene contra sí tantas sospechas (I). ¡Cuántas lágrimas de entusiasmo he derramado sobre ese papel! (V V) Apénas puede presentar (España) unos cuantos filólogos (S). Todas ellas me han dado cuantas seguridades puedo apetecer (M). Cuantos elogios hicieron de ella me parecen escasos (M). No dormí en toda la noche (I). El me enseña todas sus cartas (M). Le rodean por todos lados (I). Quiero arrostrar todo obstáculo (V V). Tres visitas lo hago cada dia (M). Cada uno era un Digesto vivo (I). Cada cual tiene su amor propio (G). Cometieron todo género de atrocidades (Y). Cada animalito hablaba distinto idioma (Y). Ambas cosas fueron á gusto del cardenal (Q). Me disgustan entrambas cosas. Los dos ejércitos se juntaron. Estos dos Señores lo han visto tambien. Conviene evitar uno y otro escollo (S). Estos se hallan ambos á dos enamorados de la reina (R). Hora y media va adelantado el reloj (H). Alguna consideracion merecia (S). Los hemos visto algunas vezes (Y). ¿Tiene Vd. relacion con algun ministro? (V V) ¿Estás estudiando tambien algun papel? (V V) No me queda ya esperanza alguna (G). No creo encontrar partido alguno mas ventajoso (L). No falta tampoco alguno que otro episodio oportuno (H). Para ninguna cosa la daré mayor libertad que para esta resolucion (M). Ya no hai ninguna esperanza (L). No vi nunca ningun espectáculo tan triste

(S). Lo diré sin ninguna falta. Mi amo no tiene queja ninguna de mí (L). No tengo acreedores (L). No tiene ganas de hablar (G). No he tenido rato peor muchos meses ha (M). Esto no tiene remedio (L). Tampoco soi amigo de monadas (L). ¿Ves como no hai remedio? (VV). A esto no hubo mas respuesta que un profundo silencio (Y). Habrá ménos desafios ó ninguno (I).

B. Zur Anwendung.

Fermina bringt mehrere Frauenkleider heraus. Du hast wenig Geduld. Wenige Menschen sind so glücklich. Er hat nicht viele Bediente. Es wird dieses Jahr viel Obst geben. Es ist zu viel Vertrauen in einem neuen Schriftsteller. Er ertrug es mit nur zu viel Geduld. Er hatte nicht Ansehen genug. Er betrachtete sie mit ziemlich viel Gleichgültigkeit. Wollt (ir) ihr so viele Verbrechen mit diesem Frevel krönen? Welche Seele kann so viele Leiden ertragen? Wie viele Kinder haben Sie? Er schickte das Werk in einigen wenigen Tagen zurück. Wenn er auf (á) Rechnung der Mitgift einige wenige Unzen geben wollte! Trotz aller Gründe, die ich zu seinen Gunsten darlegte, hat der Hof seinen Tod beschlossen. Ich habe alle Auskunft gehabt, die ich wünschen könnte (Post. Konj.). Die ganze Ladung ging verloren. Ich war Zeuge aller seiner Geheimnisse. Jeder Bürger darf nach Reichthum streben. Jede verständige Person fürchtet die Schwankungen des Glücks. Er gab jedem Kinde drei Aepfel und zwei Birnen. An jedem Finger hatte sie einen Ring. Jede dieser drei Personen ist mit (en) ihrem Gegenstande beschäftigt. Jeder zeigt seine Gemüthsart. Er war gegen jeden gewaltsamen Entschluß. Bei jedem Schritte, den er that, wandte er das Gesicht. Ich wünsche beiden Freunden jede Art von Wohlergehen (pl.). Aus diesen entgegengesetzten Elementen bestand das Repertorium beider Theater. Die beiden Brüder nahmen sich vor, zu Land und zur See zu kämpfen. Ich kenne beide Schwestern. Die Schiffe gingen beide zugleich unter Segel. Ich brauche drei und eine halbe Elle von diesem Tuche. Er hat anderthalb Flaschen von diesem Weine getrunken. Es kostet nur fünftehalb Thaler. Dort blieben sie einige Tage. Wird es nicht irgend ein Mittel geben, Torquato zu retten. Er hatte einiges Talent. Sie werden gar keine Wirkung hervorbringen. Sie lassen gar keine Aussicht. Der Dichter zeigte das eine oder andere Mal Anmuth und Geschick. Mit keinem Menschen ging er um. Er lebt mit keinem Menschen in Frieden. Es ist kein Land in Europa, das er nicht gesehen hat (Konj.). Ich habe es ohne irgend ein Hinderniß erreicht. Ich glaube nicht, daß irgend ein Kaufmann so große Geschäfte machte. Er hatte gar keine Anlage dazu. Ich werde keine Feinde haben. Wir haben keine Geheimnisse für einander. Man kann kein unterhaltenderes Buch lesen. Er ist kein Spanier. Er will kein Kaufmann werden. Ich habe keinen Ehrgeiz. Ich brauche keine Anleihe. Verlieren wir keine Zeit. Es giebt keine Schwierigkeit mehr. Er hat mehr Verstand als du. Er hatte daran nicht weniger Anspruch. Er wird dir nicht einen Cuarto zu viel oder zu wenig geben. Die meisten unserer Schriftsteller haben einander abgeschrieben. Die wenigsten Menschen denken so.

LIII. Uebung, zu § 180 und 181.

A. Zur Anschauung.

Poco te aprovechará llorar (S). Felizmente no me será dificultoso, como dure poco esta farsa (L). Viene Vd. hoi mui poco fino (G). No soi el ménos honrado en estas circunstancias (L). Sospecha mucho (M). Mucho me alegro de veros juntos (M). Vale mucho mi Isabel para esponerme á perderla (M). Allí no estuvieron mucho (Q). He vivido mucho y tengo yo mucha trastienda y mucha penetracion para que tú me engañes (M). Hoi ha sido mucho mas larga la siesta (M). Algo mas hai de lo que has visto (M). Será tu esposa y yo tendré en mi vejez una hija mas que me consuele (M). Yo tomara que fuese nacion no mas, pero lo que me enfada es que ademas de estranjero es hereje (M). Mi pobre tia lloraba tanto (M). ¡Cuánto ha cambiado mi suerte! (I) Tu elogio es tanto mas laudable, cuanto ménos indulgentes suelen ser las mujeres cuando juzgan á otras (DH). Pasaron muchos mas dias (Q). Todo consiste en un poco de maña y de ingeniatura (I). Por poco no me hace desnucar el bárbaro (M). Con la impresion lo ménos ganaré 4000 rs. (M). Aguarde Vd. al ménos que lo pida (FV). A lo ménos yo hablo por mí (G). Es cuando ménos sobrina del Papamoscas de Burgos (G). Vd. es un erudito á la violeta, presumido y fastidioso hasta no mas (M). El autor español ha variado algun tanto este plan (H). No me parece del todo mal ese rasgo de coqueteria (H). Estaba mi tutor harto instruido de todo (M). Pues se engaña Vd. de medio á medio (G).

B. Zur Anwendung.

Dieser Spitzbube wird wenig arbeiten wollen. Wie wenig verdient er alle diese Güte! Die Freude wird nicht lange dauern. Es ist in der That wenig angenehm. Er versteht es noch weniger als ich. Er schreibt uns immer weniger. Ich fürchte sehr, daß sie uns zu packen kriegen. Er zögerte lange. Waret ihr lange Zeit in Madrid? Er wurde sehr geachtet. Er zittert zu sehr, um gut zu schreiben. Wir haben uns zu lange aufgehalten, um zu rechter Zeit anzukommen. Er ist weit gelehrter, als sein Bruder. Was willst du mehr? Er will lieber dies als das Andre thun. Er kann dich nicht unterstützen, wenn er auch noch so gern will. Die Geschichte weiß noch Niemand, sie lebt in meinem Gedächtnisse bloß. Das ist bloß Neid. Deine Entschuldigungen können nur dazu beitragen, ihn immer mehr zu reizen. Wenn es wahr ist, daß er sie so sehr liebt, warum kommt er nicht? Wie sehr müssen sie nicht unser Glück beneiden! Je mehr er spielte, desto mehr verlor er. Du hast ihn genug beweint. Sie haben ihn zu sehr erbittert. Sie hatte die Thür halb geöffnet. Sie haben sich nur halb ausgesöhnt. Kommen Sie um halb fünf wieder. Jene Zeiten brachten viel mehr Schriften hervor. Mit wie viel mehr Recht erlaubt man diese Freiheit! Es ist nöthig, daß du ein wenig Geduld habest. Jetzt verstehe ich es ein klein wenig besser. Beinahe wäre ich gefallen (falle ich nicht). Sie werden sehen, wie sie noch und nach diesen Teufel von Leander vergißt. Es ist wenigstens Klugheit. Wenigstens laßt uns suchen, die verlorne Zeit wieder einzuholen. Wir kamen gestern Abend wenigstens Jeder ohne Beule davon. Er kann höchstens 10 Thaler verloren haben. Sie warfen ihn ohne Weiteres in den Graben. Er ist höchstens neun Jahre alt. Außer einem dreijährigen Sohn hat er noch zwei Töchter hinterlassen. Sie war eitel und außerdem sehr ausschweifend. Ich habe nicht zu so Vielem Zeit gehabt. Zum Glück hatte das Unwetter angefangen, sich etwas aufzuheitern. Er befahl mir, daß ich dasselbe thäte. In Betreff dieses Punktes kann ich seiner Meinung nicht beitreten. Ein solches Betragen ist seiner ganz unwürdig. Jedes Wort von dir durchdringt mich ganz und gar.

LIV. Uebung, zu § 182—167.

A. Zur Anschauung.

Ya se dijo en el tomo primero (H). Cuando yo salí, se empezaba la primer tonadilla (M). Se halla al fin del tomo octavo de sus obras (S). Décima séptima letra de nuestro alfabeto y cuarta en el número de las vocales (Acd). Vigésima cuarta letra de nuestro alfabeto, y décima octava de las consonantes (Acd). A don Enrique tercero de este nombre se habia dado en vida de su padre el título de príncipe de Asturias (Y). Ved que en la paz y libertad se funda el trono augusto de Isabel segunda (VV). A la edad de 14 años salió de tutoría el rei Don Juan el segundo (Y). Entró el primero en la villa (Q). Vamos todos, y yo el primero (VV). Pues diga Vd. — No, Vd. primero (H). Primero perdería la vida que dar su mano á otro que á mí (M). Denota ademas (la preposicion en), primero, el tiempo en que se hace ó sucede una cosa; segundo el modo; tercero, el estado de la cosa etc. (S). Siete quinzavos; diez y siete mellios; cinco octavos; un noveno; cinco diez y ochoavos; nueve onzavos; once veintitrezavos; dos enteros y trece sesentavos; ocho enteros y dos tercios — ¿Cuánto valen dos tercios de arroba en libras? — ¿Cuánto importan dos tercios de tres quintos de tres cuartos de dos arrobas? Los tres quebrados $^1/_4$, $^2/_3$, $^5/_6$, reducidos á comun denominador son $^3/_{12}$, $^8/_{12}$, $^{10}/_{12}$. — $^{22}/_5$ vale $4^2/_5$. — $2^1/_3$ se reduce á $^7/_3$. — $^{1800}/_{3150}$ reducido á los menores términos es $^4/_7$. — $^1/_5$ multiplicado por $^3/_2$ es $^2/_{15}$ (Morena aritm.). Quédate en los portales de Guadalajara, hecho un criado de todo el que te venga á pedir una cuarta de bayeta (L). ¿Qué hora tenemos? — Tres y media cabales (M). Las siete y cuarto (I).

B. Zur Anwendung.

Ich habe fast den ganzen ersten Akt auszuhalten gehabt. Bis zur siebenten Szene erscheinen alle Schauspieler auf spanisch gekleidet. Das u ist der fünfte Vokal. Das r ist der zwanzigste Buchstabe unsers Alphabets und der sechzehnte unter den Konsonanten. Der ein und dreißigste Gesang ist der schönste. Was hat er den dritten Tag gethan? Er macht jetzt die drei und vierzigste Uebung. Es folgte auf Don Fernando den vierten im Jahre 1320 sein Sohn Don Alfonso der elfte. Don Enrique der zweite trat die Regierung im Jahre 1369 an. Im Jahre 1390 starb der König Johann der erste. Den ein und dreißigsten schwur man feierlich Ferdinand dem siebenten. Ich gehe zuerst [hin]. Sertorius erleichterte zuerst die Tyrannei, welche auf unsern Völkern lastete. Er trat erst als der zehnte ein. Näher ist das Gewissen, als alle Rücksichten der Welt. Lieber würde ich sterben, als ihn um eine Gunst bitten. Näher bist du mir, als alle meine Verwandten. Das Zweite ist nicht zu fürchten. Erst will ich wissen, ob dies arme Mädchen sich von ihrem Unfalle erholt hat. Erstens kann ich nicht, und zweitens ist mir ein andrer Gedanke eingefallen. 3/2 sind gleich einem Ganzen und einem Halben. 8/3 sind gleich zwei Ganzen und zwei Dritteln. Wie viel machen (gelten) 3/4 von einer halben einfachen Dublone? 3/4, 5/6, 6/7, 8/24, 4/9, 7/10, 11/12, 13/19, 20/31, 16/41, 111/131, 100/211, 210/311, 131/430, 515/1000. Meine Uhr geht eine Viertelstunde zu früh. Es ist ein Viertel nach zwei und wird bald halb drei schlagen. Es ist ein Viertel vor 5, oder drei Viertel auf 5. Jeder Soldat erhielt 3/4 Pfund Fleisch. Der Schneider sagt, daß ich 3 1/2 Elle Tuch brauche. Geben Sie mir eine Viertel Elle Seide. 10 ist die fünffache Zahl von 2, 72 die zwölffache Zahl von 6. Er hat den dreißigfachen Betrag erhalten. Wir tranken fünferlei Wein. Er hat uns hunderterlei Dinge erzählt.

LV. Uebung zu § 188—190.

A. Zur Anschauung.

Siempre está metida en casa (M). Ya era tiempo de volver á casa. Me detuve ahí cerca (M). Toca diestramente (Acd). Habla discretamente (Acd). Ciceron habló sabia y elocuentemente (Acd). Insistió en su dicho tenaz, orgullosa ó inoportunamente (S). Cesar escribió clara, concisa y elegantemente (Acd). Le recibió franca y amistosamente (S). Pedro habló claro (Acd). Se lo esplicaba tan bajo, que apénas le entendió (S). Ha llegado el correo mas temprano que el mártes último (Acd). Espero que te ha de pesar bien pronto (M). Vuelve presto (M). Almorzamos tarde, mui tarde (L). ¿No cenaste anoche? (G). Antenoche mismo le encontré (S). Harto mejor hubiera sido callar hasta pasado mañana (H). No conocéis todavia el mundo (I). Vamos aprisa (M). Sobre todo, querido amigo te recomiendo á Laura (I). Yo trataré de volver á buen tiempo para haceros la partida (I). Mui á menudo se juntaba lo uno y lo otro (Y). Se habia casado de secreto (M). Todo esto se hace de balde (G). Al punto pararon (R). ¿Llegará á tiempo? (H) Vd. entiende al reves las cosas (H). Yo le haré ir mas de prisa (H). Preferí disimular por el pronto (I). Hoi dia así se conciertan las bodas (H). Tráigamelo en seguida (G). No le enterrarán de esta hecha (BH).

B. Zur Anwendung.

Er ist heute abgereist. Er spricht gut, aber schreibt schlecht. Mach es nicht so. Ich werde mein Leben nicht verwegen bloßstellen. Die Post kommt hier regelmäßig um 1 Uhr durch. Er hat mich doppelt belohnt. Ich kann nicht anders reden. Er hat sich verständig und klug benommen. Er fragte sie ehrerbietig und zärtlich, welches der Grund ihrer Niedergeschlagenheit sei (Imperf. Ind.) Sie haben ihn fein, obgleich etwas weiblich erzogen. Wir griffen den Feind nicht weniger kräftig als unerwartet an. War er nicht vorgestern hier? Zuweilen schien er mir ein wenig närrisch. Ich kann es schneller lesen. Wird er vielleicht nicht hingehen? Tags schliefen wir und Nachts setzten wir unsere Reise fort. Man trifft ihn nirgends. Man erzählte es überall. Es vergrößerte sich zusehends. Er hat es mir verstohlen gegeben. Plötzlich kam er auf die Beine. Gewöhnlich ist er von seinem großen Hunde begleitet. Ueber kurz oder lang werden wir es doch thun müssen. Sie besuchen uns sehr selten. Geben Sie es ihm so bald als möglich zurück. Gestern Morgen wußte er es noch nicht. Er wird spätestens Sonntag abreisen. Wir müssen es aufs Gerathewohl thun.

LVI. Uebung, zu § 191—195.

A. Zur Anschauung.

Ha hecho perfectisimamente (H). Sabia él harto bien que un buen tesoro seria la mejor justificacion de sus hechos en la corte (Q). Los juezes del proceso acordaron mui pronto que se le prendiese (Q). Escribe mas correcta que elegantemente (S). Almorzaste bien (S). Bien diligente ha andado en buscarle (S). Bien serán cuatro cientos infantes los que se han presentado (S). Bien me decidiera á escribirle, pero temo que me haga un desaire (S). El prisionero agradecido respondió que iria mejor en silla (Q). No sabe Vd. bien el apuro en que me veo (G). No le incumbe el cuidado de la observacion de esta lei, bien que sabia y justa (Gonz. Carvajal). Aqui tiene Vd. una carta del señor don Eduardo (G). Ahí esta el anuncio en el Diario (M). Allí está sentado á la sombra (S). Tráele acá (S). Vaya Vd. allá (S). No puedo separarme de aqui (I). Desde aqui puede Vd. verle y oirle (VV). Por allí viene el amo (H). Vengo de allá (VV). Pienso marcharme asi que recoja los intereses que tengo por acá (S). Anunció á los hombres la existencia de la vida mas allá de la tumba (Alc). Aqui el padre suspendió su narracion (Y). ¿Desde cuándo acá gastas tanto miedo? (R) Los introduce aqui y acullá (M). ¿Dónde dice Vd. que está? (G) ¿Dónde, vas mujer? (Acd) Adónde va el venerable Alfaquí? (R) Y ¿en dónde estará tu amo? (M). Aun no habéis oido hasta donde llega la desdicha de nuestro amigo (I). Envió á Sevilla donde á la sazon se hallaban Fernando é Isabel (Alc). Déjala vivir en donde no te aborrezca (M). Mi esposo está fuera (L). Volvéd la vista atras (Q). ¡Que pase adelante! (H) Me saca fuera y me cierra la mampara en los hocicos (VV). La corte está cerca (I). Tendid la vista enrededor (H). Vente allá dentro (R). Toma esa ropa. Cuidado, y llévala adentro (M). He comido ahí cerca (M). Nos echa la casa abajo (G). Su hermana nos seguia de cerca (R). Salte afuera (M). La palabra toda está rayada por debajo (BM). Se entró por el rio adentro (Q). Luego se van allá abajo (M). De hoi en adelante será otra cosa (M). Quedó el viaje diferido para mas adelante (Q).

B. Zur Anwendung.

Er hat immer sehr ordentlich gelebt. Sie vermochten nicht so kräftig zu rudern als wir. Er hatte höchst elegant geredet. Haben Sie etwa nicht gut geschlafen? Wir müssen tüchtig laufen. Er hat sehr schlecht gegen uns gehandelt. Ich mochte wol 14 Tage im Bette sein (Post.), als ich krank war. Wohl könnte er ihn besucht haben (Post. Konj.), wenn es auch nur aus Höflichkeit wäre. Er zog sich lieber nach jenem Staate zurück, als nach denen seines Oheims. Sie wissen es nur nicht. Du kennst sie nur noch nicht. Kaum hatte ich es gesehen, als ich dies bei mir dachte. Sage mir wenigstens, was hat da dieser Unglückliche geschrieben? Hier erwarte ich dich. Einigemal begleitete ich ihn, wenn er hierher kam. Gieb es mir her. Ich werde dorthin gehen. Dort blieb er stehen; von dort aus richtete er an mich das letzte Lebewohl. Hier umher ist dieses Jahr die Erndte gut. Er schreibt, daß es dort umher Gerüchte von Krieg giebt. So macht man es drüben in der Türkei. Ihr Einfluß ging nicht über den Saal hinaus, in welchem sie ihre Zusammenkünfte hielten. Damals in meinen Zeiten war das nicht Gebrauch. Hier unterbrach ihn seine Frau. Da beschloß der Kapitän, den Fluß hinauf zu fahren (subir por). Seit damals habe ich sie nicht wieder besucht. Wir sind schon seit zwei Monaten hier. Es sind unbedeutende Meinungen von gestern her. Hieraus schließe ich, daß er reicher an Kräften als an Geld ist. Wo sind die übrigen Sklaven? Wo soll ich es hinlegen? Wohin wollt ihr mich führen? Von wo aus kann man es am besten sehen? Bis wohin habt ihr ihn begleitet? Wissen Sie, wohin sie gehen? Er geht, wohin er will. Einst machten die Kastilier an einem Bache Halt, wo sie Wetzsteine von vortrefflicher Beschaffenheit fanden. Ich werde ihn finden, wo er auch sein mag. Ich werde suchen, mich dort unten aufzuhalten. Er geht hinten. Du wirst mir dort drinnen helfen. Er sagte ihm, daß er ihn da draußen um 12 Uhr erwartete. Die alte Sklavin geht voran, Zulema folgt ihr. Sie steckten ihn schon hinein. Gehen wir hinauf? Er tritt einen Schritt zurück. Ich kann weder vorwärts noch rückwärts gehen. Komm mit mir dort hinein. Die Hitze des Zimmers hat uns heraus getrieben. Er wagte nicht einmal, zurück zu blicken. Es ist nöthig, die Posse weiter (vorwärts) zu führen. Er antwortet von innen. Sie gaben ihm unversehens von hinten einen Schlag. Dies Rohr ist von außen sehr glatt, sehr üppig, von innen ganz schwammicht, ganz leer. In dem andern Schiffe zog Bartholomäus Ruiz aus (salir), das Land die Küste aufwärts erforschend. Er wurde nach dem Alcazar von Segovia und darauf nach dem Schlosse von Ubeda gebracht, wo er drei Jahre später starb.

LVII. Uebung, zu §. 196—198.

A. Zur Anschauung.

Mas ahora ¿qué tienes que temer? (M) Ahora iré á saber si trae cartas (Acd). Ahora me han dicho que llegó un correo (Acd).

Este marques era ántes el ídolo de la plebe madrileña (T). Antes mucha prisa por irse, y ahora parece que no se va (I). Permítame Vd. decir dos palabras ántes á Valentina (H). Llegarás á Cadiz probablemente ántes que yo (R). ¿Se han conocido Vds. anteriormente? (O) Cuatro dias despues se hallaba ya á la boca del Támesis (Y). Yo volveré luego (Z). Tus angustias se acabarán mui luego (I). Pizarro entónces no estaba en el puerto (Q). Entónces fué cuando aparecieron los normandos por primera vez en las costas de Calabria (S). Hoi mismo he dado un gran rodeo (R). Despierta á la muchacha. — ¿Ya la he de llamar? (S) Aun no se ha ido (I). ¿Todavía estás indeciso? (R) Suspendamos esto por ahora (Y). Por entónces no tuvo efecto (Q). Desde ahora voi á sacrificar mi caudal y mi vida por su libertad (I). Desde luego envió en socorro de Francia una escuadra (Y). Ahora bien, hágase luego (Acd). Antes merecia atento trato del estranjero que amargas reconvenciones (I). Algunos moriscos dan muestras de obedecer y despues se detienen indecisos (R). Iban delante los gremios, seguian luego los individuos del ayuntamiento (S). Tú entónces le hubieras acompañado en la tumba (H). Ya te lo daré á entender (S). Ya nos veremos (Acd). Ya no soi niño (H). Ya nada temo (R). Ya lo dije (S). Ya lo oigo (S). Y ¿qué dicen Vds. ahora? es Vicente mi amigo íntimo ó no lo es? — Ya; habrá Vd. acudido al específico y . . . (G). Mi cabeza no puede nivelarse á la de Vds. — Ya; eso es otra cosa (VV). Ya ya estoi en ello (S). Engañó aun á su mismo amante (I). Ni aun yo misma lo sé (R). ¿Cuándo sale de aquí el correo? (O) ¿Cuánto tiempo estará Vd. ausente? (O). Pues ¿á cuándo espera Vd. para decírselo? (G) Apénas á los cuarenta llegaba cuando murió (M). ¿Con que supongo que mañana tempranito saldremos? (M) No ve aquel desórden al pronto (H). Nunca las nuevas del mal son falsas (H). Jamas le vi tan impertinente (I). Voi á huir de ti para siempre (I). ¿Sabe nunca un cristiano á que (ha de) atenerse en esta bendita España? (BH) Nunca jamas lo haré (Acd). Por siempre jamas me acordaré (Acd).

B. Zur Anwendung.

Diese beiden waren schon Jünglinge. Du kannst noch glücklichere Zeiten genießen. Sind sie noch nicht gekommen? Wir haben noch nicht gegessen. Jetzt selbst gehe ich, ein anderes Zimmer zu suchen. So eben hat man mir diesen Brief für Sie gegeben. Gleich werden wir essen. Siehe da das Hinderniß, von dem ich früher sprach. Verzeiht, wenn ich nicht zuvor um eure Erlaubniß nachgesucht habe. Man schreibt jetzt viel mehr Bücher, als ehemals. Er ist kürzlich von seiner Reise zurückgekommen. Nachher werdet ihr vor Freude springen. Er wird euch auch später einladen. Ich werde es Ihnen gleich erklären. Dies wird bald abgemacht sein. Er wird sich in Kurzem verheirathen. Es war wirklich der Staat damals ein Körper ohne Kopf. Johann kam gestern. Uebermorgen werden wir in Toledo sein können. Ich hatte vorgestern das Unglück, eine chinesische Tasse zu zerbrechen. Sie schifften sich darauf ein, um nach Sizilien zu gehen (pasar). Dies artete bald in einen üppigen Luxus aus. Es sei genug für jetzt. Ich riß sogleich meinen Schleier ab. Wie viele und wie süße Bande werden von heute an unsre Seelen vereinigen! Wir müssen bis morgen warten. Bis jetzt habe ich Keinen gesehen. Nun wohl, was will man mit dieser Maßregel erlangen? Lieber werde ich tausendmal in (á) den Tod eilen (correr), als zu dem Unglück eines Freundes beitragen. Er trieb mich an, so bald als möglich aus jener Stadt zu gehen. Sobald sie an jenem Orte ankamen, theilte er es ihr mit. Und was wurde dann aus ihm? Hat er geschrieben? Dann wird er heute nicht kommen. Er war der einzige Freund, der noch blieb. Der Handel mit (de) Negern ist jetzt abgeschafft. Gleich stirbt er. Ihr liebt mich nicht mehr wie früher. Was liegt mir daran? Nun ja, aber zuweilen hat Einer doch Neugierde, Neuigkeiten zu erfahren. Erinnern Sie sich des Rathes wegen der Prügel? — Ja, wir verstehen wol. Ich glaube es wol. Nun, ich sagte wol, das ist keine Sache meines Landes. Ich werde sie vertheidigen, wenn mir nicht etwa die Kräfte fehlen. Bald sang er, bald tanzte er. Er arbeitete selbst des Nachts. Er sucht nicht einmal sich zu verstellen. Selbst wenn ich das Geld hätte, würde ich es nicht kaufen. Seit wann sind Sie zurück? Bis wann können Sie verweilen? Für wie lange wollen Sie es haben? Man weiß nicht, wann dies geschah. Von Zeit zu Zeit sah er mich an. Er ist bald hier, bald da. Er kam gestern Morgen nach Cadix. Er berieth mit sich selbst, welches Werk für's Erste das Nothwendigste sein würde. Anfangs gab er kein Lebenszeichen. Ich fing das Gewebe früh diesen Morgen an. Später werden wir uns sehen. Endlich erfüllte er sein Versprechen. Ich kramte nicht Abends aus, was ich Morgens las. Du wirst hingehen, für immer im Schooße des Schöpfers auszuruhen. Nie habe ich ein so trauriges Schauspiel gesehen. Ach nein, nie hat er es gethan. Er kehrte von seiner Reise mächtiger, als je, zurück. Das wird nie und nimmer geschehen. Ich habe es jetzt für immer und ewig. Werden wir uns je wiedersehen? Ich gehe oft hin, ohne je das Vergnügen zu haben, sie zu sehen.

LVIII. Uebung, zu § 199—202.

A. Zur Anschauung.

Se lo esplicaba tan bajo que apénas le entendió (S). ¡Cuán insensatos son los cálculos del hombre! (Z) Nos importaba tanto (I). ¡Cuánto le compadezco! (R) Dile que tan solo exijo saber que vive (R). No me han robado ni un dinero tan siquiera (G). ¡Qué gesto tan terrible tenian! (R) ¡Qué situacion tan cómica! (M) ¿Será posible? Y tanto como lo es (G). No estoi mui bueno (Acd). Aun estamos mui léjos de la verdad (I). ¿Y así te vas, Carlota mia? (R) ¿Cómo podré pagarle á Vd. lo que le debo? (O) Lo mismo se me da así que asado (Acd). ¡Así se me nombrara! (S) ¿Cómo ladra tanto ese perro? (M) ¿A cómo sale la onza? (Mor. Aritm.) Hace como dos años (Acd). Era este como el último esfuerzo que hacia la naturaleza contra ellos (Q). Da vigor al pensamiento y como que lo clava en la mente (R). Tú misma como que te complaces en esa tristeza (R). Le dije como me hallaba (S). Como teníamos convenido le hallé solo en un cuarto retirado (I). Te abriré como vengas ántes de las doce (S). No nos detengamos en balde (M). En vano querrá perdonarme (I).

B. Zur Anwendung.

Ich befand mich hier so wohl. Wie ungerecht bin ich gewesen! Wie ernst und mühsam sind die Aufgaben des Richteramtes! Verlaßt sie nicht in [einer] Lage, in welcher sie euch so sehr bedarf. Wie sehr freue ich mich darüber! Er ist so oft nicht hier gewesen. Wie oft muß ich es abschreiben? Ich fordre es nur als ein Zeichen der Zuneigung. Und warum zweifle ich auch nur einen Augenblick? Welche geheime und lange Berathungen wurden hier gepflogen! Welches unerwartete Vergnügen! Ist das glaublich? — Und wie sehr ist es das! Die Hitze ist sehr groß. Ich glaube es sehr wohl. Sie hatten sich sehr erhitzt. Sie sind allzu gütig. Er ist zu vernünftig, um so Etwas zu thun. Das schwächt Einen zu sehr. So behandelt der Hof ein Geschäft von solcher Wichtigkeit. So mißbraucht man der schützenden Gesetze der Natur. Mensch, ich kann nicht anders sprechen. Wie ist dies Papier in eure Hände gefallen? Wie gehn jetzt die Geschäfte? — So, so. Wäre ich doch gegenwärtig gewesen! Könnten wir das doch auch thun! Er ist sehr schlau; also laß dich nicht täuschen. So wie ich einen Kastilier sehe, wende ich das Gesicht nach einer andern Seite. Warum habt ihr euch diese Freiheit genommen? Wie hoch steht dies Tuch ein? Es zogen ungefähr 200 Mann ein. Es kostete ihm nicht viele Schwierigkeit, Etwas wie Backstein aus dem Lehm zu bilden. Ich sah nur, daß dieser Don Juan sie gewissermaßen ausschalt. Gewissermaßen fühle ich dann sich die Last erleichtern, welche mein Herz bedrückte. Nun sieh, wie er mir die Wahrheit sagte. Haben Sie Ehrgeiz, wie ich ihn habe. Warum soll Ramiro nicht stolz sein, wie sie? Da es heute Sonntag ist, können Sie wohl noch ein wenig verweilen. Wenn du gut lernst, werde ich dir Etwas schenken. Ich kann ihn nicht bewegen, wie ich es auch anfange. Er ist von Natur gutherzig. Sie wollten es ihm nicht umsonst geben. Vergebens vertheidigen ihn einige Schriftsteller.

LIX. Uebung, zu § 203—206.

A. Zur Anschauung.

Tal vez no lo sabe (I). ¿Vendrá por ventura á buscar la cartera? (H) ¿Acaso me queda alguna esperanza? (G) ¿Puedo acaso disponer de mí? (G) Quizá estás tú mas tranquilo, porque me amas ménos (R). ¿Con que Vd. persiste? — Si Señor (G). ¿Llamaba Vd? — Si (G). ¿Acabó Vd. con mi candelero? Si Señora, aquí está (G). Esto no es cosa de mi tierra. — Si tal (M). Te digo que sí (G). Aseguró el indio que sí (Q). Sí, hace Vd. mui bien en llamarme suya (G). Digo que sí lo haré (M). ¿Qué tiene que ver nada de eso con lo que estamos hablando? — Si Señor que tiene que ver, sí Señor (M). Eso sí que es portarse (Acd). Aquellos sí que eran hombres (M). Ahora sí que parece que es Vd. hombre de juicio (M). Arregla estas sillas, limpialas. — Si están limpias (L). Yo diré que es Vd. boticario. — Pero si yo no entiendo palabra de esa facultad (M). Pues no lo sabia — Si Vd. no sabe nada (M). ¡Cuidado no os equivoquéis! (M) ¡Cuidado no sorprenda el Señor Don Fabian á los pobres novios! (R) Yo le aseguro á Vd. que si hubiese llegado á presumir que Vd. era el dueño de aquel corazon, nunca hubiera tenido la temeridad de disputársele (M). Si llega á amar una vez, aquel amor llenará toda su vida (H). ¿Con que, en resumidas cuentas, la llave no parece? — No Señor (G). Sí, sí, Vd. me hará este favor. — No por cierto (M). ¿Y dices que estaba inquieta y llorosa? — No que no (M). No le digo á Vd. que no (M). No, Anselmo, yo no podré sufrir su vista (I). No que es chanza. Si le he visto yo (M). Se resolvió á no abandonarle (S). No nombro á nadie (L). De ningun modo debe escusarse (S). Los hombres no tiemblan jamas (R). No os he de abandonar en mi vida (R). En mi vida he visto locos mas locos (M). En todo el año ha hecho tanto frio como hoi (S). ¿Pues no estuvo el animal toda la noche de Dios cantando? (M) ¡Qué de privilegios no fueron dispensados á las artes! (I) ¿Con que duda Vd. que sea verdad? (M) Parece que temes que se encuentren nuestras miradas (R). Mejor es el trabajo que no la ociosidad (Acd). Esto no quita que yo trate de dorar la píldora (G). A fé, amigo mio, que me has hecho bien mala obra (I). A la fè que el tal lenguaje es un poco oscuro (M). Cuidado que tenéis gana de quimera (M). Seguro que me hace muchisimo mal (M). Cierto que es un señor mui mirado, mui puntual (M). Los esclavos no tienen sino amos (R). ¡Juan! Juan! no te has de levantar hasta mañana? (R). Hasta la tarde no podré verla (H). No he nacido tampoco para ser esclava (R). Tampoco dejé sosegar á nadie (I). No queda ni asomo de duda (R). Nuestros recelos no llegaban ni con mucho á la realidad (R). Tambien preguntó mi amo (I). ¿Ni siquiera te merezco una voz de consuelo? (R) Ni siquiera vivimos en casa propia (H). Aguardad siquiera á que amanezca (R). ¡Vaya que es fastidioso el tal Muños! (M) Ai, don Frutos, que me quita ese hombre el manojo (G). Vamos que no me parece tan notable la diferencia (M). ¡Vaya que es tambien demasiado! (M) Mi padre ¡ó que dicha! está para llegar al puerto (Acd). Ai, Dios! déjame (M).

D. Zur Anwendung.

Vielleicht kommt er nicht. Habe ich es vielleicht in meiner Hand? Habe ich etwa Gründe, froh zu sein? Vielleicht könnte es sehr schlimme Folgen haben. Er wird wahrscheinlich nicht wiederkommen. Er wird es sicher thun. Verstehen Sie mich jetzt? Ja, Herr. Ist dies die erste Nachricht? Ja, Madame. Don Manuel wird uns das Vergnügen machen, uns zu begleiten. Nicht wahr? Ja, gewiß. Wollen Sie mich hören? Ja, gewiß, mit vielem Vergnügen. Das ist nicht glaublich. Ja, doch, Herr Gust. Verstehst du es? Ich denke, ja. Waren sie hier? Ich glaube, ja, dort in jenem Zimmer. Bist du zufrieden, Mädchen? Ja, Herr, ich bin es. Ja, das war ein schönes Buch. Ja, dies ist eine köstliche Gegend. Ja, diese Gaben verdienen Bewunderung und Lob. Gieb mir das Papier her. Das wäre (ist) schön; es ist ja nicht für Euch. Also Sie wollen es nicht thun? Ich habe es Ihnen ja schon gesagt. Was soll ich Ihnen verschreiben? Aber ich komme ja nicht, daß (á que) Sie mich heilen: ich leide ja an keinem Gebrechen. Daß du nicht wiederkommst, ohne daß ich dich rufe, und pflanze dich ja nicht an das Gitter. Oeffne ihm ja nicht wieder! Fallen Sie ja nicht! Daß sie dich ja nicht merken! Daß sie uns ja nicht hören! Wenn er sich ja entschließt, wird er es auch ausführen. Wenn ich ja, ermüdet und überwältigt, die Augen schließe, giebt es keinen traurigen Traum, und kein schreckliches Bild, das nicht mich zu martern käme (Pres. Konj.). Du wirst dich nicht von ihm trennen. Nein, Herr. Sind sie noch nicht gekommen? Nein. Fehlt dir Etwas? Nein, jetzt nicht. Geht Ihr ohne Rock? Nein, gewiß nicht. Sind Sie erzürnt? Das nicht. Willst du es jetzt haben? Nein doch. Wird sie schelten? Ich hoffe, nein. Nein, ich kann das nicht länger ertragen. Er brachte uns eine nicht sehr angenehme Nachricht. Es bedurfte nicht wenig Mittel, um es auszuführen. Er thut wohl daran, die Zeit nicht zu verlieren. Von den Kandidaten taugen nicht alle für die Stelle. Ihr gebt vor, Nichts zu wissen. Ich will Niemand übel. Du hast nie andre Träume, noch andre Wünsche gehabt. Was giebt's Neues? Nichts, Fräulein. Ich habe in meinem Leben keine Verse gemacht. In meinem ganzen Leben habe ich mich nicht verlegener gesehen. Die ganze Nacht habe ich kein Auge zugemacht. In der ganzen Welt giebt es seines Gleichen nicht. O, geliebter Vinzenz, wie groß (cuál) wird nicht deine Ueberraschung sein, wenn du mich in deine Arme drückst. Wie viele Prozesse hat es nicht gekostet! Was würde man nicht von deiner Abwesenheit gesagt haben! Ich zweifle sehr, daß sie euch verstatten, in das Schloß einzutreten. Ich fürchte, daß er sich geirrt hat. Es ist besser zu fasten, als krank zu werden. Ich nehme mich in Acht, daß ihr Vormund mich nicht bemerkt. Das hindert nicht, daß das Mädchen nicht sehr gefügig und sehr wohl erzogen sei. Gewiß, ich erwartete diesen Empfang nicht. Auf Ehre, es ist ein ziemlicher Unterschied. Wahrhaftig, ich kenne ihn nicht. Es gab nur leichte Scharmützel. Es handelt sich nur darum, die Unwissenheit der Landleute zu vermindern. Sie widmete der Poesie nur ihre Mußestunden. Ihr Brief ist erst diesen Morgen angekommen. Es wurde erst den 19. Mai unterzeichnet. Wir haben den ganzen Abend nur gespielt. Ich kann sie auch nicht verlassen. Dieser Bursch gefällt mir nicht. Und mir auch nicht. Ich halte mich auch nicht einen Augenblick auf. Auch ist jener Don Vinzenz hier gewesen. Der Einfall ist auch gut. Hat er auch nur ein Wort erwiedert? Schreiben Sie wenigstens zwei Worte. Auch nicht einmal eine Unze (von) Gold hat er vorschießen wollen? Nichts, nicht einmal einen Ochavo. Kaum kennen sie sich. Fast waren wir vor den Thoren der Stadt. Ach, ich kann nicht mehr. Au! au! Sie verletzen mir den Arm. Nun, Schwester, du bist sonderbar in allen deinen Dingen. Nun, nun, es giebt noch keinen Grund zu so vieler Angst.

LX. Uebung, zu § 207—211.

A. Zur Anschauung.

Allí viene vuestra hermana (M). Nadie dijo nada (S). El mentir pide memoria (Sprichw.). ¿Todos me abandonarán? (I) La funcion de esta tarde es mui bonita (M). Los pueblos distantes del mar comercian poco (Acd). Me gusta que aprendas (Acd). Quien miente, roba (Spr.). Ello tambien ha sido estraña determinacion la de estarse Vd. dos dias enteros sin salir de la posada (M). No faltarán valientes (R). Ya es preciso tomar algun partido (I). Señaláronse en crueldad los lanceros polacos y los mamelucos (T). Ya lo oyes tú mismo; ahora ella sola habla (L). ¿Qué, Señor, vos sois su padre? (I) Escucha tú (S). Esto es una bagatela (L). Aquello era Babilonia (Y). Esta es el alma del plan (L). ¿Qué libro será este? (G) Esta no es mi casa (L). Esa debe ser una vista mui hermosa (Y). Ese es su cuarto, este es el de la madre y aquel es el nuestro (M). Estas han sido su ocupacion y sus diversiones (M). El buei ara (Acd). Estás inquieto (R). Falsas son sus blandas quejas (R). Tu sangre corre ya derramada (I). Puede ir (el participio) acompañado del verbo „ser" (S). ¿No es verdad? (M) El novio no es mui de tu gusto (M). Su enfermedad bien á la vista está (M). Las ocupaciones son muchas (I). Habla discretamente (Acd). El maestro da leccion (Acd). La mujer virtuosa cuida de su casa (Acd). Eso me ha llegado al alma (O). Atendió con bastante particularidad á los idiotismos (S). Todo pereció á la orilla del Garona (H). Dios nos anuncia su ira (R). Se nos ofrecieron dos hombres á la vista (S). Tal empleo estará bien á fulano (Acd).

B. Zur Anwendung.

Die Kinder schlafen. Nichts geschieht. Das Wissen nützt immer. Der Neuangekommene ging hinunter. Das öffentliche Recht aller Länder hat sich beständig einem so großen Mißbrauche widersetzt. Das Haus meines Vaters ist noch neu. Es ist gewiß, daß er kommt. Was du sagst, ist wahr. Es ist nöthig, nachzuforschen, welches Leben er führt. Es trugen dazu verschiedene Ursachen bei. Es erneuerte sich das Sturmläuten alle Abende. Es beteten ihn die Offiziere an, und es liebten ihn Alle, welche mit ihm umgingen. Es würde schwer sein, jetzt den Verlust zu berechnen, den es auf (por) beiden Seiten gab. Es ist sehr schlimm, sehr schlimm, im Bette zu lesen. Es gefällt mir nicht, eine Sache zweimal zu sagen. Ist es wahr, daß sie sich verheirathet? Wenn du entschlossen bist, fortzugehen (marchar), muß ich es sein, dir zu dienen. Das ist Thorheit. Dies ist seine schwache Seite. Das ist das erste Mal, daß dieser Dummkopf mich verstanden hat. Jenes war die einzige Sorge, welche sein gutes Herz betrübte. Viel Arbeit ist dies. Jenes sind meine Bücher. Dies war die einzige Ursache seines Zornes. Wird man wissen können, welche Art von Beleidigung dies gewesen ist? Balm kommt. Meine Kinder sind noch jung. Dein Rock ist zerrissen. Das Wetter blieb schön. Er scheint krank. Er ging zornig fort. Sie fiel ohnmächtig nieder. Der Graf ist der Herr dieser Brieftasche. Die Tage sind von gleicher Dauer, wie die Nächte. Noch bin ich unverheirathet. Noch sind Sie in diesem Irrthum? Sie singt nicht übel. Er schreibt sehr langsam. Die Sonne brennt unerträglich. Der Kapitän nahm von der Stadt Abschied. Er überhäufte uns mit Wohlthaten. Sie kamen während der Nacht. Er wird noch im Bette sein. Er wird es uns heute wiedergeben.

LXI. Uebung, zu § 212 und 213.

A. Zur Anschauung.

Ahora comprendo la causa del gentío que acude esta mañana á cumplimentar al favorito (L). He viajado mucho (Acd). ¿Habéis leido la gazeta de hoi? (L) El primer uso que harán de ella (la potestad) será contra vos, Señora (L). En seguida nos dirijimos á palacio, en donde, si nos ayudáis, el rei y los grandes se declaran por nosotros, me proclaman regenta, y desde mañana soi yo, ó mas bien vos y Koller, quien dicta leyes á Dinamarca (L). Será mui rico cuando herede á tu tio (G). Habrá cesado ya la guerra cuando tal ó tal cosa suceda (Acd). Cuando habremos esplicado esto pasaremos á otra cosa (Acd). Mi madre no me habla continuamente de otra cosa (M). ¡Qué poco vale la vida, cuando se vive sin deseos ni porvenir! (G)

B. Zur Anwendung.

Es ist ungefähr ein Jahr, daß Donna Paquita einen andern Liebhaber hat. Ach, Anselm, wie sehr irrst du dich! Habt ihr mit dem Könige gesprochen? Sie haben sich oft gesprochen, sie haben sich geschrieben, sie haben sich Liebe, Treue, Beständigkeit versprochen. Es ist ein Wunder, daß er mich nicht unter Schloß und Riegel gelegt hat. Er wird sie nie verlassen. Der Schneider wird dir den Rock morgen bringen. Die Post wird bei unsrer Ankunft schon abgegangen sein. Sie wird morgen um 10 Uhr meinen Brief empfangen haben. Hörst du? ich bleibe zum Vesperbrod (á merendar) bei Donna Beatrix. Nun gut, Ihr reiset also um 2 Uhr Nachts von hier ab; um 6 Uhr seid Ihr in Montepino. Mein Kaplan sagt uns eine kurze Messe, er verlobt Eure Tochter und mich, und, wenn es nöthig ist, traut er uns, und um 10 Uhr seid Ihr schon meine Mutter. Ich werde es bezahlen, wenn ich wiederkomme. Kommen Sie, wenn es Abend geworden ist (Konj.). Nicht alle sehen die Sachen auf (de) eine Weise. So behandeln wir die Geschäfte. Die Menschen stellen sich die Unglücksfälle immer viel größer vor, als sie an sich sind. Der Mensch, welcher Ehre hat, schämt sich seiner leichtesten Fehler.

LXII. Uebung, zu § 214.

A. Zur Anschauung.

¿Esperaba Vd. acaso otra visita á las siete de la mañana? (G) Al fin era necesario separarnos (M). A las tres ya estaba haciendo calceta (M). A las cinco y media en punto partió la posta (I). A su llegada supo que nuestro pais se hallaba conmovido (Alc). Cuando entré en su cuarto estaba dormido como un tronco (I). Cuando acepté el desafio, preví estas consecuencias (I). Todos guardaban un melancólico silencio, y ya el verdugo iba á descargar el fatal golpe, cuando una voz, que clamaba á lo léjos: ¡Perdon! detuvo el impulso de su brazo (I). En Mayo de 1846 visitaba yo la ciudad de Granada (Z). Se usaban (los trajes) en Francia en el año de 1661 (rA). Se representó en el teatro de la Cruz el dia 24 de enero de 1806 (rA). En 1675 cumplió Cárlos segundo los 14 años, y tomó las riendas del gobierno (Y). La vanguardia llegó el 23 á Abrantes (T). Cuando estuvo el invierno pasado tan malo, ni un instante me separé de la cabecera de su cama (G). El patio recibió la leccion áspera que se le daba con toda la indignacion que era de temer en quien iba tan mal dispuesto á recibirla (rA). Cuando yo salia de la puerta los vi á lo léjos que iban ya de camino (M). No lo pensaban así los Griegos, ni los Romanos; pues sin embargo de que para ellos eran tan comunes la lengua griega y latina como para nosotros la castellana, tenian Gramáticas y escuelas para estudiarlas. Conocian la utilidad y necesidad del uso, pero conocian tambien que convenia perfeccionarle con el arte (Acd). Iba y venia de noche (M). Gustaba oir cuando comia historias de hombres ilustres, y en los ratos ociosos se dedicaba al estudio de las matemáticas aplicadas al arte de la guerra. Preciábase de galante cuando á la hermosura acompañaban el recato y la discrecion, y detestaba y perseguia á los tahures, agoreros y mujeres livianas (Alc). Parece que llegaron esta tarde (M). Poco ha que salió de aquí (I). Ayer vi á mi amigo bueno y sano y ahora le he visto enfermo (Acd).

B. Zur Anwendung.

Bei meiner Ankunft regnete es. Um Mittag war Alles fertig. Um 6 Uhr waren wir schon angekleidet. Bei seinem Einzuge war die ganze Stadt erleuchtet. Ich stand gestern Punkt 6 Uhr auf. Bei seiner Abreise fing es an zu regnen. Er war 7 Jahre alt, als sein Vater starb. Waren die beiden hier, als du hinausgingst? Und was sagte er, als du ihm die Botschaft gabst? So wie er eintrat, erhoben sich alle. Den 17. October wurde ohne Aufhören gekämpft. In jenem Jahre war die Theuerung groß. Dies geschah im Frühling 1409, und zwei Jahr darauf nahm ihn der König zu (por) seinem Pagen an. Ferdinand der sechste nahm den Thron im Jahre 1746 ein. Ich las, während er schrieb. Als ich in Madrid war, schrieb ich ihm. Man weiß das Jahr nicht, in welchem das Kind geboren wurde. Die zweite Dame der Gesellschaft, welche schon an die 40 streifte, wollte sich nicht bequemen, die Rolle der Beatrix zu machen. Sahen Sie nicht, daß der Umschlag kein Siegel hatte (traer)? Die Anmuth ohne Gleichen, welche man in seinen Manieren sah, der Zauber seiner Worte, die Klugheit seines Betragens in einem so frühen Alter machte ihn bei seinen Untergebenen, welche er immer mit Leutseligkeit und Schlichtheit behandelte, bei seines Gleichen, welche in ihm einen Freund und einen lustigen Gesellen fanden, bei seinen Oberen endlich, welche er durch seine Ehrerbietung und Klugheit zu gewinnen wußte, geliebt und geschätzt (machte ihn lieben und schätzen von). Das Betragen der Soldaten entsprach nicht immer dieser freundschaftlichen Aufnahme, und ihre Gewaltthätigkeit und ihre Anmaßung veranlaßte Streite und Zwistigkeiten, in welchen die armen Indier häufig die waren, welche zu leiden hatten. Die Monarchie, welche die Spanier im Begriff zu zerstören waren, dehnte sich auf (por) jener Küste des neuen Kontinents über sieben hundert Meilen aus, und ihr Ursprung stieg, nach der Sage der Indier, zu einer Epoche von nahe an 4 Jahrhunderten auf. Jeden Tag sah Granada irgend eins der Bollwerke, welche es vertheidigten, in [die] Macht der Christen fallen. Wenige Jahre nachher ging Scipio nach Spanien. Kaum trennte ich mich von Ihnen, [so] traf ich in dem Wirthshause den, welchen ich meinen Feind nannte.

LXIII. Uebung, zu § 214.

A. Zur Anschauung.

Yo habia leido ya la carta cuando llegó mi hermano (Acd). Se resolvió á resignar desde luego sus indios y su tierra en manos del gobernador que se los habia dado (Q). Las llamas habian comenzado sus estragos cuando los romanos entraron furiosos (Alc). Con la muerte del rei don Cárlos se extinguió en España la linea austriaca que habia reinado mui cerca de dos siglos (Y). Despues que hube visto las fiestas salí de Madrid (Acd). Luego que el mariscal Soult hubo pasado de Orense via de Portugal, la insurreccion del paisanaje gallego se aumentó (T). Cuando por medio de ellas (las conquistas) hubimos recobrado una gran parte del territorio nacional fué para nosotros mui dificil restablecer su cultivo (I). No bien hubo desembarcado Himilcon, Asdrúbal obediente á las órdenes de Cartago se preparó para la futura campaña (Alc). Apénas habia Asdrúbal apaciguado la rebelion, recibió órdenes de Cartago mandándole pasar con su ejército á Italia (Alc). Desde que en ocho de Noviembre habia entrado Napoleon en Vitoria se sentia por do quiera su presencia (T). Fué (Isabel) la honra de su sexo y aun pudiera serlo del varonil (Y). La paz habia ya restituido al cultivo el sosiego que no conociera jamas (I). Yo le aseguré que no desistiria de mi propósito (M). Lleno de estas ideas me pareció que tal vez hallaria en Vd. todo cuanto deseaba (M). En el año de 1786 leyó el autor esta comedia á la compañia de Manuel Martinez y los galanes fueron de opinion de que tal vez no se sufriria en el teatro (rA). Le pedia que le enviara (oder enviase) libros (Acd). Suplicaron al juez que oyera (oder oyese) sus descargos (Acd). Apénas salí, tropecé con el Rector de Málaga (M).

B. Zur Anwendung.

Wenige Stunden waren verflossen, als eine so große Ungleichheit verschwand. Nachdem er dies gesagt hatte, ging er aus der Versammlung hinaus. Den 25. feierte man ein prächtiges Leichenbegängniß für die, welche in [der] Vertheidigung ihres Vaterlandes gefallen waren. Man hatte den Mauren, als sie sich dem Könige unterwarfen, versprochen, daß man sie bei der freien Ausübung ihrer Religion erhalten würde. Nachdem jene Eroberung dem Ackerbau hier mehr Festigkeit und Ausdehnung gegeben hatte, störten auf der andern Seite von Guadarrama beständige Aufregungen den Landbau. Er sagte mir, daß ich in jenem Briefe die gerechten Beweggründe sehen würde, welche ihn nöthigten, zurückzutreten. Die reiche Ladung, welche Renteria von Jamaica gebracht hatte, wurde sogleich in Geld umgesetzt. Er versicherte ihm, daß die Reise sehr lustig sein würde. Als das Alter und die Ermüdung die ersten Eroberer niedergeworfen hatte, kamen Verstärkungen herzu, welche in den verschiedenen Ländern, die das muselmännische Joch anerkannten, organisirt worden waren. Kaum hatte er sich in den Provinzen gezeigt, [so] besetzte er sie ohne Widerstand. Er schrieb ihm, daß sie Freitag Alles verladen haben würden. Ich setzte ihm mit Kürze und Bescheidenheit Alles, was im Duell vorgefallen war, auseinander. Kaum war der römische Trupp in den Umkreis der aufrührerischen Stadt eingedrungen, als er seine Strenge fühlen ließ. So wie er diese Nachricht erhalten hatte, machte er sich auf den Weg. Von Barcelona zog er nach Asturien, erhielt den Befehl einer Division und focht mit ihr eben so ritterlich, als ihn die Welt zu andern Zeiten (época) hatte auf dem Wasser kämpfen sehen (Alte Form). Sie verlangten, daß wir ihre Werke lesen sollten (möchten). Er schrieb, daß wir alle kommen möchten. So wie er sich öffentlich sehen ließ, wurde er verhaftet.

LXIV. Uebung, zu § 215—218.

A. Zur Anschauung.

Yo creí que se serenaria (R). Le dije que su merced me habia recibido en su nombre (G). Dijo que era un amigo íntimo de su merced (G). ¿No habéis dicho que era rico? (H) Pensaste que iba á matarla (S). Creia Aténas que no se formaba un jurisperito sin el socorro de todas las ciencias (S). Cuando iba (yo) á hacerlo, me avisaste que fué preciso retirarnos (M). Proseguia diciendo á voces que él habia dado muerte al señor marques (I). ¿Puede haber en tu pecho alguna pena de que Laura no participe? (R) Nunca me ha pasado por la imaginacion idea ninguna de la cual su delicadeza y su pudor deban ofenderse (M). ¿Hai alguien que lo dude? (R). No los (los juramentos) he echado en olvido para que sea menester recordármelos (R). Tampoco habia mas que dos hermosas con quien se pudiese hablar (L). No hubo argumento que él no aplicase al teatro (rA). ¿No dices que has oido que se llama Don Enrique? (M) He visto que la insultaban (M). Comió, bebió y habló mas que sus compañeros (S). Apénas creo lo mismo que estoi viendo (I). ¿Qué está Vd. curioseando por esa ventana? (G) Quizá ahora mismo su padre la está reprehendiendo, y ella lo está jurando no volver á hablarme (R). Con una pluma le fué untando (M). Es menester que (ella) te vaya comprendiendo

(M). El corazon de una esposa no se engaña nunca (R). En arca abierta el justo peca (Spr.). Empezó á despojarse (Y). Se comenzó á promover con gran calor la navegacion de los rios y canales (I). Se puso á reflexionar un rato (Y). Está á punto de desafiarme (R). No tardaron mucho en descubrir un lugar (Q). ¿Cómo tardáis en tributarle la mas humilde accion de gracias? (Y) Traté de dormir, pero en esta casa no se duerme (M). Haz por ser bueno (Y).

B. Zur Anwendung.

Ich erfuhr, daß sie die Tochter einer Dame aus Madrid sei. Sie sah sich in der Nothwendigkeit zu antworten, daß sie zu Allem, was man ihr befähle, bereit sei. Er sagte, daß sein Enkel herbeigeeilt sei. Er glaubte, daß das Schiff geborsten sei. Du selbst sagtest mir, daß er umkommen werde (ir), wenn er dort zwei Tage bliebe. Er entgegnete ihnen, daß das, was der Prediger gesagt habe, [die] Meinung der Gesammtheit der Klostergeistlichen sei. Man konnte nicht wissen, was aus allen jenen armen (triste) Leuten geworden sei. Es giebt keine Sache, die ich nicht für das Vaterland und für die Freiheit thäte. Meine Wahl ist so ehrenhaft, so angemessen, daß ich keinen Beweggrund finde, der mich nöthigen könnte, sie zu verhehlen. Giebt es etwas Neues? Nichts, das ich wüßte. Er hat mich zu sehr beleidigt, als daß ich ihm je vergeben könnte. Er ist nicht so mächtig, daß er uns gefährlich wäre. Es giebt nicht ein einziges Versprechen, das ihr nicht gebrochen hättet. Er sah Nichts von dem, was seinen Geist hätte wecken und seinen Charakter stärken können. Dort wirst du einen Vater finden, welcher deine Tugenden wird zu belohnen wissen. Wo hast du es gefunden? Sie war erst 6 Jahr alt, als ihr Vater starb. Er schläft mit der größten Ruhe. Einige kastilische Soldaten sahen den Tanz an. Dein Herz thut mir in diesem Augenblicke volle Gerechtigkeit. Den ganzen Tag deklamirt er. Unmerklich werden wir alt. Die Tage nehmen ab, und die Kälte nimmt von Tag zu Tage zu. Jetzt bekommt er seine Besinnung wieder. Eine Hand wäscht die andre, und beide das Gesicht. Seine Fehler entstehen nie aus seinem Herzen. Ein Seufzer verspricht immer ein Vertrauen. Sie fingen an, von Theaterstücken zu sprechen. Er fing an, durch jene Wälder zu laufen. Die Zögerung fing an, uns Sorge zu machen. Er schickte sich an, es mir zu geben. Sie waren im Begriff abzureisen, als sie festgenommen wurden. Das Schiff war nahe daran, unterzugehen. Ich werde ihn bald eines Bessern belehren. Man entdeckte bald, daß ihnen noch ein Rest von Leben übrig war. Er wird sich bald frei sehen. Er suchte mir ein Papier einzuhändigen. Du suchtest ihn von so niedrigen Absichten abzubringen. Es war nicht möglich, ihn dazu zu bewegen. Es wird nicht möglich sein, seine Einwilligung zu erhalten.

LXV. Uebung, zu § 219 u. 220.

A. Zur Anschauung.

Yo estudio (S). Habrás andado mucho (S). ¿Vd. le dió tambien algo? (Y) Reunámonos al punto (R). Los censores aplaudieron al objeto moral (rA). Yo soi la que no entiendo á Vd., papá mio (G). Yo soi quien te priva de la inocente vida (I). Dichosa tú que de hoi no mas verás á este estafermo (M). Yo soi el que haré ver á todo el mundo que él es un menguado (S). Todo es mudanzas en esta vida (M). Lo que tendré serán trabajos (G). Tal variedad de avisos y de noticias puso en perplejidad el ánimo del gobernador (A). Muchedumbre de mujeres hilaban y tejian vestidos para los soldados del Inca (Q). Parte de los enemigos picaron nuestra retaguardia (S).

B. Zur Anwendung.

Wir hörten plötzlich ein Geschrei. Immer spaßest du. Für ihn sind die Billete. Jenes Gebäude liegt innerhalb der alten Stadt. Sie müssen diesen Uebelstand ertragen. Ihr werdet es sogleich mit euren eignen Augen sehen. Herrin, warum seid Ihr so traurig? Ich bin es, der gegenwärtig war. Und wirst du es sein, die ihm dies sagt (Konj.)? Wir sind es, die sich verheirathen. Seid ihr es, die uns diese Nachricht gebracht haben? Dieser kleine Vogel ist die einzige Liebschaft (amores) des Fräuleins. Was mich am meisten erstaunt, [das] sind die Antworten, die er giebt. Sie glaubten, daß ihnen diese Art von Verhandlungen schaden könnte. Eine Unzahl von Menschen kam aus dem Theater. Dort war der König mit seinem ersten Minister.

LXVI. Uebung, zu § 222 und 223.

A. Zur Anschauung.

Otra vez hemos tocado este punto y yo creia haberos convencido (I). ¿Vive todavía, amigo? (I) Nunca habia estado fuera de su servicio (Q). ¿En qué se puede apoyar esta escepcion? (I) Su padre tal vez degolló al tuyo (R). Quizá sea esta la postrera vez que escuchéis mis acentos (R). Quizá se malogre todo (R). Tal vez se logre cobrarlo del verdadero conde (L). ¡Quiera el cielo que mis razones sean atendidas! (I) ¡No plazca á Dios! (Z) ¡Por todas partes hallen la segur de la muerte! (R) ¡Así tuviéramos bastante con que (pudiéramos) hacerlo! (Y) ¡No haya miedo que á nadie no cuente! (M) ¡Vengue yo vuestra muerte y muera luego! (Q) ¡No desmayemos, amigo mio! (G) Cuida mucho de la vida de ese cristiano (H). ¡Vamos, Muñoz, no te enojes! (M) ¡No abriguéis tal error! (R) No lo dude Vd. (M).

B. Zur Anwendung.

- Jedermann weiß es. Also du hast Nichts gethan? Niemand ist schuldig hier, als ich allein. Ich fragte mehrere Freundinnen. Wie überwindet ihr so viele Gefahren? Wie unglücklich bin ich! Vielleicht weiß er es nicht. Vielleicht mag dies das einzige Mittel sein, das er nicht angewandt hat. Er hat es nicht gesagt, aber vielleicht mag er es noch sagen. Gott belohne so viele Tugend! Mögen die Thränen Alten und Weibern überlassen bleiben!

Nun (vaya), laß uns keinen Streit haben! Könnte ich es nur so ausdrücken, wie ich es begreife! Der Himmel behüte uns davor, in solche Schlingen zu fallen! Vereinigen wir alle unsre Bitten! Vergiß, daß du mich gesehen hast! Versage deiner geliebten Elisabeth diesen Trost nicht! Habe keine Furcht! Schlafen Sie wohl!

LXVII. Uebung, zu § 224 u. 225.

A. Zur Anschauung.

Dile que voi allá (M). Me parece que están ahí (M) Juzgó Napoleon que se acercaba el momento de obrar (T). Añadia á veces que los españoles, luego que le veian ocupado en otra parte, mudaban de lenguaje y le inquietaban (T). Tal vez ahora mismo sueña que es feliz (R). Me habian dicho que era una marquesa (G). Pensar que el genio causa esta inclinacion es cuento (M). Considere Vd. que estamos en tiempo de paz (M). No sé si vienen mis sobrinos (S). Escusado es preguntar si has visto al tio (M). Me ha dicho donde vivian Vds. (G). ¿Ha llegado á entender Isabel cuanto la aprecia su huésped? (M) Aun no me has dicho si mi tio está en Madrid ó en Alcalá, ni á que has venido (M). Decid que entren (L). No digo que no la viese (M). Replicó Almagro que él se quedaria gustoso y que Pizarro fuese por el socorro si esto le agradaba mas (Q). No digo que viniese (oder viniera) á insultarme (S). No creia yo que me calumniara Vd. de este modo (G). El probable (que) se vendan bien los caballos (S). Creo en efecto que os sea mas fácil tener sospechas que pruebas (L). No sé si vengan mis sobrinos (S). ¿No ves que afliges á ese niño? (R) Pero tú no parece que atiendes á lo que estoi diciendo (M). Siento que os hayan sido tan perjudiciales (I). Era imposible que yo hablase una palabra sin ofenderle (M). Se empeñaron en que me quedase con ellos (R). Me disuena que Quintana haya dicho (tal y tal cosa) (S). No permita Dios que yo la dé que sentir (R). Logré que Doña Paquita leyese algunas cartas mias (M). ¿Gusta Vd. de que (yo) eche una mano? (M) ¿Pero hai algun inconveniente en que vaya con su hermana? (M) No basta que rompáis vuestras cadenas; es preciso que levantéis otra vez el trono de Alhamar (R). Lo que es natural es que la chica esté llena de miedo (M). ¡Cómo es posible que nos engañara! (I) Aun no ha 6 dias que está en Segovia (I). Hace mucho tiempo que no tengo el placer de verle á Vd. (N). — Empeñada está en que he de querer mucho á este hombre (M). Yo temo que ese bribon nos ha de dar alguna pesadumbre (M). ¿Pero es posible que no ha de atender Vd. á lo que voi á decirle? (M)

B. Zur Anwendung.

Er sagt, daß es Zigeuner seien. Glaubst (juzgar) du, daß ich unsre Sicherheit vernachlässigt habe? Sie können glauben, daß diese Reise die Billigung und die Erlaubniß meiner Oberen voraussetzt. Ich glaube, daß

Sie diese Reformen verabscheuten. Ich dachte, daß du die ganze Nacht nicht kämest. Er schreibt, daß er dort nicht bleiben könne. Erriethß ich nicht im Augenblick, daß Sie närrisch oder verliebt seien? Sie haben auf unsre Fragen geantwortet, daß man damals nur auf unbestimmte Weise von Angelegenheiten Spaniens gesprochen habe. Sie zeigten uns an, daß sie den Befehl hätten, ihre Pässe zu fordern. Sie bildeten sich ein, daß Ferdinand im Einverständniß mit Frankreichs Souverän gehandelt und nur unter seinem Schutze gewagt hätte, sich in die gefährliche Unternehmung einzulassen. Sie theilte mir mit, daß sie nach Madrid zöge. Er fragte ihn, ob er ihn auf seiner Reise begleiten wollte. Lesen Sie dieses Papier, und Sie werden sehen, ob ich Recht habe. Wir sahen, wie sie das Land ackerten. Er wußte, wann sie gekommen waren. Hat er dir gesagt, für wen er sich verwendet? Ich habe ihm sagen lassen, daß er mir die Zeuge bringe, die ich ihm aufgegeben habe. Sage Mondejar, daß er komme, von der Stadt Besitz zu nehmen. Er sagte ihm, daß er die vergangenen Dinge vergessen möchte. Ich glaube nicht, daß der Herr schon aufgewacht ist. Ich sage deshalb nicht, daß dieser Herr alle Hoffnung verlieren müsse. Er behauptet, daß es gebracht sei. Ich glaube, daß er nicht lange ausbleiben wird. Ich denke, daß es mir leicht sein wird, das zu beweisen. Es ist wahrscheinlich, daß er kommen wird. Ich weiß nicht, ob ich ausgebe, ihn zu suchen. Er glaubt nicht, daß du diese Reise allein machen wirst. Es kann sein, daß es noch regnet. Ich bitte Gott, daß er es thue. Ich erwarte, daß Sie mit ihm sprechen. Es ist nothwendig, daß du dich mäßigest. Es ist gut, daß du dich zerstreuest. Ich will wünschen, daß es ausfalle, wie Sie begehren. Gott verhüte (erlaube nicht), daß ihn mir [nicht] irgend eine Bübin betrüge. Ist es möglich, daß Sie sich entschließen, ein Opfer zu bringen? Es fehlt nur, daß der betheiligte Theil dieselbe Genugthuung habe. Es machte ihm keine Sorge, daß ich es bemerkte. Es sind heute schon vier Tage, daß ich einen Brief von ihr gehabt habe. Ich hoffe, daß ich durch (á favor) Wohlthaten ihre Achtung und ihre Freundschaft verdienen werde. Ich verspreche Ihnen, daß ich es nicht wieder thun werde. Ich fürchte, daß er sterben wird. Er beklagt sich, daß du ihm nicht schreibst. Ich schmeichle mir, daß diese Mühe nicht fruchtlos sein wird. Ist es möglich, daß ich mich in der harten Nothwendigkeit befinden muß, mein eigenes Blut zu vergießen.

LXVIII. Uebung, zu § 226.

A. Zur Anschauung.

He admitido á un criado que me parece de buena índole (S). Créante los poco avisados que no supieren tus mañas (R). No hai cosa que él no sepa (M). Para mí es (este) el mayor defecto que puede tener (H). Convendrá que el gobierno establezca escuelas donde se enseñen los principios generales (S). Nada se habla, nada se hace que yo no oiga, que yo no vea (Z). Tiene un donaire natural que arrebata (M). Se apercibió al viaje con un séquito numeroso de indios que le acompañase (Q). No faltarán historiadores que le defiendan y disculpen (Q). Era el único amigo que me quedaba (R). Ella será mi único consuelo en las angustias que me aguardan (I). No hai hombre tan perfecto que no incurra en alguna flaqueza (Y). ¿Existe acaso un padre que no quiera la felicidad de sus hijos? (G) No me importa lo que pasa en casa del vecino (L). En un café jamas debe hablar en público el que sea prudente (M). No hai quien no conozca la importancia de esta verdad (S). Tú serás quien me reemplaza (S). La obra de Herrera será siempre leida de cuantos se dediquen á la cultura de los campos (S). ¿Qué dirá el poeta de Maria que no hayan dicho los Santos Padres de la Iglesia? (Z)

B. Zur Anwendung.

Wir haben so eben die unwürdige Maske abgeworfen, welche uns in unsern eignen Augen erniedrigte. Was werden die Fremden, welche [etwa] diese Komödie sehen, von unsrer Bildung denken? Hier ist kein Geheimniß, das nicht entdeckt werden könnte und müßte. Meine Frau und ich sind die Einzigen, welche den Schlüssel haben. Er bildete einen Sammelplatz, wo sich die Zerstreuten vereinigen möchten. Giebt es keinen Schlüssel, der zu dem Keller paßte? In diesen so zarten Angelegenheiten (materias) befehlen die Eltern, welche Verstand haben, nicht. Werden Sie mir nicht irgend eine Person angeben können, die sich bei Ew. Gnaden verwendete? Es wird nicht an Tapferen fehlen, die uns zum Kampfe führen. Wenn du die Zärtlichkeit kenntest, mit welcher er dich liebt! Ich suche einen Kammerdiener, der in England gedient hat. Ich werde nicht der Erste sein, der sich dazu erdreistete. Die Ehre, welche die einzige Ursache meines Verbrechens war, ist die einzige Entschuldigung, welche ich anführen könnte. Alles, was du sagst, ist Nichts werth. Mögen die Leute sprechen, was sie wollen. Es giebt Keinen, der die Damen mehr schätzte, als ich. Ich kann mich nicht erinnern, was sie sagten. Sie wird sich nie von dem entfernen, was ihre Mutter [etwa] bestimmt. Ich kenne Niemand, der die Feder so gut zu führen wüßte. Sie wissen nicht, was Sie wollen. Gieb ihm Etwas, womit er sich unterhalten kann. Welche unter ihnen allen ist diejenige, die nicht schon zu Gunsten eines andern Liebhabers eingenommen ist? Was Sie haben, für wen soll es sein? Wer am meisten Interesse und Neugierde zeigte, [das] war der Cacique. Ja, Paquita, ich allein bin genug, Sie vor Allen, die Sie [etwa] unterdrücken wollen, zu beschützen. Ich wiederhole, daß Jeder hierin thun kann, was ihm beliebt. Giebt es Einen, der das thäte?

LXIX. Uebung, zu § 227.

A. Zur Anschauung.

No la ha visto desde que la llevaron á Guadalajara (M). Hace (ella) como que saca las píldoras (G). Si Vd. no lo alcanza, yo no lo sé tampoco (M). Cuando uno no puede salir con su intento, no porfie (Acd). Dame un abrazo por si no nos volvemos á ver (M). Si fuere preciso, iré á los piés del rei (I). Yo lo creí porque lo dijo ella (M). Puesque tal es el estado de las cosas, tratemos de aplicar algun remedio al mal (S). Puesto que ha de ser mi mujer, quiero asegurarme de su conducta (M). Hubieron de pasar muchos siglos ántes que renaciese la que podemos llamar propiamente nuestra agricultura (I). Me escuchaba con una atencion como si fuera una mujer de cuarenta años (M). Ha convenido en capitular con tal que (oder como) no le lleguen socorros dentro de 5 dias (S). Siempre que Vd. se presente como está ahora, esté Vd. seguro de llevar calabazas (L). Le dijo que nunca podria ser dichoso á ménos que se emendase (Y). Los pronombres yo etc. se omiten regularmente cuando son supuestos del verbo, ora se hallen delante, ora despues de él (S). Si hubiese buena fé, seria mayor la solidez de los contratos (Acd). Aunque quisieran no podrian (L). Me escapé sin que ellos me viesen (H). Tocád la campanilla para que venga el criado (S). Corre la cortina no se me llene todo de mosquitos (M). Se va adonde quiere (L). Déjale vivir endonde no te aborrezca (M). El pícaro no estaba allí cuando me escribia las tales cartas (M). Cuando quiera hallará la puerta franca (M). Miéntras Don Alfonso tenia puesto sitio á Gibraltar, acometió á su ejército una terrible peste (Y). Miéntras me dure la vida seré mujer de bien (M). Don Juan, luego que murió el rei su suegro, partió á tomar posesion de aquellos estados (Y). No tardaré en seguirte luego que dé algunas órdenes á tus criados (O). Desde que se levanta hasta que se acuesta no cesa de hablar (M). No le perdáis de vista hasta que esté fuera del pueblo (H). Así como amaneció, se dió la batalla (Acd). Así que llegue, le quiero ver (M). Aunque no la conozco, sé que es una mujer de escelentes prendas (M). Aunque fuese tarde, determiné entrar en el teatro (S). Nada quiso recibir por mas que le instaron á vezes (Q). Por mas que digas los (d. i. hombres) hai mui finos (M). Le anuncias como se hace en todas partes (L). Haré lo que Vd. mande (L). Como estaba Vd. acabando su carta, Mamá, por no estorbarla me he venido aquí (M). Como el alcaide que tenia el alcázar por Juan Hurtado, no quisiese entregarle sino á él en persona dieron á Juan Hurtado licencia con pleito homenaje que prestó de hacer luego la entrega por sí mismo (Q). Cualquiera cosa que allí ocurre nadie la hace sino mi marido (M). De cualquier modo que este caso se mire, la justicia y la razon están de parte de los Indios (Q).

B. Zur Anwendung.

Seit es tagt, regnen ihm die Besuche. Ich that, als ob ich mich vor Ihnen hütete. Wenn Sie Alles wissen, weshalb rufen Sie mich? Wenn man ein gutes Gewissen hat, kann man ruhig schlafen. Nehmen Sie den Regenschirm, wenn es etwa wieder nachher regnet. Wenn er noch nicht zu Hause sein sollte, so warte auf ihn. Ich kann nicht mit euch ausgehen, weil ich zu viel zu thun habe. Da kein Wind war, konnten wir nicht unter Segel gehen. Er muß wol krank sein, da er nicht gekommen ist. Da er heute kommen wird, ist es überflüssig, ihm zu schreiben. Ehe der Blitz leuchtet, wird sie der Strahl getroffen haben. Man gewahrte eine Finsterniß, als wenn es Mitternacht wäre. Wenn du um 5 Uhr aufstehst, werde ich dich mitnehmen. Mir würde es auch nicht darauf ankommen, wenn nur der Zweck erreicht würde. In so fern du schnell wiederkommst, werde ich dich mit aufs Land nehmen. Wenn wir nur nicht getrennt sind, geht Alles gut. Wir werden dies schwerlich erlangen, es sei denn, daß uns das Schicksal begünstige. Ob du ihn zum kommen lässest, oder ob du selbst zu ihm gehest, bleibe keine Minute allein mit ihm. Wenn es nur von mir abhinge, von diesem Augenblicke an würden Sie ernannt sein. Selbst wenn ich das Geld hätte, würde ich nicht dahin gehen können. Der Kapitän würde ihn nicht an Bord genommen haben, wenn er ihm auch eine Million geboten hätte. Warum bist du von Saragossa gekommen, ohne daß ich es weiß. Sage es ihm, damit er sich beruhige. Ich erwähne es nicht, damit du es mir vergeltest. Er schrieb dieses Stück nicht, damit es aufgeführt würde. Sei vorsichtig, daß du nicht fallest. Ich habe ihn hingestellt, wo er ist. Verwahre dies, wo keine Feuchtigkeit ist. Einige Male begleitete ich ihn, wenn er hierher kam. Wenn er kommt, werde ich es schon nehmen. Er hat so viele Besuche gemacht, als er Arzt war, daß es recht ist, daß sie ihm dieselben erwiedern, nun er Minister ist. Du magst kommen, wann du willst. Entferne dich mir nicht von dort, bis daß sie fortgegangen sind. So wie der Tag anbricht, sind wir wach. So wie wir ankommen, werde ich ihn besuchen. So bald er diese Nachricht erhielt, machte er sich auf den Weg. So oft er mir schreibt, erkundigt er sich nach Ihrer Gesundheit. In so fern er offen geständig ist, werden wir ihm verzeihen. Decke du den Tisch, während ich das Abendessen bereite. So lang ich lebe, werde ich mich daran erinnern. Nachdem er geschlafen hatte, ging er aus. Ich werde dir wieder schreiben, nachdem du mir geantwortet hast. Fühlt ihr es, wie ihr es sagt? Mach' es, wie du willst. Der Schreck hatte ihn so entstellt, daß Niemand ihn kannte. Geh so, daß dich Niemand merkt. Da er so sehr darauf bestand, mich mitzunehmen, so begleitete ich ihn. Da es der General [vielleicht] nicht hindern konnte, [so] ergab sich die Stadt. Obgleich es eine etwas traurige Zeremonie ist, [so] hat sie [doch] auch ihren köstlichen Theil. Er wird nicht widerrufen, wenn sie ihn auch umbringen. Er behauptete es so sehr, daß es nöthig war, es zu glauben. Ich werde nicht so thöricht sein, daß ich mich von Neuem seinem gerechten Zorn widersetze. So viel ich ihn auch habe suchen lassen, seit gestern Nachmittag erscheint er nicht. So sehr er sich auch zu beruhigen bemüht (quorer), nie wird es an Eifersucht und Klagen fehlen. Je mehr ich schlafe, desto schläfriger bin ich. Je mehr du dich der Muthlosigkeit hingiebst, desto schlimmer wird deine Lage werden.

LXX. Uebung zu § 228—231.

A. Zur Anschauung.

Aubigny viendo los progresos de Gonzalo se adelanta á largas marchas para atajarlos y presenta la batalla á su enemigo (Q). A las

primeras descargas un accidente hace volar la pólvora de los nuestros y la llamarada que levanta parece abrasar todo el campo (Q). Polibio cita el tratado antiquísimo celebrado entre romanos y cartagineses en el consulado de J. Bruto y M. Valerio (Alc). ¿Traigo el capote? (M) ¿Se despacha Vd. y hace lo que le he dicho ó no lo hace? (G) ¿En qué quedamos? toma Vd. la carta? (G) Miéntras veo si alguno viene, te escondes como tenemos dispuesto (M). Tal vez estará lloviendo todavía (S). Acaso juzgará intempestiva mi resolucion (I). ¿En qué se ocupará ahora mi erudito hermano? Estará componiendo escolios á algun tratado de educacion (M). ¿Cómo se lo diré? (I) Siempre tendrá Vd. en mi un hijo obediente (M). ¿Dónde dejaré la carta para papá? (G) Dirásle que ni un punto se detenga en mi casa (M). Creo que habré logrado mi pretension (Acd). Tampoco habrá Vd. tomado nada (G). ¡Calle! ¿Eso decia? — No esto se lo decia yo y me escuchaba con una atencion como si fuera una mujer de cuarenta años (M). Mamá ¿me llamaba Vd.? (L) Pues no decia Vd. eso poco tiempo ha (M). Vds. que tanto defienden la libertad de las opiniones políticas, no debian ser tan intolerantes (R). Podia Vd., cuando ménos pensase, encontrarse gato por liebre (R). Si yo fuese capaz de ocultarte alguno de mis cuidados, creeria faltar á la fidelidad que te debo (I). Aunque hubiese paz no cesarian pronto los daños de la guerra (Acd). ¡Ojalá fuese el ejemplo público! (M) Ya se fué don Juan (M). La mano del criador sacó á los hombres de la nada (S). ¡Qué regocijo siento al ver tan solemnemente burlado á este hermano que Dios me dió! (M) Ya despaché mi comision (M). Si ella misma hubiese dicho esas espresiones, no seria cordura insistir en un obsequio tan mal pagado (M). ¡Así hubiese hecho la solicitud! (S) ¡Respiro! Me habia asustado sin razon; se trataria de otro sin duda (L). Pues de nada de eso me acuerdo; estaria entónces en Madrid (R). Creo que vendrian unos mil enemigos (S). Yo amara (oder amaria) las riquezas si pudiesen saciar mis deseos (Acd). ¿Piensa Vd. que estuviera yo viva si esta esperanza no me animase? (M) Seria una desgracia que lloviese (S). ¿No es verdad que estos soldados me harian mui mal, si supieran que vengo aquí? (R) Te engañaras (oder engañarias), si le creyeses (oder creyeras) hombre honrado (S). ¡Ojalá fuera cierto! (Acd) Quisiera vencer mi repugnancia (M). ¡Pluguiera al cielo! (I) ¡Así ambos lo pudieran ignorar siempre! (H) ¡Ah, si la hubierais conocido, madre mia, hubierais hecho lo que yo (he hecho), la hubierais adorado (L).

B. Zur Anwendung.

Die Augen der ganzen Menge waren auf ihn geheftet, als der Nachrichter ihm anzeigte, daß seine Stunde gekommen sei; da legt er sich heiter und gefaßt sein Trauerkleid zurecht, breitet seinen Blick über den ganzen Platz, heftet ihn für einen Augenblick auf dieses Schloß, und, indem er einen tiefen Seufzer ausstößt, schickt er sich zur blutigen Hinrichtung an. Cortes kommt an und spricht zu den Seinigen, aber der Schreck hatte sie dermaßen ergriffen, daß sie nur auf die Flucht dachten. Titus Livius, strenger als Plutarch, deutet an, daß er etwas geziert und zur Prachtliebe geneigt war. Gehen wir hinein, Mama, oder bleiben wir hier? Gebe ich es ihm? Bleibst du unausgekleidet? Ich gehe, und, indem du beobachtest, ob es in diesem Zimmer still ist, steigst du leisen Schrittes (pasito á pasito) hinauf, und, wenn du siehst, daß Niemand darin ist, versteckst du dich mit vieler Vorsicht. Es wird an die Thür geklopft, und kaum sind wir aufgestanden, so hören wir auch schon die Stimmen der herbeieilenden Spritzenleute. Er wird sich [wol] damit unterhalten, einige heilsame Kräuter zu suchen. Ein Anderer, glücklicher als ich, wird es vielleicht erlangt haben. Das Mädchen mag Alles sein, was Sie wollen, und mag Sie lieben, ohne daß Sie Graf sind, aber die Mutter nicht. Alles soll Don Pedro wissen, ich verspreche es Ihnen. Wo soll ich mich verstecken? Soll ich ihm die Wahrheit sagen? Du wirst ihm sagen, daß ich nicht will. Sie werden schon zu Bett gegangen sein. Sie wird den Brief wahrscheinlich schon abgesandt haben. Nun, Mama, sagte ich es nicht? Was machtest du hier, Charlotte? Ich habe in der That nicht gehört, was Sie sagten. Ich sprach davon nicht, weil ich nicht liebe, die Dinge zu wiederholen. Ich sage nicht, daß er sie nicht sehen sollte; aber mit einem Besuche von einer halben Stunde (einer halben Stunde von Besuch) war es genug. Wenn das (solches) wäre, mein Gott (válgame Dios), ich schlüge sie todt. Wenn nicht Leute, wie Sie, wären (wenn es nicht wegen Leute, wie Sie, wäre), wo sollten wir hin? Wenn du das thatest, so warst du verloren. Wenn er dies trank, so war er vergiftet. Du selbst würdest mich verachten, wenn du mich zufrieden sähest. Wenn Sie nicht gekommen wären, so würde meine Traurigkeit (melancolias) mich getödtet haben. Wenn es auch wahr wäre, was würde es uns nützen? Wollte Gott (ojalá), es wäre so! Könnte ich ihn nur noch einmal wiedersehen! Glück für mich? Das ist schon vorbei (acabarse). Er ist fort; er hat endlich sein Versprechen erfüllt! Es ist zu Ende (llegar á su fin). Hast du die Betten gemacht? Sicher ist der Sieg! Wir sind schon gerettet (salvarse)! Ich bin müde und habe mich einen Augenblick hingesetzt, eine Zigarre zu rauchen. Wenn ich eingesehen hätte, daß Ihre Freundschaft nur eine bloße Schulbekanntschaft war, dann würde ich mich gewiß nicht erdreistet haben, mich in diesem Hause ohne eine andre Empfehlung zu zeigen. Wenn Sie dabei gewesen wären, würde er eine solche Behauptung nicht aufzustellen gewagt haben. Wollte Gott, mein Herz hätte ihnen früher eben so viel Gerechtigkeit widerfahren lassen, als jetzt! Vielleicht mochte er unterwegs krank werden. Wie weit mochte er davon entfernt sein, es zu denken! Ich zweifle, ob sie mit schlechten Absichten kommen mochten. Natürlich, du suchtest auch [wol] nicht, es ihm zu sagen. Er würde sein ganzes Vermögen vergeuden, wenn man ihn nicht daran hinderte. Unter (en) andern Umständen würde er sich begnügen. Wenn du wolltest, könntest du mir wohl helfen. Wenn er nicht in diesem Augenblick schliefe, würde ich Sie melden. Wollte Gott, sie käme bald! Brächten sie es nur jetzt! Wenn ich auch zu Fuß und allein diesen Weg (por esto camino) hätte gehen müssen, würde ich dich von dort geholt (sacar) haben. Wollte Gott, ich hätte dich früher gekannt! Wollte Gott, mein Glück hätte länger gedauert!

LXXI. Uebung, zu § 232—235.

A. Zur Anschauung.

¡Antes morir que deberle la menor gracia! (L) Simon, ¿tú por aquí? (M) Hombre, ¿tú en Alcalá? (M) ¡Mui bien venidas, Señoras! (M) ¡Qué villana accion! (M) ¡Prohibirnos los pasteles! ¿Qué va á ser de nosotros? (V V) ¡Qué multitud á las puertas del favorito! (L) ¡No abandonarse tanto! (M) ¡Pagar el gasto que se ha hecho, sacar los caballos y marchar! (M) ¡Pues, hacédlo, olvidarle! (R) ¡A Dios hasta luego! (Acd) ¡Cuidado con lo que te tengo prevenido! (I) Señor don Roque, ¡felicísimos dias! (V V) ¡Albricias! el rei le ha perdonado! (I) ¿No se llama Vd. don Enrique? — Para servir á Vd. (M). Zapatero á tus zapatos! (Spr.) — Anselmo está preso por mi causa (I). Sus hermanos no eran tan instruidos como él (O). Tucapel es el mas fiero de los Araucanos (R). El ha compuesto el casamiento de Doña Mariquita (M). No hai duda que he podido ser rico (G). ¿Ha comido Vd.? (S) ¿Qué fuga es esta? (I) ¡Cuánto mas hermosa y alegre era nuestra casa de campo! (R) ¿No hubierais vos hecho otro tanto por mí? (L) ¿Es ella la delincuente? (M) ¿Cómo he de sufrir yo en mi casa semejantes picardías? (M) Brotan los árboles (Acd). Cesa el frio (Acd). En esto se funda mi solicitud (V V). De Inglaterra llegaron tambien á Galicia prontos y cuantiosos auxilios (T). Tocaron entónces á rebato las campanas de la catedral (T). Dificultoso era en aquella sazon un acomodamiento á gusto de ambas partes (T). ¿Qué se ha hecho de los abundantes vinos de Cazalla? (I) ¿Quién ha calculado el producto comun de nuestras cosechas? (I) ¿Yo acaso he dicho palabra? (M) Y díme ¿toda esa arenga, en substancia, es por que me vaya? (M) ¡Quédese la cosa así! (G)

B. Zur Anwendung.

Mein Gott! eine Excellenz in meinem Hause? Ah, Ihr hier, geliebter Bergen? Welche Unwürdigkeit! Auf diese Weise einen Mann, wie Sie, zum Besten zu haben! Was? Wir ihm vergeben! Du dich mit ihm verheirathen? Darf man eintreten? Näher! Welch ein Unsinn! Wohl gethan! Aber so wegzugehen? Jetzt gut aufgepaßt! Kein Wort gesagt! Meine Waffen! Wo sind meine Waffen? Glück auf! Sie bringen ihn schon. Tausend Dank! Geduld, mein Freund! — Der Friede war Aller Wunsch. Seine lobenswerthen Anstrengungen waren unnütz. Entgegengesetzte Wirkungen hatten während zweier Monate die weiten Provinzen Spaniens aufgeregt. Dein Bruder kann morgen eintreffen. Dieser Mißbrauch währt noch von Jahr zu Jahr. Alle diese Bemerkungen beweisen, daß der Landbau sich immer der politischen Lage angepaßt hat, welche die Nation gleichzeitig hatte. Weißt du, ob dein Bruder das Geld bezahlen will? Man sagt mir, daß er sehr böse auf mich ist. Kann etwas Anderes geschehen? Wird mein Glück so groß sein, daß ich Ihnen in Etwas gefällig sein kann? Wozu ist dein

Schwester gekommen? Bin ich die Beschuldigte? Es ist nicht gut (convenir), im Voraus Argwohn zu erregen. Es ist meine Pflicht, ihm die Schachtel und den Brief sogleich zurückzugeben. Kurz darauf erfuhr man den Aufstand von Asturien, womit die Erhebung des ganzen Gebirges von Santander in Schwung kam. Am nächstfolgenden Tage bildete sich ein Ausschuß aus den Mitgliedern des Stadtraths und mehreren angesehenen Personen der Stadt. Wohl kannst du denken, wie groß (cual) unsre Freude gewesen sein wird, als wir deine Unschuld aufgehellt sahen (beim Sehen). Ich sehe die Leiden (trabajos), welche Andre erfahren (pasar). Was wird aus dem Eigenthum werden? Wer hat diese Berechnung gemacht? Welches ist mein Verbrechen? Gärten und Bäder und Quellen, wo sind sie nun? Also diese Freundschaft ist lang? Und dieser Don Serapio ist der Freund des Verfassers? Es lebe unser König! Es sterbe der Tyrann!

LXXII. Uebung, zu § 236—241.

A. Zur Anschauung.

Los hombres doctos escriben (S). ¡Oh, ese es de los apasionados finos! (M) Para ellos no habia nada bueno (M). Me deberá su futuro bienestar (G). Impacientábale tal proceder (T). No dejaré de gritar contra esa diabólica libertad (R). El pueblo ha comenzado á conocer sus verdaderos intereses (R). No son cuentas mias (R). ¿Le ha dado algun accidente? (R) Me pesa de ello por mil y quinientas razones (G). ¿Cómo sufriré la presencia de don Simon, mi bienhechor, á quien ofendí tanto? (I) Doña Manuela, la doncella, me conoce mui bien (G). Ya conoce Vd. á mi tio, el canónigo (L). Soi la Nicolasa, señora, la mujer del guarda de á caballo (G). La misma voz silaba ó reunion parece denotar que todas constan de muchas letras (S). No hiciera otro tanto Heródes el Ascalonita (G). El infante don Francisco no firmó ninguno de aquellos actos (T). Lo mismo hizo con el emperador Maximiliano (Q). Manifestó su dolor despues de la pérdida del rei don Felipe el Hermoso (Y). Ya ya conozco el tal número tres (M). Era un hombre sin seso (S). La villa de Madrid goza de un cielo apacible (Acd). El distrito de su mando abrazaba los reinos de Leon y Castilla la vieja (T). Conquistó desde luego la ciudad de Cartagena (Y). El rei hizo donacion á su hermana del marquesado de Villena (Q). Ella y el condestable huyeron al reino de Aragon (Q). Su jurisdiccion llegaba hasta el estrecho de Magallanes (Q). Llegaron en fin al pueblo de Coaque (Q). Componen el reino de Granada las tres provincias de Granada, Málaga y Almería (Alc). Se trasladó á las orillas del rio Piura (Q). Orillean (estas cordilleras) la costa desde la boca principal del rio hasta la punta occidental del golfo, á quien se dió el nombre de cabo Tiburon (Q). La primavera empieza en el mes de marzo (R). El nombre de Napoleon andaba mezclado en las declaraciones del príncipe (T). El doblon de á ocho de nuevo cuño tiene 4 doblones de oro (Mor. Aritm.). A la hora esta ya se sabe la muerte de Lara (R). Has perdido la paz del ánimo (R). Vd. es mui dueño de su voluntad (R). En las Islas Canarias siguióse el impulso de Sevilla (T). Ningun hombre sabio menosprecia el estudio de las bellas letras (Acd). Se anunciaba la entera destruccion de la casa de Borbon (T). ¿Y es ese el camino de Aragon? (M) Por una especie de desidia politica han dejado sin dueños ni colonos una preciosa porcion de las tierras cultivables de España (I). ¿A cómo va la docena de huevos? (G) Poco me importaria el sin número de convidados (S). Tráigame un par de libras de manteca (M). Aprontó 25 millones de francos (T). Permítame Vd. que le ofrezca una taza de té (O). ¿Quiere Vd. un pedazo de vaca? (O) ¿Puede Vd. prestarme un pliego de papel? (O) Su sexo necesita un poco de libertad (M). Vi al canalla de Gines (M). ¿A qué volverá el postema de Juan? (R) ¡Ai de mi! Ya es tarde (M). Ya se fué. ¡Triste de la que se queda! (M) Se dejó caer (entfallen) que nuestra legislacion sobre los duelos necesitaba de reforma (I). Habla Vd. como un libro en folio (S). Ahora tenemos un puñado de procuradores á Cortes (VV).

B. Zur Anwendung.

Was sagen diese ernsten Tadler? Wohl errathe ich die Wirkung, welche auf mich ein so ungerechtes Mißtrauen machen würde. - Er setzt sich sehr großer Gefahr aus. Diese Grundsätze habe ich befolgt. Und warum soll diese Veränderung geschehen? Einige Freunde haben mich begleitet. Er hat mehr als fünfhundert Bücher. Sie waren unversöhnliche Feinde von ihm. Einige seiner Schriften (von ihm) sind verloren gegangen. Die Seele ist unsterblich. Das Schiff liegt vor Anker. Bringe mir eine Art. In Neapel regierte Ferdinand I., Sohn Alfonso V., des Eroberers, ein geiziger und grausamer, aber fähiger und sehr thätiger (lleno de actividad) Fürst. Nachher schickten sie Publius Scipio, seinen Bruder. Ein Schneider that es, ein Bruder eines Nachbars von mir. Nachher wurde er von der Prinzeß Donna Isabel nach Segovia gerufen. Nach dem Tode ihres Gatten regierte jenes Reich als Regentin die Infantin Donna Maria Louise. Jesus wurde von Johannes dem Täufer an dem Ufer (á orillas) des Jordan geweiht. Almansor und seine Geliebte, die Sultanin Aurora, vermachten der Geschichte denkwürdige Blätter (Seiten). Es regierte in Kastilien sein Sohn Sancho. Don Alfonso der Weise war von Natur prachtliebend und großmüthig. Vergleiche die Seiten 25, 69 und 73. Die Endungen als und els sind einsilbig. Von dieser Regel nimmt man die Ausdrücke aunque, porque und sino aus. Die obern Zimmer sind unvermiethet. Er schenkte ihm einen goldnen Löffel. So (tal) war damals das Königreich Valencia. Er wurde im Dorfe Carbonero aufgehalten. Er schickte sich an, von Alcastro aus bis nach dem Fürstenthum Melfi durchzudringen. Auf der ganzen Insel Majorca giebt es keine häßliche Frauen. Er fuhr in den Fluß Darien ein. Reisen Sie, ehe die Jahreszeit des Sommers vergeht. Der Sommer beginnt am Ende des Monats Juni und der Winter am Ende des Monats Dezember. Es gestanden die Feinde, daß die Spanier ihnen im Kampfe zu Fuße (de á pié) gleich seien. Er wurde im Jahre 1813 geboren. Du hast das Schweigen und die Einsamkeit der Nacht benutzen wollen. Die Ereignisse dieses traurigen Tages haben mich die treue Freundschaft erkennen lassen, die ihr zu Torquato hegt. Wir haben die Verbesserung unserer Häfen so sehr unbeachtet gelassen. Ihr seid dem Gott eurer Väter abtrünnig geworden. Gusman der Gute war der Gründer des Hauses Medinasidonia. Die Partei Hannon's sah mit Neid die Vergrößerung der Familie Hamilcar. Die Familie Bonaparte nahm nach und nach Stellung in Reichen und Staaten. Sind wir jetzt in der Straße nach Alcala? Welches ist der Weg nach Santander? Damals waren diese der Geistlichkeit zuerkannten Güter eine Art Opfer. Diese Art Dichtung ist sehr schwierig. Sie müssen sich ein Dutzend Blutegel setzen (lassen). Er hat eine Anzahl Briefe zu schreiben. Nehmen Sie eine Tasse Kaffee zur (para la) Verdauung. Wollen Sie ein Stück Rindfleisch. Bringe ein andres Glas Wasser. Sie haben keine hundert Realen Einnahme. Sie erlauben nicht einen Augenblick Ruhe. In diesem Papier ist ein Tausend (millar) Stecknadeln. Er wird noch eine Anzahl Jahre leben. Sie wollen eine Ladung Kaffee einnehmen. Ich sage (gebe) Ihnen eine Million Dank (pl.) Eine Menge Menschen eilten herbei. Der schwerfällige (plomo) Johann bleibt mit den Briefen lange weg. Welche verteufelte (diantre) Sprache ist das? Ich Unglückliche (triste)! Nein, ich will ihn nicht sehen. Ich Arme! Ich bin des Todes (ir muerto). Ihre Herrschaft über jene Provinz dauerte nicht lange. Haben Sie Vertrauen auf Gott. Warum beeilt er ihre Heirath mit diesem Don Fruios? Es wurden die traurigen (funesto) Debatten über die Regentschaft des Reiches erneuert. Noch bekennen Sie nicht, daß Sie Doktor der Medizin sind? Die Liebe zu meinen Kindern kostet mir das Leben.

LXXIII. Uebung, zu § 242—245.

A. Zur Anschauung.

Salió el 12 de Salamanca (T). ¿Pues qué ha hecho? Una de las suyas (M). ¡Bonita la hubiéramos hecho (M). Soi hombre de bien (M). Toda la Sintáxis está reducida á 4 reglas generales sobre la concordancia (S). Ellos saben tambien el medio de vengarse de mi (R). Recurrió á Carlos VIII, rei de Francia (Q). Ya el rei Alfonso II habia renunciado el reino en su hijo don Fernando (Q). — ¿Y Vd. venia á mi casa con ese intento? (M) Las primeras acciones del ejército español fueron tan rápidas como brillantes (Q). Este oficial consiguió ventaja en dos combates contra las tropas del rei (Q). A Vd. debo el primer anuncio de esa conquista (VV). Los enemigos no sacaron fruto alguno de su ventaja (Q). Hasta que lleguemos á nuestra calle del Lobo, número siete, cuarto segundo, no hai que pensar en dormir (M). Es una idea diabólica (VV). Tú te contentas con la vida póstuma (VV). La tal obra es para mí cosa buena (Z). Un caballo malo para correr puede ser bueno para andar (Acd). Es una pasion ciega que me domina (VV). Supongo que será en celebridad de la comedia nueva que se representa esta tarde (M). Vd. es el protector nato de todas las ridiculeces (M). Tengo para mí que los críticos son gentes pobres de espíritu (Z). Aunque su persona valia poco, su influencia política era mucha (Q). Situóse el cuartel general en Santa Helena (Y). Al dia siguiente llegó toda la nobleza de Castilla (Alc). Su pronunciacion adolecia levemente del gracioso ceceo de los granadinos (Z). Me acompañaban en mis diarias escursiones por el bello territorio de la corte morisca (Z). Buen ejemplo le dan á su vez las próvidas hormigas (R). El primero fué el distinguido restaurador de las buenas letras, Antonio de Lebrija (S). Sé mui bien los nobles sentimientos que te animan (R). ¿Qué objeto mas recomendable se puede presentar al celo de los reverendos obispos, ni al de los magistrados civiles? (I) El 13 se empezó á poner en obra el concertado movimiento (T). La conducta de los soldados no correspondia siempre á esta amistosa acogida (Q). ¡Oh! Favorezca la suerte los ardides que me inspira un inocente amor! (M) Es Vd. mui guapa muchacha (M). El que ha sido buen hijo, tambien ha de ser buen monarca (R). Sin duda te aflige algun triste pensamiento (R). Prepararé mi ánimo á esta separacion cruel (R). Un caballero mui honrado, mui rico, mui prudente, con su chupa larga, su camisola limpia y sus sesenta años debajo del peluquin (M).

B. Zur Anwendung.

Er kam den 3. Mai in Valladolid an. Das Gegenwärtige hat nur zum Zweck, Ihnen den Empfang Ihres Werthen vom 12. vorigen Monats anzuzeigen. Sie wird doch ihren Willen bekommen. Wenn sie ihm diese Gunst auf den ersten Blick (de buenas á primeras) zuwerfen (espetar) wollte, würde sie sehr übel thun. Wenn wir uns alle hier fänden, könnte es eine Teufelsgeschichte zwischen der Mutter, der Tochter, dem Bräutigam und dem Liebhaber geben. — Schon hört man den Lärm der Waffen. Essen Sie (die) Reissuppe gern? Habt ihr die heutige Zeitung gelesen? Ich nahm die Hoffnung mit, mein Vorhaben erreicht zu haben. Es befehligte in dieser Provinz von Seiten Karl's, Everardo Stuart, Herr von Aubigny, ein berühmter und erfahrener Hauptmann; und es war Vicekönig von Neapel Gilberto de Bourbon, Herzog von Montpensier. Sein Nachfolger, Ludwig VI., ahmte ihm nach. Er marschirte mit seinen Leuten nach Rom, wohin ihn der Papst Alexander VI. rief. Wenn man es Ihnen in jenem Gedränge raubte! Du bist der einzige Inhaber dieses Geheimnisses. Es steht auf der dritten Seite. Die letzten Jahre seines Lebens waren glücklich. Bei verschiedenen Gelegenheiten fand er immer dieselbe Inschrift. Welche weiße Wäsche hast du in die Koffer gelegt? Dies ist die erste Pflicht einer gehorsamen Tochter. Wie viel besser ist es, Aufwärter in einem Kaffeehause zu sein, als [ein] lächerlicher Poet! Er beginnt jetzt die komische Laufbahn. Es ist so eben ein gallizischer Student angekommen. Haben Sie das Extrablatt (die außerordentliche Zeitung) gelesen? Meine Seele träumt keinen andern Ehrgeiz, als den theatralischen Ruhm. Sie stützt den Kopf auf die rechte Hand. Er glaubte wegen der dunkeln Farbe, daß es eine Schiefertafel wäre. Die aufgeklärten

Personen denken schon auf andre Weise. Die deutsche Division begann das Gefecht. Eine alte Verwandte war die einzige Vertraute ihrer Sorge. Sie gebrauchen verbotene Waffen. Seine unwissenden Feinde schrieben es damals eitlen Zaubereien und Künsten des Teufels zu. Bei dieser verwünschten Preßfreiheit werden so viele Schummeleien entdeckt. Er erblickte die wüthende Bestie. Es that weh, den betrübten Alten zu sehen. Der gute Vater ging aus, seinen Sohn zu suchen (en busca de). Ehe es noch einmal schlägt (dar otra hora), wird dieser ernste Gegenstand beendigt sein (verse terminado). Sie bemerkten schon die Blässe seines edlen Gesichts. Es gab kein Mittel, das er nicht angewandt hätte, um den damals gerechten und begründeten Zorn des Kaisers der Franzosen zu besänftigen. Ja, er ist es, der grausame Vormund der schönen Gefangenen, die ich anbete. Begünstigt von der beklagenswerthen Lage der spanischen Regierung, ging die französische in ihrem Vorhaben vor (adelante). Ich bin mit zwei Mönchen von trefflicher Laune gekommen. Sie haben mich glauben machen, daß ich ein großer Mann sei. Nur der Hirtenknabe sah ihn mit bösen Augen an. Ich sehe klar, daß dich ein schweres Leid betrübt. Diese Reue wird meine Seele mit ewiger Bitterkeit erfüllen. Was wollen diese geheimnißvollen Worte, diese so trostlosen Stimmen (acento) sagen? Woher entsteht diese tiefe Traurigkeit, welche in so kurzer (poco) Zeit Ihr Aussehn verändert hat? Jetzt fürchte ich nicht mehr die schreckliche Einsamkeit, welche meinem Alter drohte.

LXXIV. Uebung, zu §. 246—250, namentlich zu § 250.

A. Zur Anschauung.

Llevaba la venera al pecho (S). Á un lado se verán dos estantes (I). Llaman á la campanilla (O). Entónces tú, Alcantara, publicas mi biografía al frente de mis obras ineditas que heredarás (Z). A la sombra del mérito crece la envidia (M). Dejád la llave á mano (Z). A mano izquierda se ve una concavidad (R). Estábamos ya á las puertas del pueblo (R). Vive á la esquina (S). Los vecinos se asoman á las ventanas (L). ¿No te miras al espejo? (BH) Se ven á 50 pasos los burdos hilos de su grosera trama (Z). Me he detenido un poco por las calles (M). Colócanse por el recinto de la plaza (R). Por este lado puedes entrar (M). Mandó que se empezase el ataque por la izquierda (Q). Por allí está la escalera (G). Díjele que estabais con vuestro amigo (I). En Madrid estaba con don Alvaro de Silva su tio (M). Tengo cuenta abierta con él (L). Te veo junto á mí (R). Allí quedó junto á la ventana (M). Felizmente estaba yo cerca de ti (L). Está entre las garras de sus enemigos (R). ¿Acaso hubo alguna quimera entre los criados? (G) Ha vivido entre monjas (M). Tu obligacion está en tu almacen (L). Todos están en la plaza (L). Trae un velo en la mano (I). Hai alguna agitacion en la ciudad (L). Vive en Búrgos (G). Dentro de tu aposento te has de esconder (M). La acometió (la flota) dentro del mismo puerto (Y). Manifestaba en su rostro lo que pasaba dentro de su corazon (R). Como siempre fuera de mi casa (G).

Estaba ante la puerta (S). Solo él no ha doblado la rodilla ante nuestros tiranos (R). He procurado hasta ahora mostrarme contenta delante de él (M). La imágen de Vd. estaba delante de mis ojos (VV). Iban unos tras otros (S). Están detras de él (L). Va detras de todos (H). ¿Véis aquel coche que han detenido enfrente de nuestro almacen? (L.) Volaban con efecto los del infante en pos de ellos (Q). Cuéntale los novios que dejaste en Madrid cuando tenias doce años, y los que has adquirido en el convento al lado de aquella santa mujer (M). Estaban al rededor del navio mas de cincuenta balsas (Q). Ya no hai viento en mi redor (Z). Yo cantaré en la cresta de los montes (R). ¿Me traerán en palmitas? (M) Manifiesta en su semblante grande conmocion (I). Los platos están sobre la mesa (S). ¿Me queda ya algun apoyo sobre la tierra? (BH) Los vestidos se les pudrieron encima de los cuerpos (Q). Bajo el cielo de Francia busco abrigo (Z). Hallámos bajo su mano este pliego fatal (R). Está debajo del agua (Acd).

B. Zur Anwendung.

Ich werde mich am Gitter zeigen. Die Kutsche ist vor der Thür. Erinnern Sie sich, daß wir den Bankwagen haben am Eingang des Orts [stehen] lassen müssen. Du hast deine Jugend an meiner Seite zugebracht. An dieser Thür wird man zwei Schildwachen sehen. Er entfaltet am Ausgange der Grotte eine alte Standarte. Ich fand meinen Rock nicht, und dieser war [grade] so zur Hand. Der Markgraf von Mondejar ist an der Spitze seiner Truppen aus der Stadt gezogen. Die andre Insel lag sechs Meilen von der Küste und drei Grad von der Linie. Eine halbe Meile von dieser Meierei, in Leganes, wohnt Don Claudio Fernandez. Die Truppen waren längs des Weges aufgestellt. Rücken Sie auf der Linken, so viel Sie können, vor. Er geht zornig auf dem Theater umher. Sie haben auf allen Seiten Neider und Feinde. Wir werden uns eine Weile im Garten [umher] belustigen. Lassen Sie sie eine Weile frische Luft im Garten schöpfen. Ich werde suchen, mich dort unten aufzuhalten, bis er zurückkommt. Ich war in diesem Augenblick bei den Schildwachen. Ich werde bei der ältern Herrin verweilen. Sie stehen nahe beim Ladentische. Dort blieb er nahe beim Fenster. Ich will nicht so viele Rockschöße in meiner Nähe [haben]. Wir wollten grade nahe bei ihnen vorbeigehen. Das Schiff scheiterte unweit des Leuchtthurms. Unter den Spartanern wurden gewisse Mausereien erlaubt. Ich will zwischen Mann und Frau nicht Geschichten tragen. Hoffe nicht unter den Mächtigen und Eitlen Zuflucht zu finden. Er saß mitten unter den Lehrern. Es würde ein schöner (bueno) Lärm in dem ganzen Stadtviertel geschlagen (armar) werden. Das Blut kocht mir in den Adern. Ich habe Nichts mehr in der Welt zu hoffen. Er hat lange in Hamburg gelebt. Er ist innerhalb dieser Stadt. Innerhalb der Erde soll Feuer sein. Er sieht sich genöthigt, mitten in der Residenz wie ein Einsiedler zu leben. Sie sind schon außerhalb des Orts. Jedermann neigt sich vor dir. Vor mir hat er gesagt, daß er nie verzeihen werde. Der Schuldige wird vor dem Richter erscheinen. Er übergab sie vor deinen eignen Augen dem Nebenbuhler, der du am meisten verabscheutest. Es fiel ein Schuß hinter Aben Humeya. Er geht hinter Don Seraple. Er wohnt uns gegenüber. Er schickte sie in Ketten hinter einander her. Er stand neben der Königin. Wir sahen Nichts als Wasser um uns. Der Leuchter steht auf dem Tische. Er hatte drei Wunden auf der Stirn. Auf welcher Seite findet es sich? Es hängt über der Treppe. Der Mond stand über dem Thurme. Er ging oberhalb dieses Dorfes über den Fluß. Die Kiste steht unter meinem Schreibtische. Unter dem Wasser giebt es auch Berge, Hügel und Thäler. Ein Theil der Truppen stand noch jenseits der Brücke. Wir werden ihn noch diesseits der Stadt erreichen.

LXXV. Uebung, zu § 251 und 252.

A. Zur Anschauung.

Haré lo posible para que llegue á sus manos esta carta (M). Véte al puerto (G). Vino á Cádiz ayer mañana (M). Yo arrojaré tu cabeza sangrienta á la cara de esos andazes (R). Este es el papel que tiraron á la ventana (R). Le echó los brazos al cuello (Q). Busca y limpia el sombrero que ha caido por el suelo (M). Me voi con los perros (M). El acero corre para el iman (S). Llegó cerca del navio (Y). Se mete entre la multitud (L). Entrase en el cuarto de doña Irene (M). Entrase al cuarto de doña Irene (M). Un hombre se ha introducido en la casa (L). Prepáranse á penetrar en nuestras casas (R). Le arrojaron de la muralla al foso (S). Acaban de traer á la cárcel á Juanillo (I). Se han ido fuera de la ciudad (M). Le pone delante de ella (L). Dieron una vuelta al rededor del mundo (Y). Pone su mano en la boca de su hija (R). Te estrecho en mi seno (R). Se apoya con una mano en la silla (H). Todos acudieron corriendo sobre la cubierta (Y). Rita sale con luzes y las pone encima de la mesa (M). Debajo de vuestros balcones le van á conducir (L). Vuélvense todos hácia el oriente (R). Viraron hácia aquella parte (Y). Las estrellaban contra el suelo (Q). Aun tenemos una retirada segura por ese camino subterráneo (R). Persiguieron su marcha por aquel fragoso pais (T). Marchóse por la ventana el pícaro (M). El se volvió Genil abajo hácia Loja y Archidona (Q). Viene de Ocaña (S). No he salido de mi casa (L). Se cayó de la torre (M). Voi á ausentarme de ella para siempre (I). Quiso sacarle de entre las manos de los franceses (T). Le arrojó por la escalera (G). Los castellanos bajan por las calles del fondo (R). Vengo en posta desde la Coruña (S). Le he visto desde la reja (H). La fortuna misma nos ha guiado hasta el solar paterno (Q). Avanzaron hasta Cádiz (Alc). Me inclino profundamente hasta el suelo (VV). Está un paso de aquí (M).

B. Zur Anwendung.

Die Krämer traten (salir) vor die Thüren. Sie gingen zu ihrer Arbeit. Gehen wir zusammen uns zu den Füßen deines Vaters zu werfen.

Er ging nach Toledo. Er geht (apartarse) mit ihm nach einem Ende des Theaters. Sie brachten mich nach dem Hause meines Vaters. Er warf es auf die Erde. Ich will mich bei ihm einführen. Gehen Sie zu meinem Zahlmeister. Der erlauchte Markgraf von Mondejar schickt mich zu Euch und zu diesen Völkern. Ich gehe heute zu Ihnen. Er setzt sich nahe an einen Tisch. Stelle es nahe ans Fenster. Kommen Sie nahe zu mir. Er legt den Quersack zwischen die Beine. Er warf es unter die Soldaten. Ich drang in den Garten ein. Alle traten in die Kirche ein. Wer hat diesen gefangenen Hund in unsern königlichen Harem eingeführt? Komm in die Arme deines Vaters. Nie hat er mir ins Gesicht geblickt. Sie stürzten sich ins Wasser. Er gerieth (ponerse) außer sich. So (tal) stellt er sich vor den Kaiser. Er setzte sich vor die Grotte. Sie stellte sich hinter die Thür. Er zog sich hinter die Befestigung zurück. Sie setzte sich neben ihre Großmutter. Die Galeeren legten sich um die Insel. Ich streifte um den Garten herum. Er legt den Brief auf den Kopf. Er setzte sich auf die Bank. Er neigte sich über den Tisch. Hänge das Bild nicht über das Sopha. Hast du die Spree über die Bettlaken und die Decken gelegt? Das Vorzimmer geht auf den Park hinaus. Ich habe die Kiste unter deinen Schreibtisch gestellt. Die Henne ruft ihre Küchlein unter ihre Flügel. Laßt uns nach Hause gehen. Kommt ihr zum Balle zurück? Er geht (encaminarse) auf die Thür zu. Er wendete sich nach der rechten Seite hin. Sie vereinigen sich gegen die Mitte des Platzes. Ich drücke dich an (gegen) mein Herz. Eine ungeheure Welle zerschellte an (gegen) dem Kahne. Stoße dich nicht an der Thür. Die Schildwachen treten durch die Thür ein. Eine Todeskälte verbreitete sich durch meine Adern. Ich habe beschlossen, zum Fenster hinauszugehen. Die französischen Truppen marschirten durch Burgos und Valladolid auf Salamanca. Er ging vor uns über. Der Hund schwamm unter der Brücke durch. Den Strom des wasserreichen Nils hinunter schwimmt eine Wiege von Schilf. Er kam vom Hofe. Von Bern ging er nach Mailand. Ich sah Thränen aus seinen Augen fließen. Er hob sie von dem Maulthier herab. Sie zogen mich mitten aus dem Haufen heraus. Wir sind diesen Weg hergekommen. Er ist eher als irgend Jemand die Treppe hinaufgestiegen. Gehen Sie diese Straße hinab. Welchen Weg muß er kommen? Wir schifften die Küste entlang. Sie haben ihn vom Schlachtfelde her in einer Sänfte getragen. Vom obern Fenster aus sieht man viele Leute aus dem Collège kommen. Er macht ein Zeichen von der Thüre aus. Martha und Eduard begleiten ihn bis zur Thür. Ich würde euch freudig bis ans Ende der Welt begleiten. Er ging von seinem Hause bis hier zu Fuß. Wir haben sechs Meilen marschirt. Er verfolgte sie eine halbe Tagereise.

LXXVI. Uebung, zu § 253 und 254.

A. Zur Anschauung.

¿Qué buscas á estas horas? (M) A media noche he de correr todo el palacio (R). Publicó en el mismo año un decreto de Napoleon, dado en Milan á 23 de Diciembre (T). A los 18 ya se reflexiona algo mas (H). Me dijo que volvería al anochecer (G). A cada instante temía encontrarte en aquel tropel (R). A cada paso que da el rostro vuelve y se para (R). Quedó concluido á mediados de 1837 (S). El senado romano recibió á principios del año 212 los despachos del jóven Marcio (Alc). A fines de Setiembre aun no habia llegado á sus pabellones (M). Papá, llega Vd. á tiempo (L). En principios de Marzo entraron en Florencia 4 á 5000 españoles (T). El tratado fué firmado en 5 de Mayo (T). Así se lo habia ofrecido Fernando la víspera de su partida (Q). Salió el doce de Salamanca (T). Vuelva Vd. otro dia (L). Algun dia adquiriréis esa triste esperiencia (L). Con ellas salí esta tarde (R). Una noche avisó el piloto que descubria fuego (Y). El profeta nació en la Meca el año 569 de J. C. (Alc). Hubo gran carestía aquel año (S). El mensaje vino un lúnes 19 de Setiembre (Q). Mi tio se lo hubiera dicho á Vd. si (yo) hubiese parecido por allá estos dias (H). Antonio estuvo aquí en 1800 (S). Murieron en la tarde del 28 de Junio de 1828 (S). Alcantara falleció en la Habana en Agosto de 1850 (Z). Ya en el 22 las dos reinas madre é hija escribieron con eficacia en favor del preso Godoi (T). En esta estacion se labran y se abonan los campos (R). Acabo de separarme en este instante de mi esposa y de mi hija (R). En esta época de horrores un proscripto ilustre buscó hospitalidad en el pais granadino (Alc). Quizá en mejor ocasion podréis satisfacer tan justo deseo (I). Vos me confortaréis en el terrible trance (I). Sucedió su muerte por los años de 1700 (S). Hizo varias obras de consideracion en aquel teatro por los años de 1738 (r.A). Por el mismo tiempo escribió Cárlos IV al emperador Napoleon (T). Entre noche y dia llegámos á la posada (S). Cuando de noche hablaba con Vd., mediaba entre los dos una distancia tan grande que Vd. la maldije no pocas veces (M). No vierto por la noche lo que leí por la mañana (M). Velaba por las noches (T). Desde aquí puedes hablarla todos los dias (M). Y de noche ántes de recogerse ¿qué hace Vd.? (M) ¿No es mejor que ántes de comer se vayan? (M) Su escuadra despues de un memorable combate naval apresó veinte galeras portuguesas (Y). Despues de oirle he mudado de idea (VV). Vino sobre las ocho (S). Tu padre se verá en breve señor de Andalucia (R). Voi allá en un instante (M). Dentro de ocho dias será Vd. mi mujer (M). Vd. le verá dentro de un rato (VV). Antes de tres horas ya estará fuera de Madrid (R). De allí á pocos dias presentó un escrito (Q). Dentro de poco, de aquí á algunos instantes es cuando van á matar á mi hijo (L). Falleció á los cuatro meses de reinado (Alc). A poco de su arribo espiró (Z). A poco la infantería francesa avanzó al puente (T). El muchacho desapareció al instante (M) Al cabo de un rato se puso en pié (M). Un instante despues llegó Vd. (H). ¿Qué plan tiene Vd. para esta tarde? (M) Lo dejaremos para mañana (Acd). Mi madre murió tres años ha (BH). Aun no ha dos horas que gozaba de la dicha mas pura (I). Hasta pocos dias ha no lo he sabido (M). El tal desatino hace veinticuatro años que le hice (L).

B. Zur Anwendung.

Sie haben zur gewöhnlichen Stunde angefangen. Er sagte, daß er euch um 9 Uhr auf den Schlag (en punto) in seinem Schreibzimmer erwarte. Und wer könnte um diese Stunde (pl.) kommen? Gegeben in Aranjuez den 26. Mai 1806. Sie reisten den 8. Juli von hier ab. Er starb in seinem 20. Jahre. Sie verheirathete sich erst in ihrem 36. Jahre. Um Mitternacht reisen wir unfehlbar ab. Beim Abendwerden kam er in Torquemada an. Beim Morgenwerden des 29. zeigte Don Pedro ihm an, daß die Feinde sich zurückzuziehen schienen (dar indicio). Bei seiner Ankunft vereinigte er sich mit (á) Saint March. Beim ersten Kanonenschuß werden wir in den Kahn steigen (entrar). Dieser verwünschte Fehler, bei jedem Schritt zu unterbrechen! Jeden Augenblick sprechen wir von Ihnen. Im Anfange des Jahres 20s fing dieser Plan an verwirklicht zu werden. Diese Bewegungen begannen um die Mitte des 9. Jahrhunderts. Am Ende des Monats werde ich mein 25. Jahr vollenden. Im folgenden Jahre verhielten sich (mantenerse) beide Heere passiv. Er starb im Anfange des 7. Jahrhunderts. Ich habe die vergangene Nacht gearbeitet. Sie haben ihm diesen Nachmittag sein Urtheil angezeigt. Wir werden uns an einem andern Tage sehen. Das Vordertreffen kam den 23. zu Abrantes an. Den ersten Tag war ich [wie] gebunden. Er sah sie eines Nachmittags im botanischen Garten. Er kam vergangenen Sonnabend wieder. Die Post geht einen um den andern Tag ab. Ich habe die Küche eine um die andre Woche zu besorgen (hacer). Am Nachmittag waren wir zurück. In den letzten 50 Jahren haben sich die Klöster verdreifacht. Das Geschwader wird in dieser selben Woche unter Segel gehen. Wir sind im Jahr der Gnade 1805. In seinem zarten Alter hatte er nicht lernen (instruirse) wollen. Bei einer andern Gelegenheit werde ich es dir ausführlicher erklären. In demselben Augenblicke verwandelte sich seine Freude in Todesschrecken. In besserer Zeit werde ich dir die Absichten der Vorsehung entdecken. Wir erhielten seine Briefe 1830. Wir reiseten im Juli ab. Am gestrigen Nachmittage fragten sie mich darum. Er hatte ihm am 11. October des vergangenen Jahres geschrieben. Schneiete es während unsrer Abwesenheit nicht? Diese Thiere schlafen einige Monate während des Winters. Während dieses Gespräches erinnerte ich mich daran. Wir hatten im April viele Gewitter. Es wurde erst um das Jahr 1815 ausgeführt. Es war schon zwischen 11 und 12 Uhr, als wir ankamen. Diese Vögel sieht man Tages nicht. Morgens gehe ich nicht aus. Tag und Nacht hielten sie ihn beständig wach. Nachmittags geht er immer spazieren. Sonntags gehn wir aufs Land. Sonnabends verkaufen die Juden nicht. Wir werden uns noch vor meiner Abreise sehen. Vor 12 Uhr war er schon in seiner Wohnung zurück. Ich werde es dir gegen 1 Uhr wiedergeben. Er starb gegen Mitternacht. Ich werde ihn erst nach 8 Uhr sehen. Nach einer Arbeit dieser Art werdet ihr einiger Ruhe bedürfen. Kommen Sie nach dem Abendessen. In Kurzem werden wir es sehen. Er wird in einigen Tagen erwartet. Kommen Sie binnen einer Stunde wieder. Innerhalb 5 Minuten wird die Suppe auf dem Tische stehen. Wir erwarten innerhalb eines Augenblicks einen Besuch.

Binnen einer Viertelstunde werde ich es dir wiedergeben. Er begab sich kurz darauf nach Rhegium. Sein Mörder kam auch einige Tage nachher auf tragische Weise um. Er kann schon über 6 Wochen ankommen. Nach wenig Stunden Daseins gingen diese Werkchen in Verachtung unter. Einige Tage darauf entdeckten sie ein anderes Schiff. Kurz nachher kam er. Einige Monate darauf empfing ich keine Briefe mehr. Er kommt im Augenblick. Ich ging im Augenblick (punto) fort. Wenig später verwirklichte sich seine Vermuthung. Lassen wir es für bessere Zeiten (Sing.). Vor einem Monat erinnerte sich Niemand an Muñoz. Vor einem Bischen ist er von hier (aus)gegangen. Sie hat vor wenigen Monaten ihr 16. Jahr vollendet. Das sagten Sie vor wenig Zeit nicht. Sie waren vor einigen Stunden nicht so gehorsam. Sie wurden schon vor Jahren geschieden.

LXXVII. Uebung, zu § 255.

A. Zur Anschauung.

Desde aquel desastre ya no levantó la cabeza (S). Ya está listo el almuerzo desde las diez (L). Desde entónces no ha querido volverla á ver (M). Serví esta cátedra hasta Mayo de 1823 (Lista). Yo no te esperaba hasta las vacancias (DH). Si hasta ahora se ha padecido alguna estrechez, de hoi en adelante será otra cosa (M). De algun tiempo á esta parte he sentido nacer en mi corazon cierto deseo (VV). Hace gran rato que está ahí esperando una mujer (L). Hace ya setenta años que no se representan tales dramas en ninguno de los teatros de España (rA). Hace ya cosa de un año que Doña Paquita tiene otro amante (M). ¿No lo sabéis años ha? (M) Ha mucho tiempo que el sol se ha puesto (O). Déjenos Vd. solos por un rato (I). Me ausento por dos semanas (S). Señora, mi amo la llama á Vd. por un momento (L). Por siempre sella el pacto de alianza (H). Están resueltos á encerraros en un castillo para toda vuestra vida (L). Voi allá en un instante (M). ¡Cuánto ha cambiado mi suerte en solo un dia! (I) No he podido cerrar los ojos en toda la noche (G). En quince dias consecutivos no se corrió otra cosa por Valencia (G). Me has servido muchos años con fidelidad (M). Lo he deseado toda mi vida (H). Cerca de tres meses me detuve allí (M). Permaneció en el desierto cuarenta dias (Alc). Mi alma no sosiega un instante (VV). Callaron todos un rato (Y). Por eso la he estado pagando 4 años seguidos el maestro de piano (L). Sus cartas consolaron por algun tiempo mi ausencia triste (M). Durante seis años trabajaron con actividad (Alc). Quédase durante unos momentos desconcertado y confuso (R). Durante algun tiempo los franceses desaparecieron (T). Mi inquietud se aumenta por momentos (L). Por instantes crecia el enojo y la ira (T). Desde aquí puedes hablarla todos los dias (M).

D. Zur Anwendung.

Von der Stunde an kam es ihm vor, daß er nicht mehr einsam lebte. Ich bin schon seit 4 Uhr auf. Seit gestern sind Sie ein Andrer. Er schlief bis 9 Uhr. Er verschob seine Reise bis zum folgenden Tage. Seit einigen Tagen bemerke ich, daß du deinen natürlichen Frohsinn verloren hast. Seit vielen Jahren hat er euch mit Eifer und Gerechtigkeit regiert. Seit 10 Jahren bewerbe ich mich darum. Altkastilien hat seit mehr als 40 Jahren [einen] Weg zum Meere. Seit 9 Wochen wandern (andar) wir von einer Gegend zur andern. Ihr Mann geht auf ein paar Wochen nach Madrid. Er mußte sich für einige Zeit von Barcelona entfernen. Das Schlimmste, was geschehen könnte, wäre, daß sie ihn auf kurze Augenblicke festnähmen. Vom Morgen bis zum Abend arbeitet er. In 8 Tagen ist Zeit genug, um eine Puppe von 16 Jahren wieder zur Vernunft zu bringen. Der Gegenstand, von dem ich euch sagte (hablar), könnte in wenigen Stunden abgemacht werden. Den ganzen Winter habe ich den Mantel nicht abgelegt (dejar). So viele Dinge sind mir in einem einzigen Tage geschehen. Damals lebte ein Mensch mehr als 100 Jahre. Ich habe eine Weile gelesen. Der Geistliche blieb einige Minuten so. Er mußte sich wenigstens 14 Tage länger aufhalten. Er war in der That 24 Stunden Mitglied des Raths. Er sprach 3 Stunden nach einander. 21 Jahre lang blieben unsre Provinzen in Ruhe. Er war mehrere Stunden lang ohne Bewußtsein. Er blieb (mantenerse) während einer langen Zeit verlegen. Während der Pause dauert das Geläute der Glocke fort. Ich werde während der Reise für dich bezahlen. Seine Kenntnisse vermehren sich von Jahr zu Jahr. Seine Kräfte verschwanden von Tag zu Tag. Er kann nicht umhin, mich jeden Augenblick zu erwarten. Die Menge vermehrte sich jeden Augenblick. Von einem Tage, von einem Augenblick zum andern kann ich den Befehl zur Abreise erhalten. Alle Tage schickte man dem Könige ein Brod, eine Henne und einen kleinen Krug Wein. Mein Mann frühstückt jeden Morgen Bratwurst.

LXXVIII. Uebung, zu § 256—258.

A. Zur Anschauung.

Solo distan 20 leguas (I). Duró el sitio de Zaragoza 62 dias (T). ¡Cuántos sudores le cuesta á un pobre juntar cuatro mil reales! (G) La peseta sencilla vale 4 rs. ó 136 mrs. (Mor. Aritm.). ¿Cuánto importan dos tercios de tres quintos de tres cuartos de dos arrobas? (Mor. Aritm.) Tenia el puente 580 piés de largo, mas de 25 de ancho y 134 de alto hasta los pretiles (I). El arco toral tiene de alto 120 piés y de claro 45 (Alc). Diez y ocho años tiene Vd. y mas bien mas que ménos (G). Tan viejo soi que te llevo dos años de ventaja (M). Se ha debilitado su cabeza hasta el punto de no poder soportar el menor trabajo (L). Los maderos llegaban á calentarse hasta humear (Y). Desdicen en gran manera del trabajo concienzudo de Capmany (S). Agradó sobre manera al público (rA). Yo he celebrado en estremo haberle tenido en casa (M). El número de poetas crecia en proporcion de la facilidad que hallaban para escribir (rA). Le molió hasta no mas (S). Si en las concurrencias particulares soi raro algunas veces, siento serlo (M). Aquí mismo he oido hablar muchas veces de Vd. (M). Se lo daré á Vd. á ciento y ocho reales la vara (O). Aquí tiene Vd. una pieza (de lienzo) á treinta y dos reales la vara (O). El precio ordinario de los portes entre estos puntos es de 5 á 6 reales arroba (I). Vale cien veces mas (Mor. Aritm.). La conduccion á lomo es de 90 reales en carga (I). Repartieron dos libras de pan por soldado (S). Generalmente le alquilo (el cuarto) á razon de ochenta francos por semana (O). Recibo treinta reales por mes (S). ¿Cuánto quiere Vd. por todo? — Trescientos francos al mes (O).

B. Zur Anwendung.

Meine Reise dauert nur einige Tage. Sie war von uns Tausende von Meilen entfernt. Sie fingen eine Schildkröte, welche 300 Pfund wog. Es kostete mir sehr lange und tiefe Untersuchungen. Es gilt nicht mehr als 13 Realen. Das Ganze beträgt ungefähr 23 Dublonen. In jenem Augenblick hätte ich hundert Meilen von Madrid entfernt sein mögen. Das kommt auf 3000 Realen zu stehen. Der Hof des Wasserbeckens oder der Myrthe ist 150 Fuß lang und 82 breit. Ich vermuthe, daß der Stein ungefähr 2 Ellen lang und eine Elle breit bei eben so viel (con otro tanto) Dicke sein möchte. Sie ist noch keine dreißig Jahr alt und hat ihrer Schwester nur 3 Jahre voraus. Ich habe mich so erschrocken, daß ich mich kaum noch auf den Beinen halten kann. Wir wurden bis zum Tropfen naß. Aber Frau, ist es möglich, daß du so sehr (bis zu dem Punkte) den Verstand verloren hast, die Dame spielen (hacer) zu wollen. Ist er geschickt genug, um sein Brod zu verdienen? Er hat bis an's Aeußerste gefleht. Seine Bemerkungen sind mir über die Maßen nützlich gewesen. Maria Barbara de Portugal, seine Gattin, war ihm bedeutend (in großem Maße) ähnlich. Er war dreimal Konsul. Ich sehe ihn selten. Er hat mich hier schon verschiedene Male besucht. Es hat mir 30 Realen das Stück gekostet. Ich kann es Ihnen zu 108 Realen die Elle geben. Wir haben diese Zimmer zu 100 Realen den Monat gemiethet. Sie bezahlen ihm 15 Realen den Tag. Die Maulthiere kosteten ihm dreimal mehr als der Weizen. Mein Stock ist fast zweimal so lang als deiner. Er aß dreimal so viel als ich. Die Fracht war 15 Schillinge der Zentner. Er fordert 6% Zinsen. Wir mußten drei Gulden die Meile bezahlen. Ich habe 20 Bände von den Alten für einen von den Neuern gelesen. Der Diener verlangte 600 Franken das Jahr, Kost und Logis.

LXXIX. Uebung, zu § 259—262.

A. Zur Anschauung.

Te lo confieso ingenuamente (R). No se sabe precisamente el sitio (R). Pues anda listo (L). Yo lo diré claro y pronto (M). ¿Lo sabes de cierto? (R) De pronto se pone en pié (R). Suplico á Vd.

que hable de otro modo (M). ¿De qué manera debo decírselo? (M) De esta suerte me pagan (L). La desfiguraron (la obra) de un modo lastimoso (rA). Las centinelas se van con Torcuato en la misma forma que han salido (I). ¿Quiere Vd. que le haga una cortesía á la francesa? (M) Quieren tambien que estudiemos y sepamos á la francesa (I). Cortó el nudo á lo Alejandro (S). Sabia á almendra dulce (Y). No se sabe en esta casa á lo que huele una propina (G). Todo he salido á mi tia (BH). No quiero nada con violencia (M). ¡Con qué garbo y generosidad se porta! (M) Ya es tiempo de hablar con claridad (I). Todo se ha hecho con el mayor secreto (I). Le aconsejó que sin tardanza se retirase al Brasil (T). Convenia escribir piezas dramáticas segun el arte (rA). Las acompañaba segun costumbre (G). Su voluntad ha de torcerse al capricho de quien las gobierna (M). Acuérdate que siempre te juré que no me casaria sino á gusto mio (G). Le daba golpes con el cayado (H). Los soldados castellanos quieren abrirse paso con la espada (R). Hizo ruido con las chanclas (M). La naturaleza ha distribuido sus dones con diferente medida (I). Empezé á dar vozes y hacer señas con el pañuelo (M). Lo ayudó con sus propias manos (R). Vais á verlo con vuestros propios ojos (H). Canta de garganta (S). Nos trata á la baqueta (G). Los tres murieron á garrote (Alc). Pasó los habitantes á cuchillo (S). Allí se asió á brazos con él (Q). Le pintó con colores mui vivos el genio del marques (I). Los castellanos la lloraron con lágrimas de dolor y admiracion (Q). A mí no se me vence con oro (H). La mujer del alcaide quemó luego la herida con aceite (Q). Me dejáis aturdido con esa relacion (M). Con esta faccion llevó la hambre y la miseria en la ciudad (Q). Quien á hierro mata, á hierro muere (S). Me has de quitar á pesadumbres la vida (H). Proseguia diciendo á vozes que él habia dado muerte al señor marques (I). ¿Porqué es darnos el trabajo de derrengarle á garrotazos? (M) Pasó un rio á nado (Y). La coge de las manos (M). Llévalo así de las puntas (M). Me agarra del brazo (H). La trae de la mano (M). Hablaba en aleman ó en ruso (L). Le habla en tono bajo y misterioso (M). ¿Y qué hacia Vd. cuando lo elogiaban en esos términos? (H) En una palabra lo has dicho todo (Y). Casi siempre me responde en latin (M). Le prestó mil duros sobre una finca (S). Juró estas condiciones sobre una hostia consagrada (Q). Llámale á vozes por su nombre (Y). Todo lo sueles pedir á gestos (M). Juro por tu vida que . . . (G). ¡Por la Virgen santísima, no me abandone Vd.! (S) Estudiaban la lengua por principios gramaticales (Alc). Lo contó por los dedos (S). Refiere los sucesos por años (S). Juzgan del corazon ajeno por el suyo (I). Hoi se juzga solo por apariencias (I). El cielo acaba de hablar por tu boca (H). Yo lo vi por mis ojos (Acd). Procuró evitar el desafío por medios honrados y prudentes (I). Fué mandado por pregon que saliesen todos los moriscos (S). No hai dificultad en que lo espresemos por el participio pasivo (S). El pícaro trata de obtenerme por medio de un rapto (M). Tal vez querrá librar á su amigo por medio de una accion generosa (I). Compráis á fuerza de oprobrio el derecho de servir á vuestros verdugos (II). Solo á fuerza de mérito se puede hacer (V V). Por su avaricia y crueldad se han grangeado una funesta nombradia (Alc). Se apresuró á huir de los muchos enemigos que se habia grangeado con sus maldades (Alc). Ahora mismo estoi viendo con mis ojos estas ruinas (R). Aunque lo vea por sus ojos, no se lo harán creer (M). Dábale de beber por su mano (Q). Yo lo escribí de mi mano (Acd). Le sacaste por fuerza (S).

B. Zur Anwendung.

Verdiente ich denn, so treulos betrogen zu werden? Sie widerstanden verzweifelt. Sie hörten deutlich mehrere Kanonenschüsse. Der Kapitän zog seine Seekarte sorgfältig zu Rathe. Persönlich kennt er mich nicht. Sprich leise. Ich kann nicht so wohlfeil arbeiten. Wir hörten plötzlich ein Geschrei. Er hatte sich heimlich mit der Kammerjungfer verheirathet. Du hast mich auf tausend Arten zu Grunde gerichtet. Wird unser Sohn auf diese Weise gerettet werden? Sie haben mich auf eine besondre Weise examinirt. Wir haben es jetzt auf eine andre Art geordnet. Auf diese Weise durchzog er die Straßen Roms. Es würde nöthig sein, es auf folgende Art zu übersetzen. Er kleidete sich immer nach englischer Weise. Wir lebten dort ganz auf deutsche Art. Er benahm sich auf Königs-Art. Er spricht schulmeisterlich. Ich hatte keine Lust, soldatenmäßig zu handeln. Sie riechen nach Schwefel. Es riecht hier nach verbrannter Bratwurst. Das schmeckt nach Austern. Nach wem artest du? Es öffnete und schloß sich nach Art eines Futterals. Es wird nach Art des spanischen j ausgesprochen. Der Wind begann mit Heftigkeit zu wehen. Es ist unmöglich, sich mit mehr Gerechtigkeit zu benehmen. Wir müssen ihn mit der größten Höflichkeit von der Welt behandeln. Sprechen wir wenigstens einmal ohne Umschweife und Verstellung. Ich habe meiner Gewohnheit gemäß eine Tasse Chokolade [zu mir] genommen. Sie lebt ganz den Vorschriften des Arztes gemäß. Wenn man uns den Gesetzen gemäß behandelt, müssen wir zufrieden sein. Sie wollten über sie nach ihrem Belieben verfügen. Ich verlange, daß sie nach meinem Gefallen und nicht nach dem ihrigen leben. Er hat es wider meinen Willen gethan. Der Kronfeldherr beklagte sich, daß der König jene Reise wider seinen Rath unternommen hätte. Sie grüßen ihn mit dem Hute. Er stieß ihn mit dem Dolche. Die Zimmerleute bearbeiten die Balken mit den Deißeln und heben (subir) sie mit einem Flaschenzug oben auf (á lo mas alto de) die Mauer. Er zeigt ihnen den Himmel mit seinem Säbel. Er öffnete die Thür seines Zimmers mit dem Schlüssel. Er wird uns noch seinen Willen mit einem glorreichen Zeichen kund thun. Er legt den Seinen mit der Geberde Schweigen auf. Der Schuldige selbst hat es mit seiner Hand besiegelt. Ihr werdet ihn mit euren eignen Augen sehen. Er stieß ihn mit dem Fuße. Er ließ die Nachzügler über die Klinge springen. Das Vermögen wurde nicht geerbt, sondern, so zu sagen, mit der Spitze der Lanze erworben und gewonnen. Die Beleidigungen, welche man tapfern Männern anthut, werden nur mit Blut [ab]gewaschen. Er besprengte ihm das Gesicht mit Wasser. Er selbst soll das Land bauen und es mit dem Schweiß seiner Stirne bewässern (Ger.). Er hat Befehl, die Gewalt mit der Gewalt zurückzutreiben. Er theilt mir das Herz mit jedem Worte. Sie durchbohrten ihn unbarmherzig mit Bajonettstichen. Sie bemächtigten sich der Mauer mit aller (vivo) Gewalt. Er bat mit Geschrei (voces) um Hülfe. Sie zerprügelten ihn. Er faßte Donna Franziska bei einem Arm. Er ergreift Don Carlos bei einer Hand. Sie zupft Donna Andrea beim Kleide. Don Roque hilft ihm, indem er ihn bei den Beinen zieht. Er erfaßte ihn bei den Knieen. Er hängte ihn bei den Beinen auf. Er trug den Hasen bei den Ohren. Sie verlangten mit lauter Stimme (Pl.), was man ihnen schuldete. Ich kann es dir mit zwei Worten sagen. Er wiederholte mir die Lektion mit den bittersten (agrio) Ausdrücken. Er sagte es mir mit einem Tone der Verzweiflung. Er hat mir auf italienisch geschrieben, und ich habe ihm auf französisch geantwortet. Sie unterhalten sich immer auf spanisch. Er hat es mir auf sein Wort versichert. Sie schwuren es auf die Bibel. Es sind Dinge, welche schon unsre Vorfahren kannten und bei ihren Namen nannten. Ich schwöre bei Gott, daß ich unschuldig bin. Schweigen Sie, bei allen Heiligen des Himmels. Er hat das Land nach der Natur gemalt. Wir werden unser Betragen nach den Ereignissen einrichten. Laßt uns der Reihe nach singen. Man darf nicht immer über Andre nach sich selbst urtheilen. Ich habe meine Bücher nach Sprachen geordnet. Der Himmel hat schon durch seine Vorzeichen und Wunder gesprochen. Und alles das ist Ihnen durch meine Schuld geschehen! Man erlangt durch seine Vermittlung, was man weder durch die Bitten des Verwandten, noch durch die Thränen der Gattin erreichte. Sie ließen es den König durch eine Botschaft wissen. Er hatte seinen Truppen mittelst einer Bekanntmachung die strengste Disziplin empfohlen. Mittelst der Freundschaft mit ihrer Mutter habe ich häufige Nachrichten von ihr gehabt. Sie würden besser vermittelst Gesetze als durch ihre persönlichen Wünsche geleitet werden. Der Himmel hat ihn durch [viele] Wunder gerettet. Ich habe es nur durch [vieles] Bitten erlangt. Sie erkaufen seine Freundschaft und seinen Beistand durch [alle möglichen] Demüthigungen und Geschenke. Es ist nothwendig, die Anschläge unserer Feinde durch [Anwendung vieler] Klugheit zu vereiteln. Er sucht unsre Anstrengungen durch seine furchtsamen Rathschläge zu lähmen. Ich hoffe, daß ihr nicht suchen werdet, mich mit Gewalt abzuhalten. Etwas verdunkelte er den eben gewonnenen Ruhm durch die schlechte Behandlung, welche er den Franzosen gab. Er hat uns durch den schwärzesten Verrath zu verkaufen gesucht. Ich habe es mit meinen eigenen Ohren gehört. Du mußt ihn durch deine Ermahnungen und Bitten auf den Pfad der Tugend zu ziehen (atraer) suchen. Sie hat es eigenhändig geschrieben.

LXXX. Uebung, zu § 263—267.

A. Zur Anschauung.

Los conquistadores se engríen con la victoria (H). Quedaron salpicadas (las provincias de Granada) con la sangre (Alc). Su alma piadosa se enternecerá con mis lágrimas (I). Hostigados con sus imprudencias y alentados con su descuido habian hecho una tentativa contra él (Q). El gobierno romano, aunque vacilante con los rudos golpes que le asestara Aníbal, hizo esfuerzos y aprontó los auxilios pedidos (Alc). De alegría no acierto á decir palabra (M). Lloró de gozo (Acd). Ella y el chico rabiaban de hambre (Y). Tirito de frio (Y). Me abraso de impaciencia (L). Está muerto de miedo (L). De cólera tiemblo (BII). Ah, este nuevo rayo de esperanza hace palpitar de gozo mi corazon (VV). No le puede responder por el exceso de su dolor (I). Yo no me asusto por tan corta cosa (G). Su pensamiento no se le cumplió por la mala voluntad del peonaje que llevaba (Q). ¿He de consentir yo que mí amigo sea infeliz por mi causa? (VV) Rompió la guerra en Castilla con intencion de apoderarse del reino, en virtud de los derechos de su nueva esposa (Q). No podian parar en el cuarto á causa del humo (BII). Sus comunicaciones y su influjo, merced al buen nombre de Casas, se estendian á mas de cien leguas á la redonda (Q). Dieron muchos y reñidos asaltos, hasta que de resultas de uno general se rindieron á discrecion los Barceloneses (Y). No por vanos escrúpulos deje Vd. de hacer una buena obra (VV). Por caridad le acogí en mi establecimiento (S). Yo la recibo por la misma razon (M). Fué condenada la obra en odio de su autor (S). Le mató en venganza del insulto que habia recibido (S). Lo hizo de lástima (Acd). A sus ruegos se contentaron con desarmar á los habitantes (T). Hé aquí la prueba: un pliego que tengo encargo de entregaros de parte del rei (L). Estaba allí de su voluntad (Q). De la costa del sur volvieron á la del norte por órden de Diego Velasquez (Q). Cuanto el señor le ha dicho á Vd. ha sido por instancias mias (M). Calla por Dios (VV). No riñamos por tan corta cosa (G). No se detenga Vd. por mi (II). Por Vds. no duermo (R). Lo siento por ti (R). Mi mujer y mi hija solo de oidas le conocen (L). Lo sé de buena tinta (L). De vista la conozco (M). ¿De dónde sacas tú semejante consecuencia? (G) Me parece que me lo han de conocer en la cara (R). Lo adivino por vuestra turbacion (L). Los distinguiréis por el traje (R). Creo, segun las señas, que os vais (M). ¿Qué hora será? — Segun mi estómago son las tres de la tarde (M). Serán mui agradables segun los indicios (II). En mi opinion contribuye mucho (el teatro) á rectificar el juicio de los jóvenes (M). Tales son los medios que en dictámen de la Sociedad son necesarios (I). Yo no puedo pasar á sus ojos por lo que no soi (L). A pesar de tus conatos veo claramente que te aflije una grave pena (II). Entró en Cosencia á despecho de los franceses que la defendian (Q). Los habitantes, sin embargo del corto número de tropas, y escasez de municiones, se prepararon á la defensa (Y). Para el tiempo que hace, no está atrasado el campo (Acd). Para lo que él merece, es poca recompensa (Acd).

B. Zur Anwendung.

Die äußere Rinde war von dem Wasser hinreichend weich geworden. Die Wände sind noch von dem Regen naß. Sie waren ein wenig von dem

Streit erhitzt. Seine Augen beleben sich und glänzen von einem besondern Ausdrucke. Von diesen Anstrengungen ermüdet schlief ich bald ein. Ich würde vor Angst sterben. Die Pferde und die Menschen fielen vor Durst und Müdigkeit um. Sah ich Sie nicht mehr als einmal vor Freude weinen? Ich platze vor Lachen. Ich weiß nicht, wie ich nicht vor Schmerz umkam. Sie ist närrisch vor Vergnügen. Er kam vor Freude außer sich. Diese Provinz war wegen ihrer unmittelbaren Nähe bei Sicilien mehr als irgend eine andre der Partei Spaniens zugethan. Schon roch das Fleisch der übermäßigen Hitze wegen schlecht. Dieser Baum war schon seines Alters wegen an einer Seite etwas hohl. Er soll meinethalben nicht leiden. Also bloß wegen 4000 Realen ist der Streit? Man muß wegen dieses Geschreis (Pl.) nicht erschrecken. Er wurde (llegar á ser) wegen seines leutseligen Wesens allgemein beliebt. Sechs hundert Gefangene wurden von Pizarro in Folge seines ersten Sieges in Freiheit gesetzt. Er ist in Folge dieser Nachricht sogleich abgereist. Er ist in Folge einer Unvorsichtigkeit krank geworden. Dank dieser Züchtigung wirst du jetzt vernünftiger (mit mehr Urtheil) denken. Aus diesem thörichten Ehrgeize wolltest du nicht, daß unser Sohn bei uns bleibe. Er gab mir sein Leben aus Liebe, und ich werde ihm aus Liebe noch mehr geben. Robres willigte entweder aus Schwäche, oder aus Leichtfertigkeit, oder aus Ehrgeiz in dieses Urtheil ein. Die Menschen sind entweder aus Trägheit oder aus Stolz zu geneigt, die abstrakten Wahrheiten zu generalisiren. Aus diesem selben Grunde bin ich nicht früher gekommen. Er that es aus Rache für (de) die Beleidigung. Er entfloh aus Furcht. Der Platz ergab sich auf die erste Aufforderung. Auf seine Bitte erlaubte er ihm, nach Toledo zu gehen. Sie wurden auf Ersuchen des Prinzen gefangen genommen. Die spanischen Truppen blieben auf Befehl der Junta in ihrer Kaserne. Es war das eine wahre Beleidigung von Seiten Alexander's. Ich bin in dem Zimmer der Königin, und ich bin darin auf Befehl von ihr. Auf Befehl des Königs blieb er bei ihm. Guter Gott, welches Verbrechens wegen straffst du mich Unglückliche? Und seinetwegen verschmähst du Don Vinzenz? Halten Sie sich deshalb nicht auf. Ich thue es nicht des Geldes wegen. Er weiß es bloß vom Hörensagen. Daraus läßt es sich nicht schließen. Und was folgt nun hieraus? Wir wissen es aus seinem eignen Munde. Aus dem Gesagten erhellt es. Kann man es mir am Gesichte erkennen? Habt ihr es nicht aus meiner Verzweiflung errathen? Ich habe es aus diesem Buche gelernt. Nach der gewöhnlichen Meinung war es im Jahre 1474. Die Vertheidigung unsers eignen Individuums ist nach allen göttlichen und menschlichen Gesetzen rechtmäßig. Nach seinem Chronisten war er es, der das erste Beispiel dieser Pünktlichkeit gab. Dem Anschein nach werden sie ihren Auftrag schon abgemacht haben. Dem Anscheine nach waren die Beiden einverstanden. Nach meiner Meinung kann er nicht lange mehr leben. Er wurde in den Augen seiner Vasallen ein Gegenstand der Geringschätzung. In den Augen der Königin war er die Hauptzierde des Hofes. Trotz so großen Verlustes blieb dem Menschen die Herrschaft über alle Güter der Erde. Ungeachtet dieses Mangels (escasez) zeigte sich Gonzalo immer groß. Trotz seiner Schwüre und Versprechungen stand er Don Juan in der Belagerung von Pedaſiel bei. Ungeachtet so förmlicher Versprechungen geschah die Beobachtung jener Verträge nicht. Seine Fortschritte sind für seine Gaben nicht groß. Für einen noch so unerfahrenen Burschen hat er es nicht übel gemacht.

LXXXI. Uebung, zu § 268—270.

A. Zur Anschauung.

A fines del año de 1504 falleció la reina católica Doña Isabel con imponderable sentimiento de la nacion (Y). Soto mayor cayó muerto con grande alegría de los franceses y sin ningun sentimiento de los españoles (Q). Al cabo me he desengañado no sé si por mi fortuna ó mi desgracia (H). Influian los unos en perjuicio de los otros (Q). Fué la mudanza en provecho de la ciudad (S). A ménos costa podéis serle mui útil (I). A costa de mi vida los defenderé (L). El mismo Menaldo se rindió á partido de que le conservasen la vida (Q). Yo haré en favor de Vd. todo el bien que pueda (M). Se daban estos malos consejos en desdoro de su persona y familia (Q). Mandó entónces á su ejército avanzar en persecucion de los enemigos (Alc). Vino en ausilio del poeta (Z). Salieron en busca del rei (Q). Qué modelos se ha propuesto Vd. para la imitacion? (M) No hemos nacido nosotros para ser sus esclavos (H). ¿Para qué lo habrá mandado que venga? (M) Hubiera servido de poco para mi propósito (S). ¿Para eso me manda Vd. una embajada? (H) Para ninguna cosa la daré mas libertad que para esta resolucion (M). ¿Y vino para esto? ¡Para engañarme, para abandonarme así! (M) Debió hacer lo que hizo por su propia seguridad (Y). ¿No conoces que es todo por tu bien? (M). Lo hace por reir (M). Su padre no quiere casarla por no soltar el dote (M). Mudé de tono por (oder para) no disgustar á mi padre (S). Gritaba por gritar (S). Hasta le da el nombre de hijo por consolarle (I). A trueque de comprar mas se mejora ménos (I). ¿A qué va Vd. padre mio? (H) Pueden Vds. retirarse á descansar (H). Le he traido á alojar á esta fonda (VV). Despáchese Vd. á venir (M). Voi á bajar á leerlos (los periódicos) á la fonda (VV).

B. Zur Anwendung.

Sie lernten sie nachher zu ihrem Schaden fürchten und schätzen. Sie ist zu meinem größten Kummer noch nicht wieder da. Zum Glück sah ich meinen Großvater kommen. Er sah sie zu seinem Unglücke viele Male. Man hat ihn zu meinem Nachtheile begünstigt. Wir erreichen Nichts, was nicht auch zu deinem Vortheil wäre. Du könntest dies nur auf Kosten deiner Ruhe thun. Die Besatzung hat sich auf Gnade oder Ungnade ergeben. Wir wollen es auf gut Glück wagen. Er zeigte die Briefe dort zum Beweise der Wahrheit. Sie bewilligten es ihm zur Entschädigung. Man hatte sie benachrichtigt, damit sie dem Könige zu Hülfe kämen. Ich werde zu ihren Gunsten Alles thun, was ich kann. Sie erleuchteten ihre Häuser zur Feier der eingetretenen Veränderung. Es geschieht zum Lobe oder Angedenken irgend eines

Verstorbenen. Diese Standarte hat zur Krönung von 20 Königen gedient. Er sandte der Stadt eine gute Besatzung zu ihrer Vertheidigung. Zur Sicherheit der Landstraßen setzte Don Fernando die heilige Brüderschaft ein. Dazu kam ich nach Cadix zurück. Auch hat es mir nicht an Geld zu Kaffee und andern Kleinigkeiten gefehlt. Man ernannte ihn für die Gesandtschaft. Ich benutze die Gelegenheit, um Sie zu bitten, daß Sie der guten Donna Crispula eine Grille aus dem Kopfe zu bringen (quitar) suchen. Sie machte das Gemälde, um es ihrem leiblichen Oheim, dem Bischof, zu schicken. Das sagt man, um Kinder zu erschrecken. Wir sagen es Ihnen zu Ihrem Besten (bien). Er unternahm jene Reise bloß, um sich zu belustigen. Alles haben wir gewagt, um aus einer so verhaßten Sklaverei zu kommen (salir). Das heißt nur lärmen, um zu lärmen. Er setzt sich dem Tode aus, um seine Ehre zu retten. Er ist zur Verfolgung der Sache (causa) gekommen. Der König war zu[r] Messe ausgezogen. Grade dazu komme ich. Er kommt nach Madrid, um sich zu etabliren. Nur einmal hielt er an, um den Durst zu löschen. Die Mauren zogen aus zu scharmützeln. Beeilen wir uns, ihn einzuholen. Papa mußte hinuntergehen, um ihm zu öffnen. Er hielt an, um einen Augenblick nachzudenken.

LXXXII. Uebung, zu § 271—273, namentlich zu § 273, von a) aa—a) mm.

A. Zur Anschauung.

¿De qué ha podido proceder este accidente? (M) ¿De dónde proviene esa agitacion? (R) Nace de mi propio albedrio (M). Todo depende de Joaquin (VV). Tu cabeza pende del secreto (R). Esto resulta del abuso de la autoridad (M). Se mantienen de abusos (R). Viviré de mi talento (VV). ¿Qué hubiera sido de esta huérfana infeliz sin la caridad de nuestra buena señora? (BH) Constaba de 24000 hombres de infanteria (T). Componíase la primera fuerza francesa de 20000 hombres (T). ¿Y qué almendras serian estas? — Granos de cacao de que se hace el chocolate (Y). Se fabrica del lino ó cáñamo (Acd). La tal encajera es capaz de todo (G). Nada es capaz de aliviar su dolor (I). El corazon de la mujer es tan susceptible de entusiasmo (VV). La poblacion de esta república no pasaba entónces de 4 millones de habitantes (I). Esceden de 200 las sepulturas que en mui pocos dias se han abierto (Alc). Se entregaba de la gobernacion del estado (Q). Ya los franceses se habian del todo posesionado de la ciudadela (T). Se enseñorearon de la plaza (T). Buscaba el medio de apoderarse de Portugal (T). El amo no necesita de tus consejos (M). Carece de tales requisitos (M). Mi corazon está lleno de amargura (R). Ya basta de lágrimas y sollozos y pucheros (BH). La mia (mujer) no padece esta enfermedad (M). Quedó mui niño huérfano de padre (Q). Ambos se hallaban necesitados de descanso (Y). No falta de cierta majestad y grandeza (R). Necesita dinero (G). Las críticos son gentes pobres de espíritu (Z). Este hombre no cuidó del cargo que se confiaba á su cuidado (Q). Nadie puede responder de un primer pronto (G). Cuidád mas de vuestro descanso (I). Se aprovecharon de sus exhortaciones (Y). Pretendes abusar de su credulidad (DH). Conmigo usa de mas franqueza (M). Pero ¿de qué arbitrio valerme? (R) Se echa mano de hombres de mérito (R). Tu buen padre gozará tambien esa fortuna (R). Déjese Vd. de bromas (L). Se servia siempre de tu cortaplumas (G). Desisto de un empeño tan imposible (M). Sin mi delito gozaria aun del sosiego mas puro (I). Decidia de la vida y hacienda de los ciudadanos (Alc). A cada paso la esperiencia triunfa de la teórica (I). Dispone del trueno y del rayo (R). Se lo acusaba de graves delitos (T). Se surtian en la China de aquella preciosa manufactura (Alc). La armada iba pertrechada de todo lo necesario (Q). Ya habian empezado los dos á prevenirse de armas y de gente (Q). Cargád de cadenas á ese castellano (R). Me ha llenado de temor (M). Me han hartado bien de chocolate (M). Está encargado de observar sus pasos (I). Le habia amenazado de muerte (Q). Vuestra presencia, señor conde, me colma ahora mas que nunca de placer (L). Se proveian de agua (Q). Me revestiria de cierto aire grave (G). Le han apeado de la intendancia (Acd). Luis vino á despojar á este usurpador del estado de Milan (Q). No querian desnudarse de los despojos adquiridos (Q). ¿Y porqué no me desprendo de él? (R) Le habrian relevado de pruebas de nobleza (VV). Todo lo he sacrificado por redimir del yugo á estos pueblos (R). Se ha dejado desheredar de 10000 ducados de renta (G). He tratado de desocuparme ántes de visitas (L). ¿Nada pudo librarte de la muerte? (R) No parece sino que os queréis disculpar de una accion que os honra (L). Mucho sentiria, caballero, haberle distraido á Vd. de sus meditaciones (M). ¿Ha vuelto de su accidente esa pobre niña? (H) Cobróse de la dolencia (Q). Se apartaron de las reglas de la justicia legal (T). Se despidió de ella (Alc). Me desasí de sus brazos (L). Despertó del sueño (S). Este recuerdo no se borrará jamas de mi memoria (L). Habian sido rescatados de su poder (Q). Se le privaba de sus principales recursos (T). Yo no quiero separarme de mi amado protector (DH). Las tormentas limpian la atmósfera de vapores pestilenciales (Y). Estoi corregida de mi manía (L).

B. Zur Anwendung.

Der Mangel dieser Früchte rührt auch von andern Ursachen her. Ich weiß nicht, was aus mir werden wird. Von einem einzigen Augenblicke kann ihr Schicksal abhangen. Sein wahrer Ruhm kann allein von seinem Eifer und seiner Mäßigung hergeleitet werden. Nun, Kinder, was geht aus dieser Berathung hervor (salir)? Ich weiß nicht, woraus diese Unruhe entsteht (nacer), welche mich quält. Die wahre Ehre ist die, welche aus der Uebung der Tugend hervorgeht (resultar). Von wem stammen sie ab? So war das Mehl, von dem sie sich ernährten. Was ist mit deinem Leben? Sei es darum, wie (was) es wolle sein werde). Niemand weiß, wovon er lebt. Es ist ein aus grober Wolle gefertigtes Gewebe. Er bildete eine menschliche Gestalt aus dem Thon. Dieses Zeug wird aus Wolle, Seide, Flachs und andern Stoffen gewebt. Dies Büchlein besteht (constar) aus 35 Blättern in Oktav. Seine ganze Streitkraft bestand aus 900 Mann. Ich bin unfähig, irgend einen Groll zu hegen. Das Land ist fruchtbar an Getreide. Dies einzige Wort hat so vielen Irrthum veranlaßt (ist veranlassend gewesen). Sein Alter ging nicht über 23 Jahre hinaus. Es überstieg alle meine Erwartungen. Er hat die Grenzen des Anstandes nicht überschritten. Er bemächtigte (apoderarse) sich des Mailändischen. Ich gehe, mich der geheimen Ausgänge des Schlosses zu bemächtigen (posesionarse). Er hat sich schon des Schlosses bemächtigt (enseñorearse). Er ergriff ein Brot. Ich bedarf (necesitar) hier eines treuen Freundes. So sagt man, daß eine Sprache reich oder arm an Wörtern ist. Sein Andenken ist rein von jedem Verbrechen. Es ist genug mit [der] Ueberlegung. Sie entbehren (carecer) aller Erziehung. Unser Garten hat dieses Jahr Ueberfluß an Obst. Don Juan II. fehlte es nicht (war nicht ermangelnd) an Verstand und Fähigkeit. Das Land wimmelte von Bettlern. Er war reich an nützlichen Kenntnissen. Er hat sich für seinen Verlust schadlos gehalten. Ich weiß für ein Haus zu sorgen. Ich stehe für das Geld ein. Wir haben uns jetzt dafür entschädigt. Ich bediente mich deines Namens. Mißbrauchen Sie nicht meiner Geduld. Bediene dich keiner Kunstgriffe. Wir Diplomaten beeilen uns, uns die Fehler unserer Kollegen zu Nutze zu machen (aprovecharse). Ich versicherte ihm, daß ich von meinem Vorsatz nicht abstehen würde. Ich nehme an seinen Schmerzen Theil. Sparen Sie [die] Worte. Enthalten Sie sich ins Künftige alles Weines. Er gebrauchte nicht sehr vorsichtiger Worte. Wann werde ich dieses Glücks genießen? Verfüge über unsre Reichthümer. Das waren die Männer, welche über jene Sache entschieden. Er triumphirte endlich über alle seine Feinde. Du klagtest mich [der] Schwäche an. Der Himmel bedeckte sich mit Wolken. Er wollte ihn mit Gaben überhäufen (colmar). Dies trübselige Schweigen erfüllt meine Seele mit Trauer und Schreck. Wer von Ihnen ist die Person, welche mit der Führung des Haushalts beauftragt ist? Er versorgte sich mit Lebensmitteln. Die reine und durchsichtige Luft färbt die Atmosphäre der Insel immer mit dem allerlebhaftesten Blau. Er überschwemmte Rom mit Blut. Er überhäuft ihn (pfropft ihn voll) mit Schmähungen. Die Beiden haben dies übernommen. Ich bin immer mit Geschäften belastet. Er besprengte ihm das Gesicht mit Wasser. Sie schmückten das Grab mit Blumen. Waffne dich mit Geduld. Ihr Gesicht war mit Thränen gebadet. Sie sind alle mit vielen Kindern geplagt. Er beschenkte (begünstigte) ihn mit einer Herrschaft. Der ganze Weg war mit Kirschbäumen bepflanzt. So wurden an zwei entgegengesetzten Punkten und zur selben Zeit zwei erlauchte Geschlechter ihrer Throne beraubt (despojar). Er freute sich seiner los zu werden (deshacerse). Nur die Unwissenheit oder die Trägheit können die Völker so vieler und so köstlicher Güter berauben (privar). Es hat ihr viel gekostet, sich von ihr los zu machen (despegarse). Er reinigte (purgar) die Umgegend von Straßenräubern und Uebelthätern. Die grausame Nothwendigkeit allein konnte ihn zwingen, von seinen gerechten und strengen Grundsätzen abzugehen (desviarse). Er fing an, sich von seiner Zögerung zu rechtfertigen (disculparse). Sie sollten von dieser Regel ausgenommen sein. Es ist eine Regel, von der wir nicht abweichen (separarse) müssen. Es gelang ihm, sie von so traurigen Einbildungen abzuziehen (distraer). Man weiß nicht, ob sie späterhin von ihrem Wahnsinn genas (sanar). Ich komme noch nicht von meinem Erstaunen zu (en) mir. Ich habe vor, mich von den Geschäften zurückzuziehen. Ich hatte eine Menge Besuche abzumachen (desocuparse). Sie ist einen schlechten Mann los geworden (salir). Er hat mich dieser Mühe überhoben.

LXXXIII. Uebung, zu § 271—273, namentlich zu § 273, von a) nn—a) rr.

A. Zur Anschauung.

Por ventura no era culpable mas que de flojedad y tibieza (Q). Ninguna profesion era mas merecedora de su proteccion (I). Yo no soi digno de tan amargas lágrimas (I). Me arrepiento de mis culpas (Acd). Te dueles del prójimo (Acd). Se apiada de la desgracia de los miserables (Acd). No se cansaba de alabarle (Q). No me alegro de semejante cosa (G). Se fastidia de estar solo (G). Es en vano esperar la baratura de los precios de otro principio que de la abundancia (I). Avergüénzese de una conducta tan indiscreta (G). Se irritó de la insolencia del fraile (Q). Mucho me compadezco de ese desdichado (R). Bien satisfecho quedó Vd. entónces del valor de su sobrino (M). No quedará Vd. descontento del desempeño (L). Ten compasion de esta infeliz (I). Libre se queda y ufano de su triunfo (M). ¿Cómo hubiera yo podido de otra manera prendarme de esta Señorita? (G) ¿Te has enamorado del amo? (VV) El rei holgó mucho de esto don (Q). Ofendiéronse todos de la aspereza de las invectivas (Q). Enojóse el rei de aquella osadía (Q). Nada tiene de estraño que la reina se resintiese de una pretension tan escesiva (Q). ¿De qué se admira Vd. ahora? (H) Está mui contenta de nuestra eleccion (M). Tú gustas de la lectura (H). No gusto de repetir las cosas (R). Se desesperó de su salud (Q). Sospecho desde luego de esa persona (H). En efecto me pesa de ello (G). A esa edad se encapricha una de cualquiera (H). Se paga (ella) del rango (L). Yo le prometo que no se quejará de mí (M). ¿De qué se rie Vd.? (G) Jactábanse los señores y donceles de su gusto esquisito (Alc). No volveréis á hacer burla de mí (H). Me glorío de ello (L). Se dolía del pecho (S). Ya empiezan á murmurar de Mulei Carime (R). Se lastima de su situacion (M). Ansioso de gloria y de fortuna quiso acompañar á Enciso (Q). Tu padre y los parientes del muerto están sedientos de su sangre (I). Su amor la recompensará á Vd. con usura de los favores que ella le debe (H). Yo me vengo de un agravio (S). Se acordó de algunas vezes latinas (Q). Apercibiéronse los grandes de este engaño (Q). Yo prescindo de estas consideraciones (M). De esto estoi mui persuadido (M). Vds. van á hablar de asuntos (L). Estos señores no entienden de eso (M). Estoi enterado de todo (VV). ¿Y qué opinas de tu casa? (H) ¿Puede Vd. dudar de mi amor? (M) Se trata de su bienestar de Vd. (G). Estoi mui seguro de su inocencia (I). No es posible que se olvide tan presto de su querida Paquita (M). Quién no teme la muerte, está cierto de la victoria (R). Sabe de todo (M). Predicará de San Juan Bautista (S). Se convencieron de la mala fé de Napoleon (T). Estaba bien informado de mis méritos (R). ¿Y qué diremos de la importacion? (I) ¿Y qué es ello? — Nada mas que preguntarte del encargo que te he hecho (M). ¿Si me habré equivocado de casa? (L) Dió parte de la noticia al duque de Mahon (T). Hágase cargo de la razon (L).

B. Zur Anwendung.

Du bist nicht schuld an seinem Tode. Die Richter fanden, daß er der Verzeihung unwürdig sei. Ich würde mich eures Kommens (venida) freuen. Ich werde es müde (cansarse), auf der Straße zu warten. Er schämt sich seines Gewerbes. Worüber erschrickst du? Er ist über diese Dreistigkeit entrüstet geworden (irritarse). Der Knabe freut sich (holgar) sehr über dieses Geschenk. Alle waren mit der Autorität, die er hatte, unzufrieden. Alle bemitleiden (compadecerse) sein Unglück. Er ist mit sich selbst zufrieden (satisfecho). Viel Mitleid habe ich mit dir. Ich habe nie Gefallen an Klatschereien gehabt (gustar). Es thut ihm leid (pesar) um seinen Tod. Er kümmert sich zu viel um Vergnügungen. Er kann nicht in dich verliebt sein. Ich wußte nicht, daß du so sehr für mich eingenommen (apasionado) wärest. Bereuen Sie es, meinem Rathe gefolgt zu sein? Ich wundre mich über deine Ruhe. Er erbarmt sich nicht seines unglücklichen Nebenmenschen. Sie ist darüber aus der Fassung gekommen. Ich kann mich nicht an dieser Musik ergötzen. Verzweifeln Sie jetzt am guten Ausgange Ihres Unternehmens? Werdet nicht böse darüber. Sie wurde über meine Worte empfindlich. Sie spotten unser. Es kann sich Spanien nicht solches Ueberflusses rühmen. Worüber beklagst du dich? Nicht einmal er selbst konnte umhin, über sein Aussehn zu lachen. Er hat sich über deine Leichtgläubigkeit lustig gemacht (divertirse). Sie rühmen sich der Heldenthaten ihrer Vorfahren. Worüber weint das Kind? Er lächelte über diese Antwort. Bist du so begierig (ansioso) nach Ruhm? Er ist auch nicht begierig (deseoso) zu glänzen. Ich habe seine Freundschaft verschmäht. Er wurde für seine Kühnheit wohl gestraft. Er wird Sie für Ihre Dienste belohnen. Er wird sich für diese Beleidigung rächen. Erinnere dich der Hochzeit. Ich bin dessen nicht unkundig (ignorante). Wir sind Ihres hervorragenden Talents kundig. Ich darf des Unterschiedes nicht vergessen, welcher zwischen ihren und meinen Jahren ist. Ich glaube, daß Sie von meiner Ankunft unterrichtet sein werden. Was versteht sie davon? Ich habe mich von dieser Wahrheit vergewissert. Von der Nützlichkeit dieses Schrittes bin ich überzeugt. Er sprach von den Vortheilen, welche das gesellige Leben mit sich führt (traer). Er unterrichtete sich von der Lage der Dinge. Es ist nothwendig, daß ich ihn von Allem unterrichte. Wovon handelt es sich heute? Wie wird er an dieser Wahrheit zweifeln? Bedenken Sie meine Lage. Er beachtete sie nicht. Ich bin seiner Freundschaft gewiß.

LXXXIV. Uebung, zu § 273 b und c.

A. Zur Anschauung.

No sé como Vd. no ha tropezado con él (H). Dificil será acertar con el motivo de tan estraño silencio (T). Los oretanos confinaban con los bastitanos por oriente y mediodía (Alc). Es el único medio de acabar con ese usurpador (R). Se desayunó con la mitad de un coco (Y). Alterno los placeres con el estudio (M). Labró la corona real con los granos de oro que trae el Darro entre sus arenas (R). Emprendió hacer con aquello cordeles (Y). Al menor peligro me ampararía con vuestro nombre (L). Abrumádme con vuestro enojo (L). Iré á bañar los piés del mejor de los reyes con mis humildes lágrimas (I). Bueno será comprobar con ejemplos estos diversos usos (S). El rei le agració con un gobierno (Acd). No se crea que esta diferencia se compense con los derechos de rentas generales (I). Le amenazaron con venganza (Q). Me forré el estómago con un buen par de chuletas (G). Se contenta con poco (S). Se ha de salir con ello (Y). Cuente Vd. con mi amor (L). ¡Mi pobre padre que tenia tanta vanidad con mis manos! (G) Es preciso confesar que me he divertido con Vd. (L). Holgáronse todos con su venida (Q). Se envanecerá tal vez con mis glorias (VV). Quedó en adelante tan rico en honores y en poder como lo era ya en influjo y en confianza (Q). Todo consiste en un poco de maña y de ingeniatura (I). Que no pierda el tiempo en suspiros inútiles (M). Habia ginete que solo en jaezes tenia invertido un caudal considerable (Alc). ¿En qué pasa Vd. el tiempo? — En mis negocios (M). Consumen la mayor parte del capital en su mantenimiento (I). No gastemos pólvora en salvas (VV). Harto recompensado estoi si puedo cimentar mi futura felicidad en tu escarmiento (L). El enemigo era inferior en número (Q). ¿Quiere Vd. decirme en que la desagrado, en que la desobedezco, en que falto á los deberes de buena hija? (H) Trabaja en oro (S). Quiero ensayarme en el género trágico (VV). ¿No aventajaba á todos en riquezas? (T) Ejercitó su pluma con particular esmero en celebrar las glorias de su querida patria (Alc). Esmeróse él aquel dia en gallardía y lucimiento (Q). Algunos van por la posta y tardan mas de cuatro meses en llegar (M). Fué creciendo en años (H). Se convino al fin en adoptar ciertas medidas contemporizadoras (T). Tienes tus defectillos, pero tambien te me pareces en muchas cosas (H). Vd. habla y procede en eso como hombre de buena razon (H). Tales motivos eran obstáculos para que este (Napoleon) se ocupase en cosas de España (T). Tengo tanto gusto en oirlo (R). No tengo vergüenza en confesarlo (G). Tú misma como que te complaces en esa tristeza (R). Pensád en vuestro reposo (I). Nunca me ha dejado hablar en esta materia (G). Hemos consultado en materia tan grave respetables personajes (T). ¿No repara Vd. en aquel hombre? (G) Florencio no sueña en Vd. (V V). Mil veces soñó con esta tierra (Z). Te habias equivocado en el concepto que de mí tenias (B). Me he espaciado en el uso general de las preposiciones (S). Nunca se instruyó en los ejercicios militares (T).

D. Zur Anwendung.

Kaum ging ich aus, [so] stieß ich auf den Rektor von Malaga. Ich konnte die Thür nicht finden (acertar). Indem sie das Stroh herumwarf, stieß (dar) sie auf meinen Schatz. Ihr habt eure Pflicht schon erfüllt. Er hat seinen Gegner niedergeworfen. Er ernährt sich nur mit Brod. Sie werden dich mit Hoffnungen födern. Wir haben ihn vollends damit befriedigt. Ich hatte ihn mit seinem Bruder verwechselt. Wir haben unsern Pudel mit einem Windspiel vertauscht. Er stand ihm mit Truppen und Geld bei. Wollen Sie uns nicht am Tische mit Ihrer liebenswürdigen Gegenwart beehren? Ich finde mich in Besitz wenigen Geldes. Er verhüllte sich mit dem Mantel. Wollt ihr so viele Verbrechen mit diesem Frevel krönen? Der König belohnte ihn mit dem Grade eines Obersten und einem Kreuz von Alcántara. Der Himmel ladet uns mit der günstigsten Gelegenheit ein. Bezahle meine Wohlthaten nicht mit so viel Undankbarkeit. Diese rohe Kleidung wird aus Hammelfellen gemacht. Ich fühlte mich stolz (envanecido) auf meinen Triumph. Rechnet auf mich und auf den Säbel meiner Soldaten. Er labte sich an den Speisen. Er ist stolz auf sein Wissen. Ich werde mich mit Wenigem begnügen. Sie weiden sich an Erinnerungen. An dieser Musik kann ich mich nicht ergötzen. Darin besteht es. In diesem Worte besteht das ganze Wesen des Satzes. Das Zimmer wimmelte von Wanzen. Worauf wird das alles hinauslaufen? Worin kann ich eine so kleine Summe anlegen (emplear)? Er legte (invertir) seine Reichthümer in Werken von öffentlicher Nützlichkeit an. Er verbringt die Zeit mit Nichtsthun. Worauf gründest du diese Furcht? Du giebst dir Mühe (empeñarse) mich zu quälen. Die Macht der Ungläubigen ist auf Sand gegründet (cimentar). Meine Eltern werden nicht darauf eingehen. Man bestand auf diesen selben Angelegenheiten. Don Justo schreitet schrecklich in der Sache vor. Er wollte sich in Unterhandlungen mit dem Volke einlassen (entrar]. Ich stecke mich darein (meter). Der Gesandte kam mit ihm in den meisten der Punkte überein. Worin kann ich Ihnen willfahren? Alle Generäle halten sich beeifert, Karthago zu vergrößern. Der König schwankte in seinen Entschlüssen. Die Mauren entfalteten allen ihren Reichthum in Trachten, Waffen und Pferdegeschirr. Verschiedene Warnungen bestärkten ihn in seinem Verdacht (Pl.). In Kriegesthaten konnten sich Wenige seiner Zeit ihm vergleichen; in Scharfsinn und politischer Einsicht, in Festigkeit und Kühnheit nahm es keiner mit ihm auf (competir). Die Blätter (Seiten) der Geschichte unterscheiden sich kaum in den Begebenheiten, welche sie berichten. Er gleicht Ihnen in Nichts. Wie kann ein Mensch, wie Sie, sich mit so groben Verrichtungen beschäftigen? Solche Menschen pflegen den Meinungen und Geschäften, mit welchen sie sich befassen (entender), den elektrischen Charakter ihres Geistes zu geben. Er unterhielt sich damit, Steine ins Wasser zu werfen. Warum zögerte er mit der Ausführung? Halte dich nicht mit Spielereien auf (pararse). Welches Vergnügen habe ich daran, dich zu sehen! Sie ergötzen sich daran, mich zu quälen. Die Natur selbst schien an einem so wichtigen Ereignisse Theil zu nehmen. Er hatte nicht daran gedacht. Ich denke (soñar) nicht einmal daran. Ich träume nicht, wie Andre meines Alters, von Liebschaften und Albernheiten. Sie irren sich in den Mitteln. Ich habe mich über die Einzelheiten der Einnahme von Karthago verbreitet (estender). Er versteht sich darauf. Er wollte mich in diese Lehre einweihen. Man kann es von hier wahrnehmen. Worauf sinnst du?

LXXXV. Uebung, zu § 273 d—g.

A. Zur Anschauung.

No sabian á que partido (debian) atenerse (Q). ¿Y á qué persona se refirió? (H) No me contraigo á nadie (H). No tengo mas arbitrio que apelar á la gracia de S. M. (I) Hombres, mujeres y niños se aplicaban á las diversas elaboraciones (Alc). Habituó sus tropas á penosas fatigas (Alc). A esas habilidades de Vd. ya estará acostumbrado el tio (H). Contribuias á la dicha de muchos (H). Esto de casarse no es jugar á la gallina ciega (G). ¿Cómo podrán sus almas prestarse á la compasion? (I) El estado en que me veo no me da lugar á otras atenciones (M). Me precisa á ser hipócrita y embustera (M). Nadie se atrevió á interrumpir su descanso (I). Los oidos de los principes y de sus ministros son fáciles á oir el mal (Q). Se preparó á la defensa (R). Dispuestos nos véis á escucharos (R). Yo me determino á llamarla (R). Eso mismo me obliga á callar (M). No puede haber lugar á dificultad alguna (S). ¿Se puede renunciar á la felicidad y tranquilizarse? (VV) Estoi mui agradecido al favor de Vd. (M). La buena legislacion debe atender á todo (I). Con que, y tú ¿qué dices á esto? ¿Y Vd. callará á todo y lo verá con ánimo tranquilo? (M) Son menester para la conservacion de la vida (Acd). Ellos parecen prontos para el combate (S). Preven el tuyo (el corazon) para el terrible golpe (I). ¡Si, para rezar estoi ahora! (M) No cogen los granos necesarios para su subsistencia (I). Me haces tanta falta para acompañar á este ministro (I). Yo tengo todo listo para nuestro casamiento (G). Me preparo para entrar en el baño (S). Fulano es para todo (mucho, nada) (Acd). Me embarqué para Burdéos (BH). El Licenciado partió para Santo Domingo (Q). Se pusieron en camino para Córdoba (R). Lo enagenó por mil reales (S). Yo no sé todavia que regalo tendremos por este trabajo (M). Yo os doi, señor, gracias por vuestro buen deseo (Q). Será el primero que clame por su castigo (I). La madre es loca por brillar (L). Fué por carne (S). El gobierno luchaba por arrancar á la nobleza estos baluartes del despotismo feudal (I). En su interior no suspiraba mas que por Castilla (Q). Me pregunta en todas sus cartas por tu salud (S). El rei por otra parte anhelaba por salir de la opresion en que le tenian (Q). Mandaba sobre aquella provincia (S). ¿No me encargó Vd. que no hablara sobre el particular? (H) No tenga Vd. sobre ese particular la mas leve confianza (M). Mucho caviló sobre ello (Y). Ha hablado muchas veces con mi esposo sobre el particular (L). ¿Vacilará el ánimo del juez sobre la suerte de un desdichado? (I). Tomaré mis informes acerca de Don Vicente (H). Acabo de tener una contienda con ella acerca de esta boda (L). No me alucino respecto de nuestra situacion (R).

D. Zur Anwendung.

Hieran halte ich mich. Sie spielen jeden Abend L'hombre. Er ist noch nicht an ein solches Leben gewöhnt. Er hängt dieser Meinung an. Ich beziehe mich auf meinen letzten Brief. Er hat sich jetzt zu unserer Meinung bekehrt. Wohl gewohnt bin ich, allein zu bleiben. Es kann zu ihrer Belehrung beitragen. Wir berufen uns auf die Güte dieser Dame. Wollt ihr mich dazu zwingen? Und welche dringende Sache kann euch dazu verpflichten (obligar)? Sie treiben sie (impeler) zur Verzweiflung und zu dem Verbrechen. Wer hat ihn dazu bewogen? Er schrieb dem Könige einen Brief, worin er ihn zum Frieden überredete. Sie ermuthigten ihn durch ihre Uneinigkeiten zur Verfolgung arglistiger Absichten. Karl der IV. hatte sich zuweilen geneigt gezeigt, sich von den öffentlichen Angelegenheiten zurückzuziehen (alejarse). Er nöthigte (reducir) seinen Gegner, den Frieden anzunehmen. Es gab mir Anlaß (ocasion) zu neuer Sorge und Wachsamkeit. Er nöthigte ihn zur Erfüllung seiner Pflicht. Er neigte sich zur wissenschaftlichen Laufbahn. Er war für alle Beleidigungen unempfindlich. Bist du so undankbar für seine Wohlthaten? Was hat er auf deine Frage geantwortet? Er merkte nicht auf meine Worte. Und was antworteten Sie auf eine so abgeschmackte Anklage? Ich schwieg dazu. Diese Bedingung wird dazu erfordert. Er schickte sich zur Reise an. Er fing an, alles für die Wanderschaft Nöthige vorzubereiten (disponer). Der römische Staat schöpfte (concebir) ernstliche Besorgnisse und rüstete (apercibir) sich zum Kriege. Ich bin bereit, dir zu folgen. Er reisete endlich am 16. November nach Frankreich ab. In diesem Hafen schiffte er sich mit der Frucht seiner Räubereien nach Italien ein. Er wird sich übermorgen nach Madrid auf den Weg begeben. Wie viel hast du für das Buch gegeben? Ich habe es für 20 Realen gekauft. Wie viel fordert er für seinen Garten. Sagen wir der Vorsehung für diese unaussprechliche Wohlthat Dank! Die Vernunft schreit nach der Abschaffung dieses Mißbrauchs. Er fragte mich nach seinem Freunde. Sie seufzt vergebens nach jener ehrlichen Freiheit. Cäsar gab zu verstehen, daß er bei andern Gelegenheiten um den Sieg, bei (en) Munda um das Leben gekämpft habe. Diese Spitzbuben mühen sich ab, ehrlich zu scheinen. Es kann [sein], daß ich Markus diesen Nachmittag dich zu holen (nach dir) schicke. Hole die (gehe nach den) Briefe(n). Er platzte vor Begierde die Welt zu sehen. Er quält sich darum todt. Hole eine Flasche Wein herauf. Du mußt über seine Vertheidigung wachen. Er regierte über ein gehorsames Volk. Nichts verzeichnet (apuntar) die Chronik des Königs über diesen Umstand. Das sind die Kommentare, welche sie über die Gesetze schrieben. Ich will ihn über jenen ernsten Gegenstand zu Rathe ziehen. Er wird über den Entschluß, den er fassen (tomar) muß, nicht in Zweifel gewesen sein. Er hatte über die (hinsichtlich der) Versorgung seiner Schwester andere Absichten. Ich wollte, daß sie sich frei über unsre projektirte Verbindung erklärte. Ich habe alle Auskunft, die ich nur über ihre Meinungen und ihr Betragen wünschen konnte, erhalten.

LXXXVI. Uebung, zu § 274—276 a.

A. Zur Anschauung.

Se le puso delante (Q). Les afeó mucho su atentado (Q). Antes le eran hostiles (Alc). Me es indiferente (S). Les era indispensable (S). No me sería fácil (S). Esta desunion les fué fatal (Alc). Les sería permitido (Acd). Esto pudiera acarrearle disgustos (L). Séame lícito observar (S). Le pido perdon de mi atrevimiento (M). Se ve que le ha hecho efecto (M). Les tiran piedras (L). Tomo sobre mí dirigiros todavía pláticas de paz (H). Los jueces me hicieron varias preguntas intempestivas (S). Las lágrimas se le saltan (R). No se las desairámos (G). La lengua nativa no se le habia olvidado (Q). Se lo desaconsejó (Q). Te lo ruego (M). No me lo preguntes (M). Debo agradecérselo (R). Se lo estorbó el cielo (Y). Téngame Vd. lástima (L). Tengo un favor que pediros (L). Mil vezes me has oido que vivo contenta con ese destino (I). ¿Qué aguardamos para dar á nuestros hermanos la señal que ha tantos años nos demandan? (R) ¡Si viera Vd. la lei que nos tiene! (G) Me toma la mano (R). Cien veces me he estregado los ojos (S). Un balazo me mató el caballo ayer tarde (BH). Mire Vd. que me va la vida (G). Duróle poco, sin embargo, esta ostentacion juvenil (Q). No aspiraba á otro fin, ni se le veia otro anhelo (Q). Jamas se le conoció consuelo desde aquel trance cruel (Q). Vamos, no te me angusties (M). No me habléis de eso (L). Estádme atentos (Y). — Forzoso le fué á su gefe no atropellar opinion tan acreditada (T). Quizá te está preparada mejor ventura que á mí (M). A Vd. no le asiste título para retenerla (H). ¿No nos oyó Vd. á Raimundo y á mí la conversacion que tuvimos esta mañana? (H) En todo manifiesta el particular cariño que á Vd. le tiene (M). Este uso no está sujeto á leyes (S). La estructura de sus períodos (de la lengua inglesa) se parece mucho á la nuestra (S). Las costumbres eran idénticas á las de los antiguos escitas (Alc). Preferirán lo agradable á lo útil (I). Pensaron oponer otro dique á tan enorme mal (I). Esta libertad es conforme á los principios de la justicia (I). Ya me habia rendido al desaliento (H). Yo pertenezco á la columna de Riego (BH). Soi el mayor y á mi hermano le llevo unos cinco años (R). Cupo este insigne honor al conde de Haro (Q). El resto de la conversacion fué consiguiente á este principio (Q).

Constantemente habia Napoleon achacado á aquel ministro la continuacion de la guerra (T). Recomendóse en particular al comisionado discrecion y secreto (T). Intenta quitar la vida á su padre (I). Mui duro fué al príncipe regente tener que tomar aquellas medidas (T). Apénas hai institucion mas repugnante á los principios de una sabia y justa legislacion (I). Estaba haciendo fiestas á su enorme perro (L). Tenéis derecho de asistir á esta conferencia (L). Mucha lástima tengo á los que allá se encuentran (H).

B. Zur Anwendung.

Es war ihm erlaubt. Es wird ihm nicht leicht sein. Es fällt mir sehr schwer. Es entfällt mir der Mantel. Sein böses Geschick versagte ihm diesen Ruhm. Sie konnten ihnen die Macht nicht streitig machen. Gonzalo erwarb (ganar) ihnen die Verzeihung. Sie sind ihm von wenig Wichtigkeit. Es war mir entfallen. Es könnte ihm von vielem Nutzen sein. Es war ihm nicht möglich. Er verspricht ihr die Gesundheit. Ihr könnt euch das Geld ersparen. Wie viel Schmerz kostet es mir! Dies Kleid wird mir sehr gut sitzen (ir). Ich komme, dich zu besuchen und dir mein Versprechen zu erfüllen. Ihre Revolutionen sind uns durchaus unbekannt. Ich werde wieder kommen, dir Gesellschaft zu leisten. Ich stehe ihm nicht nach. Es ist uns verboten. Es würde ihm nicht schwierig sein. Es war ihm nothwendig, sehr früh Morgens zu arbeiten. Es ist nicht unsre Absicht gewesen, Warnungen und Drohungen an euch zu richten. Wenn ihr das bedacht hättet, würdet ihr diese grausame Frage nicht an mich gethan haben. Ich konnte kein Wort von ihm verstehen. Ich bitte dich darum, und ich werde es dir danken. Er forderte von ihm eine Genugthuung. Er hat mich um ein Zeugniß gebeten. Er hat keine Zuneigung zu euch. Glaubt sie mich einiger Neigung werth (verdiene ich von ihr einige Neigung)? Wir werden Ihnen die Gunst, welche Sie uns erzeigen, zu danken wissen. Wir haben deshalb keinen Groll gegen ihn gefaßt. Welche Meinung hat er von Ihnen (welche Meinung verdienen Sie von ihm)? Sie verletzen mir den Arm. Als er die Stufen hinaufstieg, nahm er meine Hand. Es standen ihm die Haare zu Berge. Wenig wird ihre Freude dauern. Ich errieth seine Gedanken. Die Furcht benahm (embargar) ihm die Stimme und die Besinnung. Es entfielen ihm die Thränen. Sein Gesicht badete sich in Schweiß. Fange mir nicht an, für ihn zu vermitteln. Verliere es mir nicht. Komme mir ja nicht wieder her. Mit welchem Vergnügen höre ich das von Ihnen! Er hat Anhänglichkeit an Sie. Ich habe mir die Freiheit genommen, diese 4 Buchstaben an Sie zu richten. Ich will keine Entschuldigungen von Ihnen hören (escuchar). Ich schätze die Liebe (cariño), welche Sie zu Ihrem Herrn hegen (profesar). Die Kleine, welche fast wie ihre Mutter denkt, würde Haß gegen Sie bekommen (cobrar). Fragen Sie Francisco darum. Ich danke diesem Fräulein unendlich für ihre liebenswürdige Offenheit. Der Infant näherte sich dem Könige. Diese Strenge setzte der Frechheit des Kriegsvolks [ein] Ziel. Es wird sich dem Scharfblick Ew. Hoheit nicht verbergen. Der Rechnungsführer war seinen Interessen und Hoffnungen treuer, als jeder andern menschlichen Neigung (afecto). Das

Gesicht (semblante), welches er ihm an den folgenden Tagen machte, war diesen Worten gemäß. Es ist das Einzige, was meinem Glücke fehlte. Die Nacht machte der Schlächterei [ein] Ende. Der Aufschub war den Kastiliern vortheilhaft. Der Infant trat seiner Bitte bei. Das Ende entsprach solchen Vorschlägen. Kaum schenkte er dem, was er sah und hörte, Glauben. Ich will Niemand übel. Ich kann den Herrn Kriegsminister nicht geradezu darum bitten. Wem könnte man seine Leiden besser, als einer Mutter, anvertrauen. Werdet ihr euch diesem Urtheile nicht widersetzen? Mein neues Amt eines (de) Geheimschreibers des Raths nöthigt mich, allen Berathungen beizuwohnen.

LXXXVII. Uebung, zu § 276 b—k.

A. Zur Anschauung.

Al entrar me dieron este pliego para el señor don Florencio (VV). Para ti y solo para ti trabajamos y atesoramos (L). Tomaron para sí todas las provisiones que traian para el castillo (Q). El padre trabaja para sus hijos (S). Cosme, volando, baja un taburete para el vecino (M). Escriben para sus compatriotas (S). Es mui satisfactorio para mí ser estimado de tan preciosa criatura (H). ¿No he sido para ti un padre? (VV) ¿Y qué vale para mí toda la riqueza del mundo? (M). Para mí ya es tarde (L). Todo eso para mí es griego (G). Siempre fué para ella Don Felix de Toledo (M). Se concertó con ellos (T). Los dias vuelven á ser iguales con las noches (R). Muchas veces rivalizó con ellos (rA). Mal se aviene con la pompa y majestad de la lengua castellana (S). La destreza es igual á la fuerza ó comparable á lo ménos con ella (S). Me ha aconsejado que me entienda con Berton Barkenstaff (L). ¿Tiene Vd. relaciones con algun ministro? (VV) No vino á medirse con el español (Q). ¿Con quién gasto yo conversacion? (H) ¡Qué! ¿Mi permanencia en la quinta es incompatible con la severidad de sus costumbres? (BH) Tuvo vistas con Napoleon (T). Acabas de casarte con Laura (I). No hai quien se averigüe con él (Acd). No vais á poder con él (R). Me divorcio con la gloria y me caso con Valentina (H). Nada tiene que ver con Vd. (H). Los oretanos confinaban con los bastitanos por oriente y medianodía (Alc). Os comparáis con los que son mas que vosotros (L). Todos son crueles con esta desdichada (I). Esto no se hace con ningun hombre blanco (R). Esto es proceder bien hasta con los enemigos (H). Ejercieron acerbas crueldades con religiosos enfermos (Alc). Su enojo era mucho mayor con el contador Hebreo (Q). Siempre fué avara y cruel la fortuna con mi casa (H). Locas estaban con ella (M). De tus hijos solo esperes lo que con tu padre hicieres (R). Se ha ensangrentado con la familia de Vd. (G). Una sola vez en su vida ha sido injusto, y lo ha sido conmigo (H). Isabel descubrirá sus secretos con Beatriz (M). Quiso acreditarse con los suyos (Q). Se introduce con todo forastero (Padre Isla). Tanta timidez se aviene mal con el mucho amor (R). Su gobierno fué benigno y recto con los pueblos, firme y respetable con los grandes, al paso que terrible y glorioso para con los moros (Q). No debe haber reserva para con los amigos (S). De nada valen las riquezas para con la muerte (S). No reñirán entre sí la razon y la lei (I). Comenzó á distribuir la tierra entre los españoles (Q). Sin duda comunicaban entre sí, y por eso no olvidaban su habla (Q). Lo repartió entre los pobres de la familia (H). Tomaron armas contra su hermano (Q). El brazo de la justicia está levantado contra su vida miserable (T). ¿Qué podemos nosotros contra los decretos del cielo? (R) Al mismo tiempo dejó traslucir las tramas que contra España urdia (I). No era bastante fuerte contra ellos (Q). Murió por nosotros (S). Lo has sacrificado todo por un pueblo inconstante (R). Por tu niño temblabas (R). Ruego á Dios por vos y por él (R). El pueblo se pronuncia siempre por los oprimidos (L). El mundo fué hecho por Dios (Acd). Divulgábanse estos rumores por los mal intencionados (S). Propúsose la transaccion por los árbitros (S). No escapará de la horca (M). De este no hai que tener recelo (H). Yo hice como que me recataba de Vd. (L). Guárdela Vd. de todo el mundo (H). Huias de terrible persecucion (R). El rei de España era el solo que podia defenderle del daño, que le amagaba (Q). Recelábase de alguna dañada intencion (T). Con dificultad se resguardarán de la severa censura de la posteridad (T). Reniego de semejantes obsequios y de quien me los hace (BH). No pudieron sustraerse de su rapacidad (Alc). Estos títulos ¿no me dan algun derecho para merecer de ti mayor confianza? (M) ¿Qué exigís de mí? (L) Del rei es lo que viene de él (Acd). ¿Quién en el mundo podrá arrancarme de vuestros brazos? (R) Semejante doctrina parece mui ajena de razon y equidad (T). ¿Puedo fiarme de vos? (L) Tú desconfias de tu esposa (R). Sospecho desde luego de esa persona (H). El rei se veia odiado de sus súbditos y perseguido de los estraños (S). El hombre se deja arrastrar de la avaricia (S). Virtud santa y amable, tú serás siempre respetada de las almas sencillas (I). No me dejo pisar de nadie (R). Recayó la eleccion en Murat (T). Habia depositado al parecer toda su autoridad en el primer ministro (L). El teatro influyó inmediatamente en la cultura nacional (M). Si tengo sobre vos alguna influencia, no desoiréis mis ruegos (L). Hallándose el enemigo en el corazon del imperio y casi siempre á la vista, era preciso librar sobre los ganados gran parte de las subsistencias (I).

B. Zur Anwendung.

Sie arbeiten immer für Andre. Behalte (guardar) das Geld für dich. Schon schrieb er für das Theater. Er behielt manches (tal cual) Kleinod für sich zurück. Er hat mir ein Buch für dich geschickt. Für wen ist dies? Für mich ist es ganz unbegreiflich. Für den ehrlichen Mann ist die Genugthuung, nützlich zu sein (servir bien), der beste Lohn. Sein Anblick ist unerträglich für mich. Das ist für mich nicht das wenigst Mühsame gewesen. Es gab kein größeres Vergnügen für sie. Er versicherte mir, kein Geheimniß für mich zu haben. Für mich ist es Alles Eins. Warum sprechen

Sie nicht mit meinem Vater? Die Wendungen und selbst die Syntax des Französischen haben wenig mit der kastilischen Sprache gemein. Es war so mit der Königin verabredet. Sie sind ganz mit den Grundsätzen der Religion übereinstimmend. Er knüpfte noch eine Unterhaltung mit einem andern alten Indier an. Sein Gesicht (semblante), seine Fassung und die Heiterkeit, welche er zeigt, sind mit einem schuldigen (delincuente) Gewissen nicht verträglich. Was habe ich mit dem Wasserträger und mit seiner Kiepe zu thun. Er stand in Briefwechsel mit ihm. In jenem Falle verschwisterte sich die Klugheit vollkommen mit der Gerechtigkeit. Er war in vollem Frieden mit ihnen. Er versöhnte ihn mit seinem Sohne. Er hatte sein Leben vollständig mit seinen Grundsätzen in Uebereinstimmung gebracht. Sie stellten ihn seinem Ankläger gegenüber. Ich werde nicht undankbar gegen ihn sein. Seht, wie der himmlische Vater gegen uns handelt. Seid nachsichtig gegen Andre, und sie werden es gegen euch sein. Sie ist zu spröde gegen ihn. Glaubt ihr, daß sie böse gegen mich werden wird? Er weiß sich bei Jedermann einzuschmeicheln. Sie hat sich bei allen verhaßt gemacht. Wir haben keinen Einfluß bei ihm. Sein Vetter vermag viel bei ihm. Sein Betragen stimmt nicht mit seinen Worten überein. Sie hat meinen Wünschen nachgegeben. Er richtet sich ganz nach den Umständen. Und ist dies die Ursache deiner Sprödigkeit und deines Zornes gegen mich? Wie wenig verdient alle diese Güte eine Frau, welche sich so undankbar gegen Sie zeigt! Er wußte sich nicht bei ihnen in Ansehen zu setzen. Ovando vertheilte die Indier von Hispaniola unter die Kastilier. Es war zwischen den Regierungen von England und Frankreich eine lebhafte (activo) Korrespondenz angeknüpft worden. Er fing an, das Land unter die Spanier auszutheilen. Welche Dämme, welche Schranken konnten gegen die Anstrengungen der Habsucht ausreichen? Sie haben so eben ein neues Edikt gegen unsre Nation veröffentlicht. Wie schwach sind ihre Stützen gegen die Gewalt? Ueberall muß man gegen die Ungerechtigkeit protestiren. Sie bildeten eine Verschwörung gegen ihn. Er verwendete sich für einen Freund. Ich würde für ihn jedes Opfer gebracht haben. Wer würde nicht selbst das Leben für einen solchen Vater opfern! Das Glück hatte sich für sie erklärt. Soll ich nicht für meine Mitmenschen bitten? Ich hätte für sie die Hände ins Feuer gesteckt (poner). Wir bürgen für ihn. Ich fürchte und zittre für dich. Ich sehe, was Sie für mich thun wollen. Der Hauptmann wurde von seinen Soldaten getödtet. Die freie Ausfuhr muß von den Gesetzen geschützt werden. Dies Buch ist nicht von ihm verfaßt worden. Die Waare ist vom Seewasser beschädigt worden. Bis zu einem gewissen Punkte schützten (guarecer) sie ihn vor den Verfolgungen der spanischen Regierung. Niemand ist vor seiner Wuth geschützt (á cubierto). Die Karthager konnten sich nicht den Annehmlichkeiten des Sieges entziehen. Er wollte dem Kampfe ausweichen. Ich verabscheue seine Langsamkeit. Wir verabschiedeten uns von jenen guten Frauen. Ich würde mich wohl gehütet (guardar) haben, es zu berühren. Er hielt es für unumgänglich, sich auch vor dieser Gefahr zu hüten (precaverse). Sie floh mit andern Mädchen vor dem Gedränge der Soldaten. Werden Sie nicht Furcht vor den Negern haben? Von wem hast du dies erhalten? Schmähungen zu ertragen, ist der

Weisheit und Mäßigung eigen. Wessen ist dieses Haus? Von wem hat er die Waare gekauft? Der Ausgang entsprach unsern Erwartungen nicht. Sie unterscheiden sich von uns durch mehr als eine Eigenschaft. Ich weiche durchaus von Ihrer Meinung ab. Man kann sich nicht auf die Menschen verlassen (fiar). Er rächte sich an dem anmaßenden Günstling. Denke (presumir) nicht, daß er Verdacht auf dich hat (sospechar). Ich erwartete nicht, von dir eine so ungerechte Erwiederung zu erhalten. Ich wähle den Ausweg, von Ihnen die Gunst zu erflehen, die ich bedarf. Er sah sich von Allen verlassen. Die Nation ist lange Zeit von innern Unruhen erregt worden. Er ließ sich von seiner Erbitterung leiten. Sie werden sich von ihm nicht belehren lassen. Er hat sich von ihr überreden lassen. Eine unserer Zeiten unwürdige Unwissenheit flößte den Alten ein so ungerechtes Vorurtheil ein. Die Güter fielen seinem älteren Bruder anheim. Viele andre Ursachen können auf sein Schicksal Einfluß üben (influir). Ich vertraue auf Gott. Auf wen wird die Wahl fallen? Er hat nur die Hälfte auf uns entnommen? Auf wen ist dieser Wechsel gezogen?

LXXXVIII. Uebung, zu § 277—279.

A. Zur Anschauung.

La educacion principia desde la cuna misma (R). Todos corren en tropel al palacio (L). ¿Habla Vd. de veras? (VV) Yo quisiera evitar esto (H). Estamos rodeados de ladrones y asesinos (I). La muerte fuera dulce á mis ojos (I). Estaba adornado de hidalgas y distinguidísimas prendas (T). Han llegado al ápice del poder (L). He visitado la Polonia (S). Os he escuchado (H). No me ha hablado de tí (H). Estoi mui segura de su inocencia (I). La cuestion fué puramente personal (H). Me hacia cumplidamente dichoso (I). Yo, Señora, estoi mas tranquilo que Vd. (M). Es ya mui viejecita (M). Qué esperanzas tan halagüeñas concebí (M). Nunca he pensado así (M). En ella te dejo mi corazon (I). Nada tengo que añadir (M). Verdad te dije (H). Aun nos veremos ántes de mi partida (I). Veneno brotan todas sus espresiones (H). Á mí me la habéis ofrecido, Isabel es mia (H). A todos los conozco (L). Don Felix está ya en Alcalá (M). Vd. no habrá dormido bien esta noche (M). ¿Porqué no nos habéis comunicado ántes vuestras luzes en la materia? (L) Pasó casualmente por esta calle (H). Hablemos siquiera una vez sin rodeos ni disimulacion (M). Le daba golpes con el cayado (R). Besó la mano á su padre (S). Ya tengo un compañero y un amigo para toda la vida (R). Pidieron perdon de su hostilidad (Q). Tengo mui buenos amigos en la corte (M). Vuelva Vd. con ella al instante (M). ¿Quiere Vd. guardarme la cartera hasta luego? (H) No se da con un canto en los pechos (VV). Contenia á los soldados en sus escesos, y al general en sus arrojos (Q). Está sentenciado á prision perpetua en el castillo de las Siete Torres (M). No tenga Vd. sobre ese particular la mas leve confianza (M). Quieren borrar con el hierro hasta el rastro de nuestro origen (S). Voi á contarle á la señorita la mala noticia (VV). Mi corazon no cabe en el pecho de alegria (VV). Yo haré en favor de Vds. todo el bien que pueda (M).

B. Zur Anwendung.

Niemand dringt in diese Wohnungen ein. Er starb gegen das Jahr 1740. Er tritt in die Wohnung ein. Andrea ist im Geheimniß. Diese Liste ist schwer zu lernen. Diese Unternehmung war ihrer Macht würdig. Er ist mit diesen Entschuldigungen zufrieden. Meine Mutter hat meine Heirath angeordnet. Habt ihr den König gesprochen? Man muß Niemand hassen. Er ist eines Betruges nicht fähig gewesen. Die Ziege hatte sich in einigen Dornbüschen verwickelt. Ich kann diesen Menschen nicht leiden. Du wirst uns gehört haben. Er hat mir das Amt genommen, er hat mich aus seinem Hause entlassen. Ich glaube es auch nicht. Waren sie nicht immer gegen die Armen milde. Diese beiden waren schon Jünglinge. Es würde ja zu schmutzig sein. Sie ist mit unsrer Wahl sehr zufrieden. Sie sind nicht so unglücklich als wir. Mein Haus ist viel größer, als das deinige. Er ist höchst gütig. Noch glaube ich es nicht. Aeußerst große Freude und Zufriedenheit empfand die Prinzeß. Für einen festen Willen giebt es keine Hindernisse. Zu lange seid ihr schon hier gewesen. Auch habe ich den Vortheil des Versmaßes benutzt. So habe ich es gemacht, und so werde ich es machen. Für euch habe ich sie aufbehalten (conservar). Von dort komme ich jetzt. Von ihm selbst erfuhr ich es. Euch kann ich es im Vertrauen sagen. Morgen wird diese Pflicht schon aufgehört haben. Ich unterscheide seine Züge nicht recht. Er erblickte dort nahebei ein Lamm. Die Prinzeß wird sich jetzt sehr um den Gefangenen bemühen. Dies Streben hat sich schon in [eine] Ehrensache verwandelt. Ich bedarf hier eines treuen Freundes. Verzeiht, wenn ich nicht zuvor um Eure Erlaubniß nachgesucht habe. Die Sitten bilden sich langsam vermittelst der Erziehung. Hier bringe ich eine Uniform für diesen Abend. Legen Sie diese Papiere auf meinen Schreibtisch. Dieser Umstand würde zu unserer Verbindung Glückseligkeiten hinzufügen. Sagen Sie ihm noch nicht davon. Der Richter schreitet schrecklich in der Sache vor. Ich werde mein Leben nicht verwegen bloßstellen. Ich glaube, daß ich mich ohne Furcht vor Ew. Majestät erklären kann. Ich sprach ihn am Morgen an der Börse. Er fing an, mit einem unglaublichen Eifer nach seiner Freiheit zu schreien. Ohne Zweifel bewahrst du in deiner Brust irgend ein ernstes Geheimniß. Ueberlaß unsrer Sorge die Freiheit deines Freundes. Ihre Briefe trösteten eine Zeitlang meine traurige Abwesenheit. Indem ich dir meine Lage verhehlte (Ger.), that ich deiner unschuldigen Seele die grausamste (atroz) Beleidigung an. Gleich (ahora) werden wir davon sprechen, wenn du mich in meinem Zimmer einen Augenblick erwarten willst. Du wirst jetzt (á estas horas) den Plan wissen, den dein Vater sich hinsichtlich unser vorgesetzt hat.

LXXXIX. Uebung, zu § 280—285.

A. Zur Anschauung.

Se levanta mirando á todas partes (I). Va á morir siendo el blanco de la ira del cielo (B). Solo suspirando alienta (M). Se está en el portal fingiendo que duerme ó reza (M). Siguió el alcalde de la corte presidiendo el espectáculo (rA). Paseaba galopando (S). Proseguia diciendo á vozes que él habia dado muerte al señor marques (I). Estará entreteniéndose en buscar algunas yerbas salutíferas (M). ¿Y esto es amar? — Esto es vivir remando en galeras (M). Ayer parando yo en las Rozas á mudar caballos le encontré paseándose mui inquieto (VV). Le acabo de ver hablando con su tio (S). Siempre me represento la fortuna naciendo, cual Venus, de entre las olas (H). Le hallaron durmiendo (Q). Veo á la señora condesa paseándose (L). Vió saltar á una rata (R). Siento nacer la yerba (R). Hoi se ha dejado sentir el calor en forma (M). Quiso hacer correr al caballo (Acd). La reina su madre mandó venir á don Alvaro (Q). El general no deja descansar á los soldados (Acd). Le vi venir corriendo (Acd). Hízole asesinar una noche (Q). Mandó hacer venir la carroza (Acd). El hombre nace cubierto de infelicidad y miseria (Acd). Todos han permanecido fieles (VV). ¿Véis que malo estoi? (L) Yo vengo muerta (M). Te está pintado (el vestido) (VV). Las noticias no caben mejores (H). La sentencia me parece injusta (L). No hai otro medio de que yo viva contenta (I). Vino á hablarme mui sentido (M). Ha andado siempre derecha (L). Habíase mantenido firme y conservado casi intacto su vasto y desparramado imperio (T). No van del todo descamisados (L). Este hombre es todo ceremonias (Acd). ¡El hacha se mella toda (M). Nunca me salen erradas mis conjeturas (H). Se harán cada dia mas pobres (I). Enfurecido no es un hombre, es una hiena (L). Léjos de vos no podria yo sobrellevar la vida (R). Hasta la piedra en que solia sentarse se ha vuelto mas negra que el humo (R). Habituados al robo desbandáronse en busca de nueva riqueza, sordos á la voz y órdenes de sus comandantes (Alc). Don Alvaro de Luna quedó mui niño huérfano de padre (Q). ¿Con que á Vd. le parece una friolera? (R). Se reconoció vasallo y feudatario del rei de Castilla (Q). Siempre es bueno hallar hecha la cama (R). No es mucho que ahora turbada y débil te sientas (M). Verás disminuidas tus penas (M). Les dejé solos (L). Se salió de la cámara y del palacio dejando así plantada la novia, el casamiento y la casamentera (Q). Miraba la independencia y derechos de la corona atropellados y ultrajados por los tratos de su hijo (T). Declararon libres de todo cargo á los perseguidos reos (T). Resolvieron vender caras sus vidas (Alc). La muerte de Amilcar le dejó huérfano á los 18 años (Alc). La suerte de su amigo le tiene inconsolable (I). Yo quisiera á los ministros mas duros, mas enteros (I). Las locuras del marques me dejaron harto de señoritos (I). Tan bárbaramente le apaleó que le dejó muerto (S). Tengo exhausto mi tesoro (Z). ¿Se sabe si tiene hecha alguna disposicion? (M) Lleva ya escritos nueve tomos (M). Tiene la voz tomada (S). Allí le tiene Vd. hecho una estatua (G). Bastante conocido le tenemos ya (L). Con cuatro novelas y versillos ya las tiene Vd. hechas unas bachilleras charlando como cotorras (R). Me dejáis aturdido con esa relacion (M).

Dejó burladas las intenciones del enemigo (Alc). Ha tenido engañado á mi bondadoso amigo (R). Deja la cartera olvidada sobre el banco (L). Son metáforas que hemos pedido prestadas á la astronomía (S). Yo le creia un jóven juicioso y moderado (R). Se supone al labrador esclavo de las preocupaciones que recibió tradicionalmente (I). Llamas á eso mareo (Y). Si no fuera ministro me haria nombrar director de la fábrica de tabacos (VV). Al hombre mas ladino le volvemos tarumba (M). Al principio se me hacia el desentendido (M). Anibal era aclamado caudillo de las tropas en España (Alc).

B. Zur Anwendung.

Sie kamen alle vor Frost zitternd an. Er ist fechtend gestorben. Er trat weinend ein. Sie schlief lächelnd ein. Das Stück wird noch immer (seguir) aufgeführt. Sie waren noch (quedar) beim Frühstücken. Sie zog (llevarse) tanzend die Aufmerksamkeit auf sich. Das Lustspiel wurde (Umschr. mit ir) einstudirt. Ich richtete ihn allmälig (Umschr. mit ir) im Bette auf. Don Simon fährt fort auf- und abzugehen. Er sagt, daß er geeilt hat, ihn die ganze Nacht suchend. Ich erhitzte mich ein wenig, indem ich von dieser Freiheit sprach. Er schien zu schlafen. Ja, das heißt sich gut betragen. Ich habe ihn so eben mit seinem Oheim sprechen sehen. Er fand sie wieder schlafend. Er hatte ein Schwert an seiner Seite hangen. Ich stelle sie mir nur tanzend vor. Das nenne ich sein Wort erfüllen! Das heiße ich leiden! Ich habe sie nie singen hören. Jeden Tag sah ich seine Erniedrigung zunehmen. Er fühlte sein Herz heftig klopfen. Der Kaius macht mich lachen. Er läßt mich nicht ruhen. Wir eilten alle hinaus. Er wird geflogen kommen, seine Freundin zu trösten. Ich werde ruhig fortarbeiten. Heiß mich nicht reden, heiß mich schweigen. Er ließ ihn gefangen nehmen und nach Valladolid bringen. Seine Zerstreuungen haben es ihn nicht bemerken lassen. Die Königin hieß ihn kommen. Wer hat sie diese Schrift aufsetzen heißen? Die Scham läßt es mich nicht wiederholen. Sie ließ mich in einem Dorfe erziehen. Die Armen werden hungrig kommen. In unserer Gesellschaft wird sie geliebt und angebetet leben. Mein Vater schlummert (descansar) dort ruhig. Elisabeth fällt ohnmächtig auf einen Stuhl. Er starb sehr jung. Wir werden nicht für immer getrennt leben. Es scheint mir nicht gerecht. Er kann für reich gelten (reputarse). Es fiel (salir) Don Alvaro diese Berechnung eben so irrig aus, als vielen andern Ministern. Jetzt wird diese Schwierigkeit noch größer. Wie wüthend er wurde! Es wird (Umschr. mit ir) spät. Sie fielen todt nieder. Fern von dir werde ich auch Trost nöthig haben. Auf ihre Menge vertrauend, zogen sie aus. Vom Zorn hingerissen athmete er nur Krieg. Die Kinder sind alle krank. Sie kamen allein. Ein Opfer seines Edelmuths geht er in den Tod (ir á perecer), um meine Ehre zu retten. Theodor scheint ein guter Junge. Euer Mann ist der Abgott des Volks geworden. Diese Glückseligkeit wird (volverse) wieder zu Wasser. Er drang zuerst in die Stadt. Sie fanden alle Fenster offen. Ich sah sie alle erschreckt. Ich glaubte Sie konsequenter. Ich werde ihnen keinen Knochen heil (sano) lassen. Du kannst dich glücklich schätzen (creer). Man sah (suponer) das

das Proklam als von ihm entworfen an. Gott weiß, daß ich euch reich und glücklich sehen will. Sie glaubten ihr Italien unverwundbar. Sie halten (juzgar) die Mädchen für ehrbar, so bald sie dieselben in der Kunst zu schweigen und zu lügen unterrichtet sehen. Sie haben die Kühnheit, einen intimen Freund Ihres Herrn unbekannt zu nennen? Ihr werdet den Rest meines Lebens weniger beschwerlich machen. Er macht uns alle toll. Das macht (tener) mich sehr verlegen. Ich habe meinen Koffer geordnet. Sie hatte schon ihr 17. Jahr vollendet. Er hat schon drei Töchter verheirathet. Sie werden mich auch bereit finden (tener). Seine Zunge ist allzu lang. Sie ist mir jetzt weicher, als ein Handschuh. Sein Kopf ist schwer verwundet. Ihr Gesicht war in Zorn entbrannt. Ich habe ihn befriedigt. Ich schloß ihn in das Zimmer ein. Diese liberalen Ideen wiegeln Spanien auf. Er lehnt die Axt an den Baumstamm. Er hat die Tochter des Grafen entführt. Wollen Sie mir hundert Realen leihen. Er hat 1000 Pfund Sterling angeliehen. Damit ging er fort und ließ uns stehen. Ich hielt (creer) dich für einen tapfern Mann, nicht für einen Meuchelmörder. Er sah (suponer) ihn als seinen Freund an. Er wird sie seine Kinder nennen. Er will ihn nicht als Sohn anerkennen. Ich weiß schon, daß man Sie zum Intendanten ernannt hat. Die Königin versprach ihn zum Grafen zu machen (crear). Sie hat sich stumm (die Stumme) gestellt (hacerse), ist es aber nicht. Das Heer proklamirte ihn zum Kaiser. Diese Eigenschaften machen (constituir) sie zur Zierde jeder Gesellschaft. —

XC. Uebung, zu § 286—289.

A. Zur Anschauung.

Vd. ha sabido proceder como caballero y amante (M). Me habéis dicho que no me habláis como juez; por eso os voi á responder como amigo (I). Los adversarios de Casas le pintaban como un hombre inquieto y revoltoso (Q). ¿Empezáis tan pronto á reputar como insulto el recordaros vuestros juramentos? (R). Es preciso recibirle como á quien viene á ser mi yerno (L). Designa á Don Alfonso como la primera víctima (Q). Este desconoció como suyos los procedimientos de aquel (T). El rei te trata como á igual (Z). Le servia de page (Q). Me servian mas de estudio que de entretenimiento (Z). Habia ido de juez de residencia á Santo Domingo (Q). Estaba de escribiente ahí en esa lotería (M). De muchacho habia aprendido á nadar (Q). Mandaba en jefe el general Dupont (T). Aquí moran en rehenes los nobles y magnates del pais español (Q). En diciendo esto se salió de la junta (Acd). En poniéndose á hablar probará que lo blanco es verde y que dos y dos son veinticinco (M). Quedaban por gobernadores del reino y por tutores del rei Doña Catalina su madre y el infante Don Fernando su tio (Q). Ya pasaba por el primero de los generales de Italia (Q). Iba por almirante de la escuadra (S). ¿Ahora has venido á parar á mozo de esta fonda? (VV) ¿Se va Vd. á meter ahora á zapatero? (VV) Ya leyó Vd. el otro dia como ponian de tonto á un lector en artes (R). ¿Tenéis de huésped en esta fonda un sugeto que ha venido de Segovia? (VV) Se hizo recibir de vecino (Q). No puede tachársele de ingrato (R). Se ordenó de sacerdote (Q). Ese mancebo se verá mañana de general (VV). Le dejó de teniente suyo en la colonia (VV). La desgracia casual, si se hubiera consumado, se acusara de regicidio (Q). Los mahometanos están divididos, como los cristianos y judíos, en ortodoxos y heterodoxos ó herejes (Alc). Tenían divididas sus tropas en tres cuerpos (Alc). Se erigieron en patronos (Alc). No será difícil trocar la confianza en odio (S). Esas dulzuras que pudieran hacerme tan dichoso se van á cambiar en pena y desconsuelo (I). Los sucesos convirtieron en humo los ideados é impróvidos intentos de la ciega ambicion (T). Erigió la iglesia en colegial (Alc). Por imposible lo di (Z). Mayans considera este libro digno de algun aprecio, y lo reputa por el primero que se escribió de gramática castellana (S). Pusieron por intercesor á Casas (Q). La eligió por esposa (Alc). A este fin nombró por general de un grueso ejército al duque de Alba (Y). Aclamaron por soberano los Portugueses á Don Juan (Y). El rei le recibió por su paje (Q). Pondremos por ejemplo las lanas finas (T). O Vd. me paga, ó me admite por socio y por yerno (VV). Ahí tenéis el hombre que necesitáis para jefe (L). Vd. puede acompañarlas si lo tiene á bien (M). Este santo varon toma á juguete cuanto yo le digo (M). Tiene á gloria ser el postrero que quede en el campo (R). Quiso el obispo echar la disputa á burlas y comenzóse á reir (Q). Todo se reduce á libritos en octavo (I). El número de vocales se limitaba á 162 (T).

B. Zur Anwendung.

Ich rathe es Ihnen als Freund. Das sollten Sie als verständiger Mann besser gewußt haben. Ich sage es dir als meinem vertrautesten Freunde. Alle diese Güter fielen ihm als dem rechtmäßigen Erben anheim. Er wird es als eine große Beleidigung ansehen. Sie bewahrte diese Briefe als ihren größten Schatz. Er schilderte es als verhängnißvoll. Ich werde ihn als Freund behandeln, wenn er kommt. Er hat ihn als zu ungeschickt verabschiedet. Er stellte sie uns als seine Schwester vor. Ich kenne ihn als [einen] rechtschaffenen Mann. — Sie ist (ist angestellt) als Komikerin auf dem Theater des Fürsten. Er befand sich damals als Gesandter in Spanien. Ich werde die ganze Nacht als Schildwache bei (á la cabecera de) seinem Bette stehen. In diesem Kriege diente er als Freiwilliger, dann als Statthalter von Alora, und endlich indem er einen Theil der Kavallerie befehligte. Er wird dir nur zum Hinderniß gereichen (servir). Sie dienen den Bösen als Werkzeug. Er lernt als Drucker. Als Knabe war er immer sehr eigensinnig. Vor Ermüdung und Trunkenheit (Als ermüdet und berauscht) blieben sie ohne Besinnung. Vor Verwunderung (Als verwundert) sperrte er den Mund auf. — Er hat es als Regent gethan. Indem er uns seiner Freundschaft versicherte, betrog er uns. Im Schlafe (Indem er schläft) spricht er. Wenn ich dies erreiche, werde ich sehr glücklich sein. Wenn du ihn verläßest, wird er vor Hunger umkommen. — Es erbot sich der Kronfeldherr als Hauptmann an jener Gränze zu bleiben. Dieser berühmte Schriftsteller gilt für [einen] schlechten Dichter und schlechteren Dramatiker. Sein Vetter ist Schneider geworden. Er suchte dort für einen Generaloffizier zu gelten. — Wenn ich mich auch als Generalkapitän kleide, werde ich [doch] nie mehr als Bernhard sein. Er hat sich als tapfer erwiesen (acreditarse). Sie lobten ihren Anführer als sehr tapfer. Ich habe ihn als Diener untergebracht. Er klagte sie als treulos an. Diese Arbeit charakterisirt ihren Verfasser als gelehrt und sinnreich. Man theilt das Land in fünf Erdtheile. Der Tag wird in 24 gleiche Theile getheilt, welche Stunden heißen. Jede Stunde theilt man von Neuem in 60 Minuten, jede Minute in 60 Sekunden, und jede Sekunde in 60 Terzien. Die so oft getäuschte Hoffnung verwandelte sich (convertirse) in Ungeduld und überdies in Verzweiflung. Sie müssen sich erheitern und hoffen, daß das Schicksal unsere Betrübniß in dauerndes Glück (pl.) verwandle (mudar). Er hat seine Waaren noch nicht in Geld umsetzen können. Nur eine sehr große Hitze löst diese festen Körper in eine Flüssigkeit auf. — Sie hielten (tener) sie alle drei für todt. Der Prälat erkannte ihn ohne Schwierigkeit als seinen Verwandten an. Er hielt sich (darse) für betrogen. Ich erachte (contar) dies für mein größtes Unglück. Er hatte Cicero zum Gegner. Asdrubal versprach (ofrecer) ihm seine Tochter zur Gattin. Er setzte (dejar) den Himmel zum Zeugen. Ich möchte sie zur Vermittlerin nehmen (poner). Er ernannte ihn zum Statthalter von Neu-Toledo. Der Prior begab sich, für einen Rebellen erklärt, nach England. Sie gaben ihnen den Namen „Lamas" („Lamas" zum Namen). Sie ließ sich Nichts merken. — Ich rechne (tener) es mir zu großer (vieler) Ehre an, es mit lauter Stimme bekennen zu dürfen. Als [ein] gutes Glück sahen (tener) es die vornehmsten Stämme von Granada an, sich von jenem schlechten Fürsten frei zu sehen. Mach keinen Scherz daraus. Er hat es übelgenommen, daß du ihn nicht befragt hast. Er setzte den Preis auf anderthalb Thaler herab. Die Zahl dieser beschränkte sich auf 809 Dragoner.

XCI. Uebung, zu § 290 A.

A. Zur Anschauung.

Ya me llaman bruto á boca llena (G). Se adelanta á largas marchas (S). Penetraron á viva fuerza (Alc). La naturaleza los llama á grandes gritos (I). Huyó á todo correr (Q). Tejia á toda prisa (Y). Deliran á destajo (M). Le ganaba á luchar (S). Marchó á pié hasta el castillo de Malpica (Q). Hablan á nombre del monarca (Q). Llovia á mares (Y). Proyectaba peticiones y proposiciones á millares (VV). Subia la cuenta á mil pesos (S). Ascendia á 19000 hombres (T). No alcanzaban á 30 los que allí asistian (I). Camina Vd. bajo un supuesto infundádo (L). Empezó á reinar bajo la tutela de muchos grandes personajes (Y). Luis Esforza, dicho el Moro, gobernaba el Milanesado, ó mas bien le dominaba bajo el nombre de su sobrino Juan Galeazzo (Q). Le parecia estar ya con todos los medios de riqueza (Q). Está sentado con un libro delante (I). Aun allí mismo hallaba motivos de estar con zozobra (R). Tú habrás venido con algun encargo del amo (M). Me quedé con la boca abierta (H). ¿Y me lo anuncia Vd. con tanta frescura? (H) Parece inmóvil con los ojos clavados en la carta (R). Con la nueva constitucion á nadie le faltará que comer (R). Con exámen y todo la verdad es que no sé lo que dicen (M). Sentia elevado su espíritu con tan grandioso espectáculo (Y). Con la celosía no descubro bien sus facciones (H). Por Vds. no duermo, por Vds. salgo con todo el peso del sol (R). Estoi mui de prisa (G). Pues los de arriba se conoce que son del arte (M). Vd. no es de cumplimiento (H). Era de presencia sumamente agradable (rA). La longitud de toda la fábrica es de 425 piés, y su latitud de 249 (Alc). ¿Qué, es de rigor en tales aventuras el andar á tientas? (G) El regimiento que vos mandáis, está de guardia (L). Nada omitiré de cuanto esté de mi parte (H). De rodillas se lo suplico (BH). Sintió dolores en el lado de que cayó (Y). Vó de puntillas (G). De intento lo hizo (Acd). ¿Se volveria Vd. al convento de buena gana? (M) Murió de avanzada edad (rA). Iba de caza (L). Ha salido de paseo (S). Salen de tropel (S). Yo le ví de reojo (L). Asperillo es de condicion y amargo de respuestas (M). Soi mui delicado de nervios (G). Mediano de estatura, gracioso y derecho de talle, alcanzaba grandes fuerzas (Q). ¿Qué es eso? Mudas de color? (R) Partió en posta (O). Regresó en un bergantin (I). Ya no está en uso (H). La sandía estaba en su sazon (S). Te hallabas en la flor de la mocedad (R). Parecia estar ardiendo en llamas el cielo (Y). Soi algo áspero en mi carácter (M). Les daremos audiencia en vuestra presencia (L). ¿Pasaba su mocedad en el ocio y en el deleite (A). Venian en carnes, sin mas velo que unas hojas con que traian cubierta la cintura (Q). Gemiré en silencio (O). Vengo desde el puerto en una carrera (BH). Don Cómodo lo hizo en nombre de su merced (G). En vista de estas cosas casi me inclino á pensar como tú (L). La Señora Laura será mui dichosa en su compañía (I). Tú te acaloras en las disputas (R). Prorumpió el príncipe en amargas quejas (T). Mi hermano ha dado en esas manías (M). La poblacion fué siempre en aumento (I). ¡Vírgen mia! en qué pararán estas misas? (G) ¿Qué haríais vos en mi lugar? (L) Yo pagaré por tí (Y). Viviamos sin susto (I). Sin testigos podemos hablar aun mejor (H). El buen Cañizares escribia sin conocimiento de los preceptos poéticos (rA). Podrán vivir sin quebraderos de cabeza (I). Se puso fuera de sí (VV).

D. Zur Anwendung.

Mit vollem Munde nennt er mich seine Mutter. Er kam zu Pferde an. Der Infant kam in großen Märschen. Das Blut floß sprudelnd (á borbotones) heraus (salir). Sie zogen sich in aller Eile nach dem Lager (real) zurück. Sie versprechen, mit heiter Miene, den Zauber zu zerstören. Er zog an der Spitze seiner Truppen ein. Alles, was ich habe, steht zu Ihrer Verfügung. Er kam in vollem Laufe (todo correr). Sie ertrugen (sufrir) das Joch mit genauer Noth. Ich werde sie mit offenen Armen empfangen. Er wartete festen Fußes. Ich würde den Weg mit geschlossenen Augen finden. Er kam in gestrecktem Galopp. Er hat es im Namen seines Herrn gesagt. Sie nahmen uns das Unsrige in Scheffeln. Sie wurden zu Hunderten ertränkt. Die Ländereien sind auf einen enormen Preis gekommen (llegar). Die Zahl unsrer Pfarrer und Pfarrvikare beläuft (ascender) sich auf 22,460. Die Zahl der Truppen belief sich (subir) nicht auf 2000 Mann. Er wurde unter der Sorge eines klugen und verständigen Ritters erzogen. In diesem Kriege machte Gonzalo unter dem Befehle Don Alonso's seine militärische Lehrzeit (durch). Sie leben mit Ruhe (sosiego) unter der Geißel ihrer Herren. — Meine arme Schwester wird in (bei) großer Sorge sein. Du wirst mit deinem Herrn ausgehen. Ich erwarte ihn mit Ungeduld. Er liest mit Schmerz und Verwirrung. Er steht mit unruhigem Gesichte auf. Er geht mit den Papieren wieder hinaus. Ich bitte Sie, daß Sie mich mit Aufmerksamkeit anhören. Mit dem Bissen im Munde kehrt er zu seiner Arbeit zurück. Glaubst du, daß eine Frau mit ihm glücklich sein kann? Mit den wenigen Antworten, die ich von ihr hatte, stürzte ich mich vollends in eine Leidenschaft, die mich, so lange (mientras) ich lebe, unglücklich machen wird. Bei der Dunkelheit der Nacht hast du dich getäuscht. Das Schlimmste ist, daß Röschen bei diesen Beispielen nichts Gutes lernen wird. Bei einem Worte von Mulei Carime ist euch der Dolch aus den Händen gefallen. Bei aller Kenntniß, welche er von den gewöhnlichen Fehlern (vicio) und Lächerlichkeiten hatte, wußte er nicht einen einzigen Charakter zu zeichnen. — Er ließ sich auf die Kniee nieder (hincarse). Ich mag es gern andern überlassen. Sie glaubten aufrichtig, daß sie nur einen Heerführer ernennten. Und wann wird er zurück sein? Lassen Sie mich Sie auf den Knieen bitten, daß Sie mir verzeihen. Ich bin dieser Meinung nicht. Seine Erfahrungen waren nicht von langer Dauer. Diese Bemühungen waren von noch unangenehmerem Erfolge. Die Höhe der Kapelle ist 160 Fuß. Er ist hoch von Schultern. Sie ist sanft von Charakter. Sie sündigen nur mit dem Verstande. In welchem Alter starb der Ehrwürdige? Er ist auf Reisen. Sie nahmen mit Gewalt, was wir ihnen nicht willig gaben. Man sieht wohl, mit welchem Fuße er hinkt. Er ist ein Jude von Religion. Dein Vater hat seine Meinung geändert. Willst du deine Kleider nicht wechseln? Er wechselt nicht selten die Farbe. Sie wird die Nacht in Gesellschaft meiner Haushälterin, einer alten und tugendhaften Frau, zubringen. Sie leben in einer anständigen Freiheit. In dem Hochmuthe ihres Triumphes wollen sie uns selbst der Luft berauben, die wir athmen. Ich nehme dich von Neuem in seinem Namen an. Er ging in Person zum Schiffe. Wir gehen mit einem andern Schiffe nach Cadix. Wirst du dich in einem andern Schiffe einschiffen? Bis dahin hattet ihr in Frieden gelebt. Er war unbeugsam und schnell in seinen Befehlen. Capmany, übergenau vielleicht in der Reinheit der Sprache, ist hart und rauh in seinem Stile. Was würden Sie in dieser Verlegenheit gethan haben? Die großen Seelen erproben sich (experimentarse) in den Widerwärtigkeiten. Sie brach in Freudenthränen aus. Hierauf lief (parar) die Schlägerei von vorgestern hinaus. Ihr Kapital wird sich immer vermindern (ir en diminucion). Er ist in schlimmere Hände gefallen. Anstatt zu fliehen, wartete er festen Fußes. Ich will statt deiner hingehen. Es ist eine Arbeit, die Niemand für mich thun kann. Ohne Vaterland, ohne Familie, flüchtig und unbekannt auf der Erde, wo werde ich Zuflucht gegen das Mißgeschick finden? Ohne dies Verbrechen würde sie noch der reinsten Ruhe genießen. Fatima tritt verwirrt und athemlos ein. Sie, sie muß sprechen, ohne Einbläser und ohne Dolmetscher. Er war ganz außer sich.

CXII. Uebung, zu § 290 D.

A. Zur Anschauung.

Los (instrumentos de óptica) tengo escelentes á la órden de Vd. (O). ¿No puede Vd. dármele á ménos? (O) ¿A cómo vende Vd. la vara? A ciento veinte reales (O). Se lo lleva Vd. al precio corriente (O). A esas condiciones le tomo (O). Tenemos á la vista la apreciable de Vd. (O). Me creia al abrigo de toda acusacion (L). Fué condenado á la muerte (Q). Se hicieron á la vela (Y). Me repito á la disposicion de Vd. (M). Los criados pondrán el coche á cubierto (O). Milagro es que no me haya dejado debajo de llave (M). Le entregaste el dinero bajo recibo (S). Lo guarda bajo tres llaves (S). Se ha rendido la plaza bajo tales condiciones (S). ¿Me cree Vd. con tanta prisa por casarme? (G) Me dejó con la palabra en la boca (M). Se conocen con el nombre de primeras materias (I). Se le nombró del consejo del rei (Q). Déjame en paz (G). Me traerán en palmitas (M). Le llevaron en andas á su casa (Q). Ya vió las cosas en diferente aspecto (Y). No habléis de él en esos términos (R). El arriero la subo en brazos (BII). No me tengas en esta inquietud (M). Tu tienes en poco el comercio (L). Lo tenia en mucho precio (Q). Es un tesoro que yo tengo en ella de modestia y de juicio (M). Vd. no ve en él mas que un simple particular (VV). Yo llamo al cielo en testimonio (Q). Las yerbas se podrán arrendar en altos precios (I). Pone las diferentes clases del estado en una dependencia necesaria y recíproca (I). Te la ofreció en matrimonio (I). Queria poner Lisboa en estado de defensa (I). Se calculan en dos millones los granos consumidos en destilaciones (I). Estimábala el rei su esposo en lo poco que ella merecia (Q). Lo han tasado en 25 doblones (BII). Puede computarse la pérdida de unos y otros en 120 hombres (I). En vez de aquella severidad que caracterizaba la honradez antigua, no vemos en nuestra juventud sino escesos de inobediencia (M). Don Florencio, viéndose con talento y sin ocupacion se ha entregado con sus cinco sentidos adonde su aficion le llamaba (VV). Esto es lo que me tiene sin sentido (I). La tuve seis meses sin comer (M).

B. Zur Anwendung.

Hier haben Sie Alles zu Ihrer Verfügung. Er fand Alles nach Geschmack. Heute habt Ihr die öffentliche Meinung zu Euren Gunsten.

Zu welchen Bedingungen würden Sie es mir geben? Ich werde den Weizen nach dem Preise bezahlen, zu welchem er im nächsten April verkauft wird. Wer hat Ihnen gesagt, daß ich meinen Garten zu diesem Preise verkaufen will? Er will es uns zu 3% leihen. Er hat den Tabacl zu 12 Realen das Pfund verkauft. Da (entónces) habe ich geglaubt, daß es zu diesem Preise zu kaufen, es für immer verlieren heiße. Ich übernehme es Alles. Die Festung und die Paläste wurden der Plünderung übergeben. Sie verurtheilen ihn zu[r] Verbannung. Ich stelle mich (ofrecerse) zu Ihrer Verfügung. Er ist zu ewiger Gefangenschaft verurtheilt (sentenciar) worden. Eine Enttäuschung wird genügen, ihn zur Vernunft zurückzubringen (volver). Er stellte ihn unter die Sorge eines klugen und verständigen Herrn. Er nahm ihn unter seine Aufsicht. Er sieht die Dinge jetzt in anderm Lichte. Ich lasse sie unter deinem Schutze. Er stellte sie unter die Befehle von Tribunen und Präfekten. Fanden Sie Ihre Mutter nicht bei guter Gesundheit? Das war es, was mich in Sorge setzte (tener). Sie schwur, keine Seele am Leben zu lassen. Man traf ihn selten bei guter Laune. Ich halte es für meine Pflicht, Ihnen hiervon Mittheilung zu machen. Wir haben das Recht auf unserer Seite. Ich kenne ihn nur dem Namen nach. Es ist Schade, daß ich diesen Diener (siervo) Gottes nur von hinten (de espaldas) habe sehen können. Lege es auf die Seite. Sie entschied sich [dazu], daß man sie in einer Sänfte trüge. Ich werde ihn in der Wiege schaukeln. Man muß ihn nicht in Zweifel lassen. Ich sah meine Kinder in Gefahr. Sie erhielten unsre Provinzen in Ruhe. Kaum kann er sich auf den Füßen (Sing.) halten. Gott sei Dank, daß sie uns einen Augenblick in Frieden lassen. In welcher Angst er mich hielt! Ich werde meinen Verdacht (pl.) ins Klare bringen (poner). Er hatte seine Brüder in Uneinigkeit gebracht. Man schätzte (valuar) das Kreuz auf 6414 Thaler. Das Ordenszeichen ist auf 3940 Thaler geschätzt (apreciar) worden. Er berechnete die Abnahme der Bürgerschaft auf sieben zehntel Theile. Anstatt des Geldes sandte er Wechsel. Ich sehe dies von mir am meisten geschätzte Kleinod ohne Freiheit. Das macht (tener) mich kopflos. Es sind mir so eben Dinge geschehen, die mich außer mir bringen (tener).

XCIII. Uebung, zu § 291—293.

A. Zur Anschauung.

Todos los actores se presentan vestidos á la española (R). ¿Habremos de ver por mas tiempo profanados nuestros hogares? (R). Todavía no estaban concluidas las negociaciones (T). Saldrá de la escuela Pia en cuanto tenga mas formada su letra y sepa decir algo en latin (L). Atravesaba á Copenhague (el regimiento) tambor batiente y á banderas desplegadas (L). Todo va viento en popa (G). Yo me estaba brazo sobre brazo (G). La puerta está abierta (G). Hoi todos andan locos en mi casa (I). ¡Que vaya sin cuidado! (I) Se fortificaron bajo las órdenes de un cuestor (Alc). El esquilon pasó por una gran campana (Y). No siempre ha de andar uno á cargo de sus amigos (R).

No es una friolera hacer dichosos á dos amantes y desengañar á un hombre de bien alucinado (R). Hallaron cerradas todas las puertas (Q). Licenció sin rescate á muchos españoles (Alc). Aquí le espero resuelto (M). Habia pasado con empleo á la Nueva España (Q). Todos corren en tropel al palacio (L). Es menester instruir á la juventud con la risa en los labios (M). ¿Es acaso requisito el pedir la novia en ayunas? (G) Desnudo y débil nací (R). Cae al suelo oprimida del dolor (I). En ella te dejo mi corazon (I). Yo os veia á todos animados de los mismos sentimientos (R). En otras circunstancias me importaria mucho (BH). Sin aliento llego (Y).

B. Zur Anwendung.

Alle lebten vereinigt. Sie riefen ihren General zum Könige aus. Wohin gehen Sie, mein Freund, mit so vieler Eile? Die Kinder kamen sehr vergnügt an. Ich fand alle meine Bücher zerrissen. Die Kinder liefen erschreckt hinaus. Ich habe das Bett nicht sehr weich gefunden. Sie zogen mit fliegenden Fahnen ein. Können Sie auf dem Rücken schwimmen? Du wirst ihn bald von Angesicht zu Angesicht sehen. Sie gingen Hand in Hand. Das Kind scheint krank. Die Regel ist im Vorhergehenden (preceder) auseinandergesetzt. Sie trat ganz blaß herein. Wir glaubten das Geld verloren. Der Schneider hat die Weste zu weit gemacht. Alles dies machte (tener) die Mutter sehr unruhig. Schon hielt der Greis das Messer erhoben. Er kam traurig wieder zu Haus. Wir standen zuletzt vom Tische auf. Der König schickte ihn als Gesandten nach London. Er wird seine Frau auf den Händen tragen. Er hat die Aufgabe mit vieler Sorgfalt gemacht. Sie haben ihr Geld in Staatspapiere verwandelt. Lassen Sie meinen Namen unausgefüllt. In Gold müssen Sie es mir bezahlen. Von Ruf kenne ich ihn. Er sprach mit Theilnahme von der Reise.

XCIV. Uebung, zu § 294—296.

A. Zur Anschauung.

No he querido que nadie me vea (M). Te vuelvo á encargar que á nadie lo descubras (M). Casualidad seria que viniese ahora mismo (L). Era difícil que el pueblo atribuyese á mera casualidad tan notable acontecimiento (Y). No quiso le alcanzase (S). Le aconsejaré no imprima libro alguno (S). Me contestó que no queria volvieses á servirle (G). Temieron peligrase la vida de su desgraciado amigo (T). Los mal contentos pretendieron se declarase heredera á la infanta Doña Isabel (Y). Unos deseaban se retardase la venida de los nuevos monarcas (Y). ¿Es culpa nuestra por ventura el que ese castellano orgulloso haya preferido morir ántes que ceder? (R) Ahora solo falta el que Matilde venga (G). Ningun padre puede aprobar el que su hija se case con un perdulario (G). Pero me cansa de veras el que siempre que te hablo de esto, hayas dado en la flor de no responderme palabra (M). ¿Oyó Vd. que le hablé? (L) ¿No es cierto que tengo razon? (R)

¿No digo yo que se ha descubierto? (L) Creyeron los jueces que los reos habian quebrantado las prisiones (Acd). Aquí viene papá; verá Vd. como es de mi opinion (L). Diga Vd. como hemos llegado (Acd). Me escriben como ha llovido mucho en Sevilla (Acd). Pues mira como me dijo la verdad (M). Estraño como has tenido paciencia para oir tanta grosería (G). Ya sabéis como el conde me ha despedido sin manifestarme los motivos de mi desdicha (L). Parecia iba á espirar (Y). Me parece estáis todos de buen humor (Y). Supongo que esta vez no dirás veo visiones, que interpreto al reves las cosas (H). Figúrate tú si Don Serapio y el apuntador sabrán mui bien donde los aprieta el zapato y cual comedia es buena y cual deja de serlo (M). Ya ves tú la religiosa de Guadalajara si es mujer de juicio (M). Anda á ver si hai algun retorno de Madrid (I). ¿Qué les importará á ellos que nosotros nos casemos ó no? (Y) Yo no sé como he de pagar á Vd. tantos beneficios (M). No sé porque dice Vd. eso (L). ¿Saben Vds. donde está mi tio? (DH) Sepamos que me quiere este buen hombre (G). ¿Sabes hasta donde alcanza mi cólera y mi poder? (H) ¿Aun no ha conocido Vd. á quien debe el infeliz esta desgracia? (H) Mire Vd. cuantas cosillas traigo (M). Si vieras que consolada estoi (M). De este nobilísimo pasaje se infiere cuan á pecho tomaba Cervántes la gloria de su nacion (R). No sé que camino ha de hallar Vd. para salir de estos ahogos (Y). Me ha dicho tantas veces que porque no llevo á esta por allá que ya no sé que (he de) decirle (M).

B. Zur Anwendung.

Es ist nothwendig, daß Sie sich befleißen, sich zu unterrichten. Es ist etwas Lächerliches, daß sie sich einläßt (meterse á), von dem zu sprechen, was sie nicht versteht. Es ist in Wahrheit Schade, daß der Herr ihn entlassen hat. Es wird Zeit sein, daß wir auch unter Segel gehen. Er lud ihn ein, daß er an Bord seines Schiffes eine Tasse Thee tränke (ir á tomar). — Sein Vater wünschte, daß er die Handlung erlernte. Er bat den König von Navarra und seine Gattin, daß sie ihm Durchzug (paso) durch ihre Staaten verstatteten (conceder). Ich bitte Sie, daß Sie sich für mein Gesuch verwenden (interesarse). Ich kann nicht erlauben, daß man eine Person, die mit mir gekommen ist, beleidige und mißhandle. Erwartetest du nicht, daß die Möbeln wenigstens von Mahagoni und neu wären? Ist es nicht Schade, daß sie so viele Romane (Sing.) gelesen hat. Du kannst nicht verlangen, daß sie sich zu deiner Sklavin mache. Es ist ein Unglück, daß sie mir nicht eher davon geschrieben hat. — Mir scheint, daß ich ihn kenne. Um diese Zeit (sazon) schrieb mir ein Freund, daß sich Isabella verheirathe. Man erkennt, daß Sie nicht verheirathet sind. Es ist wahr, daß meine Mutter Knöpfe verkaufte. [Ein] Glück ist's, daß der Graf selbst es bezahlen wird. Wir haben schon angegeben, wie die französischen Truppen gegen Madrid vorrückten. Siehst du, wie diesem Vergnügen kein anderes gleich kommt? Sie werden sehen, wie dies eine große Wirkung machen muß. Seht ihr nicht, wie der Himmel uns so auf einmal alle unsre Feinde übergiebt? — Dies bewog ihn zu glauben, daß er sich geirrt haben möchte. — Es scheint, daß er bald wieder kommen wird. — Stelle dir vor, ob die Komödie natürlicher sein kann. Ich kann in der That nicht sagen, ob er den König gesprochen hat. Wer weiß, ob er nicht morgen wieder kommt. Ich weiß nicht, wo ich bin. Du weißt, wie meine Geschäfte gehen. Saget ihm nicht, wie (cual) ich mich befinde. Ich weiß sehr wohl, woher das alles kommt. Ich weiß nicht, woraus diese Unruhe entsteht. Können Sie mir nicht sagen, wann er zurück sein wird? Noch wißt ihr nicht, bis wohin das Unglück eures Freundes sich erstreckt (llegar). Die Schlacht wurde gegeben, und der Ausgang zeigte, wie gerecht die Besorgnisse Gonzalo's waren. Ich sehe nicht ein, welchen Zweck Ew. Herrlichkeit haben (llevar) kann. Wir werden sehen, wer der Kühne ist, der es wagt, nicht zu gehorchen. Stelle dir vor, wie groß (cual) seine Freude sein mußte. Sie wissen nicht, welche Lust ich habe, diese Dinge beendet (concluir) zu sehen. Es ist nicht leicht zu bestimmen, welche die größte seiner Tugenden war. Ach, Sie können sich nicht denken (no ser posible comprender), wie sehr ich seine Tugenden schätze, noch, wie sehr mich seine traurige Lage schmerzt. Bald wird meine Mutter wissen, welcher Gefahr sie ihn aussetzte. Argwöhnest du nicht, wem wir eine so glückliche Aenderung verdanken? Ich weiß schon, woraus ihr Irrthum hat entstehen können. Ich möchte wissen, worauf es hinauslief. Er fragte ihn, welches die Völker der Gegend wären, welche Menschenfleisch fräßen. — Ich frage, ob ich die Ehre habe, den Herrn Grafen del Monte Sauco zu sprechen. Er fragt, warum du nicht wiederkommst.

XCV. Uebung, zu § 297—300.

A. Zur Anschauung.

Esta es la ocasion de que te adquieras un buen protector (G). Francisco Lopez causó el sentimiento de que su papel del demandadero no fuese mas largo (rA). Estuvieron á riesgo de que la tierra se pusiese en armas (Q). Ya es tiempo de que V. A. rompa las cadenas que oprimen tan vergonzosamente nuestra agricultura (I). Le doi mi palabra de que ha de gustar (M). No hai otro medio de que yo viva contenta (I). ¿Tendremos hoi el gusto de que Vd. nos cuente alguna historia? (Y) Estoi seguro de que lo dejo mui léjos de la perfeccion que cabe en él (el asunto) (S). Reparo en que eres un pajarraco de mui mal agüero (Y). Tu marquesado no te autoriza para que me insultes (G). Avisád, pues, al rei de que yo aguardo sus órdenes (Z). Quisieron oponerse á que Manfredonia se entregase á los oficiales de Gonzalo (Q). Estoi impaciente de que acaben cuanto ántes nuestras desdichas (R). Aguardemos con silencio religioso á que nos dicte las órdenes del cielo (R). ¿Habrá algun inconveniente en que yo le hable? (I) Ahora mismo voi á dar cuenta á la justicia de que Don Luis es un falseador de cartas (R). Apostemos á que has llorado (I). No encontró grandes dificultades para que se publicasen sus provisiones (Q). Esperaré á que vuelva (G). No sé lo que hubiera dado por que hubiese (Vd.) podido oirla (M). Quedámos en que hoi se reuniria aquí Don Raimundo conmigo (H). ¿Qué te obliga á que dejes esta casa con tanta celeridad? (M) Altercaban sobre si aquello era verdad ó no (Q). ¡Qué se me da á mí de que el rei tenga un favorito, ó de que no le tenga? (L) ¿Duda Vd. siquiera de cuales pueden ser mis deseos? (G) Los historiadores están discordes sobre á quien de ellos embistió primero (Q). No haya miedo que á nadie lo cuente (M). Hágase Vd. cuenta que es lo mismo (G). Me alegro que le guste á Vd. (M). ¿Te acuerdas cuando me decia que era imposible apartarme de su memoria? (M) No permitáis que se quebranten las leyes (Acd). Ya lo véis, todos me abandonan (L). No lo habréis olvidado sin duda, el que destina el cielo para cimentarle (el trono) de nuevo, es un caudillo de sangre real (R). Cual fuese el influjo personal del condestable en toda esta transaccion no puede determinarse fácilmente (Q). Beatriz parece que llama (M). ¡Pobre animal! Y que asustadillo se conoce que está! (M) Un amante como aquel no es posible que se olvide tan presto de su querida Paquita (M). Me han hecho pronunciar no sé que palabras (H). Antes mucha prisa por irse, y ahora ya parece que no se va (L). En el fondo habrá una puerta que comunique al cuarto interior, donde se supone está el reo (I). Mi presencia en aquel punto, me atrevo á decirlo, no ha dejado de ser de provecho (R). No es miedo lo que tengo; de veras lo digo (R). Sus miras eran mas altas, como se vió despues (Q). Hasta ahora, segun me acaban de decir, no se han despachado mas que tres ejemplares (M).

B. Zur Anwendung.

Sie waren der Meinung, daß diese Komödie vielleicht nicht auf dem Theater geduldet (sufrir) werden würde. Er hatte auch das Unglück, daß das Schiff den Kurs verfehlte. Dies ist das einzige Mittel, daß du schweigest. Also es wird keine Möglichkeit sein, daß du thust, was dir dein Vater befiehlt? Es ist jetzt Zeit (hora), daß wir uns zurückziehen. Er gab ihm [ein] Zeichen, daß er sich an seine Seite setzen möchte. Denken Sie sich nur (hacerse cuenta), daß Sie uns nie gekannt haben. Bedenken (hacerse cargo) Sie, daß es einem jungen Mädchen nicht erlaubt ist, das, was sie fühlt, mit Offenheit zu sagen. Hat er auch nur (siquiera) daran gezweifelt, daß meine Wünsche andere sein können, als die seinigen? Sicher genug war ich, daß der Druck unserer Tyrannen unsre Geduld erschöpfen werde. Du erinnerst dich wohl, daß ich die Nachricht von seiner Ankunft erhielt. Wer wird ihn dahin bringen (reducir) können, daß er mir glaube? Er hörte nicht auf, dem Himmel dafür zu danken (dar gracias por), daß er ihn zum Urheber so vieles Guten gemacht hatte. Es ist nicht gut, dich dem auszusetzen, daß dich mein Bruder wiedersehe. Morgen früh werde ich schon Sorge tragen (tener buen cuidado en), daß man dir nicht die Thür öffne. Freust du dich nicht, daß er seine Verirrungen erkennt und sie wieder gut machen will? Er hat sich uns ins Haus eingedrängt, ohne zu warten, daß man ihn vorstelle. Mein Bruder bestand durchaus (empeñarse) darauf, daß ich mein Glück in

Amerika machen sollte. Es fingen die Soldaten laut zu murren an, daß ihr General so freigebig gegen die Fremden und so karg gegen sie sei. Passen (cuidar) Sie auf, daß er Ihnen nicht entwischt. Nun mögen Sie vergessen, daß Sie meine Tochter und mich gekannt haben. Dort werde ich es abwarten, daß mein Vater mich ruft. Die Gefälligkeit, um welche ich Sie bitte, besteht allein darin, daß Sie mir eine Unterredung von zwei Minuten mit Ihrem Fräulein verschaffen. Gab ich meine Einwilligung dazu, daß der Gast käme? Tag und Nacht dachte er darüber nach, ob es ihm möglich sein würde. Aber, wozu uns damit den Kopf erhitzen, ob es geschehen ist, oder nicht geschehen ist? Er stand in der Thür seiner Höhle und sann darüber nach, wie er Mittel finden würde, diesen Mangel zu ersetzen. Es wurde 30 Jahre nach einander unter den Hochstehenden des Reichs bitter darüber gestritten, wer sich des Königs bemächtigen würde. — Ich werde mich freuen, daß du gesund bist und dich belustigst. Erinnern Sie sich nicht, ob er dabei war? — Ich werde es sehr bedauern, daß diese Widerwärtigkeit ihre guten Wünsche hemme. Ich sehe es ja, ihr liebt mich nicht mehr, wie früher. Ihr habt es so eben aus unsers Gegners Munde selbst gehört: weder Frieden noch Waffenstillstand ist noch unter uns möglich. Die Königin hat Recht; es ist nöthig, ihn zu retten. — Ob es gewiß ist oder nicht, das eben weiß ich nicht (das ist es was ....). Die Musik, man weiß schon, welche es sein muß. Das Haus scheint Einsturz zu drohen (es scheint, daß ....). Sogar der Himmel selbst scheint uns mit der günstigsten Gelegenheit einzuladen. In jener ganzen Zeit, wissen Sie wohl, sahen wir in ihm nicht eine unehrbare Handlung. Ich habe ihm, ich weiß nicht was, versprechen müssen. Wo, sagten Sie, sollten die Mantelsäcke hingelegt werden? Ich bin traurig, ich leugne es nicht. Nachher schmeichelte ich mir wirklich (llegar), ich gestehe es dir mit Offenheit, meinen Zweck erreicht zu haben. — Er wird die Schulden des Don Hermogenes bezahlen, die, wie es scheint, hinreichend sind. Wenn die Komödien Moratin's in einigen Jahren von der Bühne verschwinden, wie ich es glaube; so wird es an etwas Anderm liegen (consistir). Sie begann eine Dezime und konnte sie nicht vollenden, weil sie, wie sie sagte, den Reim nicht fand. Wie ich sagte, wenn du nicht völlig überzeugt bist, ist es gewagt.

XCVI. Uebung, zu § 301—303.

A. Zur Anschauung.

Haz que entretanto se vayan poniendo los cofres en la zaga (I). Deja ahora que el señor don Justo haga su oficio (I). Es que si Vd. se tarda, nos echa la casa abajo (G). ¿Será que ayuna Vd.? (R) Así es que podrá estar inocente (I). ¡A fé que no le arriendo la ganancia! (I) Sí Señor, que lo sé (M). Esto sí que se llama dejarnos en la estacada (G). ¿Y quién dice que no? (M) Habrá dos meses que murió en Lozoya una pobre mujer (M). Hace 4 años que estuve en Sevilla (Acd). Aun no ha dos horas que gozaba de la dicha mas pura (I). He aquí porque los monarcas les repartian villas, castillos, señoríos, rentas y jurisdicciones (I). Columbró desde luego ser para su propósito feliz incidente andar aquella corte dividida entre dos parcialidades (T). El favorecer fulano á su enemigo es una seña cierta de su generosidad (Acd). Tales fueron los principios generales que Moratin creyó convenir al teatro cómico (rA). El primero que yo sepa haber publicado una gramática sobre la lengua castellana fué él (S). Las villas y lugares del Marquesado de Villena que él decia pertenecerle como dote de la Infanta su mujer (Q). No sé á que atribuir semejante descuido (G). No sé como empezar (L). ¡Vaya que estos hombres gastan un lenguaje que da gozo oirle! (M) En los cinco años que le hice la corte, no le cogí un rato de buen humor (B). Rayaba en los diez y nueve años, sin que el bozo tiñese su semblante (Alc). No los he perdido de vista hasta que salieron (M). ¿Qué gente hai arriba que anda tal estrépito? (M)

B. Zur Anwendung.

Warum ließest du Bernhard diesen Nachmittag eintreten? Laß mich diese Räthsel wissen. Laß meine Kleider in die Koffer legen. Warum ließest du den Notar nicht den Kontrakt aufsetzen? Mit einem einzigen Schlage hoffe ich zwei Opfer zu treffen. Der Minister schätzt Sie nicht mehr? So that der Alfaqui von Velez nichts Anders, als den Namen Allah wiederholen. Gewiß, er hat es verdient! In der That, das hatte ich vergessen. Ja, jetzt ist das Maß meiner Geduld voll (llenarse). Wer wird es wagen, ja zu sagen? Die dargelegten Gründe genügen zu beweisen, daß [es] nicht [ist]. Seit dreißig Jahren haben sie sich nicht gesehn. Die Sonne ist schon *lange* untergegangen. Seit vielen Jahren schon habe ich meine Liebe vergessen. Ich bin schon ziemlich lange hier. Vor noch nicht drei Wochen fiel ein Kind von etwa (einigen) 12 Jahren von dem Thurm von Miraflores. Darum (Siehe hier warum) haben die Menschen im Naturzustande eine sehr unvollkommene Vorstellung vom Eigenthum. Sieh, da kehrt er wieder um. Sieh, da kommt unser Freund selbst. Daß jenes Buch so viel gebraucht wird, ist noch kein Beweis für seine Vortrefflichkeit. Daß die Königin es selbst befohlen hat, kann nicht geleugnet werden. Er machte ein Strichlein, welches anzeigte, daß ein Tag vergangen sei. Diesem Umstande verdankte er es ohne Zweifel, daß er für das Bisthum erwählt wurde, welches in Tumbez errichtet werden sollte. Das sind Gegenden, von denen wir sagen, daß sie unter der Linie liegen. Ich weiß nicht, woran ich mich halten soll. Er wußte nicht, welchen Entschluß er fassen sollte. Er hält (creer) ihn für eine himmlische Gottheit, und zweifelt, ob er sich zu seinen Füßen werfen, oder ihn fliehen soll. Sie blieben betreten und unentschieden, ohne zu wissen, wie sie aus der Verlegenheit herauskommen sollten. — Er thut es mit einer Schnelligkeit und einer Anmuth, daß man nicht mehr verlangen kann. Dies ist das zweite Mal, daß er entwischt ist. — Seitdem ich das erfahren habe, bin ich viel ruhiger. Unterdessen, daß du zur Kirche gehst, werde ich diesen Brief beenden. Womit hält er sich denn auf, daß er so lange weg bleibt?

XCVII. Uebung, zu § 304—308.

A. Zur Anschauung.

El público no compra en la librería las piezas que silba en el teatro (M). ¡Dichosos los padres que tienen buenos hijos! (Acd) Perdone Vd., Señor, las locuras que he dicho (M). ¿Quiénes son los crueles que nos separan? (I) Precisamente lo último que dicen las mujeres es que aborrecen á sus maridos (G). Es lo último que faltaba á mi desdicha (M). Oirá Vd. lo mismo que le he dicho ya (M). No sucede nada, ni hai cosa que á Vd. le deba disgustar (M). Mi ofensor era uno de aquellos hombres temerarios á quienes su alto nacimiento y una perversa educacion inspiran un orgullo intolerable (I). La desgracia hace injusto al misero á quien agobia (G). La gloria y la sabiduría de este príncipe fueron una realidad de la que cada dia se descubren mayores testimonios (Alc). No pueden desviarse del uso, el cual no es siempre filosófico (S). Los jóvenes hallarán alguna obscuridad en las (gramáticas) de estos autores, los cuales no han tenido la cautela de introducir poco á poco novedades, que serán un escollo para los lectores (S). Se trataba de demostrar la necesidad de exigir la conscripcion de 1809 para formar el cuerpo de observacion del océano, sobre el que nada se habia hablado ni comunicado anteriormente al gobierno español (T). En este momento me he visto con el conde, á quien yo habia citado esta mañana (L). Don Alvaro de Luna, con quien solamente lo consultaba, se lo desaconsejó por entónces (Q). Hallaron un buen hombre que se prestó á sus miras (rA). En el fondo se ve una antigua mezquita que sirve de templo á los cristianos y á la cual se sube por unas gradas (R). ¿Os negáis á ayudarme, vos que habéis tomado siempre mi defensa? (L) Vds. que tanto defienden la libertad de opiniones políticas, no debian ser tan intolerantes (R). Aquella carta que está sobre la mesa, dásela al mozo de la posada (M). En casa tengo el cuadro que le habrá Vd. visto (M). Yo celebro que sea tan á gusto de aquellas personas á quienes debe Vd. particulares obligaciones (M). El conflicto en que se vió el autor, fué mui grande (rA). Es sujeto con quien no tuve trato ni desavenencia de ninguna especie, y á quien miro con cierta predileccion por su gloriosa muerte (S). ¿Es esta aquella Clementina tan sentimental de cuya amistad estaba yo tan segura? (G) Ya certifiqué ántes y renuevo al presente mi gratitud á distinciones, á las que no puedo corresponder de ningun modo mejor que redoblando mi zelo por limar y perfeccionar una obra cuya venta pudiera mirarse como segura, aun cuando no se retocase (S). Con estas condiciones consiguieron treguas por dos meses, en cuyo término partió el Cid á hacer algunas correrias en los contornos de Pinacatel (Q). Se dirigió á Valladolid, en cuya ciudad entró en la tarde del 6 de Enero (T). A esta voz siguió una grande y confusa gritería del pueblo, cuyo rumor engañó al que tenia á su cargo la campana (I). Me he presentado varias veces en la fonda donde está V. S. (L). Los fuegos enemigos abrieron un ancho boqueron por donde entraron sus tiradores (T). ¡Feliz el reino donde viven los hombres en paz! (Acd) Para la primera vez que me ve Vd. no deja de tener desembarazo (L). La cartera se la ha vuelto el chico tal como se hallaba ántes (II). La tragedia pinta á los hombres no como son en realidad, sino como la imaginacion supone que pudieron ó debieron ser (rA). Vente conmigo así como estás (Y). Voi á delinear el tipo del poeta tal cual existe hoi entre nosotros (Z).

B. Zur Anwendung.

Wie schlecht sind die Nachrichten, welche ich dir zu geben habe! Deshalb verkauft er das Gärtchen, welches Sie kaufen wollen. Wohnt in diesem Zimmer nicht eine Frau, welche Spitzen wäscht? Sie beschämen mich mit Lobsprüchen, welche ich nicht verdiene. Du mußt dich in dem ersten Schiffe einschiffen, welches nach Hamburg geht. Ich bin der Grausame gewesen, welcher sein Unglück beschleunigt hat. Das Erste, was ich Martina auftrug, war das Bett des Herrn Don Vinzenz. Das ist das Beste, was wir für jetzt haben. Giebt es hierin Etwas, was dich betrübt? Giebt es Jemand, der das nicht fühlte? Ich sehe Nichts, was du nicht gutheißen könntest. Auf diese Blitze folgten Donnerschläge (truenos), wie er sie nie gehört hatte. Es befiel ihn eine Hitze, wie er sie nie empfunden hatte. Du wirst eine Frau sehen, wie du sie dir nie gedacht hast. Einem Manne, mit dem sie sich in wenigen Tagen verheirathen soll, könnte sie schon Etwas sagen. Er spricht auf diese Weise zu einem Freunde, den er mit Neigung (aficion) für die Musen begabt glaubt (suponer). Lassen wir einen Wortwechsel, welcher uns betrüben muß. — So kräftige Einreden machten einen lebhaften Eindruck auf den Senat, welcher die zuständige Einleitung der Klage beorderte. Sie eröffneten den Eingang den im Hause Darmagnac's verborgenen Grenadieren, welchen alle übrigen auf dem Fuße folgten. Er brachte eine von dem Markgrafen unterzeichnete Antwort mit, in welcher die hinterlistigen Vorschläge des Feindes verworfen wurden. Er publizirte an demselben Tage ein Dekret Napoleon's, gegeben in Mailand am 25. Dezember, durch welches Portugal eine außerordentliche Kriegssteuer auferlegt wurde. Unter ihnen befand sich ein Mönch, Namens Fr. Preno de Apdona, ein Dominikaner, welcher von dem Papste Wechsel und Baarschaften gebracht hatte, um die Insel aufzuwiegeln. — Er ist ein Bösewicht, der sie unglücklich gemacht haben würde. Wir sind durchs Fenster hereingekommen, welches wir offen fanden. Ihr, die ihr so sehr den Hof verachtet, ihr könntet unterlassen, seine Gebräuche nachzuahmen. Du, die du bei diesem Menschen bliebst, wirst du uns nicht ein solches Geheimniß entziffern können? — Noch habe ich keine Schrift dieser Art gesehen, welche ihre Publikation ein Jahr überlebt hätte. Dies ist der erste Bewerber, den ich in diesen Ausdrücken sprechen höre. Sie hat mir versprochen, mir den Brief zu zeigen, den du ihr geschrieben hast. Dies ist die einzige Thür, durch welche sie haben eintreten können. Die Wahl fiel auf Murat, Großherzog von Berg, mit (dem) Titel Statthalter des Kaisers, dessen Schwager er war. König Franz I. beabsichtigte, das Herzogthum Mailand wieder zu erwerben, in dessen Besitz er einige Jahre gewesen war. In dieser Gegend beging der Türke wiederholte Feindseligkeiten, welche Anhäufung von Unglücksfällen fast die Beständigkeit Karl V. erschöpfte. Er belagerte Valencia, welche Stadt ihm feindlich war. Er war an [einem] Orte, wo er Nichts zu fürchten hatte. Ich komme von euren Werkstätten, wo nicht eine Seele geblieben ist. Der tapfere Ali Gomel ist so eben von Granada angekommen, von wo sie auf die grausamste Weise eine große Anzahl unsrer Familien verbannen. Er geht, den Riegel der linken Thür, durch welche der König wegging, vorzuschieben. Sie sind ohne Zweifel seit dem letzten Mal, als ich dich sah, gekommen. Den Tag, wo es sich darum handelte, einen Flaschenzug anzulegen, um diese Arbeit zu vereinfachen, würde es vielleicht einen Auflauf geben. — Dies sind die sämmtlichen Werke Voltaire's, welche ich in einer Versteigerung gekauft habe. Er erlitt eine unheilvolle Niederlage bei Algier, zu dessen Eroberung er mit einem mächtigen Geschwader ausgezogen war. Toledo war von dem mächtigsten Könige Spaniens unterjocht worden, an dessen Staaten es gränzte. — Er brachte das Geld, wie er es bekommen hatte. Die Menschen sind selten so, wie man sie sich denkt. Man muß die Dinge nehmen, wie sie sind.

XCVIII. Uebung, zu § 300.

A. Zur Anschauung.

Es una medicina que calma el dolor (S). La mujer que cuida de su casa y familia, es mui estimada de todos (Acd). Me seria de mucha satisfaccion por las noticias que me ha dado mi intimo y sabio amigo (R). El cardenal no admitió estas que él llamaba discretas escusas (Q). Ansiaba una ocasion en que poder morir (V V). ¿Cuál es la nacion que no tiene (tenga) sus héroes propios á quienes admirar y seguir? (Q) No tengo otra cosa que advertir á Vd. (M). Si no tienes casa donde vivir, yo la tengo (M). ¿Sabes el disgusto que vas á dar á tu tio? (V V) Bien sabes que diferente suerte hemos tenido los dos (M). No te olvides del afecto que nos tuvimos los dos (M). ¿Sabes la fortuna que pierdes? (H) Mira que he de saber á la hora que sales (M). Nunca dejó de darme cuantos gustos apetecia (R). Convocó á cuantos voluntarios quisieran participar de la santa empresa (Alc). Lee cuantas obras literarias encuentra, asiste á cuantas sociedades artisticas conoce, escucha á cuantos (hombres) cree con reputacion de literatos y poetas (Z). A la pulga la hormiga referia lo mucho que se afana (Y). Tambien indicó lo conveniente que seria que se enviasen labradores á poblar las Indias (Q). El mal gusto logra tantos secuaces á pesar de lo adelantados que creemos estar en las bellas artes (S). Dios os proteja y os pague algun dia lo dichosa que me hacéis (L). Se retiró lo mas pronto que pudo (Y). Ha sido un desatino el que acabas de hacer (M). No es ciertamente esta especie de maderas la que mas escasea en España (I). Mi hermana es la que sigue siempre bastante delicadita (M). A esa costa es adonde se va á comerciar (Y).

B. Zur Anwendung.

Einem fliehenden Feinde muß man eine goldne Brücke bauen, sagt ein deutsches Sprichwort. Lebe wohl, und antworte bald deiner dich liebenden Schwester. Er hat versprochen, uns (die) kommende Woche zu besuchen. Die Waaren entsprachen keineswegs den mir gegebenen Proben. Ich sehe mich veranlaßt, den Ihnen ertheilten Auftrag wieder zurückzunehmen. Er ehrte seine lebhaftesten Wünsche der sogenannten Staatsklugheit. Hier bringe ich Erbsen, die auszupellen, und Jungfernbohnen, die auszuhülsen sind. Spanien, obgleich von den Phöniziern ausgebeutet, hatte noch (conservar) rohe Völker, die zu zivilisiren, und fruchtbare Gegenden, in welchen blühende Kolonien zu gründen (plantear) waren. Er hatte eine Anzahl Briefe zu schreiben. Er hat kein Bett, wo er schlafen könnte. Wenn du wüßtest, welche Gerüchte umlaufen! Weißt du, welches Uebel du begehrst? Ich weiß sehr wohl, welche edlen Gesinnungen dich beleben. Sie wissen nicht, in welchem Zustande er sich befindet. Wir wollen Ihnen alle Höflichkeiten (obsequios) erweisen, die nur möglich sind. Er machte so viele Anstrengungen, als er nur konnte, um es zu erlangen. Ich sehe ihn sich gerne allen Thorheiten bequemen, welche die Andern annehmen (adoptar). Weißt du, wie böse ich auf ihn bin? Ich habe erfahren, wie vortheilhaft es ist, mit Bedächtigkeit (pausa) zu arbeiten. Sie wissen wohl, wie hartnäckig der Herr ist. Er erfuhr sehr bald, wie unklug seine Vorsicht gewesen war. Erkennst du jetzt, wie aufrichtig meine Rathschläge waren? Gott will, daß wir unser Leben, so viel wir können, erhalten. Bei jener Lebensweise waren Beide so glücklich, als es nur zwei ganz von dem übrigen (el resto) Menschengeschlechte getrennte Menschen sein konnten. Grade dieser selbe Zweifel ist es, der meine Unruhe vermehrt. Diese Heirath ist es, die mir mein Interesse vorschreibt. Mein Vater befahl mir, daß ich es so machte. Nicht er bedroht dich, sondern unsre aufgestandenen Krieger. Viele habe ich.

XCIX. Uebung, zu § 310—317.

A. Zur Anschauung.

Quien mis fábulas lea, sepa tambien que todas hablan á mil naciones (Y). Quien da doce puede mui bien dar dies y seis (G). De nada sirven los ejemplos á quien no los quiere seguir (rA). Mis 16 años no hai quien me los quite (M). Hai quien le cree un principe (H). No faltaria quien murmurase (M). Vénzase Vd. á sí mismo que es la mas noble victoria (BH). La que sea mi esposa, vivirá conmigo en libertad honesta (M). ¿Quién es el que se entra de rondon? (G) Debian ser religiosos los que fuesen (Q). ¿Sabes tú lo que me ha contado Dolores? (H) Eso que á Vd. le apesadumbra, debiera hacerle concebir mayor esperanza (M). Manda mal ordinariamente y es peor obedecido aquel que perdiendo un estado se pone á gobernar otro (Q). Son unos que estaban ahí, y se han ido (M). Yo os ofrezco en mi casa lo mismo que teniais en la suya (L). Uno de los dos que han llegado es un amigo intimo del Señor Don Vicente (G). Acaba de hacerme relacion de todo lo que pasa (VV). Cuanto me dices me deja sorprendido (I). Contó á sus compaderos cuanto le habia sucedido en su viaje (Q). Tengo la dicha de ser vecino de Vd., en lo cual debo estar mui agradecido á mi suerte (M). A mí me irrita lo que á Vd. le divierte (M). En adelante los reyes no harán en España sino lo que sea justo y regular (R). Quien lo dijo, no fué ella (G). Le dije cuanto era del caso (G). No desprecia su obsequio de Vd. la que le envia ese recado (M). El rumor engañó al que tenia á su cargo la campana (I). Empleé el tiempo en prevenir á los que debian estender la cédula (I). La verdad es dura á quien ha de oirla (M). Vengo á daros una prueba de lo que os estimo (I). Cualquier novio tiene derecho á saber los secretos de la que ha de ser su costilla (G). No comprendo á que propósito puede venir nada de cuanto decis (M). Caigo en quien es el sujeto (M). En lo que ha dicho no hallo motivo de enfadarme (M). En Cadiz nunca faltan mui buenas posadas para quien tiene dinero (M). No te parezca que estoi ignorante de lo que hiciste la vez pasada (M). Pues, cuenta, niña, con lo que te he dicho (M). Me acuerdo con eso que me decis, de aquel venturoso tiempo (M). Calla, que en cuanto que me digas, tendrás razon (M). Mi acero no corta en quien se arrodilla (H). (La gente) se burla de los que lo decimos (R). Vé aquí á lo que atribuyo tu tristeza (I). Me doi por contento si conoce á lo que se espone el que trata de salirse de su esfera (M). ¿No conoce Vd. á quien tanto ha favorecido? (BH). De lo que fué no existe nada (Z). Lo que decida el público, eso harán ellos (rA). Quien del alacran está picado, la sombra le espanta (Spr.). Estuvieron oyendo todo lo que duró el canto (Q). Eso seria para mí ganar cien veces mas de lo que he perdido (L). A lo que tú vas á tardar, bien tendré tiempo para comer (S). ¿Sabes lo que te quiere tu madre? (M) Conozco lo bien que pagas mi afecto (M). No es de Vd. de quien yo me debo quejar (M). Eso es lo que desean nuestros enemigos (R). ¿Qué es lo que acabas de decir? (I) Es mucho lo que me lisonjea tu amor (M). Justamente es eso de lo que trato de saber (VV). Y lo que es hoi ni siquiera he mirado á la calle (H).

B. Zur Anwendung.

Wer sich verheirathet, muß wenigstens den Almanach kennen. Wer Ihnen das Gegentheil sagt, versteht die Sache nicht. Es fehlt nicht an Einem, welcher behauptet, daß dies das Vernünftigste ist. Ist in diesem Hause Niemand, der die Hosen anhat? Sie befindet sich schon besser, was die Hauptsache ist. Ich war es, der das Haus regierte. Schon riefen ihn die, welche der französischen Herrschaft müde waren. Es war keine Nothwendigkeit zu sagen, daß sie es war, die dich schickte. Ich weiß, was das Herz eines Vaters ist. Dieses, was dem Kaziken so leicht und nützlich schien, schien seinen Unterthanen nicht so. Es wird nicht der Sohn meiner Mutter sein, der Ihnen die Thür öffnen wird. Dies ist Alles, warum ich euch bitte.

Alles was vorgeht, scheint ein Roman. Ich hinterlasse ihm in meinem Testamente, so viel ich ihm nur mit gutem Gewissen (en conciencia) geben kann. Das erzürnte Meer verschlang Alle, die in dem Kahn waren. Er hatte Gelegenheit gehabt, das Englische zu lernen, was ihm nun sehr vortheilhaft war. Beide gaben sich die Hand, womit die Reise verabredet war. Die Höhle hatte keinen Schornstein, weshalb ihn der Rauch belästigen mußte. Glücklich wird der sein, welcher es besitzt. Alles, was Sie mir sagen mögen, wird zu Nichts nützen. Ich thue Alles, was an mir (de mi parte) ist. Die einmüthigen Stimmen derer, welche ihn betrachteten (contemplar), riefen ihn zum Fürsten der Jugend aus. Sein Chronist macht ihn immer zum einzigen Urheber alles dessen, was damals am Hofe geschah. Alles kommt dem nicht gleich, was wir an ihm gesehen haben. Dies begegnet dem, der auf die Klugheit einer Frau vertraut. Zuweilen merkt er auf das, was die Andern sprechen. Handeln wir jetzt von dem, was wichtiger ist. Kann ich an dem, was Sie sprechen, nicht Theil nehmen? Beobachten Sie über das, was wir verhandelt haben, gegen Raimundo Schweigen. Ihr werdet von allem dem, was ihr liebet, Nichts finden. Ich freue mich, daß Bruno Ihren Vater gewissermaßen (en cierto modo) auf das, was ich ihm sagen will, vorbereitet hat. Nichts nützen die Beispiele dem, der sie nicht befolgen will. Es ist für den, der es nöthig hat. Ich weiß nicht, worauf du rechnest. Ich sehe, wozu dich die Scham nöthigt. Ich will dir sagen, wovon wir sprechen. Alles, was der Herr und der Diener projektirten, zerstört sie in einem Augenblick. Was die Töchter in den Liebhabern suchen und wünschen, das verlangen die Väter nicht immer von den Schwiegersöhnen. In Allem, was sie mir befiehlt, werde ich ihr gehorchen. Sie blieben, so lange gespielt wurde. Laß ihn sprechen, so viel er will. Sie erndten mehr, als sie bedürfen. Dies ist ein Gegenstand, welcher der Sorge der Gesetzgebung würdiger ist, als man bis jetzt geglaubt hat. Nach dem, was ich sehe, habe ich hier Nichts mehr zu thun. Du weißt wohl, wie sehr ich dich liebe. Man hat gesehen, wie sehr Quintana das Verdienst von Cienfuegos lobt. Dies gefällt mir. Was geht hier mit mir vor? Das fehlte noch an der Vervollständigung meines Unglücks. Das gedachtest du mir zu sagen? Das (Seht hier) begreife ich nicht. Was die Möbeln betrifft, so sind sie keine 30 Realen werth.

C. Uebung, zu § 318—321.

A. Zur Anschauung.

Se introduce donde quiera (L). Vd. puede irse adonde guste (M). La industria se agita, circula y acude donde la llama el interes (I). Se puedo andar por donde ántes habia agua (Y). Muchos alfileres se hallarán en donde nadie los ha perdido (Y). Cuando viajé por Italia en 1817, visité las ruinas del Herculano (S). ¡Qué feliz seré entónces, cuando nos hallemos todos reunidos, cuando nada pueda separarnos ya! (L) Al dia siguiente, luego que amaneció, oyó misa (Q). Asi que demos el grito del esterminio, lo repetirán por todo el pueblo (R). Al momento que esto se acabe, bien ó mal, lo buscaré (L). Yo le diré en cuanto le vea cuatro razones bien dichas (G). Como supe que habia llegado, fuí á visitarle (Acd). Avise cuando sea tiempo (Z). Llegó mi hermano al tiempo que yo le escribia (Acd). Miéntras don Alfonso tenia puesto sitio á Gibraltar, acometió á su ejército una terrible peste (Y). Entretanto que la estudiaban los mismos actores que con tanto celo y acierto habian desempeñado las dos primeras piezas del autor, la compañía de los Caños del Peral se dió por ofendida de aquella preferencia (rA). Es que si papá viene á esta sala, en tanto que yo entro en mi cuarto á recoger algunas frioleras, trates de alejarle de aquí con cualquier pretesto (G). Cuando se come, es indispensable beber (G). Vamos á dar un paseo ántes que anochezca (H). Veo que estuvieron en la junta despues que nos salimos (S). Desde que estoi en esta casa perversa nunca os he visto reir (M). ¿En dónde has estado desde que no nos vimos? (M) Dos años duraron los desórdenes hasta que las tropas reales vencieron á las de los Comuneros (Q). Nadie lo sabrá miéntras Vd. no lo permita (H). No apartó los ojos de tí, miéntras duró la misa (H). El señor conde es tan amable como dicen (L). Los castellanos no eran tan malos y atrozes como se los habian pintado (Q). Me ha de querer de por fuerza tanto como yo le quiero (G). Cuantos desaciertos se hallan esparcidos en las comedias de aquel tiempo, otros tantos se hallarán hacinados en esta (rA) Cuanto mayores sean las dificultades, mayor será tambien la satisfaccion que me resulte de vencerlas (Y). Cuanto el padre habia tenido de generoso, de franco y de leal, tenia el hijo de feroz, vengativo y alevoso (Q). Cuanto mas se lee, ménos se puede atinar con las razones que pudieron dictar semejante lei (I). Tu elogio es tanto mas laudable, cuanto ménos indulgentes suelen ser las mujeres cuando juzgan á otros (H). La suerte del cultivo fué siempre mas ó ménos prospera segun que las leyes agrarias animaban ó desalentaban el interes de sus agentes (I). Estas cosas son ménos de lo que parecen (L). La obra corrió manuscrita con mas aprecio del que efectivamente merecia (rA). Es tal mi desdicha que no me permite ni el triste consuelo de la queja (M). Tanto aplauso tuvo y tanto le solicitaron los cómicos y los apasionados que dió libre curso á la vena poética (rA). No lo trataron tan en secreto que no traspirase algo de su intencion (Q). Me intereso de tal modo en sus satisfacciones de Vd. que no he querido retardar un minuto mi cordial enhorabuena (G). Empieza á clarear el dia, en término de que puedan distinguirse los objetos (Q). El va que vuela (Y). El interes de Juanita me lisonjea demasiado para que yo deje de desengañar á Vd. (G). Trataban de encaminar hácia la perfeccion, en cuanto les era posible, la literatura nacional (rA). Empiezan á tañer y cantar segun se les habia enseñado (Q). Colocolo habla siempre en la Araucana cual conviene á un viejo esperimentado y prudente (R). Como el árbol desgajado por los hurracanes se renueva con frondosas ramas y recobra pompa y lozanía á beneficio de una estacion bonancible, así comenzó desde el imperio de Augusto á engrandecerse nuestro pais (Alc). Segun lo hagas tú con ellos, así lo harán ellos contigo (Acd). Me parece como que oigo rumor mas cerca (Q). Se muestra distraido como si se le hubiese ocurrido de pronto un triste pensamiento (R). ¡Qué tranquilidad manifestaba la naturaleza, cual si estuviese dormida! (V) Tú, sentada en esta silla, de modo que yo te vea, le has de recibir (M). Así esta dispersion como la anterior refriega deben verificarse en lo hondo de la plaza, de suerte que los actores no se presenten en el primer término del cuadro (R). No dispuso su fábula en términos de que pudiera verificarse (rA).

D. Zur Anwendung.

Solche Werke werden nur gemacht, wo die Besitzthümer zirkuliren. Der Schrecken ließ ihn sich nicht von dort entfernen (moverse), wo er war. Suche ihn mit List mit dorthin zu nehmen (llevarse), wohin dieses Papier sagt. Ich will sie nicht hinführen, wo [umher] Unordnung ist. — Ihr Vater ist wie ein Lucifer geworden, als er mich in der Küche gesehen hat. Ich werde Ihnen schon mein Projekt erklären, wenn ich es allein (á solas) thun kann. Er wollte sich grade einschiffen, als wir im Hafen ankamen. Sobald sich dies im Lande [umher] ausbreitete, kehrten die Indier der übrigen Ortschaften nach und nach zurück, ihre Wohnungen zu bewohnen. Don Juan reiste, sobald der König, sein Schwiegervater, starb, ab, von jenen Staaten Besitz zu nehmen. So wie er aus der Kalesche stieg (apear), fragte er mich nach seinem Freunde. So wie die Herrschaften ankommen, wird der Tisch gedeckt werden, und Sie werden essen. So wie Ihr Bruder dieses Geld bekommt (coger), werden Sie sehen, wie sich Alles fügt (disponerse). So wie sich ein Verschworner einstellt (presentarse), daß man ihn eintreten lasse. Ich werde es ihm, sobald es nur möglich ist, schreiben. So wie er eintrat, erhoben sich alle von ihren Sitzen. Ich habe dies selbst erfahren, als ich krank war. Ich werde es thun, wenn ich wieder hergestellt bin. Die Unterstützung kam, als sie die Schlacht schon verloren hatten. Während sie uns schöne (gute) Worte gaben (echar), nahmen sie ihn anderswo gefangen. Unterdeß er mit seiner Furcht (pl.) und Unruhe (pl.) kämpfte, schien es, daß sich das Unwetter allmählig besänftigte. Valentina wird Ihnen Gesellschaft leisten (hacer), während ich mich kleide. Wie glücklich bin ich, wenn ich euch sehe! So oft wir von Jemand sprechen, der so unglücklich ist; so laßt uns bedenken, daß er unser Bruder ist. Sobald der Frühling wiederkehrt, kleiden sich alle Bäume grün. So wie es eins schlägt, geht er aus. So wie er sich ins Bett legt, schläft er ein. Wenn er am Hofe war, so war er, kann man sagen, in seinem Elemente. Während die Kleinen zur Schule waren, hatten wir unsre Privatstunden. Ich habe keinen andern Wunsch, als den, dich versorgt zu sehen, ehe ich sterbe (faltar). Nachdem der Wind sich geändert hatte, ging unsre Brigg unter Segel. Seitdem ich ankam, bin ich ein wahrer Packesel. Seitdem ich ihn habe spielen hören, gefällt mir ihre Musik nicht mehr. El Cuzco blieb mittlerweile in [der] Gewalt (poder) Almagro's, bis der König etwas Anders beföhle. Ich werde mich dort unten aufzuhalten suchen, bis sie wiederkommen. So lange ich ein Stück Brot habe, werden wir es, wie gute

Brüder, theilen. So lange es Schlösser in der Welt giebt, macht es Nichts aus, daß man Schlüssel verliert. — Gott gewähre ihm so viel Ruhm, als er mir Kummer verursacht hat. Ich bin nicht so schuldig, als ihr glaubt. Ramiro wird sich hier so isolirt, so vergessen (ignorado) finden, als da er unter deinem Verwahrsam in dem tiefsten Verließ des Schlosses lag. So schwer sein Verbrechen ist, so schwer wird die Strafe sein. So viel Glück er gehabt hat, eben so viel Eitelkeit hat er jetzt. Je weniger sie erhielten, desto weniger konnten sie die andern belohnen. Je schlechter der Wein ist, desto weniger trinkt man. Je mehr Züge der Bildnißmaler von dem Vorbilde auf das Leinen überträgt, je besser er dessen Farbenmischung erhält, und je mehr sich der Ausdruck der Augen und des ganzen Gesichts (semblante), die Haltung des Körpers und das Kleid selbst der Wahrheit nähern; desto vollkommner wird das Bild sein. Die Tage wachsen, so wie die Nächte abnehmen. Die Schwierigkeiten vermindern sich, so wie ihr vorrückt. Sie gab weniger, als ich vermuthet hatte. Er hat mehr Geld, als er braucht. Er fand eine bessere Aufnahme, als er hoffen konnte. Er hat mehr Schulden, als er bezahlen kann. Sie erzeigen uns so viel Ehre, daß ich nicht umhin kann, Ihnen dankbar zu sein. Ich sagte ihnen diese Worte mit so festem, so entschlossenem Tone, daß sie auf der Stelle still standen. Dies verursachte ihm solche Furcht, daß sein ganzer Körper zitterte. Diese Worte brachten ihn dergestalt auf, daß er nicht mitgehen wollte. Die Sonne brannte dergestalt, daß Alles verdorrte. Dieser Hut ist zu groß, als daß er dir gut stände. Zu sehr hatte ihn schon die Erfahrung die Veränderlichkeit (lo mudable) des menschlichen Herzens gezeigt (acreditar), als daß er nicht erkannt hätte, wie viel darauf ankäme, jeder Unbeständigkeit vorzubeugen. So weit ihr Blick (vista) reichen konnte, erblickten sie nicht mehr Land, als zwei oder drei Inseln. Er ist ganz zufrieden, so weit es sich um diese Sache handelt. Lassen wir die Uebrigen sprechen, wie es ihnen gelüstet. Sie erfüllt (desempeñar), wie sie muß, die Pflichten einer Gattin und Mutter. Ich handelte gestern Abend, wie ein Kind aus der Armenschule handeln würde. Lope de Vega vereinigte diese Eigenschaften (circunstancias), wie sie vielleicht nie ein andrer Mensch vereinigt hat. Sie flüchten sich in euren Schutz (amparo), so wie man den eines Vaters in den Tagen der Prüfung sucht. Er fragt, als ob er neugierig sei. Er spricht, als ob er gerührt sei. Er ließ sich von den Wellen schaukeln, als wenn er in einer Wiege wäre. Es ist eine Hitze, als ob es ein Augustnachmittag (siesta do agosto) wäre. Er zeigte sich eitel, grade als ob er eben einen Sieg erreicht hätte. Sie stellen sich, im Umkreise des Platzes umher, auf den Stufen der Kirche und in den Straßen des Hintergrundes auf, so daß das Ganze (conjunto) ein glänzendes Gemälde bildet. Er geht, sich an den bezeichneten Posten zu stellen, so daß die Zuschauer ihn in der Ferne erblicken. Dieser Mensch rühmte seine Freundschaft und seinen Schutz (proteccion) der Art, daß der natürlichste und einfachste Zweifel fast ein Uebermaß von Mißtrauen schien.

CI. Uebung, zu § 322—325.

A. Zur Anschauung.

Como vive tan cerca que sus ventanas dan enfrente de las nuestras, desde aquí puedes hablarla todos los dias (M). Se hizo así su persona objeto de la animadversion del rei, como que le suponia móvil de todos los disgustos que su hermano le causaba (T). La carta de Vd. no ha llegado hasta esta mañana, porque las lluvias han retardado el correo (S). Como es tan martagon, ni siquiera una palabra me ha querido responder (M). Yo reprendo á mi hija porque soi su padre, y tengo el derecho de hacerlo (R). ¡Oh! Pues habéis representado, yo confio (I). Vamos, hija, obedezcamos al Señor, ya que se toma la molestia de gobernar nuestra casa (G). Sentémonos una vez que no hai gente (M). Puesto que te favorecen, muéstrate agradecido (Acd). Supuesto que están ya verificadas nuestras cuentas, entraréis para firmar la cobranza (M). No se cite el ejemplo de grandes poetas que las (las reglas) abandonaron, puesto que si las hubieran seguido, sus aciertos serian mayores (rA). Pues nuestra lengua debe á la latina gran parte de su riqueza, de ella pueden tomarse las palabras de que tuviéremos una absoluta necesidad (S). Aun está á tiempo puesto que es la primera obra que publica (M). No tardaré en hablarle como que iré esta misma tarde á verle (S). No le quede á Vd. duda porque él propio me lo ha dicho (G). Han de embarcarse pronto segun entiendo (M). En los púlpitos, segun se lamentaban prelados celosos y respetables, se habia introducido la costumbre de predicar sermones disparatados y truhanescos (rA). Sus miras eran mas altas como se vió despues (Q). Si no parece mi levita, saldré á la calle en bata y gorro (G). Si oyeres algun rumor, al instante avísame (M). No hai que pensar mas en boda con Teodoro, si no quieres quitarme la vida (R). Tú misma me despreciarias si me vieras contento (R). Mejor es que vayas allá por si ha despertado y se quiere vestir (M). Felizmente no me será dificultoso como dure poco esta farsa (L). Como tú vivas feliz á Isabel eso basta (M). Cualquier pais me es indiferente con tal que sea bien agreste y selvático (G). Con tal que logre yo la cruz de Alcántara para mi sobrino nada me importa gastar (VV). Siempre que exista en mi amigo una voluntad decidida de vender, puede hallarse en Vd. la de comprar (G). Le dijo que nunca podria ser dichoso á ménos que se emendase (Y). Aunque la cama es algo dura, he dormido como un emperador (M). Aunque los ganados trashumantes sean los que ménos contribuyen al cultivo de la tierra y al abasto de carnes de los pueblos, con todo la carestía de carnes y la escasez de abono fueron los pretextos de esta prohibicion (I). No me oirán, aunque me desgañito (G). Aun cuando su desconfianza merecia ciertamente mi indignacion; con todo no tema Vd., soi incapaz de conservar rencor alguno (G). No haria una injusticia cuando le importara un tesoro (Acd).

No obstante que el ejército del Emperador se apodera de Mantua y la saquea, logran por último los Franceses asegurar al duque de Nevers su herencia (Y). Entónces se mostró Felipe Quinto mas resuelto que nunca á no desamparar su trono, sin embargo de que los socorros de la Francia iban disminuyéndose (Y). El rei, si bien no desaprobó la conducta de la junta, tampoco la aplaudió (T). Si todas las provincias pueden ser industriosas, no todas pueden ser cultivadoras (I). Si me mataran, no lo haria (Acd). Ya que se frustró la boda con ese pobre muchacho, á lo ménos no perderá todo (L). Creí que teniais ahí vuestro tesoro. — No, y eso que estaria seguro (L). Lo que importa es cobrar á la puerta y mas que revientan dentro (M). ¿Qué pueblo de la tierra, por culto que sea, no ha caido en este error? (I) Por mas que lo procure no la sé reprimir (la cólera) (M). Por infundada que fuese la voz, no era estraño que hallase cabida en los prevenidos ánimos de los gallegos (T). Dondequiera que vayais, os seguiré yo (R). Do quiera que esté, y á do quiera que vaya, suspira en vano por aquella honesta libertad que es el alma de los placeres inocentes (I). Cualquiera que sea la senda que se tome ó el partido que se elija, los inconvenientes no pasarán ménos que las ventajas (I). De cualquier modo que esto fuese él correspondió dignamente á la confianza del rei su hermano (Q). Irás, mal que te pese (BH). Que quieras que no, le he acomodado en el palco de unos amigos (M). Esto lo digo para que Vd. se anime (M). No lo cuento porque Vd. me lo agradezca (G). Les pondera los males de la ociosidad, á fin de que huyan de ella (Acd). Vamos de aquí, no venga alguno y nos halle á los tres llorando como tres chiquillos (M). Ten cuidado no te sientan (M). Ya os he dicho que os váis. Hacédlo, no por vos, Señor, padezca mi honor (M). ¡Mas ahí el amo viene; voime, no sea se repita la escena de la cocina (G). Se le ilustra cuando se le divierte (rA). Miéntras el público de Madrid acudia á verla, ya se representaba por los cómicos de las provincias (rA). Ha venido á quedarse muda sin que se pueda saber la causa (M). Despues acá perecieron estos importantes estudios sin que por esto se hubiesen adelantado los demas (I). Olvida á la corte, como ella te ha olvidado á tí (L). El premio y el castigo son convenientes en la guerra, así como la justicia y la clemencia son convenientes en la paz (Acd). ¿Quién podrá reposar tranquilo, miéntras los infelizes maldicen su descanso? (I) Cuando mi padre ha procurado tantear la herida de tu alma para procurarle algun alivio has escuchado sus consejos con tibieza y desvío; al paso que te veo rodeado de los mas díscolos de nuestras tribus (R). La sostuvo (la poesía) como la encontró (rA).

B. Zur Anwendung.

Das Kleid wird mir gut stehen (ir), da ich ziemlich viel Farbe habe. Er fühlte einen starken Appetit, Fleisch zu essen, da es so lange her war, daß er es nicht gekostet hatte. Da sie ihre Vergnügungen nach Momenten zählen, so betrübt sie jede Zeit, jede Entfernung, welche sie trennt. Ich kann dir solche Erholungen nicht gewähren, weil wir arbeiten müssen, um zu leben. Niemand habe ich zu verklagen Grund, weil ich Nichts gesehen habe. Seine Herkunft (venida) war um so dringender, da die Turduler, von den Celtiberiern unterstützt, die römischen Legionen eng blockirt (en estrecho bloqueo) hielten. Dies ist um so unangenehmer, da er sich sein Glück als Verdienst anrechnet. Da ich meine Geschäfte abgemacht habe, so gehen wir mit dem ersten Winde nach Cadix. Ich habe gezögert, weil sie haben hingehen müssen, die Lichter zu kaufen. Da ich nicht dein sein kann, werde ich Niemandes sein. Da du nicht anders gekonnt hast, so verzeihe ich dir. Gehen wir denn, da die Nacht uns schützt, uns in jener Höhle zu vereinigen. Da ich einmal hier bin, muß ich wol (ser indispensable) das Seidenzeug mitnehmen. Da du mich einmal in dieser Intrigue unterstützest (acompañar) und weißt, daß meine Abreise bloß vorgeblich ist, so will ich mich dir anvertrauen. Ich werde die Füße nicht wieder über (auf) Ihre Schwelle (pl.) setzen, da Sie mich einmal als so gefährlich für Ihre Ruhe betrachten. Da der König es verlangt, so ist es nothwendig zu gehorchen. Das Publikum hat Ihnen eine sehr harte Lehre gegeben, die aber sehr nützlich ist, da Sie sich durch sie erkennen und bessern. Da weder Sie noch Theodor eine solche Wissenschaft besitzen, so wird es gut sein, daß Sie nicht die Zeit verschwenden. Es wird gut sein, daß Sie es Alles erfahren, da Sie sich einmal von Etwas haben unterrichten wollen. Da du es mir so bestimmt geschrieben hattest, so glaubte ich auch, daß du dabei beharren würdest. Da sie sich doch dazu entschlossen hat, so muß sie wol sehr wichtige Gründe gehabt haben. Dort können sie nicht lange gewesen sein, weil das Land nicht so viele Menschen erhalten kann. Wie er sagte, gefiel es ihm mehr, die Welt zu durchwandern (correr). Man spricht, wie es scheint, von dem ersten Minister schlecht. Nach dem, was ich an ihr sehe, kann sie es nicht sehr bedauern. Also, wie es scheint, ist er nicht ausgegangen? Bis jetzt sind, wie man mir eben gesagt hat, nicht mehr als drei Exemplare abgesetzt worden. Nun, antworten Sie, wenn Sie nicht wollen, daß ich vollends närrisch werde. Wenn dies sie nicht erweicht, so sage ich, daß sie von Granit ist. Wenn der Himmel ihn nicht gerettet hätte, so könnte nur das Grab meine Qualen enden. Er hatte einen kleinen Vorrath gebracht, für den Fall, daß er ihm zu Etwas diente. Nichts wird mich abhalten, wenn du, Elisabeth, mich liebst. Wenn sie nur schweigt, möge sie leiden. Es kann kein Hinderniß geben, vorausgesetzt, daß man die früher vorgeschriebene Regel beobachte. Der Ackerbau kann blühen, sofern nur der freie Umsatz der Ländereien der Theurung ihres Preises eine gerechte Grenze setzt. Es wird alle Woche bezahlt, wenn nicht das Gegentheil verabredet wird. Obgleich sie nicht die ganze Vollkommenheit erreichten, nach der sie strebten, so war ihr Streben und ihr Eifer doch lobenswerth. Ich werde thun, was Sie mir befehlen, wenn es auch auf Kosten meines Glückes ist. Wenn sie auch wohl bewaffnet gewesen wären, hätten sie sich doch nicht vertheidigen können. Wenn ich auch keine Erlaubniß hätte, würde ich doch hingehn, es zu sehen. Ich sehe, daß er ausgegangen ist, ungeachtet der Arzt es ihm verboten hat. Ungeachtet wir alle ihm abriethen, setzte er sich doch dieser

Gefahr aus. Trotzdem, daß ihm keine seiner Unternehmungen glückte, verlor er doch die Hoffnung nicht. Wenn er auch nicht reich ist, so lebt er doch sehr gut. Gesetzt auch, daß du dies thätest, so würde es dir doch Nichts nützen. Sie würde es nicht sagen, wenn man ihr auch eine Million böte. Er wird es nicht zugestehen, und wenn du ihn auch auf den Knieen darum bittest. Er wiederholte seine Bewerbungen, obschon es ihm nicht unbekannt war (ignorar), daß der Kaiser entschlossen war, nicht darauf einzugehen. Wenn ich auch nicht erlauben kann, daß man eine Person, die mit mir gekommen ist, beleidige und mißhandle, so darf ich doch eben so wenig dulden (tolerar), daß sie Ihre Geduld bis zu diesem Punkte mißbrauche. Wenn auch die Ausübung dieser Regeln schwierig scheint, so wird man doch deshalb nicht schließen können, daß sie abgeschmackt oder unmöglich seien. Wenn es heute nicht ist, so wird es morgen sein. Gott durchschauet die Zukunft, so entfernt sie auch sei. Die Einbildung schadet, so wenig man ihr auch den Zügel schießen läßt (aflojar). Mit erhitztem Gehirn (Con los cascos calientes) schläft man nicht, so viel sich Einer auch im Bette umher wirft (dar vueltas). Du wirst es nie erreichen, daß deine Tochter sich mit diesem Menschen verheirathet, so viel Ränke (astucias) und Täuschungen du auch ersinnest (fraguar). Es gebe Niemand (individuo), so arm und hülflos er auch sei, der diesen Unterricht nicht leicht und unentgeltlich erhalten könne. Es giebt keinen Barbier, der dies thun könnte, so sehr gut er auch einseife. Der Staat schuldet allen seinen Gliedern die zu ihrem Unterhalt nöthigen Mittel, wo sie auch immer stehen (estar situado) mögen. Wohin man auch das Auge (vista) wenden möge, man sieht die Natur durch die Hand des Menschen verschönert und vervollkommnet. Er zog ihn den übrigen Hofleuten vor, von welchem Stande (clase) und Alter sie auch sein mochten. Laß Niemand eintreten, wer auch komme. Sie ist immer schön, wie sie sich auch kleide. Du wirst ihm das Geld geben müssen, ob du wollest oder nicht. Nachher wirst du Etwas zurecht machen (arreglar), damit deine Herrschaft auch esse. Sein Oheim übergab ihm diesen Morgen die Billete, damit er sie nach dem Generalfeldmarschallamte brächte. Stellen wir uns der eine auf die eine, der andre auf die andre Seite, damit er uns nicht entwischen könne. Sage es ihm, damit er sich beruhige. Ziehe (correr) die Gardine zu, damit sich mir nicht Alles mit Mücken anfülle. Decken Sie sie gut zu, daß sie sich nicht erkälte. Wenn ich euch begleite, so geschieht es, um mir selbst ein Vergnügen zu machen. Sie gehen jetzt spazieren, während wir hier mit diesen schweren Arbeiten beschäftigt sind. Seit ich von Amerika angekommen, ist kein Tag vergangen, ohne daß ich einen von ihnen besuche. Sie wissen, der Herr kann durch die Hinterthür hinaus gehen, ohne daß wir es merken. So wie es Dummköpfe giebt, welche in solchen Aberglauben (pl.) verfallen, giebt es auch Betrüger, welche diese Leichtgläubigkeit zu ihrem eigenen Nutzen wenden (convertir). Ein König belohnt die, welche ihm dienen, so wie er die straft, welche ihm nicht gehorchen (desobedecer). Es giebt gewisse (unos) unserm Verstande gesetzte (prefijar) Gränzen, wie sie die Schnelligkeit der Hirsche und die Kraft der Löwen hat. Während er die Schönheiten eines Werkes von Verdienst kannte, stand er nicht an, gleichen Beifall (pl.) dem Unsinnigsten und Abgeschmacktesten zu geben. Wir Unglückliche bleiben in einem Abgrund von Betrübniß versunken, während dein Geist auf den Flügeln der Unsterblichkeit die ewigen Wohnungen (mansion) durchdringen wird. Während ich ihn als guten Verskünstler erfinde, bestärke ich mich darin, ihn für einen schlechten Dichter und schlechtern Stilisten zu halten. Ich will dir die Geschichte erzählen, wie ich sie gehört habe.

CII. Uebung, zu § 326 und 327.

A. Zur Anschauung.

¿No tiene Vd. vergüenza, siendo un sujeto decente y de obligaciones, de ocuparse en fabricar enredos? (M) No haga Vd. mi tormento mayor recordándome mi ligereza (L). Pero, hablando ahora en paz ¿es verdad que soi médico? (M) Pero siendo (el partido) á gusto de ambos ¿qué pueden decir? (M) Era un hombre que, mejorando lo presente, no es posible hallarle de mas respeto (M). Tales obras, siendo superiores á las fuerzas de los particulares, indican la obligacion y reclaman poderosamente el zelo del gobierno (I). Estudiando se aprende (Acd). Esto es lo que sucede en teniendo criados antiguos (R). En no viendo jamas esa cara, está contenta (M). ¿Con que, en empezando á helar, valen mas las comedias? (M) Aquí el Señor Don Meliton pudiera extenderle á Vd. una especie de profesion de fé, y en presentándose un novio para la muchacha sondearle á fondo á ver si tiene lo mas mínimo de liberal (R). Establecida así la paz, Pizarro se ofreció gustoso á quedarse con la gente (Q). Los rebeldes, sabidas las disposiciones de Asdrúbal, acudieron por diversas vias á los reales de Galba (Alc). Asdrúbal retrocedió hácia las provincias meridionales con los restos de su ejército, perdida por entónces la esperanza de trasladarse á Italia (Alc). Molidos los rocines y nosotros á medio moler nos hemos parado aquí (M). Una vez destituido Estruansé, no faltarán pruebas contra él (L). Con estas injurias enconados mas los ánimos, todos se apercibieron á la pelea (Q). Venegas no aprobó el plan, visto el mal estado de sus tropas (T). Quitados del medio los dos, fácil me será acabar con el tercero (S). Los cartagineses, ausente él (Scipion) habian procurado fortalecer sus alianzas (Alc). Antes de presentarle á Vd. le vestiremos con mucha decencia (M). No paró hasta salirse con ello (H). Has dormido hasta despues de salir el sol (Y). Quisieron disputarle el imperio despues de muerto su padre (Q). Han florecido despues de mediado el siglo último (S). Desde niños nos quisimos (M). A poco de haber vuelto Narvaez á Baracoa ellos llegaron tambien (Q). No desmayó él por verse en tan triste desamparo (Q). Se han distinguido en nuestros dias por haber escrito correcta y fluidamente el castellano (S). Conocerá que á las mujeres no se las encadena, ni se las enjaula, ni se las enamora á fuerza de tratarlas mal (M). El se escusó con estar indispuesto (Q). Los maderos llegaban á calentarse hasta humear (Y). Es mucho lo que te amo para desear separarme de ti (Y). El hombre muere por serle la muerte natural (Acd). Por esto y ser mayor de la ordinaria marca celebrada fué (la campana) siempre en toda la comarca (Y). Los demas (caractéres) ó por falta de conveniencia, ó por inconsecuentes, han merecido la desaprobacion de los críticos (rA). Son las locuciones que han de evitarse por viciosas (S). Seria increible á no manifestarlo la esperiencia (I). A tener una red habria sacado millares de pezes (Y). A ser esta mi voluntad remontaria á buscar el origen de los poetas en los tiempos fabulosos (Z). Será mui tonto en no desembuchar cuanto ha visto (I). Dió la vela al instante en el navío que mentaba, sin embargo de tener el tiempo contrario (Q). No se verá á mayor altura que los demas sino para estar mas próximo al rayo (R). He ahogado en el pecho mis quejas por no dar esa satisfaccion á nuestros tiranos (R). A trueque de engrandecer su nombre, condenan su posteridad al desamparo y la miseria (I). A tratar de un gravísimo negocio se juntaron los zánganos un dia (Y). Ni aun puedo volver los ojos sobre mí sin sentirme cubierto de vergüenza (R). Pasaron muchos mas dias sin parecer él (Q). Con solo hallarme en medio de vosotros, me parece que respiro el aura de la libertad (R). Sobre ser reo convencido quiere que le premien (Acd). Tras ser culpable es el que mas levanta el grito (Acd). Esta providencia sobre injusta era inútil (I). A mas de significar el tiempo presente, sirve como de conjuncion distributiva (S). Ademas de estranjero es hereje (M). En vez de arrepentirse de las gracias quisiera acrecentarlas (Q). Grandísimo gozo y contento sintió la princesa, al encontrarse de improviso con aquel hallazgo (R). Se conoce que estaba mui afligido al escribir esa carta (R). Al tomar este (Aníbal) el mando, apénas contaba veintiseis años (Alc). ¿Qué habrá dicho al ver la carta? (M) Al retirarse los enemigos les siguió el alcance nuestra caballería (Acd). Si no se tienen bien presentes las reglas de la sintáxis, pueden cometerse muchos yerros en el uso de la lengua (Acd). Aunque yo soi el insultado le cedo la eleccion de las armas (L). Si bien no descuidó los intereses personales y de familia, pasó en la corrompida corte de Cárlos IV por hombre de bien (T). Así como las palabras corresponden á los conceptos, así tambien las figuras de las letras deben corresponder á las vozes (Acd).

B. Zur Anwendung.

Indem er sie bei beiden Armen ergreift, nöthigt er sie, es zu thun. Warum soll der Preis des Grases (pl.) fest sein, da doch der der Wolle (pl.) veränderlich (alterable) ist? Aber, von etwas Anderm zu reden (redend), welchen Plan haben Sie für diesen Nachmittag? Indem der König Don Enrique sich dem Tode nahe fand, gab er seinem Erben, dem Prinzen Don Juan, die klügsten und heilsamsten Rathschläge. Wenn Sie nach der und der Gegend (parte) gelangen, wenden (tirar) Sie sich rechts. Wenn ich diese Reise mache, werde ich euren Onkel auch besuchen. Wenn er davon zu sprechen anfängt, darf man ihn nicht unterbrechen. Indem er sich durchs Fenster stürzen (arrojar) wollte, warfen ihn drei Schüsse leblos hin. Deine Familie wird, nachdem dieser Schritt gethan ist, nachgeben und ihre Einwilligung ertheilen (prestar) müssen. Nachdem er über einige Heerhaufen Musterung gehalten hatte, richtete sich der General nach der Seite der Hauptthür der Zitadelle. Nachdem die Karthager ganz aus dem spanischen Lande vertrieben worden, verließ Scipio den Schauplatz seiner Triumphe. Nachdem alle Sachen geordnet (poner á punto) und das Heer ermuthigt worden, wurde das Zeichen gegeben. Nachdem er seine Studien beendet und darin den Grad eines Lizenziaten erhalten hatte, beschloß Casas, nach Amerika zu gehen. Ehe er ein Wort sagte, fiel er ohnmächtig zu den Füßen seines Herrn hin. Ehe er abreiste, sprach er noch bei uns vor. Nachdem er das Vermögen seiner Gattin vergeudet hatte, wollte (pretender) er auch das seines Schwiegervaters angreifen (asaltar). Nachdem ich Euch kennen gelernt (conocer) habe, werde ich jetzt zufrieden sterben. Selbst nachdem Toledo erobert war, blieben die Grenzgebiete mehr der Viehzucht, als dem Ackerbau gewidmet. Nachdem sie todt waren, sprach man nicht mehr von ihnen. Sie betrachteten ihn, bis sie ihn aus dem Gesichte verloren. Er schlief, bis der Tag weit (mui) vorgerückt (entrar) war. Kurz nachdem die Sonne untergegangen war, ging der Mond auf. Seit er ein kleines Kind war, hat er gern gelesen. Er überzeugte ihn dadurch, daß er ihm die Briefe zeigte. Er hat sich sein Unglück dadurch zugezogen, daß er jenen unüberlegten Schritt that. Es gelang dem Jüngling, ihn dadurch von solcher Barbarei abzubringen (retraer), daß er ihm [vielmal] wiederholte, was sein Herr ihm über diesen Gegenstand gesagt hatte. Damit, daß er den Saft aus der Zitrone sog, gelang es ihm, sich zu erfrischen. Er verschönerte seinen Gemüsegarten damit, daß er ein Stück davon in [einen] Lustgarten umwandelte. Er haßte ihn so sehr, daß er ihn nicht ausstehen (ver) konnte. Die, welche sich die Warzen abschnitten, verbluteten zuweilen bis zum Sterben. Er hatte zu viel Macht, um nicht gefürchtet zu werden. Würdig genug unsers Mitleids sind sie, weil sie in solcher Unwissenheit erzogen worden sind. Da sie unbewohnt war, bot die Insel nicht dieselbe Gefahr. Er beschloß, die Antwort zu erwarten, weil er nicht mehr die Mittel hatte, in Person nach Spanien zu gehen, um zu unterhandeln. Er bestand darauf, daß ich den ganzen Tag dort bleiben sollte, weil es [der] Geburtstag seiner Gemahlin war. Wenn es nicht so wäre, würde es ihnen übel ergangen sein. Selbst diese Bemühungen würden vielleicht unnütz gewesen sein, wenn man Pedrarias nicht das Anerbieten gemacht hätte, daß er zu dem Gewinn (pl.) der Unternehmung zugelassen werden sollte. Wenn sie genauere Nachrichten von der Ausdehnung und den Kräften des Landes gehabt hätten, so ist zu glauben, daß sie sich nicht zu so Vielem mit so ungleichen Kräften erkühnt hätten. Sie würde sehr wohl thun, wenn sie von ihm loszukommen suchte. Diesen Unterschied wird man finden, wenn man nur den Werth beider Theile (unos y otros) vergleicht. Während einiger Jahre herrschte in unsern Provinzen der Friede, ungeachtet der Krieg zwischen Rom und Karthago fortdauerte. Trotzdem, daß ihre Regierung (mando) nicht sehr dauerhaft war, änderte sich (variar) doch die oberste Junta in ihrer Zusammensetzung. Die Indianer hatten, um ihnen nicht nahe zu sein, ihnen die Insel überlassen und sich nach [dem] festen

Lande geflüchtet. Sie kaufte das Kleid, bloß um mich zu ärgern (dar en ojos). Es wird nöthig sein, uns bald zur Ruhe zu begeben (recogerse), um morgen recht früh (de madrugada) abzureisen. Er hatte sich nach Cadix zurückgezogen, um Verstärkungen zu erwarten. Nie haben meine Augen einen unserer Tyrannen gesehen, ohne daß ich ihm den Tod wünschte. Bloß davon, daß ich euch sehe, bin ich ganz blaß geworden. Das Blut der Aben Hameyas kochte in deinen Adern, wenn du nur den Sieger sahest. Außerdem, daß sie [eine] Stütze des Ackerbaus sind, stellen sie eine unendlich größere Masse Reichthum dar. Außerdem, daß es ein nothwendiges Uebel ist, hat es das Heilmittel nahe bei sich. Größer war, wo möglich (si cabe), meine Angst, indem ich diese ewige Treppe im Finstern tappend (á tientas) heraufstieg. Er wird böse geworden (irritarse) sein, indem er mich mit Ihnen hier im Gespräch sah. — So wie er kommt, will ich ihn sehen. Da Sie zeitig gekommen sind, so können wir diese Bücher sehen. Obgleich der maurische Heerführer von dem Gewicht der Jahre gebeugt schien, so hatte (conservar) er doch noch den Geist und den Muth (brio) eines jungen Menschen (mancebo). Selbst wenn ich ihm dienen wollte, so könnte ich doch Nichts zu seinen Gunsten thun. So wie man bei der Vertheilung des Staatseinkommens eine angemessene Ausstattung für die Unterhaltung des königlichen Hauses, des Heeres, der Flotte, der Gerichtshöfe und Kanzleien bestimmt, so muß (convenir) man auch eine Kasse zu Verbesserungen (fondo de mejoras) errichten, einzig zu den Unternehmungen bestimmt, von welchen wir sprechen.

CIII. Uebung, zu § 328 und 329.

A. Zur Anschauung.

Es lo mismo que Don Quijote (VV). Casi al mismo tiempo que él llegó Almagro con el socorro que traia de Panamá (Q). Hoi pensamos poco mas ó ménos como los godos (I). Habla Vd. como un libro en folio (G). Si la amaba á Vd. como ántes, se la pediria al amo (VV). Tal es la hija cual su madre (S). Tiene una voz tan dulce como una calandria (G). Los progresos eran tan felizes como acertados (Alc). Esta pera es mejor que las de Aranjuez (S). Precisamente en esa edad son las pasiones algo mas enérgicas y decisivas que en la nuestra (M). Ha bailado igualmente bien que su hermano (S). No tenia en el bolsillo mas de dos reales y unos cuartos (M). No tengo mas de tres guineas (Y). Ha gastado mas de 2 meseś (S). Se ha introducido en la gramática, no ménos que en los demas ramos de las letras humanas (L). Todo, Señor, está enlazado en la política como en la naturaleza (I). Procuró el autor así en la formacion de la fábula como en la eleccion de los caractéres imitar la naturaleza en lo universal (M). Tanto el „vous" frances, como el „you" ingles conciertan siempre con el verbo en plural (S). Las palabras son castellanas aunque ordenadas segun el giro frances (I). Continuó en el mismo propósito durante algun tiempo, si bien con mas tibieza (T). Los conoció cuando muchacho (Q). Le consolaba cuando triste, le cuidaba cuando enfermo (Q). Cuando la boda viniste con tu criada á recibir á la novia (M). Si quieren mas licor que lo suba el mozo (M). ¡Qué duerma Vd. bien! (R) Si alguno me buscare para cosa urgente, aviseme Vd., y si no fuere, que nadie me interrumpa (I). Que (venga) al instante; que le estoi esperando... que urgo mucho, muchisimo (R). Que van á salir (R). Si Isabelita no le quiere, que no venga (M). ¿Qué es eso? — Que ladra el Turco (M). ¡Lo que dan que hacer los desaciertos de los muchachos! (H) ¡Pobre de mi, y á lo que me veo obligado para obtener á Matilde! (G) ¡Lo que tarda en encenderse esta lumbre! Si no soplas derecho (G). ¡No, que es chanza! Si le he visto yo (M). Se obstina en callarlo; mas que nunca lo diga (S).

B. Zur Anwendung.

Die Indier empfingen sie mit demselben Wohlwollen, wie in andern Gegenden. Auf Hispaniola fand er, was er immer gefunden hatte. Der Ruhm dieser Provinz verging, wie ein Blitz. Er ist thätig, wie ein Teufel. Meine Familie ist so geehrt, als die beste. Ich liebe die Unterhaltung eben so sehr, als das Spiel. Er ist eben so klug, als vorsichtig. Der Lehrer ist gelehrter, als der Schüler. Die Kinder sind weniger vorsichtig, als die Alten. Ich schrieb ihm mehr als vier Briefe. Er kam nicht weniger als dreimal. Er arbeitete nicht weniger als dreizehn Stunden den Tag. An diesem Tische haben mehr als 12 Menschen Raum. Sowohl Sie als Ihre Mutter haben sich geirrt. Sowohl im Privatverkehr als in öffentlichen Versammlungen beobachtete er den größten Anstand und die studirteste Haltung. Er gab seinem Erben die klügsten und heilsamsten Rathschläge, sowohl über die Sorge, die Religion zu schützen, als über das Betragen, welches er in der Regierung des Staates beobachten müßte. Er ist immer sehr thätig gewesen, so wie sein Vater. In diesem Buche, obgleich nicht so sehr als in der „Orthographie", zeigt sich Correas als Freund von Neuerungen. — Die Celten, obgleich mit den Turdulern vermischt, wurden gefürchtet und geachtet. Der Hof, welcher, als der Zweikampf stattfand, wie jetzt in Ildefonso war, erwartete mit Sehnsucht die Erfolge des Geschäfts. Zur Zeit seiner Regierung war das Volk sehr zufrieden. Daß er bald wiederkomme. Da kommt der Herr herein! Was gilts, daß ich ihn einhole? Wenn Sie gefragt werden sollten, daß Sie sich Nichts merken lassen! Mag er hingehen, meinetwegen! Mein Gott, was mir das Herz sagt! Worauf sind doch so viele Projekte hinausgelaufen! Was er ausbleibt! Sei nur nicht böse; ich habe ja nicht die Schuld. Du kannst jetzt nicht ausgehn, es regnet ja. Das Schiff hat einen Leck; mir gleich, wenn es auch untergeht.

CIV. Uebung, zu § 330—335.

A. Zur Anschauung.

Tus angustias se acabarán mui luego y tú irás á descansar para siempre en el seno del Criador (I). La batalla se dió y el éxito manifestó cuan justos eran los recelos de Gonzalo (Q). Se acercó con sus españoles á Ostia é hizo á Menoldo la intimacion de desamparar la plaza (Q). El ministro no verá las lágrimas de estos infelizes, ni los clamores de una familia desolada podrán penetrar hasta su oido (I). Zamora no hizo otra cosa mejor, ni sus contemporáneos escribieron obra ninguna de mayor mérito (rA). Leyó la comedia, la aplaudió, la quiso para sí y determinó representarla (rA). El emperador por su parte no solo reprimió el ímpetu de los franceses, sino que conquistó algunos lugares de Provenza y puso cerco á Marsella (Y). No solo dan por supuesto que la escena española permanece en un estravagante desarreglo, sino que se adelantan á negar hasta la posibilidad de la enmienda (rA). Ni entónces quise, ni ahora quiero oir hablar de intereses ni parentescos (G). Ni se la pagan (la comedia), ni se vende (M). Monté á caballo, corrí precipitado el camino, llegué á Guadalajara (M). Juan y Francisco y todos los que los acompañaban, llegaron juntos á casa (Acd). Valentina se acongoja y pierde el sentido, chillan todos, nadie oye (H). La juventud es loca y la vejez es loca tambien muchas vezes (M). Ella me oirá y me aplaudirá tambien (VV). El novio no tiene un cuarto, ni el poeta tampoco (lo tiene) (M). Es fuerza obedecer á nuestro amo; ademas que la salud de su hija á todos nos interesa (M). ¡Qué locura! ¡Vaya! Sobre que se juega limpio (M). Unos pedian que se anunciase otra funcion para el dia siguiente, y otros gritaban que siguiese la misma (rA). Tan pronto favorecia á los hombres de saber y respeto, tan pronto los humillaba (T). Llegó ya el frio á entorpecer los caballos; ya los españoles morian (Q). Cual canta, cual gime (S). Siempre está riéndo, cuando con los criados, cuando con los hijos (Acd). No he tenido tiempo para tanto, y luego la niña es tan poco curiosa (G). Valiéronse al principio del pretesto del comercio, frecuentando la costa de Cadiz; edificaron despues en ella casas, templos, almacenes, y aun fortalezas, y al fin se hicieron dueños de toda la Bética ó Andalucía (Y). Los estraños accidentes de aquel antiquísimo pueblo le grangearon la aversion de todos los demas, y mayormente el odio de los cristianos (Alc). No es maravilla que cuanto hace y dice sea una gracia, y máxime á los ojos de Vd. (M). Fué este rei mui aficionado á las letras humanas, singularmente á la poesía (Y). Grangeó Sertorio las voluntades de muchos Españoles, y señaladamente de los Lusitanos (Y). Tuvo aquel poeta grande celebridad en su tiempo, y no sin causa (rA). La atencion se distrae, el objeto principal desaparece, los incidentes se atropellan, las situaciones no se preparan, los caractéres no se desenvuelven, los afectos no se motivan: todo es fatigosa confusion (rA). No hai conocimiento de historia, ni de costumbres; no hai objeto moral, no hai lenguaje, ni estilo, ni versificacion, ni gusto, ni sentido comun: en suma es tan mala y peor que las otras con que nos regalan todos los dias (rA). Algunos han dudado del hecho y aun se han inclinado á lo contrario (Q). Me he quejado, he manifestado descontento, hasta he dejado traslucir que no estaba mui ajeno de conspirar: mas, les he propuesto medios, los he animado (L).

B. Zur Anwendung.

Es dauerte das Schneegestöber fort, und seine Wuth wuchs (acrecentarse). Als sie anfingen, durch die Gebirgsfelle einzudringen, wehete es stark, und der Schnee fiel in großen und dichten Flocken. Das ganze zwischenliegende Land war rauh und gebirgig; die zur Partei Anjou gehörigen (anjoino) Barone hatten die festen Plätze inne, und die Ortschaften aller Berggegenden waren von ihnen gegen die Spanier aufgereizt (escitar). Diese Verfügung stellte kein allgemeines Gesetz für die übrigen Gebiete des Reiches fest, noch änderte (alterar) sie das, welches jeder Eigenthümer von Natur hatte. Es wird kein Aergerniß gegeben werden, noch wird der König die schuldige Pflichttreue vermissen (ser deservido). Nicht nur der gerechte und ehrliche Mensch achtet das Interesse seines Nächsten, sondern es achtet dasselbe auch der Ungerechte und Habsüchtige. Sie beklagen sich nicht nur über die Beisteuer, welche sie für die Wohlthat der Bewässerung bezahlen, sondern sie behaupten, daß die Bewässerung ihre Ländereien unfruchtbar mache. Die Regierung antwortete weder auf ihre Vorschläge, noch beobachtete (prestar atencion) sie ihre Tugenden, noch dankte (dar gracias) sie ihnen für ihre Dienste. Weder bin ich Arzt, noch habe ich es je gedacht. Ich kann nicht mehr ertragen; ich werde ihn herausfordern. Ew. Herrlichkeit thut es; wohlgethan ist es. Dort ißt man und trinkt man und schläft man und trägt Mützen und gebraucht Hüte und Alles, Alles eben so, als hier umher. Das Erste ist gewiß, und es ist auch zweckmäßig. Er hat uns zweimal besucht; auch ist sein Sohn einmal hier gewesen. Laura wird ohne dich nicht zufrieden leben; und ich kann auch deine Hülfe nicht entbehren. Sie hatten nie nöthig (Nothwendigkeit) gehabt, es zu suchen, und Neugierde auch nicht. Es ist spät, die Nacht ist sehr vorgerückt, und überdies bin ich nicht ganz von der Aufregung, die ich erfahren habe, wieder hergestellt. In der Republik der Wissenschaften (letras) kennt man keine weitere Rangordnungen und Auszeichnungen, als die des Wissens; die hohen Stellen und Ehrentitel haben außerdem keinen andern Werth für mich, als daß sie zum Antrieb und zur Belohnung des Verdienstes dienen können (que el poder etc.). Die falschen Chroniken (cronicon) rücken hier die Nachfolger der Söhne Tubal's ein, und unter ihnen Iberus (Ibero), welcher Iberien (Iberia) seinen Namen gab, und den man für den Gründer von Illiberis hält (suponer); sie erwähnen (referir) ebenfalls Namen und Leben berühmter Könige und deren glänzende Heldenthaten in Bätica. Meine Herren, hol' mich der Kukuk (Gott), wenn ich ein Wort verstehe; überdies giebt es einen solchen Bruder nicht. Einige sprangen wie verrückt in dem Schiffe hin und her, Andre, mit blassem Gesichte, gaben in ihren Geberden (den) Schmerz kund. Die Ueberfahrt von der Insel nach dem festen Lande geschah theils in den Schiffen, theils auf den Flößen. Dies drücken wir bald durch das passive Partizip, bald durch das Gerundium allein aus. Bald entdeckt man nur die Gipfel der Berge der Insel, bald erblickt man einzig die erhabenste Bergspitze, welche nahe daran ist (ir), zu verschwinden (desaparecer), bald endlich verschwinden (desvanecer) die letzten Hoffnungen, sich zu retten. Du willst alle aus dem

Hause werfen, erstlich, weil dir jeder Ochavo, der ausgegeben wird, in der Seele (á par del alma) weh thut, und dann, um mit seltsamen Lächerlichkeiten anzufangen, diesem jungen Mädchen Kummer zu machen. Erstens werden wir untersuchen: Welches sind die Hindernisse, die unsre gegenwärtige Gesetzgebung den Fortschritten des Ackerbaus entgegensetzt? dann: Welches sind die, welche unsre gegenwärtigen Meinungen ihnen entgegensetzen? und endlich: Welches sind die, welche von der Natur unsers Bodens herrühren? Das Zimmer ist sehr niedrig, dann ist es auch dunkel, und endlich hat es keinen Ofen. Sie sind schon zu meinen Gunsten eingenommen (prevenido), besonders die Kleine. Ich habe mir die Freiheit genommen, meine Frau mitzubringen, damit sie das Schloß (palacio) sehe, und vor Allem die Gunst, mit der mich Ew. Majestät beehrt. Es war unausbleiblich, daß das Besitzthum der Früchte der Willkür und eben deßhalb der Ungerechtigkeit ausgesetzt blieb, und dies von Seiten der städtischen Behörden und der ihrer unmittelbaren Unterbeamten. Die Frau beklagte sich über dasselbe, und zwar mit Recht. Mittelst der Freundschaft mit ihrer Mutter haben wir häufige Nachrichten von ihr gehabt; ich habe viele von den Briefen gelesen, welche sie schrieb; ich habe einige von ihrer Tante, der Nonne, gesehen, bei der sie in Guadalajara gelebt hat; kurz, ich habe so viele Auskunft gehabt, als ich nur über ihre Neigungen und ihr Betragen wünschen könnte. Mein Vermögen, meine Kräfte, mein Leben, Alles ist dein. Die älteste Nachricht (memoria) von den Majoraten Spaniens geht nicht über das XIV. Jahrhundert hinaus (subir de), und selbst in diesem waren sie sehr selten. Sie zählen habgierig die Zahl unsrer Kinder, oder, besser gesagt (por mejor decir), ihrer Sklaven; ja es laufen Gerüchte um, daß sie beabsichtigen, sie uns zu entreißen. Don Pompeyo, hören wir auf, uns zu hassen, ja, lassen Sie uns Freunde sein!

CV. Uebung, zu § 336—339.

A. Zur Anschauung.

Nada dije, no os arranqué la máscara: os protegí al contrario con mi silencio (L). Bien quisiera; pero me es imposible (L). Tienen (las comedias antiguas) defectos enormes, es verdad; pero entre estos defectos se hallan cosas que tal vez suspenden y conmueven al espectador (M). Celébrense en hora buena los notables adelantamientos de los ideólogos modernos, pero tributemos el justo loor á nuestro compatriota Francisco Sanchez (S). Yo bien sé que el honor es una quimera; pero sé tambien que sin él no puede subsistir una monarquía (I). Quisiera salir, mas no puedo (Acd). Bastante hice yo para impedir que tal hiciese; mas todo fué en vano (G). Carecian es cierto de esa libertad política, que cuando no afianza la paz, la seguridad y la justicia, es un nombre, una ilusion quimérica; mas gozaban en cambio de órden, de reposo y de los dulces beneficios que constituyen la verdadera libertad (Acd). Pensó que yo le disimularía su atrevimiento; pues ahora verá que no ha de abusar tan á las claras de mi bondad (S). Apénas recibió la carta de Doña Paquita, yo no sé adonde fué, ni con quien habló, ni como lo dispuso, solo sé decirte que aquella tarde salimos de Zaragoza (M). Tú no le pierdas de vista sino que has de traerle preso (S). No desechó la propuesta, ántes bien la aceptó (T). Guárdate de dar oidos á sus imprudentes consejos; escucha mas bien la voz de tu esposa (H). No lo querrá Dios, Isabelita de mi alma, no lo querrá Dios; ántes os hará tan dichosa como merecéis (H). Aquellos disparates y aquel desarreglo son hijos del ingenio, y no de la estupidez (M). ¿Y yo me voi ó me quedo? (G) O es bueno ó es malo (M). Muñoz, lo dicho: acabemos, ó te escondes ó te vas (M). Entónces el verbo, ora los preceda, ora los siga, puede ponerse indistintamente en cualquiera número (S). Contábase entre ellos un jovencillo, notable por su rico traje y de cuya nobleza dieron razon los compañeros de infortunio (Alc).

D. Zur Anwendung.

Die andern Offiziere seines Standes (clase) pflegten an den Schlachttagen gewöhnliche Waffen anzulegen (vestir); Gonzalo hingegen machte sich bei diesen Gelegenheiten durch die Stattlichkeit seiner Rüstung bemerklich. Die Reihe von Abenteuern, welche die Novellisten dem Cid in dieser Epoche zuschreiben, würde zu einer interessanten und angenehmen, aber fabelhaften Erzählung Stoff geben: die geschichtlichen Erinnerungen (memorias) im Gegentheil bieten nicht mehr als eine Reihenfolge von kleinen Kriegen (guerrilla), bestimmten Streifzügen (cabalgada) und Handgemengen ohne Zwischenfälle, ohne Mannigfaltigkeit und ohne Interesse dar. Der Befehl ist noch nicht unterzeichnet, er kann es aber von einem Augenblicke zum andern werden. Diesem that in der That der Verlust so vieler Kastilier leid; aber er unterließ deßhalb nicht, Fernando de Luque zu versichern, daß er ihm alle mögliche Unterstützung (favor que pudiese) geben würde. Mögen meinetwegen die Ungerechtigkeit und der Betrug auf diese Weise vertheidigt werden; die Wahrheit aber und die Vernunft werden nur mit der Vernunft und der Wahrheit selbst vertheidigt. Ich möchte es gern (bien) vermeiden, aber sie bestehen durchaus darauf. Der Richter wollte sie festnehmen; allein sie willigten weder ein, freiwillig zu gehen, noch Etwas ohne vorhergehenden Befehl ihres Chefs zu erklären. Mit derselben Leichtigkeit unterwarf er in häufigen Kämpfen die Araber, indem er Coimbra, Simancas und Dueñas mit dem ganzen Lande Campos eroberte; allein er hatte wegen der sehr ernsten Unannehmlichkeiten (desazones), welche ihm die seiner eignen Familie verursachten, in dem Innern seines Hofes Unglück. Don Alfonso erkannte dann den schweren Irrthum, den er begangen hatte, und suchte ihn dadurch wieder gut zu machen, daß er sich den Barbaren widersetzte; allein er verlor zwei Schlachten. Ich, Herr, werde Euch freudig ans Ende der Welt begleiten; nur betrübt mich Euer Leid (desgracia). Kein Volk der Welt (universal), keine gebildete religiöse Seele schämt sich der offenen (manifiesto) Ausübung der Andachtsverrichtungen seines Glaubens; nur wir Katholiken, scheint es, setzen uns in den letzten Jahren vor, zu verstehen zu geben, daß wir die äußern Kundgebungen des Glaubens, zu dem wir uns bekennen, für Geistesarmuth halten. Ich will nicht, daß Sie lügen, sondern daß Sie gehorsam seien, wie Gott befiehlt. Auch beschränkt sich dieser Einfluß nicht auf das Besitzthum des Landes, sondern er erstreckt sich auch auf das der Arbeit. Diese Wendung gehört der vertraulichen, oder vielmehr der niedrigen Ausdrucksweise an. Unsre Gesellschaft schließt hieraus nicht, daß die Gesetze nicht die Ausschweifungen des Privatinteresses zügeln müssen; vielmehr erkennt sie, daß dies immer ihre heiligste und heilsamste Aufgabe sein wird. Seit der Eroberung dieser Provinzen wurde in denselben Nichts gefördert, vielmehr sind die Oel- und Kornmühlen abgefallen. Seine Liebe gilt mir, sie gilt nicht Ihrem Gelde. Ich denke stets daran, ich habe es durchaus nicht vergessen. Ist Vinzenz mein vertrauter Freund, oder ist er es nicht? Gehen wir hinein, Mama, oder bleiben wir hier? Entweder hören Sie auf, Graf zu sein, oder rechnen Sie nicht mehr auf meine Liebe. Entweder ist einer von ihnen krank geworden, oder das Wetter hat sie abgehalten. Ob wir nun dorthin gehen, oder ob wir hier bleiben, an Vergnügen wird es uns nicht fehlen. Lassen Sie ihn morgen kommen, oder wenn er Lust hat. Ich glaube es sehr vereinfacht zu haben, und daß es jetzt faßlicher ist. Geh zu ihm, oder wohin du willst. Ich weiß nicht, wie eine Abwesenheit von so wenigen Tagen, welche andrerseits freiwillig ist, dir so viele Unruhe (desasosiego) stiften kann. Hasdrubal besetzte einen an seinem Abhange von einem Bache bespülten Hügel von vortheilhafter Lage, von dessen Gipfel man ein ausgedehntes Thal entdeckte. Sie haben vertraute Freunde, deren man sich bei entscheidenden Gelegenheiten bedienen kann.

CVI. Uebung, zu § 340—349.

A. Zur Anschauung.

No, no me amas, te lo repetiré mil vezes (R). De todos modos saldriamos de la duda, y esto vale mas que sufrir como Vd. está sufriendo (V V). ¿No lo decia yo? Ese desórden de los liberales no podia durar mucho tiempo (R). Esto es lo que digo, Señor Don Meliton: hasta á las mujeres ha llegado el contagio de estos malditos tiempos (R). Yo hago lo que me acomoda, y no tengo que dar cuenta á nadie: sirvale á Vd. de gobierno (R). No lo niego, es la pasion de mi vida (V V). ¿No han almorzado Vds. todavia? Oh, eso es del gran tono (L). Eso no sucederá en Paris; ¿no es verdad, Señor Conde? (L) Ha cogido y se ha hecho poeta (M). ¡Huéspedes nuevos! Perdone Vd., Señorita, ¿me daria Vd. el gusto de decirme quienes son? (V V) Encontró á uno de sus amigotes. Era este hijo de un capitan de navio (Y). El único hijo varon que tuvo, fué el principe Don Juan; pero este murió sin sucesion (Y). Venció á Anibal en una batalla decisiva, y con ella puso fin á la segunda guerra Púnica (Y). Puso en fuga á los Bárbaros é hizo en ellos una increible matanza (Y). Se les entregó (Madrid) sin arbitrio para resistirse como lo deseaba; y lo mismo hizo Toledo (Y). Juntáronse Cortes en Segovia, y alli se vió precisado el rei don Alfonso á nombrar sucesor suyo á Don Sancho. El fué flaco á su vez y entónces la fuerza lo arrolló (Q). Reprimió á los moros rebeldes de Granada; y entretanto su suegro y aliado del Rei de Aragon, Don Jaime el Conquistador, le entregó la ciudad y reino de Murcia que acababa de quitar á los sarracenos (Y). Empezó á reinar Don Juan el primero por muerte de su padre en 1379; y desde luego envió en socorro de Francia una escuadra (Y). No llegó á España hasta el año próximo siguiente al de la muerte del Rei Don Fernando; y mui poco despues falleció el insigne Prelado Don Fr. Francisco Ximenez de Cisnéros (Y). Logró al principio no pocas ventajas, dominando á Génova y Pavía, y luego entró por el Reino de Nápoles hasta llegar á sitiar la misma capital (Y). Obligóse Francisco á desistir de sus pretensiones á Flándes y otros dominios; y casó despues con la Infanta Doña Leonor, hermana de Cárlos Quinto (Y). Volvió el Emperador á España pasando por Italia, y entretanto Barbaroja, atrevido pirata, despojó del reino de Túnez á Mulei Hacen, feudatario de los reyes de Castillas (Y). Sometióse en breve la isla de Sicilia y desde entónces se vió pacífico poseedor de las Dos Sicilias el rei Don Cárlos (Y). Navarra defendia con loable esfuerzo sus fronteras; y no ménos firmes y leales se conservaron las islas de Canaria (Y). Gusman pasó el estrecho y vino á Sevilla acompañado de una muchedumbre lucida de amigos y criados, y presentó al rei desvalido el tesoro que le traía. Así cumplió con gloria suya la terrible palabra que le dió al salir del reino (Q). Aguarda un instante; al punto vuelvo (H). Tú has cumplido, hijo mio, con todos tus deberes y puedes creerte dichoso, pues vas á recibir el galardon (I). No creo que tu corazon esté prevenido en favor de otro, pues en este caso me lo hubieras confiado (VV). No uses de palabras soezes que á ti propio envileces (H). No se desconsuele Vd., Señorita, que todo se compondrá (M). Ya lo sé; por eso quiero fiarme de ti (M). Tampoco habia mas que dos hermosas con quien se pudiese hablar; así fué que no me separé de ellos en toda la noche (L). Tal vez nos vemos precisados á sufrir los tormentos de una separacion inevitable; y por esto es gran cordura prepararnos de antemano á resistir semejantes golpes de fortuna (Y). Es en vano y por tanto me tomo la libertad de suplicar á Vd. desista de su proyectado enlace (G). Los bastitanos y celtas ocupaban tierras erizadas de ásperas montañas cubiertas de nieve casi todo el año y surcadas de precipicios; vivian por lo tanto empobrecidos, incomunicados con las otras tribus vecinas y en un estado de completa barbarie (Alc). En vez de salvarle yo, me llevaría consigo en su caida; pues ¡perezca, perezca él solo! (H) No pudo acudir con tiempo á tomar posesion del trono imperial, y por consiguiente fueron inútiles los esfuerzos que despues hizo para conservar su derecho (Y). No me negará Vd. que allí las costumbres se conservan mas puras porque la sociedad es mas nueva, ménos numerosa y de consiguiente no tan corrompida como lo es la de nuestra anciana Europa (G). Los hombres honrados por lo comun son modestos, pero los picaros andan y se afanan por parecer honrados; con que pasa por bueno no el que lo es en realidad sino el que mejor sabe finjirlo (I). Me parece escelente idea. — ¿Qué dices? — Escelente. — ¿Con que al instante lo has conocido? (M) En el portal me he estado casi durmiendo — ¿Con que nada has hecho? (M) Redúzcanse á propiedad particular los baldios y el estado logrará un bien incalculable (I). ¡Vengue yo vuestra muerte y muera luego! (Q) Sepa yo, eso sí, sepa yo cada dia que mi Valentina vive, que vive dichosa, y me basta (H). Viniese el dinero que el gastarlo de mi cuenta correria (S). Tenga Vd. mas respeto á esta casa ó yo se lo haré tener (HH). ¿Y en estas circunstancias te habias de casar con Bernardo? No será, ó habrá en casa lo que tu padre no quiera oir (L). Gracias á que los caballitos dijeron: no podemos mas, que sino, por esta vez no veria yo el número tres (M). ¿Lo ignorabais, Señora? ¡Ah, tanto mejor! De otra suerte no hubierais estado en ese baile; ¿no es verdad? (L) Trabajo me cuesta darle crédito, y no obstante es la realidad (R). Tambien hai leyes contra los hurtos, y sin embargo nadie deja sus bienes en medio de la calle (I). El correrá á la muerte y yo no podré abrazarle (I). Yo pude salvarte y te he perdido (I). Mi padre mandará en mi persona, en mi vida, mas no en mi corazon (I). No decimos „serse“ y sí „estarse“ (S). Sea lo que fuere del derecho, la razon clama por la derogacion de semejante abuso (I). Suceda esta noche lo que suceda, oigas lo que oigas, guárdate de salir de él (el cuarto) (L). Vengan Vds. como vengan, yo no soi médico (M). Entónces, ora seamos provocados, ora llamados, ora admitidos á él, compareceremos tan serenamente ante nuestros jueces, como ante nuestros acusadores (I). Intentaron los Ingleses y Holandeses sublevar la Cataluña, y á este fin se dejaron ver con una escuadra en Barcelona (Y). Mandó se usase (la lengua Castellana) en todos los decretos y privilegios reales y en las escrituras públicas que ántes se escribian en latin. Igualmente hizo traducir al castellano los libros de la escritura sagrada (Y). No ceñirá espada, pero sin eso podrá ser un buen español (L).

B. Zur Anwendung.

Was denkst du? sage es mir. Ich habe es dir gesagt, ich will kein Geschäft mehr. Er war sehr böse auf dich, das ist wahr. Das kann ich dir versichern; wenn ich an seiner Stelle gewesen wäre, ich würde es nicht gethan haben. Ich liebe solche Scherze nicht; verstehen Sie? Ich habe ihn dreimal darum gebeten; das ist Alles, was ich thun kann. Er hat seine Wissenschaft gut studirt; daran ist nicht zu zweifeln. Du mußt mir den Brief herausgeben; ich bestehe darauf. Wir faßten uns kurz und reiseten ab. Ich kann ihm nicht den Gefallen thun und ihm das Buch leihen. Haben Sie die Güte und treten in dieses Zimmer. Sei so gut und gieb es mir. Sie wurden gänzlich durch die Menge der Araber besiegt, und diese durchstreiften das Gebiet von Toledo und richteten kläglichen Schaden (pl.) an. Er hatte einen Bruder, aber mit diesem konnte er sich nicht vertragen. Er nahm die Flucht, und auf derselben wurde er tödlich verwundet. Karl begab sich dann nach Bologna, und dort empfing er aus den Händen (de manos) des Papstes die kaiserliche Krone. Sie zog sich nach dem Palaste von Tordesillas zurück, und hier blieb sie ohne Besserung bis zu ihrem Tode. Er ist gestern bei mir gewesen, und dieser Besuch hat mir viel Geld gekostet. Sie ist nach Guadalajara gebracht worden, und seitdem haben wir sie nicht gesehen. Es ist bald geschehen; bis dahin will ich aber durchaus, daß es Niemand wisse. Du versteckst dich, wie wir verabredet haben; unterdessen sehe ich zu, ob Jemand kommt. Sie werden in einigen Tagen zurückkommen, aber vorher erhalten wir noch einen Brief. Der Erzherzog ging aus Madrid fort, und einige Zeit nachher that sein Heer dasselbe. Kaum ging ich aus dem Hause, so stieß ich auf den Rektor von Malaga. Sie hatten jenen Abend eine ungeheure Einnahme; so groß war die Menge, welche herbeiströmte, das neue Stück zu sehen. Wer ihn hörte, erschrak; so furchtbar war seine Stimme. Du liebst mich, es ist wahr; aber mehr, glaube ich, liebe ich dich. Du verbringst jetzt deine Zeit mit Nichtsthun; so hat es dein Bruder nicht gemacht, als er hier war. Er hinkt ein wenig mit dem rechten Fuße; grade so ging auch sein Vater. Laßt mich allein; geht, denn es ist schon spät. Gehen wir, Laura zu trösten, denn sie bedarf dessen genug. Jene Hunde sind nicht, wie die unsrigen; denn sie nähren sich von Früchten und nicht von Fleisch. Halt mich nicht auf, Bruno, denn ich bin sehr eilig. Ich habe kein Geld gesucht, denn Geld habe ich. Sie wird bald aufhören müssen, denn es fängt schon an, Abend zu werden. Sollte es nöthig sein (Será cosa), daß wir wieder die Prügel gebrauchen? Was, nein Herr! Ich dachte ja nur an den Heilungsplan. Niemand erkältet sich wegen einer solchen Kleinigkeit (cosa poca), und daher habe (estar con) keine Sorge. Er hatte nicht vergessen, welchen guten Gebrauch er von einem so einfachen Werkzeuge machen konnte, und deßhalb nahm er bei dieser Gelegenheit seine Zuflucht dazu (recurrer). Ich habe weder Verwandte noch Angehörige (ni parientes ni habientes), und so will ich das Glück der Tochter meines Freundes machen. So versicherten Sie es mir und wiederholten es meinem Oheim, und deßhalb wurde in Familie beschlossen, daß wir nach San Felipe gehen (venir) sollten. Perro ist männlichen Geschlechts, und darum vereinigen wir mit ihm den männlichen Artikel. Verspricht er sich zu bessern? Nun, so komme er! Wenn jeder Bürger nach dem Reichthum streben kann, so läßt der natürliche Wechsel des Glücks denselben rasch von Einem zum Andern übergehn; folglich kann er nie für irgend ein Individuum an Größe (cantidad) und Dauer unermeßlich sein. Ich habe ein Achselband; der Herr Baron kann mir folglich nicht eine Genugthuung mehr versagen, welche ich sogleich nöthig habe. Dort ist Rauch; folglich ist Feuer da. Er kommt zu uns (á casa), ich kenne ihn nicht; also — es kann nicht anders sein — ist es, um dich zu sehen. Ich weiß nicht warum. Also du weißt nicht, woher diese Unruhe und diese Thränen (lloros) rühren? Möge ich den Tag erleben, so sterbe ich zufrieden. Geruhe denn Ew. Hoheit den Grundsatz zu dekretiren, und das Gute (el bien) wird gethan sein. Möge ich wahres Talent haben, so wird das Publikum mir applaudiren! Mögen die Besitzer die freie und unumschränkte Benutzung ihres Holzes (pl.) haben, so wird die Nation viele und gute Waldungen bekommen (lograr). Ist er todt? Dann braucht der Arzt nicht mehr gerufen zu werden. Ich habe ihn nicht gesehen. Dann ist er auch nicht dagewesen. Hat er die Stelle bekommen? Dann wird er jetzt gut leben können. Sie sind der Graf del Verde Sauco bis zum letzten Entscheidungspunkt, oder Sie verheirathen sich nicht mit meiner Tochter. Thue das nie wieder, sonst werde ich dich strafen. Eilen wir ihn einzuholen, denn sonst werden wir ihn aus dem Gesicht verlieren. Sei ja pünktlich, denn sonst möchten wir uns verfehlen. Ich bin sein Vater, und doch hatte ich seinen Tod dekretirt. Kaum giebt es eine, den Grundsätzen einer weisen und gerechten Gesetzgebung mehr widerstrebende Anstalt, und doch giebt es kaum eine andere, welche in den Augen der Gesellschaft mehr Rücksicht verdiente. Schon diesen Morgen habe ich dem Herrn Montaner gesagt, daß es dir nicht an Bewerbern fehle: bei allem dem siehe zu, wie du dich benimmst (manejar), daß du nicht beide verlierst (quedarse sin). Der Genitiv des Besitzes ist der Fall, welcher am gewöhnlichsten (generalmente) dem Substantive nachfolgt (ir despues), welches ihn regiert; bei allem dem ist es nicht selten, ihn voran zu stellen (colocar), oder Etwas zwischen ihm und dem Substantive einzuschalten. Wir haben die Waffen in der Hand und wollen wie gemeine Hörige warten (Fol)? Dieser Preis, mögen die Ursachen sein, welche sie wollen, ist beständig hoch. Möge er sagen, was er wolle, ich werde ihn nicht entschuldigen. Mag nun jene Person der Einheit oder der Mehrheit angehören (ser de), das Verb steht immer in der Einheit. Ich will sie befreien, dazu bin ich gekommen. Er wünscht, daß wir ihm helfen, und zu diesem Zwecke schreibt er uns fast alle Tage. Es war keine Seele im Hause, und unterdessen standen alle Thüren offen. Die Wohnungen sind hier sehr theuer; dagegen kann man die Lebensmittel zu einem ziemlich billigen Preise bekommen.

CVII. Uebung, zu § 350—352.

A. Zur Anschauung.

Su estilo es siempre fácil, su lengua correcta (Z). Hemos corrido la ciudad y su comarca (M). Semejante lei tampoco seria provechosa ni justa (I). No solo recobró á Ayamonte, sino tambien otras muchas plazas (Y). Este hombre ni escucha á nadie ni repara en nada (G). Unos se denominaban segun el nombre del pais de donde procedian; otros de los montes y rios donde se fijaron, y muchos de los pueblos que eligieron para cabeza de la region (Alc). Primero habia ofrecido en matrimonio su hija á Don Fadrique y despues al Infante Don Enrique (Y). Eso seria mui sensible, sobre todo para nuestros amigos (L). La limpieza, mayormente de las familias pobres, influye tanto en la salubridad pública (Alc). ¿Qué, no hai mas que matarse los hombres por frioleras y luego disculparse con opiniones galanas? (I) No se debia tratar de multiplicarlas (las leyes) sino de disminuirlas: no tanto de establecer leyes nuevas como de derogar las antiguas (I). Los mantiales de la abundancia no están en las plazas, sino en los campos (I). Se estipuló que la infanta no se desposaria ya con Don Enrique, sino con Don Fernando su hermano menor (T). Se añade ó se quita un par de gorgoritos (M). Tambien lo intenté, pero inútilmente (G). Ya, de estos tres años no puedo hablar; pero de todos los demas si (G). De otro modo ningun individuo se enriqueceria, y por consiguiente ninguna nacion (I). La nobleza es una cualidad hereditaria y por lo mismo perpetua é inestinguible (I). Estoi acostumbrado á consultar el gusto y preocupaciones de los lectores (S). En Mayo de 1846 visitaba yo la ciudad de Granada, cuyos monumentos y situacion topográfica necesitaba conocer y estudiar (Z). Aun no estás enterada de las cosas ni el parajo donde se ponen y guardan mis vestidos (M). Don Serapio y el apuntador sabrán mui bien dondo les aprieta el zapato (M). Aun no están hechas ni letra ni música (M). Su amor propio, la necesidad, el ejemplo y la falta de instruccion le han hecho escribir disparates (M). Esta ira y exaltacion del adelantado no eran de estrañar (Q). Ni su orgullo, ni su vanidad, ni su pujanza le podian defender del desaliento que le inspiraba su propia sinrazon (Q). Hasta el crédito y la buena fama se reparte sin son ni ton (I). Esto y la separacion de Don Antonio debia perjudicar á sus miras (S). Su carácter impetuoso y lo que acababa de oir, le indujo á cometer un desatino (S). A todos se encargó silencio y sosiego (Q). Pesóse el oro y la plata (B). Es fuerza que esa libertad moderen el respeto y la prudencia (M). Queda abandonada la puerta y zaguan (M). En tres pontones pasó la gente y los equipajes (Q). Ni Vd. ni yo podemos remediarlo (M). La confusion y el estrago fueron mayores hácia la parte donde estaba el Inca (Q). La política y las intenciones del gobierno africano estaban satisfechas con el impulso considerable dado á su comercio (Alc). La prudencia y entereza de Soto, unidas á la moderacion de Almagro, pudieron entónces contener el escándalo (Q). El Inca y sus parientes quedaron enemistados (Q). Quedaban por gobernadores del reino y por tutores del rei doña Catalina su madre, y el infante don Fernando su tio (Q). El rei y don Alvaro, que iban montados en mulas, toman los caballos (O). La ciencia y el oro rara vez caminan juntos (Z). Un soldado se bajó á apretar las cinchas de su yegua, y ella y el quedaron helados (Q). Públicos, dijo, son en las Indias los grandes servicios que tengo hechos á la corona, y públicas tambien las mercedes y honores que he recibido del rei (Q). Tenian sus costumbres y usos, ya comunes, ya variados (S). Este y el anterior dia (aun el dia ober los dias este y anterior) me vi en gran peligro (S). Los españoles embistieron con su acostumbrado impetu y valor (Q). Consta (el abecedario Español) de 27 signos, cuyas figuras y nombres van puestos á continuacion (S). Algunos se han figurado que se concertaron alli ambos emperadores ruso y frances (T). Los capítulos cuarto y quinto han quedado mas concisos (Acd). Se abrigaban en las asperezas de las regiones céltica y bastitana (Alc).

D. Zur Anwendung.

Vater und Sohn sind tapfer. So stärken sich zu gleicher (einer) Zeit der Körper und der Geist. Die Suppe, die Kartoffeln und der Braten sind schon fertig. Ich halte mich weder im Laden, noch auf dem Markte auf. Don Vinzenz ist ein sehr liebenswürdiger Mensch, besonders gegen Fremde. Franziska wird sich nie von ihrer Mutter trennen, noch ihr Unannehmlichkeiten bereiten. Das ist weder gesehen noch gehört worden. Ich werde nur von Monat zu Monat, oder später dorthin gehen. Er hatte im Voraus eine große Menge Gras gesammelt und an die Sonne gelegt. Ich bin immer ohne Vaterland und eignen Heerd gewesen (andar). Mittel hatten sie nicht, Leute auch nicht. Er wußte nicht nur die Seinen, sondern auch die Fremden zu belohnen. Die Phönizier belebten (activar) nicht nur die Fortschritte der Zivilisation in unserm Lande, sondern auf allen Küsten des mittelländischen Meeres. Erst hatte er kein Geschick (amañarse), darauf so so, dann besser, und endlich gelang es ihm ganz. Die Lage dieser Stadt ist nicht sehr gewiß: Einige versetzen (poner) sie nach Castro alto oder Castril, Andre gegen die Ufer des Ebro, Andre gegen die Säulen des Herkules hin. Ihr seid meine Mutter, nicht meine Magd. Das Schicksal der Waffen und nicht der Vertrag von Atela war es, was über die Herrschaft Calabriens entscheiden sollte. Es sind nicht Anzeichen, sondern Beweise. Dann (con eso) wird Niemand die Genugthuung seiner Beleidigungen auf dem Felde, sondern in den Gerichtshöfen suchen. Diese Wendung gehört nicht mehr der vertraulichen, sondern der niedrigen Ausdrucksweise an. Mein Wunsch ist, das Richtige zu treffen, nicht zu streiten. Es werden vier, oder vielmehr fünf Jahre her sein. Diese Sprache ist hart, aber offen und in gewisser Hinsicht (modo) vernünftig. Ich habe wenige, aber gute Freunde. Die Stadt wurde genommen, aber ohne Beute und ohne Gefangene. Die Politik der Phönizier war großmüthiger und menschlicher, als die der Karthager und Römer, und daher ihre Herrschaft andauernder und ruhiger. Auf diese Weise wirst du gut und folglich glücklich werden. — Es zeigt die geringe Züchtigkeit ihres Betragens und ihrer Sitten. Es waren viele Männer und Frauen da. Die Poesie und die Fabel haben dieser Stadt einen romantischen Ursprung gegeben. Die Schwermuth und das Schweigen bekundeten wohl seine Bitterkeit und Muthlosigkeit. Johann und die übrigen Knaben schrieen. Die Sonne und die Sterne glänzen durch ihn. Die Verläumdung und die Lüge reizen den Zorn Gottes. Die Tugend und der Edelmuth Torquato's erregen mein Mitleid. Seine Liebe und Güte erneuert sich jeden Tag. Dies und sein Besuch beweist mir, daß er seine Meinung nicht geändert hat. Von dem Regen und dem Thau wächst der Bach und die Quelle. Es wurde weder Wein noch Kaffee getrunken. Man fand dort Geld und Silber. Man verlor den Ruf und den Muth auf dieselbe Weise, wie die Zeit. Es sahen sich in der That bei jener Gelegenheit Ferdinand Cortes und Pizarro. Du und die übrigen Knaben disputiretet. Marie und ich haben diese Reise gemacht. Die Ueberraschung und der Schmerz der Indier waren sehr groß. Seine Gewalt und sein Muth wurden von seiner Popularität unterstützt. Zwei Schiffe und zwei Kanots kamen mit

Lebensmitteln und mit Waffen beladen. Die Wohnungen und Mauern der ursprünglichen Ortschaften dieses Landes sind (gebn) von Plinius beschrieben. Der Zorn und das Ehrgefühl von Paredes waren noch nicht von jener Probe von Verwegenheit befriedigt. Die Königin war ohne Rückhalt obscuren Weibern und Männern hingegeben, die ihr Vertrauen mißbrauchten. Eine so wohl beachtete Polizei und Ordnung konnte nicht umhin, gute Erfolge zu haben. Diese List, und mehr noch seine Sorgfalt und sein Muth, unterstützt von seiner Popularität, gaben ihm hinreichende Kräfte, sich wieder gegen (sobre) seine Sieger zu kehren und das Glück des Krieges zu wenden (trocar). Diese Beleidigung war das Zeichen eines blutigen und hartnäckigen Krieges. Das bestimmende und das bestimmte Verb haben (guardar) unter sich eine gewisse Uebereinstimmung. Auch hat er ein Wörterbuch der französischen und italienischen Sprache verfaßt.

Vokabeln zu den Uebungen.

Zu Uebung X.

componer verfassen
disponer verfügen
esponer aussetzen
atraer anziehen
distraer zerstreuen
convenir übereinkommen
sobrevenir dazukommen
detener abhalten
sobresalir hervorragen

Zu Uebung XIV.

A.

hombre m. Mensch
perro m. Hund
ladrar bellen
lectura f. Lektüre
ahora jetzt
rumor m. Gerücht
divulgar aussprengen, verbreiten
conducta f. Betragen
último letzt
actor m. Schauspieler
representar darstellen, spielen
mui sehr
bien gut, recht, sehr (Adverb)
pregunta f. Frage
estraño seltsam
principal hauptsächlichst, wesentlich
porqué warum
señor m. Herr
puerta f. Thür, Thor
magnífico prächtig
Babilonia Babel, babylonische Verwirrung
bonito hübsch
solo einzig, allein
ventana f. Fenster
necedad f. Dummheit
ya schon
listo fertig
almuerzo m. Frühstück
ocurrir verfallen, geschehen
desgracia f. Unglück
ministro m. Minister, Richter
tan so (in solchem Maße)
altivo hochmütig
hijo m. Sohn
culpa f. Schuld
hija f. Tochter
tiempo m. Zeit
quedar bleiben
paso m. Schritt
motivo m. Beweggrund
inducir bewegen, veranlassen
ilusion f. Täuschung
real königlich
voluntad f. Wille
esposa f. Gemahlin
presente gegenwärtig
estravagante wunderlich, seltsam
lunático mondsüchtig
gustar gefallen
boato m. Prunk, Aufwand
herida f. Wunde
mortal tödtlich
carestía f. Theurung

terrible schrecklich
momento m. Augenblick
aproximarse sich nähern
hora f. Stunde
bastante ziemlich
inoportuno ungelegen
amor m. Liebe
paternal väterlich, Vater-
tanto so sehr
corazon m. Herz
muchacho m. Knabe
torpe langsam, unbeholfen
hoi heute
arriesgar wagen
ahorro m. Ersparniß
despreciable verächtlich
delicia f. Wonne, Ergötzung
placer m. Vergnügen
sangriento blutig
puñal m. Dolch
acobardar einschüchtern, schrecken
aqui hier
prima f. Base
gratitud f. Dankbarkeit
eterno ewig
padre m. Vater
público m. Publikum
entoro ganz
nunca nie
injusto ungerecht
doncella f. Jungfrau
ignorar nicht wissen
suerte f. Loos, Schicksal
honrado rechtlich
entrar eintreten
ángel m. Engel
niña f. Mädchen
infeliz unglücklich
tardar zögern, lange ausbleiben
paliza f. Tracht Prügel
medio halb (adverbial)
muerto todt
contestar antworten
todavía noch
caliente heiß
murmuracion f. Nachrede
defecto m. Fehler

B.

arbeiten trabajar
Antwort contestacion f.
geschehen suceder
übrig demas
Scherz chanza f.
wer quien
kochen hervir
gewiß cierto
Undankbarkeit ingratitud f.
häßlich feo
Auftrag encargo m.
unnütz inútil
Zeit tiempo m.
vergehen pasar
übel (Adverb) mal
leicht fácil
Projekt proyecto m.
einfach sencillo
Ursache causa f.
beweisen probar
daß que
weiß blanco
grün verde
nothwendig necesario
heiter sereno
Gegend paraje m.
köstlich delicioso
unheilvoll funesto
nahe cercano
Lustspiel comedia f.
Geld dinero m.
Neugier curiosidad f.
viert cuarto
Band tomo m.
selten raro
doppelt doble
genügen bastar
glücklich feliz
Wahl eleccion f.
frei libre
Gedanke pensamiento m.
einfallen ocurrir

Unaufmerksamkeit desatencion f.
unentschuldbar indisculpable
arm pobre
Fleisch carne f.
schwach débil
wo donde
Grammatik gramática f.
Holz madera f.
wachsen crecer
Güte bondad f.
Gattin esposa f.
ewig eternamente
Sklavin esclava f.
Herr (Gebieter) amo m.
Leben vida f.
dauern durar
herrschen reinar
tief profundo
Schweigen silencio m.
Entschuldigung disculpa f.
Diener criado m.
Schüler discípulo m.
Joseph José
gelingen salir bien
Schriftsteller escritor m.
ausdrücken espresar
so (auf solche Weise) asi
Kaufmann negociante m.
Seele alma f.
unsterblich inmortal
erscheinen parecer
endlich al fin
anbrechen romper
Morgendämmerung alba f.
quälen molestar
Heirath boda f.
Kiste arca f.
verschließen cerrar
neu nuevo
zu (Adverb) demasiado
kalt frio
dort allí
menschlich humano
Umweg rodeo m.
auch tambien
Jude judío m.
fürchten temer
Ludwig Luis
Monarch monarca m.
Beute botin m.

Zu Uebung XV.

A.

afan m. Bemühung, Mühe
propio eigen
palabra f. Wort
verso m. Vers
ó oder
discurso m. Rede
celebrar rühmen, preisen, feiern
variar wechseln, sich ändern
opinion f. Meinung
vano eitel, fruchtlos
diligencia f. Bemühung
peligro m. Gefahr
cercar umgeben, umringen
inventor m. Erfinder
diente m. Zahn
cuan wie
imprudente unklug, unvorsichtig
apariencia f. Schein, Anschein
engañar täuschen, trügen
copla f. Vers von vier aus acht oder elf Silben bestehenden Zeilen.
guapo zierlich
pié m. Fuß
ala f. Flügel
mil tausend
juntarse sich vereinigen
tres drei
doctor m. Doktor
motivo m. Grund
valer werth sein
nó — nada Nichts
labrador m. Landmann, Bauer
circunstancia f. Umstand
ocurrir verfallen
oreja f. Ohr
zumbar klingen
triste traurig
lágrima f. Thräne
oficial m. Beamter

siempre immer
verdad f. Wahrheit
pesar lästig sein
señorita f. Fräulein
soldado m. Soldat
cuanto wie sehr
arraigarse einwurzeln
preocupacion f. Vorurtheil
jardin m. Garten
baño m. Bad
y und
fuente Quelle
do (veraltet für donde) wo
brotar ausschlagen, sprossen
árbol m. Baum
ave f. Vogel
volar fliegen
regocijado erfreut, freudig
indulgente nachsichtig
cosa f. Sache
demonio m. Teufel, Dämon
crear schaffen, aufstellen
hipótesis f. Hypothese, Voraussetzung

B.

Opfer victima f.
unschuldig inocente
schätzbar estimable
hart duro
unbeugsam inflexible
Gesetz lei f.
historisch histórico
Persönlichkeit personaje
kolossal colosal
bald luego
Lippe labio m.
roth rojo
wie como
Koralle coral m.
Pistole pistola f.
laden cargar
bereit pronto
Mine mina f.
platzen reventar
ehrlich honesto
bescheiden modesto
Wärter mozo m.
Tischtuch mantel m.
rein limpio
Spanier español m.
stark fuerte
ernst grave
Tag dia m.
schon ya
lang largo
Kind hijo m.
glücklich feliz
Buch libro m.
verkaufen vender
Hauswirth casero m.
grausam cruel
Wolke nube f.
zerstreuen disipar
unzertrennlich inseparable
übrig demas
Schüler discípulo
arbeiten trabajar
Engländer ingles
Gott dios
erklären declarar
Strumpf media f.
neu nuevo
Schuh zapato m.
glänzend brillante
Montag lúnes m.
Donnerstag juéves m.
feiern celebrar
selten raro
abnehmen disminuir
Nacht noche f.
absetzen deponer
warum porque
Schriftsteller escritor m.
behaupten afirmar
Nuß nuez f.
reif maduro
Voraussetzung hipótesis f.
falsch falso

Zu Uebung XV.

A.

aturdir betäuben
nadie Niemand

despreciar verachten
mozo m. Bursch
perder zu Grunde richten
incumbir obliegen
negocio m. Geschäft
Felipe Philipp
esplicar erklären
aniquilar vernichten
obedecer gehorchen
mismo selbst
confiar (an)vertrauen
perdonar verzeihen
bien wohl
cielo m. Himmel
conservar erhalten
someter unterwerfen
probar beweisen
aguardar erwarten
colocarse Platz nehmen
prometer versprechen
ayudar helfen
notar bemerken
amar lieben
acertar treffen
observar beobachten
esperar erwarten
acompañar begleiten
rendirse sich ergeben
baladronada f. Großprahlerei
recibir erhalten
carta f. Brief
temer fürchten
alabanza f. Lobrede
sombrero m. Hut
quejarse sich beklagen
necio dumm
Don m. Don, Herr
casarse sich verheirathen
niño m. Kind
golpe m. Schlag, Stoß
acercarse sich nähern
pastor m. Hirt
ambos beide
Enrique Heinrich
ofrecer anbieten, versprechen
advertir anzeigen
si ja
prevenir anzeigen, melden
terreno m. Landstück
guardar behüten, schützen
aquí hier
vestido m. Kleid
robar rauben
buscar suchen
construir bauen
teatro m. Theater
destino m. Bestimmung
provechoso nützlich
agradable angenehm

B.

sich entschließen determinarse
trösten consolar
Ohr oreja f., oido m.
klingen zumbar
behandeln tratar
unterdrücken oprimir
beistehen socorrer
Herz corazon m.
nehmen (wegnehmen) quitar
Diener criado m.
erzählen contar
nachher despues
Jäger cazador m.
entdecken descubrir
verläumden calumniar
Zeit tiempo m.
Spaziergang paseo m.
bekommen (gut oder schlecht) probar
schlecht (Adverb) mal
leicht fácil
empfehlen recomendar
überlegen mirar
Bruder hermano m.
belustigen divertir
anschließen juntar
errathen adivinar
schicken enviar
behändigen entregar
Auge ojo m.
Mütze cachucha f.
Vortheil ventaja f.

Geld dinero m.
Schwester hermana f.
Freund amigo m.
Verwandter pariente m.
Magd criada f.
stehlen hurtar
Hund perro m.
Haus casa f.
helfen ayudar
Frau mujer f.
wohnen vivir
Tapferkeit valor m.
so tan
Herr señor m.
heute hoi

Zu Uebung XVII.

A.

Castilla f. Kastilien
presentar darbieten
obstáculo m. Hinderniß
cortedad f. Schüchternheit, Befangenheit
ausencia f. Abwesenheit
grave schwer
mal m. Uebel
reinar herrschen
silencio m. Schweigen, Stille
faltar fehlen
todavia noch
solo nur
quedar bleiben
España f. Spanien
librar befreien
enflaquecer schwächen
tarde f. Nachmittag
cuando als
comparecer erscheinen
adorno m. Verzierung, Möbel
cosa f. Sache
jóven jung
miel f. Honig
circunstancia f. Umstand
favorable günstig
estimable schätzbar
ilustrar verherrlichen
composicion f. Dichtung
anunciar anzeigen
disposicion f. Anlage
gloria f. Ruhm
puro rein
alabanza f. Lob, Lobeserhebung
cumplido voll, vollkommen
medio m. Mittel
eficaz wirksam
ejércer üben
influjo m. Einfluß
culpa f. Schuld
punible strafbar
bajar herabsteigen
fácilmente leicht
determinar beschließen
conveniente zweckmäßig
grande groß
hipócrita m. Heuchler
hermoso schön
tiempo m. Wetter
Vicente Vinzenz
rico reich
resultado m. Ergebniß, Resultat
puntual pünktlich
comedia f. Lustspiel
sujeto m. Person, Mensch
amable liebenswürdig
principio m. Grundsatz
imaginacion f. Einbildung
engañar täuschen
aunque wenn auch, selbst wenn
representar vorstellen
perfectamente (Adverb) vollkommen
obtener erlangen
personaje m. Persönlichkeit, Person
defensor m. Vertheidiger
prenda f. Gabe, Anlage

B.

Kaiser emperador m.
Anstrengung esfuerzo m.
Thier animal m.
Insasse inquilino m.
Duell desafio m.
sich befinden estar

gefallen gustar
Glückseligkeit felicidad f.
klar claro
Egoist egoista m.
bald luego
Knabe muchacho m.
verursachen causar
Verdruß disgusto m.
Geräusch ruido m.
kosten costar
Leben vida f.
Tochter hija f.
Leonore Leonor
Stück (Theaterstück) pieza f.
dramatisch dramático
fassen tomar
Entschluß partido m.
Familie familia f.
ehren honrar
Loos suerte f.
beneidenswerth envidiable
dann entónces
hübsch (Adv.) bonitamente
zärtlich (Adv.) tiernamente
Trauerspiel tragedia f.
schwer grave
Ungerechtigkeit injusticia
Name (Familienname) apellido
adlig noble
alt antiguo
Mond luna f.
hell claro
heftig violento
Schmerz dolor m.
Vergleich comparacion f.
ungerecht injusto
wohlwollend benévolo
Luft aire m.
gesund salubre
Verdacht sospecha f.
freudig (Adv.) gustosamente
überraschen sorprender
selten (Adv.) raramente
singen cantar
Schauspiel espectáculo m.
wohlthätig benéfico
Wirkung efecto m.
hervorbringen producir
heftig (Adv.) violentamente
beobachten observar
aufmerksam (Adv.) atentamente
Wein vino m.
sauer agrio

Uebung XVIII.

A.

coger treffen, finden
Roma f. Rom
bajar (hinunter)steigen
cueva f. Keller
morisco m. Moriske, Nachkomme der alten Mauren
tirar werfen
pozo m. Brunnen
asomarse erscheinen, sich zeigen
balcon m. Balkon, Erker
mano f. Hand
noche f. Nacht
levantarse sich erheben, aufstehen.
hora f. Stunde
sazon f. Jahreszeit, Zeit
amigo m. Freund
casarse sich verheirathen
Isabel Elisabeth
medio halb
medio dia m. Mittag
muerte f. Tod
dejar lassen, hinterlassen
corto kurz, klein
herencia f. Erbschaft
adelantarse vorrücken
largo lang, groß
marcha f. Marsch
llegar ankommen
tirar auswerfen
oro m. Geld
lleno voll
moda f. Mode
ingles englisch
acento m. Ton, Stimme
ídolo m. Götze
acudir herbeieilen

socorro m. Hülfe
lágrima f. Thräne
comprar kaufen
veinte zwanzig
real m. Real (Münze)
vara f. Elle
comparecer erscheinen
juez m. Richter
juventud f. Jugend
granadino granadisch
afan m. große Mühe
espada f. Degen
instancia f. Bitte
lograr erreichen, erlangen
perdon m. Verzeihung
pistola f. Pistole
cargar laden
sino als, außer
no — sino nur
pólvora f. Pulver
estudiar studiren
fruto m. Frucht, Nutzen
lengua f. Sprache
latin lateinisch
ejemplar m. Beispiel
solo einzig
mundo m. Welt
todo el mundo Jedermann
callar schweigen
solo nur
inhumano unmenschlich
duro hart
ilustre berühmt
estrellar schleudern
pared f. Wand
habitacion f. Wohnung
oriente m. Ost
triaca f. Theriak
veneno m. Gift

B.

sich befinden hallarse
Thor puerta f.
Weißwein vino blanco m.
Seite lado m.
Fenster ventana f.
Rock vestido m.
sich niederwerfen postrarse
bringen (hin) llevar
blinken mirar
Gesicht cara f.
gestern ayer
Morgen mañana f.
Cadix Cádiz
sich flüchten refugiarse
Kajüte cámara f.
Zwischendeck entrepuente m.
werfen echar
Boden suelo m.
Entfernung distancia f.
versetzen trasponer
Mitternacht media noche f.
durchwandern recorrer
Palast palacio m.
Schuß tiro m.
lichten levar
Anker ancla f.
Kälte frio m.
Wärme calor m.
halb medio
Stimme voz f.
Miene rostro m.
fest firme
Pferd caballo m.
Stadt ciudad f.
sich ergeben rendirse
Aufforderung intimacion f.
Schlüssel llave f.
Sklavin esclava f.
Freundin amiga f.
behandeln tratar
Vertrauen confianza f.
Dolch daga f.
That faccion f.
bewirken efectuar
Uebergabe rendimiento m.
schmücken adornar
Grab sepultura f.
Blume flor f.
zufrieden contento
sterben fallecer
unaussprechlich imponderable

Leidwesen sentimiento m.
Baum árbol m.
weiß blanco
Blüthe flor f.
grausam cruel
mild caritativo
arm pobre
sich neigen inclinarse
Laden tienda f.
Fassade fachada f.
ausziehen salir
Hof corte f.
Ministerium ministerio m.
Feuer speien echar chispas (Funken werfen)

Uebung XIX.

A.

Flándes Flandern
salir herauskommen
monte m. Holz, Wald
hacha f. Axt
alforjas f. (Pl.) Quersack
hombro m. Schulter
despertar erwachen
sueño m. Schlaf
arrojar werfen, schleudern
muralla f. Mauer, Wall
foso m. Graben
sabiduria f. Weisheit
piedra f. Stein
caja f. Dose
miedo m. Furcht
llorar weinen
gozo m. Freude
cargar beladen
cadena f. Kette
proveerse sich versehen, sich versorgen.
encuentro m. Begegnung
llevar tragen
punta f. Spitze, Zipfel
intento Absicht, Verlaß
desastre m. Unglück
ya no nicht mehr, nicht wieder
sitio m. Ort, Stelle
aguardar warten
Pedro Peter
bailar tanzen
cuerda f. Seil, Strick
iglesia f. Kirche
clavar nageln, heften
ojo m. Auge
canicula f. Hundstage
suceder geschehen
pascua f. Ostern
salir abreisen
Julio Juli
cuanto wie viel, wie groß
pasar zubringen
estudio m. Studium
exceder übertreffen
bondad f. Güte
docto gelehrt
medicina f. Arzneikunde
irritar reizen, aufbringen
daño m. Schaden
cargamento m. Ladung
convertir umsetzen
paz f. Friede
tregua f. Waffenstillstand
caber möglich sein
diferencia f. Mißhelligkeit
llegar ankommen
posada f. Gasthof
ocurrir vorkommen, vorfallen
conversacion f. Unterredung
norte m. Norden
despedirse sich verabschieden

B.

verbannen desterrar
Lust gusto m.
Freude alegria f.
Zimmer cuarto m.
Mühle molino m.
Tisch mesa f.
hinreißen arrastrar
Leidenschaft pasion f.
Löffel cuchara f.
Silber plata f.
begleiten acompañar
Nation nacion f.

erregen agitar
Unruhe disturbio m.
inner doméstico
Kupfer cobre m.
zittern tiritar
Frost frio m.
blind ciego
Zorn cólera f.
lauter puro
Freude gozo m.
Brod pan m.
füllen llenar
Flasche botella f.
sich wundern admirarse
Unglück desgracia f.
sich beklagen quejarse
fassen coger
Arm brazo m.
wiederkommen volver
Lust gana f.
nächst próximo
Dorf aldea f.
Theil parte f.
Augenblick momento m.
Weg camino m.
aufschlagen fijar
Wohnung morada f.
Gebirg sierra f.
Tasche faltriquera f.
Felix Feliz
Alcala Alcalá
Land (im Gegensatz zu Stadt) campo m.
Stuhl silla f.
springen saltar
Land (im Gegensatz zu Wasser) tierra f.
Himmel cielo m.
führen conducir
setzen (aufsetzen) asentar
Krone corona f.
Schläfe sien f.
Freundschaft amistad f.
entstehen nacer
Jugend mocedad f.
Alter edad f.
stark fuerte
entschieden decisivo
Montag lúnes
bewandert versado
Gesetz lei f.
geschickt diestro
Verrichtung operacion f.
handeln comerciar
Wolle lana f.
Königin reina f.
vertheilen distribuir
sitzen estar sentado
Verräther traidor m.
fortsetzen seguir
Grenze frontera f.
eintreffen llegar
schwimmen nadar
Landzunge lengua de tierra
warten esperar

Uebung XX.

A.

navio m. Schiff
navegar fahren, segeln
mañana morgen
manga f. Aermel
bastante genug.
gasto m. Ausgabe, Zeche
pasar passiren, gehen
cerro m. Hügel
plaza f. Markt
mes m. Monat
año m. Jahr
tribunal m. Gerichtshof
obtener erlangen
secretario m. Geheimschreiber
volver zurückgeben
preocupacion f. Vorurtheil
interes m. Eigennutz
egoismo m. Selbstsucht
miserable elend
obrar handeln
propio eigen
inspiracion f. Eingebung
clamar rufen
socorro m. Hülfe
anhelar sich sehnen
capa f. Mantel

sombrero m. Hut
vender verkaufen
cien hundert
doblon m. Dublone
asistir gegenwärtig sein, erscheinen
compañero m. Gefährte
maestro m. Lehrer
padres m. (Pl.) Eltern
soldado m. Soldat
ejército m. Heer
interceder sich verwenden
gobernar regieren
costumbre f. Gewohnheit
jurar schwören
nombre m. Name
sentencia f. Urtheil
empleo m. Anstellung
joya f. Juwel, Kleinod
alhaja f. Geschmeide
abrigo m. Schutz
copa f. Wipfel
monte m. Berg
caridad f. Liebe
virtud f. Tugend
asno m. Esel
descollar hervorragen
granadero m. Grenadier
encaminarse sich wenden
derecha f. Rechte, rechte Hand
libro m. Buch
agricultura f. Ackerbau
mandar befehligen
provincia f. Provinz
adversidad f. Mißgeschick.

B.

sich einschiffen embarcarse
Venedig Venecia
Plan plan m.
Nachmittag tarde f.
Heilmittel remedio m.
Fleisch carne f.
Fisch pescado m.
Vergrößerung engrandecimiento m.
Sicherheit seguridad f.
abgehen irse
gucken mirar
Schlüsselloch agujero de la llave
einen Gang thun dar una vuelta
Küche cocina f.
Mutter madre f.
Feld campo m.
sich entfernen ausentarse
Woche semana f.
tödten matar
Eifersucht zelos m. (Pl.)
Stelle empleo m.
Verwendung empeño m.
erwerben adquirir
Reichthum riqueza
Fleiß industria
achtungswerth estimable
ehrbar honesto
Nothwendigkeit necesidad f.
Wahl eleccion f.
Eitelkeit vanidad f.
sich aufhalten detenerse
Angelegenheit asunto m.
Volk pueblo m.
schreien clamar
Abhülfe remedio m.
Arzt médico
Freiheit libertad f.
Lösegeld rescate m.
mäßig moderado
Entschluß partido m.
vertauschen cambiar
Wörterbuch diccionario
Grammatik gramática
oft muchas vezes
sich verwenden interceder
reden (zu Jemandes Gunsten) abogar
einrichten arreglar
Benehmen conducta f.
Ereigniß suceso m.
Grundsatz principio m.
nennen nombrar
verfassen componer
Waare mercaderia f.
verschiffen embarcar
Zustand estado
Gericht tribunal m.

vergelten satisfacer
Unbill agravio m.
Ding cosa f.
Idee idea f.
reisen viajar
Joch coyunda f.
schwer pesado
lasten pesar
Nacken pescuezo m.
Nadelkissen acerico
liegen estar
Kommode cómoda f.
Kissen almohadon m.
schwatzen charlar
disputiren disputar
Sinn sentido m.
Klausel cláusula f.
gebieten mandar
Platz plaza f.

Zu Uebung XXI.

A.

arribo m. Ankunft
susto m. Schrecken, Angst
virei m. Vizekönig
alarma f. Alarm
cundir sich verbreiten
breve kurz
pausa f. Pause
máquina f. Maschine
centro m. Mittelpunkt
mar m. Meer
Támesis m. Themse
inconveniente m. Uebelstand
formar bilden
distinto verschieden
opinion f. Meinung
Zarzuela f. Melodram, Vaudeville.
corto gering
mérito m. Verdienst
publicar herausgeben
gozar genießen, sich erfreuen
mayorazgo m. Majorat
sacar herausbringen
sábana f. Bettluch
sentar aufschlagen
reales m. (Pl.) Lager
sepulcro m. Grab
órden f. Befehl
juzgar richten
pagar bezahlen
viaje m. Reise
paliza f. Tracht Schläge
lograr erlangen

B.

von neuem de nuevo
Bild imágen f.
Verzeihung perdon m.
Gefahr peligro m.
gelangen llegar
endlich por fin
Schiff buque m.
Wald floresta f.
Ort lugar m.
einholen alcanzar
Dorf aldea f.
auseinandersetzen esponer
Gegenstand objeto m.
graben cavar
Erde tierra f.
Höhle cueva f.
Dach techo m.
Bedingung condicion f.
übergeben entregar
Verabredung concierto m.
unerbittlich inexorable

Zu Uebung XXII.

A.

malograrse mißlingen
empresa f. Unternehmung
peste f. Pest
frances m. Franzose
conservar erhalten
prodigio m. Wunder
recelo m. Besorgniß
alucinarse sich täuschen
situacion f. Lage
resolucion f. Entschluß
convento m. Kloster
santo heilig

ojeada f. Blick
sala f. Saal
replegarse zurückweichen
inocente unschuldig
dama f. Dame
tender breiten
vista f. Gesicht, Blick
ansioso sehnsuchtsvoll
bien m. Gut, Besitzthum
cultivar ausbilden
entendimiento m. Verstand
lectura f. Lektüre
casi fast
inclinarse geneigt sein
estravagancia f. Ungereimtheit, Sonderbarkeit
sacar ziehen
hábito m. Gewand
bolsa f. Börse
cercado m. Einfriedigung, Umzäunung
gritar zurufen
nube f. Wolke
mata f. Strauch, Staude
volar fliegen
conejo m. Kaninchen
pierna f. Bein
disgusto m. Verdruß
pesar m. Kummer
secreto geheim

B.

Krieg guerra f.
stillstehen pararse
Geschäft negocio m.
Bemühung conato m.
verbergen ocultar
vereiteln desbaratar
Klugheit prudencia f.
befreien librar
Fehler falta f.
verfügen disponer
wandern pasearse
Ufer orilla f.
Ozean océano m.
anhalten detenerse
erwarten esperar
Fähigkeit capacidad f.
Fall caida f.
Versprechung promesa f.
bleiben quedarse
Nachricht noticia f.
zurückkehren volver
höher superior
Befehl mando m.
Post posta f.
einen Entschluß fassen tomar un partido
allgemein generalmente
beliebt bienquisto
leutselig afable
Wesen condicion f.
Wunsch deseo m.
persönlich personal
Hinderniß obstáculo m.
geringer inferior
Anzahl número m.
einfältig simple
reißen arrancar
Kutsche coche m.
tragen llevar
Flamme llama f.
entwischen escapar
Finger dedo m.
gehen pasar
vorbeikommen pasar
Aal anguila f.
schlüpfen escurrirse
Kugel bala f.
zu (Adv.) demasiado
nachsichtig indulgente

Zu Uebung XXIII.

A.

cultivo m. Pflege
letras f. (Pl.) Künste und Wissenschaften
estandarte m. Standarte
reino m. Reich
corazon m. Herz
esposa f. Gattin
engañarse sich täuschen
no — nunca nie
cual welcher, e, es

premio m. Lohn, Belohnung
apoderarse sich bemächtigen
villa f. Stadt, Flecken
asegurar versichern
voluntad f. Wille
buena voluntad Wohlwollen
limosna f. Almosen
necesitado dürftig
encargar anempfehlen
justicia f. Gerechtigkeit
guardar behüten
licencia f. Erlaubniß
mucho (Adv.) sehr
querer lieben
capitan m. Kapitän
mirar betrachten
ardilla f. Eichhörnchen
generoso edel
alazan m. Fuchs, rothbraunes Pferd
asalto m. Sturm
franco spendsam
liberal freigebig
tambien auch
masculino männlichen Geschlechts
alcorza f. Zuckerteig
ademas außerdem
prisionero m. Gefangner
general m. General
escuchar anhören
oráculo m. Orakel
reo schuldig
unos einige
derrotar in die Flucht schlagen
trecientos dreihundert
instante m. Augenblick
nuncio m. Nuntius, Bote
Federico m. Friedrich
nombrar ernennen
oficial m. Offizier
romano m. Römer
robar rauben
sabina Sabinerin
burlarse spotten
necesitar bedürfen
preguntar fragen
no — nada Nichts

daño m. Schade
parecer bien wohl gefallen, anstehen
caber zufallen

B.

wiedererlangen recobrar
Friede paz f.
Rache venganza f.
ertönen sonar
Geläute toque m.
Glocke campana f.
Enkel nieto m.
mißbrauchen abusar
Vertrauen confianza f.
sich erinnern acordarse
Wort voz f.
widmen dedicar
Verwandter pariente m.
Ehre honor m.
unterwerfen sujetar
Strenge rigor m.
Viehzucht ganaderia f.
Ernte cosecha f.
Weide pasto m.
Landbau cultivo m.
umarmen abrazar
entlassen despedir
Bote mensajero m.
verlassen (nicht helfen) abandonar
Zufall accidente m.
plötzlich repentino
berauben privar
belagern sitiar
Konstantinopel Constantinopla
halten dar
Akademie academia f.
weiblich femenino
gleich igual
Klasse categoria f.
Herbst otoño m.
Blätterfall caida de hojas f.
Eigensinn obstinacion f.
Festigkeit firmeza f.
Beschützer protector m.
Schild escudo m.
Dragoner dragon m.

Königssohn infante m.
Reiter caballo m. (eigentlich Pferd)
zur Ehe versprechen prometer en matrimonio
Vetter primo m.
Fräulein señorita f.
lieben, haben wollen querer
Art suerte f.
verlieren perder
bestimmen destinar
Schicksal suerte f.
früh temprano
würdig digno
rufen llamar
strafen castigar
zu Rathe ziehen consultar

Uebung XXIV.

A.

vacío leer
page m. Edelknabe
morar wohnen, sich aufhalten
rehen m. Geisel
magnate m. Großer
país m. Land
erigirse sich aufwerfen
patrono m. Beschützer
licenciado m. Lizenziat
aceptar annehmen
averiguar ausmachen
pesaroso bekümmert
alegre froh
centinela m. u. f. Schildwache
como wie
criatura f. Geschöpf, Kind
cincuenta fünfzig
inquietar beunruhigen
por nada umsonst
de vuelta zurück
intentar versuchen
en balde vergebens
desde luego sofort
entrar en materia auf die Sache eingehen
lástima f. Schade
por cierto gewiß
en suma kurz
enamorado verliebt
de veras wirklich
con que also
hábil geschickt
de secreto heimlich
doncella f. Kammerjungfer, Zofe
apénas kaum
por supuesto natürlich
despachar abfertigen, abmachen
al momento im Augenblick
de todos modos auf jeden Fall
duda f. Zweifel
acaso etwa
por poco beinahe, gleich
romper brechen
en todas partes überall
aprisa schnell
llevar führen
á todas partes überall hin
misa f. Messe
apuesta f. Wette
en efecto wirklich
de mala gana ungern
hacerse gemacht werden
palo m. Prügel.

Greis anciano m.
selten (Adv.) raras veces
Jüngling jóven m.
wählen elegir
Präsident presidente m.
anerkennen reconocer
brauchen necesitar
zweifelhaft dudoso
verwirrt confuso
aushalten sostener
Ungestüm ímpetu m.
bis hasta que
herbeieilen acudir
Rathgeber consejero m.
unbedeutend leve
gern de buena gana
verstohlen á hurtadillas
Novelle novela f.
reden hablar

öffentlich público
plötzlich de repente
Schrei grito m.
man uno
vernünftig en razon
im Dunkeln á oscuras
Thee té m.
zuweilen á veces
gesund saludable
entkommen escaparse
mit genauer Noth á duras penas
vorhersagen pronosticar
buchstäblich al pié de la letra
geschehen pasar
gestern Abend anoche
im Ernst de veras
geläufig de corrido
wunderschön á mil maravillas
früh de mañana
vorgestern anteayer
Abends de noche
über die Maßen sobre manera
eitel vano
bei Seite lassen dejar aparte
für jetzt por ahora
vergebens en vano
auswendig de memoria
gewiß de cierto
verkehrt al revés
nirgends en ninguna parte
Fisch pez m.
spazieren gehen pasearse
unterdessen entretanto
Gericht (Schüssel) plato m.
Ohrfeige bofetada f.

Zu Uebung XXV.

A.

instruccion f. Anweisung
destino m. Bestimmung
del todo ganz (Adv.)
ventaja f. Vortheil
intimacion f. Aufforderung
desamparar verlassen
destrozar in Stücke hauen
niño m. Knabe
niña f. Mädchen
mozuelo m. junger Bursch
descansar ausruhen
mirar zusehen
imposible unmöglich
tender reichen
obligar nöthigen
pleno voll
almorzar frühstücken
en el camino unterwegs
apetito m. Appetit
entónces damals
presentarse sich zeigen, sich einstellen
injusticia f. Ungerechtigkeit
importar einbringen
tesoro m. Schatz
cometer begehen
esceso m. Unordnung
benignidad f. Wohlwollen
sufrir leiden
pena f. Strafe
memoria f. Andenken
lámpara f. Lampe
hierro m. Eisen
alumbrar erleuchten
escasamente dürftig
especie f. Art
gruta f. Grotte
restante übrig
aparecer erscheinen
sombrío dunkel
gremio m. Zunft, Innung
individuo m. Mitglied
ayuntamiento m. Stadtrath
existir existiren, sein,
diputado m. Abgeordneter
ponderar beschreiben, sagen
pobrecito arm
miel f. Honig
azúcar m. Zucker
dos zwei
tres drei
guardar silencio Schweigen beobachten
juez m. Richter
severo streng

justo gerecht
perseguir verfolgen
cumplir con erfüllen
obligacion f. Pflicht
asistir erscheinen
ausente abwesend
afanarse sich viel Mühe geben
adelantar Fortschritte machen
discípulo m. Schüler
examinar prüfen
resolver beschließen
favorecer begünstigen
agradecido dankbar
proponerse vorgehalten werden
ociosidad f. Müßiggang
huir de fliehen vor
avisar benachrichtigen
dejarse caer sinken, niedersinken
causar verursachen
escándalo m. Aergerniß
perdonar erlassen, schenken
sol m. Sonne
planeta m. Planet
emperador m. Kaiser
obstinado hartnäckig
pensar bedenken
asombrarse erstaunen
movimiento m. Bewegung
nacion f. Nation
prosperidad f. Wohlstand
rápido rasch
fundo m. Grundvermögen
aproximarse sich nähern
desenlace m. Entwickelung
fuego m. Feuer
descubrir entdecken, zeigen
poeta m. Dichter

B.

Kind niño m.
lachen reirse
Weisheit sabiduria f.
Unwissenheit ignorancia f.
entgegengesetzt opuesto
heucheln disimular
Bier cerveza f.
Redner orador m.
anwenden emplear
nöthig necesario
geizig avaro
verzweifeln desesperarse
Wichtigkeit entidad f.
sich verlassen fiarse
Weile rato m.
sich langweilen fastidiarse
befehlen mandar
retten salvar
daran liegen importar
Unglück desgracia f.
überzeugen convencer
Vogel Strauß avestruz m.
aufrichtig sincero
durchaus absolutamente
Sorge cuidado m.
betrachten mirar
vom Kopfe bis zu den Füßen desde los piés á la cabeza
Großeltern abuelos m. (Pl.)
erfahren saber
Unglück desventura f.
Mund boca f.
sich setzen colocarse
Thalerstück peso m.
Pille píldora f.
Gefallen favor m.
vermeiden evitar
sogleich desde luego
unterrichtet informado
sich erklären esplicarse
recht bien
Anzeichen indicio m.
Beweis prueba f.
Gebrauch uso m.
aussprechen pronunciar
Festung fortaleza f.
Belagerung sitio m.
aufheben levantar
Ort lugar m.
fest fuerte
vorher ántes
dringend urgente
offenkundig notorio

gefallen agradar
mächtig poderoso
Feind enemigo m.
ruhmvoll glorioso
Sieg victoria f.

Uebung XXVI.

A.

demostracion f. Kundgebung
Bayas Bajá
recompensar belohnen
servicio m. Dienst
pasar vergeben
olvidar vergessen
ganar gewinnen
Regio Rhegium
diligencia f. Nachforschung
practicar anstellen
plazo m. Frist, Termin
otorgar gewähren
edificar bauen
albañil m. Maurer
comedor m. Eßsaal
gastar ausgeben
protector schützend
naturaleza f. Natur
despertar wecken
matador m. Mörder
marido m. Mann, Ehemann
detestar verabscheuen
malvado böse
edad media f. Mittelalter
cordura f. Klugheit
cobardia f. Feigheit
moderacion f. Mäßigung
falta f. Mangel
espiritu m. Geist
helada f. Reif
lodo m. Schmutz, Koth
oscuro dunkel
insoportable unerträglich
polvo m. Staub
viento m. Wind
húmedo feucht
malsano ungesund
tarde spät
rocío Thau
barro m. Lehm, Koth
necesidad f. Nothwendigkeit
piedad f. Frömmigkeit
salud f. Gesundheit
rayo m. Blitzstrahl
caer un rayo einschlagen
prisa f. Eile
fresco frisch
Justo Justus
hundirse einsinken
apresurar beschleunigen
marcha f. Abreise
desgraciado unglücklich
gusto m. Vergnügen

B.

täuschen engañar
Friedrich Federico
anerkennen reconocer
Neapel Nápoles
Galeere galera f.
Rand borde m.
Abgrund abismo m.
Hirtenknabe pastorcillo m.
hülflos desamparado
unter die Füße treten atropellar
vermeiden escusar
begraben enterrar
bestellen citar
erhalten mantener
Ausübung ejercicio m.
Religion religion f.
Schwüle bochorno m.
Regel regla f.
Ausnahme escepcion f.
Schwierigkeit dificultad f.
reich (Adv.) ricamente
Sommerzimmer pieza de verano f.
erblicken divisar
in der Ferne á lo léjos
Küste costa f.
Afrika Africa f.

Uebung XXVII.

A.

Aníbal Hannibal
empeño m. Unternehmen
inclinacion f. Neigung
rumbo m. Kurs
sano gesund
razon f. Vernunft
propuesta f. Vorschlag
freno m. Zügel
criminal m. Verbrecher
huesa f. Grube
triunfo m. Triumph
censor m. Zensor
objeto m. Zweck
moral sittlich, moralisch
ruego m. Bitte
mitad f. Hälfte
coco m. Kokusnuß
deber m. Pflicht
huésped m. Gast
depósito m. Verwahr
tontería f. Albernheit
habitacion f. Wohnung
leccion f. Lektion
broma f. Scherz
fidelidad f. Treue
vista f. Anblick
tirano m. Tyrann
firmeza f. Festigkeit
chanza f. Spaß
verdad f. Wahrheit
ser verdad wahr sein
jubon m. Wamms
terciopelo m. Sammet
positivo bestimmt
gobernador m. Statthalter
voto m. Stimme
deseo m. Wunsch

B.

Rauhheit aspereza f.
Partei partido m.
Infant infante m.
Vorschrift precepto m.
Zorn ira f.
Vaterland patria f.
Verfall decadencia f.
Umgang trato m.
Unterhaltung conversacion f.
verständig discreto
Ball pelota f.
Verlust pérdida f.
in erster Ehe en primeras nupcias.
Insel isla f.
dreizehn trece
geschickt (Adv.) hábilmente
Stimmung disposicion f.
fest fijo
Kleid hábito m.
Geschäft cargo m.
anvertrauen confiar
Beständigkeit constancia f.
Gefühl sentimiento m.
Lesung lectura f.
Schauspiel drama m.
Billet esquela f.
Frage cuestion f.
Meinung dictámen m.
Vorhaben intento m.
Förmlichkeit ceremonia f.
Medizin medicina f.
Reform reforma f.
zerstreut distraido
klein (unbedeutend) menudo
Schwur juramento m.
um Gotteswillen por amor de Dios
Enttäuschung desengaño m.
Betrug engaño m.
Liebe amor m.

Zu Uebung XXVIII.

A.

al punto sogleich
abocarse sich besprechen
atreverse sich erdreisten
separar trennen
canasto m. Korb
desdichado } unglücklich
desgraciado }
secreto m. Geheimniß
vela f. Kerze

recoger zusammenstellen
resto m. Rest
servicio de mesa m. Tischgeschirr
baron m. Baron
conde m. Graf
inmediatamente sogleich
contestar antworten
qué (vor adj. Wörtern) wie
airado zornig
revolucionario m. Revolutionär

B.

beruhigen tranquilizar
Legion legion f.
schützen escudar
Schild broquel m.
sich beschränken reducirse
Büchelchen librito m.
Oktav octavo m.
Dunkelheit obscuridad f.
Stier toro m.
Verpfählung (Staket) estacada f.
Zimmer cuarto m.
sich erholen rehacerse
Niederlage descalabro m.
Kunstgriff industria f.
Korsar corsario m.
Vergleich partido m.
schwach débil
Mal vez f.
Krieger guerrero m.
Raubvogel ave de rapiña f.
krank enfermo
unmerklich sin sentir
Gewalt violencia f.

Zu Uebung XXIX.

A.

tres drei (dritte des Monats)
exequias f. (Pl.) Leichenbegängniß
caso m. Fall
generoso großmüthig
batalla f. Schlacht
necio dumm
comprender begreifen
fastidioso langweilig
de dos años zweijährig
demonio m. Teufel
infierno m. Hölle
raza f. Rasse
galon m. Borte
seda f. Seide
color m. Farbe
traje m. Tracht
inquieto unruhig
bebido betrunken
cargar beladen
cadena f. Kette
cansar ermüden
conjurar verschwören
sota f. Bube (im Kartenspiel)
bolsillo m. Börse
de prisa eilig
sosiego m. Ruhe
humor m. Laune
corte f. Hof
cercano nahe
delicado { zart / kränklich }
pueblo m. Ortschaft
tránsito m. Durchmarsch
pacífico { friedlich / friedfertig }
Ricardo m. Richard
bueno { gut / gesund, wohl }
parecer m. { Meinung / Aussehen }
género m. Waare
de recibo { annehmbar / Besuch anzunehmen bereit }
aficionado zugethan
música f. Musik
dedicar widmen, weihen
afortunado glücklich (früher auch unglücklich)
eternidad f. Ewigkeit
satisfecho zufrieden
capaz fähig
patan m. Bauer
acorde übereinstimmend
de hecho wirklich

asustar erschrecken
arquitecto m. Architekt. Baumeister
callado schweigsam
melindroso zimperlich, geziert
liberal freisinnig
pálido blaß
víctima f. Opfer
imprudencia f. Unklugheit
algo etwas
travieso muthwillig
breve kurz
mozo m. Aufwärter, Kellner
fonda f. Wirthshaus
bien puesto wohl gewohnt
perplejo verlegen
sentido m. Sinn, Besinnung
delicadito schwächlich
enfadado erzürnt, böse
Teodoro Theodor

B.

Zweck fin m.
Ruf llamada f.
Kanarische Inseln Canarias f. (Pl.)
Rose rosa f.
Mariechen Mariquita
Bissen bocado m.
Schlag (Art) calaña f.
Futter (Unterlage) forro m.
Tuch paño m.
sehr fein superfino
zwischenliegend intermedio
rauh (uneben) quebrado
gebirgig montuoso
Möbel mueble m.
Mahagoni caoba f.
Tischgeschirr servicio m.
Datum fecha f.
Unruhe inquietud f.
Schuh zapato m.
heiß caliente
vielleicht (etwa) acaso
Grund motivo m.
vergnügt alegre
unentschlossen indeciso
veränderlich mudable
traurig triste
ernst serio
Beistand asistencia f.
lahm cojo
taub sordo
Klage clamor m.
voll lleno
aufrichtig ingenuo
Herz corazon m.
Zunge lengua f.
müde cansado
Herrschaft dominacion f.
schwellen hinchar
Wunde herida f.
tödtlich mortal
Fuchs zorra f.
schlau astuto
Grille humorada f.
verrückt loco
Wahl eleccion f.
verwirrt confuso
beschäftigt ocupado
sechs seis
verflossen corrido
uneinig discorde
Geschick destino m.
bereit pronto
Untergang ruina f.
vollendet consumado
Schauspieler cómico m.
nachdenklich pensativo
Papier papel m.
schwarz negro
Hauslehrer preceptor m.
Arbeit labor f.
prächtig magnífico
Objekt objeto m.
leidend pasivo
Subjekt supuesto m.
Ausdruck voz f.
passiv pasivo
Schuhmacher zapatero
fest firme
Entschluß propósito m.
Bemühung diligencia f.
abmachen zanjar

milde blando
Vertheidigung defensa f.
junger Mann jóven m.
verständig juicioso
wahrscheinlich probable
Werk obra f.
klassisch clásico
Bräutigam novio m.

Zu Uebung XXX.

A.

obediente gehorsam
coser nähen
descuidado sorglos, nachlässig
inclinado geneigt
genio m. Wesen
pronto rasch, auffahrend
compasivo mitleidig
nueve neun
tomo m. Band
en folio in Folio
agradecido dankbar
niña f. Augapfel
prisionera f. Gefangene
tripulacion f. Schiffsmannschaft
necedad f. Dummheit
Agustin Augustin
alborotado aufgeregt, unruhig
entreabrir verstehen lassen
heredera f. Erbin
duque m. Herzog
circunstancia f. Eigenschaft
resplandecer glänzen
gala f. Zierde
guardian m. Aufseher, Superior
comunidad f. Klostergeistlichkeit
sacerdote m. Geistlicher, Priester
socio m. Theilnehmer
mesquita f. Moschee
templo m. Tempel
cristiano m. christlich
calvo kahl
bosque m. Wald
desnudo entblößt
hoja f. Blatt
delirio m. Wahnsinn
propuesta f. Vorschlag
francmason m. Freimaurer
sabio weise, gelehrt
continuacion f. Fortsetzung
caballero Kavalier, Edelmann
crónica f. Chronik
comun gemein
atentado m. Attentat, Frevel
semejante ähnlich, solch
traicion f. Verrath
calumnioso verläumderisch
falso falsch
picarona f. Bübin
inobediente ungehorsam
cargo m. Schuld
perseguir verfolgen
reo schuldig

B.

Geschlecht raza f.
treulos pérfido
verändern mudar
suchen tratar (de)
flau débil
Sekretär secretario m.
belagern sitiar
Schloß castillo m.
allzu demasiado
ordnen arreglar
solide sólido
Form forma f.
Privatsekretär secretario privado
Glückseligkeit felicidad f.
Geräusch ruido m.
Erbe heredero m.
vereiteln burlar
singen cantar
Lied cancion
Gabe prenda f.
Anführer caudillo m.
Protektor protector m.
fein fino
Leiden afliccion f.
Glück dichas f. (Pl.)
dauernd duradero
Ruhe calma f.

Umstände ceremonia f. (Sing.)
erhaben superior
Kleinigkeit bagatela f.
Vasall vasallo m.
Urheberin autora f.
gemäßigt moderado
erreichen alcanzar
ehrlich honrado
Proklam proclama f.
entwerfen estender
Handlung accion f.
feige cobarde
recht derecho

Zu Uebung XXXI.

A.

fama f. Ruf
tal vez vielleicht
arriesgado gewagt
cazar jagen
ejercicio m. Leibesübung, Bewegung
cama f. Bett
licito erlaubt
posada f. Herberge
francamente frei, offen
hombre de bien rechtschaffner Mann
rehusar verweigern
alojar logiren
posada f. Gasthof
señal f. Zeichen
levantamiento m. Aufstand
impedir hindern
romance m. Romanze
bañar baden
redoblar verdoppeln
martirio m. Märtierthum
afanarse sich abmühen
complacerse sich gefallen
amañarse sich Geschicklichkeit erwerben
redimir loskaufen
enfadarse überdrüssig werden
decidir entscheiden
sacar gewinnen
inducir bewegen
delito m. Verbrechen
meterse sich begeben, kriechen

canapé m. Kanapee
siquiera (mit einer Verneinung) nicht einmal
significacion f. Bedeutung
derribar umhauen
delgado dünn
tronco m. Baumstamm
precipicio m. Abhang
reparo m. Bemerkung
edicion f. Ausgabe

B.

Mühe trabajo m.
wecken despertar
bestimmen fijar
Loos suerte f.
recht derecho
möglich posible
ausdrücken espresar
Dankbarkeit agradecimiento m.
überflüssig escusado
Oheim tio m.
ertragen sufrir
Schmähung desvergüenza f.
eigen propio (de)
verdrießen enfadar
vervollständigen completar
Regiment regimiento m.
Regierung gobierno m.
Verdruß machen dar disgusto
zwingen reducir
beabsichtigen intentar
sich schlagen reñir
Baron baron m.
ersparen ahorrar
ermorden asesinar
beharren obstinarse (en)
übel (Adv.) mal
rufen llamar
Schreck susto m.
Trostlosigkeit desconsuelo m.
von Herodes nach Pilatus laufen andar de ceca en meca
Verstellung representacion f.
abzielen conspirar (á)
mildern mitigar

Strenge rigor m.
geneigt dispuesto (á)
verheirathen casar
Bernhard Bernardo
erpicht empeñado (en)
zusammen junto (Adjektiv)
bemitleiden compadecer
leiden padecer
so asi
sich bemühen afanarse (por)
anfangs al principio
Angreifer agresor m.
Grün verdura f.
einladen convidar (á)
sich hüten guardarse
Gehör oidos m. (Pl.)
unklug imprudente
Rathschläge consejos m. (Pl.)
antreiben estimular (á)
toll loco
glänzen brillar
rasend sein rabiar (por)
Rolle papelon m.
bestimmen destinar (para)
Zeichen señal f.
Moral moral f.
erkennen conocer
Zögerung tardanza f.
Sorge machen dar cuidado
liebkosen cariciar
zermalmen machacar
Bündel manojo m.
Gegenwart presencia f.
verdrehen trastornar
seltsam estraño
Lage situacion f.
kämpfen pelear
Majestät majestad f.
wiedererlangen recobrar.

Zu Uebung XXXII.

A.

dulce süß
satisfaccion f. Genugthuung
atender beachten
antiguo alt
práctica f. Gebrauch
alborotarse sich empören
pulir poliren
colocar versorgen, verheirathen
causa f. Prozeßsache
concluir schließen, beendigen
cabello m. Haar
barrer fegen
almacen m. Magazin, Lager
alquilar vermiethen
pleito m. Prozeß
ver anhören, vernehmen
abuelo Großvater
enajenar (Einen) außer sich bringen
delirar irre reden
estado m. Staat
encargar auftragen
juicio m. Urtheil, Verstand
boda f. Heirath.

B.

verwundern admirar
Art modo m.
Auftrag encargo m.
bekehren convertir
ziehen sacar
Irrthum error m.
schwierig dificil
Menschlichkeit humanidad f.
rathen aconsejar
hinzusetzen añadir
Provinz provincia f.
bezeichnen designar
zu Bett gehen acostarse
schließen cerrar
binden encuadernar
Manuscript manuscrito m.
drucken imprimir
voraussetzen suponer
vermuthen presumir
Rathgeber consejero
begehen cometer
That hecho m.
Kerze vela f.
anzünden encender
wünschen apetecer

Druck impresion
herstürzen abalanzarse
entreißen arrancar
Schleier velo m.
ruhen sosegar
theuer caro
Leichtgläubigkeit credulidad f.
erkalten entibiarse
Eifer zelo m.
versuchen probar
saugen mamar
überwinden vencer.

Zu Uebung XXXIII.

A.

confundir verwirren, in Unordnung bringen
consentir bewilligen, zugestehen
venida f. Herkunft, das Kommen
apetecer begehren
honra f. Ehre, Würde
delincuente m. Verbrecher
proscribir ächten
disposicion f. Verfügung
prender gefangen nehmen
Juanillo Hänschen
cocinera f. Köchin
vergüenza f. Scham
tabardillo m. Scharlachfieber
adversidad f. Mißgeschick
convenir gut sein, sich gehören, müssen
curiosidad f. Merkwürdigkeit
comercio m. Handel
sobrante m. Ueberschuß
dote m. u. f. Mitgift
vez f. Mal, Fall
frase f. Phrase, Ausdruck
complemento m. Ergänzung
directo gerade
indirecto ungerade
ejecucion f. Ausführung
ajeno fremd
sueldo m. Sold, Gehalt
innumerable unzählbar
empleado m. Angestellter, Beamter
descoser auftrennen, aus der Naht gehen
hecho m. Thatsache, Faktum
anterior vorzeitig, älter
pertenecer gehören
florecido blühend
moderno modern, heutig
literatura f. Literatur
escoger auswählen, erwählen
huella f. Spur
predecesor m. Vorgänger
rivalizar wetteifern
gazeta f. Zeitung
pasar übergehen
salirse hinausgehen
junta f. Versammlung
despedirse Abschied nehmen
sembrar säen
garbanzo m. graue Erbse
retirarse sich zurückziehen
Asdrúbal Hasdrubal

B.

einschließen encerrar
wieder abdrucken reimprimir
Werk obra f.
Italien Italia f.
Kronfeldherr condestable m.
Fürst principe m.
Zahl número m.
Gedicht poema m.
Art clase f.
Ruhe descanso m.
Markt feria f.
Gesicht cara f.
deshalb por eso
Mittel medio m.
Bauer labrador m.
Angeklagter reo m.
geständig confeso (en)
Verbrechen delito m.
billigen aprobar
verführen seducir
Unwissenheit ignorancia f.
Einfalt sencillez f.
sich irren equivocarse

manchmal tal vez
eilen correr
Seite lado m.
Vorschrift precepto m.
Kunst arte f.
pflegen cultivar
Poesie poesia
verbessern mejorar
streben aspirar
Pachtbauer colono m.
Gewinn ganancia f.
Gutsherr propietario m.
sich begnügen contentarse
Rente renta f.
Gegend region f.
wenden volver
rechts á la derecha
sich auf den Weg begeben ponerse en camino
Bogen arco m.
weben tejer
die Berechnung machen sacar la cuenta
Preis costo m.

Zu Uebung XXXIV.

A.

ofrecer darbringen
holocausto m. Brandopfer, Opfer
divino göttlich
apearse absteigen, aussteigen
volver en si wieder zu sich kommen
gorro m. Nachtmütze
pluma f. Feder
negarse sich weigern
supuesto (nur) angeblich
inmortal unsterblich
novela f. Novelle
responder antworten
ruego m. Bitte
disculpa f. Entschuldigung
clase f. Klasse, Stand
humillarse sich erniedrigen
enlazarse sich verbinden
reunirse sich wiedervereinigen

B.

hängen ahorcar
Nachrichter verdugo m.
Standarte estandarte m.
demüthigen humillar
Ungläubiger infiel
verdunkeln oscurecer
fischen pescar
Hut sombrero m.
Gestell forma f.
gereuen pesar
Kamm peineta f.
Schildpatt concha f.
konkurriren competir
wohlfeil barato
sich ändern mudarse
Tölpelin majadera f.
Dummheit disparate m.
aussprechen pronunciar
Todesurtheil sentencia de muerte f.
Schmach afrenta f.
erfahren saber

Zu Uebung XXXV.

A.

enfermedad f. Krankheit
habla f. Sprache
lisonjearse sich schmeicheln
novedad f. Veränderung, Neuigkeit
cambiar ändern
harto genug
harto tiempo lange genug
ambicionar geizen (nach)
calidad f. Eigenschaft
prosador m. Prosaiker
alguien Jemand
recordar erinnern
al presente gegenwärtig
respetar achten
ajustar ausgleichen
guisar kochen
aplanchar plätten
bordar sticken
parar ruhen
imponer auferlegen
irritar aufbringen

muchedumbre f. Menge
poder m. Macht
diablo m. Teufel
diablos (Interj.) zum Teufel
desbaratar vereiteln
indigno unwürdig
sangre f. Blut
reconvencion f. Vorwurf
cargo m. Beschuldigung
reja f. Gitter
esconder verstecken
por mi causa meinetwegen
destierro m. Verbannung
obligar verpflichten
inferir folgern, schließen
detestable abscheulich
llevar führen, leiten
humillacion f. Demüthigung
en cuanto hinsichtlich
recelar } fürchten, besorgen
rezelar }
hacer la cocina die Küche besorgen
dominio m. Herrschaft
aragones aragonisch
presentar vorlegen, aufstellen
profesion de fè Glaubensbekenntniß
politico politisch
positivo bestimmt
conseguir erlangen
constante feststehend, ausgemacht
fiesta f. Fest
Juanita kleine Johanne
empuñar ergreifen
acero m. Stahl, Schwert
deuda f. Schuld.

B.

Aufwärter mozo m.
Verfall incidente m.
zerstreuen disipar
Befürchtung temor m.
Geringschätzung menosprecio m.
Faselei desvario m.
richtig acertado
kleine Reise viajecillo m.
trüben turbar
Aufsehn ruido m.
Gefälligkeit favor m.
nun wie pues que
heut zu Tage en el dia
Achselband charretera f.
um die Hand anhalten pedir la mano
stehlen hurtar
Beweis prueba f.
ausgezeichnet relevante
Treue fidelidad f.
sich betragen comportarse
Gelegenheit ocasion f.
angemessen conveniente
gehörig debido
erstaunen asombrarse
beim Anblick á vista
behaupten afirmar
sich entspinnen armarse
Streit disputa f.
Literat literato m.
Angst ansia f.
Qual fatiga f.
ertragen tolerar
sich halten contenerse
Publikum público m.
endlich al fin
im Zaum halten contener
Schreier voceador m.
rechtfertigen justificar
Kreis circulo m.
verhängnißvoll fatal
Verdacht sospecha f.
anführen alegar
unterstützen apoyar
Unsinn desatino m.
dabei sein estar presente
Ausdruck término m.
behandeln tratar
Achtung respeto m.
hegen tener (mit der Dativform)
Essen comida f.
Eduard Eduardo
entweihen profanar
Herd hogar m.
beurtheilen juzgar (por)
Gesicht semblante m.

in der Nähe á la vista
abtreten ceder
Hippokrates Hipócrates
Ritter ricohombre m.
sich niederlegen acostarse
Abendessen cena f.
ausstehen haben tener fuera
Summe suma f.
unterbrechen interrumpir
Gefahr peligro m.
finden encontrar
verspotten hacer burla (de).

Zu Uebung XXXVI.

A.

librero m. Buchhändler
ser cosa nöthig sein
sangrador m. Aderlasser, Bader
huéspeda f. Wirthin
por fuerza mit Gewalt, durchaus
doctora f. Doktorin
marisabidilla f. Vielwisserin
descender abstammen
sentir vernehmen, hören
escalera f. Treppe
sangriento blutig
puñal m. Dolch
acobardar einschüchtern
prodigio m. Wunder
habilidad f. Geschicklichkeit
estupidez f. Dummheit
pobreza f. Armuth
hacer justicia Gerechtigkeit widerfahren lassen
frescura f. Gelassenheit
majaderia f. Albernheit
entrada f. Eingang
bramidos m. (Pl.) Gebrüll
negociacion f. Unterhandlung
durar dauern
sufrimiento m. Langmuth, Geduld
de sobra im Ueberfluß
chanflon ungeschlacht, roh
pico m. Rückstand
insultar höhnen
perla f. Perle
desconsolarse sich betrüben
maldito verwünscht
sujeto m. Mensch, Person
esperanza f. Hoffnung
posesion f. Besitz
choza f. Hütte
rehusar ausschlagen
inoportuno unpassend
zurron m. Hirtentasche
pan m. Brot
pedante m. Pedant
ridículo lächerlich
pícaro m. Spitzbube
estafar abzwacken, prellen
cuanto alles was
paciencia f. Geduld
espantable schrecklich
camaranchon m. Dachboden
bodorrio m. Mißheirath
pájaro m. Vogel
agüero m. Vorbedeutung
dar la enhorabuena Glück wünschen
oficial m. Gesell
guarnicionero m. Riemer
derramar vergießen
hidalgo m. Edelmann
acabar aufhören
víbora f. Natter
contrato m. Kontrakt
matrimonial die Ehe betreffend
tercer abuelo Ururgroßmutter.

B.

Schreiber escribiente m.
Käufer comprador m.
Glaser vidriero m.
Stiefmutter madrastra f.
Tänzerin bailadora f.
Schlafzimmer dormitorio m.
Maulthier mula f.
Pferdestall caballeriza f.
Strohboden pajar m.
Bescheidenheit modestia f.
Blick mirada f.
unehrbar deshonesto
Veränderung mudanza f.

Dolchstich puñalada f.
Pfeilschuß flechazo m.
Löffelvoll cucharada f.
genügen bastar
Zettel esquela f.
Engel ángel m.
herabsteigen descender
bekommen llevar
Lektion sermon m.
Löwe leon m.
Wittwe viuda f.
sterblich verliebt sein rabiar (por)
Hirtenmädchen pastorcita f.
scheinen tener traza (de)
Agnes Ines
Thurm torre f.
Ortschaft lugar m.
versorgt surtido
befallen dar
Fieber calentura f.
Schlange serpiente f.
Regenbogen arco iris m.
Korkzieher tirabuzon m.
Extrablatt gazeta estraordinaria f.
Stammbaum árbol genealógico m.
hinterlassenes Werk obra póstuma f.
annehmen adoptar
Föderativsystem sistema federativo m.

Zu Uebung XXXVII.

A.

actriz Schauspielerin
negarse sich weigern
fingir darstellen
maduro reif
físico Arzt
curar heilen
prevenido voreingenommen
hambriento hungrig
loba Wölfin
pasar fahren
relámpago m. Blitz
seguimiento m. Verfolgung
oveja f. Schaf
milano m. Geier
guardar aufbewahren
aposento m. Zimmer
perdiz f. Rebhuhn
combatir bekämpfen
infundir einflößen, einjagen
terror m. Schrecken
fila f. Schlachtreihe
orilla f. Ufer
Tesin Tessin
Trebia Trebbia
lago m. See
Trasimeno trasimenisch
dominar beherrschen
Mediterráneo Mittelmeer
presteza f. Schnelligkeit
Pirineos m. (Pl.) Pyrenäen
poniente Westwind
dejar ablassen, aufhören
soplar wehen
confundir verwechseln
generalidad f. Allgemeinheit
castellano m. Kastilier
azul blau
subido hell
referir berichten, erzählen
suceso m. Ereigniß
sobrado übermäßig
fabricar fabriziren
estranjero Ausland
todo jeder, e, es
impuesto m. Auflage, Steuer
salir hervorgehen, hergenommen werden
fortuna Vermögen
contribuyente m. Steuernder
rédito Ertrag
reducirse sich beschränken
florido blühend
vega Aue
manso sanft
regar bewässern
lance Vorfall
entero ganz
saludar begrüßen
real königlich
vena Ader
léjos entfernt
censurar tadeln

gusto Geschmack
raiz Wurzel
idioma Landessprache
necesidad Nothwendigkeit
utilidad Nützlichkeit
recomendable empfehlenswerth
indicar anzeigen
enteramente ganz
inverso umgekehrt
fortificar befestigen
cuestor Quästor
inmediato nächst
estrago Verwüstung
canalla Gesindel
menudo klein
honroso ehrenhaft
principal vornehm
alboroto Tumult
encubrir verdecken
encontrarse zusammentreffen
cuarto Quarto, 4 Maravedis

B.

Sängerin cantatriz
Stute yegua
rufen clamar
Prophet profeta
Taube paloma
weiß cándido
Skorpion escorpion
zur Welt bringen parir
Junge hijos
vorbringen avanzar
Elbe Elba
Saale Saal
Ozean océano
Nordsee mar del norte
herabkommen bajar
Eismeer mar glacial
unfehlbar sin falta
Dienstag mártes
genannt dicho
Verbindung combinacion
für Nichts rechnen no contar para nada
Aussprache pronunciacion
gewähren otorgar
ja sí
unzufrieden descontento
trocken seco
nein no
Ganze todo
gleich igual
lernen (aus) aprender (por)
deutsch aleman
schwer difícil
Fremder estranjero
bloß mero
verschwinden desaparecer
Laden tienda
Uhrmacher relojero
bewölkt nublado
diktiren dictar
aufrichtig sincero
Arbeit labor
Programm programa
nennen nombrar
berühmt célebre
Klima clima
prüfen examinar
Wissenschaft ciencia
Räthsel enigma
frei espedito
umgeben rodear
unruhig díscolo
Stamm tribu
Beil segur
neu reciente
gehören ser (de)
Präfekt prefecto
Tribun tribuno
zügeln refrenar
Pastete pastel
anziehen atraer
Flamme llama
Götzendiener idólatra
umhüllen envolver
Körper cuerpo
Lama llama
Heilung cura
gefährlich peligroso
Pfarrer cura
ziehen pasar

Eilbote posta
Post posta
Ebbe bajamar
dringen penetrar
Ursprung origen
Hauptstadt capital
Reich imperio
karthagisch cartagines
Kapital capital

Uebung XXXVIII.

A.

primero zuerst
interior inner
granos Getreide
recurrir Zuflucht nehmen
ardid List
politica Politik
acopiar anhäufen
municiones Kriegsbedürfnisse
vestuarios Kleidungsstücke
cautivo gefangen
arrojarse sich werfen
planta Fußsohle
paños menores Unterbeinkleider
arrojar wegwerfen
lluvia Regen
retardar verzögern
correo Kurier, Post
merced Gnade
indudablemente unzweifelhaft
época Epoche
escasear rar sein
católico katholisch
renegar abtrünnig werden
sorprender überraschen
desierto verlassen
mezclar mischen
ceniza Asche
deshacerse sich auflösen, schmelzen
nieve Schnee
hielo Eis
consuelo Trost
par Paar
libra Pfund
manteca Butter

B.

Rock (Gehrock) levita
Eifer celo
entfalten desplegar
ernten coger
nöthig necesario (para)
Unterhalt subsistencia
versehen abastecer (de)
Lälius Lelio
Seemacht fuerzas navales
ergreifen empuñar
ins Spiel setzen poner en juego
Ränke ardides
Auftrag cargo
Windeln mantillas
Industrie industria
pflegen fomentar
Ackerbau agricultura
Taxe tasa
Schätzpreis postura
herleiten derivar
allgemein general
ersteigen escalar
Alpen Alpes
Reichstag córtes
abhalten celebrar
feierlich solemnemente
Kathedrale catedral
wagen osar
erscheinen comparecer
Befürchtung temor
Grund fundamento
schneiden cortar
Scheffel fanega
Brachland tierra baldia
monatlich al mes
beide dos
Thurm torre
Höhe altura
Kugel bola
Infanterie infanteria
Kavallerie caballeria
einziehen entrar

Uebung XXXIX.

A.

bulla Lärm
zambra Freudengeschrei
mozalbete junger Mensch
travesurilla Muthwilligkeit
faccioso Aufrubristler
vencedor Sieger, siegreich
obsequio Huldigung
gobernadora Statthalterin
regente Regent
acuerdo Uebereinstimmung, Einverständniß
Inglaterra England
puerto Hafen
ingles Engländer
pronunciarse sich erklären
ardiente glühend
pompeyano Pompejaner
cabo de escuadra Korporal
doncella Jungfrau

B.

Christ cristiano
Andalusier andaluz
Sklavin esclava
Literat letrado
gräflich á lo condesil
berühmt ilustre
Geschick acierto
Benehmen conducta
Zurückgezogenheit retiro
Wahnsinn demencia
öffentlich en público
Aussehn semblante

Zu Uebung XXXX.

A.

enseñar lehren
solicitar suchen
estimacion Achtung, guter Ruf
adular schmeicheln
parentela Verwandtschaft
renglon Zeile
predicaderas Talent zum Predigen
otro tanto dasselbe
oferta Anerbieten
acaso etwa
vergonzoso schimpflich
notable bemerkenswerth
reparable tadelnswerth
interesar interessiren
desazonado verstimmt
de veras ernstlich
perseverancia Beharrlichkeit
tunante Müßiggänger
encapricharse sich vernarren
animal Thier
equivocacion Versehen, Mißverständniß
escena Szene, Auftritt
estante Bücherstand

B.

produziren producir
zurückhalten detener
andeuten indicar
Anspruch pretension
Oberfalkner halconero mayor
hinterher reiten ir detras
Reise marcha
Marke medalla
Sperrsitz asiento de luneta
ehemals antiguamente
Einfluß haben influir
Trübsal afliccion
hassen aborrecer
Vermittlung empeño

Zu Uebung XXXXI.

A.

poner por testigo zum Zeugen nehmen
resistencia Widerstand
combate Kampf
contristado betrübt
Joaquin Joachim
inteligente einsichtig
discreto besonnen, klug
hacer falta fehlen
solicitud Sorge, Sorgfalt
proceder schreiten (zu)

recibir la confesion das Bekenntniß abnehmen
incomodar belästigen
chismes Geklatsch

B.

hervorziehen sacar
das Nichts la nada
Gebieterin ama
böse werden enfadarse
entschuldigen disimular
Aufenthalt detencion
Verstellung disimulo
vorlegen proponer
verstimmt desazonado
zu Bett acostado
Zwischenträger correveidile
Dank wissen agradecer

Uebung XXXXII.

A.

llevar de ventaja voraus haben
agraviar beleidigen
discurrir bedenken
consolador Tröster
soberano Souverain, Fürst
despreciar verachten
propio selbst
calumnia Verläumdung
agradar gefallen
ayo Erzieher
irreconciliable unversöhnlich
razon Recht
abstracto abstrakt
prosodia Prosodie
gloriarse sich rühmen
discipulo Schüler
riesgo Gefahr
torpe schimpflich, entehrend
borron Fleck
claro (Adv.) offen, frei
hospedar beherbergen
proteger beschützen
agregar zugesellen
en lugar an — Statt
capaz fähig
beneficio Wohlthat
suerte Weise
alargar herreichen
malo krank
regar benetzen
rostro Gesicht
abundante reichlich
deudor Schuldner
ventura Glück
educar erziehen
aplicar zuerkennen
pena Strafe
trastornar verdrehen
celebro Gehirn
castigar züchtigen.

B.

Ausnahme escepcion
gelten lassen apreciar
ausgezeichnet sobresaliente
bestimmen señalar
Preis premio
überlassen dejar
Pathe padrino
schaden perjudicar
sich zuziehen acarrearse
einladen convidar
die Reihe sein tocar
errathen adivinar
Tausch cambio
goldne Berge versprechen anunciar montes y maravillas
Wille voluntad
wohlwollen querer bien
verheimlichen ocultar
bedauern sentir
aufnehmen acoger
gütig bondadosamente
Prinzeß princesa
küssen besar
Vorsehung providencia
zurechtstellen arreglar
reinigen limpiar
Vetter primo
verwirklichen realizar
ankündigen anunciar

treu leal
Offenheit franqueza.

Zu Uebung XXXXIII.

A.

herencia Erbschaft
mando superior Oberbefehl
épico episch
narrativo erzählend
sumamente höchst
eficaz wirksam
poner la mesa den Tisch decken
lazo escurridizo Schlinge
desasosiego Unruhe
lástima Mitleid
fallar fehlschlagen
de veras wahrhaftig
aguantar ertragen
desmejorar verschlimmern
desgranar auskörnen
afecto Zuneigung, Liebe
comadre Gevatterin

B.

zerreißen { destrozar / romper
sich verwenden empeñarse
Unterschied diferencia
Inhalt argumento
volksthümlich popular
Chocoladekanne chocolatera
auf einmal de una vez
eingehen venir (en)
Verkehrtheit desacierto
Kalender calendario
hinlänglich bastante
regeln arreglar
zählen (nach) contar (con)
würzen sazonar
ausdrücken esprimir
Zitronensaft zumo de limon
schmähen injuriar
Furcht miedo
im Ernst de veras
lieber als ántes que
entehren deshonrar

treulos pérfido
versagen negar
unbesonnen inconsiderado
Geldbeutel bolsillo
hübsch lindo
Rasse raza

Zu Uebung XXXXIV.

A.

mortal sterblich
proceder herrühren
accidente Unfall
sopa en vino Weinsuppe
particular besonders
francachela Schmaus
gente Leute
arriba oben
locutorio Sprechzimmer
poner la pluma die Feder führen
gracia Begünstigung
derramar ausschütten
navegacion Schifffahrt
discurrir reden
yerno Schwiegersohn
entregar einhändigen, übergeben
camarero Kammerdiener
marino Seemann
apartar auf die Seite schaffen
admiracion Verwunderung
disgustar mißfallen
marques Markgraf
hacerse machen, treiben
comprender begreifen
preposicion Präposition
pronombre Pronomen
practicarse Gebrauch sein
planta Riß
arroyo Bach
verde grün
márgen Rand
hacer mediodia Mittag halten
Homero Homer
griego griechisch
citar anführen
Estrabon Strabo
eliseo elisäisch

Bética Bätica
comarca Mark
epístola Epistel
prospecto Prospekt
cuento Mährchen.

B.

erschrecken asustarse
Mißtrauen desconfianza
Leben führen llevar vida
Opfer bringen hacer sacrificios
Fonds fondos
verschleudern desperdiciar
Urheber autor
schulden deber
Nachricht noticia
Sache causa
Dummkopf mentecato
verhaften detener
Hülfe amparo
Wahl treffen hacer eleccion
verkehrt desacertado
tadeln reprobar
verschneiden trinchar
schenken regalar
herausfordern provocar
gewöhnlich por lo comun
verwegen temerario
verstehen faltar
Wortfügung construccion
Solözismen solecismos
heirathen casarse con
vertrauen confiarse (á)
ermuntern exhortar
dichten componer
dramatisch dramático
Aufführung representacion
befördern promover
wirksam eficazmente
Schwert espada
zweischneidig de dos filos
annehmen adoptar
herausgeben publicar
Lehrgedicht poema didáctico
zeigen presentar
im Allgemeinen en general
anlegen diseñar
Handel treiben hacer comercio
einträglich lucrativo
Würze salsamento
Erwerbszweig industria
blühen prosperar
Jahrhundert siglo.

Zu Uebung XXXXV.

A.

resignarse sich fügen
puerta trasera Hinterthür
doloroso schmerzlich
imponderable unaussprechlich
colérico zornig
enfadado verdrießlich
anoche gestern Abend
ir adelantado zu früh gehen
reloj estomacal Magenuhr (hier ein scherzhafter Ausdruck)
precisar nöthigen
hipócrita Heuchler(in)
embustera Lügnerin
cachazudo kaltblütig, phlegmatisch
embustero lügnerisch
picaron spitzbübisch
apesadumbrado bekümmert
odioso verhaßt
mirar de ojos Blick
hechicero bezaubernd
coleccion Sammlung
bicho Wurm
gabinete Kabinet
diabólico teuflisch
manzana Apfel
cartera Brieftasche
sardesco mürrisch
imperdonable unverzeihlich
inoportuno ungelegen
desagradable unangenehm
boquirubio (rothmündig) unbesonnen im Sprechen, plapperhaft
preocupado eingenommen
cabisbajo schwermüthig
enlace Verbindung
desigual ungleich

acarrear herbeiführen
contraer schließen, eingehen
estraordinario außerordentlich
cucurucho Düte
arrapiezo Laffe
ceder abtreten
pieza Zimmer
arroz Reis
barato wohlfeil
á la vista offenbar.

B.

Sitten modales
ritterlich caballeresco
afrikanisch africano
hirschartig cervuno
athmen respirar
balsamisch balsámico
Begegnung encuentro
zufällig casual
Ader vena
fließen correr
unwissend ignorante
bucklig corcobado
berechtigt acreedor
Nachsicht indulgencia
vergeßlich olvidadizo
hinfällig caedizo
schwächlich delicadito
außerdem ademas
böse enfadado
verschwiegen calladito
geschäftig hacendoso
ergeben apegado
umsichtig circunspecto
verheeren devastar
umliegend circunvecino
sehr berühmt preclaro
Anzug traje
blauäugig ojizarco
Pantoffeln pantuflos
Saffian tafilete
Tuch pañuelo
Seide seda
Stroh paja
Italien Italia
Muhme tia
vierzig cuarenta
Kronleuchter araña
Krystall cristal
eine gewisse Zeit lang por espacio de cierto tiempo
Mittelpunkt centro
Viehzucht ganaderia
Portugal Portugal
verfallen decaer
abnehmen menguar
Ruhe sosiego
einverstanden de acuerdo
Verfügung disposicion
nothwendig de rigor.

Zu Uebung XXXXVI.

A.

verdadero wahr
razon Grund
Mesina Messina
abocarse sich besprechen
depositar absetzen
ansioso begierig
gustoso freudig, gern
claro offen, frei
friolera Kleinigkeit
amante Liebender
presentacion Vorstellung
arzobispo Erzbischof
meridional südlich
bañar bespülen
facilitar erleichtern
comunicacion Verbindung
pais Land
globo Erdkugel
dominacion Herrschaft
hecho gewöhnt
alboroto Tumult
apartar abwenden
Napolitano Neapolitaner
acordar beschließen
conveniente angemessen
república Republik
esquisito auserlesen, vorzüglich
erudicion Gelehrsamkeit

histórico geschichtlich, historisch
concerniente betreffend
guerra Krieg
encargar beauftragen
impertinente lästig, zudringlich
trato Umgang
limitar beschränken
inteligencia Einsicht
bañar baden
pasaje Stelle
desaprobar mißbilligen

B.

hervorragend eminente
Heerführer caudillo
nackend desnudo
hungrig hambriento
hinschleppen arrastrar
mühsam penosamente
redlich honesto
unabänderlich inalterable
ungerecht injusto
Beschuldigung cargo
Athem aliento
Marmor mármol
Mantel capa
Obstbaum árbol frutal
satt harto
los libre
lästig molesto
Freier pretendiente
schuldig deudor
sich gleichen parecerse
loslassen soltar
dumm tonto
unbegründet infundado
Angriff ataque
schwach flaco
angenehm agradable
Gegner adversario
ähnlich parecido
Vortheil bien
sofort desde luego
vorzüglich superior

Zu Uebung XXXXVII.

A.

tardar zögern, lange ausbleiben
bien Wohl
labrar arbeiten (an)
éxito Ausgang
precioso köstlich
jardinero Gärtner
á malas horas zur Unzeit, spät
haber menester nöthig haben
asistir aufwarten, bedienen

B.

Eisen hierro
sogar hasta
Spur rastro
Ursprung origen
verbieten prohibir
Muttersprache lengua materna
Gesang cantar
Kindheit niñez
nothwendig sein convenir
eindringen entrar
ein Geflecht machen armar un enrejado
Weidenzweig vástago de sauce
Figur figura
Pomeranze naranja
stecken (durch) atravesar (por)
Stock palo
Nachbar vecino
Schleier velo
anflehen implorar
Prüfung prueba
verzichten renunciar
beschließen acordar
behalten conservar
tausend mil
Lanze lanza
im Solde á sueldo
bewaffnen armar
beziehen encordar
Harfe arpa
Saite bordon
abnehmen quitar
nach Gefallen á gusto

Zu Uebung XXXXVIII.

A.

caña Rohr
cáñamo Hanf
al par gleicherweise
lino Lein, Flachs
tierno zart
gusano Wurm, Raupe
blando weich
vellon Flocke
cordero Lamm
risa Lachen, Lächeln
labio Lippe
mercurio Merkur, Quecksilber
pesar wiegen
frágil gebrechlich, schwach
ocio Müßiggang
linaje humano Menschengeschlecht
prolijo weitschweifig
escuadra Geschwader
arroba Arrobe (= 25 Pfund)
leña Brennholz
carga Tracht
eslabon Stahl, Feuerstahl
autoridad Ansehen
capitulaciones Kapitulation, Bedingungen der Uebergabe
ajustar verabreden
ayudante Adjutant
refuerzo Verstärkung
misericordioso barmherzig
rayar strahlen
extender ausdehnen
fideicomiso Fideikommiß, unveräußerliches Familiengut
cuarto viert
generacion Geschlecht
árabe Araber
cordobes cordovesisch
valle Thal
cumbre Gipfel
Zenit Zenith, Scheitelpunkt
testamento Testament
de repente plötzlich
meter espuelas Sporen geben
cuesta Abhang
chasco Streich
llevarse chasco sich täuschen
desacreditar in übeln Ruf bringen
mercancia Waare
asegurar versichern

B.

Katze gato
verachten despreciar
Rath consejos
weise sabio
schwer pesado
Blei plomo
Musselin muselina
Neid envidia
Qual torcedor
Strafe castigo
streng severo
wahr verdadero
vermögen poder
Stütze apoyo
Sitten costumbres
geneigt propenso
generalisiren generalizar
hegen profesar
blenden alucinar
übergeben pasar
Richter juez
Unruhe inquietud
schuldig reo
Elle vara
Tabak tabaco
Pfund libra
Kirschbaumholz cerezo
Nußbaumholz nogal
Vorhang cortina
Perkal (indischer Kattun) percal
Zitz zaraza
Appetit apetito
Holland Holanda
Zufall accidente
ins Innere kommen internarse
in Besitz nehmen tomar posesion (de)
Andalusien Andalucía
Armuth pobreza

Schande vileza
durcheilen atravesar
sich wenden encaminarse
auslaufen salir
Panama Panamá
Karlist carlista
wiederholen reiterar
Einfall invasion
Heu heno
Thaler peso
Zentner quintal
Nebenplanet satélite
Stamm tribu
unabhängig independente
Freude goce
zivilisirt civilizado
Verfall ocurencia
Geliebte amante
Sultanin sultana
vermachen legar
Blatt (Seite) página
denkwürdig memorable
folgen suceder
Befehl mando
überschreiten pasar
Bataillon batallon
Schwadron escuadron
jetzig actual
ausführen esportar
Baumwolle algodon
befestigen fortificar
unter Segel gehen hacerse á la vela
einschiffen embarcar
Ausdruck espresion
Alexander Alejándro
Juchten cueros
Mittwoch miércoles
gränzen confinar (con)
im Osten por el oriente
Nordsee mar del norte
im Süden por el mediodia
Kanal canal
Leiden miserias
Amt empleo
auf einmal de una vez
Anlegung construccion
fordern pedir
Landstraße camino
Zustand estado
Kummer pesar

Zu Uebung XXXXIX.

A.

concluir beendigen
estender aufsetzen
escritura Schrift
locura Thorheit
meter setzen
chorlito Brachvogel, Regenpfeifer
cabeza de chorlito Dummkopf, Schafskopf
lio Bündel
ropa Zeug, Wäsche
alpiste Kanarienfutter
canario Kanarienvogel
asueto Ruhe, Feier
hacer al caso zur Sache gehören
colosal kolossal
franco offen
confiado vertrauend
magnífico prachtliebend
zeloso eifersüchtig
suspicaz argwöhnisch
económico sparsam
reservado zurückhaltend
hacienda Gut, Vermögen
Babilonia Babel, babylonische Verwirrung
fingir sich verstellen
señal Zeichen
fuera außer Hause
zanjar abmachen
escabullirse entwischen
desesperado verzweifelt

B.

entfernen separar
Ort sitio
Schuß tiro
richten dirigir
entsagen renunciar
Stelle lugar
Geschenk regalo

nöthigen obligar
Gewalt violencia
zusammennehmen recoger
Landhaus quinta
Mühle molino
Saragossa Zaragoza
sündigen pecar
Sklav esclavo
Dämon demonio
Philosophie filosofia
gegenwärtig presente
brauchbarer Mensch hombre de pro
philosophiren filosofar
poetisiren poetizar
Gymnasium gimnasio
Schule escuela
Nutzen provecho
Retourgelegenheit retorno
vorgeben fingir
einsperren encerrar
Unsinn desatino
errathen adivinar
Taschenspieler jugador de manos

Zu Uebung L.

A.

varon Mann
espantarse erschrecken
impresion Druck
comprender umfassen
tomo Band, Buch
perfeccion Vollkommenheit
decadencia Verfall
reservar behalten
ambos beide
lucha Kampf
obstinado hartnäckig
documento Schriftstück
region Gegend
caer liegen
son Schall
ton Ton
sin son ni ton willkürlich
figurarse sich vorstellen
par Paar
reprension Verweis
recurso Ausweg
traduccion Uebersetzung
estravagancia Ungereimtheit
ridiculez Lächerlichkeit
batista Batist
criatura Kind
habanera Havaneserin
fineza Freundschaftsversicherung
esplicarse sich aussprechen
disputar streitig machen
transformar verwandeln
pecado Sünde
mérito Verdienst
nobleza Adel
bárbaro barbarisch
discurso Rede
citar vorladen
presentarse sich einstellen, erscheinen
sentencia Urtheil
resignacion Ergebung
irrupcion Einbruch
sarracénico sarrazenisch
contestar antworten
aviso Anzeige
monosílaba einsilbiges Wort

B.

stolz orgulloso
ertragen soportar
Schmach afrenta
Unordnung desórden
entziffern descifrar
Schamlosigkeit desvergüenza
berathen consultar
Kalender calendario
sich erdreisten atreverse
voraussagen pronosticar
Ausgang éxito
Schilderung pintura
Lehrgedicht poema didáctico
bemerkenswerth notable
besitzen poseer
Markt plaza
Ladung carga
Bürgerschaft vecindario
Glocke campana

Feierlichkeit funcion
sich begeben pasar
Mailand Milan
Beleidigung agravio
Besiegung vencimiento
Gewalt fuerza
Erfrischung refresco
Nahrung alimento
zu Statten kommen convenir
schwach endeble
Base prima
Unterstützung socorro
belauschen acechar
Gelübde voto
schätzen apreciar
Kummer machen dar que sentir
erziehen criar
Einkünfte rentas
sich belaufen ascender
Dukaten ducado
Abend noche
hüten guardar
schließen cerrar
sich verändern desfigurarse
Backstein ladrillo
fürchten recelar
Souffleur apuntador
annehmen adoptar
nach einander sucesivamente
Figur figura
Haufen caterva
unausstehlich insufrible
anhäufen acumular
Schatz tesoro
organisiren organizar
Schaar hueste
feil mercenario
erwarten aguardar
Spannung espectativa
abhangen depender
zurückgeben devolver
Aussaat siembra
Ernte cosecha
Zeichen seña
Angedenken memoria
köstlich precioso
zweideutig equivoco
ungewiß incierto
Anzeichen anuncio

Zu Uebung LI.

A.

turco Türke
compromiso gegenseitige Verpflichtung
mediar existiren
apostar wetten
peregrino außerordentlich schön
feo häßlich
onza Unze
amanecer anbrechen
Mayo Mai
amargo bitter
recordacion Erinnerung
á lo ménos wenigstens
capitan Hauptmann
máscara Maskenball
portento Wunderding
últimamente letzthin
original originell
ridiculo lächerlich
volverse wiederkommen
critico kritisch, entscheidend
tamaño so groß
dicha Glück
cazuela Tiegel, Napf
albondiguilla Fleischklößchen
cabrito Zickchen
asar braten
desayunarse frühstücken
libertar befreien
abrigar beherbergen
recinto Umkreis
venir á ver besuchen
alfiler Stecknadel
coliseo Schauspielhaus
suplir ersetzen
denuesto Schmähung
destino Amt, Stelle
Herculano Herculanum
Diciembre Dezember
entrada Eingang

B.

Blick mirada
laden cargar
Salz sal
Kapitel capitulo
enthalten contener
Werth valor
sich auszeichnen señalarse
unterbringen acomodar
Loge palco
Meile legua
Nachkommenschaft sucesion
schmerzlich sensible
ertragen llevar
Heirath boda
Schauspieler cómico
abfertigen despachar
Eilbote posta
Guckglas lente
Brille anteojos
Hütte choza
Höhle cueva
erblicken divisar
Spur vestigio
Zuflucht refugio
Einfall ocurrencia
Witz gracia
außerordentlich estraordinario
Verbindung enlace
erschrecken asustarse
gering menudo
Aufregung agitacion
kurz breve
Sklaverei esclavitud
bestehen consistir
Elephantenzähne dientes de elefante
sammeln recoger
verdanken deber
Art especie
Nuß nuez
dreieckig triangular
abmachen acabar
sich aufhalten detenerse
Seevogel ave marítima
Politik política
Mitleid piedad
Vermehrung aumento
Unterhalt subsistencia
Nachmittag tarde
zurückgehen regresar
März Marzo
Gefolge comitiva
überschreiten cruzar

Zu Uebung LII.

A.

desafiar herausfordern
manifestar zeigen
pavia Pfirsche
almendra Mandel
entusiasmo Enthusiasmus, Begeisterung
derramar vergießen
presentar aufweisen
filólogo Philologe, Sprachgelehrter
seguridad Versicherung
elogio Lobeserhebung
escaso dürftig, unbedeutend
arrostrar die Stirn bieten
visita Besuch
Dijesto Pandektenbuch
amor propio Eigenliebe
atrocidad Gräuel
distinto besonder
cardenal Kardinal
á gusto angenehm
escollo Klippe
relacion Beziehung
papel Rolle
partido Partie, Heirath
episodio Nebenhandlung
oportuno passend
espectáculo Schauspiel
acreedor Gläubiger
remedio Abhülfe
monada Ziererei

B.

herausbringen sacar
Frauenkleid vestido de mujer
Bedienter doméstico
Obst fruta

neu novel
betrachten mirar
Gleichgültigkeit indiferencia
krönen coronar
Frevel atentado
darlegen esponer
Auskunft informes
Zeuge testigo
Bürger ciudadano
verständig cuerdo
Schwankung vaiven
Glück fortuna
Birne pera
Finger dedo
Ring anillo
Gemüthsart indole
gegen Etw. sein repugnar
Entschluß partido
gewaltsam violento
einen Schritt thun dar un paso
wenden volver
Gesicht rostro
Wohlergehen prosperidad
Element elemento
bestehen componerse
Repertorium repertorio
sich vornehmen proponerse
kämpfen combatir
zu Land por tierra
zur See por mar
Ausflucht efugio
Anmuth amenidad
Geschick acierto
Anlage disposicion
unterhaltend entretenido
Ehrgeiz ambicion
Anleihe empréstito
Schwierigkeit dificultad
Anspruch derecho
abschreiben copiar

Uebung LIII.

A.

aprovechar nützen
farsa Posse
trastienda Vorsicht, Behutsamkeit

penetracion Scharfsinn
siesta Mittagsruhe
vejez Alter
tomar gelten lassen
nacion Ausländer
hereje Ketzer
cambiar sich ändern
elogio Lob
laudable lobenswerth
maña Gewandtheit
ingeniatura Erfindungsgabe
desnucar das Genick brechen
Papamoscas Tölpel (hier etwa Großherr)
á la violeta oberflächlich
erudito gelehrt
presumido anmaßend
rasgo Zug
coqueteria Koketterie
tutor Vormund

B.

zu packen kriegen pillar
zu rechter Zeit á tiempo
Gedächtniß memoria
Entschuldigung disculpa
reizen irritar
erbittern exasperar
aussöhnen conciliar
Leander Leandro
einholen recuperar
davon kommen escapar
Beule chichon
Graben foso
eitel envanecido
ausschweifend disoluto
Unwetter tormenta
aufheitern serenarse
Punkt punto
beitreten acceder
durchdringen partir

Uebung LIV.

A.

tonadilla Liedchen
letra Buchstab

alfabeto Alphabet
titulo Titel
Asturias Asturien
fundar gründen
augusto erhaben
tutoría Vormundschaft
denotar bezeichnen
importar betragen
reducir reduziren, bringen
comun gemeinsam
denominador Nenner
término Ausdruck
multiplicar multipliziren
portal Portal, Eingang
bayeta Boi (Art Flanell)
cabal vollkommen, genau

B.

aushalten sufrir
Akt acto
Szene scena
Schauspieler actor
erscheinen presentarse
Gesang canto
Uebung ejercicio
die Regierung antreten entrar á reinar
schwören jurar
Sertorius Sertorio
erleichtern aliviar
Tyrannei tiranía
lasten pesar
Gewissen conciencia
Rücksicht respeto
zu fürchten temible
sich erholen volverse
Unfall accidente
einfallen ocurrir
Gedanke pensamiento
zu früh gehen adelantar
Betrag importe

Zu Uebung LV.

A.

estar metido stecken, sitzen
diestro geschickt
discreto bescheiden
elocuente beredt
insistir bestehen
dicho Ausspruch
tenaz zähe, hartnäckig
inoportuno unpassend
conciso gedrängt, bündig
elegante elegant, gewählt
amistoso freundschaftlich
bajo leise
temprano früh
presto schnell
cenar zu Abend essen
partida Partie (im Spiel)
concertar verabreden
enterrar eingraben

B.

bloßstellen exponer
verwegen (Adj.) temerario
durchkommen pasar (por)
regelmäßig (Adj.) regular
doppelt (Adj.) doble
sich benehmen conducirse
verständig (Adj.) cuerdo
ehrerbietig (Adj.) respetoso
zärtlich (Adj.) tierno
Grund motivo
Niedergeschlagenheit abatimiento
fein (Adj.) fino
weiblich (Adj.) afeminado
kräftig (Adj.) fuerte
unerwartet (Adj.) inesperado
närrisch loco
sich vergrößern acrecentarse
auf die Beine kommen ponerse en pié
Sonntag domingo.

Zu Uebung LVI.

A.

justificacion Rechtfertigung
hecho That, Handlung
proceso Prozeß
diligente sorgfältig
infante Fußsoldat
desaire Geringschätzung

hacer un desaire geringschätzig behandeln
silla Sänfte
apuro Verlegenheit
incumbir obliegen
observacion Beobachtung
anuncio Anzeige
diario Tageblatt
sombra Schatten
recoger einziehen
interes Zins, Rente
existencia Existenz, Dasein
tumba Grab
suspender abbrechen
narracion Erzählung
gastar ausgeben, haben
venerable ehrwürdig
alfaqui Alfaqui, maurischer Priester
llegar reichen, gehen
aborrecer verabscheuen
mampara Vorthür
hocico Schnauze
rayar por debajo unterstreichen
diferir aufschieben.

B.

ordentlich (Adj.) arreglado
rudern remar
Höflichkeit cortesía
Lebewohl adios
Gerücht rumor
Einfluß influencia
Saal salon
halten celebrar
Zusammenkunft junta
unbedeutende Meinungen opinioncitas
Halt parada
Bach arroyo
Wetzstein piedra aguzadera
Beschaffenheit calidad
treten dar
Schritt paso
treiben echar
führen llevar
Posse farsa
Schlag golpe
unversehens de improviso
glatt terso
üppig lozano
schwammicht fofo
leer vano
Bartholomäus Bartolomé
erforschen reconocer

Zu Uebung LVII.

A.

idolo Abgott
plebe Pöbel
madrileño Madrider
boca Mündung
normandos Normannen
rodeo Umweg
suspender aufschieben
sacrificar opfern
caudal Vermögen
reconvencion Vorwurf, Tadel
intimo intim, vertraut
acudir Zuflucht nehmen
especifico besonderes Mittel
nivelarse sich gleich stellen
ausente abwesend
desórden Unordnung
atenerse sich halten

B.

genießen gozar
Hinderniß impedimento
nachsuchen solicitar
Erlaubniß permiso
springen saltar
Freude gozo
zerbrechen quebrar
Tasse taza
chinesisch chinesco
Sizilien Sicilia
ausarten degenerar
Luxus lujo
üppig opulento
Band lazo
süß dulce
Maßregel medida
Neger negro

abschaffen abolir
dran liegen importar
Neugierde curiosidad
Neuigkeit novedad
Rath advertencia
Prügel garrotazo
verstehen estar
sich verstellen disimular
zurück de vuelta
verweilen quedarse
Lebenszeichen señal de vida
Gewebe tela
Versprechen palabra
auskramen verter
Schooß seno
Schöpfer criador
mächtig poderoso

Zu Uebung LVIII.

A.

insensato unsinnig
cálculo Berechnung
dinero alte Kupfermünze (Heller)
gesto Aussehen
vigor Kraft
clavar heften
mente Gemüth
tristeza Traurigkeit
retirado abgelegen

B.

ernst grave
mühsam penoso
Aufgabe pension
Richteramt magistratura
Zeichen muestra
Zuneigung afecto
Berathung consulta
pflegen celebrar
glaublich creible
erhitzen acalorar
vernünftig razonable
schwächen debilitar
mißbrauchen abusar
schützend protector
schlau astuto
wie hoch á cómo
einstehen valer
Backstein ladrillo
Lehm barro
ausschelten regañar
erleichtern aliviar
Last peso
bedrücken oprimir
bewegen mover
anfangen hacer
gutherzig bondadoso

Zu Uebung LIX.

A.

persistir beharren
candelero Leuchter
indio Indianer
tener que ver zu thun haben
boticario Apotheker
facultad Fach
presumir vermuthen
temeridad Verwegenheit
en resumidas cuentas kurz
llave Schlüssel
lloroso verweint
chanza Scherz
privilegio Vorrecht
dispensar ertheilen
ociosidad Müßiggang
quitar benehmen, hindern
dorar vergolden
píldora Pille
mala obra schlimmer Dienst
lenguaje Sprache
oscuro dunkel
quimera Streit
mirado umsichtig, bedächtig
puntual pünktlich
asomo Schimmer
realidad Wirklichkeit
manojo Bund, Bündel

B.

Folge resulta
Gegend paraje
köstlich delicioso

Lob alabanza
verschreiben recetar
heilen curar
Gebrechen achaque
pflanzen plantar
Gitter reja
merken sentir
überwältigt rendido
ohne Rock en cuerpo
Kandidat candidato
übel wollen querer mal
Vers verso
verlegen apurado
drücken estrechar
Prozeß pleito
Abwesenheit ausencia
verstatten consentir
fasten ayunar
krank werden enfermar
sich in Acht nehmen recatarse
bemerken reparar
gefügig dócil
wohl erzogen bien criado
Empfang acogida
Scharmützel escaramuza
Landleute labradores
Mußestunden ocios
unterzeichnen firmar
Einfall aprehension
vorschießen adelantar
verletzen lastimar
sonderbar singular

Zu Uebung LX.

A.

funcion Verstellung (im Theater)
tarde Nachmittag
estraño seltsam, wunderlich
valiente tapfer
lancero Lanzenträger
polaco polnisch
mameluco Mammeluk
buei Ochs, Stier
arar pflügen
particularidad Genauigkeit
idiotismo Idiotism, Spracheigenthümlichkeit
Garona Garonne

B.

neuangekommen recien llegado
sich widersetzen oponerse
beständig continuamente
Mißbrauch abuso
nachforschen indagar
erneuern renovar
Sturmläuten asonadas
anbeten adorar
berechnen calcular
ohnmächtig desmayado
Dauer duracion
Irrthum error
brennen abrasar
unerträglich insufriblemente
Abschied nehmen despedirse
überhäufen colmar

Zu Uebung LXI.

A.

gentio Menge Volks
cumplimentar beglückwünschen
favorito Günstling
potestad Macht
regenta Regentin
Dinamarca Dänemark
heredar beerben
porvenir Zukunft

B.

Liebhaber amante
Anselm Anselmo
Beständigkeit constancia
Wunder milagro
unter Schloß und Riegel legen dejar debajo de llave
Ankunft llegada
Beatrix Beatriz
Kaplan capellan
kurz (leicht) ligero
Messe misa

verleben desposar
trauen velar
Unglücksfall desdicha

Zu Uebung LXII.

A.

hacer calceta stricken
conmovido in Bewegung
tronco Baumstamm
consecuencia Folge
melancólico melancholisch
verdugo Nachrichter
descargar entladen, thun
fatal verhängnißvoll
impulso Antrieb
enero Januar
rienda Zügel
vanguardia Vortrab, Vordertreffen
invierno Winter
cabecera Kopfende
patio Parterre (im Theater)
áspero rauh
indignacion Unwillen
ir de camino unterwegs sein
matemáticas Mathematik
aplicar anwenden
preciarse gehalten sein wollen
galante galant, artig
recato Ehrbarkeit, Sittsamkeit
detestar verabscheuen
tahur Spieler
agorero Zeichendeuter, Wahrsager
liviano leichtfertig

B.

erleuchten iluminar
Botschaft recado
Theurung carestía
Frühling primavera
Page paje
einnehmen ocupar
Dame dama
Gesellschaft compañía
streifen frisar (en)
sich bequemen reducirse
Rolle papel
Umschlag sobre
Siegel sello
Anmuth gracia
Manieren modales
Zauber atractivo
früh temprano
Untergebene inferiores
Leutseligkeit afabilidad
Schlichtheit llaneza
lustig divertido
Gesell compañero
Obere superiores
Ehrerbietung respeto
Klugheit cordura
entsprechen corresponder
Aufnahme acogida
freundschaftlich amistoso
Gewaltthätigkeit violencia
Anmaßung arrogancia
veranlassen ocasionar
Streit disputa
Zwistigkeit desavenencia
häufig frecuentemente
Monarchie monarquía
zerstören destruir
sich ausdehnen estenderse
Kontinent continente
über sobre
Ursprung origen
aufsteigen subir
Sage tradicion
Bollwerk baluarte
Scipio Escipion
Wirthshaus posada

Zu Uebung LXIII.

A.

resignar abtreten, zurückgeben
estrago Verwüstung
furioso wüthend
estinguirse erlöschen
linea Linie
austriaco östreichisch
fiesta Festlichkeit, Schauspiel
mariscal Marschall
via de auf dem Wege nach

insurreccion Aufstand
paisanaje Bauernschaft
gallego gallizisch
conquista Eroberung
recobrar wieder erlangen
territorio Gebiet
restablecer wieder herstellen
cultivo Landbau
campaña Feldzug
apaciguar beruhigen, stillen
rebelion Empörung
por do quiera überall
sexo Geschlecht
varonil männlich
restituir zurückgeben
sosiego Ruhe
desistir abstehen
propósito Vorhaben
galan Schauspieler für Helden- und Liebhaberrollen
descargo Rechtfertigung
tropezar treffen, stoßen (auf)

B.

verfließen trascurrir
Ungleichheit desconformidad
Leichenbegängniß exequias
fallen (sterben) fallecer
Maure moro
sich unterwerfen reducirse á la obediencia
erhalten mantener
Ausübung ejercicio
Festigkeit estabilidad
Ausdehnung estension
beständig continuo
Aufregung agitacion
stören turbar
zurücktreten volverse
umsetzen convertir
lustig divertido
Ermüdung cansancio
niederwerfen postrar
Eroberer conquistador
herzukommen sobrevenir
Verstärkung refuerzo
organisiren organizar
Joch yugo
muselmännisch musulman
besetzen ocupar
verladen cargar
Freitag viérnes
auseinander setzen esponer
Kürze brevedad
Trupp tropa
Umkreis recinto
aufrührerisch revoltoso
Befehl mando
Division division
fechten pelear
ritterlich bizarramente
verhaften detener

Zu Uebung LXIV.

A.

serenar erheitern
jurispérito Rechtsgelehrter
á vozes schreiend
pasar por la imaginacion in den Sinn kommen
delicadeza Zartgefühl
pudor Schamhaftigkeit
juramento Schwur
echar en olvido vergessen
argumento Gegenstand
insultar beleidigen
curiosear neugierig spähen
reprehender Verweise geben
untar bestreichen
comprender begreifen
arca Kasten, Kiste
pecar sündigen
despojarse sich auskleiden
promover befördern
calor Wärme, Eifer
navegacion Schifffahrt
reflexionar nachdenken
desafiar herausfordern
tributar darbringen
humilde demüthig
accion de gracias Danksagung

B.

Dame señora
Enkel nieto
bersten abrirse
umkommen espirar
bleiben permanecer
entgegnen contestar
Prediger predicador
Gesammtheit der Klostergeistlichen comunidad
ehrenhaft honrado
angemessen justo
verhehlen disimular
brechen quebrantar
wecken despertar
stärken fortalecer
belohnen recompensar
Jahre alt sein tener años
Ruhe tranquilidad
ansehen mirar
voll pleno
deklamiren declamar
unmerklich sin sentir
wieder bekommen cobrar
Besinnung conocimiento
waschen lavar
Seufzer suspiro
Theaterstück comedia
Wald monte
Zögerung tardanza
Sorge machen dar cuidado
festnehmen arrestar
untergehen irse á pique
eines Bessern belehren desengañar
einhändigen entregar
abbringen apartar
niedrig vil
Absicht intento

Zu Uebung LXV.

A.

privar berauben
estafermo Gaffer
menguado Feigling
variedad Mannigfaltigkeit
perplejidad Verlegenheit
hilar spinnen
tejer weben
picar verfolgen
retaguardia Nachtrab

B.

plötzlich de pronto
spaßen estar de fiesta
liegen estar sito
ertragen pasar (por)
Uebelstand inconveniente
Vogel pájaro
erstaunen pasmar
schaden perjudicar
Verhandlung transaccion
Unzahl sinnúmero

Zu Uebung LXVI.

A.

degollar enthaupten
acento Stimme, Ton
malograr mißlingen
cobrar wieder bekommen
segur Beil
desmayar verzagen
abrigar hegen

B.

schuldig culpable
Freundin amiga
belohnen premiar
überlassen bleiben quedarse (para)
Streit fiesta
begreifen concebir
Schlinge lazo
vereinigen juntar

Zu Uebung LXVII.

A.

inquietar beunruhigen
marquesa Markgräfin
genio Charakter, Gemüthsart
cuento Erzählung, Mährchen, Unsinn
escusado überflüssig
calumniar verläumden
perjudicial nachtheilig

empeñarse bestehen (auf)
disonar schlecht lauten
echar una mano eine Hand leihen, mit anlegen
inconveniente Hinderniß
estar empeñado bestehen (auf)
bribon Bube
pesadumbre Kummer

B.

Zigeuner gitano
vernachlässigen descuidar
Sicherheit seguridad
voraussetzen suponer
Erlaubniß licencia
verabscheuen aborrecer
Reform reforma
auf unbestimmte Weise vagamente
Paß pasaporte
sich einbilden imaginarse
im Einverständniß de acuerdo
unter seinem Schutze con su arrimo
sich einlassen meterse
gefährlich arriesgado
ziehen pasar á vivir
ackern labrar
sich verwenden empeñarse
Zeug tela
aufgeben encargar
aufwachen despertarse
sich zerstreuen distraerse
ausfallen salir
begehren apetecer
Bübin bribona
betheiligt interesado
bemerken notar
Achtung estimacion
fruchtlos sin fruto

Zu Uebung LXVIII.

A.

indole Gemüthsart
avisado vorsichtig
defecto Fehler
principios Anfangsgründe
donaire Anmuth
arrebatar hinreißen
apercibir rüsten, vorbereiten
séquito Gefolge
numeroso zahlreich
historiador Geschichtschreiber
incurrir gerathen, verfallen
flaqueza Schwäche
vecino Nachbar
café Kaffeehaus
reemplazar ersetzen
cultura Bebauung, Pflege

B.

abwerfen arrojar
Maske máscara
erniedrigen envilecer
Bildung cultura
Sammelplatz depósito
zerstreut disperso
passen venir bien
zart delicado
Verstand juicio
befehlen mandar
angeben indicar
tapfer valiente
führen guiar
Kampf pelea
Zärtlichkeit cariño
Kammerdiener ayuda de cámara
schätzen hacer aprecio
entfernen apartar
bestimmen determinar
die Feder führen poner la pluma
sich unterhalten entretenerse
eingenommen prevenido
zu Gunsten en favor
zeigen manifestar
genug sein bastar
beschützen defender (de)
belieben agradar

Zu Uebung LXIX.

A.

alcanzar begreifen
salir (con) erreichen

porfiar hartnäckig auf seinem Willen bestehen
renacer wieder aufleben
propiamente eigentlich
convenir eingehen
capitular kapituliren
calabaza Kürbiß
llevar calabazas einen Korb bekommen
emendarse sich bessern
regularmente in der Regel
buena fé Redlichkeit
solidez Sicherheit
contrato Vergleich, Kontrakt
tocar la campanilla die Schelle ziehen
correr la cortina den Vorhang zuziehen
mosquito Mücke
franco frei
poner sitio belagern
acometer befallen
peste Pest
suegro Schwiegervater
perder de vista aus den Augen verlieren
instar dringend bitten, anliegen
anunciar anmelden
estorbar stören
alcaide Burgvogt
prestar pleito homenaje den Eid der Treue schwören

B.

sich hüten recatarse
Regenschirm paraguas
leuchten brillar
Blitz relámpago
treffen herir
Strahl rayo
gewahren advertir
Finsterniß obscuridad
darauf ankommen importar
Zweck objeto
schwerlich dificilmente
Bord bordo
vergelten pagar
aufführen representar
vorsichtig sein tener cuidado
hinstellen colocar
verwahren guardar
Feuchtigkeit humedad
erwiedern pagar
sich entfernen apartarse
der Tag bricht an amanece
wach despierto
besuchen ir á ver
sich erkundigen pedir informes
offen geständig llanamente confeso
Abendessen cena
Schreck susto
entstellen desfigurar
merken sentir
widerrufen desdecirse
umbringen matar
behaupten afirmar
schläfrig sein tener sueño
sich hingeben abandonarse
Muthlosigkeit desaliento

Zu Uebung LXX.

A.

progreso Fortschritt
adelantarse vorrücken
atajar abschneiden, hemmen
presentar anbieten
descarga Geschützsalve
pólvora Pulver
llamarada Lohe
abrasar in Brand setzen
tratado Vertrag
celebrar abschließen
cartagines Karthager
consulado Konsulat
capote Ueberrock
desparbarse sich beeilen
disponer bestimmen
intempestivo unzeitig
erudito gelehrt
escolio Scholie, Anmerkung
tratado Abhandlung
pretension Bewerbung, Gesuch
intolerante unduldsam

liebre Hase
faltar (á) verletzen
daño Schaden
regocijo Freude
burlar foppen, betrügen
despachar abmachen
cordura Klugheit
insistir beharren
obsequio Huldigung
solicitud Gesuch
saciar sättigen

B.

heften clavar
zurecht legen acomodar
gefaßt mesurado
Trauerkleid lúgubre vestidura
breiten tender
Blick vista
haften fijar
ausstoßen lanzar
Hinrichtung ejecucion
Schreck pavor
ergreifen sobrecoger
dermaßen hasta tal punto
auf die Flucht denken pensar en huir
Titus Livius Tito Livio
streng severo
Plutarch Plutarco
andeuten insinuar
geziert afectado
geneigt propenso
Prachtliebe ostentacion
auskleiden desnudar
beobachten observar
still sein haber silencio
Vorsicht tiento
an die Thür klopfen llamar á la puerta
Spritzenleute bomberos
Kraut yerba
heilsam saludífero
absenden despachar
Charlotte Carlota
in der That en verdad
lieben gustar (de)
todtschlagen matar á golpes
hin sollen ir
vergiften envenenar
nützen servir
Augenblick rato
Zigarre cigarro
einsehen alcanzar
Schulbekanntschaft conocimiento de colegio
sich zeigen presentarse
wagen osar
aufstellen propalar
Behauptung asercion
natürlich por supuesto
vergeuden malbaratar

Zu Uebung LXXI.

A.

gracia Gunst
villano gemein, niederträchtig
pastel Pastete
gasto Zeche
prevenir bemerken, verschreiben
albricias Geschenk für gute Nachricht
zapatero Schuhmacher
zapato Schuh
fiero wild, grimmig
Araucano Araukaner
componer stiften
delincuente Verbrecher(in)
picardia Büberei
brotar sprossen, ausschlagen
cuantioso reichlich
socorro Hülfeleistung
rebato Sturm
catedral Kathedrale, Dom
acomodamiento Vergleich
á gusto nach dem Gefallen
abundante reichlich vorhanden
arenga Rede
en substancia im Wesentlichen
quedarse asi auf sich beruhen bleiben

B.

Unwürdigkeit indignidad
zum Besten haben burlarse
näher adelante

Glück auf! albricias!
lobenswerth laudable
aufregen agitar
weit vasto
währen durar
beweisen concluir
Landbau cultivo
sich anpassen acomodarse
gleichzeitig coetáneamente
gefällig sein complacer
beschuldigen culpar
im Voraus erregen anticipar
zurückgeben devolver
Schachtel caja
Aufstand insurreccion
in Schwung kommen tomar vuelo
Erhebung levantamiento
Gebirge sierra
nächstfolgend inmediato
sich bilden componerse
Ausschuß junta
Mitglied individuo
Stadtrath ayuntamiento
angesehen notable
denken considerar
aufhellen aclarar
Unschuld inocencia
Eigenthum propiedad
eine Berechnung machen formar un cálculo
Garten jardin
Bad baño
Quelle fuente

Zu Uebung LXXII.

A.

docto gelehrt
apasionado Liebhaber, Anhänger
fino treu
bienestar Wohlergehn
impacientar ungeduldig machen
proceder Verfahren
gritar schreien
diabólico teuflisch
cuenta Rechnung
dar befallen
accidente Unfall, Unglück
bienhechor Wohlthäter
doncella Kammerjungfer, Zofe
canónigo Kanonikus, Domherr
silaba Silbe
reunion Vereinigung
denotar bezeichnen
constar bestehen
Ascalonita Askalonit
firmar unterzeichnen
acto Akt
seso Gehirn
apacible mild
distrito Bezirk
mando Macht, Herrschaft
abrazar umfassen
donacion Schenkung
marquesado Markgrafschaft
condestable Kronfeldherr
Aragon Aragonien
jurisdiccion Gerichtsbarkeit, Gerichtsbezirk
estrecho Meerenge
componer ausmachen, bilden
trasladarse sich begeben
orill(e)ar (die Küste) bestreichen, umranden
cordillera Bergkette
punta Spitze
occidental westlich
golfo Meerbusen
cabo Vorgebirge
cuño Gepräge
destruccion Zerstörung, Untergang
Borbon Bourbon
desidia Trägheit
colono Anbauer
cultivable anbaufähig
huevo Ei
convidado Gast
aprontar flüssig machen, anschaffen
vaca Rindfleisch
pliego Bogen
canalla Gesindel; Schlingel
postema Geschwür; beschwerlicher Mensch

legislacion Gesetzgebung
duelo Duell
puñado Handvoll
procurador Abgeordneter

B.

ernst grave
Tadler censor
errathen adivinar
Mißtrauen desconfianza
Grundsatz máxima
unversöhnlich irreconciliable
vor Anker liegen estar al ancla
regieren reinar
Eroberer conquistador
geizig avaro
fähig capaz
Regentin regenta
weihen consagrar
an den Ufern á orillas
Johannes der Täufer Juan el Bautista
Sultanin sultana
vermachen legar
denkwürdig memorable
prachtliebend espléndido
großmüthig generoso
vergleichen comparar
Endung terminacion
einsilbig monosilabo
vermiethen alquilar
Löffel cuchara
durchdringen atravesar
Fürstenthum principado
Insel isla
häßlich feo
einfahren entrar
Sommer { estio / verano }
Winter invierno
gleich igual
Kampf pelea
benutzen aprovecharse (de)
Einsamkeit soledad
Ereigniß suceso
traurig triste
erkennen reconocer
fein fino
hegen profesar
unbeachtet lassen desatender
Verbesserung mejora
Hafen puerto
abtrünnig werden renegar
Gründer fundador
Partei partido
Vergrößerung engrandecimiento
Stellung nehmen colocarse
zuerkennen adjudicar
Geistlichkeit clero
Opfer ofrenda
Dichtung composicion
Blutegel sanguijuela
Verdauung digestion
Einnahme entrada
Stecknadel alfiler
einnehmen tomar
wegbleiben (mit) tardar en traer
beeilen apresurar
Debatten debates
Regentschaft regencia

Zu Uebung LXXIII.

A.

sintáxis Syntax
reducir beschränken
concordancia Konkordanz
recurrir sich wenden
renunciar abtreten
rápido rasch
anuncio Anzeige
cuarto Quartier, Abtheilung, Stockwerk
póstumo nach dem Tode
dominar beherrschen
celebridad Feier
protector Beschützer
nato geboren
ridiculez Lächerlichkeit
tener para si erachten
crítico Kritiker
situar aufschlagen
cuartel general Hauptquartier
adolecer leiden
levemente leicht, ein wenig

gracioso anmuthig
ceceo Lispeln
diario täglich
escursion Ausflug
á su vez ihrerseits
próvido vorsichtig, vorsorglich
hormiga Ameise
distinguir auszeichnen
restaurador Wiederhersteller
buenas letras schöne Wissenschaften
reverendo ehrwürdig
obispo Bischof
magistrado Behörde
civil bürgerlich
poner en obra ins Werk setzen
concertar verabreden
guapo schmuck, wacker
chupa lange Weste, Jacke
camisola Vorhemd
peluquin Perrücke

B.

anzeigen acusar
Empfang recibo
Lärm estruendo
von Seiten por parte
Hauptmann capitan
berühmt célebre
erfahren esperimentado
Vizekönig virei
Nachfolger sucesor
rauben robar
Gedränge apretura
Inhaber depositario
Inschrift letrero
Wäsche ropa
Koffer cofre
besser sein valer mas
Aufwärter in einem Kaffeehause mozo de café
Laufbahn carrera
Student estudiante
gallizisch gallego
Ehrgeiz ambicion
theatralisch escénico
stützen apoyar
dunkel oscuro
Schiefertafel pizarra
aufgeklärt ilustrado
Verwandte parienta
alt anciano
Vertraute confidenta
verbieten prohibir
unwissend ignorante
Zauberei hechizo
Künste artificios
verwünscht maldito
Preßfreiheit libertad de imprenta
Schummelei pastelon
wüthend rabioso
Bestie fiera
weh thun dar pena
betrübt afligido
ernst grave
bemerken notar
Blässe palidez
besänftigen apaciguar
begründen fundar
Zorn enojo
Vormund tutor
Gefangene prisionera
beklagenswerth deplorable
Vorhaben propósito
Mönch religioso
Laune humor
Hirtenknabe pastorcillo
Leid pena
schwer grave
Reue remordimiento
erfüllen llenar (de)
Bitterkeit amargura
geheimnißvoll misterioso
trostlos desconsolado
verändern alterar
Ansehen semblante
Einsamkeit soledad
Alter vejez

Zu Uebung LXXIV.

A.

venera Ordenszeichen
pecho Brust

estante Bücherstand, Büchergestell
campanilla Glöckchen, Schelle
publicar veröffentlichen, herausgeben
biografia Lebensbeschreibung
inedito noch ungedruckt
concavidad Höhle
pueblo Ort
esquina Ecke
asomarse erscheinen
espejo Spiegel
burdo grob
hilo Faden
grosero plump
trama Einschlag, Gewebe
colocar aufstellen
recinto Umkreis
escalera Treppe
garra Klaue, Kralle
quimera Zank, Streit
monja Nonne
almacen Magazin, Laden
aposento Zimmer
acometer angreifen
doblar zusammenlegen, falten, beugen
rodilla Knie
tirano Tyrann
coche Kutsche
detener anhalten
novio Bräutigam
convento Kloster
balsa Floß
crenta Kamm (eines Gebirges)
palma innere Handfläche
conmocion Bewegung, Erregtheit
plato Schüssel
apoyo Stütze
abrigo Schutz
pliego Bogen (Papier)

B.

sich zeigen asomarse
Gitter reja
Bankwagen tartana
zubringen pasar
Ausgang salida
Grotte gruta
ziehen (aus) salir
Spitze frente
Grad grado
Meierei granja
umhergehen pasearse
Neider émulos
frische Luft schöpfen coger el aire
Ladentisch mostrador
Rockschoß falda
scheitern estrellar
Leuchtthurm faro
Spartaner espartano
Mauserei rateria
Geschichte cuento
Zuflucht refugio
mächtig poderoso
eitel vano
Stadtviertel barrio
Ader vena
Einsiedler ermitaño
Residenz corte
sich neigen inclinarse
schuldig reo
erscheinen comparecer
übergeben entregar
Nebenbuhler rival
Schuß tiro
Rotte peloton
Leuchter candelero
Wunde herida
Schreibtisch bufete
Hügel colina
Brücke puente

Zu Uebung LXXV.

A.

llegar gelangen
arrojar schleudern
audaz verwegen
cuello Hals
acero Stahl
iman Magnet
introducirse eindringen, einschleichen
muralla Mauer
foso Graben
cárcel Kerker

dar una vuelta eine Reise machen
estrechar drücken
seno Busen, Brust
silla Stuhl
cubierta Verdeck
virar umwenden, umlegen (beim Segeln)
estrellar schmeißen, schleudern
retirada Rückzug
subterráneo unterirdisch
fragoso rauh, uneben, unwegsam
fondo Hintergrund
guiar führen
solar Boden
paterno väterlich

B.

Krämer tendero
Ende estremo
Zahlmeister contador
erlaucht ilustre
Quersack alforjas
gefangen cautivo
Harem harem
sich stürzen precipitarse
Befestigung fortificacion
Galeere galera
streifen vagar
Sopha sofá
Spree sobrecama
Bettlaken sábana
Decke cobertor
Vorzimmer antesala
hinausgehen dar (á)
Park parque
Henne gallina
Küchlein pollito
Flügel ala
Ball baile
Mitte medio
drücken estrechar
Welle ola
ungeheuer monstruoso
zerschellen estrellarse
sich stoßen darse
Todeskälte frio mortal

verbreiten difundir
Strom corriente
wasserreich caudaloso
Nil Nilo
schwimmen ir flotando
Wiege cuna
Schilf junca
Haufen caterva
hinabgehen bajar
schiffen navegar
Sänfte litera
Schlachtfeld campo de batalla
Tagereise jornada

Zu Uebung LXXVI.

A.

reflexionar nachdenken
tropel Haufen
rostro Gesicht
despacho Depesche
pabellon Fahne
ofrecer versprechen
víspera der vorhergehende Tag
esperiencia Erfahrung
tarde Nachmittag
piloto Steuermann
carestía Theurung
mensaje Botschaft
perecer umkommen
eficacia Nachdruck
estacion Jahreszeit
labrar beackern
abonar düngen
horror Schrecknis
proscripto geächtet
hospitalidad Gastfreundschaft
confortar trösten
trance Krisis, entscheidender Augenblick
consideracion Bedeutung
mediar dazwischen sein
verter auskramen
velar wachen
recogerse zu Bett gehen
combate naval Seegefecht
apresar aufbringen
reinado Regierung

arribo Ankunft
espirar verscheiden
gozar genießen
desatino Dummheit, dummer Streich

B.

gewöhnlich regular
Schreibzimmer escritorio
unfehlbar sin falta
Kanonenschuß tiro de cañon
Kahn lancha
Fehler vicio
verwirklichen realizar
Bewegung movimiento
Urtheil sentencia
Vordertreffen vanguardia
botanisch botánico
Küche cocina
verdreifachen tresdoblar
unter Segel gehen hacerse á la vela
Gnade gracia
zart tierno
ausführlich (mit Muße) despacio
verwandeln trocar
Todesschrecken mortal pavor
Absicht designio
Abwesenheit ausencia
Gespräch conversacion
Gewitter tempestad
beständig wach en continua vigilia
Jude judio
Mörder asesino
tragisch trágico
Werkchen opúsculo
untergehen perecer
verwirklichen verificar
Vermuthung conjetura
scheiden divorciar

Zu Uebung LXXVII.

A.

desastre Unglück
cátedra Katheder
vacancias Ferien
estrechez Mangel
ausentarse sich entfernen
sellar besiegeln
pacto Vertrag
correrse umlaufen (als Gerücht)
desierto Wüste
sosegar ruhen, in Ruhe sein
piano Forteplano
desconcertado bestürzt
inquietud Unruhe

B.

vorkommen (Einem) figurarse (uno)
einsam solitario
auf sein estar levantado
verschieben diferir
Frohsinn alegria
regieren gobernar
sich bewerben (um) pretender (Akk.)
Altkastilien Castilla la vieja
Gegend parte
festnehmen arrestar
kurz breve
E. zur Vernunft bringen volver el juicio á uno
Puppe muñeca
abmachen despachar
Mantel capa
Mitglied miembro
Rath consejo
Ruhe calma
Bewußtsein sentido
verlegen perplejo
fortdauern continuar
Geläute sonido
Befehl mando (de)
Krug jarro
Bratwurst salchicha

Zu Uebung LXXVIII.

A.

distar entfernt sein
sitio Belagerung
sudor Schweiß
peseta Peseta (eine Münze von 4 Kupferrealen Werth)
importar betragen
pretil Brüstung

arco toral Hauptbogen
claro weil
llevar de ventaja voraus haben
debilitar schwächen
madero Holz, Stück Holz
calentar erhitzen
humear rauchen
desdecir nicht entsprechen, sich unterscheiden
concienzudo gewissenhaft
número Anzahl
moler durchprügeln
concurrencia Gesellschaft
particular Privat-
raro sonderbar
porte Fracht
conduccion Transport
á lomo mit Lastthieren
lomo Rücken
generalmente gewöhnlich

B.

fangen coger
Schildkröte tortuga
Untersuchung investigacion
zu stehen kommen valer
Hof patio
Wasserbecken estanque
Myrrthe arrayan
vermuthen presumir
dick grueso
sich erschrecken asustarse
sich auf den Beinen halten mantenerse en pié
naß werden mojarse
tropfen gotear
Verstand juicio
sein Brod verdienen ganar de comer
flehen suplicar
Bemerkung observacion
ähnlich sein parecerse
Maulthier mula
Weizen trigo
Fracht (Schiffsfracht) flete
Zentner quintal
Zins interes
Gulden florin
Kost und Logis casa y mesa

Zu Uebung LXXIX.

A.

ingenuamente aufrichtig
precisamente genau
sitio Ort, Lage
listo rasch
ponerse en pié auf die Beine kommen
desfigurar entstellen
lastimoso kläglich
irse abgehen
salir auftreten
cortesía Knicks
nudo Knoten
almendra Mandel
propina Trinkgeld
garbo edler Anstand
portarse sich benehmen
claridad Offenheit, Freimuth
tardanza Zögerung, Verzug
convenir nöthig sein
torcerse sich beugen
capricho Laune
cayado Hirtenstab
paso Durchgang
chancla Pantoffel
garganta Kehle
baqueta Ladstock
garrote Knebel, Prügel
pintar schildern
aceite Oel
faccion That
derrengar lahm schlagen
garrotazo Prügelhieb
punta Spitze, Zipfel
agarrar ergreifen
ruso russisch
bajo leise
elogiar loben, lobpreisen
finca Grundstück
hostia Hostie, geweihte Oblate
gesto Geste, Geberde
virgen Jungfrau
pregon Ausruf

rapto Entführung
oprobrio Schande
verdugo Henker
grangear erwerben
funesto traurig
nombradia Berühmtheit
maldad Schlechtigkeit

B.

treulos alevosamente
widerstehen resistirse
verzweifelt desesperadamente
Kanonenschuß cañonazo
zu Rathe ziehen consultar
Seekarte carta de marear
Kammerjungfer doncella
zu Grunde richten arruinar
retten salvar
ordnen arreglar
durchziehen pasar (por)
Schulmeister maestro de escuela
Schwefel azufre
verbrennen quemar
Auster ostra
Futteral estuche
wehen soplar
sich benehmen comportarse
Höflichkeit cortesia
wenigstens siquiera
Umschweif rodeo
Verstellung disimulo
Vorschrift mandato
Belieben arbitrio
Gefallen gusto
Kronfeldherr condestable
grüßen hacer cortesías
stoßen dar
Dolch puñal
Zimmermann carpintero
bearbeiten labrar
Balken viga
Deißel azuela
Flaschenzug garrucha
zeigen señalar
Säbel sable
kund thun manifestar
Zeichen signo
glorreich glorioso
auferlegen imponer
Geberde ademan
besiegeln sellar
Nachzügler rezagado
so zu sagen por decirlo asi
Lanze lanza
Beleidigung injuria
anthun hacer
tapfer esforzado
besprengen rociar
Gesicht rostro
bauen (Land) labrar
bewässern regar
zurücktreiben repeler
Gewalt fuerza
theilen partir
durchbohren atravesar
Bayonetstich bayonetazo
sich bemächtigen apoderarse
Mauer muro
fassen coger
zupfen | tirar
ziehen
Bein pierna
Knie rodilla
Hase liebre
Lektion (Zurechtweisung) sermon
Verzweiflung desesperacion
sich unterhalten conversar
Bibel biblia
einrichten arreglar
Vorzeichen pronóstico
Wunder portento
erlangen conseguir
Vermittlung mediacion
wissen lassen enviar á decir
Botschaft mensaje
empfehlen encomendar
Disziplin disciplina
Bekanntmachung proclama
Wunder prodigio
Demüthigung humillacion
vereiteln desbaratar
Anschlag trama

lähmen entorpecer
furchtsam tímido
verdunkeln oscurecer
Pfad senda
Ermahnung exhortacion

Zu Uebung LXXX.

A.

salpicar bespritzen
piadoso mitleidig
enternecer rühren
hostigar necken
alentar ermuthigen
descuido Sorglosigkeit
tentativa Versuch
vacilante schwankend
rudo roh
asestar versetzen
aprontar in Bereitschaft setzen
rabiar rasen
tiritar zittern
abrasarse brennen
rayo Strahl
palpitar klopfen, pochen
gozo Freude
esceso Uebermaß
peonaje Fußvolk
romper eröffnen
parar bleiben, weilen
comunicacion Verbindung
redonda Runde
reñido heiß, blutig
á discrecion auf Gnade und Ungnade
escrúpulo Bedenklichkeit
caridad Menschenliebe, Mitleid
establecimiento Geschäft
insulto Beschimpfung
desarmar entwaffnen
encargo Auftrag
sur Süd
norte Nord
consecuencia Folgerung
turbacion Verwirrung
traje Tracht
estómago Magen
indicio Anzeichen

rectificar berichtigen
dictámen Ansicht, Meinung
conato Bemühung
Cosencia Cosenza
corto klein, gering
atrasado zurück

B.

Rinde corteza
äußere esterior
weich werden ablandarse
Wand pared
naß mojado
erhitzt acalorado
Streit disputa
Angst angustia
einfallen caerse
Müdigkeit cansancio
platzen reventar
Lachen risa
umkommen espirar
närrisch loco
Vergnügen contento
außer sich kommen enagenarse
Freude gozo
unmittelbare Nähe inmediacion (á)
zugethan afecto
übermäßig escesivo
hohl hueco
beliebt bienquisto
Wesen condicion
leutselig afable
Unvorsichtigkeit descuido
Witzigung escarmiento
Leichtfertigkeit liviandad
geneigt propenso
generalisiren generalizar
abstrakt abstracto
Grund razon
entfliehen escaparse
Aufforderung intimacion
Kaserne cuarteles (pl.)
Beleidigung insulto
verschmähen despreciar
folgen seguirse
erhellen colegirse

Chronist cronista
abmachen despachar
Geringschätzung menosprecio
Vasall vasallo
Hauptzierde principal ornato
Schwur juramento
Belagerung cerco
förmlich formal
geschehen verificarse
Vertrag pacto
Gabe don
unerfahren inesperto

Zu Uebung LXXXI.

A.

imponderable unsäglich
sentimiento Leidwesen
influir Einfluß üben
á partido unter der Bedingung
modelo Muster
imitacion Nachahmung
propósito Vorhaben
embajada Gesandtschaft
soltar herausgeben
alojar logiren
periódico Zeitung

B.

fürchten recelar
Schade daño
Besatzung guarnicion
Entschädigung indemnizacion
erleuchten iluminar
Feier celebridad
eintreten (geschehen) acaecer
verstorben difunto
Krönung coronacion
Landstraße camino real
einsetzen instituir
Brüderschaft hermandad
Kleinigkeit friolera
Grille capricho
Gemälde cuadro
leiblich carnal
Bischof obispo
wagen arriesgar
lärmen alborotar
Verfolgung seguimiento
Masse masa
sich etabliren establecerse
löschen apagar
scharmützeln escaramuzar
einholen alcanzar
nachdenken reflexionar
Augenblick rato

Zu Uebung LXXXII.

A.

accidente Unfall
albedrio freier Wille
mantenerse sich nähren, sich erhalten
caridad Mildthätigkeit
encajera Spitzenmacherin
aliviar erleichtern
sepultura Grab
gobernacion Regierung
ciudadela Zitadelle
requisito Erforderniß
sollozo Schluchzen
puchero weinerliche Geberde
enfermedad Krankheit
cargo Auftrag
pronto Aufwallung
credulidad Leichtgläubigkeit
franqueza Offenheit
arbitrio Mittel
broma Scherz, Spaß
cortaplumas Federmesser
empeño Unternehmung
hacienda Gut, Vermögen
teórica Theorie
trueno Donner
rayo Blitz
manufactura Fabrikat, Manufakturwaare
armada Kriegsflotte
aire Miene, Aussehen
intendancia Intendantur, Oberaufseherstelle
usurpador Usurpator, Machträuber
despojos Beute
prueba de nobleza Ahnenprobe

yugo Joch
meditacion Betrachtung
dolencia Leiden
legal gesetzmäßig
recuerdo Erinnerung
poder Macht
recurso Hülfsmittel
vapor Dunst
pestilencial pestilenzialisch, verpestet
mania Manie, Thorheit

B.

Mangel escasez
Frucht fruto
Berathung consulta
Mehl harina
Gewebe tejido
fertigen labrar
grob burdo
Gestalt figura
menschlich humano
Thon barro
Zeug tela
Flachs lino
Stoff materia
Oktav octavo
Streitkraft fuerza
hegen conservar
Groll rencor
Getreide granos
Erwartung esperanza
Grenze limite
Anstand decencia
mailändisch milanes
Ausgang salida
Wort voz
Ueberlegung consulta
Erziehung instruccion
Obst fruta
Bettler mendigo
Kunstgriff artificio
Diplomat diplomático
Kollege compañero
Vorsatz propósito
ins Künftige en adelante
nicht sehr poco
vorsichtig recatado
trübselig melancólico
Trauer luto
Schreck pavor
Führung des Haushalts gobierno de la casa
durchsichtig transparente
Schmähung vituperio
Herrschaft gobierno
Kirschbaum cerezo
Geschlecht estirpe
erlaucht esclarecido
Umgegend comarca
Straßenräuber salteador
Uebelthäter facineroso
Einbildung imaginacion
späterhin en adelante
Wahnsinn frenesí
vorhaben pretender

Zu Uebung LXXXIII.

A.

flojedad Schwäche
tibieza Lauheit
profesion Beruf
prójimo Nächste, Nebenmensch
baratura Wohlfeilheit, Billigkeit
insolencia Frechheit
fraile Mönch
desempeño Erfüllung, Ausführung
invectiva Schmähung
osadia Kühnheit
pretension Anspruch, Verlangen
escesivo übertrieben, maßlos
rango Rang
doncel Edelknabe
pecho Brust
usura Wucher
agravio Beleidigung, Unbilde
bienestar Wohlergehn
mala fe Unredlichkeit
importacion Einfuhr

B.

Gewerbe oficio
Dreistigkeit atrevimiento

Klatscherei chisme
Ausgang éxito
Aussehn aspecto
Heldenthat hazaña
hervorragend sobresaliente
Nützlichkeit utilidad
gesellig social
Lage | estado / situacion

Zu Uebung LXXXIV.

A.

oretano Oretaner
bastitano Bastitaner
coco Kokosnuß
cordel Strick
derecho Abgabe, Gefäll
chuleta gebratene Kalbs- oder Schweinsrippe
maña Gewandtheit
ingeniatura Erfindungsgabe
ginete Reiter
jaez Pferdegeschirr
caudal Kapital
mantenimiento Unterhalt
pólvora Pulver
salva Geschützsalve
desobedecer ungehorsam sein
deber Pflicht
género Fach
gallardia Stattlichkeit
lucimiento Glanz
adoptar annehmen
contemporizador abwartend

B.

Rektor rector
herumwerfen revolver
Schatz tesoro
Gegner adversario
Pudel perro de aguas
Windspiel galgo
Frevel atentado
Grad grado
Oberst teniente coronel
Wohlthat beneficio

Undankbarkeit ingratitud
Kleidung vestidura
roh rústico
Fell piel
Hammel carnero
Speise manjar
Wissen saber
sich weiden apacentarse
Erinnerung recuerdo
Wesen ser
Satz proposicion
Wanze chinche
ungläubig infiel
Unterhandlung transaccion
Pferdegeschirr arreos de caballo
Warnung aviso
Kriegsthat hecho de guerra
vergleichen comparar
Scharfsinn sagacidad
Einsicht penetracion
Festigkeit teson
Kühnheit atrevimiento
berichten referir
Verrichtung ejercicio
grob grosero
elektrisch eléctrico
Spülerei enjuagatorio
Liebschaft amorio
Albernheit devaneo
Einzelnheiten pormenores
Einnahme toma
Lehre doctrina

Zu Uebung LXXXV.

A.

partido Entschluß, Ausweg
elaboracion Ausarbeitung
gallina ciega Blindekuh (Spiel)
dar lugar verstatten
atencion Rücksicht
hipócrita Heuchler(in)
embustera Lügnerin
lugar Anlaß
legislacion Gesetzgebung
conservacion Erhaltung
rezar beten

coger ertappen
subsistencia Unterhalt
licenciado Lizentiat
enagenar veräußern
baluarte Bollwerk
despotismo Despotismus
feudal Feudal-, Lehns-
opresion Unterdrückung
particular Gegenstand, Punkt
desconfianza Mißtrauen
contienda Streit, Zank

B.

l'Hombre el mediator
Belehrung enseñanza
Uneinigkeit disencion
Verfolgung prosecucion
arglistig falaz
Absicht intento
wissenschaftliche Laufbahn carrera de letras
Anklage acusacion
abgeschmackt absurdo
Wanderschaft caminata
ernst serio
Besorgniß temor
Räuberei rapiña
Dank sagen dar gracias
unaussprechlich inefable
Abschaffung derogacion
Markus Marco
Chronik crónica
Kommentar comentario
zu Rathe ziehen consultar
Versorgung colocacion
projektiren proyectar
Verbindung union
Auskunft erhalten tener informes

Zu Uebung LXXXVI.

A.

afear tadeln, vorhalten
atentado Frevelthat
hostil feindlich
desunion Uneinigkeit
acarrear zuziehen
plática Rede
intempestivo unzeitig
saltar in die Augen kommen
desairar geringschätzen, verschmähen
lengua nativa Muttersprache
destino Geschick, Loos
lei Anhänglichkeit
estregar reiben
balazo scharfer Schuß
ir (la vida) gelten (das Leben)
ostentacion Prachtliebe
anhelo Verlangen
forzoso nothwendig
atropellar mit Füßen treten
acreditar beglaubigen
ventura Glück
titulo Rechtsanspruch
estructura Bau
periodo Periode, Satzgefüge
idéntico identisch, gleich
escita Scythe
dique Damm
desaliento Muthlosigkeit
columna Heersäule
insigne ausgezeichnet
achacar aufbürden, vorwerfen
comisionado Beauftragter
institucion Einrichtung, Anstalt
repugnante widerstrebend
fiestas Liebkosungen
conferencia Zusammenkunft, Besprechung

B.

entfalten caerse
Geschick fortuna
streitig machen disputar
Macht autoridad
ersparen ahorrar
durchaus del todo
unbekannt desconocido
Gesellschaft leisten hacer compañía
nachstehen ir en zaga
Warnung advertencia
Drohung amenaza
Genugthuung satisfaccion

Zeugniß certificado
Zuneigung afecto
zu danken wissen agradecer
Gunst erzeigen hacer favor
Groll fassen tomar rencor
Meinung concepto
verletzen lastimar
Stufe escalon
zu Berge stehen erizarse
Freude gozo
Besinnung conocimiento
baden bañar
Schweiß sudor
vermitteln interceder
Haß odio
Offenheit ingenuidad
Strenge rigidez
Ziel coto
Frechheit insolencia
Kriegsvolk soldadesca
Scharfblick penetracion
Rechnungsführer contador
ein Ende machen poner fin
Schlächterei matanza
Aufschub dilacion
beitreten acceder
Glauben schenken dar crédito
geradezu directamente
Leid pena
Amt oficio
Geheimschreiber secretario
Berathung deliberacion

Zu Uebung LXXXVII.

A.

pliego, Bogen, Papier, Billet
atesorar Schätze sammeln
provision Vorrath
taburete Sessel
compatriota Landsmann
satisfactorio befriedigend
griego griechisch
permanencia Verbleiben, Aufenthalt
hombre blanco geachteter Mensch
acerbo herbe, bitter
forastero Fremder
timidez Furchtsamkeit
recto redlich
reserva Zurückhaltung
traslucir durchschimmern
urdir tramas Anschläge anzetteln
divulgar ruchbar machen, ausbringen
mal intencionado übelgesinnt
transaccion Vergleich
árbitro Schiedsmann
horca Galgen
amagar drohen
dañado hinterlistig
censura Tadel
posteridad Nachwelt
renegar verabscheuen
rapacidad Raubgier
equidad Billigkeit
súbdito untergeben, unterthan
estraño fremd
arrastrar hinreißen
pisar treten
depositar übertragen
desoir unerhört lassen
á la vista in Sicht, vor Augen
ganado Heerde

B.

zurückbehalten reservar
Kleinod alhaja
mühsam trabajoso
Wendung modismo
übereinstimmend acorde
anknüpfen trabar
Fassung compostura
Heiterkeit serenidad
Wasserträger aguador
Kiepe esportilla
in Briefwechsel stehn cartearse
sich verschwistern hermanarse
voll pleno
Ankläger acusador
himmlisch celestial
spröde esquivo
Sprödigkeit esquivez
Schranke barrera
ausreichen bastar

Edikt edicto
Stütze apoyo
Gewalt violencia
eine Verschwörung bilden conspirar
ein Opfer bringen hacer un sacrificio
Hauptmann capitan
Ausfuhr esportacion
Waare mercaderia
beschädigen averiar
Seewasser agua del mar
Annehmlichkeit halago
Langsamkeit pesadez
Gedränge tropelia
Schmähung desvergüenza
anmaßend arrogante
Günstling valido
Ausweg partido
erregen agitar
Unruhe disturbio
inner doméstico
leiten llevar
Erbitterung animosidad
Wechsel letra

Zu Uebung LXXXVIII.

A.

cuna Wiege
tropel wirrer Haufen
hidalgo edel, herrlich
ápice Gipfel
halagüeño schmeichelhaft
veneno Gift
brotar hervortreiben
luzes Einsicht
rodeo Umschweif
disimulacion Verstellung
cayado Hirtenstab
hostilidad Feindseligkeit
cartera Brieftasche
canto Stein
contener im Zaum halten, hemmen
arrojo Tollkühnheit
perpetuo immerwährend
borrar tilgen, auslöschen
rastro Spur

B.

Liste lista
Unternehmung empresa
anordnen disponer
Betrug supercheria
Ziege cabra
verwickeln enredar
Dornbusch zarzal
nehmen quitar
entlassen despedir
milde caritativo
schmutzig puerco
Versmaß metro
Zug (im Gesicht) faccion
Lamm cordero
sich bemühen cuidar
gefangen cautivo
Streben empeño
Ehrensache punto de honor
nachsuchen solicitar
Uniform uniforme
Schreibtisch bufete
vorschreiten adelantar
bloßstellen esponer
verwegen temerariamente
Börse lonja
Beleidigung agravio

Zu Uebung LXXXIX.

A.

blanco Ziel
ira Zorn
rezar beten
alcalde Schulze, Richter, Amtmann
presidir präsidiren
espectáculo Schauspiel
á vozes laut rufend
dar muerte das Leben nehmen
salutifero heilsam
remar rudern
parar anhalten
rata Ratte
yerba Kraut, Gras
en forma ordentlich, gehörig
carroza Staatskutsche
pintado wie angegossen

sentido aufgebracht
derecho rechtschaffen
intacto unverletzt
desparramado weit zerstreut
descamisado ohne Hemd, nackend
ceremonia Förmlichkeit
hacha Axt
mellarse schartig werden
errado irrig
enfurecido wüthend
hiena Hyäne
sobrellevar ertragen
habituar gewöhnen
robo Raub
desbandarse die Fahnen verlassen
comandante Befehlshaber
huérfano verwais't
feudatario Lehnsträger
cámara Zimmer
casamentera Heirathsstifterin
ultrajar beschimpfen
trato Unterhandlung
entero fest
apalear durchprügeln
exhausto erschöpft
tomado belegt
bachillera Schwätzerin
charlar plappern
cotorra Papagei
aturdir betäuben, verwirren
burlar täuschen, vereiteln
juicioso verständig
labrador Landmann
tradicionalmente durch Ueberlieferung
mareo Seekrankheit
ladino schlau, verschmitzt
tarumba ganz verdutzt, ganz verwirrt, kopflos
desentendido unwissend, Nichts wissend
caudillo Anführer

B.

zittern tiritar
Frost frio
fechten pelear
aufführen representar
einstudiren estudiar
aufrichten incorporear
allmählig poco á poco
auf- und abgehen pasearse
erhitzen acalorar
zunehmen acrecentarse
Erniedrigung envilecimiento
klopfen palpitar
gefangen nehmen prender
Zerstreuung distraccion
aufsetzen estender
Schrift escritura
Scham rubor
erziehen criar
hungrig hambriento
ohnmächtig desmayado
Berechnung cálculo
irrig errado
niederfallen caerse
fern léjos
nöthig haben haber menester
vertrauend fiado
Menge muchedumbre
hinreißen arrebatar
Abgott idolo
konsequent consiguiente
Knochen hueso
entwerfen concebir
unverwundbar invulnerable
beschwerlich penoso
verlegen perplejo
weich blando
Handschuh guante
schwer gravemente
entbrennen encenderse
Zorn ira
aufwiegeln revolver
lehnen arrimar
Baumstamm tronco
Pfund Sterling libra esterlina
tapfer esforzado
Meuchelmörder asesino
Intendant intendente
Eigenschaft circunstancia
Zierde gala

Zu Uebung XC.

A.

revoltoso aufrührerisch
juramento Schwur
yerno Schwiegersohn
procedimiento Handlung, That
juez de residencia Visitationsrichter
escribiente Schreiber
jefe Oberbefehlshaber
morar sich aufhalten, wohnen
rehen Geisel
magnate Großer
junta Versammlung
tutor Vormund
almirante Admiral
escuadra Geschwader
lector en artes Professor der Philosophie
huésped Gast
vecino Bürger
sacerdote Geistlicher
mancebo junger Mensch
teniente Stellvertreter
consumar vollbringen
regicidio Königsmord
ortodoxo rechtgläubig
heterodoxo irrgläubig
hereje Ketzer
patrono Beschützer; Lehnsherr
dulzura Süßigkeit
ideado phantastisch
impróvido unvorsichtig
colegial Stiftskirche
intercesor Vermittler
grueso stark
socio Theilnehmer
jefe Anführer
varon Mann
juguete Scherz
vocal Abstimmender

B.

Erbe heredero
rechtmäßig legitimo
verhängnißvoll fatal
ungeschickt inhábil
Gesandter embajador
Freiwilliger voluntario
Hinderniß impedimento
Werkzeug instrumento
böse malvado
Drucker impresor
eigensinnig cabezudo
ermüdet fatigado
berauscht beodo
Besinnung sentido
den Mund aufsperren quedarse con la boca abierta
Kronfeldherr condestable
Hauptmann capitan
zu gelten suchen venderse
unterbringen acomodar
treulos pérfido
charakterisiren caracterizar
sinnreich ingenioso
Erdtheile partes del mundo
Minute minuto
Sekunde segundo
Terzie tercio
überdies al (fast veralte)
Glück dicha
dauernd duradero
Prälat prelado
Cicero Ciceron
Vermittlerin intercesora
Neu-Toledo la nueva Toledo
sich begeben pasarse
Rebell rebelde
geben (Namen) poner
befragen consultar

Zu Uebung XCI.

A.

bruto unvernünftig
viva fuerza Alles überwältigende Gewalt
destajo Verding, Preis zu dem eine Arbeit übernommen wird
caminar vorgehen, verfahren
supuesto Voraussetzung
infundado unbegründet

tutela Vormundschaft
milanesado mailändisch
zozobra Unruhe, Angst
encargo Auftrag
frescura Gelassenheit
clavar heften
constitucion Verfassung
grandioso großartig
espectáculo Schauspiel
celosia Jalousie, Sommerladen
faccion Gesichtszug
peso Wucht, Schwere, Last
ser del arte die Kunst verstehen
ser de cumplimiento Komplimente
presencia Aeußeres [lieben
longitud Länge
fábrica Gebäude
latitud Breite
de rigor durchaus nothwendig
aventura Abenteuer
rodilla Knie
puntilla Fußspitze
de reojo mit einem heimlichen Blick
über die Schulter
áspero rauh
condicion Wesen, Charakter
delicado zart, schwach
nervio Nerv
estatura Größe
talle Wuchs
alcanzar erlangen, besitzen
posta Post
bergantin Brigg
sandia Wassermelone
audiencia Gehör
deleite Wohlleben
velo Verhüllung
cintura Gegend des Gürtels
gemir seufzen, ächzen
carrera Lauf
poblacion Bevölkerung
misa Messe
misas Dinge
susto Angst
testigo Zeuge
precepto Vorschrift [brechen
quebraderos de cabeza Kopfzer-

B.

Miene rostro
fest firme
zerstören deshacer
Zauber encanto
Spitze frente
Verfügung disposicion
Joch yugo
Galopp galope
strecken tender
Scheffel fanega
ertränken anegar
Hundert centenar
Ländereien tierras
enorm enorme
Pfarrer párroco
Pfarrvikar teniente de cura
Lehrzeit aprendizaje
militärisch militar
Befehl mando
Geißel látigo
anhören escuchar
Bissen bocado
sich stürzen precipitar
Dunkelheit obscuridad
Röschen Rosita
fallen caerse
Dolch puñal
Lächerlichkeit ridiculez
gewöhnlich comun
zeichnen trazar
überlassen ceder
aufrichtig ingenuamente
Heerführer caudillo
Erfolg resultado
Höhe elevacion
Kapelle capilla
Schulter hombro
sanft dulce
Charakter condicion
sündigen pecar
Verstand entendimiento
ehrwürdig venerable
zubringen pasar
Haushälterin ama
anständig decente

Hochmuth desvanecimiento
annehmen acoger
unbeugsam inflexible
schnell pronto
Befehl mandato
übergenau nimio
Reinheit pureza
rauh bronco
Stil estilo
Verlegenheit apuro
Widerwärtigkeit adversidad
Freudenthränen lágrimas de alegria
Schlägerei sarracena
flüchtig prófugo
unbekannt desconocido
Zuflucht refugio
Mißgeschick adversidad
Verbrechen delito
Einbläser apuntador
Dolmetscher intérprete

Zu Uebung XCII.

A.

óptica Optik, Lehre vom Licht
llevarse bekommen
corriente laufend, üblich
abrigo Schutz
sensacion Gefühl
cubierto Dach, Schutz
milagro Wunder
recibo Empfangschein
primeras materias Rohstoffe
palma innere Handfläche
andas Tragbahre
aspecto Aussehn, Licht
arriero Maulthiertreiber
subir aufheben
particular Privatmann
arrendar verpachten
dependencia Abhängigkeit
recíproco gegenseitig
consumir verbrauchen
destilacion Brennerei
esceso Ausschreitung

B.

Garten huerto
Taback tabaco
übernehmen tomar á su cargo
Verbannung deportacion
Enttäuschung desengaño
Aufsicht inspeccion
Schutz proteccion
Tribun tribuno
Präfekt prefecto
schwören jurar
Mittheilung machen dar parte
Sänfte litera
schaukeln mecer
Wiege cuna
erhalten mantener
Ruhe calma
halten mantenerse
Uneinigkeit discordia
Ordenszeichen venera
Abnahme mengua
Bürgerschaft vecindario
Kleinod prenda
kopflos (sinnlos) sin sentido

Zu Uebung XCIII.

A.

presentarse auftreten
profanar entweihen
hogar (häuslicher) Herd
negociacion Verhandlung
escuela Pia Jesuitenschule
letra Handschrift
atravesar durchziehen
tambor Trommel
batiente schlagend
bandera Fahne
popa Hintertheil des Schiffes
esquilon Schelle
cargo Last
alucinar blenden
licenciar freilassen
rescate Lösegeld
labio Lippe
novia Braut
en ayunas nüchtern

desnudo nackend
oprimir erdrücken
aliento Athem

B.

vereinigen unir
ausrufen proclamar
weich blando
fliegend desplegado
schwimmen nadar
auseinander setzen esponer
weit ancho
Weste chaleco
unruhig inquieto
Greis anciano
erheben levantar
Messer cuchillo
Aufgabe tarea
Sorgfalt diligencia
Staatspapiere fondos públicos
unausgefüllt en blanco
Ruf fama
Theilnahme interes

Zu Uebung XCIV.

A.

encargar anempfehlen
casualidad Zufall
notable merkwürdig
acontecimiento Ereigniß
alcanzar einholen
peligrar Gefahr laufen
mal·contento unzufrieden
perdulario fahrlässig in seinen Interessen
dar en la flor die Unart annehmen
prisiones Fesseln
estrañar sich wundern
groseria Grobheit
despedir entlassen
manifestar kund thun
espirar sterben
visiones Gesichte
interpretar auslegen
al reves verkehrt
apuntador Souffleur

religiosa Nonne
retorno Retourgelegenheit
alcanzar reichen
pasaje Stelle (im Buche)
tomar á pecho sich zu Herzen nehmen
ahogo Bedrängniß

B.

sich befleißen dedicarse
unter Segel gehen hacerse á la vela
Handlung comercio
Gesuch solicitud
mißhandeln maltratar
Mahagoni caoba
Roman novela
Knopf boton
angeben indicar
gleichkommen igualar
übergeben entregar
kühn guapo
argwöhnen sospechar
Menschenfleisch carne humana

Zu Uebung XCV.

A.

sentimiento Bedauern
demandadero Klosterdiener
ponerse en armas sich bewaffnen
vergonzosamente schmählich
pajarraco Ungethüm von einem Vogel
agüero Vorbedeutung
marquesado Markgrafenthum
autorizar ermächtigen
dar cuenta Anzeige machen
justicia Gericht
apostar wetten
provision Verordnung
quedar en algo in Etwas übereinkommen
celeridad Schnelligkeit
altercar streiten
darsele á uno Einem angehen
embestir angreifen
hacerse cuenta annehmen
apartar entfernen
cimentar gründen, errichten

fondo Hintergrund
comunicar in Verbindung stehen
despachar absetzen, verkaufen

B.

verfehlen equivocar
Kurs rumbo
Möglichkeit sein haber forma
ein Zeichen geben hacer señal
Offenheit ingenuidad
Druck opresion
erschöpfen apurar
Urheber autor
Verirrung estravio
wieder gut machen enmendar
sich eindrängen encajarse
murren murmurar
laut altamente
freigebig liberal
fremd estraño
karg escaso
verschaffen proporcionar
Unterredung conferencia
nachdenken meditar
erhitzen acalorar
nachsinnen meditar
ersetzen suplir
Hochstehender prócer
Widerwärtigkeit contratiempo
hemmen paralizar
Waffenstillstand tregua
möglich sein caber
drohen amenazar
Einsturz ruina
unehrbar descompuesto
Mantelsack maleta
Offenheit franqueza
erreichen lograr
Schulden deudas
verschwinden desaparecer
Bühne escena
Dezime décima
gewagt arriesgado

Zu Uebung CXVI.

A.

zaga Hinterdeck
oficio Amt
echar abajo niederwerfen
ayunar fasten
no arrendarle la ganancia á uno Jemandes Loos nicht beneiden
estacada Verpfählung, Stakett
dejar en la estacada in der Patsche sitzen lassen
repartir ertheilen
jurisdiccion Gerichtsbezirk
columbrar ersehen
incidente Ereigniß
parcialidad Partei
convenir entsprechen
gastar un lenguage eine Sprache führen
rayar streifen
bozo Flaum
teñir färben, beschatten
estrépito Getöse

B.

Räthsel enigma
Koffer baul
Notar escribano
aufsetzen estender
Schlag golpe
treffen herir
Opfer victima
Allah Alá
darlegen esponer
untergehen (Gestirne) ponerse
Naturzustand estado de la naturaleza
Vorstellung idea
Eigenthum propiedad
Vortrefflichkeit escelencia
Strichlein rayita
anzeigen denotar
Bisthum obispado
errichten erigir
Gottheit númen
betreten perplejo
wegbleiben tardar en venir

Zu Uebung XCVII.

A.

librería Buchhandlung
silbar auspfeifen
precisamente grade
ofensor Beleidiger
perverso verkehrt
agobiar beugen
sabiduria Weisheit
realidad Wirklichkeit
desviarse abgehen, abweichen
cautela Vorsicht
novedad Aenderung, Neuerung
escollo Klippe
conscripcion Ausschreibung, Aufgebot
citar bestellen,
prestarse sich hergeben
mira Absicht
mezquita Moschee
grada Stufe
intolerante unduldsam
mozo Aufwärter, Kellner
cuadro Gemälde
conflicto Konflikt, Bedrängniß
trato Umgang
desavenencia Mißhelligkeit
predileccion Vorliebe
sentimental empfindsam
certificar bezeugen
distincion Auszeichnung
corresponder erwiedern
redoblar verdoppeln
limar feilen
venta Verkauf
retocar nachbessern
término Ende, Schluß
correria Streifzug
contornos Umgegend
tarde Nachmittag
griteria Geschrei
tener á su cargo beauftragt sein, zu besorgen haben
boqueron Oeffnung, Bresche
tirador Schütze, Tirailleur
desembarazo Ungenirtheit
tener desembarazo sich Freiheiten herausnehmen
delinear zeichnen, entwerfen
tipo Urbild, Bild

B.

Spitzen encajes
beschleunigen acelerar
Vinzenz Vicente
gutheißen aprobar
begaben dotar
Muse musa
Wortwechsel contestacion
kräftig enérgico
Einrede reclamacion
Eindruck machen impresionar (trans. V.)
zuständig competente
Einleitung formacion
Klage (gerichtlich) causa
eröffnen franquear
Eingang entrada
Grenadier grenadero
auf dem Fuße de cerca
verwerfen desechar
hinterlistig insidioso
auferlegen imponer
Kriegssteuer contribucion de guerra
Dominikaner dominicano
Baarschaften provisiones
aufwiegeln alterar
Bösewicht malvado
unterlassen dejar
entziffern descifrar
Schrift escrito
Art catadura
Bewerber pretendiente
Großherzog gran duque
Statthalter teniente
Schwager cuñado
Franz Francisco
wieder erwerben recobrar
Feindseligkeit hostilidad
Anhäufung conjunto
Unglücksfall desgracia
erschöpfen apurar
Beständigkeit constancia

feindlich hostil
Werkstatt taller
verschieben echar
Riegel cerrojo
anlegen poner
Flaschenzug garrucha
vereinfachen simplificar
Auflauf alboroto
sämmtlich todo
Versteigerung almoneda
erleiden esperimentar
Niederlage derrota
unheilvoll funesto
Algier Argel
mächtig poderoso
unterjochen sojuzgar

Zu Uebung XCVIII.

A.

calmar stillen
ansiar ersehnen
advertir anzeigen
dar disgusto Verdruß machen
convocar zusammenrufen
sociedad artística Kunstverein
pulga Floh
hormiga Ameise
secuaz Anhänger
adelantado fortgeschritten, weit
desatino Tollkühnheit
escasear rar sein
comerciar handeln

B.

Sprichwort refran
Probe muestra
veranlassen mover
zurücknehmen revocar
ertheilen dar
opfern sacrificar
Staatsklugheit razon de estado
Erbse guisante
aushellen desgranar
Jungfernbohne judía
aushülsen mondar
ausbeuten esplotar
Phönizier fenicio
roh tosco
zivilisiren civilizar
Kolonie colonia
Gewicht voz
umlaufen correr
Gesinnung sentimiento
beleben animar
erweisen hacer
Anstrengung esfuerzo
sich bequemen acomodarse
Thorheit locura
erfahren esperimentar
hartnäckig testarudo
unklug indiscreto
Vorsicht precaucion
Lebensweise modo de vivir
Menschengeschlecht linaje humano
Unruhe desasosiego
Heirath boda
vorschreiben prescribir
aufstehen sublevar

Zu Uebung XCIX.

A.

de rondon so ohne Weiteres, plötzlich
relacion Bericht
ser del caso zur Sache gehören
obsequio Huldigung, Bewerbung
recado Botschaft
tener á su cargo zu besorgen haben
cédula Diplom
costilla Rippe
venir á propósito dienen
caer en algo sich auf Etw. besinnen, erkennen
alacran Skorpion
picar stechen

B.

Almanach almanaque
die Hosen anhaben tener calzones
Kazike cacique
erzürnen embravecer
verschlingen sorber
Kahn lancha

verabreden concertar
Schornstein chimenea
einmüthig unánime
Chronist cronista
merken prestar atencion
Theil nehmen participar
beobachten guardar
Vervollständigung complemento

Zu Uebung C.

A.

agitarse sich rühren, sich bewegen
circular kreisen, von einer Hand in die andre kommen
acudir hineilen
esterminio Vertilgung
poner sitio belagern
desempeñar aufführen
pretesto Vorwand
junta Versammlung
perverso böse, schlecht
comuneros Aufständische (unter Karl V.)
de por fuerza nothwendig
desacierto Verkehrtheit, Fehler
esparcir zerstreuen
hacinar anhäufen
vengativo rachsüchtig
alevoso hinterlistig
atinar (con) errathen
próspero glücklich
agrario den Ackerbau betreffend
agente Pfleger, Betreiber
manuscrito geschrieben, ungedruckt
solicitar sich bewerben (um)
apasionado Kunstfreund, Liebhaber
vena Ader
tratar verhandeln
traspirar auslecken
satisfaccion Freude
cordial herzlich
enhorabuena Glückwunsch
clarear grauen
encaminar leiten
Araucana Name des größten spanischen Epos
desgajar zerreißen
hurracan Orkan
frondoso dicht belaubt
rama Zweig
pompa Pomp, Pracht
lozania Ueppigkeit
bonancible mild
imperio Herrschaft
estar dormido schlafen
dispersion Zerstreuung
refriega Gefecht
verificarse geschehen
primer término Vordergrund
cuadro Gemälde
disponer anlegen
verificar verwirklichen, ausführen

B.

zirkuliren circular
Besitzthum propiedad
Schrecken susto
sich ausbreiten divulgarse
bewohnen habitar
Wohnung morada
Schwiegervater suegro
Kalesche calesa
den Tisch decken poner la mesa
Geld cuartos
Verschworner conjurado
Sitz asiento
wieder hergestellt restablecido
Unterstützung socorro
gefangen nehmen prender
kämpfen batallar
Unwetter tempestad
Gesellschaft compañía
sich legen meterse
Element elemento
Privatstunde leccion privada
Wunsch pio
versorgen colocar
Brigg bergantin
ein wahrer Packesel sein estar hecho un azacan
mittlerweile interinamente
Schlosser cerrajero
ausmachen importar

gewähren dar
isolirt aislado
Verwahrsam custodia
Verließ mazmorra
Zug (im Gesicht) faccion
Bildnißmaler retratista
übertragen trasladar
Vorbild modelo
erhalten retener
Farbenmischung colorido
Haltung actitud
Bild retrato
Aufnahme acogida
erzeigen hacer
still stehen pararse
auf der Stelle al instante
brennen abrasar
verdorren secarse
reichen alcanzar
gelüsten antojarse
Armenschule escuela pia
sich flüchten acogerse
Prüfung tribulacion
neugierig curioso
gerührt enternecido
schaukeln mecer
Wiege cuna
eitel envanecido
sich aufstellen colocarse
Umkreis recinto
Stufe grada
Hintergrund fondo
glänzend vistoso
Posten puesto
bezeichnen señalar
Zuschauer espectador
erblicken divisar
rühmen ponderar
Uebermaß esceso

Zu Uebung CI.

A.

dar enfrente gegenüber liegen
animadversion Tadel
móvil Triebfeder, Anstifter
martagon verschlagen, schlau
reprender tadeln, verweisen
molestia Mühe
verificar verifiziren, als richtig erfinden
cobranza Erhebung, Empfangnahme
acierto Leistung
púlpito Kanzel
celoso eifrig
disparatado unsinnig
truhanesco possenhaft
levita (Geh)rock
bata Schlafrock
farsa Posse
agreste wild
selvático waldig
ganado trashumante wandernde Schafherde
abasto Lieferung
abono Dünger
prohibicion Verbot
desgañitarse sich heiser schreien
saquear plündern
industrioso gewerbfleißig
cultivador Ackerbau treibend
frustrar vereiteln
cobrar einnehmen
reventar platzen
cabida Geltung, Eingang
prevenido darauf vorbereitet
gallego Gallizier
ponderar ans Herz legen
ilustrar aufklären
conveniente angemessen
clemencia Gnade
tantear untersuchen
tibieza Lauheit
desvio Abneigung
discolo unruhig

B.

kosten (schmecken) probar
gewähren proporcionar
Erholung desahogo
müssen necesitar
unterstützen ayudar
anrechnen imputar
Licht vela

schützen amparar
Seidenzeug tela de seda
Intrigue intriga
Abreise marcha
vorgeblich supuesto
Schwelle umbral
harte Lehre leccion dura
bessern enmendar
verschwenden desperdiciar
sich unterrichten enterarse
bestimmt positivamente
beharren persistir
erhalten (ernähren) sustentar
absetzen (verkaufen) despachar
närrisch werden enloquecer
vollends del todo
erweichen ablandar
Granit piedra berroqueña
Umsatz circulacion
Grenze limite
verabreden pactar
Streben estudio
zugestehen acordar
Ausübung ejercicio
abgeschmackt absurdo
durchschauen penetrar
hülflos desvalido
unentgeltlich gratuitamente
einseifen afeitar
verschönern hermosear
Generalfeldmarschallamt capitania general
Mücke mosquito
zudecken tapar
Hinterthür puerta trasera
Dummkopf mentecato
verfallen incurrir
Aberglauben supersticion
Betrüger embustero
Leichtgläubigkeit credulidad
belohnen premiar
Schnelligkeit ligereza
Hirsch ciervo
Löwe leon
anstehen detenerse (en)
unsinnig disparatado

versunken sumido
erfinden hallar
Verskünstler versificador
sich bestärken ratificarse
Stilist hablista

Zu Uebung CII.

A.

obligaciones Ansehen, guter Name
fabricar enredos Intriguen schmieden
ligereza Leichtsinn
particular Privatperson
reclamar fordern
profesion de fé Glaubensbekenntniß
sondear sondiren, ausforschen
á fondo gründlich
via Weg
reales Lager
retroceder zurückweichen
trasladarse sich begeben
moler zermalmen
rocin Pferd von schlechtem Aussehen
destituir absetzen
enconar erbittern
apercibirse sich rüsten
quitar del medio beseitigen
salirse con algo mit Etw. zu Stande kommen
desmayar den Muth verlieren
desamparo Hülflosigkeit
encadenar ketten, fesseln
enjaular einsperren
humear rauchen
marca Maß
conveniencia Schicklichkeit, Angemessenheit
locucion Redensart, Phrase
vicioso fehlerhaft
red Netz
desembuchar frei heraussagen
dar la vela unter Segel geben
mentar erwähnen
zángano Drohne
aura Luft
convencer überführen
providencia Verordnung

distributivo eintheilend
hereje Ketzer
alcance Erreichung, Einholung
seguir el alcance nachsetzen
tener presente vor Augen haben,
yerro Fehler [eingedenk sein
concepto Vorstellung
voz Laut

B.

heilsam saludable
hinwerfen derribar
Schuß tiro
Musterung halten hacer reseña
Heerhaufen cuerpo
Zitadelle ciudadela
vertreiben expulsar
ohnmächtig desmayado
vorsprechen (bei Jem.) llamar á casa
vergeuden disipar
Vermögen caudal
Grenzgebiet territorio fronterizo
Viehzucht ganadería
zuziehen acarrear
Barbarei barbarie
saugen chupar
Saft zumo
Zitrone limon
Gemüsegarten huerta
umwandeln trasformar
Lustgarten jardin
abschneiden cortar
Warze verruga
verbluten desangrarse
unbewohnt despoblado
gehen (sich begeben) pasar
unterhandeln negociar
Geburtstag cumpleaños
Gemahlin parienta
übel ergehen pasarlo mal (persönlich)
Bemühung gestion
Anerbietung oferta
zulassen admitir
sich erkühnen aventurarse
loskommen salir
Zusammensetzung composicion
sich flüchten acogerse
festes Land tierra firme
Verstärkung refuerzo
blaß werden inmutarse
kochen hervir
zeitig á tiempo
maurisch moro
gebeugt agobiado
Vertheilung repartimiento
Staatseinkommen renta pública
Ausstattung dotacion
angemessen proporcionado
Unterhaltung manutencion
Gerichtshof tribunal
Kanzlei oficina

Zu Uebung CIII.

A.

godo Gothe
calandria Lerche
letras humanas Schulwissenschaften
enlazar verknüpfen, verschlingen
concertar übereinstimmen
giro Konstruktion, Satzbau
licor geistiges Getränk
ladrar bellen
desacierto Fehler, Verkehrtheit
encenderse angehen, anbrennen
soplar pusten, blasen

B.

Wohlwollen buena voluntad
Gegend parte
vergehen pasarse
vorsichtig cauto
Privatverkehr trato particular
Versammlung reunion
Anstand decoro
Haltung compostura
Orthographie ortografia
Neuerung novedad
Celte celta
Zweikampf desafio
Sehnsucht ansia
hinauslaufen parar
ausbleiben tardar

einen Leck haben hacer agua
untergehen irse á pique

Zu Uebung CIV.

A.

seno Schooß
intimacion Aufforderung
desamparar verlassen
contemporáneo Zeitgenoß
estravagante toll
desarreglo Regellosigkeit
adelantarse so weit gehen, sich erkühnen
enmienda Verbesserung
parentesco Verwandtschaft
correr (her) jagen
precipitado eiligst, schleunigst
acongojarse sich beängstigt fühlen
chillar kreischen
jugar limpio redlich spielen
funcion Vorstellung (auf dem Theater)
entorpecer erstarren machen
almacen Magazin
grangear zuziehen, erwerben, gewinnen
gracia etwas Anmuthiges
voluntad Herz
atropellarse sich überstürzen
sentido comun gesunder Menschenverstand
traslucir durchblicken
ajeno fremd, entfernt

B.

Schneegestöber ventisca
eindringen internarse
Gebirgskette sierra
wehen ventear
stark reciamente
Flocke copo
zwischenliegend intermedio
rauh quebrado
inne haben ocupar
Ortschaft pueblo
Berggegend serrania
Verfügung providencia
feststellen establecer
Gebiet territorio
Aergerniß escándalo
Beisteuer contribucion
Bewässerung riego
unfruchtbar machen esterilizar
gebrauchen estilar
Aufregung conmocion
weiter mas
Rangordnung jerarquia
Stelle puesto
Ehrentitel honorifico titulo
Antrieb estimulo
einrücken insertar
Gründer fundador
glänzend esclarecido
kund thun manifestar
Ueberfahrt paso
Floß balsa
Bergspitze pico
erhaben elevado
weh thun sentir (bedauern)
seltsam estraño
Lächerlichkeit ridiculez
unausbleiblich infalible
Willkür arbitrio
Behörde magistrado
städtisch municipal
Unterbeamter subalterno
Nonne monja
Majorat mayorazgo
habgierig codicioso
umlaufen correr

Zu Uebung CV.

A.

máscara Maske
suspender in Erstaunen setzen
notable bemerkenswerth
adelantamiento Fortschritt
ideólogo Ideologe
tributar zollen, darbringen
loor Lob
quimera Hirngespinnst
afianzar verbürgen, sichern
ilusion Trugbild, Täuschung
quimérico eingebildet

ingenio Geist, Genie
estupidez Dummheit
indistintamente ohne Unterschied
dar razon Kunde geben

B.

Schlachttag dia de accion
gewöhnlich comun
sich bemerklich machen hacerse distinguir
Stattlichkeit bizarria
Rüstung armadura
Reihe serie
Novellist novelero
Stoff materia
Erzählung cuento
fabelhaft fabuloso
darbieten presentar
Reihenfolge sucesion
Handgemenge refriega
Zwischenfall incidente
Betrug impostura
festnehmen arrestar
vorhergehend previo
Chef jefe
Sekte secta
sich schämen tener empacho
dulden tolerar
Andachtsverrichtung devocion
Kundgebung demostracion
sich beschränken circunscribirse
Wendung modismo
Ausdrucksweise lenguaje
vertraulich familiar
zügeln refrenar
Ausschweifung exceso
Aufgabe oficio
fördern adelantar
abfallen decaer
gelten ser (á)
vereinfachen simplificar
faßlich comprensible
besetzen ocupar
bespülen bañar
Abhang falda
entscheidend critico

Zu Uebung CVI.

A.

contagio Ansteckung
acomodar anstehen, gefallen
dar cuenta Rechenschaft geben
gobierno Richtschnur
coger sich kurz fassen
sucesion Nachkommenschaft
matanza Blutbad
arbitrio Mittel
á su vez seinerseits
arrollar niederwerfen
rebelde aufständisch
feudatario Lehensträger
lucido glänzend
desvalido hülflos
galardon Lohn, Belohnung
soez niedrig
envilecer erniedrigen
cordura Klugheit
golpe de fortuna Schicksalsschlag
erizado starrend
surcar furchen
incomunicado ohne Verkehr
corromper verderben
reducir verwandeln
baldio Gemeinheit
hurto Diebstahl
derogacion Abschaffung
provocar auffordern
sublevar aufwiegeln
privilegio Freibrief

B.

herausgeben entregar
durchstreifen recorrer
anrichten causar
kläglich lamentable
sich vertragen avenirse
die Flucht nehmen recorrer á la fuga
Erzherzog archiduque
stoßen (auf) tropezar (con)
Einnahme entrada
herbeiströmen acudir
hinken cojear

sich nähren mantenerse
Prügel palo
Heilungsplan plan curativo
Geschlecht género
Wechsel vicisitud
rasch rápidamente
unermeßlich inmenso
Achselband charretera
erleben lograr á ver
Benutzung aprovechamiento
Waldung monte
Entscheidungspunkt trance
eilen darsé prisa
verfehlen errar
Anstalt institucion
widerstrebend repugnante
Rücksicht miramiento
Bewerber pretendiente
einschalten intercalar
gemein vil
Hörige siervo

Zu Uebung CVII.

A.

comarca Gebiet
proceder herstammen
fijarse sich niederlassen
cabeza Vorort
sensible schmerzlich
salubridad Gesundheitszustand
galan schönklingend
derogar abschaffen
gorgoritos Triller
inextinguible unauslöschlich
topográfico topographisch
paraje Ort, Stelle
apuntador Souffleur
letra Text
exaltacion Erbitterung
adelantado Statthalter
pujanza Macht
desaliento Muthlosigkeit
desatino Taktlosigkeit
zaguan Vorhalle
ponton Brückenschiff
equipajes Kriegsgeräthe
estrago Niederlage
entereza Festigkeit
contener Einhalt thun
escándalo Aufruhr
enemistar verfeinden
ir montado reiten
apretar anziehen, festschnüren
cincha Gurt
yegua Stute
conciso gedrängt
abrigarse sich verbergen

B.

Unannehmlichkeiten bereiten dar disgustos
im Voraus de antemano
gelingen acertar (mit der Person als Subjekt)
Säule columna
Schicksal suerte
Vertrag tratado
Herrschaft dominio
Anzeichen indicio
das Richtige treffen acertar
streiten altercar
Beute botin
andauernd perdurable
zeigen manifestar
Züchtigkeit recato
Sitte costumbre
Schwermuth melancolía
bekunden manifestar
reizen provocar
Ruf crédito
Gewalt autoridad
Kanoe canoa
Mauer muro
Ortschaft poblacion
ursprünglich primitivo
Ehrgefühl pundonor
Verwegenheit arrojo
Rückhalt reserva
Polizei policía
List astucia
Sorgfalt diligencia
hartnäckig porfiado
bestimmend determinante
Uebereinstimmung correspondencia

Erklärung

der den Belegsätzen der Grammatik und den Sätzen in den „Uebungen zur Anschauung“ beigefügten Buchstaben.

M bedeutet Moratin
S " Salvá
Q " Quintana
J " Jovellanos
Y " Yriarte
O " Ochoa
VV " Ventura de la Vega
G " Gorostiza
R " Martinez de la Rosa
L " Mariano José de Larra

BH bedeut. Breton de los Herreros
Z " Zorilla
H " Juan Eugenio Hartzenbusch
Alc " Alcantara
T " Toreno
Acd " Academia española
rA " real Academia de la Historia

Erklärung

der in den „Uebungen zur Anwendung“ gebrauchten Buchstaben und Klammern.

I bedeutet Indikativ
K " Konjunktiv
S. oder Subj. bedt. Subjunktiv (durch Uebersehen hie und da stehen geblieben statt K)
II bedeutet Imperfekt im Indikativ
D " Definitum
Plusq. bedt. Plusquamperfectum
Ant. " Anterior
Fut. " Futurum
Post. " Posterior

U bedeutet umschreibende Ausdrucksform
S. oder S bedeutet Singular
Pl. oder Pl. " Plural
m. bedeutet männlich
w. " weiblich
[ ] das in der Klammer Stehende ist nicht zu übersetzen.
( ) das in der Klammer Stehende ist bei der Uebersetzung zur Richtschnur zu nehmen.

Druckfehler.

Seite 49 Zeile 13 von oben lies „Uebellaut“ statt Ueberlaut.
" 235 " 6 von unten " „Bezeichnung“ statt Beziehungen.
" 352 " 11 von oben " „honrada“ statt hornada
" 357 " 19 von unten " „caja“ statt cajá
" 359 " 10 von oben " „libro“ statt libre
" 361 " 1 von oben " „bolsa“ statt bólsa
" 374 " 18 von unten ist die Klammer mit dem K zu streichen
" 388 " 23 von oben lies „es loca“ statt esloca
" 407 " 10 von unten ist das Komma hinter donde zu streichen und hinter vas zu setzen
" 407 " 4 von unten lies „tendéd“ statt tendid
" 423 " 10 von unten " „unterdrücken“ statt unterdrücken
" 437 " 22 von oben " „confortaréis“ statt comfortaréis
" 447 " 7 von oben " „Sotomayor“ statt Soto mayor
" 448 " 1 von unten " „Los“ statt Las
" 456 " 4 u. 5 von oben lies „desconfianza“ statt confianza
" 456 " 16 von unten lies „Senat“ statt Staat
" 480 " 12 von unten " „Prono“ statt Preno
" 485 " 19 von unten " „próspera“ statt prospera

Anhang.

Konjugations-Paradigmen.

Paradigmen der einfachen Konjugation.

1. Konjugation.

Infinitiv: hablar *) sprechen.
Partizip: hablado gesprochen.
Gerundium: hablando sprechend.

Futur des Indikativs.	Posterior des Indikativs.
hablare ich werde sprechen,	hablaria ich würde sprechen,
hablaras du wirst "	hablarias du würdest "
hablara er wird "	hablaria er würde "
hablaremos wir werden sprechen,	hablariamos wir würden sprechen,
hablareis ihr werdet "	hablariais ihr würdet "
hablaran sie werden "	hablarian sie würden "

Präsens des Indikativs.	Präsens des Konjunktivs.	Imperativ.
hablo ich spreche	hable ich spreche	
hablas du sprichst	hables du sprechest	habla sprich
habla er spricht	hable er spreche	(no hables sprich nicht)
hablamos wir sprechen	hablemos wir sprechen	
hablais ihr sprechet	hableis ihr sprechet	hablad sprechet
hablan sie sprechen.	hablen sie sprechen.	(no hableis sprechet nicht)

Imperfekt des Indikativs.	Definitum des Indikativs. (Siehe §. 19, II., 1. u. 2 und die Anmerkung).
hablaba ich sprach	hablé ich sprach
hablabas du sprachst	hablaste du sprachst
hablaba er sprach	habló er sprach
hablábamos wir sprachen	hablamos wir sprachen
hablabais ihr sprachet	hablasteis ihr sprachet
hablaban sie sprachen.	hablaron sie sprachen.

Imperfekt des Konjunktivs.	Futur des Konjunktivs.
hablase ich spräche	hablare ich werde sprechen
hablases du sprächest	hablares du werdest "
hablase er spräche	hablare er werde "
hablásemos wir sprächen	habláremos wir werden sprechen
hablaseis ihr sprächet	hablareis ihr werdet "
hablasen sie sprächen.	hablaren sie werden "

*) Der schrägstehende Vokal hat hervorgehobene Betonung.

Posterior des Konjunktivs.

hablara ich würde sprechen
hablaras du würdest „
hablara er würde „
habláramos wir würden sprechen
hablarais ihr würdet „
hablaran sie würden „

II. Konjugation.

Infinitiv: aprender lernen
Partizip: aprendido gelernt.
Gerundium: aprendiendo lernend.

Futur des Indikativs.

aprenderé ich werde lernen
aprenderás du wirst „
aprenderá er wird „
aprenderemos wir werden lernen
aprenderéis ihr werdet „
aprenderán sie werden „

Posterior des Indikativs.

aprendería ich würde lernen
aprenderías du würdest „
aprendería er würde „
aprenderíamos wir würden lernen
aprenderíais ihr würdet „
aprenderían sie würden „

Präsens des Indikativs.

aprendo ich lerne
aprendes du lernst
aprende er lernt
aprendemos wir lernen
aprendéis ihr lernt
aprenden sie lernen.

Präsens des Konjunktivs.

aprenda ich lerne
aprendas du lernest
aprenda er lerne
aprendamos wir lernen
aprendáis ihr lernet
aprendan sie lernen.

Imperativ.

aprende lerne
(no aprendas lerne nicht)

aprended lernet
(no aprendáis lernet nicht)

Imperfekt des Indikativs.

aprendía ich lernte
aprendías du lerntest
aprendía er lernte
aprendíamos wir lernten
aprendíais ihr lerntet
aprendían sie lernten.

Definitum des Indikativs.

aprendí ich lernte
aprendiste du lerntest
aprendió er lernte
aprendimos wir lernten
aprendisteis ihr lerntet
aprendieron sie lernten.

Imperfekt des Konjunktivs.

aprendiese ich lernte
aprendieses du lerntest
aprendiese er lernte
aprendiésemos wir lernten
aprendieseis ihr lerntet
aprendiesen sie lernten.

Futur des Konjunktivs.

aprendiere ich werde lernen
aprendieres du werdest lernen
aprendiere er werde „
aprendiéremos wir werden lernen
aprendiereis ihr werdet „
aprendieren sie werden „

Posterior des Konjunktivs.

aprendiera ich würde lernen
aprendieras du würdest „
aprendiera er würde „
aprendiéramos wir würden lernen
aprendierais ihr würdet „
aprendieran sie würden „

III. Konjugation.

Infinitiv: subir steigen
Partizip: subido gestiegen
Gerundium: subiendo steigend.

Futur des Indikativs.

subiré ich werde steigen
subirás du wirst „
subirá er wird „
subiremos wir werden „
subiréis ihr werdet „
subirán sie werden „

Posterior des Indikativs.

subiría ich würde steigen
subirías du würdest „
subiría er würde „
subiríamos wir würden steigen
subiríais ihr würdet „
subirían sie würden „

Präsens des Indikativs.

subo ich steige
subes du steigst
sube er steigt
subimos wir steigen
subís ihr steigt
suben sie steigen.

Präsens des Konjunktivs.

suba ich steige
subas du steigest
suba er steige
subamos wir steigen
subáis ihr steiget
suban sie steigen.

Imperativ.

sube steige
(no subas steige nicht)

subid steiget
(no subáis steiget nicht)

Imperfekt des Indikativs.

subía ich stieg
subías du stiegst
subía er stieg
subíamos wir stiegen
subíais ihr stiegt
subían sie stiegen.

Definitum des Indikativs.

subí ich stieg
subiste du stiegst
subió er stieg
subimos wir stiegen
subisteis ihr stiegt
subieron sie stiegen.

Imperfekt des Indikativs.

subiese ich stiege
subieses du stiegest
subiese er stiege
subiésemos wir stiegen
subieseis ihr stieget
subiesen sie stiegen.

Futur des Konjunktivs.

subiere ich werde steigen
subieres du werdest „
subiere er werde „
subiéremos wir werden steigen
subiereis ihr werdet „
subieren sie werden „

Posterior des Konjunktivs.

subiera ich würde steigen
subieras du würdest "
subiera er würde "
subiéramos wir würden steigen
subierais ihr würdet "
subieran sie würden "

Paradigmen der vollständigen Konjugation des geraden Aktivs.

1. haber (tener) haben.

Infinitiv des Präsens:	haber (tener) haben
" des Perfekts:	haber habido (haber tenido) gehabt haben
Partizip:	habido (tenido) gehabt
Gerundium des Präsens:	habiendo (teniendo) habend
" des Perfekts:	habiendo habido (habiendo tenido) gehabt habend
Imperativ:	hé (ten) habe
	habéd (tenéd) habet

Indikativ. Konjunktiv.

Präsens.

he	(tengo)	ich habe	haya	(tenga)	ich habe
has	(tienes)	du hast	hayas	(tengas)	du habest
ha	(tiene)	er hat	haya	(tenga)	er habe
hemos	(tenemos)	wir haben	háyamos	(tengamos)	wir haben
habéis	(tenéis)	ihr habet	hayais	(tengáis)	ihr habet
han	(tienen)	sie haben	hayan	(tengan)	sie haben.

Imperfekt.

habia	(tenia)	ich hatte	hubiese	(tuviese)	ich hätte
habias	(tenias)	du hattest	hubieses	(tuvieses)	du hättest
habia	(tenia)	er hatte	hubiese	(tuviese)	er hätte
habiamos	(teniamos)	wir hatten	hubiésemos	(tuviésemos)	wir hätten
habiais	(teniais)	ihr hattet	hubieseis	(tuvieseis)	ihr hättet
habian	(tenian)	sie hatten	hubiesen	(tuviesen)	sie hätten.

Definitum.

hube	(tuve)	ich hatte
hubiste	(tuviste)	du hattest
hubo	(tuvo)	er hatte
hubimos	(tuvimos)	wir hatten
hubisteis	(tuvisteis)	ihr hattet
hubieron	(tuvieron)	sie hatten.

Perfekt.

(I.)	he	habido	(he tenido)	ich habe gehabt
	has	„	(has „)	du hast „
	ha	„	(ha „)	er hat „
	hemos	„	(hemos „)	wir haben „
	habéis	„	(habéis „)	ihr habt „
	han	„	(han „)	sie haben „
(K.)	haya	habido	(haya tenido)	ich habe gehabt
	hayas	„	(hayas „)	du habest „
	haya	„	(haya „)	er habe „
	háyamos	„	(háyamos „)	wir haben „
	hayais	„	(hayais „)	ihr habet „
	hayan	„	(hayan „)	sie haben „

Plusquamperfekt.

(I.)	habia	habido	(habia tenido)	ich hatte gehabt
	habias	„	(habias „)	du hattest „
	habia	„	(habia „)	er hatte „
	habiamos	„	(habiamos „)	wir hatten „
	habiais	„	(habiais „)	ihr hattet „
	habian	„	(habian „)	sie hatten „
(K.)	hubiese	habido	(hubiese tenido)	ich hätte gehabt
	hubieses	„	(hubieses „)	du hättest „
	hubiese	„	(hubiese „)	er hätte „
	hubiésemos	„	(hubiésemos „)	wir hätten „
	hubieseis	„	(hubieseis „)	ihr hättet „
	hubiesen	„	(hubiesen „)	sie hätten „

Anterior.

hube	habido	(hube tenido)	ich hatte gehabt
hubiste	„	(hubiste „)	du hattest „
hubo	„	(hubo „)	er hatte „
hubimos	„	(hubimos „)	wir hatten „
hubisteis	„	(hubisteis „)	ihr hattet „
hubieron	„	(hubieron „)	sie hatten „

Futur.

habré	(tendré)	ich werde haben	hubiere	(tuviere)	ich werde haben
habrás	(tendrás)	du wirst „	hubieres	(tuvieres)	du werdest „
habrá	(tendrá)	er wird „	hubiere	(tuviere)	er werde „
habremos	(tendremos)	wir werden „	hubiéremos	(tuviéremos)	wir werden „
habréis	(tendréis)	ihr werdet „	hubiereis	(tuviereis)	ihr werdet „
habrán	(tendrán)	sie werden „	hubieren	(tuvieren)	sie werden „

Anterior.

hube	sido	(hube	estado)	ich war gewesen
hubiste	„	(hubiste	„)	du warst „
hubo	„	(hubo	„)	er war „
hubimos	„	(hubimos	„)	wir waren „
hubisteis	„	(hubisteis	„)	ihr waret „
hubieron	„	(hubieron	„)	sie waren „

Futur.

seré	(estaré)	ich werde sein	fuere	(estuviere)	ich werde sein
serás	(estarás)	du wirst „	fueres	(estuvieres)	du werdest „
será	(estará)	er wird „	fuere	(estuviere)	er werde „
seremos	(estaremos)	wir werden „	fuéremos	(estuviéremos)	wir werden „
seréis	(estaréis)	ihr werdet „	fuereis	(estuviereis)	ihr werdet „
serán	(estarán)	sie werden „	fueren	(estuvieren)	sie werden „

Futur perfekt.

(J.)	habré	sido	(habré	estado)	ich werde gewesen sein
	habrás	„	(habrás	„)	du wirst „ „
	habrá	„	(habrá	„)	er wird „ „
	habremos	„	(habremos	„)	wir werden „ „
	habréis	„	(habréis	„)	ihr werdet „ „
	habrán	„	(habrán	„)	sie werden „ „

(K.)	hubiere	sido	(hubiere	estado)	ich werde gewesen sein
	hubieres	„	(hubieres	„)	du werdest „ „
	hubiere	„	(hubiere	„)	er werde „ „
	hubiéremos	„	(hubiéremos	„)	wir werden „ „
	hubiereis	„	(hubiereis	„)	ihr werdet „ „
	hubieren	„	(hubieren	„)	sie werden „ „

Posterior.

sería	(estaría)	ich würde sein	fuera	(estuviera)	ich würde sein
serías	(estarías)	du würdest „	fueras	(estuvieras)	du würdest „
sería	(estaría)	er würde „	fuera	(estuviera)	er würde „
seríamos	(estaríamos)	wir würden „	fuéramos	(estuviéramos)	wir würden „
seríais	(estaríais)	ihr würdet „	fuerais	(estuvierais)	ihr würdet „
serían	(estarían)	sie würden „	fueran	(estuvieran)	sie würden „

Posterior perfekt.

(3.)	habría	sido	(habría estado)	ich würde gewesen sein
	habrías	„	(habrías „)	du würdest „ „
	habría	„	(habría „)	er würde „ „
	habríamos	„	(habríamos „)	wir würden „ „
	habríais	„	(habríais „)	ihr würdet „ „
	habrían	„	(habrían „)	sie würden „ „

(8.)	hubiera	sido	(hubiera estado)	ich würde gewesen sein
	hubieras	„	(hubieras „)	du würdest „ „
	hubiera	„	(hubiera „)	er würde „ „
	hubiéramos	„	(hubiéramos „)	wir würden „ „
	hubierais	„	(hubierais „)	ihr würdet „ „
	hubieran	„	(hubieran „)	sie würden „ „

Paradigma der umschreibenden Konjugation.

Infinitiv des Präsens:	estar viendo sehen
„ „ Perfekts:	haber estado viendo gesehen haben
Partizip:	estado viendo gesehen
Gerundium des Präsens:	estando viendo sehend
„ „ Perfekts:	habiendo estado viendo gesehen habend
Imperativ:	está viendo sieh
„	estád viendo sehet.

Indikativ. **Konjunktiv.**

Präsens.

estoi	viendo	ich sehe	esté	viendo	ich sehe
estás	„	du siehst	estés	„	du sehest
está	„	er sieht	esté	„	er sehe
estamos	„	wir sehen	estemos	„	wir sehen
estáis	„	ihr sehet	estéis	„	ihr sehet
están	„	sie sehen.	estén	„	sie sehen.

Imperfekt.

estaba	viendo	ich sah	estuviese	viendo	ich sähe
estabas	„	du sahst	estuvieses	„	du sähest
estaba	„	er sah	estuviese	„	er sähe
estábamos	„	wir sahen	estuviésemos	„	wir sähen
estabais	„	ihr sahet	estuvieseis	„	ihr sähet
estaban	„	sie sahen.	estuviesen	„	sie sähen.

Definitum.

estuve	viendo	ich sah
estuviste	„	du sahst
estuvo	„	er sah
estuvimos	viendo	wir sahen
estuvisteis	„	ihr sahet
estuvieron	„	sie sahen.

Perfekt.

he	estado	viendo	ich habe gesehen	haya	estado	viendo	ich habe gesehen
has	„	„	du hast „	hayas	„	„	du habest „
ha	„	„	er hat „	haya	„	„	er habe „
hemos	„	„	wir haben „	háyamos	„	„	wir haben „
habéis	„	„	ihr habt „	hayais	„	„	ihr habet „
han	„	„	sie haben „	hayan	„	„	sie haben „

Plusquamperfekt.

habia	estado	viendo	ich hatte gesehen	hubiese	estado	viendo	ich hätte gesehen
habias	„	„	du hattest „	hubieses	„	„	du hättest „
habia	„	„	er hatte „	hubiese	„	„	er hätte „
habiamos	„	„	wir hatten „	hubiésemos	„	„	wir hätten „
habiais	„	„	ihr hattet „	hubieseis	„	„	ihr hättet „
habian	„	„	sie hatten „	hubiesen	„	„	sie hätten „

Anterior.

hube	estado	viendo	ich hatte gesehen
hubiste	„	„	du hattest „
hubo	„	„	er hatte „
hubimos	estado	viendo	wir hatten gesehen
hubisteis	„	„	ihr hattet „
hubieron	„	„	sie hatten „

Futur.

estaré	viendo	ich werde sehen	estuviere	viendo	ich werde sehen
estarás	„	du wirst „	estuvieres	„	du werdest „
estará	„	er wird „	estuviere	„	er werde „
estaremos	„	wir werden „	estuviéremos	„	wir werden „
estaréis	„	ihr werdet „	estuviereis	„	ihr werdet „
estarán	„	sie werden „	estuvieren	„	sie werden „

Futur perfekt.

(I.) habré	estado	viendo	ich werde	gesehen	haben
habrás	"	"	du wirst	"	"
habrá	"	"	er wird	"	"
habremos	"	"	wir werden	"	"
habréis	"	"	ihr werdet	"	"
habrán	"	"	sie werden	"	"

(K.) hubiere	estado	viendo	ich werde	gesehen	haben
hubieres	"	"	du werdest	"	"
hubiere	"	"	er werde	"	"
hubiéremos	"	"	wir werden	"	"
hubiereis	"	"	ihr werdet	"	"
hubieren	"	"	sie werden	"	"

Posterior.

estaría	viendo	ich würde	sehen	estuviera	viendo	ich würde	sehen
estarías	"	du würdest	"	estuvieras	"	du würdest	"
estaría	"	er würde	"	estuviera	"	er würde	"
estaríamos	"	wir würden	"	estuviéramos	"	wir würden	"
estaríais	"	ihr würdet	"	estuvierais	"	ihr würdet	"
estarían	"	sie würden	"	estuvieran	"	sie würden	"

Posterior perfekt.

(I.) habría	estado	viendo	ich würde	gesehen	haben
habrías	"	"	du würdest	"	"
habría	"	"	er würde	"	"
habríamos	"	"	wir würden	"	"
habríais	"	"	ihr würdet	"	"
habrían	"	"	sie würden	"	"

(K.) hubiera	estado	viendo	ich würde	gesehen	haben
hubieras	"	"	du würdest	"	"
hubiera	"	"	er würde	"	"
hubiéramos	"	"	wir würden	"	"
hubierais	"	"	ihr würdet	"	"
hubieran	"	"	sie würden	"	"

Paradigma der passiven Konjugation.

Infinitiv des Präsens:	ser visto (a, os, as) gesehen werden
" " Perfekts:	haber sido visto (a, os, as) gesehen werden sein
Partizip:	sido visto (a, os, as) gesehen worden
Gerundium des Präsens:	siendo visto (a, os, as) gesehen werdend
" " Perfekts:	habiendo sido visto (a, os, as) gesehen worden seiend
Imperativ:	se visto (a) werde gesehen
	sed vistos (as) werdet gesehen.

Präsens.

Indikativ.			Konjunktiv.		
soi	visto (a)	ich werde gesehen	sea	visto (a)	ich werde gesehen
eres	" "	du wirst "	seas	" "	du werdest "
es	" "	er wird " / sie " "	sea	" "	er werde " / sie " "
somos	vistos (as)	wir werden "	seamos	vistos (as)	wir werden "
sois	" "	ihr werdet "	seáis	" "	ihr werdet "
son	" "	sie werden "	sean	" "	sie werden "

Imperfekt.

era	visto (a)	ich wurde gesehen	fuese	visto (a)	ich würde gesehen
eras	" "	du wurdest "	fueses	" "	du würdest "
era	" "	er wurde " / sie " "	fuese	" "	er würde "
			fuésemos	vistos (as)	wir würden "
éramos	vistos (as)	wir wurden "	fueseis	" "	ihr würdet "
erais	" "	ihr wurdet "	fuesen	" "	sie würden "
eran	" "	sie wurden "			

Definitum.

fuí	visto (a)	ich wurde gesehen
fuiste	" "	du wurdest "
fué	" "	er wurde " / sie " "
fuimos	vistos (as)	wir wurden "
fuisteis	" "	ihr wurdet "
fueron	" "	sie wurden "

Perfekt.

(J.)	he	sido	visto	(a)	ich bin gesehen worden
	has	„	„	„	du bist „ „
	ha	„	„	„	er ist „ „ sie „ „ „
	hemos	„	vistos	(as)	wir sind „ „
	habéis	„	„	„	ihr seid „ „
	han	„	„	„	sie sind „ „

(K.)	haya	sido	visto	(a)	ich sei gesehen worden
	hayas	„	„	„	du seiest „ „
	haya	„	„	„	er sei „ „ sie „ „ „
	háyamos	„	vistos	(as)	wir seien „ „
	hayais	„	„	„	ihr seiet „ „
	hayan	„	„	„	sie seien „ „

Plusquamperfekt.

(J.)	habia	sido	visto	(a)	ich war gesehen worden
	habias	„	„	„	du warst „ „
	habia	„	„	„	er war „ „ sie „ „ „
	habiamos	„	vistos	(as)	wir waren „ „
	habiais	„	„	„	ihr waret „ „
	habian	„	„	„	sie waren „ „

(K.)	hubiese	sido	visto	(a)	ich wäre gesehen worden
	hubieses	„	„	„	du wärest „ „
	hubiese	„	„	„	er wäre „ „ sie „ „ „
	hubiésemos	„	vistos	(as)	wir wären „ „
	hubieseis	„	„	„	ihr wäret „ „
	hubiesen	„	„	„	sie wären „ „

Anterior.

hube	sido	visto	(a)	ich war gesehen worden
hubiste	„	„	„	du warst „ „
hubo	„	„	„	er war „ „ sie „ „ „
hubimos	„	„	„	wir waren „ „
hubisteis	„	„	„	ihr waret „ „
hubieron	„	„	„	sie waren „ „

Futur.

(J.)	seré	visto	(a)	ich werde	gesehen	werden
	serás	"	"	du wirst	"	"
	será	"	"	er wird	"	"
				sie "	"	"
	seremos	vistos	(as)	wir werden	"	"
	seréis	"	"	ihr werdet	"	"
	serán	"	"	sie werden	"	"
(K.)	fuere	visto	(a)	ich werde	gesehen	werden
	fueres	"	"	du werdest	"	"
	fuere	"	"	er werde	"	"
				sie "	"	"
	fuéremos	vistos	(as)	wir werden	"	"
	fuereis	"	"	ihr werdet	"	"
	fueren	"	"	sie werden	"	"

Futur perfekt.

(J.)	habré	sido	visto	(a)	ich werde	gesehen	werden	sein
	habrás	"	"	"	du wirst	"	"	"
	habrá	"	"	"	er wird	"	"	"
					sie wird	"	"	"
	habremos	"	vistos	(as)	wir werden	"	"	"
	habréis	"	"	"	ihr werdet	"	"	"
	habrán	"	"	"	sie werden	"	"	"
(K.)	hubiere	sido	visto	(a)	ich werde	gesehen	werden	sein
	hubieres	"	"	"	du werdest	"	"	"
	hubiere	"	"	"	er werde	"	"	"
					sie "	"	"	"
	hubiéremos	"	"	"	wir werden	"	"	"
	hubiereis	"	"	"	ihr werdet	"	"	"
	hubieren	"	"	"	sie werden	"	"	"

Posterior.

(J.)	sería	visto	(a)	ich würde	gesehen	werden	sein
	serías	"	"	du würdest	"	"	"
	sería	"	"	er würde	"	"	"
				sie "	"	"	"
	seríamos	vistos	(as)	wir würden	"	"	"
	seríais	"	"	ihr würdet	"	"	"
	serían	"	"	sie würden	"	"	"
(K.)	fuera	visto	(a)	ich würde	gesehen	werden	
	fueras	"	"	du würdest	"	"	
	fuera	"	"	er würde	"	"	
				sie "	"	"	
	fuéramos	vistos	(as)	wir würden	"	"	
	fuerais	"	"	ihr würdet	"	"	
	fueran	"	"	sie würden	"	"	

Posterior perfekt.

(3.)	habria	sido	visto	(a)	ich würde	gesehen	werden	sein
	habrias	„	„	„	du würdest	„	„	„
	habria	„	„	„	er würde sie „	„ „	„ „	„ „
	habriamos	„	vistos	(as)	wir würden	„	„	„
	habriais	„	„	„	ihr würdet	„	„	„
	habrian	„	„	„	sie würden	„	„	„

(4.)	hubiera	sido	visto	(a)	ich würde	gesehen	werden	sein
	hubieras	„	„	„	du würdest	„	„	„
	hubiera	„	„	„	er würde sie „	„ „	„ „	„ „
	hubiéramos	„	vistos	(as)	wir würden	„	„	„
	hubierais	„	„	„	ihr würdet	„	„	„
	hubieran	„	„	„	sie würden	„	„	„

www.ingramcontent.com/pod-product-compliance
Lightning Source LLC
Chambersburg PA
CBHW021225300426
44111CB00007B/426
9783741158858